D1728579

Burhoff · Handbuch für die strafrechtliche Hauptverhandlung

Ratgeber Prozessrecht

Handbuch für die strafrechtliche Hauptverhandlung

Von Richter am Oberlandesgericht Detlef Burhoff

4., aktualisierte und wesentlich erweiterte Auflage

Verlag für die
Rechts- und
Anwaltspraxis

Bibliografische Information der Deutschen Bibliothek

Die Deutsche Bibliothek verzeichnet diese Publikation in der Deutschen Nationalbibliografie; detaillierte bibliografische Daten sind im Internet über <http://dnb.ddb.de> abrufbar.

ISBN 3-89655-116-7

Satz: Reemers Publishing Services GmbH, Krefeld

Druck: Bercker, Kevelaer

Vorwort

In den letzten Jahren haben sich die Verteidiger im Strafverfahren immer mehr Einflussmöglichkeiten verschaffen können. Das ist von den Gerichten, die sich auf diese neue Situation erst haben einstellen müssen, im Großen und Ganzen akzeptiert worden. Die Gerichte haben die Verteidiger, die nicht sog. Konfliktverteidigung betreiben, sondern gemeinsam mit dem Gericht als „Organ der Rechtspflege" nach einem für den Angeklagten gerechten Urteil suchen, i.d.R. auch als Partner bei der gemeinsamen Suche anerkannt. Das wird in neuerer Zeit verstärkt durch die in der Rechtsprechung des BGH zu beobachtende Tendenz, den Strafverteidiger noch mehr als in der Vergangenheit auch für die Einhaltung des Verfahrensrechts (mit-)verantwortlich zu machen. Hingewiesen sei in diesem Zusammenhang beispielhaft nur auf die Entscheidung des BGH zum Verwertungsverbot für Aussagen des nicht belehrten Beschuldigten im Ermittlungsverfahren (BGHSt 38, 214), das dann nicht gelten soll, wenn die Aussage in Gegenwart eines Verteidigers gemacht wurde.

Aber auch, wenn der Verteidiger mit in die Pflicht genommen wird, bedeutet das nicht das Ende einer engagierten Strafverteidigung. Diese nützt dem Angeklagten jedoch nur, wenn sie sich nicht in bloßer Aktivität erschöpft, sondern die strafprozessuale Klaviatur beherrscht und die der Verteidigung in der StPO eingeräumten Möglichkeiten nutzt. Während meiner von 1981 bis 1992 ausgeübten Tätigkeit als Beisitzer in einer großen Strafkammer und auch danach als Mitglied eines Strafsenats beim OLG Hamm habe ich jedoch erfahren müssen, dass die Verteidiger häufig wenig über ihre – ihnen von der StPO für die Hauptverhandlung eingeräumten – Möglichkeiten und Rechte wissen und sie deshalb dementsprechend häufig auch nicht zugunsten ihres Mandanten anwenden können. Erklären lässt sich dieses Defizit m.E. z.T. damit, dass die zur Verfügung stehende strafprozessuale Literatur i.d.R. meist das gesamte Strafverfahren erfasst und sich vornehmlich an Richter und Studenten und weniger an den Verteidiger wendet. Die strafrechtliche Hauptverhandlung aus der Sicht eines Strafverteidigers kommt dabei zu kurz.

Mit dem vorliegenden Handbuch möchte ich diese Lücke schließen. Mit ihm möchte ich nicht nur das m.E. für eine erfolgreiche Strafverteidigung erforderliche Wissen über die strafrechtliche Hauptverhandlung vermitteln, sondern über dieses Grundwissen hinaus den einen oder anderen Tipp aus meiner langjährigen strafrichterlichen Tätigkeit an die Hand geben. Das Handbuch soll sich nicht nur an den Berufsanfänger, sondern auch an den i.Ü. bereits erfahrenen Rechtsanwalt, der nur noch nicht so häufig oder jetzt erstmals die Aufgabe der Strafverteidigung übernommen hat, wenden und ihnen helfen, die Hauptverhandlung (mit-)gestalten zu können. Darüber hinaus meine ich, dass das Handbuch auch demjenigen Rechtsanwalt, der mit den Fragen der Strafverteidigung bereits gut vertraut ist, noch Hilfestellung leisten kann. Schließlich können aber auch Richter oder Staatsanwälte hier die schnelle Lösung eines in der täglichen Praxis auftretenden Problems finden.

Für die von mir beabsichtigte Arbeitshilfe habe ich den – auf den ersten Blick möglicherweise – überraschenden Weg der Darstellung in ABC-Form gewählt. Grund dafür war, mit diesem Handbuch, das seinen Benutzer möglichst in den Hauptverhandlungstermin begleiten soll, den Weg zur Beantwortung der in der Hauptverhandlung auftauchenden Fragen nicht über den oder die einschlägigen Paragrafen zu eröffnen, sondern über ein – häufig bekannteres – Stichwort, das dem Benutzer in der Eile und Hektik der Hauptverhandlung meist eher einfällt als die entsprechende Vorschrift. Damit erhoffe ich mir einen schnelleren Zugriff auf die Antwort, was in der Hauptverhandlung, in der es nicht selten auf Schnelligkeit ankommt, nur von Vorteil sein kann. Hinzu kommt, dass unter dem jeweiligen Stichwort i.d.R. alle damit zusammenhängenden (Rechts-)Fragen und Probleme geschlossen dargestellt werden können. Die z.T. sehr umfangreichen Rechtsprechungsnachweise, insbesondere auf die Rechtsprechung der Oberlandesgerichte, sollen es jedem Benutzer ermöglichen, die Rechtsprechung „seines" OLG zu finden. Wegen der Einzelheiten der Benutzung des Handbuchs verweise ich auf die „Hinweise zur Benutzung des Handbuchs".

Die 3. Auflage diese Handbuchs hat ebenso wie die vorhergehenden Auflagen wiederum allgemein Anklang gefunden. Das gilt i.Ü. auch für das **„Handbuch für das strafrechtliche Ermittlungsverfahren"**, das gerade in 3. Auflage erschienen ist. Ich habe mich bemüht, Überschneidungen mit diesem Handbuch so weit wie möglich zu vermeiden. Bei den einzelnen Stichwörtern sind daher i.d.R. immer nur die für die Hauptverhandlung bedeutsamen Fragen des jeweiligen Problems dargestellt. Überschneidungen haben sich jedoch nicht immer vermeiden lassen. So waren z.B. die Fragen, die mit der Ablehnung eines Richters zusammenhängen, m.E. auch schon für das Ermittlungsverfahren zu behandeln, da sie auch dort Bedeutung erlangen können. Entsprechendes gilt für die strafrechtliche Beurteilung des Verteidigerhandelns. Darüber hinaus sind immer dann, wenn einzelne Fragen besondere praktische Bedeutung haben, wie z.B. die der Telefonüberwachung oder des Einsatzes von V-Männern, die damit zusammenhängenden Probleme ebenfalls in beiden Handbüchern behandelt.

In der nun vorliegenden 4. Auflage habe ich, nachdem die angekündigte Rechtsmittelreform in der vergangenen Legislaturperiode nicht gekommen ist, den Bereich der **Berufung ausgebaut**. Die damit zusammenhängenden Fragen sind nun zusätzlich zu den bereits vorhandenen Stichwörtern dargestellt bei „Berufung, Allgemeines" (Rn. 178a), „Berufung, Annahmeberufung" (Rn. 178e), „Berufungsbegründung" (Rn. 178m), „Berufungseinlegung" (Rn. 182a), „Berufungsfrist"

(Rn. 182k), „Berufungsgericht, Besetzung“ (Rn. 182r), „Berufungsverwerfung durch das Amtsgericht wegen Verspätung“ (Rn. 208a), „Berufungsverwerfung durch das Berufungsgericht wegen Unzulässigkeit“ (Rn. 208g), „Berufung, Zulässigkeit der Berufung“ (Rn. 219a).

Neu aufgenommen worden in die 4. Auflage sind darüber hinaus die Stichwörter: „Beweisantrag, Ablehnungsbeschluss“ (Rn. 260a), „Plädoyer des Staatsanwaltes“ (Rn. 664a); „Protokoll der Hauptverhandlung, Wörtliche Protokollierung“ (Rn. 724a), „ Rechtsmittel, Unbestimmtes Rechtsmittel“ (Rn. 750a), „Täter-Opfer-Ausgleich“ (Rn. 831a), „ Vereidigung eines Dolmetschers“ (Rn. 928a), „ Verhandlung ohne den Angeklagten, Wiedereinsetzung und Berufung“ (Rn. 965b),. Außerdem habe ich einige Muster neu aufgenommen und das Stichwort „Blutalkoholfragen“ um Ausführungen zur Atemalkoholmessung ergänzt.

I.Ü. sind die Stichwörter der 3. Auflage **aktualisiert** und z.T. wesentlich **erweitert** worden. Die seit der 3. Auflage erschienenen Veröffentlichungen und die seitdem veröffentlichte Rechtsprechung habe ich ausgewertet und verarbeitet. Ich hoffe, dass ich bei der Flut des kaum noch überschaubaren Materials nichts Wesentliches übersehen habe, da allein aus der Rechtsprechung **600 (neue) Entscheidungen** einzuarbeiten waren. Nicht mehr eingearbeitet worden sind die sich aus der Einführung der sog. „vorbehaltenen Sicherungsverwahrung“ ergebenden Verfahrensfragen. Da diese in der Praxis erst in einiger Zeit Bedeutung erlangen, kann das der Folgeauflage vorbehalten bleiben.

Mein Bemühen war es – wie auch schon in den Vorauflagen – im Interesse einer funktionierenden Strafrechtspflege die Tätigkeit des Strafverteidigers nicht allein aus der Sicht des Richters darzustellen. Dafür mag mich der ein oder andere Kollege, dem eine engagierte Strafverteidigung manchmal unbequem ist und Arbeit macht, schelten. Die einseitige Sicht des Richters hätte jedoch nicht zu dem Versuch beigetragen, im Interesse des Angeklagten, um dessen Schicksal es im Strafverfahren geht, die oft nicht gegebene Waffengleichheit herzustellen. Um jede Einseitigkeit auszuschließen, hatte ich das Manuskript der 1. und 2. Auflage Herrn Rechtsanwalt Dr. *Ralf Neuhaus* aus Dortmund zur kritischen Durchsicht überlassen. Seine Anregungen und Anmerkungen habe ich weitgehend eingearbeitet, wenn sie mir aus seiner Sicht des erfahrenen Strafverteidigers einleuchtend erschienen und sie behilflich waren, die Darstellung zu verbessern. Ganz besonders danke ich Herrn Dr. *Neuhaus* für seine Denkanstöße, die an mancher Stelle erneut dazu geführt haben, eine – oft eingefahrene – herrschende Meinung zumindest zu überdenken.

Hinweisen möchte ich auch an dieser Stelle auf meine Homepage **www. burhoff.de.** Dies einerseits natürlich wegen der dort im Volltext eingestellten Beschlüsse des OLG Hamm, andererseits vor allem aber wegen der ebenfalls dort aufgenommenen „**Verfahrenstipps** und Hinweise für Strafverteidiger zu neuerer Rechtsprechung in Strafsachen", die etwa drei Mal im Jahr in der **ZAP** veröffentlicht werden. Durch die dort behandelte aktuelle Rechtsprechung und die Hinweise auf dieses Handbuch kann die Aktualität des Handbuchs zwischen den Auflagen erhalten werden.

Der Zuspruch, den die Vorauflagen erhalten haben, hat mir bewiesen, dass es mit diesem Handbuch gelungen ist, vor allem Strafverteidigern, aber auch sonstigen Verfahrensbeteiligten bei ihrer Arbeit behilflich zu sein und die „richtige" Wahrheitsfindung im Strafprozess mit zu sichern. Eine Aufgabe, an der Gericht, Verteidiger und Staatsanwaltschaft gemeinsam teilhaben, wenn auch jeder an seinem Platz. Anregungen und Kritik nehme ich weiterhin gern entgegen, beides kann helfen, eine weitere Auflage noch besser zu gestalten. Ich hoffe, dass all die, die nach Erscheinen der 3. Auflage Anregungen gegeben haben, die darauf zurückgehenden Ergänzungen oder Änderungen (wieder-)finden. Wer mir auch künftig Vorschläge oder Hinweise geben möchte, kann sich an mich unter meiner Privatanschrift „Kreuzkamp 3, 59387 Ascheberg" wenden oder mir auch unter **02593/98476** ein **Fax** bzw. eine **E-Mail** unter Detlef@Burhoff.de zukommen lassen. Das gilt ganz besonders dann, wenn – trotz allem Bemühen um Richtig- und Vollständigkeit – an der ein oder anderen Stelle vielleicht doch (noch) ein Zitatfehler festgestellt werden sollte.

Ascheberg, im Oktober 2002 *Detlef Burhoff*

Hinweise zur Benutzung des Handbuchs

1. Dieses Handbuch erhebt nicht den Anspruch, ein (weiterer) Kommentar zur StPO zu sein. Es soll vielmehr eine **praktische Arbeitshilfe** für die Hauptverhandlung sein. Deshalb habe ich auch i.d.R. für die Rechtsfragen zunächst die sog. h.M. dargelegt, wie sie insbesondere im „*Kleinknecht/Meyer-Goßner*“aufgeführt ist, diese jedoch durch weiterführende Hinweise – auch auf kritische Literatur und Rechtsprechung – ergänzt. Auftauchende Fragen können und müssen also ggf. (dort) vertieft werden. Ergänzt ist die Darstellung um praktische Hinweise zur **Verteidigungstaktik**.

2. Ich habe bewusst von dem sonst allgemein üblichen, i.d.R. meist sehr **umfangreichen Literaturverzeichnis abgesehen**. Das Literaturverzeichnis enthält also nur die Hinweise auf die gängigen Standard- und Großkommentare und auf häufiger herangezogene Fundstellen.

Die von mir als notwendig angesehenen weiterführenden Hinweise auf Spezialkommentare, Monographien oder auf Aufsätze zu bestimmten Themen sind an den Stellen eingeordnet, an denen die Fragen bei den einzelnen Stichwörtern behandelt werden. Sie sind jetzt in dem vor den einzelnen Stichwörtern aufgenommenen Abschnitt „**Literaturhinweise**“ zusammengefasst, und zwar alphabetisch nach dem Namen des Autors unter Nennung des (Aufsatz-)Titels geordnet. Der Benutzer kann durch die Nennung des Titels eines Aufsatzes oder einer Monographie an dieser Stelle besser und schneller erkennen, ob eine von mir angeführte Belegstelle eine zu vertiefende Frage nur mitbehandelt oder ob sie ggf. die Hauptthematik eines Literaturbeitrags darstellt. Die „Literaturhinweise“ enthalten aber nicht nur die von mir zitierten Aufsätze und sonstigen Veröffentlichungen. Sie beinhalten außerdem z.T. auch weiterführende Literatur. Mit Hilfe dieser weiterführenden Hinweise auf in der einschlägigen Fachliteratur sonst noch erschienene Aufsätze zu den anschließend behandelten Stichwörtern können über die angeführten Zitate hinaus die behandelten Fragen vertieft werden.

Ich bin mir bewusst, dass diese Verfahrensweise zu der einen oder anderen Doppelnennung führt, obwohl ich versucht habe, das dadurch zu vermeiden, dass die Literatur z.T. bei den sog. Verteilerstichwörtern (s. dazu unten 7) zusammengefasst worden ist. Das war jedoch nicht in allen Fällen möglich. Der verbliebene Anteil von Doppelnennungen ist m.E. gering und kann hingenommen werden. Der durch die Doppelnennungen entstehende Platzbedarf wird zudem dadurch aufgewogen, dass derjenige, der eine Frage an anderer Stelle vertiefen will, nicht in einem umfangreichen Literaturverzeichnis nachsuchen muss, ob und ggf. wo zu der Frage Vertiefendes zu finden ist. Durch das von mir gewählte Verfahren erhält er diese Information vielmehr unmittelbar bei dem jeweiligen Stichwort.

Nicht aufgenommen worden in die „Literaturhinweise" sind periodisch erscheinende **Rechtsprechungsübersichten** und sonstige Zusammenfassungen und Hinweise, wie z.B. meine „Verfahrenstipps" in der ZAP. Soweit diese oder andere Übersichten in Bezug genommen werden, wird darauf ausdrücklich hingewiesen.

3. Die veröffentlichte **Literatur** und **Rechtsprechung** ist weitgehend bis einschließlich Oktober 2002 berücksichtigt und soweit möglich eingearbeitet.

4. Für die Benutzung des Handbuchs ist zu beachten, dass **Verweisungen** auf andere Stichwörter mit einem → angegeben werden. „→ *Vernehmung des Angeklagten zur Sache*" heißt also, dass weitere oder die Ausführungen zur Vernehmung des Angeklagten unter diesem Stichwort zu finden sind.

5. Trotz der Darstellung in ABC-Form habe ich fortlaufende **Randnummern** gesetzt, da diese ein noch schnelleres Auffinden der jeweils gesuchten Stelle ermöglichen. Dabei ist darauf hinzuweisen, dass die in einer Verweisung enthaltene Randnummer nicht immer nur auf den Beginn des genannten Stichworts verweist. Das ist i.d.R. nur der Fall, wenn es sich um eine allgemeine Verweisung handelt. Geht es hingegen um die Verweisung auf ein spezielles Problem/besondere Ausführungen, wird auf diese durch Nennung der entsprechenden Randnummer direkt verwiesen.

6. Für einige der wichtigsten Stichwörter werden die teilweise ausführlichen **Erläuterungen** unter der Überschrift „Das Wichtigste in Kürze" in mehreren **„Leitsätzen" zusammengefasst** und so zusätzliche Möglichkeiten zur schnellen und schwerpunktmäßigen Information geboten. Innerhalb der Stichwörter wird das Auffinden von gesuchten Erläuterungen dann dadurch erleichtert, dass die den Inhalt wiedergebenden Begriffe durch Fettdruck hervorgehoben sind und damit den Charakter von ins Auge fallenden Zwischenüberschriften erhalten. Die einzelnen Erläuterungen zu „Leitsätzen" finden sich zudem i.d.R. unter der Ziffer, die der des Leitsatzes entspricht.

7. Für die wichtigsten oder sehr umfangreiche Fragenkomplexe habe ich sog. „**Verteilerstichwörter**" gebildet, bei denen dann auch die zu dem jeweiligen Komplex gebildeten Stichwörter zusammengestellt sind. Die Verteilerstichwörter sind i.d.R. dadurch zu erkennen, dass sie in der Überschrift den Zusatz „**Allgemeines**" tragen, wie z.B. „Aussetzung der Hauptverhandlung, Allgemeines" oder „Beweisantragsrecht, Allgemeines".

8. Unter der Überschrift „**Hinweise für den Verteidiger!**" oder unter „☝" ist das dargestellt, was m.E. der Verteidiger in dem jeweiligen Zusammenhang besonders beachten sollte oder was für seinen Mandanten besonders wichtig ist. Ich hoffe, dass auch die bei den jeweiligen Stichwörtern angeordneten Mustertexte dem Verteidiger eine Hilfe sein werden.

9. Am Schluss des Buches befindet sich ein stark differenziertes **Stichwortverzeichnis**, das den Benutzer bei keiner Frage im Stich lässt. Dieses Verzeichnis enthält als Fundstellenhinweis die jeweilige Randnummer, unter der die mit der aufgetauchten Frage zusammenhängenden Probleme dargestellt sind. Die Hauptfundstellen sind fett gedruckt. Ergänzt wird das Stichwortverzeichnis durch ein **Paragrafenregister**, in dem alle im Text des Handbuchs herangezogenen Vorschriften mit ihrer jeweiligen Fundstelle aufgeführt sind. Damit ist auch über das Paragraphenregister dem Benutzer der Zugang zu ihn berührenden Fragen eröffnet. Durch Stichwortverzeichnis und Paragrafenregister ist m.E. gewährleistet, dass der Benutzer die von ihm gesuchte Stelle, an der sein Problem behandelt wird, findet.

10. Dem Handbuch ist ein „**Entscheidungsregister**" beigefügt, in dem – so hoffe ich – alle als Beleg im Text des Handbuchs angeführten Entscheidungen aufgeführt sind. Zur Benutzung dieses Registers sind m.E. folgende Bemerkungen erforderlich:

a) Im **Text** selbst ist, wenn die Entscheidung in mehreren Zeitschriften und Entscheidungssammlungen veröffentlicht ist, – schon, um den Lesefluss durch lange Zitatenreihen nicht zu stören – **nur** jeweils **eine Fundstelle** zitiert.

b) Im **Entscheidungsregister** sind die Entscheidungen dann mit **allen** (Haupt-) Fundstellen aufgeführt. Dabei bin ich davon ausgegangen, dass nicht alle erwähnten Zeitschriften vorhanden sein werden, weshalb ich aus Gründen der praktischen Erreichbarkeit für den Verteidiger **folgende „Wertigkeit"** der Zeitschriften/Entscheidungssammlungen eingehalten habe:

Einer Veröffentlichung in der „**NJW**", die i.d.R. jedem Verteidiger zur Verfügung steht, habe ich den **Vorrang** gegeben (wegen der BGHSt-Zitate s.u. d bb). Daran schließen sich die „NStZ" und der „StV" an. Bei sonstigen Zeitschriften ist das angeführt, was über die vorgenannten Zeitschriften hinaus für den Verteidiger erreichbar sein dürfte, also z.B. „StraFo", „NStZ-RR", „wistra", „VRS" u.a. Das bedeutet einerseits: Ist im Text als Beleg eine NJW-Fundstelle zitiert, kann die Entscheidung auch noch in weiteren Zeitschriften veröffentlicht sein. Andererseits ist aber, z.B. aus einem StV-Zitat, der **Schluss** zu **ziehen**, dass die entsprechende Entscheidung nicht in der „NJW" und/oder der „NStZ" veröffentlicht ist, ggf. aber noch in einer sonstigen Zeitschrift. Der Leser kann also sofort erkennen, ob die herangezogene Entscheidung (auch) in einer ihm zur Verfügung stehenden Zeitschrift veröffentlicht ist. Dadurch wird unnötiges Suchen nach einer Konkordanz in einer dieser Zeitschriften vermieden.

c) Ich habe darauf verzichtet, Entscheidungsdatum und Aktenzeichen der Entscheidungen im Entscheidungsregister anzuführen, da diese für die praktische Arbeit m.E. nicht von großer Bedeutung sind. Zeitlich sind die Entscheidungen im Register **geordnet** nach dem **Zeitpunkt** ihrer **Veröffentlichung**, wobei ich mich an der bereits erwähnten (Zeitschriften-)Wertigkeit ausgerichtet habe. Gewisse zeitliche Versetzungen haben sich nicht immer vermeiden lassen.

d) Hinsichtlich der zitierten Entscheidungen des **BVerfG** und des **BGH** ist auf Folgendes hinzuweisen:

aa) Die Entscheidungen des **Bundesverfassungsgerichts** sind in der o.a. Zeitschriftenreihenfolge zitiert. Im Text habe ich auf den Beleg der Veröffentlichung in der Entscheidungssammlung „BVerfGE“ verzichtet, da diese Sammlung nur den wenigstens Verteidigern in ihrem Büro zur Verfügung stehen dürfte.

bb) Entscheidungen des BGH, die in „**BGHSt**“ veröffentlicht sind, sind auch mit dieser Fundstelle angezogen. Zwar wird die Entscheidungssammlung auch nicht allen Verteidigern zur Verfügung stehen, jedoch unterstreicht das Zitat mit der BGHSt-Fundstelle wegen der Aufnahme der Entscheidung in die amtliche Sammlung deren Bedeutung. Hier ist dann noch anzumerken, dass das Zitat einer Entscheidung des BGH mit einer NJW-Fundstelle bedeutet, dass die Entscheidung in der amtlichen Sammlung BGHSt nicht enthalten ist. Ist die Veröffentlichung in BGHSt vorgesehen, zur Zeit aber noch nicht erfolgt, wird auch darauf hingewiesen.

e) Das Entscheidungsregister habe ich – entgegen dem sonst Üblichen – um eine **Spalte „Fundstelle** im **Buch**“ ergänzt. Hier ist durch Angabe der Randnummer aufgeführt, an welchen Stellen im Buch die jeweilige Entscheidung zitiert ist. Damit kann derjenige, der wissen will, ob und wo eine bestimmte Entscheidung von mir erwähnt ist, diese Stelle leicht finden.

f) Schließlich enthält das Entscheidungsregister eine letzte Spalte, in der die (wesentlichen) **Anmerkungen** und **Besprechungen** aufgenommen sind. Ich habe diese – ebenfalls, um den Lesefluss nicht zu stören – nicht in den Text des Buches mit aufgenommen. Die dadurch erzielte bessere Lesbarkeit macht m.E. den geringfügigen Zeitverlust durch Nachschlagen im Register zur Prüfung der Frage, ob eine Entscheidung besprochen ist, wett.

11. Hinzuweisen ist schließlich noch auf das Stichwort „**Gesetzesnovellen**“. Aufgeführt sind dort die aktuellen Gesetzesnovellen, die Auswirkungen auf die die Hauptverhandlung betreffende Vorschriften der StPO haben. Die geplante Gesetzesänderung ist jeweils kurz dargestellt. In dem dazu gehörigen Stichwort wird dann auf das Stichwort „Gesetzesnovellen“ verwiesen. Damit hat der Verteidiger die Möglichkeit, wenn die Gesetzesänderung in Kraft getreten ist, sich wenigstens kurz über die eingetretene Änderung zu informieren und ist so – bis zum Erscheinen der fünften, die Gesetzesänderungen berücksichtigenden Auflage – in der Lage, die aktuelle Gesetzeslage abzufragen.

12. Hinweisen möchte ich schließlich noch auf Folgendes: Die von mir jährlich etwa 3 – 4 mal in der ZAP veröffentlichten „Verfahrenstipps und Hinweise für Strafverteidiger zu neuerer Rechtsprechung in Strafsachen" werden in der jeweils aktuellen Fassung auf meiner **Homepage „www.burhoff.de"** eingestellt sein. In dieser Aufsatzreihe stelle ich neue strafverfahrensrechtliche Rechtsprechung vor, so dass der Benutzer meines Handbuchs durch einen „Besuch" auf meiner Homepage immer schnell feststellen kann, ob ggf. wichtige neue Rechtsprechung zu einem Problemkreis vorliegt, wodurch das **Handbuch** selbst in gewisser Weise **dauernd aktualisiert** wird. Über einen Besuch und die Inanspruchnahme dieser Service-Leistung freue ich mich.

Inhaltsverzeichnis

Abkürzungsverzeichnis

(Die Gesetze sind im Text in der jeweils gültigen Fassung zitiert.)

A

a.	auch/aber
a.A.	anderer Ansicht
AAK	Atemalkoholkonzentration
a.a.O.	am angegebenen Ort
abl.	ablehnend(er)
Abs.	Absatz
Abschn.	Abschnitt
AE	Akteneinsicht
a.E.	am Ende
AER	Akteneinsichtsrecht
a.F.	alte Fassung
AG	Amtsgericht
Allg.	Allgemeine
Alt.	Alternative
Anh.	Anhang
Anm.	Anmerkung
AnwBl.	Anwaltsblatt (Zs.)
AO	Abgabenordnung
Aufl.	Auflage
ausf.	ausführlich

B

B	Rechtsprechungsübersicht zum Jugendstrafrecht von *Böhm* in NStZ bzw. NStZ-RR
BA	Blutalkohol, Wissenschaftliche Zeitschrift für die medizinische und juristische Praxis
BAK	Blutalkoholkonzentration
BAnz.	Bundesanzeiger
BAT	Bundesangestelltentarif
BayObLG	Bayerisches Oberstes Landesgericht
BayObLGSt	Sammlung von Entscheidungen des Bayerischen Obersten Landesgerichts in Strafsachen (alte Folge Band und Seite, neue Folge Jahr und Seite)
BayObLGZ	Sammlung von Entscheidungen des Bayerischen Obersten Landesgerichts in Zivilsachen (alte Folge Band und Seite, neue Folge Jahr und Seite)
BBG	Bundesbeamtengesetz
Be	Rechtsprechungsübersicht von *Becker* in NStZ-RR
Beil.	Beilage
BerlVerfGH	Berliner Verfassungsgerichtshof
Beschl.	Beschluß

BerufsO	Berufsordnung
BezG	Bezirksgericht
BGB	Bürgerliches Gesetzbuch
BGBl.	Bundesgesetzblatt
BGH	Bundesgerichtshof
BGH-Beschl.	Beschluß des BGH
BGHR	BGH-Rechtsprechung in Strafsachen (Paragraf und Stichwort)
BGHSt	Bundesgerichtshof, Entscheidungen in Strafsachen (Band und Seite)
BGH-Urt.	Urteil des BGH
BKA	Bundeskriminalamt
BORA	Berufsordnung (Rechtsanwälte)
BR	Bundesrat
BRAK	Bundesrechtsanwaltskammer
BRAK.Mitt.	Mitteilungen der Bundesrechtsanwaltskammer (Jahr und Seite)
BRAO	Bundesrechtsanwaltsordnung
BRRG	Beamtenrechtsrahmengesetz
BTA	Bild-Ton-Aufzeichnung
BT-Dr.	Bundestag-Drucksache
BtM	Betäubungsmittel
BtMG	Gesetz über den Verkehr mit Betäubungsmitteln (Betäubungsmittelgesetz)
Bu	Rechtsprechungsübersicht von *Burhoff* über die Rechtsprechung des OLG Hamm in Verkehrsstraf- und Verkehrsordnungswidrigkeitensachen in DAR
Buchst.	Buchstabe
BVerfG	Bundesverfassungsgericht
BVerfGE	Entscheidungen des Bundesverfassungsgerichts (Band und Seite)
BVerwG	Bundesverwaltungsgericht
BVV	Beweisverwertungsverbot(e)
BWAGGVG	Baden-Württembergisches Gesetz zur Ausführung des Gerichtsverfassungsgesetzes und von Verfahrensgesetzen der ordentlichen Gerichtsbarkeit
bzgl.	bezüglich
BZR	Bundeszentralregister
BZRG	Bundeszentralregistergesetz
bzw.	beziehungsweise

D

D	Rechtsprechungsübersicht von *Dallinger* in MDR
DAR	Deutsches Autorecht (Zs.)
d.h.	das heißt
diff.	differenzierend
Dö	Rechtsprechungsübersicht von *Döllel* zur Rechtsprechung des OLG Schleswig in SchlHA
Dö/Dr	Rechtsprechungsübersicht von *Döllel* und *Dreßen* zur Rechtssprechung des OLG Schleswig in SchlHA
DRiG	Deutsches Richtergesetz

DRiZ	Deutsche Richterzeitung (Zs.)
DtZ	Deutsch-Deutsche Rechtszeitschrift
DVBl.	Deutsches Verwaltungsblatt (Zs.)

E

EGE	Ehrengerichtliche Entscheidungen (bis 1963 Bände arabisch beziffert, ab 1963 Bände römisch beziffert)
EGGVG	Einführungsgesetz zum Gerichtsverfassungsgesetz
EGMR	Europäischer Gerichtshof für Menschenrechte
EheG	Ehegesetz
EichG	Eichgesetz
EichO	Eichordnung
Einf.	Einführung
Einzelh.	Einzelheiten
Einl.	Einleitung
EJ	Rechtsprechungsübersicht von *Ernesti/Jürgensen* zur Rechtsprechung des OLG Schleswig in SchlHA
EL	Rechtsprechungsübersicht von *Ernesti/Lorenzen* zur Rechtsprechung des OLG Schleswig in SchlHA
EÖB	Eröffnungsbeschluss
Erl.	Erläuterung
EUGRZ	Europäische Grundrechte (Zs.)
EuRHÜBK	Europäisches Übereinkommen über die Rechtshilfe in Strafsachen
EV	Ermittlungsverfahren
EWiR	Entscheidungen zum Wirtschaftsrecht (Zs.)

F

F.	Fach
f.	folgende
FeV	Fahrerlaubnis-Verordnung
ff.	fort folgende
Fn.	Fußnote
FPR	Familie Partnerschaft Recht (Zs.)

G

GA	*Goldammers* Archiv für Strafrecht (Zs.) (bis 1933 nach Band und Seite, ab 1953 nach Jahr und Seite)
gem.	gemäß
GG	Grundgesetz
ggf.	gegebenenfalls
GKG	Gerichtskostengesetz
grds.	grundsätzlich
GVG	Gerichtsverfassungsgesetz
GVP	Geschäftsverteilungsplan

H

H	Rechtsprechungsübersicht von *Holtz* in MDR
HB	Haftbefehl
Hess.	hessische(r)
HESt	Höchstrichterliche Entscheidungen (Band und Seite)
Hinw.	Hinweis
h.M.	herrschende Meinung
HRR	Höchstrichterliche Rechtsprechung (Jahr und Nummer)
Hs.	Halbsatz
HV	Hauptverhandlung

I

i.d.F.	in der Fassung
i.d.R.	in der Regel
i.(e.)S.	im (engeren) Sinne
IRG	Gesetz über die internationale Rechtshilfe in Strafsachen
i.S.d.	im Sinne des
i.S.v.	im Sinne von
i.Ü.	im Übrigen
i.V.m.	in Verbindung mit

J

JA	Juristische Arbeitsblätter für Ausbildung und Examen (Zs.)
JBl	Justizblatt (Jahr und Seite)
JGG	Jugendgerichtsgesetz
JGH	Jugendgerichtshilfe
JMBl.	Justizministerialblatt
JR	Juristische Rundschau (Zs.)
JuMiG	Justizmitteilungsgesetz
Jura	Juristische Ausbildung (Zs.)
JuS	Juristische Schulung (Zs.)
Justiz	Die Justiz – Amtsblatt des Justizministeriums Baden-Württemberg
JVA	Justizvollzugsanstalt
JW	Juristische Wochenschrift (Zs.)
JZ	Juristenzeitung (Zs.)

K

K	Rechtsprechungsübersicht von *Kusch* in NStZ bzw. NStZ-RR
Kfz.	Kraftfahrzeug
KG	Kammergericht

Komm.	Kommentierung(en)
KrGer	Kreisgericht
Krim	Kriminalistik (Zs.)
krit.	Kritisch(er)
KronzG	Gesetz zur Änderung des Strafgesetzbuches, der Strafprozeßordnung und des Versammlungsgesetzes und zur Einführung einer Kronzeugenregelung bei terroristischen Straftaten (abgedruckt bei *Kleinknecht*, Anh. 3a)
KUG	Gesetz betr. das Urheberrecht an Werken der bildenden Künste und der Fotografie
KVGKG	Kostenverzeichnis zum GKG

L

L	Rechtsprechungsübersicht von *Lorenzen* zur Rechtsprechung des OLG Schleswig in SchlHA
LG	Landgericht
Lit.	Literatur
Lit.-Hin.	Literaturhinweise
LM	Entscheidungen des Bundesgerichtshofs im Nachschlagewerk des Bundesgerichtshofs von *Lindenmaier/Möhring* (Nummer und Paragraf)
LPartG	Lebenspartnerschaftsgesetz
Ls	Leitsatz
LSch	Rechtsprechungsübersicht von *Lorenzen/Schiemann* zur Rechtsprechung des OLG Schleswig in SchlHA
LSG	Landessozialgericht
L/T	Lorenzen/Thamm (Rechtsprechungsübersicht von *Lorenzen/Thamm* zur Rechtsprechung des OLG Schleswig in SchlHA)

M

m.	mit
M	Rechtsprechungsübersicht von *Miebach* in NStZ bzw. NStZ-RR
MDR	Monatsschrift für Deutsches Recht (Zs.)
m.E.	meines Erachtens
MedR	Medizinrecht (Zs.)
MK	Rechtsprechungsübersicht von *Miebach/Kusch* in NStZ bzw. NStZ-RR
MMR	MultiMedia und Recht (Zs.)
MRK	Konvention zum Schutz der Menschenrechte und Grundfreiheiten (abgedruckt bei *Kleinknecht*, Anh. 4)
MschrKrim	Monatsschrift für Kriminologie und Strafrechtsreform
m.w.N.	mit weiteren Nachweisen
m.zahl.w.N.	mit zahlreichen weiteren Nachweisen

N

Nachw.	Nachweis(e)
NdsAGGVG	Niedersächsisches Ausführungsgesetz zum Gerichtsverfassungsgesetz
Nds.Rpfl.	Niedersächsische Rechtspflege (Zs.)
n.F.	neue Fassung
NJ	Neue Justiz (Zs.)
NJW	Neue Juristische Wochenschrift
Nr.	Nummer
NStE	Neue Entscheidungssammlung für Strafrecht (Zs.) (Vorschrift und laufende Nummer)
NStZ	Neue Zeitschrift für Strafrecht
NStZ-RR	Neue Zeitschrift für Strafrecht Rechtsprechungs-Report
n.v.	nicht veröffentlicht
NVwZ	Neue Zeitschrift für Verwaltungsrecht
NW	Nordrhein-Westfalen
NZV	Neue Zeitschrift für Verkehrsrecht

O

o.	oben/obige
o.a.	oben angeführt(e)
o.ä.	oder ähnlichem(s)
OLG	Oberlandesgericht
OLG-NL	OLG-Rechtsprechung Neue Länder (Zs.)
OLGSt	Entscheidungen der Oberlandesgerichte zum Straf- und Strafverfahrensrecht (Paragraf und Seite; ab 1983 Paragraf und Nummer)
OpferschutzG	Opferschutzgesetz
OrgKG	Gesetz zur Bekämpfung des illegalen Rauschgifthandels und anderer Erscheinungsformen der Organisierten Kriminalität vom 15. 7. 1992
OWi	Ordnungswidrigkeit
OWiG	Gesetz über Ordnungswidrigkeiten

P

PAK	Prozessrecht Aktiv (Zs.)
Pf	Rechtsprechungsübersicht von *Pfeiffer* in NStZ
Pf/M	Rechtsprechungsübersicht von *Pfeiffer/Miebach* in NStZ
Polizei	Die Polizei (Zs.)
PStR	Praxis Steuerstrafrecht (Zs.)

R

RG	Reichsgericht
RGSt	Entscheidungen des Reichsgerichts in Strafsachen (Band und Seite)
Rn.	Randnummer
Recht	Das Recht (Zs.) (Jahr und Nummer)

RiLi	Grundsätze des anwaltlichen Standesrechts (Richtlinien für die Ausübung des Anwaltsberufs)
RiStBV	Richtlinien für das Strafverfahren und das Bußgeldverfahren (abgedruckt bei *Kleinknecht/Meyer-Goßner*, Anh. 14)
RMB	Rechtsmittelbelehrung
RP	Rheinland-Pfalz
R&P	Recht und Psychiatrie (Zs.)
Rpfleger	Der Deutsche Rechtspfleger (Zs.)
RPflEntlG	Rechtspflegeentlastungsgesetz
RPflG	Rechtspflegergesetz
Rspr.	Rechtsprechung
RVG	Rechtsanwaltsvergütungsgesetz

S

s.	siehe
S.	Satz oder Seite
s.a.	siehe auch/siehe aber
SchlHA	Schleswig-Holsteinische Anzeigen
SDÜ	Schengener Durchführungsübereinkommen
SJZ	Süddeutsche Juristenzeitung
s.o.	siehe oben
sog.	so genannte(r)
Sp	Rechtsprechungsübersicht von *Spiegel* in DAR
StA	Staatsanwalt(schaft)
StGB	Strafgesetzbuch
StPO	Strafprozeßordnung
StraFo	StrafverteidigerForum (Zs.)
StrEG	Gesetz über die Entschädigung für Strafverfolgungsmaßnahmen
st.Rspr.	ständige(r) Rechtsprechung
StV	Strafverteidiger (Zs.)
StVG	Straßenverkehrsgesetz
StVZO	Straßenverkehrs-Zulassungsordnung
s.u.	siehe unten
SV	Sachverständige(r)

T

T	Rechtsprechungsübersicht von *Tolksdorf* zur Rechtsprechung des BGH in DAR
TÜ	Telefonüberwachung

U

u.	unten
u.a.	unter anderem/und andere
u.Ä.	und Ähnlichem

U-Haft	Untersuchungshaft
unstr.	unstrittig
Urt.	Urteil
u.U.	unter Umständen
UVollzO	Untersuchungshaftvollzugsordnung

V

v.	vom
VA	Verkehrsrecht Aktuell (Zs.)
VE	Verdeckter Ermittler
Verf.	Verfasser
vgl.	vergleiche
Vorbem.	Vorbemerkung
VRS	Verkehrsrechtssammlung (Zs.) (Band und Seite)
VwV	Verwaltungsvorschrift

W

weiterf.	weiterführend(en)
wistra	Zeitschrift für Wirtschaft, Steuer und Strafrecht

Z

zahlr.	zahlreich(en)
ZAP	Zeitschrift für die Anwaltspraxis
z.B.	zum Beispiel
ZFE	Zeitschrift für Familien- und Erbrecht
ZFIS	Zeitschrift für internationale Sicherheit
zfs	Zeitschrift für Schadensrecht
ZPO	Zivilprozeßordnung
ZRP	Zeitschrift für Rechtspolitik
Zs.	Zeitschrift
ZSchG	Zeugenschutzgesetz
ZSEG	Gesetz über die Entschädigung von Zeugen und Sachverständigen
ZStW	Zeitschrift für die gesamte Strafrechtswissenschaft
z.T.	zum Teil
zust.	zustimmend(er)
zutr.	zutreffend
ZVR	Zeugnisverweigerungsrecht
zw.	zweifelhaft
ZZP	Zeitschrift für Zivilprozeß

Literaturverzeichnis

AK-StPO, Kommentar zur Strafprozeßordnung in der Reihe Alternativkommentare, herausgegeben von *Wassermann*
zitiert: AK-StPO-Bearbeiter, (Paragraf und Rn.)

Beck'sches Formularbuch für den Strafverteidiger, herausgegeben von *Hamm/Lohberger,* 4. Aufl., 2002,
zitiert: Beck-(Bearbeiter), (Seite)

Burhoff, Handbuch für das strafrechtliche Ermittlungsverfahren, 3. Aufl., 2003,
zitiert: *Burhoff*, EV, (Rn.)

Dahs, Handbuch des Strafverteidigers, 6. Aufl., 1999,
zitiert: *Dahs*, (Rn.)

Eisenberg, Beweisrecht der StPO, 4. Aufl., 2002,
zitiert: *Eisenberg*, (Rn.)

Gerold/Schmidt/v. Eicken/Madert, BRAGO, 15. Aufl., 2002,
zitiert: *Gerold* u. a., (Paragraf und Rn.)

Göhler, Ordnungswidrigkeitengesetz, 13. Aufl., 2002,
zitiert: *Göhler*, (Paragraf und Rn.)

Greiser/Artkämper, Die „gestörte" Hauptverhandlung – Eine praxisorientierte Fallübersicht, 3. Aufl., 2001,
zitiert: *Greiser/Artkämper*, (Rn.)

Handbuch des Fachanwalts Strafrecht, herausgegeben von *Bockemühl*, 2. Aufl., 2001,
zitiert: FA Strafrecht-Bearbeiter (Teil, Kapitel und Rn.)

Hamm/Hassemer/Pauly, Beweisantragsrecht, 2000,
zitiert: *Hamm/Hassemer/Pauly*, (Rn.)

Hartung/Holl, Anwaltliche Berufsordnung, 2. Aufl., 2001,
zitiert: *Hartung/Holl*, (Paragraf und Rn.)

Heidelberger Kommentar zur Strafprozeßordnung, 3. Aufl., 2001,
zitiert: HK-(Bearbeiter), (Paragraf und Rn.),

Karlsruher Kommentar zur Strafprozeßordnung, 4. Aufl., 1999,
zitiert: KK-(Bearbeiter), (Paragraf und Rn.)

Kissel, Gerichtsverfassungsgesetz, Kommentar, 3. Aufl., 2000,
zitiert: *Kissel*, (Paragraf und Rn.)

Kleinknecht/Meyer-Goßner, Strafprozeßordnung, 45. Aufl., 2001,
zitiert: *Kleinknecht/Meyer-Goßner*, (Paragraf und Rn.)

Kleinknecht/Müller/Reitberger, Loseblattkommentar zur Strafprozessordnung, inzwischen herausgegeben von *v. Heintschel-Heinegge/Stöckel*,
zitiert: KMR-Bearbeiter, (Paragraf und Rn.)

Löwe/Rosenberg, Die Strafprozeßordnung und das Gerichtsverfassungsgesetz mit Nebengesetzen, Großkommentar, herausgegeben von *Peter Rieß*, 24. Aufl., 1984 ff., z.T. 25. Aufl., 1996 ff.
zitiert: LR-Bearbeiter, (Paragraf und Rn.)

Malek, Verteidigung in der Hauptverhandlung, 3. Aufl., 1999,
zitiert: *Malek*, (Rn.)

Pfeiffer/Miebach, Strafprozeßordnung, 4. Aufl., 2002,
zitiert: *Pfeiffer*, (Paragraf und Rn.)

Schäfer, Die Praxis des Strafverfahrens, 6. Aufl., 2000,
zitiert: *Schäfer*, (Rn.)

Schlothauer, Vorbereitung der Hauptverhandlung mit notwendiger Verteidigung und Pflichtverteidigung, 2. Aufl., 1998,
zitiert: *Schlothauer*, (Rn.)

Schlothauer/Weider, Untersuchungshaft, 3. Aufl., 2001,
zitiert: *Schlothauer/Weider*, (Rn.)

Strafverteidigung in der Praxis, herausgegeben von *Brüssow/Gatzweiler/Krekeler/Mehle*, 2. Aufl., 2000,
zitiert: StrafPrax-Bearbeiter, (Paragraf und Rn.)

Systematischer Kommentar zur Strafprozeßordnung und zum Gerichtsverfassungsgesetz, bearbeitet von *Rudolphi/Frisch/Paeffgen/Rogall / Schlüchter / Wolter/Weßlau*, Loseblattkommentar;
zitiert: SK-StPO-Bearbeiter, (Paragraf und Rn.)

Tröndle/Fischer, Strafgesetzbuch und Nebengesetze, 50. Aufl., 2001,
zitiert: *Tröndle/Fischer*, (Paragraf und Rn.)

A

Ablehnung/Auswechslung eines Dolmetschers

1

Literaturhinweise: s. die Hinw. bei → *Zuziehung eines Dolmetschers*, Rn. 1226.

1. a) Auf die Ablehnung eines Dolmetschers sind nach § 191 GVG die Vorschriften über die → *Ablehnung eines Sachverständigen*, Rn. 6, also **§ 74**[1], **entsprechend** anzuwenden. Damit kann der Dolmetscher aus den gleichen Gründen abgelehnt werden, die zur Ablehnung eines Richters berechtigen (vgl. → *Ablehnung eines Richters, Allgemeines*, Rn. 4, m.w.N.).

Zur Ablehnung **berechtigt** aber nicht schon der Umstand, dass der Dolmetscher bereits im Vorverfahren von der Polizei und der StA herangezogen worden ist (*Kleinknecht/Meyer-Goßner*, § 191 GVG Rn. 2 mit Hinw. auf BGH-Urt. vom 1.8.1967 – 1 StR 287/67). Die Besorgnis der Befangenheit kann aber bestehen, wenn der Dolmetscher seine Übersetzung mit **Wertungen** versieht (LG Darmstadt StV 1990, 258), wenn der Beweiswert einer Zeugenaussage durch die **Falschübersetzung** im Gegensatz zu der tatsächlich gemachten Äußerung in **belastender** Hinsicht „**aufgebessert**" wird (LG Berlin StV 1994, 180) oder wenn der Dolmetscher seine Übersetzungen mit **Zusatzbemerkungen** versieht, die Schlussfolgerungen darstellen (LG Darmstadt StV 1995, 239).

2

b) Ist der Dolmetscher wegen Befangenheit aus dem Verfahren ausgeschieden, ist seine **Vernehmung** als **Zeuge** über die von ihm übersetzte Einlassung des Angeklagten unzulässig (LG Köln StV 1992, 460; s.a. *Kleinknecht/Meyer-Goßner*, § 74 Rn. 19), er kann aber als → *sachverständiger Zeuge*, Rn. 780, zu den von ihm übersetzten Aussagen Dritter gehört werden (BayObLG NJW 1998, 1505 [für einen bei einer früheren Vernehmung als Dolmetscher tätigen Polizeibeamten]; einschr. *Seibert* StV 2001, 264 in der Anm. zu BayObLG, a.a.O.). Die erfolgreiche Ablehnung hat zudem ggf. zur Folge, dass die unter Mitwirkung des erfolgreich abgelehnten Dolmetschers vorgenommenen **Beweiserhebungen nicht verwertet** werden können. Das ist der Fall, wenn nicht auszuschließen ist, dass die bisherige Übersetzungstätigkeit ebenfalls mit Mängeln behaftet war (LG Berlin, a.a.O.).

1 Paragrafen ohne nähere Bezeichnung sind solche der StPO.

3 c) Über die Ablehnung des Dolmetschers entscheidet das Gericht, das den Dolmetscher zugezogen hat (§ 191 S. 2 GVG).

3a **2.** Verfügt der Dolmetscher – nach Ansicht des Verteidigers, der sich insoweit von seinem ausländischen Angeklagten beraten lassen muss – über **mangelhafte Sprachkenntnisse**, berechtigt das allerdings nicht zur Ablehnung des Dolmetschers. Der Verteidiger kann aber einen **Antrag** auf **Auswechslung** des Dolmetschers stellen. Diesen muss er ausführlich begründen und im Einzelnen darlegen, warum der Dolmetscher „schlecht" übersetzt. Ggf. muss er einen Dolmetscher des Vertrauens zuziehen (wegen der Einzelh. → *Zuziehung eines Dolmetschers*, Rn. 1228).

☝ Auf jeden Fall muss der Verteidiger, wenn er sich die entsprechende Revisionsrüge offen halten will, dem weiteren Tätigwerden des (gerichtlichen) Dolmetschers in der HV **widersprechen** und einen Gerichtsbeschluss nach § 238 Abs. 2 herbeiführen (BGH NStZ 1993, 31 [K]).

Siehe auch: → *Vereidigung eines Dolmetschers*, Rn. 928a, → *Zuziehung eines Dolmetschers*, Rn. 1226, mit Antragsmuster, Rn. 1230.

4 Ablehnung eines Richters, Allgemeines

Das Wichtigste in Kürze

1. Die Ablehnung ist sowohl in den Fällen, in denen ein Richter von der Ausübung des Richteramtes ausgeschlossen ist, als auch bei Besorgnis der Befangenheit möglich.
2. Vor der Ablehnung sollten die Vor- und Nachteile eines Ablehnungsgesuchs und seine Auswirkungen auf das „Prozessklima" abgewogen und in die erforderlichen strategischen Überlegungen einbezogen werden.
3. Die Ablehnung sollte auf keinen Fall überstrapaziert werden.

Literaturhinweise: ***Arzt***, Der befangene Strafrichter, 1969; ***Burhoff***, Die Ablehnung des Richters im Strafverfahren, ZAP F. 22, S. 117; ***Jahn***, Konfliktverteidigung und Inquisitionsmaxime, 1998; ***Krekeler***, Der befangene Richter, NJW 1981, 1634; ders., Der befangene Richter, AnwBl. 1981, 326; ***Meyer-Mews***, Richterliche Befangenheit: Ablehnungsantrag, Gegenvorstellung, Revision, auf http://www.strafverteidiger-sachsen.de [zitiert: *Meyer-Mews*, Richterliche Befangenheit, S.]; ***Rabe***, Der befangene Richter, AnwBl. 1981, 331; ***Senge***, Missbräuchliche Inanspruchnahme verfahrensrechtlicher Gestaltungsmöglichkeiten – wesentliches Merkmal der Konfliktverteidigung? Abwehr der Konfliktverteidigung, NStZ

2002, 225; ***Sommer***, Maßnahmen des Strafverteidigers in der Hauptverhandlung, ZAP F. 22, S. 101; s.a. die Hinw. bei → *Ausschluss eines Richters*, Rn. 144, und bei → *Verteidigerhandeln und Strafrecht*, Rn. 1085.

4a **1.** Ein Richter kann nach § 24 Abs. 1 sowohl in den Fällen, in denen er von der **Ausübung** des **Richteramtes ausgeschlossen** ist, als auch wegen **Besorgnis** der **Befangenheit** abgelehnt werden. Die Ausschließung und Ablehnung von Gerichtspersonen ist Ausfluss des sich aus Art. 101 Abs. 1 S. 2 GG ergebenden Rechts auf den gesetzlichen Richter. Das ist nicht gewahrt, wenn am Verfahren ein Richter teilnimmt, der z.B. wegen naher Verwandtschaft, Freundschaft oder Verfeindung die gebotene Unvoreingenommenheit vermissen lässt (BVerfG NJW 1971, 1029). Der Gesetzgeber hat daher dafür Sorge getragen, dass die Richterbank von Richtern freigehalten wird, die einem Beschuldigten nicht mit der erforderlichen Distanz gegenüber stehen. Diesem Zweck dienen die Vorschriften der **§§ 22 ff.** über die Ausschließung und Ablehnung von Gerichtspersonen (BVerfG MDR 1978, 201).

Nach diesen Vorschriften kann der Richter abgelehnt werden wegen Besorgnis der Befangenheit und in den Fällen, in denen er von der Ausübung des Richteramtes kraft Gesetzes ausgeschlossen ist. Der **Unterschied** von **Ausschluss** und Ablehnung wegen **Befangenheit** liegt darin, dass der Ausschluss eines Richters von der Mitwirkung bei einer Entscheidung kraft Gesetzes eintritt. Eine entsprechende Feststellung des Gerichts hat nur deklaratorischen Charakter, während im Fall der Befangenheit die Entscheidung konstitutiv wirkt und erst die Entscheidung selbst zum Ausschluss des Richters von der Mitwirkung bei der Entscheidung führt.

5 **2. a)** Vor der Entscheidung der Frage, ob ein Ablehnungsantrag gestellt werden soll, muss sich der Verteidiger mit dem **Angeklagten** auf jeden Fall **beraten**. Dabei muss er seinem Mandanten nicht nur klarmachen, auf welches Kostenrisiko er sich möglicherweise einlässt, wenn die HV bei einem erfolgreichen Antrag ausgesetzt wird und neu beginnt (*Müller*, Rn. 66), sondern auch, dass der Ablehnungsantrag sowohl von Vorteil, als auch von Nachteil sein kann. Dabei sollte der Verteidiger **berücksichtigen**, dass der Erfolg eines Ablehnungsgesuchs einerseits zwar häufig den Ausgang des Verfahrens entscheidend beeinflussen kann, andererseits aber der (erfolglose) Ablehnungsantrag ebenso häufig die **Stimmung** in der HV nachteilig **verändert** (*Dahs*, Rn. 162; *Sommer* ZAP F. 22, S. 6). Richter, insbesondere ehrenamtliche Richter empfinden den Antrag nämlich meist als persönlichen Angriff auf ihre Integrität. Auch ist der Richter nach einem solchen Antrag vermittelnden Gesprächen durchweg nicht mehr zugänglich (vgl. zu allem *Dahs*, a.a.O.; *Müller*, a.a.O.). Diesen Gefahren wird der Verteidiger u.a. dadurch begegnen, dass er das Mittel der Ablehnung **nicht** über Gebühr **strapaziert**, sondern grds. nur in den Fällen einen Ablehnungsantrag stellt, in denen er keine andere Wahl mehr hat, als so zum Ausdruck zu bringen, dass eine vorurteilsfreie Überzeugungsbildung in dem laufenden Verfahren offensichtlich nicht mehr möglich ist.

☝ Häufig wird dem Verteidiger, der mehrere Ablehnungsanträge stellt, der **Vorwurf** der **„Konfliktverteidigung“** gemacht. Dieser Vorwurf ist m.E. aber allenfalls dann berechtigt, wenn der Antrag bzw. die Anträge ohne sachlichen Grund allein nur deshalb gestellt worden ist/sind, um den Abschluss des Verfahrens zu verhindern. Denn der Ablehnungsantrag ist sicherlich kein Mittel zur **Prozesssabotage** (s. dazu *Senge* NStZ 2002, 228; zur sog. Konfliktverteidigung durch Stellen zahlreicher Anträge s. LG Wiesbaden NJW 1995, 409; zum Rechtsmissbrauch im Strafprozess allgemein *Fischer* NStZ 1997, 212; *Kempf* StV 1996, 507; *Malmendier* NJW 1997, 227; *Niemöller* StV 1996, 501; zur Frage, ob eine allgemeine gesetzliche Missbrauchsklausel notwendig ist, s. *Kröpil* ZRP 1997, 9; ders. JR 1997, 315).

Dem Vorwurf der Prozesssabotage kann der Verteidiger m.E. die (neuere) **Rechtsprechung** des **BVerfG** entgegenhalten. Denn wenn danach das Anbringen eines Ablehnungsgesuchs wegen der Subsidiarität der Verfassungsbeschwerde zur **Ausschöpfung** des **Rechtsweges** gehört (BVerfG NStZ 2000, 382), muss der Verteidiger ggf. schon **rein vorsorglich** einen Befangenheitsantrag stellen (so auch *Meyer-Mews*, Richterliche Befangenheit, S. 13), um den Rechtsweg auszuschöpfen.

5a Bei der **Beratung** des Mandanten hinsichtlich der Entscheidung, ob ein Ablehnungsantrag gestellt werden soll, muss der Verteidiger Folgendes **beachten**:

- Die Entscheidung über die Antragstellung sollte – nach **sorgfältiger Beratung** – letztlich der Mandant treffen. Vor **spontan**, ohne Genehmigung des Angeklagten gestellten Ablehnungsanträgen ist zu **warnen**.
- Das Verlangen des Angeklagten, einen Ablehnungsantrag zu stellen, sollte der Verteidiger nicht spontan befolgen. Er muss vielmehr das Vorliegen der **Voraussetzungen** des Antrags und seine Folgen **sorgfältig prüfen** (zur Ablehnung im Ermittlungsverfahren, s. *Burhoff*, EV, Rn. 17 ff.) und den Mandanten gewissenhaft beraten.
- Kennt der Verteidiger den Richter, kann das von Nutzen sein. Denn einen zwar „rauen“, aber in der Sache dem Mandanten/Angeklagten i.d.R. wohl gesonnenen Richter wird der Angeklagte kaum ablehnen. Miteinbeziehen in seine Überlegungen muss der Verteidiger auch, dass ein Ablehnungsantrag ggf. für das Verhalten des Richters gegenüber dem Angeklagten insofern heilsam sein kann, als ein durch einen Ablehnungsantrag **„gewarnter“ Richter** dem Angeklagten nun „vorsichtiger“ gegenübertritt (s. zu allem auch *Malek*, Rn. 86 f.).

☝ Entscheidend ist immer das Interesse des Mandanten. Darauf wird der Verteidiger vor allem bei der **Formulierung** des Antrags Rücksicht nehmen und diesen so **emotionslos** wie möglich abfassen. Insbesondere ist jede unnötige Herabsetzung des abgelehnten Richters zu vermeiden (zur Grenzziehung zwischen (Formal)Beleidigung und einem überzogenen Angriff s. BayObLG NJW 2000, 3079). Der Verteidiger muss immer bedenken, dass, wenn der Antrag keinen Erfolg hat, mit dem abgelehnten Richter weiter verhandelt werden muss (s. → *Ablehnungsantrag*, Rn. 29).

Siehe auch: → *Ablehnung eines Dolmetschers,* Rn. 1, → *Ablehnung eines Sachverständigen,* Rn. 6, → *Ablehnung eines Staatsanwaltes,* Rn. 19, → *Ablehnungsantrag,* Rn. 23, *mit Antragsmuster,* Rn. 30, → *Ablehnungsberechtigter,* Rn. 31, → *Ablehnungsgründe, Befangenheit,* Rn. 32, → *Ablehnungsverfahren,* Rn. 46, → *Ablehnungszeitpunkt,* Rn. 52, → *Ablehnung von Schöffen,* Rn. 58, → *Ablehnung von Urkundsbeamten,* Rn. 62, → *Ausschluss eines Richters,* Rn. 144, → *Selbstablehnung eines Richters,* Rn. 787.

Ablehnung eines Sachverständigen

6

Das Wichtigste in Kürze

1. Von einem Ablehnungsgesuch sollte nur dann Gebrauch gemacht werden, wenn das Verhalten des SV begründeten Anlass zu der Annahme gibt, an seiner notwendigen Neutralität zu zweifeln.
2. Ein SV kann in denselben Fällen abgelehnt werden, die auch beim Richter zur Ablehnung berechtigen. Von besonderer Bedeutung ist der Grund der vorhergehenden Tätigkeit als Polizeibeamter in dem Verfahren.
3. Das Ablehnungsgesuch ist erst zulässig, wenn der SV ernannt ist, es kann auch noch nach Erstellung des Gutachtens gestellt werden.
4. Ein vor der HV abgelehntes Gesuch kann mit denselben Gründen wiederholt werden.
5. Nach begründeter Ablehnung scheidet der SV aus dem Verfahren aus, er kann aber in bestimmtem Umfang als Zeuge gehört werden.
6. Neben der Ablehnung kann auch ein sog. Entbindungsantrag nach § 76 in Betracht kommen.

Literaturhinweise: ***Ahlf***, Zur Ablehnung des Vertreters von Behördengutachten durch den Beschuldigten im Strafverfahren, MDR 1978, 981; ***Bleyl***, Wissenschaftliche Publikationen und Befangenheit vor Gericht, MedR 1994, 106; ***Dästner***, Zur Anwendbarkeit des § 74 StPO aus Polizeibedienstete als Sachverständige, MDR 1979, 545; ***Dose***, Der Sitzungsvertreter und der Wirtschaftsreferent der Staatsanwaltschaft als Zeuge in der Hauptverhandlung, NJW 1978, 349; ***Dostmann***, Die Rechtsstellung des Kriminalbeamten (beim Landeskriminalamt) als Sachverständiger im Strafverfahren unter besonderer Berücksichtigung dienstrechtlicher Vorschriften, DVBl. 1974, 153; ***Fezer***, Die Folgen der Sachverständigenablehnung für die Verwertung seiner Wahrnehmungen, JR 1990, 397; ***Foth/Karcher***, Überlegungen zur Behandlung des Sachbeweises im Strafverfahren, NStZ 1989, 166; ***Geppert***, Der Sachverständigenbeweis, Jura 1993, 249; ***Gössel***, Behörden und Behördenangehörige als Sachverständige vor Gericht, DRiZ 1980, 363; ***Krause***, „Absolute" Befangenheitsgründe beim Sachverständigen, in: Festschrift für *Maurach*, 1972, S. 549; ***Krekeler***, Strafverteidigung mit einem und gegen einen Sachverständigen, StraFo 1996, 5; ***Lemme***, Zur Ablehnung des Wirtschaftsreferenten der Staatsanwaltschaften. § 745 StPO, Wistra 2002, 281; ***Pawlak***, Ablehnung des Sachverständigen im Strafverfahren wegen Befangenheit? Eine Untersuchung zur Berechtigung des § 74 StPO, 1999; ***Pfanne***, Zur Frage der Befangenheit der Sachverständigen der Kriminalämter, JR 1968, 378; ***Tondorf/Waider***, Der Sachverständige, ein „Gehilfe" auch des Strafverteidigers?, StV 1997, 493; ***Wiegmann***, Ablehnung von Mitarbeitern der Strafverfolgungsbehörden als Sachverständige (§ 74 StPO), StV 1996, 570; s.a. die Hinw. bei → *Sachverständigenbeweis*, Rn. 765.

6a **1.** Der Verteidiger muss das Verhalten und die Äußerungen eines SV in allen Verfahrensabschnitten **sorgfältig** darauf **prüfen**, ob gegen diesen ein Ablehnungsantrag gestellt werden muss, weil er z.B. die notwendige Neutralität gegenüber dem Angeklagten hat vermissen lassen. Dem ist zwar i.d.R. häufig nur durch einen Ablehnungsantrag beizukommen, aus **prozesstaktischen Gründen** wird der Verteidiger aber von einem Ablehnungsgesuch nicht unnötig Gebrauch machen. Dringt er nämlich mit der Ablehnung nicht durch, muss er mit einer „Verstimmung" des SV und ggf. auch des Gerichts rechnen, das hinter einem (unbegründeten) Ablehnungsgesuch immer auch den Versuch der **Prozessverschleppung** vermuten wird. Auch beeinflusst das Gutachten eines abgelehnten Sachverständigen in einer vom Verteidiger nicht zu kontrollierenden Weise die Überzeugungsbildung des Gerichts (*Dahs*, Rn. 587). Manchmal bleibt aber nur die Ablehnung, um eine objektive Begutachtung des Angeklagten zu erzwingen. Dann sollte der Verteidiger darauf – im Interesse des Angeklagten – auch nicht verzichten.

7 **2.** Nach § 74 Abs. 1 S. 1 kann ein SV aus denselben **Gründen**, die zur Ablehnung eines Richters berechtigen, abgelehnt werden. Ein Ablehnungsgrund kann jedoch nach § 74 Abs. 1 S. 2 nicht daraus entnommen werden, dass er als Zeuge vernommen worden ist. Hinsichtlich der Befangenheitsgründe ist zu unterscheiden zwischen den sog. **zwingenden** Befangenheitsgründen (s. Rn. 8 f.), die nach ganz h.M. notwendigerweise dazu führen, dass dem Ablehnungsgesuch ohne weitere Prüfung stattzugeben ist (*Kleinknecht/Meyer-Goßner*, § 74 Rn. 3 m.w.N.; a.A. *Krause*, S. 551), und den Ablehnungsgründen, bei deren Geltendmachung wie beim Richter die **Besorgnis** der **Befangenheit** im **Einzelfall** geprüft werden muss (s. Rn. 10 ff.; → *Ablehnungsgründe, Befangenheit*, Rn. 32 ff.).

8 **a)** Bei den **zwingenden** Ablehnungsgründen handelt es sich insbesondere um die Gründe, aus denen ein Richter nach den §§ 22, 23 von der Mitwirkung im Verfahren ausgeschlossen ist (wegen der Gründe im Einzelnen s. → *Ausschluss eines*

Richters, Rn. 144). Diese müssen beim SV **ausdrücklich geltend gemacht** werden, da das Gesetz den Ausschluss eines SV kraft Gesetzes nicht vorsieht.

Von besonderer praktischer Bedeutung ist beim SV der sich aus § 22 Nr. 4 ergebende Ablehnungsgrund der **vorhergehenden Tätigkeit** als **Polizeibeamter** in dem Verfahren gegen den Angeklagten (BGHSt 18, 214, 216; eingehend dazu *Wiegmann* StV 1996, 572). Es genügt aber nicht, wenn der Polizeibeamte nur irgendwie mit der Sache befasst war, z.B. als Beamter der Polizeiverwaltung. Es ist vielmehr erforderlich, dass er i.S.d. §§ 161 Abs. 1, 163 StPO, § 152 GVG **an den Ermittlungen teilgenommen** hat (BGH NJW 1958, 1308 [Ls.]; RGSt 17, 415, 423), indem er etwa Inaugenscheinnahmen von (Tat-)Orten und Gegenständen, körperliche Untersuchungen, Identifizierungsmaßnahmen (§ 81b) u.a. durchgeführt hat (s. i.Ü. *Wiegmann*, a.a.O.). Entscheidend ist die Vornahme von Maßnahmen, die der Erforschung von Straftaten dienen.

Kriminalbeamte, auch Angehörige des **Bundeskriminalamtes**, die an der Strafverfolgung des Angeklagten beteiligt waren, sind demnach ohne weiteres als befangen anzusehen (BGHSt 18, 214, 216; *Kleinknecht/Meyer-Goßner*, § 74 Rn. 3 m.w.N.). Das Gleiche gilt grds. für (sonstige) **(Hilfs-)Beamte** der **StA**, die keine Polizeibeamten sind, aber gegen den Angeklagten in irgendeiner Weise vorgegangen sind/ermittelt haben (*Wiegmann* StV 1996, 572). Ob das auch auf den in eine Abteilung der StA zur Bekämpfung der Wirtschaftskriminalität dienstrechtlich eingegliederten **Wirtschaftsreferenten** anzuwenden ist, ist streitig. Die Frage dürfte jedenfalls dann zu verneinen sein, wenn diese ihr Gutachten ersichtlich eigenverantwortlich erstatten (OLG Zweibrücken NJW 1979, 1995; *Kleinknecht/Meyer-Goßner*, § 74 Rn. 5; s.a. LR-*Dahs* § 74 Rn. 7 m.w.N.). *Wiegmann* (StV 1996, 573 f.) unterscheidet danach, ob der Mitarbeiter selbst an Ermittlungshandlungen mitgewirkt und dabei Art, Umfang oder Richtung der Ermittlungen bestimmt hat. Ist das der Fall, soll er ausgeschlossen sein. *Lemme* (wistra 2002, 281 ff.) legt das Hauptgewicht auf die Frage, ob der Wirtschaftsreferent sein Bemühen um Sachaufklärung (auch) auf Straftaten gerichtet hat, die nicht durch einen (Gutachten-)Auftrag bezeichnet worden sind. Dann soll er wegen Befangenheit abgelehnt werden können.

9 Auf Beamte, die der Polizei nicht angehören und auch keine Hilfsbeamten der StA (vgl. dazu *Burhoff*, EV, Rn. 976) sind, bezieht sich § 22 Nr. 4 nicht. Deshalb fallen auch die Beamten des Bundesamtes und der Landesämter für **Verfassungsschutz** nicht unter diese Vorschrift (BGHSt 18, 214).

Gehört der Polizeibeamte einer mit Ermittlungsaufgaben nicht betrauten und organisatorisch von der Ermittlungsbehörde getrennten Dienststelle der Polizei an, besteht ebenfalls kein zwingender Ablehnungsgrund. Dieses ist vor allem bei den kriminalwissenschaftlichen (BGH, a.a.O.), technischen (KG VRS 25, 272,

274) und **chemischen** (RGSt 35, 319) **Untersuchungsämtern** und deren **Schriftsachverständigen** (OLG Frankfurt OLGSt § 74, 7) der Fall. Voraussetzung ist allerdings, dass diese SV wissenschaftliche Gutachten erstatten, ohne im Einzelfall an Weisungen gebunden zu sein (vgl. zu allem a. AG Bautzen StV 1998, 125; *Wiegmann*, a.a.O., m.w.N.; s. zu SV der Kriminalämter a. *Pfanne* JR 1968, 378).

Eine **Behörde** als Gutachter kann **nicht abgelehnt** werden, es kann jedoch der Verfasser des Gutachtens oder derjenige, der das Gutachten in der HV vertritt/erläutert, wegen Besorgnis der Befangenheit abgelehnt werden (*Foth/Karcher* NStZ 1989, 170; a. A. *Ahlf* MDR 1978, 981).

10 **b)** Als **sonstige (Ablehnungs-)Gründe** kommen die Gründe in Betracht, die bei einem Richter die Besorgnis der **Befangenheit** rechtfertigen (s. a. → *Ablehnungsgründe, Befangenheit*, Rn. 32 ff.). Dabei ist auch beim SV ohne Bedeutung, ob dieser wirklich befangen ist oder sich befangen fühlt. Maßgebend ist, ob vom **Standpunkt** des **Ablehnenden** aus **verständigerweise** ein **Misstrauen** gegen die Unparteilichkeit des SV gerechtfertigt erscheint (BGHSt 8, 144 f.; *Krekeler* StraFo 1996, 9). Entscheidend sind vernünftige, jedem unbeteiligten Dritten einleuchtende Gründe (BGHSt 21, 334, 341; BGHSt 22, 190; zur Frage, inwieweit wissenschaftliche Publikationen zur Befangenheit eines SV führen können, s. *Bleyl* MedR 1994, 106 ff. und BGHSt 41, 206, 211). Die Bedenken gegen die Unparteilichkeit müssen sich grds. auch aus dem Verfahren ergeben, in dem der SV wegen Befangenheit abgelehnt werden soll. Vorkommnisse aus einem anderen Verfahren genügen i.d.R. nur dann, wenn die Gründe, die damals zur Befangenheit geführt haben, fortbestehen und weiterhin Geltung haben (BGH NStZ 1999, 632, 633).

Beispiele:

11 für die **begründete** Ablehnung eines SV:

- er ist **Angestellter** der **geschädigten** Firma (RGSt 58, 262),
- die **Bewertung** des **Tatgeschehens** durch den SV in einer (vorläufigen) Begutachtung, findet im Ergebnis der Ermittlungen, wie es in den Akten seinen Niederschlag gefunden hat, **keine hinreichende Stütze** (LG Frankfurt StV 1995, 125),
- er hat **Briefe** des untergebrachten Angeklagten **unterdrückt** (BGHSt 21, 277),
- die Beantwortung von zugunsten des Angeklagten gestellten **Entlastungsfragen** wird **verweigert** (BGH MDR 1975, 368 [D]),
- er hat „**Fangfragen**" an einen Entlastungszeugen gestellt (OLG Hamburg StV 1987, 142),
- er hat ohne Einwilligung des Angeklagten und ohne gerichtliche Ermächtigung **körperliche Eingriffe** vorgenommen (BGHSt 8, 144 f.),

- er hat unsachliche **Kritik** an einem angekündigten **Privatgutachten** geäußert (OLG Zweibrücken NJW 1998, 912 [für Zivilverfahren]),
- er hat für den Verletzten (BGHSt 20, 245), für den Nebenkläger (OLG Hamm VRS 26, 365) oder für eine am Ausgang des Verfahrens interessierte Versicherungsgesellschaft ein **Privatgutachten** erstattet (RGSt 72, 250 f.; BGH NStZ 2002, 215 [Gutachtenerstattung für Brandversicherung]),
- er hat den Angeklagten **provokativ gefragt**, z.B., ob er auf einem „bestimmten Paragrafen" reisen wolle (BGH MDR 1977, 983 [H]; StV 1990, 389),
- er äußert sich zu den **Rechtsfolgen** dahin, dass er hoffe, es werde gegen den Angeklagten nicht nur eine zur Bewährung ausgesetzte Freiheitsstrafe verhängt (BGH StV 1981, 55),
- er wollte den Angeklagten ohne dessen Einwilligung vor **Studenten befragen** (BGH MDR 1980, 456 [H]),
- er hat das **Tatopfer**/Ehefrau des Angeklagten, deren Tötung diesem zur Last gelegt wird, **ärztlich behandelt** (BGH MDR 1972, 925 [D]),
- ggf., wenn eine als **Therapeutin** tätige Psychologin mit der Begutachtung der **Glaubwürdigkeit** beauftragt wird (BGH StV 1996, 130),
- er ist **unprofessionell** und **einseitig** vorgegangen und hat aus persönlicher Verbundenheit und aus außerhalb des Gutachtenauftrags liegenden Gründen den Angeklagten zur **Änderung** seines **Aussageverhaltens** bestimmt (BGHSt 37, 376; s. aber BGH NStZ 2000, 544).

für **nicht begründete** Ablehnung eines SV: **12**

- wenn der SV den Angeklagten über sein **Aussageverweigerungsrecht nicht belehrt** hat (BGH, Urt. v. 6.11.1979 – 1 StR 546/79),
- allein der Umstand, dass der SV eine nach § 52 gebotene **Belehrung** des zu untersuchenden Kindes durch die zuständige Stelle **nicht herbeiführt** (BGH NStZ 1997, 349), es sei denn, der SV verschweigt dem Kind bewusst, dass er im Auftrag der Justizbehörden tätig wird, weil er sicher ist, dass dieses anderenfalls keine Angaben zum Tatgeschehen machen würde,
- wenn der SV in seinem schriftlichen Gutachten die **Beweisaufnahme** zu **Lasten** des Angeklagten **gewürdigt** hat (BGH MDR 1974, 367 [D]; a.A. *Eisenberg*, Rn. 1551),
- **eigenes Verhalten** des Angeklagten (BGH MDR 1972, 18 [D]), und zwar auch dann nicht, wenn der Angeklagte Strafanzeige wegen Beleidigung gegen den SV erstattet hat, da der Angeklagte es sonst in der Hand hätte, den SV auszuschalten (OLG München NJW 1974, 384; LR-*Dahs*, § 74 Rn. 14),
- wenn der SV die **Einlassung** der Angeklagten insgesamt als **unglaubhaft** bezeichnet (BGH NStZ 1981, 94 [Pf]),
- wenn der SV seine Untersuchungen vorab in einer Fachzeitschrift veröffentlicht oder er sich sonst **wissenschaftlich geäußert** hat (OLG Düsseldorf JMBl. NW 1987, 101 [insoweit nicht in StV 1987, 241]; wistra 1994, 78; vgl. dazu auch BGHSt 41, 206, 211),
- **mangelnde Sachkunde** (h.M.; BGH StV2002, 350, OLG Schleswig SchlHA 1997, 137; vgl. u.a. KK-*Senge*, § 74 Rn. 1), die aber ggf. dazu führen kann, die Einholung eines weiteren Gutachtens von einem sog. → *Obergutachter*, Rn. 636, zu beantragen,

- nicht unbedingt **fehlerhafte Vorgehensweise**, wenn darin nicht Befangenheit zum Ausdruck kommt (BGH NStZ 2000, 544; s. aber BGHSt 37, 376),
- allein die **Mitwirkung** im **Vorverfahren** im Auftrag der StA oder der Polizei, und zwar auch dann nicht, wenn erst das vom SV erstattete Gutachten zur Einleitung des Strafverfahrens führt (BGHSt 18, 214, 217; s. aber BGH NStZ 2002, 215 und dazu auch *Wiegmann* StV 1996, 571 ff.),
- wenn der SV von **„Opfer"** und **„Tat"** spricht (*Kleinknecht/Meyer-Goßner*, § 74 Rn. 7; a.A. *Eisenberg*, Rn. 1551),
- und sogar dann nicht, wenn er selbst im Anschluss an seine Untersuchung die **Strafanzeige** gegen den Angeklagten erstattet hat (vgl. u.a. OLG München NJW 1971, 384),
- wenn er in einem anderen **Strafverfahren** bereits **früher** gegen den Angeklagten **tätig** war (BGHSt 8, 226, 235).

13 **3.** Für das **Verfahren** zur Ablehnung eines SV ist hier kurz auf Folgendes hinzuweisen (vgl. i.Ü. *Kleinknecht/Meyer-Goßner*, § 74 Rn. 9 m.w.N.; *Krekeler* StraFo 1996, 9 ff.):

Nach dem Wortlaut des § 74 Abs. 2 S. 1 sind ablehnungsberechtigt nur der Angeklagte, der Privatkläger und die StA. Über den Wortlaut hinaus wird aber auch dem Nebenkläger, einem Verfalls- und Einziehungsbeteiligten, dem gesetzlichen Vertreter und dem Erziehungsberechtigten im JGG-Verfahren ein Ablehnungsrecht zugebilligt (*Kleinknecht/Meyer-Goßner*, a.a.O., m.w.N.).

☝ Der Verteidiger ist nur berechtigt, im **Namen** des **Angeklagten** den SV abzulehnen (OLG Hamm NJW 1951, 731; LR-*Dahs*, § 74 Rn. 15).

Der (vom Gericht) ernannte SV ist den Ablehnungsberechtigten **namhaft** zu machen, wenn nicht besondere Gründe entgegenstehen (§ 74 Abs. 2 S. 2), und zwar unmittelbar nach der Ernennung. Die Ablehnungsgründe sind glaubhaft zu machen; für die **Glaubhaftmachung** gelten die Ausführungen zur Glaubhaftmachung des Ablehnungsgrundes für die Ablehnung eines Richters entsprechend (s. → *Ablehnungsverfahren*, Rn. 47; zu einem **Antragsmuster** s.u. Rn. 18a).

14 Das Ablehnungsgesuch, das keiner besonderen Form bedarf, ist **zeitlich** erst **zulässig**, wenn der **SV ernannt** worden und die Sache bei Gericht anhängig ist (LR-*Dahs*, § 74 Rn. 18, 20; zu den Möglichkeiten des Verteidigers im Vorverfahren s. *Burhoff*, EV, Rn. 4 f., 795 ff.). Es kann nach § 83 Abs. 2 auch noch **nach Erstellung** des **Gutachtens** gestellt werden. Der letztmögliche Zeitpunkt ist der Schluss der Beweisaufnahme, nach Beginn der → *Urteilsverkündung*, Rn. 920, braucht das Gericht – wie bei Beweisanträgen – Anträge nicht mehr entgegenzunehmen (*Kleinknecht/Meyer-Goßner*, § 74 Rn. 12).

4. Hinweise für den Verteidiger!

Für die **Hauptverhandlung** ist zusätzlich noch Folgendes zu beachten (s.a. *Krekeler* StraFo 1996, 9 ff.):

a) Der **Ablehnungsantrag** muss **in** der **HV gestellt** und dort wiederholt werden, wenn er bereits früher gestellt war (RGSt 68, 327; OLG Hamm VRS 39, 217). Ein schon vor der HV gestellter Antrag kann mit derselben Begründung **wiederholt** werden (RGSt 47, 239; LR-*Dahs*, § 74 Rn. 25), selbst wenn er zurückgewiesen und sogar die Beschwerde erfolglos war (OLG Oldenburg JZ 1960, 291). Dagegen wird die Wiederholung eines in der HV bereits gestellten und abgelehnten Antrags – mit derselben Begründung – als rechtsmissbräuchlich und unzulässig anzusehen sein (KK-*Senge*, § 74 Rn. 9). **15**

☝ Der Verteidiger darf die **Wiederholung** des vor der HV gestellten, aber abgelehnten Ablehnungsantrages **nicht versäumen**. Anderenfalls kann auf die Ablehnung des Befangenheitsantrages in der **Revision** eine Verfahrensrüge nicht gestützt werden (BGH StV2002, 350).

b) Über das Ablehnungsgesuch wird in der HV durch das **Gericht** unter Mitwirkung der Schöffen mit zu begründendem **Beschluss** (§ 34) **entschieden**. Dieser kann nach der Eröffnung des Hauptverfahrens nur noch mit der Revision angegriffen werden. Anders als bei der Richterablehnung prüft das Revisionsgericht nicht selbständig, ob die Voraussetzungen für die Ablehnung des SV im konkreten Fall vorliegen, sondern aufgrund der Tatsachen, die das Tatgericht seiner Entscheidung zugrunde gelegt hat (st. Rspr., vgl. u.a. BGH NStZ 1999, 632). Deshalb muss dieses in seinem Beschluss darlegen, von welchen Tatsachen es ausgeht (BGH NStZ 1994, 388; vgl. zur **Revision** in diesen Fällen i.Ü. *Kleinknecht/Meyer-Goßner*, § 74 Rn. 21 m.w.N.). **16**

Bei **begründeter Ablehnung** darf der SV **nicht** weiter **vernommen** bzw. ein bereits erstattetes Gutachten nicht verwertet werden (OLG Düsseldorf MDR 1984, 71). Der SV darf sein Gutachten auch **nicht** als → ***Sachverständiger Zeuge***, Rn. 780, erstatten (BGHSt 20, 222), auch kann ein anderer SV es nicht an seiner Stelle vortragen (OLG Celle NJW 1964, 462). Das Gericht kann mit dem Gutachten nicht die eigene Sachkunde i.S.d. § 244 Abs. 4 begründen (KK-*Senge*, § 74 Rn. 14). Es darf aber den SV als **Zeuge vernehmen** über Tatsachen, die Gegenstand seiner Wahrnehmung gewesen sind, und zwar nach h.M. nicht nur über Zufallsbeobachtungen und Zusatztatsachen, sondern **auch** über die bei der Vor- **17** bereitung des Gutachtens ermittelten **Befundtatsachen** (BGH, a.a.O.; zuletzt NStZ 2002, 44, 45; *Kleinknecht/Meyer-Goßner*, § 74 Rn. 19 m.w.N. zur Gegenmeinung). Daran kann dann ein anderer SV anknüpfen.

☝ Wird ein wegen Befangenheit abgelehnter SV **als Zeuge** vernommen, muss der **Verteidiger** darauf achten, dass der SV **nicht versteckt** ein **Gutachten** erstattet. Der SV darf während seiner Vernehmung keine einzige sachkundige Folgerung ziehen (*Dahs*, Rn. 197, 580, 587 a.E.).

Die begründete Ablehnung eines Sachverständigen macht diesen aber zu einem „**völlig ungeeigneten**" **Beweismittel** i.S.d. § 245 Abs. 2 mit der Folge, dass dieser nicht mehr als „präsentes Beweismittel" in das Verfahren eingeführt werden kann (BGH NStZ 1999, 632).

18 **5.** Neben der Ablehnung eines SV kann auch ein **Antrag** auf **Entbindung** in Betracht kommen (für das Ermittlungsverfahren s. dazu *Burhoff*, EV, Rn. 795). Das kann z.B. dann der Fall sein, wenn ein vom Gericht beauftragter SV beruflich überlastet ist und das (erst in der HV) in Auftrag gegebene **Gutachten nicht** in **angemessener Zeit** erstatten kann. I.Ü. kann der SV entbunden werden, wenn er die Erstattung des Gutachtens verweigert (wegen der Einzelh. s. § 76; s. dazu *Kleinknecht/Meyer-Goßner*, § 76 Rn. 1 ff. m.w.N.).

☝ Der Entbindungsantrag kann auch gestellt werden, wenn der SV befangen erscheint. Deshalb kann er sich aus **verteidigungstaktischen** Gründen auch in diesen Fällen anbieten, wenn der Verteidiger nicht sofort zum „scharfen Schwert" einer Ablehnung greifen möchte (*Tondorf/Waider* StV 1993, 42), durch die er sich ggf. einen SV, dessen Ablösung er dann doch nicht erreicht, „verärgert".

Gegen die Entscheidung über den Antrag steht dem Verteidiger, da es sich in der HV um eine Maßnahme des erkennenden Gerichts handelt, nach § 305 S. 1 **kein Rechtsmittel** zu (KK-*Senge*, § 76 Rn. 5). Mit der **Revision** kann aber gerügt werden, dass dem SV kein (Ver-)Weigerungsrecht nach § 76 Abs. 1 S. 1 hätte zuerkannt werden dürfen, oder dass die Entbindung/Nichtentbindung zu Unrecht erfolgt ist (*Kleinknecht/Meyer-Goßner*, § 76 Rn. 7).

4. Antragsmuster

18a

An das
Landgericht
Musterstadt

In dem Strafverfahren
gegen H.Muster
Az.:........
wegen des Verdachts der Brandstiftung

wird namens und in Vollmacht des Angeklagten

der Sachverständigen S wegen Besorgnis der Befangenheit abgelehnt.

Gründe:

Dem Angeklagten wird vorgeworfen, sein Wohnhaus in Brand gesetzt zu haben, um sich die Versicherungssumme aus der für das Wohnhaus bei der B-AG abgeschlossenen Brandversicherung zu verschaffen. Unmittelbar nach dem Brand hat der Sachverständige S als Sachverständiger die Brandstelle in Augenschein genommen und Untersuchungen zur Brandursache angestellt. Er war dazu von den ermittelnden Polizeibeamten aufgefordert worden. Das daraufhin erstellte Brandgutachten ist vom Sachverständigen sowohl an die Polizei als auch an die B-AG übersandt worden. Das Gutachten ist Gegenstand der Akte (s. Bl. ... d.A.). Der Sachverständige ist für seine Tätigkeiten von der B-AG bezahlt worden.

Dieser Sachverhalt rechtfertigt für den Beschuldigten die Besorgnis der Befangenheit des Sachverständigen (s. BGH NStZ 2002, 215).

Rechtsanwalt

Siehe auch: → *Sachverständigenbeweis*, Rn. 765, m.w.N.

Ablehnung eines Staatsanwaltes

19

Literaturhinweise: ***Arloth***, Zur Ausschließung und Ablehnung des Staatsanwalts, NJW 1983, 209; ***Bruns***, Ablehnung eines Staatsanwalts aus den Gründen des § 24 StPO, insbesondere wegen Besorgnis der Befangenheit?, in: Festschrift für *Grützner*, 1970, S. 42; ***Buckert***, Der Rechtsanspruch des Bürgers auf Ablösung eines befangenen Staatsanwalts und seine gerechte Durchsetzung, NJW 1970, 847; ***Frisch***, Ausschluß und Ablehnung des Staatsanwalts, Möglichkeiten und Grenzen richterlicher Fortbildung und sachgerechter Gesetzgebung, in: Festschrift für *Bruns*, 1978, S. 385; ***Hilgendorf***, Verfahrensfragen bei der Ablehnung eines Staatsanwalts, StV 1996, 50; ***Joss***, Ablehnung des Staatsanwalts wegen Befangenheit, NJW 1981, 100; ***Kühne***, Wer mißbraucht den Strafprozeß?, StV 1996, 684; ***Kuhlmann***, Ausschließung und Ablehnung des Staatsanwaltes, DRiZ 1976, 11; ***Pawlik***, Der disqualifizierte Staatsanwalt NStZ 1995, 310; ***Pfeiffer***, Zur Ausschließung und Ablehnung des Staatsanwalts im geltenden Recht, in: Festschrift für *Rebmann*, 1989, S. 359; ***Reinhardt,*** Der Ausschluß und die Ablehnung des befangen erscheinenden Staatsanwaltes, 1997; ***Schaefer,*** Das Fairnessgebot für den Staatsanwalt, in: Festschrift für *Rieß*, S. 491; ***Schairer***, Der befangene Staatsanwalt, 1983; ***K.Tolksdorf***, Mitwirkungsverbot für den befangenen Staatsanwalt, 1989; ***Wendisch***, Zur Ausschließung und Ablehnung des Staatsanwalts, in: Festschrift für *Schäfer*, 1979, S. 243; ***Ziegler***, Risiken und prozessuale Folgen staatsanwaltschaftlicher und richterlicher Medienkontakte, StraFo 1995, 68; s. a. die Hinw. bei → *Staatsanwalt als Zeuge*, Rn. 813.

19a **1.** Für den **StA** gelten die **§§ 22 ff.** nach h.M. **nicht**, auch nicht **entsprechend** (vgl. u.a. BGH NJW 1984, 1907; NStZ 1991, 595; *Kleinknecht/Meyer-Goßner*, vor § 22 Rn. 3 m.w.N.).

Das bedeutet jedoch nicht, dass ein StA in einem Strafverfahren mitwirken darf, in dem seine Mitwirkung an sich unzulässig wäre, z.B. weil er mit dem Verletzten verwandt ist (*Kleinknecht/Meyer-Goßner*, vor § 22 Rn. 3; KK-*Pfeiffer*, § 22 Rn. 16 c [unstr. ausgeschlossen]; eingehend dazu a. *Pawlik* NStZ 1995, 311). In § 11 BWAGGVG bzw. § 11 NdsAGGVG ist daher auch ausdrücklich bestimmt, dass ein StA in sog. „Ausschlussfällen" keine Amtshandlungen vornehmen darf (zur bezweifelten Gültigkeit dieser Vorschriften s. die Nachw. bei *Kleinknecht/ Meyer-Goßner*, vor § 22 Rn. 3; s. auch KMR-*Bockemühl* vor § 22 Rn. 5). Befreit in diesen Fällen der Vorgesetzte den StA nicht von sich aus (s. § 145 Abs. 1 GVG, § 59 BBG), können das Gericht und andere Prozessbeteiligte, insbesondere auch der **Verteidiger**, auf die **Ablösung** des StA **hinwirken**.

☝ Dazu muss sich der Verteidiger schriftlich an den **Dienstvorgesetzten** des StA (s. § 145 Abs. 1 GVG) **wenden**, seine „Ablehnungsgründe" vortragen und den Vorgesetzten bitten, im Wege der Dienstaufsicht den als befangen angesehenen StA abzulösen (*Hilgendorf* StV 1996, 52).

Gegen die ablehnende Entscheidung des Dienstvorgesetzten steht dem Verteidiger nach h.M. **nicht** der Antrag nach **§ 23 EGGVG** zu (*Kleinknecht/Meyer-Goßner*, vor § 22 Rn. 6; § 23 EGGVG Rn. 15; *Pawlik* NStZ 1995, 314; OLG Frankfurt StraFo 1999, 162; OLG Hamm NJW 1969, 808; a.A. mit beachtlichen Argumenten *Hilgendorf* StV 1996, 53), **möglich** ist aber eine **Dienstaufsichtsbeschwerde** oder eine Gegenvorstellung (allgemein dazu *Burhoff*, EV, Rn. 257 ff.).

20 **Entsprechendes** gilt, wenn der Angeklagte den StA für **befangen** hält. Dabei sind aber, da Gericht und StA im Verfahren unterschiedliche Aufgaben haben, **nicht** die gleichen **Maßstäbe** anzuwenden wie nach **§ 24** bei der Befangenheit von Richtern (BVerfG JR 1979, 28; BGH NJW 1984, 1907; NStZ 1991, 595 [keine Befangenheit, wenn nach Aufhebung und Zurückverweisung der Sache ein früherer Richter nun als StA in der HV tätig ist]; StV 1996, 297 [zum Einsatz eines StA mit „persönlichen leidvollen" Erfahrungen mit der DDR-Strafjustiz]; mit guten Gründen a. A. OLG Stuttgart NJW 1974, 1394 [Verstoß gegen den Grundsatz des „fair-trial", wenn der Richter erster Instanz in der Berufungs-HV als Sitzungsvertreter der StA auftritt]). Zwar trifft den StA nach § 160 Abs. 2 eine Pflicht zur Objektivität und Berücksichtigung auch aller den Angeklagten entlastenden Umstände, eine gewisse Einseitigkeit des StA ist durch seine Rolle im Strafverfahren aber vorgegeben (*Hilgendorf* StV 1996, 52; ähnlich a. *Pawlik* NStZ 1995, 311; zu den prozessualen Folgen staatsanwaltschaftlicher Medienkontakte s. *Ziegler* StraFo 1995, 69).

21 Deshalb wird i. d. R. nur **schwerwiegendes Fehlverhalten** eine Befangenheit oder gar einen Ausschluss des StA begründen können. Das wird dann der Fall sein, wenn sich aus dem Verhalten des StA dessen Voreingenommenheit geradezu aufdrängt und sein Prozessverhalten aus der Sicht des Angeklagten als Missbrauch staatlicher Macht i.S.d. Grundsatzes des „fair trial" erscheint. Dies wird man z. B. dann bejahen können, wenn der StA den **Angeklagten** ständig **einschüchtert** und unter **Druck** setzt, um ihn zu einem Geständnis zu bewegen, oder auch bei Ehrverletzungen des Angeklagten oder eines Zeugen, der entlastend für den Angeklagten aussagt (nach LG Mönchengladbach [StV 1987, 333] kann in diesen Fällen ein Einschreiten des Gerichts geboten sein). Befangenheit dürfte auch dann vorliegen, wenn der StA von vornherein auf ein bestimmtes **Beweisergebnis festgelegt** ist oder er gegen Zeugen und SV grds. mit Zwangsmaßnahmen droht (s. LG Bad Kreuznach StV 1993, 629, 636 [für Ermittlungsverfahren; dann kann für eine von diesem StA durchgeführte Vernehmung ein Beweisverwertungsverbot bestehen]). Das Gebot der Objektivität verletzt der StA aber nicht bereits dann, wenn er den Anklagevorwurf nach dem (bisherigen) Ergebnis einer mehrtägigen Beweisaufnahme als bestätigt ansieht und dies in der HV auch äußert. Das ist Ausdruck seiner eigenen Meinungsbildung, auf die das Gericht keinen Einfluss nehmen kann (vgl. dazu LG Mönchengladbach, a. a. O. [insbesondere zu der Äußerung des StA gegenüber einem offenbar wegen Betruges angeklagten Angeklagten, er habe sich bei den Krankenkassen „bedient"]; s. a. *Hilgendorf* StV 1996, 51). Auch ist die Kenntnis des StA vom „**Verteidigungskonzept**" kein Ausschluss/Befangenheitsgrund (BGH NJW 1984, 1907). Insoweit wird es auf die Umstände des Einzelfalls ankommen. Etwas anderes dürfte gelten, wenn der StA in einer Sitzungspause in den Akten des (nicht anwesenden) Verteidigers „schnüffelt".

22 **2.** Es besteht **kein Recht** auf **Ablehnung** eines ausgeschlossenen oder befangenen StA (*Kleinknecht/Meyer-Goßner*, vor § 22 Rn. 5 m.w.N.; OLG Frankfurt StraFo 1999, 162; OLG Hamm NJW 1969, 808; OLG Karlsruhe MDR 1974, 423; a. A. unter Hinw. auf den Grundsatz des „fair trial" *Hilgendorf* StV 1996, 51,

52 m.w.N.; zur Problematik des infolge einer Zeugenvernehmung „befangenen“ Staatsanwalts → *Staatsanwalt als Zeuge*, Rn. 813; dazu zuletzt BGH NStZ-RR 2001, 107), und zwar auch nicht aus Art. 19 Abs. 4 GG (*Tolksdorf*, S. 24 m.w.N.). Allerdings kann mit der **Revision** die Mitwirkung eines an sich „ausgeschlossenen“ StA in der HV als unzulässig **gerügt** werden (s. zuletzt BGH StV 1996, 297; OLG Stuttgart NJW 1974, 1394). Es liegt aber nicht der zwingende Aufhebungsgrund des § 338 Nr. 5 vor. Vielmehr ist die Revision nur begründet, wenn nicht auszuschließen ist, dass das Urteil auf der unzulässigen Mitwirkung des StA beruht (vgl. z.B. BGHSt 34, 352 ff.; zur Kritik s. *Hilgendorf* StV 1996, 53, der gegen die h.M. einwendet, dass das Gericht u.U. mit einem befangenen StA verhandeln muss, obwohl es weiß, dass wegen dessen Mitwirkung das Urteil aufgehoben werden wird).

☝ In/während der HV hat der Verteidiger daher nur die Möglichkeit, sich an den Vorsitzenden zu wenden und diesen zu bitten, beim **Vorgesetzten** des Sitzungs-StA dessen **Auswechselung anzuregen** (zu einem **Antragsmuster** s. Rn. 22a). Ggf. wird der Verteidiger sich auch selbst an den Vorgesetzten wenden und unter Hinweis auf § 145 Abs. 1 GVG die Ablösung des befangenen StA beantragen. Gegen den Willen des Vorgesetzten ist die Maßnahme jedoch nicht durchsetzbar (*Kleinknecht/Meyer-Goßner*, vor § 22 Rn. 4; LR-*Wendisch*, vor § 22 Rn. 13).

Der **Antrag** des Verteidigers, den Sitzungsvertreter der StA abzulösen, steht der **Fortsetzung** der **HV entgegen**. Ob diese auszusetzen oder ggf. nur zu unterbrechen ist, hängt davon ab, ob der Dienstvorgesetzte des Sitzungsvertreters kurzfristig über den Antrag entscheiden kann (s. OLG Zweibrücken StV 2000, 516 f.; → *Unterbrechung der Hauptverhandlung*, Rn. 873).

22a

3. Antragsmuster

An das
Landgericht
Musterstadt

In dem Strafverfahren
gegen H.Muster
Az.:........
wegen des Verdachts der Brandstiftung

wird namens und in Vollmacht des Angeklagten
beantragt, beim dem zuständigen Leitenden Oberstaatsanwalt der Staatsanwaltschaft Mus-

terstadt darauf hinzuwirken, dass Staatsanwalt (Name einsetzen) als Sitzungsvertreter der Staatsanwaltschaft Musterstadt in der Hauptverhandlung gegen den Angeklagten abgelöst und durch einen anderen Staatsanwalt der Staatsanwaltschaft Musterstadt ersetzt wird (§ 145 Abs. 1 GVG).

Ich beantrage außerdem, die Hauptverhandlung bis zur Entscheidung über den Ablösungsantrag auszusetzen bzw. zu unterbrechen (vgl. OLG Zweibrücken StV 2000, 516).

Gründe:

Dem Angeklagten wird vorgeworfen, das Wohnhaus, in dem sich die von ihm bewohnte Wohnung befindet, in Brand gesetzt zu haben, um sich die Versicherungssumme aus der für seinen Hausrat abgeschlossenen Hausratsversicherung zu verschaffen. Eigentümerin des Wohnhauses ist Frau X. Bei dieser handelt es sich um eine Schwester der Ehefrau des derzeitigen Sitzungsvertreters der Staatsanwaltschaft.

Damit liegt in der Person von Herrn Staatsanwalt (Name einsetzen) ein Grund vor, der bei einem Richter nach § 22 Nr. 3 StPO zur Ausschließung führen würde. Zwar sind die §§ 22 StPO auf Staatsanwälte nicht unmittelbar anwendbar, nach allgemeiner Meinung soll jedoch ein „ausgeschlossener" Staatsanwalt nicht in der Hauptverhandlung mitwirken dürfen (Kleinknecht/Meyer-Goßner, StPO, 45. Aufl., 2001, vor § 22 Rn. 3 m.w.N.). Deshalb muss die Kammer auf die Ablösung des Sitzungsvertreters der Staatsanwaltschaft drängen.

Rechtsanwalt

Siehe auch: → *Staatsanwalt als Zeuge*, Rn. 813.

Ablehnungsantrag 23

Literaturhinweise: s. die Hinweise bei → *Ablehnung eines Richters, Allgemeines*, Rn. 4.

☝ Die Antragstellung erfordert **rasches Handeln,** der Verteidiger muss **„unverzüglich"** reagieren, nachdem dem Angeklagten der Ablehnungsgrund bekannt geworden ist (→ *Ablehnungszeitpunkt*, Rn. 52). Deshalb muss der Verteidiger sofort nach einem Verhalten des Richters in der HV, das nach seiner Meinung einen berechtigten Ablehnungsgrund darstellt, einen **Unterbrechungsantrag** mit der Begründung stellen, dass er mit seinem Mandanten einen unverzüglich zu stellenden Antrag beraten müsse. Unterbricht der Vorsitzende die HV nicht, muss der Verteidiger, um die Zulässigkeit des späteren Befangenheitsantrags sicherzustellen, die **Protokollierung** seines **Unterbrechungsantrages** herbeiführen (vgl. dazu → *Protokoll der Hauptverhandlung*, Rn. 713, und → *Unterbrechung der Hauptverhandlung*, Rn. 873, mit Muster eines Unterbrechungsantrages, Rn. 883).

1. a) Nach § 26 Abs. 1 ist das Ablehnungsgesuch bei dem **Gericht** anzubringen, dem der abzulehnende Richter angehört. Die Ablehnung eines ersuchten Richters ist bei diesem selbst zu beantragen, der Richter einer auswärtigen Strafkammer (§ 78 GVG) muss bei dieser abgelehnt werden.

24 **b)** Für das Ablehnungsgesuch ist eine bestimmte **Form** nicht vorgeschrieben. Es sind jedoch gem. § 26 Abs. 2 S. 1 der Ablehnungsgrund und in den Fällen des § 25 Abs. 2 die Voraussetzungen des rechtzeitigen Vorbringens **glaubhaft zu machen** (→ *Ablehnungsverfahren*, Rn. 46, → *Ablehnungszeitpunkt*, Rn. 52 ff.).

Das Ablehnungsgesuch kann außerhalb der HV schriftlich oder zu Protokoll der Geschäftsstelle, in der **HV schriftlich** oder **mündlich** gestellt werden. Es gilt dann § 273 Abs. 1 (→ *Protokoll der Hauptverhandlung*, Rn. 713).

☝ Nach § 26 Abs. 1 S. 2 gilt der durch das VerbrechensbekämpfungsG neu geschaffene **§ 257a nicht** (vgl. dazu → *Schriftliche Antragstellung*, Rn. 784). Das Gericht kann also dem Verteidiger **nicht** aufgeben, den Ablehnungsantrag **schriftlich** zu stellen.

Das Ablehnungsverfahren ist **nicht** Teil der HV, so dass der **Öffentlichkeitsgrundsatz** nicht gilt (zuletzt BGH NJW 1996, 2382 m.w.N.). Das ist insbesondere von Bedeutung, wenn die dienstliche Äußerung des abgelehnten Richters (→ *Ablehnungsverfahren*, Rn. 49) dem Verteidiger und dem Angeklagten in einer „mündlichen Verhandlung" zur Kenntnis gebracht werden soll.

25 **c)** Im Antrag müssen **inhaltlich alle Gründe** angeführt werden (→ *Ablehnungszeitpunkt*, Rn. 55), die nach Auffassung des Angeklagten die Besorgnis der Befangenheit begründen. Es muss der gesamte Sachverhalt mit allen Geschehnissen außerhalb und innerhalb der HV ausführlich dargestellt werden, da allein dies die Grundlage für die zur Entscheidung über den Antrag berufenen Richter ist, die ggf. nicht an der HV teilgenommen haben (*Sommer* ZAP F. 22, S. 106). Eine **Bezugnahme** auf (andere) **Akten** ist grds. **nicht** zulässig (BayObLGSt 1952, 188). Es sind auch die Tatsachen darzulegen, aus denen sich im Fall des § 25 Abs. 2 die **Rechtzeitigkeit** des Antrags ergeben soll. Der **abgelehnte Richter** muss eindeutig, i.d.R. unter Namensnennung und Angabe der Ablehnungsgründe, **bezeichnet** werden. Behauptet der Angeklagte, eine frühere Entscheidung des abgelehnten Richters sei willkürlich falsch getroffen worden, muss er die behauptete Willkür schlüssig darlegen (OLG Düsseldorf NStZ-RR 1997, 175). Ist der Antrag mit einer völlig ungeeigneten Begründung, z.B. allein der Mitwirkung des Richters an einer dem Angeklagten nachteiligen Entscheidung, versehen, ist er gem. § 26a Abs. 1 Nr. 2 unzulässig (vgl. u.a. zuletzt BGH NStZ 1997, 331 – K – [für Schmähung des Richters]).

Die Ablehnung eines **Kollegialgerichts** als **Ganzes** ist i.d.R. unzulässig, da § 24 nur die Ablehnung einzelner Richter zulässt (st. Rspr.; s. u.a. BGH NStZ 1995, 18 [K]; vgl. i.Ü. *Kleinknecht/Meyer-Goßner*, § 24 Rn. 3 m.w.N.). Es ist aber statthaft, in einem oder mehreren Gesuchen für die Person jedes einzelnen Mitglieds des Gerichts einen Ablehnungsgrund darzutun (BGH MDR 1955, 271 [D]), der auch für sämtliche Richter derselbe sein kann (OLG Stuttgart MDR 1994, 499). Auch kann sich ggf. aus der Formulierung des Ablehnungsantrags die Ablehnung eines jeden einzelnen Richters des Kollegialgerichts ergeben (BGHSt 23, 200). **26**

☝ Es ist also die Frage der Zulässigkeit des Ablehnungsgesuchs gegen das Kollegialgericht als Ganzes zu unterscheiden von der Frage, ob es **Verfahrenskonstellationen** und ggf. auch Handlungen der Prozessleitung gibt, die die **Befangenheit aller Mitglieder** eines **Kollegialgerichts** begründen können. Das kann z.B. der Fall sein, wenn mit einem Mitangeklagten ein Absprache getroffen worden ist, die sich zu Lasten eines anderen Angeklagten auswirken kann, wie z.B. bei dem „Versprechen" einer Bewährungsstrafe nach einem Geständnis.

d) Eine **Wiederholung** des auf denselben Ablehnungsgrund gestützten Ablehnungsgesuchs ist unzulässig, es sei denn, es werden – innerhalb der Fristen des § 25 – **neue Tatsachen** geltend gemacht. Auch können, wenn ein erstes Ablehnungsgesuch wegen ungenügender Glaubhaftmachung als unzulässig verworfen worden ist, mit einem neuen Gesuch neue zusätzliche Mittel der Glaubhaftmachung beigebracht werden (BGHSt 21, 85). **27**

2. Hinweise für den Verteidiger! **28**

a) Nach der Beratung des Angeklagten, ob ein Ablehnungsantrag gestellt werden soll oder nicht (→ *Ablehnung eines Richters, Allgemeines*, Rn. 5a), muss i.d.R. der Verteidiger den **Antrag formulieren**. Zwar kann der Antrag auch mündlich gestellt werden (s.o. Rn. 24), davon sollte der Verteidiger aber sicherheitshalber keinen Gebrauch machen, sondern den Antrag **schriftlich** formulieren. Benötigt er dafür viel Zeit, muss er ggf. auf eine entsprechend lange (weitere) → ***Unterbrechung der Hauptverhandlung***, Rn. 873, dringen. Wird ihm diese vom Gericht mit der (zutreffenden) Begründung, das Ablehnungsverfahren sei nicht Teil der HV, nicht gewährt, kann er den Ablehnungsantrag ohne weiteres auch **außerhalb** der HV anbringen, wenn er sich das **vorbehalten** hat. Allerdings muss auch das – wegen der durch § 25 enthaltenen zeitlichen Begrenzung – **rasch** geschehen (→ *Ablehnungszeitpunkt*, Rn. 53).

Da der Zweifelssatz im Ablehnungsverfahren nicht gilt (BGHSt 21, 334, 352; OLG Düsseldorf StV 1985, 223) und das Gericht auch nicht verpflichtet ist, auf weitere Glaubhaftmachung zu dringen, Unklarheiten also zu Lasten des Angeklagten gehen, muss der Verteidiger den Antrag so sorgfältig und ausführlich wie möglich begründen (*Malek*, Rn. 103).

29 **b)** Der Verteidiger muss den Antrag maßvoll, **sachlich** und ohne persönliche Angriffe gegen den abgelehnten Richter **formulieren** (EGE IV, 214; *Dahs*, Rn. 162). Es bringt in der Sache auch nichts, sondern wird dem Angeklagten eher schaden, den Richter durch unnötige Polemik im Ablehnungsantrag zu „verärgern". Der Verteidiger **darf** aber **deutliche Worte** benutzen, wobei der Grundsatz, dass eine mit einer Meinungsäußerung verbundene Ehrverletzung grds. das nach den Umständen schonendste Mittel der Interessenwahrung sein muss, nur mit Einschränkungen gilt (KG StV 1998, 83 m.w.N. aus der Rspr. des BVerfG [Formulierung: „...wie befangen, ja wie hörig geradezu die abgelehnten Richter gegenüber dem Vorsitzenden" seien, ist durch § 193 StGB gedeckt]; zur Grenzziehung zwischen Beleidigung und noch angemessener Interessenwahrnehmung s. auch BayObLG NJW 2000, 3079; → *Verteidigerhandeln und Strafrecht*, Rn. 1085).

Der Verteidiger sollte aber entweder durch die **Formulierung** des Antrags selbst oder durch eine begleitende Erklärung deutlich machen, dass es sich bei dem von ihm für den Angeklagten gestellten Ablehnungsgesuch nicht um eine persönlichkeitsverletzende Maßnahme, sondern um ein ganz normales, gesetzlich vorgesehenes Verteidigungsmittel handelt. Es **empfiehlt** sich immer wieder – insbesondere im Hinblick auf die Laienrichter – der Hinweis, dass mit der Ablehnung nicht die Befangenheit des Richters behauptet wird, sondern aufgrund eines bestimmten Geschehens lediglich beim Angeklagten der Eindruck entstanden ist, der Richter sei möglicherweise befangen. Den dennoch beim Gericht ggf. verbleibenden Unmut muss der Verteidiger in seine strategischen Überlegungen mit einbeziehen.

30 3. Antragsmuster

An das

Landgericht Musterstadt

In dem Strafverfahren
gegen H. Muster

Az.: . . .

wegen des Verdachts der Hehlerei u.a.

wird namens und in Vollmacht des Angeklagten

der Vorsitzende Richter am Landgericht A. wegen Besorgnis der Befangenheit abgelehnt.

In der heutigen Hauptverhandlung hat der Vorsitzende während der Vernehmung des Angeklagten zur Sache geäußert: „Nun bleiben sie bei der Wahrheit. Was sie uns erzählen, stimmt nicht. Nach Aktenlage lügen sie.“

Mit dieser Äußerung hat der Vorsitzende den Eindruck erweckt, dass er für sich bereits – bevor die geladenen Zeugen vernommen worden sind – entschieden hat, dass die vom Angeklagten gegebene Einlassung nicht zutrifft. Dadurch ist das Vertrauen des Beschuldigten in die Unvoreingenommenheit des Vorsitzenden Richters A. zerstört.

Zur Glaubhaftmachung beziehe ich mich auf die dienstlichen Äußerungen der Kammermitglieder und des Protokollführers.

Ich beantrage,

1. *meinem Mandanten gem. § 24 Abs. 3 Satz 2 StPO die zur Mitwirkung bei der Entscheidung über den Ablehnungsantrag berufenen Gerichtspersonen namhaft zu machen, sowie*

2. *ihm die dienstliche Äußerungen des abgelehnten Vorsitzenden Richters am Landgericht A. und der übrigen Kammermitglieder sowie des Protokollführers vor einer Entscheidung über das Ablehnungsgesuch zugänglich zu machen und ihm Gelegenheit zur Stellungnahme zu geben.*

Rechtsanwalt

Siehe auch: → *Ablehnung eines Richters, Allgemeines,* Rn. 4, m.w.N.

Ablehnungsberechtigter

31

Das Ablehnungsrecht steht nach § 24 Abs. 3 S. 1 dem Angeklagten, der StA und dem Privatkläger zu. Ablehnungsberechtigt sind außerdem im Rahmen ihrer Beteiligung:

- der Nebenkläger,
- der Beschuldigte im Sicherungsverfahren,
- der Verfall – und Einziehungsbeteiligte,
- der Beteiligte im Verfahren bei Festsetzung von Geldbußen gegen juristische Personen und
- Personenvereinigungen.

Kein Ablehnungsrecht haben **Zeugen**, SV und an der Verhandlung nicht beteiligte Personen im Ordnungsmittelverfahren. Auch der **Verteidiger** und der Rechtsanwalt als Beistand eines Privatklägers haben **kein eigenes** Ablehnungsrecht. Wenn der Verteidiger einen Richter ablehnt, ist im Zweifel aber anzunehmen, dass er dies für den Angeklagten tut, auch wenn er sich ausschließlich auf Vorgänge beruft, die das Verhältnis Verteidiger/Richter betreffen (*Kleinknecht/Meyer-Goßner*, § 24 Rn. 20 m.w.N.; zur Frage, inwieweit Spannungen zwischen Richter und Verteidiger den Angeklagten zur Ablehnung berechtigen, → *Ablehnungsgründe, Befangenheit*, Rn. 44).

32 Ablehnungsgründe, Befangenheit

Das Wichtigste in Kürze

1. Als Befangenheit i.S.d. § 24 wird die innere Haltung des Richters angesehen, aufgrund der er ggf. nicht mehr neutral ist. Für die Beurteilung der Befangenheit kommt es auf den Standpunkt eines vernünftigen Angeklagten an.
2. Ein Ablehnungsgrund kann sich grds. nicht aus dem eigenen Verhalten des Ablehnenden ergeben.
3. Ein Ablehnungsgrund kann aus der Vortätigkeit des Richters folgen.
4. Ein Ablehnungsgrund kann sich schließlich aus dem Verhalten oder Äußerungen ableiten lassen.
5. Ggf. können auch die persönlichen Verhältnisse des Richters die Ablehnung begründen.

Literaturhinweise: *Arzt*, Der befangene Strafrichter, 1969; ders., Ausschließung und Ablehnung des Richters im Wiederaufnahmeverfahren, NJW 1971, 1112; ***Dahs***, Ablehnung von Tatrichtern nach Zurückverweisung durch das Revisionsgericht, NJW 1966, 1691; ***Herzog***, „Deals“ zu Lasten Dritter in vorgängigen abgetrennten Verfahren und die Besorgnis der Befangenheit, StV 1999, 455; ***Meyer-Mews***, Der Befangenheitsantrag nach erfolgloser Gegenvorstellung, StraFo 2000, 369; ***Nierwetberg***, Strafanzeige durch das Gericht, NJW 1996, 432; ***Rabe***, Ablehnung des Strafrichters bei provokativem oder beleidigendem Verhalten des Angeklagten oder seines Verteidigers, NJW 1976, 172; ders., Zur Zulässigkeit eines Ablehnungsgesuchs gem. § 26a I Nr. 2 StPO, NStZ 1996, 369; ***Sommer***, Strafprozeßordnung und Europäische Menschenrechtskonvention, in: StrafPrax, § 17; ***Strate***, Richterliche Befangenheit und rechtliches Gehör, in: Festgabe für *Koch*, 1989, S. 261; ***Ziegler***, Risiken und strafprozessuale Folgen staatsanwaltschaftlicher und richterlicher Medienkontakte, StraFo 1995, 68; s.a. die Hinw. bei → *Ablehnung eines Richters, Allgemeines*, Rn. 4.

32a

1. Der in der Praxis bedeutsamste Ablehnungsgrund ist der der **Besorgnis der Befangenheit**. Als Befangenheit i.S.d. § 24 wird die innere Haltung eines Richters angesehen, die die von ihm erwartete erforderliche **Neutralität, Distanz** und **Unparteilichkeit** gegenüber den Verfahrensbeteiligten **störend beeinflussen** kann (KK-*Pfeiffer*, § 24 Rn. 3). **Ob** der Richter **tatsächlich befangen** ist, spielt keine Rolle (zuletzt BGH NStZ 1988, 467; 510; *Krekeler* NJW 1981, 1634). Es kommt auch nicht darauf an, ob sich der Richter selbst für befangen hält (BVerfG DÖV 1972, 312).

Das Vorliegen eines Ablehnungsgrundes ist vom **Standpunkt** des Ablehnenden aus zu beurteilen. Die Ablehnung eines Richters wegen Besorgnis der Befangenheit nach § 24 Abs. 2 ist daher nur gerechtfertigt, wenn der Angeklagte aufgrund des ihm bekannten Sachverhalts auch bei **verständiger Würdigung** der Sache Grund zu der Annahme hat, der abgelehnte Richter nehme ihm gegenüber eine innere Haltung ein, die seine Unparteilichkeit und Unvoreingenommenheit störend beeinflussen könne (BGH, a.a.O.; *Kleinknecht/Meyer-Goßner*, § 24 Rn. 8 m.w.N.).

☝ Es kommt also auf den sog. „vernünftigen" Ablehnungsberechtigten an (BGHSt 21, 334; a.A. *Strate*, S. 263 ff.), so dass zur Begründung des Ablehnungsbegehrens **vernünftige Gründe** vorgebracht werden müssen, die jedem unbeteiligten Dritten einleuchten.

Die eigentlichen Ablehnungsgründe sind in der **Generalklausel** „wegen Besorgnis der Befangenheit" zusammengefasst und nicht wie bei den Ausschließungsgründen enumerativ aufgezählt. Daher hat sich zur Frage der Befangenheit eine **umfangreiche Rspr.** entwickelt. Diese kann in **vier** große **Gruppen**, nämlich das eigene Verhalten des Ablehnenden (s.u. Rn. 33), die Vortätigkeit des Richters (s.u. Rn. 34.), sein Verhalten oder Äußerungen (s.u. Rn. 38) und seine persönlichen Verhältnisse (s.u. Rn. 45) eingeteilt werden (wegen weiterer Ablehnungsgründe als nachstehend aufgelistet s. ggf. a. noch *Burhoff*, EV, Rn. 7 ff.; s.a. die Zusammenstellung bei KK-*Pfeiffer*, § 24 Rn. 6 ff. und bei *Meyer-Mews*, Richterliche Befangenheit, S. 6 ff.; zu Gründen für die Ablehnung von **Schöffen** → *Ablehnung von Schöffen*, Rn. 59 f.).

33

2. Aus seinem **eigenen Verhalten** kann der Ablehnende grds. **keinen** Ablehnungsgrund herleiten. Er hätte es sonst in der Hand, sich nach Belieben jedem Richter zu entziehen und die Besetzung der Richterbank zu manipulieren (s. u.a. *Kleinknecht/Meyer-Goßner*, § 24 Rn. 7 m.w.N.; s. aber a. KMR-*Bockemühl*, § 24 Rn. 21 m.w.N. [Frage des Einzelfalls]). Das gilt insbesondere für folgende

Beispiele:

- der Richter selbst hat wegen eines **beleidigenden** oder **provozierenden Verhaltens** des **Beschuldigten**/Angeklagten oder seines Verteidigers **Strafanzeige** erstattet (OLG München NJW 1971, 384; differenzierend BGH NStZ 1992, 290; s.a. BVerfG NJW 1995, 2912 [zu einem Ablehnungsgesuch mit der Begründung, der für den Gerichtsbezirk zuständige Gerichtspräsident habe einen Strafantrag gegen den Beschuldigten wegen **Kollektivbeleidigung** von Richtern gestellt]; zur Strafanzeige als Ablehnungsgrund *Nierwetberg* NJW 1996, 435 [für den Bereich der ZPO]),
- gegen den Richter ist **Dienstaufsichtsbeschwerde** (vgl. dazu *Burhoff*, EV, Rn. 489) erhoben oder
- ein **Disziplinarverfahren** (BGH NJW 1952, 1425) beantragt,
- oder wegen angeblicher **Rechtsbeugung Strafanzeige** erstattet (BGH NJW 1962, 748).

34 3. Die **Vortätigkeit** des **Richters** ist, wenn sie das Gesetz nicht ausdrücklich zu einem Ausschließungsgrund nach den §§ 22, 23 erhoben hat, nach innerstaatlicher allgemeiner Meinung grds. ebenfalls kein Ablehnungsgrund, sofern zu ihr nicht **besondere Umstände hinzukommen**, die die Besorgnis der Befangenheit begründen (vgl. u.a. BGHSt 24, 336). Ein Richter ist danach **nicht** schon allein deshalb befangen, weil er mit dem Sachverhalt bereits befasst war. Denn ein verständiger Angeklagter kann und muss davon ausgehen, dass der Richter sich dadurch nicht für künftige Entscheidungen festgelegt hat.

☝ Die Rspr. des **EGMR** sieht hingegen in den Fällen typischer Vorbefassung oder **Vorbefassung** in anderer Funktion **regelmäßig** einen **Ablehnungsgrund** (vgl. dazu eingehend *Meyer-Mews*, Richterliche Befangenheit, S. 42 ff.; zur Rspr. des EGMR s.a. StrafPrax-*Sommer*, § 17 Rn. 114). Das gilt insbesondere auch für die Beteiligung an (Haft-)Zwischenentscheidungen (vgl. dazu EGMR EuGRZ 1993, 122; s. i.Ü. EGMR EuGRZ 1985, 301).

Diesen Ablehnungsgrund der „Vorbefassung" muss der Verteidiger schon **sorgfältig** bei der → ***Vorbereitung** der Hauptverhandlung*, Rn. 1144, und nicht erst in der HV prüfen. Dabei sollte er auf die von der innerstaatlichen Rspr. abweichende Auffassung des EGMR hinweisen und auch die Frage der innerstaatlichen Bindungswirkung der Rspr. des EGMR thematisieren (vgl. dazu BVerfG NJW 1986, 1425 [unmittelbar geltendes Völkerrecht, auf das sich jedermann berufen kann]; dazu auch *Meyer-Mews*, Richterliche Befangenheit, S. 45 f. m.w.N.).

34a Zum Ablehnungsgrund „**Vorbefassung**" ist hinzuweisen auf folgende von der innerstaatlichen Rspr. aufgestellte Grundsätze und

Beispiele:

Nicht befangen ist der Richter

- allein deshalb, weil er mit dem Sachverhalt **bereits befasst** war, denn ein verständiger Beschuldigter kann und muss davon ausgehen, dass der Richter sich dadurch nicht bereits für künftige Entscheidungen festgelegt hat, was insbesondere gilt,
  - wegen **Beteiligung** am **Eröffnungsverfahren** (BVerfG NJW 1971, 1029; zur Ablehnung wegen Eröffnung des Hauptverfahren vor Ablauf der Erklärungsfrist vgl. OLG Hamm NStZ-RR 1997, 78 f.; LG Berlin StV 1993, 8),
  - wenn er bereits in einem anderen **(Zivil-** oder **Straf-) Verfahren** mit demselben Sachverhalt dienstlich befasst war und einen früheren Mitbeschuldigten/-angeklagten wegen der Tat(-beteiligung) verurteilt hat, die nunmehr auch Gegenstand des Verfahrens gegen den Beschuldigten ist (BGHSt 41, 348 ff.; 43, 96; BGH StV 1987, 1; NStZ-RR 2001, 129 [K]; a.A. und zur Besorgnis der Befangenheit bei „Deals" zu Lasten Dritter in abgetrennten Verfahren s. *Herzog* StV 1999, 455 f.; *Meyer-Mews*, Richterliche Befangenheit, S. 32 f.; KMR-*Bockemühl*, § 24 Rn. 23),
  - wenn der Richter eine **vor seinen Augen** in einer HV **begangene Straftat** aburteilen soll (BGHSt 45, 342; → *Ausschluss eines Richters*, Rn. 144)
  - i.d.R. nicht, wenn er an **(Zwischen-)Entscheidungen** im **anhängigen Verfahren** mitgewirkt und dabei – von der Rechtsauffassung des Angeklagten ggf. abweichende – Rechtsmeinungen geäußert hat (BGH NStZ 1985, 492 [Pf/M]; OLG Düsseldorf NStZ-RR 1997, 175 [für Ausführungen bei einer Haftprüfung durch das OLG]; siehe aber EGMR EuGRZ 1993, 122; s.a. unten Rn. 36 f.),
    - -- selbst, wenn darin die **Überzeugung** von der **Schuld** des Beschuldigten zum Ausdruck gekommen sein sollte (BGH NStZ 1991, 27 [M/K]),
    - -- selbst, wenn die Zwischenentscheidung auf einem **Verfahrensfehler**, auf einem tatsächlichen Irrtum oder auf einer unrichtigen oder unhaltbaren **Rechtsansicht** beruht (*Kleinknecht/Meyer-Goßner*, § 24 Rn. 14 m.w.N.; BGH NJW 1998, 767 [für Pflichtverteidigerbestellung ohne Anhörung des Angeklagten]; NStZ 1999, 311; NStZ-RR 1999, 257 – K – [für Irrtum über bisheriges Ergebnis der Beweisaufnahme]; BayObLG NStZ-RR 2002, 77 [Ls.]); a.A. *Meyer-Mews* StraFo 2000, 369, 372).

☝ Entscheidend dürfte sein, ob aus der Vorentscheidung des Richters abgeleitet werden kann, dass er **Gegengründen** ggf. nicht mehr **aufgeschlossen** gegenübersteht, er sich diesen also bereits verschlossen hat (*Meyer-Mews* StraFo 2001, 369, 371 unter Hinw. auf BFH BStBl 1985, Teil II, S. 555). *Meyer-Mews* (a.a.O.) rät dazu, diese Frage mit einer **Gegenvorstellung** zu prüfen. Das muss der Verteidiger sich allerdings sehr sorgfältig überlegen. Denn er muss damit rechnen, dass einem nach der erfolgloser Gegenvorstellung in der HV gestellter Befangenheitsantrag Verspätung entgegengehalten werden wird (*Meyer-Mews*, a.a.O., unter Hinw. auf unveröffentlichte Rspr.; s.a. → *Ablehnungszeitpunkt*, Rn. 56).

-- **anders/befangen** aber, wenn die Rechtsmeinung/Entscheidung **völlig abwegig** ist oder sogar den Anschein der Willkür erweckt (zum Umfang der insoweit erforderlichen Darlegungen im → *Ablehnungsantrag*, Rn. 25), wie z.B. bei

-- Nichtgewährung **rechtlichen Gehörs** vor Erlass eines Haftbefehls (LG Hildesheim StV 1987, 12; m.E. zw.) bzw. vor Erlass eines vorläufigen Berufsverbots (OLG Frankfurt StV 1996, 496),

-- unter keinem denkbaren Gesichtspunkt vertretbare **Versagung** der **Akteneinsicht** (LG Köln StV 1987, 381; s.a. OLG Zweibrücken StV 1996, 650 [Versagung der – ohne weiteres möglichen – AE unmittelbar vor der HV]; a.A. aber OLG Düsseldorf JMBl. NW 1997, 223, wenn der Richter die Ablehnung der AE u.a. darauf stützt, dass der HV-Termin nahe bevorsteht und der Verteidiger die Akten bereits einmal übermäßig lange zurückgehalten und erst auf Mahnung des Gerichts zurückgegeben hat),

-- **Widerruf** der **Pflichtverteidigerbestellung** ohne wichtigen Grund (vgl. BGH NJW 1990, 1373 f.; LG Mönchengladbach StV 1998, 533; → *Pflichtverteidiger, Entpflichtung während laufender Hauptverhandlung*, Rn. 650; hierzu auch *Burhoff*, EV, Rn. 1248 ff.) oder ohne zuvor dem Angeklagten und dem Verteidiger rechtliches Gehör zu gewähren (LG Ansbach StV 1995, 579, 581; AG Bergheim StV 1996, 592),

35

– zur Zulässigkeit eines Gesuchs, das eine **Zwischenentscheidung** in der **HV** betrifft, s. *Rabe* NStZ 1996, 369, der § 26a Abs. 1 Nr. 2 einschränkend dahin auslegt, dass während der HV ergangene Entscheidungen wegen ihrer prozessualen Natur nach Sinn und Zweck nicht zur Begründung ausreichen. Folgt man dem und sieht das Gesuch als **unzulässig** an, bedarf es keiner dienstlichen Äußerung des abgelehnten Richters und dieser kann gem. § 26a Abs. 2 S. 1 selbst über das Gesuch (mit-)entscheiden (s.a. u.a. BGH NStZ 1991, 27, der diese Fälle als „unbegründet" behandelt),

- grds. auch dann nicht, wenn der Richter an einer früheren, vom **Rechtsmittelgericht aufgehobenen Entscheidung mitgewirkt** hat (st.Rspr., s. die zahlr. Rspr.-Nachw. bei *Kleinknecht/Meyer-Goßner*, § 354 Rn. 39, dort auch m.w.N. zur Gegenmeinung; s.a. *Arzt*, Der befangene Strafrichter, der anders als die Rspr. in diesen Fällen von Befangenheit ausgeht; a.A. auch *Meyer-Mews*, Richterliche Befangenheit, S. 33 ff.),
- grds. auch nicht bei einer Mitwirkung in der erneuerten HV, wenn der Richter an der die **Wiederaufnahme** des Verfahrens erstinstanzlich **ablehnenden Entscheidung mitgewirkt** hat (LG Gießen NJW 1996, 2667 [Fall Weimar-Böttcher]).

36

Befangenheit kann vorliegen,

- wenn der Richter sich in einem **anderen Verfahren abfällig geäußert** hat über eine bestimmte Personengruppe, zu der der Angeklagte gehört (OLG Köln NStZ 1992, 142 [abfällige Äußerung über Afrikaner]),
- wenn z.B. die **Gründe** eines **früheren Urteils** die **Besorgnis** der Befangenheit begründen (LG Heilbronn StV 1987, 333; s.a. BGH NStZ-RR 2001, 129 [K]), was der Fall sein kann,
  – wenn die Gründe ein **abträgliches Werturteil** über die Person des Beschuldigten oder sein Verhalten vor oder nach der Tat enthalten, was sich in rechtlich unzulässiger Weise auf die Strafzumessung auswirken kann (BGHSt 24, 336; s.a. OLG Bremen NStZ 1991, 95),

- wenn der jetzige **Beschuldigte** in den Gründen in seiner Eigenschaft **als Zeuge** für **unglaubwürdig** angesehen worden ist und nun das Verfahren gegen ihn wegen Falschaussage ansteht (OLG Celle NJW 1990, 1308; s.a. LG Wuppertal StV 1989, 296; AG Höxter StV 1992, 61),
- oder wenn in einem Urteil ein **früherer Mitbeschuldigter** als **glaubwürdig** und der jetzige Beschuldigte deshalb als unglaubwürdig angesehen worden ist (LG Bremen StV 1990, 203; s. dazu OLG Bremen, a.a.O.),

- wenn aufgrund des **Umfangs** der früheren **Beweisaufnahme** viel für die Annahme spricht, jeder der damals beteiligten Richter habe eine besonders gefestigte und vertiefte **Ansicht** von der Schuld- und **Straffrage** gewonnen und der frühere Prozessverlauf von besonderen Umständen, wie z.B. Spannungen zwischen den Verfahrensbeteiligten und/oder kritischer Medienberichterstattung, begleitet war (OLG Stuttgart StV 1985, 492; zustimmend *Meyer-Mews*, Richterliche Befangenheit, S. 33), **37**
- **wenn das frühere Urteil zu dem Ergebnis gekommen ist, der jetzige Beschuldigte habe den damaligen Angeklagten/jetzigen Zeugen mit Erfolg zu einem BtM-Geschäft bewegt (LG Bremen StV 1984, 414),**
- wenn der Richter im **verwaltungsrechtlichen Disziplinarverfahren** als **Untersuchungsführer** tätig war und diese Tätigkeit auch ihren Niederschlag in der strafrechtlichen HV finden kann (LG Mühlhausen NStZ-RR 1996, 18; a.A. LG Zweibrücken NStZ-RR 1999, 308 [nicht immer, sondern maßgebend sind die Umstände des Einzelfalls]),
- i.d.R., wenn ein Richter an der **(Zwischen-)Entscheidung** über ein Ablehnungsgesuch mitwirkt hat, das darauf gestützt wird, die abgelehnten Richter hätten das ursprünglich gegen ihn gerichtete Ablehnungsgesuch zu Unrecht als unbegründet verworfen (s. BGH NJW 1984, 1907, 1909; s.a. BVerfG NJW 1995, 2914).
- wenn der Richter versucht, den Verteidiger dazu zu bewegen, seinen Antrag auf **Beiordnung** als **Pflichtverteidiger zurückzunehmen**, und zwar auch dann, wenn dies in der Absicht erfolgt, das Verfahren nach § 153 einzustellen (AG Bremen StraFo 2001, 171; zur Pflichtverteidigerbestellung a. *Burhoff*, EV, Rn. 1187 ff. m.w.N.).

38 **4. a)** Das **Verhalten** des **Richters vor** oder **während** der Hauptverhandlung kann die Ablehnung begründen, wenn es besorgen lässt, dass er nicht unvoreingenommen an die Sache herangeht (*Kleinknecht/Meyer-Goßner*, § 24 Rn. 15 m.w.N.). Das ist insbesondere dann der Fall, wenn der Richter von der **Schuld** des **Angeklagten** bereits endgültig **überzeugt** zu sein scheint. Das wurde von der Rspr. in folgenden

Beispielsfällen

bejaht

- wenn der Richter im Rahmen des Bemühens um eine **Absprache** nach der Vorberatung über eine **Strafobergrenze** den Eindruck erweckt, sich bereits ohne Rücksicht auf den Umfang eines Geständnisses und den weiteren Verlauf der Hauptverhandlung festgelegt zu haben (BGHSt 45, 312; eingehend dazu *Sinner* StV 2000, 289 in der Anm. zu BGH, a.a.O.),
- wenn der Richter **Äußerungen** gegenüber dem **Verteidiger** abgibt, aus denen sich entnehmen lässt, dass er von der Schuld des Angeklagten schon überzeugt ist (BGHSt 26, 298; s.a. OLG Brandenburg StV 1997, 455 f. [Äußerung nach Zulassung der Nebenklage

an den Verteidiger „Ihre erste Niederlage, Herr Verteidiger", rechtfertigt Besorgnis der Befangenheit]),

- für ein weiteres **Befangenheitsgesuch**, wenn der Richter sich **weigert**, eine konkrete **dienstliche Äußerung** zu einem ersten Befangenheitsantrag abzugeben (AG Bergheim StV 1998, 534; → *Ablehnungsverfahren*, Rn. 49),
- wenn der Richter bereits während des **Plädoyers** des **Verteidigers** mit der **Absetzung** des **Urteils** beginnt (BayObLG MDR 1973, 246),
- der Richter teilt die dem Angeklagten zur Last gelegten Vorgänge der **Presse** als schon feststehend mit (BGHSt 4, 264; s. dazu *Ziegler* StraFo 1995, 70 ff.),
- wenn der Richter ohne sachlichen Grund **Terminsverlegungsanträge** des Verteidigers **ablehnt** (LG Krefeld StraFo 1995, 59; LG Mönchengladbach StV 1998, 533 [zweiter Verlegungsantrag des Pflichtverteidigers]; AG Homburg NStZ-RR 1996, 110; s.a. AG Bergheim StV 1996, 592; *Burhoff*, EV, Rn. 1636 ff.),
- oder er sich schon in einer **Zwischenentscheidung** trotz unsicherer Beweislage in sicherer Form von der **Schuld** des Angeklagten **überzeugt** zeigt (BGH GA 1962, 282),
- ggf. aufgrund von Äußerungen, die der Richter in **wissenschaftlichen Fachpublikationen** gemacht hat, wobei es nicht darauf ankommt, ob er die Folge seiner Äußerungen hätte erkennen müssen und ob ihm der Vorwurf einer Verletzung seiner Dienstpflichten zu machen ist (BVerfG NJW 1996, 3333; zur Befangenheit infolge einer veröffentlichten wissenschaftlichen Meinung auch BVerfG NJW 1999, 413).

verneint

- für die Äußerung, ein **Geständnis** sei dann **vorteilhaft**, „wenn die Beweismittel zuträfen" (BGH NStZ-RR 1998, 257 [K]),
- i.d.R. für den Rat in der **Berufungs-HV**, das **Rechtsmittel zurückzunehmen** (→ *Berufungsrücknahme*, Rn. 204),
- für das Äußern einer **Rechtsansicht vor** der **HV** (BVerfG NJW 1955, 541),
- für Hinweise des Vorsitzenden zur Beweis- und Rechtslage in einem „**Rechtsgespräch**", wenn nicht zusätzliche Gründe auf eine unsachliche Einstellung gegenüber dem Angeklagten schließen lassen (OVG Berlin MDR 1997, 96),
- für das Ablehnen eines **Vertagungsantrags** aus sachlichem Grund, selbst wenn für den Fall des Nichterscheinens Zwangsmittel angedroht werden (OLG Koblenz VRS 44, 290),
- für die **Terminierung** eines Verfahrens mit einfacher Sach- und Rechtslage auf den zweiten Tag **nach** der **Urlaubsrückkehr** des **Verteidigers**, nachdem ein festgesetzter Termin wegen dessen Urlaubs bereits verlegt worden war, und zwar auch dann nicht, wenn die Ladung des Verteidigers während des Urlaubs erfolgt (BayObLG NStZ-RR 2002, 76 [Ls.]),
- wenn in **Schreiben** des **Gerichts** im Betreff des Strafverfahrens der Angeklagte nur mit Vor- und Zunamen genannt wird, **nicht** aber auch mit „**Herr**" und der **Berufsbezeichnung** (BGH NStZ-RR 2001, 258 -K- [völlig unzureichende Begründung]),
- für die **Verweisung** eines Antragstellers auf einen **späteren Zeitpunkt**, da der Vorsitzende Anträge nicht jederzeit entgegennehmen muss (LG Berlin NJ 1996, 209).

b) Bei der **Verhandlungsführung** ist Misstrauen in die Unvoreingenommenheit des Richters gerechtfertigt, wenn sie **rechtsfehlerhaft**, **unangemessen** oder sonst **unsachlich** ist. Anzuführen sind hier aus der umfangreichen Rechtsprechung folgende **39**

Beispiele:

für **berechtigte** Ablehnung

- es werden **Absprachen** im Prozess getroffen, an denen ein Verfahrensbeteiligter **nicht beteiligt** wird (BGHSt 37, 99; 41, 348 ff. [zum Nachteil eines Mitangeklagten]; s.a. Herzog StV 1999, 455; OLG Bremen StV 1989, 145; → *Absprachen mit Gericht und StA*, Rn. 63), jedoch nicht unbedingt, wenn das Ausbleiben eines Rechtsmittels als Manipulation bezeichnet wird (BGH, a.a.O.),
- der Richter versucht nach **Anhörung** eines **SV** weitere Fragen des Verteidigers, insbesondere zur Ausbildung und Qualifikation des SV zu unterbinden und lässt sich aus Verärgerung zu **unsachlichen Äußerungen** hinreißen, wie z.B.: „Warum provozieren sie den Sachverständigen? Wollen Sie ihn auch noch zur Farbe seiner Socken befragen?" (AG Castrop-Rauxel StV 1994, 477 [Ls.]),
- ein(en) Aussetzungsantrag
  - wird vom Richter ohne sachlichen Grund **abgelehnt**, obwohl der Angeklagte und der Verteidiger nicht förmlich geladen waren (AG Homburg NStZ-RR 1996, 110),
  - will der Richter bei Erteilung eines **rechtlichen Hinweises** mit dem Hinweis unterlaufen, dass auch nach der ursprünglich angekündigten Strafvorschrift eine angemessene Bestrafung bzw. im Strafbefehlsverfahren sogar eine höhere Strafe erfolgen könne (AG Neuss StV 1994, 477),
- der Richter **äußert** **40**
  - sich befriedigt darüber, dass der Angeklagte keinen **Kontakt** mehr zu einem **Mitangeklagten** hat (BGH StV 1991, 450),
  - dass fehlende Einsicht in das Unrecht der Tat strafschärfend berücksichtigt werden könne, wenn es sich dabei nicht nur um einen abstrakten Hinweis handelt (BGH StV 2002, 115),
  - sich dahin, der Angeklagte habe sich aus Rechthaberei über die **Fragwürdigkeit** einer **Rechtsansicht** hinweggesetzt (OLG Bremen NStZ 1991, 95),
  - sich **sachlich ungerechtfertigt** und droht eine **Inhaftierung** für den Fall an, dass die Einlassung des Angeklagten nicht durch weitere Zeugenaussagen bestätigt würde (BayObLG NJW 1993, 2948),
  - sich, **nachdem** gegen den bis dahin auf freiem Fuß befindlichen Angeklagten, **HB erlassen** worden ist, so, dass der Angeklagte daraus entnehmen muss, dass er nicht in Haft genommen worden wäre, wenn nicht der Verteidiger eines Mitangeklagten einen Antrag auf Aufhebung des gegen seinen Mandanten bestehenden HB gestellt hätte (BGH StV 2002, 116),
  - grob unsachlich seinen **Unmut** über **Beweisanträge** des Verteidigers (BGH NStZ 1988, 372; s.a. BGH NStZ-RR 1996, 200 [nicht, wenn volkstümlich formuliert wird und sich die Äußerung auf Beweisanträge bezieht, die nach mehrmonatiger Beweis-

aufnahme, die kurz vor dem Ende steht, gestellt werden]; m.E. Frage des Einzelfalls; s.a. BGH NStZ 2000, 325 [Äußerungen müssen im Gesamtzusammenhang gesehen werden]),

- sich dem Angeklagten gegenüber **unangemessen** (vgl. BGH StV 1991, 49 [Hinweis auf Todesstrafe in anderen Ländern]),
- sich **verletzend** („Sie lügen nach Aktenlage unverschämt") (BayObLG, a.a.O.),
- sich zur **Berufung** des Angeklagten, dass er die wenig aussichtsreiche Berufung beim Lesen der Akten und Beiakten nahezu als ein **Ansinnen** an das viel beschäftigte Gericht betrachte (OLG Hamm StV 1998, 64; → *Berufungsrücknahme*, Rn. 204),

- er **bedrängt** den Angeklagten außerordentlich drastisch, eine **Einlassung** zur Sache abzugeben (BGH NJW 1959, 55),
- er **bedrängt** den Angeklagten, ein **Geständnis** abzulegen (BGHSt 31, 15; s. aber BGH NStZ-RR 1998, 257 [K]),
- er **beschränkt** unberechtigt das → ***Fragerecht** des Angeklagten*, Rn. 491 (BGH StV 1985, 2),
- er **erklärt** dem Verteidiger, er werde die **Hauptverhandlung** nicht „**platzen**" lassen, auch auf die Gefahr hin, dass das Urteil aufgehoben werde (BGH MDR 1972, 571 [D]),
- er **erkundigt** sich in einem Verfahren, in dem es um sexuelle Übergriffe des Angeklagten gegen seine Tochter geht, bei der Betreuerin des **Opfers**, ob dieses sich wegen der Geschehnisse bereits in einer **Therapie befindet** (BGH NStZ 1999, 629),
- der Richter **erweckt** aufgrund seines Verhaltens in der HV bei dem Betroffenen den **Eindruck**, er werde wegen seiner bloßen Ähnlichkeit mit der auf einem Radarfoto erkennbaren Person verurteilt, falls er nicht **„Ross und Reiter"**, d.h. den Fahrer zur Tatzeit, **nenne** (BayObLG StV 1995, 7),

41

- bei **Kontakten** zu **Mitbeschuldigten**
  - dann, wenn es sich um **gesellschaftliche Kontakte** handelt (gemeinsamer Restaurantbesuch, Tennis spielen; BGH NStZ 1986, 518),
  - i.Ü. grds. nur dann, wenn **zusätzlich** zu der Kontaktaufnahme **Anhaltspunkte** für einen Verdacht der Parteilichkeit des Richters vorliegen (BGH NStZ 1983, 359 [Pf/M]; 1988, 467),
  - aus der Sicht von Mitangeklagten aber dann, wenn der Berichterstatter einer Strafkammer einen von mehreren Mitbeschuldigten in dessen **U-Haftzelle aufsucht** und mit ihm über das Verfahren spricht (BGH NStZ 1983, 359 [Pf/M]; s.a. BGH NStZ 1988, 467),
- dem Angeklagten werden während laufender HV gewonnene **Nachermittlungsergebnisse verheimlicht** (BGH StV 1995, 396; LG Braunschweig StraFo 1995, 59),
- der **Pflichtverteidiger** wird **entbunden**,
  - nur weil er einen **Pullover** unter der Robe trägt, ohne dass erkennbar ist, ob sich darunter ein Langbinder befindet (BGH NStZ 1988, 510),
  - ohne **rechtliches Gehör** zu gewähren (LG Ansbach StV 1995, 579, 581; AG Bergheim StV 1996, 592; s.a. *Barton* StV 1995, 290 und *Mehle* StraFo 1995, 73 in den Anm. zu OLG Nürnberg StV 1995, 287; *Burhoff*, EV, Rn. 1248 ff.),

- ohne **wichtigen Grund**, mit einer bloß pauschalen Behauptung (BGH NJW 1990, 1373 f.; s. dazu *Burhoff*, a.a.O.),

42

- dem Angeklagten wird vom Richter bewusst das **rechtliche Gehör versagt** (OLG Schleswig SchlHA 1976, 44; BayObLG StV 1988, 97),
- der Richter macht der **StA Zusagen** hinsichtlich des **Strafmaßes**, nur um sie zur Zurücknahme eines Antrags zu bewegen (BGH NStZ 1985, 36),
- er regt bei der **StA** die **Erhebung** einer → ***Nachtragsanklage***, Rn. 617, an (BGH MDR 1957, 653 [D]),
- bei **„Vergleichsgesprächen"** dann, wenn der Angeklagte aufgrund des Verlaufs der Gespräche befürchten muss, er habe unabhängig vom weiteren Verlauf der Verhandlung Nachteile zu erwarten (LG Kassel StV 1993, 68),
- er lässt bei der **Vernehmung** eines **Zeugen** erkennen, dass er sich in der Beurteilung der Aussage als unwahr schon **endgültig festgelegt** hat (BGH NJW 1984, 1907 f.),
- der Richter **verstößt massiv** gegen das **Strafverfahrensrecht**, weil das bei verständiger Würdigung der Sache im Angeklagten den Eindruck erwecken kann, der Richter nehme ihm gegenüber eine innere Haltung ein, die seine Unparteilichkeit und Unvoreingenommenheit störend beeinflusst (BGH StV 1985, 2), was z.B. dann **angenommen** worden ist, wenn ein Beweisantrag allein deshalb abgelehnt wurde, weil er nach Schluss der Beweisaufnahme gestellt worden war (OLG Köln StV 1991, 292; zur Richterablehnung wegen „Häufung von Verfahrensfehlern" s.a. *Günther* DRiZ 1994, 374).

43

für **unberechtigte** Ablehnung

- bei **Äußern** einer **Rechtsansicht** vor der HV (BVerfG NJW 1955, 541),
- bei **dienstlichen Beziehungen nur**, wenn es sich um ein besonders enges auf die persönlichen Beziehungen ausstrahlendes Verhältnis handelt, wie z.B. bei Tätigkeit im selben Spruchkörper (BGHSt 43, 16 m.w.N.; OLG Zweibrücken NJW 1968, 1439 [Ls.]; LG Osnabrück Nds.Rpfl. 1980, 17; *Kleinknecht/Meyer-Goßner*, § 24 Rn. 10 m.w.N.),
- **Fehler** bei der **Vorbereitung** der **Hauptverhandlung** (KK-*Pfeiffer*, § 24 Rn. 8 m.w.N.),
- sowie **Verfahrensverstöße** oder fehlerhafte Entscheidungen, wie sie jedem Richter unterlaufen können, es sei denn, das prozessuale Vorgehen entbehrt einer ausreichenden gesetzlichen Grundlage und erscheint **willkürlich** (BayObLG MDR 1977, 851; wegen massiver Verstöße gegen das Verfahrensrecht s.o.),
- grds. auch bei an den Angeklagten gerichteten **Hinweis** auf das nach dem derzeitigen Verfahrensstand zu erwartende Verfahrensergebnis (BGH NStZ 1989, 467; s. aber BGHSt 37, 99; OLG Bremen StV 1989, 145). Allerdings darf der Richter i.d.R. nicht eine **bestimmte Strafe** in Aussicht stellen (BGHSt 37, 298; s.a. BGHSt 45, 312; → *Absprachen mit dem Gericht und der StA*, Rn. 66),
- bei Ablehnung der **Einstellung** des Verfahrens nach §§ 153, 153a (OLG Düsseldorf, Beschl. v. 26.5.1999 – 5 Ss 420/98 – 24/99 I),
- der Richter nimmt außerhalb der Hauptverhandlung **Kontakt** zu einem **Mitangeklagten** auf (BGH NStZ 1988, 467; s. aber o. Rn. 41),
- die **Mitgliedschaft** in einer bestimmten **politischen Partei** (vgl. BVerfG NJW 1953, 1097; zuletzt BGH MDR 1992, 934 [H] m.w.N.; zur Ablehnung eines Fraktionsvorsitzenden der DVU, der sich öffentlich deutlich ausländerfeindlich geäußert hat, s.a. LG

Bremen StV 1993, 69; a.A. OLG Karlsruhe NJW 1995, 2503 [für öffentliche Sympathiekundgebungen eines Richters für den Bundesvorsitzenden der NPD bei einem Angeklagten ausländischer Herkunft]),

- bei **Mitgliedschaft** in demselben **Verein** (OLG Schleswig SchlHA 1996, 49 [im Zivilverfahren keine Befangenheit des Richters, wenn er seit kurzem demselben aus 33 Mitgliedern bestehenden Verein [Rotary-Club] angehört wie der Ehepartner einer Prozesspartei; m.E. zw.]),

- er hat dem Angeklagten geraten, sein **Rechtsmittel** wegen geringer Erfolgsaussichten **zurückzunehmen** (OLG Hamm GA 1958, 58; OLG Düsseldorf, NJW 2000, 2038 [Ls.]; vgl. aber auch KG StV 1988, 98; OLG Hamm StV 1998, 64 [s.o. Rn. 40]; → *Berufungsrücknahme*, Rn. 204),

44

- er hat **sitzungspolizeiliche Maßnahmen** angeordnet, die sachlich gerechtfertigt sind (a.A. LG Hamburg StV 1981, 617 [Zuziehung von Polizeibeamten in Zivil]; s.a. OLG Braunschweig NJW 1995, 2113 [Ausschluss des Rechtsanwalts, der sich in einem Zivilverfahren weigert, die **Robe** zu tragen]),

- i.d.R. **Spannungen** zwischen dem **Richter** und dem **Verteidiger**, auch nicht bei einem sehr gespannten Verhältnis (BGH MDR 1971, 897 [D]; NStZ 1987, 19 [Pf/M] m.w.N.; s. aber OLG Braunschweig StraFo 1997, 76), was vor allem dann gilt, wenn der Verteidiger durch sein **provokatives** Verhalten einen Zusammenstoß mit dem Richter herbeigeführt hat (KK-*Pfeiffer*, § 24 Rn. 11; s.a. *Kleinknecht/Meyer-Goßner*, § 24 Rn. 11 m.w.N.),

  - auch dann nicht, wenn bei erheblich gespannter Atmosphäre Äußerungen fallen wie: „Ich **verbitte** mir Ihre **Belehrungen**" (BGH NStZ 1995, 18 [K]),

  - oder wenn das Gericht ein vom Verteidiger benutztes **Mikrofon abschaltet**, nachdem dieser seine Sprachlautstärke so gesteigert hat, dass er auch ohne technische Hilfsmittel von allen Beteiligten gut zu verstehen ist (BGH, a.a.O.),

  - auch nicht bei **verbalen Entgleisungen**, wenn der Richter äußert, er habe es nicht zu vertreten, wenn die Verteidigung zu faul sei, die Akten zu lesen und der Umstand, ein Kriminalbeamter habe ggf. die Akten nicht ordentlich bearbeitet, sei ein Hirngespinst (LG Köln StraFo 1995, 27; m.E. zw.),

  - ggf. aber **dann**, wenn die Kontroverse zwischen Richter und Verteidiger durch **Verfahrensrechte** des Angeklagten **verletzende Handlungen** ausgelöst worden ist (BGH StV 1995, 396; s. dazu aber auch OLG Brandenburg StraFo 1997, 76).

Entscheidend ist, ob der **Angeklagte** den **Eindruck** haben muss, der Richter werde aufgrund der Spannungen zu dem Verteidiger ihm gegenüber nicht mehr unbefangen urteilen. Deshalb soll, wenn zwischen dem Richter und dem Verteidiger **Spannungen** in einem so **erheblichen Ausmaß** bestehen, dass das gegenseitig zu Strafanzeigen, Dienstaufsichtsbeschwerden und Verfahren vor dem Ehrengerichtshof der Anwaltskammer geführt hat, der Verteidiger im Interesse seines jeweiligen Mandanten diesen Richter in jedem Verfahren als befangen ablehnen können, in dem er vor diesem Richter auftreten muss (OLG Hamm NJW 1951, 731; m.E. zw.; zur Richterablehnung wegen Spannungen zwischen Verteidiger und Richter s.a. *Müller* NStZ 1995, 380 [Rspr.-Übersicht]).

- i.d.R. **Spannungen** zwischen dem **Richter** und einem **Sachverständigen**, es sei denn, der Angeklagte kann daraus ausnahmsweise ableiten, der Richter sei aufgrund der Spannungen (auch) ihm gegenüber nicht mehr unparteiisch und unbefangen (BGH NJW 1998, 2458 [verneint bei Unmut über verspätete Gutachtenerstellung]),
- der Richter hat nach der Sachlage verständliche **Unmutsäußerungen** gemacht (BGHSt 27, 96: [„Theater"]; BGH MDR 1971, 17: – D – [„Dummes Geschwätz"]),
- der Richter hat dem Angeklagten in nachdrücklicher Weise **Vorhalte** gemacht (BGH MDR 1957, 16 [D]),
- die **Zugehörigkeit** des Richters zu einer **Religion**, Weltanschauung, Rasse, einem anderen Geschlecht oder einem bestimmten Familienstand (*Kleinknecht/Meyer-Goßner*, § 24 Rn. 9 m.w.N.).

45 **5.** Schließlich können ggf. **persönliche Beziehungen** zwischen dem **Richter** und dem **Angeklagten**, dem Verletzten oder auch einem Zeugen, z.B. bei Verlobung oder enger Freundschaft (vgl. LR-*Wendisch*, § 24 Rn. 20 m.w.N.) die Besorgnis der Befangenheit begründen. Ist der Richter mit der Verteidigerin **verheiratet**, dürfte er stets befangen sein (vgl. LSG Rheinland-Pfalz L 5 Sb 20/93 in Bibliothek BSG; OLG Jena OLG-NL 1999, 222 [für Zivilverfahren]). In diesen Fällen dürfte der Richter auch verpflichtet sein, auf seine Ehe hinzuweisen, um so ein faires Verfahren zu gewährleisten.

Siehe auch: → *Ablehnung eines Richters, Allgemeines,* Rn. 4, m.w.N., → *Ausschluss eines Richters,* Rn. 144.

Ablehnungsverfahren

46

Das Wichtigste in Kürze

1. Die an der Entscheidung beteiligten Richter sind auf Antrag namhaft zu machen (§ 24 Abs. 2 S. 2).
2. Der Ablehnungsgrund und ggf. die Voraussetzungen der Rechtzeitigkeit des Ablehnungsantrags sind glaubhaft zu machen.
3. I.d.R. muss sich der abgelehnte Richter dienstlich äußern.
4. Die Entscheidung des Gerichts ergeht durch Beschluss.
5. Bei erfolgloser Ablehnung eines erkennenden Richters kann die Entscheidung nur mit dem Urteil angefochten werden.

Literaturhinweise: ***Günther***, Unzulässige Ablehnungsgesuche und ihre Bescheidung, NJW 1986, 281; ***Janssen***, Rückwirkung von stattgebenden Beschlüssen zur Richterablehnung wegen der Besorgnis der Befangenheit, StV 2002, 170; ***Meyer-Mews***, Verfahrensbeendigung durch den abgelehnten Richter, StraFo 1998, 47; ders., Der Befangenheitsantrag nach erfolgloser Gegenvorstellung, StraFo 2000, 369; ***Rabe***, Zur Zulässigkeit eines Ablehnungsgesuchs gem. § 26a I Nr. 2 StPO, NStZ 1996, 369; ***Sieg***, Zum Begriff des erkennenden Richters i.S.d. § 28 Abs. 2 Satz 2 StPO, StV 1990, 283; s.a. die Hinw. bei → *Ablehnung eines Richters, Allgemeines*, Rn. 4.

46a **1.** Die Entscheidung, ob ein Ablehnungsgesuch gestellt werden soll oder nicht (s. dazu → *Ablehnungsantrag* Rn. 23, mit Antragsmuster, Rn. 30, und → *Ablehnung eines Richters, Allgemeines*, Rn. 5 f., m.w.N.), setzt voraus, dass die an der Entscheidung beteiligten Richter bekannt sind. Deshalb sieht das Gesetz in § 24 Abs. 3 S. 2 vor, dass ein → *Ablehnungsberechtigter*, Rn. 31, die **Namhaftmachung** der zur Mitwirkung bei der Entscheidung berufenen Personen verlangen kann und diese namhaft zu machen sind. Das kann für jede richterliche Maßnahme verlangt werden (OLG Koblenz NStZ 1983, 470), also z.B. auch für ein bereits gestelltes Ablehnungsgesuch, um entscheiden zu können, ob die darüber zur Entscheidung berufenen Richter ggf. selbst abgelehnt werden müssen (zur Problematik der sog. Ringablehnung vgl. a. BGH NStZ 1994, 447).

Die **Mitteilung** obliegt dem **Vorsitzenden**, sie erstreckt sich nicht auf Auskünfte über die Person des Richters, seine Ausbildung, Auffassungen und ähnliche Daten und auch nicht auf den Protokollführer (BayObLG bei *Rüth* DAR 1989, 368; OLG Koblenz, a.a.O.). Die Mitteilung erfolgt nur „auf Verlangen". Ist die Mitteilung gemacht, muss ein späterer Richterwechsel von Amts wegen mitgeteilt werden (BayObLG NStZ 1990, 200). Nach erfolgreicher Ablehnung besteht aber keine Pflicht zur Bekanntgabe des nachrückenden Richters (BVerfG NJW 1998, 369 [für Zivilverfahren]). Die Mitteilung ist schließlich so rechtzeitig zu machen, dass der Ablehnungsberechtigte ermitteln kann, ob Ablehnungsgründe bestehen (BayObLG, a.a.O.).

☝ Auf die **Verweigerung** der **Namhaftmachung** kann die Revision nur gestützt werden, wenn der **Antrag in** der **HV wiederholt** und Aussetzung beantragt worden ist (BayObLG MDR 1988, 339; zum notwendigen Inhalt der Revisionsbegründung s. BayObLG NStZ 1990, 200; *Kleinknecht/Meyer-Goßner*, § 24 Rn. 22).

47 **2. a)** Nach § 26 Abs. 2 sind der Ablehnungsgrund und in den Fällen des § 25 Abs. 2 die Voraussetzungen der Rechtzeitigkeit des → *Ablehnungsantrags*, Rn. 23, **glaubhaft** zu machen. Glaubhaftmachung bedeutet, dass die behaupteten Tatsachen so weit bewiesen werden müssen, dass das Gericht sie für **wahrscheinlich** hält, die volle Überzeugung von der Richtigkeit der behaupteten Tatsache muss dem Gericht also nicht verschafft werden (vgl. u.a. zuletzt BGH NStZ-RR 2001, 258 [Be] m.w.N.). Von der Glaubhaftmachung kann **abgesehen** werden, wenn sich der Ablehnungsgrund aus den Akten ergibt oder wenn er sonst gerichtsbekannt ist (*Kleinknecht/Meyer-Goßner*, § 26 Rn. 6 m.w.N.).

48 **b) Mittel** der Glaubhaftmachung sind nach § 26 Abs. 2 und 3 grds. nur **schriftliche Erklärungen**, insbesondere eidesstattliche Versicherungen von Zeugen oder des Verteidigers. Der **Ablehnende selbst** kann die Richtigkeit seiner Angaben **nicht** beschwören und auch nicht an Eides statt versichern. Eine gleichwohl abgegebene Erklärung wird als einfache Erklärung des Antragstellers gewertet (*Kleinknecht/Meyer-Goßner*, § 26 Rn. 9). Unbeschränkt zulässig sind schriftliche, u.U. auch fremdsprachige (vgl. OLG Bamberg NStZ 1989, 335) Erklärungen von **Zeugen**, die die Richtigkeit ihrer Erklärungen **eidesstattlich versichern** können.

☝ Die **bloße Benennung** von Zeugen reicht i.d.R. zur Glaubhaftmachung nicht aus. Sie reicht **nur** dann aus, wenn der Ablehnende eine schriftliche **Äußerung** der Auskunftsperson **nicht erlangen** kann, sei es, dass ihm der Zeuge die schriftliche Bestätigung verweigert, sei es, dass er ihn nicht unverzüglich erreichen kann (BGHSt 21, 334, 337; OLG Düsseldorf NJW 1985, 2207; StV 1987, 428 [Ls.]). Es ist dann aber **glaubhaft** zu **machen**, dass einer dieser Gründe vorliegt (BGH, a.a.O.; *Kleinknecht/Meyer-Goßner*, § 26 Rn. 11 m.w.N.).

Der Ablehnende kann sich nach § 26 Abs. 2 S. 3 auch auf das **Zeugnis** des abgelehnten **Richters** berufen, was allerdings ausdrücklich erklärt werden muss (OLG Frankfurt NJW 1977, 767; a.A. OLG Celle Nds.Rpfl. 1982, 100). Schließlich kann der **Verteidiger** seine eigenen Handlungen, Unterlassungen und Beobachtungen **„anwaltlich" versichern** (OLG Köln NJW 1964, 1038). Teilt der Verteidiger die den Ablehnungsantrag begründenden Tatsachen als eigene Wahrnehmungen mit, bedarf es für die Zulässigkeit des Antrags grds. nicht der ausdrücklichen Angabe des Mittels der Glaubhaftmachung (BayObLG StV 1995, 7).

49 **3.** Nach § 26 Abs. 3 muss sich der abgelehnte **Richter**, wenn das Ablehnungsgesuch nicht offensichtlich unbegründet ist, **dienstlich äußern**. Die abgegebene dienstliche Äußerung des abgelehnten Richters ist zur Gewährung des **rechtlichen Gehörs** dem Antragsteller, also i.d.R. dem **Verteidiger** und dem Angeklagten, der Staatsanwaltschaft und den übrigen Beteiligten mitzuteilen, anderenfalls ist das Ablehnungsverfahren fehlerhaft (BGH NStZ 1983, 354 [Pf/M]). Das rechtliche Gehör wird schon dadurch gewährt, dass der **Verteidiger Gelegenheit** bekommt, sich zu äußern. Auf die Kenntnis des Angeklagten kommt es insoweit nicht an (KK-*Pfeiffer*, § 26 Rn. 8). Wird die Mitteilung der dienstlichen Äußerung unterlassen, kann der Berechtigte nach Bekanntgabe des sein Ablehnungsgesuch zurückweisenden Beschlusses und damit auch des wesentlichen Inhalts der dienstlichen Äußerung sein **Ablehnungsgesuch erneuern** (KK-*Pfeiffer*, a.a.O.).

☝ Der Verteidiger wird sich überlegen, ob er sein „erneuertes" Ablehnungsgesuch **nun** nicht (**auch** noch) **darauf** stützt, dass ihm die dienstliche Äußerung des abgelehnten Richters **nicht bekannt** gemacht worden ist. Enthält die dienstliche Äußerung eines Richters Fehler bei der Darstellung des Verfahrensablaufs, kann das den Verdacht mangelnder Sorgfalt rechtfertige, worin ein **selbständiger Ablehnungsgrund** liegen kann (OLG Frankfurt MDR 1978, 409). Ein Grund zur erneuten Ablehnung kann auch darin liegen, dass der abgelehnte Richter sich **weigert**, eine konkrete dienstliche Äußerung zu einem Befangenheitsgesuch abzugeben (AG Bergheim StV 1998, 534).

In der **Revision** muss die vom Richter abgegebene dienstliche Äußerung geschlossen und im Wortlaut mitgeteilt werden (BGH StV 1996, 2).

50 **4.** Zu den möglichen **Entscheidungen** über das Ablehnungsgesuch soll hier nur Folgendes ausgeführt werden:

- Soll das Gesuch als **unzulässig** verworfen werden, wird darüber gem. § 26a Abs. 2 entschieden, ohne dass der abgelehnte Richter ausscheidet (vgl. dazu BGH NStZ 1994, 447). Als unzulässig verworfen wird ein Ablehnungsgesuch, wenn es **verspätet** ist, ein **Grund** zur Ablehnung oder ein Mittel zur **Glaubhaftmachung nicht** angegeben wird oder durch die Ablehnung offensichtlich das Verfahren nur verschleppt oder nur **verfahrensfremde** Zwecke verfolgt werden (wegen der Einzelh. insoweit vgl. die Komm. zu § 26a in KK-*Pfeiffer*, a.a.O.; *Bertram* NStZ 1996, 369; zur geplanten Erweiterung des § 26a Abs. 1 → *Gesetzesnovellen*, Rn. 521).
  Zur Unzulässigkeit eines Ablehnungsgesuchs folgende

  Beispiele

  - Ablehnungsgesuch mit **rechtlich ungeeigneter** Begründung (BGH NStZ 1999, 311),
  - Ablehnungsgesuch mit „**abstrusen**" **Vorbehalten** gegenüber Angehörigen einer bestimmten Bevölkerungsgruppe (BGH NStZ-RR 2002, 66 [Be]; s.a. BGH NStZ-RR 2001, 258 [Be]),
  - Ablehnungsgrund **nicht** einmal ansatzweise **substantiiert** (BVerwG NJW 1997, 3327).

- Wird das Gesuch **nicht** als **unzulässig** verworfen, entscheidet nach § 27 Abs. 1 über das Ablehnungsgesuch das Gericht, dem der abgelehnte Richter angehört, ohne dessen Mitwirkung, die Strafkammer ohne Schöffen, durch **Beschluss**, der verkündet oder zugestellt wird (zur Entscheidungszuständigkeit eingehend KK-*Pfeiffer*, § 27 Rn. 2 ff.; zur [i.d.R. zu verneinenden] Frage, ob ein Richter an der Entscheidung über ein Ablehnungsgesuch mitwirken darf, das darauf gestützt wird, die abgelehnten Richter hätten das ursprünglich gegen ihn gerichtete Ablehnungsgesuch zu Unrecht als unbegründet verworfen, s. BGH NJW 1984, 1907, 1909; s.a. BVerfG NJW 1995, 2914).

In Lit. und Rspr. ist **umstritten**, in welcher **Reihenfolge** über Ablehnungsgesuche gegen **mehrere erkennende** Richter zu **entscheiden** ist (vgl. die Nachw. bei *Kleinknecht/Meyer-Goßner*, § 27 Rn. 4). Für Fälle, in denen die Ablehnungsgesuche gleichzeitig eingereicht und auf den gleichen Grund gestützt werden, hält die überwiegende Meinung eine einheitliche Entscheidung für geboten (s. u.a. OLG Frankfurt StV 1984, 499; OLG Hamburg MDR 1984, 512). Nach der Rspr. des BGH (NJW 1996, 1159) ist aber (jedenfalls) in Fällen nacheinander eingehender und unterschiedlich begründeter Ablehnungsgesuche eine sukzessive Entscheidung in der Reihenfolge des Eingangs zu treffen. Wird aber ein Ablehnungsgesuch zugleich gegen mehrere erkennende Richter eingereicht, ist ein einheitlicher Beschluss jedoch dann möglich, wenn die Ablehnungsgesuche in Verbindung miteinander stehen (BGH NJW 1998, 2458; s.a. BayObLG NStZ-RR 2001, 49). Gesetzlicher Richter für den Beschluss über ein Ablehnungsgesuch ist i.Ü. der im Zeitpunkt der Entscheidung – nicht der Antragstellung – berufene Richter (BGH, a.a.O.; zur sog. Ringablehnung s. BGH NStZ 1994, 447).

☝ Die **Zurückweisung** des einen **erkennenden Richter** betreffenden Ablehnungsgesuchs – dazu gehört auch ein Ergänzungsschöffe, der an der HV teilnimmt (OLG Schleswig StV 1994, 641) – kann gem. § 28 Abs. 2 nur zusammen mit dem **Urteil** angefochten werden (zum Begriff des erkennenden Richters *Kleinknecht/Meyer-Goßner*, § 28 Rn. 6 m.w.N.).

51

5. Nach § 29 Abs. 1 kann der abgelehnte Richter vor Erledigung des Ablehnungsgesuchs noch solche **Handlungen** vornehmen, die **unaufschiebbar** sind (vgl. dazu *Kleinknecht/Meyer-Goßner*, § 29 Rn. 4 m.w.N.). Unaufschiebbar sind solche Handlungen, die wegen ihrer Dringlichkeit nicht warten können, bis ein Ersatzrichter eintritt (BGH NStZ 2002, 429. Dazu gehört z.B. nicht der Beginn der HV (OLG Düsseldorf StV 1994, 528 [für einen eine Woche vor Beginn der HV gestellten Ablehnungsantrag]). Zeugenvernehmungen können dazu gehören, wenn anderenfalls der Verlust des Beweismittels eintritt. Allein der Umstand, dass ein Zeuge von weither anreisen muss, begründet aber noch nicht die Unaufschiebbarkeit der Maßnahme (BGH, a.a.O.).

☝ Die Entscheidung, die HV nach der Ablehnung fortzusetzen, ist eine Maßnahme der → ***Verhandlungsleitung***, Rn. 873. Der Verteidiger kann die Unzulässigkeit der Fortsetzung mit der Revision nur rügen, wenn er nach § 238 vorgegangen ist (BGH NStZ 2002, 429 m.w.N.). Offen gelassen hat der BGH (a.a.O.) die Frage, ob das auch für den umgekehrten Fall gilt. Der BGH hat jedoch ausgeführt, dass das jedenfalls „nahe liegt“. Der Verteidiger muss also sowohl die **Fortsetzung** als auch die **Nichtfortsetzung** nach **§ 238 beanstanden** und ggf. einen Gerichtsbeschluss herbeiführen.

Ein **Verstoß** gegen § 29 macht eine Entscheidung des abgelehnten Richters aber **nicht unwirksam** (OLG Hamm NStZ 1999, 520 [Ls.]; s. dazu a. für den EÖB OLG Frankfurt StV 2001, 496 und *Janssen* StV 2002, 170).

51a Die vorläufige Amtsunfähigkeit des abgelehnten Richters tritt schon mit dem Eingang des Ablehnungsgesuchs bei Gericht ein; auf die **Kenntnis** des Richters von diesem Gesuch kommt es nicht an (OLG Frankfurt NJW 1998, 1238). Über das Ablehnungsgesuch hat das Gericht beschleunigt und grds. innerhalb der **Höchstfrist** des § 29 Abs. 2 S. 1 Hs. 2 zu entscheiden (zu den revisionsrechtlichen Konsequenzen bei Fristüberschreitung s. BGH StV 1997, 113). Erledigt ist das Ablehnungsgesuch erst dann, wenn die Entscheidung des zuständigen Gerichts darüber **rechtskräftig** geworden ist (OLG Celle Nds.Rpfl. 1998, 130 m.w.N.; KK-*Pfeiffer*, § 29 Rn. 4). Bis dahin darf der abgelehnte Richter an Entscheidungen nicht mitwirken.

Folge der **Mitwirkung** eines ausgeschlossenen oder **befangenen Richters** ist die Unwirksamkeit und Anfechtbarkeit der Entscheidungen durch Rechtsmittel (OLG Düsseldorf StV 1994, 528; wegen der Einzelheiten insoweit s. *Burhoff* ZAP F. 22, S. 125 ff.) Wird die Ablehnung wegen Besorgnis der Befangenheit für **begründet** erklärt, ist der entsprechende Beschluss nach § 28 Abs. 1 **unanfechtbar**.

☝ I.Ü. kann die Zurückweisung der Ablehnung eines erkennenden Richters in der HV als unbegründet nur in der Revision mit der **Verfahrensrüge** angefochten werden (wegen der Einzelh. zu den Rechtsmitteln s. *Burhoff*, EV, Rn. 25 f. s.u.). Zu deren Zulässigkeit muss alles vorgetragen werden, was mit dem Ablehnungsverfahren in Zusammenhang steht (§ 344 Abs. 2 S. 2; st. Rspr., zum Begriff des erkennenden Richters OLG Hamm StraFo 2002, 291 s. dazu aus neuerer Zeit BGH NStZ 1999, 325).

Siehe auch: → *Ablehnung eines Richters, Allgemeines,* Rn. 4, m.w.N., → *Ablehnungszeitpunkt,* Rn. 52.

52 Ablehnungszeitpunkt

Das Wichtigste in Kürze

1. Ein nach den §§ 22, 23 ausgeschlossener Richter kann ohne zeitliche Beschränkung abgelehnt werden.
2. Während der HV ist die Ablehnung eines befangenen Richters bis zum Beginn der Vernehmung des ersten Angeklagten über seine persönlichen Verhältnisse unbe-

schränkt zulässig, danach nur noch wegen nach diesem Zeitpunkt entstandener oder bekannt gewordener Ablehnungsgründe.

3. Alle Ablehnungsgründe sind gleichzeitig vorzubringen.

4. Das Ablehnungsgesuch muss grds. unverzüglich gestellt werden.

Literaturhinweise: ***R.Hamm***, Zur Unverzüglichkeit bei der Anbringung eines Richterablehnungsgesuchs, StV 1981, 315; ***Meyer-Mews***, Der Befangenheitsantrag nach erfolgloser Gegenvorstellung, StraFo 2000, 269; s.a. die Hinw. bei → *Ablehnung eines Richters, Allgemeines*, Rn. 4.

52a

1. Bei einem eventuell vorliegenden → ***Ausschluss*** *eines Richters*, Rn. 144, nach den §§ 22, 23 ist seine Ablehnung **ohne zeitliche Beschränkung** zulässig, solange er mit der Sache befasst ist. § 25 bestimmt nur die zeitliche Grenze der Ablehnung wegen Befangenheit in der HV.

2. Hinsichtlich der Ablehnung wegen Besorgnis der Befangenheit teilt § 25 die HV, was die Richterablehnung angeht, in **zwei Abschnitte** ein:

53

a) Nach § 25 Abs. 1 ist die Ablehnung in der HV 1. Instanz **bis** zum **Beginn** der **Vernehmung** des (ersten) Angeklagten über seine persönlichen Verhältnisse gem. § 243 Abs. 2 S. 2 **unbeschränkt** zulässig. Zulässig ist sie bereits dann, wenn feststeht, welche Richter zur Mitwirkung an der Entscheidung berufen sind (KG NStZ 1983, 44), die zeitliche Grenze für die unbeschränkte Ablehnung bildet der Beginn der Vernehmung des (ersten) Angeklagten. Diese zeitliche Grenze besteht nach **Aussetzung** der HV oder **Zurückverweisung** der Sache erneut (BGHSt 23, 277 ff.).

In der **Rechtsmittel-HV** ist die Ablehnung bis zum **Beginn** des **Vortrags** des **Berichterstatters** unbeschränkt zulässig (→ *Berufungshauptverhandlung*, Rn. 186). Das gilt auch, wenn das Gesuch auf Umstände/Äußerungen des Vorsitzenden aus einer früheren Berufungs-HV gestützt wird, die danach ausgesetzt worden ist, ohne dass der Berichterstatter vorgetragen hätte (OLG Brandenburg StV 1997, 455). Eine weitere zeitliche Schranke als die des § 25 Abs. 1 S. 1 – Beginn des Vortrags des Berichterstatters – sieht das Gesetz nämlich nicht vor.

☝ Es dürfte sich aber in vergleichbaren Fällen **empfehlen**, das Ablehnungsgesuch **zwischen** den HV-**Terminen** zu stellen.

54

b) Nach § 25 Abs. 2 ist **nach Beginn** der → ***Vernehmung*** *des Angeklagten zur Person*, Rn. 1034, und zwar des Ersten, die Ablehnung nur noch **beschränkt** zulässig: Es können jetzt nur noch Ablehnungsgründe geltend gemacht werden, die auf nach dem Beginn der Vernehmung des Angeklagten **neu eingetretenen** oder bekannt gewordenen Umständen beruhen, also z.B. das Verhalten oder Äußerungen des Richters während der HV (→ *Ablehnungsgründe, Befangenheit*, Rn. 38 ff.). Für das **Bekannt werden** kommt es darauf an, wann der → *Ablehnungsberechtigte*, Rn. 31, selbst diese erfahren hat. Die Kenntniserlangung des Verteidigers ist unerheblich. Beim Nebenkläger ist hingegen die Kenntnis des Vertreters maßgebend (BGHSt 37, 264; zur Ablehnung durch den Nebenkläger → *Nebenklägerrechte in der Hauptverhandlung*, Rn. 628).

55 **3.** Für die Ablehnung besteht ein **Konzentrationsgebot**:

☝ Es müssen **alle** zur Zeit der Ablehnung bekannten **Gründe gleichzeitig** vorgebracht werden.

Damit soll dem Missbrauch des Ablehnungsverfahrens zur Prozessverschleppung vorgebeugt werden. Bei Verstoß gegen diese Konzentrationsmaxime wird das Ablehnungsgesuch gemäß § 26a als unzulässig verworfen. Verwirkte Ablehnungsgründe können auch später in der **Revision nicht nachgeschoben** werden, sie können nur noch zur Unterstützung einer auf einen nicht verwirkten Grund gestützten Ablehnung herangezogen werden (*Kleinknecht/Meyer-Goßner*, § 25 Rn. 5 m.w.N.).

56 **4.** Die Ablehnungsgründe müssen „**unverzüglich**" i.S.d. § 121 BGB geltend gemacht werden, d.h. ohne schuldhaftes Zögern, also sobald als möglich, ohne eine nicht durch die Sachlage begründete Verzögerung (BGHSt 21, 334, 339; st.Rspr.; BayObLG NJW 1992, 2242). Insoweit wird ein strenger Maßstab angelegt (st.Rspr.; s. zuletzt BGH NStZ 1996, 47 m.w.N.). Der Angeklagte muss aber immer eine **Überlegungsfrist** und die Möglichkeit haben, sich mit seinem Verteidiger zu **beraten** (BGH, a.a.O.; NStZ 1992, 290; OLG Köln StV 1988, 287 f.). Auch kann nicht erwartet werden, dass der anwaltliche **Bürobetrieb** an einem **Wochenende** zur Fertigung eines Ablehnungsgesuchs fortgeführt wird (OLG Düsseldorf NJW 1992, 2243).

Wie viel Zeit zur Überlegung erforderlich ist, hängt von den Umständen des **Einzelfalls** ab (BGH, a.a.O.); folgende Grundsätze wird man aber doch feststellen können:

- I.d.R. muss der Verteidiger **schnell handeln**. Er darf nach Entstehen des Ablehnungsgrundes nicht einfach die weitere Entwicklung mit dem Ziel abwarten, möglichst umfassende Ablehnungsgründe vortragen zu können. Entsteht der Ablehnungsgrund **während** einer **Beweiserhebung**, so braucht der Ablehnungsgrund vor deren Beendigung aber nicht geltend gemacht zu werden (BGH StV 1986, 281; vgl. auch OLG Köln, a.a.O. [für eine Unterbrechung um zwei Tage]). Der Verteidiger ist auch **nicht verpflichtet**, auf eine **Unterbrechung** der Beweisaufnahme hinzuwirken (BGH NStZ 1996, 47).

☝ M.E. muss man dem Verteidiger auch zubilligen, ggf. zunächst durch eine **Gegenvorstellung** abzuklären, inwieweit das Gericht in einer (falschen) Rechtsansicht verfestigt ist. Erhebt der Verteidiger daher zunächst Gegenvorstellung, wird man einem späteren Ablehnungsgesuch **nicht Verspätung** entgegenhalten können (so auch *Meyer-Mews* StraFo 2000, 369, 373). Allerdings sollte der Verteidiger von einer Gegenvorstellung nur Gebrauch machen, wenn es um Rechtsfragen geht. Geht es um Äußerungen oder Verhalten des abgelehnten Richters in der HV, sollte i.d.R. das Ablehnungsgesuch sofort gestellt werden.

- Bei nur **kurzfristigen Unterbrechungen** der Sitzung kann deren Fortsetzung abgewartet werden (LR-*Wendisch*, § 25 Rn. 19). Hat der Verteidiger zur Klärung der Frage, ob ein Ablehnungsgesuch gestellt werden soll, **selbst** die Unterbrechung der HV **beantragt**, sollte er nicht mehr lange mit der Stellung des Antrags warten oder zumindest erklären, dass er sich diesen vorbehalte (s. die Fallgestaltung bei BayObLG NJW 1992, 2242).
- Das gilt aber nicht bei einer **länger unterbrochenen HV**, so dass es notwendig sein kann, das Ablehnungsgesuch zwischen zwei Verhandlungstagen außerhalb der HV anzubringen (BGH NStZ 1982, 291; 1993, 141 [für ein erst nach einer Woche gestelltes Ablehnungsgesuch]; 1996, 47 [am Vormittag des Folgetages]).

☝ Die dem Angeklagten für seine Überlegungen zur Verfügung stehende Zeit soll sich **verkürzen**, wenn seinem **Verteidiger** die Ablehnungsgründe schon **länger bekannt** sind, da der Verteidiger in dieser Zeit die Beratung des Mandanten vorbereiten kann (BGH StV 1995, 396, 397).

57 Nach dem dem Angeklagten gem. § 258 Abs. 2, nicht nach § 258 Abs. 3, gewährten **letzten Wort** (→ *Letztes Wort des Angeklagten*, Rn. 604), ist gem. § 25 Abs. 2 S. 2 eine Ablehnung überhaupt **nicht** mehr zulässig, was verfassungsrechtlich unbedenklich ist (BVerfG NJW 1988, 477; zur Ablehnung von Revisionsrichtern s. BGH NStZ 1993, 600).

☝ Ist die **rechtzeitige** Ablehnung **verpasst**, sollte der Verteidiger den Ablehnungsantrag aus **prozesstaktischen** Gründen dennoch stellen. Denn selbst ein verspätetes Ablehnungsgesuch kann den abgelehnten Richter zur → ***Selbstablehnung***, Rn. 787, (§ 30) bringen (*Dahs*, Rn. 169).

Siehe auch: → *Ablehnung eines Richters, Allgemeines,* Rn. 4, m.w.N.

Ablehnung von Schöffen **58**

Literaturhinweise: ***von Danwitz***, Zur Stellung des ehrenamtlichen Richters in der Strafrechtspflege, ZRP 1995, 442; s. a. die Hinw. bei → *Ablehnung eines Richters, Allgemeines*, Rn. 4.

1. Für die Ablehnung von Schöffen gelten nach § 31 Abs. 1 die §§ 22, 23 für den → *Ausschluss eines Richters*, Rn. 144, und für die **Richterablehnung** nach den §§ 24 ff. **entsprechend** (allgemein zur Rechtsstellung des Schöffen *von Danwitz* ZRP 1995, 442). Hinzuweisen ist außerdem auf § 32 GVG, der regelt, wer **unfähig** ist, Schöffe zu sein. Das ist insbesondere derjenige, der wegen einer vorsätzlichen Tat zu einer Freiheitsstrafe von mehr als sechs Monaten verurteilt worden ist (§ 32 Nr. 1 GVG).

Auch für Schöffen gilt somit die Vermutung der Unparteilichkeit (BGHSt 22, 289, 295). Die möglichen Ablehnungsgründe gehen nicht weiter als bei den Berufsrichtern (*Kleinknecht/Meyer-Goßner*, § 31 Rn. 2 m.w.N.). Hinzuweisen ist auf folgende (wegen weiterer Einzelh. → *Ablehnungsgründe, Befangenheit*, Rn. 32 ff.)

59 **Beispiele:**

für die **unberechtigte** Ablehnung

- wenn **Beweisergebnisse** präsentiert werden, die sich in einem späteren Zeitpunkt als **unverwertbar** darstellen (BGH StV 1996, 521 [für Geständnis des Angeklagten, das wegen nicht eingehaltener Absprachen einem Beweisverwertungsverbot unterlag]),
- wenn dem Schöffen zum besseren Verständnis der Beweisaufnahme aus den Akten stammende **Protokolle** über **Beweismittel** (Tonbandprotokolle) als Begleittext **überlassen** werden (BGHSt 43, 36; krit. dazu *Lunnebach* StV 1997, 452 in der Anm. zu BGH, a. a. O.).
- wenn die im Verfahren mitwirkenden Schöffen **Halbbrüder** sind (BGH MDR 1974, 547 [D]),
- kurze **Meinungsäußerungen** des Schöffen während der HV ohne endgültige Stellungnahme zur Sache (BGHSt 21, 85),
- allein wegen der **Mitgliedschaft** eines Schöffen in der **Vertreterversammlung** einer Genossenschaftsbank in einem Verfahren gegen ein Vorstandsmitglied dieser Bank wegen eines Sexualdelikts zum Nachteil einer Angestellten (BGHSt 43, 16),
- bei Kenntnis von **Presseveröffentlichungen**, die eine eingehende Darstellung des Tatgeschehens enthalten (BGHSt 22, 289; zur Besorgnis von Befangenheit in Zusammenhang mit Äußerungen eines Schöffen nach Zitaten in der Presse BGH NStZ 2002, 495),
- **Spannungen** mit dem Verteidiger (BGH NStZ 1987, 19 [Pf/M]),
- wenn die **Schöffen** miteinander **verheiratet** sind (OLG Hamm ZAP EN-Nr. 205/96; insoweit nicht in MDR 1996, 91),
- wenn nach Aufhebung und **Zurückverweisung** gem. § 354 Abs. 2 in der neuen HV das aufgehobene Urteil verlesen wird (BGHSt 43, 36, 40).

60 für die **berechtigte** Ablehnung

- der Schöffe ist **Bediensteter** der geschädigten Behörde (BGH MDR 1954, 151 [D]),

- wenn der Schöffe von wesentlichen Ergebnissen der Ermittlungen der **Anklageschrift Kenntnis** erlangt (bislang h.M. in der Rspr., vgl. u.a. BGH MDR 1957, 268 [D]; 1973, 19 [D] und auch Nr. 126 Abs. 3 RiStBV, wonach den Schöffen die Anklageschrift grds. nicht zugänglich gemacht werden darf; s.a. AG Dortmund StV 1994, 422 [Ls.]; a.A. für die gelegentliche Lektüre der Anklageschrift während der HV LG Kiel SchlHA 1977, 56; s. jetzt aber auch BGHSt 43, 36 [s.o.]; → *Akteneinsicht für Schöffen*, Rn. 82),
- der Schöffe trägt in einer Hauptverhandlung gegen einen ausländischen Angeklagten **Oberbekleidung**, die **rechtsradikalen Kreisen** zugerechnet wird (LG Berlin StV 2002, 132 [für einen Sweatshirt mit der Aufschrift „Pit Bull Germany"]),
- der Schöffe macht während der HV **unsachliche Bemerkungen**, wie
  - „Das sieht man ja, dass Sie mit **Drogen** zu tun haben" (BGH NStZ 1991, 144,
  - oder er erklärt auf eine Frage des Vorsitzenden an den Angeklagten, ob er nicht damit habe **rechnen müssen**, dass das Kind auf die Straße laufe: „**Eigentlich müsste** er es" (OLG Hamm JMBl. NW 1968, 68),
- der Schöffe ist dauerhaft körperlich erschöpft, wodurch der Eindruck entsteht, das Schicksal des Angeklagten sei ihm extrem gleichgültig (LG Bremen StV 2002, 357 für **übermüdeten** und teilweise alkoholisierten **Ergänzungsschöffen**).

2. Die **Entscheidung** über den Ablehnungsantrag gegen einen Schöffen trifft beim Schöffengericht und bei der kleinen Strafkammer der Vorsitzende allein (§ 31 Abs. 2 S. 1), bei der großen Strafkammer die richterlichen Mitglieder der Kammer ohne Mitwirkung des Schöffen (§ 31 Abs. 2 S. 2). Der Vorsitzende fordert den Schöffen zur Abgabe einer dienstlichen Erklärung auf (zur Gestaltung dieser Aufforderung s. den „Hinweis" in BGH NStZ 2002, 495, 496 [darauf achten, dass der Schöffe nicht über die gleiche strafprozessuale Ausbildung und Erfahrung wie ein Berufsrichter verfügt]). **61**

Siehe auch: → *Ablehnung eines Richters, Allgemeines,* Rn. 4, m.w.N.

Ablehnung von Urkundsbeamten

62

Nach § 31 Abs. 1 gelten für Urkundsbeamte (der Geschäftsstelle) und andere als Protokollführer zugezogene Personen die **§§ 22 ff. entsprechend**. Die Ablehnung wegen Befangenheit dürfte in der Praxis allerdings kaum eine Rolle spielen.

Ist der Urkundsbeamte aus dem Verfahren (wegen Befangenheit) ausgeschieden, braucht die HV nicht wiederholt zu werden, da der Urkundsbeamte austauschbar ist (*Kleinknecht/Meyer-Goßner*, § 31 Rn. 3; a.A. u.a. KK-*Pfeiffer*, § 31 Rn. 3). Das bis zum Ausscheiden gefertigte **Protokoll** ist **voll wirksam**, es sei denn, der Urkundsbeamte wäre nach § 22, z.B. als Verletzter oder als Ehegatte des Verletzten, ausgeschlossen (RGSt 68, 272; LR-*Wendisch*, § 31 Rn. 16).

63 Absprachen mit Gericht und StA

Literaturhinweise: ***Amelung***, Die Rechtswirklichkeit der Verständigung im Strafprozeß – Risiken und Chancen der Verständigung aus der Sicht der Verteidigung, StraFo 2001, 185; ***Beulke/Satzger***, Der fehlgeschlagene Deal und seine prozessualen Folgen – BGHSt 42, 191, JuS 1997, 1072; ***Böttcher/Dahs/Widmaier***, Verständigung im Strafverfahren – eine Zwischenbilanz, NStZ 1993, 375; ***Böttcher/Widmaier***, Absprachen im Strafprozeß? – Besprechung des Urteils des BGH vom 23.1.1991 – 3 StR 365/90, JR 1991, 353; ***Braun***, Die Absprache im Strafverfahren – Blickwinkel: das materielle Strafrecht, AnwBl. 1998, 567; ders., Die Absprache im deutschen Strafverfahren, 1998; ders., Gründe für das Auftreten von Absprachen im Strafverfahren, AnwBl. 2000, 222; ders., Vorschlag für eine Abspracheregelung im Strafverfahren, StraFo 2001, 77; ***Dahs***, Zur Verteidigung im Ermittlungsverfahren, NJW 1985, 1113; ders., Absprachen im Strafprozeß, NStZ 1988, 153; ***Deal***, Der strafprozessuale Vergleich, StV 1982, 545; ***Dencker/Hamm***, Der Vergleich im Strafprozeß, 1988; ***Dölp***, Abschied von der Hauptverhandlung, NStZ 1998, 235; ***Eich***, Die tatsächliche Verständigung im Strafverfahren und Steuerstrafverfahren, 1992; ***Eschelbach***, Absprachen in der strafrechtlichen Hauptverhandlung, JA 1999, 695; ***Friehe***, Der Verzicht auf Entschädigung für Strafverfolgungsmaßnahmen, 1997; ***R.Hamm***, Absprachen im Strafverfahren?, ZRP 1990, 337; ders., Verwertung rechtswidriger Ermittlungen – nur zugunsten des Beschuldigten?, StraFo 1998, 361; ders., Von der Unmöglichkeit, Informelles zu formalisieren – das Dilemma der Urteilsabsprachen, in: Festschrift für *Meyer-Goßner*, S. 33; ***Hanack***, Vereinbarungen im Strafprozeß, ein besseres Mittel zur Bewältigung von Großverfahren?, StV 1987, 500; ***Herzog***, „Deals" zu Lasten Dritter in vorgängigen abgetrennten Verfahren und die Besorgnis der Befangenheit, StV 1999, 455; ***Kaetzler***, Absprachen im Strafverfahren und Bewährungsauflagen, wistra 1999, 253; ***Kintzi***, Verständigungen im Strafrecht – Überlegungen zu den Thesen und dem Gutachten der großen Strafrechtskommission, JR 1990, 309; ders., Verständigung im Strafverfahren – Eine unendliche und spannende Geschichte, DRiZ 1992, 245; ***Klug***, Zum Strafverfahren als Parteiprozeß, ZRP 1999, 288; ***Kölbel***, Bindungswirkung von Strafmaßabsprachen, NStZ 2002, 74, ***Kruse***, Urteilsabsprachen in der neuesten Rechsprechung des BGH, StraFo 2000, 146; ***Kuckein***, Zur Verwertbarkeit des Geständnisses bei einer gescheiterten Verständigung im Strafverfahren, in: Festschrift für *Meyer-Goßner*, S. 63; ***Küpper/Bode***, Absprachen im Strafverfahren – Bilanz einer zehnjährigen Diskussion – Teil 1: Jura 1999, 351; Teil 2: Jura 1999, 393; ***Landau***, Verfahrensabsprache im Ermittlungsverfahren, DRiZ 1995, 132; ***Landau/Eschelbach***, Absprachen zur strafrechtlichen Hauptverhandlung, NJW 1999, 312; ***Meyer-Goßner***, Entlastung der Strafrechtspflege – Ein ungewöhnlicher Vorschlag, NStZ 1992, 167; ***Nack***, Verwertung rechtswidriger Ermittlungen nur zugunsten des Beschuldigten?, StraFo 1998, 366; ***Niemöller***, Absprachen im Strafprozeß, StV 1990, 34; ***Noack***, Urteilsabsprachen im Jugendstrafrecht, StV 2002, 445; ***Rönnau***, Die Absprache im Strafprozeß, 1990; ders., Die neue Verbindlichkeit bei den strafprozessualen Absprachen, wistra 1998, 49; ***Rückel***, Verteidigertaktik bei Verständigungen und Vereinbarungen im Strafverfahren – Mit Checkliste, NStZ 1987, 297; ***Satzger***, Absprachen im Strafprozess, FA Strafrecht-*Satzger*, Teil H; ***Schmitt***, Zur Rechtsprechung und Rechtswirklichkeit verfahrensbeendender Absprachen im Strafprozeß, GA 2001, 412; ***Schmidt-Hieber***, Verständigung im Strafverfahren, 1986; ***Schünemann***, Die Verständigung im Strafprozeß – Wunderwaffe oder Bankrotterklärung der Verteidigung?, NJW 1989, 1895; ders., Die Absprachen im Strafverfahren: Von ihrer Gesetz- und Verfassungswidrigkeit, von der ihren Versuchungen erliegenden Praxis und vom dogmatisch gescheiterten Versuch des 4. Strafsenats des BGH, sie im geltenden Strafprozessrecht zu verankern; in: Festschrift für *Peter Rieß*, S. 525; ***Schwedhelm***, Deal und Verständigung im Steuerstrafverfahren, StraFo 1997, 69; ***Seiler***, Der strafprozessuale Vergleich im Lichte des § 136a StPO, JZ 1988, 683; ***Sinner***, Die Gebühren des Verteidigers bei Absprachen im Strafverfahren, ZRP 2000, 67; ***Siolek***, Verständigung in der Hauptverhandlung, 1993; ders., Zur Fehlentwicklung strafprozessualer Absprachen; in: Festschrift für *Peter Rieß*, S. 563; ***Widmaier***, Der strafprozessuale Vergleich, StV 1986, 357; ***Weider***, Vom Dealen mit Drogen und Gerechtigkeit, 2000; ders., Revisionsrechtliche Kontrolle bei gescheiterter Absprache – Zugleich Anmerkung zu BGH, Beschl. v. 26.9.2001, NStZ 2002, 174; ders., Rechtsmittelverzicht und Absprache, in: Festschrift für *Lüderssen*, S. 773; ***Weigend***, Abgesprochene Gerechtigkeit, JZ 1990, 774; ders., Eine Prozeßordnung für abgesprochene Urteile?, NStZ 1999, 67; ***Wesemann/Müller***, Das gem. § 136a Abs. 3 StPO unverwertbare Geständnis und seine Bedeutung im Rahmen der Strafzumessung, StraFo 1998, 113; ***Zschockelt***, Die Urteilsabsprache in der Rechtsprechung des BVerfG und des BGH, NStZ 1991, 305; ***Zierl***, Der Vergleich im Strafverfahren – Oder „Tausche Geständnis gegen Bewährung", AnwBl. 1985, 505; ***Zuck***, Der Deal, MDR 1990, 18.

63a **1.** Absprachen zwischen dem Angeklagten/seinem Verteidiger einerseits und Gericht/StA andererseits sind in den letzten Jahren, insbesondere in länger andauernden Verfahren oder in Verfahren mit schwieriger Beweislage, immer häufiger zu beobachten. Gesetzlich vorgesehen sind sie nicht, ohne sie ließen sich jedoch viele Verfahren kaum noch in angemessener Zeit erledigen (vgl. z.B. *Dahs* NStZ 1988, 154; *Hanack* StV 1987, 500; *Landau/Eschelbach* NJW 1999, 321; *Widmaier* StV 1986, 357). Absprachen sind daher aus der Rechtswirklichkeit des Strafverfahrens heute nicht mehr wegzudenken (dazu aus der Sicht des Strafverteidigers *Amelung* StraFo 2001, 185; s.a. *Meyer-Goßner* StraFo 2001, 73).

Die Zulässigkeit und/oder die Praxis von Absprachen wird in Rspr. und Lit. (immer noch) kontrovers **diskutiert**. Aus Platzgründen können hier nicht alle damit im Zusammenhang stehenden Fragen dargestellt werden. Dargestellt werden sollen hier nur die Grundsätze. I.Ü. wird, auch zum Stand der Diskussion und wegen des umfangreichen Schrifttums, das es zu diesen Fragen, die auch schon Gegenstand eines Gutachtens und der Diskussion auf dem 58. Deutschen Juristentag im Jahr 1990 waren, verwiesen auf KK-*Pfeiffer*, Einl. Rn. 29a ff., *Kleinknecht/Meyer-Goßner*, Einl. Rn. 119 ff. m.w.N., SK-StPO-*Wolter*, vor § 151 Rn. 65, jeweils m.w.N. sowie auf die bei den o.a. Lit.-Hinw. enthaltenen weiterführenden Nachweise, sowie zu Verfahrensabsprachen im Ermittlungsverfahren auch auf *Burhoff*, EV, Rn. 37 ff.

64 **2.** Als **Inhalt** einer **Absprache/Verständigung** ist von Seiten des Angeklagten die Zusage denkbar, auf bestimmte Rechte zu verzichten, ein (Teil-)Geständnis ablegen (vgl. z.B. BGH NStZ 1997, 561; NJW 1999, 370; zum „falschen" Geständnis s. *Dahs* NStZ 1988, 156; *Widmaier* StV 1986, 359) oder auch Beweisanträge nicht stellen oder bereits gestellte zurücknehmen zu wollen. Der Angeklagte kann sich auch bereit erklären, ein Rechtsmittel nicht einzulegen oder ein eingelegtes Rechtsmittel zurückzunehmen (s. z.B. BGH NJW 1997, 2691; s. aber auch Rn. 66). Grds. kann auch der Verzicht auf die Entschädigung für Strafverfolgungsmaßnahmen nach dem StrEG Gegenstand einer Absprache sein (zu den

Grenzen s. *Friehe*, S. 354 ff.). Dafür kann dem Angeklagten als „Gegenleistung" eine mildere Strafe (zur strafmildernden Berücksichtigung des im Rahmen einer [gescheiterten] Absprache abgelegten Geständnisses s. BGH NJW 1997, 3018 sowie BGHSt 42, 191; 43, 195, und die krit. Anm. dazu von *Rönnau* wistra 1998, 53; zust. *Landau/Eschelbach* NJW 1999, 326) zumindest in der Form versprochen werden, dass eine bestimmte Strafrahmenobergrenze nicht überschritten werden soll (BVerfG StV 2000, 3; BGH, a.a.O.; StV 1999, 407) oder die Bewilligung von Strafaussetzung zur Bewährung, aber auch die Einstellung von Verfahren nach den §§ 154, 154a (zum Verfahren bei Absprachen zum Inhalt eines Bewährungsbeschlusses s. OLG Köln NJW 1999, 373).

65 **3.** Mit der **Zulässigkeit** von Absprachen hat sich in der Vergangenheit bereits auch das **BVerfG** befasst (s. NJW 1987, 2662; StV 2000, 3). Es hält diese Verständigungen **nicht grds.** für **unzulässig**, weist aber darauf hin, dass die Freiheit der Willensentschließung und der Willensbetätigung des Angeklagten nicht unter Verstoß gegen § 136a beeinträchtigt werden, er also nicht durch Versprechen gesetzlich nicht vorgesehener Vorteile oder durch Täuschung zu einem Geständnis gedrängt werden darf (*Kleinknecht/Meyer-Goßner*, Einl. Rn. 119c). Das Gericht darf ferner nicht seine sich aus § 244 Abs. 2 ergebende Amtsaufklärungspflicht vernachlässigen. Schließlich darf die festgesetzte Strafe nicht unangemessen niedrig sein. Das BVerfG (a.a.O.) hat außerdem darauf hingewiesen, ohne dies jedoch näher auszuführen, dass auch das materielle Strafrecht einer Verständigung zwischen Gericht und Verfahrensbeteiligten Grenzen setze (vgl. dazu eingehend *Braun* AnwBl. 1998, 567 ff.).

Von ähnlichen Grundsätzen geht der **BGH** aus (vgl. dazu vor allem die „Grundsatzentscheidung" BGHSt 43, 195; s. aber a. BGHSt 38, 102; 42, 46; einschränkend noch BGHSt 37, 99, jeweils m.w.N., und BGH NJW 1994, 1293 [ein Vergleich im Gewande eines Urteils ist jedenfalls untersagt]; s. a. *Zschockelt* NStZ 1991, 305, 309 f.). In seinem **Grundsatzurteil** v. 28.8.1997 (BGHSt 43, 195) hat der 4. Strafsenat des BGH die **Zulässigkeitskriterien** für eine Absprache, bei der es um die Zusage einer Strafmilderung im Austausch gegen das Ablegen eines Teilgeständnisses ging, zusammengestellt (dazu eingehend *Landau/Eschelbach* NJW 1999, 324 f.; *Rönnau* wistra 1998, 49; *Weigend* NStZ 1999, 57 f.; *Kleinknecht/Meyer-Goßner*, § 119e; *Herrmann* JuS 1999, 1161; *Kruse* StraFo 2000, 146).

- Nach dieser Entscheidung ist eine Verständigung im Strafverfahren **nicht** generell als **unzulässig** anzusehen. Die Verständigung muss aber unter Mitwirkung aller Verfahrensbeteiligten (in öffentlicher HV) stattfinden, wodurch aber Vorgespräche außerhalb der HV nicht ausgeschlossen werden (zur Kritik an den insoweit nach seiner Ansicht „ungenauen Ausführungen" des BGH s. *Rönnau* wistra 1998, 50 f.; dazu a. *Landau/Eschelbach* NJW 1999, 324).

- Nicht zusagen darf das Gericht vor der Urteilsberatung eine bestimmte Strafe, es kann allerdings eine **Strafrahmenobergrenze** angeben; insgesamt muss jedoch immer eine schuldangemessene Strafe gefunden werden (BVerfG StV 2000, 3; BGHSt 43, 195, 208 f.; s. dazu *Landau/Eschelbach* NJW 1999, 326). **Unzulässig** ist das **Drohen** mit einer höheren Strafe im Fall des Scheiterns einer Absprache (s. dazu a. *Schmitt* GA 2001, 421).
- An seine **Zusage** ist das Gericht **gebunden**, falls sich nicht neue, unbekannte Gesichtspunkte ergeben.

> ☝ Will das Gericht von dieser Zusage **abweichen**, muss es dem Angeklagten einen **Hinweis** erteilen (zur Bindungswirkung s. eingehend Kölbel NStZ 2002, 74). Entsprechendes gilt auch für eine „gescheiterte" Absprache, wenn die Veränderung der für die Strafzumessung erheblichen Sachlage nicht erkennbar war (BGH NStZ 2002, 219; eingehend dazu *Weider* NStZ 2002, 174 in der Anm. zu BGH, a.a.O.).

- Es steht der **strafmildernden Berücksichtigung** eines Geständnisses nicht entgegen, dass es „nur" im Rahmen einer Absprache abgelegt worden ist (krit. *Rönnau* wistra 1998, 53, der sich insbesondere dagegen wendet, dass „jedes" Geständnis strafmildernd berücksichtigt werden soll; zu allem a. *Beulke* JuS 1997, 1073; *Weigend* NStZ 1999, 57 f.; *Schmitt* GA 2001, 419 ff.; zur Verwertbarkeit eines Geständnisses bei einer gescheiterten Absprache s. *Kuckein*, in: FG-BGH, S. 63 ff.).
- Das Ergebnis der Absprache muss als vorgeschriebene Förmlichkeit im → ***Protokoll** der Hauptverhandlung*, Rn. 713, **festgehalten** werden.

66

4. Auf der Grundlage dieser Rspr. lassen sich folgende **Grundsätze** zur Zulässigkeit aufstellen (s.a. *Weigend* NStZ 1999, 58, der aus BGHSt 43, 195 „Grundsätze" für ein Absprachevertahren entwickelt, und *Burhoff*, EV, Rn. 47):

Zulässig:

- Das Gericht kann dem Angeklagten auf jeden Fall die **mildernde Berücksichtigung** eines **Geständnisses** zusagen, wenn das dem Stand des Verfahrens entspricht (so schon BGHSt 1, 387; 14, 189; 20, 268; 43, 195; StV 1999, 407; BVerfG NJW 1987, 2662). Das gilt besonders dann, wenn der Gedanke des Opferschutzes, z.B. bei einem Sexualdelikt, gefördert werden soll (*Landau* DRiZ 1995 140 [für Absprachen im Ermittlungsverfahren]; zur Verwertung eines Geständnisses s. auch noch BGH NStZ 1998, 561).

> ☝ Der Umstand, dass ein Geständnis im Rahmen einer Absprache abgelegt ist, entbindet das Gericht nicht von der grds. Verpflichtung, die **Glaubhaftigkeit** dieses Geständnisses zu **überprüfen** (BGHSt 43, 195, 204; NJW 1999, 370; krit. dazu *Weigend* NStZ 1999, 61).

- **Zulässig** ist es nach der Rspr. auch, wenn das Gericht zur **Förderung** des **Verfahrens** – auch außerhalb der HV – mit den Prozessbeteiligten Fühlung aufnimmt und eine sachgerechte Antragstellung anregt (BGHSt 37, 289; 42, 46). Dabei muss es allerdings die gebotene Zurückhaltung wahren, um jeden Anschein der Parteilichkeit zu vermeiden (BGH, a.a.O.; NStZ 1985, 36 f.). Diese Fühlungnahmen dürfen auf jeden Fall den Verfahrensablauf, einschließlich eventueller Anregungen nach den §§ 154 ff., betreffen (KK-*Pfeiffer*, Einl. Rn. 29h m.w.N.).

Unzulässig:

- Unzulässig ist eine Absprache über den **Schuldspruch**, die strafrechtliche Bewertung des Sachverhalts ist einer Vereinbarung nicht zugänglich (BGHSt 43, 195, 204).
- Unzulässig ist auch die Vereinbarung der **Anwendung** von **Jugendstrafrecht** auf einen Heranwachsenden (BGH NJW 2001, 2642; zust. *Eisenberg* NStZ 2001, 556 u. *Noack* StV 2002, 445, jeweils in der Anm. zu BGH, a.a.O.).
- **Unzulässig** ist es, wenn das Gericht vorab eine **bestimmte Strafe** zusagt (s. die o.a. Rspr. des BGH; zuletzt insbesondere BGHSt 43, 195, 206 f.; vorher schon BGH NJW 1994, 1293 und BGHSt 42, 46; s.a. *Landau/Eschelbach* NJW 1999, 323, 326). Zulässig ist es aber, wenn dem Angeklagten für den Fall eines Geständnisses zugesichert wird, eine bestimmte Strafhöhe nicht zu überschreiten (so ausdrücklich BGHSt 43, 195; BGH StV 1999, 407) oder andere Strafverfahren nach § 154 Abs. 2 einstellen zu wollen (*Kleinknecht/Meyer-Goßner*, Einl. Rn. 119b; für **Strafrahmen** auch schon BGHSt 38, 102; einschränkend noch BGHSt 37, 99 [kein rechtsstaatliches Verfahren bei Absprachen zu dem Prozessergebnis]; s.a. BGHSt 42, 46 [jedenfalls Prognosen zulässig] und BGH NJW 2001, 2642 [für Jugendstrafverfahren bedenklich]). Nicht zulässig ist es, die **Strafzumessung** in Vorgänge **außerhalb** der **HV** zu verlagern und durch feste Vereinbarungen auch über das weitere Prozessverhalten der Beteiligten abzusichern (BGH StV 1996, 129 [Ls.]).

> ☝ Davon zu **unterscheiden** ist jedoch die Zusicherung, in **anderen Verfahren** ggf. von **Anträgen**, z.B. auf Widerruf einer Strafaussetzung zur Bewährung, **absehen** zu wollen. Liegen dafür die Voraussetzungen vor, ist gegen ein solches Inaussichtstellen nichts einzuwenden (*Landau*, a.a.O.). Allerdings ist hierbei immer darauf zu achten, dass es sich um eine Zusicherung handeln muss, die in der **Kompetenz** des Zusichernden liegt (vgl. insoweit LG Kassel StV 1987, 288 und OLG Frankfurt StV 1987, 289 [für die Zusage der Möglichkeit der Strafverbüßung im offenen Vollzug durch insoweit nicht zuständigen StA]).

- Unzulässig ist nach der Rspr. des BGH auch eine Absprache über die Anordnung einer **Sicherungsverwahrung** (*Kleinknecht/Meyer-Goßner*, Einl. Rn. 119f m.w.N. aus der n.v. Rspr. des BGH).
- Unzulässig ist die **Zusicherung**, selbständige prozessuale **Taten**, die noch gar **nicht bekannt** und deshalb nicht bestimmbar sind und daher auch in ihrem Gewicht und Schuldgehalt nicht beurteilt werden können, **nicht** zu **verfolgen** (BGH NStZ 2000, 495).
- Unzulässig ist es auch, vorab einen **Rechtsmittelverzicht** zu vereinbaren (BGHSt 43, 195, 204 f.; s. aber BGH NStZ 1999, 364; *Landau/Eschelbach* NJW 1999, 323), etwa gegen die Zusage des Absehens von höherer Strafe, sofortiger Haftentlassung und Aufhebung eines bestehenden HB (OLG Stuttgart NJW 1999, 375). Allerdings macht ein im Rahmen einer Absprache abgegebenes falsches oder missverstandenes Geständnis einen Rechtsmittelverzicht nicht unwirksam (BGH NStZ-RR 1997, 173) bzw. berührt die Unzulässigkeit einer Absprache über das Verfahrensergebnis nicht die Wirksamkeit

eines absprachegemäß erklärten Rechtsmittelverzichts (BGH NJW 1997, 2691). Etwas anderes gilt allerdings dann, wenn die Gründe, die der Zulässigkeit einer solchen Absprache entgegenstehen zugleich auch zur rechtlichen Missbilligung des abgesprochenen Rechtsmittelverzichts führen (BGH NStZ 2000, 386). Das ist vor allem dann der Fall, wenn eine unzulässige Beeinflussung der freien Willenbildung des Angeklagten vorliegt (BGH, a.a.O.; StV 2001, 557; s. → *Rechtsmittelverzicht*, Rn. 753).

☝ Allerdings kann in diesen Fällen **Wiedereinsetzung** in den vorigen Stand gegen die Versäumung der Rechtsmittelfrist in Betracht kommen (BGHSt 45, 51; 45, 227; OLG München StV 2000, 188). Ggf. kann die Unwirksamkeit auch zur Wiederaufnahme des Verfahrens führen (OLG Stuttgart NJW 1999, 375). Zu prüfen ist auch immer, ob tatsächlich ein Rechtsmittelverzicht vereinbart war oder ein Rechtsmittelverzicht nur im Rahmen einer vagen Übereinkunft in Aussicht gestellt worden ist (vgl. dazu BGH NStZ 2002, 496)

5. Hinweise für den Verteidiger! (s. auch *Burhoff*, EV, Rn. 50): **67**

☝ Verfahrensmäßig ist darauf zu achten, dass – bei mehreren Angeklagten – auf jeden Fall die **Verständigung** mit einem von ihnen den anderen Angeklagten in der HV **offengelegt** werden muss (vgl. u.a. BGHSt 37, 99; 43, 195; zu „Deals" zu Lasten Dritter in abgetrennten Verfahren siehe *Herzog* StV 1999, 455). Außerdem muss das Gericht, wenn es für den Fall eines Geständnisses einen bestimmten Strafrahmen in Aussicht stellen will, zuvor **allen Verfahrensbeteiligten** Gelegenheit zur **Äußerung** geben (BGHSt 38, 102; 42, 46 [jeweils für eine Absprache unter Ausschluss der StA]). Im Zweifel sind also auch **Nebenkläger** an der Absprache zu beteiligen (BGH, a.a.O. [„alle Verfahrensbeteiligten"]; *Rönnau* wistra 1998, 51 [Fn. 21]; *Landau/Eschelbach* NJW 1999, 325).

☝ Der Verteidiger muss darauf **achten**, dass eine getroffene Absprache **protokolliert** wird, um Klarheit über die Absprache zu schaffen. Der Angeklagte sollte daher ein Geständnis auch erst ablegen, nachdem die Protokollierung vollzogen ist (*Landau/Eschelbach* NJW 1999, 326). Die Protokollierung ist vor allem deshalb von Bedeutung, weil der Angeklagte sonst in der **Revision** i.d.R. eine Zusage nicht **beweisen** und sich dann nicht darauf berufen kann, das Gericht habe eine gegebene Zusage nicht eingehalten (s. die Fallgestaltungen bei BVerfG StV 2000, 3; BGH NJW 1998, 3654; StV 2001, 554; OLG München StV 2000, 188).

Das gilt auch für eine **gescheiterte Absprache**. Der Verteidiger muss, wenn er sich deren revisionsrechtliche Kontrolle offen halten will, darauf achten, dass auch die gescheiterten Gespräche dokumentiert werden. Dazu ist erforderlich, das er entsprechende **protokollierungspflichtige Anträge** stellt. Diese können sich z.B. darauf richten, das Gericht solle dem Angeklagten das Angebot und die Bedingungen für eine Absprache in der öffentlichen Hauptverhandlung unterbreiten. Möglich ist auch eine schriftliche, zu Protokoll zu gebende Erklärung nach § 257 StPO (zu allem eingehend *Weider* NStZ 2002, 174, 177 in der Anm. zu BGH NStZ 2002, 219).

☝ Ggf. muss er das **Gericht** gem. **§ 238 Abs. 2 anrufen** und damit eine Entscheidung über die Protokollierung herbeiführen.

☝ An eine einmal **gegebene Zusage** muss sich das Gericht **halten**. Tut es das nicht, verletzt es den Grundsatz des fairen Verfahrens. Ist ein Vertrauenstatbestand geschaffen worden, muss es, wenn es sich an diesen nicht mehr halten will, einen **rechtlichen Hinweis** erteilen (BGHSt 36, 210; NJW 1994, 1293; NStZ 2002, 219; Kölbel NStZ 2002, 74; → *Hinweis auf veränderte Sach-/Rechtslage*, Rn. 551). An eine vorgegebene **Strafrahmenobergrenze** besteht nur dann **keine Bindung** (des Gerichts) mehr, wenn sich (in der HV) **neue**, d.h. bis dahin unbekannte schwerwiegende **Umstände** zu Lasten des Beschuldigten ergeben. Soll dann von der zugesagten Strafrahmenobergrenze abgewichen werden, ist das (in der HV) mitzuteilen (BGHSt 43, 195; zur Hinweispflicht des Gerichts s.a. OLG Köln NJW 1999, 373 [für „nicht vereinbarte" Bewährungsauflage] und dazu *Kaetzler* wistra 1999, 253).

☝ Der Verteidiger sollte darauf achten, dass die angestrebte Verständigung nicht außerhalb der HV besprochen wird. Wegen der Möglichkeit von Missverständnissen und der erforderlichen Einbeziehung aller Verfahrensbeteiligten, sollte er auf einer **Erörterung in** der **HV** bestehen (vgl. dazu BGHSt 42, 191; BGH StV 1999, 407).

☝ Der Verteidiger des Angeklagten, der möglicherweise an der einen anderen Angeklagten betreffenden Ansprache nicht beteiligt worden ist, muss sich zudem überlegen, ob der/die an dieser Absprache beteiligten Richter nicht wegen Besorgnis der **Befangenheit** abzulehnen sind (vgl. dazu BGHSt 37, 99 [Befangenheit bejaht]; BGHSt 41, 348 [Befangenheit möglich]; dazu *Herzog* StV 1999, 455; FA Strafrecht-*Satzger*, H 3 Rn. 31). Ggf. muss der Verteidiger das Gericht auch dann ablehnen, wenn es den Eindruck erweckt, sich durch die Absprache – unabhängig vom weiteren Verlauf des Verfahrens – bereits endgültig hinsichtlich der Strafhöhe festgelegt zu haben (BGHSt 45, 312; dazu eingehend *Sinner* StV 2000, 177 in der Anm. zu BGH, a.a.O.).

☝ Hat der Mandant aufgrund einer Absprache ein Geständnis abgelegt, wird die Absprache dann jedoch nicht eingehalten, kann sich daraus ein **Beweisverwertungsverbot** ergeben. Das wird z.B. von *Beulke/Satzger* (JuS 1997, 1074 ff.) unter Hinweis auf die Entscheidung BGHSt 42, 191, wonach die Nichtverwertung eines aufgrund einer fehlgeschlagenen Absprache abgelegten Geständnisses den „Grundsätzen eines fairen Verfahrens entsprochen haben mag", bejaht (→ *Beweisverwertungsverbote, Allgemeines*, Rn. 313). Ein nicht verwertetes/verwertbares Geständnis kann aber auf jeden Fall bei der Strafzumessung berücksichtigt werden (BGH, a.a.O.; NJW 1999, 370).

☝ Hält sich die StA/das Gericht (in der HV) nicht an eine (im Ermittlungsverfahren vorab) getroffene Absprache (vgl. wegen der Einzelh. dazu *Burhoff*, EV, Rn. 27 ff.), kann sich daraus für den Angeklagten ein **wesentlicher Strafmilderungsgrund** ergeben (BGHSt 37, 10; 42, 191 [ggf. Gebot des fairen Verfahrens verletzt]; BGHSt 36, 210; *Nack* StraFo 1998, 368; *Wesemann/Müller* StraFo 1998, 113; a.A. *Beulke/Satzger* JuS 1997, 1077 ff.). Darauf sollte der Verteidiger dann in seinem Plädoyer hinweisen (s.a. LG Koblenz NStZ 1988, 311 [Aussetzung des Strafrestes nach Verbüßung der Hälfte der Freiheitsstrafe, weil – später nicht eingehaltene – Zusagen gemacht worden sind]).

Der Verteidiger muss außerdem daran denken, sich ggf. von seiner Schweigepflicht entbinden zu lassen, wenn in Zusammenhang mit einer Absprache **tatsächliche Umstände offenbart** werden müssen (zur **Entbindung** des Verteidigers von seiner **Schweigepflicht** *Burhoff*, EV, Rn. 395 mit Mustererklärung Rn. 404).

Schließlich: Der Verteidiger kann/muss seine Teilnahme an und die Bemühungen um eine Absprache bei der Bestimmung der **Rahmengebühr** der §§ 83 ff. BRAGO berücksichtigen. War er als Pflichtverteidiger tätig, sind seine Aktivitäten ggf. bei der Bewilligung einer **Pauschvergütung** nach § 99 BRAGO von belang (zu den gebührenrechtlichen Auswirkungen der Teilnahme des Verteidigers an einer Absprache *Sinner* ZRP 2000, 67; dazu *Hansens* JurBüro 2000, 399).

6. Die o.a. Rspr. hat in den vergangenen Jahren vermehrt zu Versuchen geführt, die Grundsätze über die Zulässigkeit von Absprachen in **Richtlinien** oder **Empfehlungen** zusammenzufassen. Hinzuweisen ist hier einerseits auf die „Hinweise an die Staatsanwälte für die Verständigung im Strafverfahren" (abgdr. in StV 1992, 280 = BRAK.-Mitt. 1993, 26), die im Wesentlichen den hessischen Richtlinien v. 30.3.1992 (abgdr. in StV 1992, 347) entsprechen (s.a. *Böttcher/Dahs/* **68**

Widmaier NStZ 1993, 376), sowie andererseits auf die „Münsteraner Thesen" zur strafprozessualen Verständigung der Großen Strafrechtskommission des Deutschen Richterbundes von 1990/1991 (s. dazu *Kintzi* JR 1990, 310 ff.; *ders.* DRiZ 1992, 245; zu den Richtlinien im Ermittlungsverfahren s. *Burhoff*, EV, Rn. 28). Auch die **Rechtsanwälte** haben sich im Januar 1992 im Strafrechtsausschuss der BRAK auf „**Thesen zur Strafverteidigung**" geeinigt. Sie sind der Auffassung, dass Absprachen, die den – nachstehend kurz zusammengefassten – Grundsätzen entsprechen, weder als gesetz- noch als rechtsstaatswidrig angesehen werden können (s. i.Ü. auch *Böttcher/Dahs/Widmaier* NStZ 1993, 376; *Dahs*, NStZ 1988, 153 ff.; *Malek*, Rn. 42 ff.).

Thesen zur Zulässigkeit von Absprachen

1. Die Verständigung mit StA und Gericht kann **sinnvolle Verteidigung** sein.
2. Die Verständigung setzt eine **sorgfältige Prüfung** der Sach- und Rechtslage voraus, wobei insbesondere zu berücksichtigen ist, dass Zusagen des Gerichts unter dem Vorbehalt einer Bewertungsänderung stehen und ggf. bessere Verteidigungsmöglichkeiten aufgegeben werden.
3. Der Verteidiger muss mit dem **Mandanten** die möglichen **Folgen** einer Verständigung, insbesondere bei einem Geständnis, bereits vor Aufnahme der zu führenden Gespräche **erörtern** und den Mandanten über die Gespräche vollständig informieren.
4. Der Verteidiger darf **nicht** an der **Verurteilung** eines **Unschuldigen** mitwirken, d.h. er darf seinen Mandanten auf keinen Fall zu einem „falschen" Geständnis veranlassen.
5. Das „offene Wort" des Richters im Rahmen von Verständigungsgesprächen wird i.d.R. **nicht** Anlass zur **Befangenheitsablehnung** sein können. Auch hier ist jedoch das richterliche Verhalten nicht von der Überprüfung nach den §§ 24 ff. freigestellt (→ *Ablehnungsgründe, Befangenheit*, Rn. 39, 42).
6. Der Verteidiger muss darauf achten, dass **Missverständnisse vermieden** werden (zu den Folgen einer unklaren Verfahrensabsprache s. BGH NJW 1994, 1263; BGHSt 42, 191).

Abtrennung von Verfahren

69

1. Verbundene Verfahren (→ *Verbindung von Verfahren,* Rn. 926) können **jederzeit** wieder getrennt werden. Dies kommt insbesondere in Betracht, wenn von mehreren Angeklagten einer in der HV nicht erschienen ist, das Gericht gegen die anderen aber verhandeln möchte/muss (→ *Einstellung des Verfahrens nach § 205 wegen Abwesenheit des Angeklagten,* Rn. 412). Die Abtrennung kann aber auch den Zweck haben, das Verfahren wegen eines Tatvorwurfs zum Abschluss bringen zu können, während wegen eines anderen noch weiterverhandelt werden muss. In diesem Fall kommt es i.d.R. zu einer **endgültigen Trennung** der Verfahren. Für einen ggf. nicht erschienenen (Mit-)Angeklagten ist dann ein neuer HV-Termin anzuberaumen.

70

2. Grds. zulässig ist aber auch eine nur **vorübergehende** Trennung verbundener Verfahren. Sie ist rechtlich dann nicht zu beanstanden, wenn sie vorgenommen wird, um einen **Mitangeklagten** zu einem strafrechtlichen Vorwurf, der ihn **selbst nicht betrifft**, als **Zeugen** in dem weiterlaufenden Verfahren gegen die anderen Mitangeklagten zu vernehmen (BGHSt 10, 8 ff.; 27, 139, 141; JR 1969, 148; KK-*Pfeiffer*, § 2 Rn. 11). Mit der vorübergehenden Abtrennung darf aber **nicht** der **Zweck** verfolgt werden, einen **Angeklagten** zu demselben Tatgeschehen, das auch ihm zur Last gelegt wird, als **Zeugen** zu hören (BGH NStZ-RR 1998, 259 [K]). Eine vorübergehende Abtrennung zu diesem Zweck ist **ermessensmissbräuchlich**. Unzulässig ist die Abtrennung auch dann, wenn die in Abwesenheit eines Angeklagten fortgeführte Verhandlung Vorgänge zum Gegenstand hat, welche die gegen ihn erhobenen Vorwürfe berühren (wegen weiterer Einzelh. → *Vernehmung des Mitangeklagten als Zeugen*, Rn. 1045a).

☝ Die Frage, wann eine vorübergehende **Abtrennung unzulässig** ist, lässt sich nicht mit einer allgemein gültigen, alle Möglichkeiten erfassenden Regel beantworten. Man wird jedoch folgende **Faustregel** aufstellen können:

I.d.R. sind Abtrennung und Weiterverhandlung **unzulässig**, falls die ohne den Angeklagten fortgesetzte Verhandlung im abgetrennten Teil eine **Tat** betrifft, auf die sich auch der gegen den **Angeklagten** erhobene **Anklagevorwurf sachlich bezieht**. Das ist der z.B. der Fall, wenn ein **einheitliches Tatgeschehen** verhandelt wird oder eine **Verknüpfung** in materiellrechtlicher Hinsicht besteht, etwa Mittäterschaft oder Beihilfe (BGHSt 24, 257; 32, 100; NStZ 1983, 355 [Pf/M]).

71

3. Die (Ab-)Trennung erfolgt in der HV durch **Beschluss** des Gerichts. Die Verfahrensbeteiligten sind vorher zu **hören**. Der Verteidiger sollte dann ggf. darauf hinweisen, dass nach seiner Auffassung die Abtrennung unzulässig ist. Nach wohl überwiegender Meinung bedarf der Abtrennungsbeschluss keiner (ausdrücklichen) Begründung (BGH NStZ 2000, 211 m.w.N.).

☝ Gegen den Abtrennungsbeschluss kann der Verteidiger dann **Beschwerde** einlegen, wenn die Abtrennung (und Aussetzung) des Verfahrens gegen einen Angeklagten lediglich zur Verzögerung des abgetrennten Teils des Verfahrens führt. In diesem Fall steht § 305 S. 1 nicht entgegen (h.M., s. zuletzt OLG Düsseldorf NStZ-RR 1996, 142 m.w.N.). Unanfechtbar ist aber der Abtrennungsbeschluss, der mit dem späteren Urteil in einem inneren Zusammenhang steht. Das ist z.B. angenommen worden, wenn die Abtrennung zur Vornahme weiterer Ermittlungen vorgenommen worden ist (s. u.a. OLG Köln StV 1991, 551 f.) oder das Gericht abgetrennt hat, weil wegen des abgetrennten Teils sonst noch eine weitere umfangreiche Beweisaufnahme erforderlich gewesen wäre (OLG Hamm wistra 1999, 235; vgl. a. *Kleinknecht/Meyer-Goßner*, § 228 Rn. 16 m.w.N.).

72 Adhäsionsverfahren

Literaturhinweise: ***Hohmann***, Adhäsionsverfahren, FA Strafrecht-*Hohmann*, F. 3; ***Glaremin/Becker***, Das Adhäsionsverfahren und die gerichtliche Einstellung des Strafverfahrens gemäß § 153 a StPO, JA 1988, 602; ***Granderath***, Opferschutz – Totes Recht?, NStZ 1984, 399; ***R.Hamm***, Recht des Verletzten zur Richterablehnung im Strafverfahren?, NJW 1974, 682; ***Köckerbauer***, Die Geltendmachung zivilrechtlicher Ansprüche im Strafverfahren – der Adhäsionsprozeß, NStZ 1994, 305; ***Meyer***, Über die Möglichkeiten eines zivilrechtlichen Vergleichs in der strafrechtlichen Hauptverhandlung, JurBüro 1984, 112; ***Pecher***, Über zivilrechtliche Vergleiche im Strafverfahren, NJW 1981, 2170; ***Plümpe***, Das Adhäsionsverfahren – gangbare Alternative zur Durchsetzung von Schadensersatzansprüchen aus Wirtschafts- und Insolvenzstraftaten, ZinsO 2002, 409; ***Rieß/Hilger***, Das neue Strafverfahrensrecht – Opferschutzgesetz und Strafverfahrensänderungsgesetz, NStZ 1987, 145, 204; ***Rösner/Klaus***, Für eine opferbezogene Anwendung des Adhäsionsverfahrens, NJ 1996, 289; ***Schirmer***, Das Adhäsionsverfahren nach neuem Recht – die Stellung der Unfallbeteiligten und deren Versicherer, DAR 1988, 121; ***Schöch***, Die Rechtsstellung des Verletzten im Strafverfahren, NStZ 1984, 385; ***Wohlers***, Die Zurückweisung eines Adhäsionsantrags wegen Nichteignung des geltend gemachten Anspruchs, MDR 1990, 763.

72a **1.** Das Adhäsionsverfahren, das in den **§§ 403 – 406c** geregelt ist, ermöglicht es dem Opfer einer Straftat, seine zivilrechtlichen Ansprüche gegen den Täter bereits im Strafverfahren geltend zu machen. Dieses 1943 in die StPO eingefügte Verfahren hat in der Folgezeit wenig praktische Bedeutung erlangt. Durch das sog. **OpferschutzG** v. 18.12.1986 hat der Gesetzgeber versucht, die nur geringe

Akzeptanz des Adhäsionsverfahrens dadurch zu beseitigen, dass der Verletzte auch vor dem AG Ansprüche einklagen kann, die die amtsgerichtliche Streitwertgrenze überschreiten (§ 403 Abs. 1). Neu eingeführt worden ist zudem u.a. die Möglichkeit der Prozesskostenhilfe (§ 404 Abs. 5 S. 1) und die fakultative Beiordnung eines Rechtsanwaltes, falls die Voraussetzungen des § 121 Abs. 2 S. 1 ZPO (§ 404 Abs. 5 S. 2, 3) erfüllt sind.

☝ Bei der **Beratung** eines Mandanten zur Entscheidung, ob ein Adhäsionsverfahren durchgeführt werden soll oder nicht, muss der Rechtsanwalt die Vor- und Nachteile des Adhäsionsverfahrens gegeneinander abwägen. **Vorteilhaft** ist, dass das Gericht, da es sich um ein Strafverfahren handelt, über die zivilrechtlichen Ansprüche ebenfalls nach dem Amtsermittlungsgrundsatz entscheidet, also ohne entsprechenden Beweisantritt Zeugen und SV gehört werden. Außerdem entfällt die Kostenvorschusspflicht des Antragstellers. Als **nachteilig** ist es sicherlich anzusehen, dass der Antragsteller nur eine schwache Rechtsstellung hat (s.u. Rn. 74) und dass das Adhäsionsverfahren **nicht anwendbar** ist gegenüber Jugendlichen und Heranwachsenden, wenn **Jugendstrafrecht** Anwendung findet (§§ 81, 109 Abs. 2 S. 1 JGG; zur geplanten Erweiterung des Anwendungsbereichs auch auf das Jugendstrafverfahren s.→ *Gesetzesnovellen*, Rn. 521, 524). Von Nachteil ist es auch, dass die Gerichte einen Antrag auf Schadensersatz nach § 405 wegen Ungeeignetheit zurückweisen können (s. dazu u.a. LG Mainz StV 1997, 627 [Schmerzensgeldanspruch von so außergewöhnlicher Höhe, dass die Abwehr des zivilrechtlichen Anspruchs für den Angeklagten in den Mittelpunkt des Strafverfahrens rückt]; *Wohlers* MDR 1990, 763). Für eine opferbezogene Anwendung des Adhäsionsverfahrens plädieren *Rösner/Klaus* (NJ 1996, 289).

73 **2.** Zu den **allgemeinen Voraussetzungen** des Adhäsionsverfahrens soll hier nicht Stellung genommen werden. Über die Einzelh. informieren insoweit ausführlich die Komm. bei *Kleinknecht/Meyer-Goßner*, §§ 403 ff., sowie *Schirmer* DAR 1988, 121, FA Strafrecht-*Hohmann*, F. 3 Rn. 5 ff. und *Köckerbauer* NStZ 1994, 305.

74 **3.** Zur **Rechtsstellung** des **Antragstellers** ist allgemein zunächst anzumerken, dass diese – wie es sich aus der Regelung in den §§ 405, 406a Abs. 1 ergibt – äußerst schwach ist.

☝ Liegt ein nebenklagefähiges Delikt vor, sollte sich der Rechtsanwalt als Vertreter des Adhäsionsklägers überlegen, ob er nicht **Nebenklage** und **Adhäsionsverfahren kombiniert**, um so stärkere Mitwirkungsrechte zu haben (vgl. zu den Rechten des Nebenklägers → *Nebenklägerrechte in der Hauptverhandlung*, Rn. 628).

Im Einzelnen gilt Folgendes:

a) Der **Adhäsionsantrag** kann nach § 404 Abs. 1 S. 1 auch noch **in** der **HV** gestellt werden, und zwar mündlich bis zum Beginn der Schlussvorträge. Danach kann der Antrag nicht mehr gestellt werden (BGH NJW 1988, 3165 [Ls.]; NStZ 1998, 477 [nicht erst nach dem Schlussvortrag des StA]). Bis zu diesem Zeitpunkt ist er auch noch in der Berufungs-HV zulässig (*Kleinknecht/Meyer-Goßner*, § 404 Rn. 4 m.w.N.; zum Inhalt und Aufbau eines Adhäsionsantrags s. Beck-*Gillmeister*, S. 1098 ff.).

Der Antrag kann nach § 404 Abs. 4 bis zum Beginn der → *Urteilsverkündung*, Rn. 920, **zurückgenommen** werden, und zwar auch noch beim Berufungsgericht. Der **Angeklagte** muss **nicht zustimmen** (*Kleinknecht/Meyer-Goßner*, § 404 Rn. 13).

75 **b)** Der Antragsteller, sein gesetzlicher Vertreter und der Ehegatte oder der Lebenspartner des Adhäsionsklägers haben gem. § 404 Abs. 3 S. 2 das **Recht** auf **Anwesenheit** in der HV. Ist der Antragsteller als Zeuge geladen, so gilt für ihn nicht § 58 (*Kleinknecht/Meyer-Goßner*, § 58 Rn. 3 m.w.N.). Vielmehr kann er, ebenso wie ein als Zeuge geladener Nebenkläger, an der **gesamten HV** teilnehmen (→ *Nebenkläger als Zeuge*, Rn. 624).

c) Aus dem Anwesenheitsrecht (s. b) folgt ein allgemeines **Anhörungsrecht** (BGH NJW 1956, 1767; *Köckerbauer* NStZ 1994, 307). Den Zeitpunkt bestimmt der Vorsitzende, wobei er den in § 243 vorgegebenen Ablauf der HV und § 258 Abs. 2 beachten muss (BGH, a.a.O.).

d) Der Antragsteller kann in der HV im **Beistand** eines **Rechtsanwaltes** erscheinen. Es besteht aber kein Anwaltszwang, auch nicht vor dem Land- oder Oberlandesgericht (*Kleinknecht/Meyer-Goßner*, § 404 Rn. 8 m.w.N.).

76 **e)** Ob dem Antragsteller ein **Ablehnungsrecht** hinsichtlich des Richters zusteht (§§ 24, 31; → *Ablehnung eines Richters, Allgemeines*, Rn. 4, m.w.N.), ist **umstritten** (s. bejahend *R.Hamm* NJW 1974, 682 f.; KK-*Engelhardt*, § 404 Rn. 12 m.w.N.; *Köckerbauer* NStZ 1994, 307; verneinend *Kleinknecht/Meyer-*

Goßner, § 404 Rn. 9; § 24 Rn. 20 m.w.N.). Da der Adhäsionsantragsteller Verfahrensbeteiligter ist, der eigene Rechte geltend macht, dürfte es zutreffend sein, ihm ein Ablehnungsrecht zuzugestehen.

Folgende **Rechte** stehen ihm in der **HV** aber zu,

- den Angeklagten, Zeugen und SV zu **befragen** (§ 240; → *Fragerecht, Allgemeines*, Rn. 490, m.w.N.),
- **Anordnungen** des Vorsitzenden zu beanstanden (§ 238; → *Verhandlungsleitung*, Rn. 972),
- **Fragen** zu **beanstanden** (→ Zurückweisung einzelner Fragen des Verteidigers, Rn. 1208),
- **Beweisanträge** zu stellen, denen allerdings dann nicht stattgegeben zu werden braucht, wenn es für die Entscheidung über den Adhäsionsantrag, z.B. wegen der Möglichkeit nach § 287 ZPO zu schätzen, auf die Beweisfrage nicht ankommt (s. *Kleinknecht/Meyer-Goßner*, § 404 Rn. 9 m.w.N.; → *Beweisantragsrecht, Allgemeines*, Rn. 302, m.w.N.),
- **präsente Beweismittel** zu laden (§ 245; → *Präsentes Beweismittel*, Rn. 675),
- einen **Schlussvortrag** zu halten (→ *Plädoyer des Verteidigers*, Rn. 665),
- einen **SV abzulehnen** (§ 74; → *Ablehnung eines Sachverständigen*, Rn. 6, m.w.N.).

77 **f)** Über die aufgezählten Befugnisse (s.o. Rn. 76) hinaus ist der Antragsteller berechtigt, **allgemein** zur strafrechtlichen Beurteilung des Sachverhalts **Stellung** zu nehmen und auf einen sachgerechten Verfahrensablauf und auf sachgerechte Ausübung der dem Gericht nach § 244 Abs. 2 obliegenden Aufklärungspflicht hinzuwirken (*Kleinknecht/Meyer-Goßner*, § 404 Rn. 10; *Köckerbauer*, a.a.O.). Man wird ihm aber nicht mehr Rechte zubilligen dürfen, als sie einem Nebenkläger(vertreter) zustehen. Der Adhäsionsantragsteller dürfte daher **nicht** das **Recht** haben,

- Anträge auf **Vereidigung** eines **SV** zu stellen (§ 79 Abs. 1 S. 2; → *Vereidigung eines Sachverständigen*, Rn. 929),
- den Antrag nach § 273 Abs. 3 auf **vollständige Niederschreibung** von Vorgängen Aussagen und Äußerungen im → ***Protokoll** der Hauptverhandlung*, Rn. 720, zu stellen,
- den Antrag auf **Aussetzung** der HV nach §§ 246 Abs. 2, 265 Abs. 4 zu stellen (→ Aussetzung wegen veränderter Sach-/Rechtslage; Rn. 159; → Aussetzung wegen verspäteter Namhaftmachung geladener Beweispersonen, Rn. 163),
- gem. § 249 Abs. 2 dem Urkundenbeweis in Form des sog. **Selbstleseverfahrens** (→ *Selbstleseverfahren*, Rn. 794) zu widersprechen,
- den Antrag nach § 255 auf **Protokollierung** des Grundes für die **Urkundenverlesung** zu stellen.

78 **g)** Es ist schließlich darauf hinzuweisen, dass der Antragsteller einen Antrag auf Gewährung von **Prozesskostenhilfe** für den Adhäsionsprozess stellen und ihm ein Rechtsanwalt beigeordnet werden kann (§ 404 Abs. 5 wegen der Einzelh. s. *Kleinknecht/Meyer-Goßner*, § 404 Rn. 14 ff. m.w.N.). Die Bewilligung der Prozesskostenhilfe erfolgt nach denselben Vorschriften wie in bürgerlich-rechtlichen Streitigkeiten (BGH NStZ-RR 2000, 40 [K]).

h) Nach § 406a steht dem Antragsteller ein **Rechtsmittel**, auch soweit das Gericht von einer Entscheidung absieht, nicht zu (zum Rechtsmittel des Angeklagten s.u. Rn. 79).

79 **4.** Zur **Rechtsstellung** des **Angeklagten** bzw. seines Verteidigers im Adhäsionsverfahren ist Folgendes anzumerken:

- Der Angeklagte muss zum Adhäsionsantrag **gehört** werden (BGHSt 37, 260).
- Eine **Widerklage** ist **ausgeschlossen**, jedoch kann der Angeklagte mit eigenen Forderungen **aufrechnen** (KK-*Engelhardt*, § 404 Rn. 12). Auch der Abschluss eines **Vergleichs** ist möglich (LG Aachen JMBl. NW 1948, 144; OLG Stuttgart NJW 1964, 110; *Kleinknecht/Meyer-Goßner*, § 404 Rn. 12 m.w.N.; *Meyer* JurBüro 1984, 1121; *Pecher* NJW 1981, 2170).
- Wird das **Verfahren** gegen den Angeklagten gem. §§ 153, 153a **eingestellt**, kann der Antrag im Adhäsionsverfahren nicht mehr realisiert werden. Es fehlt dann sowohl an dem erforderlichen Schuldspruch (§ 405) als auch an dem erforderlichen Urteil (§ 406 Abs. 1).
- Nach § 406a Abs. 2 kann der Angeklagte, soweit das Gericht dem Antrag stattgibt, die Entscheidung des Gerichts, auch ohne den strafrechtlichen Teil des Urteils mit dem sonst zulässigen **Rechtsmittel** anfechten (s. dazu *Kleinknecht/Meyer-Goßner*, § 406a Rn. 3 ff.).
- Schließlich kann nach § 404 Abs. 5 auf Antrag auch dem Angeklagten **Prozesskostenhilfe** gewährt und ihm ein Rechtsanwalt beigeordnet werden (wegen der Einzelh. s. *Kleinknecht/Meyer-Goßner*, § 404 Rn. 14 ff.). Eine Pflichtverteidigerbestellung gilt i.Ü. auch für das Adhäsionsverfahren (OLG Schleswig NStZ 1998, 101; OLG Hamm StV 2002, 89 [Ls.]). Die dort erbrachten Tätigkeiten sind bei der Gewährung einer **Pauschvergütung** zu berücksichtigen.

80 Akteneinsicht für den Verteidiger während der Hauptverhandlung

Literaturhinweise: ***Bahnsen***, Das Akteneinsichtsrecht der Verteidigung im Strafverfahren, 1996; ***Burhoff***, Das Akteneinsichtsrecht des Verteidigers im Strafverfahren nach § 147 StPO, ZAP F. 22, S. 345; ***Pfeiffer***, Das Akteneinsichtsrecht des Strafverteidigers, in: Festschrift für *Odersky*, 1996, S. 453; ***Schäfer***, Die Grenzen des Rechts auf Akteneinsicht durch den Verteidiger, NStZ 1984, 203; ***Schneider***, Grundprobleme des Rechts der Akteneinsicht des Strafverteidigers, Jura 1995, 337, ***Welp***, Probleme des Akteneinsichtsrechts, in: Festgabe für *Karl Peters*, S. 309.

1. Der Verteidiger kann nach § 147 grds. während des gesamten Verfahrens die Akten einsehen (zum Akteneinsichtsrecht allgemein s. die eingehende Darstellung bei *Burhoff*, EV, Rn. 55 ff.).

Dieser Grundsatz wird jedoch **nicht** für den Verfahrensabschnitt der **HV angewendet**, da das Gericht während der HV die Akten benötigt (OLG Stuttgart NJW 1979, 559 f. m.w.N.; *Kleinknecht/Meyer-Goßner*, § 147 Rn. 10; a.A. LR-*Lüderssen*, § 147 Rn. 100). Etwas **anderes** gilt, wenn der Verteidiger erst während der HV gewählt oder bestellt worden ist (OLG Stuttgart, a.a.O.) oder zuvor keine ausreichende Akteneinsicht erhalten hatte (KK-*Laufhütte*, § 147 Rn. 14; zur Einsichtnahme in das → ***Protokoll*** der ***Hauptverhandlung***, Rn. 723; zum [verneinten] Akteneinsichtsrecht parlamentarischer Untersuchungsausschüsse während laufender HV s. OLG Stuttgart NJW 1996, 1908).

☝ Nur in diesem Fall besteht dann auch ein Anspruch auf die mit der Akteneinsicht notwendig verbundene **Aussetzung** der HV wegen veränderter Sachlage nach § 265 Abs. 4 (BGH VRS 31, 188; OLG Stuttgart, a.a.O.; s.a. → *Hinweis auf veränderte Sach-/Rechtslage*, Rn. 558), was der Verteidiger **beantragen** muss.

81 **2.** Der Grundsatz des fairen Verfahrens verpflichtet das Gericht zudem, dem Angeklagten und seinem Verteidiger Gelegenheit zur Kenntnisnahme vom Ergebnis verfahrensbezogener **(Nach-)Ermittlungen** zu geben, die es während, aber außerhalb der HV angestellt hat, und zwar auch dann, wenn das Gericht das Ergebnis der Ermittlungen nicht für entscheidungserheblich hält (BGHSt 36, 305 [für **TÜ**]; StV 2001, 4 m.w.N.; s. → *Telefonüberwachung, Verwertung der Erkenntnisse in der Hauptverhandlung*, Rn. 847). Dazu genügt z.B. der **Hinweis** des Gerichts, dass eine TÜ stattgefunden hat und die Ergebnisse vorliegen. Der Verteidiger kann dann von seiner sich aus § 147 ergebenden Befugnis Gebrauch machen und Akteneinsicht in die die TÜ betreffenden Unterlagen nehmen. Wenn der Hinweis auf die nachträglichen Ermittlungsmaßnahmen/TÜ allerdings den **Untersuchungszweck gefährden** würde, kann das Gericht den Hinweis solange **aufschieben**, bis die Gefährdung nicht mehr droht (BGHSt 36, 305). Einen Hinweis erteilen muss das Gericht der Verfahrensbeteiligten auch dann, wenn während der HV **Urkunden** oder **andere Beweismittel**, deren Erheblichkeit für das Verfahren nicht ausgeschlossen ist, ohne Veranlassung durch das Gericht zu den Akten gelangen (BGH StV 2001, 4 [für einen zu den Akten gelangten Brief eines Mitangeklagten]).

☝ Nach der Rspr. des BGH unterliegt es erheblichen Bedenken, wenn im Fall einer **Sperrung** vom Gericht auf Antrag der Verteidigung angeforderte Beiakten diese lediglich dem Gericht zur Nachprüfung der Entbehrlichkeit ihrer Vorlegung zugeleitet werden (BGH NStZ 1998, 97). Vielmehr dürfte auch insoweit das nach Anklageerhebung grundsätzlich unbeschränkte **Akteneinsichtsrecht** des Verteidigers bestehen (s. auch *Burhoff*, EV, Rn. 130 ff.).

82 Akteneinsicht für Schöffen

Literaturhinweise: ***Atzler***, Das Recht der ehrenamtlichen Richter, die Verfahrensakten einzusehen, DRiZ 1991, 207; ***Rüping***, Funktionen der Laienrichter im Strafverfahren, JR 1976, 269; ***Terhorst***, Information und Aktenkenntnis der Schöffen im Strafprozess, MDR 1988, 809; s.a. die Hinw. bei → *Akteneinsicht für den Verteidiger während der Hauptverhandlung*, Rn. 80.

1. a) Nach wohl noch h.M. in der Rspr. haben Schöffen grds. **kein Recht** auf Akteneinsicht, weil dadurch der sich aus § 250 ergebende → *Unmittelbarkeitsgrundsatz*, Rn. 868, verletzt wird (BGHSt 13, 73; MDR 1973, 19 [D]; LG Hamburg MDR 1973, 69 [für Aufhebung eines HB ohne Schöffen, wenn diesen sonst der Inhalt der Akten mitgeteilt werden müsste]; LR-*Gollwitzer*, § 261 Rn. 31). Das gilt insbesondere auch für die **Anklageschrift**, die den Schöffen nach **Nr. 126 Abs. 3 RiStBV** insbesondere wegen des darin enthaltenen sog. wesentlichen Ergebnisses der Ermittlungen nicht zugänglich gemacht werden darf (so wohl auch noch BGHSt 43, 31). Ihnen darf jedoch, vor allem in Verfahren mit einem umfangreichen und schwierigen Sachverhalt, nach Nr. 126 Abs. 3 S. 2 RiStBV für die Dauer der HV eine Abschrift des Anklagesatzes nach dessen Verlesung überlassen werden (→ *Verlesung des Anklagesatzes*, Rn. 989).

☝ Der Verteidiger sollte daher, falls er während der HV feststellt, dass einem Schöffen eine vollständige Anklageschrift vorliegt, dies beanstanden und den Schöffen ggf. wegen Besorgnis der **Befangenheit ablehnen** (vgl. → *Ablehnung von Schöffen*, Rn. 58)

82a **b)** In der **Rspr.** scheint sich aber eine **Änderung** dieser strengen Auffassung anzubahnen: Schon der 1. Strafsenat des BGH hatte bereits im Urt. v. 23.2.1960 (1 StR 648/59) Bedenken gegen diese strikte h.M. geäußert, weil Schöffen und Berufsrichter gleich zu behandeln seien. Während dann der BGH in einer späteren Entscheidung (NJW 1987, 1209) die Frage noch offen gelassen hat, hat es inzwischen der 3. Strafsenat für **zulässig** gehalten, dass Schöffen **Kopien** von **TÜ-Pro-**

tokollen als Hilfsmittel zum besseren Verständnis der Beweisaufnahme zur Verfügung gestellt werden (BGHSt 43, 36; zust. *Imberger-Bayer* JR 1999, 299 f. in der Anm. zu BGH, a.a.O.). Er hat außerdem darauf hingewiesen, dass er dazu neige, die Gewährung von Akteneinsicht an die Schöffen für zulässig anzusehen (so schon länger die überwiegende Meinung in der Lit., z.B. *Kleinknecht/Meyer-Goßner*, § 30 GVG Rn. 2 m.w.N., der ebenfalls darauf verweist, dass die Schöffen den Berufsrichtern gleichgestellt sind; wohl a. KK-*Kissel*, § 30 GVG Rn. 2; *Terhorst* MDR 1988, 809; *Atzler* DRiZ 1991, 207; *Rüping* JR 1976, 272; zustimmend zur BGH-Rspr. *Katholnigg* NStZ 1997, 507; abl. wegen eines Verstoßes gegen den → *Unmittelbarkeitsgrundsatz*, Rn. 868, *Lunnebach* StV 1997, 452, jeweils in den Anm. zu BGH, a.a.O.; a.A. *Imberger-Bayer* JR 1999, 300 in der Anm. zu BGHSt 43, 36; s.a. BGHSt 43, 360 [keine Verletzung des → *Unmittelbarkeitsgrundsatzes*, Rn. 872, durch Verlesung eines nach § 209 ergangenen Vorlagebeschlusses]).

☝ Das vom BGH gefundene Ergebnis wird man im Hinblick auf den Unmittelbarkeitsgrundsatz und das Mündlichkeitsprinzip m.E. auf **Ausnahmefälle** beschränken müssen. Die grds. vollständige Gewährung von Akteneinsicht für Schöffen dürfte daher wohl nicht in Betracht kommen. M.E. bestehen aber **keine Bedenken**, den Schöffen solche Aktenbestandteile zur Kenntnis zu bringen, die im → ***Selbstleseverfahren***, Rn. 794, in die HV eingeführt werden können. Das wäre z.B. bei den TÜ-Protokollen der Fall (gewesen) (*Katholnigg* NStZ 1997, 507; a.A. wohl *Lunnebach* StV 1997, 453 f.).

M.E. gebietet es der Grundsatz des „fairen Verfahrens", dass der Vorsitzende, wenn Schöffen (zumindest teilweise) **Akteneinsicht** gewährt werden soll, die anderen Verfahrensbeteiligten darüber **vorab informiert**. Dann kann z.B. der Verteidiger dagegen – wie beim → *Selbstleseverfahren*, Rn. 794 – Widerspruch einlegen und eine Gerichtsentscheidung herbeiführen.

Stellt der Verteidiger fest, dass den Schöffen Akteneinsicht gewährt wird/worden ist, ohne dass er darüber informiert wurde, sollte er diese Verfahrensweise im Hinblick auf die Revision auf jeden Fall **beanstanden**.

83 **2.** Etwas anderes hinsichtlich des Umfangs der AE gilt auf jeden Fall, wenn für Urkunden das sog. → ***Selbstleseverfahren***, Rn. 794, nach § 249 Abs. 2 durchgeführt wird. In diesem Fall müssen die Richter, also auch die Schöffen, die Urkunde lesen. Dazu darf dann den **Schöffen** auch schon **vor** der → ***Verlesung des Anklagesatzes***, Rn. 989, in der → *Berufungshauptverhandlung*, Rn. 183, vor dem Vortrag des Berichterstatters nach § 324 Abs. 1, Gelegenheit gegeben werden (*Kleinknecht/Meyer-Goßner*, § 249 Rn. 22; KK-*Tolksdorf*, § 249 Rn. 36), da im Zuge der Neuregelung des Selbstleseverfahrens § 249 Abs. 2 S. 2 a.F., wonach die Schöffen erst nach der Verlesung des Anklagesatzes von den Urkunden Kenntnis nehmen durften, weggefallen ist. Gleichwohl ist es, worauf KK-*Tolksdorf* (a.a.O.) zu Recht hinweist, i.d.R. wenig sinnvoll, die Schöffen die Urkunden vorab lesen zu lassen, da sie den Inhalt erst dann in das Verhandlungsergebnis einordnen können, wenn sie wenigstens den Anklagevorwurf kennen.

84 Antragsmuster, Übersicht

Bei folgenden Stichwörtern/Randnummern sind Antragsmuster enthalten:

1. Aussetzungsanträge

→ *Aussetzung wegen Ausbleiben des Verteidigers,* Rn. 155

→ *Aussetzung wegen fehlender Akteneinsicht,* Rn. 157

→ *Aussetzung wegen veränderter Sach-/Rechtslage,* Rn. 162

→ *Ladung des Angeklagten,* Rn. 594

→ *Ladung des Verteidigers,* Rn. 600

→ *Steuerstrafverfahren,* Rn. 823

85 2. Beweisrecht

→ *Bedingter Beweisantrag,* Rn. 174

→ *Beweisanregung,* Rn. 254

→ *Beweisantrag*, Rn. 260

→ *Beweisantrag, Formulierung: Augenscheinseinnahme,* Rn. 280

→ *Beweisantrag, Formulierung: Sachverständigenbeweis,* Rn. 284

→ *Beweisantrag, Formulierung: Urkundenbeweis,* Rn. 288

→ *Beweisantrag, Formulierung: Zeugenbeweis,* Rn. 294

→ *Beweisermittlungsantrag,* Rn. 312

→ *Beweisverwertungsverbote,* Rn. 313

→ *DNA-Untersuchung,* Rn. 379

→ *Hilfsbeweisantrag,* Rn. 550

→ *Obergutachten*, Rn. 642

→ *Präsentes Beweismittel,* mit

→ *Beweisantrag auf Vernehmung eines präsenten Zeugen,* Rn. 688

→ *Ladungsschreiben an präsente Beweisperson,* Rn. 689

→ *Zustellungsersuchen an Gerichtsvollzieher,* Rn. 690

→ *Entschädigungsantrag für präsente Beweisperson,* Rn. 691

→ *Sachverständigenbeweis,* Rn. 765

→ *Zeugnisverweigerungsrecht,* Rn. 1194

3. Sonstiges **86**

→ *Ablehnungsantrag Sachverständiger,* Rn. 18a

→ *Ablehnungsantrag* Rn. 30

→ *Ausschluss der Öffentlichkeit,* mit

→ *Antrag auf Ausschluss während der Vernehmung des Angeklagten,* Rn. 142

→ *Antrag auf Ausschluss während der Urteilsverkündung,* Rn. 143

→ *Berufungseinlegung,* Rn. 182i

→ *Antrag auf Entscheidung des Berufungsgerichts,* Rn. 208f

→ *Besetzungseinwand,* mit

→ *Unterbrechungsantrag zur Besetzungsprüfung,* Rn. 243

→ *Besetzungsrüge,* Rn. 244

→ *Beurlaubung des Angeklagten von der Hauptverhandlung,* Rn. 249

→ *Blutalkoholfragen,* Rn. 336

→ *Privatklageverfahren,* Rn. 712

→ *Rechtsmittel, unbestimmtes,* Rn. 750d

→ *Sitzordnung in der Hauptverhandlung,* Rn. 804

→ *Terminsverlegung,* Rn. 858a

→ *Vorbereitung der Hauptverhandlung,* Rn. 1155

→ *Verhandlung ohne den Angeklagten,* Rn. 965f

→ *Zulassung von Mitarbeitern des Verteidigers zur Hauptverhandlung,* Rn. 1207

→ *Zuständigkeit des Gerichts,* Rn. 1225

→ *Zuziehung eines Dolmetschers,* Rn. 1230

87 Anwesenheit des Verteidigers in der Hauptverhandlung

Literaturhinweise: siehe die Hinw. bei → *Verhinderung des Verteidigers*, Rn. 982.

1. Der (i.S.d. § 140 Abs. 1 und 2 notwendige) Verteidiger ist grds. zur Anwesenheit in der HV von deren Beginn bis zum Ende der → *Urteilsverkündung*, Rn. 920, **verpflichtet**. Der **Verteidiger** ist z.B. dann nicht (mehr) in der HV anwesend, wenn er sich nach Ablehnung eines Entpflichtungsantrags unter Ablegung der Robe in den **Zuschauerraum** begibt, da er damit eindeutig zu erkennen gibt, dass er sich weigert, die Verteidigung weiter zu führen (BGH StV 1993, 566). In diesem Fall ist der Angeklagte nicht mehr verteidigt, so dass das Verfahren ohne Bestellung eines neuen (Pflicht-)Verteidigers nicht zu Ende geführt werden darf (BGH, a.a.O.; NJW 1993, 340; wegen der „Anwesenheit“ des Verteidigers, wenn er den Schlussvortrag verweigert, s. → *Plädoyer des Verteidigers*, Rn. 665). Ein „Rechtsanwalt“, der nicht als Rechtsanwalt zugelassen ist, ist **Scheinverteidiger** und kann für den Angeklagten in der HV nicht wirksam mitwirken (BG MSt 47, 238 für → *Rechtsmittelverzicht*, Rn. 751).

Ist der **Verteidiger** zeitweilig **verhindert**, kann er sich grds. durch einen anderen Rechtsanwalt **vertreten** lassen (vgl. dazu → *Vertretung des Pflichtverteidigers in der Hauptverhandlung*, Rn. 1099, → *Vertretung des Wahlverteidigers in der Hauptverhandlung*, Rn. 1101).

88 **2.** Ist der **Wahlverteidiger** an der Fortführung der HV **verhindert**, kann nach h.M. der Vorsitzende nach § 145 Abs. 1 einen Pflichtverteidiger bestellen, um so den reibungslosen Fortgang der HV sicher zu stellen (BGHSt 15, 306, 309; NJW 1973, 1985; a.A. wohl *Neuhaus* StraFo 1998, 88, jeweils m.w.N.; wegen der Einzelh. → *Pflichtverteidiger, Bestellung in der Hauptverhandlung*, Rn. 644a; → *Pflichtverteidiger neben Wahlverteidiger*, Rn. 649a; zur Beiordnung eines weiteren [Pflicht-]Verteidigers s. auch *Burhoff*, EV, Rn. 1283 ff.).

> ☝ Bei notwendiger Verteidigung begründen Verstöße gegen die Anwesenheitspflicht ggf. die **Revision** (§ 338 Nr. 5; vgl. wegen der Einzelh. *Kleinknecht/Meyer-Goßner*, § 338 Rn. 41 m.w.N.; zur Verfahrensrüge s. → *Ladung des Verteidigers*, Rn. 599). Entfernt der Verteidiger sich allerdings eigenmächtig von der Urteilsverkündung, so ist eine hierauf gestützte Rüge verwirkt (BGH NJW 1998, 2542 [Ls.]).

Siehe auch: → *Aussetzung wegen Ausbleiben des Verteidigers*, Rn. 152, → *Ladung des Verteidigers*, Rn. 595, → *Verhinderung des Verteidigers*, Rn. 982.

Anwesenheitspflicht des Angeklagten

89

Literaturhinweise: ***Neuhaus***, Der Grundsatz der ständigen Anwesenheit des Angeklagten in der strafprozessualen Hauptverhandlung 1. Instanz unter besonderer Berücksichtigung des § 231a StPO, 2000.

1. Grds. ist der Angeklagte nach § 231 Abs. 1 S. 1 zur **ununterbrochenen** Anwesenheit während der gesamten HV verpflichtet, was nach § 332 auch für die → *Berufungshauptverhandlung*, Rn. 183 ff., gilt (zur Anwesenheitspflicht allgemein *Kleinknecht/Meyer-Goßner*, § 230 Rn. 2 m.w.N.). Deshalb kann der Angeklagte **nicht**, auch nicht im allseitigen Einverständnis, aus der HV **entlassen** werden (BGH NStZ 1991, 296; BGH NJW 1973, 522), er kann auch nicht selbst auf seine Anwesenheit **verzichten** (BGH, a.a.O.).

Der Pflicht des Angeklagten zur Anwesenheit entspricht auf der anderen Seite das **Recht** auf Anwesenheit in der HV (OLG Karlsruhe StV 1986, 289), das auch dann besteht, wenn der Angeklagte ausnahmsweise (s.u. Rn. 91) nicht zur Anwesenheit verpflichtet ist (BGHSt 28, 35, 37). Das Gericht darf daher dem Angeklagten die **Anwesenheit** in der HV **nicht verbieten**, auch wenn es ohne ihn verhandeln könnte (KK-*Tolksdorf*, § 231 Rn. 1 m.w.N.).

90

2. Nach § 231 Abs. 1 S. 2 kann der **Vorsitzende** geeignete **Maßnahmen** treffen, um das Sich-Entfernen des Angeklagten zu verhindern. Zu den zulässigen Maßnahmen gehören die **Bewachung** durch einen Justizbeamten, ggf. auch die → *Fesselung des Angeklagten*, Rn. 484 (BGH NJW 1957, 271; *Kleinknecht/Meyer-Goßner*, § 231 Rn. 2), wenn die Voraussetzungen des § 119 Abs. 5 vorliegen (KK-*Tolksdorf*, § 231 Rn. 2).

Der Vorsitzende kann den Angeklagten nach § 231 Abs. 1 S. 2 während einer **Unterbrechung** der **HV** in **Gewahrsam** nehmen lassen. Das setzt voraus, dass Anlass zu der Annahme besteht, der Angeklagte wolle sich der weiteren HV entziehen. Die Dauer der Unterbrechung spielt grds. keine Rolle. Der Angeklagte kann daher auch über die Nachtstunden und bei mehrmaliger Unterbrechung mehrmals in Gewahrsam genommen werden (*Kleinknecht/Meyer-Goßner*, § 231 Rn. 3 m.w.N.). Fraglich ist, ob das auch für eine **mehrtägige Unterbrechung** gilt oder ob dann nicht nach den §§ 112 ff. ein HB erlassen werden muss (so wohl *Kleinknecht/Meyer-Goßner*, a.a.O.; **a.A.** offenbar KK-*Tolksdorf*, § 231 Rn. 2, der den Erlass eines HB nur dann für erforderlich hält, wenn der Angeklagte über die Unterbrechungszeit des § 229 hinaus festgehalten werden soll [vgl. auch *Wendisch* StV 1990, 166 in der Anm. zu OLG Oldenburg NStZ 1990, 431 – zur Frage, ob das Herbeiführen der Verhandlungsunfähigkeit ein „Sich-Entziehen“ i.S.v. § 112 Abs. 2 Nr. 2 darstellt]). M.E. ist in diesen Fällen der Erlass eines **HB erforderlich**, da § 231 Abs. 1 S. 2 lediglich der Sicherung des ungestörten Ablaufs der

HV dient und dem Vorsitzenden nicht das Recht gibt, darüber hinaus allein in den Freiheitsanspruch des Angeklagten einzugreifen (vgl. a. BVerfGE 21, 184, 188).

91

☝ Die vom Vorsitzenden zur Sicherung der Anwesenheit des Angeklagten getroffenen Maßnahmen sind i.d.R. **keine** Maßnahmen der → ***Verhandlungsleitung***, Rn. 972, so dass gegen sie nicht gem. § 238 Abs. 2 das Gericht angerufen werden kann (BGH NJW 1957, 271; KK-*Tolksdorf*, § 231 Rn. 2; a.A. *Kleinknecht/Meyer-Goßner*, § 231 Rn. 24). Etwas anderes gilt, wenn die Maßnahmen sich auf die Verhandlung auswirken, so etwa, wenn eine Fesselung den Angeklagten an einer sachgerechten Verteidigung hindert (KK-*Tolksdorf*, a.a.O.). Dann kann der Verteidiger gem. **§ 238 Abs. 2** einen Gerichtsbeschluss herbeiführen. Er **muss** ihn herbeiführen, wenn er die Maßnahme in der **Revision** als unzulässig rügen will (→ *Verhandlungsleitung*, Rn. 981; → *Verwirkung von Verteidigungsrechten*, Rn. 1122).

Gegen Maßnahmen des Vorsitzenden, insbesondere gegen die Ingewahrsamnahme, kann der Angeklagte **Beschwerde** einlegen, solange die Beschwer andauert (*Kleinknecht/Meyer-Goßner*, a.a.O.). Gegen die Ingewahrsamnahme nach § 231 Abs. 1 S. 2 ist jedoch eine weitere Beschwerde nach § 310 nicht zulässig (OLG Oldenburg Nds.Rpfl. 1954, 193).

In bestimmten Fällen bestehen **Ausnahmen** von der Anwesenheitspflicht des Angeklagten. Das gilt, wenn einerseits das Verfahren insgesamt in Abwesenheit des ausgebliebenen Angeklagten durchgeführt werden kann (vgl. dazu die §§ 232, 233, 329, 350 Abs. 2, 387 Abs. 1, 411 Abs. 2, 412) oder andererseits zeitweilig die Anwesenheit des Angeklagten nicht erforderlich ist (vgl. §§ 231 Abs. 2, 231a, 231b, 247).

Siehe auch: → *Ausbleiben des Angeklagten,* Rn. 109, → *Beurlaubung des Angeklagten von der Hauptverhandlung,* Rn. 247, mit Antragsmuster, Rn. 249, → *Entbindung des Angeklagten vom Erscheinen in der Hauptverhandlung,* Rn. 424, → *Entfernung des Angeklagten aus der Hauptverhandlung,* Rn. 435, → *Selbst herbeigeführte Verhandlungsunfähigkeit des Angeklagten,* Rn. 788; → *Verhandlung ohne den Angeklagten,* Rn. 954, → *Vertretung des Angeklagten durch den Verteidiger,* Rn. 1094.

92 Anwesenheitsrechte in der Hauptverhandlung

Zum Anwesenheitsrecht verschiedener (Verfahrens-)Beteiligter folgender **Überblick:**

- Anwesend sein können/müssen der **Angeklagte** und sein **Verteidiger** (→ *Anwesenheit des Verteidigers in der Hauptverhandlung*, Rn. 87; → *Anwesenheitspflicht des Angeklagten*, Rn. 89; → *Entfernung des Angeklagten aus der Hauptverhandlung*, Rn. 435; → *Selbst herbeigeführte Verhandlungsunfähigkeit*, Rn. 788; → *Verhandlung ohne den Angeklagten*, Rn. 954),
- ist ein **Dolmetscher** zugezogen worden, muss/kann dieser grds. während der ganzen Hauptverhandlung zugegen sein (BGH NStZ 2002, 275),
- **gesetzliche Vertreter** und **Erziehungsberechtigte**, die als Zeugen vernommen werden sollen, haben sich **vor** ihrer **Vernehmung** aus dem Gerichtssaal zu **entfernen**, soweit durch ihre Anwesenheit, insbesondere bei der Vernehmung jugendlicher Angeklagter, die Ermittlung der Wahrheit beeinträchtigt würde (BGH NJW 1956, 520 [Ls.]),
- der **Nebenkläger** darf an der HV teilnehmen, auch wenn er als Zeuge vernommen werden soll (→ *Nebenkläger als Zeuge*, Rn. 624),
- für **Sachverständige** gilt § 243 Abs. 2 S. 1, wonach sich Zeugen aus dem Sitzungssaal zu entfernen haben, nicht; SV können, müssen aber nicht unbedingt, während der gesamten Dauer der HV anwesend sein (KK-*Tolksdorf,* § 243 Rn. 19; BGH StV 1999, 470; zur Anwesenheitspflicht eines SV, der ein → *Glaubwürdigkeitsgutachten,* Rn. 528, erstatten soll, s. BGH NStZ 1995, 45),
- der → ***Verletztenbeistand***, Rn. 1032, hat das Recht, in der HV anwesend zu sein,
- der → ***Vernehmungsbeistand***, Rn. 1079a, hat nach § 68b das Recht, in der HV anwesend zu sein, jedenfalls während der Vernehmung des von ihm vertretenen Zeugen,
- eine **Vertrauensperson**, der der Vorsitzende gem. § 406f Abs. 3 auf Antrag des Verletzten, der als Zeuge vernommen wird, die Anwesenheit gestattet hat,
- **Zeugen** dürfen grds. **vor** ihrer **Vernehmung nicht** im Sitzungssaal anwesend sein (→ *Anwesenheit von Zeugen in der Hauptverhandlung,* Rn. 93),
- der → ***Zeugenbeistand***, Rn. 1175, hat nach h.M. in der Rspr. vor der Vernehmung seines Mandanten kein Anwesenheitsrecht.

☝ Der **Vorsitzende** kann das **Verlassen** des Saals durch eine Person, die kein Anwesenheitsrecht hat, **erzwingen** (§ 176 GVG; → *Sitzungspolizei,* Rn. 805).

Anwesenheit von Zeugen in der Hauptverhandlung 93

1. Nach § 58 Abs. 1 sind Zeugen **einzeln** und in **Abwesenheit** der später zu vernehmenden Zeugen zu vernehmen. Das gilt auch, wenn der → *Staatsanwalt als Zeuge*, Rn. 813, in Betracht kommt, für einen → *sachverständigen Zeugen*, Rn. 780, für den Beistand und auch, wenn der → *Verteidiger als Zeuge*, Rn. 1082, benannt ist. **Nebenkläger**, der Erziehungsberechtigte und der gesetzliche Vertreter eines Jugendlichen (§ 67 JGG) haben hingegen grds. Anspruch auf ununterbrochene Anwesenheit in der HV (*Kleinknecht/Meyer-Goßner*, § 58 Rn. 3; KK-

Senge, § 58 Rn. 2, jeweils m.w.N.; s.a. → *Anwesenheitsrechte in der Hauptverhandlung*, Rn. 76; → *Nebenkläger als Zeuge*, Rn. 492 und → *Sonstige Verfahrensbeteiligte als Zeuge*, Rn. 603).

94 **2.** Das **Abtreten** des **Zeugen** (§ 243 Abs. 2 S. 1; → *Gang der Hauptverhandlung, Allgemeines*, Rn. 509) und seine **Abwesenheit** bis zur Vernehmung kann und muss das Gericht ggf. dadurch **erzwingen**, dass es den Zeugen – notfalls mit Gewalt – aus dem Saal weisen lässt. Das gilt auch für Zuhörer, deren Vernehmung beantragt wird (*Kleinknecht/Meyer-Goßner*, § 58 Rn. 5). Der Vorsitzende hat insoweit einen **Beurteilungsspielraum**. Er kann Zuhörer zum Verlassen des Sitzungssaales schon dann auffordern, sobald nur mit der Möglichkeit zu rechnen ist, dass sie als Zeugen in Betracht kommen (BGH StV 2002, 5, 6).

☝ Andererseits macht die Anwesenheit des Zeugen vor seiner Vernehmung diesen grds. nicht zu einem ungeeigneten Beweismittel. Da aber das Gericht im Rahmen des § 261 (hoffentlich!) immer prüfen wird, inwieweit die **Glaubwürdigkeit** eines Zeugen ggf. dadurch gelitten hat, dass er vor seiner Vernehmung im Gerichtssaal anwesend gewesen ist, wird der **Verteidiger** einen Zuhörer, der nach seiner Auffassung als Zeuge in Betracht kommt und den er später in einem Beweisantrag benennen will, möglichst **frühzeitig** dem Gericht **namhaft** machen. Dadurch gibt er dem Gericht die Möglichkeit, den Zeugen zu bitten, den Saal zu verlassen.

Ob die Vernehmung eines Zeugen in Gegenwart oder Abwesenheit schon vernommener Zeugen erfolgen soll, unterliegt dem **richterlichem Ermessen**. Der Verteidiger wird die Vernehmung eines Zeugen in **Abwesenheit** eines bereits vernommenen Zeugen insbesondere dann **beantragen**, wenn er diesen später noch einmal vernehmen und/oder dem anderen Zeugen gegenüberstellen will (→ *Gegenüberstellung von Zeugen*, Rn. 511) oder wenn er befürchtet, dass in Gegenwart des bereits vernommenen Zeugen nicht die Wahrheit gesagt wird.

☝ Lehnt der Vorsitzende die Vernehmung eines Zeugen in Abwesenheit eines anderen, bereits vernommenen Zeugen ab, muss der Verteidiger nach **§ 238 Abs. 2** einen **Gerichtsbeschluss** herbeiführen, wenn er das mit der Revision rügen will. Rügen kann er jedoch nicht die Verletzung des § 58, da es sich dabei nur um eine Ordnungsvorschrift handelt. Rügen muss er daher z.B. die Verletzung von § 244 Abs. 2, z.B. weil der Zeuge in Abwesenheit des anderen, bereits vernommenen Zeugen anders ausgesagt hätte (BGH MDR 1955, 396 [D]; s.a. BGHSt 34, 352).

Siehe auch: → *Zeugenvernehmung, Allgemeines*, Rn. 1186, m.w.N.

Aufklärungspflicht des Gerichts

95

Literaturhinweise: ***Bohlander***, Entlastung der Strafrechtspflege – Ersetzung des § 244 II StPO durch § 288 I ZPO?, NStZ 1992, 578; ***Conen/Tsambikakis***, Strafprozessuale Wahrheitsfindung mittels Sachverständiger im Spannungsfeld zwischen Aufklärungspflicht und Beweisantragsrecht, GA 2000, 372; ***Fezer***, Reduktion von Beweiserfordernissen – Systemverändernde Tendenzen in der tatrichterlichen Praxis und der Gesetzgebung, StV 1995, 266; ders., Amtsaufklärungsgrund und Beweisantragsrecht, in: FG-BGH, S. 847; ***Frister***, Das Verhältnis von Beweisantragsrecht und gerichtlicher Aufklärungspflicht im Strafprozeß, ZStW 1993, 340 (Band 105); ***Gutmann***, Die Aufklärungspflicht des Gerichts und der Beweiserhebungsanspruch der Parteien im Strafprozeß, JuS 1962, 369; ***Herdegen***, Aufklärungspflichten, Beweisantragsrecht, Beweisantrag, Beweisermittlungsantrag, in: Gedächtnisschrift für *Meyer*, 1990, S. 207; ders., Bemerkungen zum Beweisantragsrecht, Teil 1: NStZ 1984, 97, Teil 2: NStZ 1984, 200; ders., Die Überprüfung der tatsächlichen Feststellungen durch das Revisionsgericht auf Grund der Sachrüge, StV 1992, 527; ***Julius***, Zum Verhältnis von Aufklärungspflicht und Beweisantragsrecht, NStZ 1986, 61; ***Lammer***, Zeugenschutz versus Aufklärungspflicht, in: Festschrift für *Peter Rieß*, S. 289; ***Maul***, Die gerichtliche Aufklärungspflicht im Lichte der Rechtsprechung des Bundesgerichtshofs, in: Festgabe für *Karl Peters*, 1984, S. 60; ***Müller***, Zur Aufklärungspflicht bei Wahrunterstellung, in: Gedächtnisschrift für *Meyer*, 1990, S. 285; s.a. die Hinw. bei → *Beweisantragsrecht, Allgemeines*, Rn. 302, und bei den u. a. weiterführenden Stichworten.

95a

1. Zentrales Anliegen des deutschen Strafprozesses ist die Ermittlung des **„wahren" Sachverhalts** (s. u.a. BVerfG NJW 1983, 1043). Dazu ist dem Gericht in § 244 Abs. 2 die Pflicht zu umfassender Aufklärung der tatsächlichen Entscheidungsgrundlagen auferlegt (KK-*Herdegen*, § 244 Rn. 17 m.w.N.).

Dieser Amtsaufklärungs-/Untersuchungsgrundsatz verpflichtet den Tatrichter nach Auffassung der **Rspr.**, den Sachverhalt im Rahmen der angeklagten Tat unter Ausschöpfung aller bekannten oder sich aufdrängenden Erkenntnismittel solange zu erforschen, wie auch nur die **entfernte Möglichkeit** einer Änderung der bisher begründeten Vorstellung von dem zu beurteilenden Sachverhalt besteht (st.Rspr. des BGH, vgl. u. a. BGHSt 1, 94, 96; zuletzt BGHSt 38, 369; s.a. BGHSt 40, 3 [keine Pflicht zur „ausufernden" Aufklärung] und BGH NStZ-RR 2002, 68 -Be- [keine Pflicht, voraussichtlich nutzlose Beweiserhebungen anzustellen]). Von der **Lit.** wird das **einschränkender** beurteilt: Sie geht davon aus, dass der Tatrichter dann zur Aufklärung verpflichtet ist, wenn ihm noch Umstände oder Möglichkeiten bekannt oder erkennbar sind, „die bei **verständiger Würdigung** der Sachlage begründete Zweifel an der Richtigkeit der erkannten Überzeugung wecken müssen, falls ein noch nicht ausgeschöpftes Beweismittel zur Verfügung steht" (KK-*Herdegen*, § 244 Rn. 20; ders. NStZ 1984, 98; *Kleinknecht/Meyer-Goßner*, § 244 Rn. 12; s.a. *Widmaier* NStZ 1994, 248 in der Anm. zu BGHSt 40, 3; BGH NStZ 1998, 50; offen gelassen von BGHSt 40, 3; s. dazu a. Rn. 97).

Es ist hier nicht der Raum, alle mit der Aufklärungspflicht des Gerichts zusammenhängenden Fragen im Einzelnen darzustellen. Insoweit wird verwiesen auf die grundlegenden Ausführungen von *Herdegen* in KK-*Herdegen* (§ 244 Rn. 17 ff. m.w.N.), und auf *Dahs/Dahs* (Die Revision im Strafprozeß, 6. Aufl., Rn. 314 ff.). Zu verweisen ist auch auf *Fezer* (StV 1995, 263 ff.), der sich im Hinblick auf die Grenzen der Belastbarkeit für den Strafprozess mit der Reduktion von Beweiserfordernissen auseinandersetzt. Hier können aus Platzgründen nur einige grundlegende Ausführungen zur Aufklärungspflicht gemacht werden.

96 **2.** Die in § 244 Abs. 2 normierte Aufklärungspflicht wendet sich an das Gericht. Dieses ist danach grds. verpflichtet, alle den Angeklagten **entlastenden** und **belastenden Beweismittel** und -möglichkeiten **auszuschöpfen** (st.Rspr., vgl. u.a. BGH NJW 1966, 1524; StV 1983, 495; KK-*Herdegen*, § 244 Rn. 20 m.w.N.). Den **Verfahrensbeteiligten** ist es natürlich unbenommen, durch **Anträge**/Anregungen auf die Aufklärungspflicht des Gerichts einzuwirken. Das geschieht insbesondere durch Beweisanträge, die die Aufklärungspflicht „aktualisieren“, wenn ihnen entsprochen werden muss (KK-*Herdegen*, § 244 Rn. 23). Darüber hinaus können auf die Aufklärungspflicht aber auch (einfache) Erklärungen und Aussagen von Verfahrensbeteiligten oder Aussagen von Zeugen (vgl. BGH StV 1984, 507) Einfluss haben. Von besonderer Bedeutung sind in diesem Zusammenhang der → *Beweisermittlungsantrag*, Rn. 308, oder auch die → *Beweisanregung*, Rn. 250, die Anstoß zu weiterer Sachaufklärung sein können (vgl. nur BGH NStZ 1985, 184; s. die weit. Nachw. bei KK-*Herdegen*, a.a.O.).

☝ Der Verteidiger sollte sich, wenn er Grund dazu hat, die Sachaufklärung in eine bestimmte Richtung zu lenken, nicht scheuen, einen → ***Beweisermittlungsantrag***, Rn. 308, zu stellen oder eine → ***Beweisanregung***, Rn. 250, zu geben. Das gilt besonders auch deshalb, weil dann in der Revision der ggf. erhobenen Aufklärungsrüge nicht entgegengehalten werden kann, die entsprechende Aufklärung, deren Fehlen nun beanstandet werde, sei in der HV nicht beantragt worden (s. dazu a. BGH MDR 1985, 629 [H]; s.a. *Malek*, Rn. 258).

97 **3.** M.E. ist der Ansatz der o.a. **Lit.**-Stimmen **zutreffend**, der dahin geht, dass das Gericht nur allen erkennbaren und sinnvollen Möglichkeiten zur Aufklärung des Sachverhalts nachgehen muss. Dies berechtigt auch zu einer gewissen **Beweisantizipation**. Das Tatgericht darf im Hinblick auf das bisherige Beweisergebnis und seine verlässliche Grundlage voraussagen, dass die in Betracht kommende/angeregte Beweisaufnahme das Beweisergebnis nicht beeinflussen werde (st.Rspr., vgl. u.a. BGH NStZ 1985, 324, 325; zu allem KK-*Herdegen*, § 244 Rn. 21 m.w.N.; *Kleinknecht/Meyer-Goßner*, § 244 Rn. 12 m.w.N.; *Herdegen* NStZ 1998, 445 f.).

☝ Dabei ist jedoch zu **beachten**: Je **weniger gesichert** ein Beweisergebnis erscheint, je gewichtiger die Unsicherheitsfaktoren sind, je mehr Widersprüche bei der Beweiserhebung zutage getreten sind, desto größer ist der Anlass für das Gericht, trotz des bisherigen Beweisergebnisses **weitere** erkennbare **Beweismöglichkeiten** zu benutzen (BGH StV 1996, 249 m.w.N. [für Aussage gegen Aussage]). Es ist Aufgabe des Verteidigers, in seinem → *Beweisermittlungsantrag*, Rn. 308, oder der → *Beweisanregung*, Rn. 250, auf die Unsicherheiten und Widersprüche im bisherigen Beweisergebnis hinzuweisen.

98 **4.** Die gerichtliche Aufklärungspflicht verlangt nicht nur eine vollständige Sachaufklärung. Sie schließt vielmehr die Verpflichtung des Gerichts ein, dass das Gericht sich um den **bestmöglichen Beweis** bemühen muss (*Kleinknecht/Meyer-Goßner*, § 244, Rn. 12; KK-*Herdegen*, § 244 Rn. 25, jeweils m.w.N.). Das bedeutet einerseits, dass das Gericht grds. den sachnäheren Beweis wählen muss, andererseits ist durch diese Verpflichtung eine nur **mittelbare** Beweisführung **nicht** grds. **ausgeschlossen** (BVerfG NJW 1981, 1719; BGHSt 38, 369; KK-*Herdegen*, a.a.O., m.w.N.; zu allem a. *Herdegen* NStZ 1984, 97 f.; ders. NStZ 1984, 337 ff.). Hinzuweisen ist auf folgende

Beispiele:

- zur → ***Augenscheinseinnahme***, Rn. 101,
- zur Amtsaufklärungspflicht bei **ausländischen Zeugen** → *Auslandszeuge*, Rn. 123 (dazu BGH NJW 2002, 2403),
- zur **Beiziehung** von (weiteren) **Akten** s. BGH NStZ 2000, 46,
- zur unterlassenen **Beiziehung** der **Lebensakte** eines Messgeräts (KG NZV 2002, 335),
- anstelle der → *Vernehmung **jugendlicher Zeugen***, Rn. 1064, ist es ggf. ausreichend, in der HV eine **Videoaufnahme** von einer im Ermittlungsverfahren durchgeführten Vernehmung vorzuführen (§ 255a Abs. 2) und ggf. das Wortprotokoll der Vernehmung zu verlesen (wegen der Einzelh. zur Art dieser Beweisaufnahme s. → *Vorführung von Bild-Ton-Aufzeichnungen*, Rn. 1058a),
- das Gericht verstößt i.d.R. gegen seine Aufklärungspflicht, wenn es sich mit der **kommissarischen Vernehmung** eines (erreichbaren) Zeugen zufrieden gibt, statt diesen in der HV selbst zu vernehmen (KK-*Herdegen*, § 244 Rn. 25),
- das Gericht verstößt i.d.R. nicht gegen seine Aufklärungspflicht, wenn es die Ergebnisse eines vom Angeklagten ohne Wissen des Gerichts unter Einsatz eines **Lügendetektors** erstellten Glaubwürdigkeitsgutachtens nicht einführt (BGH NJW 1999, 662; zur Zulässigkeit und zum Beweiswert des Lügendetektorverfahrens BGHSt 44, 308),
- ein **Mitangeklagter** ist nach Abtrennung des Verfahrens nicht unbedingt als Zeuge zu vernehmen (*Kleinknecht/Meyer-Goßner*, § 244 Rn. 12; a.A. BayObLG StV 1989, 522 [stets zu vernehmen]; → *Vernehmung des Mitangeklagten als Zeugen*, Rn. 1045a),
- es muss nicht unbedingt neben dem **mittelbaren Zeugen** stets auch der unmittelbare vernommen werden, was insbesondere für den Bereich der → *Verwertung der Erkenntnisse eines (gesperrten) V-Mannes*, Rn. 1111, Bedeutung hat,

98a

- hat das Gericht nicht genügend eigene **Sachkunde**, kann das die Zuziehung eines (weiteren) **Sachverständigen** erfordern (vgl. dazu eingehend a. KK-*Herdegen*, § 244 Rn. 27 ff.; → *Glaubwürdigkeitsgutachten*, Rn. 528; → *Obergutachter*, Rn. 636; → *Sachverständigenbeweis*, Rn. 765),
- die Amtsaufklärungspflicht gebietet es, einem **SV Gelegenheit** zu geben, sich mit neuen **Anknüpfungstatsachen** zu **befassen**, bevor das Gericht selbst wegen veränderter Tatsachengrundlage von dem erstatteten Gutachten abweicht (OLG Zweibrücken StV 2000, 126),
- zur Amtsaufklärungspflicht bei Annahme der **Strafverschärfung** wegen früherer Verurteilungen s. BGHSt 43, 106 (zumindest Verlesung der Gründe des früheren Urteils, ggf. weitere Beweiserhebungen),
- der **Urkundenbeweis** in der Form des § 253 kann bei Erinnerungsverlust eines Zeugen erforderlich sein (BGHSt 38, 369; → *Protokollverlesung zur Gedächtnisstützung*, Rn. 735),
- bei zulässigem **Urkundenbeweis** kann in Bezug auf den Beweiswert der verlesenen Urkunde eine **ergänzende Zeugenvernehmung** erforderlich sein (BGHSt 27, 135, 139),
- zur → ***Wiederholung** einer **Beweiserhebung***, Rn. 1173,
- das Gericht kann – trotz des Einverständnisses der Verfahrensbeteiligten (§ 251 Abs. 2) – gegen seine Aufklärungspflicht verstoßen, wenn es nur das Protokoll einer polizeilichen **Zeugenvernehmung verliest** und die Zeugen nicht (auch) persönlich vernimmt (OLG Köln StV 1998, 585; ähnlich OLG Düsseldorf StV 2000, 8; → *Verlesung von Protokollen früherer Vernehmungen*, Rn. 1017),
- die Vernehmung eines → ***Zeugen** vom **Hörensagen***, Rn. 1191, ist grds. zulässig, muss aber bei der Beweiswürdigung besonders berücksichtigt werden (wegen der Einzelh. der Beweiswürdigung s. Rn. 1137 m.w.N.)
- ggf. kann es erforderlich sein, die Umstände des **Zustandekommens** einer **Zeugenaussage** aufzuklären, wenn diese, z.B. wegen Entzugserscheinungen, zweifelhaft ist (OLG Hamm StraFo 1999, 92).

99 **5.** Das mit der Aufklärungspflicht des Gerichts korrespondierende revisionsrechtliche Mittel des Verteidigers ist die sog. **Aufklärungsrüge**, mit der die Verletzung der Aufklärungspflicht geltend gemacht wird. Allerdings hat sie nur in wenigen Fällen Erfolg, was häufig daran liegt, dass die Rügen den sich aus § 344 Abs. 2 S. 2 ergebenden Begründungserfordernissen – tatsächlich oder nach Auffassung des Revisionsgerichts – nicht gerecht werden. Da die Rspr. hier **strenge Anforderungen** stellt, muss der Verteidiger auf die Formulierung der Aufklärungsrüge besondere Sorgfalt verwenden. Insoweit wird verwiesen auf die ausführlichen Erl. bei KK-*Herdegen* (§ 244 Rn. 37 ff.) sowie auf *Kleinknecht/Meyer-Goßner* (§ 244 Rn. 80 ff.), *Dahs/Dahs* (a.a.O., Rn. 475 ff.) und auf *Sarstedt/Hamm* (Die Revision in Strafsachen, 6. Aufl., 1998, Rn. 512 ff.; s.a. *Burhoff* StV 1997, 432, 437 [Verteidigerfehler]).

Siehe auch: → *Freibeweisverfahren*, Rn. 502, → *Unmittelbarkeitsgrundsatz*, Rn. 868, → *Verlesung von Protokollen früherer Vernehmungen*, Rn. 1017.

Aufruf der Sache

100

Die **HV beginnt** nach § 243 Abs. 1 S. 1 mit dem Aufruf der Sache. Das kann der **Vorsitzende** des Gerichts entweder selbst erledigen oder er kann den Aufruf durch einen Gerichtswachtmeister oder den Protokollführer **anordnen**. Unterbleibt der (ausdrückliche) Aufruf der Sache oder wird ohne eine Anordnung des Vorsitzenden aufgerufen, gilt als Beginn der HV diejenige Handlung des Gerichts, die als erste erkennbar macht, dass die Sache nun verhandelt wird (*Kleinknecht/Meyer-Goßner*, § 243 Rn. 4 m.w.N.).

Der Beginn der HV ist bedeutsam für die Frage des **Ausbleibens** des **Angeklagten**. Dieser ist ausgeblieben, wenn er beim Aufruf der Sache nicht im Gerichtssaal anwesend ist oder nicht alsbald eintrifft oder wenn er sich im Sitzungssaal nicht zu erkennen gibt (*Kleinknecht/Meyer-Goßner*, § 230 Rn. 14 m.w.N.). Das gilt auch, wenn der Angeklagte zwar zur angesetzten Terminsstunde erschienen ist, sich jedoch vor dem Aufruf der Sache entfernt hat, weil er wegen des verzögerten Beginns der HV nicht warten wollte (OLG Düsseldorf NJW 1997, 2062 [auch zur Frage der Zumutbarkeit der Dauer des Wartens]). Ist der Angeklagte ausgeblieben, können sich daran **Rechtsfolgen** knüpfen, wie z.B. der Erlass eines **Haftbefehls** nach § 230 Abs. 2 (→ *Ausbleiben des Angeklagten*, Rn. 109), die **Verwerfung** seiner **Berufung** (→ *Berufungsverwerfung wegen Ausbleiben des Angeklagten*, Rn. 209) oder eines Einspruchs gegen einen **Strafbefehl** (→ *Strafbefehlsverfahren*, Rn. 824).

Anwesend sein müssen außerdem die für diesen Zeitpunkt geladenen **Zeugen** und **SV** sowie die Verfahrensbeteiligten, die zur Anwesenheit verpflichtet sind, also bei notwendiger Verteidigung der **Verteidiger**. Schließlich ist der Beginn der HV bedeutsam für den Zeitpunkt der Mitteilung der **Gerichtsbesetzung** nach § 222a (→ *Besetzungsmitteilung*, Rn. 245).

Siehe auch: → *Gang der Hauptverhandlung, Allgemeines,* Rn. 508, m.w.N.

Augenscheinseinnahme

101

Literaturhinweise: ***Dähn***, Die Leichenöffnung: Augenscheins- oder Sachverständigenbeweis?, JZ 1978, 640; ***Geppert***, Der Augenscheinsbeweis, Jura 1996, 307; ***Haas***, Der Beschuldigte als Augenscheinsobjekt, GA 1997, 368; ***Henkel***, Die Zulässigkeit und Verwendbarkeit von Tonbandaufnahmen bei der Wahrheitserforschung im Strafverfahren, JZ 1957, 148; ***Kohlhaas***, Die Tonbandaufnahme als Beweismittel im Strafprozeß, NJW 1957, 81; ***Rogall***, Der Augenscheinsgehilfe im Strafprozeß, in: Gedächtnisschrift für *Karlheinz Meyer*, 1990, S. 391; ***Schmidt***, Zulässigkeit und Verwendbarkeit von Tonbandaufnahmen im Strafverfahren, JZ 1956, 206; ***Schmitt***, Tonbänder im Strafprozeß – OLG Celle, NJW 1965, 1677; JuS 1967, 19.

1. Augenscheinsbeweis ist die **sinnliche Wahrnehmung** der Existenz, Lage oder Beschaffenheit eines Objekts. Augenscheinsbeweis i.S.d. StPO ist die Beweisaufnahme, die **nicht** als **Zeugen-**, **Sachverständigen-**, **Urkundenbeweis** oder als Beschuldigtenvernehmung geregelt ist (KK-*Senge*, § 86 Rn. 1; zur Abgrenzung *Geppert* Jura 1996, 310). In § 86 ist nur die richterliche Augenscheinseinnahme außerhalb der HV geregelt. Der **Verteidiger** hat gem. § 168d das Recht, an dieser **teilzunehmen** (s. wegen der Einzelh. im EV *Burhoff*, EV, Rn. 226 ff.).

2. Für die **HV** gilt Folgendes (eingehend *Geppert* Jura 1996, 307 ff.), wobei zwischen der unmittelbaren gerichtlichen (s.u. Rn. 102) und der mittelbaren Augenscheinseinnahme (s.u. Rn. 103) unterschieden werden muss:

102 **a)** Für die **unmittelbare gerichtliche** Augenscheinseinnahme:

- Sie ist **Teil** der HV (BGHSt 3, 187, 188). Deshalb ist z.B. die Anwesenheit des Angeklagten – abgesehen von den Ausnahmen der §§ 231, 233, 234 – zwingend notwendig (→ *Entfernung der Angeklagten aus der Hauptverhandlung*, Rn. 442).
- Im **Protokoll** der HV muss die Tatsache der Augenscheinseinnahme als wesentliche Förmlichkeit der HV i.S.d. § 273 Abs. 1 festgehalten werden, nicht jedoch ihr Ergebnis.
- Die Augenscheinseinnahme kann **nicht** durch eine **„informatorische Besichtigung"** ersetzt werden (BGH, a.a.O.). Es ist allerdings einzelnen Mitgliedern des erkennenden Gerichts nicht verwehrt, sich vor der HV z.B. mit den Örtlichkeiten vertraut zu machen, die für die Beweisaufnahme von Bedeutung sein können (*Geppert* Jura 1996, 312). Die dabei ggf. gewonnenen Erkenntnisse dürfen auch bei Fragen und Vorhalten an den Angeklagten, Zeugen und SV verwandt werden (BGH MDR 1966, 383 [D]; KK-*Senge*, § 86 Rn. 5; → *Informatorische Befragung eines Zeugen*, Rn. 564).
- Es ist noch **keine Augenscheinseinnahme** i.S.d. §§ 86, 261, wenn ein SV im Rahmen seiner Ausführungen „en passant" Augenscheinsobjekte als **Demonstrationsobjekte** vorlegt (BGH NStZ 1995, 19 -K- [für Falschgeld]).
- Das Gericht kann den Augenscheinsbeweis **innerhalb** und **außerhalb** des Gerichtssaals erheben, aber nicht auf fremdem Staatsgebiet (BGH NStZ 1991, 121 [M/K]). Der Verteidiger kann daher beantragen, eine bestimmte Örtlichkeit zu besichtigen.

> ☝ Die Augenscheinseinnahme ist zwar nach § 244 Abs. 5 S. 1 in das richterliche Ermessen gestellt (s.u. Rn. 107). Eine Ablehnung/**Zurückweisung** seines Antrags kann der Verteidiger aber dadurch **umgehen**, dass er einen anderen mit der Augenscheinseinnahme beauftragt und dann in der HV beantragt, diesen **Augenscheingehilfen** als Zeugen zum Ergebnis zu vernehmen (s.u. Rn. 107).

103 **b)** Für die **mittelbare/kommissarische** Augenscheinseinnahme:

- Sie kann **vor**, aber auch noch **während** einer **laufenden HV** stattfinden (*Kleinknecht/Meyer-Goßner*, § 86 Rn. 2 m.w.N.; *Geppert* Jura 1996, 312). Sie wird vom erkennenden Gericht durch Beschluss angeordnet.

☝ Eine kommissarische Augenscheinseinnahme **während** laufender HV sollte m.E. nur in **Ausnahmefällen** angeordnet werden, da bei ihr die Gefahr besteht, dass die Rechte von Verfahrensbeteiligten, z.B. von Schöffen, unterlaufen werden (so a. *Geppert*, a.a.O.).

- Über die Augenscheinseinnahme ist ein **Protokoll** zu fertigen, das den Anforderungen der **§§ 86, 168a** entsprechen muss. Es muss also ein Urkundsbeamter zugezogen werden. Außerdem muss der vorgefundene Sachverhalt – wegen der Durchbrechung des → *Unmittelbarkeitsgrundsatzes*, Rn. 868, – so genau wie möglich beschrieben werden (wegen der übrigen Anforderungen s. §§ 86, 168a). Da das Protokoll später gem. § 249 Abs. 1 S. 2 in der HV **verlesbar** ist, muss der Verteidiger auf seinen **Inhalt** sorgfältig **achten** (zur Verlesung → *Urkundenbeweis, Allgemeines*, Rn. 893).
- Nach § 168d Abs. 1 S. 2 i.V.m. § 168c Abs. 5 steht dem Angeklagten und dem Verteidiger beim richterlichen Augenschein ein **Anwesenheitsrecht** zu. Sie sind vom Termin vorher zu **benachrichtigen**, es sei denn, der Untersuchungserfolg wäre gefährdet. Das wird jedoch in der HV nicht mehr zum Tragen kommen.

☝ Ist die **Benachrichtigung** des Verteidigers und des Angeklagten vom Termin zur Augenscheinseinnahme **unterblieben**, besteht für das Protokoll ein **BVV** (BGHSt 26, 332; 31, 140; einschränkend BGHSt 34, 231 [jeweils für richterliche Vernehmungen]).

☝ Der dennoch erfolgenden **Verlesung** des Protokolls muss der Verteidiger **unverzüglich widersprechen**, wenn er sich die entsprechende Revisionsrüge erhalten will. Insoweit dürften die Ausführungen von *Kleinknecht/Meyer-Goßner* zum vergleichbaren Fall der kommissarischen Vernehmung eines Zeugen entsprechend gelten (s. dazu *Kleinknecht/Meyer-Goßner*, § 224 Rn. 12 m.w.N.; s.a. BGHSt 38, 214; 42, 86; zu den entsprechenden Fragen bei der richterlichen Vernehmung des Angeklagten s. *Burhoff*, EV, Rn. 1455 m.w.N.; → *Widerspruchslösung*, Rn. 1166a ff.).

104

3. Zu den möglichen **Objekten** des Augenscheins (wegen der Einzelh. s. KK-*Senge*, § 86 Rn. 6 m.w.N. aus der Rspr.) folgende

Beispiele:

- **Abbildungen** und Darstellungen in Druckwerken,
- **Experimente** und Versuche, wie Fahrversuche (BGH VRS 16, 270, 273; OLG Koblenz MDR 1971, 507), Bremsversuche oder **Rekonstruktionen** des Tatverlaufs (BGH NJW 1961, 1486); nicht hingegen die → *Gegenüberstellung von Zeugen*, Rn. 511, sie ist Zeugenvernehmung,
- **Filmstreifen**, **Lichtbilder**, soweit sie nicht lediglich der Veranschaulichung der Einlassung des Angeklagten oder von Zeugenaussagen dienen (zu Lichtbildern von einer Radarwertung als Augenscheinobjekt s. BayObIG NStZ 2002, 388),
- **Ortsbesichtigungen**,

- **Personen**: Der äußere Eindruck vom Angeklagten und von Zeugen kann ohne weiteres der Beweiswürdigung zugrunde gelegt werden. Er ist beim Zeugen Teil der Beweiswürdigung, beim Angeklagten Teil der Vernehmung (BGH MDR 1974, 368 [D]),
- **Skizzen** vom Tat- oder Unfallort, sofern es nicht auf ihren gedanklichen Inhalt ankommt,
- **technische Aufzeichnungen**, wie Lochstreifen und Fahrtschreiberdiagramme, wenn der Richter sie selbst auswerten kann (s. dazu OLG Düsseldorf NJW 1997, 269 [Ls.]), sonstige **Messdiagramme** und Registrierkassenrollen (aber Verlesung als Urkunde, wenn es um den Inhalt geht, → *Urkundenbeweis, Allgemeines*, Rn. 888), ggf. auch Fotografien einer Radarüberwachungsanlage (BayObLG NStZ 2002, 388)

105

- **Tonbandaufnahmen**, wobei zu unterscheiden ist:
  - Geht es nicht um den gedanklichen Inhalt, sondern **allein** um die **Existenz** der Tonaufnahme, handelt es sich eindeutig um **Augenscheinsbeweis** (vgl. *Eisenberg*, Rn. 2284; *Geppert* Jura 1996, 310 m.w.N.). Das gilt z.B. dann, wenn die Aufnahme zum Beweis dafür verwertet werden soll, dass ein Anrufer deutsch gesprochen oder einen Sprachfehler gehabt hat (BGHSt 14, 339, 340) oder, wenn eine erpresserische Äußerung zum Beweis dafür abgespielt wird, dass sie überhaupt gemacht worden ist (OLG Frankfurt NJW 1967, 1047; zur Verwertung der Ergebnisse einer TÜ → *Telefonüberwachung, Verwertung der Erkenntnisse in der Hauptverhandlung*, Rn. 847).
  - Soweit es um den **gedanklichen Inhalt** des Tonträgers geht, besteht **Streit** (s. zu allem *Eisenberg*, Rn. 2285 ff.): In der Lit. wird z.T. das Abspielen als gänzlich unzulässig angesehen (s. u.a. *Roxin*, Strafverfahrensrecht, 25. Aufl., 1998, § 28 Rn. 8), z.T. nur unter den Voraussetzungen der §§ 249 ff. zugelassen (*Dallinger* MDR 1956, 146 [Rspr.-Übersicht]; *Schmitt* JuS 1967, 21). Nach der **Rspr**. (s. BGHSt 14, 339, 341; 27, 135, 136) können Tonbandaufnahmen auch den **Inhalt** der auf ihnen festgehaltenen Gedankenäußerungen **beweisen**. Allerdings hängt der **Beweiswert** i.d.R. davon ab, dass der Angeklagte oder ein Zeuge seine Beziehung zu dem Band, ggf. auch seine **Echtheit bestätigt** (wegen der Einzelh. s. *Geppert* Jura 1996, 307; *Kleinknecht/Meyer-Goßner*, § 86 Rn. 11; vgl. dazu auch *Dahs*, Rn. 604 m.w.N.; s. auch → *Beweisverwertungsverbote*, Rn. 325; → *Vorhalt aus und von Tonbandaufnahmen*, Rn. 1161),

106

- **Urkunden**, sofern es nicht um die Feststellung des gedanklichen Inhalts geht, sondern um ihr Vorhandensein und den äußeren Eindruck von der Urkunde, wie z.B. um das **Schriftbild** eines Abschiedsbriefs des Angeklagten, den er vor einem Selbstmordversuch geschrieben hat und aus dem Rückschlüsse für eine mögliche Begutachtung gem. §§ 20, 21 StGB gezogen werden sollen, oder um eine Veränderung bei einer Urkundenfälschung (vgl. z.B. BGH NStZ-RR 1999, 37 [K]; zur Abgrenzung des Augenschein - zum Urkundenbeweis BayObLG NStZ 2002, 388 [für Lichtbild wie einer Geschwindigkeitsmessung]).

> Geht es (auch) um die Feststellung des **gedanklichen Inhalts** eines Augenscheinsobjekts, wie z.B. bei einer Urkunde, muss dieser im Wege des **Urkundenbeweises** festgestellt, also verlesen, oder ein Zeuge dazu vernommen werden (BGH NJW 1999, 3208 [Ls.]; OLG Schleswig StV 1998, 365; → *Urkundenbeweis, Allgemeines*, Rn. 884, m.w.N.; → *Zeugenvernehmung, Allgemeines*, Rn. 1186, m.w.N.).

- **Videoaufnahmen** von (Verkehrs-)Überwachungskameras bzw. zur Vorführung von im Ermittlungsverfahren gefertigten Videoaufnahmen, insbesondere von **Vernehmungen** von (jugendlichen) Zeugen gem. § 255a → *Vorführung von Bild-Ton-Aufzeichnungen*, Rn. 1058a. Wird in der HV ein Videofilm abgespielt, erstreckt sich der Augenschein auf jedes einzelne der Bilder, aus denen sich der Film zusammensetzt, somit auch auf diejenigen, von denen Abzüge gemacht und zu den Akten genommen worden sind. Auf diese darf (im Urteil) daher Bezug genommen werden, ohne dass sie ausdrücklich zum Gegenstand der HV gemacht worden sind (BayObLG NZV 1999, 182; s.a. BGH NStZ 1998, 528).

4. Die Augenscheinseinnahme ist nach § 244 Abs. 5 grds. in das **richterliche Ermessen** gestellt (dazu *Geppert* Jura 1996, 311). Maßgebender Gesichtspunkt ist die → ***Aufklärungspflicht** des Gerichts*, Rn. 95 (BGH NStZ 1984, 565; 1988, 88 m.w.N.). Der Verteidiger sollte daher in einem Antrag, mit dem er die Augenscheinseinnahme beantragt, eingehend darlegen, warum die Aufklärungspflicht das Gericht zur Einnahme des Augenscheins drängt (→ *Beweisantrag, Formulierung: Augenscheinseinnahme*, Rn. 279, mit Antragsmuster, Rn. 280). **107**

Ist der Gegenstand des Augenscheins **herbeigeschafft**, kann der Verteidiger nach § 245 Abs. 2 vorgehen. In diesem Fall kann ein entsprechender (Beweis-)Antrag nur unter den besonderen Voraussetzungen des § 245 Abs. 2 abgelehnt werden (→ ***Präsente Beweismittel***, Rn. 675).

Die Augenscheinseinnahme kann vom Gericht auch durch andere Beweismittler **ersetzt** werden, indem z.B. vom Gericht ein **Augenscheinsgehilfe** mit der Augenscheinseinnahme beauftragt und dieser dann als Zeuge vernommen wird (KK-*Senge*, § 3 m.w.N.; *Geppert* Jura 1996, 309). Das kann z.B. der Fall sein bei der Besichtigung und Messung einer Unfallstelle durch einen Polizeibeamten oder wenn gesetzliche Gründe entgegenstehen (§ 81d, der die Untersuchung einer Frau durch männliche Personen verbietet). **108**

☝ Auch wenn die Augenscheinsgehilfen als Zeugen vernommen werden, werden auf sie die **Vorschriften** über **SV angewendet** (*Kleinknecht/Meyer-Goßner*, § 86 Rn. 4 m.w.N.). D.h., sie können also unter den Voraussetzungen des § 74 abgelehnt werden (→ *Ablehnung eines Sachverständigen*, Rn. 6).

Benötigt die (Hilfs-)Person für die Einnahme des Augenscheins **besondere Sachkunde**, wie z.B. bei der Spurensuche an Kleidungsstücken, handelt es sich nicht um einen Augenscheinsgehilfen, sondern um einen **SV**, der das Augenscheinsobjekt als Befundtatsache verwertet. Auf diesen sind die Vorschriften über den Sachverständigenbeweis entsprechend anzuwenden (→ *Sachverständigenbeweis*, Rn. 765).

109 Ausbleiben des Angeklagten

Das Wichtigste in Kürze

1. Ausgeblieben ist nicht nur der körperlich nicht anwesende, sondern auch der verhandlungsunfähige Angeklagte.
2. Das Gericht kann einen Vorführungs- oder einen Haftbefehl erlassen, wenn das Ausbleiben nicht genügend entschuldigt ist.
3. Gegen diese Maßnahme des Gerichts, die in der HV zu erlassen sein dürfte, kann Beschwerde eingelegt werden.
4. Im Verfahren vor dem Strafrichter und vor dem Schöffengericht kann auf Antrag ggf. auch jetzt noch ein Strafbefehl erlassen werden.

Literaturhinweise: ***Martin***, Freiheitsstrafe beim Ausbleiben des Angeklagten? Prozessuale Probleme des Strafbefehlsverfahrens nach dem Rechtspflegeentlastungsgesetz, GA 1995, 121 ff.; ***Meyer-Goßner***, Das Strafverfahrensänderungsgesetz 1987, NJW 1987, 1161; ***Rieß***, Zweifelsfragen zum neuen Strafbefehlsverfahren, JR 1988, 133; ***Schellenberg***, Der Strafbefehl nach § 408a StPO in der Praxis, NStZ 1994, 370; ***Zähres***, Erlass eines Strafbefehls gem. § 408a StPO in der gem. § 408 III 2 StPO anberaumten Hauptverhandlung?, NStZ 2002, 296.

1. Grds. besteht für die HV die → ***Anwesenheitspflicht*** *des Angeklagten*, Rn. 89, so dass nach § 230 Abs. 1 bei Ausbleiben des Angeklagten eine HV nicht stattfindet.

☝ Das unentschuldigte Ausbleiben des Angeklagten in der HV macht nicht nur einen **schlechten Eindruck,** sondern kann auch rechtliche Nachteile für den Angeklagten haben (s.u. Rn. 111), wie z.B. in der → *Berufungshauptverhandlung*, Rn. 183, zur → *Berufungsverwerfung wegen Ausbleiben des Angeklagten*, Rn. 209, führen. Deshalb muss der Verteidiger darauf drängen, dass sein Mandant zur HV erscheint. Ist er dennoch ausgeblieben, muss der Verteidiger, wenn er einen Vorführungs- oder Haftbefehl oder die Berufungsverwerfung nach Möglichkeit verhindern will, **prüfen**, ob nicht die Voraussetzungen für eine → ***Verhandlung ohne*** *den* ***Angeklagten***, Rn. 954, vorliegen. Wenn er eine schriftliche Vollmacht des Angeklagten hat, kann er ggf. auch jetzt noch **beantragen**, den Angeklagten vertreten zu dürfen (§ 234; → *Vertretung des Angeklagten durch den Verteidiger*, Rn. 1094) oder ihn vom Erscheinen in der HV zu entbinden (§ 233; → *Entbindung des Angeklagten vom Erscheinen in der Hauptverhandlung*, Rn. 427).

110 **2. Ausgeblieben** ist der Angeklagte in der HV nicht nur, wenn er beim → *Aufruf der Sache*, Rn. 100, körperlich nicht anwesend ist, sondern auch dann, wenn er

zwar anwesend, seine → ***Verhandlungsfähigkeit***, Rn. 966, aber **nicht** gegeben ist (BGHSt 23, 331, 334 m.w.N. [für schuldhafte **Trunkenheit**]; StV 1982, 153; s.a. LG Zweibrücken NJW 1996, 737 [auch zur Frage des Erlasses eines Vorführungs- bzw. Haftbefehls]) oder er seine Anwesenheit nicht zu erkennen gibt. Ist der Angeklagte nur bedingt verhandlungsfähig, muss das Gericht, wenn es die HV durchführen will, diese so gestalten, dass der Angeklagte ihr folgen kann (s. → *Verhandlungsfähigkeit*, Rn. 966). Hat das Gericht **Zweifel** an der Verhandlungsfähigkeit, gilt nicht der Grundsatz „in dubio pro reo"; die HV darf aber nicht durchgeführt werden (BGH NStZ 1984, 520; KK-*Tolksdorf*, § 230 Rn. 3). Ausgeblieben i.S.d. § 230 ist der Angeklagte auch, wenn er sich aus der HV entfernt oder zu einem **Fortsetzungstermin** nicht erscheint (*Kleinknecht/Meyer-Goßner*, § 230 Rn. 15).

Findet ein wesentlicher Teil der HV (vgl. dazu KK-*Tolksdorf*, § 230 Rn. 4 m.w.N.) statt, während der Angeklagte verhandlungsunfähig ist, liegt der **absolute Revisionsgrund** des § 338 Nr. 5 vor (BGH StV 1988, 511).

111

3. Das Gericht muss (!) gegen den ausgebliebenen Angeklagten nach § 230 Abs. 2 **Zwangsmittel** ergreifen, und zwar kann es entweder die Vorführung anordnen oder einen HB erlassen (→ *Zwangsmittel bei Ausbleiben des Angeklagten*, Rn. 1231). Das gilt dann nicht, wenn das Ausbleiben des Angeklagten **genügend entschuldigt** ist. Insoweit kommt es nicht darauf an, ob sich der Angeklagte entschuldigt hat (BGHSt 17, 391, 396; StV 1982, 153); die Ausführungen zu § 329 für das Ausbleiben in der Berufungshauptverhandlung gelten entsprechend (→ *Berufungsverwerfung wegen Ausbleiben des Angeklagten*, Rn. 214).

Ausreichend entschuldigt ist das Ausbleiben, wenn dem Angeklagten bei Abwägung aller Umstände des Einzelfalls daraus billigerweise kein Vorwurf gemacht werden kann (KK-*Tolksdorf*, § 230 Rn. 10). Ob diese Voraussetzungen vorliegen, hat das Gericht von Amts wegen im → *Freibeweisverfahren*, Rn. 502, festzustellen. Auch hier gelten die Ausführungen zu § 329 für das Ausbleiben in der Berufungshauptverhandlung entsprechend (*Kleinknecht/Meyer-Goßner*, § 230 Rn. 16; → *Berufungsverwerfung wegen Ausbleiben des Angeklagten*, Rn. 214 ff.).

112

Beispiele

für **genügende** Entschuldigung

- ggf., wenn der Angeklagte nach einem vor der HV gestellten **Aussetzungsantrag** nicht erscheint (BGHSt 24, 143; → *Ladung des Angeklagten*, Rn. 593),
- ggf. **falsche Auskünfte** des **Verteidigers** (OLG Hamm NStZ-RR 1997, 113; OLG Karlsruhe AnwBl. 1977, 224 [falsche Uhrzeit für Verhandlungsbeginn]; OLG Köln NStZ-RR 1997, 208 [Auskunft des Büros des Verteidigers, der Angeklagte brauche nicht

zu erscheinen], nicht aber, wenn der Angeklagte bereits eine anders lautende Mitteilung des Gerichts erhalten hat (OLG Koblenz VRS 44, 290),

- ggf. die **irrtümliche Annahme**, der Verteidiger sei zur Vertretung berechtigt (BayObLG NJW 1956, 838; bei *Rüth* DAR 1978, 211),
- i.d.R. eine **Kraftfahrzeugpanne** (OLG Hamm VRS 7, 31; DAR 1999, 277 [Ls.]; OLG Karlsruhe NJW 1973, 1515),
- **Krankheit**, wenn sie nach Art und Auswirkungen eine Beteiligung an der HV unzumutbar macht (OLG Düsseldorf NStZ 1984, 331 [für Abszess in der Mundhöhle], OLG Hamm StraFo 1998, 233 [für Eiterausbruch am Bein und Gesäß]), auch wenn keine Verhandlungsunfähigkeit besteht (OLG Düsseldorf StV 1987, 9; OLG Köln VRS 72, 442 ff.),
- **falsche** Mitteilung in der **Ladung**, wonach der Angeklagte/Betroffene nicht zum Erscheinen in der HV verpflichtet sei (OLG Hamm NZV 1999, 307),
- die **Regelung beruflicher** und **privater Angelegenheiten** nur, wenn sie unaufschiebbar und von erheblicher Bedeutung sind (OLG Düsseldorf NJW 1960, 1921 [für wirtschaftliche Verluste]; OLG Düsseldorf NJW 1973, 109 [für nicht mehr rückgängig zu machende Urlaubsreise nach Südindien bei HV in einer Bagatellsache – fahrlässige Körperverletzung]),
- **Selbstmordversuch**, wenn dieser nicht nur der Verzögerung des Verfahrens dient (OLG Koblenz StV 1986, 146),
- ggf. kann das Erscheinen in der HV **unzumutbar** sein, wenn ein **Befangenheitsantrag** zuvor **zurückgewiesen** worden ist und nun der Verteidiger verhindert ist (OLG Hamm NStZ 1995, 596),
- eine **Verkehrsstörung**, wenn der Angeklagte für seine Anreise genügend Zeit eingeplant hat (OLG Hamm NZV 1997, 493).

113 für **nicht genügende** Entschuldigung

- **Angst**, beim Erscheinen in (Vollstreckungs-)**Haft** genommen zu werden (OLG Hamm JMBl. NW 1976, 9; OLG Köln NStZ-RR 1999, 112),
- **allein** das (vorherige) Anbringen eines **Befangenheitsantrags** (OLG Düsseldorf JMBl. NW 1997, 223),
- **Dienst**- oder **Urlaubsreise**, da deren Verschiebung i.d.R. zumutbar ist (OLG Saarbrücken NJW 1975, 1613; OLG Schleswig SchlHA 1987, 120 [E/L]), zumindest dann, wenn die Reise erst nach der Ladung gebucht worden ist (→ *Berufungsverwerfung wegen Ausbleiben des Angeklagten*, Rn. 217),
- **falsches Verkehrsmittel** und zu knapp bemessene Reisezeit (OLG Köln JMBl. NW 1972, 63 [erkennbar zu spät ankommender Zug]; s. aber OLG Hamm NZV 1997, 493),
- die bloße **Mitteilung** des Verteidigers, der Mandant habe eine **längere Auslandsreise** angetreten und sei nicht erreichbar (BayObLG NJW 1994, 1748; vgl. auch BGHSt 38, 271),
- die **Nichtbescheidung** eines (Vertagungs- und Entbindungs-) **Antrags** (RGSt 59, 277), auch wenn der Verteidiger das Ausbleiben für genügend entschuldigt hält, weil er den

Entbindungsantrag nach § 233 stellen will (OLG Saarbrücken NJW 1974, 327 [Ls.]; s.a. → *Entbindung des Angeklagten vom Erscheinen in der Hauptverhandlung*, Rn. 424; → *Ladung des Angeklagten*, Rn. 590),

- **Parkschwierigkeiten** am Gericht (*Kleinknecht/Meyer-Goßner*, § 329 Rn. 27; a.A. OLG Nürnberg OLGSt § 44 Nr. 2),
- wenn der Angeklagte bei einem **verzögerten Beginn** der HV **nicht wartet**, obwohl ihm das zuzumuten ist (OLG Düsseldorf NJW 1997, 2062 [für um mindestens 30 Minuten verzögerten Beginn der HV im Bußgeldverfahren, nachdem der Betroffene bereits solange gewartet hatte]).

114 **4. a)** Anstelle des Erlasses eines Vorführungs- oder eines Haftbefehls nach § 230 Abs. 2 kann im Verfahren vor dem **Strafrichter** und dem **Schöffengericht** auch nach **§ 408a** vorgegangen werden. Nach dieser Vorschrift kann, wenn der Durchführung der HV das Ausbleiben des Angeklagten oder dessen Abwesenheit (vgl. dazu § 276) oder ein anderer wichtiger Grund entgegensteht und die Voraussetzungen des § 407 Abs. 1 S. 1 und 2 vorliegen, die **StA** noch nach Eröffnung des Hauptverfahrens, also auch **noch in** der **HV** (*Kleinknecht/Meyer-Goßner*, § 408a Rn. 4 m.w.N.), einen **Strafbefehlsantrag** stellen (zur geplanten Erweiterung des Strafbefehlsverfahrens auf Verfahren vor dem LG oder OLG → *Gesetzesnovellen*, Rn. 525). Diese Möglichkeit ist 1987 in die StPO eingefügt worden (krit. dazu *Kleinknecht/Meyer-Goßner*, § 408a Rn. 1 m.w.N.; *Martin* GA 1995, 121 ff.; *Meyer-Goßner* NJW 1987, 1166; *Rieß* JR 1988, 134). Sie soll anwendbar sein bei folgenden

Beispielen (vgl. zu allem BT-Dr. 10/1313, S. 36):

- der **Angeklagte** wohnt mit bekanntem Aufenthalt im **Ausland**, seine Einlieferung zur Durchführung der HV ist aber nicht angemessen,
- der **Durchführung** der HV stehen **erhebliche**, die Voraussetzungen des § 251 Abs. 2 aber nicht erfüllende **Hinderungsgründe** entgegen (→ *Verlesung von Protokollen früherer Vernehmungen*, Rn. 1021 ff.) und der Sachverhalt ist nach dem Inhalt der Akten ausreichend geklärt,
- die **Vorführung** des Angeklagten wäre im Hinblick auf die zu erwartende Strafe **unverhältnismäßig,**
- nach *Zähres* (NStZ 2002, 296) **nicht** in der gem. § 408 Abs. 3 S. 2 StPO anberaumten HV.

115 **b)** Den erforderlichen (**Strafbefehls**-)Antrag kann/muss die StA stellen. Er kann in der HV (hand-)schriftlich gestellt werden (*Kleinknecht/Meyer-Goßner*, § 408a Rn. 2 m.w.N.); allerdings ergibt sich aus dem Fehlen der Schriftform kein Verfahrenshindernis (OLG Stuttgart NStZ 1998, 100). Voraussetzung für die Antragstellung ist, dass die StA eine **HV nicht** (mehr) für **erforderlich** hält (vgl. dazu KK-*Fischer*, § 408a Rn. 5; *Martin* GA 1995, 121 f.). Es muss also ein Wechsel in der Bewertung der Strafsache durch die StA oder eine weitere Aufklärung des

Sachverhalts in der HV erfolgt sein, denn sonst hätte von vornherein das → ***Strafbefehlsverfahren***, Rn. 824, durchgeführt werden können.

☝ Der Verteidiger, der für den ausgebliebenen Angeklagten erschienen ist, sollte in geeigneten Fällen (bereits erfolgte genügende Aufklärung des Sachverhalts) den **Strafbefehlsantrag** der StA **anregen**, um so den Erlass eines Vorführungs- oder Haftbefehls zu vermeiden. Häufig bietet sich jetzt auch noch die Möglichkeit, die Rechtsfolgen abzusprechen.

116 c) Nach § 408a Abs. 2 S. 1 **muss** das Gericht dem **Antrag entsprechen**, wenn dem Erlass des Strafbefehls keine Bedenken entgegenstehen (die Vorschrift ist in der Vergangenheit von der Praxis gut angenommen worden; s. *Martin* GA 1995 S. 122; *Schellenberg* NStZ 1994, 370 ff.). Erlässt es den Strafbefehl, richtet sich das **weitere Verfahren** nach den §§ 409 – 412, so dass der Angeklagte gegen den ihm zugestellten Strafbefehl Einspruch einlegen kann und dann – wie sonst auch – im → *Strafbefehlsverfahren*, Rn. 824, ein HV stattfindet.

Hat das Gericht **Bedenken** gegen den Erlass eines Strafbefehls (s. dazu *Kleinknecht/Meyer-Goßner*, § 408 Rn. 12 f. m.w.N.), muss es den **Antrag** ausdrücklich **ablehnen** und das (normale) Hauptverfahren fortsetzen. Der dazu erlassene Beschluss ist gem. § 408a Abs. 2 S. 2 unanfechtbar.

Siehe auch: → *Bußgeldverfahren, Besonderheiten der Hauptverhandlung,* Rn. 356 ff.

117 Ausbleiben des Verteidigers

Literaturhinweise: siehe die Hinw. bei → *Verhinderung des Verteidigers*, Rn. 982.

Bleibt der Verteidiger in der HV aus, hat der Angeklagte grds. **kein** Recht, die **Aussetzung** der HV zu verlangen. Die damit zusammenhängenden Fragen sind dargestellt bei → *Verhinderung des Verteidigers*, Rn. 982, sowie auch bei → *Anwesenheit des Verteidigers in der Hauptverhandlung*, Rn. 87 und bei → *Aussetzung wegen Ausbleiben des Verteidigers*, Rn. 152, mit Antragsmuster, Rn. 155. Hier soll nur darauf hingewiesen werden, dass die Fürsorgepflicht das Gericht zwar nicht zur Aussetzung, aber zumindest doch zur **Unterbrechung** der HV zwingen kann (BayObLG NJW 1995, 3134 [für Ausbleiben des Verteidigers in der HV im Bußgeldverfahren aufgrund eines Verkehrsunfalls]).

Auskunftsverweigerungsrecht

118

Literaturhinweise: ***Dahs***, Das Auskunftsverweigerungsrecht des § 55 StPO – immer wieder ein Problem, NStZ 1999, 386; ***Dahs/Langkeit***, Das Schweigerecht des Beschuldigten und seine Auskunftsverweigerung als „verdächtiger Zeuge“, NStZ 1993, 213; ***Dölling***, Verlesbarkeit schriftlicher Erklärungen und Auskunftsverweigerungsrecht nach § 55 StPO, NStZ 1988, 6; ***Eisenberg***, Schutzbelange des als „Beteiligter“ beurteilten Kindes im Strafverfahren gegen den volljährigen Beschuldigten, GA 2001, 153; ***Gallandi***, Gleichzeitige Verletzung der §§ 55 und 136 a StPO, NStZ 1991, 119; ***Langkeit/Cramer***, Vorrang des Personalbeweises bei gemäß § 55 StPO schweigenden Zeugen, StV 1996, 230; ***Meyer***, Die Zulässigkeit der Ersetzung einer Aussage des nach § 55 StPO die Aussage verweigernden Zeugen durch Verlesung eines nichtrichterlichen Protokolls gem. § 251 Abs. 2 StPO, MDR 1977, 543; ***Mitsch***, Protokollverlesung nach berechtigter Auskunftsverweigerung (§ 55 StPO) in der Hauptverhandlung, JZ 1992, 174; ***Rengier***, Die Zeugnisverweigerungsrechte im geltenden und künftigen Strafverfahrensrecht: Grundlagen, Reformfragen und Stellung im System der Beweisverbote und im Revisionsrecht, 1979; ***Richter II***, Aussageverweigerungsrechte von Zeugen als Bestandteil der Verteidigungsstrategie, StraFo 1990, 87; ders., Auskunft über die Verweigerung, StV 1996, 457; ders., Auskunft über die Verweigerung, in: Festgabe für den Strafverteidiger *Heino Friebertshäuser*, 1997, S. 158; ***Sommer***, Auskunftsverweigerungsrecht des gefährdeten Zeugen, StraFo 1998, 8; ***Tondorf***, Der aktive Zeugenbeistand – Ein Störenfried oder ein Stück aus dem Tollhaus, StV 1996, 511; ***Weiß***, Haben juristische Personen ein Aussageverweigerungsrecht?, JZ 1998, 289.

118a

1. Das Auskunftsverweigerungsrecht (im Folgenden kurz: AVR) aus § 55 setzt voraus, dass der Zeuge sich oder einen der in § 52 Abs. 1 genannten Angehörigen (→ *Zeugnisverweigerungsrecht*, Rn. 1194) der **Gefahr** der **Strafverfolgung** aussetzt, wenn er bei wahrheitsgemäßer Aussage bestimmte Angaben machen müsste, die zumindest einen prozessual ausreichenden Anfangsverdacht i.S.d. § 152 Abs. 2 begründen würden (zuletzt BGH NJW 1994, 2839 m.w.N.; OLG Hamm StraFo 1998, 119; *Kleinknecht/Meyer-Goßner*, § 55 Rn. 7 m.w.N.). Ein Anfangsverdacht muss sich auf zureichende **tatsächliche Anhaltspunkte**, d.h. auf konkrete Tatsachen stützen, die dafür sprechen, dass gerade der zu untersuchende Sachverhalt eine Straftat enthält. Bloße, nicht durch konkrete Umstände belegte Vermutungen oder rein denktheoretische Möglichkeiten reichen weder für einen Anfangsverdacht noch für ein AVR aus (BGH, a.a.O.; NStZ 1999, 415; zum Anfangsverdacht s. *Burhoff*, EV, Rn. 189, und *Sommer* StraFo 1998, 11; zum „verdächtigen“ Zeugen a. *Dahs/Langkeit* NStZ 1993, 213). *Dahs* (a.a.O.) plädiert in seiner Anm. zu BGH NJW 1999, 1413 und BGH NStZ 1999, 415 wegen des Schutzgedankens des § 55 für eine i.S.d. Zeugen großzügige Anwendung der Vorschrift, wenn sich – entweder aus tatsächlichen oder aus rechtlichen Gründen – Schwierigkeiten in der Beurteilung der Frage ergeben, ob die Gefahr der Strafverfolgung besteht. Dem entspricht die Rspr. des BVerfG, wonach wegen der niedrigen Schwelle des Anfangsverdachts das Bestehen einer „Gefahr“ bereits **weit** im **Vorfeld** einer **direkten Belastung** zu bejahen ist (BVerfG NJW 2002, 1411).

119 2. Das AVR räumt grds. **nicht** das Recht ein, das **Zeugnis insgesamt** zu **verweigern**. Nur wenn, wie bei Tatbeteiligten, der gesamte Inhalt der Aussage die Voraussetzungen erfüllt, wird das AVR praktisch zum Recht, die Aussage insgesamt zu verweigern (BGH StV 1987, 328; OLG Celle NStZ 2002, 386; *Kleinknecht/Meyer-Goßner*, § 55 Rn. 2 m.w.N.). Das kann auch der Fall sein, wenn Fragen ein Teilstück in einem **mosaikartigen Beweisgebäude** betreffen und demzufolge zu einer Belastung des Zeugen beitragen können (BGH, a.a.O.; NJW 1994, 2839; OLG Celle StV 1988, 99). Ein Zeuge, der von einem → ***Zeugenbeistand***, Rn. 1175, begleitet wird, kann die Auskunft auch auf solche Fragen verweigern, die den Inhalt der mit dem Beistand geführten Beratungsgespräche betreffen. Dazu gehören auch das Bestehen einer Honorarvereinbarung und die Höhe des Honorars des Beistands (LG Berlin StV 1994, 533; s.a. OLG Düsseldorf NStZ 1991, 504; LG Lübeck StV 1993, 516).

120 3. Beispiele

für das **Bestehen** eines AVR

- wenn bei einer Einstellung wegen dauernder Verhandlungsunfähigkeit nach § 206a die **Einleitung** eines **neuen Verfahrens** möglich ist (BGH NStZ 1986, 181),
- wohl auch, wenn nach sonstiger **Einstellung** des Verfahrens eine **Wiederaufnahme** möglich ist, so z.B. bei § 153a oder bei § 154 oder auch bei § 170 Abs. 2 (*Sommer* StraFo 1998, 12),
- zum AVR eines ehemaligen **Mitarbeiters** des **Geheimdienstes** der DDR (BGH NJW 1998, 1728 [Fall Wolf]),
- ebenfalls dann, wenn zwar grds. **Strafklageverbrauch** hinsichtlich der bei der Vernehmung ggf. zu offenbarenden Straftat in Betracht kommen kann, dieser aber nach abschließender Klärung des Sachverhalts mit vertretbarer Argumentation auch verneint werden könnte (BGH NJW 1999, 1413; s.a. NStZ 1999, 415 [entscheidend ist die tatsächliche Rechtslage, nicht die Bewertung durch Gericht oder StA]; dazu a. *Dahs* NStZ 1999, 386; FA Strafrecht-*Rode* F 4 Rn. 13) und zwar auch dann, wenn durch eine rechtskräftige Verurteilung Strafklageverbrauch hinsichtlich eines BtM-Delikts eingetreten ist, durch die Benennung von Abnehmern der BtM durch den Verurteilten aber weitere Geschäfte ans Licht kommen könnten (OLG Zweibrücken StV 2000, 606),
- wenn die **Verfolgungsgefahr** erst **durch** die **Aussage** herbeigeführt wird, etwa weil der Zeuge von einer früheren Aussage, die er oder ein Angehöriger gemacht hat, abweichen müsste (BGH MDR 1953, 402 [D]; *Kleinknecht/Meyer-Goßner*, § 55 Rn. 7 m.w.N.; s. dazu a. den Prozessbericht von *Tondorf* StV 1996, 511 und *Sommer* StraFo 1998, 13),
- wenn der Zeuge bereits rechtskräftig verurteilt ist und er sich ggf. dem **Vorwurf** aussetzen müsste, **früher falsche Angaben** gemacht zu haben (OLG Koblenz StV 1996, 474 [ausreichend für ein AVR sind jedoch nicht – nicht durch konkrete Umstände belegte – Vermutungen]; LG Zweibrücken MDR 1996, 89; zur Kritik s. *Gatzweiler* StV 1996, 475 in der Anm. zu OLG Koblenz, a.a.O.),

- wenn bei rechtskräftigem Freispruch oder bei Ablehnung der Eröffnung des Hauptverfahrens die Möglichkeit der **Wiederaufnahme** des Verfahrens besteht (BGH StV 1984, 408; MDR 1953, 402 [H]).

für das **Nichtbestehen** eines AVR

- wenn der Angehörige oder der Zeuge schon **rechtskräftig verurteilt** ist (BVerfG NStZ 1985, 277; OLG Celle NJW 1962, 2315; s. auch BGH NJW 1999, 1413 [„Verfolgung wegen **Strafklageverbrauchs** zweifellos ausgeschlossen"]; *Dahs* NStZ 1999, 386; s.a. BGH NJW 1999, 1413),
- wenn **Strafklageverbrauch** eingetreten ist, wobei es auf die tatsächliche Rechtslage ankommen soll, nicht auf die Einschätzung von StA und Gericht (BGH NStZ 1999, 415; s.a. BGH NJW 1999, 1413; zu allem *Dahs* NStZ 1999, 386),
- wenn der Angehörige verstorben ist,
- wenn nur die Verfolgung aus **disziplinar**- oder **ehrenrechtlichen** Gründen droht (OLG Hamburg MDR 1984, 335; KK-*Senge* § 55 Rn. 7; kann im Einzelfall zweifelhaft sein; a.A. auch OLG Köln NJW 1988, 2485 ff.),
- wenn der Täter **strafunmündig** war,
- wenn Rechtfertigungs- oder Entschuldigungsgründe vorliegen,
- wenn die Aussage nur zur **Unehre** gereicht (BayObLG NJW 1979, 1371).

121

4. Der Zeuge muss über sein Recht, ggf. die Auskunft auf bestimmte Fragen verweigern zu dürfen, **belehrt** werden. Die Belehrung ist Sache des Vorsitzenden (s. → *Zeugenbelehrung*, Rn. 1179, 1185). Das **Unterlassen** der Belehrung begründet nach h.M. **nicht** die **Revision** des Angeklagten (BGHSt 11, 213; *Kleinknecht/Meyer-Goßner*, § 55 Rn. 16 m.w.N. auch zur a.A. in der Lit.; zu Bedenken gegen die Rechtskreistheorie des BGH s.a. *Dencker* StV 1995, 231 in der Anm. zu BGH NJW 1994, 3364). Der Zeuge hat nicht die Möglichkeit, sich gegen die unterlassene Belehrung mit der Beschwerde zu wenden (LG Saarbrücken StraFo 1999, 138).

☝ Der Zeuge kann nach § 55 die Aussage **auch** dann **verweigern**, wenn er sich nichts hat zuschulden kommen lassen, **sofern nur** die **Gefahr** der Strafverfolgung gegeben ist (*Richter II* StV 1990, 458 ff.; ders. eingehend in Festgabe, S. 158 ff.; *Sommer* StraFo 1998, 13; s. jetzt a. *Kleinknecht/Meyer-Goßner*, § 55 Rn. 2), und zwar sowohl bei Bejahung als auch bei Verneinung der gestellten Frage (BVerfG NJW 1999, 779). Anderenfalls würde der (schuldige) Zeuge durch den Gebrauch des AVR erst einen Verdachtsgrund gegen sich schaffen. Das muss der Verteidiger bei der Belehrung des Zeugen im Auge behalten.

Daher muss er, wenn der Vorsitzende den Zeugen dahin belehrt, er könne die Aussage verweigern, wenn er „sich selbst belasten müsste“, auf eine **ordnungsgemäße Belehrung drängen** (zur ordnungsgemäßen Belehrung s.a. *Richter II* StV 1990, 458 ff.; *Sommer* StraFo 1998, 13).

Beruft sich ein Zeuge auf § 55, kann es im Interesse des Mandanten liegen, die **Gründe** dafür möglichst genau festzustellen. Hat der Verteidiger den Verdacht, dass der Zeuge selbst der Täter ist oder diesen kennt, so sollte er auf der **Glaubhaftmachung** der Gründe (§ 56) für die Auskunftsverweigerung bestehen (*Dahs*, Rn. 467; s. dazu a. LG Duisburg StraFo 1995, 120; zur Glaubhaftmachung a. OLG Köln StraFo 2002, 131).

☝ Bei Bestehen eines **AVR** kann gegen den Zeugen **keine Beugehaft** angeordnet werden (BGH NJW 1998, 1728).

122

5. Hinweise für den Verteidiger!

a) Bei einer Auskunftsverweigerung muss der Verteidiger auf Folgendes **besonders achten**:

- Nach st.Rspr. (vgl. zuletzt BGH NStZ 1996, 96 m.w.N.; s.a. *Kleinknecht/Meyer-Goßner*, § 55 Rn. 12; KK-*Senge*, § 55 Rn. 15; a.A. KK-*Diemer*, § 251 Rn. 10) ist die **Verlesung** der **Niederschriften** über **frühere Vernehmungen** eines Zeugen, der in der HV erschienen ist und von seinem Recht aus § 55 Gebrauch macht, grds. **ausgeschlossen** (zweifelnd jetzt BGH NJW 2002, 309). Etwas anderes kann gelten, wenn der Zeuge zumindest teilweise zur Sache aussagt (BGH NJW 1987, 1093; → *Verlesung von Protokollen früherer Vernehmungen*, Rn. 1021; zur Verlesbarkeit einer schriftlichen Erklärung eines die Aussage nach § 55 Verweigernden → *Verlesungsverbot für schriftliche Erklärungen*, Rn. 995).

☝ Die bisherigen Angaben des Zeugen sind vielmehr durch die → ***Vernehmung einer Verhörsperson***, Rn. 1057, in die HV einzuführen (zum Vorrang des sog. Personalbeweises bei gem. § 55 schweigenden Zeugen s. *Langkeit/Cramer* [StV 1996, 230], die sich i.Ü. auch eingehend mit den Fragen einer ergänzenden Verlesung befassen; → ***Vorhalt** aus und von Urkunden*, Rn. 1162).

Ein **BVV** hinsichtlich der früheren Angaben ergibt sich auch nicht daraus, dass sich der Zeuge nicht von vornherein, sondern erst im Verlauf einer (im Ermittlungsverfahren) durchgeführten Vernehmung auf sein AVR berufen hat, seine Verweigerungserklärung aber auch auf die bis dahin gemachten Angaben bezogen wissen wollte. Seine bis zu der Erklärung gemachten Angaben bleiben vielmehr verwertbar, was auch in diesem Fall damit begründet wird, dass § 55 StPO nicht dem Schutz des

Zeugen dient (so der „Anfragebeschluss" des BGH NStZ 1998, 46; s. dazu dann BGH NStZ 1998, 312; a. A. BGHSt 9, 34). Rengier (NStZ 1998, 47) weist allerdings wohl mit Recht darauf hin, dass das nur für den Fall des § 55 Abs. 1 Alt. 1 zutreffend sein dürfte. Habe nämlich der Zeuge einen Angehörigen zunächst belastet, müsse auch im Rahmen des § 55 die Vorschrift des § 252 Anwendung finden, auf die sich der Zeuge, wenn er Angehöriger sei, auf jeden Fall berufen könne (s.a. *Mitsch* JZ 1992, 182).

Will der Verteidiger in der HV ein Verwertungsverbot hinsichtlich einer Aussage geltend machen, die der **Mandant** als **Zeuge ohne Belehrung** über sein Auskunftsverweigerungsrecht nach § 55 Abs. 1 gemacht hat, muss er der Verwertung in der HV ebenfalls widersprechen (BayObLG StV 2002, 179; → ***Widerspruchslösung,*** Rn. 1166a; zum Verwertungsverbot eingehend OLG Celle NStZ 2002, 386).

- Die **Verlesung** eines früheren Vernehmungsprotokolls kommt grds. **nur** in Betracht, wenn die **Beteiligten** sich gem. § 251 Abs. 1 Nr. 4 oder gem. § 251 Abs. 2 S. 1 mit der Verlesung **einverstanden** erklären (→ *Verlesung von Protokollen früherer Vernehmungen*, Rn. 1021 ff.; s.a. *Langkeit/Cramer*, a.a.O.).

Über die **Erteilung** des **Einverständnisses** wird sich der Verteidiger rechtzeitig (vor der HV) mit seinem Mandanten unterhalten müssen. Die Entscheidung, ob er einer Verlesung zustimmt oder nicht, wird i.d.R. davon abhängen, ob die zu verlesende Aussage den Mandanten **ent**- oder **belastet**.

b) Der Verteidiger wird sich überlegen (müssen), ob er nicht das einem Zeugen ggf. zustehende Auskunftsverweigerungsrecht in seinem **Verteidigungsplan** miteinbezieht (→ *Zeugenbelehrung*, Rn. 1181). Dabei sollte er auch nicht übersehen, dass die Berufung eines Zeugen auf sein Auskunftsverweigerungsrecht bei der Beweiswürdigung zu Gunsten des Angeklagten berücksichtigt werden darf (BGH StV 1994, 57).

Siehe auch: → *Zeugenvernehmung, Allgemeines*, Rn. 1186, m.w.N.

Auslandszeuge 123

Literaturhinweise: ***Basdorf***, Änderungen des Beweisantragsrechts und Revision, StV 1995, 310; ***Beulke***, Empirische und normative Problem der Verwendung neuer Medien in der Hauptverhandlung, Sonderdruck ZStW 2001, 709; ***Böttcher/Mayer***, Änderungen des Strafverfahrensrechts durch das Entlastungsgesetz, NStZ 1993, 153; ***Fezer***, Reduktion von Beweiserfordernissen – Systemverändernde Tendenzen in der tatrichterlichen Praxis und der Gesetzgebung, StV 1995, 266; ***Gleß***, § 247a StPO – (auch) eine Wohltat für den Angeklagten?, JR 2002, 97; ***Goecke***, Der Zeuge im Ausland – in Zukunft ein Beweismittel ohne Wert?, StraFo 1993, 72; ***Hartwig***, Die Selbstladung von Auslandszeugen, StV 1996, 625; ***Herdegen***, Da liegt der Hase im Pfeffer – Bemerkungen zur Reform des Beweisantragsrechts, NJW

1996, 26; ***Heß***, Die Zustellung von Schriftstücken im europäischen Justizraum, NJW 2001, 15; ***Johnigk***, Der Beweisantrag auf Vernehmung eines Auslandszeugen, (§ 244 Abs. 5 S. 2 StPO), in: Festschrift für *Peter Rieß*, S. 197; ***Krapf***, Audiovisuelle Zeugenvernehmung, Durchführungsmöglichkeiten und Tipps unter besonderer Berücksichtigung der Video-Vernehmung im Ausland, KR 2002, 309; ***Rieß***, Das Gesetz zur Entlastung der Rechtspflege – ein Überblick, AnwBl. 1993, 51; ***Rose***, Die Ladung von Auslandszeugen im Strafprozeß, wistra 1998, 11; ders., Auslandszeugen im Strafprozeß: Aktuelle Gesetzeslage und jüngere Rechtsprechung – zugleich eine Anmerkung zu BGH, Beschluß vom 7.6.2000, 3 StR 559/99, wistra 2001, 290; ***Schomburg/Klip***, „Entlastung der Rechtspflege" durch weniger Auslandszeugen, StV 1993, 208; ***Siegismund/Wickern***, Das Gesetz zur Entlastung der Rechtspflege, wistra 1993, 81; s. auch die Hinw. bei → *Aufklärungspflicht des Gerichts*, Rn. 95.

☝ Die nachfolgenden Ausführungen beziehen sich auf den Zeugen, der im Ausland lebt und dessen **Ladung** im **Ausland** zu bewirken ist.

123a **1. a)** Durch das RechtspflegeentlastungsG von 1993 ist in den Katalog der Gründe, aus denen ein Beweisantrag auf Vernehmung eines Zeugen abgelehnt werden kann, § 244 Abs. 5 S. 2 aufgenommen worden (zum Grund für die gesetzliche Regelung s. die Lit.-Nachw. bei *Kleinknecht/Meyer-Goßner*, § 244 Rn. 43 f.; zur Kritik s. u.a. *Fezer* StV 1995, 263, 266; *Goecke* StraFo 1993, 72; s.a. *Herdegen* NJW 1996, 26, der von einer „tauben Nuss" spricht). Danach kann ein Beweisantrag auf Vernehmung eines im Ausland lebenden Zeugen aus den **gleichen Gründen** wie die **Einnahme** eines **Augenscheins abgelehnt** werden. Es reicht also die Begründung, die Beweiserhebung sei nach dem pflichtgemäßen Ermessen des Gerichts zur Erforschung der Wahrheit nicht erforderlich (§ 244 Abs. 5 S. 1), wobei aber das Gericht kein Ermessen im eigentlichen Sinn hat, sondern der Beweis zu erheben ist, wenn die Aufklärungspflicht das erfordert (s. zu allem KK-*Herdegen*, § 244 Rn. 106, 85 m.w.N.; → *Augenscheinseinnahme*, Rn. 101). Bei der Ablehnung ist eine **Beweisantizipation** zulässig, jedoch nicht in dem Umfang wie bei der Augenscheinseinnahme (BGHSt 40, 60; s.a. NStZ 1994, 554; StV 1994, 283, 635; zur Rspr. des BGH in diesen Fällen s.a. *Basdorf* StV 1995, 313). Das Gericht kann auch **Verhältnismäßigkeitsgesichtspunkte** berücksichtigen (BGH NJW 2001, 695). Die Vorschrift verstößt – ausgehend von der Rspr. des BGH – nicht gegen Verfassungsrecht (BVerfG NJW 1997, 999).

☝ Die Vorschrift des § 244 Abs. 5 S. 2 gilt jedoch nur für den **erreichbaren Zeugen** (OLG Oldenburg Nds.Rpfl. 1994, 315). Ist der Zeuge unerreichbar, gelten die allgemeinen Regeln zur Ablehnung nach § 244 Abs. 3 S. 2 (BGH StV 2001, 664; vgl. dazu im Einzelnen auch *Kleinknecht/Meyer-Goßner*, § 244 Rn. 63 m.w.N.; KK-*Herdegen*, § 244 Rn. 85; eingehend *Hamm/Hassemer/Pauly*, Rn. 268 ff.; → *Beweisantrag, Ablehnungsgründe*, Rn. 268).

☝ Die **Grenzen** für eine Ablehnung sind da zu ziehen, wo die → ***Aufklärungspflicht** des Gerichts*, Rn. 95, die Vernehmung gebietet. Das wird immer dann der Fall sein, wenn die Aussage des Auslandszeugen von ausschlaggebender Bedeutung sein kann (*Rieß* AnwBl. 1993, 55; s.a. BT-Dr. 12/1217, S. 35, wonach die Aufklärungspflicht nicht zur Disposition steht; s. aber BVerfG NJW 1997, 999 [zulässige Ablehnung der Vernehmung von drei Auslandszeugen, obwohl als vernommener Belastungszeuge nur ein Zeuge vom Hörensagen gehört worden ist]; mit Recht dazu krit. *Kintzi* StV 1997, 5 in der Anm. zu BVerfG, a.a.O.).

Ablehnen kann das Gericht danach die Vernehmung des (erreichbaren) Zeugen, **124**

- wenn die Richtigkeit der Beweisbehauptung durch **andere Beweismittel** geklärt werden kann (*Böttcher/Mayer* NStZ 1993, 155),
- wenn die beantragte Beweiserhebung **keinen Einfluss** auf die Feststellungen haben kann (BGHSt 40, 60),
- die beantragte Zeugenvernehmung **keine** weitere **wesentliche Aufklärung** verspricht (*Kleinknecht/Meyer-Goßner*, § 244 Rn. 43 f.; BGH NJW 2001, 695),
- der Zeuge bereits **polizeilich vernommen** wurde, dabei nichts zur Aufklärung beitragen konnte und andere Angaben nicht zu erwarten sind (*Kleinknecht/Meyer-Goßner*, a.a.O.).

☝ In dem ablehnenden **Gerichtsbeschluss** müssen die für die Ablehnung wesentlichen Gesichtspunkte, wenn auch nicht in allen Einzelheiten, so doch in ihrem tatsächlichen Kern konkret mitgeteilt werden (BGHSt 40, 60; BGH NStZ 1998, 158; NStZ-RR 2001, 132 [K]; s.a. OLG Frankfurt StraFo 1998, 271). Im Urteil darf sich das Gericht zu den Gründen seiner Beschlussentscheidung nicht in Widerspruch setzen (BGH, a.a.O.). Zur Klärung der Voraussetzungen des § 244 Abs. 5 S. 2 steht das → *Freibeweisverfahren*, Rn. 502, zur Verfügung (BGH NStZ 1995, 244; StV 1997, 511).

b) Die o.a. Ablehnungsmöglichkeiten muss der Verteidiger bei der **Formulierung** seines **Beweisantrags berücksichtigen** (allgemein zum Zeugenbeweisantrag → *Beweisantrag, Formulierung: Zeugenbeweis*, Rn. 290). **125**

☝ Es **empfiehlt** sich hier

- (ausnahmsweise) eine (**eingehende**) **Begründung** des Antrags. Damit kann der Verteidiger die Erforderlichkeit der Zeugenaussage für die Erforschung der Wahrheit dartun und so ggf. die Ausübung des „pflichtgemäßen Ermessens" beeinflussen (*Hartwig* StV 1996, 626; *Malek*, Rn. 321). Zumindest kann er so für die Revision die Aufklärungsrüge vorbereiten (*Malek*, a.a.O.; → *Aufklärungspflicht des Gerichts*, Rn. 99; zu den bei der Prüfung der Frage, ob die Aufklärungspflicht die Ladung eines Auslandszeugen gebietet, zu beachtenden Umständen s. BGH NJW 2002, 2403).
- Der Verteidiger sollte auch auf **Art. 6 Abs. 3 d MRK** hinweisen, der ausdrücklich u.a. das Recht garantiert, Ladung und Vernehmung von Entlastungszeugen unter denselben Bedingungen wie die der Belastungszeugen zu erwirken (wegen der Einzelh. s. *Kleinknecht/Meyer-Goßner*, Art. 6 MRK Rn. 22 m.w.N.).
- Einem Hinweis des Gerichts auf den durch eine Ladung im Ausland entstehenden erheblichen Zeitaufwand sollte der Verteidiger dadurch vorbeugen, dass er auf **§ 37 Abs. 2 verweist**. Danach ist bei allen Zustellungen im Ausland als Zustellungsart das **Einschreiben** mit **Rückschein** zugelassen, soweit aufgrund völkerrechtlicher Vereinbarung Schriftstücke unmittelbar durch die Post übersandt werden dürfen. Das ist aufgrund des **Schengener Übereinkommens** v. 19.6.1990 (BGBl. II 1993, S. 1047) der Fall in den Beneluxländern, Frankreich, Griechenland, Italien, Portugal und Spanien sowie auch in Österreich (wegen der Einzelh. s. *Kleinknecht/Meyer-Goßner*, § 37 Rn. 25 m.w.N.; *Rose* wistra 1998, 11 ff. m.w.N.; *Heß* NJW 2001, 15; Beck-*Michalke*, S. 455). In anderen Staaten bleibt nur der – langwierige – Weg über ein **Rechtshilfeersuchen** (s.a. dazu *Kleinknecht/Meyer-Goßner*, § 37 Rn. 25a; KK-*Maul* § 37 Rn. 24, *Rose* wistra 1998, 13 f., sowie die einschlägigen Vorschriften des EuRHÜbk).

  Es ist m.E. auch möglich, dass der Verteidiger den Zeugen, wenn dieser bereit ist, zum Termin zu kommen, bittet, einen **Zustellungsbevollmächtigten** anzugeben. Dann kann an diesen die Ladung bewirkt werden (zum Zustellungsbevollmächtigten s. LR-*Wendisch*, § 37 Rn. 39 ff.). Das kann z.B. ein anderer Rechtsanwalt sein.
- Es empfiehlt sich ggf. auch noch der Hinweis darauf, dass nach dem Wortlaut des § 38 der **Angeklagte selbst** eine **Ladung** im Ausland **nicht bewirken** kann (h.M.; s. aber u. Rn. 128).
- Überlegen muss der Verteidiger sich den **Zeitpunkt** eines Beweisantrags auf Vernehmung eines ausländischen Zeugen. Je eher der Antrag gestellt wird, desto geringer sind die Möglichkeiten des Gerichts, diesen Antrag (wegen Prozessverschleppung) abzulehnen (*Basdorf* StV 1995, 314; zur Prozessverschleppung in diesen Fällen s.a. BGH StV 1994, 635).
- Schließlich kann der Verteidiger beim Gericht **anregen**, dass sich dieses unmittelbar, etwa **telefonisch** mit dem im Ausland befindlichen Zeugen in Verbindung setzt. Das ist im → *Freibeweisverfahren*, Rn. 502, zulässig (BGH NStZ 1995, 244). Damit kann erreicht werden, dass das Gericht in Erfahrung bringt, ob der Zeuge Sachdienliches zur Klärung der Beweisfrage beitragen kann. Hat das Gericht diese Kenntnis, kann es die Ladung des Zeugen nicht mehr ablehnen, wenn es nicht seine Aufklärungspflicht verletzen will.

- Schließlich wird der Verteidiger überlegen, ob er ggf. nicht nur die **kommissarische Vernehmung** des Zeugen (im Ausland) beantragt (zur Verwertbarkeit bei Verstoß gegen inländische Vereidigungsvorschriften BGH NStZ 2000, 547; dazu auch *Rose* wistra 2001, 290). Diese Möglichkeit muss das Gericht nach pflichtgemäßem Ermessen prüfen (BGHSt 22, 118, 122; NStZ 1983, 276 [Zeuge in Jordanien]). Sie darf zwar unterbleiben, falls von vornherein abzusehen ist, dass nur die Vernehmung vor dem erkennenden Gericht Beweiswert hat und zur Aufklärung beitragen kann (zuletzt BGH StV 1992, 548 m.w.N.). Das Gericht muss sich dann aber, wenn es eine ggf. vorliegende **Niederschrift** über eine frühere Vernehmung des Zeugen zum Nachteil des Angeklagten **verwenden** will, mit der Frage auseinandersetzen, ob das überhaupt **zulässig** ist, was von *Herdegen* (NStZ 1984, 337, 340) verneint wird. Zumindest muss es nachvollziehbar darlegen, weshalb die frühere Aussage des Zeugen auch ohne persönlichen Eindruck des Gerichts hinreichenden Beweiswert haben soll, die beantragte kommissarische Vernehmung aber nicht (OLG Köln StV 1995, 574). **126**

- Nach Einführung der §§ 58a, 247a ist immer auch zu überlegen, ob nicht nach § 247a S. 1 Halbs. 2 i.V.m. § 251 Abs. 1 Nr. 3 oder 4 die Vernehmung des Auslandszeugen im Wege der → ***Videovernehmung** in der Hauptverhandlung*, Rn. 1133c, in Betracht kommt (s. dazu BGHSt 45, 188; eingehend *Schlothauer* StV 2000, 180 und *Rose* JR 2000, 74, jeweils in den Anm. zu BGH, a.a.O.; *Gleß* JR 2002, 97; *Beulke*, S. 723). § 247a S. 1 Hs. 2 ermöglicht nämlich auch die Vernehmung eines Zeugen, der „sich während der Vernehmung an einem anderen Ort aufhält". Das kann, da Einschränkungen insoweit nicht gemacht werden, auch ein Ort im Ausland sein (wegen der Einzelh. dieser Vernehmungsart → *Videovernehmung in der Hauptverhandlung*, Rn. 1129). Eines ausdrücklichen Antrags bedarf es insoweit zwar nicht. Der Verteidiger sollte diese Vernehmungsart aber schon deshalb ausdrücklich beantragen, weil das Gericht sich dann auch mit der Frage auseinandersetzen muss, warum die Videovernehmung zur Erforschung der Wahrheit ggf. nicht erforderlich ist (§ 247a S. 1 Halbs. 2) bzw. keinen Erfolg haben wird.

127 **2.** Fraglich ist, welche **Möglichkeiten** dem Verteidiger zur Verfügung stehen, nach **Ablehnung** eines **Beweisantrags** auf Vernehmung eines Auslandszeugen gem. § 244 Abs. 5 S. 2 ggf. doch noch seine Vernehmung in der HV zu erreichen (eingehend zu allem *Hartwig* StV 1996, 626; *Rose* wistra 1998, 17; ders. wistra 2001, 290).

a) Ist der **Zeuge** bereit, **freiwillig** zur **HV** zu **erscheinen**, wird der Angeklagte ihn darum bitten und auf eine förmliche Ladung des (Auslands-)Zeugen verzichten, damit er ihn dann i.S.d. § 222 Abs. 2 zur **HV stellen** kann. Wenn der Zeuge sich in der Bundesrepublik Deutschland aufhält, hat diese Möglichkeit zudem den Vorteil, dass eine Ladung nicht mehr im Ausland bewirkt werden muss, die erleichterte Ablehnungsmöglichkeit des § 244 Abs. 5 S. 2 also nicht eingreift. Anwendbar sind dann nur noch die allgemeinen Ablehnungsgründe des § 244 Abs. 3 (→ *Beweisantrag, Ablehnungsgründe*, Rn. 261 ff.).

☝ Möglich ist es in diesen Fällen auch, gem. §§ 220, 38 den Zeugen durch den Gerichtsvollzieher im Wege der **Selbstladung** laden zu lassen und dann in der HV nach § 245 Abs. 2 zu verfahren (→ *Präsentes Beweismittel*, Rn. 675 ff.). Dies sollte der Verteidiger **auf jeden Fall versuchen**.

Nachteilig ist bei dieser Vorgehensweise, dass staatliche Stellen nicht beteiligt sind, so dass **nicht** die Möglichkeit besteht, dem Zeugen →***freies Geleit***, Rn. 506, zuzusichern (*Hartwig* StV 1996, 626).

128 **b) Fraglich** ist, ob der (Auslands-)Zeuge auch gem. § 220 Abs. 1 **im Ausland** im Wege der **Selbstladung** durch den Angeklagten geladen werden kann. Das wird **bislang** in der **Lit. verneint**, da der gem. § 38 für die Zustellung von Ladungen zuständige Gerichtsvollzieher im Ausland nicht zustellen kann (*Fezer* StV 1995, 266; *Siegismund/Wickern* wistra 1993, 86 f.). A.A. ist *Hartwig* (StV 1996, 627 ff.), der die Möglichkeit der Selbstladung auch bei Auslandszeugen bejaht. Zustellungsorgan ist nach seiner Auffassung nicht der Gerichtsvollzieher. Vielmehr habe gem. § 37 i.V.m. §§ 199 ff. ZPO das Prozessgericht auf ein Zustellungsersuchen hin die Zustellung im Ausland zu bewirken (wegen der Einzelh. s. *Hartwig*, a.a.O.). *Rose* (a.a.O.) verweist demgegenüber auf § 20 Abs. 2 S. 2 der bundeseinheitlich gültigen Geschäftsanweisung für Gerichtsvollzieher v. 1.7.1983 (GVGA). Nach seiner Auffassung muss sich der Angeklagte an den Gerichtsvollzieher wenden, der den Zustellungsauftrag nach dem Ort außerhalb des Bereichs deutscher Gerichtsbarkeit unerledigt seiner vorgesetzten Dienstbehörde vorlegt und deren Weisungen abwartet. Über die Weiterleitung werde dann gem. Art. 32 Abs. 1 GG, § 74 IRG entschieden.

☝ Schließt man sich *Hartwig* (a.a.O.) an, muss der Verteidiger statt des sonst bei Selbstladung erforderlichen Zustellungsauftrags an den Gerichtsvollzieher (→ *Präsentes Beweismittel*, Rn. 681) ein **Zustellungsgesuch** gem. § 37 Abs. 1 i.V.m. §§ 199 ff. ZPO **an** das **Gericht** richten. Das weitere Verfahren entspricht dann dem Verfahren, das auch bei Ausführung gerichtlicher Zustellungsanordnungen einzuhalten wäre (*Hartwig* StV 1996, 626, 629).

Gegen die Ablehnung des Gesuchs dürfte dem Angeklagten die Beschwerde nicht zustehen. Insoweit steht m.E. § 305 S. 1 entgegen, da es sich um eine die Beweisaufnahme vorbereitende Entscheidung des Gerichts handelt, die der Urteilsfällung vorausgeht. Diese ist **nur** mit der **Revision** überprüfbar (a.A. *Hartwig* StV 1996, 630).

Aussagegenehmigung

129

Literaturhinweise: ***Arloth***, Neue Wege zur Lösung des strafprozessualen „V-Mann-Problems", NStZ 1993, 46; ***Fezer***, Zur Problematik des gerichtlichen Rechtsschutzes bei Sperrerklärungen gemäß § 96 StPO, in: Festschrift für *Kleinknecht*, 1985, S. 113; ***Griesbaum***, Der gefährdete Zeuge – Überlegungen zur aktuellen Lage des Zeugenschutzes im Strafverfahren, NStZ 1998, 433; ***Hilger***, Zum Rechtsweg gegen Sperrerklärung und Verweigerung der Aussagegenehmigung in V-Mann-Prozessen, NStZ 1984, 145; ***Krehl***, Der Schutz von Zeugen im Strafverfahren, NJW 1991, 85; ***Krey***, Probleme des Zeugenschutzes im Strafverfahren, in: Gedächtnisschrift für *Meyer*, 1990, S. 239; ***Kreysel***, Der V-Mann, MDR 1996, 991; ***Lesch***, V-Mann und Hauptverhandlung – die Drei-Stufen-Theorie nach Einführung der §§ 68 III, 110 b III StPO und 172 Nr. 1 a GVG, StV 1995, 542; ***Lisken***, Sperrerklärungen im Strafprozeß, NJW 1991, 1658; ***Renzikowski***, Fair trial und anonymer Zeuge – die Drei-Stufen-Theorie des Zeugenschutzes im Lichte der Rechtsprechung des EuGHMR, JZ 1999, 605; ***Zacyk***, Prozeßsubjekte oder Störer? Die Strafprozeßordnung nach dem OrgKG – dargestellt an der Regelung des Verdeckten Ermittlers, StV 1993, 496; s. auch die Hinw. bei → *Verwertung der Erkenntnisse eines (gesperrten) V-Mannes,* Rn. 1111, bei → *V-Mann in der Hauptverhandlung*, Rn. 1134, und bei → *Zeugenvernehmung, Allgemeines*, Rn. 1186.

129a

1. Nach § 54 benötigen Richter, Beamte und andere Personen des öffentlichen Dienstes für ihre Vernehmung als Zeugen über Umstände, auf die sich ihre Pflicht zur **Amtsverschwiegenheit** bezieht, ggf. nach den beamtenrechtlichen Vorschriften (vgl. z.B. §§ 61 BBG, 46 DRiG, 71 DRiG) eine Aussagegenehmigung. Dazu gehören auch Gemeinderäte (OVG Münster MDR 1955, 61, 62) und Schiedsmänner (BVerwGE NJW 1964, 1088). Bei kirchlichen Bediensteten kann es sich um „andere Personen" i.S.v. § 54 handeln (OLG Köln StraFo 1999, 90; zu dieser Frage s. auch *Hiebl* StraFo 1999, 86 in der Anm. zu BGH NStZ 1999, 46 [Frage offen gelassen]).

Das gilt insbesondere auch für **V-Leute** der Nachrichtendienste oder der Polizei, unabhängig davon ob sie hauptberuflich (vgl. dann § 9 BAT; *Kleinknecht/Meyer-Goßner*, § 54 Rn. 11) oder nur nebenberuflich einzelne Aufträge ausführen (BGHSt 31, 148, 156 f.; 32, 115, 121; KK-*Senge*, § 54 Rn. 9 m.w.N.; zum Begriff des VE s. *Burhoff*, EV, Rn. 847; wegen der Einzelh. zu den Fragen der Sperrung/Vernehmung eines V-Mannes s. → *V-Mann in der Hauptverhandlung*, Rn. 1134, → *Verwertung der Erkenntnisse eines [gesperrten] V-Mannes*, Rn. 1111; s.a. *Burhoff*, EV, Rn. 889). Voraussetzung ist aber, dass diese Personen nach dem sog. **VerpflichtungsG** v. 2.3.1974 (BGBl. I, S. 469, 547) wirksam öffentlich zur Verschwiegenheit verpflichtet worden sind (BGHSt 31, 148 ff. m.w.N.; KK-*Senge*, a.a.O., m.w.N.; *Kleinknecht/Meyer-Goßner*, § 54 Rn. 11 m.w.N.). Zur Frage, inwieweit nach Einführung der §§ 110b Abs. 3, 68 Abs. 3, 58a, 247a eine vollständige Sperrung eines Zeugen/V-Mannes durch Verweigerung der Aussagegenehmigung noch zulässig ist → *Verwertung der Erkenntnisse eines (gesperrten) V-Mannes*, Rn. 1111, m.w.N., → ***Videovernehmung*** *in der Hauptverhandlung*, Rn. 1129 (zur – eingeschränkten – Aussagegenehmigung s.a. *Kreysel* MDR 1996, 991).

130 2. **Zuständig** für die Einholung der Aussagegenehmigung ist grds. das **Gericht**. Der Angeklagte und der Verteidiger können einen Antrag stellen, wenn sie den Zeugen nach § 220 Abs. 1 unmittelbar laden wollen, um so seine Vernehmung zu erzwingen.

131 3. Wegen der Gründe für die Versagung der Aussagegenehmigung oder der nur beschränkten Erteilung vgl. zunächst *Kleinknecht/Meyer-Goßner*, § 54 Rn. 20 ff. und KK-*Senge*, § 54 Rn. 14 ff. Es gelten die Ausführungen zu einer auf der Grundlage des § 96 abgegebenen „Sperrerklärung" für Behördenakten entsprechend (vgl. dazu *Burhoff*, EV, Rn. 255 ff., 356 ff.). Wird die Genehmigung **versagt**, ist die **Vernehmung** des Zeugen **unzulässig**, ein entsprechender Beweisantrag des Verteidigers wird nach § 244 Abs. 3 S. 1 oder nach § 245 Abs. 2 S. 2 abgelehnt. Zuständig zur Abgabe einer Sperrerklärung ist bei einem Verdeckten Ermittler nicht der Justiz-, sondern der **Innenminister** (BGHSt 41, 36).

132 4. Wird die Aussagegenehmigung verweigert, kann zunächst die Aufklärungspflicht dem Gericht gebieten, **Gegenvorstellungen** zu erheben, wenn die Entscheidung ermessensfehlerhaft erscheint oder nicht hinreichend begründet ist (BGHSt 32, 115, 121; 33, 178, 189). Darauf muss der **Verteidiger** beim Gericht **drängen**. Ggf. muss die Entscheidung der obersten Dienstbehörde eingeholt werden, auch wenn durch Landesrecht die Befugnis zur Entscheidung über die Aussagegenehmigung generell an untere Behörden delegiert worden ist (BGHSt 42, 175; zur Pflicht des Tatrichters, sich um die Erteilung einer Aussagegenehmigung zu bemühen, s.a. BGH NStZ 2001, 656 m.w.N.). Kommt das Gericht dem Verlangen nicht nach, kann der Verteidiger auch selbst entsprechende Maßnahmen ergreifen oder Dienstaufsichtsbeschwerde einlegen (*Kleinknecht/Meyer-Goßner*, § 54 Rn. 27). Schließlich kann er die Versagung der Aussagegenehmigung im **Verwaltungsstreitverfahren** anfechten, wenn ein rechtliches Interesse an der Erteilung besteht (vgl. u.a. BVerwGE NJW 1971, 160; VGH München NJW 1980, 198; VG Darmstadt NVwZ 1996, 92; s.a. BGHSt 44, 107 [Verwaltungsrechtsweg für Streitigkeit um eine vom Innenminister erlassene Sperrerklärung]).

☝ Die Entscheidung darüber wird der Verteidiger von der **Bedeutung** der Aussage des Zeugen **abhängig** machen, insbesondere davon, ob der Angeklagte durch den Zeugen entlastet werden könnte. Er muss auch berücksichtigen, dass ein **Anspruch** auf **Aussetzung** der HV nicht besteht, wenn nicht die Aussetzung durch die Aufklärungspflicht geboten ist (KK-*Senge*, § 54 Rn. 21; *Kleinknecht/Meyer-Goßner*, § 54 Rn. 29, jeweils m.w.N.).

Siehe auch: → *Zeugenvernehmung, Allgemeines*, Rn. 1186, m.w.N.

Ausschluss der Öffentlichkeit 133

Literaturhinweise: ***Beulke***, Neugestaltung der Vorschriften über die Öffentlichkeit des Verfahrens, JR 1982, 309; ***Gössel***, Über die revisionsrechtliche Nachprüfbarkeit von Beschlüssen, mit denen die Öffentlichkeit gemäß §§ 172, 173 GVG im Strafverfahren ausgeschlossen wird, NStZ 1982, 141; ***Park***, Der Öffentlichkeitsausschluß und die Begründungsanforderungen des § 174 I 3 GVG, NJW 1996, 2213; ***Ranft***, Verfahrensöffentlichkeit und „Medienöffentlichkeit" im Strafprozeß, Jura 1995, 573; ***Rieß/Hilger***, Das neue Strafverfahrensrecht – Opferschutzgesetz und Strafverfahrensänderungsgesetz 1987 – 2.Teil, NStZ 1987, 204; ***Roxin***, Aktuelle Probleme der Öffentlichkeit im Strafverfahren, in: Festschrift für *Peters*, 1974, S. 393; ***Schmidt***, Öffentlichkeitsgrundsatz versus Hausrecht BGH NJW 1994, 2773, JuS 1995, 110; ***Schneider***, Verletzung der Öffentlichkeit durch Bitte an einen Zuhörer, den Sitzungssaal zu verlassen?, StV 1990, 92; s. i.Ü. a. die Hinw. bei → *Ton- und Filmaufnahmen in der Hauptverhandlung*, Rn. 859.

1. Grds. sind HV nach § 169 GVG öffentlich. Das bedeutet, dass **jedermann** sich ohne Rücksicht auf seine Gesinnung oder seine Zugehörigkeit zu einer bestimmten Bevölkerungsgruppe ohne Schwierigkeit **Kenntnis** von Ort und Zeit der Verhandlung verschaffen kann und ihm im Rahmen der tatsächlichen Gegebenheiten der **Zutritt eröffnet** wird (s. u.a. BGH NJW 1979, 770 – Ls. – [Verletzung des Öffentlichkeitsgrundsatzes bei HV in einer JVA, wo nur das Aufsichtspersonal Zutritt hat]; vgl. wegen der Einzelh. a. *Kleinknecht/Meyer-Goßner*, § 169 GVG Rn. 3 m.w.N.; s.a. *Ranft* Jura 1995, 573). Befindet sich am Gerichtseingang ein **Hinweis**: „Das Amtsgericht ist freitags ab 13.00 Uhr geschlossen", ist das für eine nach diesem Zeitpunkt stattfindende HV nicht gewährleistet (OLG Zweibrücken NJW 1995, 3333). Der mit dem Geschäftsablauf bei Gericht nicht näher vertraute Bürger kann dadurch nämlich den (falschen) Eindruck bekommen, es fänden danach keine Sitzungen mehr statt und deshalb veranlasst werden, das Gerichtsgebäude nicht mehr zu betreten.

134

Geringfügige **Erschwerungen** des Zutritts sind unschädlich (s. dazu → *Einlassregelungen für die Hauptverhandlung*, Rn. 326, → *Sitzungspolizei*, Rn. 805, m.w.N.; *Kissel*, § 169 Rn. 40 ff.). Unschädlich ist es im Hinblick auf den absoluten Revisionsgrund des § 338 Nr. 6 auch, wenn ein Verstoß gegen den Öffentlichkeitsgrundsatz dem Gericht nicht zuzurechnen ist (vgl. zuletzt BGH NStZ 1995, 143 m.w.N. [**verschlossene Tür** zum **Zuhörerraum**, die der Vorsitzende sofort nach Bekannt werden, dass sie verschlossen war, hat öffnen lassen]; s.a. BGH NJW 1995, 3196 – Ls. – [zu „früher" Beginn der HV, nachdem das Gericht selbst durch → ***Einlassregelungen*** *für die Hauptverhandlung*, Rn. 382, bewirkt hatte, dass sich der Zutritt der rechtzeitig erschienenen Zuhörer zum Sitzungssaal verzögerte]; vgl. dazu OLG Zweibrücken NJW 1995, 3333).

☝ Findet die HV (z.T.) nicht im Gerichtsgebäude statt, wie z.B. bei einem Ortstermin, wird der Grundsatz der Öffentlichkeit des Verfahrens begrenzt durch das **Hausrecht**, das dem Besitzer eines ggf. zu besichtigen Anwesens zusteht (vgl. zur Abwägung insoweit BGHSt 40, 191; s. dazu *Schmidt* JuS 1995, 110; → *Verlegung der Hauptverhandlung an einen anderen Ort*, Rn. 987). Es bedarf dann keines Beschlusses über die Ausschließung der Öffentlichkeit. Auch müssen die Zuhörer nach Fortführung der Beweisaufnahme in öffentlicher Sitzung **nicht** über den Inhalt der nicht öffentlich durchgeführten Verhandlungsteile **informiert** werden (BGH NStZ-RR 2000, 366).

Allerdings muss durch einen **Aushang feststellbar** sein, wo die HV stattfindet (OLG Köln NStZ-RR 1999, 335; OLG Hamm StV 2002, 474 [Bezeichnung „Tatörtlichkeit" genügt nicht]).

135 **2.** Niemand hat es jedoch gern, wenn seine persönlichen Verhältnisse, sein Privatleben und das ihm vorgeworfene strafrechtlich relevante Verhalten öffentlich erörtert werden und dies alles Gegenstand der Berichterstattung in den Medien wird. Das gilt sowohl für Angeklagte als auch für Zeugen oder andere Prozessbeteiligte. Dem hat der Gesetzgeber dadurch Rechnung getragen, dass er in den **§§ 171a ff. GVG** den Ausschluss der Öffentlichkeit vorgesehen hat. Dieser ist ggf. vom Verteidiger zu beantragen.

☝ Hinzuweisen ist hier auf die **Nr. 131 ff. RiStBV**, die der Verteidiger bei der Prüfung der Frage, ob ggf. ein Antrag auf Ausschließung der Öffentlichkeit gestellt werden soll, nicht übersehen darf.

Im **Jugendgerichtsverfahren** gelten Besonderheiten (→ *Jugendgerichtsverfahren, Besonderheiten der Hauptverhandlung*, Rn. 569).

136 **Mögliche Ausschließungsgründe** können sein,

- nach § 171a GVG, wenn es um die **Unterbringung** des Angeklagten in einem psychiatrischen Krankenhaus oder in einer Entziehungsanstalt geht,
- nach § 171b GVG, soweit es um den **Schutz** von **Persönlichkeitsrechten** eines Prozessbeteiligten geht (zu den Einzelh. s.u. Rn. 137),
- nach § 172 Nr. 1 GVG, wenn eine Gefährdung der **Staatssicherheit**, der öffentlichen Ordnung oder der **Sittlichkeit** zu besorgen ist,
- nach § 172 Nr. 2 GVG, wenn **Geschäfts-, Betriebs-, Erfindungs-** oder **Steuergeheimnisse** zur Sprache kommen,
- nach § 172 Nr. 3 GVG, wenn ein **privates Geheimnis** erörtert wird, dessen unbefugte Offenbarung durch einen Zeugen oder SV mit Strafe bedroht ist,

- nach § 172 Nr. 4 GVG, wenn eine **Person** unter **sechzehn Jahren** vernommen wird, wozu alle Verfahrensvorgänge gehören, die mit der Vernehmung in engem Zusammenhang stehen, insbesondere also auch die Beschlussfassung nach § 247 (BGH NStZ 1994, 354; s. → *Entfernung des Angeklagten aus der Hauptverhandlung*, Rn. 435; s. jetzt a. → *Videovernehmung in der Hauptverhandlung*, Rn. 1129). Vom Ausschluss sind auch die **Eltern** eines jugendlichen Zeugen betroffen, selbst wenn sie als Begleitpersonen auf Aufforderung des Gerichts erschienen sind (*Kleinknecht/Meyer-Goßner*, § 175 GVG Rn. 4).

☝ Wenn die **Eltern** des jugendlichen **Zeugen** während der Vernehmung anwesend sein sollen, muss der Verteidiger ausdrücklich **beantragen**, „gem. § 175 Abs. 2 GVG den Eltern des Zeugen den Zutritt zu der Verhandlung auch während des Ausschlusses der Öffentlichkeit zu gestatten".

Das ist für die Eltern des **jugendlichen Beschuldigten** nicht erforderlich, da diesen schon nach § 67 JGG ein Anwesenheitsrecht zusteht.

137

3. Von besonderer praktischer Bedeutung ist der Ausschluss der Öffentlichkeit nach § 171b GVG zum **Schutz** von **Persönlichkeitsrechten** (wegen der Einzelh. i.Ü. s. u.a. *Kleinknecht/Meyer-Goßner*, Erl. zu §§ 171a ff. GVG).

Danach kann die Öffentlichkeit ausgeschlossen werden bei der Erörterung von Umständen aus dem persönlichen Lebensbereich eines **Prozessbeteiligten**, **Zeugen** oder **Verletzten**. Gemeint ist damit der **private Bereich**, der jedermann zur Entfaltung seiner Persönlichkeit gewährleistet werden muss (*Kleinknecht/Meyer-Goßner*, § 171b GVG Rn. 3 m.w.N.), wie z.B. private Eigenschaften und Neigungen, Gesundheitszustand, Sexualsphäre u.Ä. (s.a. BGH StV 1996, 134).

☝ Als Faustregel gilt, dass ein Ausschluss der Öffentlichkeit nach § 171b GVG immer dann in Betracht kommt, wenn es sich um Tatsachen handelt, nach denen im täglichen Leben **üblicherweise nicht gefragt** zu werden pflegt und die i.d.R. nicht spontan und unbefangen mitgeteilt werden (*Kleinknecht/Meyer-Goßner*, a.a.O.).

Voraussetzung für die Zulässigkeit des Ausschlusses der Öffentlichkeit ist außerdem, dass die öffentliche Erörterung der geschützten Umstände **schutzwürdige Interessen** des Prozessbeteiligten **verletzen** würde, und **nicht** das Interesse an der öffentlichen Erörterung dieser Umstände **überwiegt** (s. im Einzelnen *Kleinknecht/Meyer-Goßner*, § 171b Rn. 4 ff. m.w.N.). Der Persönlichkeitsschutz hat hier grds. Vorrang vor dem Prinzip der Öffentlichkeit (*Rieß/Hilger* NStZ 1987, 207 f.).

138

4. Zwar kann das Gericht die Öffentlichkeit auch von Amts wegen ausschließen, der **Verteidiger** wird aber im Zweifel den Ausschluss der Öffentlichkeit **beantra-**

gen, wenn er das im Interesse seines Mandanten für erforderlich hält. Über den Ausschluss wird verhandelt. Diese Verhandlung findet grds. in öffentlicher Sitzung statt.

☝ Will der Verteidiger eine öffentliche Verhandlung über den Ausschluss der Öffentlichkeit und damit eine öffentliche Erörterung der Gründe, die er zur Stützung seines Antrags vorgetragen hat, vermeiden, muss er gem. § 174 GVG **ausdrücklich beantragen**, über den **Ausschluss** der Öffentlichkeit nur in **nichtöffentlicher Sitzung** zu **verhandeln**. Dafür genügt eine Anordnung des Vorsitzenden (BGH NStZ 1999,372). Der Beschluss und die Begründung werden allerdings öffentlich verkündet (§ 174 Abs. 1 GVG; BGH StV 2000, 242).

139 5. Die Ausschließung der Öffentlichkeit verkündet das Gericht durch **Beschluss**. Dieser kann nicht durch eine Anordnung des Vorsitzenden ersetzt werden (BGH NStZ 1999, 371).

Es kann die Öffentlichkeit ganz oder nur teilweise, z.B. für die Dauer der Anhörung des Angeklagten oder eines Zeugen, ausschließen. Immer öffentlich verkündet werden muss nach § 173 Abs. 1 GVG die Urteilsformel. Jedoch kann unter den Voraussetzungen der §§ 171b, 172 GVG durch besonderen Beschluss die Öffentlichkeit während der Verkündung der **Urteilsgründe ausgeschlossen** werden (s.a. → *Urteilsverkündung*, Rn. 920). Gem. § 175 Abs. 2 GVG kann das Gericht **einzelnen Personen** den Zutritt zu den nicht öffentlichen Verhandlungsteilen gestatten. Das kann z.B. in Betracht kommen für Mitarbeiter des Verteidigers (wegen der Einzelh. s. *Kleinknecht/Meyer-Goßner*, § 175 GVG Rn. 4; → *Zulassung von Mitarbeitern des Verteidigers zur Hauptverhandlung*, Rn. 1206, mit Antragsmuster, Rn. 1207).

140 Den Beschluss, mit dem die Öffentlichkeit ausgeschlossen wird, muss das Gericht **begründen**. Wird die Öffentlichkeit nach einer Bestimmung (s.o. Rn. 136) ausgeschlossen, die nur einen Ausschließungsgrund nennt, genügt es, wenn der Beschluss lediglich auf diese Gesetzesbestimmung verweist (zuletzt BGHSt 41, 145 [für § 172 Nr. 1a GVG]). In den übrigen Fällen muss die Ausschließung näher begründet werden (s. BGH StV 1996, 134 [für § 172 Nr. 3 GVG]; vgl. *Kleinknecht/Meyer-Goßner*, § 174 GVG Rn. 9). Das Fehlen einer Begründung schadet aber dann nicht, wenn die Richtigkeit der Entscheidung über die Ausschließung außer Frage steht und nur die Angabe des Ausschlussgrundes nicht erfolgt ist (BGHSt 45, 117 [für § 171b GVG und/oder des § 172 Nr. 1 GVG; a.A. *Park* StV 2000, 246 und krit. *Rieß* JR 2000, 253, jeweils in der Anm. zu BGH, a.a.O.).

☝ Einen entsprechenden **Antrag** sollte der Verteidiger, wenn bereits während eines Teils der Beweisaufnahme die Öffentlichkeit ausgeschlossen war, erwägen. Denn sonst entsteht die missliche Lage, dass die Öffentlichkeit über die Urteilsbegründung, die Gründe, die für den Ausschluss der Öffentlichkeit maßgeblich waren, doch erfährt.

Im Fall des **§ 171b GVG** hat der Betroffene, also auch der Angeklagte, einen **Rechtsanspruch** auf Ausschließung der Öffentlichkeit, wenn er dies beantragt. Widerspricht die Person, deren Persönlichkeitsbereich geschützt werden soll, dem Ausschluss der Öffentlichkeit, wird die Öffentlichkeit nicht ausgeschlossen (§ 171b Abs. 1 S. 2 GVG).

I.Ü. kann das **Gericht** nach seinem pflichtgemäßen **Ermessen** die Öffentlichkeit ausschließen. Eine Abwägung erfolgt – soweit sie erforderlich ist – nach objektiven Kriterien.

141

6. Gegen den Ausschließungsbeschluss können die Prozessbeteiligten gem. § 305 S. 1 **keine Beschwerde** einlegen.

Ein Verstoß gegen die Vorschriften über die Öffentlichkeit des Verfahrens ist nach § 338 Nr. 6 absoluter **Revisionsgrund** (s. dazu *Kleinknecht/Meyer-Goßner*, § 338 Rn. 48 m.w.N.). Der Öffentlichkeitsgrundsatz ist nicht verletzt, wenn der **Vorsitzende** in der HV die **Zuhörer** mit Rücksicht auf einen sonst möglichen Ausschluss des Öffentlichkeit **bittet,** den **Sitzungssaal** zu **verlassen** und diese dieser Bitte nachkommen; etwas anderes gilt, wenn es sich in Wahrheit um eine Anordnung handelt (st. Rspr., zuletzt BGH NStZ 1999, 426 m.w.N.; s. OLG Braunschweig StV 1994, 474; zur zu langen Dauer des Ausschlusses s. zuletzt BGH StV 1994, 641; zum sog. Vorratsbeschluss BGH NStZ-RR 1997, 380 [K] m.w.N.). Den Ausschluss der Öffentlichkeit ohne eine Verhandlung hierüber kann nur der rügen, dessen Anspruch auf rechtliches Gehör durch den Verfahrensfehler verletzt worden ist (relativer Revisionsgrund, u.a. BGH MDR 1975, 199 [D]; KK-*Diemer*, § 174 GVG Rn. 1 m.w.N.).

☝ Allerdings führt ein Verstoß gegen die Regeln der Öffentlichkeit nach der Rspr. des BGH **nicht notwendig** zur **Aufhebung** des **gesamten Urteils**. Bezieht sich der Vorgang, während dessen die Öffentlichkeit zu Unrecht ausgeschlossen war, nämlich nur auf einen abtrennbaren Teil des Urteils, so wird auch nur dieser Teil aufgehoben (zuletzt BGH NJW 1996, 138 [in nicht öffentlicher Verhandlung erteilter Hinweis nach § 265, der sich allein auf einen Teil des Tatgeschehens bezog, der im weiteren Verlauf der HV gem. § 154a eingestellt wurde]). Unschädlich ist es auch, wenn während des Ausschlusses der Öffentlichkeit Handlungen vorgenommen werden, die auch außerhalb der HV vorgenommen werden könnten (zuletzt BGH NStZ 2002, 106). Von dieser Ausnahme erfasst werden aber wohl nur rein **organisatorische Maßnahmen**, nicht hingegen Erörterungen und Feststellungen, die auf die Schuld- und Straflage Auswirkungen haben (BGH, a.a.O.)

7. Muster eines Antrags auf Ausschließung der Öffentlichkeit

142

a) Ausschluss während der Vernehmung des Angeklagten

An das

Amtsgericht/Landgericht Musterstadt

In der Strafsache

gegen H. Muster

Az.: . . .

wird beantragt,

die Öffentlichkeit für die Dauer der Vernehmung des Angeklagten gem. § 171b GVG auszuschließen, und die Verhandlung über die Ausschließung in nichtöffentlicher Sitzung durchzuführen, § 174 Abs. 1 S. 1 GVG.
Die Anklage wirft dem Angeklagten eine Vergewaltigung zum Nachteil der Zeugin V. vor. Bei der Vernehmung des Angeklagten werden angesichts dieses Tatvorwurfs Umstände zur Sprache kommen, deren öffentliche Erörterung seine schutzwürdigen Interessen verletzen würde. Gegenstand der Vernehmung werden das Sexualleben des Angeklagten, insbesondere das Verhältnis zu seiner Ehefrau, sowie auch die besondere Vorliebe des Angeklagten zu bestimmten sexuellen Praktiken sein. Diese Tatsachen aus dem engsten Persönlichkeitsbereich verdienen Schutz vor einer öffentlichen Erörterung und rechtfertigen nach § 171b GVG die Ausschließung der Öffentlichkeit.

Aus den aufgeführten Gründen ist über den Ausschluss der Öffentlichkeit in nichtöffentlicher Sitzung zu verhandeln. Anderenfalls würden gerade diejenigen Gründe in öffentlicher Sitzung behandelt, die durch die Ausschließung einer öffentlicher Erörterung entzogen werden sollen.

Rechtsanwalt

b) Ausschluss während der Urteilsverkündung

143

An das
Amtsgericht/Landgericht Musterstadt

In der Strafsache
gegen H. Muster
Az.: . . .

wird beantragt,

die Öffentlichkeit gem. § 173 GVG auch für die Dauer der Verkündung der Urteilsgründe auszuschließen.

Die Kammer hat die Öffentlichkeit für die Dauer der Vernehmung des Angeklagten und für die Dauer der Vernehmung der Zeugin P. gem. § 171b GVG ausgeschlossen. Sowohl bei der Vernehmung meines Mandanten als auch bei der Vernehmung der Zeugin sind Umstände aus dem persönlichen Lebensbereich beider Prozessbeteiligten erörtert worden. Es ist zu erwarten, dass diese bei der Begründung des Urteils eine wesentliche Rolle spielen werden, so dass die öffentliche Verkündung der Urteilsgründe sowohl den geschützten Persönlichkeitsbereich meines Mandanten als auch den der Zeugin P. verletzen würde. Daher müssen auch die Urteilsgründe gem. §§ 173 Abs. 2, 171b GVG in nichtöffentlicher Sitzung verkündet werden.

Rechtsanwalt

Siehe auch: → *Ton- und Filmaufnahmen in der Hauptverhandlung,* Rn. 859.

Ausschluss eines Richters

144

Das Wichtigste in Kürze

1. Der Ausschluss eines Richters nach den §§ 22, 23 ist von Amts wegen zu beachten.
2. Die Ausschließungsgründe sind im Gesetz enumerativ aufgezählt.
3. Ausgeschlossen ist ein Richter insbesondere, wenn er in der Sache als Zeuge oder SV vernommen ist. Allein die Benennung eines Richters als Zeugen in einem Beweisantrag reicht für den Ausschluss aber nicht aus.
4. Der Richter, der an einer früheren, inzwischen vom Rechtsmittelgericht aufgehobenen Entscheidung mitgewirkt hat, ist nicht allein deshalb bei einer neuen Verhandlung in derselben Sache ausgeschlossen.

Literaturhinweise: ***Arzt***, Der befangene Strafrichter, 1969; ***Burhoff***, Anwendbarkeit von Normen des Deliktsrechts, Verfahrens- und Prozessrechts auf nichteheliche Lebensgemeinschaften, FP 2001, 18; ***Dahs***, Ablehnung von Tatrichtern nach Zurückverweisung durch das Revisionsgericht, NJW 1966, 1691; ***Meyer-Mews***, Fallstudie: Der erkennende Richter als Zeuge, JuS 2002, 376; ***Michel***, Der Richter als Zeuge im Strafverfahren, MDR 1992, 1026; ***Müller***, Unter welchen Voraussetzungen ist jemand als Richter wegen früherer Befassung mit der Sache ausgeschlossen?, NJW 1961, 102; ***Rissing van Saan***, Der „erkennende" Richter als Zeuge im Strafprozess, MDR 1993, 310; ***Seibert***, Das andere Gericht (§ 354 Abs. 2 StPO), NJW 1968, 1317; s.a. die Hinw. bei → *Ablehnung eines Richters, Allgemeines*, Rn. 4.

144a **1.** Der Ausschluss eines Richters ist in den §§ 22, 23 geregelt. Der Ausschluss ist **von Amts wegen** zu **beachten**, einer Entscheidung bedarf es nur in Zweifelsfällen.

☝ Der Verteidiger und der Angeklagte können die **Entscheidung** aber ohne zeitliche Beschränkung **anregen** oder mit einem **Ablehnungsgesuch** gem. § 24 geltend machen.

145 **2.** Die **Ausschlussgründe** sind im Gesetz in den §§ 22, 23 **enumerativ** aufgezählt.

- Nach § 22 Nr. 1 ist ein Richter ausgeschlossen, wenn er **selbst** durch die **Straftat verletzt** ist (§ 22 Nr. 1). Der Richter muss aber unmittelbar durch die abzuurteilende Tat betroffen sein. Deshalb reicht eine nur allgemeine, das Gericht insgesamt betreffende Bombendrohung für einen Ausschluss nicht aus (BGH NStZ-RR 2002, 66 [Be]).
- Nach § 22 Nr. 2 ist der Richter ausgeschlossenen, wenn er **Ehegatte**, **Lebenspartner** i.S.v. § 1 LPartG, **Vormund** oder **Betreuer** des Beschuldigten oder des Verletzten ist oder gewesen ist (§ 22 Nr. 2).
- Ist oder war der Richter mit dem Beschuldigten oder mit dem Verletzten in gerade Linie **verwandt** oder, in der Seitenlinie bis zum dritten Grad verwandt oder bis zum zweiten Grad **verschwägert**, greift der Ausschlussgrund des § 22 Nr. 3 ein (wie bei → *Zeugnisverweigerungsrechten*, Rn. 1194, mit Übersicht bei Rn. 1196).

☝ Eine **analoge Anwendung** der Vorschrift auf den **Partner** einer **nichtehelichen Lebensgemeinschaft** kommt aus Gründen der Rechtssicherheit **nicht** in Betracht (*Burhoff* FPR 2001, 19; *Burhoff*, Handbuch für die nichteheliche Lebensgemeinschaft, 2. Aufl., 1998, Rn. 215; *Grziwotz*, Nichteheliche Lebensgemeinschaft, 1998, § 11 Rn. 5). Allerdings wird der Verteidiger in diesen Fällen immer **§ 24 prüfen** müssen (→ ***Ablehnungsgründe, Befangenheit***, Rn. 45 m.w.N.).

Auch eine analoge Anwendung auf den in gerade Linie mit einem Prozessbevollmächtigten **verschwägerten Richter** scheidet aus (s. KG NJW-RR 2000, 1164 [für das Zivilverfahren]).

- War der **Richter** in der **Sache** schließlich als Beamter der StA, als Polizeibeamter, als Anwalt des Verletzten oder als Verteidiger **tätig**, liegt der Ausschlussgrund des § 22 Nr. 4 vor (s. dazu *Burhoff*, EV, Rn. 263; s.a. LG Mühlhausen NStZ-RR 1996, 18 [Untersuchungsführer in einem verwaltungsrechtlichen Disziplinarverfahren nach der BDO soll nicht unter § 22 Nr. 4 fallen]; m.E. zw., da der Untersuchungsführer staatsanwaltsähnliche Funktion hat).

Während diese Ausschließungsgründe von nicht so erheblicher praktischer Bedeutung sind, können die nachstehenden Gründe besondere praktische Bedeutung erlangen:

146

3. Nach § 22 Nr. 5 ist ein Richter von der Ausübung des Richteramtes ausgeschlossen, wenn er in der Sache als **Zeuge** oder **Sachverständiger** vernommen ist. Der Begriff **„Sache"** ist weit auszulegen (vgl. dazu *Kleinknecht/Meyer-Goßner*, § 22 Rn. 17) und setzt nicht eine Verfahrensidentität voraus. Daher reicht es auch, wenn der Richter in einem anderen Verfahren als Zeuge zu demselben **Tatgeschehen** vernommen worden ist, das er jetzt abzuurteilen hätte (BGHSt 31, 358).

Als **Vernehmung** ist jede Anhörung durch ein Strafverfolgungsorgan in irgendeinem Verfahrensabschnitt vom Beginn der Ermittlungen über die HV bis zum Wiederaufnahmeverfahren anzusehen (BGH NJW 1979, 2160), wozu die schriftliche Äußerung über sachlich erhebliche Umstände sowie ggf. auch eine dienstliche Äußerung genügt (BGHSt 39, 239; 44, 4 m.w.N.; s.a. BGHSt 45, 354 [nicht beim beauftragten Richter]). **Entscheidend** ist, ob der Richter tatsächlich **Bekundungen als Zeuge** gemacht hat. Das ist dann der Fall, wenn es sich um Wahrnehmungen handelt, die Tatsachen und Vorgänge zu Schuld- und Straffrage betreffen und die der Richter „außerhalb" des Prozesses gemacht hat. Handelt es sich hingegen nur um das Verfahren betreffende **dienstliche Wahrnehmungen**, die der Richter in amtlicher Eigenschaft gemacht hat, können diese im Wege einer dienstlichen Äußerung in das Verfahren eingeführt werden, ohne dass § 22 Nr. 5 eingreift (BGH, a.a.O.; sowie a. BGH NStZ 1998, 93 [maßgeblich ist, ob der Richter sich als eigene Erkenntnisquelle zur Verfügung stellt]; s.a. BGHSt 45, 342 [kein Ausschluss des Richters für Verfahren, in dem es um die Aburteilung einer vor seinen Augen begangenen Straftat geht; wohl auch keine Befangenheit]; s. dazu *Meyer-Mews* JuS 2002, 376). Ein **förmliches Protokoll** über die „Vernehmung" des Richters muss **nicht** vorliegen (BGH, a.a.O.).

Verfahrensidentität ist **nicht** erforderlich. Sachgleichheit kann daher auch vorliegen, wenn der Richter in derselben „Sache", aber in einem anderen Verfahren tätig war und dadurch der Anschein der Parteilichkeit aufkommen kann. Bei verbundenen Verfahren ist das gesamte Verfahren als eine Sache i.S.d. § 22 Nr. 5 anzusehen (BGH, a.a.O.; BGHSt 31, 358). Die Vernehmung muss aber **bereits stattgefunden** haben.

146a

Der Richter ist allein durch die **Benennung** als Zeuge in einem **Beweisantrag** und die bloße Möglichkeit, dass es zur Vernehmung kommt, nicht ohne weiteres ausgeschlossen, auch nicht durch die Ladung als Zeuge (BGHSt 14, 219, 220, MDR 1977, 107 [H]). **Ausgeschlossen** ist er erst, wenn er in der Hauptverhandlung **als Zeuge erscheint** (BGHSt 7, 44, 46, wegen der weiteren Einzelh. s. *Kleinknecht/Meyer-Goßner*, § 22 Rn. 19 f.).

Auch die Abgabe einer **dienstlichen Erklärung** über solche dienstlichen Wahrnehmungen, die die laufende HV und das anhängige Verfahren betreffen, führt nicht zu einem Ausschluss des Richters (BGHSt 39, 239; 44, 4; s.a. Rn. 146).

Wenn der Richter sein Nichtwissen dienstlich versichert, kann er an der Ablehnung eines Beweisantrages, mit dem seine Vernehmung beantragt wird, sogar selbst mitwirken (zur Ablehnung eines entsprechenden Beweisantrages wegen **Prozessverschleppung** vgl. *Kleinknecht/Meyer-Goßner*, § 244 Rn. 67; BGHSt, a.a.O.; s.a. BGH StV 1991, 99 f. [Ablehnung des Beweisantrags als unzulässig wegen Verfolgung verfahrensfremder Zwecke, nämlich Ausschluss des Richters nach § 22 Nr. 5]).

147 **4.** Die Frage des Ausschlusses wegen **vorangegangener Mitwirkung** an einer durch ein Rechtsmittel angefochtenen Entscheidung, die sich nach § 23 beurteilt, taucht insbesondere auch immer wieder dann auf, wenn eine Entscheidung durch das Revisionsgericht aufgehoben und nach § 354 Abs. 2 zurückverwiesen worden ist. Da § 354 Abs. 2 nur die Entscheidung eines anderen, nicht aber eines anders besetzten Spruchkörpers des Gerichts verlangt, ist die Mitwirkung eines Richters, der an der aufgehobenen Entscheidung beteiligt war, an der neuen Entscheidung nicht ausgeschlossen (st.Rspr. vgl. u.a. BGH NStZ 1981, 298 [Pf/M] m.w.N.; s.a. *Kleinknecht/Meyer-Goßner*, § 354 Rn. 39 m.w.N.; abl. die Lit., vgl. u.a. *Hanack* NJW 1967, 580 in der Anm. zu BGH NJW 1967, 12; *Seibert* NJW 1968, 1318; *Sieg* MDR 1976, 72 in der Anm. zu LG Verden MDR 1975, 863; s.a. *Arzt*, Der befangene Strafrichter, 1969, der von Befangenheit ausgeht; so wohl auch KMR-*Bockemühl*, § 23 Rn. 2). Es braucht noch nicht einmal der neue Spruchkörper überwiegend mit anderen Richtern besetzt zu sein (OLG Hamm MDR 71, 681). In diesen Fällen bleibt nur, unter den Voraussetzungen des § 24 einen → *Ablehnungsantrag*, Rn. 18, zu stellen, z.B. wegen des Urteilsinhalts (BGH NStZ 1987, 19 [Pf/M]; OLG Stuttgart StV 1985, 492; LG Bremen StV 1986, 470; → *Ablehnungsgründe, Befangenheit*, Rn. 34 f.).

Beispiel:

Der Angeklagte ist durch die Strafkammer 1, der u.a. der Richter R angehört, verurteilt worden. Das Revisionsgericht hat die Sache nach Aufhebung an die Strafkammer 2 zurückverwiesen, deren Vorsitz inzwischen Richter R übernommen hat. Richter R ist nicht nach § 23 ausgeschlossen.

148 Rechtsmittel i.S.v. § 23 sind Beschwerde, Berufung und Revision. Der Richter muss an der **angefochtenen Entscheidung** selbst mitgewirkt haben, nicht (nur) an deren **Vorbereitung**. Deshalb ist ein **Ausschließungsgrund nicht** gegeben, wenn der erkennende Richter in derselben Sache als Ermittlungsrichter nach den §§ 162, 169 tätig war (BGHSt 9, 233, 235; MDR 1972, 387 [D], jeweils m.w.N.), wenn er eine kommissarische Vernehmung oder einzelne Beweiserhebungen nach § 202 angeordnet und auch durchgeführt hat oder wenn er an Haftentscheidungen und am Eröffnungsbeschluss mitgewirkt hat (BVerfG NJW 1971, 1029). Auch der in die Tatsacheninstanz zurückgekehrte Rechtsmittelrichter ist von der Mitwirkung in derselben Sache nicht ausgeschlossen (BVerfG, a.a.O.).

Siehe auch: → *Ablehnung eines Richters, Allgemeines*, Rn. 4, m.w.N.

Aussetzung der Hauptverhandlung, Allgemeines

149

1. Aussetzung der HV ist jedes **Abbrechen der Verhandlung**, das über den Zeitpunkt hinausgeht, bis zu dem eine → *Unterbrechung der Hauptverhandlung*, Rn. 873, nach § 229 Abs. 1, 2 noch zulässig ist. Die Aussetzung kann gesetzlich vorgeschrieben sein, so z.B. in den Fällen des § 217 oder des § 145 Abs. 3, sie kann sich aber auch aus der Fürsorgepflicht des Gerichts ergeben. Die Aussetzung ist jedenfalls dann zulässig, wenn nicht die Beschleunigungs- und Konzentrationsmaxime entgegenstehen; zulässig ist sie insbesondere, wenn sie zur **Förderung** des **Verfahrens** (bessere Sachaufklärung) oder zur Wahrung von Verfahrensrechten der Beteiligten geboten erscheint (OLG Hamm StV 2002, 404 zur Zulässigkeit einer längeren Aussetzung im JGG-Verfahren, um die Grundlagen für die Rechtsfolgenentscheidung weiter zu ermitteln). Bevor das Gericht sich zur Aussetzung entschließt muss es allerdings **prüfen**, ob nicht auch eine **Unterbrechung** des Verfahrens ausreichend ist (OLG Düsseldorf StV 1997, 282).

Aussetzungsanträge können **vor** oder auch erst **in** der **HV** gestellt werden, sie sollten so früh wie möglich gestellt werden (*Malek*, Rn. 129). Ist ein Antrag schon vorher eingegangen, so muss das Gericht in der HV zumindest klären, ob er aufrecht erhalten wird (KK-*Tolksdorf*, § 228 Rn. 7 m.w.N.).

150 **2.** Über die Aussetzung entscheidet nach § 228 Abs. 1 S. 1 das **Gericht**, und zwar grds. noch vor der Urteilsverkündung, damit die Gelegenheit besteht, noch andere Anträge zu stellen (RGSt 23, 136; OLG Köln StV 1992, 567). Der die Aussetzung **ablehnende Beschluss** ist nach § 305 S. 1 **unanfechtbar** (*Kleinknecht/Meyer-Goßner*, § 228 Rn. 16 m.w.N.; OLG Hamm NJW 1978, 283). Der die Aussetzung **anordnende Beschluss** kann aber ggf. mit der Beschwerde nach § 304 angefochten werden, und zwar dann, wenn er mit der Urteilsfindung in keinem inneren Zusammenhang steht, sondern das Verfahren nur hemmt und verzögert (*Kleinknecht/Meyer-Goßner*, a.a.O., m.w.N.; LG Berlin StraFo 1998, 419). Die Aussetzungsentscheidung kann aber nicht angefochten werden, wenn sie der Beschaffung weiterer Beweise dient, die nicht oder nicht ohne besondere Schwierigkeiten in der laufenden HV hätten gewonnen werden können (OLG Köln StV 1991, 551; LG Berlin, a.a.O.; → *Abtrennung des Verfahrens*, Rn. 71).

☝ Die **Revision** kann auf eine Verletzung des § 228 nur in begrenztem Umfang gestützt werden (vgl. dazu *Kleinknecht/Meyer-Goßner*, § 228 Rn. 17 m.w.N.; zur Beruhensfrage BGH s.a. NStZ 2000, 212). Hat anstelle des nach § 228 Abs. 1 S. 1 zuständigen Gerichts der Vorsitzende entschieden, so kann die Revision darauf nur gestützt werden, wenn dem Verfahren **widersprochen** worden ist (BGHSt 33, 217). Der Verteidiger sollte daher auf jeden Fall, wenn der Vorsitzende allein entschieden hat, gem. **§ 238 Abs. 2** einen **Gerichtsbeschluss** herbeiführen. Mit der Revision muss dann geltend gemacht werden, dass der Angeklagte in einem für die Verteidigung wesentlichen Punkt beschränkt worden ist (zu den Anforderungen an die Revisionsbegründung s. BGH NJW 1996, 2383).

151 **3.** Nach § 257a kann das Gericht eine → ***schriftliche Antragstellung***, Rn. 784, aufgeben. Das gilt auch für Aussetzungsanträge, da diese Anträge den Verfahrensgang betreffen und somit von der dem Gericht eingeräumten Befugnis erfasst werden (s. die Gesetzesbegründung in der BT-Dr. 12/6853). Es gilt daher auch aufgrund der in § 257a enthaltenen Verweisung § 249 mit der Möglichkeit, das → *Selbstleseverfahren*, Rn. 794, anzuordnen.

Siehe auch: → *Aussetzung wegen Ausbleiben des (notwendigen) Verteidigers,* Rn. 152, *mit Antragsmuster,* Rn. 155, → *Aussetzung wegen fehlender Akteneinsicht,* Rn. 156 mit Antragsmuster, Rn. 157, → *Aussetzung wegen Nichteinhaltung der Ladungsfrist,* Rn. 158, → *Aussetzung wegen nicht mitgeteilter Anklageschrift,* Rn. 158a, → *Aussetzung wegen veränderter Sach- oder Rechtslage,* Rn. 159, mit Antragsmuster, Rn. 162, → *Aussetzung wegen verspäteter Namhaftmachung geladener Beweispersonen,* Rn. 163, → *Ladung des Angeklagten,* Rn. 590, mit Antragsmuster, Rn. 594, → *Ladung des Verteidigers,* Rn. 595, mit Antragsmuster, Rn. 600, → *Unterbrechung der Hauptverhandlung,* Rn. 873, mit Antragsmuster, Rn. 883, → *Verhinderung des Verteidigers,* Rn. 982.

Aussetzung wegen Ausbleiben des (notwendigen) Verteidigers 152

Literaturhinweise: *Neuhaus*, Notwendige Verteidigung im Erkenntnisverfahren, ZAP F. 22, S. 147.

1. Bleibt bei einer **notwendigen Verteidigung** der Verteidiger in der HV aus, entfernt er sich zur Unzeit oder weigert er sich, die Verteidigung zu führen (vgl. dazu BGH StV 1993, 566 [der Verteidiger zieht die Robe aus und nimmt im Zuschauerraum Platz]), kann nach § 145 Abs. 1 S. 1 entweder ein **anderer** (Pflicht-)**Verteidiger** bestellt, nach S. 2 die **Aussetzung** oder die → *Unterbrechung der Hauptverhandlung*, Rn. 873, beschlossen werden, worüber das Gericht nach pflichtgemäßem Ermessen zu befinden hat (vgl. dazu OLG Düsseldorf StV 1997, 282; zum Ausbleiben des Wahlverteidigers → *Verhinderung des Verteidigers*, Rn. 982). Die Aussetzung der HV bietet sich insbesondere dann an, wenn der Verteidiger nur kurzfristig ausfällt und dem Angeklagten ein Verteidigerwechsel erspart werden soll (KK-*Laufhütte*, § 145 Rn. 9).

☝ Wird vom Vorsitzenden in der HV ein **neuer Verteidiger** bestellt, kann dieser nach § 145 Abs. 3 die **Aussetzung** der HV **verlangen**, wenn ihm nicht genügend Zeit zur Vorbereitung der HV bleibt (BGH NStZ 1998, 530). Das muss er erklären, und zwar unmittelbar bei Übernahme der Verteidigung. Zu einem späteren Zeitpunkt kann er die Aussetzung mit dieser Begründung nicht mehr erzwingen (BGH NJW 1973, 1985; s.a. → *Aussetzung wegen fehlender Akteneinsicht*, Rn. 156, mit Antragsmuster, Rn. 157). Erklärt der Verteidiger, zur Verteidigung bereit zu sein, wird das für das Gericht i.d.R. ausreichen, um mit der HV fortfahren zu können (s.a. BGH NStZ 1998, 530; zum Verteidigerwechsel s. Rn. 161).

☝ Der (neue) **Verteidiger** kann in **eigener Verantwortung beurteilen**, ob er für die Erfüllung seiner Aufgabe hinreichend informiert und vorbereitet ist. Es ist grds. nicht Sache des Gerichts, dies zu überprüfen (BGH NStZ 2000, 212 m.w.N.). Seinen Aussetzungsantrag sollte der Verteidiger immer zumindest **hilfsweise** mit einem **Unterbrechungsantrag** verbinden, da das Gericht dann entweder aussetzen oder unterbrechen muss (BGH, a.a.O.). Kommt das Gericht dem Antrag nicht nach, bleibt dem (unvorbereiteten) Verteidiger keine andere Wahl, als die **HV** zu **verlassen** (s.a. *Stern* StV 2000, 406 in der Anm. zu BGH, a.a.O.). M.E. dürfen ihm, wenn die HV auszusetzen war, dann auch wegen fehlenden Verschuldens nicht gem. § 145 Abs. 3 die Kosten auferlegt werden (vgl. dazu unten Rn. 153 f.; *Stern*, a.a.O.).

Die **Verhinderung** des **Pflichtverteidigers**, der das Vertrauen des Angeklagten genießt, zwingt grds. nicht zur Aussetzung der HV. Das **Gericht** muss sich jedoch **bemühen** (Art. 6 Abs. 3 c MRK), einen mit dem Pflichtverteidiger abgestimmten **Termin** zur Fortsetzung der HV zu finden (BGH NJW 1992, 849).

Sind die Terminschwierigkeiten nicht behebbar, soll ggf. eine **Entpflichtung** des Verteidigers in Betracht kommen können (→ *Pflichtverteidiger, Entpflichtung während laufender Hauptverhandlung*, Rn. 654, 655; allgemein zu den Fragen der Entpflichtung *Burhoff*, EV, Rn. 1248 ff., 1636 ff.). Vorher sind aber erhebliche Bemühungen des Gerichts erforderlich. Der Vorsitzende muss versuchen, in Absprache mit dem Verteidiger einen anderen HV-Termin zu finden (OLG Frankfurt StV 1995, 11 m.w.N.).

153 **2. a)** Wird die **HV** nach § 145 Abs. 1 S. 2 oder Abs. 3 **ausgesetzt**, können dem **ausgebliebenen** (Pflicht-)**Verteidiger** gem. § 145 Abs. 4 die **Kosten** des Verfahrens auferlegt werden, wenn der Grund für die Aussetzung in einem pflichtwidrigen und prozessordnungswidrigen Verhalten des (alten) Verteidigers liegt (OLG Hamm NStZ 1983, 186; StV 1995, 514; OLG Köln StV 1997, 122 [Wahlverteidiger neben Pflichtverteidiger]; *Neuhaus* ZAP F. 22, S. 163 f. m.w.N.). Das gilt nicht nur, wenn der Verteidiger von Anfang an nicht an der HV teilnimmt, sondern auch, wenn er sich ohne wichtigen sachlichen Grund **entfernt**, sich **weigert** die Verteidigung zu führen (BGH StV 1993, 556) oder sich trotz mehrfacher Ermahnung **ungebührlich benimmt** und deshalb nicht weiterverhandelt werden kann (OLG Hamm NJW 1954, 1053; vgl. a. OLG Hamburg NStZ 1982, 171 f.; wegen der weiteren Einzelh. s. *Kleinknecht/Meyer-Goßner*, § 145 Rn. 16 ff. m.w.N.; *Neuhaus*, a.a.O.). Will der Verteidiger an der HV **nicht teilnehmen**, muss er das dem Gericht so **rechtzeitig mitteilen**, dass dieses noch einen anderen Pflichtverteidiger bestellen und dieser sich einarbeiten kann (OLG Düsseldorf MDR 1997, 693 [Mitteilung einen Tag vor der HV auch bei einer auf das Strafmaß beschränkten Berufung der StA nicht ausreichend]).

☝ Der Verteidiger muss die **Notwendigkeit** der Verteidigung **kennen**. Ist der Verteidiger zum Pflichtverteidiger bestellt, liegt das auf der Hand; liegt ein Fall des § 140 Abs. 1 vor, ergibt sich das zwanglos aus der Anklage. Ergibt sich die Notwendigkeit der Verteidigung hingegen „nur" aus der Schwere der Tat (§ 140 Abs. 2), kommt eine Kostenüberbürdung nur in Betracht, wenn ein gerichtlicher **Hinweis** auf die Notwendigkeit erfolgte (so wohl OLG Hamm StraFo 1997, 79; LG Berlin StV 1995, 295).

§ 145 Abs. 4 ist auf andere Fälle der Aussetzung **nicht entsprechend anwendbar** (OLG Nürnberg StV 1998, 584 m.w.N. [für Aussetzung der HV wegen nicht genügender Vorbereitung des erschienenen Verteidigers]; *Kleinknecht/Meyer-Goßner*, § 145 Rn. 18). § 145 Abs. 3 begründet nicht etwa einen allgemeinen Schadensersatzanspruch gegen den Verteidiger für ein von ihm pflichtwidrig verursachte Aussetzung der HV (KG NStZ-RR 2000, 189; s. dazu a. *Burhoff* ZAP F. 22 R, S. 172 f. [Verfahrenstipps] = http://www.burhoff.de/vtips/I_2001).

b) **Kein Verschulden** des Verteidigers liegt vor, **154**

- wenn er sich weigert, die Verteidigung wegen einer **prozessordnungswidrigen Anordnung** zu führen (BGHSt 10, 202, 207),
- wenn er sich weigert, die Verteidigung wegen einer Anordnung, deren **Zulässigkeit rechtlich** umstritten ist, zu führen (BayObLG NJW 1956, 390),
- wenn er die Verteidigung aus **Gewissensgründen** nicht führt (BGH StV 1981, 133),
- wenn er seine Verhinderung **rechtzeitig mitgeteilt** hat, darauf aber vom Vorsitzenden nichts veranlasst worden ist (OLG Hamm StV 1995, 514),
- wenn die durch ihn verursachte Störung der HV auch durch eine → ***Unterbrechung** der Hauptverhandlung*, Rn. 873, hätte beseitigt werden können (*Neuhaus*, a.a.O., m.w.N.),
- wenn die **Voraussetzungen** für eine **notwendige Verteidigung** nicht klar zu Tage getreten sind (OLG Hamm StraFo 1997, 79 m.w.N.),
- wenn der bisherige Pflichtverteidiger darauf Vertrauen darf, dass der vom Angeklagten **beauftragte Wahlverteidiger** den HV-**Termin wahrnimmt** (KG StV 2000, 406).

Das Verlassen der Sitzung aus Protest gegen eine prozessual in keiner Weise gedeckte Maßnahme des Gerichts ist nach überwiegender Ansicht wohl auch **nicht berufswidrig** (LR-*Lüderssen*, § 145 Rn. 36; *Neuhaus*, a.a.O., m.w.N.). Ein Pflichtverteidiger darf i.Ü. nur bei einem **Fehlverhalten** von **besonderem Gewicht**, nicht schon bei jedem unzweckmäßigen oder prozessordnungswidrigen Verhalten abberufen werden (OLG Nürnberg StV 1995, 287 m.w.N.; s.a. *Burhoff*, EV, Rn. 1248 ff.). Ist der Verteidiger **neben** einem **Pflichtverteidiger Wahlverteidiger**, trifft ihn die Pflicht, zur Sicherung des Verfahrens beizutragen, nicht in gleicher Weise (OLG Köln StV 1997, 122), d.h., er darf darauf vertrauen, der Pflichtverteidiger in der HV anwesend sein wird (s. zum umgekehrten Fall KG StV 2000, 406).

☝ Es empfiehlt sich unbedingt, die Maßnahme, die als Grund für die Weigerung, die Verteidigung zu führen, angegeben werden soll, zu **beanstanden** und so gem. **§ 238 Abs. 2** einen **Gerichtsbeschluss** herbeizuführen (*Neuhaus*, a.a.O.). Soll darauf später die Revision gestützt werden, ist dieser Gerichtsbeschluss unbedingt erforderlich.

155

2. Muster eines Aussetzungsantrags wegen Ausbleiben des Verteidigers

An das
Amtsgericht/Landgericht Musterstadt

In der Strafsache
gegen H. Muster
Az.: . . .

wird beantragt,

die Hauptverhandlung gem. § 145 Abs. 3 StPO auszusetzen bzw.

hilfsweise für 10 Tage zu unterbrechen (§ 229 StPO).

Der Vorsitzende hat mich heute, nachdem Rechtsanwalt Meier das Wahlmandat niedergelegt hat, zum Pflichtverteidiger des Angeklagten bestellt. Da ich mich zunächst in die umfangreichen Verfahrensakten einarbeiten und mit dem Angeklagten besprechen muss, ist die Hauptverhandlung auszusetzen.

Rechtsanwalt

Siehe auch: → *Anwesenheit des Verteidigers in der Hauptverhandlung,* Rn. 87, → *Ausbleiben des Verteidigers,* Rn. 117, → *Ladung des Verteidigers,* Rn. 595, mit Antragsmuster, Rn. 600, → *Verhinderung des Verteidigers,* Rn. 982.

156

Aussetzung wegen fehlender Akteneinsicht

Literaturhinweise: ***Burhoff***, Das Akteneinsichtsrecht des Verteidigers im Strafverfahren nach § 147 StPO, ZAP F. 22, S. 345.

1. Der Verteidiger hat nach § 147 ein **umfassendes** Recht auf **Akteneinsicht** (vgl. allgemein zu den Fragen der Akteneinsicht im Ermittlungsverfahren *Burhoff*, EV, Rn. 55 ff. m.zahlr.w.N. aus der Lit.; ders. ZAP F. 22, S. 345 ff.). Wird dem Verteidiger vor der HV nicht rechtzeitig und/oder nicht ausreichend Akteneinsicht gewährt und konnte er deshalb die HV nicht genügend vorbereiten, muss er ggf. noch zu **Beginn** der HV die **Aussetzung** wegen fehlender Akteneinsicht **beantragen**. In Betracht kommt eine Aussetzung auch, wenn **während** der laufenden **HV weitere Beweismittel** auftauchen, die von den Ermittlungsbehörden nur so zögerlich zur Verfügung gestellt werden, so dass der Angeklagte keine Verteidigungslinie aufbauen kann (LG Koblenz StraFo 1996, 156). Entsprechendes gilt, wenn in Ermittlungsakten in Niederschriften über die Vernehmung von Zeugen mehrere Seiten fehlen, weshalb nicht deutlich wird, ob eine vernommene Person als Beschuldigter oder Zeuge vernommen worden ist (LG Koblenz StV 1997, 238).

☝ Der Verteidiger darf sich **nicht** mit dem Angebot, die Akten kurz vor der HV auf der **Geschäftsstelle** einsehen zu können, zufrieden geben (s.a. *Malek*, Rn. 123). Er darf auch auf keinen Fall überhaupt **ohne Kenntnis** der Akten in die HV gehen. Er muss immer gegenüber dem Gericht auf einer ausreichenden Vorbereitungszeit bestehen (*Burhoff* StV 1997, 433 [Verteidigerfehler]).

Wird der **Aussetzungsantrag abgelehnt**, kann der Verteidiger dies später mit der **Revision** als eine Beschränkung der Verteidigung i.S.d. § 338 Nr. 8 rügen (KG StV 1982, 10; s.a. BGH NStZ 2000, 212). Er muss aber, wenn der Vorsitzende allein entschieden hat, gem. **§ 238 Abs. 2** einen **Gerichtsbeschluss** herbeiführen (zu den Anforderungen an die Revisionsbegründung in diesen Fällen s. BGH NStZ 1996, 99).

2. Muster eines Aussetzungsantrags wegen fehlender Akteneinsicht

157

An das
Amtsgericht/Landgericht Musterstadt

In der Strafsache
gegen H. Muster
Az.: . . .

wird namens und in Vollmacht des Angeklagten beantragt,

die Hauptverhandlung wegen fehlender Akteneinsicht auszusetzen.

Ich habe mich mit Schriftsatz vom . . . zum Verteidiger des Angeklagten bestellt und um Akteneinsicht gebeten. Diese ist bisher nicht gewährt worden. Damit war eine ordnungsgemäße Vorbereitung des Termins, zu dem auch eine Erörterung des Akteninhalts mit meinem Mandanten gehört, nicht möglich. Deshalb muss die heutige Hauptverhandlung ausgesetzt werden. Sollte sie dennoch stattfinden, läge darin eine unzulässige Beschränkung der Verteidigung nach § 338 Nr. 8 StPO.

Rechtsanwalt

Siehe auch: → *Akteneinsicht für den Verteidiger während der Hauptverhandlung,* Rn. 80, → *Aussetzung der Hauptverhandlung, Allgemeines,* Rn. 149, m.w.N.

158 Aussetzung wegen Nichteinhaltung der Ladungsfrist

Angeklagter und Verteidiger sind nach den §§ 217, 218 unter Einhaltung einer **einwöchigen** Ladungsfrist zur Hauptverhandlung zu laden. Wird diese Frist nicht eingehalten, können sowohl der Angeklagte als auch der Verteidiger die Aussetzung der Hauptverhandlung beantragen. Wegen der Einzelheiten, auch wegen des **Musters** eines **Aussetzungsantrages**, → *Ladung des Angeklagten*, Rn. 590, und → *Ladung des Verteidigers*, Rn. 595.

☝ Informiert der Verteidiger das Gericht nicht rechtzeitig über die ihm bekannte **neue Anschrift** des **Angeklagten**, so dass dieser nicht mehr unter Einhaltung der Ladungsfrist zur HV geladen werden kann, können dem (Pflicht-)Verteidiger nicht die durch die deshalb erforderliche Aussetzung der HV entstandenen Kosten auferlegt werden. Dies ist kein Fall des § 145 Abs. 3 (KG StV 2000, 406). Der Überbürdung der Kosten dürfte zudem die anwaltliche Schweigepflicht entgegenstehen (→ *Aussetzung wegen Ausbleiben des (notwendigen) Verteidigers*, Rn. 153 f.).

158a Aussetzung wegen nicht mitgeteilter Anklageschrift

1. Nach § 201 Abs. 1 S. 1 **muss** dem Angeschuldigten die Anklageschrift **mitgeteilt** werden (zur Mitteilung der Anklageschrift mit Setzung einer Erklärungsfrist s. *Burhoff*, EV, Rn. 822). Das dient der Gewährung rechtlichen Gehörs, um dem Angeschuldigten genügend Informationen zur Vorbereitung seiner Verteidigung zu geben. Einem **ausländischen Angeklagten** muss die Anklageschrift mit einer **Übersetzung** in eine ihm verständliche Sprache vor der Hauptverhandlung mitgeteilt werden (OLG Düsseldorf StV 2001, 498). Das ist zwingend (zur Übersetzung der Anklageschrift s.a. *Burhoff*, EV, Rn. 1662).

☝ Diese Mitteilung der Anklageschrift kann **nicht** durch deren **Verlesung** in der HV **ersetzt** werden (BGH MDR 1978, 111 [H]; OLG Celle StV 1998, 531). Bei einem ausländischen Angeklagten bedeutet dies, dass eine Übersetzung der Anklageschrift in der HV durch einen dort anwesenden Dolmetscher nicht ausreicht.

158b **2.** Es ist deshalb **allgemein anerkannt**, dass ein Angeklagter, dem die Anklageschrift nicht mitgeteilt worden ist, die **Aussetzung** der HV verlangen kann, um seine Verteidigung genügend vorbereiten zu können (BGH, a.a.O.; NStZ 1982, 125; OLG Celle, a.a.O.; *Kleinknecht/Meyer-Goßner*, § 201 Rn. 9; KK-*Tolksdorf*, § 201 Rn. 5).

☝ Ein entsprechender **Aussetzungsantrag** wird auch i.d.R. Erfolg haben, da wegen der wichtigen Funktion der Anklageschrift das dem Gericht nach § 265 Abs. 4 eingeräumte **Ermessen** auf **Null** reduziert ist (OLG Celle, a.a.O.). Deshalb ist, wenn der Antrag abgelehnt wird, die Revision i.d.R. begründet (zu den Anforderungen an die entsprechende Verfahrensrüge s. OLG Celle, a.a.O.).

Der Verteidiger muss aber in der HV einen Aussetzungsantrag **stellen** (OLG Düsseldorf StV 2001, 498). Stellt der Verteidiger diesen nicht, wird man i.d.R. davon ausgehen können, dass auf den Antrag **verzichtet** worden ist (BGH NStZ 1982, 125; so wohl a. OLG Düsseldorf a.a.O.). Das gilt allerdings nicht für den nicht verteidigten Angeklagten (OLG Düsseldorf, a.a.O.).

Zweifel an der Mitteilung der Anklageschrift gehen i.Ü. nicht zu Lasten des Angeklagten, wenn das Gericht anstelle der gebotenen Zustellung nur eine formlose Übersendung der Anklageschrift an den Angeklagten verfügt hat (OLG Celle StV 1998, 531).

Siehe auch: → *Aussetzung der Hauptverhandlung, Allgemeines,* Rn. 149, m.w.N.

Aussetzung wegen veränderter Sach-/Rechtslage

159

In den Fällen der veränderten Sach-/Rechtslage (vgl. dazu → *Hinweis auf veränderte Sach-/Rechtslage*, Rn. 551) kann, ggf. muss der Verteidiger für den Angeklagten einen **Aussetzungsantrag** stellen. Dabei ist Folgendes zu beachten:

1. In den Fällen des **§ 265 Abs. 1 und 2** – Anwendung eines anderen Strafgesetzes und Änderungen im Rechtsfolgenausspruch wegen Hervortretens straferhöhender oder Sicherungsmaßregeln rechtfertigender Umstände – hat der Angeklagte unter den Voraussetzungen des § 265 Abs. 3 einen **Rechtsanspruch** auf Aussetzung, nach § 384 Abs. 3, jedoch **nicht** im **Privatklageverfahren**. Erforderlich ist, dass es sich um **in** der **HV neu hervorgetretene** Umstände handelt, die also erst in der HV zum Vorschein gekommen sind, und die die Anwendung eines anderen oder schärferen Strafgesetzes zulassen. Zieht das Gericht dagegen aus einem gleich gebliebenen Sachverhalt nur andere Schlüsse und gelangt es dadurch zu anderen Feststellungen, kommt lediglich eine Aussetzung nach § 265 Abs. 4 in Betracht (vgl. dazu u. Rn. 161). Ein Rechtsanspruch besteht auch nicht, wenn es sich nur um ein neues Beweismittel handelt (RGSt 52, 249 ff.; LR-*Gollwitzer*, § 265 Rn. 87).

160 ☝ In seinem **Aussetzungsantrag** muss der Angeklagte die **neu hervorgetretenen** Umstände mit der Behauptung **bestreiten**, auf die Verteidigung nicht genügend vorbereitet zu sein (vgl. dazu u. das Antragsmuster, Rn. 162). Ob das zutrifft, darf das Gericht nach allgemeiner Meinung nicht überprüfen (*Kleinknecht/Meyer-Goßner*, § 265 Rn. 36). Es kann aber abweichend vom Angeklagten der Auffassung sein, die neu hervorgetretenen Umstände rechtfertigten die Anwendung des anderen Strafgesetzes – nun doch – nicht. Dann wird der Angeklagte zwar keine Aussetzung der HV erreichen, auf dem Weg über den Aussetzungsantrag aber vorab zur rechtlichen Beurteilung durch das Gericht einiges erfahren. Deshalb ist dem Verteidiger **auf jeden Fall** zu raten, den **Aussetzungsantrag** zu stellen.

Die Antragstellung ist auch unter **revisionsrechtlichen Gesichtspunkten** von Bedeutung. I.d.R wird das Urteil nämlich auf einem Verstoß gegen § 265 Abs. 1 und 2 beruhen (zur Beruhensfrage s. u.a. BGH NStZ 1995, 247; StV 1996, 82, jeweils m.w.N.). Etwas anderes gilt, wenn der Angeklagte auch nach einem entsprechenden Hinweis eine andere Verteidigungsmöglichkeit nicht gehabt hätte (BGH, a.a.O.). Das Revisionsgericht prüft die Ablehnung des Aussetzungsantrags unter dem Gesichtspunkt des § 338 Nr. 8 (zum revisionsrechtlich erforderlichen Vortrag s.a. *Kleinknecht/Meyer-Goßner*, § 265 Rn. 46; KK-*Hürxthal*, § 265 Rn. 32 ff.; zur Frage, ob das Gericht den Angeklagten ggf. über sein Recht, die Aussetzung der HV verlangen zu können, belehren muss, s. BGH StV 1998, 252 [für verteidigten Angeklagten verneint]).

161 **2.** In den Fällen der **veränderten Sach**- oder **Verfahrenslage** besteht nach § 265 Abs. 4 **kein Anspruch** auf Aussetzung. Das Gericht kann aber von Amts wegen oder auf Antrag das Verfahren aussetzen, wenn dies zur genügenden Vorbereitung der Verteidigung **angemessen** erscheint. In seinem Antrag muss der Verteidiger im Einzelnen begründen, warum die Vorbereitung der Verteidigung die Aussetzung erfordert (zur Wiedereinbeziehung nach §§ 154, 154a ausgeschiedener Taten oder Tatteile → *Einstellung des Verfahrens nach § 154 bei Mehrfachtätern,* Rn. 399).

☝ Das gilt vor allem, wenn die Aussetzung wegen **Verteidigerwechsels** beantragt wird. Der Verteidiger muss dann konkret darlegen, warum er nicht genügend vorbereitet ist. Hat bereits ein Teil der Beweisaufnahme stattgefunden muss er **besondere Sorgfalt** auf die Begründung verwenden, warum diese ggf. in seiner Anwesenheit zu wiederholen ist. Das kann z.B. der Fall sein, wenn es sich bei einem schweren Anklagevorwurf um die Vernehmung des Hauptbelastungszeugen handelt (vgl. einerseits die Fallgestaltung bei BGH NJW 2000, 1350, andererseits aber auch BGH NStZ-RR 2002, 270).

Über die Aussetzung entscheidet das **Gericht** nach pflichtgemäßem Ermessen, nicht der Vorsitzende allein, ggf. kann eine → ***Unterbrechung* der *Hauptverhandlung***, Rn. 873, genügen. Maßgebend ist hier, ob die Gewährleistung eines fairen Verfahrens und die Fürsorgepflicht die Aussetzung gebieten (BGHSt 8, 92, 96 f.; BayObLG VRS 63, 279; OLG Düsseldorf StV 1997, 238). Entscheidend sind die Umstände des Einzelfalls (BGH NJW 2000, 1350; NStZ-RR 2002, 270).

☝ Hat nicht das Gericht entschieden, sondern der Vorsitzende allein eine nur kurze Unterbrechung der HV angeordnet, muss der Verteidiger diese Maßnahme nach **§ 238 Abs. 2** beanstanden und damit einen **Gerichtsbeschluss** herbeiführen (zur Beruhensfrage in diesen Fällen BGH NStZ-RR 2002, 270).

3. Muster eines Aussetzungsantrags

162

An das

Amtsgericht/Landgericht Musterstadt

In der Strafsache
gegen H. Muster

Az.: . . .

wird beantragt,

die Hauptverhandlung nach § 265 Abs. 3 StPO auszusetzen.

Nach der Anklage soll der Angeklagte Beihilfe zum Diebstahl des M. dadurch begangen haben, dass er diesem, nachdem er ihn zufällig am Tatort getroffen hatte, beim Abtransport der Beute geholfen hat. Nunmehr soll er nach dem vom Gericht erteilten rechtlichen Hinweis in Mittäterschaft gehandelt haben, da der Abtransport bereits vorher mit dem M. abgesprochen gewesen sein soll.

Der Angeklagte bestreitet die neu hervorgetretenen Umstände, er ist insoweit auf die Verteidigung nicht genügend vorbereitet. Für eine neue Hauptverhandlung wird er Zeugen dafür benennen, dass er die Tat mit M. nicht geplant haben kann, weil er mehrere Wochen vor der Tat wegen Urlaubs ortsabwesend gewesen und erst kurz vor dem Zusammentreffen mit M. aus dem Urlaub zurückgekommen ist.

Rechtsanwalt

Siehe auch: → *Aussetzung der Hauptverhandlung, Allgemeines,* Rn. 149, m.w.N.

163 Aussetzung wegen verspäteter Namhaftmachung geladener Beweispersonen

1. Nach § 222 Abs. 1 hat das Gericht bzw. die StA, wenn sie nach § 214 Abs. 3 unmittelbar geladen hat, die geladenen Zeugen und Sachverständigen dem Angeklagten **rechtzeitig vor** der HV namhaft zu machen. Das Gleiche gilt, für die Bekanntgabe von (neuen) **Beweistatsachen**, deren Bedeutung für das Verfahren vorher nicht erkennbar war. Bekanntzumachen sind sämtliche zur HV geladenen Zeugen, auch wenn sie bereits in der Anklageschrift aufgeführt sind (BGH StV 1982, 457; OLG Hamm NJW 1996, 534 m.w.N. [für das Bußgeldverfahren]).

164 **2.** Ist die Namhaftmachung oder Bekanntgabe **verspätet** erfolgt, kann der Angeklagte nach § 246 Abs. 2 – 4 einen **Aussetzungsantrag** stellen. Verspätete Bekanntgabe liegt auch vor, wenn die Erheblichkeit der Tatsache für das Verfahren erst nachträglich ersichtlich wird.

☝ § 246 Abs. 2 – 4 gelten **entsprechend** für **sachliche Beweismittel**, deren Vorhandensein den Beteiligten nicht rechtzeitig zur Kenntnis gebracht worden ist (OLG Hamm MDR 1975, 422; *Neuhaus* ZAP F. 22, S. 252). Er gilt i.Ü. auch nicht nur für die StA, sondern z.B. auch, wenn die **Nebenklage** Zeugen „stellt". **Mitangeklagte** können ggf. – bei entsprechender Prozesssituation – einen Aussetzungsantrag auf § 265 Abs. 4 stützen.

Über den Aussetzungsantrag entscheidet nach freiem/pflichtgemäßem Ermessen das Gericht, nicht der Vorsitzende allein (BGH MDR 1984, 278 [H]; OLG Stuttgart NStZ 1990, 356). Das **Gericht** hat dabei einen großen Spielraum (KK-*Herdegen,* § 246 Rn. 3) und muss nur Umstände von **verfahrensrechtlicher** Bedeutung beachten (BGH NJW 1990, 1124, 1125). Entscheidendes Anknüpfungskriterium ist die Aussage selbst und das Aussageverhalten des Zeugen (BGHSt 37, 1, 3; BGH, a.a.O.). Daher ist für eine Aussetzung kein Raum, wenn die Beweisperson bereits bekannt war (BGH StV 1982, 457) oder Nachforschungen nach ihr offensichtlich nicht nötig sind (BGH MDR 1984, 278 [H]) oder allgemein keine Umstände erkennbar sind, die ein Aussetzungsverlangen als begründet erscheinen lassen (BGH NJW 1990, 1124 [Wohnort eines Zeugen]; BGH NJW 1990, 1125 [Wohnanschrift eines Zeugen]).

165

☝ **Sinn** und **Zweck** des § 222 ist es, dem Angeklagten zu ermöglichen, die Glaubwürdigkeit und die sachliche Zuverlässigkeit der Aussage der Beweispersonen zu prüfen und etwaige Gegenbeweise anzubieten. Daraus und aus der Tatsache, dass § 246 Abs. 2 – 4 eine zeitliche Begrenzung nicht enthält, folgt:

☝ Der Verteidiger sollte, bevor er einen Aussetzungsantrag stellt, das Gericht um eine Pause/kurzfristige → ***Unterbrechung** der Hauptverhandlung*, Rn. 873, **bitten**, um mit dem Angeklagten die neue Prozesslage besprechen zu können. Dazu sollte er darauf drängen, dass von dem anderen Verfahrensbeteiligten ein konkreter **Beweisantrag** gestellt wird. Denn nur die genaue Kenntnis des Beweisthemas ermöglicht ihm eine **sachgerechte Beratung** des Mandanten. Allerdings kann das Gericht das „neue" Beweismittel im Rahmen seiner sich aus § 244 Abs. 2 ergebenden Aufklärungspflicht auch von Amts wegen berücksichtigen.

Ein ggf. in Erwägung gezogener Aussetzungsantrag nach § 246 Abs. 2 muss nicht vor Verwendung des Beweismittels oder sogleich nach dem Vorbringen der neuen Tatsache gestellt werden. Vielmehr kann der Verteidiger bis zum → ***Schluss der Beweisaufnahme***, Rn. 783, **warten**, um die gesamte Beweislage bei der Frage berücksichtigen zu können, ob der Aussetzungsantrag überhaupt sinnvoll ist (KK-*Herdegen*, § 246 Rn. 2; *Malek*, Rn. 125).

Gegen die Versagung der Aussetzung kann mit der **Revision** nur vorgegangen werden, wenn in der HV ein **Aussetzungsantrag gestellt**, also der Schutzzweck des § 246 Abs. 2 – 4 in Anspruch genommen worden ist (KK-*Herdegen*, § 246 Rn. 5). Da das Gericht über den Antrag „nach freiem Ermessen" entscheidet, empfiehlt es sich, den Aussetzungsantrag sorgfältig zu **begründen** und z.B. die Erkundigungen, die eingeholt werden sollen, mitzuteilen (*Malek*, Rn. 126).

☝ Ein wirksamer Aussetzungsantrag liegt nicht vor, wenn der Verteidiger **nur** gegen die Verwendung des neuen Beweismittels **protestiert** (*Kleinknecht/Meyer-Goßner*, § 246 Rn. 3).

166 **3.** An Stelle einer Aussetzung kann durch den Vorsitzenden auch die → ***Unterbrechung der Hauptverhandlung***, Rn. 873, angeordnet werden (zur Abwägung s. OLG Düsseldorf StV 1997, 282).

Hält der Verteidiger das für nicht ausreichend, muss er nach **§ 238 Abs. 2** das **Gericht anrufen**. Im Antrag ist im Einzelnen zu begründen, warum eine Unterbrechung der HV nicht ausreicht.

Siehe auch: → *Aussetzung der Hauptverhandlung, Allgemeines,* Rn. 149, m.w.N.

167 Aussetzung wegen Verteidigerausschluss

Literaturhinweise: ***Burhoff,*** Ausschluss des Verteidigers im Strafverfahren, ZAP F. 22, S. 361.

1. Nach §§ 138a ff. kann ein Verteidiger von der Mitwirkung im Verfahren ausgeschlossen werden. Die damit zusammenhängenden Fragen, so z.B. die Ausschließungsgründe, das Verfahren u.a., sind eingehend dargestellt bei *Burhoff*, EV, Rn. 1905 ff. m.zahlr.w.N. aus der Lit. sowie bei *Burhoff* ZAP F. 22, S. 361 ff. Auf sie soll hier nicht näher eingegangen werden. Hier soll nur auf die sich aus einem Verteidigerausschluss während laufender HV ergebenden **verfahrensrechtlichen Auswirkungen** hingewiesen werden.

168 **2.** Über die Ausschließung des Verteidigers entscheidet nach § 138c Abs. 1 das OLG, dem nach Erhebung der Anklage das zuständige Gericht die Sache vorlegt (zum Verfahren *Burhoff*, EV, Rn. 1925 ff.). Wird der dazu erforderliche **Vorlegungsbeschluss während** der laufenden **HV** erlassen, darf diese gem. § 138c Abs. 4 **nicht fortgesetzt** werden. Die HV ist vielmehr – zugleich mit dem Erlass des Vorlegungsbeschlusses – bis zur rechtskräftigen Entscheidung über den Verteidigerausschluss zu unterbrechen oder auszusetzen.

Das gilt auch, wenn der Angeklagte noch **andere Verteidiger** hat (KK-*Laufhütte*, § 138c Rn. 22).

Für die **Unterbrechungsfrist** gelten die allgemeinen Regeln, so dass die Unterbrechung gem. § 229 höchstens **30 Tage** dauern darf (→ *Unterbrechung der Hauptverhandlung*, Rn. 873).

Wird innerhalb dieser Frist über den Verteidigerausschluss vom OLG **entschieden**, kann die HV fortgesetzt werden. Es gilt:

- Hat das OLG den **Ausschluss** des Verteidigers **abgelehnt**, kann dieser den Angeklagten weiter verteidigen.
- Ist der **Verteidiger** hingegen **ausgeschlossen** worden, scheidet er als Verteidiger aus. Die HV darf in diesem Fall nur fortgesetzt werden, wenn die Verteidigung des Angeklagten durch mit der Sache **vertraute Verteidiger fortgeführt** werden kann (KK-*Laufhütte*, § 138c Rn. 22). Anderenfalls muss die HV ausgesetzt und neu begonnen werden. Die ordnungsgemäße Verteidigung muss das Gericht ggf. schon während des Ausschlussverfahrens sicherstellen, indem es dem Angeklagten einen (weiteren) Verteidiger bestellt.

Siehe auch: → *Pflichtverteidiger, Bestellung in der Hauptverhandlung,* Rn. 643.

B

Bedingter Beweisantrag 169

Literaturhinweise: ***Brause***, Faires Verfahren und Effektivität im Strafprozeß, NJW 1992, 2865; ***R.Hamm***, Wert und Möglichkeiten der Früherkennung richterlicher Beweiswürdigung durch den Strafverteidiger, in: Festgabe für *Karl Peters*, 1984, S. 169; ***Michalke***, Noch einmal: „Hilfsbeweisantrag – Eventualbeweisantrag – Bedingter Beweisantrag", StV 1990, 184; ***Schlothauer***, Hilfsbeweisantrag – Eventualbeweisantrag – bedingter Beweisantrag, StV 1988, 542; ***Niemöller***, Bedingte Beweisanträge im Strafverfahren, JZ 1992, 884; ***Widmaier***, Der Hilfsbeweisantrag mit „Bescheidungsklausel", in: Festschrift für *Salger*, 1995, S. 421; s.a. die Hinw. bei → *Beweisantragsrecht, Allgemeines*, Rn. 302.

169a **1.** Es ist **zulässig**, einen Beweisantrag unter einer Bedingung zu stellen (s. die Definition bei → *Beweisantrag*, Rn. 255, m.w.N.). Auch ein bedingter Beweisantrag ist somit ein Beweisantrag i.e.S., für den die allgemeinen Zulässigkeitsvoraussetzungen gelten. Daher müssen **Beweismittel** und **Beweisthema** bestimmt behauptet werden (vgl. hierzu → *Beweisantrag, Inhalt*, Rn. 295).

Das Gericht ist beim bedingten Beweisantrag an die **Zurückweisungsgründe** der **§§ 244, 245 gebunden**. Es kann den Beweisantrag also nicht aus einem anderen als den dort aufgeführten Ablehnungsgründen ablehnen (→ *Beweisantrag, Ablehnungsgründe*, Rn. 261; → *Präsentes Beweismittel*, Rn. 675).

170 **2.** Der bedingte Beweisantrag unterscheidet sich vom unbedingten Beweisantrag dadurch, dass der Antragsteller sein Beweisbegehren von einer für ihn noch **ungewissen Sach-** und **Rechtslage** abhängig macht (*Kleinknecht/Meyer-Goßner*, § 244 Rn. 22 m.w.N.; *Michalke* ZAP F. 22, S. 65 f.; *Schlothauer* StV 1988, 548; *Hamm/Hassemer/Pauly*, Rn. 58 ff.). Die Bedingung, von der die Beweiserhebung abhängig sein soll, kann **beliebig** gewählt werden.

Beispiele:

Bedingung kann sein,

- dass das Gericht von einer **bestimmten Beweislage** ausgeht, z.B. einem bereits vernommenen Zeugen Glauben schenkt (zuletzt BGH StV 1995, 98 m.w.N.; OLG Zweibrücken StV 1995, 347 f.) oder einem Antrag der StA auf Vernehmung eines Belastungszeugen nachgeht (BGHSt 29, 396),
- dass eine **bestimmte Prozesslage** eintritt, z.B. dass das Gericht die Zuziehung eines (weiteren) SV nicht für erforderlich hält oder die Vereidigung eines Zeugen beschließen wird (s.a. KK-*Herdegen*, § 244 Rn. 50),
- dass das Gericht die **Einlassung** des Angeklagten als **unwahr** ansieht (Beck-*Michalke*, S. 474),
- dass das Gericht volle oder (nur) verminderte **Schuldfähigkeit** des Angeklagten bejaht (BGH NJW 1988, 501; StV 1996, 529 f.) ,
- dass für das Gericht ein bestimmter **Umstand** von Bedeutung, **offenkundig**, unerheblich oder noch nicht erwiesen ist.

Vom → ***Hilfsbeweisantrag***, Rn. 545, **unterscheidet** sich der bedingte Beweisantrag dadurch, dass jener von einem unbedingten verfahrensabschließenden Hauptantrag abhängig gemacht und i.d.R. erst im → *Plädoyer des Verteidigers*, Rn. 665, gestellt wird (*Kleinknecht/Meyer-Goßner*, § 244 Rn. 22 m.w.N.). Beim **Eventualbeweisantrag** handelt es sich um einen bedingten Beweisantrag, der im Schlussvortrag des Verteidigers als → *Hilfsbeweisantrag*, Rn. 545, gestellt wird (BGH StV 1990, 149; s.a. *Kleinknecht/Meyer-Goßner*, § 244 Rn. 22 b m.w.N.; KK-*Herdegen*, § 244 Rn. 50).

171 **3.** Der bedingte Beweisantrag führt in der Praxis ein Schattendasein. Das ist angesichts der Tatsache, dass er für den Verteidiger ein wichtiges Instrument bei seinen Bemühungen darstellt, ggf. möglichst **frühzeitig** die gerichtliche **Beweiswürdigung** zu **erkennen,** unverständlich (Beck-*Michalke*, S. 472; s.a. KK-*Herdegen*, § 244 Rn. 50a [lästige Alternative für das Gericht]).

☝ Aus der Art und Weise der Bescheidung seines Antrags kann der Verteidiger nämlich meist folgende **Rückschlüsse** ziehen (s. *Michalke* ZAP F. 22, S. 66 f.; R. *Hamm*, S. 169 [Instrument der Früherkennung]):

- **Übergeht** das Gericht den bedingten **Beweisantrag** und hat es ihn bis zum Ende der Beweisaufnahme nicht aufgegriffen, kann der Verteidiger i.d.R. davon ausgehen, dass das Gericht bei seiner abschließenden Beweiswürdigung auch tatsächlich den **Eintritt** der **Bedingung nicht annimmt** (zur Ausnahme s.u. Rn. 172).

- Das Gericht kann die Bedingung, an die der Beweisantrag geknüpft ist, übergehen, den bedingten **Beweisantrag** in einen **unbedingten umdeuten** und den beantragten Beweis erheben. Damit erfährt der Verteidiger zwar nichts darüber, was das Gericht über die Bedingung denkt, aus dieser Reaktion wird er aber schließen dürfen, dass das Gericht jedenfalls **noch Aufklärungsbedarf** sieht. Dies kann für den Verteidiger Anlass sein, weitere (Entlastungs-) Beweisanträge zu stellen.

- **Weist** das **Gericht** den bedingten Beweisantrag auf der Grundlage der Ablehnungsgründe der §§ 244, 245 **zurück** (s.o. Rn. 169a), bedeutet das im Allgemeinen ein starkes **Indiz** dafür, dass das Gericht vom **Eintritt** der **Bedingung** ausgeht. Denn wenn es die Beweiserhebung nicht vornehmen wollte, könnte es den Beweisantrag einfach unberücksichtigt lassen, wenn es den Nichteintritt der Bedingung annimmt.

172 **4.** Fraglich ist, **wann** das Gericht die **Gründe** für die Ablehnung **bekannt** geben muss. Die **Lit**. ging bislang überwiegend davon aus, dass die Gründe für die Ablehnung des bedingten Beweisantrages **nicht erst** mit den **Urteilsgründen** bekannt gegeben werden dürfen (vgl. KK-*Herdegen*, 3. Aufl., § 244 Rn. 49; Beck-*Michalke*, S. 473; dies., ZAP F. 22, S. 66 f.; *Schlothauer* StV 1988, 546 ff.; *Brause* NJW 1992, 2868; *Hamm/Hassemer/Pauly*, Rn. 67; a.A. *Kleinknecht/Meyer-Goßner*, § 244 Rn. 22, 44 a m.w.N.). Es deutet sich nunmehr jedoch eine **Änderung** an: Nach der neueren Rspr. des **BGH** soll nämlich kein Verfahrensbeteiligter eine zumindest teilweise Bekanntgabe der Urteilsgründe vor der Urteilsverkündung verlangen können (BGH NStZ 1991, 47), weshalb über einen bedingten Antrag auch erst im Urteil entschieden werden dürfe (vgl. auch BGH StV 1990, 149 [Bescheidung des Antrags kann erst im Urteil erfolgen, wenn der Antragsteller die Beweiserhebung von einem bestimmten Urteilsinhalt abhängig macht, über den erst bei der Urteilsberatung entschieden wird]; s.a. BGH NStZ; 1995, 98; StV 1996, 529 f.). Diese **Rspr.** ist in der Literatur z.T. kritisiert worden (vgl. *Michalke* StV 1990, 184 in der Anm. zu BGH StV 1990, 149; dies. ZAP, a.a.O.; Beck-*Michalke*, a.a.O.;

Scheffler NStZ 1991, 348; *Schlothauer* StV 1991, 349, jeweils in den Anm. zu BGH NStZ 1991, 47 s. auch noch BGH NStZ 1996, 562 [Hinweispflicht bei unzulänglich formuliertem Hilfsbeweisantrag]), sie hat aber auch Zuspruch gefunden (so *Kleinknecht/Meyer-Goßner*, § 244 Rn. 44a, und wohl auch KK-*Herdegen*, § 244 Rn. 50a; *Niemöller* JZ 1992, 889, 891; *Widmaier*, S. 430).

173 ☝ Trotz dieses Streites kann es sich m.E. für den Verteidiger noch immer empfehlen, einen bedingten Beweisantrag mit dem **Zusatz** zu versehen, dass auf die **Entscheidung** über den Eintritt der Bedingung vor der Urteilsverkündung **nicht verzichtet** werde (s.u. Antragsmuster). Hat er sein Beweisbegehren mit einer prozessualen Bedingung (Vereidigung eines Zeugen, Stattgeben eines bestimmten Beweisantrags der StA usw.) verknüpft, gilt auch nach der neueren Rspr. des BGH noch die o.a. alte Auffassung (Beck-*Michalke*, S. 473). Ist das Beweisbegehren mit dem Urteilsinhalt verknüpft (Glaubwürdigkeit eines Zeugen, Annahme einer bestimmten Tatbestandsalternative) ist das Gericht im Rahmen der prozessualen Fürsorge nach der (neueren) Rspr. zwar ggf. nicht mehr verpflichtet, bei Bedingungseintritt die Zurückweisung des bedingten Beweisantrages in der HV zu begründen (vgl. dazu *Kleinknecht/Meyer-Goßner*, § 244 Rn. 44a m.w.N. aus der (älteren) BGH-Rspr.). Es wird den Verteidiger aber zumindest von der **Unbeachtlichkeit** der sog. „Bescheidungsklausel" **unterrichten** und fragen müssen, ob er den bedingten Antrag aufrecht erhält oder die Bedingung fallen lässt (KK-*Herdegen*, § 244 Rn. 50a).

☝ Tut es das, sollte der Verteidiger m.E. nicht an der Bedingung festhalten, sondern den Beweisantrag noch einmal, nun aber **unbedingt** stellen (so auch Beck-*Michalke*, S. 473). Dann muss das Gericht vor der Urteilsverkündung über den Antrag entscheiden.

Soll der bedingte Beweisantrag wegen Verschleppungsabsicht abgelehnt werden, muss m.E. ebenso wie beim → *Hilfsbeweisantrag*, Rn. 545, eine Bescheidung – wie bisher – auf jeden Fall in der HV erfolgen, damit der Verschleppungsvorwurf entkräftet werden kann (*Kleinknecht/Meyer-Goßner*, a.a.O., m.w.N. zur insoweit übereinstimmenden Meinung in Rspr. und Lit. für den Hilfsbeweisantrag).

5. Muster eines bedingten Beweisantrags

174

An das
Amtsgericht/Landgericht Musterstadt

In der Strafsache
gegen H. Muster
Az.: . . .

wird für den Fall, dass das Gericht den Angaben der in der HV bereits vernommen Zeugen A. und B. nicht glauben sollte, noch beantragt,

Herrn C., Musterstadt, Musterweg, als Zeugen zu der Tatsache zu vernehmen,

dass der Angeklagte am Tatabend zwischen 20.00 Uhr und 23.00 Uhr die Gaststätte „Zum goldenen Stern" in Ascheberg nicht verlassen hat. Er hat dort nicht nur mit den Zeugen A. und B., sondern auch mit dem ihm bis dahin nicht bekannten Herrn C., der an diesem Abend in Ascheberg im Hotel „Zum goldenen Stern" übernachtet hat, Karten gespielt.

Ich weise ausdrücklich darauf hin, dass, wenn das Gericht vom Eintritt der Bedingung ausgeht, auf eine Entscheidung über den Antrag vor der Urteilsverkündung nicht verzichtet wird. Sollte eine entsprechende Mitteilung vor der Urteilsverkündung nicht erfolgen, gehe ich davon aus, dass das Gericht den Nichteintritt der Bedingung annimmt und die Zeugen A. und B. für glaubwürdig hält.

Ich gehe außerdem davon aus, dass das Gericht mich unterrichten wird, wenn es eine Bescheidung vor Urteilsverkündung nicht als erforderlich ansieht (Herdegen in Karlsruher Kommentar zur StPO, 4. Aufl., 1999, § 244 Rn. 50a a.E.).

Rechtsanwalt

Siehe auch: → *Beweisantragsrecht, Allgemeines*, Rn. 303a, m.w.N.

Befangenheit, Ablehnung

174a

Besteht die Besorgnis der „Befangenheit" des Richters, kommt seine Ablehnung nach § 24 in Betracht. Die damit zusammenhängenden Fragen sind dargestellt beim **Ablehnungsrecht.**

Siehe auch: → *Ablehnung eines Richters, Allgemeines,* Rn. 4 m.w.N., → *Ablehnungsgründe, Befangenheit,* Rn. 32, → *Ablehnungsverfahren,* Rn. 46, mit Antragsmuster, → *Ablehnungszeitpunkt,* Rn. 52, → *Ablehnung von Schöffen,* Rn. 58.

Befragung des Angeklagten

175

Literaturhinweise: s. die Hinw. bei → *Vernehmung des Angeklagten zur Sache*, Rn. 1037.

1. Für die Befragung des Angeklagten während der → *Vernehmung des Angeklagten zur Sache*, Rn. 1037, gelten die allgemeinen Ausführungen zum Fragerecht entsprechend (→ *Fragerecht, Allgemeines*, Rn. 490, m.w.N.). I.d.R. erhält der Verteidiger das Fragerecht – nach dem StA – unmittelbar nach der Einlassung des Angeklagten zur Sache (s.a. BGH NStZ 1996, 324 [K]).

Der Verteidiger muss darauf achten, dass seinem Mandanten weder vom Gericht noch vom StA oder einem anderen frageberechtigten Verfahrensbeteiligten **unzulässige Fragen** gestellt werden. Das gilt besonders für die (direkte) Befragung des Angeklagten durch den Verteidiger eines Mitangeklagten, die zulässig ist (→ *Fragerecht des Verteidigers, Allgemeines*, Rn. 497).

☝ Unzulässige Fragen (→ *Zurückweisung einzelner Fragen des Verteidigers*, Rn. 1208) muss der Verteidiger **rügen**. Er kann allerdings nicht die gesamte Vernehmung beanstanden, sondern muss vielmehr für **jede einzelne** unzulässige Frage nach **§§ 242, 238 Abs. 2** einen Gerichtsbeschluss erwirken, was im → *Protokoll der Hauptverhandlung*, Rn. 713, vermerkt werden muss.

176 **2.** Von besonderer Bedeutung für die Verteidigung ist die **Befragung** des Angeklagten **durch** seinen eigenen **Verteidiger**. Dabei muss der Verteidiger Folgendes beachten (vgl. zu allem *Dahs*, Rn. 517 ff.):

- Die Befragung des Angeklagten muss der Verteidiger dazu nutzen, um die richterliche und/oder staatsanwaltschaftliche Vernehmung zu **ergänzen**, um Lücken zu **schließen**, um Widersprüche zu **klären** und Unklarheiten zu **beseitigen**.
- Der Verteidiger muss **Suggestivfragen** möglichst vermeiden, um die Antwort des Angeklagten nicht zu entwerten.
- Der Verteidiger kann und ggf. muss er den Angeklagten auf Umstände ansprechen, die noch nicht Gegenstand der HV gewesen sind, die ihm aber sein Mandant bei der → *Vorbereitung der Hauptverhandlung,* Rn. 1144, **anvertraut** hat.
- Der Verteidiger muss darauf achten, vom Vorsitzenden bei der Befragung des Angeklagten **nicht unterbrochen** zu werden, da das den Verteidigungsplan erheblich stören kann. Ggf. muss er eine Unterbrechung durch einen Antrag nach **§ 238 Abs. 2 beanstanden** (s. dazu jetzt BGH NStZ 1997, 198).

177 Belehrung des Angeklagten

Literaturhinweise: ***Dencker***, Belehrung des Angeklagten über sein Schweigerecht und Vernehmung zur Person, MDR 1975, 359; ***Gillmeister***, Die Hinweispflicht des Tatrichters, StraFo 1998, 8; ***Schünemann***, Die Belehrungspflichten der §§ 243 Abs. 4, 136 n.F. StPO und der BGH, MDR 1969, 101; s.a. die Hinw. bei → *Vernehmung des Angeklagten zur Person*, Rn. 1034.

1. Nach der → *Verlesung des Anklagesatzes*, Rn. 989, muss der **Vorsitzende** gem. § 243 Abs. 4 S. 1 den Angeklagten über sein Recht, die Aussage zu verweigern, belehren. Die Belehrung ist in der HV unabhängig davon erforderlich, dass der Angeklagte zuvor bereits im Ermittlungsverfahren bei der Polizei und/oder

der StA bereits (ggf. mehrfach) belehrt worden ist. Die Belehrung ist auch dann notwendig, wenn die HV ausgesetzt war (vgl. aber BGH NStZ 1983, 210 -Pf/M- [für ein Verfahren, in dem zum dritten Mal vor dem Schwurgericht verhandelt wurde]).

☝ Bei der richterlichen Belehrung über das Recht zur Äußerung oder zum Schweigen muss der Verteidiger darauf achten, ob der Angeklagte den **Hinweis verstanden** hat. Es empfiehlt sich, dem Mandanten den Hinweis bereits bei der → *Vorbereitung der Hauptverhandlung*, Rn. 1144, zu **erläutern**. Will der Mandant zur Sache nicht aussagen, muss der Verteidiger darauf achten, dass der Angeklagte durch Hinweise des Gerichts über Nachteile oder Unzweckmäßigkeit des Schweigens nicht **verwirrt** wird. Solchen Hinweisen muss er entgegentreten, da es allein die Entscheidung des Angeklagten ist, ob er sich zur Sache einlässt oder nicht.

☝ Häufig wird vom Vorsitzenden in die Belehrung des Angeklagten mit aufgenommen, dass das Schweigen des Angeklagten nicht zu seinem Nachteil verwertet werden dürfe (vgl. z.B. BGHSt 34, 324; → *Vorbereitung der Hauptverhandlung*, Rn. 1150; s.a. *Burhoff*, EV, Rn. 633 ff.). M.E. sollte, wenn der Angeklagte schon über die Belehrungspflicht des § 243 Abs. 4 S. 1 hinaus belehrt wird, er dann aber auch darüber belehrt werden, dass aus (nur) **teilweisem Schweigen nachteilige Schlüsse** gezogen werden können (dazu BGHSt 20, 298; 32, 140, 145 m.w.N.; *Gillmeister* StraFo 1997, 11). Tut der Vorsitzende das nicht, sollte der Verteidiger seinen **Mandanten** darauf (nochmals) **hinweisen**.

178 2. Für die **Revision** gilt: Bei der Pflicht zur Belehrung handelt es nicht um eine bloße Ordnungsvorschrift, so dass auf das Unterlassen des Hinweises die Revision gestützt werden kann (zur Lehre von den erfolglos verletzbaren Ordnungsvorschriften und der daran geübten Kritik s. *Kleinknecht/Meyer-Goßner*, § 337 Rn. 4 m.w.N., § 344 Rn. 39). Das Urteil beruht aber nicht auf dem Verstoß, wenn der Angeklagten sein Schweigerecht gekannt hat (BGH NStZ-RR 2000, 290 [K]; im Ergebnis ebenso BGHSt 25, 325, 331; zum erforderlichen Umfang der Darlegungen in der Revision *Kleinknecht/Meyer-Goßner*, a.a.O., m.w.N.).

Siehe auch: → *Vernehmung des Angeklagten zur Sache*, Rn. 1037.

178a Berufung, Allgemeines

Literaturhinweise: ***Basdorf***, Reform des Instanzenzuges in Strafsachen, in: Festschrift für *Geiß*, S. 31; ***Becker/Kinzig***, Von Berufungsköchen und Eingangsgerichten – Neues Rechtsmittelsystem für die Strafjustiz?, ZRP 2000, 321; ***Bloy***, Die Ausgestaltung der Rechtsmittel im deutschen Strafprozeß, JuS 1986, 585; ***Hegmann***, Zuständigkeitsänderungen im strafgerichtlichen Berufungsverfahren, NStZ 2000, 574; ***Kintzi,*** Rechtsmittelreform in Strafsachen – eine unendliche Geschichte?, in: Festschrift für *Rieß*, S. 225; ***Kudlich***, Aktuelle Probleme der strafprozessualen Berufung, JA 2000, 588; s.a. die Hinw. bei → *Rechtsmittel, Allgemeines*, Rn. 740.

178b **1.** Die nach § 312 gegen Urteile des Strafrichters und des Schöffengerichts zulässige Berufung führt zu einer völligen Neuverhandlung der Sache. Nach § 316 Abs. 1 StPO wird durch die Einlegung der Berufung nämlich die **Rechtskraft** des erstinstanzlichen Urteils **gehemmt**. Die Berufung eröffnet dem Angeklagten und seinem Verteidiger also eine **zweite Tatsacheninstanz**. Sie ist damit – wie *Roxin* formuliert (Strafverfahrensrecht, 25. Aufl., 1998, § 52 Rn. 17) – „gewissermaßen eine zweite Erstinstanz", in der i.d.R. die Tatsachen noch einmal neu festgestellt werden. Auf dieser (neuen) Tatsachen-/Feststellungsgrundlage wird der Angeklagten dann verurteilt bzw. frei gesprochen. Im Fall des § 328 Abs. 2 StPO wird – bei fehlender Zuständigkeit des erstinstanzlichen Gerichts – die Sache zurückverwiesen (zur Änderung des Rechtsmittelsystems der StPO → *Gesetzesnovellen*, Rn. 520).

 **2. Hinweise für den Verteidiger!**

178c **a)** Der Verteidiger muss mit dem Mandanten sorgfältig **überlegen**, ob Berufung eingelegt werden soll. Dabei sind folgende Punkte zu beachten (s.a. → *Rechtsmittel, Allgemeines*, Rn. 744):

- Das Berufungsgericht ist an die Überzeugungsbildung des erstinstanzlichen Richters nicht gebunden. Deshalb empfiehlt sich die **Berufung**, wenn es dem Verteidiger und dem Angeklagten um die **Tatsachenfeststellung** geht, da in der Berufungshauptverhandlung das Geschehen noch einmal sowohl in tatsächlicher als auch rechtlicher Hinsicht geprüft und verhandelt wird.
- Geht es hingegen nur um **Rechtsfragen**, wird der Verteidiger im Zweifel zur **Revision** raten.

178d **b)** Ist eine **Entscheidung** zwischen den beiden Rechtsmitteln (noch) **nicht möglich**, besteht die Möglichkeit, das erstinstanzliche Urteil zunächst nur unbestimmt anzufechten. Der Verteidiger hat dann die Möglichkeit, nach Zustellung des

Urteils innerhalb der Revisionsbegründungsfrist, zwischen der Berufung und der Revision zu wählen (vgl. dazu eingehend *Kleinknecht/Meyer-Goßner*, § 335 Rn. 2; → *Rechtsmittel, Unbestimmtes Rechtsmittel*, Rn. 750a).

☝ Der Verteidiger hat innerhalb der (Revisions-)Begründungsfrist grds. auch noch die Möglichkeit zum **Übergang** von der **Revision** auf die **Berufung** (BGHSt 33, 183, 188). Im Hinblick auf die Rspr. des BGH (vgl. BGHSt 13, 388) sollte er, wenn er sich zwischen den zur Verfügung stehenden Rechtsmitteln noch nicht entscheiden kann, sein Rechtsmittel dennoch zunächst nicht als Revision bezeichnen, weil dann ggf. der Übergang zur Berufung als unzulässig angesehen werden könnte. Vielmehr wird er in diesem Fall nur ein unbestimmtes Rechtsmittel einlegen.

Können Verteidiger und Mandant sich **nicht einigen** und legt der Mandant Berufung und der **Verteidiger** ein noch unbestimmtes Rechtsmittel ein, so ist entsprechend § 297 die **Erklärung** des **Angeklagten maßgebend** (OLG Düsseldorf NStZ-RR 2000, 148).

178d **Siehe auch**: → *Berufung, Annahmeberufung*, Rn. 178e, → *Berufungsbegründung*, Rn. 178m, → *Berufungsbeschränkung*, Rn. 179, → *Berufungseinlegung*, Rn. 182a, → *Berufungfrist*, Rn. 182k, → *Berufungsgericht, Besetzung*, Rn. 182r, → *Berufungshauptverhandlung*, Rn. 183, → *Berufungsrücknahme*, Rn. 198, *Berufungsverwerfung durch das Amtsgericht wegen Verspätung*, Rn. 208a, → *Berufungsverwerfung durch das Berufungsgericht wegen Unzulässigkeit*, Rn. 208g, → *Berufungsverwerfung wegen Ausbleiben des Angeklagten*, Rn. 209; → *Berufung, Zulässigkeit der Berufung*, Rn. 219a; → *Rechtsmittel, Allgemeines*, Rn. 740, → *Verhandlung ohne den Angeklagten, Wiedereinsetzung und Berufung*, Rn. 965b.

Berufung, Annahmeberufung **178e**

Literaturhinweise: ***Brunner***, Verteidigung im Rechtsmittelverfahren, FA Strafrecht C 1; ***Feuerhelm***, Die Annahmeberufung im Strafprozeß, Dogmatische Probleme und rechtspolitische Perspektiven, StV 1997, 99; ***Frister***, Die Einschränkung von Verteidigungsrechten im Bundesratsentwurf eines „Zweiten Gesetzes zur Entlastung der Rechtspflege", StV 2000, 150; ***Meyer-Goßner***, Annahmeberufung und Sprungrevision, NStZ 1998, 19; ders., Theorie ohne Praxis und Praxis ohne Theorie im Strafverfahren, ZRP 2000, 345; ***Rieß***, Die Annahmeberufung – Ein legislatorischer Mißgriff?, in: Festschrift für *Kaiser*, 1998, S. 1461; ***Tolksdorf***, Zur Annahmeberufung nach § 313 StPO, in: Festschrift für *Salger*, 1995, S. 393; s.a. die Hinw. bei → *Berufung, Allgemeines*, Rn. 178a.

178f **1.** Durch das RPflEntlG ist 1993 zur **Entlastung** der **Justiz** in § 313 die Annahmeberufung eingeführt worden. Sie führt zu einer Beschränkung der sonst allgemein gegebenen Möglichkeit, gegen Urteile des AG Berufung einzulegen, indem die

Zulässigkeit der Berufung von der Strafhöhe abhängig gemacht wird. Insbesondere deshalb ist die Annahmeberufung in der **Lit**. auf **Kritik** gestoßen (vgl. die o.a. Lit.-Hinw.). *Rieß* (a.a.O.) spricht (sogar) von einem „gesetzgeberischen Missgriff" (zur Verfassungsmäßigkeit der Vorschrift OLG Frankfurt NStZ-RR 1997, 273).

178g **2. a)** Nach § 313 Abs. 1 S. 1 bedarf es einer Annahmeentscheidung des Berufungsgerichts (s.u. Rn. 178l), wenn der Angeklagte zu einer **Geldstrafe** von **nicht mehr** als **15 Tagessätzen** verurteilt worden ist bzw. wenn bei einer Verwarnung die vorbehaltene Strafe nicht mehr als 15 Tagessätze beträgt. Das **Gleiche** gilt nach § 313 Abs. 1 S. 2 für **Freisprüche** oder Einstellungen, wenn die StA eine Geldstrafe von nicht mehr als 30 Tagessätzen beantragt hatte. Beim Absehen von Strafe nach § 60 StGB gilt § 313 nicht (OLG Oldenburg NStZ 1998, 370 [Ls.]; a.A. LG Bad Kreuznach NStZ-RR 2002, 217 für Absehen nach 158 StGB). Bei einer Gesamtgeldstrafe kommt es auf deren Höhe, nicht auf die Summe der Einzelgeldstrafen an (*Kleinknecht/Meyer-Goßner*, § 313, Rn. 5).

☝ **Str.** ist in Lit. und Rspr., wie zu verfahren ist, wenn die **StA** selbst **Freispruch** beantragt hat, nun aber gleichwohl Berufung einlegen will. Dazu gilt:

- Hat zuvor ein **Strafbefehlsantrag** der StA vorgelegen, ist dieser Antrag **maßgebend** für die Frage, ob die Berufung der Annahme bedarf (OLG Hamm NStZ 1996, 455; OLG Koblenz NStZ-RR 2000, 306; OLG Schleswig SchlHA 2000, 256; a.A. OLG Stuttgart NStZ-RR 2001, 84).
- In den **anderen Fällen** geht die Rspr. davon aus, dass § 313 **unanwendbar** ist und damit die Berufung keiner Annahme bedarf (OLG Jena StraFo 2000, 92; OLG Koblenz NStZ 1994, 601; OLG Köln NStZ 1996, 150; OLG Stuttgart NStZ-RR 2001, 84 [Berufung des Nebenklägers]; s.a. *Feuerhelm* StV 1997, 101; *Tolksdorf*, S. 401). In der Lit. wird demgegenüber eingewandt, dass das der Intention des Gesetzgebers widerspreche (*Kleinknecht/Meyer-Goßner*, § 313 Rn. 4a; FA Strafrecht-*Brunner* C 1 Rn. 16). Maßgebend soll danach die Erklärung der StA sein (*Kleinknecht/Meyer-Goßner*, a.a.O., m.w.N.).

178h **b)** Ist gegen den Angeklagten eine **Maßregel** der Besserung und Sicherung (§ 61 StGB), eine **Nebenstrafe** (z.B. das Fahrverbot nach § 44 StGB) oder eine **sonstige** Maßnahme (§§ 73 ff. StGB) verhängt worden bzw. von der StA beantragt worden, ist die Berufung stets ohne Annahme zulässig (OLG Hamburg StV 2001, 333). Ist gleichzeitig eine Verurteilung im → ***Adhäsionsverfahren***, Rn. 72, erfolgt, kommt es für das Erfordernis der Annahme darauf an, ob für den zivilrechtlichen Teil des Urteils die Berufungssumme des § 511 Abs. 2 Nr. 1 ZPO erreicht ist (600 €; OLG Jena NStZ 1997, 274; *Kleinknecht/Meyer-Goßner*, § 313 Rn. 6). Für Urteile, durch die der Angeklagte im Strafverfahren nur wegen einer **Ordnungswidrigkeit** verurteilt wurde, gilt § 313 Abs. 3 (wegen der Einzelh. *Kleinknecht/Meyer-Goßner*, § 313 Rn. 7 m.w.N.).

178i c) **Umstritten** ist auch das Verhältnis des § 313 zur **Sprungrevision** (§ 335) in den Fällen, in denen eine Berufung gegen das amtsgerichtliche Urteil der Annahme durch das Berufungsgericht bedürfte. Fraglich ist, ob die Sprungrevision uneingeschränkt zulässig ist oder nicht. Die **Rspr**. ist hier der Auffassung, dass durch das Institut der Annahmeberufung in Bagatellfällen lediglich die **zweite Tatsacheninstanz eingeschränkt** worden ist, die Sprungrevision von dieser Regelung aber nicht betroffen ist (BayObLG StV 1993, 572; OLG Düsseldorf StV 95, 70 [Ls.]; OLG Karlsruhe NStZ 1995, 562; OLG Schleswig SchlHA 2002, 172 [Dö/Dr] s. auch *Feuerhelm* StV 1997, 102). Nach Auffassung der Lit. muss zunächst Berufung eingelegt werden, da nur, wenn diese zulässig ist, nach § 335 Abs. 1 eine zulässige Revision eingelegt werden könne (*Kleinknecht/Meyer-Goßner*, § 335 Rn. 21 m.w.N.).

☝ Weitgehende Übereinstimmung besteht aber insoweit, dass **nach** einer **Nichtannahme** der Berufung auch bei noch laufender Revisionsbegründungsfrist **nicht** mehr **Revision** eingelegt werden kann (BayObLG StV 1994, 364; OLG Koblenz JBl RB 2000, 22; *Kleinknecht/Meyer-Goßner*, § 335 Rn. 22 m.w.N.).

3. Hinweise für den Verteidiger!

178k a) Die Berufung wird nach § 313 Abs. 2 angenommen, wenn sie **nicht offensichtlich unbegründet** ist. Damit hat der Gesetzgeber die Terminologie des § 349 Abs. 2 übernommen. Offensichtlich unbegründet ist die Berufung danach, wenn anhand der Urteilsgründe und einer ggf. vorliegenden → *Berufungsbegründung*, Rn. 178m, und des → *Protokolls des Hauptverhandlung*, Rn. 713, ohne weiteres bzw. ohne längere Prüfung erkennbar ist, dass das amtsgerichtliche Urteil nicht zu beanstanden ist.

☝ Das bedeutet: Der Verteidiger **muss** eine **Berufung** gegen ein amtsgerichtliches Urteil, die der Annahme bedarf, auf jeden Fall **begründen** (*Dahs*, Rn. 825; Beck-*Michalke*, S. 498). Allerdings dürfen die **Anforderungen** an diese Begründung **nicht überspannt** werden. Für die Begründung dürfte es z.B. ausreichend sein, wenn vorgetragen wird, dass ein wichtiger Zeuge sich geirrt oder die Unwahrheit gesagt hat.

☝ Bei **Ankündigung** von (neuen) **Beweismitteln** darf die Annahme der Berufung nur abgelehnt werden, wenn an der Richtigkeit der bisherigen Feststellungen vernünftigerweise keine Zweifel bestehen (BVerfG NJW 1996, 2785).

178l **b)** Zum **Verfahren** ist auf Folgendes hinzuweisen:

- Nach wohl h.M. bedarf es einer besonderen **Anhörung** des Berufungsführers vor der Verwerfung seiner Berufung **nicht** (OLG Koblenz StV 1995, 251; OLG München StV 1994, 237; *Kleinknecht/Meyer-Goßner*, § 322a Rn. 8; FA Strafrecht-*Brunner*, C 1 Rn. 18).
- Über die Annahme/Nichtannahme der Berufung entscheidet nach § 322a S. 1 das **Berufungsgericht** durch **Beschluss**, erfolgt die Terminbestimmung ohne vorherigen (ausdrücklichen) Annahmebeschluss, liegt darin die Annahmeentscheidung (OLG Zweibrücken NStZ-RR 2002, 245 m.w.N.).
- Nach § 322a S. 3 bedarf der Beschluss, mit dem die Berufung angenommen wird, keiner **Begründung**. Der Beschluss über die Nichtannahme bedarf hingegen nach allgemeiner Meinung einer Begründung (*Kleinknecht/Meyer-Goßner*, § 322a Rn. 7 m.w.N.). In dieser muss sich das Gericht mit dem Vorbringen, das eine Annahme der Berufung rechtfertigen könnte, auseinandersetzen (BVerfG NStZ 2002, 43).
- Für **Rechtsmittel** gilt: Nach § 322a S. 2 ist die Annahmeentscheidung **unanfechtbar**. Entsprechendes gilt für die Nichtannahme (OLG Düsseldorf StV 1994, 122; OLG Hamm VRS 98, 145; OLG Schleswig SchlHA 95, 7 [L/T).

☝ Geht es allerdings darum, ob die Berufung **überhaupt** der **Annahme** bedarf, ist der Nichtannahmebeschluss entspr. § 322 Abs. 2 **anfechtbar**. Das zutreffende Rechtsmittel ist dann die sofortige Beschwerde (OLG Hamburg StV 2001, 333; OLG Köln NStZ 1996, 150; OLG Zweibrücken NStZ-RR 2002, 245; a.A. BayObLG StV 1994, 238 [einfache Beschwerde]; wie hier *Kleinknecht/Meyer-Goßner*, § 322a Rn. 8). Entsprechendes gilt , wenn das Berufungsgericht bereits die Berufung angenommen hat und später diese Entscheidung durch Nichtannahme rückgängig macht (OLG Zweibrücken, a.a.O.).

Siehe auch: → *Berufung, Allgemeines*, Rn. 178a, m.w.N.

178m Berufungsbegründung

Literaturhinweise: s. die Hinw. bei → *Berufung, Allgemeines*, Rn. 178a.

1. Die StPO schreibt eine **Begründung** der Berufung des Angeklagten **nicht** vor. § 317 StPO ist eine Kann-Vorschrift; die StA ist allerdings nach Nr. 156 RiStBV zur Berufungsbegründung verpflichtet (zu geplanten Neuregelungen → *Gesetzesnovellen*, Rn. 520). In der Praxis gehen daher auch die Meinungen auseinander, ob der Verteidiger eine Berufung begründen soll oder nicht.

Seine Entscheidung „**pro/contra**" für eine Berufungsbegründung wird der Verteidiger u.a. von folgenden **Überlegungen** abhängig machen. **178n**

- Einerseits kann es **nachteilig** sein, dass mit einer Berufungsbegründung ggf. das Berufungsziel und/oder die **Verteidigungsstrategie** zu früh aufgedeckt werden müssen.
- Andererseits kann es das **Berufungsziel** aber auch gerade erforderlich machen, dass der Verteidiger die Berufung begründet. Wird eine **Einstellung** erstrebt, wird es i.d.R. nämlich kaum gelingen, dass Gericht dazu noch in der Berufungsinstanz zu bewegen, wenn nicht mit einer Begründung offen gelegt wird, wie schwierig sich anderenfalls die Berufungshauptverhandlung gestalten wird (*Dahs*, Rn. 838).
- Eine frühzeitige Bekanntgabe der Angriffspunkte ermöglicht es dem Gericht auch, die Berufungshauptverhandlung **vorzubereiten**. Deshalb wird der Verteidiger, wenn er zunächst unbeschränkt Berufung eingelegt hat, dann nach Prüfung des erstinstanzlichen Urteils und/oder nach Rücksprache mit dem Mandanten die Berufung aber nur noch beschränkt durchführen will (→ *Berufungsbeschränkung*, Rn. 179), das Gericht zumindest von der nun beabsichtigten Beschränkung **informieren**. Das erlaubt eine andere zeitliche Planung und erspart darüber hinaus dem Mandanten unnötige Kosten für Zeugen, die wegen der Beschränkung der Berufung ggf. nicht mehr benötigt werden.
- Eine (umfangreiche) Berufungsbegründung wird sich dann nicht empfehlen, wenn nur die **Beweiswürdigung** der ersten Instanz angegriffen werden soll. Von der Glaubwürdigkeit von Zeugen muss sich das Berufungsgericht selbst einen Eindruck verschaffen. Der Verteidiger muss dann aber zumindest mitteilen, dass die in der ersten Instanz vernommenen Zeugen auf jeden Fall geladen werden sollen, um so deren Ladung zur Berufungshauptverhandlung sicher zu stellen und die Verlesung von deren Vernehmungen zu vermeiden (→ *Berufungshauptverhandlung*, Rn. 182).

> ☝ Bedarf die Berufung der Annahme (→ *Berufung*, ***Annahmeberufung***; Rn. 178e), muss der Verteidiger die Berufung **auf jeden Fall begründen** und darlegen, warum die Berufung nicht offensichtlich unbegründet ist (*Kleinknecht/Meyer-Goßner*, § 317 Rn. 1 [„dringend zu empfehlen"]; Beck-*Michalke*, S. 498). Dies zwingt das Berufungsgericht, sich mit den Angriffen gegen das Urteil des AG auseinander zu setzen (BVerfG NStZ 2002, 43). Das kann insbesondere bei neuen Beweismitteln von Bedeutung sein.

2. Die **Begründungsfrist** beträgt nach § 317 **eine Woche**. Sie beginnt mit der → *Berufungsfrist*, Rn. 182k, im Fall späterer Zustellung des angefochtenen Urteils gem. § 316 Abs. 2 spätestens mit Zustellung des Urteils. Da die Begründung der Berufung gesetzlich nicht vorgesehen ist, schadet eine Versäumung der Berufungsfrist nicht. Das Gericht muss auch eine verspätet eingegangene Berufungsbegründung berücksichtigen (*Kleinknecht/Meyer-Goßner*, § 317 Rn. 2). Demgemäß kommt bei Fristversäumung auch die **Wiedereinsetzung** in den vorigen Stand **nicht** in Betracht (OLG Dresden OLG-NL 1998, 216). **178o**

3. Der Verteidiger kann die Berufung **schriftlich** in einer Begründungsschrift, was in der Praxis die Regel sein dürfte, oder durch Erklärung zu Protokoll der **178p**

Geschäftsstelle begründen. Die Ausführungen zur → *Berufungseinlegung*, Rn. 182a, gelten entsprechend.

Siehe auch: → *Berufung, Allgemeines*, Rn. 178a, m.w.N.

179 Berufungsbeschränkung

Literaturhinweise: ***Cierniak***, Verschlechterungsverbot bei einer unbeschränkten Berufung des Angeklagten und bei einem auf den Rechtsfolgenausspruch beschränkten Rechtsmittel der Staatsanwaltschaft?, NStZ 2001, 399; ***Wankel***, Rechtsmittel- und Rechtsbehelfsbeschränkung in der StPO, JA 1998, 65; s.a. die Hinw. bei → *Berufung, Allgemeines*, Rn 178a.

Die Berufung kann nach § 318 S. 1 auf bestimmte Beschwerdepunkte beschränkt werden. Das ist, wenn die Berufung zunächst unbeschränkt eingelegt war, als (Teil-)Rücknahme auch **noch in** der **HV** möglich.

Der Verteidiger muss dabei Folgendes **beachten**:

1. Er muss, bevor er die Berufung des Angeklagten auf den Rechtsfolgenausspruch oder auf einzelne Beschwerdepunkte innerhalb des Rechtsfolgenausspruchs beschränkt, **prüfen, ob** eine solche **Beschränkung** überhaupt **zulässig** ist.

179a Dazu hier nur folgender

Überblick (wegen der Einzelh. s. *Kleinknecht/Meyer-Goßner*, § 318 Rn. 5 ff. m.w.N.):

- **Zulässig** ist die Beschränkung nur, wenn sie sich auf solche bestimmte Beschwerdepunkte bezieht, die nach dem inneren Zusammenhang des Urteils losgelöst von seinem nicht angegriffenen Teil rechtlich und tatsächlich selbstständig beurteilt werden können, ohne eine Prüfung der Entscheidung i.Ü. erforderlich zu machen (st. Rspr. des BGH zur sog. **Trennbarkeitsformel**, vgl. die Nachw. bei *Kleinknecht/Meyer-Goßner*, § 318 Rn. 6). Dazu gilt:
  - **Jeder Angeklagte** kann **unabhängig** von den Mitangeklagten selbstständig Berufung einlegen und bei mehreren Taten i.S.d. § 53 StGB diese auf eine oder mehrere beschränken (*Kleinknecht/Meyer-Goßner*, § 318 Rn. 9 m.w.N.).
  - Bei **mehreren selbständigen Taten** i.S. des § 53 StGB, die verfahrensrechtlich jedoch eine Tat i.S. des § 264 bilden, ist die Beschränkung der Berufung ebenfalls grundsätzlich zulässig (BGHSt 24, 185; *Kleinknecht/Meyer-Goßner*, § 318 Rn. 10 m.w.N. zu Ausnahmen).
  - Bei einer **Verurteilung** wegen **einer** Tat kann die Berufung nicht auf einzelne rechtliche Gesichtspunkte des Schuldspruchs beschränkt werden. Zur Schuldfrage gehört z.B. auch die Frage eines minder schweren Falles, wenn sie mit den Schuldfeststellungen untrennbar verknüpft sind, was häufig der Fall sein wird.

☝ **Keine Schuldfrage** ist hingegen der Frage der Anwendung des **§ 21 StGB** (BGHSt 7, 283, *Kleinknecht/Meyer-Goßner*, § 318 Rn. 14 m.w.N.).

- **Zulässig** ist auch die Beschränkung auf den **Rechtsfolgenausspruch** (st. Rspr., zuletzt BGHSt 33, 59 m.w.N.; s.a. BGH NStZ-RR 2000, 13 [Gesamtstrafenausspruch]), wenn das angefochtene Urteil seine eigenständige Prüfung ermöglicht.

☝ Die Beschränkung ist aber **nicht** möglich, wenn die **Feststellungen** zur Tat so **knapp**, unvollständig, unklar oder widersprüchlich sind, dass sie keine hinreichende Grundlage für die Prüfung des Rechtsfolgenentscheidung bilden (st. Rspr. aller Obergerichte, s. die zahlr. N. bei *Kleinknecht/Meyer-Goßner*, § 318 Rn. 16; s. z.B. OLG Saarbrücken NStZ 1997, 149; OLG Hamm NStZ-RR 2001, 300 [Nachschlüsseldiebstahl]; BayObLG NStZ-RR 2000, 305 [Unterhaltspflichtverletzung]; OLG Hamburg StV 2000, 608; BayObLG StV 2001, 335; OLG Oldenburg NStZ-RR 1996, 77 m.w.N. und auch BayObLG NStZ-RR 1998, 55 jeweils zu BtM-Fragen; sowie schließlich BayObLG NStZ 1999, 39 zur Beschränkung bei der Umsatzsteuerhinterziehung).

☝ In der Praxis sind insoweit von Bedeutung vor allem auch die Fälle, in denen das AG die **Schuldform** nicht festgestellt hat (OLG Düsseldorf VRS 89, 218) oder die Frage der **Schuldfähigkeit** nicht geprüft worden ist, obwohl Anlass dazu bestand (s. z.B. OLG Köln StraFo 1998, 120; s.a. BGHSt 46, 257).

- **Innerhalb** des **Rechtsfolgenausspruchs** sind weitere **Beschränkungen** auf abtrennbare Teile grds. **möglich** (*Kleinknecht/Meyer-Goßner*, § 318 Rn. 18 m.w.N.). Das ist insbesondere von Bedeutung im Hinblick auf die Frage der Strafaussetzung von **Bewährung** (§ 56 StGB; vgl. dazu u.a. BGHSt 47, 32 m.w.N.; OLG Düsseldorf StV 2001, 334 [Ls.]) sowie in Verkehrsstrafsachen im Hinblick auf die Entscheidung der Entziehung der **Fahrerlaubnis** nach § 69 StGB (s. u.a. OLG Stuttgart NStZ-RR 1997, 178; BayObLG NZV 1991, 397 [i.d.R. nicht]).

180

2. Nach Beginn der **HV** kann der Verteidiger gem. § 303, der auch für die Teilrücknahme gilt (*Kleinknecht/Meyer-Goßner*, § 303 Rn. 1 m.w.N.), die Berufungsbeschränkung nur mit **Zustimmung** des **StA** erklären (OLG Frankfurt NStZ-RR 1997, 45). Zum Begriff „Beginn der HV" gilt das bei → *Aufruf der Sache*, Rn. 100, Ausgeführte entsprechend.

☝ Ist der Angeklagte nicht entschlossen, die Berufung auf jeden Fall unbeschränkt durchzuführen, empfiehlt es sich, **vor Beginn** der **HV** mit dem anwesenden StA und/oder dem Gericht die **Erfolgsaussichten** der Berufung zu erörtern und abzuklären, ob jetzt noch die Möglichkeit besteht, das Verfahren gem. § 153 bzw. § 153a einzustellen.

Dadurch oder durch eine Rücknahme kann der Verteidiger dem Angeklagten **Gerichtskosten ersparen** (s. Nr. 6121 der Anlage 1 zu § 11 Abs. 1 GKG). Ggf. lässt sich durch eine Berufungsbeschränkung, die die Einsicht des Angeklagten dokumentiert, auch die Aussetzung einer Freiheitsstrafe zu Bewährung erreichen.

181 **3.** Die Beschränkungserklärung und die Zustimmung sind **unwiderruflich** und **unanfechtbar** und müssen dem Gericht gegenüber erklärt werden. Die Zustimmung muss nicht unbedingt ausdrücklich erklärt werden, sondern kann sich auch aus schlüssigen Handlungen ergeben (*Kleinknecht/Meyer-Goßner*, § 303 Rn. 4 m.w.N.). Die Beschränkungserklärung ist **unwirksam**, wenn sie aufgrund eines **Irrtums** abgegeben wird, der vom Gericht verursacht worden ist (KK-*Ruß*, § 302 Rn. 13 m.w.N.). Das kann z.B. der Fall sein, wenn Angeklagter und Verteidiger aufgrund des Verhaltens des Vorsitzenden – zu Unrecht – davon ausgehen, dass ein Geständnis zu einer Strafmaßreduzierung führe (OLG Stuttgart MDR 1996, 90 m.w.N.; s.a. OLG Hamm NJW 1973, 381 [unwirksame Berufungsbeschränkung, weil das Verfahren wegen der Ablehnung eines Antrags auf Beiordnung eines Pflichtverteidigers fehlerhaft war]). Die Beschränkung ist auch dann nicht wirksam, wenn sie bei notwendiger Verteidigung von einem anwaltlich nicht vertretenen Angeklagten abgegeben wurde (OLG Köln StV 1998, 645; zu allem a. → *Berufungsrücknahme*, Rn. 200, → *Rechtsmittelverzicht*, Rn. 754).

☝ Der **Verteidiger** bedarf für die Beschränkung der von ihm eingelegten Berufung ebenso wie für die des Angeklagten nach § 302 Abs. 2 eine **ausdrückliche Ermächtigung** (s. dazu → ***Berufungsrücknahme***, Rn. 202; OLG Koblenz NStZ-RR 2001, 247). Wird die Rücknahme in der HV im Beisein des Angeklagten erklärt, kann aber i.d.R. davon ausgegangen werden, dass der Angeklagte, wenn er der Erklärung nicht widerspricht, die Rücknahme **billigt** (OLG Koblenz, a.a.O.; KK-*Ruß*, § 302 Rn. 22 m.w.N.).

☝ Eine ggf. vor der HV abgegebene, unwirksame Rücknahmeerklärung kann in der HV **wiederholt** werden (OLG Koblenz, a.a.O.).

182 **4.** Erteilt während der → *Berufungshauptverhandlung*, Rn. 183, der **Vorsitzende** den **Rat**, wegen geringer Erfolgsaussichten hinsichtlich der Schuldfrage, die Berufung auf den Rechtsfolgenausspruch zu **beschränken**, reicht das i.d.R. **nicht**, um damit die Besorgnis der **Befangenheit** zu begründen (→ *Berufungsrücknahme*, Rn. 203).

Siehe auch: → *Berufung, Allgemeines*, Rn. 178a, m.w.N., → *Berufungshauptverhandlung*, Rn. 183, → *Berufungsrücknahme*, Rn. 198, → *Berufungsverwerfung wegen Ausbleiben des Angeklagten*, Rn. 209.

Berufungseinlegung

182a

Das Wichtigste in Kürze

1. Nach § 314 Abs. 1 muss die Berufung beim Gericht des ersten Rechtszugs, also dem AG als dem sog. „iudex a quo" eingelegt werden.
2. Als Form, in der die Berufung eingelegt werden kann, nennt § 314 Abs. 1 die Erklärung zu Protokoll der Geschäftsstelle oder die Schriftform. In der Praxis häufig ist heute die Einlegung per Telefax.
3. Die Berufungseinlegung hat in deutscher Sprache zu erfolgen.
4. Bei der Einlegung der Berufung ist die Berufungsfrist zu beachten.
5. Der Verteidiger sollte in der Berufungsschrift auf jeden Fall Akteneinsicht oder zumindest Übersendung des Protokolls der HV erster Instanz beantragen.

Literaturhinweise: ***Cziongalla***, E-Mail-Sicherheit/Signatur-Anträge ohne Unterschrift?, StraFo, 2001, 257; ***Dieckmann***, Elektronischer Rechtsverkehr, Die Kanzlei 06/2002, 9; ***Goebel***, Der Einsatz moderner Kommunikationsmittel im Prozess, PA 2002, 91; ***Hammer***, Rechtsverbindliche Telekooperation, Sicherungsanforderungen der Rechtspflege, CR 1992, 435; ***Pape/Notthoff***, Prozeßrechtliche Probleme bei der Verwendung von Telefax, NJW 1996, 417; ***Notthoff***, Einreichung bestimmender Schriftsätze per Computer-Fax, ZAP F. 13, S. 797; ***Schneider***, Die Rechtsprechung zum Telefax-Einsatz, ZAP F. 13, S. 419 [Stand: 1996]; ***Schwachheim***, Abschied vom Telefax im gerichtlichen Verfahren?, NJW 1999, 621; ***Wirges***, Prozesuales Schriftformerfordernis und Einsatz des Computerfaxes, AnwBl. 2002, 88; siehe i.Ü. die Hinw. bei → *Berufung, Allgemeines*, Rn. 178a.

182b

1. Nach § 314 Abs. 1 muss die Berufung beim Gericht des ersten Rechtszugs, also dem AG als dem sog." **iudex a quo**" eingelegt werden. Wird die Berufung entgegen § 314 Abs. 1 beim Berufungsgericht eingelegt, ist die Einlegung grds. nur wirksam, wenn der Berufungsschrift noch innerhalb der → *Berufungsfrist*, Rn. 182k, beim AG eingeht (OLG Düsseldorf NJW 1983, 2400 [Ls.]; *Kleinknecht/Meyer-Goßner*, § 314 Rn. 4). Etwas anderes gilt, wenn AG und Berufungsgericht und/oder StA eine gemeinsame Briefannahmestelle haben und die Berufungsschrift dort rechtzeitig eingeht (BGH NJW 1961, 361). Wird allerdings von dieser aufgrund falscher Adressierung die Berufungsschrift an die falsche Anschrift weitergeleitet und erreicht sie deshalb das AG erst verspätet, ist das Rechtsmittel verspätet (h.M., zuletzt u.a. BGH NJW 1983, 123; OLG Frankfurt NJW 1988, 2812; zu allem a. KK-*Ruß*, § 314 Rn. 4 m.w.N., a. zur a.A.; a.A. auch wohl *Dahs*, Rn. 792).

Eine **Ausnahme** vom Grundsatz des § 314 macht die StPO für den **verhafteten Angeklagten**. Dieser kann nach § 299 die Berufung zu Protokoll der Geschäftsstelle des AG erklären, in dessen Bezirk die Anstalt liegt, in der er „verwahrt" wird. § 299 gilt nur für den inhaftierten Angeklagten, also nicht für dessen Verteidiger, und auch nur, wenn er seine Berufung zu Protokoll der Geschäftsstelle einlegen will. Legt der verhaftete Angeklagte die Berufung schriftlich ein, gilt der Grundsatz des § 314 Abs. 1 (zuletzt BGH NStZ 1997, 560; wegen der Einzelh. s. die Erl. bei *Kleinknecht/Meyer-Goßner*, § 299 Rn. 1 ff.).

Es ist allerdings **nicht erforderlich**, dass sich der Angeklagte in der **Sache** in **Haft** befindet, in der **Berufung** eingelegt werden soll (*Kleinknecht/Meyer-Goßner*, § 299 Rn. 3).

182c **2.** Als **Form**, in der die Berufung eingelegt werden kann, nennt § 314 Abs. 1 die Erklärung zu Protokoll der Geschäftsstelle oder die Schriftform.

a) Für den Verteidiger wird die Erklärung zu **Protokoll** der **Geschäftsstelle** i.d.R. nur dann Bedeutung erlangen, wenn sein Mandant bereits in dieser Weise Berufung eingelegt hat und ihn erst dann beauftragt. Dann wird er überprüfen, ob ggf. schon formgerecht Berufung eingelegt ist. Deshalb dazu (nur) folgender

Überblick (vgl. i.Ü. *Kleinknecht/Meyer-Goßner*, Einl. Rn. 131 ff.)

- Der Mandant muss entweder selbst oder durch einen Bevollmächtigten (gesetzlicher Vertreter!; zur Vertretung s. KK-*Ruß*, § 314 Rn. 9 m.w.N.) vor dem Urkundsbeamten der Geschäftsstelle eine **Erklärung** dahin abgegeben haben, dass er das gegen ihn ergangene Urteil anfechten will.

Der Urkundsbeamte kann die Niederschrift auch unmittelbar nach der Urteilsverkündung in das **Sitzungsprotokoll** aufnehmen (vgl. BGHSt 31, 109 [für die Revision]). An der Beweiskraft des Protokolls (§ 274) nimmt die Niederschrift aber nicht teil (LR-*Gollwitzer, § 314 Rn. 5*).

- Diese Erklärung muss der Urkundsbeamte in eine **Niederschrift** aufnehmen und unterschreiben. Diese Niederschrift muss Ort und Tag enthalten, die Person des Erklärenden bezeichnen und die Erklärung mitteilen. Aus der Erklärung muss sich außerdem entnehmen lassen, welches Urteil mit der Berufung angefochten werden soll.
- Hinsichtlich der **Zuständigkeit** gilt die Beschränkung des § 24 Abs. 1 Nr. 1 und 2 RPflG für die Einlegung der Berufung nicht. Nur, wenn die Berufung zugleich begründet wird, soll Urkundsbeamter der Geschäftstelle ein Rechtspfleger.

b) Der Verteidiger selbst wird die Berufung i.d.R. in der **Schriftform** einlegen. **182d**

aa) Insoweit gelten die **allgemeinen Regeln** zur Schriftform (vgl. dazu *Kleinknecht/Meyer-Goßner*, Einl. Rn. 128 ff. m.w.N.). D.h.: Aus der Berufungsschrift müssen sich der Inhalt der Erklärung, also die Anfechtung des erstinstanzlichen Urteils und die Person der Erklärenden zweifelsfrei ergeben (s. das Muster unten bei Rn. 182i). Aus Letzterem folgt, dass die Berufungsschrift **nicht unbedingt eigenhändig** unterschrieben sein muss (zuletzt BGH NStZ 2002, 558). Der Gebrauch eines Namensstempels kann ausreichen, solange der Urheber der Berufungsschrift unzweifelhaft zu erkennen ist (vgl. KK-*Ruß*, § 314 Rn. 10 m.w.N. aus der Rspr.).

> ☝ Es ist aber, schon um Zweifel an der Urheberschaft gar nicht erst aufkommen zu lassen, dringend die **eigenhändige Unterschrift** des Verteidigers zu **empfehlen**.

bb) Zur Frage, ob **andere Formen** der Berufungseinlegung die Voraussetzungen der „Schriftform" erfüllen, gilt: **182e**

- Für die **telefonische Berufungseinlegung** gilt das nach allgemeiner Meinung nicht, sie ist daher **unzulässig** (vgl. u.a. BGHSt 30, 64; KK-*Ruß*, § 314 Rn. 11; *Kleinknecht/Meyer-Goßner*, Einl. Rn. 140).

  > ☝ Fraglich ist, ob eine telefonische Berufungseinlegung die Voraussetzungen für die Einlegung zur **Protokoll** der **Geschäftsstelle** erfüllt. Dies wird von der h.M. abgelehnt (vgl. BGHSt 30, 64; s. auch OLG Hamm DAR 1995, 457 [für Begründung der Rechtsbeschwerde]; KK-*Ruß*, a.a.O.; *Kleinknecht/Meyer-Goßner*, a.a.O., jeweils m.w.N.; s. aber BGHSt 29, 173, wonach der BGH diese Frage für den Bereich des Bußgeldverfahrens bejaht hat). Dem ist m.E. zuzustimmen, da durch diese Form der Einlegung vor allem nicht die Identität des Erklärenden geprüft werden kann.

- In der Praxis heute kaum noch gebräuchlich ist die Einlegung der Berufung durch **Telegramm**. Insoweit wird angenommen, dass diese Form ausreicht, wenn das Ankunftstelegramm rechtzeitig bei der zuständigen Empfangsstelle eingeht (vgl. dazu BGHSt 30, 64; KK-*Ruß*, § 314 Rn. 12; *Dahs*, Rn. 793, jeweils m.w.N.).
- In der Praxis wichtiger und heute fast schon die Regel ist die Einlegung der Berufung durch **Telefax**. Insoweit gilt.
  - Die Übermittlung der Berufungsschrift durch Telefax wird **grds**. als **zulässig** und wirksam angesehen (vgl. zuletzt u.a. BGH NJW 1995, 665 m.w.N. [für das Zivilverfahren]; OLG Düsseldorf NJW 1995, 671; OLG Frankfurt NStZ-RR 2001, 375; OLG Karlsruhe NJW 1986, 2773; *Schneider* ZAP F. 13, S. 423).
  - Das **Original** muss handschriftlich **unterschrieben** sein (OLG Düsseldorf zfs 1989, 287; OLG Hamburg NJW 1989, 3167) und das eingehende Telefax muss diese Unter-

schrift enthalten (OLG Schleswig SchlHA 1996, 97 [L/T]). Der zusätzliche Eingang des mit der Unterschrift versehenen Originalschriftsatzes ist nicht erforderlich (OLG Frankfurt, a.a.O.).

- Das Telefax muss bis zum **Ablauf** der **Frist vollständig** bei der Annahmestelle ausgedruckt sein (BGH NJW 1994, 2097; BayObLG NJW 1995, 668).

Aus dem sog. „**OK-Vermerk**" auf dem Absendeprotokoll lässt sich nicht ohne weiteres entnehmen, dass die Datenübertragung nicht an technischen Problemen gescheitert und das Telefax zugegangen ist (BGH NJW 1995, 665, 666 [auch kein Anscheinsbeweis]). Deshalb sollte der Verteidiger auf jeden Fall **nachfragen**, ob sein Rechtsmittel **eingegangen** ist. Auch wird es sich – nach wie vor – empfehlen, den Rechtsmittelschriftsatz im Original nachzusenden. Zwar ist das an sich nicht erforderlich (BGH NJW 1993, 3141), dadurch können jedoch Fehler bei der Übermittlung des Telefaxes korrigiert werden und damit ggf. die Berufung doch noch fristgemäß eingehen.

Nach allgemeiner Meinung dürfen **technisch bedingte Übermittlungsfehler** nicht zu Lasten des Absenders gehen (BVerfG NJW 1996, 2857; so wohl a. OLG Oldenburg NJW 1992, 2906 [für unleserlichen, durch Telefax übermittelten Schriftsatz mit einem Beweisantrag]).

182f

- Fraglich ist, ob die Berufungseinlegung auch per **Computer-Fax** mit eingescannter Unterschrift erfolgen kann, eine Frage, die mit Zunahme der modernen Kommunikationsmittel an praktischer Bedeutung gewinnen wird. Das Problem liegt in diesen Fällen bei der Frage der eigenhändigen Unterschrift.

Insoweit war die obergerichtliche **Rspr.** nicht einheitlich (s. einerseits BSG NJW 1997, 1254 und BVerwG NJW 1995, 2121; andererseits BGH NJW 1998, 3649; dazu *Schwachheim* NJW 1999, 621 f.). Inzwischen hat der gemeinsame Senat der obersten Bundesgerichte entschieden, dass die elektronische Übertragung einer **Textdatei** mit **eingescannter Unterschrift** auf ein Faxgerät des Gerichts den Anforderungen **genügt** (s. NJW 2000, 2340; s.a. OLG Frankfurt NStZ-RR 2001, 375; *Kleinknecht/Meyer-Goßner*, Einl. Rn. 139 a.E.; s.a. BVerfG DAR 2002, 411, für den Einspruch gegen den Strafbefehl).

Noch nicht entschieden ist, ob eine Berufungseinlegung per **E-Mail** ausreichend ist (zum elektronischen Rechtsverkehr s. auch *Dieckmann*, DieKanzlei 6/2002, 9). In der Konsequenz der Entscheidung des gemeinsamen Senats müsste das an sich grds. zulässig sein (s.a. *Göhler*, § 67 Rn. 22a für den Einspruch gegen den Bußgeldbescheid und KK-OWiG-*Bohnert*, 2. Aufl., § 67 Rn. 67a [zumindest dann, wenn eine E-Mail-Adresse angegeben worden ist]; zum Eingang von E-Mail-Sendungen bei Gericht *Bacher* MDR 2002, 669 [Eingang, wenn das Gericht tatsächliche Verfügungsgewalt erlangt hat]). Wegen der ggf. bestehenden Beweisschwierigkeiten dürfte es sich m.E. aber empfehlen, das Rechtsmittel **nicht** per E-Mail einzulegen.

182g **3.** Die Berufungseinlegung hat in **deutscher Sprache** zu erfolgen (*Kleinknecht/ Meyer-Goßner*, § 184 GVG Rn. 2). Gerichtssprache ist nach § 184 GVG deutsch. Eine in fremder Sprache eingelegte Berufung ist unzulässig (BGHSt 30, 182; zuletzt OLG Düsseldorf NStZ-RR 1999, 364 [für sofortige Beschwerde]). Etwas anderes kann gelten, wenn sich aus dem in fremder Sprache abgefassten Schreiben des ausländischen Angeklagten durch einen darin enthaltenen Hinweis in deutscher Sprache zweifelsfrei ergibt, dass seine Eingabe das Rechtsmittel der Berufung gegen eine amtsgerichtliches Urteil sein soll (OLG Düsseldorf NStZ-RR 2000, 215).

4. Bei der Einlegung der Berufung ist die → ***Berufungsfrist***, Rn. 182k, zu beachten. Sie beträgt **eine Woche**.

5. Hinweis für den Verteidiger! 182h

a) Für den **Inhalt** des Berufungseinlegungsschriftsatzes ist auf Folgendes hinzuweisen:

- Der Verteidiger sollte auf jeden Fall **AE beantragen**. Das gilt, wenn er vom Mandanten erst nach dem erstinstanzlichen Urteil beauftragt worden ist, schon allein deshalb, weil er dann die bis dahin entstandenen Aktenvorgänge auf keinen Fall kennt. Aber auch, wenn er vom Mandanten schon in erster Instanz mit der Verteidigung beauftragt war, ist dringend zur – nochmaligen – AE bzw. zumindest zur Einsicht in das Protokoll der HV erster Instanz zu raten. In diesem sind nämlich die Aussagen der erstinstanzlich vernommenen Zeugen und Sachverständigen enthalten. Ohne Kenntnis von deren – festgehaltenem – Inhalt kann der Verteidiger nicht entscheiden, ob er ggf. einen Antrag nach § 325 Abs. 1 Halbs. 2 stellen muss, um so die bloße Verlesung dieser Zeugenaussagen in der Berufungs-HV zu vermeiden.
- I.Ü. kann der Verteidiger auch nur anhand des Protokolls überprüfen, ob ggf. in erster Instanz **Verfahrensfehler** gemacht worden sind, die ggf. die Einlegung einer **Sprungrevision** nach § 335 Abs. 3 ratsam(er) erscheinen lassen.

b) Muster einer – allgemeinen – Berufungsschrift 182i

An das
Amtsgericht
Musterstadt

In dem Strafverfahren
gegen H. Muster
Az.: . . .

wegen des Verdachts der Hehlerei u.a.

wird gegen das am 22. November 2002 verkündete Urteil des Amtsgerichts Musterstadt

Berufung

eingelegt.

Ich beantrage, mir das Protokoll der Hauptverhandlung vom 22. November 2002 zur Einsichtnahme zu übersenden oder mir – nochmals – Akteneinsicht zu gewähren.

Rechtsanwalt

Siehe auch: → *Berufung, Allgemeines*, Rn. 178a, m.w.N., → *Berufungsfrist*, Rn. 182k, → *Berufungsbegründung*, Rn. 178m.

182k Berufungsfrist

Das Wichtigste in Kürze

1. Die Berufungsfrist beträgt eine Woche.
2. Hinsichtlich des Beginns des Laufs der Frist ist zu unterscheiden, ob der Angeklagte bei der Urteilsverkündung anwesend war oder nicht.
3. Ist zweifelhaft, ob die Berufung rechtzeitig eingelegt worden ist, sind die ggf. bestehenden Unklarheiten im Weg des Freibeweises zu klären.

Literaturhinweise: siehe die Hinw. bei → *Berufung, Allgemeines*, Rn. 178a.

182l **1.** Nach § 314 Abs. 1 StPO beträgt die Berufungsfrist **eine Woche** nach Verkündung des Urteils. Eine vor Urteilsverkündung eingelegte Berufung ist unwirksam.

☝ Die **Berufungsfrist** kann als gesetzliche Frist **nicht verlängert** werden (*Kleinknecht/Meyer-Goßner*, vor § 42 Rn. 5). Ist die Frist jedoch versäumt worden, kommt aber die Wiedereinsetzung in den vorigen Stand nach den §§ 44 ff. StPO in Betracht (s. dazu *Burhoff*, EV, Rn. 2055, m.w.N.).

Der Verteidiger muss sich sorgfältig **überlegen**, **wann** er Berufung einlegt. Einerseits muss er, auch wenn ein Verschulden des Verteidigers dem Mandanten nicht zugerechnet wird, im Interesse des Mandanten jeden Fristversäumung vermeiden. Andererseits muss er bedenken, dass er durch eine zu frühe Anfechtung des erstinstanzlichen Urteils ggf. erst ein Rechtsmittel der StA provoziert und damit dann das Verschlechterungsverbot des § 331 entfällt. Will er das vermeiden empfiehlt es sich, die Berufungsfrist vollständig auszuschöpfen (*Dahs*, Rn. 792).

☝ Der Verteidiger muss die Berufungsfrist entweder selbst oder durch einen zuverlässigen Mitarbeiter im **Fristenkalender notieren** (*Dahs*, Rn. 790).

2. Hinsichtlich des Beginns des Laufs der Frist ist zu unterscheiden, ob der Angeklagte bei der Urteilsverkündung anwesend war oder nicht. **182m**

a) War der **Angeklagte anwesend**, beginnt der Lauf der Frist mit der **Urteilverkündung** der Urteils der ersten Instanz. Die Frist wird nach § 43 berechnet (wegen der Einzelh. der Fristberechnung *Kleinknecht/Meyer-Goßner*, § 43 Rn. 1). Urteilsverkündung ist Verlesung des Urteilstenors und die Mitteilung der Urteilsgründe (→ *Urteilsverkündung*, Rn. 920).

b) War der **Angeklagte** bei der Urteilsverkündung **nicht anwesend**, beginnt die Berufungsfrist für ihn nach § 314 Abs. 2 erst mit der Zustellung des Urteils. **182n**

☝ Ob der **Verteidiger** bei der Urteilsverkündung **anwesend** ist, ist für den Lauf der Frist **ohne Bedeutung**, und zwar auch dann, wenn er aufgrund besonderer Vollmacht zur Vertretung des Angeklagten berechtigt ist (BGHSt 25, 234; OLG Düsseldorf JurBüro 1985, 1352 (→ *Vertretung des Angeklagten durch den Verteidiger*, Rn. 1094).

Für die Anwendung von § 314 Abs. 2 ist es ohne Belang, ob der **Angeklagte** während der gesamten Urteilsverkündung **nicht anwesend** ist oder nur teilweise. Das Urteil ist auch dann in Abwesenheit des Angeklagten verkündet, wenn dieser sich vor Ende der Urteilsverkündung eigenmächtig entfernt hat (BGHSt 15, 263; KG JR 1992, 304; OLG Stuttgart NJW 1987, 82 [Ls.]; *Kleinknecht/Meyer-Goßner*, § 341 Rn. 9; zum Begriff der Eigenmacht BGHSt 37, 249; → *Verhandlung ohne den Angeklagten*, Rn. 955 ff. und KK-*Tolksdorf*, § 231 Rn. 3). **182o**

Voraussetzung für den **Fristbeginn** ist die Zustellung des vollständig begründeten Urteils (BGHSt 15, 263, 265) mit Rechtsmittelbelehrung (§ 35a). Die Zustellung nur der Urteilsformel genügt nicht. **182p**

☝ Der Verteidiger muss, um Fristversäumung zu vermeiden, nach Verkündung eines Urteils in Abwesenheit des Angeklagten darauf achten, ob – ggf. entgegen § 145a Abs. 1 – nicht ihm, sondern seinem **Mandanten** das Urteil **zugestellt** wird. Er muss daher, den Mandanten darauf hinweisen, dass durch die Zustellung an diesen die Wochenfrist des § 314 in Gang gesetzt wird und deshalb der Mandant, wenn ihm zugestellt wird, sofort den Verteidiger über diese Zustellung

informieren muss. Denn nicht immer wird der Verteidiger gem. § 145a Abs. 3 S. 2 über die an den Mandanten erfolgte Zustellung unterrichtet.

☝ Der **Beginn** der Berufungsfrist ist nicht dadurch ausgeschlossen, dass gegen das erstinstanzliche Urteil – wegen Ausbleiben des Angeklagten (§§ 235 Abs. 1 S. 1, 412 S. 1) – **Wiedereinsetzung** in den vorigen Stand beantragt werden kann (§ 315 Abs. 1; → *Verhandlung ohne den Angeklagten, Wiedereinsetzung und Berufung*, Rn. 965b).

182q **3.** Ist **zweifelhaft**, ob die **Berufung rechtzeitig** eingelegt worden ist, muss das Berufungsgericht oder, wenn das AG nach § 319 über die Verwerfung der Berufung durch das AG wegen Verspätung zu entscheiden hat, das AG die ggf. bestehenden Unklarheiten im Weg des Freibeweises klären (zum → *Freibeweisverfahren*, Rn. 502 ff.; → *Berufungsverwerfung durch das Amtsgericht wegen Verspätung*, Rn. 208a). Bleiben dennoch Zweifel gilt nach allgemeiner Meinung nicht der Grundsatz „in dubio pro reo" (*Kleinknecht/Meyer-Goßner*, § 261 Rn. 35 m.w.N.). I.Ü. gilt:

- Ist schon **zweifelhaft**, ob die **Berufungsschrift überhaupt eingegangen** ist, wird von der überwiegenden Ansicht die Berufung als unzulässig angesehen (BGH StV 1995, 454; OLG Düsseldorf MDR 1991, 986; OLG Hamm NStZ 1982, 43; *Kleinknecht/Meyer-Goßner*, a.a.O., m.w.N.).

  ☝ Der **Verteidiger** wird die **Absendung** der Berufungsschrift durch Überreichung der bei seinen Akten verbliebenen Durchschrift und des sich darauf befindenden „Abvermerks" **beweisen** können. Ist zugleich mit der Berufungsschrift auch andere Gerichtspost abgesandt worden, die bei Gericht eingegangen ist, wird man daraus den Schluss ziehen können/müssen, dass auch die Berufungsschrift bei Gericht eingegangen, dann aber dort verloren gegangen ist.

- Ist nur **zweifelhaft**, ob die **Berufungsschrift rechtzeitig** bei Gericht eingegangen ist, wird in der Rspr. nicht einheitlich entschieden. Die wohl überwiegende Meinung entscheidet in diesen Fällen immer zugunsten des Angeklagten (vgl. u.a. BGH StV 1995, 454; OLG Düsseldorf NStZ 1986, 42; OLG Hamburg NJW 1975, 1750; *Kleinknecht/Meyer-Goßner*, § 261 Rn. 35; KK-*Ruß*, § 319 Rn. 3, jeweils m.w.N.). Das bedeutet, dass die zugunsten des Angeklagten eingelegten Rechtsmittel als fristgemäß behandelt werden, die zu Ungunsten eingelegten werden hingegen als unzulässig verworfen (a.A. BGH NJW 1960, 2202 f.; OLG Karlsruhe NJW 1981, 138 [stets zugunsten des Rechtsmittels]).

Siehe auch: → *Berufung, Allgemeines*, Rn. 178a, m.w.N.

Berufungsgericht, Besetzung

182r

Literaturhinweise: ***König***, Zum Einsatz von Proberichtern in der Großen Strafkammer, StV 1995, 39; s.a. die Hinw. bei → *Berufung, Allgemeines*, Rn. 178a .

1. **Berufungsgericht** ist nach der Änderung des § 76 Abs. 1 S. 1 GVG durch das RpflEntlG im Jahr 1993 sowohl bei Berufungen gegen Urteile des Richters am AG (Strafrichter) als auch gegen Urteile des (erweiterten) Schöffengerichts nach § 74 Abs. 3 GVG die kleine **Strafkammer** des **Landgerichts**.

☝ In Verfahren über Berufungen des **erweiterten Schöffengerichts** gilt § 76 Abs. 3 GVG. Es ist folglich ein zweiter Richter hinzuzuziehen. Hierbei handelt es sich um eine Frage der sachlichen Zuständigkeit (für die Revision § 338 Nr. 4). Sie richtet sich allein danach, welches Gericht, ob zuständig oder unzuständig, in der ersten Instanz tatsächlich entschieden hat (OLG Düsseldorf NStZ 1994, 97 [für den Fall, dass das AG zu Unrecht in der Besetzung mit einem zweiten Berufsrichter tätig geworden ist]).

182s

2. Bei Berufungen gegen Urteile des **Jugendrichters** bzw. des **Jugendschöffengerichts** (§§ 39, 40 JGG) ist nach § 41 Abs. 2 JGG die Jugendkammer des LG zuständig, und zwar nach § 33b Abs. 1 JGG für Berufungen gegen Urteile des Jugendrichters die kleine Jugendkammer (Vorsitzender und zwei Jugendschöffen) und für Berufungen gegen Urteile des Jugendschöffengerichts die große Jugendkammer (drei Berufsrichter und zwei Jugendschöffen; wegen der weiteren Einzelh. der Berufung im Jugendgerichtsverfahren s. → *Jugendgerichtsverfahren, Besonderheiten*, Rn. 578). Es ist i.Ü. zulässig, wenn die Jugendkammer bei einem Berufungsurteil mit zwei Proberichtern als beisitzenden Richtern besetzt ist; darin liegt kein Verstoß gegen § 29 S. 1 GVG (OLG Zweibrücken NStZ 1994, 356 m.w.N.; vgl. zum Einsatz von Proberichtern in großen Strafkammern *König* StV 1995, 39; zur Verbindung von Berufungssachen zu erstinstanzlicher Verhandlung s. u.a. OLG Stuttgart NStZ 1995, 248; → *Verbindung von Verfahren*, Rn. 926).

Siehe auch: → *Berufung, Allgemeines*, Rn. 178a, m.w.N.

Berufungshauptverhandlung

183

Literaturhinweise: ***Burhoff***, Richtige Bemessung der Sperrfrist, VA 2002, 126; ***Loos/Radtke***, Das beschleunigte Verfahren (§§ 417 – 420 StPO) nach dem Verbrechensbekämpfungsgesetz, – I. Teil, NStZ 1995, 569, II. Teil, NStZ 1996, 7; ***Neuhaus***, Das Beweisverwertungsverbot des § 393 Abs. 2 AO und seine praktische Bewältigung in der Rechtsmittelinstanz, ZAP F. 22, S. 339; ***Rieß***, Das Strafverfahrensänderungsgesetz 1979, NJW 1978, 2265; ***Schäfer***, Das Berufungsverfahren in Jugendsachen, NStZ 1998, 330; ***Schlothauer***, Vereinfachte Beweisaufnahme nach dem Verbrechensbekämpfungsgesetz auch in der Berufungsinstanz?, StV 1995, 46; s.a. die Hinw. bei → *Berufung, Allgemeines*, Rn. 178a.

183a

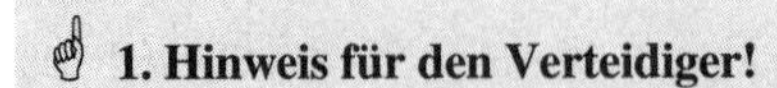

1. Hinweis für den Verteidiger!

Der Verteidiger muss eine Berufungs-HV ebenso **sorgfältig vorbereiten** wie die HV 1. Instanz (zum Verteidiger in der Berufungs-HV s.a. *Dahs*, Rn. 840 ff.). Dabei muss er vor allem berücksichtigen, dass es sich um die letzte Tatsacheninstanz handelt, in der der Sachverhalt, von dem später das Revisionsgericht auszugehen hat, festgeschrieben wird.

Zur Vorbereitung der Berufungs-HV gehört auf jeden Fall:

- Der Verteidiger wird i.d.R. die **Akten** erneut **einsehen**, schon allein um sich das Protokoll der HV in 1. Instanz kopieren zu können. Nur mit Kenntnis des Protokolls kann er nämlich sachgerecht entscheiden, ob er der **Verlesung** von **Vernehmungsniederschriften** aus der 1. Instanz zustimmt oder nicht (s.u. und Rn. 188). Darüber hinaus erfährt er auf diese Weise, ob die StA ggf. weitere Ermittlungen durchgeführt hat, ob also neue/andere Beweismittel zur Verfügung stehen.
- Der Verteidiger muss sich außerdem überlegen, ob er ggf. gem. § 323 Abs. 1 i.V.m. § 219 einen → ***Beweisantrag** zur Vorbereitung der Hauptverhandlung*, Rn. 307a, stellt. Die dort gemachten Ausführungen gelten entsprechend. Das Berufungsgericht muss diesen dann, insbesondere wenn es sich um eine Annahmeberufung handelt, bescheiden (BVerfG NStZ 2002, 43). Für die Vorbereitung der Berufungs-HV muss der Verteidiger allerdings auch § 323 Abs. 4 beachten. Danach hat der Vorsitzende der Berufungskammer bei der Auswahl der zur Berufungs-HV zu ladenden Zeugen auf eine Benennung in einer → ***Berufungsbegründung***, Rn. 178m, Rücksicht zu nehmen. Das zwingt m.E. den Verteidiger dazu, alle die Zeugen zu benennen, die etwas zur Entlastung des Angeklagten beitragen können. Dann werden diese im Zweifel auch alle geladen (ähnlich *Dahs*, Rn. 839).
- Geht es um die Frage der **Verwertbarkeit** von **Beweismitteln** muss sich der Verteidiger schon vor der HV mit der Frage auseinander setzen, ob ein beim AG nicht geltend gemachter Widerspruch (→ ***Widerspruchslösung***, Rn. 1166a) entgegen der h.M. in der obergerichtlichen Rspr. (s. die Nachw. bei Rn. 1166g) nicht doch (erstmals) in der Berufungs-HV geltend gemacht werden kann (dazu eingehend *Neuhaus* ZAP F. 22 S. 339 ff.). Dazu wird er sich auf die folgenden Argumente stützen
  - **kein Missbrauch**, wenn der Widerspruch erst in der Berufungs-HV geltend wird,
  - **keine Rügepräklusion** (→ *Verwirkung von Verteidigungsrechten*, Rn. 1122),
  - die Berufungs-HV ist **insgesamt neue Tatsacheninstanz**, in der vollständig neu verhandelt wird.

Der (Wahl-)**Verteidiger** ist zur Berufungs-HV zu **laden**. Das darf nicht deshalb unterbleiben, weil er in der HV 1. Instanz nicht aufgetreten ist (OLG Brandenburg StV 1996, 368 [Ls.]).

184

2. Für die Berufungs-HV gelten nach § 332 grds. **dieselben Bestimmungen** wie für eine HV in **1. Instanz**, soweit sich nicht aus den §§ 324, 325 etwas anderes ergibt (zur Besetzung der Kammer → *Berufungsgericht, Besetzung*, Rn. 182r) .

Die Berufungs-HV **beginnt** also ebenfalls mit dem → ***Aufruf der Sache***, Rn. 100, der → *Präsenzfeststellung*, Rn. 692, der → *Zeugenbelehrung*, Rn. 1179, nach § 57 und, wenn die Zeugen den Saal verlassen haben, der → *Vernehmung des Angeklagten zur Person*, Rn. 1034. Im Anschluss daran erfolgen der von § 324 vorgesehene **Vortrag** des Berichterstatters und die **Verlesung** der Urteils 1. Instanz (s.u. Rn. 186 f.), was die Verlesung der Anklage ersetzt. Die weitere Verhandlung richtet sich dann nach den §§ 243 Abs. 4, 244 Abs. 1, 257 ff. (s.u. Rn. 188 ff.).

185

☝ Deutet der Vorsitzende bereits zu Beginn oder im Verlauf der Berufungs-HV an, dass nach Auffassung des Gerichts die Berufung **keine Aussicht** auf **Erfolg** hat, empfiehlt es sich für den Verteidiger, um eine kurze → *Unterbrechung der Hauptverhandlung*, Rn. 873, zu bitten. In dieser muss er dem **Mandanten** dann erläutern, welche **Konsequenzen** hieraus ggf. zu ziehen sind (→ *Berufungsbeschränkung*, Rn. 179; → *Berufungsrücknahme*, Rn. 198). Die **Entscheidung**, ob und in welchem Umfang das Rechtsmittel weiter durchgeführt werden soll, sollte auf jeden Fall der **Mandant** treffen.

Für eine sachgerechte Beratung des Mandanten muss der Verteidiger die Grundzüge des sich aus § 331 ergebenden **Verschlechterungsverbots** kennen. Er muss den Mandanten darüber aufklären, dass, wenn lediglich er, zu seinen Gunsten die StA oder der gesetzliche Vertreter Berufung eingelegt haben, nach § 331 Abs. 1 das Berufungsurteil weder in Art noch in Höhe der Rechtsfolgen zum **Nachteil** des Angeklagten **geändert** werden darf (wegen der Einzelh. vgl. die Komm. bei *Kleinknecht/Meyer-Goßner* zu § 331). Der Verteidiger muss den Mandanten weiter darüber belehren, dass das **nicht** für den **Schuldspruch** gilt, dieser also verschärft werden kann (z.B. Verurteilung wegen gefährlicher Körperverletzung nach § 224 StGB anstelle von § 223 StGB; BGH NJW 1986, 332; NStZ 1986, 209 [Pf/M]; *Kleinknecht/Meyer-Goßner*, § 331 Rn. 8 m.w.N.). Er muss ihn darauf hinweisen, dass das Verschlechterungsverbot auch **nicht** gilt für eine Verschärfung des **Bewährungszeit**- und **Bewährungspflichtenbeschlusses** nach § 268a (*Kleinknecht/Meyer-Goßner*, § 268a Rn. 8 m.w.N.) und nach § 331 Abs. 2 ebenfalls nicht für die Unterbringung in einem psychiatrischen Krankenhaus oder einer Entziehungsanstalt (§§ 63, 64 StGB).

In **Verkehrssachen** muss der Verteidiger wissen, dass beim Entzug der Fahrerlaubnis die zwischen Urteil 1. Instanz und Berufungsurteil verstrichene Zeit vom Berufungsgericht nicht berücksichtigt werden muss (st.Rspr. der Obergerichte; vgl. u.a. BGH VRS 21, 335; → *Berufungsrücknahme*, Rn. 198). Daher ist hier besondere **Vorsicht** geboten (zur [richtigen] Bemessung der Sperrfrist s. *Burhoff*, VA 2002, 126).

186 **3. a)** Nach § 324 Abs. 1 S. 1 hält der **Berichterstatter** einen **Vortrag** über die bisherigen Ergebnisse des Verfahrens.

☝ Eine **Ablehnung** wegen Besorgnis-Befangenheit ist nur bis zum **Beginn** des **Vortrags** des Berichterstatters zulässig (KK-*Pfeiffer*, § 25 Rn. 2; s. → *Ablehnungszeitpunkt*, Rn. 52; zur Ablehnung wegen des Rates, die Berufung zurückzunehmen bzw. zu beschränken, → *Berufungsrücknahme*, Rn. 204; s. auch OLG Hamm StV 1998, 64 [Befangenheit des Vorsitzenden, wenn er sich dahin äußert, dass er die wenig aussichtsreiche Berufung beim Lesen der Akten und Beiakten nahezu als ein Ansinnen an das viel beschäftigte Gericht ansehe] und OLG Hamm, Beschl. v. 14.8.1997 – 4 Ss 927/97 – n.v. – [Befangenheit wegen der im Hinblick auf das erstinstanzliche Urteil gemachten Äußerung des Vorsitzenden: „Was Herrn K. wohl geritten hat, so ein mildes Urteil zu sprechen?"]).

Mit Eingang der Akten bei der Berufungsstrafkammer sind **erkennende Richter** i.S.v. § 28 Abs. 2 S. 2 nicht nur die zur Mitwirkung in der HV berufenen Richter, sondern auch diejenigen, die nach § 27 berufen sind, über ein Ablehnungsgesuch gegen die in der HV mitwirkenden Richter zu entscheiden (OLG Karlsruhe StraFo 1998, 227 m.w.N. auch zur a.A.; s. → *Ablehnungsverfahren*, Rn. 46). Sie betreffende Entscheidungen können also gem. § 28 Abs. 2 S. 2 nur mit dem Urteil zusammen angefochten werden.

186a **b) Berichterstatter** ist i.d.R. jetzt notwendigerweise der **Vorsitzende** der (**kleinen**) **Strafkammer** (§ 76 Abs. 1 S. 1 GVG). Das gilt nur nicht für Berufungen gegen Urteile des **Jugendschöffengerichts**. Bei der dann als Berufungsgericht tätig werdenden großen Jugendkammer gibt es noch den sog. Berichterstatter (vgl. § 21g GVG).

In welchem **Umfang** von den Ergebnissen des bisherigen Verfahrens berichtet wird, hängt von den **Umständen** ab. Der Vortrag hat sich jedoch auf die für die Berufung wesentlichen Punkte zu beschränken (KK-*Ruß*, § 324 Rn. 3). So kann es z.B. erforderlich sein, die Berufungsbegründung zu verlesen, wenn nur so der

Umfang, in welchem Berufung eingelegt worden ist, geklärt werden kann (zur Zulässigkeit der Verlesung der Berufungsbegründung der StA s. OLG Köln NJW 1961, 1127).

187 c) Nach § 324 Abs. 1 S. 2 muss das **Urteil 1. Instanz verlesen** werden, soweit es für die Berufung von Bedeutung ist. Das bedeutet, dass die Teile des erstinstanzlichen Urteils nicht verlesen werden müssen, die nur (ehemalige) Mitangeklagte betreffende Feststellungen enthalten oder bei denen es um Tatkomplexe geht, die nicht angefochten sind. Von der Verlesung sind nach Möglichkeit die **Beweiswürdigung** und die **Strafzumessungserwägungen** – mit der → *Feststellung von Vorstrafen des Angeklagten*, Rn. 486, – **auszunehmen**, um so eine Beeinflussung der Schöffen zu vermeiden. Zwingend ist das jedoch nicht (*Kleinknecht/Meyer-Goßner*, § 324 Rn. 5). In einer Berufungs-HV nach (teilweiser) Aufhebung eines Berufungsurteils durch das Revisionsgericht und **Zurückverweisung** muss das erste Berufungsurteil insoweit verlesen werden, als darin den Schuldspruch tragende Feststellungen enthalten sind, die vom Revisionsgericht nicht aufgehoben worden sind (BayObLG StV 2001, 335).

Das Urteil wird i.d.R. vom Vorsitzenden oder vom Berichterstatter verlesen. Der Vorsitzende kann die **Verlesung** des Urteils 1. Instanz **auch** dem Protokollführer übertragen (*Kleinknecht/Meyer-Goßner*, § 324 Rn. 3).

☝ Den **Umfang** der Verlesung der Urteils 1. Instanz ordnet der Vorsitzende an. Da es sich bei dieser Anordnung um eine Maßnahme der → *Verhandlungsleitung*, Rn. 972, handelt, kann der Verteidiger die Anordnung nach **§ 238 Abs. 2** beanstanden und einen **Gerichtsbeschluss** herbeiführen.

Die Verlesung des Urteils 1. Instanz ersetzt die → *Verlesung des Anklagesatzes*, Rn. 989, und ist damit wesentlicher Teil der HV, so dass bei notwendiger Verteidigung i.S.d. § 140 Abs. 2 die **Anwesenheit** des **Verteidigers erforderlich** ist. Das gilt auch bei Beschränkung der Berufung (OLG Düsseldorf StraFo 1999, 125).

Nach § 324 Abs. 1 S. 2 Hs. 2 kann, wenn Verteidiger, Angeklagter und StA dies erklären, auf die **Verlesung** des Urteils **verzichtet** werden. Auf den Verzicht des Nebenklägers kommt es nicht an (*Kleinknecht/Meyer-Goßner*, § 397 Rn. 12). Der Verzicht gehört zur Verhandlungsleitung des Vorsitzenden und muss von diesem herbeigeführt werden. Der Verzicht führt allerdings nicht dazu, dass ein Verlesungsverbot besteht (*Rieß* NJW 1978, 2271). Der Vorsitzende ist an den Verzicht nicht gebunden (OLG Frankfurt StV 2001, 335 f.).

☝ Die **Verlesung** des Urteils 1. Instanz ist **keine Beweisaufnahme** in Form des Urkundenbeweises. Durch sie kann daher nicht die Beweiserhebung darüber ersetzt werden, was der Angeklagte oder Zeugen in 1. Instanz (aus-)gesagt haben. Kommt es darauf an, muss das Urteil in der Beweisaufnahme nochmals nach **§ 249** verlesen werden (vgl. u.a. OLG Hamm NJW 1974, 1880; *Kleinknecht/Meyer-Goßner*, § 324 Rn. 5 m.w.N., s. → *Urkundenbeweis, Allgemeines*, Rn. 884).

188 **4.** Für die → *Vernehmung des Angeklagten zur Sache*, Rn. 1037, und für die **Beweisaufnahme** gelten die gleichen **Grundsätze** wie für die HV **1. Instanz** (*Kleinknecht/Meyer-Goßner*, § 324 Rn. 8 m.w.N.; zur Verletzung des Grundsatzes des „fair-trial" bei Beauftragung eines weiteren SV durch das Berufungsgericht s. OLG Hamm NStZ 1996, 455; → *Obergutachter*, Rn. 636).

☝ Ein früherer **Mitangeklagter**, dessen Berufung nach § 329 Abs. 1 verworfen worden ist, kann als **Zeuge** vernommen werden (OLG Braunschweig Nds.Rpfl 2002, 64; → *Vernehmung des Mitangeklagten als Zeugen*, Rn. 1045a).

Auf folgende **Abweichungen** ist allerdings hinzuweisen:

189 **a)** Eine erste Abweichung ergibt sich aus § 325, der die **Verlesung** von **Schriftstücken** zulässt. Dazu ist darauf hinzuweisen, dass die allgemeinen Voraussetzungen für die Verlesung von Schriftstücken, wie sie sich aus den §§ 249 – 256 ergeben (→ *Urkundenbeweis, Allgemeines*, Rn. 647, m.w.N.) durch die Vorschrift nicht erweitert werden. Sie stellt nur klar, dass auch beim Bericht des Berichterstatters nach § 324, der nicht zur Beweisaufnahme gehört, Schriftstücke verlesen werden dürfen (*Kleinknecht/Meyer-Goßner*, § 325 Rn. 1 m.w.N.).

b) Eine **Durchbrechung** für den → ***Unmittelbarkeitsgrundsatz***, Rn. 868, enthält § 325 aber in Hs. 2. Danach ist unter bestimmten Voraussetzungen (s. Rn. 190 f.) die – nicht nur teilweise (OLG Hamburg MDR 1973, 871) – Verlesung von Niederschriften über die Vernehmung von Beweispersonen in 1. Instanz auch dann zulässig, wenn sie nach §§ 251, 253 an sich nicht zulässig wäre.

190 **aa)** Die Vernehmungsniederschriften können auf jeden Fall verlesen werden, wenn **alle Prozessbeteiligten**, die eigene prozessuale Rechte haben, **zustimmen**. Zustimmen müssen also der Angeklagte, der Verteidiger, Nebenbeteiligte, soweit sie durch die Beweisaufnahme betroffen sind, wie z.B. ein Einziehungsbeteiligter, der Privatkläger, nicht aber ein Nebenkläger (*Kleinknecht/Meyer-Goßner*, § 397 Rn. 12), Erziehungsberechtigte und gesetzliche Vertreter.

Die **Zustimmung** muss grds. **ausdrücklich erklärt** werden. Sie kann jedoch auch in einem schlüssigen Verhalten liegen, wenn z.B. der Verteidiger der Verlesung einer Zeugenaussage 1. Instanz nicht widerspricht. Die Zustimmung zur Verlesung kann vom Vorsitzenden auch noch nach der Verlesung eingeholt werden. Der **Widerruf** einer einmal erklärten Zustimmung ist **ausgeschlossen** (LR-*Gollwitzer*, § 325 Rn. 5).

☝ Der Verteidiger muss sich genau **überlegen**, ob er der Verlesung einer Vernehmungsniederschrift 1. Instanz **zustimmt**. So können besondere Umstände zur persönlichen Anhörung der Beweisperson zwingen. Ggf. ist auch schon das Gericht aufgrund der ihm obliegenden **Sachaufklärungspflicht** gezwungen, einen Zeugen persönlich zu hören (vgl. u.a. OLG Koblenz StV 1982, 65 f.; *Kleinknecht/Meyer-Goßner*, § 325 Rn. 12 m.w.N.).

191 Danach wird eine **Verlesung nicht** in Betracht kommen,

- wenn die zu verlesende **Aussage** von **prozessentscheidender Bedeutung** ist (OLG Zweibrücken NStZ 1992, 147 m.w.N.; OLG Celle StV 1994, 474 [Ls.]),
- wenn das Berufungsgericht die **Glaubwürdigkeit** des Zeugen anders werten will als das erstinstanzliche Gericht (BayObLG StV 1992, 152, m.w.N.),
- wenn es auf den **persönlichen Eindruck** vom Zeugen ankommt (LR-*Gollwitzer*, § 325 Rn. 18),
- wenn sich Zeugenaussagen **widersprechen** (OLG Frankfurt StV 1987, 524; OLG Koblenz StV 1982, 65),
- wenn die **Zeugenaussage** in 1. Instanz **schlecht**, d.h. unverständlich, **protokolliert** worden ist,
- wenn **Zweifel** bestehen, ob die Zeugenaussage **richtig protokolliert** worden ist (OLG Köln GA 1970, 248).

192 **bb) Ohne Zustimmung** der Prozessbeteiligten dürfen Vernehmungsniederschriften nur verlesen werden,

- wenn die **Beweispersonen nicht** zur Berufungs-HV **geladen** worden sind. Dabei ist es unerheblich, von wem sie geladen sind. Das **Stellen** eines **Zeugen** steht hier der Ladung gleich (*Kleinknecht/Meyer-Goßner*, § 325 Rn. 7 m.w.N.). Ist ein bereits geladener Zeuge von Amts wegen abbestellt worden, steht das der Nichtladung gleich, wenn der Angeklagte darüber benachrichtigt worden ist (vgl. u.a. OLG Stuttgart MDR 1977, 513),
- ferner der **Angeklagte nicht** die **Ladung** der Zeugen oder SV **beantragt** hat (s.o. Rn. 183b). Unter einem Antrag ist hier jede Eingabe zu verstehen, aus der sich ergibt, dass der Angeklagte eine Vernehmung der Beweisperson auch in der 2. Instanz wünscht (vgl. aber u. Rn. 196). Der entsprechende **Antrag** muss **rechtzeitig** vor der Berufungs-HV gestellt werden. Das ist er nur dann, wenn das Gericht die Ladung noch – notfalls telefonisch – ohne Verschiebung der Berufungs-HV bewirken kann (*Kleinknecht/Meyer-Goßner*, § 325 Rn. 10 m.w.N.).

☝ Hat der Verteidiger es vor der Berufungs-HV **versäumt**, rechtzeitig die **Ladung** eines Zeugen oder SV zu beantragen, muss er in der HV versuchen, die Ladung jetzt noch mit einem förmlichen → ***Beweisantrag***, Rn. 255, m.w.N., durchzusetzen. Es empfiehlt sich, diesen Antrag – unabhängig von der Frage der Rechtzeitigkeit – vor der Berufungs-HV dem Gericht gegenüber anzukündigen, damit dieses sich ggf. darauf einstellen kann, die HV auszusetzen.

193 **cc)** Verlesen werden dürfen nur die **Vernehmungsprotokolle** der HV 1. Instanz (s. → *Protokoll der Hauptverhandlung*, Rn. 713), nicht Protokolle aus einer ausgesetzten oder sonst vorausgegangenen HV (*Kleinknecht/Meyer-Goßner*, § 325 Rn. 11 m.w.N.). Es dürfen auch Schriftstücke verlesen werden, auf die sich ein Zeuge bei seiner Vernehmung bezogen hat (OLG Hamm DAR 1956, 166). Der Verlesung steht nicht entgegen, wenn dem Zeugen ein → ***Zeugnisverweigerungsrecht***, Rn. 1194, nach den §§ 52 ff. zusteht, von dem er in der 1. Instanz keinen Gebrauch gemacht hat (KK-*Ruß*, § 325 Rn. 10). Ist das Zeugnisverweigerungsrecht erst nach der Vernehmung des Zeugen entstanden oder teilt er mit, dass er nun von seinem Weigerungsrecht Gebrauch machen will, darf seine Vernehmung nicht verlesen werden (KK-*Ruß*, a.a.O.).

☝ Wird dennoch verlesen, muss der Verteidiger dies **beanstanden** bzw. **widersprechen**.

Beanstanden muss der Verteidiger auch die Verlesung einer Vernehmung, bei der **wesentliche Verfahrensvorschriften verletzt** worden sind. Denn durfte diese in 1. Instanz **nicht verwertet** werden, kann das in der Berufungs-HV nicht anders sein (KK-*Ruß*, § 325 Rn. 8; LR-*Gollwitzer*, § 325 Rn. 21; s.a. OLG Stuttgart NJW 1970, 343 [Vernehmung eines Zeugen in Abwesenheit des nicht eigenmächtig ausgebliebenen Angeklagten]).

194 **dd)** Nach der Verlesung der Aussage eines in 1. Instanz uneidlich vernommenen Zeugen muss das Gericht über die **Vereidigung** neu **entscheiden** (vgl. dazu *Kleinknecht/Meyer-Goßner*, § 325 Rn. 13 m.w.N.). Ist der Zeuge in der 1. Instanz verbotswidrig vereidigt worden, kann das Gericht – nach einem entsprechenden Hinweis an die Beteiligten – reine Aussagen als uneidliche werten (→ *Vereidigungsverbot*, Rn. 940).

195 **5.** Fraglich ist, ob das in 1. Instanz ggf. nach § 420 zulässige **vereinfachte Beweisverfahren** (→ *Beschleunigtes Verfahren*, Rn. 227, → *Strafbefehlsverfahren*, Rn. 824) auch für die Berufungs-HV vor der (kleinen) Strafkammer gilt, wenn gegen ein solches Urteil Berufung eingelegt worden ist. Nach dem eindeutigen Wortlaut des § 420 Abs. 4, wonach diese Vorschrift ausdrücklich nur für das Verfahren vor dem Strafrichter gilt, dürfte das für diese Norm jedenfalls **nicht** der Fall sein. Etwas anderes gilt aber auch nicht für die Abs. 1 – 3. Diese beziehen sich auf die §§ 417, 419 Abs. 1 S. 1, in denen es um beschleunigte Verfahren vor dem AG und dem Schöffengericht geht. Daraus erklärt sich die Einschränkung in § 420 Abs. 4, mit der dessen Anwendung vor dem Schöffengericht ausgeschlossen werden sollte. Aus dem Fehlen der Beschränkung in § 420 Abs. 1 – 3 lässt sich nicht (im Umkehrschluss) die Geltung dieser Vorschriften für die Berufungs-HV (vor dem LG) ableiten (a.A. *Kleinknecht/Meyer-Goßner*, § 420 Rn. 12 [u.a. auch mit Hinw. auf die Regelung des § 411 Abs. 1 S. 1]; wie hier mit weit. Einzelh. *Loss/Radke* NStZ 1996, 8; *Schlothauer* StV 1995, 46).

☝ Ist vom AG der **Einspruch** des Angeklagten gegen den Strafbefehl **verworfen** worden (§ 412; → *Strafbefehlverfahren*, Rn. 824) muss auf jeden Fall im **Strengbeweisverfahren** geklärt werden, ob der Angeklagte vor dem AG ohne genügende Entschuldigung ausgeblieben ist (OLG Naumburg NStZ-RR 2001, 87; → *Freibeweisverfahren*, Rn. 502). Dabei hat das LG auch neues Entschuldigungsvorbringen zu berücksichtigen (BayObLG NJW 2001, 1438, zugleich auch zu den Anforderungen an die Urteilsgründe).

196

6. **Erscheint** der **Angeklagte** in der Berufungs-HV ohne ausreichende Entschuldigung **nicht**, muss das Gericht im Zweifel seine Berufung nach § 329 verwerfen (→ *Berufungsverwerfung wegen Ausbleiben des Angeklagten*, Rn. 209). Das gilt nicht im **Strafbefehlsverfahren**. Denn nach § 411 Abs. 2, der auch im Berufungsverfahren gilt (OLG Celle NJW 1970, 906; OLG Düsseldorf NStZ 1984, 524; OLG Köln StV 1981, 119), kann der **Verteidiger** den Angeklagten **vertreten**, selbst wenn nach § 236 sein persönliches Erscheinen angeordnet war. War der Angeklagte vom Erscheinen in der Berufungs-HV entbunden (§ 233; → *Entbindung des Angeklagten vom Erscheinen in der Hauptverhandlung*, Rn. 424) oder wird nach Zurückverweisung durch das Revisionsgericht verhandelt (§ 329 Abs. 1 S. 2), kann ebenfalls ohne den Angeklagten verhandelt werden.

☝ Handelt es sich um eine (zum Nachteil des Angeklagten eingelegte) **Berufung** der **StA**, kann gem. § 329 Abs. 2 auch in Abwesenheit des Angeklagten verhandelt werden. Diese Möglichkeit scheidet aber dann aus, wenn die sich aus § 244 Abs. 2 ergebende → *Aufklärungspflicht des Gerichts*, Rn. 95, dieses dazu drängt, sich einen auf persönlicher Beobachtung beruhenden Eindruck vom Angeklagten zu machen (OLG Hamm StV 1997, 346 [keine Verhängung einer Strafe ohne Bewährung aufgrund einer Abwesenheitsverhandlung, wenn der Angeklagte in erster Instanz zu einer Bewährungsstrafe verurteilt worden ist]).

Die Möglichkeit, die Berufung des Angeklagten zu verwerfen bzw. ohne diesen zu verhandeln, hat Auswirkungen auf die Zulässigkeit des Erlasses eines **Haftbefehls** gegen den ausgebliebenen Angeklagten. Dieser ist nur dann zulässig, wenn nicht nach § 329 Abs. 1 oder 2 verfahren wird. Er ist insbesondere aber auch dann unverhältnismäßig, wenn in der nächsten HV ein Urteil nach § 329 Abs. 1 oder 2 ergehen könnte oder wenn bei verständiger Würdigung aller Umstände die Erwartung gerechtfertigt ist, dass der Angeklagte zu dem neuen Termin erscheint (BVerfG NJW 2001, 1341).

197 **7.** Das **Plädoyer** des Verteidigers kann in der Berufungs-HV gegenüber dem in der 1. Instanz **Besonderheiten** aufweisen.

- Hat der Angeklagte Berufung eingelegt, so plädiert der **Verteidiger** – anders als in der 1. Instanz – **zuerst**, sonst der StA (§ 326).
- Der **Inhalt** des Schlussvortrags hängt u.a. vom Umfang der Anfechtung des Urteils 1. Instanz ab. Hat der Angeklagte oder auch die StA nur den Rechtsfolgenausspruch angegriffen (s. → *Berufungsbeschränkung*, Rn. 179), braucht der Verteidiger sich nur mit der Straffrage auseinander zusetzen. Ist das erstinstanzliche Urteil hingegen in vollem Umfang zur Überprüfung durch das Berufungsgericht gestellt, muss der Verteidiger ebenso wie in einem Schlussvortrag 1. Instanz alle Fragen ansprechen (→ *Plädoyer des Verteidigers*, Rn. 665).

☝ Das setzt natürlich auch voraus, dass der Verteidiger sich mit dem angegriffenen Urteil auseinandersetzt. Dies sollte er **sachlich** und **korrekt** tun, ohne im Ton oder inhaltlich zu entgleisen (*Dahs*, Rn. 847, 151).

Von besonderer Bedeutung ist in der Berufungs-HV das **Recht** des Verteidigers, auf das **Plädoyer** des **StA** zu **erwidern**. Der Verteidiger sollte nicht übersehen, dass, wenn er nicht von seinem Erwiderungsrecht Gebrauch macht, wegen der sich aus § 326 ergebenden Reihenfolge der StA derjenige ist, der das „letzte Wort" hat.

Siehe auch: → *Berufung, Allgemeines,* Rn. 178a, → *Rechtsmittel, Allgemeines,* Rn. 745.

198 Berufungsrücknahme

Literaturhinweise: ***Dencker***, Willensfehler bei Rechtsmittelverzicht und Rechtsmittelrücknahme im Strafprozeß, 1972; ***Eickhoff***, Die Bedeutung des Verschlechterungsverbots für die Bemessung von Führerscheinsperrfristen in der Berufungsinstanz, NJW 1975, 1007; ***Gollner*** Verschlechterungsverbot bei vorläufiger und endgültiger Entziehung der Fahrerlaubnis, GA 75, 129; s.a. die Hinw. bei → *Rechtsmittelverzicht*, Rn. 751.

Für die Berufungsrücknahme in der HV ist Folgendes zu beachten:

1. Bis zum **Beginn** der HV kann eine Berufung **ohne weiteres** zurückgenommen werden, es sei denn, es handelt sich um eine von der StA zugunsten des Angeklagten eingelegte Berufung. Dieser Rücknahme muss der Angeklagte gem. § 302 Abs. 1 S. 1 auf jeden Fall zustimmen.

☝ Wird die Berufung **früher** als **zwei Wochen** vor Beginn der Berufungshauptverhandlung zurückgenommen, erhält der Verteidiger nach §§ 85 Abs. 4, 84 Abs. 2 BRAGO die **volle Gebühr** des § 85 Abs. 1 BRAGO. Die in der Vergangenheit umstr. Frage, ob für die Anwendbarkeit des § 84 Abs. 2 eine Terminsbestimmung erforderlich ist, ist durch die Neufassung des § 84 Abs. 2 BRAGO durch das Gesetz zur Änderung kostenrechtlicher Vorschriften und anderer Gesetze (JuMiG, BGBl. 1997 I, S. 1430) erledigt (*Gerold* u. a. § 84 Rn. 10).). Die Terminsbestimmung ist danach nicht erforderlich.

Nach Beginn der HV kann eine Berufung nach § 303 **nur** noch mit **Zustimmung** des **Gegners** zurückgenommen werden (OLG Frankfurt NStZ-RR 1997, 45). Beginn der HV ist nach §§ 324, 243 Abs. 1 S. 2 der →***Aufruf** der Sache*, Rn. 100. Die Beschränkung gilt nach Beginn der ersten Berufungshauptverhandlung **endgültig** für das gesamte restliche Verfahren, auch wenn die Berufungshauptverhandlung ausgesetzt wird. Die unbeschränkte Befugnis zur Rücknahme lebt nicht wieder auf (*Kleinknecht/Meyer-Goßner*, § 303 Rn. 2 m.w.N.). Etwas anderes gilt gem. § 329 Abs. 2 S. 2 Hs. 1 für die zu Ungunsten der Angeklagten eingelegte Berufung der StA. Erscheint der Angeklagte zur Berufungshauptverhandlung nicht, kann die StA ihre Berufung zurücknehmen, auch wenn die HV ausgesetzt war (LG Dresden NStZ 1999, 265).

Gegner ist bei einer Berufung des Angeklagten/Verteidigers der StA bzw. bei einer Berufung des StA der Angeklagte (wegen weiterer Einzelh. s. *Kleinknecht/ Meyer-Goßner*, § 303 Rn. 3 m.w.N.).

199

2. Zur Rücknahme der Berufung **berechtigt** ist, wer das Rechtsmittel **eingelegt** hat. Der Angeklagte muss bei Abgabe einer Rücknahmeerklärung verhandlungsfähig (→ *Verhandlungsfähigkeit*, Rn. 966), aber nicht geschäftsfähig sein (BGH NStZ 1983, 280; 1985, 207 [Pf/M]; OLG Hamm NJW 1973, 1894). Eine **Rücknahmeerklärung** des **Angeklagten** erstreckt sich immer auch auf eine vom Verteidiger eingelegte Berufung (*Kleinknecht/Meyer-Goßner*, § 302 Rn. 3 m.w.N.). Haben **mehrere Verteidiger** Berufung eingelegt, so führt die im Auftrag des Angeklagten erklärte Zurücknahme des einen zur Zurücknahme insgesamt (BGH NStZ 1996, 202 m.w.N.).

200 3. Die **Rücknahmeerklärung** ist **unwiderruflich** und **unanfechtbar** (st.Rspr. des BGH; s. zuletzt BGH StV 1994, 64 [Anfechtung]). In **Ausnahmefällen** können Rücknahmeerklärungen aber **unwirksam** sein (s. BGHSt 17, 14 [Anwendung von § 136a]), und zwar ggf. in folgenden

Beispielsfällen:

Unwirksamkeit **bejaht**

- die Rücknahmeerklärung ist durch **bewusste Täuschung** erlangt (BGHSt 17, 14),
- die Rücknahme beruht auf einem **Motivirrtum** und „Unüberlegtheit" des Angeklagten und das Gericht hat das Gebot fairer Prozessführung verletzt (LG Osnabrück StraFo 1997, 309 [für Rücknahme des Einspruchs gegen einen Strafbefehl, wobei das Gericht nicht die für den Angeklagten eintretenden beamtenrechtlichen Folgen ausreichend beachtet hat]),
- Rücknahme durch den aufgrund eines rechtswidrigen **Haftbefehls** festgenommenen Angeklagten, der seine Freilassung erreichen will (KG JR 1977, 34),
- Rücknahme aufgrund **unrichtiger Erklärung** oder Auskunft des **Gerichts**, wenn erst und gerade hierdurch ein **Irrtum** hervorgerufen wird (BGH NStZ 2001, 493 [unrichtige Erklärungen zu beamtenrechtlichen Folgen]; StV 2001, 556; BGH NStZ-RR 2002, 101 [Be]; OLG Koblenz NStZ-RR 1996, 306 [jeweils für Rechtsmittelverzicht]; s.a. *R.Hamm* NStZ 2001, 494 in der Anm. zu BGH NStZ 2001, 493),
- Rücknahme durch den anwaltlich nicht vertretenen Angeklagten im Fall **notwendiger Verteidigung** (OLG Köln StV 1998, 645 [für Rechtsmittelbeschränkung und -verzicht]),
- Rücknahme aufgrund eines durch eine **unzutreffende** richterliche Auskunft hervorgerufenen Irrtums über die **Erfolgsaussichten** des Rechtsmittels (OLG Zweibrücken NStZ 1982, 348),
- Rücknahme aufgrund eines durch eine **unzutreffende** richterliche Auskunft hervorgerufenen Irrtums über die **Tragweite** und Rechtsfolgen der Rücknahmeerklärung (OLG Düsseldorf MDR 1984, 604),
- Rücknahme aufgrund einer vom Vorsitzenden unzuständigerweise abgegebenen und alsbald nicht eingehaltenen **Zusage** (BGH NJW 1995, 2568 [Zusage des Vorsitzenden zur **Strafvollstreckung**]),
- wenn im Fall **notwendiger Verteidigung** der Angeklagte ohne Pflichtverteidiger entsprechende Erklärungen abgibt (s. dazu die Nachw. bei → *Rechtsmittelverzicht*, Rn. 756).

200a Unwirksamkeit **verneint**

- für die Rücknahme aufgrund einer in dem Antrag der StA auf Erlass eines **HB** liegenden **Drohung** (BGHSt 17, 14; OLG Hamburg MDR 1964, 615; s.a. BGH NStZ 1992, 29 [K]),
- für die Rücknahme aufgrund **enttäuschter Erwartungen**, ohne dass eine unzulässige Willensbeeinflussung durch Gericht oder StA vorliegt (BGH StV 2000, 542, NStZ-RR 2002, 114),

- für die Rücknahme mit der Hoffnung auf Bestehen bleiben eines **Haftverschonungsbeschlusses** (BGH Wirts 1994, 197),
- bei **Jugendlichen** und **Heranwachsenden**, wenn diese im Hinblick auf ihre geistige Entwicklung die genügende Einsichtsfähigkeit für die Prozesshandlung und deren Tragweite haben (BGH NStZ-RR 1998, 60),
- für die Rücknahme unter einer **Rechtsbedingung** (BGH NStZ-RR 2002, 101 [Be]),
- für die Rücknahme bei Ankündigung des StA, er werde anderenfalls **Revision einlegen** (BGH NStZ 1986, 277).

☝ Der **Zweifelssatz** „in dubio pro reo" gilt insoweit **nicht** (OLG Düsseldorf NStZ-RR 1996, 307 m.w.N.).

Eine Berufung kann auch nur teilweise zurückgenommen werden. Um eine teilweise Berufungsrücknahme handelt es sich bei der → ***Berufungsbeschränkung***, Rn. 179.

201 **4.** Die **Zustimmung** zur Rücknahme des Rechtsmittels des Gegners ist ebenfalls **unwiderruflich** und **unanfechtbar**. Sie ist dem Gericht gegenüber zu erklären. Die Zustimmung muss nicht unbedingt ausdrücklich erklärt werden, sondern kann auch in **schlüssigen** Handlungen liegen (*Kleinknecht/Meyer-Goßner*, § 303 Rn. 4 m.w.N.).

Will der **StA** seine **Berufung** zurücknehmen, muss der Angeklagte/Verteidiger zustimmen. Das wird ihm, wenn es sich um eine zu Ungunsten des Angeklagten eingelegte Berufung handelt, keine Schwierigkeiten machen. Bei der zu Gunsten des Angeklagten eingelegten wird der Verteidiger die Frage der Zustimmung, insbesondere im Hinblick auf das Verschlechterungsverbot des § 331, sorgfältig prüfen.

☝ Die StA kann nach § 329 Abs. 2 S. 2 ihre Berufung **ohne Zustimmung** des Angeklagten zurücknehmen (oder beschränken), wenn der **Angeklagte nicht erschienen** ist.

202 **5. a)** Der **Verteidiger** bedarf nach § 302 Abs. 2 für die Rücknahme der von ihm eingelegten Berufung ebenso wie für die des Angeklagten eine **ausdrückliche Ermächtigung**. Eine bestimmte Form ist für diese Ermächtigung nicht vorgesehen, sie kann dem Verteidiger schriftlich, mündlich oder fernmündlich erteilt werden (st.Rspr., vgl. zuletzt BGH NStZ 1995, 356; *Kleinknecht/Meyer-Goßner*, § 302 Rn. 32 m.w.N.; zur Unwirksamkeit der vom Verteidiger erklärten Rücknahme der Berufung nach Anordnung des Sofortvollzugs des Widerrufs der Zulassung zur Rechtsanwaltschaft s. OLG Karlsruhe NJW 1997, 672). Der Angeklagte muss bei Erteilung der Ermächtigung verhandlungsfähig sein (BGH NStZ-RR 2002, 101 [Be]). Auch der **Pflichtverteidiger** bedarf einer besonderen Ermächtigung, und zwar auch dann, wenn er zuvor als Wahlverteidiger bestellt war (LG Zweibrücken NStZ-RR 2002, 177).

Die Ermächtigung liegt grds. **nicht** allein in der **allgemein erteilten Prozessvollmacht** (BGH NStZ 2000, 665), es sei denn, das Mandat wurde erst zur Durchführung des Berufungsverfahrens erteilt (s. u.a. OLG Hamburg StraFo 1998, 49). I.d.R. ist die (ausdrückliche) Ermächtigung zur Rechtsmittelrücknahme aber in den üblichen Vollmachtsformularen enthalten (zur Beschränkung der Ermächtigung durch die Bestellung eines weiteren Verteidigers s. BGH NStZ 2000, 608).

☝ Ausreichend ist es auch, da die Ermächtigung nicht formgebunden ist, wenn der Verteidiger die Rücknahme des Rechtsmittels in der HV in Gegenwart des **Angeklagten** erklärt und dieser **nicht widerspricht** (BGH GA 1968, 86; OLG Hamburg, a.a.O.; OLG Koblenz NStZ-RR 2001, 247 m.w.N.; KK-*Ruß* § 302 Rn. 22 m.w.N.).

203 **b)** Der **Nachweis** der Ermächtigung kann gegenüber dem Gericht auch noch später, nach Abgabe der Erklärung, geführt werden (BGHSt 36, 259, 260 f.). Das Gericht kann als Nachweis die **anwaltliche Versicherung** des Verteidigers genügen lassen (*Kleinknecht/Meyer-Goßner*, § 302 Rn. 33 m.w.N.; BGH NStZ-RR 1997, 28 [K]). Der Verteidiger ist i.d.R. auch berechtigt, die Ermächtigung auf einen anderen Anwalt zu **übertragen** (BGH NStZ 1995, 356 f.).

204 **6.** Erteilt während der → *Berufungshauptverhandlung*, Rn. 183, der **Vorsitzende** den **Rat**, wegen geringer Erfolgsaussichten die Berufung **zurückzunehmen**, reicht das i.d.R. **nicht**, um damit die Besorgnis der **Befangenheit** zu begründen. (OLG Düsseldorf NJW 2000, 2038 [Ls.]). Etwas anderes gilt, wenn es sich um einen massiven Hinweis des Vorsitzenden handelt (s. KG StV 1988, 98 „Ich weiß nicht, wie ich ihren Mandanten vor dem Gefängnis bewahren kann, ohne § 56 StGB zu beugen und mich selbst nach § 336 StGB strafbar zu machen"]; → *Berufungshauptverhandlung*, Rn. 186).

☝ **7. Hinweise für den Verteidiger!**

205 Der Verteidiger muss den Angeklagten **sorgfältig** über die aus einer Rücknahme entstehenden **Rechtsfolgen**, insbesondere die Rechtskraft des erstinstanzlichen Urteils, **beraten**. Dabei sind folgende Punkte zu beachten:

- Erforderlich ist z.B. die Erläuterung, dass mit der Rücknahme der Berufung eine ggf. im angefochtenen Urteil ausgesprochene **Entziehung** der **Fahrerlaubnis wirksam** geworden ist und der Angeklagte ab sofort kein Kfz mehr führen darf.

- Hinsichtlich einer Fahrerlaubnisentziehung wird der Verteidiger mit seinem Mandanten weiter erörtern, dass das Berufungsgericht bei einer zu Gunsten des Angeklagten eingelegten Berufung nach dem sich aus § 331 ergebenden **Verschlechterungsverbot** eine von der 1. Instanz verhängte Sperrfrist zwar **nicht** verlängern darf, indem es im Berufungsurteil eine längere Sperre festsetzt. Faktisch kann sich aber eine Verlängerung und damit eine Verschlechterung für den Angeklagten daraus ergeben, dass das Berufungsgericht die **gleiche Sperre festsetzt** wie das Urteil der 1. Instanz (vgl. u.a. OLG Hamm NJW 1973, 1891; *Burhoff* VA 2002, 126). Daran ist das Berufungsgericht insbesondere nicht durch § 69a Abs. 5 S. 2 StGB gehindert, da diese Vorschrift bei Einlegung von Rechtsmitteln nur für das Revisionsverfahren gilt.

- **206** Das Berufungsgericht verstößt auch nicht gegen das Verschlechterungsverbot, wenn es die zwischen dem Urteil 1. Instanz und der Berufungsentscheidung verstrichene Zeit **nicht** oder nicht **vollständig** anrechnet (vgl. die zahlreichen Rspr.-Nachw. *Kleinknecht/Meyer-Goßner*, § 331 Rn. 23 m.w.N.; *Tröndle/Fischer*, § 69 a Rn. 9a; zur a.A. s. *Eickhoff* NJW 1975, 1007; *Gollner* GA 75, 129 ff.). Das gilt selbst dann, wenn die Sperre sonst abgelaufen wäre (OLG Saarbrücken MDR 1972, 533; OLG Hamm MDR 1978, 332). Damit muss jeder Angeklagte rechnen, so dass es seinem Verteidiger obliegt, ihn entsprechend zu belehren (OLG Saarbrücken, a.a.O.).

- **207** Bei den Überlegungen, ob einem Rücknahmehinweis des Gerichts gefolgt werden soll, wird der Verteidiger immer auch die Kostenfrage im Auge behalten und den Angeklagten darüber beraten, dass er durch eine Rücknahme seiner Berufung einen Teil der **Gerichtskosten sparen** kann (s. Nr. 6121 der Anlage 1 zu § 11 Abs. 1 GKG).

- **208** ☝ **Besonders vorsichtig** muss der Verteidiger sein, wenn **beiderseitige Rechtsmittel** vorliegen, also sowohl der Angeklagte als auch die StA das erstinstanzliche Urteil angefochten haben. Zwar kann auf jedes Rechtsmittel der StA die Entscheidung zugunsten des Angeklagten abgeändert werden (§ 301), nimmt der Angeklagte jedoch sein Rechtsmittel zurück, ist er vom weiteren Verhalten der StA abhängig. Gleiches gilt, wenn der StA die

Berufung auf das Strafmaß beschränkt. Schließt der Angeklagte sich dem an, kann er nicht mehr freigesprochen werden. Es **empfiehlt** sich daher im Fall beiderseitiger Rechtsmittel für den Verteidiger, das Rechtsmittel des Angeklagten nur dann zurückzunehmen, wenn auch der StA sein Rechtsmittel zurücknimmt. Darüber ist ggf. außerhalb der HV ein „**Vergleichsgespräch**" mit dem StA zu führen (vgl. zu allem a. *Dahs*, Rn 805 f.).

Siehe auch: → *Berufung, Allgemeines*, Rn. 178a, m.w.N.

208a Berufungsverwerfung durch das Amtsgericht wegen Verspätung

Literaturhinweise: siehe die Hinw. bei → *Berufung, Allgemeines*, Rn. 178a.

1. a) Nach § 319 Abs. 1 muss das **Gericht** des ersten Rechtszugs, also das AG, die **Berufung**, wenn sie **verspätet** eingelegt worden ist, als unzulässig **verwerfen**. Die Vorschrift, die dem für die Revision geltenden § 346 entspricht, will Rechtmittel, deren Unzulässigkeit leicht festgestellt werden kann, vom Berufungsgericht fern halten (KK-*Ruß*, § 319 Rn. 1). Der „iudex a quo" soll die einfach festzustellende Rechtzeitigkeit der Berufung prüfen und zunächst darüber entscheiden (BGHSt 40, 395).

208b **b)** § 319 Abs. 1 ist nur **anwendbar**, wenn die → ***Berufungsfrist***, Rn. 182k, versäumt ist. Führen andere Gründe zur Unzulässigkeit der Berufung, so z.B. mangelnde Beschwer oder ein → *Rechtsmittelverzicht*, Rn. 751, ist die Vorschrift nicht anwendbar (allg. Meinung, vgl. u.a. *Kleinknecht/Meyer-Goßner*, § 319 Rn. 1; KK-Ruß, § 319 Rn. 2 m.w.N. zur n.v. Rspr. des BGH). § 319 Abs. 1 gilt auch nicht, wenn (nur) zweifelhaft ist, ob die Berufung rechtzeitig eingelegt ist.(vgl. dazu → *Berufungsfrist*, Rn. 182o). Über die Zweifel hat dann das Berufungsgericht selbst zu entscheiden (*Kleinknecht/Meyer-Goßner*, a.a.O.).

☝ Verwirft der Amtsrichter die Berufung als unzulässig, weil sie nicht rechtzeitig eingelegt sei, obwohl sie **tatsächlich nicht verspätet** ist, ist dieser Beschluss nicht unwirksam. Der Verteidiger muss/kann dagegen vielmehr mit der einfachen **Beschwerde**, nach § 304 vorgehen (KK-*Ruß*, § 319 Rn. 2; *Bloy* JuS 1986, 585).

208c **2.** Das AG muss durch **Beschluss** entscheiden, zu dem der Berufungsführer nicht, wohl aber gem. § 33 Abs. 2 die StA gehört wird. Der Beschluss muss begründet werden und ist dem Berufungsführer gem. § 35a mit RMB zuzustellen. Gem. § 319 Abs. 2 S. 3 ist in der RMB auf das Antragsrecht nach § 319 Abs. 2 S. 1 hinzuweisen.

3. Hinweis für den Verteidiger!

a) Gegen die Entscheidung des AG steht dem Verteidiger nach § 319 Abs. 2 als Rechtsbehelf eigener Art der **Antrag** auf **Entscheidung** des **Berufungsgerichts** zu. Durch ihn ist die Beschwerde nach § 304 ausgeschlossen (LR-*Gollwitzer*, § 319 Rn. 10). Für diesen Antrag gilt: **208d**

- Der Antrag ist nach h.M. beim **AG anzubringen** (*Kleinknecht/Meyer-Goßner*, § 319 Rn. 3), Antragstellung unmittelbar beim Berufungsgericht reicht nicht. Der Amtsrichter kann dem Antrag auch nicht abhelfen, er muss die Akten nach § 319 Abs. 2 S. 2 an das Berufungsgericht senden.
- Die **Antragsfrist** beträgt nach § 319 Abs. 2 S. 1 eine Woche. Sie beginnt mit der Zustellung des Beschlusses, mit dem das AG die Berufung als unzulässig verworfen hat.

☝ Wird diese **Frist versäumt**, ist dagegen der Antrag auf Wiedereinsetzung in den vorigen Stand zulässig (zur Wiedereinsetzung in den vorigen Stand *Burhoff*, EV, Rn. 2055).

- Der Antrag auf Wiedereinsetzung in den vorigen Stand muss **schriftlich** gestellt werden. I.Ü. bedarf er aber keiner besonderen Form. Es **empfiehlt** sich jedoch, den Antrag zu **begründen**.
- Über den Antrag **entscheidet** das **Berufungsgericht**. Dieses entscheidet jedoch nicht nur über die Frage der Verspätung sondern insgesamt über die Zulässigkeit der Berufung (zuletzt BGHSt 16, 115, 118; vgl. dazu *Kleinknecht/Meyer-Goßner*, § 319 Rn. 4; → *Berufungsverwerfung durch das Berufungsgericht wegen Unzulässigkeit*, Rn. 208g). Verwirft es den Antrag, ist das Verfahren rechtskräftig abgeschlossen.

☝ Gegen die Entscheidung des Berufungsgerichts steht grds. **kein Rechtsmittel** zur Verfügung (*Kleinknecht/Meyer-Goßner*, § 319 Rn. 5 m.w.N.). Nur wenn das AG die Berufung nicht hätte verwerfen dürfen, weil sie nicht verspätet war (s.o. Rn. 208b), ist eine Anfechtung des Beschlusses mit der sofortigen Beschwerde möglich; dann handelt es sich nämlich tatsächlich um einen nach § 322 Abs. 1 ergangenen Beschluss, der nach § 322 Abs. 2 anfechtbar ist (OLG Düsseldorf VRS 86, 129; *Kleinknecht/Meyer-Goßner*, a.a.O.; zur sofortigen Beschwerde s. *Burhoff*, EV, Rn. 1490).

b) In den Fällen, in denen der Verteidiger **nicht sicher** beurteilen kann, ob die → ***Berufungsfrist***, Rn. 182k, tatsächlich **versäumt** ist oder nicht, sollte er i.V.m. mit dem Antrag auf Entscheidung des Berufungsgerichts nach § 319 Abs. 2 sofort auch die **Wiedereinsetzung** in den vorigen Stand nach §§ 44 ff. beantra- **208e**

gen. Das ist zulässig (*Kleinknecht/Meyer-Goßner*, § 319 Rn. 7 i.V.m. § 346 Rn. 16; KK-*Ruß*, § 12 f.; Beck-*Michalke*, S. 501).

208f 4. Muster für einen Antrag an das Berufungsgericht nach § 319 Abs. 2

An das
Amtsgericht
Musterstadt

In dem Strafverfahren
gegen H. Muster
Az.: . . .

wird gegen den Beschluss des Amtsgerichts vom 26. November 2002 die Entscheidung des Berufungsgerichts beantragt.

Begründung:

Die Berufung des Angeklagten gegen das Urteil des Amtsgerichts vom 2. Mai 2002 ist nicht verspätet. Das Urteil gegen den Angeklagten wurde am 2. Mai 2002 verkündet. Entgegen der Auffassung des Amtsgerichts endete die Berufungsfrist nicht bereits am 9. Mai 2002, sondern erst am 10. Mai 2002. Der 9. Mai 2002 war nämlich gesetzlicher Feiertag – Christi Himmelfahrt –, so dass gem. § 43 Abs. 2 StPO die Berufungsfrist erst mit Ablauf des nächsten Werktages, also am 10. Mai 2000, endete. Nach den mir vorliegenden Unterlagen ist die Berufung auch an diesem Tag per Telefax beim Amtsgericht eingegangen.

Der Beschluss des Amtsgerichts ist daher fehlerhaft und muss deshalb aufgehoben werden

Rechtsanwalt

Siehe auch: → *Berufung, Allgemeines*, Rn. 178a, m.w.N., → *Berufungsfrist*, Rn. 182k.

208g Berufungsverwerfung durch das Berufungsgericht wegen Unzulässigkeit

Literaturhinweise: siehe die Hinw. bei → *Berufung, Allgemeines*, Rn. 178a, m.w.N.

1. Nach Eingang der Akten beim **Berufungsgericht prüft** dieses von Amts wegen die **Zulässigkeit** der Berufung (→ *Berufung, Zulässigkeit der Berufung*, Rn. 219a). Sieht es die Berufung als unzulässig an, wird es sie i.d.R., schon aus Gründen der Verfahrensbeschleunigung, durch Beschluss verwerfen. Es kann diese Entscheidung aber auch erst nach einer HV treffen, in der die Zulässigkeitsvoraussetzungen dann noch geklärt werden sollen (KK-*Ruß*, § 322 Rn. 2).

☝ Erfolgt die Berufungsverwerfung wegen Verspätung, hat die Entscheidung des Berufungsgerichts nur deklaratorische Bedeutung. Das erstinstanzliche Urteil ist dann nämlich bereits mit Ablauf der → *Berufungsfrist*, Rn. 182k, des § 314 Abs. 1 **rechtskräftig** geworden. Wird hingegen eine rechtzeitig eingelegte Berufung – aus anderen Gründen als die Fristversäumung – verworfen, wird das angefochtene Urteil erst mit Rechtskraft der Verwerfungsentscheidung rechtskräftig (*Kleinknecht/Meyer-Goßner*, § 322 Rn. 2).

208h **2.** Das Berufungsgericht muss seine **Verwerfungsentscheidung** – Beschluss oder ggf. Urteil – gem. § 34 **begründen** und dem Berufungsführer mit RMB (§ 35a) zuzustellen.

208i **3.** Gegen die Verwerfungsentscheidung stehen dem Berufungsführer folgende **Rechtsmittel** zu:

- Ist die Berufung durch **Beschluss** verworfen worden, kann dieser nach § 322 Abs. 2 mit der **sofortigen Beschwerde** angefochten werden (zur sofortigen Beschwerde *Burhoff*, EV, Rn. 1490).

  ☝ Der Angeklagte kann sofortige Beschwerde auch dann einlegen, wenn die **Berufung** seines **gesetzlichen Vertreters** oder des Erziehungsberechtigten verworfen worden ist (*Kleinknecht/Meyer-Goßner*, § 322 Rn. 6).

- Ist die Berufung durch **Urteil** als unzulässig verworfen worden, kann dagegen Revision eingelegt werden (BayObLG NStZ-RR 1996, 366), und zwar auch dann, wenn in der HV durch Beschluss entschieden worden ist (OLG Zweibrücken JBl RP 1998, 222).

☝ Für die Fälle der **Annahmeberufung**, verbleibt es nach § 322 Abs. 1 S. 2 Hs. 2 bei der Sonderregelung des § 322a. Danach ist die Entscheidung über die Annahme der Berufung grds. nicht anfechtbar (wegen der Einzelh. → *Berufung, Annahmeberufung*, Rn. 178e).

Siehe auch: → *Berufung, Allgemeines,* Rn. 178a m.w.N., → *Berufungsverwerfung durch das Amtsgericht wegen Verspätung,* Rn. 208a.

Berufungsverwerfung wegen Ausbleiben des Angeklagten **209**

Literaturhinweise: ***Bick***, Die Anfechtung von Verwerfungsurteilen nach § 329 I StPO und § 74 II OWiG, StV 1987, 273; ***Hohendorf***, Zur Revisibilität des Merkmals genügende Entschuldigung in § 329 Abs. 1 Satz 1 StPO, GA1979, 414; ***Küper***, Zur Auslegung des § 329

Abs. 1 Satz 2 StPO, NJW 1977, 1275; ***Laube***, Antrag auf Wiedereinsetzung in den vorigen Stand oder Revision?, NJW 1974, 136; ***Sieg***, Nichterscheinen des Angeklagten im Berufungsverfahren als Verwerfungsgrund, NJW 1978, 1845; ***Weidemann***, Verfahrens- und Sachrüge gegen Prozeßurteile, in: Gedächnisschrift für *Ellen Schlüchter*, S. 653; s.a. die Hinw. bei → *Berufung, Allgemeines*, Rn. 178a, bei → *Verhandlung ohne den Angeklagten*, Rn. 954, und bei → *Verhandlungsfähigkeit*, Rn. 966.

209a **1.** Ist bei Beginn der Berufungs-HV der Angeklagte oder, wenn dies zulässig ist (s.u. Rn. 213), ein Vertreter für ihn nicht erschienen, muss das Gericht, wenn der Angeklagte sein Ausbleiben **nicht genügend entschuldigt**, gem. § 329 Abs. 1 eine vom Angeklagten eingelegte Berufung **verwerfen**. Die Norm ist allerdings eng auszulegen (BGHSt 23, 331 f.). Beim Verfahren nach § 329 Abs. 1 handelt es sich nach Auffassung der obergerichtl. Rspr. nicht um ein sog. Abwesenheitsverfahren i.S.v. Art. 6 Abs. 3 c MRK (BayObLG NStZ-RR 2000, 307; OLG Köln NStZ-RR 1999, 112; vgl. dazu auch EGMR NJW 1999, 2353).

☝ Der Verteidiger kann versuchen, die Verwerfung der Berufung dadurch zu verhindern, dass er gem. § 233 beantragt, den Angeklagten vom **Erscheinen** in der HV zu **entbinden** (s. → *Entbindung des Angeklagten vom Erscheinen in der Hauptverhandlung*, Rn. 424). Dieser Antrag ist auch noch am Beginn der Berufungs-HV möglich (BGHSt 25, 281; *Kleinknecht/Meyer-Goßner*, § 233 Rn. 6 m.w.N.). Wird dem Antrag stattgegeben, braucht der Angeklagte sich auch nicht vertreten zu lassen (§ 234; zur i.Ü. unzulässigen Vertretung des Angeklagten in der Berufungs-HV s. OLG Oldenburg NStZ 1999, 156; s. auch Rn. 213). Wird er abgelehnt, kann sofort nach § 329 Abs. 1 verfahren werden.

Hilfreich sein kann vielleicht auch ein **Hinweis** auf die **Rspr.** des **EGMR**. Dieser hat in den letzten Jahren wiederholt das Recht des Angeklagten, sich eines Verteidigers zu bedienen (Art. 6 Abs. 3c MRK) betont (vgl. u.a. EGMR NJW 2001, 2387; dazu *Gundel* NJW 2001, 2380; *Meyer-Mews* NJW 2002, 1828 in den Anm. zu EGMR, a.a.O.). Der Verzicht des Angeklagten auf Teilnahme an der HV bedeutet danach nicht automatisch auch den Verzicht, sich zu verteidigen oder sich verteidigen zu lassen. Damit wäre die Verwerfung der Berufung, die allein an das Nichterscheinen des Angeklagten anknüpft, **konventionswidrig**/unzulässig (a.A. BayObLG, a.a.O). Weist der Verteidiger darauf hin und „droht" den „Gang nach Straßburg" an, erreicht er damit möglicherweise eine Aussetzung der HV, so dass der Angeklagte dann die Möglichkeit hat, am neuen HV-Termin teilzunehmen.

2. Voraussetzungen für ein Verwerfungsurteil sind: **210**

a) Der Angeklagte muss **ordnungsgemäß** in der durch die §§ 216, 323 Abs. 1 S. 1 vorgeschriebenen Form **geladen** sein (s. → *Ladung des Angeklagten*, Rn. 590,; *Kleinknecht/Meyer-Goßner*, § 329 Rn. 9 m.w.N.; OLG Köln NStZ-RR 1999, 334). Die Ladung muss insbesondere den Hinweis auf die Folgen des Ausbleibens enthalten (vgl. dazu *Kleinknecht/Meyer-Goßner*, § 323 Rn. 3 m.w.N.). Ist die Ladungsfrist nicht eingehalten, hindert das allerdings die Verwerfung der Berufung nicht (BGHSt 24, 143, 154). Um einen Ladungsmangel handelt es sich z.B., wenn die Terminsladung eine **widersprüchliche Zeitangabe** enthält (OLG Frankfurt NStZ-RR 1996, 75) oder die Sache, die verhandelt werden soll, nicht angegeben ist (OLG Hamburg NStZ-RR 1998, 183 [für Bußgeldverfahren]). Die Wirksamkeit der Ladung wird von Amts wegen geprüft und ist positiv nachzuweisen; dabei kommt der Postzustellungsurkunde (nur) ein Indizwert zu (OLG Karlsruhe NJW 1997, 3183). Die Zustellung der **Ladung an** den **Verteidiger** ist nicht wirksam, wenn er nicht ausdrücklich zur Empfangnahme von Ladungen ermächtigt ist. Das gilt auch für den (OLG Köln, a.a.O.; → *Vollmacht des Verteidigers*, Rn. 1141).

☝ Ladungen eines ausländischen Angeklagten, denen eine **Übersetzung nicht** beigefügt ist, sind nicht allein deshalb unwirksam (BayObLG NJW 1996, 1836; OLG Hamm JMBl. NW 1984, 78; s.a. OLG Köln StV 1996, 13). Die Nr. 181 Abs. 2 RiStBV ist nur eine Empfehlung (BVerfG NJW 1983, 2762).

I.d.R. wird dem Beschuldigten in den o.a. Fällen **Wiedereinsetzung** zu gewähren sein (s. OLG Frankfurt, a.a.O.; s.a. BayObLG, a.a.O. [zum erforderlichen Vortrag der Revisionsrüge]).

b) Der Angeklagte muss **bei Beginn** der Berufungs-HV **ausgeblieben** sein. § 329 Abs. 1 gilt **nicht**, wenn die Berufungs-HV nur gem. § 229 **unterbrochen** war und der Angeklagte im Fortsetzungstermin nicht erscheint. Dann kann nur nach §§ 231 Abs. 1, 332 verfahren werden (→ *Ausbleiben des Angeklagten*, Rn. 109; → *Verhandlung ohne den Angeklagten*, Rn. 954). **211**

Beginn der HV ist nach §§ 324, 243 Abs. 1 S. 2 der → ***Aufruf** der Sache*, Rn. 100 (zum **Haftbefehl** bei Ausbleiben des Angeklagten, s. BVerfG NJW 2001, 1341; → *Berufungshauptverhandlung*, Rn. 196).

☝ Das Gericht kann die Berufung des Angeklagten nicht unmittelbar nach Beginn der Berufungs-HV verwerfen, sondern muss damit eine **angemessene Zeit warten**. Angemessen dürften mindestens etwa 10 - 15 Minuten sein

(s. z.B. KG NStZ-RR 2002, 218; OLG Köln JMBl. NW 1972, 63; OLG Koblenz DAR 1980, 280; *Kleinknecht/Meyer-Goßner*, § 329 Rn. 13 m.w.N.; s. aber a. BerlVerfGH NJW-RR 2000, 1451 [ggf. auch erheblich darüber hinaus; für OWi-Verfahren]). Diese Zeit kann (und muss) der Verteidiger nutzen, um sich zu erkundigen, wo der Angeklagte bleibt und ob er tatsächlich überhaupt nicht erscheint, oder ob er sich nur verspätet.

Das Gericht muss **länger** warten, wenn die **Verspätung angekündigt** worden ist und/oder wenn Anhaltspunkte für ein alsbaldiges Erscheinen bestehen (KG, a.a.O.; OLG Frankfurt NStZ-RR 1998, 211 [Ls.]; OLG Hamm NStZ-RR 1997, 368; OLG Köln NZV 1997, 494; zum Streit in der Frage, wann die **Wartezeit beginnt**, s. einerseits OLG Düsseldorf NStZ-RR 2001, 303, andererseits OLG Frankfurt NStZ-RR 2001, 85 und dazu → *Verhinderung des Verteidigers*, Rn. 985).

212 Ausgeblieben/nicht erschienen ist der Angeklagte nicht nur, wenn er überhaupt nicht erschienen ist, sondern auch, wenn er zwar erschienen, er jedoch wegen **Verhandlungsunfähigkeit** geistig abwesend ist, z.B. infolge Trunkenheit (BGHSt 23, 331; *Kleinknecht/Meyer-Goßner*, § 329 Rn. 14 m.w.N.; → *Verhandlungsfähigkeit*, Rn. 966).

☝ Nach **§ 329** Abs. 1 darf **nicht** verfahren werden, wenn der Angeklagte zu Beginn des HV erschienen ist, sich kurz darauf aber wieder entfernt oder sich **erst in** der **Beweisaufnahme** seine schuldhaft herbeigeführte **Verhandlungsunfähigkeit** herausstellt (OLG Celle StV 1994, 365 m.w.N. [Angeklagter klagt erst während seiner Vernehmung zur Sache über Unwohlsein und „würgt"]). Das gilt aber nicht, wenn der Angeklagte zwar zunächst erschienen war, sich dann aber, weil er wegen eingetretener Verzögerung nicht mehr warten wollte, vor → *Aufruf der Sache*, Rn. 100, **wieder entfernt** hat (OLG Düsseldorf NJW 1997, 2062). „Nicht-Erschienen" soll der Angeklagte auch sein, wenn er zwar körperlich anwesend ist, sich aber in völliges **Schweigen** hüllt und grundlos alle Angaben, auch zu seiner Person verweigert (LG Berlin NStZ-RR 1997, 338; m.E. zw., vielmehr dürfte dieser Angeklagte dem gleich zu behandeln sein, der von seinem Schweigerecht Gebrauch macht; s. dazu KK-*Ruß*, § 329 Rn. 4 m.w.N.).

212a **Erscheint** der Angeklagte **nach** der → ***Urteilsverkündung***, Rn. 920, ist die HV beendet (§ 268 Abs. 3). Gibt der Angeklagte nun ausreichende Entschuldigungsgründe an, kann die HV nicht etwa erneut aufgenommen werden. Das Vorbringen des Angeklagten kann jedoch als Antrag auf **Wiedereinsetzung** in den vorigen

Stand gewertet werden. Über diesen kann das Gericht sofort entscheiden. Über diesen außerhalb der HV gestellten Antrag muss jedoch gem. § 76 Abs. 1 S. 2 GVG ohne Beteiligung der Schöffen entschieden werden.

☝ Wird dem Angeklagten die Wiedereinsetzung in den vorigen Stand gewährt, kann, wenn alle Beteiligten auf die Einhaltung von **Ladungsfristen verzichten** (→ *Ladung des Angeklagten*, Rn. 590, → *Ladung des Verteidigers*, Rn. 595), sofort eine **neue HV** durchgeführt werden. Seine Zustimmung zum Verzicht wird der Verteidiger u.a. davon abhängig machen, ob ggf. auf seinen Antrag geladene Entlastungszeugen noch bei Gericht anwesend sind und in der neuen HV gehört werden können.

213 **c)** Im **Strafbefehlsverfahren** kann sich der Angeklagte nach § 411 Abs. 2 auch in der Berufungs-HV durch einen Vertreter **vertreten** lassen, selbst wenn nach § 236 das persönliche Erscheinen angeordnet worden ist (BayObLG MDR 1978, 510; OLG Celle NJW 1970, 906; OLG Düsseldorf StV 1985, 52). Das gilt in (sonstigen) Bagatellsachen (§ 232) nicht, wenn der Hinweis an den Angeklagten, dass ohne ihn verhandelt werden könne (§ 231 Abs. 1 S. 1) nicht erfolgt oder sein persönliches Erscheinen angeordnet worden ist (*Kleinknecht/Meyer-Goßner*, § 329 Rn. 15 m.w.N.). Zur **Wirksamkeit** der Vertretung gelten die Ausführungen bei → *Strafbefehlsverfahren*, Rn. 824, entsprechend.

214 **d)** Für das Verwerfungsurteil muss außerdem eine ausreichende **Entschuldigung** des Angeklagten **fehlen**. Entscheidend ist hier nicht, ob sich der Angeklagte entschuldigt hat, sondern, ob er entschuldigt ist (*Kleinknecht/Meyer-Goßner*, § 329 Rn. 18 m.w.N. aus der Rspr.; zuletzt u.a. BayObLG StV 2001, 338; OLG Celle StraFo 1997, 79; OLG Hamm NStZ-RR 1997, 240; StraFo 1998, 233). Genügend entschuldigt ist das Ausbleiben, wenn es glaubhaft erscheint, dass den Angeklagten daran kein Verschulden trifft; dabei ist eine **weite Auslegung** zugunsten des Angeklagten geboten. Das Gericht hat nach allgemeiner Meinung hinsichtlich der „genügenden" Entschuldigung eine im Freibeweis zu erfüllende Aufklärungspflicht (vgl. nur BayObLG NJW 1998, 172; StV 2001, 338; OLG Hamm, a.a.O.; OLG Karlsruhe StraFo 1999, 25). Ein entsprechender Beweisantrag ist nur eine Anregung an das Gericht (OLG Zweibrücken StV 2001, 336 [Ls.]).

215 Zur Verschuldensfrage lassen sich **folgende Grundsätze** aufstellen (wegen der Einzelh. s. *Kleinknecht/Meyer-Goßner*, § 329 Rn. 21 ff.; → *Ausbleiben des Angeklagten*, Rn. 112):

☝ Maßgebend ist, ob dem Angeklagten wegen seines Ausbleibens nach den Umständen des Falles billigerweise ein **Vorwurf** zu machen ist (st.Rspr.; vgl. u.a. BayObLG NJW 1999, 3424; OLG Brandenburg NJW 1998, 842 m.w.N.; wegen der Einzelh. s. *Kleinknecht/Meyer-Goßner*, § 329 Rn. 21 ff.). Es muss vor allem auch in **subjektiver Hinsicht** eine Pflichtverletzung gegeben sein (OLG Brandenburg, a.a.O.).

216 Ein Vorwurf ist u.a. **verneint** worden in folgenden

Beispielsfällen:

- bei einer **Abschiebung** nur dann, wenn eine Anreise zum Termin bei Ausschöpfung aller zumutbaren Maßnahmen nicht möglich war (KG StV 1992, 567), wozu aber auch die Beantragung eines Kurzvisums per Fax gehört (LG Bielefeld NStZ-RR 1998, 343),
- wenn der Angeklagte, der nach längerer **Arbeitslosigkeit** wieder einen Arbeitsplatz gefunden hat, zur HV nicht erscheint, weil ihm sein Arbeitgeber, dem der Termin rechtzeitig mitgeteilt worden war, aus plötzlich entstandenen Organisationsschwierigkeiten Arbeitsbefreiung verweigert und der Arbeitnehmer seinen **Arbeitsplatz** nicht durch Arbeitsverweigerung **aufs Spiel** setzen will (OLG Hamm NJW 1995, 207),
- nach einer **Ausweisung**, wenn der Angeklagte nicht über eine Ausnahmeerlaubnis zur Wiedereinreise verfügt (BayObLG StV 2001, 339),
- ggf., wenn der Angeklagte sich erst seit wenigen Tagen in einer **Drogentherapie** befindet, so dass die Gefahr besteht, dass er bei Erscheinen in der HV die Therapie frühzeitig abbrechen müsste (KG StV 1995, 575),
- ggf., wenn der Angeklagte auf (falsche) **Auskünfte** seines **Verteidigers** oder der **Geschäftsstelle** des Gerichts vertraut hat (s. *Kleinknecht/Meyer-Goßner*, § 329 Rn. 29 m.w.N.; OLG Hamm NStZ-RR 1997, 113; OLG Köln NStZ-RR 1997, 208, jeweils m.w.N.; OLG Zweibrücken NStZ-RR 2000, 111),
- wenn der Angeklagte **lediglich** das seinem Erscheinen in der HV entgegenstehende **Hindernis selbst** herbeigeführt hat (OLG Düsseldorf StraFo 2001, 269 für Widerstandsleistung in anderer Sache),
- **nicht** die **Inhaftierung** in anderer Sache im Ausland wegen einer nach Erhalt der Terminsladung begangenen Straftat (OLG Frankfurt NStZ-RR 1999, 144; s.a. Rn. 217),
- grds. bei einer **Kraftfahrzeugpanne** (OLG Hamm VRS 7, 311; DAR 1999, 277 [Ls.]; OLG Karlsruhe NJW 1973, 1515), die es auch nicht erforderlich macht, dass der Angeklagte sich bei Gericht erkundigt, bis wann sein Erscheinen sinnvoll ist, um dann ggf. noch mit dem Taxi zu fahren,
- Für **Krankheit** gilt:
  - Eine Krankheit entschuldigt das Ausbleiben des Angeklagten, wenn sie nach Art und Auswirkungen eine **Beteiligung** in der Berufungs-HV **unzumutbar** macht (OLG Düsseldorf NStZ 1984, 331 [Abzeß in der Mundhöhle]; OLG Hamm StraFo 1998, 233 [eiternde Entzündungen]). Verhandlungsunfähigkeit ist nicht erforderlich (OLG

Düsseldorf StraFo 2000, 126; OLG Karlsruhe NJW 1995, 2571). Der Angeklagte kann auch dann entschuldigt sein, wenn er infolge eines **Querulantenwahns** von Krankheitswert nur glaubt, der HV fernbleiben zu dürfen (OLG Brandenburg NJW 1998, 842; s.a.u. BayObLG StV 2001, 336 zum Unterlassen einer Therapie).

- Zur **Glaubhaftmachung** genügt i.d.R. ein (zeitnahes) privatärztliches **Attest** (OLG Frankfurt NJW 1988, 2965; OLG Karlsruhe, a.a.O.), nach welchem der Angeklagte wegen einer näher bezeichneten Erkrankung nicht reisefähig ist (OLG Düsseldorf StV 1994, 364; wegen der ggf. von Amts wegen **durchzuführenden Ermittlungen**, ob der Angeklagte durch die einer Arbeitsunfähigkeit zugrunde liegende Erkrankung am Erscheinen im HV-Termin gehindert ist, s. OLG Celle StraFo 1997, 79; OLG Düsseldorf VRS 87, 439). Allein aus dem Fehlen eines ärztlichen Attestes kann aber nicht geschlossen werden, dass der Entschuldigungsgrund nicht der Wahrheit entspricht (OLG Hamm NStZ-RR 1997, 240). Ggf. muss das Gericht, wenn es Zweifel an der Richtigkeit des Attestes hat, beim Arzt nachfragen (BayObLG StraFo 1999, 199).

217

- wenn der Angeklagte **private** und/oder **berufliche Angelegenheiten** regeln muss, sofern diese unaufschiebbar und von solcher Bedeutung sind, dass dem Angeklagten das Erscheinen nicht zugemutet werden kann (s. dazu z.B. OLG Karlsruhe VRS 89, 130 [Auslandsaufenthalt zur Durchführung von Fliesenlegearbeiten aus Gefälligkeit; verneint]; OLG Oldenburg zfs 1996, 434 [beruflich bedingter Einsatz eines Berufskraftfahrers im Ausland; für OWi-Verfahren; bejaht]),
- ob allein der Umstand, dass sich der Angeklagte zur Verbüßung einer Freiheitsstrafe im (offenen) **Strafvollzug** befindet für eine Entschuldigung ausreicht, ist umstritten. (s. einerseits verneinend OLG Düsseldorf VRS 91, 39; s.a. VRS 80, 37; andererseits bejahend OLG Braunschweig NStZ 2002, 163). Es soll darauf ankommen, ob sich der Angeklagte in der Berufungssache in Haft befindet oder in anderer Sache, da dann ggf. der Vorsitzende seine Vorführung anordnen kann (*Kleinknecht/Meyer-Goßner*, § 329 Rn. 24; a.A. OLG Braunschweig, a.a.O.).

Will der Angeklagte sich mit einer **Urlaubsreise** entschuldigen gilt: I.d.R. soll die **Verschiebung** oder Unterbrechung einer Urlaubsreise – auch ins Ausland – **zumutbar** sein (s. z.B. OLG Düsseldorf VRS 64, 438; OLG Schleswig SchlHA 1987, 120 [L]). Das wird man aber bei einer lange gebuchten, nicht mehr abbestellbaren Urlaubsreise in einer Bagatellsache nicht annehmen können (OLG Düsseldorf NJW 1973, 109). Etwas anderes gilt, wenn der Angeklagte zum Zeitpunkt der Ladung den Urlaub erst plant (KG GA 1973, 29; OLG Hamm VRS 39, 208) oder sogar erst danach gebucht hat. Erscheint er in diesen Fällen nicht, ist er nicht genügend entschuldigt.

- wenn der Angeklagte eine die Verhandlungsunfähigkeit beseitigende **Therapie** wegen erheblicher Eingriffe in seine körperliche Integrität oder seine Persönlichkeitsrechte **unterlässt** (BayObLG StV 2001, 336 [für Blutdrucktherapie]; s. auch *Rosenau* JR 2000, 81 in der Anm. zu BayObLG, a.a.O.).
- **nicht** allein ein ungewöhnlich langer Zeitraum von elf Monaten zwischen Zugang der Ladung und Termin, da der Angeklagte (zumutbare) Vorkehrungen gegen das **Vergessen** des **Termins** treffen muss (OLG Düsseldorf NStZ-RR 1996, 169),

- **nicht** die bei Erscheinen drohende **Verhaftung** wegen einer anderen Verurteilung zu einer Freiheitsstrafe in einem anderen Verfahren (OLG Köln NStZ-RR 1999, 112),
- für **Verkehrsstörungen** bei der Anreise zum Gericht, allerdings darf die Reisezeit nicht zu knapp bemessen werden (OLG Köln JMBl. NW 1972, 63 [erkennbar zu spät ankommender Zug]. Der Angeklagte muss bei Benutzung eines Kfz eine ausreichende **Zeitreserve** einkalkulieren (OLG Bamberg NJW 1995, 740 [für 100 km auf der BAB A 9 mindestens 30 Minuten]; OLG Hamm NZV 1997, 493). Durch ein solches Gebot wird der Angeklagte auch nicht in seinem Grundrecht auf rechtliches Gehör verletzt (BVerfG StV 1994, 113 [zu niedriger Sicherheitszuschlag bei der Anreise mit dem Pkw im Großraum Frankfurt]).
- Wird die **Vorführung** eines Strafgefangenen in **eigener Kleidung** abgelehnt, kann dadurch sein allgemeines Persönlichkeitsrecht verletzt sein (BVerfG NJW 2000, 1399). Dann ist, wenn er deshalb die Vorführung zur Berufungs-HV verweigert, sein Ausbleiben aber auf jeden Fall entschuldigt.

218 **2.** Handelt es sich um eine **Berufung** der **StA**, so kann **ohne** den **Angeklagten** verhandelt werden, wenn er nicht erscheint (zum Haftbefehl s. BVerfG NJW 2001, 1341).

☝ In diesen Fällen wird der Verteidiger darauf achten, ob nicht ggf. die sich aus § 244 Abs. 2 ergebende → ***Aufklärungspflicht*** *des Gerichts*, Rn. 95, eine Verhandlung in Anwesenheit des Angeklagten notwendig macht. Das wird insbesondere dann der Fall sein, wenn sich das Gericht einen persönlichen Eindruck vom Angeklagten verschaffen muss, so z.B. bei einer Strafmaßberufung der StA (BayObLG DAR 1987, 315 [R]; OLG Hamm StV 1997, 346).

Für das Gericht gilt hinsichtlich der zu verhängenden **Strafe** ggf. die **Grenze** des § 24 Abs. 2 GVG (maximal vier Jahre; zur Ausnahme s. BGHSt 34, 159). Auch darf gegen den Angeklagten keine so hohe Strafe verhängt werden, dass seine nochmalige Anhörung geboten ist (BGHSt 17, 391).

219 **3.** Ist gegen den Angeklagten ein **Verwerfungsurteil** ergangen, sollte stets sowohl der nach § 329 Abs. 3 zulässige Antrag auf **Wiedereinsetzung** in den vorigen Stand gestellt als auch **Revision** eingelegt werden. Es gilt § 342 Abs. 2.

☝ Der Verteidiger muss bei der **Begründung** seiner Rechtsbehelfe den unterschiedlichen **Prüfungsumfang** für die Wiedereinsetzung in den vorigen Stand einerseits und für die Revision andererseits berücksichtigen. Mit der Revision kann nur die Verletzung des § 329 geltend gemacht werden, also z.B., dass das Gericht nicht alle erkennbaren Entschuldigungsgründe zugrunde gelegt oder dass es den Rechtsbegriff der „genügenden Entschuldigung“ verkannt hat (wegen der Einzelh. s. *Kleinknecht/Meyer-Goßner*, § 329 Rn. 48 m.w.N.;

OLG Hamm StV 1997, 346). Mit seinem **Wiedereinsetzungsantrag** richtet sich der Verteidiger gegen die „Versäumung der Berufungs-HV". Nur hier kann er daher **nachträglich Entschuldigungsgründe** geltend machen (KG GA 1973, 29; OLG Frankfurt NJW 1974, 1151; zum Umfang der erforderlichen Darlegungen s.a. die o.a. Rspr.-N.). Er kann allerdings zur Begründung seines Wiedereinsetzungsgesuchs grds. nicht Gründe, die dem Berufungsgericht bereits bekannt waren, wiederholen (OLG Hamm, a.a.O.; NStZ-RR 1997, 368 f.; OLG München NStZ 1988, 377).

Nach wohl überwiegender Meinung ist in der Revision die **Verfahrensrüge** zu erheben (*Kleinknecht/Meyer-Goßner*, § 329 Rn. 48 m.w.N. aus der Rspr.; a.A. neuerdings OLG Dresden NJW 2000, 3295; s.a. BGHSt 46, 230; zur Verfahrens- und Sachrüge im Fall des § 329 Abs. 1 eingehend, *Weidemann*, S. 653 ff.).

Siehe auch: *Berufung, Allgemeines*, Rn. 178a, m.w.N., → *Urteilsberatung*, Rn. 915.

Berufung, Zulässigkeit der Berufung

219a

Literaturhinweise: ***Geppert***, Schwierigkeiten der Sperrfristbemessung bei vorläufiger Entziehung der Fahrerlaubnis, ZRP 1981, 85; ***Meyer***, Ist eine Berufung, die in der Hoffnung eingelegt wurde, den nach § 111a StPO beschlagnahmten Führerschein vom Gericht zurückzuerhalten, unzulässig?, MDR 1976, 629.

219b

1. a) Die Berufung ist nach § 312 **zulässig** gegen **Urteile** des **AG**, und zwar gegen die des Strafrichters und des Schöffengerichts. Das gilt auch, wenn im Strafverfahren nur die Verurteilung wegen einer Ordnungswidrigkeit erfolgt ist (arg. e. § 313 Abs. 1 S. 1; s. auch BGHSt 35, 290 [Freispruch vom Vorwurf des § 142 StGB; Verurteilung wegen einer OWi]; *Kleinknecht/Meyer-Goßner*, § 312 Rn. 1; s. auch Rn. 219d).

☝ Die **Zulässigkeit** der Berufung gilt nach der durch das RPflEntlG 1993 erfolgten Einführung der Regelung der sog. Annahmeberufung in § 313 inzwischen **nicht mehr uneingeschränkt**. Ist nämlich nicht mindestens eine Geldstrafe von 15 Tagessätzen verhängt oder – im Fall des Freispruchs – von der StA beantragt worden, bedarf nach § 313 Abs. 1 die Berufung jetzt der ausdrücklichen Annahme durch das Berufungsgericht (wegen der Einzelh. → *Berufung*, ***Annahmeberufung***, Rn. 178e).

219c **b)** Eine **Ausnahme** vom Grundsatz, dass gegen die Urteile des Strafrichters Berufung zulässig ist, gilt auch für die im OWi-Verfahren ergangenen Urteile. Gegen diese ist nach §§ 79, 80 OWiG nur die Rechtsbeschwerde zulässig. Dies gilt jedoch nur dann, wenn das Verfahren ausschließlich **Ordnungswidrigkeiten** zum Gegenstand hat (KK-*Ruß*, § 312 Rn. 4).

219d Treffen in einem Verfahren **Ordnungswidrigkeit** und **Straftat zusammen** gilt im Einzelnen:

- Sind eine **Ordnungswidrigkeit** und eine **Straftat** als solche angeklagt (gewesen), handelt es sich aber um **eine Tat** im prozessualen Sinn nach § 264, ist, auch wenn nur die ggf. allein wegen der Ordnungswidrigkeit ergangene Verurteilung angefochten werden soll, die **Berufung** gegeben (OLG Hamm VRS 49, 49).
- Handelt es sich hingegen bei Ordnungswidrigkeit und Straftat nicht um dasselbe historische Ereignis, also um **mehrere Taten** i. S. v. § 264, bestehen mehrere Anfechtungsmöglichkeiten:
  - Die Verurteilung wegen der **Straftat** ist dann mit der **Berufung** anfechtbar. Die Verurteilung wegen der **Ordnungswidrigkeit** ist mit der **Rechtsbeschwerde** anzufechten.
  - Sind in diesem Fall **beide Rechtsmittel eingelegt**, gilt § 83 Abs. 2 OWiG. Die Rechtsbeschwerde wird als Berufung behandelt, solange die gegen die Straftat gerichtete Berufung nicht zurückgenommen oder als unzulässig verworfen worden ist .
- Sind von einem Verfahren **zwei Angeklagte** betroffen gilt:
  - Sind **beide** wegen einer **Straftat angeklagt**, ist einer von ihnen aber nur wegen einer Ordnungswidrigkeit verurteilt worden, können/müssen beide Berufung einlegen (Grundsatz aus BGHSt 35, 290; KK-*Ruß*, § 312 Rn. 4).
  - Ist hingegen von zwei Angeklagten der eine wegen einer Straftat verurteilt, der andere aber – entsprechend der **Anklage** – nur wegen einer **Ordnungswidrigkeit**, kann er die Verurteilung wegen der Ordnungswidrigkeit nur mit der **Rechtsbeschwerde** anfechten (BayObLG DAR 1974, 135).

219e **2.** Zur **Zulässigkeit** der Berufung ist außerdem **erforderlich** (vgl. *Kleinknecht/Meyer-Goßner*, § 322 Rn. 1), dass

- die Berufung überhaupt **statthaft** ist (vgl. dazu Rn. 219a und auch § 55 JGG für das Jugendgerichtsverfahren),
- die → ***Berufungsfrist***, Rn. 182k, beachtet ist,
- die für die Einlegung der Berufung geltenden **Formvorschriften** beachtet worden sind (→ *Berufungseinlegung*, Rn. 182a),
- dass der Berufungsführer **beschwert** ist,

☝ Das ist beim **Angeklagten** durch **jede** für ihn **nachteilige Entscheidung** der Fall (*Kleinknecht/Meyer-Goßner*, vor § 296 Rn. 12). Der Angeklagte kann damit also ein **freisprechendes Urteil nicht** anfechten, da er dann allenfalls durch die Gründe beschwert ist (st. Rspr. des BGH, vgl. zuletzt BGHSt 16, 374; *Kleinknecht/Meyer-Goßner*, vor § 296 Rn. 13), und zwar nach h.M. auch dann nicht, wenn die Freisprechung wegen Schuldunfähigkeit nach § 20 StGB erfolgt ist (BGHSt 5, 267) oder, wenn das Gericht offen gelassen hat, ob überhaupt eine tatbestandsmäßige, rechtswidrige Tat vorliegt (BGHSt 16, 374).

- dass **nicht** bereits eine früher eingelegte Berufung **zurückgenommen** oder auf Rechtsmittel **verzichtet** worden ist.

☝ Die Berufung ist aber nicht deshalb unzulässig, weil sie allein mit dem **Ziel** eingelegt wird, wegen Zeitablaufs den **Führerschein zurückzuerhalten** (arg. e § 473 Abs. 5; *Kleinknecht/ Meyer-Goßner*, § 322 Rn. 1 m.w.N. auch zur a.A.; *Geppert* ZRP 1981, 89; *Meyer* MDR 1976, 629).

3. Ob die Berufung rechtzeitig eingelegt oder ggf. verspätet und deshalb wegen Fristversäumung unzulässig ist, **prüft** bereits das **Gericht** des ersten Rechtszugs. Es kann dann gem. § 319 Abs. 1 die Berufung verwerfen (→ *Berufungsverwerfung durch das Amtsgericht wegen Verspätung*, Rn. 208a). Sieht das Berufungsgericht die Berufung als unzulässig an, kann es gem. § 322 Abs. 1 ebenfalls durch Beschluss die Berufung verwerfen (→ *Berufungsverwerfung durch das Berufungsgericht wegen Unzulässigkeit*, Rn. 208g). **219f**

Siehe auch: → *Berufung, Allgemeines*, Rn. 178a, m.w.N., → *Berufung, Annahmeberufung*, Rn. 178e, → *Berufungseinlegung*, Rn. 182k.

Beschlagnahme von Verteidigerakten **220**

Literaturhinweise: ***Beulke***, Beschlagnahmefreiheit von Verteidigungsunterlagen, in: Festschrift für *Lüderssen*, S. 693; ***Burhoff***, Beschlagnahme und Durchsuchung im Strafverfahren, ZAP F. 22, S. 299; ***Burkhard***, Durchsicht und Beschlagnahme von Handakten, PStR 2001, 158; ***Dahs***, Die Beschlagnahme von Verteidigungsmaterial und die Ausforschung der Verteidigung, in: Festschrift für *Meyer*, S. 61; ***Gülzow***, Beschlagnahme von Unterlagen der Mandanten bei deren Rechtsanwälten, Wirtschaftsprüfern oder Steuerberatern, NJW 1981, 265; ***Herdegen***, Zur Beschlagnahme und Verwertung schriftlicher Mitteilungen im Gewahrsam von Angehörigen des Beschuldigten (§§ 52, 97 Abs. 1 Nr. 1, Abs. 2 Satz 2 StPO), GA 1963, 143; ***Krekeler***, Beeinträchtigung der Rechte des Mandanten durch Strafverfolgungsmaßnahmen gegen den Rechtsanwalt, NJW 1977, 1417; ders., Probleme der Verteidigung in Wirtschaftsstrafsachen, wistra 1983, 43; ders., Durchsuchung und Beschlagnahme in Anwaltsbüros, Strafverteidigung und Strafprozeß, in: Festgabe für *L. Koch*, S. 165; ***Roxin***,

Das Beschlagnahmeprivileg des Syndikusanwalts im Licht der neuesten Rechtsprechung, NJW 1995, 17; ***Schiller***, Unzulässige Einschränkung des Anwaltsprivilegs bei der Beschlagnahme, StV 1986, 169; ***Schneider***, Die strafprozessuale Beschlagnahmefreiheit von Verteidigungsunterlagen des sich selbst verteidigenden Beschuldigten, Jura 1999, 411; ***Schuhmann***, Zur Beschlagnahme von Mandantenunterlagen bei den Angehörigen der rechts- und steuerberatenden Berufe, wistra 1995, 50; ***Wehnert***, Zur Praxis der Durchsuchung und Beschlagnahme, StraFo 1996, 77; dies., Durchsuchung und Beschlagnahme, in: StrafPrax, § 6.

220a **1.** Grds. gelten für die Anordnung der Beschlagnahme, auch wenn diese in der HV erfolgt und sie sich auf Verteidigerakten erstreckt, die **allgemeinen Regeln** der §§ 94 ff. Diese können hier aus Platzgründen nicht im Einzelnen dargestellt werden (vgl. zur Beschlagnahme im Ermittlungsverfahren eingehend *Burhoff*, EV, Rn. 281 ff.; s.a. *Burhoff* ZAP F. 22, S. 299 ff. sowie die Komm. bei *Kleinknecht/Meyer-Goßner*, § 94 ff.). Hier soll nur auf die Beschlagnahmefreiheit von Verteidigerakten näher eingegangen werden.

221 **2. Grds.** sind die **Handakten** des Verteidigers **beschlagnahmefrei** (*Dahs*, Rn. 318 m.w.N.; *Burkhard* PStR 2001, 158).

> ☝ Gegen die Anordnung der Beschlagnahme seiner Handakten muss der Verteidiger sich deshalb mit der **Beschwerde** zur Wehr setzen, sofern die Beschlagnahmefreiheit nicht nach § 97 Abs. 2 aufgehoben sein sollte.

Im Einzelnen gilt (s. auch *Burhoff*, EV, Rn. 300 ff.):

a) Beschlagnahmefrei sind die **schriftlichen Mitteilungen** zwischen dem Angeklagten und seinem Verteidiger, aber nur soweit sie die Verteidigung betreffen und ihr Inhalt vom **Zeugnisverweigerungsrecht** des Verteidigers erfasst wird. Darunter fallen auch Mitteilungen des Angeklagten an den Verteidiger für Zwecke der Verteidigung sowie die dem Verteidiger vom Angeklagten für Zwecke der Verteidigung übergebenen Gegenstände (*Kleinknecht/Meyer-Goßner*, § 97 Rn. 36; *Burhoff*, EV, Rn. 300; s. zuletzt auch BGHSt 44, 46 [Unterlagen, die sich ein Beschuldigter erkennbar zu seiner Verteidigung in dem gegen ihn laufenden Strafverfahren zusammengestellt hat, dürfen nicht beschlagnahmt werden]; zur Beschlagnahmefreiheit von Verteidigungsunterlagen des Beschuldigten eingehend *Schneider* Jura 1999, 411, 418).

> ☝ Es ist **unerheblich**, auf welchem **Medium** sich die Aufzeichnungen befinden, so dass z.B. auch die Daten auf einem „Notebook" von der Privilegierung erfasst werden (BVerfG NJW 2002, 1410).

b) Für die Frage des **Gewahrsams** wird § 97 Abs. 2 S. 1 durch **§ 148** ergänzt. Daher sind schriftliche Mitteilungen auch dann von der Beschlagnahme ausgeschlossen, wenn sie der inhaftierte oder auf freiem Fuß befindliche (LG Mainz NStZ 1986, 473) Angeklagte noch nicht abgesandt hat, wenn sie sich noch auf dem **Postweg** befinden (BGH NJW 1990, 722) oder wenn sie bereits in den Besitz des Angeklagten gelangt sind (BGHSt 31, 16). Die Beschlagnahme wird aber nicht schon dadurch verhindert, dass die Papiere einfach als Verteidigungsunterlagen bezeichnet oder mit solchen Unterlagen vermischt werden (KG NJW 1975, 354; LG Mainz, a.a.O.). **222**

c) Ist der **Verteidiger teilnahmeverdächtig**, gelten nach h.M. keine Besonderheiten gegenüber den allgemeinen Regeln (BGHSt 31, 16; 33, 347, 351 ff.; s. aber die N. bei *Kleinknecht/Meyer-Goßner*, § 97 Rn. 38 m.w.N. zur Gegenansicht in der Lit.). **223**

☝ Die sog. **Geldwäscheentscheidung** des BGH (BGHSt 47, 68) kann hier erhebliche Auswirkungen haben, da in den potenziellen „Geldwäschefällen“ nach Auffassung des BGH immer auch eine allgemeine Teilnahme in Betracht kommt, was zu einer Erweiterung des „Teilnahmeverdachts“ führt.

Nach der **Rspr.** des BGH müssen (nur) **gewichtige Anhaltspunkte** für eine Teilnahme des Verteidigers an der Straftat seines Mandanten vorliegen (BGH NJW 1973, 2035). Nicht erforderlich soll sein, dass gegen den Verteidiger bereits ein Ermittlungsverfahren eingeleitet oder er nach § 138a ff. als Verteidiger ausgeschlossen worden ist (s. dazu BGH NStZ 1983, 85). Diese Rspr. ist in der Lit. unter Hinweis auf § 148 und die §§ 138a ff. scharf kritisiert worden (vgl. die N. bei *Kleinknecht/Meyer-Goßner*, § 97 Rn. 39). Die **Kritik** ist m.E. **berechtigt** (wegen der Einzelh. s. *Burhoff*, EV, Rn. 302). Eine Beschlagnahme beim teilnahmeverdächtigen Verteidiger wird man daher erst nach der Entscheidung über das Ruhen der Verteidigerrechte gem. § 138c Abs. 3 als zulässig ansehen können (a.A. BGHSt 34, 347).

d) Hat der Angeklagte beim Verteidiger sog. **Überführungsstücke** hinterlegt, sind diese auch dann nicht beschlagnahmefrei, wenn der Verteidiger ihren Inhalt nicht kennt. Missbraucht der Verteidiger seine Stellung, um Gegenstände dem Zugriff der Ermittlungsbehörden zu entziehen, so ist § 97 ebenfalls nicht anwendbar (LG Kaiserslautern AnwBl. 1979, 119 f.; a.A. OLG Frankfurt StV 1982, 64; wegen der Einzelh. s. *Burhoff*, EV, Rn. 303). **224**

e) Wird der an sich zur Verschwiegenheit verpflichtete Verteidiger vom Angeklagten von der **Verschwiegenheitspflicht** gem. § 53 Abs. 2 **entbunden** (s. → **225**

Entbindung von der Schweigepflicht, Rn. 427; → *Zeugnisverweigerungsrecht*, Rn. 1194), **entfällt** das **Beschlagnahmeverbot**, und sämtliche Unterlagen, die sich beim Verteidiger befinden, unterliegen der Beschlagnahme. Das gilt unabhängig davon, ob der Angeklagte im Einzelnen von ihnen Kenntnis hat, also z.B. auch für Krankengeschichten (OLG Hamburg NJW 1962, 689). Der Angeklagte kann allerdings auch **eingeschränkt** verfahren, indem er sein Einverständnis mit der Beschlagnahme eingeschränkt auf bestimmte Gegenstände erklärt, i.Ü. aber den Verteidiger nicht von der Verschwiegenheit entbindet. Verfährt der Angeklagte so, können nur die freigegebenen Gegenstände beschlagnahmt werden (wegen der Einzelh. s. *Burhoff*, EV, Rn. 304).

226 Der Angeklagte hat sich seinem Verteidiger im Zweifel gerade auch deshalb anvertraut oder ihm Schriftstücke übergeben, weil er auf den Schutz dieses Vertrauensverhältnisses vor Eingriffen der Strafverfolgungsbehörden vertraut hat. Deshalb muss der Verteidiger seinem Mandanten ggf. raten, ihn **nicht** von der **Schweigepflicht** zu **entbinden**, um so die Beschlagnahme von den Angeklagten möglicherweise belastenden Unterlagen aus den Verteidigerakten zu verhindern (vgl. zu allem auch *Dahs*, Rn. 318 ff.).

227 Beschleunigtes Verfahren

Literaturhinweise: ***Ambos***, Verfahrensverkürzung zwischen Prozeßökonomie und „fair trial" Eine Untersuchung zum Strafbefehlsverfahren und zum beschleunigten Verfahren, Jura 1998, 281; ***Bielefeld***, Das beschleunigte Verfahren – eine Möglichkeit zur Entlastung von Geschäftsstellen und Richtern beim Amtsgericht, DRiZ 1998, 429; ***Dahs***, Das Verbrechensbekämpfungsgesetz vom 28.10.1994 – ein Produkt des Superwahljahres, NJW 1995, 553; ***Ehlers***, Zur praktischen Anwendung des Beschleunigten Verfahrens, NJ 2000, 468; ***Ernst***, Die notwendige Verteidigung im beschleunigten Verfahren vor dem Amtsgericht, StV 2001, 367; ***Fezer***, Vereinfachte Verfahren im Strafprozeß, ZStW 1994, 1 (Band 106); ***Fülber***, Die Hauptverhandlungshaft, 2000; ***Fülber/Putzke***, Ist die Staatsanwaltschaft Herrin des beschleunigten Verfahrens? Zur Rücknehmbarkeit des gemäß §§ 417, 418 Abs. 1 StPO gestellten Antrags. Besprechung von BayObLG,, Urteil v. 18.12.1997 – 5 St RR 147/96, DRiZ 1999, 196; ***R.Hamm***, Was wird aus der Hauptverhandlung nach Inkrafttreten des Verbrechensbekämpfungsgesetzes?, StV 1994, 456; ***Her***, Das beschleunigte Verfahren (§§ 417 – 420 StVO) nach dem Verbrechensbekämpfungsgesetz: unter besonderer Berücksichtigung des Beschleunigungsgebots im Strafprozeß, 1998; ***Herzler***, Das Beschleunigte Strafverfahren, ein notwendiger Schritt auf dem richtigen Weg, NJ 2000, 399; ***Keser***, Das beschleunigte Verfahren, FA Strafrecht E 6; ***König/Seitz***, Die straf- und strafverfahrensrechtlichen Regelungen des Verbrechensbekämpfungsgesetzes, NStZ 1995, 1; ***Kropp***, Sistierhaft auch im Beschleunigten Verfahren?, NJ 2001, 295; ***Loos/Radtke***, Das beschleunigte Verfahren (§§ 417 – 420 StPO) nach dem Verbrechensbekämpfungsgesetz, – I. Teil, NStZ 1995, 569, II. Teil, NStZ 1996, 7; ***Schlothauer***, Vereinfachte Beweisaufnahme nach dem Verbrechensbekämpfungsgesetz auch in der Berufungsinstanz?, StV 1995, 46; ***Schroer***, Das beschleunigte Strafverfahren gem. §§ 417 ff. StPO, 1998; ***Siebers***, Die Pflicht der Staatsanwaltschaft zur Ausschöpfung jeder Möglichkeit der Verkürzung der Untersuchungshaft im Hinblick auf das Strafbefehlsverfahren, das beschleunigte Verfahren und das vereinfachte Jugendverfahren, StraFo 1997, 329; ***Sprenger***, Fördert die Neuregelung des beschleunigten Verfahrens seine breitere Anwendung?, NStZ 1997, 574; ***Wolf***, Der Richter als Aktenbote, NJW 2001, 46; s.a. die Hinw. bei → *Hauptverhandlungshaft*, Rn. 544a, bei → *Strafbefehlsverfahren*, Rn. 824, und bei → *Zuständigkeit des Gerichts*, Rn. 1219.

227a **1.** Die (**Neu-)Regelung** des beschleunigten Verfahrens in den §§ 417 ff. knüpft bei den allgemeinen Voraussetzungen und den Instrumenten der Verfahrensbeschleunigung weitgehend an die alte Gesetzeslage in den §§ 212 – 212b a.F. an. Neu geregelt sind durch das Verbrechensbekämpfungsgesetz 1994 die Fragen der (notwendigen) Verteidigung des Angeklagten und die Ausgestaltung der HV. Die Neuregelung ist in der Lit. heftig **kritisiert** worden (s. teilweise u.a. die o.a. Lit.-Hinw.; s.a. *Kleinknecht/Meyer-Goßner*, vor § 417 Rn. 5, und KK-*Tolksdorf*, vor § 417 Rn. 1 ff., jeweils m.w.N.). Nach Auffassung des OLG Frankfurt (NStZ-RR 1997, 273) sind die Vorschriften wegen der im Bereich der Bagatelldelikte nach Einführung der Annahmeberufung nur noch beschränkten Rechtsmittel (→ *Rechtsmittel, Allgemeines*, Rn. 742) allenfalls nur „noch verfassungsgemäß". Es ist geplant, den Anwendungsbereich auf das Jugendgerichtsverfahren auszudehnen (→ *Gesetzesnovellen*, Rn. 521, 524)

☝ Wegen der allgemeinen Voraussetzungen des beschleunigten Verfahrens und der Ausgestaltung des Zwischenverfahrens wird auf *Burhoff*, EV, Rn. 373 ff. verwiesen (s. auch die Richtlinien zur Anwendung des beschleunigten Verfahrens in NRW in MinBl. NW 2002, 861). **Hier** werden **nur** die **Besonderheiten** der **HV** (s.u. Rn. 228, 232 ff.) und der (notwendigen) Verteidigung in der HV (s.u. Rn. 229) dargestellt (wegen der durch den neuen § 127b möglichen Inhaftnahme zur Sicherung der Hauptverhandlung s. → ***Hauptverhandlungshaft***, Rn. 544a).

228 **2.** Für die HV im beschleunigten Verfahren sind vorab folgende **Besonderheiten** zu beachten:

a) Wenn die StA den Antrag auf Verhandlung im beschleunigten Verfahren stellt, ist nach § 418 Abs. 1 die **HV sofort** oder in **kurzer Frist** durchzuführen, ohne dass es einer Entscheidung über die Eröffnung des Hauptverfahrens bedarf. Das Gericht prüft also vorab nicht in einem Zwischenverfahren, ob ein hinreichender Tatverdacht besteht. Das wird nur anhand der Akten geprüft (*Loos/Radtke* NStZ 1997, 573; KK-*Tolksdorf* § 418 Rn. 2). Besteht kein hinreichender Tatverdacht oder fehlt die sachliche oder örtliche Zuständigkeit, wird die Aburteilung im schriftlichen Verfahren abgelehnt (§ 419 Abs. 3; s. zu allem *Loos/ Radtke* NStZ 1996, 7).

☝ Wie lang die **Frist** zwischen Antragstellung und **Beginn** der **HV** sein darf, ist im Gesetz **nicht geregelt**. Die Gesetzesbegründung geht von einer Frist von i.d.R. ein bis zwei Wochen aus (BT-Dr. 12/6853, S. 36). Dem folgt die h.M. (s. z.B. *Kleinknecht/Meyer-Goßner*, § 418 Rn. 5; OLG Stuttgart NJW 1998, 3134; 1999, 511 [zwei Wochen allenfalls nur unwesentlich überschreiten]), ohne dass diese Frist eine gesetzliche Stütze findet (s. *Scheffler* NStZ 1998, 372 in der Anm. zu OLG Düsseldorf NStZ 1997, 613; s. OLG Düsseldorf, a.a.O. [erheblich kürzere Zeit als in Normalverfahren; Frist von zwei Monaten wohl zu lang]; StV 1999, 202; ähnlich OLG Hamburg NStZ 1999, 266). *Scheffler* (NStZ 1999, 268 in der Anm. zu OLG Stuttgart, a.a.O.) plädiert dafür, dass das ganze Verfahren bis zum erstinstanzlichen Urteil nicht mehr als drei Wochen dauern dürfe. Inzwischen ist geplant, **gesetzlich** zu **regeln**, dass zwischen dem Eingang des Antrags bei Gericht und dem Beginn der HV, die zum Urteil führt, nicht mehr als sechs Wochen liegen dürfen (→ *Gesetzesnovellen*, Rn. 521).

229 **b)** Für die **(Pflicht-)Verteidigung** des Beschuldigten im beschleunigten Verfahren ist auf Folgendes hinzuweisen (s.a. *Kleinknecht/Meyer-Goßner*, § 418 Rn. 11 ff. m.w.N.; *Burhoff*, EV, Rn. 378 ff.; *Ernst* StV 2001, 357; *Loos/Radtke* NStZ 1996, 10):

- Ist eine **Freiheitsstrafe** von **mindestens sechs Monaten** zu erwarten – mit oder ohne Strafaussetzung zur Bewährung – und soll das beschleunigte Verfahren durchgeführt werden, muss dem Beschuldigten gem. § 418 Abs. 4 ein **Pflichtverteidiger** bestellt werden (OLG Düsseldorf StV 2000, 588; OLG Karlsruhe NJW 1999, 3061). Das gilt auch, wenn eine **Gesamtfreiheitsstrafe** von sechs Monaten zu erwarten ist (so zutreffend OLG Bremen StraFo 1998, 124). Ein Verstoß gegen die Beiordnungspflicht ist ein **absoluter Revisionsgrund** (OLG Karlsruhe, a.a.O.), und zwar auch dann, wenn der Richter bis zur Urteilsverkündung noch die Erwartung einer geringeren Strafe hatte.

☝ Grds. geht die **Beiordnung** wegen Notwendigkeit der Verteidigung nach **§ 140 Abs. 1 oder 2** der nach § 418 Abs. 4 **vor** (*Kleinknecht/Meyer-Goßner*, § 418 Rn. 13 m.w.N.). In Betracht kommt insbesondere (ausnahmsweise) auch die Bestellung nach § 140 Abs. 1 Nr. 2, wenn das Verfahren ein Verbrechen zum Gegenstand hat (*Ernst* StV 2001, 368). Allein der Umstand, dass das Verfahren als „beschleunigtes Verfahren" geführt wird, hat jedoch nicht generell die Beiordnung eines Pflichtverteidigers nach § 140 Abs. 2 zur Folge (*Ernst* StV 2000, 369). Etwas anderes gilt aber dann, wenn das Verfahren „**besonders schnell**", also unmittelbar nach der Festnahme, durchgeführt wird (*Ernst*, a.a.O.).

- Den **Antrag** auf Pflichtverteidigerbestellung stellt die **StA** zugleich mit dem Antrag auf Verhandlung im beschleunigten Verfahren (BayObLG NStZ 1998, 372). Unabhängig davon hat das Gericht in den folgenden Verfahrensabschnitten die Bestellung eines Pflichtverteidigers von Amts wegen zu prüfen und kann, wenn die Bestellung sich erst später als notwendig herausstellt, dafür die HV unterbrechen (BayObLG, a.a.O.).

> ☝ Das gilt insbesondere dann, wenn sich aufgrund des **Strafantrags** der StA die Erforderlichkeit der Beiordnung eines Pflichtverteidigers ergibt (OLG Düsseldorf StraFo 1999, 353). Dann muss es entweder die Entscheidung im beschleunigten Verfahren ablehnen (s. Rn. 232, 235a) oder nachträglich einen Verteidiger bestellen (OLG Frankfurt NStZ 2001, 308 [Ls.]). In dessen Anwesenheit sind dann die wesentliche Teile der Hauptverhandlung zu wiederholen (OLG Frankfurt, a.a.O.).

- Der **Richter muss** dem **Antrag entsprechen**, wenn er im beschleunigten Verfahren verhandeln will und er die Ansicht der StA zur Höhe der zu erwartenden Strafe teilt.

- Da die Vorschriften der §§ 140 ff. nicht für anwendbar erklärt worden sind, ist eine **vorherige Befragung** des **Beschuldigten** gem. § 142 Abs. 1 S. 2 dem **Wortlaut nach nicht** vorgesehen (*Kleinknecht/Meyer-Goßner*, § 418 Rn. 14; a.A. *Ernst* StV 2001, 368; zum Verfahren der Pflichtverteidigerbeiordnung im Allgemeinen s. *Burhoff*, EV, Rn. 1311 ff.). Es fragt sich jedoch, ob § 418 Abs. 4 nicht als eine besondere Form der notwendigen Verteidigung anzusehen ist, so dass es eines ausdrücklichen Verweises auf die §§ 140 ff. zu deren Geltung nicht bedurfte (s. dazu *Loos/Radtke* NStZ 1996, 10 m.w.N.). Allerdings dürfte ein zeitaufwendiges Beiordnungsverfahren dem Sinn und Zweck des beschleunigten Verfahrens entgegenstehen; andererseits hat der Beschuldigte aber grds. einen Anspruch darauf, durch einen Verteidiger seines Vertrauens verteidigt zu werden (BVerfG NJW 1959, 571).

- **230** Wird ein **Pflichtverteidiger beigeordnet**, gilt dies nach dem – insoweit eindeutigen – Wortlaut des § 418 Abs. 4 an sich nur für die Verhandlung im beschleunigten Verfahren vor dem AG. Die Beiordnung muss aber, da **auch** das **Berufungsverfahren** den Regeln des beschleunigten Verfahrens unterliegt, für das Berufungsverfahren fortgelten (*Kleinknecht/Meyer-Goßner*, § 418 Rn. 15; *Schlothauer* StV 1995, 46 ff.; a.A. *König/Seitz* NStZ 1995, 4; *Loos/Radtke* NStZ 1996, 11; zur Reichweite der im Strafbefehlsverfahren erfolgten Beiordnung s. *Brackert/Staechlin* StV 1995, 547 m.w.N.; → *Strafbefehlsverfahren*, Rn. 824).

  Wird in der HV die Entscheidung im **beschleunigten Verfahren abgelehnt**, ist damit eine zuvor erfolgte **Beiordnung** des Verteidigers an sich **beendet**. Wird im „Normalverfahren" weiterverhandelt, lässt sich dem Umstand, dass der zuvor verteidigte Beschuldigte nun unverteidigt ist, dadurch begegnen, dass der bislang beigeordnete Verteidiger **nun nach § 140 Abs. 2** – wegen Schwierigkeit der Rechtslage – bestellt wird (*Kleinknecht/Meyer-Goßner*, a.a.O.; s. → *Pflichtverteidiger, Bestellung in der Hauptverhandlung*, Rn. 643).

> ☝ Die **unterlassene Beiordnung** des Pflichtverteidigers kann/muss der Verteidiger in der **Revision** mit der Verfahrensrüge als einen Verstoß gegen § 338 Nr. 5 rügen (OLG Düsseldorf StV 2000, 588; OLG Karlsruhe NJW 1999, 3061).

231 **c)** Das Verfahren kann nach § 418 Abs. 2 **ohne** → ***Ladung** des Angeklagten*, Rn. 590, durchgeführt werden, wenn dieser sich **freiwillig stellt** oder dem Gericht vorgeführt wird (s.a. → *Hauptverhandlungshaft*, Rn. 544a).

In **anderen Fällen** muss der Angeklagte zur HV **geladen** werden. Mit der Ladung wird ihm dann gem. § 418 Abs. 2 S. 2 mitgeteilt, was ihm zur Last gelegt wird. Dazu gehört, dass ihm zumindest die ihm vorgeworfene Tat, die Tatzeit und der Tatort mitgeteilt werden. Die **Ladungsfrist** beträgt nach § 418 Abs. 2 S. 3 nur 24 Stunden.

232 **3.** Für die **HV** selbst gelten grds. die allgemeinen Bestimmungen mit folgenden **Besonderheiten**:

☝ Das Gericht hat eine **Überwachungspflicht** hinsichtlich des (Fort-)Bestehens der Voraussetzungen für die Verhandlung im beschleunigten Verfahren. Liegen diese nicht (mehr) vor, kann/muss der Antrag auf Verhandlung im beschleunigten Verfahren auch noch in der HV abgelehnt werden (OLG Düsseldorf StV 1999, 202). Dann ist ein Eröffnungsbeschluss zu erlassen (OLG Düsseldorf, a.a.O.; zur konkludenten Eröffnung bei Verbindung eines „normalen“ mit einem „beschleunigten“ Verfahren s. BGH NStZ 2000, 442; s.a.u. Rn. 235b).

a) **Erscheint** der sich auf freiem Fuß befindende **Angeklagte** trotz ordnungsgemäßer Ladung **nicht** zur HV, stellt sich für das Gericht die Frage, ob es mit dem beschleunigten Verfahren fortfahren kann/darf oder ob es ggf. in das „normale“ Verfahren wechseln muss. M.E. dürfte in diesen Fällen das Verfahren nicht mehr für das „beschleunigte“ Verfahren geeignet sein. Das bedeutet, dass nunmehr die (weitere) **Verhandlung** im **beschleunigten Verfahren abzulehnen**, über die Eröffnung des Verfahrens zu entscheiden (s. Rn. 232, 235b) und dieses dann als normales Verfahren fortzuführen ist (so a. *Loos/Radtke* NStZ 1995, 572; *Kropp* NJ 2001, 295).

☝ Nach *Kropp* (a.a.O.) kann auch ein **Haftbefehl** gegen den Angeklagten erlassen werden, der seine Wirkung dann aber erst im gewöhnlichen Verfahren entfalten soll. Die a.A. des OLG Hamburg (NStZ 1983, 40) ist durch die gesetzliche Neuregelung überholt.

232a **b)** Nach § 418 Abs. 3 bedarf es im beschleunigten Verfahren nicht der Einreichung einer Anklageschrift. Vielmehr kann **mündlich Anklage** erhoben werden.

Macht die StA von dieser Möglichkeit Gebrauch, so tritt an die Stelle der → *Verlesung des Anklagesatzes*, Rn. 989, dieser Vorgang. Sachliche Unterschiede bestehen im Hinblick auf den Anklagesatz (§ 200 Abs. 1 S. 2) nicht. Die mündliche Anklageerhebung muss also den an die Anklageschrift zu stellenden Anforderungen entsprechen. Dazu gehört ein konkret und abstrakt ausreichender Anklagesatz (OLG Frankfurt StV 2001, 299; OLG Hamburg StV 2000, 127; zu den Anforderungen an die Anklageschrift s. *Burhoff*, EV, Rn. 194).

☝ Der Verteidiger muss darauf achten, dass der Vorgang der Anklageerhebung, insbesondere der Anklagesatz, in das → ***Protokoll der Hauptverhandlung***, Rn. 713, aufgenommen wird. Will er später nämlich mit der Revision eine nicht ausreichende Anklageerhebung rügen, kann er deren Inhalt nur durch das Protokoll beweisen (OLG Frankfurt, a.a.O.).

c) § 420 erlaubt eine sog. **vereinfachte Beweisaufnahme** (zur Kritik und zu den Gefahren s. insbesondere *Loos/Radtke* NStZ 1996, 12). **232b**

☝ § 420 ist in der → ***Berufungshauptverhandlung***, Rn. 195, **nicht** (mehr) anwendbar. Seine Anwendung ist m.E. auch dann ausgeschlossen, wenn das (beschleunigte) Verfahren gem. § 328 Abs. 2 durch das Berufungsgericht oder im Fall der Sprungrevision durch das Revisionsgericht gem. § 354 Abs. 2 **zurückverwiesen** worden ist (*Loos/Radtke* NStZ 1996, 9; KK-*Tolksdorf*, vor § 417 Rn. 3 m.w.N.).

Nach § 420 Abs. 1 können die Vernehmung eines Zeugen, eines SV oder eines Mitbeschuldigten durch die **Verlesung** von **Niederschriften** über eine frühere Vernehmung sowie von Urkunden, die eine von ihnen stammende schriftliche Äußerung enthalten, ersetzt werden (s.a. → *Urkundenbeweis, Allgemeines,* Rn. 884, m.w.N.; → *Verlesungsverbot für schriftliche Erklärungen*, Rn. 994; → *Verlesung von Protokollen früherer Vernehmungen*, Rn. 1017). Nach § 420 Abs. 2 können **Erklärungen** von **Behörden** und sonstigen Stellen über ihre dienstlichen Wahrnehmungen, Untersuchungen und Erkenntnisse sowie über diejenigen ihrer Angehörigen auch dann **verlesen** werden, wenn die Voraussetzungen des **§ 256 nicht** vorliegen (→ *Verlesung von Behördengutachten*, Rn. 1001).

Diese Regelung der Beweisaufnahme ist in der Formulierung nicht neu. Sie entspricht vielmehr § 77a Abs. 1, 2 OWiG. Auf die Auslegung dieser Regelungen (s. → ***Bußgeldverfahren***, *Besonderheiten der Hauptverhandlung*, Rn. 363 ff.) durch die Rspr. wird man **zurückgreifen** können (s. BT-Dr. 12/6853, S. 38; *König/Seitz* NStZ 1995, 5); dazu eingehend KK-*Tolksdorf*, § 420 Rn. 4 m.w.N.).

233 Nach § 420 Abs. 3 ist die Zulässigkeit der Verlesung nach § 420 Abs. 1, 2 davon abhängig, dass **Angeklagter**, **Verteidiger** und **StA**, soweit sie in der HV anwesend sind, **zustimmen**. Sind sie in der HV nicht anwesend, entfällt das Zustimmungserfordernis (BT-Dr. 12/6853). Die Zustimmung kann auch stillschweigend erklärt werden, allerdings müssen die Verfahrensbeteiligten über die Erforderlichkeit der Zustimmung aufgeklärt sein (OLG Köln StV 2001, 342 [für OWi-Verfahren]).

Der Verteidiger muss **sorgfältig überlegen**, ob er seine Zustimmung zu der mittelbaren Beweisaufnahme erteilt oder ob er auf der persönlichen Vernehmung eines Zeugen besteht. Hier bietet sich für ihn auch die Möglichkeit, ggf. (noch) zu einer **Absprache** zu kommen (s. *R.Hamm* StV 1994, 458).

234 **d)** Nach § 420 Abs. 4 bestimmt im beschleunigten Verfahren vor dem **Strafrichter** dieser – unbeschadet der sich aus § 244 Abs. 2 ergebenden → *Aufklärungspflicht des Gerichts*, Rn. 95, – den **Umfang** der **Beweisaufnahme**. Diese Regelung gibt dem Strafrichter – ebenso wie im → *Privatklageverfahren*, Rn. 694, oder im → *Strafbefehlsverfahren*, Rn. 824, – hinsichtlich des Umfangs der Beweisaufnahme einen größeren Ermessensspielraum als in „normalen“ Verfahren. Das bedeutet, dass zwar die Beweisaufnahme grds. auch nach den Grundsätzen des sog. Strengbeweises stattfindet und die Prozessbeteiligten berechtigt sind, **Beweisanträge** zu stellen. Diese sind aber **lediglich Anregungen** an den Strafrichter, denen er nur entsprechen muss, wenn das zur weiteren Aufklärung des Sachverhalts nach § 244 Abs. 2 erforderlich erscheint. Glaubt der Richter, der Sachverhalt sei bereits erwiesen oder genügend geklärt, so kann er den Antrag zurückweisen. Beweisantizipation ist zulässig (vgl. die Komm. zum vergleichbaren § 384 Abs. 3 bei *Kleinknecht/Meyer-Goßner*, § 384 Rn. 13 m.w.N.; *König/Seitz*, a.a.O.; *Dahs*, a.a.O.; s.a. *Kleinknecht/Meyer-Goßner*, § 244 Rn. 12). An die **Begründung** eines auf § 420 Abs. 4 gestützten Ablehnungsbeschlusses wird man nicht zu geringe Anforderungen stellen dürfen. Anderenfalls ist ein sachgerechtes Reagieren auf die Ablehnung eines Beweisantrages nicht möglich (*Loos/Radtke* NStZ 1996, 12).

Eine **Aussetzung** oder **Unterbrechung** der HV ist wohl auch im beschleunigten Verfahren zulässig. Allerdings muss der neue Termin innerhalb kurzer Frist anberaumt werden (OLG Karlsruhe StV 1999, 364). Ist das nicht möglich, muss ins „normale“ Verfahren übergegangen werden (s.a.o. Rn. 232).

235 **e)** Das Gericht darf nach § 419 Abs. 1 S. 2 im beschleunigten Verfahren **nicht** eine **höhere** Freiheitsstrafe als Freiheitsstrafe von **einem Jahr** oder eine Maßregel der Sicherung oder Besserung verhängen. Die **Entziehung** der **Fahrerlaub-**

nis ist allerdings zulässig (zur Frage, wie eine Strafbannüberschreitung in der Rechtsmittelinstanz zu behandeln ist, s. BGHSt 35, 251, 255; *Kleinknecht/Meyer-Goßner*, § 419 Rn. 14; *Loos/Radtke* NStZ 1996, 8 Fn. 79 m.w.N.).

235a f) Der **Antrag** auf Entscheidung im beschleunigten Verfahren kann nach h.M. von der StA bis zum Beginn der Vernehmung des Beschuldigten zur Sache in der HV **zurückgenommen** werden (*Kleinknecht/Meyer-Goßner*, § 417 Rn. 13 m.w.N.; a.A. KK-*Tolksdorf*, § 417 Rn. 6; BayObLG NJW 1998, 2151 [jedenfalls bis zu dem Zeitpunkt, in dem das Gericht die Entscheidung im beschleunigten Verfahren ablehnen kann, also bis zur Verkündung des Urteils]).

☝ Das Gericht kann den Antrag auf Entscheidung im beschleunigten Verfahren nach § 419 Abs. 2 auch **noch** in der **HV ablehnen**, wenn sich nun herausstellen sollte, dass das Verfahren für die besondere Verfahrensart doch nicht geeignet ist. Das wird z.B. der Fall sein, wenn der Angeklagte nicht erscheint (s.o. Rn. 232) oder eine höhere Strafe als die im beschleunigten Verfahren zulässige erforderlich erscheint (vgl. dazu Rn. 235). Es ist dann der Eröffnungsbeschluss nachzuholen (vgl. dazu 235b). Im **Berufungsverfahren** ist die Ablehnung allerdings **nicht** mehr möglich (*Kleinknecht/Meyer-Goßner*, § 419 Rn. 5).

235b g) Wird das beschleunigte Verfahren ggf. mit einem **nicht beschleunigten** Verfahren **verbunden**, richtet sich der weitere Verfahrensablauf nach den Vorschriften über die Durchführung des „normalen" Verfahrens, allerdings verlieren die für das beschleunigte Verfahren geltenden Sondervorschriften nicht nachträglich ihre Wirkung (BayObLGSt 1997, 15). Das bedeutet z.B., dass für das beschleunigte Verfahren ein Eröffnungsbeschluss nicht nachgeholt werden muss.

Etwas anderes gilt, wenn das Gericht die Verhandlung im **beschleunigten Verfahren abgelehnt** hat. Will es dann aber im „normalen" Verfahren verhandeln, muss es gem. § 419 Abs. 3 die Eröffnung des Hauptverfahrens beschließen, wenn der Beschuldigte der Straftat hinreichend verdächtig ist (OLG Düsseldorf NStZ 1997, 613; StV 1999, 202; *Radtke* NStZ 1998, 371 in der Anm. zu OLG Düsseldorf NStZ 1997, 613; s.a. BGH NStZ 2000, 442 zur konkludenten Eröffnung bei Verbindung eines „normalen" mit einem „beschleunigten" Verfahren; s.a. *Burhoff*, EV, Rn. 376).

235c h) Gegen das im beschleunigten Verfahren ergangene Urteil sind die allgemeinen **Rechtsmittel**, also Berufung oder Sprungrevision, zulässig (wegen der Zulässigkeit einer nach § 420 **vereinfachten Beweisaufnahme** in der → ***Berufungshauptverhandlung***, Rn. 195, s. dort). Das Berufungsgericht kann ein amtsgerichtliches Urteil nicht deswegen aufheben und die Sache an das AG zurückverweisen, weil die HV im beschleunigten Verfahren nicht in kurzer Frist durchgeführt worden ist (BayObLg, Urtl. v. 23.4.2002, 4 StRR 45/2002)

236 Besetzungseinwand

Das Wichtigste in Kürze

1. Der Verteidiger muss, wenn er eine Besetzungsmitteilung erhalten hat, spätestens bis zum Beginn der Vernehmung des ersten Angeklagten den Besetzungseinwand erheben.
2. Der Einwand kann mündlich erhoben werden.
3. Alle Beanstandungen sind gleichzeitig zu erheben. Es können keine nachgeschoben werden.
4. Ist dem Verteidiger die Besetzung des Gerichts erst später als eine Woche vor Beginn der HV mitgeteilt worden, kann er eine Unterbrechung der HV verlangen, um die Besetzung zu prüfen. Die Unterbrechungsfrist beträgt i.d.R. eine Woche.

Literaturhinweise: ***Bandisch***, Die Vorbereitung der Hauptverhandlung, in.: Strafverteidigung in der Praxis, S. 297 [im Folgenden kurz: *Bandisch*, StrafPrax, § 8]; ***Frisch***, Problematik und Grenzen der Errichtung von Hilfsstrafkammern, NStZ 1987, 265; ***R.Hamm***, Die Besetzungsrüge nach dem Strafverfahrensänderungsgesetz 1979, NJW 1997, 135; ders., Hilfsstrafkammern als Dauereinrichtung, StV 1981, 38; ***Heusel***, Zum Risiko der Entziehung des gesetzlichen Richters durch Abtrennung von Ermittlungsverfahren gegen einzelne Beschuldigte, StV 1991, 186; ***Kissel***, Die Verhinderung des Richters und seine Vertretung, in: Festschrift für *Rebmann*, S. 63; ***Niemöller***, Besetzungsrüge und „Willkürformel", StV 1987, 311; ***Ranft***, Die Präklusion der Besetzungsrüge gemäß der Strafprozeßnovelle 1979 und das Recht auf den gesetzlichen Richter, NJW 1981, 1473; ***Roth***, Gesetzlicher Richter und variable Spruchkörperbesetzungen, NJW 2000, 3692; ***Schlothauer***, Verfahrens- und Besetzungsfragen bei Hauptverhandlungen vor der reduzierten Strafkammer nach dem Rechtspflegeentlastungsgesetz, StV 1993, 147; ***Schlüchter***, Wider die Verwirkung von Verfahrensrügen im Strafprozeß, in: Gedächtnisschrift für *Meyer*, S. 445; ***Schrader***, Die Feststellung der Verhinderung eines Richters, StV 1991, 540; ***Sommer***, Maßnahmen des Strafverteidigers in der Hauptverhandlung, ZAP F. 22, S. 101; ***Sowada***, Der gesetzliche Richter im Strafverfahren, 2002.

236a **1.** Bei **erstinstanzlichen** Verfahren vor dem **LG** oder dem **OLG** muss der Verteidiger, wenn ihm die Gerichtsbesetzung durch eine sog. → *Besetzungsmitteilung*, Rn. 245, nach § 222a mitgeteilt worden ist, spätestens bis zum **Beginn** der **Vernehmung** des **ersten Angeklagten** zur Sache den Einwand der vorschriftswidrigen Besetzung des Gerichts erheben, wenn er sich für die Revision die Besetzungsrüge nach § 338 Nr. 1 erhalten will (§ 222b). Nach Beginn der → *Ver-*

nehmung des Angeklagten zur Sache, Rn. 1037, i.S.d. § 243 Abs. 4 S. 2 ist der Einwand für alle Beteiligten **ausgeschlossen**, auch wenn die Mitteilung über die Gerichtsbesetzung unrichtig oder unvollständig war (*Kleinknecht/Meyer-Goßner*, § 222b Rn. 4).

237 **2.** Der Einwand kann in der HV **mündlich** erhoben werden. Er muss begründet werden (s.u. Rn. 238; und wegen der Einzelh. die Erl. bei *Kleinknecht/Meyer-Goßner* zu den §§ 222a f.). I.d.R. wird er schriftlich abgefasst und übergeben, was die nach § 273 Abs. 1 erforderliche Protokollierung erleichtert (s. → *Protokoll der Hauptverhandlung*, Rn. 713). Der Verteidiger kann sich auch dem Einwand eines anderen Beteiligten anschließen. Macht dieser dann aber in Abwesenheit des Verteidigers den Besetzungseinwand geltend, ist damit auch für den sich anschließenden Verteidiger das Recht, einen Besetzungseinwand geltend zu machen, verbraucht, und zwar auch dann, wenn die Vernehmung des Angeklagten zur Sache noch nicht begonnen hat (BGHSt 44, 328).

238 **3.** Der Einwand muss **begründet** werden, und zwar wie die Besetzungsrüge der Revision nach § 344 Abs. 2 S. 2, sonst ist er unzulässig (BGHSt 44, 161; NStZ 2001, 491).

☝ D.h.: Die **Tatsachen**, aus denen sich die vorschriftswidrige Besetzung des Gerichts ergibt, müssen **genau bezeichnet** werden. Dies gilt auch für die Namen der Richter und die Gründe, die ihrer Mitwirkung entgegenstehen. Dazu gehört z.B. auch, dass der Verteidiger mitteilt, warum eine Änderung des **Geschäftsverteilungsplans** (im Folgenden kurz: GVP) gesetzeswidrig war (BGH NJW 1994, 2703) oder, ob die Überlastung einer Strafkammer vorgelegen hat oder nicht (BGH NJW 1999, 154; s. zu allem *Kleinknecht/Meyer-Goßner*, § 338 Rn. 21 m.w.N.). Zur Begründung sollte der Verteidiger auch **nicht** (nur) auf Unterlagen, die sich beim Gericht befinden, **Bezug nehmen**, sondern deren Inhalt im Besetzungseinwand mitteilen (offen gelassen von BGH, a.a.O.).

Es müssen **alle Beanstandungen**, auch soweit sie Ergänzungsrichter und -schöffen betreffen, **gleichzeitig** geltend gemacht werden. Nicht erforderlich ist der Einwand, dass an der HV ein → *blinder Richter*, Rn. 331, teilnimmt (BGHSt 34, 236). Insoweit tritt keine Präklusion ein. Präklusion tritt jedoch hinsichtlich der mit § 76 Abs. 2 GVG zusammenhängenden Fragen (Besetzung der HV mit nur zwei Berufsrichtern) ein. Das gilt sowohl hinsichtlich des Einwandes, die Strafkammer habe den gem. § 76 Abs. 2 GVG erforderlichen Beschluss überhaupt nicht erlassen (BGHSt 44, 361), als auch hinsichtlich der Frage, ob die Strafkammer den ihr bei der Entscheidung nach § 76 Abs. 2 GVG zustehenden weiten Beurteilungsspielraum in unvertretbarer Weise überschritten hat (BGHSt 44, 328; zust. *Rieß* NStZ 1999, 370 in der Anm. zu BGH, a.a.O.; → *Reduzierte Besetzung der großen Strafkammer*, Rn. 757).

Das **Nachschieben** von Tatsachen ist auch dann **nicht zulässig**, wenn die Sachvernehmung des ersten Angeklagten noch nicht begonnen hat (BGH, a.a.O., m.w.N.). Das gilt selbst dann, wenn weitere Gründe für eine fehlerhafte Besetzung erst später bekannt geworden sind (h.M. in der Lit., vgl. *Kleinknecht/Meyer-Goßner*, § 222b Rn. 7 m.w.N.; KK-*Treier*, § 222b Rn. 7; a.A. *R.Hamm* NJW 1979, 137; *Ranft* NJW 1981, 1476; wohl a. BVerfG NJW 1984, 2515 [Ls.]). Sind nämlich dem Verteidiger alle Besetzungsunterlagen zur Einsicht vorgelegt worden, können die verspätete Kenntnis nur er oder der Angeklagte verschuldet haben. Waren die Unterlagen unvollständig, bleibt die Besetzungsrüge nach § 338 Nr. 1 erhalten (*Kleinknecht/Meyer-Goßner*, § 338 Rn. 16).

239 **4. a)** Erfährt der Verteidiger erst **später** als **eine Woche** vor Beginn der HV oder sogar erst in der HV (→ *Besetzungsmitteilung*, Rn. 245), wie das Gericht besetzt sein wird, kann er nach § 222a Abs. 2 den **Antrag** stellen, die HV zu **unterbrechen**, um die Besetzung des Gerichts prüfen zu können. Dieser Antrag ist ebenfalls spätestens bis zum **Beginn** der **Vernehmung** des **ersten Angeklagten** zur Sache zu stellen (§ 222a Abs. 2; s. das Muster u. Rn. 243).

Die Entscheidung über diesen Antrag trifft das **Gericht** unter Mitwirkung der Schöffen, nicht der Vorsitzende allein.

☝ Das Gericht entscheidet nach pflichtgemäßem Ermessen. Nach der Rspr. des BGH ist die HV i.d.R. für **eine Woche** zu **unterbrechen**, wenn die Besetzung des Gerichts erst zu Beginn der HV mitgeteilt worden ist.

Etwas anderes gilt, wenn der Antragsteller mit einer **kürzeren Frist** einverstanden ist oder wenn aufgrund besonderer Umstände eine kürzere Frist genügt (BGHSt 29, 283; a.A. *Kleinknecht/Meyer-Goßner*, § 222a Rn. 22 m.w.N. [Umstände des Einzelfalls entscheidend]). Die Frist ist aber auf jeden Fall so zu bemessen, dass die Prüfung aller Besetzungsfragen möglich ist (BGH, a.a.O.; NStZ 1988, 36). Die Frist kann nachträglich – auf Antrag – **verlängert** werden.

☝ Zur Prüfung der Besetzungsfragen ist dem Verteidiger gem. § 222a Abs. 3 **Einsicht** in alle **„maßgebenden Unterlagen"** zu gewähren (wegen der Einzelh. s. *Kleinknecht/Meyer-Goßner*, § 222a Rn. 7; zu einem Antragsmuster *Burhoff*, EV, Rn. 405).

b) I.d.R. muss sich der Verteidiger mit den Besetzungsfragen schon bei der → *Vorbereitung der Hauptverhandlung*, Rn. 791, auseinandersetzen. Dabei muss er alle in Betracht kommenden Beanstandungen **prüfen**. Wegen der Einzelh. wird dazu verwiesen auf die **Checkliste** bei *Burhoff*, EV, Rn. 401 ff., die hier in Kurzform wiederholt sei, auf StrafPrax-*Bandisch*, § 8 Rn. 154; Beck-*Danckert/Ignor*, S. 430 ff., sowie auf *Schlothauer*, Rn. 244 ff. **240**

Entscheidend für die spätere Rügepräklusion ist, ob der Besetzungsfehler **objektiv erkennbar** war, offensichtlich muss er nicht gewesen sein (BGH NJW 1997, 403). Deshalb wird der Verteidiger im Zweifel **Einblick** in die **Besetzungsunterlagen** nehmen (müssen), wenn er sich die Rüge der fehlerhaften Besetzung für die Revision erhalten will. Nach § 21e Abs. 8 GVG hat der Verteidiger ein **Recht** auf **Einsicht** in den GVP einschließlich der ändernden und ergänzenden Präsidiumsbeschlüsse (zu einem Antragsmuster s. *Burhoff*, EV, Rn. 405).

Checkliste:

- Fällt das Verfahren nach dem **GVP überhaupt** in die **Zuständigkeit** der verhandelnden Strafkammer?
- Wenn der GVP im laufenden Geschäftsjahr geändert wurde: Ist für die **Änderung** des GVP das nach § 21e Abs. 1 GVG grds. **zuständige Präsidium tätig** geworden und bestand für eine ggf. im laufenden Geschäftsjahr erfolgte **Änderung** der Geschäftsverteilung ein nach § 21b Abs. 3 GVG **genügender Anlass** (zur Änderung eines GVP wegen Überlastung durch Umverteilung anhängiger Haftsachen s. BGHSt 44, 154; NJW 2000, 1580 [weiter Beurteilungsspielraum])?
- Ist die Besetzung der (Straf-)Kammer mit **Berufsrichtern** ordnungsgemäß, ist also z.B. der Vorsitz planmäßig einem Vorsitzenden Richter zugewiesen (zur **vorübergehende Vakanz** bis zur [Wieder-]Besetzung einer Vorsitzenden-Stelle s. *Kissel*, § 59 GVG Rn. 3 m.w.N.; vgl. dazu aus neuerer Zeit OLG Oldenburg StV 2000, 159; StraFo 2001 131)?
- Nehmen an der HV **nur zwei Berufsrichter** teil: Ist die von der Kammer ggf. getroffene Entscheidung über die Besetzung in der HV mit nur **zwei** Berufsrichtern (§ 76 Abs. 2 GVG) ordnungsgemäß getroffen? Insoweit steht der Strafkammer zwar kein Ermessen zu, sie verfügt jedoch über einen weiten Beurteilungsspielraum (BGHSt 44, 328, s. → *Reduzierte Besetzung der großen Strafkammer*, Rn. 757).
- Führt nicht der **Vorsitzende** den Vorsitz: Ist dessen **vorübergehende Verhinderung** ausreichend festgestellt (s. dazu zuletzt BGH NStZ 1996, 48)? **241**
- Es nehmen nicht die ordentlichen **Beisitzer** der Kammer teil: Ist deren **Verhinderung ausreichend** festgestellt (s. dazu zuletzt BGH NStZ 2001, 491)?

- Nimmt an der Sitzung ein **Richter** auf **Probe** teil: Ist dessen Beiordnung wirksam, d.h. ist sein Dienstleistungsauftrag zeitlich begrenzt (vgl. dazu *Kissel*, § 70 GVG Rn. 9; LG Bremen StV 1998, 13)?
- Ist die Besetzung der Strafkammer mit **Schöffen** ordnungsgemäß (wegen der Einzelh. s. *Schlothauer*, Rn. 262 ff.; zur Besetzungsrüge, wenn der Schöffenwahlausschuss ggf. fehlerhaft besetzt ist, s. BGHSt 37, 245 ff.; zur Fristeinhaltung bei der Auslage der Vorschlagslisten für die Schöffenwahl s. BayObLG StV 1998, 8; zur Zulässigkeit der Wiederholung einer Schöffenwahl nach vorangegangener vorschriftswidriger Schöffenwahl BGH NStZ-RR 1999, 49; zur revisionsgerichtlichen Überprüfung der Vorschlagslist für die Schöffenwahl s. BGH StV 2001, 156)?

Der Verteidiger hat nicht das Recht, in der HV eine **Auskunft** über das Vorliegen von Gründen der Amtsunfähigkeit von Schöffen (§ 32 GVG) zu verlangen (BGH NStZ 1994, 139).

- Handelt es sich um einen **verlegten** ordentlichen **Sitzungstag**: Ist die Schöffenbesetzung dafür zutreffend (vgl. BGHSt 41, 175; s. aber a. BGHSt 43, 270)?
- Handelt es sich um eine **Hilfsstrafkammer**: Sind die Schöffen ordnungsgemäß herangezogen worden (vgl. BGHSt 31, 157)?
- Nimmt an der Sitzung ein **Hilfsschöffe** teil: Ist dieser zu Recht zur Sitzung herangezogen worden (vgl. zuletzt BGHSt 41, 175 [nach denselben Grundsätzen wie für eine ordentliche Strafkammer]; vgl. dazu a. BGHSt 47, 220)? Für die Entbindungsentscheidung gilt ein strenger Maßstab (OLG Hamm NStZ 2001, 611).
- Ist die spruchkörperinterne Geschäftsverteilung ordnungsgemäß (wegen der Einzelh. vgl. *Burhoff*, EV, Rn. 404).

242 Hinsichtlich des Besetzungseinwandes muss der Verteidiger im Interesse seines Mandanten sorgfältig im Einzelfall **prüfen**, ob er die Möglichkeit des Einwandes nutzen will.

Zum **prozesstaktischen** Einsatz des Besetzungseinwandes gehört nicht nur die Kenntnis von der Person der Richter, die zur Zeit noch zur (mitgeteilten) Gerichtsbesetzung gehören, sondern auch derjenigen Richter, die nach Auffassung des Verteidigers nach einer erfolgreichen Rüge zuständig sind. Ein Vergleich kann allerdings durchaus zu dem Ergebnis führen, dass der Angeklagte bei dem „unzuständigen" Richter sehr viel besser aufgehoben ist (*Sommer* ZAP F. 22, S. 105). Der Verteidiger sollte sich aber durch die infolge des Besetzungseinwands möglicherweise eintretenden atmosphärischen Störungen im Prozessklima nicht davon abhalten lassen, das Recht des Angeklagten auf seinen gesetzlichen Richter geltend zu machen.

5. **Musteranträge** (wegen weiterer Muster s. *Beck-Danckert/Ignor*, S. 386 ff.)

a) Unterbrechungsantrag zur Besetzungsprüfung

243

An das
Amtsgericht/Landgericht Musterstadt

In der Strafsache
gegen H. Muster
Az.: . . .

wird beantragt, die Hauptverhandlung gem. § 222a Abs. 2 StPO für die Dauer von mindestens einer Woche zu unterbrechen.

Mir ist die Mitteilung über die Besetzung des Gerichts in der heutigen Hauptverhandlung erst vorgestern zugegangen. Damit steht mir die vom Gesetz vorgesehene Wochenfrist zur Überprüfung der Besetzung nicht zur Verfügung. Die beantragte Dauer der Unterbrechung entspricht der gesetzlichen Frist. Sie ist auch im vorliegenden Fall erforderlich.

Rechtsanwalt

b) Besetzungsrüge

244

An das
Amtsgericht/Landgericht Musterstadt

In der Strafsache
gegen H. Muster
Az.: . . .

wird die vorschriftswidrige Besetzung des Gerichts §§ 222a, 222b hinsichtlich des beisitzenden Schöffen A. gerügt, da das Gericht mit ihm nicht ordnungsgemäß besetzt ist.

Nachdem der Hauptschöffe A. mit Schreiben vom 9.9.2002 mitgeteilt hat, dass er seinen Urlaub wegen Erkrankung seiner Ehefrau nicht antreten werde, hat der Vorsitzende mit Verfügung vom 2.9.2002 die Entbindung des B. und die Heranziehung des Hilfsschöffen M. widerrufen und die Ladung des A. und die Abladung des B. verfügt.

Die zulässige Befreiung eines Schöffen von der Dienstleistung darf jedoch nach der Rechtsprechung des BGH nicht widerrufen werden (vgl. u.a. BGHSt 30, 149; 31, 3), so dass an der heutigen Hauptverhandlung nicht der Hauptschöffe B., sondern der Hilfsschöffe M. teilnehmen müsste. Da das nicht der Fall ist, ist das erkennende Gericht nicht vorschriftsmäßig besetzt.

Rechtsanwalt

Siehe auch: → *Reduzierte Besetzung der großen Strafkammer,* Rn. 757, → *Zuständigkeit des Gerichts,* Rn. 1219.

245 Besetzungsmitteilung

Literaturhinweise: s. die Hinw. bei → *Besetzungseinwand*, Rn. 236.

Nach § 222a muss (nur) in **erstinstanzlichen LG**- und **OLG**-Strafverfahren die Besetzung des Gerichts mitgeteilt werden. Das kann in unterschiedlicher Form geschehen.

1. Die Mitteilung muss **spätestens** zu **Beginn** der **Hauptverhandlung** (→ *Aufruf der Sache*, Rn. 100) durch den Vorsitzenden erfolgen, der allerdings zunächst nach § 243 Abs. 1 S. 2 die Anwesenheit der Prozessbeteiligten und der Beweismittel feststellen kann (→ *Präsenzfeststellung*, Rn. 692). Die Mitteilung muss aber vor der Vernehmung des ersten Angeklagten zur Sache gemacht werden (BGH MDR 1980, 631 [H]), da danach der → *Besetzungseinwand*, Rn. 236, ausgeschlossen ist. Ist die Mitteilung verspätet, bleibt den Beteiligten nach § 338 Nr. 1 Hs. 2 Buchst. a für die Revision die **Besetzungsrüge** erhalten (zur Vollständigkeit des Vortrags bei der Besetzungsrüge s. BGHSt 40, 218; NStZ 1995, 221 [M]).

Die Mitteilung muss **inhaltlich** die Namen der Berufsrichter und Schöffen, einschließlich der beigezogenen Ergänzungsrichter und -schöffen (§ 192 Abs. 2, 3 GVG) und die Bezeichnung der Eigenschaft, in der sie mitwirken, insbesondere unter Hervorhebung des Vorsitzenden, nicht aber des sog. Berichterstatters, enthalten.

246 **2.** Nach § 222a Abs. 1 S. 2 kann die Gerichtsbesetzung auf Anordnung des Vorsitzenden auch **schon vor** der **HV** mitgeteilt werden, und zwar für den Angeklagten an seinen Verteidiger. Anordnung, Inhalt und Zeitpunkt stehen im **Ermessen** des Vorsitzenden (*Kleinknecht/Meyer-Goßner*, § 222a Rn. 9).

Erfolgt die Mitteilung **später** als **eine Woche** vor Beginn der HV, kann der Verteidiger gem. § 222a Abs. 2 die → ***Unterbrechung** der Hauptverhandlung*, Rn. 873, beantragen, um die Gerichtsbesetzung zu prüfen. Dieser Antrag ist spätestens bis zum Beginn der Vernehmung des ersten Angeklagten zur Sache zu stellen (→ *Besetzungseinwand*, Rn. 236, 238).

Bei einer **Änderung** der mitgeteilten Besetzung wird die Mitteilung der Gerichtsbesetzung gem. § 222a Abs. 1 S. 3 berichtigt. Geht diese **Berichtigung** eine Woche vor der HV ein, bleibt es beim Ausschluss des Unterbrechungsantrags nach § 222a Abs. 2. Geht sie später ein, kann der Zeitraum, der danach bis zum

Beginn der HV noch verbleibt, auf die Unterbrechungsfrist angerechnet werden (→ *Besetzungseinwand*, Rn. 239).

Siehe auch: → *Reduzierte Besetzung der großen Strafkammer*, Rn. 757.

Beurlaubung des Angeklagten von der Hauptverhandlung 247

1. Nach § 231c können, wenn die HV gegen mehrere Angeklagte stattfindet, ein **Angeklagter** und sein **(notwendiger) Verteidiger** von der Anwesenheit in der HV beurlaubt werden. Voraussetzung dafür ist, dass dieser Angeklagte von bestimmten Verhandlungsteilen nicht betroffen ist. Das ist der Fall, wenn gegen die Mitangeklagten auch unter Abtrennung des Verfahrens weiterverhandelt werden könnte (BGHSt 31, 323, 331; 32, 270, 273 f.). Wegen der revisionsrechtlichen Gefahren machen die Gerichte nur selten von der Möglichkeit der Beurlaubung Gebrauch.

Beispiele:

Beurlaubung ist **möglich**,

- wenn in **Punktesachen** der zu beurlaubende Angeklagte an (weiteren) Taten der Mitangeklagten **nicht beteiligt** war (BGHSt 32, 100; NStZ 1996, 22 [K]; s.a. BGH StV 1988, 370 [ein Zeuge darf dann aber nicht in Abwesenheit des [teil-]beurlaubten Angeklagten entlassen werden]),
- ebenfalls dann, wenn in Abwesenheit des beurlaubten Angeklagten nur Umstände erörtert oder Beweise erhoben werden, die für ihn weder im **Schuld**- noch im **Rechtsfolgenausspruch** von Bedeutung sind, z.B. die Vernehmung eines Mitangeklagten zu seinen persönlichen Verhältnissen (BGHSt 31, 323, 330 ff.).

Keine Beurlaubung,

- wenn auch den Angeklagten berührende **Beweisanträge** abgelehnt werden (BGH MDR 1989, 1054 [H]; NStZ 1990, 229 -M- [Ablehnung wegen Bedeutungslosigkeit]),
- wenn **Beweise** zu den gegen den Angeklagten erhobenen Tatvorwürfen erhoben werden (BGH StV 1984, 102),
- i.d.R. bei einem **einheitlichen Tatgeschehen** (BGH NStZ 1983, 34),
- wenn das **Plädoyer** des **Mitverteidigers** sich auf ein einheitliches Tatgeschehen bezieht (BGH, a.a.O.),
- wenn **Zeugen** vernommen werden (sollen), die die **Glaubwürdigkeit** eines den Angeklagten belastenden Mitangeklagten stützen (BGH NStZ 1985, 205 [Pf/M]).

248 **2.** Die Beurlaubung erfolgt nur auf **Antrag**, über den das Gericht nach seinem Ermessen entscheidet (vgl. dazu *Kleinknecht/Meyer-Goßner*, § 231c Rn. 14). Der Antrag bedarf keiner besonderen Form und kann in der HV mündlich gestellt werden. **Inhaltlich** muss er den Verhandlungsteil bezeichnen, von dem beurlaubt werden soll. Er kann für unterschiedliche HV-Teile wiederholt gestellt werden. Über den Antrag entscheidet das Gericht durch Beschluss.

Hat die HV zu Teilen, die den Angeklagten wenigstens mittelbar betrafen, in Abwesenheit des Verteidigers oder des Angeklagten **ohne Gerichtsbeschluss** stattgefunden, liegt der Revisionsgrund des § 338 Nr. 5 vor (BGH NStZ 1985, 375; zur **Revision** s.a. *Kleinknecht/Meyer-Goßner*, § 231c Rn. 23 f. m.w.N.; s. aber BGH StV 1995, 175 [stillschweigende Beschlussfassung über eine Verlängerung der Beurlaubung nicht generell ausgeschlossen]).

248a ☝ Der Beurlaubungsantrag bietet dem Verteidiger bei mehreren Angeklagten eine **gute Möglichkeit**, in Zweifelsfällen ggf. etwas über die **rechtliche Beurteilung** zu **erfahren**. Da die Beurlaubung nur zulässig ist, wenn der Angeklagte von einzelnen Teilen der Verhandlung nicht betroffen ist, wird ihn das Gericht auch nur in diesen Fällen von der HV beurlauben. Lehnt es also einen für bestimmte Verhandlungsteile/Tatteile gestellten Beurlaubungsantrag ab, kann der Verteidiger daraus den Schluss ziehen, dass nach Auffassung des Gerichts diese Tatteile auch seinen Mandanten betreffen.

Beispiel:

Anklage gegen zwei Angeklagte u. a. wegen Betruges durch Manipulation von Urkunden. Dem einen Angeklagten wird das unmittelbare Verfälschen der Urkunden zur Last gelegt, bei dem anderen geht es um die Frage, inwieweit ihm das Handeln des Mitangeklagten zugerechnet werden kann. Der Verteidiger dieses Angeklagten stellt für den Zeitpunkt der Verlesung der verfälschten Urkunden einen Beurlaubungsantrag. Wird dieser vom Gericht abgelehnt, kann er daraus den Schluss ziehen, dass das Gericht das Tatgeschehen auch seinem Mandanten zurechnet.

Antragsberechtigt sind der Angeklagte und der Verteidiger, der den Antrag für den Angeklagten, aber nicht gegen dessen Widerspruch (*Kleinknecht/Meyer-Goßner*, § 231c Rn. 7), stellen kann. Das Antragsrecht des Angeklagten und das des Verteidigers sind voneinander unabhängig, so dass der **Widerspruch** des Angeklagten nicht daran hindert, den Verteidiger von der HV freizustellen.

3. Muster eines Beurlaubungsantrags

249

An das
Amtsgericht/Landgericht Musterstadt

In der Strafsache
gegen H. Muster
Az.: . . .

wird beantragt,

den Angeklagten und mich am 3. Hauptverhandlungstag für die Dauer der Vernehmung der Zeugen A., B., und C. sowie während der Vernehmung der Mitangeklagten zur Person von der Teilnahme an der Hauptverhandlung zu beurlauben (§ 231c StPO).

Begründung:
In der Anklageschrift hat die Staatsanwaltschaft insgesamt 47 eigenständige Diebstahlstaten angeklagt. Mein Mandant war davon nur an den Taten 1 bis 11, 19 bis 25, 28 bis 34 und an den Taten 46 und 47 beteiligt. Die für den 3. Hauptverhandlungstag geladenen Zeugen A., B., und C. sollen Angaben zu den übrigen Taten, an denen mein Mandant nicht beteiligt war, machen. Während ihrer Vernehmung können mein Mandant und ich daher beurlaubt werden (BGHSt 32, 100).

Wir können außerdem während der Vernehmung der Mitangeklagten zu ihren persönlichen Verhältnissen beurlaubt werden, da die dann erörterten Umstände für den Schuld- und Rechtsfolgenausspruch hinsichtlich meines Mandanten ohne Bedeutung sind (BGHSt 31, 323, 330 ff.).

Rechtsanwalt

Siehe auch: → *Anwesenheitspflicht des Angeklagten,* Rn. 89, → *Entbindung des Angeklagten vom Erscheinen in der Hauptverhandlung,* Rn. 424, → *Verhandlungsfähigkeit,* Rn. 966.

Beweisanregung

250

Literaturhinweise: ***Bergmann***, Die Beweisanregung im Strafverfahren, MDR 1976, 888; ***Gollwitzer***, Einschränkungen des Beweisantragsrechts durch Umdeutung von Beweisanträgen in Beweisanregungen, StV 1990, 420; s.a. die Hinw. bei → *Beweisantragsrecht, Allgemeines*, Rn. 302.

250a

1. Während der Verteidiger mit einem → *Beweisermittlungsantrag*, Rn. 308, beim Gericht beantragt, bestimmte Beweise herbeizuschaffen oder zu ermitteln, **schlägt** er mit einer Beweisanregung entweder **lediglich** eine bestimmte Form der **Beweisaufnahme vor** (z.B. die → *Gegenüberstellung von Zeugen*, Rn. 511, oder die → *Wiederholung einer Beweiserhebung*, Rn. 1173, wie z.B. eine Zeugen- oder Sachverständigenvernehmung) oder er gibt das **Beweisziel** an, was häufig bei einem „Beweisantrag“, der lediglich Negativtatsachen in das Wissen von Zeugen stellt, der Fall ist (BGH NStZ 1999, 362) bzw. er macht eine Information aktenkundig (*Hamm/Hassemer/Pauly*, Rn. 45). Die Beweisanregung ist damit sowohl gegenüber dem → *Beweisantrag*, Rn. 255, als auch gegenüber dem Beweisermittlungsantrag ein „**Minus**“. Vom ersteren unterscheidet sich die Beweisanregung dadurch, dass sie – ebenso wie der Beweisermittlungsantrag – i.d.R. keine konkrete Beweisbehauptung enthält, von letzterem dadurch, dass es sich noch nicht einmal um einen Antrag i.e.S. handelt.

☝ Für den Verteidiger **empfiehlt** sich die **Beweisanregung** insbesondere dann, wenn er nicht sicher ist, ob ein bestimmter Umstand für das Gericht von Bedeutung ist oder als bereits erwiesen angesehen wird, er aber nicht durch einen Beweisantrag zum Ausdruck bringen möchte, die Verteidigung habe insoweit Zweifel. Er wird zu diesem Mittel auch dann greifen, wenn er eine eindeutige Behauptung über das Ergebnis der „angeregten“ Beweisaufnahme nicht aufstellen kann oder will (*Hamm/Hassemer/Pauly*, Rn. 48). Darüber hinaus wird er eine Beweisanregung – ebenso wie einen Beweisermittlungsantrag – immer dann wählen, wenn er hinreichend gewiss sein kann, dass die Beweiserhebung i.S.d. § 244 Abs. 2 erforderlich ist. Er wird aber auch bei der Beweisanregung im Auge behalten, welche **Folgen** das Ergebnis der angeregten Beweiserhebung für den Mandanten haben kann. Das gilt insbesondere dann, wenn das Ergebnis der Beweisaufnahme nur schwer abzuschätzen ist.

251 **2.** Die Beweisanregung ist grds. an **keine** bestimmte **Form** gebunden. Sie kann in unterschiedlichen Formen erfolgen. Der Verteidiger kann sie z.B. in die Gestalt eines vollständig ausformulierten Beweisantrags kleiden (→ *Beweisantrag, Inhalt*, Rn. 295), die Beweiserhebung dann allerdings nicht beantragen, sondern nur „vorschlagen“. Möglich ist aber auch ein (bloßer) Hinweis auf noch durchzuführende Ermittlungen oder auf bestimmte Formen der Beweiserhebung (s. Beck-*Michalke*, S. 466 m.w.N.). Das Gericht kann dem Verteidiger aufgeben, gem. § 257a seine Beweisanregung schriftlich abzugeben (→ *Schriftliche Antragstellung*, Rn. 784).

☝ Der Verteidiger muss sich seine **Formulierungen** sehr genau überlegen, damit **klar erkennbar** ist, was er will. Sind die Formulierungen dennoch ungeschickt, muss das Gericht klarstellen und es hat **im Zweifel** davon auszugehen, dass es sich um einen **Beweis**- oder wenigstens einen Beweisermittlungsantrag handelt, wenn die erforderlichen inhaltlichen Elemente enthalten sind (KK-*Herdegen*, § 244 Rn. 56).

252 **3.** Da dem **Gericht** durch die Beweisanregung lediglich vorgeschlagen wird, einen bestimmten Beweis zu erheben, ist es grds. **nicht verpflichtet**, dem Vorschlag nachzugehen. Es muss die Zurückweisung der Beweisanregung auch nicht förmlich durch **Beschluss** gem. § 244 Abs. 6 bescheiden (BGH NStZ 1982, 477; OLG Düsseldorf VRS 64, 216, 219; *Kleinknecht/Meyer-Goßner*, § 244 Rn. 27). Zutreffend geht m. E. aber das OLG Frankfurt (StV 1988, 243 f.) davon aus, dass die Fürsorgepflicht des Gerichts es jedoch gebieten könne, in der HV die Gründe, die für die Ablehnung einer Beweisanregung ausschlaggebend gewesen sind, bekannt zu geben. Anderenfalls kann sich der Angeklagte/Verteidiger auf die Beweislage nicht einstellen.

☝ Ausreichend ist die **Ablehnung** durch den Vorsitzenden. Dagegen kann der Verteidiger gem. **§ 238 Abs. 2** das Gericht anrufen, das dann durch Beschluss entscheidet (*Kleinknecht/Meyer-Goßner*, a.a.O., m.w.N.).

253 Drängt die → *Aufklärungspflicht des Gerichts*, Rn. 95, dieses dazu, den vorgeschlagenen Beweis zu erheben, muss es der Beweisanregung entsprechen (LR-*Gollwitzer*, § 244 Rn. 123 ff. m.w.N.; zum Umfang der Aufklärungspflicht s. dort u. a. BGHSt 40, 3). **Übersieht** das Gericht seine aus der Beweisanregung erwachsende **Aufklärungspflicht**, kann das mit der Aufklärungsrüge in der **Revision** geltend gemacht werden (Beck-*Michalke*, S. 466).

☝ Wegen dieser möglicherweise gegebenen revisionsrechtlichen Bedeutung der Beweisanregung, muss der Verteidiger auf die **Aufnahme** seiner Beweisanregung in das → ***Protokoll** der Hauptverhandlung*, Rn. 713, drängen (s. a. Beck-*Michalke*, a. a. O.). Der Vorsitzende muss die Beweisanregung i. d. R. in das Protokoll aufnehmen (*Kleinknecht/Meyer-Goßner*, § 244 Rn. 27 m.w.N.). Verweigert er die Protokollierung, muss der Verteidiger ggf. nach § 273 Abs. 3 vorgehen (→ *Protokoll der Hauptverhandlung, wörtliche Protokollierung*, Rn. 724a)

254 4. Muster einer Beweisanregung

An das
Amtsgericht/Landgericht Musterstadt
In der Strafsache
gegen H. Muster
Az.: . . .

wird angeregt,
den bereits vernommenen und entlassenen Zeugen P. Müller erneut zu vernehmen.

Begründung:
Der Angeklagte hat durch ein Gespräch, das seine Mutter mit dem Zeugen geführt hat, erfahren, dass dieser sich nunmehr nicht mehr sicher ist, ob der Angeklagte am 24.10.2002 an der Konferenz in Düsseldorf teilgenommen hat. Er hat nämlich inzwischen mit der Protokollführerin gesprochen. Diese hat nicht ausschließen können, dass der Name des Angeklagten in das Sitzungsprotokoll aufgenommen worden ist, obwohl dieser an der Sitzung nicht teilgenommen hat. Die Richtigkeit dieses Protokolls war aber für den Zeugen, wie er bei seiner Vernehmung bekundet hat, Grundlage für die von ihm zur Teilnahme des Angeklagten gemachten Angaben.

Rechtsanwalt

Siehe auch: → *Beweisantragsrecht, Allgemeines*, Rn. 302, m.w.N.

255 Beweisantrag

Literaturhinweise: ***Basdorf***, Änderungen des Beweisantragsrechts und Revision, StV 1995, 310; ***Hanack***, Zur Austauschbarkeit von Beweismitteln im Strafprozeß, JZ 1970, 562; ***Herdegen***, Aufklärungspflichten, Beweisantragsrecht, Beweisantrag, Beweisermittlungsantrag, in: Gedächtnisschrift für *Meyer*, S. 207; ***Julius***, Beweis-, Beweisermittlungs- und Verschleppungsantrag im Strafprozeß, MDR 1989, 116; ***Kratsch***, Die Austauschbarkeit von Beweismitteln, JA 1983, 231; ***Liemersdorf***, Beweisantragsrecht und Sachverhaltsaufklärung, StV 1987, 175; ***Michalke***, Beweisantragsrecht im Strafverfahren – Allgemeine Grundsätze, ZAP F. 22, S. 49; dies., Beweisantragsrecht im Strafverfahren – Formen des Beweisantrages, ZAP F. 22, S. 61; dies., Technik und Taktik des Beweisantrages, StraFo 1992, 98; ***Nierwetberg***, Der Beweisantrag im Strafverfahren, Jura 1984, 630; ***Perron***, Das Beweisantragsrecht des Beschuldigten im deutschen Strafprozeß, 1995; ***Quedenfeld***, Beweisantrag und Verteidigung in den Abschnitten des Strafverfahrens bis zum erstinstanzlichen Urteil, in: Festgabe für *Karl Peters*, S. 215; ***Sarstedt***, Der Beweisantrag im Strafprozeß, DAR 1964, 307; ***Schlothauer***, Unzutreffende und unvollständige tatrichterliche Urteilsfeststellungen, StV 1992, 134; ***Schmidt-Hieber***, Der Beweisantrag im Strafprozeß, JuS 1985, 291; ***Schulz***, Die Austauschbarkeit von Beweismitteln oder die Folge apokrypher Beweismittel, StV 1983, 341; ***Schwenn***, Was wird aus dem Beweisantrag?, StV 1981, 631; ***Seibert***, Beweisanträge, NJW 1960, 19; ders., Beweisanträge (Zeugen und Sachverständige) im Strafverfahren, NJW 1962, 135; ***Thole***, Der Scheinbeweisantrag im Strafprozeß, 1992; s.a. die Hinw. bei → *Beweisantrag, Inhalt*, Rn. 295, bei → *Beweisermittlungsantrag, Allgemeines*, Rn. 302, sowie bei → *Verteidigerhandeln und Strafrecht*, Rn. 1085.

1. Der Beweisantrag ist das **ernsthafte**, unbedingte oder an eine Bedingung geknüpfte **Verlangen** eines Prozessbeteiligten, über eine die Schuld oder Rechtsfolgenfrage betreffende **Behauptung** durch bestimmte, nach der StPO zulässige Beweismittel, **Beweis** zu **erheben** (st.Rspr., vgl. u.a. BGHSt 1, 29 ff.; 6, 128; 30, 131). Der Beweisantrag ist zu unterscheiden vom → *Beweisermittlungsantrag*, Rn. 308, und von der (bloßen) → *Beweisanregung*, Rn. 250. Während der Beweisantrag das Gericht nämlich **verpflichtet**, den Antrag nach § 244 zu **bescheiden**, müssen Beweisermittlungsantrag und Beweisanregung nicht unbedingt beschieden werden und haben möglicherweise nur im Rahmen der → *Aufklärungspflicht des Gerichts*, Rn. 95, Bedeutung (zur Abgrenzung von Beweis- und Beweisermittlungsantrag s. BGH NJW 1993, 867; aus neuerer Zeit OLG Köln StV 1999, 82; s.a. BGHSt 39, 251 [für Wahrnehmungen als Gegenstand eines Zeugenbeweises, von denen auf andere Tatsachen geschlossen werden soll]). Dieser Unterschied hat Auswirkungen auf den Inhalt des Beweisantrages (→ *Beweisantrag, Inhalt*, Rn. 295). **255a**

2. Hinweise für den Verteidiger! **256**

a) In der HV muss der Verteidiger einen **Beweisantrag** immer dann **stellen**, wenn er zu einer bestimmten (Beweis-)Frage eine **Entscheidung** des Gerichts **bekommen** möchte, aus der er ablesen kann, wie das Gericht diese Frage sieht. Ob es sie nämlich z.B. als offenkundig beurteilt, also als allgemein- oder gerichtskundig, oder ob es sie ggf. als wahr unterstellen will. In diesen Fällen muss der Verteidiger seinen (Beweis-)Antrag so formulieren, dass er eindeutig als Beweisantrag zu erkennen ist und das Gericht den Antrag bescheiden muss (→ *Beweisantrag, Inhalt*, Rn. 295). Hier haben dann auch für den Verteidiger die Gründe, aus denen ein Beweisantrag abgelehnt werden kann, Bedeutung (→ *Beweisantrag, Ablehnungsgründe*, Rn. 295; dort a. zu den o.a. Begriffen; s.a.u. Rn. 259).

Ein **Beweisantrag empfiehlt** sich zudem immer dann, wenn ersichtlich ist, dass das Gericht einen → *Beweisermittlungsantrag*, Rn. 308, allein wegen seiner Form übergehen wird. Darüber hinaus kommt er dann in Betracht, wenn der Verteidiger sich **nicht sicher** ist, ob sich die Bedeutung des von ihm als erheblich angesehenen Beweisthemas dem Gericht im Rahmen der ihm nach § 244 Abs. 2 obliegenden → ***Aufklärungspflicht** des Gerichts*, Rn. 95, auch „von Amts wegen" erschließt (*Michalke* ZAP F. 22, S. 63).

b) Häufig ist der Verteidiger **nicht** in der **Lage**, eine bestimmte **Tatsache sicher** zu **behaupten**. In eine solche Situation wird er in der HV insbesondere dann geraten können, wenn sich erst hier aufgrund der Beweisaufnahme überraschend ergibt, dass möglicherweise noch andere, bislang unbekannte Beweismittel zur Verfügung stehen (könnten). Das kann z.B. der Fall sein, wenn aufgrund der Aus- **257**

sage eines Zeugen auch ein anderer als der Angeklagte die angeklagte Tat begangen haben könnte, der nun als Zeuge zu vernehmen wäre. In diesen Fällen kann der Verteidiger auf jeden Fall einen → *Beweisermittlungsantrag*, Rn. 308, stellen (zur Abgrenzung s.a. BayObLG NJW 1996, 331).

Er kann sich aber auch auf die h.M. in der Rspr. berufen, nach der das **sichere Wissen** des Verteidigers über die Erweislichkeit der von ihm aufgestellten **Behauptung keine Voraussetzung** des eigentlichen Beweisantrages ist (*Michalke*, a.a.O.; Beck-*Michalke*, S. 448; *Hamm/Hassemer/Pauly*, Rn. 106 ff.). Nach dieser Rspr. ist es ausreichend, wenn der Verteidiger im Beweisantrag die von ihm behauptete **Tatsache nur** für **möglich** hält und deren Bestätigung erhofft (st.Rspr. vgl. u.a. BGHSt 21, 118, 121; BGH NJW 1993, 867; OLG Hamburg StV 1999, 81 f.; OLG Köln StV 1999, 82 f.; *Kleinknecht/Meyer-Goßner*, § 244 Rn. 20 m.w.N.; s.a. *Michalke* StV 1989, 235 ff. in der Anm. zu BGH StV 1989, 234 und *Hamm/Hassemer/Pauly*, a.a.O.).

☝ Der Verteidiger kann daher auch dann beantragen, einen Zeugen „zum Beweis der Tatsache zu vernehmen, dass ...", wenn er sich das behauptete Beweisergebnis **bloß erhofft**.

Der Antrag darf vom Gericht nicht mit der Begründung abgewiesen werden, der Verteidiger kenne die behauptete Tatsache nicht aus eigenem Wissen oder er sei sich des Erfolgs der Beweiserhebung nicht sicher (BGH NStZ 1981, 309; s.a. NJW 1988, 1859), es sei denn, es handelt sich um eine Behauptung „ins Blaue" (BGH NStZ 1992, 397; NJW 1993, 867). Dann handelt es sich nur um einen „Scheinbeweisantrag", dem nachzugehen auch die → *Aufklärungspflicht des Gerichts*, Rn. 95, nicht erfordert (BGH NJW 1997, 2762, 2764 [obiter dictum]). Ggf. muss es dem Angeklagten und seinem Verteidiger einen entsprechenden **Hinweis** erteilen (BGH NStZ 1996, 562).

258 In diesen Fällen muss der Verteidiger allerdings auch damit **rechnen**, vom Gericht nach der **Quelle** seines Wissens **gefragt** zu werden. Dazu wird zunehmend die Auffassung vertreten, dass, wenn der Verteidiger darauf keine oder keine ausreichende Antwort gibt, der Beweisantrag wie ein → *Beweisermittlungsantrag*, Rn. 308, behandelt werden könne (so BGH StV 1985, 311; NJW 1999, 2683; *Kleinknecht/Meyer-Goßner*, § 244 Rn. 20; a.A. BGH NStZ 1987, 181; NJW 1983, 126 f.; KK-*Herdegen*, § 244 Rn. 44). Dies dürfte zumindest dann **nicht zutreffend** sein, wenn der Angeklagte sich nicht zur Sache eingelassen hat (*Michalke* ZAP F. 22, S. 55 f; Beck-*Michalke*, S. 449) oder wenn sich die Beweisbehauptung auf Umstände bezieht, die der Angeklagte nicht kennen kann (OLG Hamburg StV 1999, 81 f.). Denn daraus können, auch im Hinblick auf Fragen des Gerichts, keine für den Angeklagten negativen Schlüsse gezogen werden, so dass auch eine vom Verteidiger aufgestellte Beweisbehauptung einer Beweiswürdigung entzogen ist (vgl. näher dazu *Michalke* in der Anm. zu BGH StV 1989, 234, 235).

259 c) Ein Beweisantrag ist für den Verteidiger auch der Erfolg versprechendste Weg, wenn er das Gericht für das Urteil an bestimmte **Sachverhaltsfeststellungen binden** und falschen Darstellungen von Beweisergebnissen im Urteil vorbeugen will. Er stellt dann einen sog. **affirmativen Beweisantrag**, in dem er einen für seinen Mandanten günstigen Sachverhalt unter Beweis stellt, der nach seiner Auffassung bereits aufgrund der bisherigen Beweisaufnahme für alle Prozessbeteiligten feststehen müsste. Der Verteidiger benennt für diesen (bekannten) Sachverhalt dann lediglich bislang **nicht herangezogene Beweismittel** und erstrebt eine **Ablehnung** des Beweisantrags, weil das Gericht die behauptete Beweistatsache bereits als erwiesen ansieht oder sie zumindest als wahr unterstellen kann (s. → *Beweisantrag, Ablehnungsgründe*, Rn. 261). Wird aus diesen Gründen der Beweisantrag abgelehnt, kann der Verteidiger davon ausgehen, dass der behauptete Sachverhalt Grundlage des Urteils wird. Will das Gericht sich nämlich nicht binden lassen, wird es dem Antrag nachgehen und die beantragten Beweise erheben müssen (vgl. *Sommer* ZAP F. 22, S. 115 f. m.w.N.; zum affirmativen Beweisantrag s.a. *Malek*, Rn. 440; wegen weiterer Einzelh. und zu weiteren Möglichkeiten des Verteidigers, in der HV den Sachverhalt „festzuschreiben", *Schlothauer* StV 1992, 143; *Malek*, Rn. 435 ff.).

259a ☝ Der Beweisantrag ist sicherlich eines der wesentlichsten Instrumente, mit denen der Verteidiger auf den Gang der HV und das Verhandlungsergebnis einwirken kann. Er sollte aber i.d.R. **kein Mittel** sein, den **Abschluss** des **Verfahrens** in angemessener Zeit zu **verhindern**, auch wenn der ein oder andere Verteidiger das manchmal anders sieht. Denn der Verteidiger ist nicht (nur) einseitiger Interessenvertreter des Beschuldigten. Vielmehr ist auch er (mit-) verpflichtet, dafür zu sorgen, dass das Strafverfahren in geordneten justizförmigen Bahnen verläuft (BGHSt 38, 138, 140). Allerdings sind weder er noch der Angeklagte grds. daran gehindert, sich solcher Verteidigungsmittel zu bedienen, die das Gericht im Nachhinein als „fragwürdig" ansieht (OLG Koblenz StV 1996, 14).

Jeder Verteidiger sollte sich daher bei seinen Überlegungen, ob er weitere Beweisanträge stellt oder nicht, immer fragen, ob diese zur **Sachverhaltsaufklärung** noch notwendig sind oder ob sie nur den Abschluss des Verfahrens verzögern. Ist das letztere der Fall, sollte er i.d.R. die Antragstellung unterlassen (s. aber *Hamm/Hassemer/Pauly*, Rn. 123). Denn schnell ist er sonst dem

Vorwurf der sog. **Konfliktverteidigung** ausgesetzt (vgl. dazu LG Wiesbaden NJW 1995, 409 f.). Mit den Fragen und Folgen rechtsmissbräuchlicher Antragstellung beschäftigen sich *Fischer* NStZ 1997, 212; *Herdegen* NStZ 2000, 1 6 ff.; *Kempf* (StV 1996, 507); *Malmendier* (NJW 1997, 227) und *Niemöller* (StV 1996, 501); *Senge* NStZ 2002, 225, 229; zur Erforderlichkeit einer allgemeinen gesetzlichen strafprozessualen Missbrauchsklausel s. *Kröpil* ZRP 1997, 9 (s.a. BGHSt 38, 111; → *Beweisantrag, Antragsberechtigung*, Rn. 271).

260 **3. Muster eines Beweisantrags**

Bei dem nachstehenden Muster handelt es sich um einen einfachen Beweisantrag (wegen des notwendigen Inhalts bei anderen Beweismitteln **siehe auch**: → *Beweisantrag, Formulierung: Augenscheinseinnahme*, Rn. 279, mit Antragsmuster, Rn. 280, → *Beweisantrag, Formulierung: Sachverständigenbeweis*, Rn. 281, mit Antragsmuster, Rn. 284, → *Beweisantrag, Formulierung: Urkundenbeweis*, Rn. 285, mit Antragsmuster, Rn. 288, → *Beweisantrag, Formulierung: Zeugenbeweis*, Rn. 290, mit Antragsmuster, Rn. 294.

An das
Amtsgericht/Landgericht Musterstadt

In der Strafsache
gegen H. Muster
Az.: . . .

wird beantragt,

Herrn Fritz Meier,
Mustermannstraße 5, Musterstadt

als Zeugen zum Beweis der Tatsache zu vernehmen, dass die Fußgängerampel für die Fußgänger auf „Rot" geschaltet war, als der Verletzte Herr F. den Fußgängerüberweg überquerte.

Rechtsanwalt

Siehe auch: → *Beweisantragsrecht, Allgemeines*, Rn. 303a, m.w.N.

260a Beweisantrag, Ablehnungsbeschluss

Literaturhinweise: s. die Hinw. bei → *Beweisantrag, Ablehnungsgründe*, Rn. 216, und bei → *Beweisantragsrecht, Allgemeines*, Rn. 302.

1. a) Nach § 244 Abs. 6 bedarf die **Ablehnung** eines Beweisantrages eines **Gerichtsbeschlusses**. Dieser ist zu protokollieren und muss die Gründe der Ablehnung enthalten. Das Gericht muss die Gründe so konkret abfassen, dass dadurch dem Antragsteller Gelegenheit gegeben wird, sich in seinem weiteren Verhalten im Verfahren auf die Ablehnung des Antrags einzustellen (st. Rspr., s. z.B. BGHSt 40, 60). Die Begründung muss zudem dem Revisionsgericht die Überprüfung der Entscheidung ermöglichen.

Die **Begründung** des Ablehnungsbeschlusse ist je nach dem herangezogenen Ablehnungsgrund **unterschiedlich** (vgl. dazu eingehend *Hamm/Hassemer/Pauly*, Rn. 164 ff.). Ggf. kann die bloße Wiedergabe des Gesetzestextes genügen, i.d.R. wird das jedoch nicht ausreichen (*Kleinknecht/Meyer-Goßner*, § 244 Rn. 41 m.w.N.).

260b **b)** Für die **Anordnung** der **Beweisaufnahme** bedarf es hingegen keines Beschlusses. Sie kann durch den **Vorsitzenden** im Rahmen der ihm nach § 238 zustehenden → *Verhandlungsleitung*, Rn. 972, erfolgen. Der Vorsitzende muss die Anordnung auch nicht begründen.

☝ Wird die Notwendigkeit und Sachdienlichkeit eines Beweiserhebung bestritten, ist gem. § 238 Abs. 2 die **Entscheidung** des **Gerichts** herbeizuführen (*Kleinknecht/Meyer-Goßner*, § 244 Rn. 40; KK-*Herdegen*, § 244 Rn. 57).

260c **2.** Über den Antrag muss **zeitlich** bis zum → ***Schluss** der **Beweisaufnahme***, Rn. 783, entschieden werden. Der Verteidiger und der Angeklagte haben keinen Anspruch auf sofortige bzw. alsbaldige Entscheidung (*Kleinknecht/Meyer-Goßner*, § 244 Rn. 44; krit. *Hamm/Hassemer/Pauly*, Rn. 180 ff.). Der Beschluss muss jedoch so rechtzeitig ergehen, dass Angeklagter und/oder Verteidiger ihr weiteres Prozessverhalten auf die Ablehnung der beantragten Beweiserhebung einrichten können. Das bedeutet, dass Ablehnungsbeschluss und Urteilsverkündung nicht zusammenfallen dürfen (KK-*Herdegen*, § 244 Rn. 60; *Hamm/Hassemer/Pauly*, Rn. 181, jeweils unter Hinw. auf RGSt 58, 79, 80).

☝ Ist über einen Beweisantrag nicht rechtzeitig vor der Urteilsverkündung entschieden, muss der Verteidiger auf die **Entscheidung** drängen. Wird sie vom Gericht erst in **Zusammenhang** mit der → ***Urteilsverkündung***, Rn. 920, verkündet, muss er ggf. sofort → ***Unterbrechung** der Hauptverhandlung*, Rn. 873, beantragen, um in Ruhe mit dem Mandanten das weitere Vorgehen zu besprechen. Wird die Unterbrechung durch den Vorsitzenden abgelehnt, muss der Verteidiger diese Entscheidung beanstanden und nach § 238 Abs. 2 einen Gerichtsbeschluss beantragen.

Hat das Gericht sehr lange für die Entscheidung über den Beweisantrag gebraucht, kann/muss der Verteidiger mit dieser **langen Zeit argumentieren**, um eine Unterbrechung der Hauptverhandlung bzw. ggf. sogar deren Aussetzung zu beantragen (vgl. das Fallbeispiel bei *Hamm/Hassemer/Pauly*, Rn. 183).

Wegen der Möglichkeit, über einen Hilfsbeweisantrag ggf. erst in den Urteilsgründen zu entscheiden s. → ***Hilfsbeweisantrag***, Rn. 548 f.

260d **3.** Der Ablehnungsbeschluss muss als wesentliche Förmlichkeit der Hauptverhandlung in das → *Protokoll der Hauptverhandlung*, Rn. 713, aufgenommen werden. Nach § 35 Abs. 1 S. 2 hat der Verteidiger einen **Anspruch** auf **Erteilung** einer **Abschrift** der Entscheidung. Nicht eindeutig geklärt ist in der Lit., ob der Verteidiger einen Anspruch drauf hat, dass ihm diese Abschrift sofort bei Verkündung der Entscheidung ausgehändigt wird. Dies wird von LR-*Wendisch* (§ 35 Rn. 11) für alle bedeutsamen Beschlüssen, wozu der einen Beweisantrag ablehnenden Beschluss gehört, bejaht, von *Kleinknecht/Meyer-Goßner* (§ 35 Rn. 6) hingegen grds. verneint, für mehrtägige HV und längere Beschlüsse hingegen bejaht (ähnlich *Malek*, Rn. 294).

M.E. gebietet es die **Fürsorgepflicht** des Gerichts, dem Verteidiger auf jeden Fall **sofort** eine **Abschrift** der Entscheidung zukommen zu lassen. Anderenfalls kann er sich, insbesondere bei längeren Beschlüssen, in seiner Verteidigungsstrategie nicht auf die Entscheidung des Gerichts einstellen. Die Abschrift ist i.Ü. kostenfrei (vgl. Nr. 9000 Abs. 2 KVGKG).

Siehe auch: → *Beweisantragsrecht, Allgemeines*, Rn. 303a, m.w.N.

261 Beweisantrag, Ablehnungsgründe

Literaturhinweise: ***Bauer***, Der Ablehnungsgrund der Wahrunterstellung – eine vergleichende straf- und zivilprozessuale Analyse, MDR 1994, 953; ***Bringewat***, Grundfragen der Wahrunterstellung im Strafprozeß, MDR 1986, 353; ***Buschhorn***, Rechtsprobleme der Offenkundigkeit von Tatsachen im Strafverfahren, 1997; ***Engels***, Beweisantizipationsverbot und Beweiserhebungsumfang im Strafprozeß, GA 1981, 21; ***Grünwald***, Die Wahrunterstellung im Strafverfahren, in: Festschrift für *Honig*, S. 54; ***Haubrich***, „Vergleichende Blutprobe“ als Prozeßverschleppung, NJW 1981, 2507; ***Herdegen***, Das Verbot der Beweisantizipation im Strafprozeßrecht, in: Festschrift für *Boujong*, S. 787; ***Hirsch***, Der zum Zwecke der Prozeßverschleppung gestellte Beweisantrag und seine strafprozessuale Behandlung, 1996; ***Julius***, Die Unerreichbarkeit von Zeugen im Strafprozeß, 1988; ders., Beweis-, Beweisermittlungs- und Verschleppungsantrag im Strafprozeß, MDR 1989, 116;

Keller, Offenkundigkeit und Beweisbedürftigkeit im Strafprozeß, ZStW 1989, 381 (Band 101); ***Kröpil***, Zur Entstehung und zum Begriff des Ablehnungsgrundes der Prozeßverschleppung, AnwBl. 1999, 15; ***Meyer-Goßner***, Über die „Gerichtskundigkeit", in: Festschrift für *Tröndle*, S. 551; ***Meyer-Mews***, Fallstudie: Der erkennende Richter als Zeuge, JuS 2002, 376; ***Müller***, Zur Aufklärungspflicht bei Wahrunterstellung, in: Gedächtnisschrift für *Meyer*, S. 285; ***Nüse***, Zur Ablehnung von Beweisanträgen wegen Offenkundigkeit, GA 1955, 72; ***Pantle***, Beweiserhebung über offenkundige Tatsachen, MDR 1993, 1166; ***Raacke***, Wahrunterstellung und Erheblichkeit, NJW 1973, 494; ***Schlothauer***, Gerichtliche Hinweispflichten in der Hauptverhandlung, StV 1986, 213; ***Schlüchter***, Wahrunterstellung und Aufklärungspflicht bei Glaubwürdigkeitsfeststellungen, 1992; ***Schröder***, Die Ablehnung von Beweisanträgen auf Grund von Wahrunterstellung und Unerheblichkeit, NJW 1972, 2105; ***Schweckendieck***, Die Ablehnung eines Beweisantrags wegen Verschleppungsabsicht – eine zu wenig genutzte Möglichkeit?, NStZ 1991, 109; ders., Bedeutungslosigkeit und Wahrunterstellung – ein Gegensatz?, NStZ 1997, 257; ***ter Veen***, Das unerreichbare Beweismittel und seine prozessualen Folgen – eine Übersicht zur Rechtsprechung des BGH und anderer Obergerichte, StV 1985, 295; ***Willms***, Zur Problematik der Wahrunterstellung, in: Festschrift für *Schäfer*, 1979, S. 275; s. auch die Hinw. bei → *Beweisantragsrecht, Allgemeines*, Rn. 302, und bei → *Verteidigerhandeln und Strafrecht*, Rn. 1085.

261a **§ 244 Abs. 3** führt die Gründe auf, mit denen ein Beweisantrag abgelehnt werden darf. **§ 244 Abs. 4** ergänzt diese Gründe für den Beweisantrag auf Vernehmung eines (weiteren) SV (vgl. dazu → *Sachverständigenbeweis*, Rn. 765; → *Obergutachter*, Rn. 636, mit Antragsmuster, Rn. 642; s.a. → *Beweisantrag, Formulierung: Sachverständigenbeweis*, Rn. 281 mit Antragsmuster, Rn. 284). § 244 Abs. 5 nimmt schließlich den **Augenscheinsbeweis** aus dem allgemeinen Katalog der Ablehnungsgründe heraus und stellt die Einnahme eines Augenscheins in das **pflichtgemäße Ermessen** des Gerichts (→ *Augenscheinseinnahme*, Rn. 101; → *Beweisantrag, Formulierung: Augenscheinseinnahme,* Rn. 279, mit Antragsmuster, Rn. 280). Entsprechendes gilt, wenn ein → *Auslandszeuge*, Rn. 123, vernommen werden soll. Zum Katalog der Ablehnungsgründe gibt es umfangreiche Rspr. und Lit., die hier nicht in allen Einzelh. dargestellt werden kann (vgl. dazu die umfangreiche Komm. bei KK-*Herdegen*, § 244 Rn. 64 ff., bei *Kleinknecht/Meyer-Goßner*, § 244 Rn. 46, und bei *Hamm/Hassemer/Pauly*, Rn. 195 ff., jeweils m.w.N.). Hier sollen die Ablehnungsgründe nur kurz umrissen und die eventuellen Auswirkungen auf die taktischen Überlegungen des Verteidigers dargestellt werden.

262 **1.** Der Verteidiger muss darauf achten, dass er nicht eine **unzulässige** Beweiserhebung beantragt, da dies nach § 244 Abs. 3 S. 1 **zwingend** zur **Ablehnung** seines Beweisantrages führt (zu allem eingehend KK-*Herdegen*, § 244 Rn. 67 ff.; *Hamm/Hassemer/Pauly*, Rn. 197 ff.). Unzulässig ist z.B. eine Beweiserhebung mit in der StPO nicht zugelassenen Beweismitteln, wie z.B. früher der Lügendetektor (s. u.a. LG Wuppertal NStZ-RR 1997, 75; dazu jetzt aber BGHSt 44, 308 [Lügendetektor zwar zulässiges Beweismittel, aber nur geringer Beweiswert, deshalb keine Beweiserhebungspflicht]) und über Themen, die nicht Gegenstand einer Beweisaufnahme sein können (*Kleinknecht/Meyer-Goßner*, § 244 Rn. 49 m.w.N.). Dazu gehören die Wahrnehmung der erkennenden Richter in der laufenden HV (BGHSt 39, 240; StV 1991, 99; OLG Köln VRS 64, 282) ebenso wie Ergebnisse von (Zwischen-)**Beratungen** des Gerichts, da diese nach § 43 DRiG dem Beratungsgeheimnis unterliegen.

☝ Davon zu **unterscheiden** ist die **Vernehmung** des erkennenden Richters über **Vorgänge** in **anderen HV**. Diese ist zulässig (vgl. dazu eingehend *Meyer-Mews* JuS 2002, 376) und führt ggf. zum → *Ausschluss eines Richters*, Rn. 144 (s. auch die Fallgestaltung bei BGHSt 45, 342).

Gegenstand einer Beweisaufnahme kann, wenn der Schuldspruch eines Urteils rechtskräftig geworden ist, in einer nach **Zurückverweisung** stattfindenden neuen HV auch nicht (mehr) die Frage der **Schuldfähigkeit** sein; insoweit ist der Tatrichter an die **rechtskräftigen Feststellungen** des ersten Urteils gebunden (BGHSt 44, 119; zur Feststellung der Strafschärfung wegen früherer Verurteilungen s. BGHSt 43, 106 [wenn auch die Art der Begehung der früheren Tat strafschärfend herangezogen werden soll, ist/kann darüber Beweis zu erheben/erhoben werden]). Unzulässig kann ggf. auch die Einführung von Beweisen sein, die mit **unzulässigen Methoden** gewonnen sind (BGHSt 44, 138 [für erkennbare Überwachung der Gespräche eines U-Haft-Gefangenen mit seinen Angehörigen allerdings verneint]; → *Beweisverwertungsverbote*, Rn. 313).

263 **2.** Über **offenkundige**, also über allgemein- oder gerichtskundige, Tatsachen braucht das Gericht keinen Beweis zu erheben (zu allem *Hamm/Hassemer/Pauly*, Rn. 300 ff.). Als **allgemeinkundig** angesehen werden alle Tatsachen und Erfahrungssätze, von denen verständige und erfahrene Menschen regelmäßig ohne weiteres Kenntnis haben oder über die sie sich aus allgemein zugänglichen zuverlässigen Quellen unschwer unterrichten können. **Gerichtskundig** sind Tatsachen und Erfahrungssätze, die der Richter bei seiner amtlichen Tätigkeit zuverlässig in Erfahrung gebracht hat (*Kleinknecht/Meyer-Goßner*, § 244 Rn. 51 f. m.w.N.).

☝ Offenkundige Tatsachen und Erfahrungstatsachen müssen in der **HV** zur **Sprache** gebracht werden (BVerfGE 48, 206, 209; st.Rspr., vgl. u.a. BGHSt 6, 292, 296; zuletzt NStZ 1995, 246; OLG Frankfurt StV 1999, 138; KK-*Herdegen*, § 244 Rn. 72 m.w.N.; *Hamm/Hassemer/Pauly*, Rn. 313 ff.). Da das aber nicht immer geschieht, kann es sich möglicherweise für den Verteidiger empfehlen, eine bestimmte Tatsache unter **Beweis** zu stellen, um so zu erfahren, ob das Gericht sie als offenkundig ansieht. Das hat insbesondere für gerichtskundige Tatsachen Bedeutung, da nur solche Tatsachen als gerichtskundig angesehen werden dürfen, von denen **alle** Mitglieder des Gerichts, also auch die Laienrichter, aufgrund amtlicher Tätigkeit Kenntnis erhalten haben (BGHSt 6, 292; KK-*Herdegen*, § 244 Rn. 72 m.w.N.; a.A. BGHSt 34, 209 f.; *Kleinknecht/Meyer-Goßner*, § 244 Rn. 53 m.w.N.).

Die Erörterung gerichtskundiger Tatsachen gehört **nicht** zu den wesentlichen Förmlichkeiten des Verfahrens (zuletzt BGH NStZ 1998, 98 m.w.N.) und muss daher nicht ins → ***Protokoll der Hauptverhandlung***, Rn. 713, aufgenommen, sondern kann im → *Freibeweisverfahren*, Rn. 502, geklärt werden (OLG Frankfurt, a.a.O., m.w.N. aus der Rspr.). Will das Gericht seine Überzeugung auf als gerichtskundig behandelte Tatsachen aus anderen Verfahren stützen, muss es den Angeklagten darauf hinweisen, dass es diese ohne förmliche Beweisaufnahme verwerten will (BGH, a.a.O.).

☝ Erfährt der Verteidiger durch den Hinweis des Gerichts, dass dieses eine Tatsache als offenkundig bewerten will, kann es sich empfehlen, einen entsprechenden **Gegenbeweis** zu beantragen. Das empfiehlt sich insbesondere bei technischen Fragen auf Gebieten, die einem schnellen Wandel unterworfen sind. Hier bietet sich dann der Antrag auf Einholung eines SV-Gutachtens an, der dann grds. nicht erneut wegen Offenkundigkeit abgelehnt werden darf (*Hamm/Hassemer/Pauly*, Rn. 316).

264

3. Ein Beweisantrag kann auch mit der Begründung abgewiesen werden, die Beweistatsache sei aufgrund des bisherigen Ergebnisses der Beweisaufnahme **bereits erwiesen**. Dabei ist es gleichgültig, ob es sich um eine zugunsten des Angeklagten oder um eine zu seinen Ungunsten wirkende Tatsache handelt (BGH StV 1983, 319 [Ls. insoweit nicht in BGHSt 31, 232 u.a.]; *Kleinknecht/Meyer-Goßner*, § 244 Rn. 57 m.w.N.).

☝ Oft ist im Verlauf einer HV für den Verteidiger nicht erkennbar, wie das Gericht bestimmte **Beweise würdigt**, ob es also z.B. eine bestimmte Tatsache als **bereits erwiesen** ansieht. Der Verteidiger sollte dann einen entsprechenden **Beweisantrag** stellen. Auf diese Weise kann er erfahren, ob das Gericht also z.B. einem Zeugen glaubt oder einem SV folgen wird. Die als erwiesen angesehene Tatsache ist zudem dann für das Urteil bindend festgestellt (BGH NJW 1989, 845).

265 **4.** Auch über Tatsachen, die **bedeutungslos** sind, muss nicht Beweis erhoben werden. Dabei handelt es sich um Tatsachen, bei denen aus rechtlichen oder tatsächlichen Gründen ein **Zusammenhang** mit der abzuurteilenden **Tat nicht** besteht. Bedeutungslos ist aber auch eine Tatsache, die trotz eines Zusammenhangs nicht geeignet ist, im Fall ihres Erwiesenseins die Entscheidung irgendwie zu beeinflussen (eingehend zu allem BGH NJW 1997, 2762; zuletzt BGH NStZ 2000, 436 [für Indiztatsache]; *Kleinknecht/Meyer-Goßner*, § 244 Rn. 54 ff. m.w.N.; *Hamm/Hassemer/Pauly*, Rn. 321).

☝ Für den Ablehnungsgrund „bedeutungslos" gilt Ähnliches wie für die Frage des bereits Erwiesenseins. Der Verteidiger kann durch einen Beweisantrag feststellen, ob eine Tatsache, die er als für die Entscheidung **wichtig** ansieht, vom Gericht ebenso bewertet wird. Das hat vor allem für **Indiztatsachen** Bedeutung, da das Gericht in seinem Ablehnungsbeschluss im Einzelnen darlegen und begründen muss, warum es eine bestimmte Tatsache als für die

Entscheidung ohne Bedeutung ansieht (vgl. dazu *Kleinknecht/Meyer-Goßner*, a.a.O.; BGH NStZ 2000, 267; StV 20002, 181; OLG Düsseldorf StraFo 2002, 19; OLG Stuttgart StV 1999, 88). Daraus kann der Verteidiger dann **Rückschlüsse** ziehen, die ihn ggf. zu weiteren Beweisanträgen veranlassen können (*Hamm/Hassemer/Pauly*, Rn. 322 f.).

Bei der Ablehnung eines Beweisantrages wegen Bedeutungslosigkeit darf das Gericht – ohne Rücksprache mit dem Verteidiger – das **Beweisthema nicht verkürzen** und auch das Beweisergebnis nicht vorwegnehmen (BGH StV 1996, 411; s.a. wistra 1996, 234). Auch darf es später die Urteilsgründe **nicht** auf das **Gegenteil** der unter Beweis gestellten Tatsache stützen, da es sonst von deren Beurteilung als bedeutungslos abweicht (zuletzt BGH StV 1996, 648; BGHSt 42, 283 jeweils m.w.N.). Auch darf die Bedeutungslosigkeit nicht lediglich aus dem bisherigen Beweisergebnis hergeleitet werden (s. u.a. OLG Hamm StraFo 1998, 190; zur Beweisantizipation eingehend KK-*Herdegen*, § 244 Rn. 65, 73 ff. und die o.a. Lit.-Hinw.). Die Ablehnung kann auch nicht nur mit bloßen Vermutungen begründet werden (OLG Hamm NJW 2002, 2807 [Ls.]

266 **5.** Ist ein **Beweismittel völlig ungeeignet**, kann ein Beweisantrag mit dieser Begründung abgelehnt werden. Das setzt allerdings voraus, dass das Gericht ohne jede Rücksicht auf das bisher gewonnene Beweisergebnis feststellen kann, dass sich das mit dem angebotenen Beweismittel im Beweisantrag in Aussicht gestellte Ergebnis nach sicherer Lebenserfahrung nicht erzielen lässt (BGH StV 1990, 98 m.w.N.; *Kleinknecht/Meyer-Goßner*, § 244 Rn. 58 m.w.N.; zur nach der

h. M. unzulässigen Beweisantizipation zuletzt BGH StV 1997, 338; *Hamm/Hassemer/Pauly*, Rn. 244 ff. m.w.N.; s. aber a. BGH NJW 1997, 2762, 2765, abl. dazu *Herdegen* NStZ 1997, 505 in der Anm. zu BGH, a.a.O.; *Hamm/Hassemer/Pauly*, Rn. 245). Bei der Prüfung ist ein strenger Maßstab anzulegen. Es darf ein geringer Beweiswert nicht mit völliger Ungeeignetheit gleichgesetzt werden (BGH StV 2002, 352). Auf dieser Grundlage wird dieser Ablehnungsgrund nur in **Ausnahmefällen** vorliegen.

Hinzuweisen ist auf folgende

Beispiele:

- beim **Zeugenbeweis**:
  - ggf., wenn es der sicheren **Lebenserfahrung widerspricht**, dass ein Zeuge die in sein Wissen gestellte Tatsache wahrgenommen hat (BGH NStZ-RR 1997, 331; NStZ 2000, 156 [für Vernehmung von Bedienungskräften eines Schnellrestaurants nach 16 Monaten]; krit. dazu KK-*Herdegen*, § 244 Rn. 77 m.w.N.; zur Begründung des Beweisantrags s. u.),
  - wenn ein Zeuge aussagen soll, der aufgrund körperlicher oder geistiger **Gebrechen**, aber auch infolge Trunkenheit, die in sein Wissen gestellte Beobachtung nicht machen konnte (*Kleinknecht/Meyer-Goßner*, § 244 Rn. 59; zur **Zeugentauglichkeit** eines 8-jährigen Kindes für zwei Jahre zurückliegenden Verkehrsunfall s. OLG Köln StV 1995, 293, 295; zur Zeugentauglichkeit allgemein *Hamm/Hassemer/Pauly*, Rn. 246),
  - wenn ein Zeuge zu Vorgängen aussagen soll, die sich im **Inneren** eines Menschen abgespielt haben, ohne äußere einen Schluss auf die inneren Tatsachen ermöglichenden Umstände bekunden zu können (BGH StV 1984, 61; 1987, 236; s. a. OLG Hamm StV 2001, 104 [für „Gewissensentscheidung" des Angeklagten Möglichkeit des Zeugenbeweises bejaht]),
  - wenn ein Zeuge Umstände bekunden soll, die **nur** ein **SV bekunden** kann (BGH VRS 21, 429, 431),
  - wenn ein Zeuge unter **keinen Umständen bereit** ist **auszusagen** (BGH NStZ 1999, 46),
  - wegen **Unglaubwürdigkeit** des Zeugen nur, wenn ganz **besondere Umstände** vorliegen, die es erlauben, seine noch zu erstattende Aussage schon vorab als unglaubwürdig zu bewerten (KK-*Herdegen*, § 244 Rn. 78 m.w.N. aus der Rspr.; *Hamm/Hassemer/Pauly*, Rn. 245; s.a. BGH NJW 1998, 2762), wobei besonders darauf zu achten ist, dass nicht ggf. geringer Beweiswert mit völliger Ungeeignetheit verwechselt wird,
  - grds. **nicht** hinsichtlich eines Zeugen vom **Hörensagen** (BGH NStZ 1999, 578).

267

- beim **Sachverständigenbeweis**:
  - wenn dem SV die erforderliche **Sachkunde fehlt** (*Kleinknecht/Meyer-Goßner*, § 244 Rn. 59a),
  - wenn die für ein **SV-Gutachten** erforderlichen **Anknüpfungstatsachen nicht** bekannt sind (wegen der Einzelh. *Kleinknecht/Meyer-Goßner*, § 244 Rn. 59a

m. w. N.) oder die konkreten Umstände zur Tatzeit, auf die es für das SV-Gutachten ankommt, **nicht rekonstruiert** werden können (BGH NStZ-RR 2000, 291 [K]),

☝ Ein SV ist aber nicht schon dann ungeeignet, wenn er zwar keine sicheren und eindeutigen Schlüsse ziehen kann, das ihm zur Verfügung stehende Material aber dennoch Folgerungen, ob die unter Beweis gestellte **Behauptung mehr** oder **weniger zutrifft**, zulässt und hierdurch unter Berücksichtigung des sonstigen Beweisergebnisses Einfluss auf die Überzeugungsbildung des Gerichts gewonnen werden kann (BGH NStZ 1995, 97). Auch darf der geringe Beweiswert eines SV-Gutachtens nicht mit der völligen Ungeeignetheit des SV-Beweises gleichgesetzt werden (BGH NStZ-RR 1997, 304 [für anthropologisch-morphologisches Vergleichsgutachten]).

- **nicht** die **fehlende Einwilligung** eines **Zeugen** in seine **Untersuchung** durch den SV, solange der SV auf andere Beweismittel zurückgreifen kann, die ihn in die Lage versetzen, die Beweisbehauptung mehr oder weniger wahrscheinlich zu machen (BGH StV 1990, 246 [für die Feststellung der Ursachen einer durch eine angebliche Straftat hervorgerufenen Verhaltensstörung]).

☝ Steht der Ablehnungsgrund der „Ungeeignetheit" im Raum, sollte der Verteidiger seinen Beweisantrag **sorgfältig begründen**, obwohl eine Begründung sonst an sich nicht nötig ist (→ *Beweisantrag, Begründung*, Rn. 276).

Dadurch kann er erreichen, dass das Beweismittel, das auf den ersten Blick als ungeeignet erscheint, vom Gericht möglicherweise doch als geeignet angesehen wird. Zu empfehlen sind insbesondere Ausführungen zur Sachkunde eines SV, wenn diese zweifelhaft erscheinen könnte. Zu empfehlen ist eine Begründung auch dann, wenn die Ablehnung eines Zeugenbeweisantrags mit der Begründung, der Zeuge habe wegen entgegenstehender „sicherer Lebenserfahrung" die behauptete Wahrnehmung überhaupt nicht machen können, im Raum steht (BGH NStZ-RR 1997, 331) oder, wenn die Glaubwürdigkeit des Zeugen in Frage steht (BGH NJW 1997, 2762).

Zumindest sollte der Verteidiger nach **Ablehnung** des Beweisantrages entsprechend **vortragen** (vgl. dazu *Kleinknecht/Meyer-Goßner*, § 244 Rn. 60).

268 **6.** Wegen **Unerreichbarkeit** des **Beweismittels** wird ein Beweisantrag abgelehnt, wenn das Gericht sich erfolglos um seine Heranziehung bemüht hat und keine begründete Aussicht besteht, dass es in absehbarer Zeit beigebracht werden kann (vgl. u.a. zuletzt BGH NJW 1990, 398 m.w.N.; *Kleinknecht/Meyer-Goßner*, § 244 Rn. 62 m.w.N.; eingehend zur „Unerreichbarkeit" *Hamm/Hassemer/Pauly*, Rn. 258 ff. m.w.N.). Hier muss das Gericht jetzt immer auch prüfen, ob der Zeuge nicht mittels einer **Videokonferenz** im Rahmen der Hauptverhandlung gehört werden kann (BGHSt 45, 188; s.a. BGH NStZ 2001, 160; → *Videovernehmung in der Hauptverhandlung*, Rn. 1129). Dabei müssen die Bedeutung des Beweismittels und das Beschleunigungsgebot gegeneinander abgewogen werden (BGH MDR 1975, 368 [D]). Das Gericht muss sich um die Ladung des Zeugen bemühen (s. dazu die Nachw. bei *Kleinknecht/Meyer-Goßner*, a.a.O.; OLG Hamm DAR 1996, 391 [Bu]; zum erreichbaren Zeugen im Ausland → *Auslandszeuge*, Rn. 123). Das gilt grds. auch für den sog. **„gesperrten" Zeugen** (s. dazu u.a. BGH NStZ 2001, 333; → Aussagegenehmigung, Rn. 129; zum „gesperrten" Zeugen s. auch *Burhoff*, EV, Rn. 889).

☝ Auch zu diesem Ablehnungsgrund, der häufig bei einer beantragten Zeugenvernehmung angeführt wird, muss der Verteidiger, wenn er über entsprechendes Wissen verfügt, in seinem Beweisantrag **vortragen**. Hat er selbst Ermittlungen über den (unbekannten) Aufenthaltsort eines Zeugen angestellt, sollte er das Ergebnis seiner **Ermittlungen** dem Gericht **mitteilen** und ggf. weitere Bemühungen des Gerichts, den Aufenthaltsort eines Zeugen zu erfahren, anregen. Der Zeuge ist z.B. nicht schon deshalb unerreichbar, weil er unter der dem Angeklagten bekannten Anschrift nicht (mehr) ermittelt werden kann (OLG Köln StV 2002, 355).

269

7. Bei **beweiserheblichen entlastenden** Tatsachen kann ein Beweisantrag auch mit der Begründung abgelehnt werden, die behauptete Tatsache werde als **wahr unterstellt.** Die behauptete Tatsache wird dann im Urteil als bewiesen behandelt, weshalb die Unterstellung der Tatsache als wahr besonders geeignet ist, ein für den Angeklagten günstiges Beweisergebnis zu sichern (vgl. wegen der Einzelh. *Kleinknecht/Meyer-Goßner*, § 244 Rn. 70 f.; s.a. *Bauer* MDR 1994, 953; *Dahs*, Rn. 624; *Hamm/Hassemer/Pauly*, Rn. 334 ff.). Eine Wahrunterstellung ist aber nur dann zulässig, wenn dadurch nicht die → *Aufklärungspflicht des Gerichts*, Rn. 95, verletzt wird (BGH StV 1996, 647); die Aufklärungspflicht geht der Wahrunterstellung vor (*Dahs*, a.a.O.; *Hamm/Hassemer/Pauly*, Rn. 338). Das ist z.B. der Fall, wenn mit dem Beweisantrag die Unglaubwürdigkeit des Mitangeklagten/eines Zeugen dargetan wird, da sich in diesen Fällen das Gericht i.d.R. durch Vernehmung der Beweisperson einen umfassenden Eindruck verschaffen muss (BGH, a.a.O.; ähnlich OLG Hamburg StV 2001, 332; s. aber a. BGH NStZ-RR 2000, 13 zur Wahrunterstellung hinsichtlich der Glaubwürdigkeit eines Belastungszeugen), oder wenn aus anderen Gründen die Sachaufklärung vorrangig ist (BGH StV 1996, 648; zu allem a. *Eisenberg*, Rn. 242).

☝ Die Ablehnung eines Beweisantrages im Wege der Wahrunterstellung sollte den Verteidiger in jedem Fall zu sorgfältiger Prüfung veranlassen, ob **weitere Beweisanträge** gestellt werden müssen.

Das Gericht ist verpflichtet, die Wahrunterstellung einzuhalten (zuletzt BGH StraFo 1996, 169; s. auch OLG Hamm StraFo 1999, 305 zu einem Fall der Umgehung), und zwar auch, wenn die Beweisbehauptung nur pauschal war (BGH NStZ-RR 1998, 13). Es muss aber aus der unterstellten Tatsache nicht dieselben Schlüsse wie der Verteidiger ziehen (so schon BGHSt 12, 180; zuletzt StV 1986, 467; vgl. a. *Kleinknecht/Meyer-Goßner*, § 244 Rn. 71 m.w.N.). Es darf jedoch keine dem Angeklagten ungünstigen Schlüsse ziehen (*Kleinknecht/Meyer-Goßner*, § 244 Rn. 70 m.w.N.).

Das Gericht kann **nachträglich** die als wahr unterstellte und damit als erheblich angesehene Tatsache als **unerheblich** ansehen. Darüber soll es nach h. M. den Angeklagten oder Verteidiger nicht unterrichten müssen (vgl. u.a. BGH NStZ 1983, 357 [Pf/M]; *Kleinknecht/Meyer-Goßner*, a.a.O.; a. A. u.a. *Schlothauer* StV 1986, 227; *Hamm/Hassemer/Pauly*, Rn. 345 m.w.N.). Gerade wegen dieser **Unsicherheit** können sich für den Verteidiger weitere Beweisanträge empfehlen (vgl. *Dahs*, Rn. 626). Mit BGHSt 30, 383 wird man aber eine **Hinweispflicht** (zumindest) dann annehmen müssen, wenn es nahe liegt, dass der Angeklagte wegen der Wahrunterstellung weitere Beweisanträge unterlässt.

270 **8.** Schließlich ist noch der Ablehnungsgrund der **Prozessverschleppung** zu erwähnen. Dafür ist eine bloße Verspätung des Antrags oder der Umstand, dass der Antrag auch früher hätte gestellt werden können, nicht ausreichend (BGH NJW 2001, 1956; NStZ 1998, 207 m.w.N.; NStZ-RR 2002, 69 [Be]; OLG Köln StV 2002, 238; → *Verspätete Beweisanträge*, Rn. 1080). Es kommt vielmehr darauf an, dass der Antrag **eindeutig** ausschließlich in der **Absicht** gestellt worden ist, den Abschluss der HV zu verzögern (BGHSt 21, 118; zu den Voraussetzungen s.a. *Sander* in der Anm. zu BGH NStZ 1998, 207; OLG Köln, a.a.O.; wegen der Einzelh. s. *Kleinknecht/Meyer-Goßner*, § 244 Rn. 67 ff.; *Hamm/Hassemer/Pauly*, Rn. 224; vgl. auch die Rspr.-Übersicht bei *Schweckendieck* NStZ 1991, 109; s.a. *Malmendier* NJW 1997, 227, 229; allgemein zum Rechtsmissbrauch im Strafverfahren *Kempf* StV 1996, 507; *Niemöller* StV 1996, 501; zur insoweit geplanten Gesetzesänderung → *Gesetzesnovellen*, Rn. 521). Stellt der Verteidiger den Antrag, muss die Verschleppungsabsicht in seiner Person festgestellt werden (BGH NJW 2001, 1956). Auf die Absicht des Angeklagten kommt es nicht an.

☝ Der Vorwurf der „Verschleppungsabsicht" als Ablehnungsgrund scheidet aus, wenn der Verteidiger seinen Beweisantrag **möglichst frühzeitig** stellt. Einen vor der HV im Ermittlungsverfahren gestellten und ggf. abgelehnten Beweisantrag wird er alsbald nach Beginn der HV **wiederholen**. Auch sollte der Verteidiger sich nicht zum Werkzeug des Angeklagten machen lassen und mit diesem versuchen, durch scheinbar zulässige und erhebliche Beweisanträge die Entscheidung aufzuschieben.

Nach der Rspr. darf ein (Hilfs-)Beweisantrag wegen Verschleppungsabsicht **nicht erst** in den **Urteilsgründen abgelehnt** werden (zuletzt BGH NStZ 1998, 207 m.w.N.; OLG Frankfurt StraFo 1998, 271; OLG Köln StV 2002, 355). Vielmehr muss das noch in der HV geschehen, damit der Antragsteller Gelegenheit hat, den Vorwurf der Verschleppungsabsicht zu entkräften.

Siehe auch: → *Beweisantragsrecht, Allgemeines*, Rn. 303a, m.w.N.

Beweisantrag, Adressat **271**

In der HV wird der Beweisantrag an das **erkennende Gericht**, vor dem verhandelt wird und vor dem die Beweisaufnahme stattfindet, adressiert (Beck-*Michalke*, S. 446).

Siehe auch: → *Beweisantragsrecht, Allgemeines*, Rn. 303a, m.w.N.

Beweisantrag, Antragsberechtigung **272**

Literaturhinweise: ***Kempf***, Rechtsmißbrauch im Strafprozeß, StV 1996, 507; ***Niemöller***, Rechtsmißbrauch im Strafprozeß, StV 1996, 501; s. auch die Hinw. bei → *Beweisantragsrecht, Allgemeines*, Rn. 302, und bei → *Verteidigerhandeln und Strafrecht*, Rn. 1085.

273 **1.** Berechtigt zur Antragstellung sind neben dem Angeklagten (s.u. Rn. 274) und dem Verteidiger (s.u. Rn. 275) der **StA**, der **Privatkläger** (vgl. aber → *Privatklageverfahren*, Rn. 694), nach § 397 Abs. 1 S. 3 der **Nebenkläger**, der Antragsteller im → ***Adhäsionsverfahren***, Rn. 72, soweit seine vermögensrechtlichen Ansprüche betroffen sind (BGH NJW 1956, 1767), **Erziehungsberechtigte** und gesetzliche Vertreter (§ 67 Abs. 1 JGG) und **Beistände** nach § 69 JGG.

274 **2.** Das Recht zur Antragstellung des **Angeklagten** ist Ausfluss seines Rechts auf rechtliches Gehör (vgl. u.a. BVerfG NJW 1986, 833; *Kleinknecht/Meyer-Goß-*

ner, § 244 Rn. 29 m.w.N.). Der Angeklagte kann einen Beweisantrag auch dann stellen, wenn er geschäftsunfähig ist oder der Antrag im **Widerspruch** zu seiner bisherigen **Einlassung** steht (BGH MDR 1977, 461 [H]).

☝ Auch bei offensichtlichem Missbrauch des Antragsrechts darf das Gericht die Annahme des Antrags nicht (generell) ablehnen (BGH JR 1980, 218), und der Antrag nicht ohne inhaltliche Prüfung als unzulässig zurückgewiesen werden (BGHSt 29, 149). Wenn der Angeklagte aber sein Recht zur Antragstellung **missbraucht**, kann ihm nach der Rspr. des BGH jedoch das **selbständige Antragsrecht entzogen** werden und das Gericht kann anordnen, dass der Angeklagte in Zukunft Beweisanträge nur noch über seinen Verteidiger stellen darf (BGHSt 38, 111 [für die Ankündigung von 8.500 Beweisanträgen, nachdem bereits zuvor zahlreiche Beweisanträge gestellt waren]; zust. *Niemöller* StV 1996, 501, 506; a.A. offenbar Beck-*Michalke*, S. 446; krit. a. *Kempf* StV 1996, 507 ff.).

275 **3.** Der **Verteidiger**, auch der Pflichtverteidiger, hat ein **selbständiges**, vom Willen des Angeklagten unabhängiges Antragsrecht. Seine Beweisbehauptungen brauchen sich mit der Einlassung des Angeklagten nicht zu decken (BGHSt 21, 118; BGH NJW 1969, 281; KK-*Herdegen*, § 244 Rn. 51 m.w.N.). Sie können auch im **Widerspruch** zu einem **Geständnis** stehen (*Kleinknecht/Meyer-Goßner*, § 244 Rn. 30 m.w.N.).

☝ Eine vom Vorbringen des Angeklagten **abweichende Antragstellung** kann sich dann empfehlen, wenn der Verteidiger nach der durchgeführten Beweisaufnahme davon ausgehen muss, dass der Angeklagte, der die Tat bestreitet, verurteilt werden wird. Der Verteidiger muss in diesen Fällen mit Beweisanträgen zur **Strafzumessung** reagieren.

☝ Stellt der Verteidiger einen Beweisantrag, der von der **Einlassung** des Angeklagten oder seinem Geständnis **abweicht**, wird er bei der Antragstellung **deutlich** darauf hinweisen, dass er von seinem selbständigen Antragsrecht Gebrauch macht, um Irritationen beim Gericht, insbesondere bei den Laienrichtern, zu vermeiden.

Siehe auch: → *Beweisantragsrecht, Allgemeines*, Rn. 303a, m.w.N.

Beweisantrag, Begründung 276

Literaturhinweise: s. die Hinw. bei → *Beweisantragsrecht, Allgemeines*, Rn. 302.

Grds. bedarf der Beweisantrag **keiner** besonderen Begründung (zu **Ausnahmen** → *Auslandszeuge*, Rn. 125; → *Beweisantrag, Ablehnungsgründe*, Rn. 268; → *Obergutachter*, Rn. 638).

☝ Der Verteidiger ist jedoch **nicht gehindert**, seinen Beweisantrag zu **begründen**. Dabei ist Folgendes zu beachten:

- Ist die **Bedeutung** der **Beweistatsache** offensichtlich, kann die Begründung kurz gehalten werden oder ganz entfallen. Ist die Bedeutung hingegen **nicht offensichtlich** oder möchte der Verteidiger das erkennende Gericht darauf hinweisen, dass der unter Beweis gestellten Tatsache eine bestimmte Schlussfolgerung zu entnehmen ist, ist eine Begründung des Beweisantrages zu **empfehlen** (*Hamm/Hassemer/Pauly*, Rn. 117). Das Gericht ist allerdings, auch wenn es dem Beweisantrag nachgeht, nicht gehindert, andere als in der Begründung angeführte Schlussfolgerungen zu ziehen (BGHSt 29, 18 ff.).
- Entsprechendes gilt, wenn der Verteidiger mit seinem Beweisantrag dem Gericht die **eigene Bewertung** des **bisherigen Beweisergebnisses bekannt machen** will (*Hamm/Hassemer/Pauly*, a.a.O.). Das kann z.B. nach einer Beweisaufnahme der Fall sein, die von Gericht und Verteidiger unterschiedlich bewertet wird. Hier bietet sich über die Begründung eines sich anschließenden Beweisantrages eine gute Möglichkeit mit dem Gericht über die Bewertung des Beweisergebnisses ins Gespräch zu kommen und ggf. bestehende Divergenzen auszuräumen.
- Eine Begründung des Beweisantrages kann darüber hinaus auch im Hinblick auf die **Revision sachdienlich** sein (*Michalke* ZAP F. 22, S. 53). Durch sie lässt sich dem Revisionsgericht – z.B. im Rahmen einer Aufklärungsrüge – leichter vermitteln, weshalb sich auch dem Tatgericht die unterlassene Beweiserhebung aufdrängen musste.
- Die Begründung eines Beweisantrages gehört **nicht** zu den wesentlichen Förmlichkeiten, die in das → ***Protokoll** der Hauptverhandlung*, Rn. 713, aufgenommen werden müsste. Deshalb ist es **ratsam**, die Begründung dem Gericht nicht nur mündlich mitzuteilen, sondern zusammen mit dem Beweisantrag schriftlich als **Anlage** zum Protokoll zu reichen (s. → *Beweisantrag,*

Form, Rn. 277). Damit ist diese Anlage dann ggf. für die Revision in den Akten enthalten. Allerdings bezieht sich die absolute Beweiskraft des Protokolls nicht auf die Begründung des Antrags (BGH NStZ 2000, 437).

Siehe auch: → *Beweisantrag*, Rn. 255, m.w.N., mit Antragsmuster, Rn. 260.

277 Beweisantrag, Form

Literaturhinweise: s. die Hinw. bei → *Beweisantragsrecht, Allgemeines*, Rn. 302.

1. Der Beweisantrag wird in der HV **mündlich** gestellt (OLG Frankfurt NStZ-RR 1998, 210; *Hamm/Hassemer/Pauly*, Rn. 129). Es genügt nicht, ihn dem Gericht in schriftlicher Form lediglich zu überreichen (*Kleinknecht/Meyer-Goßner*, § 244 Rn. 32; OLG Frankfurt, a.a.O. [keine Bescheidungspflicht]). Der Antrag ist auch dann mündlich zu stellen, wenn bereits in früheren Verfahrensstadien ein schriftlicher Antrag zu den Akten gegeben worden ist (RGSt 73, 193; OLG Frankfurt, a.a.O. [für bei einer kommissarischen Vernehmung überreichten Beweisantrag]; *Sommer* ZAP F. 22, S. 114). Eine **Wiederholung** ist auch **nach Aussetzung** der HV erforderlich (BayObLG DAR 1964, 242 [R]; s. auch → *Beweisantrag, Zeitpunkt der Antragstellung*, Rn. 304a; → *Beweisantrag zur Vorbereitung der Hauptverhandlung*, Rn. 307a).

☝ Es ist allerdings üblich, einen Beweisantrag **schriftlich vorzubereiten** und nach seiner Verlesung in der HV als **Anlage** zum Protokoll zu reichen. Der Verteidiger hat jedoch keinen Anspruch darauf, einen Beweisantrag ins → *Protokoll der Hauptverhandlung*, Rn. 713, diktieren zu dürfen (OLG Hamm JMBl. NW 1970, 251; OLG Köln VRS 70, 370; *Kleinknecht/Meyer-Goßner*, a.a.O.). Er muss aber unbedingt darauf **achten**, dass die Antragstellung als eine „wesentliche Förmlichkeit" in das → *Protokoll der Hauptverhandlung*, Rn. 713, **aufgenommen** wird. Geschieht das nicht, gilt der Beweisantrag als nicht gestellt (*Kleinknecht/Meyer-Goßner*, § 274 Rn. 14 m.w.N.). Dann kann der Verteidiger in der Revision nicht (erfolgreich) rügen, dass der Beweisantrag nicht oder fehlerhaft zurückgewiesen worden ist.

Der Vorsitzende kann die **Aufnahme** eines Beweisantrages in das Protokoll **nicht** mit der Begründung **verweigern**, der Antrag sei **unzulässig** gestellt (LR-*Gollwitzer*, § 273 Rn. 23). Lehnt er die Protokollierung dennoch ab, muss gem. **§ 273 Abs. 3 S. 2** die Entscheidung des Gerichts beantragt werden.

2. Bislang konnte der Vorsitzende des Gerichts den Verteidiger lediglich bitten, einen Beweisantrag schriftlich niederzulegen. Diesem Wunsch musste der Verteidiger nicht nachkommen (BayObLG DAR 1979, 240 [R]; OLG Hamm JMBl. NW 1970, 251). Nach der Einfügung des **§ 257a** kann das Gericht nun dem Verteidiger nach § 257a S. 1 **aufgeben**, einen **Beweisantrag schriftlich** zu stellen (wegen der Einzelh. s. → *Schriftliche Antragstellung*, Rn. 784; zur Kritik an der Neuregelung, insbesondere bei der Beweisaufnahme, s. die Lit.-Hinw. bei Rn. 784). **278**

☝ Macht das Gericht von dieser Möglichkeit Gebrauch, ist es **nicht** (mehr) **verpflichtet**, **mündlich** gestellte Anträge **entgegenzunehmen** (*Kleinknecht/Meyer-Goßner*, § 257 Rn. 9; *Hamm/Hassemer/Pauly*, Rn. 129; *Malek*, Rn. 278a).

Siehe auch: → *Beweisantrag*, Rn. 255, m.w.N., mit Antragsmuster, Rn. 260.

Beweisantrag, Formulierung: Augenscheinseinnahme **279**

Literaturhinweise: ***Geppert***, Der Augenscheinsbeweis, Jura 1996, 307; s.a. die Hinw. bei → *Augenscheinseinnahme*, Rn. 101, und bei → *Beweisantrag*, Rn. 255.

1. Hinsichtlich des Inhalts eines Beweisantrags auf Einnahme des Augenscheins gelten zunächst die allgemeinen Ausführungen bei → *Beweisantrag, Inhalt*, Rn. 295 (allgemein zum Augenscheinsbeweis *Geppert* Jura 1996, 307). Auf Folgendes ist **besonders hinzuweisen**:

- Es müssen **Beweisthema** und **Beweismittel** im Beweisantrag im Einzelnen aufgeführt werden. Nicht ausreichend ist es z.B., allgemein nur eine „Ortsbesichtigung des Tatorts“ zu beantragen. Das wäre lediglich eine → *Beweisanregung*, Rn. 250, (*Dahs*, Rn. 649).

  ☝ Es empfiehlt sich für den Verteidiger, damit er den Augenscheinsbeweisantrag sachgerecht formulieren kann, die Stelle, die ggf. in Augenschein genommen werden soll, sich **vorher anzusehen** (*Dahs*, Rn. 650).

- Kann der Verteidiger die **Augenscheinsobjekte** dem Gericht in der HV unmittelbar **präsentieren**, sollte er es tun, da es sich dann um → *Präsente Beweismittel*, Rn. 675, handelt. Auf diese **muss** die Beweisaufnahme erstreckt werden, wenn nicht einer der Ablehnungsgründe des § 245 Abs. 2 vorliegt.

- Den Beweisantrag kann das Gericht nach **pflichtgemäßem Ermessen** gem. § 244 Abs. 5 **ablehnen**. Allerdings darf es dabei nicht auf eben die Zeugenaussage zurückgreifen, die durch den Augenschein erschüttert werden soll (BGH NStZ 1994, 483 [für Tatortbesichtigung]; OLG Köln StV 2002, 238 m.zahlr.w.N.; zur Ablehnung des Beweisantrages auf einen Augenscheinsbeweis eingehend *Hamm/Hassemer/Pauly*, Rn. 386 ff.).

280 **2. Antragsmuster**

An das
Amtsgericht/Landgericht Musterstadt

Beweisantrag

In der Strafsache
gegen H. Muster
Az.: . . .

wird beantragt

zum Beweis der Tatsache, dass der Pkw des Zeugen Müller mit dem amtlichen Kennzeichen MU-AN-100 im vorderen linken Bereich beschädigt ist,

den o.a. Pkw, den der Zeuge bei dem Verkehrsunfall am 12.5.2002 geführt hat und der nach dem Unfall abgeschleppt und heute noch bei der Fa. Schulze GmbH, Musterstadt, Im Gewerbegebiet 1, abgestellt worden ist, in Augenschein zu nehmen.

Begründung:

Durch die Augenscheinseinnahme des Pkws wird sich ergeben, dass dieser im vorderen linken Bereich Beschädigungen aufweist. Damit wird die Unfallschilderung des Angeklagten, die dieser in der Hauptverhandlung gegeben hat, bestätigt. Die Beschädigungen im vorderen linken Bereich beweisen eindeutig, dass der Zeuge Müller – so wie es der Angeklagte geschildert hat – vom linken Straßenrand auf die Fahrbahn aufgefahren ist.

Rechtsanwalt

Siehe auch: → *Augenscheinseinnahme*, Rn. 101.

281 Beweisantrag, Formulierung: Sachverständigenbeweis

Literaturhinweise: ***Seibert***, Beweisanträge (Zeugen und Sachverständige) im Strafverfahren, NJW 1962, 135; s.a. die Hinw. bei → *Beweisantrag*, Rn. 255, und bei → *Sachverständigenbeweis*, Rn. 765.

1. Hinsichtlich des üblichen **Inhalts** eines Beweisantrags auf Einholung eines SV-Gutachtens gelten die allgemeinen Ausführungen bei → *Beweisantrag, Inhalt*, Rn. 295.

Insbesondere bei einem SV-Antrag ist es unerheblich, wenn der Verteidiger es nur für möglich hält, dass die Beweiserhebung zu der Feststellung der im Antrag aufgeführten Beweistatsache führt (vgl. dazu → *Beweisantrag*, Rn. 257; *Hamm/*

Hassemer/Pauly, Rn. 360). Vielmehr wird er gerade bei Stellung eines SV-Antrags noch mehr als bei der Beantragung einer Zeugenvernehmung auf **Vermutungen** angewiesen sein. I.d.R. verfügt er nämlich in diesem Bereich nicht über die Möglichkeiten, sich vorab über das (zu erwartende) Ergebnis eines SV-Gutachtens zu informieren. Allerdings muss der Verteidiger im Antrag die **Anknüpfungstatsachen** mitteilen, damit das Gericht prüfen und entscheiden kann, ob es einen SV hinzuziehen muss (BGH NStZ 1996, 202). Für ein sog. Lebensaltersbestimmungsgutachten reicht auch nicht die Behauptung, der Angeklagte sei „jünger als 21 Jahre“ gewesen, vielmehr bedarf es im Hinblick auf die vorzunehmende Beurteilung des Entwicklungsstandes einer bestimmten Behauptung, wie alt der Angeklagte konkret im Tatzeitraum gewesen sein soll (BGH NStZ 1998, 50).

☝ Häufig **empfiehlt** es sich bei einem Antrag auf Sachverständigenbeweis, kurz zu **begründen**, warum die Beweistatsache für das Verfahren von Bedeutung ist. Damit wird die → *Aufklärungspflicht des Gerichts*, Rn. 95, „aktualisiert".

282 **2.** Da nach § 73 Abs. 1 S. 1 das Gericht den SV auswählt, hat der Verteidiger grds. **keinen Anspruch** auf Anhörung eines **bestimmten SV**. Das bedeutet, dass er in seinem Beweisantrag einen bestimmten SV **nicht namentlich** benennen muss (*Hamm/Hassemer/Pauly*, Rn. 84, 361). Es ist allerdings zu empfehlen, dass der Verteidiger, den SV, den er für geeignet hält, im Beweisantrag namentlich aufführt (für das Ermittlungsverfahren s. *Burhoff*, EV, Rn. 1459 ff.; s.a. Nr. 70 RiStBV). Das Gericht kann einen anderen als den vorgeschlagenen SV bestellen (KK-*Senge*, § 73 Rn. 3; KK-*Herdegen*, § 244 Rn. 48 a.E. m.w.N.; zur richtigen Auswahl des Psycho-SV s. *Rasch* NStZ 1992, 257; *Täschner* NStZ 1994, 221; s.a. BGHSt 34, 355). Der Verteidiger muss auch nicht unbedingt die **Fachrichtung**, der der SV angehören soll, anführen (OLG Celle MDR 1969, 950; KK-*Senge*, a.a.O.); er sollte dies aber tun (*Dahs*, Rn. 643; *Hamm/Hassemer/Pauly*, Rn. 84).

☝ Die **Vernehmung** eines bestimmten SV kann der Verteidiger nur dadurch **erzwingen**, dass er beantragt, den SV als → *präsentes Beweismittel*, Rn. 675, gem. § 245 Abs. 2 zu vernehmen.

283 **3.** Der Antrag auf **Zuziehung** eines **weiteren SV** gem. § 244 Abs. 4 S. 2 bedarf einer besonderen Begründung (vgl. dazu → ***Obergutachter***, Rn. 636, mit Antragsmuster, Rn. 642).

284 4. Antragsmuster

An das
Amtsgericht/Landgericht Musterstadt

Beweisantrag

In der Strafsache
gegen H. Muster
Az.: . . .

wird beantragt,

ein Sachverständigengutachten zum Beweis der Tatsache einzuholen, dass die Fähigkeit des Angeklagten, das Unrecht seiner Tat einzusehen und danach zu handeln, wegen einer krankhaften seelischen Störung bei der Begehung der Tat erheblich vermindert war (§ 21 StGB).
Es wird beantragt,

Herrn Prof. Dr. Dr. Fritz Meier, Mustermannstraße 5, Musterstadt als Sachverständigen zu bestellen.

Begründung:

Die Anhörung des Angeklagten in der Hauptverhandlung hat ergeben, dass der Angeklagte in mehreren Heimen und bei verschiedenen Pflegeeltern aufgewachsen ist. Außerdem hat er 1978 bei einem Motorradunfall eine schwere Kopfverletzung erlitten; er hat anlässlich dieses Unfalls mehrere Tage im Koma gelegen.

Der Sachverständige hat den Angeklagten bereits in anderen Verfahren untersucht und ist dort zum Ergebnis gekommen, dass er aufgrund der o.a. Umstände vermindert schuldfähig ist.

Rechtsanwalt

Siehe auch: → *Beweisantrag*, Rn. 255, m.w.N., mit Antragsmuster, Rn. 260, → *Beweisantragsrecht, Allgemeines*, Rn. 303a, m.w.N.

285 Beweisantrag, Formulierung: Urkundenbeweis

Literaturhinweise: s. die Hinw. bei → *Beweisantrag*, Rn. 255, und bei → *Urkundenbeweis, Allgemeines*, Rn. 884.

1. Wegen des **allgemeinen Inhalts** eines Beweisantrags auf Erhebung des Urkundenbeweises ist zunächst auf die Ausführungen bei → *Beweisantrag, Inhalt*, Rn. 295, zu verweisen.

2. Für einen Urkundenbeweisantrag gelten darüber hinaus folgende **Besonderheiten**:

Es ist zu **unterscheiden**, ob sich die Urkunde, die nach Ansicht des Verteidigers verlesen werden muss, in den Gerichtsakten befindet, von denen das Gericht Gebrauch machen will (s.u. Rn. 286), oder ob sie sich z.B. in einem Beweismittelordner, den das Gericht nicht benutzen will, befindet (s.u. Rn. 287).

286

a) Die **in** den **Strafakten** befindlichen **Urkunden** sind ein → *präsentes Beweismittel*, Rn. 675. Sie unterliegen allerdings nicht der Regelung in § 245 Abs. 2, sondern der in **§ 245 Abs. 1** (KK-*Herdegen*, § 245 Rn. 5 f. m.w.N.). Damit erstreckt sich die **Beweiserhebungspflicht** des Gerichts auf alle Urkunden, die bei Beginn der HV vorliegen, sofern das **Gericht** zu **erkennen gegeben** hat, dass es von ihnen **Gebrauch** machen will (BGHSt 37, 168, 171 ff.). Dazu reicht aber das bloße Vorhandensein der Urkunde an Gerichtsstelle oder ihre Bezeichnung als Beweismittel in der Anklageschrift allein nicht aus.

Will der Verteidiger erreichen, dass eine solche „präsente" Urkunde aus den Akten verlesen wird, muss er **keinen Beweisantrag** i.e.S. stellen. Er muss allerdings durch einen **Antrag** (s.u. Rn. 288) nach außen erkennbar machen, dass die Beweisaufnahme auf die Verwertung einer bestimmten Urkunde aus den Akten ausgedehnt werden soll (*Kleinknecht/Meyer-Goßner*, § 245 Rn. 5 m.w.N.). In diesem Antrag muss die genaue **Fundstelle** der Urkunde bezeichnet werden. Die Angabe eines **Beweisthemas** wurde früher als nicht erforderlich angesehen, wird heute jedoch gefordert (*Kleinknecht/Meyer-Goßner*, § 245 Rn. 5; KK-*Herdegen*, § 245 Rn. 5 f.; Beck-*Michalke*, S. 462 m.w.N.).

☝ Der Antrag ist auch nicht etwa deshalb entbehrlich, weil der Verteidiger die Urkunde schon vor der HV als Beweismittel **zu** den **Akten gereicht** hat (RGSt 41, 4, 13).

287

b) Befindet sich hingegen die **Urkunde**, die verlesen werden soll, in einem Beweismittelordner, den das **Gericht nicht benutzen** will, oder in den Akten einer anderen Behörde, muss der Verteidiger einen vollständigen → ***Beweisantrag***, Rn. 255, stellen, der ein Beweisthema enthalten und den Fundort genau bezeichnen muss (BGHSt 37, 168 ff.; Beck-*Michalke*, S. 462; s. dazu u. Rn. 289).

Nicht ausreichend zur Bezeichnung des Fundortes ist eine Formulierung wie: „. . . in den Akten des Ministeriums für . . ." o.Ä. Bei einem solchen Antrag würde es sich, da die Urkunde erst noch gesucht werden muss, um einen → *Beweisermittlungsantrag*, Rn. 308, handeln. Der Verteidiger braucht die **Fundstelle** selbstverständlich dann **nicht** anzugeben, wenn er die zu verlesende Urkunde dem Gericht gleichzeitig mit seinem Verlesungsantrag „gebrauchsfähig" **überreicht** (KK-*Herdegen*, § 245 Rn. 12). Ansonsten muss er die Fundstelle in den Akten oder eine andere genaue Bezeichnung der Urkunde (Autor, Datum der Erstellung, Adressat usw.) angeben (*Hamm/Hassemer/Pauly*, Rn. 87).

☝ Der bloße **Antrag** auf **Beiziehung** von (bestimmten) **Akten** ist kein ordnungsgemäßer Beweisantrag, es sei denn, dass eine bestimmte Tatsache durch den gesamten Inhalt einer Urkundensammlung bewiesen werden soll (BGH NStZ 1985, 493 [Pf/M] m.w.N.; zuletzt für Krankenakten BGH NStZ 1997, 562; StV 1999, 80; KK-*Herdegen*, § 244 Rn. 48 m.w.N. aus der Rspr.). Das ist z.B. dann der Fall, wenn es darum geht, dass sich eine bestimmte Urkunde nicht in den Akten befindet oder erst durch die Gesamtheit von bestimmten Akten eine Entwicklung offenbar wird (*Michalke* ZAP F. 22, S. 57 m.w.N.; zur Frage, ob der Angeklagte einen Anspruch auf Vorlage der **Arbeitsunterlagen** eines SV hat, sowie zur Formulierung eines entsprechenden Antrags → *Sachverständigenbeweis*, Rn. 778).

☝ **Gegenstand** eines Beweisantrages kann also nicht eine Vielzahl von Unterlagen sein, sondern **stets** nur die **einzelne Urkunde** (BGH StV 1999, 80 [für Straf- und Asylverfahrensakten]; KG NStZ-RR 2002, 116 [für Antrag auf Beiziehung von Wartungsunterlagen eines Pkws]).

☝ Geht es dem Verteidiger um den **Inhalt** einer bestimmten Urkunde, z.B. eines Arztberichtes, muss also ggf. die Beiziehung der Akten, in denen sich die Urkunde befindet und die Verlesung dieser konkreten Urkunde beantragt werden (*Hamm/Hassemer/Pauly*, Rn. 87).

3. Antragsmuster

288

a) Antrag auf Verlesung von Urkunden

An das
Amtsgericht/Landgericht Musterstadt

Antrag

In der Strafsache
gegen H. Muster
Az.: . . .

wird beantragt, die Angebotsunterlagen in der Akte Bl. 134-137 zu verlesen.

Rechtsanwalt

b) Beweisantrag auf Erhebung des Urkundenbeweises 289

An das
Amtsgericht/Landgericht Musterstadt

Beweisantrag
In der Strafsache
gegen H. Muster
Az.: . . .

wird in der Anlage der Brief des Angeklagten an Herrn K. vom 24.5.2002 überreicht und

beantragt, diesen als Urkunde zum Beweis der Tatsache zu verlesen, dass die Behauptung des Zeugen K., er habe vor dem 26.5.2002 nicht erfahren, dass der Angeklagte in Urlaub fahren wollte, nicht zutrifft.

Begründung: In dem Brief des Angeklagten heißt es:

„Wir müssen nun bald die Koffer packen, unser Flugzeug nach Paris startet am 26.5.2002 gegen 9.00 Uhr.“

Rechtsanwalt

c) Beweisantrag auf Erhebung des Urkundenbeweises hinsichtlich einer Urkunde, die sich in anderen Akten befindet 289a

An das
Amtsgericht/Landgericht Musterstadt

Beweisantrag

In der Strafsache
gegen H. Muster
Az.: . . .

wird beantragt, die Akten des Verfahrens .... beizuziehen und den darin auf Bl. .... enthaltenen Brief des Angeklagten an Herrn K. vom 23.5.2002 zu verlesen zum Beweis der Tatsache, dass die Behauptung des Zeugen K., er habe vor dem 26.5.2002 nicht erfahren, dass der Angeklagte in Urlaub fahren wollte, nicht zutrifft.

Begründung: In dem Brief des Angeklagten an Herrn K heißt es:

„Wir müssen nun bald die Koffer packen, unser Flugzeug nach Paris startet am 26.5.2002 gegen 9.00 Uhr."

Rechtsanwalt

Siehe auch: → *Beweisantragsrecht, Allgemeines*, Rn. 303a, m.w.N. → *Urkundenbeweis, Allgemeines*, Rn. 884, m.w.N.

290 Beweisantrag, Formulierung: Zeugenbeweis

Literaturhinweise: ***Johnigk***, Der Beweisantrag auf Vernehmung eines Auslandszeugen, (§ 244 Abs. 5 S. 2 StPO), in: Festschrift für *Peter Rieß*, S. 197; ***Meyer-Goßner***, Der Zeugenbeweis aus revisionsrechtlicher Sicht, StraFo 1990, 92; ***Seibert***, Beweisanträge (Zeugen und Sachverständige) im Strafverfahren, NJW 1962, 135; s. auch die Hinw. bei → *Beweisantrag, Inhalt*, Rn. 295, bei → *Beweisantragsrecht, Allgemeines*, Rn. 302, sowie bei → *Zeugenvernehmung, Allgemeines*, Rn. 1186.

1. Für den Beweisantrag auf Vernehmung eines Zeugen gelten zunächst die allgemeinen Regeln. Von Bedeutung sind insbesondere die hinsichtlich der **Bestimmtheit** der **Beweisbehauptung** (→ *Beweisantrag, Inhalt*, Rn. 299; zum „richtigen" Zeitpunkt für die Antragstellung insbesondere des Antrags auf Vernehmung eines Entlastungszeugen → *Beweisantrag, Zeitpunkt der Antragstellung*, Rn. 306a).

291 **2.** Im Beweisantrag auf Vernehmung eines Zeugen muss der zu vernehmende Zeuge grds. **namentlich** und unter Angabe seiner **ladungsfähigen Anschrift** bezeichnet werden (vgl. eingehend dazu und zu dem Erfordernis der Individualisierung von Zeugen BGHSt 40, 3 m.w.N.; *Hamm/Hassemer/Pauly*, Rn. 80). Ist die Ladung des Zeugen im **Ausland** zu bewirken, sollte der Beweisantrag eine eingehende **Begründung** enthalten (wegen der Einzelh. s. → *Auslandszeuge*, Rn. 125).

292 **3. a)** Ist der Verteidiger **nicht** in der **Lage**, den Zeugen und/oder seine Anschrift zu **benennen**, reicht es aus, wenn der Zeuge nur **individualisiert** wird und i.Ü. aufgrund der Angaben des Verteidigers Name und Anschrift ermittelt werden können (s. u.a. BGH StV 1989, 379; s. grds. zuletzt BGHSt 40, 3; *Kleinknecht/Meyer-Goßner*, § 244 Rn. 21 m.w.N. aus der Rspr.; *Hamm/Hassemer/Pauly*, Rn. 80 ff.). Muss der Zeuge dazu erst aus einem Personenkreis herausgefunden

werden, müssen im Beweisantrag auf ihn hindeutende **Charakteristika** enthalten und der Personenkreis, aus dem der Zeuge ermittelt werden soll, deutlich abgegrenzt sein (BGH, a.a.O.; KK-*Herdegen*, § 244 Rn. 48 m.w.N.; LR-*Gollwitzer*, § 244 Rn. 108).

☝ Nach Möglichkeit muss der Verteidiger versuchen, durch eigene Ermittlungen den Zeugen zu individualisieren, um ihn dann im Beweisantrag benennen zu können. Ist er dazu nicht in der Lage, sollte zumindest der **Weg**, wie der Zeuge ermittelt werden kann, **möglichst genau** und sorgfältig angegeben werden. Denn führen die ggf. erforderlichen Nachforschungen durch das Gericht nicht sogleich zum Erfolg, riskiert der Verteidiger sonst die Ablehnung seines Beweisantrags als → *Beweisermittlungsantrag*, Rn. 308 (BGHSt 40, 3, 6) Diese Tendenz war/ist in der Rspr. unverkennbar (krit. dazu *Hamm/Hassemer/Pauly*, Rn. 82; *Herdegen* NStZ 1999, 179 f.).

Beispiele zur Individualisierung/Charakterisierung:

Nicht ausreichend ist:

- die Bezeichnung „**alle Arbeitnehmer** einer bestimmten Firma" (*Hamm/Hassemer/Pauly*, Rn. 89 m.w.N. in Fn. 10),
- wenn **Erkundigungen** beim **Ausländerzentralregister** und beim Bundeszentralregister notwendig sind (BGH StV 1996, 581),
- die Bezeichnung „**Nachbarschaft**" (OLG Saarbrücken VRS 49, 45),
- ggf. die bloße **Namensnennung** mit der Angabe eines Wohnortes, aus dessen Bewohnern der Zeuge herausgefunden werden soll (BGHSt 40, 3; s. aber BGH NStZ 1999, 152 [s.u.]).

Ausreichend ist die Bezeichnung: **293**

- „**Arbeitskollegen**" (BGH NStZ 1983, 210 [Pf/M]) und/oder
- die Angabe der früheren **Arbeitsstätte** (BGH StV 1996, 581 m.w.N.),
- die Angabe von Zeugen in Form ihrer **CB-Funknamen** und der **Firmen**, für die diese während eines bestimmten Zeitraums als Lkw-Fahrer beschäftigt waren (BGH NStZ 1995, 246; s.a. BGHSt 40, 3),
- „mit Untersuchung der Blutprobe befasstes **Institutspersonal**" (BGH VRS 25, 426),
- der Zeuge, der zu einer bestimmten Zeit ein **Kfz** mit einem bestimmten **polizeilichen Kennzeichen** geführt hat (BayObLG DAR 1965, 285 [R]),
- einer genau bezeichneten **Kontaktperson** für den nach Merkmalen individualisierten Zeugen (BGH NJW 1960, 542 [Ls.]; StV 1989, 379),

- des **Mitpatienten** für einen bestimmten Krankenhausbesuch (BGH NStZ 1981, 309, 310),
- des Zeugen mit **(falschem) Namen**, Wohnort und Straße, wenn keine Anhaltspunkte dafür da sind, dass der Zeuge unter ständig wechselnden Namen und Anschriften aufgetreten ist (BGH NStZ 1999, 152; zust. *Rose* JR 1999, 432 in der Anm. zu BGH, a.a.O.)),
- „**Personal** der Polizeiwache" (RG JW 1922, 299),
- die Mitteilung, die **Personalien** befänden sich „**bei der Akte**", wenn die Anschrift des Zeugen schon in einem früheren Beweisantrag angegeben worden ist (OLG Köln StV 2002, 355),
- „**Sachbearbeiter** für Führerscheinsachen" (BayObLG DAR 1980, 269 [R]),
- **Tätigkeit** als Bedienung an einem **bestimmten Tag** und zu einer bestimmten **Uhrzeit** (OLG Köln StV 1996, 368),
- „**Tankstellenpersonal** Bl. 11 d.A." (OLG Hamm DAR 1996, 391 [Bu]),
- den ersten Buchstaben des **Vornamens**, den Nachnamen und die Anschrift anzugeben (KG StV 2001, 673).

293a

b) Hinweis für den Verteidiger

Bei der Formulierung des Zeugenbeweisantrags ist die neuere Rspr. des BGH zur sog. **Konnexität** zwischen Beweistatsache und Beweismittel von Bedeutung (zuletzt BGHSt 40, 3; 43, 321; NJW 2000, 157 [Ls.]; BGH NStZ 1998, 97; 2000, 437, jeweils m.w.N.; dazu krit. KK-*Herdegen*, § 244 Rn. 48; *Rose* in der Anm. zu BGH, a.a.O.). Sie führt nämlich dazu, dass ggf. neben Beweismittel und Beweistatsache für das Vorliegen eines Beweisantrags u.U. noch als **dritte Voraussetzung** erforderlich sein kann, dass in den Fällen, in denen es sich nicht von selbst ergibt, der erforderliche Zusammenhang, die Konnexität, zwischen Beweismittel und Beweisbehauptung darzulegen ist (vgl. dazu eingehend *Hamm/Hassemer/Pauly*, Rn. 111 ff.). Dies bedeutet dann im Fall des Zeugenbeweises, dass der **Antrag erkennen** lassen muss, **weshalb** der **Zeuge** überhaupt etwas zu einem Beweisthema **bekunden können** soll (BGH NStZ-RR 2002, 43). Das gilt nach der Rspr. insbesondere in den Fällen, in denen konkrete und bestimmte Behauptungen aufgestellt werden, jedoch nicht ohne weiteres erkennbar ist, warum diesen eigene Wahrnehmungen des Zeugen zugrunde liegen. In diesen Fällen muss der Antrag den Zusammenhang zwischen Beweistatsache und Beweismittel näher darlegen (BGHSt 43, 321, 329; NStZ 2000, 437; NStZ 2002, 383), also z.B. ausführen, dass der Zeuge die Wahrnehmungen machen konnte, weil er am Tatort war, in der Nachbarschaft wohnt, eine Akte gelesen hat usw. (BGHSt 43, 321; BGH NStZ-RR 1997, 331).

☝ Dem kann man **nicht zustimmen**. Es ist grds. nicht Aufgabe/Verpflichtung des Angeklagten/Verteidigers, sich darüber auszulassen, warum sein

Beweismittel in der Lage ist, Angaben zur Sache zu machen. Es besteht lediglich die Verpflichtung, im Beweisantrag die Beweisbehauptung und das Beweismittel zu benennen, mit dem der Beweis geführt werden soll. Zu weiteren Begründungen ist der Antragsteller nicht verpflichtet. Ist dieser Konnex gegeben, ist das Gericht verpflichtet, den entsprechenden Beweis zu erheben, wenn nicht einer der Ablehnungsgründe des § 244 Abs. 3, 4 vorliegt. Die o.a. Rspr. führt einen neuen, im Gesetz nicht vorgesehenen Ablehnungsgrund ein (s. auch KK-*Herdegen*, a.a.O.; abl.a. *Hamm/Hassemer/Pauly*, Rn. 113 ff. m.w.N.). Sie führt außerdem dazu, dass ggf. die Verteidigungsstrategie und internes Wissen offen gelegt werden muss.

☝ Aus **anwaltlicher Vorsorge** sollte der Verteidiger aber dennoch im Hinblick auf die o.a. Rspr. des BGH, wenn er Ausführungen zur Konnexität machen kann, dies auch tun. Der BGH behandelt „Beweisanträge" i.Ü. auch nur dann wegen fehlender Konnexität als → ***Beweisermittlungsantrag***, Rn. 308, wenn **keinerlei Anhalt** gegeben ist, welche Beziehung zwischen dem Zeugen und der Beweistatsache besteht (vgl. z.B. BGH StV 2001, 97; NStZ 2002, 383). Ist dieser hingegen noch irgendwie aus dem bisherigen Beweisergebnis, den Akten oder dem Antrag erkennbar, sieht er den entsprechenden Antrag (noch) als Beweisantrag an (BGH, a.a.O., NStZ 2002, 383).

☝ Die ggf. vorhandene Konnexität **ersetzt** allerdings **nicht** die **anderen Voraussetzungen** eines Beweisantrags. Es reicht also nicht aus, in einem Antrag z.B. nur mitzuteilen, dass ein Zeuge zu einer bestimmten Zeit an einem bestimmten Ort war und deshalb zu einer beweiserheblichen Tatsache etwas bekunden kann. Erforderlich ist (und bleibt) daneben auch die Mitteilung dessen, was an dem Ort geschehen sein und was der Zeuge aufgrund eigener Wahrnehmung dazu bekunden soll (BGHSt 43, 231).

4. Antragsmuster **294**

An das

Amtsgericht/Landgericht Musterstadt

Beweisantrag

In der Strafsache
gegen H. Muster
Az.: . . .

wird beantragt, die blonde, etwa 25-30 Jahre alte Kellnerin, die am 15. Oktober 2002 gegen 18.00 Uhr in der Gaststätte „Zum letzten Wolf" in 59387 Ascheberg-Herbern im hinteren Gastraum bedient hat, als Zeugin zum Beweis der Tatsache zu vernehmen, dass Herr Z. mit einem Messer in der Hand auf den Angeklagten zustürzte und rief: „Ich bring` dich um!", bevor der Angeklagte seinerseits zu einem vor ihm auf dem Tisch liegenden Messer griff und auf Herrn Z. einstach.

Begründung:

Die Angaben der Zeugin werden die Einlassung des Angeklagten bestätigen, dass er in Notwehr gehandelt hat.

Die Zeugin kann ggf. an ihrem Arbeitsplatz geladen werden.

Rechtsanwalt

Siehe auch: → *Beweisantrag, Inhalt*, Rn. 295, → *Beweisantragsrecht, Allgemeines*, Rn. 303a, m.w.N.

295 Beweisantrag, Inhalt

Literaturhinweise: ***Burgard/Fresemann***, Der Beweisantrag bezüglich einer vom Zeugen bekundeten Negativtatsache, wistra 2000, 88; ***Herdegen***, Bemerkungen zum Beweisantragsrecht, Teil 1: NStZ 1984, 97, Teil 2: NStZ 1984, 200; ders., Zum Begriff der Beweisbehauptung, StV 1990, 518; ders., Das Beweisantragsrecht, NStZ 1998, 444; ders., Das Beweisantragsrecht. Betrachtungen anhand von und zur Rechtsprechung – Teil 2: NStZ 1999, 176; s.a. die Hinw. bei → *Beweisantragsrecht, Allgemeines*, Rn. 302.

Inhaltlich muss der Beweisantrag zwei Elemente enthalten, nämlich die **Beweisbehauptung** oder **-tatsache** (s.u. Rn. 295a) und das **Beweismittel** (s.u. Rn. 301). Neben diesen beiden Elementen muss der Verteidiger bei der Formulierung eines Beweisantrages sein Augenmerk immer auch auf die möglichen Ablehnungsgründe des § 244 Abs. 3–5 richten und die sich daraus möglicherweise ergebenden verteidigungstaktischen Überlegungen beachten (→ *Beweisantrag, Ablehnungsgründe*, Rn. 261).

295a **1.** Der Verteidiger muss im Beweisantrag die **Beweistatsache angeben**, über die das Gericht Beweis erheben soll (eingehend dazu KK-*Herdegen*, § 244 Rn. 44 ff.; *Herdegen* NStZ 1998, 447 ff.; *Eisenberg*, Rn. 143 ff.; *Hamm/Hassemer/Pauly*, Rn. 88 ff.).

a) Bei der (Beweis-)Tatsache wird es sich i.d.R. um in der **Vergangenheit** liegende (tatsächliche) Vorgänge handeln. Es können aber auch **gegenwärtige** Tatsachen, z.B. die gesundheitlichen Folgen einer Tat, Gegenstand eines Beweisantrags sein. Um eine Tatsache handelt es sich aber auch, wenn Beweis erhoben werden soll über **innere** seelische **Vorgänge** (OLG Hamm StV 2001, 104 [für „Gewissensentscheidung"]), Beweggründe und Überlegungen oder nur einem Fachmann, z.B. einem Arzt, erkennbare physische und psychische Erkrankungszustände (*Michalke* ZAP F. 22, S. 53; zur bloßen Negation von [bestimmten] Tatsachen s. BGHSt 39, 251 ff.; s.a. u. Rn. 298a).

296 Soll über **Wertungen** und **Meinungen**, wie z.B. „guter Charakter", „ehrlich", „zuverlässig", „glaubwürdig", „angeheitert" „stets ordentlich", „stets unbeschwert", „außerordentlich schauspielerisch begabt" „hysterisch überreagiert" oder „süchtig", Beweis erhoben werden, handelt es sich nicht um eine (Beweis-) Tatsache i.e.S., so dass darüber an sich nicht Beweis erhoben werden kann (BGHSt 39, 251, 253 f.; 40, 3; NStZ 1995, 96; StV 1997, 77, 78). Der Verteidiger kann aber dennoch auch in diesem Bereich einen zulässigen Beweisantrag stellen, wenn sein Antrag die **Auslegung** zulässt, dass der Zeuge nicht nur eine Beurteilung vornehmen wird, er also nicht nur das Beweisziel vermitteln soll. Dazu muss der Verteidiger dem Gericht dann aber auch die entsprechenden **Anknüpfungstatsachen** nennen, die ihn zu der im Antrag dargelegten Bewertung veranlasst haben (BGH MDR 1979, 807 – H – [für: nur „in leichtem Grade alkoholisiert"]; s.a. BGH MDR 1976, 815 [H]; wegen der Einzelh. s.a. KK-*Herdegen*, § 244 Rn. 46, zugleich krit. zu BGHSt 39, 251; *Hamm/Hassemer/Pauly*, Rn. 96). Entsprechendes gilt für **rechtliche Beurteilungen** und Schlussfolgerungen wie „Gehilfe", „Anstifter" oder „schuldunfähig i.S.d. § 20 StGB". Der Tatrichter muss ggf. auf Darlegung und Substantiierung der zugrunde liegenden Tatsachen hinwirken (zuletzt BGH StV 1997, 77, 78 m.w.N.).

☝ Der BGH hat in seiner Entscheidung BGHSt 37, 162 ff. die Angabe in einem Beweisantrag, der Zeuge werde bestätigen, dass „der Zeuge H. nicht glaubwürdig ist", mangels weiterer konkreter Angaben über die zugrunde liegenden Anknüpfungstatsachen als keine bestimmte Beweistatsache angesehen.

Es ist deshalb, um die Ablehnung eines Beweisantrags als → *Beweisermittlungsantrag* zu vermeiden, **dringend anzuraten**, in den o.a. Fällen (s.a.u. die Beispiele) im Beweisantrag die **Anknüpfungstatsachen** zu nennen und sie unter Beweis zu stellen (*Hamm/Hassemer/Pauly*, Rn. 96). Die **bewerteten Umstände** müssen unter Beweis gestellt werden, **nicht** die **Wertungen**.

297 **b)** Die **Beweistatsache** muss so **konkret** wie möglich **bezeichnet** werden, da das Gericht nur dann beurteilen kann, ob die Beweiserhebung erforderlich ist (*Michalke* ZAP F. 22, S. 54 m.w.N.). Die Anforderungen an die Konkretisierung dürfen jedoch nicht überspannt werden (KK-*Herdegen*, § 244, Rn. 46 m.w.N.; zur bestimmten Tatsachenbehauptung s.a. *Basdorf* StV 1995, 315 ff.; *Herdegen* NStZ 1998, 449 f.). Der Antragsteller muss die Beweisthematik aber jedenfalls so umschreiben, dass sie erkennen lässt, welche Konsequenzen für die tatsächlichen Feststellungen oder die Rechtsfolgen die Anwendung eines der Ablehnungsgründe des § 244 hat (*Herdegen*, a.a.O.; zur Negativtatsache s. unten Rn. 298a).

Beispiele:

Ausreichend ist,

- ggf., wenn sich bei verständiger **Auslegung** des Antrags ohne weiteres aus den Umständen ergibt, auf welche Beweistatsache der Antrag abzielt (OLG Köln StV 1995, 293 f. [in einem Zeugenbeweisantrag wurde keine Beweistatsache genannt]),
- wenn das **Beweisthema erst** in der **Begründung** des Beweisantrages genannt wird (BGH NStZ 1995, 356 [für Zeugen]), sofern dies – eventuell nach Hinweis des Gerichts – in der erforderlichen Klarheit geschieht,
- wenn unter Beweis gestellt wird, dass ein Zeuge bestimmte Angaben nur unter dem Einfluss von **Drohungen** gemacht hat, der Vortrag im Beweisantrag nur dann, wenn er Angaben dazu enthält, wann, auf welche Weise, mit welcher Ankündigung und mit welchem Ziel die behaupteten Drohungen gemacht worden sind; allein der Begriff „Drohungen" ist nicht ausreichend konkret (BGH StV 1994, 228),
- dass die Beweistatsache in ihren allgemeinen Umrissen erkennbar ist, was der Fall ist bei der Angabe in einem Beweisantrag, ein Vorgang habe sich **„relativ kurze Zeit"** vor der Tat ereignet (BGH StV 1981, 330; s. aber a. OLG Köln VRS 64, 279 ff.),
- wenn in einem **SV-Gutachten** beantragt wird: „dass eine bestimmte Art der Messung von Geschwindigkeit bei Kfz. Fehlerquellen aufweist"; hier muss nicht angegeben werden, welches die konkreten „Fehlerquellen" sind (*Michalke* ZAP F. 22, S. 54),
- wenn behauptet wird, der Angeklagte habe sich in einem bestimmten Zeitraum ausschließlich in **Urlaub** befunden (BGH NStZ 1996, 562); die Angabe des Urlaubsortes ist nicht erforderlich (s.a. BGHSt 39, 251).

298 **Nicht ausreichend** ist es (s. aber oben Rn. 296),

- wenn behauptet wird, dass ein Zeuge **„Alkoholprobleme"** habe und „unter psychischen/psychosomatischen Erkrankungen leide", die seine Aussagefähigkeit möglicherweise in Frage stellen (BGH StV 1997, 622),
- wenn in einem Beweisantrag zum **Alter** des Angeklagten nur behauptet wird, dass dieser „jünger als 21 Jahre" sei (BGH NStZ 1998, 50),
- wenn behauptet wird, der Angeklagte habe **„Anweisungen erteilt**, worauf der Zeuge anschließend falsch aussagte", da damit nur nach einer Deutung und Würdigung des

Inhalts einer Kommunikation gefragt wird (BGH NJW 2001, 3793 [unter Beweis gestellt werden muss der Inhalt der Anweisungen, der zu der Deutung geführt hat]),

- wenn behauptet wird, dass jemand **Bargeld** „von **unter** 250.000 DM zur Verfügung gehabt habe“ (BGH NJW 1992, 2711),
- wenn behauptet wird, dass ausschließlich **Beschäftigungsverhältnisse** eines bestimmten Typs vorgelegen hätten (BGHR StPO § 244 Abs. 6 Beweisantrag 12),
- wenn im Beweisantrag nur das **Ergebnis** einer **Folgerung** Gegenstand der Beweisbehauptung ist, da dann nur das Beweisziel angegeben wird und nicht, welche Wahrnehmungen ggf. ein Zeuge gemacht hat (BGHSt 39, 251; krit. dazu KK-*Herdegen*, § 244 Rn. 46; *Herdegen* NStZ 1998, 449 f.; *Hamm/Hassemer/Pauly*, Rn. 93),
- wenn behauptet wird, jemand habe „**keine Kokainlieferungen**“ an den Angeklagten geleistet (BGH NJW 1988, 501),
- wenn bei **mehreren Komplexen,** die unter Beweis gestellt werden, sich dem Beweisantrag **nicht eindeutig** entnehmen lässt, zu welchem Komplex benannte Zeugen gehört werden sollen (BGHSt 40, 3 m.w.N.),
- ggf., wenn lediglich eine bloße **Negation** bestimmter Tatsachen unter Beweis gestellt wird (BGHSt 39, 251), es sei denn, die gewollte Beweisbehauptung kann – insbesondere bei einfach gelagerten Sachverhalten – durch **Auslegung** ermittelt werden (BGH StV 1996, 248 f.; NStZ 1999, 362; s. dazu Rn. 298a),
- wenn aus **nicht näher konkretisierten Wahrnehmungen** eines Zeugen mittelbar auf bestimmte Negativtatsachen („kein rechtsradikales Verhalten und keine entsprechende Motivation“) geschlossen werden soll (BGH NStZ 1996, 324 [K],
- wenn (nur) behauptet wird, der Angeklagte habe „**planmäßig, zielstrebig** und **situationsangepasst**“ gehandelt, da damit keine bestimmten Tatsachen, sondern ebenfalls nur das Beweisziel beschrieben wird (BGH NStZ 1995, 96),
- wenn lediglich unter Beweis gestellt wird, beim Angeklagten lägen die **Voraussetzungen** der **§§ 20, 21 StGB** vor bzw., dass die Steuerungsfähigkeit des Angeklagten erheblich vermindert gewesen sei (BGH NStZ 1999, 632 f.),

> ☝ Der Verteidiger muss allerdings zur Konkretisierung des Antrags auf Einwirken eines SV-Gutachtens zu den Fragen der Schuldfähigkeit **keine eigene psychiatrische Diagnose** abgeben, sondern nur anhand der Merkmale der §§ 20, 21 StGB eine konkrete Zuordnung vornehmen (*Hamm/Hassemer/Pauly*, Rn. 97).

- im Zweifel, wenn behauptet wird, eine Zeugin sei „**sexuell enthemmt**“ gewesen (offen gelassen von BGH NJW 1997, 2753, 2755),
- wenn unter Beweis gestellt wird, „in welchem **Umfang**“ sich der Angeklagte durch seine Angaben selbst **gefährde** (BGH NStZ 1991, 547),
- wenn behauptet wird, dass jemand einen anderen „ganz oder teilweise zu **Unrecht belastet**“ habe (BGHSt 37, 162) oder „manche Aussagen mit dem Ziel eines besseren Ausgangs des eigenen Strafverfahrens abgefälscht und unrichtig dargestellt“ habe (BGH StV 1995, 624).

298a Eine **besondere Problematik** besteht, wenn sog. **Negativtatsachen** unter Beweis gestellt werden sollen. Das ist immer dann der Fall, wenn bewiesen werden soll, dass sich ein bestimmtes Ereignis nicht ereignet hat (vgl. dazu z.B. BGH NStZ 1999, 362) bzw. bestimmte Umstände nicht vorliegen (BGH StV 2000, 180). Der **BGH** sieht Negativtatsachen nur selten als hinreichend konkrete Beweistatsachen an (vgl. grundlegend BGHSt 39, 251; BGH NStZ 200, 267; eingehend zur Rspr. des BGH *Burghard/Fresemann* wistra 2000, 88 ff.; krit. *Hamm/Hassemer/Pauly*, Rn. 98 ff. sowie *Widmaier* NStZ 1993, 602 und *Hamm* StV 1993, 455, jeweils in den Anm. zu BGHSt 39, 251). Denn i.d.R. werde bei diesen Anträgen das Beweisziel unter Beweis gestellt, über das aber ein Zeuge aufgrund eigener Wahrnehmungen nichts berichten könne. Die Würdigung der von ihm gemachten Beobachtungen obliege nämlich dem Gericht (BGHSt 39, 251). Nach Auffassung des BGH handelt es sich in diesen Fällen deshalb nicht um Beweisanträge, sondern um **Beweisermittlungsanträge**. Eine **Ausnahme** macht der BGH allerdings, wenn es möglich ist, die unter Beweis gestellte Beweisbehauptung durch **Auslegung** zu ermitteln bzw. in **einfach gelagerten Fällen** (BGH NStZ 1999, 362; 2000, 267; StV 2000, 180 [Sachverständigenbeweis]).

☝ Auf die **Formulierung** eines Beweisantrages mit einer „Negativtatsache“ muss der Verteidiger noch größere **Sorgfalt** verwenden als sonst auf die Formulierung von Beweisanträgen (*Burghard/Fresemann* wistra 2000, 89; *Hamm/Hassemer/Pauly*, Rn. 98 ff.). Dabei ist grds. Folgendes unbedingt zu **beachten**:

- **Beweistatsache** und **-ziel** sind deutlich zu **trennen**.
- **Beweistatsache** und **-ziel** sollten ausdrücklich im Beweisantrag **dargestellt** werden, damit für das Gericht die beweisrechtliche Schlussfolgerung, die mit dem Antrag gezogen werden soll, erkennbar wird.
- Der Verteidiger sollte auf jeden Fall darlegen, **warum** z.B. der Zeuge **Angaben** zu der Negativtatsache machen kann.
- M.E. empfiehlt es sich auch, die **weiteren Folgerungen**/Schlüsse, die erforderlich sind, damit das erstrebte Beweisziel erreicht wird, dem Gericht darzulegen.

Beispiel (nach BGH NStZ 1999, 362; s. dazu a. *Burgard/Fresemann* wistra 2000, 89):

Hat der Beweisantrag das Fehlen des tatbestandlichen Handelns des Angeklagten als Negativtatsache zum Gegenstand („.... zum Beweis der Tatsache, dass der Angeklagte den Zeugen nicht geschlagen hat, ...“), muss z.B. angegeben werden, dass der Zeuge in der fraglichen Situation zugegen war, er den Geschehensablauf lückenlos beobachten konnte und beobachtet hat und deswegen das strafbare Handeln des Angeklagten, wenn es stattgefunden hätte, mit Sicherheit bemerkt hätte.

Allerdings dürfen die **Anforderungen** an die Begründung des Beweisantrages auch **nicht überspannt** werden. Das gilt besonders in einfachen Fällen, in denen die o.a. Forderungen kaum zu erfüllen sind (vgl. *Burgard/Fresemann* wistra 2000, 90; *Widmaier* NStZ 1993, 602 und *Hamm* StV 1993, 455, jeweils in den Anm. zu BGHSt 39, 253).

☝ M.E. ist das **Gericht verpflichtet**, den Verteidiger darauf **hinzuweisen**, wenn es den auf eine Negativtatsache gerichteten Beweisantrag als unvollständig ansieht (s.a. *Burgard/Fresemann* wistra 2000, 90). Der Verteidiger kann seinen Beweisantrag dann ergänzen und wiederholen. In ergänzter Form können Beweisanträge jederzeit wiederholt werden (BGHSt 43, 321).

299 **c)** Schließlich muss die im Beweisantrag konkret bezeichnete **Beweistatsache bestimmt behauptet** werden (*Kleinknecht/Meyer-Goßner*, § 244 Rn. 20 m.w.N.; dazu a. *Herdegen* NStZ 1998, 449).

☝ Bei der Formulierung der Beweisbehauptung/-tatsache muss der Verteidiger alle **Formulierungen vermeiden**, die das Gericht dazu veranlassen könnten, an der **Bestimmtheit** zu **zweifeln**. Es dürfen auch nicht mehrere, sich gegenseitig ausschließende Behauptungen aufgestellt werden, da dann keine bestimmt behauptet wird (BGH NStZ 1998, 209 [nur Beweisermittlungsantrag]). Zwar muss das Gericht grds. den Sinn eines unklaren Beweisantrages durch Befragung klarstellen (so schon BGHSt 1, 137 f.; KK-*Herdegen*, § 244 Rn. 47 m.w.N. aus der Rspr.). Der Verteidiger sollte jedoch im Interesse des Angeklagten alles vermeiden, was eine Bewertung seines „Beweisantrages" als Beweisermittlungsantrag zulassen könnte. Ggf. muss aber das Gericht auf eine **Klarstellung hinwirken** (BGH NStZ 1995, 356; StV 1996, 249 m.w.N.).

Zu **vermeiden** sind daher Formulierungen, mit denen zum Ausdruck gebracht wird, dass sich eine Tatsache nur möglicherweise ereignet haben könnte, also **nicht**: „... dass der Angeklagte zur Tatzeit an einem anderen Ort gesehen worden sein **müsste**". Es darf ebenfalls nicht Beweis darüber verlangt werden, **ob**, **warum**, **wann**, **wie** oder **wo** eine bestimmte Tatsache eingetreten ist. Vielmehr ist bestimmt im **Indikativ** zu formulieren, also: „... zum Beweis, **dass** sich eine bestimmte Tatsache **ereignet hat**".

300 **d)** Das Erfordernis, bestimmt zu formulieren, bedeutet **nicht**, dass der Verteidiger die Beweisbehauptung nur aufstellen darf, wenn er insoweit über **gesicherte Erkenntnisse** verfügt. Vielmehr kann er nach h.M. in Rspr. und Lit. eine Beweisbehauptung auch dann in eine bestimmte Formulierung kleiden, wenn er nur hofft oder es lediglich für wahrscheinlich hält, dass sich die Beweisbehauptung bestätigt (BGH NJW 1987, 2384 m.w.N.; OLG Köln NJW 1987, 2096; KK-*Herdegen*, § 244 Rn. 44 m.zahlr.w.N.; *Hamm/Hassemer/Pauly*, Rn. 106 ff.).

☝ Insoweit gilt jedoch als **Mindestvoraussetzung**, dass der Verteidiger für seine Behauptung eine – wenn auch schwache tatsächliche – Grundlage haben muss. Er darf also **nicht aufs Geratewohl** eine Behauptung aufstellen (vgl. dazu im Einzelnen *Herdegen* StV 1990, 518 f.), dann stellt er nur einen Scheinbeweisantrag, dem das Gericht nicht nachgehen muss (BGH NJW 1997, 2762, 2764). Ist das der Fall, kann das Gericht den Beweisantrag **ablehnen**, es muss dann aber seine Auffassung begründen (zuletzt BGH NStZ 1994, 592 m.w.N.; wegen der Zulässigkeit einer Befragung nach der Quelle des Wissens s. → *Beweisantrag*, Rn. 258).

301 **2.** Im Beweisantrag muss neben der Beweisbehauptung auch das **Beweismittel** bezeichnet werden. Beweismittel können sein Zeugen, SV, Urkunden und der Augenschein. Es empfiehlt sich, darüber hinaus die Angabe der im Gesetz vorgesehenen **Beweiserhebungsform**, also beim Zeugen und SV die Vernehmung, beim Urkundenbeweis die Verlesung und beim Augenscheinsbeweis die Augenscheinseinnahme (s. → *Augenscheinseinnahme*, Rn. 101; → *Sachverständigenbeweis*, Rn. 765; → *Urkundenbeweis, Allgemeines*, Rn. 884; → *Zeugenvernehmung, Allgemeines*, Rn. 1186).

301a **3.** Ob im (Zeugen-)Beweisantrag darüber hinaus auch noch Ausführungen zum Zusammenhang zwischen Beweisbehauptung und Beweismittel zu machen sind (sog. **Konnexität**), ist fraglich und wohl zu verneinen (s. dazu → *Beweisantrag, Formulierung: Zeugenbeweis*, Rn. 293a, m.w.N. auch zur insoweit a.A. in der Rspr. des BGH).

Siehe auch: → *Beweisantrag*, Rn. 255, m.w.N., mit Antragsmuster, Rn. 260, → *Beweisantragsrecht, Allgemeines*, Rn. 303a, m.w.N.

Zur Formulierung einzelner Beweisanträge siehe auch die Antragsmuster: → *Beweisantrag, Formulierung: Augenscheinseinnahme*, Rn. 280, → *Beweisantrag, Formulierung: Sachverständigenbeweis*, Rn. 284, → *Beweisantrag, Formulierung: Urkundenbeweis*, Rn. 288, → *Beweisantrag, Formulierung: Zeugenbeweis*, Rn. 294.

Beweisantragsrecht, Allgemeines

302

Literaturhinweise: ***Alsberg/Nüse/Meyer***, Der Beweisantrag im Strafprozeß, 5. Aufl., 1983; ***Basdorf***, Änderungen des Beweisantragsrechts und Revision, StV 1995, 310; ***Fezer***, Amtsaufklärungsgrund und Beweisantragsrecht, in: FG-BGH, S. 847; ***Grünwald***, Das Beweisrecht der Strafprozeßordnung, 1993; ***Herdegen***, Bemerkungen zum Beweisantragsrecht, Teil 1: NStZ 1984, 97, Teil 2: NStZ 1984, 200; ders., Aufklärungspflichten, Beweisantragsrecht, Beweisantrag, Beweisermittlungsantrag, in: Gedächtnisschrift für *Meyer*, S. 207; ders., Da liegt der Hase im Pfeffer – Bemerkungen zur Reform des Beweisantragsrechts, NJW 1996, 26; ders., Das Beweisantragsrecht, NStZ 1998, 444; ders., Das Beweisantragsrecht. Betrachtungen anhand von und zur Rechtsprechung – Teil II: NStZ 1999, 176; ders., Das Beweisantragsrecht. Zum Rechtsmissbrauch – Teil III: NStZ 2000, 1; ***Michalke***, Beweisantragsrecht im Strafverfahren – Allgemeine Grundsätze, ZAP F. 22, S. 49; dies., Beweisantragsrecht im Strafverfahren – Formen des Beweisantrages, ZAP F. 22, S. 61; ***Schulz***, Die Erosion des Beweisantragsrechts, zum Entwurf eines Gesetzes zur Entlastung der Rechtspflege, StV 1991, 354; ***Senge***, Missbräuchliche Inanspruchnahme verfahrensrechtlicher Gestaltungsmöglichkeiten – wesentliches Merkmal der Konfliktverteidigung? Abwehr der Konfliktverteidigung, NStZ 2002, 225; ***Sommer***, Maßnahmen des Strafverteidigers in der Hauptverhandlung, ZAP F. 22, S. 101; ***Weigelt***, Der Beweisantrag in Verkehrsstrafsachen, DAR 1964, 314; ***Zierl***, Gegen Einschränkungen des Beweisantragsrechts, DRiZ 1983, 410; s.a. die Hinw. bei → *Aufklärungspflicht des Gerichts*, Rn. 95, und bei → *Beweisantrag*, Rn. 255, sowie bei den u.a. weiterführenden Stichwörtern.

302a

Der Angeklagte hat das Recht, durch Anträge auf den Verlauf der Beweisaufnahme Einfluss zu nehmen. Dieses Recht hat seinen Ursprung im Gedankengut der Aufklärung (zur historischen Entwicklung des Beweisantragsrechts s. *Michalke* ZAP F. 22, S. 49 f.; *Hamm/Hassemer/Pauly*, Rn. 5 ff.).

Das Beweisantragsrecht als solches ist in der StPO nicht geregelt. Die StPO regelt in den §§ 244, 245 nur das Recht des Angeklagten, überhaupt einen Beweisantrag stellen zu dürfen. Antwort auf die Fragen nach dem Charakter, den Voraussetzungen, dem Inhalt, der Form usw. findet man nicht in der StPO. Diese Fragen müssen vielmehr von der Rspr. beantwortet werden, sind also **Richterrecht**.

Der Beweisantrag ist für den Angeklagten eines der **effektivsten Verteidigungsmittel** (*Sommer* ZAP F. 22, S. 114; zum „Missbrauch" des Beweisantrags s. *Herdegen* NStZ 2000, 6 und *Senge* NStZ 2002, 229). Es gibt ihm und seinem Verteidiger, der ein eigenes Antragsrecht hat, eine starke formale Position. Formulierung des Antrags und Taktik der Antragstellung gehören daher zu den wichtigsten und auch kompliziertesten Verteidigungskünsten. Wenn der Verteidiger sie beherrscht, kann das für den Angeklagten erheblich entlastend sein.

303

Hier kann – schon aus Platzgründen – nicht auf alle Details des Beweisantragsrechts eingegangen werden. Die Darstellung beschränkt sich auf das Wesentliche und gibt darüber hinaus verteidigungstaktische Anregungen. Deshalb werden auch die in § 244 Abs. 3 – 5 aufgezählten Ablehnungsgründe nur kurz behandelt

(→ *Beweisantrag, Ablehnungsgründe*, Rn. 261). Diese interessieren in der HV nämlich nicht so sehr den Verteidiger, sondern mehr das Gericht. Zur Vertiefung der anstehenden Fragen wird aus den o.a. Lit.-Hinw. insbesondere verwiesen auf *Alsberg/Nüse/Meyer*, Der Beweisantrag im Strafprozeß, 5. Aufl., 1983 auf *Hamm/Hassemer/Pauly*, Beweisantragsrecht, 2000, und die eingehende Komm. des § 244 bei KK-*Herdegen*, § 244 Rn. 1 ff. und *Kleinknecht/Meyer-Goßner*, § 244 Rn. 1, jeweils m.w.N. Zur **Reform** des Beweisantragsrechts wird verwiesen auf die Lit.-Hinw. bei → *Gesetzesnovellen*, Rn. 520, und zu geplanten **Gesetzesänderungen** auf → *Gesetzesnovellen*, Rn. 523.

Siehe auch: → *Auslandszeuge*, Rn. 123, → *Bedingter Beweisantrag*, Rn. 169, mit Antragsmuster, Rn. 174, → *Beweisanregung*, Rn. 250, mit Antragsmuster, Rn. 254, → *Beweisantrag*, Rn. 255, mit Antragsmuster, Rn. 260, m.w.N., → *Beweisantrag, Formulierung: Augenscheinseinnahme*, Rn. 279, mit Antragsmuster, Rn. 280, → *Beweisantrag, Formulierung: Sachverständigenbeweis*, Rn. 281, mit Antragsmuster, Rn. 284, → *Beweisantrag, Formulierung: Urkundenbeweis*, Rn. 285, mit Antragsmuster, Rn. 288, → *Beweisantrag, Formulierung: Zeugenbeweis*, Rn. 290, mit Antragsmuster, Rn. 294, → *Beweisantrag, Inhalt*, Rn. 295, → *Beweisantrag, Zeitpunkt der Antragstellung*, Rn. 304, → *Beweisantrag, Zurücknahme*, Rn. 307, → *Beweisantrag zur Vorbereitung der Hauptverhandlung*, Rn. 307a, → *Beweisermittlungsantrag*, Rn. 308, mit Antragsmuster, Rn. 312, → *Beweisverzicht*, Rn. 327, → *Entlassung von Zeugen und Sachverständigen*, Rn. 446, → *Erneute Vernehmung eines Zeugen oder Sachverständigen*, Rn. 473, → *Hilfsbeweisantrag*, Rn. 545, mit Antragsmuster, Rn. 550, → *Präsentes Beweismittel*, Rn. 675, mit Mustern, Rn. 688 f., → *Sachverständigenbeweis*, Rn. 765, m.w.N., → *Schluss der Beweisaufnahme*, Rn. 783, → *Schriftliche Antragstellung*, Rn. 784, → *Urkundenbeweis, Allgemeines* Rn. 884, m.w.N., → *Verspätete Beweisanträge*, Rn. 1080, → *Zeugenvernehmung, Allgemeines*, Rn. 1186, m.w.N.

304 Beweisantrag, Zeitpunkt der Antragstellung

Literaturhinweise: ***Bandilla/Hassemer***, Zur Abhängigkeit strafrichterlicher Beweiswürdigung vom Zeitpunkt der Zeugenvernehmung im Hauptverfahren, StV 1989, 551; ***Barton***, Der Zeitpunkt des Beweisantrages unter Berücksichtigung des Inertia-Effektes, StraFo 1993, 11; ***Hammerstein***, Kann die Reihenfolge der Beweiserhebung das Urteil beeinflussen? in: Festschrift für *Schmitt*, 1992, S. 322; ***Scheffler***, Beweisanträge kurz vor oder während der Verkündung des Strafurteils, MDR 1993, 3; ***Schmid***, Der späte Beweisantrag, StraFo 1993, 53; s.a. die Hinw. bei → *Beweisantragsrecht, Allgemeines*, Rn. 302.

Gem. § 246 Abs. 1 darf eine Beweiserhebung **nicht** deshalb **abgelehnt** werden, weil das Beweismittel oder die zu beweisende Tatsache **zu spät** vorgebracht worden ist. Das bedeutet:

1. Beweisanträge sind bis zum **Beginn** der → ***Urteilsverkündung***, Rn. 920, **zulässig** (st.Rspr., vgl. zuletzt BGH NStZ 1982, 41; *Kleinknecht/Meyer-Goßner*, § 244 Rn. 33 m.w.N.; *Hamm/Hassemer/Pauly*, Rn. 126). Bis dahin ist das Gericht verpflichtet, sie entgegenzunehmen, und zwar auch, wenn es sich um einen sog. Verkündungstermin handelt (BGH NStZ 1981, 311; KG StV 1991, 59).

☝ **Lehnt** der **Vorsitzende** die Entgegennahme des Beweisantrags **ab**, muss der Verteidiger nach § **238 Abs. 2** das Gericht anrufen (BGH NJW 1992, 3182), es sei denn, der Vorsitzende lässt den Verteidiger überhaupt nicht zu Wort kommen (BGH NStZ 1992, 248).

305

2. Ab **Beginn** der **Urteilsverkündung** bis zum Schluss der mündlichen Begründung (BGHSt 25, 333, 335) liegt es im **Ermessen** des **Vorsitzenden**, dem Verteidiger oder dem Angeklagten (noch einmal) das Wort zu erteilen (BGH NStZ 1986, 182). Der Vorsitzende braucht seine ablehnende Entscheidung nicht zu begründen.

☝ Ob der **Antrag** nach **§ 238 Abs. 2** für die Revision erforderlich ist, ist zw. (s. einerseits verneinend BGH MDR 1992, 635 [H], andererseits bejahend BGH NJW 1992, 3182 [Ls.]; zu allem eingehend *Scheffler* MDR 1993, 3). Wegen der ungeklärten Frage ist zu **empfehlen**, dass der Verteidiger gegen die ablehnende Entscheidung auf jeden Fall das Gericht anruft (s. → *Urteilsverkündung*, Rn. 924 f.).

306

3. Wird die → ***Urteilsverkündung***, Rn. 920, zur Entgegennahme eines Beweisantrages **unterbrochen**, liegt allein darin **kein** → *Wiedereintritt in die Beweisaufnahme*, Rn. 1167. Der Vorsitzende kann die Verkündung fortsetzen. Tut er das, braucht über den Beweisantrag nicht nach § 244 Abs. 3 – 6 entschieden zu werden (BGH MDR 1975, 24 [H]; NStZ 1986, 182; NStZ 1992, 248). Etwas anderes gilt, wenn zwar mit der Urteilsverkündung schon begonnen worden ist, diese jedoch abgebrochen und der Beweisantrag vor der **vollständig** von **vorn begonnenen** Urteilsverkündung gestellt wird (BGH NStZ 1992, 346 [für Abbruch wegen Fehlens des Dolmetschers]).

306a

☝ Hält der Verteidiger eine Beweiserhebung für notwendig, muss er den **günstigsten Zeitpunkt** für die Stellung des Beweisantrages überlegen. Als **Faustregel** gilt: Grds. sollte der Beweisantrag vor Schluss der Beweisaufnahme gestellt werden. Auf einen späteren Zeitpunkt sollte es der Verteidiger grds. nicht ankommen lassen. Vielmehr ist die Beweiserhebung i.d.R. so **frühzeitig**, wie es nach dem Verteidigungsplan möglich ist, zu beantragen.

Dadurch werden auch unnötige Diskussionen mit dem Gericht/dem StA vermieden und der Verteidiger braucht sich ggf. nicht den Ablehnungsgrund der „Verschleppungsabsicht“ entgegen halten zu lassen.

Wann nun der **richtige Zeitpunkt** für die Antragstellung ist, lässt sich **nicht allgemein** sagen (s. a. *Barton* StraFo 1993, 11, 18). Für eine im Verlauf der HV späte(re) Antragstellung spricht sicherlich einerseits, dass Gericht und StA sich, wenn sie die Beweisbehauptung, etwa zu einem Alibi, noch nicht kennen, die vorhergehende Beweisaufnahme nicht darauf ausrichten können. Andererseits darf aber auch nicht verkannt werden, dass ein (zu) später Entlastungsbeweis gerade das Gegenteil dessen bewirken kann, was mit ihm bezweckt wird, nämlich die Stützung und nicht die Schwächung des Beweises, gegen den er angeboten wird (s. dazu eingehend *Bandilla/Hassemer* StV 1989, 551; *Barton* StraFo 1993, 11; zu taktischen Überlegungen hinsichtlich des Zeitpunkts der Antragstellung a. *Malek*, Rn. 281 ff.). Deshalb wird sich i.d.R. eine späte Antragstellung nicht empfehlen (s.a. *Malek*, Rn. 284).

☝ Hinzuweisen ist aber ausdrücklich darauf, dass der (späte) **Zeitpunkt** der **Stellung** eines Beweisantrages grds. **nicht zu Lasten** des Angeklagten verwertet werden darf (BGH NStZ 2002, 161; NStZ-RR 2002, 259 [Be], jeweils für Alibibeweisantrag). Denn ebenso wie der Angeklagte schweigen und auf den Antritt eines Entlastungsbeweises verzichten darf, darf er den Zeitpunkt der Stellung des Entlastungsbeweises selbst bestimmen. Der Verteidiger muss allerdings berücksichtigen, dass das Gericht in Rechnung stellen kann, dass der Zeuge sich mit seiner entlastenden Aussage auf den bisherigen Verfahrensverlauf einstellen konnte (BGH, a.a.O., m.w.N.)

306b **4.** Nach Aussetzung der HV ist ggf. eine **Wiederholung** des Beweisantrags erforderlich (BayObLG DAR 1964, 242 [R]; → *Aussetzung der Hauptverhandlung, Allgemeines*, Rn. 149, m.w.N.). Das gilt i.d.R. auch, wenn vom Verteidiger ein → *Beweisantrag zur Vorbereitung der Hauptverhandlung*, Rn. 307a, gestellt worden ist, aufgrund dessen der Vorsitzende z.B. die → *Ladung von Zeugen*, Rn. 601, veranlasst hat, die dann jedoch nicht erschienen sind. Wiederholt der Verteidiger diesen Antrag in der HV nicht, kann ggf. angenommen werden, er habe auf die beantragte Beweiserhebung verzichtet (OLG Hamm NJW 1999, 1416 [Ls.]; zu allem a. KK-*Herdegen*, § 244 Rn. 49 a.E., m.w.N.).

Siehe auch: → *Verspätete Beweisanträge*, Rn. 1080.

Beweisantrag, Zurücknahme

307

1. a) Der Verteidiger **kann** einen von ihm oder dem Angeklagten gestellten Beweisantrag zurücknehmen. Die Rücknahme wird nach § 273 Abs. 1 im → ***Protokoll** der Hauptverhandlung*, Rn. 713, beurkundet (BGH StV 1983, 319).

b) Die Rücknahme muss nicht schriftlich erfolgen, der Verteidiger muss sie allerdings **eindeutig** erklären (BGH MDR 1971, 18 [D]). Es kann aber auch eine sog. **schlüssige** Handlung genügen (BGH, a.a.O.; StV 1987, 189). Eine „schlüssige Rücknahme" ist z.B. angenommen worden, wenn der Verteidiger auf einen Antrag nicht mehr zurückkommt, nachdem ein Beweis erhoben worden ist, den er als gleichwertig angesehen hat (BGH MDR 1957, 268 [D]), oder wenn von mehreren Zeugen, deren Vernehmung zum selben Beweisthema beantragt war, nur einige erschienen sind und diese die Beweistatsache nicht bestätigt haben (*Kleinknecht/Meyer-Goßner*, § 244 Rn. 37), oder wenn von mehreren auf Antrag des Verteidigers gem. § 219 vom Gericht vorsorglich geladenen Zeugen einer nicht erscheint und der Verteidiger in einem Beweisantrag in der HV, mit der die Erhebung ebenfalls vor der HV schon beantragter Beweise wiederholt wird, nicht auch die Vernehmung des nicht erschienenen Zeugen beantragt (OLG Hamm NJW 1999, 1416 [Ls.]). Der Verteidiger wird also i.d.R. immer dann, wenn aufgrund seines Antrags eine **Beweisaufnahme** (zumindest **teilweise**) durchgeführt worden ist, deutlich machen müssen, dass er auch noch auf **Erhebung** der **restlichen,** ggf. von ihm beantragten Beweise **besteht** (s.a. BGH StV 1988, 469 [insoweit nicht in NStZ 1988, 420]; zu einem Sonderfall, wenn der Vorsitzende für den Fall des Beharrens auf dem Beweisantrag die Entpflichtung des Verteidigers androht, s. BGH NStZ 1999, 419; OLG Hamm, a.a.O.).

☝ Ist ein Beweisantrag zurückgenommen worden, kann der Verteidiger diese Erklärung nicht widerrufen. Die Zurücknahme hindert aber grds. nicht die **erneute Stellung** des (zurückgenommenen) Beweisantrags (*Kleinknecht/Meyer-Goßner*, § 244 Rn. 37 m.w.N.; s.a. → *Erneute Vernehmung eines Zeugen oder Sachverständigen*, Rn. 473).

2. Die Rücknahme eines Beweisantrages ist **nicht** mehr **möglich**, wenn die **Beweismittel**, auf die sich der Antrag bezog, bereits im Sitzungssaal **präsent** sind. Dann gilt § 245 Abs. 1 S. 2 (→ *Beweisverzicht*, Rn. 327).

307a Beweisantrag zur Vorbereitung der Hauptverhandlung

Literaturhinweise: ***R.Hamm***, Die Verteidigungsschrift im Verfahren bis zur Hauptverhandlung, StV 1992, 490; ***Quedenfeld***, Beweisantrag und Verteidigung in den Abschnitten des Strafverfahrens bis zum erstinstanzlichen Urteil, in: Festgabe für *Peters*, S. 215; s.a. die Hinw. bei → *Beweisantrag*, Rn. 255.

307b **1.** Grds. bewirkt gem. § 214 der Vorsitzende die **Herbeischaffung** der für die Durchführung der HV erforderlichen **Beweismittel**, insbesondere also der Zeugen und/oder SV. Darauf können Verteidiger und Angeklagter **Einfluss** nehmen, indem sie nach § 219 zur Vorbereitung der HV einen Beweisantrag stellen. Dies wird i.d.R. in einer sog. Verteidigungs- oder auch Schutzschrift geschehen (zur Schutzschrift s. *Burhoff*, EV, Rn. 1479; zu verteidigungstaktischen Hinweisen s.a. Rn. 307g; zum sonst möglichen Inhalt einer Verteidigungsschrift zur Vorbereitung der HV s. *Schlothauer*, Rn. 118 ff.). Bei der Stellung eines solchen Beweisantrags zur → *Vorbereitung der Hauptverhandlung*, Rn. 1144, ist auf folgendes zu achten (s.a. *Hamm/Hassemer/Pauly*, Rn. 450):

307c **2. a)** Der Verteidiger wird den Antrag i.d.R. als einen **förmlichen** → ***Beweisantrag***, Rn. 255, stellen. D.h., er muss Beweisbehauptung und Beweismittel enthalten und auf die Benutzung des Beweismittels in der HV gerichtet sein (*Kleinknecht/Meyer-Goßner*, § 219 Rn. 1). Insoweit gelten die Ausführungen zu → *Beweisantrag, Inhalt*, Rn. 295, entsprechend.

> ☝ Der Verteidiger wird den Antrag schon deshalb als förmlichen Beweisantrag formulieren, weil er nur dann gem. § 219 Abs. 1 S. 2 einen Anspruch darauf hat, dass der Vorsitzende ihm seine auf den Antrag ergehende Verfügung bekannt macht. Da dies unabhängig davon gilt, ob dem Antrag stattgegeben wird oder nicht (KG StV 1990, 255) und eine ablehnende Entscheidung unter Berücksichtigung des § 244 Abs. 3, 4 zu begründen ist, bietet ein Beweisantrag zur Vorbereitung der HV eine gute Möglichkeit zu erfahren, wie zumindest der Vorsitzende die vom Verteidiger beantragte Beweiserhebung beurteilt (s.a.u. Rn. 307 f.).

Grds. **zulässig** sind aber auch ein → *bedingter Beweisantrag*, Rn. 169, oder ein → *Hilfsbeweisantrag*, Rn. 545 (*Kleinknecht/Meyer-Goßner*, § 219 Rn. 1). Erfolg wird der Verteidiger aber nur haben, wenn sich schon in diesem (frühen) Verfahrensstadium beurteilen lässt, ob das Gericht den Eintritt der Bedingung, von der dieser Antrag abhängig gemacht worden ist, für gegeben hält. Schließlich kann der Verteidiger auch eine bloße → *Beweisanregung*, Rn. 250, geben, wenn er z.B. das Beweismittel nicht genau bezeichnen kann (*Schlothauer*, Rn. 132).

307d **b)** Der Verteidiger muss den Antrag **schriftlich** stellen. Er ist an das mit dem Verfahren befasste Gericht/den Vorsitzenden zu richten.

☝ Der Verteidiger sollte den Antrag so **frühzeitig** stellen, dass der Vorsitzende Zeit genug hat, rechtzeitig vor Beginn der HV über den Antrag zu entscheiden und dem Verteidiger seine Entscheidung mitzuteilen (§ 219 Abs. 1 S. 2). Denn dann hat der Verteidiger im Fall der Ablehnung ggf. noch genügend Zeit, von der Möglichkeit der **Selbstladung** von Zeugen und SV nach § 220 Gebrauch zu machen (s. → *präsentes Beweismittel*, 675).

307e **3.** Über den (Beweis-)Antrag zur Vorbereitung der HV **entscheidet** allein der **Vorsitzende**, nicht das Gericht. Der Vorsitzende muss über den Antrag entscheiden, er darf die Entscheidung nicht dem Gericht für die HV vorbehalten (BGHSt 1, 286; *Kleinknecht/Meyer-Goßner*, § 219 Rn. 2; *Schlothauer*, Rn. 127). Handelt es sich nur um einen → *Beweisermittlungsantrag*, Rn. 308, braucht der Vorsitzende diesen jedoch nicht zu bescheiden (*Kleinknecht/Meyer-Goßner*, a.a.O.).

Der Vorsitzende kann zur **Ablehnung** auf die **Gründe** des **§ 244** zurückgreifen, mit Ausnahme der sog. Wahrunterstellung, da er das Gericht insoweit nicht binden kann (*Kleinknecht/Meyer-Goßner*, § 219 Rn. 3). Notwendig ist das aber nicht. Es reicht auch die Begründung, die Beweisaufnahme erscheine entbehrlich (*Kleinknecht/Meyer-Goßner*, § 219 Rn. 4; KK-*Tolksdorf*, § 219 Rn. 5; s.a. Rn. 6 [an den Kriterien des § 244 ausrichten]; *Hamm/Hassemer/Pauly*, Rn. 453; enger offenbar auch *Schlothauer*, Rn. 126).

☝ Will der Vorsitzende über den Antrag nicht entscheiden, muss der Verteidiger auf die **Entscheidung** des Vorsitzenden **drängen**. Sieht der Vorsitzende den vom Verteidiger gestellten Antrag nur als **Beweisermittlungsantrag**, Rn. 308, an, über den er nicht entscheiden muss (*Kleinknecht/Meyer-Goßner*, a.a.O.), dürfte er aber nach den Grundsätzen des „fair trial" zumindest verpflichtet sein, dem Verteidiger dies **mitzuteilen**. Dann hat dieser die Möglichkeit, ggf. doch noch einen förmlichen Beweisantrag zu stellen (s. dazu für die HV BGHSt 30, 131, 143; NStZ 1985, 229; *Kleinknecht/Meyer-Goßner*, § 244 Rn. 27; KK-*Herdegen*, § 244 Rn. 55, jeweils m.w.N.; *Hamm/Hassemer/Pauly*, Rn. 452).

Gegen die Entscheidung des Vorsitzenden kann der Verteidiger **keine Beschwerde** einlegen. Es gilt § 305 S. 1.

307f

4. Hinweise für den Verteidiger!

a) Bei seiner **Entscheidung**, ggf. einen Beweisantrag zur Vorbereitung der HV zu stellen, muss der Verteidiger folgende Umstände **berücksichtigen**:

Vorteilhaft ist:

- Durch die sich aus § 219 Abs. 1 S. 2 ergebende Verpflichtung des Vorsitzenden, dem **Verteidiger** die auf seinen Antrag ergehende Verfügung bekannt zu machen, **erfährt** der Verteidiger, wie – zumindest – der Vorsitzende sein Beweisbegehren beurteilt.
- Der Verteidiger hat durch die Bescheidung eines rechtzeitig gestellten Antrags die **Möglichkeit**, ggf. von seinem sich aus § 220 ergebenden **Selbstladungsrecht** Gebrauch zu machen (s. → *Präsentes Beweismittel*, Rn. 675).
- Übersehen darf der Verteidiger ebenfalls nicht, dass häufig der Vorsitzende, auch wenn die Erheblichkeit des beantragten Beweises für ihn nicht ohne weiteres ersichtlich ist, dem vorbereitend gestellten Beweisantrag **vorsorglich** nachkommt, um auf diese Weise einen entsprechenden Beweisantrag in der HV mit der Gefahr der Notwendigkeit der Unterbrechung der Hauptverhandlung zu vermeiden. Das gilt insbesondere für Anträge auf Einholung eines SV-Gutachtens, soweit dessen Erstattung nicht vom Verlauf und Ergebnis der HV abhängig ist. Schlägt das Gericht dieses Verfahren ein, gilt § 245 Abs. 1. Die Beweisaufnahme in der HV ist dann – ohne neuen Beweisantrag – auf das vorhandene Beweismittel zu erstrecken.
- Schließlich muss der Vorsitzende, wenn er den Antrag nicht beschieden oder seine Entscheidung dem Verteidiger nicht bekannt gegeben hat, diesen aufgrund seiner **Fürsorgepflicht** in der **HV** fragen, ob er seinen Antrag aufrecht erhält und ihn ggf. darauf **hinweisen**, dass er seinen Antrag in der HV wiederholen muss (*Kleinknecht/Meyer-Goßner*, § 219 Rn. 5 m.w.N. aus der [älteren] Rspr.; s.a. OLG Hamm NJW 1999, 1416 [Ls.]). Unterlässt er das, kann das die Revision begründen (*Kleinknecht/Meyer-Goßner*, § 219 Rn. 7; zur Verletzung der → ***Aufklärungspflicht** des Gerichts*, Rn. 95, wenn ein vor der HV gestellter, in der HV aber nicht wiederholter Beweisantrag, übergangen wird, BGH NStZ-RR 2002, 68 [Be]).

Nachteilig ist:

- Unvorteilhaft kann es ggf. sein – insbesondere, wenn der Angeklagte sich bislang nicht zur Sache eingelassen hat –, dass der Angeklagte/der Verteidiger durch einen Antrag zur Vorbereitung der HV die **Verteidigungsstrategie** möglicherweise teilweise **offen legt** bzw. zumindest zeigt, in welche Richtung die Verteidigung gehen soll. In diesen Fällen wird er im Zweifel einen Beweisantrag **nicht stellen**.
- Entsprechendes gilt, wenn der (Beweis-)Antrag von einem erst in der HV zu erwartenden **Ergebnis** einer anderen **Beweiserhebung abhängt**. Auch dann wird sich ein bereits vor der HV gestellter Beweisantrag nicht empfehlen, möglicherweise aber auch gar nicht möglich sein.

- Schließlich wird der Verteidiger den Verlauf der HV auch dann abwarten, wenn er nicht sicher beurteilen kann, ob der von ihm beabsichtigte Antrag zu dem **gewünschten Ergebnis** führen wird. Die Entscheidung über den Antrag muss dann der HV vorbehalten bleiben.

b) In der **HV** muss der Verteidiger auf Folgendes achten: **307g**

Er muss einen vor der HV gestellten, vom Vorsitzenden negativ beschiedenen **Antrag** ggf. in der **HV wiederholen**, weil er mit der Revision nicht rügen kann, die negative (Allein-)Entscheidung des Vorsitzenden sei rechtsfehlerhaft gewesen (*Schlothauer*, Rn. 130). Entsprechendes gilt, wenn der Vorsitzende auf einen vor der Hauptverhandlung gestellten Antrag des Verteidigers gem. § 219 z.B. die Ladung eines **Zeugen** verfügt hat, der dann aber in der Hauptverhandlung **nicht erschienen** ist. In diesem Fall ist das Gericht zwar grds. verpflichtet, dessen Vernehmung in der Hauptverhandlung herbeizuführen bzw. zumindest zu klären, ob ggf. auf die Vernehmung des nicht erschienenen Zeugen **verzichtet** wird (OLG Hamm NJW 1999, 1416 [Ls.]). Der Verteidiger muss in diesem Zusammenhang darauf achten, dass aus seinem Verhalten nicht der Schluss gezogen werden kann, er verzichte nunmehr auf die vor der HV beantragte Beweiserhebung. Deshalb wird er im Zweifel den vor der HV gestellten Beweisantrag in der HV wiederholen (müssen)(s. aber zu einem Sonderfall BGH NStZ 1999, 419).

☝ Das gilt **insbesondere**, wenn er nun auch noch die Erhebung **anderer Beweise beantragt**. Denn aus der damit ggf. nicht wiederholten früheren Antragstellung kann sonst der Schluss gezogen werden, dass auf die vor der HV beantragte Beweiserhebung nun verzichtet wird (OLG Hamm, a.a.O.).

Siehe auch: → *Beweisantragsrecht, Allgemeines*, Rn. 303a m.w.N.

Beweisermittlungsantrag **308**

Literaturhinweise: ***Herdegen***, Aufklärungspflichten, Beweisantragsrecht, Beweisantrag, Beweisermittlungsantrag, in: Gedächtnisschrift für *Meyer*, S. 207; ***Julius***, Beweis-, Beweisermittlungs- und Verschleppungsantrag im Strafprozeß, MDR 1989, 116; ***Schulz***, Die prozessuale Behandlung des Beweisermittlungsantrages, GA 1981, 310; ders., Zur Entscheidungskompetenz über Beweisermittlungsanträge, AnwBl. 1983, 429; s.a. die Hinw. bei → *Beweisantrag*, Rn. 255, und bei → *Beweisantragsrecht, Allgemeines*, Rn. 302.

1. Der Beweisermittlungsantrag ist ein „**Minus**“ gegenüber einem → *Beweisantrag*, Rn. 255. Ihm fehlt i.d.R. die konkrete Angabe der Beweistatsache oder des Beweismittels. Mit ihm äußert der Verteidiger lediglich den **Wunsch**, dass eine **308a**

bestimmte **Beweistatsache** (erst noch) **ermittelt** wird (*Michalke* ZAP F. 22, S. 61 m.w.N.). Im Wesentlichen geht es um das Auffinden von geeigneten Verteidigungsmitteln (*Kleinknecht/Meyer-Goßner*, § 244 Rn. 25; zur Abgrenzung von Beweis- und Beweisermittlungsantrag s. BGHSt 39, 251; 40, 3; NJW 1993, 867; BayObLG NJW 1996, 331 [für Antrag auf Vernehmung von 54 Zeugen]; *Hamm/Hassemer/Pauly*, Rn. 51 f.). In der Praxis werden Beweisermittlungsanträge häufig in Zusammenhang mit den sich aus den §§ 20, 21 StGB ergebenden Fragen gestellt.

☝ Um einen Beweisermittlungsantrag handelt es sich i.d.R., wenn der Antrag in der Hoffnung, dass die beantragten Nachforschungen zugunsten des Angeklagten sprechende Tatsachen ergeben werden, nur Vermutungen äußert (BGHSt 30, 131). I.d.R. wird bei der **Formulierung** des Antrags das Wort „**ob**" verwendet und meist beantragt zu ermitteln, „ob" eine bestimmte Vermutung zutrifft (vgl. auch *Michalke* StV 1990, 184 ff. in der Anm. zu BGH StV 1990, 149; *Hamm/Hassemer/Pauly*, Rn. 57; siehe zuletzt BGH NJW 1999, 2683, 2684 [bzgl. eines Antrags der zur Aufklärung darüber zielte, „ob es sich . . . überhaupt um Kokain handelte"]). Für einen Beweisermittlungsantrag folgende

Beispiele:

- genannt wird nur das **Beweisziel** (s. dazu BayObLG NJW 1996, 331),
- es wird eine **große Zahl** von Zeugen genannt (BGH NStZ 1983, 219 [Pf/M]; BayObLG, a.a.O.),
- der Antrag wird „**ins Blaue hinein** gestellt" (zuletzt BGH NStZ 1999, 312),
- es wird **kein bestimmtes Beweismittel** genannt, wie z.B. bei dem Antrag auf **Beiziehung** von einen Zeugen betreffende (Kranken)unterlagen/**Akten** (BGH NStZ 1997, 562; StV 1999, 80; s.a. OLG Köln StV 1999, 82 f. [Antrag auf Vernehmung eines Zeugen, dessen Namen offenkundig falsch angegeben wird]),
- der Antrag ist darauf gerichtet, zunächst eine größere Zahl von **Personen festzustellen** und dann zu vernehmen, ohne dass angegeben wird, welche dieser Personen von der zu beweisenden Tatsache Kenntnis hat (BGHSt 40, 3; s.a. BGH StV 1996, 581 [Antrag auf Anfragen bei Registerbehörden, um Suche nach gleichnamigen Zeugen zu ermöglichen]),
- **nicht**, wenn der Antragsteller, das, was er behauptet, nur **vermutet** (KK-*Herdegen*, § 244 Rn. 44, 53; OLG Hamburg StV 1999, 81 f.; s.a. *Herdegen* NStZ 1998, 447, wonach das Gericht für die Annahme, der Antragsteller behaupte etwas aufs Geratewohl die Argumentationslast trägt).

Für den Beweisermittlungsantrag gilt § 257a, so dass das Gericht dem Verteidiger aufgeben **kann**, seinen **Antrag schriftlich** zu stellen (→ *Schriftliche Antragstellung*, Rn. 784).

309

2. Der Beweisermittlungsantrag **verpflichtet** das **Gericht** grds. **nicht**, bei Ablehnung des Antrags diesen förmlich – gem. § 244 Abs. 6 mit Begründung – zu **bescheiden**. Der Verteidiger erfährt demzufolge meist nicht, ob der Antrag aus einem der in § 244 Abs. 3, 4 aufgeführten Zurückweisungsgründe abgelehnt worden ist. Das Gericht kann einen Beweisermittlungsantrag auch einfach übergehen.

☝ Rspr. und Lit. gehen jedoch zunehmend davon aus, es als durch die **Fürsorgepflicht** des Gerichts geboten anzusehen, dass der **Vorsitzende** des Gerichts **eröffnet**, ob das Gericht dem Beweisermittlungsantrag stattgeben werde oder warum es davon absehen wolle (BGHSt 30, 131, 143; NStZ 1985, 229; *Kleinknecht/Meyer-Goßner*, § 244 Rn. 27; KK-*Herdegen*, § 244 Rn. 55, jeweils m.w.N.).

Gegen eine ablehnende Entscheidung des Vorsitzenden kann der Verteidiger gem. § **238 Abs. 2** das **Gericht anrufen**, das dann durch Beschluss entscheidet (so jetzt auch *Kleinknecht/Meyer-Goßner*, a.a.O., m.w.N.). Einen erkennbar als → *Beweisantrag*, Rn. 255, gestellten Antrag darf nicht der Vorsitzende allein, sondern kann nur das Gericht durch Beschluss nach § 244 Abs. 6 zurückweisen (BGH StV 1994, 172; *Hamm/Hassemer/Pauly*, Rn. 54).

310

3. Grds. kann der Verteidiger die Zurückweisung oder Nichtbescheidung eines Beweisermittlungsantrags **revisionsrechtlich** nicht überprüfen lassen. Hatte der Beweisermittlungsantrag allerdings inhaltlich ein Beweisthema von **ausschlaggebender Bedeutung** für das Verfahren, war das Gericht ggf. von sich aus aufgrund der sich aus § 244 Abs. 2 ergebenden → *Aufklärungspflicht des Gerichts*, Rn. 95, zur **Aufklärung** (§ 244 Abs. 2) verpflichtet, ohne dass es darauf ankam, ob ein Beweisantrag oder ein Beweisermittlungsantrag gestellt war.

☝ Das **Übergehen** eines solchen entscheidungserheblichen Beweisermittlungsantrags kann dann auch in der Revision mit der Aufklärungsrüge als **Verletzung** der → ***Aufklärungspflicht** des Gerichts*, Rn. 99, gerügt werden (vgl. *Kleinknecht/Meyer-Goßner*, § 244 Rn. 27 m.w.N.; *Michalke* ZAP F. 22, S. 62; dies., Anm. zu OLG Frankfurt StV 1988, 243 ff.; zur Aufklärungspflicht des Gerichts s. zuletzt a. BGHSt 40, 3).

Wegen der für diese Revisionsrüge erforderlichen Darlegung, dass die unterlassene Beweiserhebung sich dem Gericht hätte aufdrängen müssen, muss der Verteidiger darauf achten, dass der Beweisermittlungsantrag nach § 273 Abs. 1 in das → ***Protokoll der Hauptverhandlung***, Rn. 713, aufgenommen wird.

311

4. Hinweis für den Verteidiger!

Für die **Abwägung**, ob und wann der Verteidiger einen Beweisermittlungsantrag stellen soll, gilt Folgendes (s.a. *Hamm/Hassemer/Pauly*, Rn. 56):

- Der Verteidiger wird einen **Beweisermittlungsantrag** i.d.R. **immer** dann stellen, wenn er **nicht sicher** ist, dass die Beweiserhebung die von ihm gewünschte und im Antrag bezeichnete Beweistatsache auch wirklich ergibt. Das kann z.B. der Fall sein, wenn in der HV überraschend Erkenntnisquellen auftauchen, die der Verteidiger noch nicht hat überprüfen können. In diesen Fällen wird der Verteidiger einen Beweisermittlungsantrag um so eher stellen, je offensichtlicher ist, dass das Beweisthema für das Verfahren von **ausschlaggebender Bedeutung** ist. Der Verteidiger kann die entsprechende Beweisbehauptung aber auch in die Form eines Beweisantrages kleiden, also sicher behaupten, da das sichere Wissen über die Erweislichkeit der aufgestellten Behauptung keine Voraussetzung für einen Beweisantrag ist (→ *Beweisantrag*, Rn. 257).
- Eine andere Frage ist die, ob es zweckmäßig ist, nach **Zurückweisung** eines Beweisermittlungsantrags diesen in der Form eines Beweisantrages (**erneut**) zu **stellen**. Die Antwort wird letztlich von den Umständen des Einzelfalls abhängen. Wenn der Verteidiger jedoch erkennbar lediglich die Formulierung seines Antrags umstellt, muss er mit Fragen des Gerichts rechnen, aufgrund welcher Anhaltspunkte sich sein ursprüngliches Ermittlungsersuchen nun in eine bestimmte Tatsachenbehauptung verwandelt hat (Beck-*Michalke*, S. 428 f.). Insoweit gelten die Ausführungen bei → *Beweisantrag*, Rn. 258, entsprechend.

312

5. Muster eines Beweisermittlungsantrags

An das
Amtsgericht/Landgericht Musterstadt

In der Strafsache
gegen H. Muster
Az.: . . .

wird beantragt

zur weiteren Aufklärung des Sachverhalts eine Auskunft des Wetteramtes Essen darüber einzuholen, ob am 15. Oktober 2002 gegen 16.30 Uhr schauerartige Regenfälle auf der BAB A 43 im Bereich des Autobahnkreuzes Recklinghausen niedergegangen sind.

Begründung:

Für den gegenüber dem Angeklagten erhobenen Vorwurf der fahrlässigen Körperverletzung infolge einer den Straßenverhältnissen nicht angepassten Geschwindigkeit kommt es entscheidend darauf an, ob es am Tattag zur Tatzeit am Unfallort nur genieselt hat oder ob schauerartige Regenfälle niedergegangen sind. Diese Frage kann durch eine Auskunft des

Wetteramtes Essen, das für den fraglichen Bereich zuständig ist, geklärt werden.

Rechtsanwalt

Siehe auch: → *Beweisanregung*, Rn. 250, → *Beweisantragsrecht, Allgemeines*, Rn. 303a, m.w.N.

Beweisverwertungsverbote

313

Literaturhinweise: ***Amelung***, Probleme der Einwilligung in strafprozessuale Grundrechtsbeeinträchtigungen, StV 1985, 257; ders., Informationsbeherrschungsrechte im Strafprozeß, 1990; ders., Die zweite Tagebuchentscheidung des BVerfG, NJW 1990, 1753; ders., Subjektive Rechte in der Lehre von den strafprozessualen Beweisverboten, in: Festschrift für *Bemmann*, S. 505; ders., Die Verwertbarkeit rechtswidrig gewonnener Beweismittel zugunsten des Angeklagten und deren Grenzen, StraFo 1999, 181; ***Artkämper***, Das Recht zur Verteidigerkonsultation, NJ 1998, 246; ***Bärlein/Pananis/Rehmsmeier***, Spannungsverhältnis zwischen Aussagefreiheit im Strafverfahren und den Mitwirkungspflichten im Verwaltungsverfahren, NJW 2002, 1825; ***Basdorf***, Formelle und informelle Präklusion im Strafverfahren – Mitwirkungspflichten und gesteigerte Verantwortung des Verteidigers, StV 1997, 488; ***Bauer***, Ist die Kritik an der „Rechtskreistheorie" (methodisch) noch zu halten? Ein Plädoyer für die Rechtskreistheorie – zugleich eine Erwiderung auf *Hauf*, NStZ 1993, 457, NJW 1994, 2530; ***Bernsmann***, Verwertungsverbot bei fehlender und mangelhafter Belehrung, StraFo 1998, 73; ***Bernstein***, Zur Rechtsnatur von Geschwindigkeitskontrollen, NZV 1999, 316; ***Beulke***, Muß die Polizei dem Beschuldigten vor der Vernehmung „Erste Hilfe" bei der Verteidigerkonsultation leisten?, NStZ 1996, 257; ***Bienert***, Private Ermittlungen und ihre Bedeutung auf dem Gebiet der Beweisverwertungsverbote, 1997; ***Binder/Seemann***, Die zwangsweise Verabreichung von Brechmitteln zur Beweissicherung, NStZ 2002, 234; ***Blau***, Beweisverbote und rechtsstaatliche Begrenzung der Aufklärungspflicht im Strafprozeß, Jura 1993, 513; ***Bockemühl***, Private Ermittlungen im Strafprozeß. Ein Beitrag zu der Lehre von den Beweisverboten, 1996; ders., Meistbegünstigung bei „kontaminierten" Beweismitteln, in: Schriftenreihe der Strafverteidigervereinigungen, 23. Strafverteidigertag Bremen 1999, 50 Jahre Grundgesetz, S. 161; ***Boese***, Der Nemo-tenetur-Grundsatz als Gebot zur Aussetzung des Zivilprozesses nach § 149 ZPO?, wistra 1999, 451; Die verfassungsrechtlichen Grundlagen des Satzes „Nemo tenetur se ipsum accusare", GA 2002, 98; ***Bosch***, Die Verdeckte Befragung des Beschuldigten – Strafrechtspflege ohne Grenzen?, BGH-Beschluß v. 13.5.1996 – GSSt 1/96 (LG Hamburg) = NJW 1996, 2940 ff., Jura 1998, 236; ***Brüssow***, Beweisverwertungsverbot in Verkehrsstrafsachen, StraFo 1998, 294; ***Cramer***, Strafprozessuale Verwertbarkeit ärztlicher Gutachten aus anderen Verfahren, NStZ 1996, 209; ***Dencker***, Verwertungsverbote im Strafprozeß, 1977; ders., Über Heimlichkeit, Offenheit und Täuschung bei der Beweisgewinnung im Strafverfahren, StV 1994, 667; ders., Verwertungsverbote und Verwendungsverbote im Strafprozeß, in: Festschrift für *Meyer-Goßner*, S. 237; ***Dingeldey***, Der Schutz der strafprozessualen Aussagefreiheit durch Verwertungsverbote bei außerstrafrechtlichen Aussage- und Mitwirkungspflichten, NStZ 1984, 529; ***Dittrich***, Der große Lauschangriff – diesseits und jenseits der Verfassung, NStZ 1998, 336; ***Ellbogen***, Die Fluchttagebücher *Frank Schmökel* und ihre Verwertbarkeit im Strafprozess, NStZ 2001, 460; ***Freund***, Zulässigkeit, Verwendbarkeit und Beweiswert eines heimlichen Stimmenvergleichs – BGHSt 40, 66, JuS 1995, 394; ***Füllkrug***, Unzulässige Vorteilszusicherung als verbotene Vernehmungsmethode – zugleich ein Beitrag zur Fernwirkung von Beweisverwertungsverboten, MDR 1989, 119; ***Gärditz***, Der

Strafprozeß unter dem Einfluß europäischer Richtlinien, wistra 1999, 293; ***Gleß***, Zur Verwertung von Erkenntnissen aus verdeckten Ermittlungen im Ausland im inländischen Strafverfahren, NStZ 2000, 57; ***Gössel***, Kritische Anmerkungen zum gegenwärtigen Stand der Lehre von den Beweisverboten im Strafverfahren, NJW 1981, 649; ders., Überlegungen zu einer Beweisverbotslehre, NJW 1981, 2247; ders., Die Beweisverbote im Strafverfahrensrecht der Bundesrepublik Deutschland, GA 1991, 483; ders., Über das Verhältnis von Beweisermittlungsverbot und Beweisverwertungsverbot unter besonderer Berücksichtigung der Amtsaufklärungsmaxime der §§ 160, 244 II StPO – Zugleich eine Besprechung der Beschlüsse des Ermittlungsrichters und des BGH – 1 BGs 65/97 und 1 BGs 88/97, NStZ 1998, 126; ***Grüner***, Die zwangsweise Vergabe von Brechmitteln – OLG Frankfurt a.M., NJW 1997, 1647 ff., JuS 1999, 122; ***Grünwald***, Beweisverbote und Verwertungsverbote im Strafverfahren, JZ 1966, 497; ders., Das Beweisrecht der Strafprozeßordnung, 1993; ***Haffke***, Schweigepflicht, Verfahrensrevision und Beweisverbot, GA 1973, 65; ***R.Hamm***, Verwertung rechtswidriger Ermittlungen – nur zugunsten des Beschuldigten?, StraFo 1998, 361; ders., Monokeltest und Menschenwürde, NJW 1999, 922; ***Harris***, Verwertungsverbot für mittelbar erlangte Beweismittel: Die Fernwirkungsdoktrin in der Rechtsprechung im deutschen und amerikanischen Recht, StV 1991, 313; ***Hauf***, Beweisverwertungsverbot: „in dubio pro reo" beim Nachweis von Verfahrensfehlern, MDR 1993, 195; ders., Ist die Rechtskreistheorie noch zu halten?, NStZ 1993, 457; ders., Der neue Streit um die Rechtskreistheorie, wistra 1995, 53; ***Hecker***, Verwertungsverbot infolge unterlassener Betroffenenbelehrung, NJW 1997, 1833; ***Heerspink***, Zum Konflikt zwischen der steuerlichen Mitteilungspflicht des § 4 Abs. 5 Nr. 10 EStG und dem Nemo-tenetur-Prinzip, wistra 2001, 441; ***Hofmann***, Beweisverbote im Strafprozeß – Beweiserhebungsverbote und Beweisverwertungsverbote, JuS 1992, 587; ***Hornmann***, Die Verfolgung von Ordnungswidrigkeiten durch Private ist unzulässig – auch in Hessen, DAR 1999, 158; ***Jarke***, Das Verwertungsverbot des § 393 Abs. 2 S. 1 AO – Eine kritische Anmerkung zum Beschluß des BayObLG vom 6.8.1996, wistra 1997, 325; ***Keiser***, Die Anwendung des „nemo-tenetur-Grundsatzes" auf das Prozessverhalten des Angeklagten, StV 2000, 633; ***Kelnhofer***, Hypothetische Ermittlungsverläufe im System der Beweisverbote, 1994; ***Kramer***, Heimliche Tonbandaufnahmen im Strafprozeß, NJW 1990, 1760; ***Krekeler***, Beweisverwertungsverbote bei fehlerhaften Durchsuchungen, NStZ 1993, 265; ***Kretschmer***, Die Verwertung sogenannter Zufallsfunde bei der strafprozessualen Telefonüberwachung, StV 1999, 221; ***Kühne***, Telefonüberwachung von Rechtsanwälten, StV 1998, 683; ***Kunkel***, Justiz- und Sozialdatenschutz, StV 2000, 531; ***Küpper***, Tagebücher, Tonbänder, Telefonate, JZ 1990, 416; ***Landau/Sander***, Ermittlungsrichterliche Entscheidungen und ihre Revisibilität, StraFo 1998, 397; ***Lesch***, „Hörfalle" und kein Ende – Zur Verwertbarkeit von selbstbelastenden Angaben des Beschuldigten in der Untersuchungshaft, GA 2000, 355; ***Maatz***, Forensische Verwertbarkeit und Konsequenzen aus der AAK-Entscheidung des BGH, BA 2002, 21; ***Marberth-Kubicki***, Internet und Strafrecht, StraFo 2002, 277; ***Marx***, Das Geldwäschegesetz als „Einfallstor" der Steuerfahndung, PStR 1999, 16; ***Meurer***, Dogmatik und Pragmatismus – Marksteine der Rechsprechung des BGH in Strafsachen, NJW 2000, 2936; ***Michalke***, Die Verwertbarkeit von Erkenntnissen der Eigenüberwachung zu Beweiszwecken im Straf- und Ordnungswidrigkeitenverfahren, NJW 1990, 417; ***Müssig***, Beweisverbote im Legitimationszusammenhang von Strafrechtstheorie und Strafverfahren, GA 1999, 119; ***Nack***, Verwertung rechtswidriger Ermittlungen nur zugunsten des Beschuldigten?, StraFo 1998, 366; ***Neuhaus***, Zur Fernwirkung von Beweisverwertungsverboten, NJW 1990, 1221; ders., Wider den rein formalen Vernehmungsbegriff, Krim 1995, 787; ders., Zur Notwendigkeit der qualifizierten Beschuldigtenvernehmung – zugleich Anmerkung zu LG Dortmund NStZ 1997, 356, NStZ 1997, 312; ders., Das Beweisverwertungsverbot des § 393 Abs. 2 AO und seine praktische Bewältigung in der Hauptverhandlung erster Instanz, ZAP F. 22, S. 323; ders., Das Beweisverwertungsverbot des § 393 Abs. 2 AO und seine praktische Bewältigung in der Rechtsmittelinstanz, ZAP

F. 22, S. 339; ***Nobis***, Beweisverwertungsverbot bei Weitergabe eines Lichtbildes durch die Meldebehörde, DAR 2002, 299; ***Otto***, Die strafprozessuale Verwertbarkeit von Beweismitteln, die durch Eingriff in Rechte anderer von Privaten erlangt wurden, in: Festschrift für *Kleinknecht*, S. 319; ***Pelz***, Beweisverwertungsverbote und hypothetische Ermittlungsverläufe, 1993; ***Peres***, Strafprozessuale Beweisverbote und Beweisverwertungsverbote, 1991; ***Ranft***, Schutz der Zeugnisverweigerungsrechte bei Äußerungen außerhalb eines anhängigen Strafverfahrens, StV 2000, 520; ***Ransiek***, Belehrung über Aussagefreiheit und Recht der Verteidigerkonsultation: Folgerungen für die Beschuldigtenvernehmung, StV 1994, 343; ***Reineke***, Die Fernwirkung von Beweisverwertungsverboten, 1990; ***Reichert-Hammer***, Zur Fernwirkung von Beweisverwertungsverboten (§ 136 a StPO) – BGHSt 34, 362, JuS 1989, 446; ***Rogall***, Gegenwärtiger Stand und Entwicklungstendenzen der Lehre von den strafprozessualen Beweisverboten, ZStW 1979, 1 (Band 91); ders., Hypothetische Ermittlungsverläufe im Strafprozeß, NStZ 1988, 383; ders., Über die Folgen der rechtswidrigen Beschaffung des Zeugenbeweises im Strafprozeß, JZ 1996, 944; ***Rothfuß***, Heimliche Beweisgewinnung unter Einbeziehung des Beschuldigten, StraFo 1998, 289; ***Roxin***, Nemo tenetur: Die Rechtsprechung am Scheideweg, NStZ 1995, 465; ***Schaal***, Beweisverwertungsverbot bei informatorischer Befragung im Strafverfahren, 2002; ***Schäfer***, Verdeckte Ermittlungen in Haftanstalten, NStZ 2001, 8; ***Schäpe***, Grenzen der Fahrerermittlung durch die Behörde, DAR 1999, 186; ***Schlothauer***, Ermittlungsrichterliche Entscheidungen und ihre Revisibilität, StraFo 1998, 402; ders., zur Bedeutung der Beweisverwertungsverbote im Ermittlungs- und Zwischenverfahren, in: Festschrift für *Lüderssen*, S. 761; ***Schmidt***, Die strafprozessuale Verwertbarkeit von Tagebuchaufzeichnungen, Jura 1993, 591; ***Schnarr***, Die Verwendung präventiv erhobener Daten zu repressiven Zwecken, StraFo 1998, 217; ***Schneider***, Überlegungen zur strafprozessualen Zulässigkeit heimlich durchgeführter Stimmvergleiche, GA 1997, 371; ***Schroth***, Beweisverwertungsverbote im Strafverfahren – Überblick, Strukturen und Thesen zu einem umstrittenen Thema, JuS 1998, 969; ***Schwaben***, Die Freiheit der Beweiswürdigung im Blickwinkel der Rechtsprechung des Bundesgerichtshofs, StraFo 2002, 78; dies., Die Rechtsprechung des BGH zwischen Aufklärungsrüge und Verwertungsverbot, NStZ 2002, 288; ***Sommer***, Auswirkungen des Schengener Übereinkommens für die Strafverteidigung, StraFo 1999, 37; ***Spatscheck/Alvermann***, Internet-Ermittlungen im Steuerstrafprozeß – Verfahrensprobleme bei der Einführung in die Hauptverhandlung, wistra 1999, 333; ***Spriegel***, Steuergeheimnis und nichtsteuerliche Straftat, wistra 1997, 321; ders., Das Verwertungsverbot in der Rechtsprechung des Bayerischen Obersten Landesgerichts, StraFo 1998, 156; ***Steegmann***, Verkehrsüberwachung durch Dritte, NJW 1997, 2157; ***Steffens***, Verwertungsverbot im Bußgeldverfahren bei Übermittlung von Meldedaten einschließlich des Lichtbildes, StraFo 2002, 222; ***Störmer***, Dogmatische Grundlagen der Verwertungsverbote, 1992; ders., Strafprozessuale Verwertungsverbote in verschiedenen Konstellationen, Jura 1994, 621; ***Strate***, Präventivdaten und ihre Verwendung im Strafverfahren, StraFo 1999, 73; ***Streck/Spatschek***, Steuerliche Mitwirkungspflichten trotz Strafverfahrens, wistra 1998, 334; ***Svoboda***, Hypnose von Zeugen – Hoffnung in aussichtslosen Fällen, Krim 1998, 431; ***Verrel***, Nemo tenetur – Rekonstruktion eines Verfahrensgrundsatzes – 1. Teil, NStZ 1997, 361, 2. Teil, NStZ 1997, 415; ***Vogelberg***, Das Beweisverwertungsverbot des § 393 Abs. 2 AO, PStR 1999, 59; ***von Glahn***, Der Schutz der Aussagefreiheit durch außerstrafrechtliche Normen und das Verbot der Beweisverwertung im Strafverfahren, StraFo 2000, 186; ***Wesemann/Müller***, Das gem. § 136a Abs. 3 StPO unverwertbare Geständnis und seine Bedeutung im Rahmen der Strafzumessung, StraFo 1998, 113; ***Widmaier***, Zum Verwertungsverbot wegen Verstoßes gegen § 168c Abs. 5 StPO, in: Festgabe für den Strafverteidiger *Heino Friebertshäuser*, S. 185; ***Walther/Silvermann***, Lauschangriffe durch Informanten – Rechtsvergleichende Beobachtungen zum Schutz der Privatsphäre anläßlich der Clinton-Affäre, ZRP 1999, 100; ***Wölfl***, Heimliche private Tonaufnahmen im Strafverfahren, StraFo 1999,74; ***Wolter***, Repressive und präventive Verwertung tagebuchartiger Aufzeichnungen, StV 1990, 177; ders., 35 Jahre Verfahrensrechtskultur und Strafprozeßverfassungsrecht in Ansehung von Freiheitsentziehung, (DNA-)Identifizierung und Überwachung, *Hans Joachim Hirsch* zum 70. Geburtstag, GA 1999, 159; ders., Beweisverbote und Umgehungsverbote zwischen Wahrheitserforschung und Ausforschung, in: FG-BGH, S. 963; s.a. die Hinw. bei den u.a. weiterführenden Stichwörtern und bei → *Protokollverlesung nach Zeugnisverweigerung*, Rn. 725, bei → *Verlesung von Geständnisprotokollen*, Rn. 1006, und bei → *Widerspruchslösung*, Rn. 1166a.

313a **1.** Mit zu den schwierigsten Fragen des Beweisrechts zählen die mit den sog. Beweisverwertungsverboten (im Folgenden kurz: BVV) zusammenhängenden Probleme. Hier ist weder Platz alle auftretenden Probleme noch alle bestehenden Beweisverbote zu behandeln. Die Darstellung an dieser Stelle beschränkt sich im Wesentlichen auf die Aufzählung der wichtigsten Beweisverbote, auf die der Verteidiger schon bei der → ***Vorbereitung der Hauptverhandlung***, Rn. 1144, besonders achten muss. In der HV selbst bleibt später auch kaum Zeit zu einer eingehenden Prüfung von BVV. Wegen der Einzelh. und sonstiger Beweisverwertungsverbote wird auf die eingehenden Komm. bei *Kleinknecht/Meyer-Goßner*, Einl. Rn. 55 ff., bei KK-*Pfeiffer*, Einl. Rn. 117 ff., bei LR-*Gössel*, Einl. Abschn. K, Rn. 1 ff.; jeweils m.w.N., auf die Zusammenstellung bei Beck-*Tondorf*, S. 287 ff. sowie auf *Burhoff*, EV, Rn. 424 ff., verwiesen; dort auch weit. Lit.-Nachw. zu Beweisverwertungsverboten im Ermittlungsverfahren.

☝ Hat der Verteidiger in der HV **Bedenken** gegen die **Zulässigkeit** der Verwendung eines Beweismittels, weil nach seiner Ansicht ein Verwertungsverbot besteht, muss er wegen der in der Rspr. des BGH zu beobachtenden Tendenz, die sog. „Widerspruchslösung" auszudehnen, die Art der Beweisaufnahme durch den Vorsitzenden als Maßnahme der → *Verhandlungsleitung*, Rn. 972, auf jeden Fall **beanstanden** und ggf. gem. **§ 238 Abs. 2** einen **Gerichtsbeschluss** herbeiführen, um nicht für die **Revision** die Möglichkeit der Rüge zu verlieren (s. → *Widerspruchslösung*, Rn. 1166a).

Diskutiert wird zunehmend die **Frage**, ob möglicherweise rechtswidrig erlangte Beweismittel – mit Einverständnis des Beschuldigten – ggf. **zu** dessen **Gunsten verwertet** werden dürfen (zur strafmildernden Verwertung eines aufgrund einer – später dann fehlgeschlagenen – Absprache abgelegten Geständnisses BGHSt 42, 191). Die Verwertung zugunsten des Angeklagten wird man, wenn man sie überhaupt als zulässig ansieht, davon abhängig machen müssen, ob der Beschuldigte über das Verwertungsverbot sachlich und/oder personell verfügen kann (s. dazu eingehend *Amelung* StraFo 1999, 181; *R.Hamm* StraFo 1998, 361; *Nack* StraFo 1998, 366). Insoweit wird es auf den Träger des durch die rechtswidrige Beweiserhebung verletzten Rechts und/oder darauf ankommen, inwieweit es überhaupt disponibel ist (*R.Hamm*, a.a.O.; *Nack*, a.a.O., die **Fallgruppen** bilden; s. aber z.B. auch § 136a Abs. 3 S. 2, der nach überwiegender Meinung [*Kleinknecht/Meyer-Goßner*, § 136a Rn. 27 m.w.N.] eine Verwertung sowohl zugunsten als auch zu Lasten ohne Ausnahme ausschließt; a. A. insoweit wohl *Nack* StraFo 1998, 368; zu allem auch *Bockemühl*, S. 165 ff., der die Frage der Verwertbarkeit nach Abwägungsgesichtspunkten entscheidet). Unzulässig wird es auch sein, von einem Beweismittel nur die zugunsten des Angeklagten sprechenden Umstände zu verwerten und die ggf. belastenden nicht (*Amelung* StraFo 1999, 183 m.w.N.; *Nack* StraFo 1998, 371 Fn. 17; s. aber BGH, a.a.O.). Schließlich wird die Verwertung auch nicht nur auf bestimmte Teile des Urteils beschränkt werden können (*Amelung*, a.a.O.).

314 **2. a)** Von erheblicher praktischer Bedeutung ist die Frage, ob der **Angeklagte** oder ein Zeuge (s.a. u. Rn. 317), wenn er im **Ermittlungsverfahren** bereits vernommen worden ist und Angaben gemacht hat, ordnungsgemäß i.S.d. §§ 136, 163a Abs. 3 und 4 **belehrt** und seinem Verteidiger ausreichend **Anwesenheit** gewährt wurde.

☝ Wurde der Angeklagte im Ermittlungsverfahren zunächst als Zeuge vernommen, ist dabei häufig zunächst die Frage von Bedeutung, zu welchem **Zeitpunkt** zur **Beschuldigtenvernehmung** mit Belehrung nach § 136 überzugehen war. Das gilt auch dafür, wann bei einer sog. **Kennzeichenanzeige** der Fahrzeughalter als Beschuldigter zu belehren ist (OLG Karlsruhe MDR 1994, 500 m.w.N.).

Entscheidend ist insoweit die **Stärke** des **Tatverdachts** (BGHSt 37, 48, 51; BayObLG NJW 1994, 1296; *Kleinknecht/Meyer-Goßner*, Einl. Rn. 77). Eine Belehrung nach § 136 ist somit veranlasst, wenn sich der Tatverdacht so verdichtet hat, dass die vernommene Person ernstlich als Täter der untersuchten Straftat, und nicht mehr nur als Zeuge, in Betracht kommt (BGH, a.a.O.; zum Vernehmungsbegriff eingehend *Burhoff*, EV, Rn. 1836; zum Beschuldigtenbegriff *Burhoff*, EV, Rn. 380). Um eine Beschuldigtenvernehmung handelt es sich danach noch nicht, wenn ein Polizeibeamter am Tatort oder in seiner Umgebung Personen fragt, ob sie ein bestimmtes Geschehen beobachtet haben, mag der Beamte auch hoffen, bei seiner Tätigkeit neben geeigneten Zeugen den Täter zu finden (BGHSt 38, 214; zur Frage der Verwertbarkeit von **Spontanäußerungen** OLG Köln StraFo 1998, 21 m.w.N.; zum BVV bei der informatorischen Befragung eingehend *Schaal*, a.a.O.). Bei Spontanäußerungen ist immer auch zu prüfen, ob diese ggf. deshalb unverwertbar sind, weil der Beschuldigte sie nicht „im vollen Besitz seiner geisteigen Kräfte“ gemacht hat (vgl. dazu BGHSt 39, 349; 42, 170). Das kann z.B. bei Alkoholeinfluss ausgeschlossen sein (LG Osnabrück zfs 1999, 491 [für das Einräumen einer Trunkenheitsfahrt]).

Umstritten ist, ob etwas anderes dann gilt, wenn eine **Privatperson** auf **Veranlassung** eines **Strafverfolgungsorgans handelt** bzw. der ermittelnde Beamte selbst „verdeckt“ auftritt. Der BGH sieht diese Fälle grds. nicht als Vernehmung an, da er den Vernehmungsbegriff ausdrücklich einschränkt auf Angaben der Auskunftsperson vor einem nach außen als solches erkennbar auftretenden Strafverfolgungsorgan (BGHSt 40, 211; zuletzt BGHSt 42, 139; differenzierend *Neuhaus* Krim 1995, 787, 788 ff.; a.A. *Roxin* NStZ 1997, 18 in der Anm. zu BGH, a.a.O.). Diese Frage ist insbesondere von Bedeutung beim Tätigwerden eines VE (s.a. Rn. 321 „Hörfalle“; wegen der Einzelh. *Burhoff*, EV, Rn. 1756, 1776 ff. Zu verdeckten Ermittlungen in Haftanstalten s. *Schneider* NStZ 2001, 8 und zur Verwertung von im Ausland durchgeführten **verdeckten Ermittlungen** *Gleß* NStZ 200, 57).

315 **b)** Für die **Verwertbarkeit** der Vernehmung gilt folgender **Überblick** (wegen der Einzelh. s. die eingehenden Ausführungen zu den Vernehmungen des Angeklagten/Beschuldigten im Ermittlungsverfahren bei *Burhoff*, EV, Rn. 1349 ff., 1442 ff., Rn. 1501 ff.; zur str. Frage, ob auch eine unterlassene Betroffenenbelehrung zur Unverwertbarkeit der Vernehmung führt, s. *Hecker* NJW 1997, 1833; → *Verlesung von Geständnisprotokollen*, Rn. 1006 ff., m.w.N.):

- Ist **nicht** ordnungsgemäß **belehrt**, ist die Aussage nach der Rspr. des BGH **nicht verwertbar** (BGHSt 38, 214; eingehend dazu *Herrmann* NStZ 1997, 212; *Burhoff*, EV, Rn. 1372 ff.). Ob ein BVV auch entsteht, wenn der vernehmende Polizeibeamte den Beschuldigten nicht (auch) auf sein **Recht** hingewiesen hat, einen **Verteidiger beiziehen** zu können, hat der BGH nicht eindeutig entschieden. Einerseits hat er sie offen gelassen (BGH NStZ 1997, 609; s. dazu auch BGHSt 47, 172, in anderen Entscheidungen hat er sie hingegen bejaht (vgl. BGHSt 38, 372; 42, 15; BGH NStZ 1997, 502) Die Frage ist aber auf jeden Fall zu bejahen (s. auch *Kleinknecht/Meyer-Goßner*, § 136 Rn. 20a m.w.N.; *Kaufmann* NStZ 1998, 474 und *Wollweber* StV 1999, 355 in der Anm. zu BGH NStZ 1997, 609). Das gilt vor allem dann, wenn man das Schweigerecht und das Recht des Beschuldigten auf Verteidigerkonsultation als gleichwertig ansieht (BGHSt 47, 172; noch offen gelassen von BGH NStZ 1997, 609).

☝ Der Verteidiger muss immer auch **prüfen**, ob nicht ggf. nach der Rspr. des BGH die Pflicht zur Stellung eines Antrags auf **Beiordnung** eines **Pflichtverteidigers** bestand, weil abzusehen war, dass die Mitwirkung eines Verteidigers **notwendig** werden wird (BGHSt 46, 93). Insoweit besteht (für die StA) zwar ein **Beurteilungsspielraum.** Dieser kann sich jedoch ggf. auf nur eine pflichtgemäße Entscheidung einengen (BGHSt 47, 172). Der **BGH** (a.a.O.) hat jedoch ein **BVV** im Rahmen einer Abwägung **abgelehnt**, weil der Rechtsverstoß angesichts der Kenntnis des Beschuldigten von seinen Rechten zum Schweigen und auf Verteidigerkonsultation nicht als schwer zu werten ist. Die weiten Grundsätzen dieser Entscheidung sind zudem inzwischen durch die Entscheidung des BGH vom 5.2.2002 wieder eingeschränkt worden (vgl. BGHSt 47, 233). Danach besteht die Pflicht zur Stellung des Beiordnungsantrags für die StA nur dann, wenn mit gewichtiger Anklageerhebung zu rechnen ist und eine effektive Wahrnehmung der Verteidigungsinteressen des Beschuldigten die Mitwirkung eines Verteidigers unerlässlich erfordert. Nach *Wohlers* (JR 2002, 294 in der Anm. zu BGH, a.a.O.) sollte ein BVV für solche Aussagen des Beschuldigten angenommen werden, die dieser gemacht hat, ohne dass ihm ein Verteidiger beigeordnet war, obwohl die Voraussetzungen des § 141 Abs. 3 StPO vorgelegen haben.

- Ein **BVV auch**, wenn der Beschuldigte vom Polizeibeamten zwar ordnungsgemäß auf seine Aussagefreiheit hingewiesen worden ist, er den Hinweis aber infolge einer geistig-seelischen Störung **nicht verstanden** hat (BGHSt 39, 349; zur prozessualen Fürsorgepflicht des Vernehmungsbeamten bei Beschuldigten mit geringer intellektueller Befähigung AG Neumünster StraFo 2001, 95).
- Nach OLG Celle (NStZ 1992, 510) gilt die Unverwertbarkeit auch dann, wenn die Vernehmung **zeitlich** vor BGHSt 38, 214 erfolgte.
- Das Verwertungsverbot gilt **nicht** für das Fehlen der Belehrung eines **Mitangeklagten** (BGH NJW 1994, 3364).
- **Str.** ist, ob für nachfolgende Vernehmungen eine Belehrung über die Unverwertbarkeit der ersten Vernehmung (sog. **qualifizierte Vernehmung**) zu fordern ist, wenn eine erste Vernehmung unverwertbar ist. Die Frage wird in der Lit. von *Artkämper* Krim 1996, 399; *Neuhaus* NStZ 1997, 356; *Schünemann* MDR 1969, 102 und wohl auch von *Kleinknecht/Meyer-Goßner*, § 136 Rn. 9 sowie in der Rspr. von LG Dortmund NStZ 1997, 312; LG Bad Kreuznach StV 1994, 293; AG München StV 2001, 501 bejaht, vom BGH hingegen bislang verneint (BGHSt 22, 129, 134 [**Problem** der **Fortwirkung** des BVV]; s.a. *Burhoff*, EV, Rn. 843). Sinn und Zweck der Belehrungsvorschriften führen hier m.E. dazu, dass der Angeklagte qualifiziert zu belehren ist und ein BVV fortwirkt (s.a. BGH NStZ 1988, 419; wegen der Einzelh. s. *Neuhaus*, a.a.O.).
- Nach LG Bad Kreuznach (StV 1993, 629, 636) besteht für die Vernehmungen, die durch einen **befangenen StA** durchgeführt worden sind, ein BVV.

c) Hinweise für den Verteidiger! **316**

Erfährt der Verteidiger von seinem (nun schweigenden/bestreitenden) Mandanten (erst während der HV), dass dieser bei einer polizeilichen/richterlichen Vernehmung **nicht** oder zu spät **belehrt** worden ist und ihm sein Recht zum Schweigen auch nicht bekannt war, **empfiehlt** sich folgende **Vorgehensweise**:

- Der **Angeklagte** sollte bei seiner Anhörung (→ *Vernehmung des Angeklagten zur Sache*, Rn. 1037) darauf **hinweisen**, dass er vor seiner polizeilichen Vernehmung **nicht belehrt** (BGHSt 38, 214) oder auch die Hinzuziehung eines Verteidigers verwehrt (BGHSt 38, 372) bzw. dazu nicht ausreichend Hilfe geleistet (BGHSt 42, 15) worden ist (vgl. zu allem a. BGHSt 47, 172); *Burhoff*, EV, Rn. 1349 ff.; *Roxin* JZ 1997, 343 in der Anm. zu BGHSt 42, 15; eingehend zum Recht des Beschuldigten, vor der polizeilichen Vernehmung einen Verteidiger zu befragen, *Herrmann* NStZ 1997, 209 ff.).
- Einem **Vorhalt** aus dem Vernehmungsprotokoll, das wegen fehlender Belehrung nicht verwertbar ist, muss der Verteidiger **sofort widersprechen** und ggf. gem. **§ 238 Abs.** 2 einen Gerichtsbeschluss herbeiführen (→ *Widerspruchslösung*, Rn. 1166a ff.; *Neuhaus* NStZ 1997, 356; *Artkämper* NJ 1998, 246).
- Soll der vernehmende **Polizeibeamte** als Vernehmungsperson **vernommen** werden, muss der Verteidiger **spätestens** im Rahmen einer nach **§ 257** abgegebenen **Erklärung** auf die unterbliebene Belehrung hinweisen und der Vernehmung **widersprechen** (vgl. u.a. BGHSt 38, 214, 224; → *Widerspruchslösung*, Rn. 1166a ff.). Zur Erhaltung der Revisionsrüge ist gem. **§ 238 Abs. 2** ein Gerichtsbeschluss herbeizuführen. Der Widerspruch gegenüber der StA im Ermittlungsverfahren reicht nicht (BGH NStZ 1997, 502; a.A. mit beachtlichen Argumenten *Schlothauer*, S. 767 ff.; → *Widerspruchslösung*, Rn. 1166).
- Darauf hinzuweisen ist, dass die Frage, ob der Polizeibeamte ordnungsgemäß belehrt hat oder nicht, eine **prozessuale Frage** ist, für die also nicht der Strengbeweis, sondern das sog. → ***Freibeweisverfahren***, Rn. 502 gilt (BGH NStZ 1997, 609; krit. *Wollweber* StV 1999, 355 in der Anm. zu BGH, a.a.O.). Daher dürfen zur Beantwortung der Frage alle Erkenntnisquellen ausgeschöpft werden. Dem Verteidiger ist im Hinblick auf eine mögliche Revisionsrüge zu raten, zur Klärung dieser Frage auf jeden Fall mit einem **Beweisantrag** die Vernehmung des Vernehmungsbeamten zu beantragen. Das Gericht ist dabei aber an die Ablehnungsgründe des § 244 nicht gebunden.

317 **3. a)** Bei der Vorbereitung von **Zeugenvernehmungen** wird der Verteidiger zunächst immer prüfen, ob zur Zeugnisverweigerung berechtigte Zeugen, die bereits im Ermittlungsverfahren vernommen worden sind, über das ihnen zustehende, sich aus den §§ 52 ff. ergebende → ***Zeugnisverweigerungsrecht***, Rn. 1194, belehrt worden sind (§§ 161a Abs. 1, 163a Abs. 5). Außerdem muss er sein Augenmerk darauf richten, ob die sich für Zeugenvernehmungen im Ermittlungsverfahren aus den §§ 168c, 168d ergebenden **Benachrichtigungspflichten** beachtet wurden (zur Zeugenvernehmung im Ermittlungsverfahren s. eingehend *Burhoff*, EV, Rn. 1872 ff.). Ist das nicht der Fall, kann die Aussage des Zeugen, wenn er nun in der HV die Aussage verweigern sollte, **unverwertbar** sein (→ *Auskunftsverweigerungsrecht*, Rn. 118; → *Protokollverlesung nach Zeugnisverweigerung*, Rn. 725; → *Verlesung von Protokollen früherer Vernehmungen*, Rn. 1017; → *Vernehmung einer Verhörsperson*, Rn. 1057; → *Zeugen vom Hörensagen*, Rn. 1191).

b) Hinzuweisen ist insoweit zunächst auf die Ausführungen oben bei Rn. 314 ff. Zusätzlich ist Folgendes von **Bedeutung**:

Das **BVV** gilt nicht in einem Verfahren gegen einen Dritten, in dem der fehlerhaft Belehrte nicht ausschließlich Zeuge ist (BayObLG NJW 1994, 1296). Unverwertbar ist auch nicht die Zeugenaussage eines **V-Mannes**, den die Polizei zur Aufklärung eines Mordes im Umfeld des Angeklagten eingesetzt hat, über Äußerungen von Angehörigen des Angeklagten, wenn diese dann in der HV von ihrem → *Zeugnisverweigerungsrecht*, Rn. 1194 Gebrauch machen (BGHSt 40, 211; s. dazu jetzt BVerfG NStZ 2000, 489 [die heimliche Befragung einer Aussageperson durch V-Männer/VE bedarf einer speziellen gesetzlichen Grundlage]). Etwas anderes gilt, wenn durch den Einsatz des V-Mannes eine Vernehmung vermieden und dadurch eine mögliche Zeugnisverweigerung umgangen oder eine bereits erklärte Verweigerung unterlaufen wird (BGH, a.a.O.). Ein BVV soll grds. auch nicht hinsichtlich des Inhalts eines Telefongesprächs bestehen, das eine Privatperson auf Veranlassung der Ermittlungsbehörden mit dem Beschuldigten/Angeklagten über eine abgeschlossene Straftat geführt und auf Veranlassung der Ermittlungsbehörden von einem Dritten abgehört wird (sog. Hörfalle; BGHSt 42, 139; dazu *Weiler* GA 1996, 101; *Lesch* GA 2000, 355 ff.; s.a.o. Rn. 314 und u. Rn. 321 „Hörfalle").

☝ Auch hier gelten die oben bei Rn. 316 gegebenen **Hinweise**!

318

4. a) Bei anderen **Beweismitteln** wird der Verteidiger (auch) prüfen, ob diese ggf. unter **Verstoß** gegen **Grundrechte** gewonnen worden und deshalb unverwertbar sind. Das gilt insbesondere für heimliche Tonbandaufnahmen, Tagebuchaufzeichnungen intimen Inhalts oder private Briefe (s. z.B. für die Verwertung von Tagebuchaufzeichnungen BGH NStZ 1998, 635 m.w.N.). Hier gelten folgende Grundsätze (vgl. KK-*Pfeiffer*, Einl. Rn 120 ff. m.w.N.; s.a. *Burhoff*, EV, Rn. 426 f.):

Die Grenzen der Verwertbarkeit richten sich allgemein nach der Sachlage und der Art des Verbots. Aus der rechtswidrigen Erlangung allein folgt daher kein allgemeines Verwertungsverbot (wegen der Einzelh., auch zur teilweise a.A., s. die Nachw. bei *Kleinknecht/Meyer-Goßner*, Einl. Rn. 55 ff.). Uneingeschränkt geschützt ist durch Art. 1, 2 GG der **„schlechthin unantastbare Bereich privater Lebensgestaltung"** (BVerfG NJW 1973, 891). Daneben gibt es einen Bereich, in dem überwiegende Belange Eingriffe rechtfertigen können, so können z.B. in Fällen schwerer Kriminalität Ausnahmen gemacht werden (BVerfG NJW 1980, 2572; 1990, 563 [Verwertung einer Tonbandaufnahme]).

319 **b)** Im Einzelnen ist hinzuweisen auf folgende

Beispiele (s.a. *Burhoff*, EV, Rn. 428 ff.)

Abgabenordnung

Ein BVV kann sich gem. **§ 393 Abs. 2 AO** ergeben für **Tatsachen** und **Beweismittel**, die aus **Steuerakten** bekannt geworden sind, in einem **Verfahren** gegen den Angeklagten, das **keine Steuerstraftat** ist (s. dazu eingehend *Blesinger* wistra 1991, 239, 244 f. m.w.N.). Entsprechendes gilt ggf. für der Steuererklärung beigefügte – möglicherweise gefälschte – Unterlagen (wegen der Einzelh. BayObLG NJW 1997, 600; NStZ 1998, 575; StV 1998, 367; s. dazu a. die Lit.-Hinw. bei *Burhoff*, EV, Rn. 1513, und bei → *Steuerstrafverfahren, Besonderheiten*, Rn. 817). Das Verwertungsverbot gilt unabhängig davon, in welchem Konkurrenzverhältnis die Steuerstraftat zu dem Verstoß gegen die allgemeinen Strafgesetze steht (zutreffend BayObLG NJW 1997, 600 m.w.N., auch zur a.A.; ebenfalls a.A. *Maier* wistra 1997, 53 in der Anm. zu BayObLG, a.a.O.). Zur **praktischen Bewältigung** des sich ggf. aus § 393 Abs. 2 AO ergebenden BVV s. *Neuhaus* ZAP F. 22, S. 323 ff.; 339 ff. Zum **Verhältnis** des Strafverfahrens zum Besteuerungsverfahren hat der BGH Stellung genommen in BGHSt 47,8 und in NJW 2002, 1134 (vgl. dazu *Jäger* PStR 2002, 49 und *Adler* PStR 2002, 202).

Abgepresstes Geständnis

S. „Tätigkeit von Privatpersonen“ (Rn. 324).

Ablehnung eines Akteneinsichtsgesuchs

Die fehlerhafte Ablehnung eines Akteneinsichtsgesuchs (durch das Gericht) wegen der (bloßen) **Vertraulichkeitsbitte** der aktenführenden Stelle soll nicht zur Unverwertbarkeit des Akteninhalts führen (BGHSt 42, 71; a.A. *Gillmeister* NStZ 1997, 443 in der Anm. zu BGH, a.a.O., der zutreffend darauf hinweist, dass ohne vollständige Aktenkenntnis der Beweiswert anderer bekannter Urkunden nicht beurteilt werden kann.).

Abschiedsbrief des Beschuldigten

Ein Abschiedsbrief des Angeklagten, den dieser anlässlich eines Suizidversuchs an das Opfer seines Mordversuchs geschrieben hat, **kann** als Beweismittel **verwendet werden** (BGH NJW 1995, 269; zur Verlesbarkeit in der HV s. → *Verlesungsverbot für schriftliche Erklärungen*, Rn. 994 ff.).

Anwesenheitsrechte/Benachrichtigungspflichten

Die **Verletzung** von Anwesenheitsrechten bzw. von Benachrichtigungspflichten für Vernehmungen kann zu **BVV** führen; wegen der Einzelh. s. die Verweise oben bei Rn. 314 ff. und *Burhoff*, EV, Rn. 225, 1447, 1502, 1867, 1876 ff.

Atemalkoholanalyse

In der Lit. sind in der Vergangenheit **Bedenken** gegen die gerichtliche Verwertbarkeit von Atemalkoholmesswerten, die mit dem Testgerät „Alcotest 7110 Evidential MK III" ermittelt worden sind, erhoben worden (vgl. die Nachw. bei *Hentschel*, Straßenverkehrsrecht, 36. Aufl., § 24 a StVG Rn. 16 ff). Inzwischen hat der **BGH** zur **Verwertbarkeit** der Atemalkoholanalyse Stellung genommen und diese **bejaht** (vgl. BGHSt 46, 358; → *Blutalkoholfragen/Atemalkoholmessung*, Rn. 336 ff. m.w.N.).

Augenscheinseinnahme

Wegen der Einzelh. s. *Burhoff*, EV, Rn. 243.

Auskunft über Telekommunikationsverbindungsdaten

Wegen der Einzelh. zur einem BVV hinsichtlich Erkenntnisse, die aufgrund einer Auskunft über Telekommunikationsdaten aufgrund der neuen §§ 100g, 100h, 100i gewonnen worden sind s. *Burhoff*, EV, Rn. 231.

Auskunftsverweigerungsrecht

Wegen der Einzelh. s. → *Auskunftsverweigerungsrecht*, Rn. 118.

Ausländische Beweisergebnisse

Deren Verwertung, z.B. durch Verlesung eines ausländischen Vernehmungsprotokolls, kann **zulässig** sein, auch wenn Anwesenheitsrechte nicht beachtet worden sind (s. z.B. für kommissarische Vernehmung in Griechenland BGH NStZ 1985, 376; BGHSt 42, 86 für Rechtshilfehandlungen in der Schweiz; BGH StV 2001, 663; s. aber EuGH StraFo 2000, 374; eingehend zu Verwertungsverboten bei durch das SDÜ erlangten polizeilichen Informationen s. *Sommer* StraFo 1999, 42 ff.; *Gleß* NStZ 2000, 57).

☝ Nach Art. 39 Abs. 2 SDÜ dürfen im Rahmen des polizeilichen Informationsaustausches übermittelte schriftliche Informationen aber nur mit Zustimmung des Auslands als Beweismittel in einem Strafverfahren verwendet werden. *Sommer* (StraFo 1999, 43) zieht daraus den Schluss, dass bei **Fehlen** dieses formellen **Zustimmungserfordernisses** ein **BVV** besteht (s.a. schon BGHSt 34, 334, 343, wonach Protokolle über eine ausländische polizeiliche Vernehmung, die der deutschen Polizei außerhalb des förmlichen Rechtshilfeverkehrs zu Informationszwecken von ausländischen Polizeidienststellen überlassen worden sind, nicht durch Verlesung in der HV als Beweismittel verwendet werden dürfen, wenn der ausländische Staat der Verwertung widerspricht und berechtigterweise die Rechtshilfe verweigert; zu allem auch *Schomburg* in: *Schomburg/Lagodny*, Gesetz über die internationale Rechtshilfe in Strafsachen (IRG), 3. Aufl., 1998, vor § 68 IRG Rn. 37 ff. m.w.N.).

Aussagegenehmigung

Wegen der Einzelh. s. → *Aussagegenehmigung*, Rn. 129, und *Burhoff*, EV, Rn. 255.

Autotelefon

Kein BVV besteht für **Auskünfte** der Post darüber, welcher **Fernmeldeverkehr** mit einem Autotelefon geführt worden ist (BGH NJW 1993, 1212; die Entscheidung bezieht sich nicht auf den Inhalt der Gespräche; zur Auskunft über Telekommunikationsverbindungsdaten *Burhoff*, EV, 231).

320

Belehrungspflicht bei Vernehmungen

Aus der **Verletzung** von Belehrungspflichten bei Vernehmungen können sich **BVV** ergeben; wegen der Einzelh. s. die Verweise bei Rn. 314 ff. und die o.a. Lit.-Hinw., insbesondere *Bernsmann* StraFo 1998, 73; zu Spontanäußerungen OLG Köln StraFo 1998, 21 m.w.N. Das gilt auch für eine im Disziplinarverfahren unterbliebene Beschuldigtenbelehrung (BGH NJW 1997, 2893).

Benachrichtigungspflicht bei Vernehmung

Wegen des ggf. aus einer **Verletzung** der sich aus § 168c Abs. 5 ergebenden Benachrichtigungspflicht entstehenden **BVV** s. *Burhoff*, EV, Rn. 226, 1447, 1502, 1867, 1572 ff.

Beschlagnahme

Wegen der Einzelheiten s. *Burhoff*, EV, Rn. 306, ff, 322 ff..

Besuchsüberwachung im Strafvollzug

Für (Er-)Kenntnisse aus der Besuchsüberwachung kann sich aus **§ 34 StVollzG** ein **BVV** ergeben.

Bildaufnahmen

Für die Verwertbarkeit gelten grds. die §§ 100c, 100d. Wegen der Einzelh. der Verwertbarkeit, *Burhoff*, EV, Rn. 670, sowie auch die Übersichtstabelle bei Rn. 671 (zur Verwertbarkeit einer **heimliche hergestellten** Bildaufnahme im Hinblick auf Art. 1, 2 GG s. OLG Schleswig NJW 1980, 352; eingehend zu den Verwertungsfragen *Wölfl* StraFo 1999, 78 m.w.N.; s. auch BayObLG NJW 2002, 2893, wonach die Videoüberwachung von Kaufhauskunden nicht gegen **deren Persönlichkeitsrecht** verstößt, wenn die Besucher bei Betreten der Verkaufsräume darauf hingewiesen wurden).

Blutalkoholgutachten

Kein BVV bei Verwendung **nicht geeichter** Geräte im Rahmen der Untersuchung der Blutprobe; s. → *Blutalkoholfragen*, Rn. 345, und auch kein BVV bei Missachtung der in Art. 8 der Richtlinie 83/189/EWG festgelegten Verpflichtung, eine technische Vorschrift über Alkoholmeter mitzuteilen (EuGH NStZ 1999, 141).

Blutproben

Es können **BVV** bestehen (zur [bejahten] Verwertbarkeit einer zu Behandlungszwecken entnommenen Blutprobe zur Feststellung der Tatzeit-Blutalkohol-Konzentration OLG Frankfurt NStZ-RR 1999, 246); wegen der Einzelh. wird verwiesen auf *Burhoff*, EV, Rn. 461, 512, 1085, m.w.N.

Disziplinarverfahren

Die unterlassene Beschuldigtenbelehrung kann zu einem **BVV** für die Verwertung der Angaben im Strafverfahren führen (BGH NJW 1997, 2893; s.a. oben „Belehrungspflicht bei Vernehmungen").

DNA-Untersuchung

Es können sich **BVV** ergeben; wegen der Einzelh. s. → *DNA-Untersuchung*, Rn. 370 ff.; s.a. *Burhoff*, EV, Rn. 512 f., 524 f..

Durchsuchung

Wegen der Einzelh. zu den ggf. gegebenen **BVV** *Burhoff*, EV, Rn. 556 ff.

Eigene Ermittlungen des Verteidigers

321

S. dazu *Burhoff*, EV, Rn. 622; s.a. „Tätigkeit von Privatpersonen" (dazu auch *Bockemühl*, a.a.O., S. 162 ff.).

Eigenüberwachung

Aus der sog. Eigenüberwachung/Selbstkontrolle gewonnene Erkenntnisse können im Umweltstrafverfahren ggf. **unverwertbar** sein (dazu eingehend *Michalke* NJW 1990, 417).

Einsatz eines Verdeckten Ermittlers

S. „V-Mann".

Einsatz von Privatpersonen bei der Verkehrsüberwachung

Beim Einsatz Privatpersonen im Bereich der Verkehrsüberwachung kann ein Verstoß gegen den Kernbereich hoheitlichen Handelns zu einem Verfahrenshindernis/**BVV** führen (KG NJW 1997, 2894; OLG Frankfurt NJW 1995, 2570; AG Alsfeld NJW 1995, 1503; AG Freising DAR 1997, 31; AG Tiergarten DAR 1996, 326), und zwar auch dann, wenn die Gemeinde die Auswertung der festgestellten Verstöße selbst vornimmt (BayObLG NJW 1997, 3454; s.a.u. „Geschwindigkeitsmessung durch Private" [Rn. 321]).

Einsatz technischer Mittel

Es können sich aus **§ 100c, 100d** oder aus **§ 16 Abs. 3 BKAG BVV** ergeben; wegen der Einzelh. s. *Burhoff*, EV, Rn. 636 ff.

Erkennungsdienstliche Behandlung des Beschuldigten

Wegen der Einzelh. s. *Burhoff*, EV, Rn. 820.

Ermittlungen im Umfeld des Beschuldigten

Das Ergebnis vertraulicher Ermittlungen „im Umfeld des Betroffenen", das durch die Vernehmung der Ermittlungsbeamten in die HV eingeführt wird, kann **nicht ohne weiteres verwertet** werden (OLG Köln NStZ 1996, 355 [für das Bußgeldverfahren]).

Gegenüberstellung

Wegen der Einzelh. zu einem ggf. gegebenen **BVV** s. → *Gegenüberstellung von Zeugen*, Rn. 511 und *Burhoff*, EV, Rn. 860.

Geschwindigkeitsmessung

Bei **fehlender Notifizierung** von Radarmessgeräten durch die Europäische Kommission besteht **kein BVV** (AG Bad Hersfeld NZV 1999, 349; zum Einfluss europäischer Richtlinien s. *Gärditz* wistra 1999, 293).

Geschwindigkeitsmessung durch Privatpersonen

Die planmäßige Durchführung von Geschwindigkeitsmessung durch Privatpersonen kann grds. zu einem **BVV** führen, wenn es sich um einen schwerwiegenden Verstoß handelt (BayObLG NStZ 98, 452; AG Bernau DAR 1998, 76; vgl. dazu auch AG Bergisch-Gladbach DAR 1999, 281). Das gilt auch dann, wenn die Gemeinde die Auswertung der festgestellten Verstöße selbst vornimmt (BayObLG NJW 1997, 3454 [Ls.]; s. aber BayObLG NJW 1999, 2200; dazu *Steegmann* NJW 1997, 2157 und *Hornmann* DAR 1999, 158; s. auch unten „Überwachung des ruhenden Verkehrs durch Privatpersonen" [Rn. 325]).

Glaubwürdigkeitsgutachten

Ggf. kann sich bei **Verletzung** von **Belehrungspflichten** durch den SV ein **BVV** ergeben; wegen der Einzelh. s. → *Glaubwürdigkeitsgutachten*, Rn. 533 und *Burhoff*, EV, Rn. 904 ff., 1085.

Großer Lauschangriff

Es können sich **BVV** ergeben; s. *Burhoff*, EV, Rn. 663 ff.

Hörfalle

Verwertbar im Wege des Zeugenbeweises sind die Erkenntnisse, die eine **Privatperson** dadurch erlangt hat, dass sie ein auf Veranlassung der Ermittlungsbehörden zwischen dem Beschuldigten und einer V-Person geführtes **Telefongespräch** über die Straftat **mitgehört** hat, jedenfalls, wenn es um die Aufklärung **schwererer Straftaten** geht (BGHSt 42, 139; s. aber auch BVerfG NStZ 2000, 489; a.A. u.a. *Roxin* NStZ 1997, 18 in der Anm. zu BGH, a.a.O.; a.A. auch BGH NStZ 1996, 200; s.a. BGH NStZ 1999, 147 [zur Frage der Verwertbarkeit von selbstbelastenden Angaben des Beschuldigten gegenüber einem Mitgefangenen in der U-Haft]; zu allem eingehend *Lesch* GA 2000, 355).

Internet-Ermittlungen

Mit der Verwertbarkeit von Internet-Ermittlungen und den Verfahrensproblemen bei der Einführung in das Verfahren befassen sich *Spatscheck/Alvermann* wistra 1999, 333 [für den Steuerstrafprozess]). Sie sind der Auffassung, dass Internet-Ermittlungen im Ausland ohne Zustimmung des betroffenen Staates **völkerrechtswidrig** sind und zu einem BVV führen. Ferner können nach ihrer Auffassung bei dauerhaften Ermittlungen auch die Voraussetzungen der §§ 110a ff. – „**Verdeckter Ermittler**" erfüllt sind. (zu allem auch *Marberth-Kubicki* StraFo 2002, 277)

Körperliche Untersuchung des Beschuldigten

322

Wegen der Einzelh. zu den ggf. gegebenen **BVV** s. *Burhoff*, EV, Rn. 1066; zur – unzulässigen – zwangsweisen Verabreichung von Brechmitteln s. OLG Frankfurt NJW 1997, 1647 aber auch OLG Bremen NStZ-RR 2000, 270; dazu u.a. *Grüner* JuS 1999, 122; abl. *Binder/Seemann* NStZ 2002, 234.

Körperliche Untersuchungen von anderen Personen

Wegen der Einzelh. zu den ggf. bei körperlichen Untersuchungen von anderen Personen als dem Beschuldigten gegebenen **BVV** s. *Burhoff*, EV, Rn. 1085.

Lauschangriff, präventiv-polizeilicher

Wegen der Einzelh. zur Zulässigkeit und dem ggf. vorliegenden **BVV** s. *Burhoff*, EV, Rn. 646 ff.

Lichtbildübermittlung

S. „Übermittlung eines Lichtbildes von Melde- an Ordnungsbehörde“ (Rn. 325).

Lügendetektor

Der **Einsatz** eines Lügendetektors ist nach der neuen Rspr. des BGH (BGHSt 44, 308) zwar nicht mehr unzulässig, die Ergebnisse haben jedoch keinen Beweiswert und dürfen deshalb nicht verwendet werden (wegen der Einzelh. *Burhoff*, EV, Rn. 1103; s.a. *R.Hamm* NJW 1999, 922 und BVerfG StraFo 1998, 16; NJW 1998, 1938; OLG Karlsruhe StV 1998, 530).

Polizeiliche Vernehmung des Beschuldigten

Wegen der Einzelh. zu ggf. gegebenen **BVV** s.o. Rn. 315 und *Burhoff*, EV, Rn. 1372 ff.

Postauskünfte

S. o. „Autotelefon“ und → *Telefonüberwachung, Beweisverwertungsverbote*, Rn. 838 ff.

Postkontrolle im Strafvollzug

Für (Er-)Kenntnisse aus der Postkontrolle kann sich aus **§ 34 StVollzG** ein **BVV** ergeben.

Rasterfahndung

Wegen der Einzelh. zu den ggf. gegebenen **BVV** s. *Burhoff*, EV, Rn. 1427 f.

Raumgesprächsaufzeichnung

Zum **BVV** bei einer sog. „Raumgesprächsaufzeichung“ (BGHSt 31, 296).

Rechtswidrig erlangte Beweismittel

S.u. „Tätigkeit von Privatpersonen“ (Rn. 324); s.a. *Eisenberg*, Rn. 395 ff.

Richterliche Vernehmung des Beschuldigten

Zu den sich insoweit ggf., insbesondere aus der **Verletzung** der **Benachrichtigungspflicht** des § 168c Abs. 5, ergebenden **BVV** s. *Burhoff*, EV, Rn. 1455 f

Sachverständigenbeweis

Wird der zu Untersuchende **vor** der **Exploration** durch den SV **nicht** oder nicht ordnungsgemäß **belehrt**, kann sich daraus ein **BVV** ergeben; wegen der Einzelh. → *Glaubwürdigkeitsgutachten*, Rn. 533 m.w.N.

Schadensakte der Versicherung

323

Nach dem KG (NJW 1994, 3115 [Ls.]) kann auch die Schadensakte der Versicherung, in der sich **selbstbelastende Angaben** des Beschuldigten/Angeklagten gegenüber seinem Kfz-Haftpflichtversicherer befinden, in einem Strafverfahren gegen den Versicherungsnehmer/Beschuldigten als Beweismittel **verwertet** werden. Dagegen sollen keine verfassungsrechtlichen Bedenken bestehen (BVerfG NJW 1996, 916 [Ls.]).

Schengener Durchführungsübereinkommen

S. o. „Ausländische Beweisergebnisse" (Rn. 319).

Schriftliche Aufzeichnungen

Schriftliche Aufzeichnungen, die der **Intimsphäre** des Beschuldigten oder eines Zeugen angehören, sind **grds. unverwertbar** (BVerfG NJW 1973, 891; BGHSt 19, 325; *Kleinknecht/Meyer-Goßner*, Einl. Rn. 56 a m.w.N.; dazu eingehend LR-*Gössel*, Einl. Abschn. K, Rn. 72 ff. und die o.a. Lit.-Hinw.).

Aufzeichnungen sind aber dann ggf. **verwertbar**, wenn sie nur **äußere Ereignisse festhalten** oder Angaben über begangene oder bevorstehende **schwere Straftaten** enthalten (BVerfG NJW 1990, 563; s.a. BGH NStZ 200, 383 [Notiz- und Taschenkalender]). In anderen Fällen ist nach BGHSt 34, 397, 401 eine Abwägung zwischen dem Persönlichkeitsschutz und den Belangen einer funktionierenden Strafrechtspflege erforderlich (a.A. BVerfG, a.a.O.; s. zu allem a. *Kleinknecht/Meyer-Goßner*, a.a.O., m.w.N.; *Eisenberg*, Rn. 390 m.w.N.). Ein schweres Delikt ist **verneint** worden bei dem Vergehen der **geheimdienstlichen Tätigkeit** (BGH, a.a.O.) oder bei einem **BtM-Delikt** (BayObLG NJW 1992, 2370 [noch nicht abgesandter vertraulicher Brief]; OLG Schleswig StV 2001, 11).

Sozialdaten

Nach § 78 Abs. 1 S. 4 SGB X dürfen Sozialdaten, die an Polizeibehörden usw. übermittelt worden sind, unabhängig vom Zweck der Übermittlung sowohl für Zwecke der Gefahrenabwehr als auch für Zwecke der Strafverfolgung und der Strafvollstreckung **verwendet** werden (wegen der Einzelh. s. *Schroeder-Printzen* u.a., Sozialgesetzbuch, Verwaltungsverfahren – SGB X, Kommentar, 3. Aufl., § 78 Rn. 9; zum Schutz von Sozialdaten allgemein *Kunkel* StV 2000, 531).

324

Staatsanwaltschaftliche Vernehmung des Beschuldigten

Zu den sich insoweit ggf., insbesondere aus der **Verletzung** der **Benachrichtigungspflicht** des § 168c Abs. 5, ergebenden **BVV** s. *Burhoff*, EV, Rn. 1506.

Stasi-Unterlagen

Das Gesetz betr. Stasi-Unterlagen v. 20.12.1991 (BGBl. I, S. 2272) enthält zahlreiche **BVV**, und zwar in den §§ 4, 5 hinsichtlich der in den Unterlagen enthaltenen **personenbezogenen Daten** (*Eisenberg*, Rn. 361).

Steuerstrafverfahren

Wegen ggf. bestehender BVV s. die Lit.-Hinw. bei → *Steuerstrafverfahren*, Rn. 823, und vor allem auch bei *Burhoff*, EV, Rn. 1513

Stimmenvergleich

Ein **heimlich** herbeigeführter Stimmenvergleich ist **nicht generell unverwertbar**, es sei denn, er ist durch Täuschung erlangt (s. BGHSt 40, 66; NStZ 1994, 597; s. → *Gegenüberstellung von Zeugen*, Rn. 516, m.w.N. aus der Lit.).

Strafvollzug

S. „Besuchsüberwachung im Strafvollzug" (Rn. 320) und „Postkontrolle im Strafvollzug" (Rn. 322).

Tätigkeit von Privatpersonen

Nach h.M. ist das Ergebnis von privaten Nachforschungen **grds.** auch dann **verwertbar**, wenn die Informationen in **unzulässiger Weise** erlangt sind (BGHSt 27, 355, 357; BGHSt 36, 167, 172; KK-*Pelchen* vor § 48 Rn. 52; *Eisenberg*, Rn. 395). Etwas anderes soll nur dann gelten, wenn die Beweiserlangung in **extrem menschenrechtswidriger Weise** oder unter **schwerer Verletzung** der **Menschenwürde** erfolgte (KK-*Senge*, a.a.O.; LR-*Gössel*, Einl. Abschn. K, Rn. 99 f.). Z.T. hat die Rspr. in diesen Fällen aber auch auf einen effektiven Grundrechtsschutz abgestellt (s.o.; vgl. u.a. BGHSt 36, 167 [für Verwertung einer heimlich hergestellten Tonbandaufnahme]; zu allem eingehend *Bockemühl*, a.a.O., und *Wölfl* StraFo 1999, 74; vgl. a. *Walther/Silvermann* ZRP 1999, 100; s.a. „Tonbandaufnahme" und „Hörfalle" und dazu BGHSt 42, 139; zur rechtswidrigen Tätigkeit eines Detektivs s. *Jungfer* StV 1989, 495, 504; s.a. *Burhoff*, EV, Rn. 617). M.E. sollte es nicht darauf ankommen, ob das Beweismittel in „extremer" oder unter „schwerer" Verletzung der Menschenwürde erlangt ist. Entscheidend ist die grundrechtswidrige Erlangung des Beweismittels. Allein das sollte der Verwertung entgegenstehen. Hinzu kommen die Schwierigkeiten bei der Abgrenzung der Frage, was „extrem" oder „schwer" ist.

Tagebuchaufzeichnungen

Intime Tagebuchaufzeichnungen sind grds. unverwertbar (BGHSt 19, 325; s. aber BGH NStZ 1998, 635; 2000, 383 [Notiz- und Taschenkalender] und BVerfG 1990, 563, dazu krit. u.a. *Amelung* NJW 1990, 1753; LR-*Gössel*, Einl. Abschn. K, Rn. 81 f., und OLG Schleswig StV 2000, 11; zu den Ausnahmen und i.Ü. s. „Schriftliche Aufzeichnungen" [Rn. 323]).

325

Telefongespräch

Wegen der Einzelh. zu den ggf. gegebenen **BVV** beim Mithören eines Telefongesprächs → *Telefonüberwachung, Beweisverwertungsverbote*, Rn. 838 (s.a. BGH NJW 1964, 165; 1970, 1848 [zur Zulässigkeit der Verwertung heimlicher Beobachtungen, die in einem Ehescheidungsverfahren als Beweise eingeführt werden]).

Telefonüberwachung

Wegen der Einzelh. zu den ggf. gegebenen **BVV** → *Telefonüberwachung, Beweisverwertungsverbote*, Rn. 838.

Telekommunikationsüberwachung

S.o. „Auskunft über Telekommunikationsdaten".

Tonbandaufnahmen

Die Verwertung **heimlicher** Tonbandaufnahmen ist grds. **unzulässig** (BGHSt 14, 358). In Fällen **schwerer Kriminalität** soll sie **zulässig** sein (BGHSt 34, 39; zur Verwertung heimlich aufgezeichneter Telefongespräche in einem Strafverfahren wegen Meineids s. BayObLG [NJW 1994, 1671], wonach bei der Verwertung des von einer dritten Person abgehörten Telefongesprächs auf beide Gesprächspartner besonders Bedacht zu nehmen ist; s.a. BayObLG StV 1989, 522 [zur Verwertung einer heimlichen Tonbandaufnahme einer Privatperson]; s.u. „Verdeckter Ermittler" und die Entscheidung des Großen Senats zur „Hörfalle" BGHSt 42, 139; s.a. BGH [5. Strafsenat] NStZ 1995, 410; zu allem LR-*Gössel*, Einl. Abschn. K, Rn. 80 ff. und *Walther/Silvermann* ZRP 1999, 100 sowie *Wölfl* StraFo 1999, 74).

Tonbandprotokolle

Zum **BVV** bei einem Tonbandprotokoll s. BGHSt 31, 304.

Übermittlung eines Lichtbildes von Melde- an Ordnungsbehörde

Die Übermittlung der Kopie des Lichtbildes eines Betroffenen von der Melde- an die Ordnungsbehörde zum Zweck der Täterfeststellung (im OWi-Verfahren) ist **nur aus-**

nahmsweise zulässig, führt aber nach der obergerichtlichen Rspr. nicht zu einem **BVV** (OLG Frankfurt NJW 1997, 2963; OLG Hamm, Beschl. v. 3.4.1997-3 Ss OWi 248/97 [n.v.]; OLG Stuttgart, 1 Ss 230/02; so wohl auch BayObLG NJW 1998, 3656).

☝ **A.A.** ist insoweit das AG Stuttgart (Zfs 2002, 355). Auch in der **Lit.** wird zunehmend von einem BVV ausgegangen (s. dazu eingehend *Nobis* DAR 2002, 299; *Steffens* StraFo 2002, 222; *Schäpe* DAR 1999, 186). Der Verteidiger muss sich auf diese Stimme berufen.

Unterlassene Pflichtverteidigerbestellung

Der **BGH** hat bislang in den Fällen, in denen in Ermittlungsverfahren wegen schwererer Delikte dem Beschuldigten nicht frühzeitig ein Pflichtverteidiger bestellt worden ist, die Frage, ob dadurch ein BVV entsteht, noch **offen gelassen** (BGHSt 47, 172; 47, 233); wegen der Einzelh. zu diesen Fragen *Burhoff*, EV, Rn. 1326; s. auch oben Rn. 315).

Unzulässige Vernehmungsmethoden

Wegen der Einzelh. zu den ggf. gegebenen **BVV** s. *Burhoff*, EV, Rn. 1753; zur Täuschung über die Beweislage s. OLG Frankfurt StV 1998, 119.

326

Verdeckter Ermittler

S. u. „V-Mann"

Verkehrsüberwachung durch Private

S. o. „Einsatz von Privatpersonen bei der Verkehrsüberwachung".

Verletzung der Vertraulichkeit des Wortes

Unverwertbar sind durch Verletzung der Vertraulichkeit des Wortes unter Verstoß gegen **§ 201 StGB** gewonnene Beweise, wenn der Betroffene die Verwertung nicht gestattet (BGHSt 36, 167 m.w.N.), sofern nicht besondere Umstände wie z.B. Notwehr oder Nothilfe, die Verwertung rechtfertigen (BGHSt 34, 39).

Vernehmungen im Ermittlungsverfahren

Wegen der Einzelh. s. u.a. die Verweise oben bei Rn. 314 ff.

Verwaltungsverfahrensrechtliche Mitwirkungspflichten

Aus dem Spannungsverhältnis zwischen der Aussagefreiheit im Strafverfahren und ggf. im Verwaltungsverfahren bestehenden **Mitwirkungspflichten** können sich BVV ergeben (vgl. dazu *Bärlein* u.a. NJW 2002, 1825).

Videoaufnahmen

S. o. „Bildaufnahmen" (Rn. 320) und „Einsatz technischer Mittel" (Rn. 321).

Videovernehmung (im Ermittlungsverfahren)

Eine Videovernehmung (im Ermittlungsverfahren) ohne Mitwirkung des Verteidigers kann zu einem **BVV** führen (OLG München StV 2000, 352; zur Videovernehmung im Ermittlungsverfahren s. *Burhoff*, EV, Rn. 1955; → *Videovernehmung in der Hauptverhandlung*, Rn. 1129).

V-Mann

Wegen der Einzelh. zu den ggf. vorliegenden **BVV** → *Verwertung der Erkenntnisse eines (gesperrten) V-Mannes*, Rn. 1111 ff.; s.a. *Burhoff*, EV, Rn. 1773 ff.

Vorstrafen des Beschuldigten

Wegen der Einzelh. → *Feststellung von Vorstrafen des Angeklagten*, Rn. 486.

Zeuge vom Hörensagen

S. o. „Verdeckter Ermittler".

Zeugnisverweigerungsrecht

Zur Frage, ob die nach Bruch einer Schweigepflicht gemachte Aussage verwertbar ist → *Zeugnisverweigerungsrecht*, Rn. 1203.

Zufallsfunde

Die Verwertbarkeit von Zufallsfunden wird insbesondere in Zusammenhang mit den Ergebnissen diskutiert, die bei einer TÜ hinsichtlich anderer Taten als der, wegen der die TÜ angeordnet war, gewonnen worden sind. Deshalb kann auf die Ausführungen bei → ***Telefonüberwachung***, *Beweisverwertungsverbote*, Rn. 838, verwiesen werden (dazu besonders *Kretschmer* StV 1999, 221).

327 Beweisverzicht

Literaturhinweise: ***Rieß***, Die Stellung des Verteidigers beim Verzicht auf die Verwendung präsenter Beweismittel, NJW 1997, 881; s.a. die Hinw. bei → *Beweisantragsrecht, Allgemeines*, Rn. 302, und bei → *Präsentes Beweismittel*, Rn. 675.

327a **1.** Nach § 245 Abs. 1 S. 1 erstreckt sich die **Beweiserhebungspflicht** des Gerichts auf alle vorgeladenen und erschienenen Zeugen und SV sowie auf die sonstigen herbeigeschafften Beweismittel. Dazu gilt: Erschienen sind **Zeugen** oder Sachverständige, wenn sie als anwesende Beweispersonen **erkennbar** und als solche verwendbar sind (BGHSt 24, 280, 282). Das gilt nicht (mehr) für Zeugen, die bereits entlassen sind (BGH NStZ 1986, 207 [Pf/M]). Um herbeigeschaffte **Beweisgegenstände** i.S.d. § 214 (Urkunden und Augenscheinsobjekte) handelt es sich, wenn das Gericht zu erkennen gegeben hat, dass es einen konkreten Beweisgegenstand auch als **Beweismittel** verwenden **will**, also z.B. eine bestimmte Urkunde aus einer Urkundensammlung (BGHSt 37, 168; zu allem KK-*Herdegen*, § 245 Rn. 5 f.).

☝ Die Verletzung des § 245 Abs. 1 kann in der **Revision** mit der **Verfahrensrüge** gerügt werden (zu deren Begründung s. u.a. BGH NJW 1996, 1685 m.w.N.; NStZ-RR 1999, 36 [K]). Für die „Beruhensfrage“ gelten keine Besonderheiten. Allerdings sollte der Verteidiger dazu ggf. vortragen (s. die Fallgestaltung bei BGH NJW 1996, 1685).

327b **2.** Von der danach bestehenden Beweiserhebungspflicht darf nur bei einem Verzicht aller Prozessbeteiligten abgesehen werden. Den **Verzicht** erklären muss neben dem Angeklagten und der StA auch der **Verteidiger**, nicht aber der Nebenkläger (s. die Neuregelung des § 397 Abs. 1; → *Nebenklägerrechte in der Hauptverhandlung*, Rn. 631). Hat der Angeklagte **mehrere** Verteidiger, müssen alle zustimmen (LR-*Gollwitzer*, § 227 Rn. 11; *Kleinknecht/Meyer-Goßner*, § 245 Rn. 9). Im **Jugendstrafverfahren** müssen gesetzliche Vertreter und Erziehungsberechtigte nicht zustimmen, wohl aber der Beistand nach § 69 JGG (→ *Jugendstrafverfahren, Besonderheiten*, Rn. 566).

Wird in **Abwesenheit** des **Angeklagten** verhandelt, kann der den Angeklagten vertretende Verteidiger grds. nach § 234a Hs. 1 die Zustimmungserklärung abgeben (→ *Vertretung des Angeklagten durch den Verteidiger*, Rn. 1094). Wird der Angeklagte gem. § 247 vorübergehend aus der HV entfernt, ist seine Zustimmung allerdings notwendig (BGH MDR 1983, 282 [H]; KK-*Herdegen* § 245 Rn. 9 m.w.N.; → *Entfernung des Angeklagten aus der Hauptverhandlung*, Rn. 435).

3. Der Verteidiger muss den Verzicht auf die Beweiserhebung **eindeutig**, wenn auch nicht ausdrücklich erklären. Der Verzicht kann in einer **schlüssigen** Handlung liegen (BGH NJW 1978, 1815 [für Vereidigung]), etwa in dem Einwirken auf einen Zeugen, nichts auszusagen (OLG Hamm VRS 45, 123 [Angeklagte wirkt auf einen Zeugen ein, ein Auskunftsverweigerungsrecht in Anspruch zu nehmen]; s.a. OLG Hamm NJW 1999, 1416 -Ls.- [zur Frage, wann in der Nichtwiederholung eines vor der HV gestellten Beweisantrags, ein konkludenter Verzicht liegt]; zu einem Sonderfall siehe auch noch BGH NStZ 1999, 419 [kein Verzicht, wenn Vorsitzender bei Beharren auf einem Beweisantrag mit Entpflichtung des Verteidigers droht]; → *Beweisantrag zur Vorbereitung der Hauptverhandlung*, Rn. 307a). **328**

☝ Bloßes **Stillschweigen** des Verteidigers ist grds. **kein Verzicht** (OLG Düsseldorf StV 2002, 104; *Kleinknecht/Meyer-Goßner*, § 245 Rn. 11, jeweils m.w.N.). Im Schweigen des Verteidigers zu einem vom Angeklagten erklärten Verzicht soll aber die Zustimmung des Verteidigers liegen (KK-*Herdegen*, § 245 Rn. 9 m.w.N.; s.a. BayObLG NJW 1978, 1817 für den umgekehrten Fall). Dem Verteidiger ist daher in diesen Fällen zu **raten**, nach **außen deutlich** zu **machen**, wenn er – anders als sein Mandant – nicht auf die Beweiserhebung verzichten will. Hier empfiehlt es sich auch, eine kurze → *Unterbrechung der Hauptverhandlung*, Rn. 873, zu beantragen, um sich mit dem Mandanten beraten zu können.

Hat das Gericht zu erkennen gegeben, dass es ein in einem Beweisantrag zum Ausdruck gebrachtes Beweisbegehren für erledigt hält, kann der Verteidiger u.U. verpflichtet sein, ausdrücklich **klarzustellen**, dass er das Beweisbegehren **nicht** für **erledigt** ansieht (BGH StV 1988, 469 [insoweit nicht in NStZ 1988, 420]).

4. Der Verteidiger kann auf das Beweismittel **ganz** oder auch nur **teilweise** verzichten, also z.B. auf die teilweise Verlesung einer Urkunde oder eines Gutachtens oder auf die Vernehmung eines Zeugen zu bestimmten Tatkomplexen. Hat ein **Zeuge** bereits mit seiner **Aussage begonnen**, kann er auf dessen weitere Vernehmung zu demselben Tatkomplex allerdings **nicht** mehr verzichten (*Kleinknecht/Meyer-Goßner*, § 245 Rn. 12 m.w.N.). **329**

☝ Der Verzicht ist **bedingungsfeindlich**. Er kann also nicht nur für den Fall erklärt werden, dass das Gericht den Angeklagten nicht oder nur in einem bestimmten Umfang oder mit einem bestimmten Strafmaß verurteilt. Der Verzicht kann auch **nicht** später **zurückgenommen** oder **widerrufen** werden (OLG Oldenburg Nds.Rpfl. 1979, 110; *Kleinknecht/Meyer-Goßner*, § 245 Rn. 13). **330**

☝ Der Verteidiger muss sich sehr **sorgfältig überlegen**, ob er auf ein Beweismittel verzichten soll oder nicht. I.d.R. wird er das vom (bisherigen) **Beweisergebnis** abhängig machen. Ist es für den Mandanten günstig, kann er das Verfahren im Interesse des Mandanten abkürzen, ist es für den Mandanten ungünstig, wird er, wenn noch Entlastungszeugen zu vernehmen sind, auf diese selbstverständlich nicht verzichten. Für seine Entscheidung muss der Verteidiger nach Möglichkeit die Beurteilung des Beweisergebnisses durch das Gericht zu erfahren suchen. Wenn das Gericht seine Meinung nicht von selbst deutlich kundtut, gelingt das am besten dadurch, dass der Verteidiger seinen Verzicht zunächst **nur ankündigt**, um dadurch das Gericht und den StA zu Äußerungen zu veranlassen.

☝ Der Verteidiger sollte auch immer bedenken, dass das Gericht die herbeigeschafften Beweismittel ausschöpfen muss, ohne dass es dazu eines besonderen (Beweis-)Antrages bedarf. Hat der Verteidiger erst wirksam auf die Beweiserhebung verzichtet, kann er zwar die Beweiserhebung **erneut beantragen**, muss dafür aber einen **förmlichen** → ***Beweisantrag***, Rn. 255, stellen (*Kleinknecht/Meyer-Goßner*, § 245 Rn. 14 m.w.N.). Dieser unterliegt der Ablehnung unter den Voraussetzungen des § 244 Abs. 3.

Für die Vertretung des Betroffenen durch den Verteidiger gelten die gleichen **Grundsätze**, die zu den §§ 234, 411 Abs. 2 entwickelt sind. Es kann insoweit auf → *Vertretung des Angeklagten durch den Verteidiger*, Rn. 1094, verwiesen werden.

Siehe auch: → *Unaufmerksamer Richter*, Rn. 867.

331 Blinder Richter

Literaturhinweise: ***Schulze***, Blinde Richter – aktueller Stand von Diskussion und Rechtsprechung, MDR 1995, 670.

1. Uneinheitlich wird in der **Rspr**. die Frage beantwortet, ob ein blinder Richter an der HV teilnehmen kann. Der Meinungsstand dazu lässt sich im Einzelnen wie folgt zusammenfassen (vgl. zu allem auch *Kleinknecht/Meyer-Goßner*, § 338 Rn. 10 ff. m.zahlr.w.N. aus der Lit.; eingehend zur Diskussion und zum Stand der Rspr. *Schulze* MDR 1995, 670):

- **Einigkeit** besteht zwischen dem 3. und dem 4. Strafsenat des BGH darüber, dass ein blinder Richter den **Vorsitz** in einer **erstinstanzlichen** HV **nicht** führen kann (BGHSt 35, 164; BGH NStE § 338 Nr. 1 Nr. 5; StV 1989, 143; a.A. *Schulze*, a.a.O.).

- Ob darüber hinaus die Mitwirkung eines blinden (Tat-)Richters **überhaupt unzulässig** ist, wird **nicht einheitlich** beantwortet. Der 4. Strafsenat des BGH neigt dieser Auffassung zu (BGHSt 34, 236), während demgegenüber der 3. (StV 1989, 143) und der 5. Strafsenat (zuletzt BGHSt 11, 74, 78 m.w.N.) der Meinung sind, dass grds. **auch** blinde Richter **Tatrichter** sein können. Die Besetzung des Gerichts sei nur beeinträchtigt, wenn es in der HV zur → ***Augenscheinseinnahme***, Rn. 101, komme (s. die o. Rspr.; KK-*Kuckein*, § 338 Rn. 50; s.a. noch BGHSt 18, 51 [Verwendung einer Tatortskizze]; BGH MDR 1964, 522; s.a. BVerfGE NJW 1966, 1307, das einen Verstoß gegen Art. 103 Abs. 1 GG nicht darin sieht, dass ein blinder Richter den Vorsitz in der mündlichen Verhandlung vor einem LSG geführt hat; zur **Glaubwürdigkeitsbeurteilung** durch den blinden Richter s. *Schulze* MDR 1995, 671 f.).
- **A.A.** ist hinsichtlich des Vorsitzenden einer **Berufungsstrafkammer** das OLG Zweibrücken (NJW 1992, 2437). In der Berufungsinstanz soll die Mitwirkung eines blinden Vorsitzenden jedenfalls zulässig sein (vgl. dazu a. BVerfG NJW 1992, 2075, das die gegen diesen Beschluss erhobene Verfassungsbeschwerde nicht zur Entscheidung angenommen hat).

332 **2.** Dass ein **stummer** Richter **nicht** mitwirken darf, folgt aus dem Grundsatz der Mündlichkeit der HV (*Kleinknecht/Meyer-Goßner*, § 338 Rn. 12). Das Gleiche gilt für die Mitwirkung eines **tauben** Richters (BGHSt 4, 191, 193).

333 **3. Hinweis für den Verteidiger!**

Hat ein Richter mit einer der o.a. körperlichen Behinderungen teilgenommen, liegt i.d.R. ein **absoluter Revisionsgrund** nach § 338 Nr. 1 vor. In der Revision muss dann vorgetragen werden, dass der Richter tatsächlich blind ist (BGHR StPO § 338 Nr. 1 Richter, blinder, Nr. 6). Es tritt, wenn der Verteidiger die Teilnahme des behinderten Richters **nicht gerügt** hat, **keine Präklusion** nach §§ 222a, 222b ein (BGHSt 34, 236; → *Besetzungseinwand*, Rn. 236).

Blutalkoholfragen/Atemalkoholmessung **334**

Literaturhinweise: ***Altvater***, Rechtsprechung des BGH zu den Tötungsdelikten, NStZ 2000, 18; ders., Rechtsprechung des BGH zu den Tötungsdelikten, NStZ 2001, 19; ders., Rechtsprechung des BGH zu den Tötungsdelikten, NStZ 2002, 20; ***Barton***, Rechtsprechungsübersicht zu strafrechtlichen Problemen des Blutalkohols, StV 1983, 428; ***Bode***, Die Feststellung alkoholbedingter Fahrunsicherheit, ZAP F. 9, S. 121; ders., Neuere Rechtsprechung zu Alkohol und anderen Drogen im deutschen Straßenverkehrs-Strafrecht II, BA 1997, 4; ***Burhoff***, Atemalkoholmessung: Anforderungen an Messverfahern, VA 2002, 152; ***Gehrmann/Sigrist***, Zur Verfälschung von Blutalkoholproben, Krim 1997, 141; ***Grohmann***, Deutsches Promillerecht – Überblick und Leitfaden für die verkehrsgerichtliche Praxis, BA 1996, 177; ***Haffner/Erath/Kardatzki***, Alkoholtypische Verkehrsunfälle als zusätzliche Beweisanzeichen für relative Fahruntüchtigkeit, NZV 1995, 301; ***Harbort***, Fehlerquellen bei Blutprobe und Blutalkohol – Ansatzpunkte für den Anwalt in Straßenverkehrssachen, ZAP F. 9, S. 357; ***Haubrich***, „Vergleichende Blutprobe" als Prozeßverschleppung, NJW 1981, 2507; ***Hentschel***, Trunkenheit, Fahrerlaubnisentziehung, Fahrverbot, 8. Aufl., 2000; ***Iffland***, Renaissance der Doppelblutprobe – Ein kritischer Kommentar zum Gemeinsamen Runderlaß vom 1.7.1995, NZV 1996, 129 ***Iffland/Eisenmenger/Bilzer***, Bedenken gegen die Verwertbarkeit des Atemalkoholspiegels in der forensischen Praxis, NJW 1999, 1379; ***Janker***, Verteidigung bei Trunkenheit im Verkehr (§ 316 StGB) Probleme des Vorsatznachweises, DAR 2001, 151; ders., Der langsame Abschied von der Blutprobe – Aktuelle Fragen zum Führen von Kraftfahrzeugen unter Alkoholeinfluss nach § 24 a Abs. 1 StVG sowie § 316 StGB, DAR 2002, 49; ***Kröber***, Kriterien verminderter Schuldfähigkeit nach Alkoholkonsum, NStZ 1996, 569; ***Maatz***, §§ 20, 21 StGB, Privilegierung der Süchtigen? – Zur normativen Bestimmung der Schuldfähigkeit alkoholisierter Straftäter, StV 1998, 279; ***Salger***, Zur korrekten Berechnung der Tatzeit-Blutalkohol-Konzentration, DRiZ 1989, 174; ***Schoknecht***, Beurteilung von Blutalkoholbestimmungen nach dem ADH- und GC-Verfahren, NZV 1996, 217; ***Schütz/Weiler***, Basiswissen zur Berechnung von BAK-Werten aus Trinkdaten, StraFo 1999, 371; ***Wilske***, Die „beweissichere Atemalkoholprobe" – Wie beweissicher ist sie?, DAR 2000, 16; s.a. die Hinw. bei → *Sachverständigenbeweis*, Rn. 765.

334a **1. a)** In der Praxis sind (Blut-)Alkoholfragen von wesentlicher Bedeutung. Sie spielen nicht nur wegen der Vielzahl der **Straßenverkehrsdelikte** eine wesentliche Rolle, sondern können auch außerhalb dieses Bereichs im Rahmen der Fragen der **Schuldfähigkeit** (§§ 20, 21 StGB) für den Angeklagten wesentliche Auswirkungen haben. Im Bereich des Straßenverkehrs gewinnt die Atemalkoholmessung in der Praxis immer mehr an Bedeutung (vgl. dazu unten Rn. 345a f.).

Hier können nicht alle damit zusammenhängenden Fragen behandelt werden, vielmehr sollen nur einige **Hinweise** und **Berechnungsbeispiele**, insbesondere zur sog. Rückrechnung und zur Ermittlung der BAK ohne Blutuntersuchung (s.u. Rn. 335 ff., 340 ff.) gegeben werden. Damit sollte der Verteidiger in der Lage sein, in der HV, wenn sich erst dort aufgrund der Einlassung des Angeklagten ergibt, dass bei Tatbegehung Alkohol mit im Spiel war, sofort zu reagieren. Zur Atemalkoholmessung werden die sich aus der Entscheidung BGHSt 46, 358 für die Praxis ergebenden Auswirkungen dargestellt (s. unten Rn. 345a f.). Der um die grds. Verwertbarkeit eines Atemalkoholmessung bestehende Streit dürfte durch diese Rspr. des BGH erledigt sein.

I.Ü. wird **verwiesen** auf die Komm. zu den §§ 20, 21 StGB bei *Tröndle/Fischer*, a.a.O., und auf die o.a. Lit.-Hinw.

334b **b)** Die BAK lässt sich inzwischen natürlich auch mit einem **PC** berechnen, so z.B. mit dem Melius ALCOgramm aus dem *Richard Borberg* Verlag (s. DAR 1995, 87) oder mit dem Programm JuRech von *Dimbeck* aus dem Verlag C.H. *Beck*.

Besteht die Möglichkeit während einer → *Unterbrechung der Hauptverhandlung*, Rn. 873, auf das **Internet** zu zugreifen, können auch dort an verschiedenen Stellen Promillerechner benutzt werden. Sie können entweder z.B. über meine Homepage www.burhoff.de unter der Rubrik „Links" aufgesucht werden bzw. direkt über die entsprechenden Adressen. Hinzuweisen ist auf folgende **Promillerechner**, wobei allerdings wegen der Verwendbarkeit Vorsicht geboten ist, da diese nicht immer die von der Rspr. für die Berechnung der BAK aufgestellten Kriterien berücksichtigen (vgl. *Schütz/Weiler* StraFo 1999, 371). Auf folgende Berechnungshilfen soll aber dennoch hingewiesen werden:

- Promille-Rechner von **First-Surf** unter der Adresse: http://www.firstsurf.com/promille.htm,
- Promillerechner von www.**blutalkohol-homepage.**de,
- „Promillator" der **Uni-Heidelberg** unter der Adresse http://www.rzuser.uni-heidelberg.de/~df6/promillator.htm

335

2. Häufig ist es notwendig, die **BAK ohne** eine **Blutuntersuchung** zu bestimmen. Das ist z.B. der Fall, wenn der Angeklagte so spät nach Tatbegehung gefasst wird, dass die Entnahme einer Blutprobe sinnlos ist, da der vor der Tat genossene Alkohol bereits wieder abgebaut wurde, oder wenn der Angeklagte sich erst später dahin einlässt, dass er vor der Tatbegehung Alkohol zu sich genommen hatte (zu dem erforderlichen Basiswissen *Schütz/Weiler* StraFo 1999, 371; zu den verschiedenen Nachweismethoden s. auch *Tröndle/Fischer*, § 20 Rn. 9 c m.w.N.).

☝ Die Neufassung des § 24a StVG lässt zur Feststellung der Alkoholisierung neben der Blutalkoholbestimmung die **Atemalkoholmessung** als gleichwertiges Verfahren zu. In der Lit. ist in der Vergangenheit die forensische Verwertbarkeit allerdings bezweifelt worden (vgl. die zahlr. Nachw. aus der Lit. bei *Hentschel*, Straßenverkehrsrecht, 36. Aufl., § 24a Rn. 16 und bei den o.g. Lit.-Hinw.). Inzwischen hat der BGH (BGHSt 46, 358) gegen die Verwertbarkeit jedoch keine Einwände erhoben, wenn bei der Messung das vom Hersteller vorgeschriebene Verfahren eingehalten worden ist (s. dazu unten Rn. 345a).

Auch das BVerfG (zfs 2002, 95) hat keine Einwände gegen die gerichtliche Verwertung einer Atemalkoholmessung gehabt. Die **Atemalkoholmessung** ist derzeit aber **nur** im Bereich des **§ 24a StVG** als gerichtlich verwertbar anerkannt (BGH, a.a.O.; BayObLG DAR 2000, 316; OLG Naumburg NStZ-RR 2001, 105; zfs 2001, 135; 2001, 137; s.a. *Janker* DAR 2002, 49 ff. m.w.N.). Eine Umrechung/Übertragung der gemessenen Werte auf die BAK ist (noch) nicht zulässig (BayObLG, a.a.O.; OLG Zweibrücken NStZ 2002, 269; OLG Naumburg, a.a.O.; zu allem eingehend *Janker*, a.a.O.; ähnlich auch schon OLG Hamm NJW 1995, 2425).

a) Die sog. **Tatzeit-BAK** ist unter Anwendung der sog. **Widmark-Formel** zu ermitteln, wenn die genossene Alkoholmenge festgestellt werden kann und das Körpergewicht des Angeklagten bekannt ist. Die Formel lautet:

$$ct = \frac{A}{p \times r} - ß \times t$$

- In dieser Formel ist ct die **Alkoholkonzentration** in Promille zu einem bestimmten Zeitpunkt, A das Gewicht des **genossenen Alkohols** in g, p das **Körpergewicht** in kg, r der Faktor zur Errechnung des sog. reduzierten Körpergewicht. ß bezeichnet den **Alkoholabbau** in Promille pro Stunde und t die **Abbauzeit** in Stunden, die ab Trinkbeginn berücksichtigt werden muss.
- Der **Faktor r** beträgt im Durchschnitt bei Männern 0,7, bei Frauen 0,6. Zugunsten des Angeklagten ist immer der günstigste Faktor zugrunde zu legen, ggf. muss ein SV hinzugezogen werden (vgl. BGHSt 37, 231).
- Die **Elimination** des **Alkohols** beginnt bereits zu Anfang der Alkoholaufnahme. Stündlich werden etwa 0,10 % bis 0,24 %, durchschnittlich also etwa 0,15 % eliminiert. Mit diesem Wert ist in der o.a. Formel ß anzusetzen.
- Da ein Teil des genossenen Alkohols auf eine von der Wissenschaft noch nicht geklärte Weise nicht im Blut erscheint, muss bei der Berechnung der Tatzeit-BAK ohne Blutuntersuchung schließlich noch ein sog. **Resorptionsdefizit** in Abzug gebracht werden. Dies beträgt zwischen 10 und 15 %, nach reichlichem Essen sogar bis zu 30 %. Zugrunde zu legen ist auch hier der günstigste Wert (BGH, a.a.O.).

Die **Menge** des genossenen **Alkohols** ist anhand der aufgrund der Angaben des Angeklagten – wenn diese glaubhaft sind – festgestellten Trinkmenge zu ermitteln. Dabei muss die übliche Angabe des Alkoholgehalts in **Volumenprozenten** (Vol.-%) durch Multiplikation mit 0,8 **in Gewichtsprozente** (g %) umgerechnet werden.

336 Als **Faustregel** ist für die gängigen Alkoholika von etwa folgenden **Werten** auszugehen:

Biersorte	**g/0,2 l**	**g/0,33 l**	**g/0,5 l**
Altbier	7,4 – 8,4	12,2 – 13,9	18,5 – 21,0
Exportbier	7,4 – 8,4	12,2 – 13,9	18,5 – 21,0
Pils	7,4 – 8,4	12,2 – 13,9	18,5 – 21,0
Weizenbier	7,4 – 8,4	12,2 – 13,9	18,5 – 21,0
Bockbier	9,0 -12,0	14,9 – 19,8	22,5 – 30,0
Doppelbock	9,0 -12,0	14,9 – 19,8	22,5 – 30,0

Wein, Sekt usw.	g/0,1 l	g/0,7 l	g/ 1,0 l
Weißwein	7,5 – 9,0	52,5 – 63,0	75 – 90
Rotwein	8,0 – 9,5	56,0 – 66,5	80 – 95
Likörwein	12,0 – 17,0	84,0 – 119,0	120 – 170
Sekt	8,0 – 9,5	56,0 – 66,5	80 – 95
Obstwein	4,0 – 5,0	28,0 – 35,0	40 – 50

Spirituosen mit Vol.-%	g/100 ml 0,1 l	g/20 ml („Schnaps")	g/0,7 l (Flasche)
12 %	9,5	1,90	66,5
20 %	15,8	2,36	82,6
32 %	25,3	5,06	177,1
38 %	30,0	6,00	210,0
42 %	33,2	6,64	232,4
60 %	47,4	9,48	331,8

337 **b)** Zur **Berechnung** der Tatzeit-BAK folgende

Beispiele:

Der 70 kg schwere Angeklagte gibt an, er habe vor Tatbegehung 1 Liter Weißwein zu 8 g/% getrunken, und zwar in 2 Stunden Trinkzeit. Die Tatzeit habe 1 Stunde nach Trinkende gelegen.

Trinkmenge also 1 Liter Wein zu 8 % = 80 g reiner Alkohol, Körpergewicht 70 kg, Reduktionsfaktor: 0,7, Resorptionsdefizit 10 %.

Berechnung danach:

$$c_t = \frac{A(80g)}{p(70\ kg) \times r(0,7)} - ß(0,15\ \%) \times t(3) - 0,16\ \%$$

$$= 1,02\ \%\ BAK$$

338 Mit der o.a. Formel lässt sich, wenn eine BAK bekannt ist, auch **überprüfen**, ob die zum Alkoholkonsum gemachten **Angaben zutreffen**.

Beispiel:

Der 70 kg schwere Angeklagte gibt bei seiner Einlassung an, er habe vor Tatbegehung 11 „kleine" Bier und 11 „normale" Schnäpse, und zwar Obstwasser zu 50 Vol.-% getrunken. Die ihm vier Stunden nach Trinkbeginn entnommene Blutprobe hatte eine BAK von 2,0 %.

Danach sind in die o.a. Formel bei der Suche nach A, der im Körper vorhandenen Menge Alkohol in g, einzusetzen

BAK	2,00 %
zuzüglich Elimination (4 Stunden x 0,15 %)	0,60 %

also c	2,60 %
p = Körpergewicht	70 kg
r = Reduktionsfaktor	0,7
sowie Resorptionsdefizit	10 %
A = c x p x r = 2,6 x 70 x 0,7	= 127,40 g
+ Resorptionsdefizit	14,12 g
Alkoholmenge also	141,52 g

Nach der o.a. Tabelle haben 11 „kleine“ (Export-)Bier, also → 0,20 l, etwa 88 g Alkoholgehalt und 11 „Schnäpse“ (Obstler zu 50 Vol.-% = 40 g %) ebenfalls etwa 88 g Alkoholgehalt, so dass der Angeklagte etwa 176 g Alkohol im Blut haben müsste. Da das nach dem Ergebnis der Blutprobe nicht der Fall ist, kann der Angeklagte die von ihm angegebene Menge nicht getrunken haben.

339 c) Wenn der Angeklagte in der HV einen sog. **Nachtrunk** behauptet, muss für die Berechnung der Tatzeit-BAK die Alkoholmenge des Nachtrunks ermittelt und von der festgestellten BAK abgezogen werden.

Beispiel:

Festgestellt wird für die Entnahmezeit eine BAK von 1,35 %. Der 70 kg schwere Angeklagte behauptet und beweist, dass er nach Beendigung seiner Fahrt mit dem Kfz bei einem Freund zwei scharfe Schnäpse (2 x 2 cl Obstler zu 50 Vol.-%) getrunken hat.

In diesen Schnäpsen war nach der o.a. Tabelle 16 g Alkohol enthalten, was zu einer BAK von 0,33 % – Resorptionsdefizit 0,03 %, also zu 0,30 % führt. Damit lag die Tatzeit-BAK unter 1,1 % und sind somit die Voraussetzungen des § 316 StGB nicht gegeben.

340 3. Häufig ergibt sich auch die Notwendigkeit einer **Rückrechnung** vom Zeitpunkt der Blutentnahme auf die Tatzeit-BAK, da sich der Blutalkoholgehalt zwischen der Tatzeit und der Blutentnahme verändert hat. Er kann, wenn die Tat in der sog. Anflutungsphase begangen worden ist, bis zum Zeitpunkt der Blutentnahme gestiegen oder bei Tatbegehung in der Eliminationsphase infolge Alkoholabbaus geringer geworden sein.

Ist dem Angeklagten eine **Blutprobe** entnommen worden, so dass daraus im Ermittlungsverfahren die BAK ermittelt werden konnte, wird diese bei der Rückrechnung zugrunde gelegt. Auszugehen ist von folgenden **Grundsätzen**:

341 Bedeutsam für die Frage der Rückrechnung ist zunächst die Kenntnis vom Abschluss der sog. Resorption, d.h. der Alkoholaufnahme vom Magen-Darm-Trakt in das Blut. Der im Zeitpunkt der Blutentnahme ermittelte BAK-Wert darf durch Rückrechnung auf einen früheren Tatzeitpunkt nämlich nur dann erhöht werden, wenn feststeht, dass die **Resorption** zur Tatzeit bereits **abgeschlossen** war. Da in Ausnahmefällen die Resorption erst zwei Stunden nach Trinkende erreicht sein kann, dürfen nach der Rspr., wenn der Resorptionsabschluss nicht durch einen SV festgestellt werden kann, bei normalem Trinkverlauf grds. die ersten beiden Stunden nach Trinkende nicht in die Hochrechnung einbezogen werden (BGHSt 25, 246; OLG Düsseldorf VRS 73, 470; OLG Hamm DAR 1989, 429).

342 **Rückgerechnet** werden muss dann stets mit dem für den Angeklagten **günstigsten** möglichen stündlichen **Abbauwert**. Dies ist bei der Ermittlung der BAK aus der Blutprobe, wenn es um die Fragen der (**alkoholbedingten**) **Fahrunsicherheit** oder den Tatbestand des § 24a StVG geht, der niedrigstmögliche Wert. Nach der Rspr. ist in solchen Fällen zugunsten des Angeklagten auszugehen von einem gleich bleibenden stündlichen Abbauwert von **0,1 %**, von dem das Gericht ohne Hinzuziehung eines SV nicht abweichen darf (BGHSt 25, 246).

Beispiel:

Abschluss der Resorption (unter Berücksichtigung des Trinkendes und der Art und Weise des Trinkens):	20.40 Uhr
Tatzeit:	21.00 Uhr
Blutentnahme	22.30 Uhr
BAK zur Zeit der Blutentnahme	1,02 %

Rückrechnung von 22.30 Uhr bis 21.00 Uhr

mit 0,1 %/Stunde, bei 1 1/2 Stunden, also mit 0,15 %:

D.h. 1,02 % + 0,15 % = 1,17 % Tatzeit-BAK.

343 Kommt es darauf an, ob ggf. die **Schuldfähigkeit** des Angeklagten durch erhebliche alkoholische Beeinträchtigung vermindert oder gar ausgeschlossen ist (§§ 20, 21 StGB), muss bei der Ermittlung der BAK aus der Blutprobe umgekehrt zugunsten des Angeklagten mit dem **höchst möglichen** stündlichen **Abbauwert** zurückgerechnet werden. Das ist nach der inzwischen gefestigten neueren Rspr. des BGH ein Abbauwert von **0,2 %**/Stunde zuzüglich eines weiteren **Zuschlags** von 0,2 % (BGHSt 37, 231; s.a. BGH NStZ 1986, 114; 2000, 214).

Beispiel:

M trinkt bis 0 Uhr Alkohol und begibt sich kurz darauf auf den Heimweg. Er trifft einen Bekannten, mit dem er in Streit gerät. M ersticht den Bekannten schließlich, verlässt den Tatort und übernachtet bei einem Freund. Dort wird er am nächsten Morgen von der Polizei verhaftet. Um 9.00 Uhr wird ihm eine Blutprobe entnommen. Deren Untersuchung ergibt eine BAK von 1,1 %. Die Tatzeit-BAK errechnet sich wie folgt:

BAK zum Zeitpunkt der Entnahme	1,1 %
zuzüglich 9 x 0,2 % (stündlicher Abbauwert)	1,8 %
zuzüglich Sicherheitszuschlag von 0,2 %	0,2 %
Tatzeit-BAK also	3,1 %

4. Hinweise für den Verteidiger!

344 **a)** Die **BAK** hat in etwa folgende **Indizwirkung** (s. zu allem a. *Tröndle/Fischer*, § 20 Rn. 9a ff. m.zahlr.w.N.; *Hentschel* NJW 1997, 631; *Kröber* NStZ 1996, 569 m.w.N.):

- Eine BAK ab **2 %** deutet grds. auf eine **erhebliche Verminderung** der Steuerungsfähigkeit hin (s. dazu die frühere Rspr. des BGH in BGHSt 37, 231) und ermöglicht den **Schluss** auf eine erhebliche Minderung der Steuerungsfähigkeit. Es gibt allerdings keinen gesicherten medizinischen Erfahrungssatz darüber, dass allein wegen einer bestimmten BAK zur Tatzeit vom Vorliegen einer alkoholbedingten erheblich verminderten Steuerungsfähigkeit auszugehen ist (BGHSt 43, 66 [insoweit Aufgabe von BGHSt 37, 231]; NStZ 1997, 591; s.a. den Vorlagebeschluss NStZ 1996, 592 [zum Beweiswert der BAK]; s. ferner OLG Karlsruhe NZV 1999, 301).

  Die **Indizwirkung** für eine Einschränkung der Schuldfähigkeit ist widerlegbar (*Maatz* StV 1998, 281). Sie gibt allerdings ein gewichtiges Beweisanzeichen (BGH NStZ 1997, 592) und wird grds. nicht allein durch das äußere Erscheinungsbild, durch ein lückenloses Erinnerungsvermögen des Angeklagten, seine Selbsteinschätzung und eine relative Alkoholgewöhnung ausgeräumt (zu allem BGH, a.a.O., m.w.N.; NStZ 1997, 383; zu den Kriterien verminderter Schuldfähigkeit nach Alkoholkonsum a. *Kröber* NStZ 1996, 569). Bei einem **Alkoholabhängigen** wird die Indizwirkung i.d.R. geringer einzustufen sein als bei einem Gelegenheitskonsumenten (BGH NStZ 1997, 591; s. aber a. BGH StV 1997, 296). Auch darf einem Blutalkoholwert gegenüber aussagekräftigen **psychodiagnostischen Beweisanzeichen** (s. dazu BGH NStZ 1997, 592; 2000, 136; 2000, 193; StV 1997, 296) eine geringere Beweisbedeutung dann beigemessen werden, wenn der Blutalkoholwert lediglich aufgrund von Trinkmengenangaben bei einer längeren Trinkzeit ermittelt worden ist (BGH NJW 1998, 3427; zu den psychodiagnostischen Kriterien bei Tötungsdelikten s.a. die Nachw. in den o.a. Rspr.-Übersichten von *Altvater* in der NStZ).
- Bei **Jugendlichen** und Heranwachsenden können schon Blutalkoholwerte **unter 2 %** zu einer erheblichen Minderung der Schuldfähigkeit führen (BGH NStZ 1997, 383).
- Bei **Tötungsdelikten** wird wegen der erhöhten Hemmschwelle bei Angriffen auf das Leben die **Grenze** allgemein bei **2,2 %** angesetzt (BGH StV 1997, 73 m.w.N.).
- Bei einer BAK von **2,4 %** ist eine **erhebliche Verminderung** der **Steuerungsfähigkeit regelmäßig** in Betracht zu ziehen (BGHSt 36, 286).
- Bei einer BAK ab **3 %** kommt **Schuldunfähigkeit** in Betracht (s. u.a. BGHSt 34, 29, 31 m.w.N.; *Tröndle/Fischer*, § 20 Rn. 9 b m.w.N.). Soll hier die Indizwirkung der BAK widerlegt werden, sind selbst bei einem alkoholgewöhnten Täter erhöhte Anforderungen an die dafür herangezogenen Kriterien zu stellen (BGH StV 1997, 296).

☝ Die o.a. Werte schließen allerdings nicht aus, dass bei **entsprechenden Ausfallerscheinungen** die Voraussetzungen der **§§ 20, 21 StGB** auch **schon** bei einer BAK **unter** den angegebenen Werten vorliegen können (*Tröndle/Fischer*, § 20 Rn. 9a m.w.N.; zur Berücksichtigung von Erscheinungsbild und Leistungsverhalten des Täters s.a. noch BGH NStZ 1995, 539; für Jugendliche s. BGH NStZ 1984, 75).

b) Auf folgende **prozessuale Fragen** ist hinsichtlich des (Blutalkohol-)Gutachtens hinzuweisen: **345**

- Auch wenn keine Blutprobe vorliegt, ist der **Tatrichter** grds. **verpflichtet**, die **maximale BAK** des Angeklagten zu **berechnen**, wenn dessen Einlassung und die Bekundungen von Zeugen eine sichere Berechnungsgrundlage ergeben. Davon darf er nur dann absehen, wenn sich die Angaben sowohl zeitlich als auch mengenmäßig jedem Versuch einer Eingrenzung der BAK entziehen (BGH NStZ 2000, 24, zugleich auch zur Anwendbarkeit des Zweifelssatzes).
- **BAK-Gutachten, Blutentnahmeprotokoll** sowie ein klinischer Befund können in der HV gem. § 256 Abs. 1 S. 2 **verlesen** werden, wenn die Urkunden erkennen lassen, von welchem Arzt sie verfasst wurden (s. → *Verlesung von sonstigen Gutachten und Berichten*, Rn. 1029).
- Es ist nicht erforderlich, dass das Gutachten über die BAK des Angeklagten von demselben SV erstattet wird, der auch die Blutalkoholanalyse durchgeführt hat (BGH NJW 1967, 299). Das **fremde Gutachten**, auf das ein SV bei seiner Anhörung Bezug nimmt, muss jedoch vor der Bezugnahme durch **Verlesung** oder der Verlesung gleichwertige Bekanntgabe in die HV **eingeführt** worden sein (zu den Anforderungen an die Revisionsrüge, wenn der Verteidiger der Auffassung ist, das Gutachten sei nicht ordnungsgemäß durch Verlesung in die HV eingeführt worden s. OLG Düsseldorf StV 1995, 120 m.w.N.).
- Der Verteidiger kann, wenn er eine Verwechslung der Blutprobe für möglich hält, einen **Beweisantrag** auf Einholung eines SV-Gutachtens stellen.

> ☝ Für dieses sog. **Identitätsgutachten** muss der Verteidiger **behaupten**, dass es sich bei dem aufbewahrten Blut nicht um Blut des Angeklagten handelt. Ob dem Antrag auch entnommen werden können muss, bei welcher Gelegenheit sich die **Verwechslung** ereignet haben soll (so OLG Köln NJW 1987, 2096 [Ls.]) und ob es sich anderenfalls nur um einen → ***Beweisermittlungsantrag***, Rn. 308, handelt, für den die Ablehnungsgründe aus § 244 Abs. 3, 4 nicht gelten (s. Rn. 309), erscheint fraglich. Denn wie soll das behauptet werden können, wenn nicht „ins Blaue" hinein (zur Qualifizierung eines entsprechenden Antrags als Beweisermittlungsantrag, weil jegliche Anhaltspunkte für die Annahme fehlen, die fragliche Blutprobe stamme nicht vom Angeklagten, s. OLG Köln NStZ-RR 1997, 310; zur Ablehnung des Antrags wegen Prozessverschleppung s. *Haubrich* NJW 1981, 2507)?

- Die Blutprobe kann wegen eines **BVV** unverwertbar sein (wegen der Einzelh. s. *Burhoff*, EV, Rn. 460 f., 1066 ff.; zur Verwertbarkeit einer zu Behandlungszwecken entnommenen Blutprobe s. OLG Frankfurt NStZ-RR 1999, 246). Allerdings führt die Verwertung nicht geeichter Geräte im Rahmen der ADH- und der gaschromatographischen Untersuchung nicht zu einem Verwertungsverbot des darauf beruhenden (Alkohol-)Gutachtens (OLG Düsseldorf NZV 1995, 365; OLG Schleswig BA 1996, 54). Ein Verwertungsverbot von Alkometer-Messergebnissen besteht auch nicht, wenn ein Verstoß gegen die EWG-Richtlinie zu Informationsverfahren über Normen und technische Vorschriften (Richtlinie 83/189/EWG) vorliegt (EUGH NStZ 1999, 141; zur Frage, inwieweit **Atemalkoholmesswerte** überhaupt gerichtlich verwertbar sind, s. die Nachw. bei Rn. 335).

345a **5.** Wird dem Angeklagten/Betroffenen ein Verstoß gegen **§ 24a StVG** vorgeworfen und liegt dem eine sog. **Atemalkoholmessung** zugrunde, muss der Verteidiger auf Folgendes achten:

a) Der Gesetzgeber in § 24a Abs. 1 StVG durch das sog. „0,8-Promille-Gesetz" neben den beiden für die herkömmliche Blutprobe (damals) maßgeblichen „Gefahrengrenzwerten" von 0,8 und 0,5‰ „entsprechende" **Grenzwerte** für die **Atemalkoholkonzentration** (AAK) festgelegt und damit die Atemalkoholmessung damit grds. als beweiskräftiges Verfahren anerkannt. Schon bald danach war es in der Rspr. str., ob es zum Ausgleich möglicher verfahrensbezogener Messungenauigkeiten geboten sei, von den gemessenen Werten allgemeine Sicherheitsabschläge zu machen (vgl. die Nachw. bei BGHSt 46, 358 und im Vorlagebeschluss des OLG Hamm NZV 2000, 427; s. auch *Bode* zfs 2000, 459 m.w.N. zum Streitstand).

☝ Nach Auffassung des BGH ist ein **allgemeiner Sicherheitsabschlag** jedoch **nicht** zu machen (BGHSt 46, 358). Der Ausgleich für verfahrensmäßige Messungenauigkeiten sei vom Gesetzgeber bereits bei der Festlegung der Grenzwerte in § 24a StVG berücksichtigt. Der BGH ist zudem der Auffassung, dass durchgreifende **verfassungsrechtliche Bedenken** gegen die gesetzliche Neuregelung in § 24 a StVG **nicht** bestehen.

In der **Praxis** wird derzeit i.d.R. meist der **Draeger Alcotest** 7110 Evidential MK III verwendet. Der BGH hat ebenso wie schon in der Vergangenheit die Obergerichte (vgl. OLG Hamm NZV 2000, 427; BayObLG, zfs 2000, 313; OLG Stuttgart DAR 2000, 537) die gerätetechnische **Zuverlässigkeit** dieser Geräte nicht in Zweifel gezogen (vgl. aber u. Rn. 345b).

☝ Es handelt sich um ein **standardisiertes Messverfahren** i.S.d. Rechtsprechung des BGH. Das bedeutet, dass der Tatrichter sich – ebenso wie in Fällen sonstiger technischer Messungen – mit Fragen der Messgenauigkeiten grds. nicht näher auseinander zu setzen braucht (BGHSt 39, 291). Das muss er nur dann tun, wenn konkrete Zweifel an der ordnungsgemäßen Messung nahe liegen (zuletzt BGHSt 43, 277 m.w.N.).

b) ☝ Hinweise für den Verteidiger!

345b

Auf dieser Grundlage ergeben sich folgende **Hinweise für** die **Praxis:**

- Zu möglichen **Fehlerquellen** des Messgerätes muss der **Verteidiger konkret vortragen** (vgl. dazu z.B. VA 2000, 1; s.a.u.).
- Die Entscheidung des BGH gilt nicht nur für das Draeger-Gerät, sondern **auch** für **andere Atemalkoholmessgeräte**. Ob das bei einer Messung verwendete Messgerät beweiskräftige zutreffende Ergebnisse geliefert hat, betrifft die Zuverlässigkeit eines bestimmten Messverfahrens im Einzelfall und ist jeweils durch den Tatrichter zu beurteilen (BGHSt 46, 358). Auch dazu muss der Verteidiger also ggf. vortragen.
- **Offen** gelassen hat der BGH die Frage, ob der Einwand gerechtfertigt ist, die **AAK-Messung** unterliege im Ergebnis **qualitativ geringeren Anforderungen** als die auf vier Einzelwerten beruhende BAK-Messung (vgl. dazu die Lit.-Nachw. bei BGH, a.a.O.). Mit Blick auf die gesetzgeberischen Vorgaben ergibt sich nach Auffassung des BGH kein Anlass die durch das Gesetz festgelegten AAK-Grenzwerte allgemein zu „relativieren". Dazu sei die Rspr. auch nicht befugt.
- **(Allgemeine) Sicherheitsabschläge** von den unter Verwendung eines Atemalkoholtestgeräts gewonnenen Messwerten sind **nicht** zu machen. Dies begründet der BGH u.a. auch noch damit, dass es sich um ordnungswidrigkeitenrechtliche Massenverfahren handelt (s. auch o. Rn. 345a). Dem würde es zuwiderlaufen, wenn der Tatrichter gehalten wäre, die Messpräzision in jedem Einzelfall unter Berücksichtigung aller in Betracht kommenden Einflussfaktoren zu prüfen. Das gilt vor allem **auch** hinsichtlich des vom OLG Hamm geltend gemachten **Hystereseeinflusses** und der sog. **Verkehrsfehlergrenze** (OLG Hamm NZV 2000, 427) Diese seien bereits bei Festlegung des AAK-Grenzwerte berücksichtigt (BGH, a.a.O.).

☝ Die durch eine Atemalkoholmessung ermittelten **Werte** können – so der BGH – jedoch **nur** dann ohne Sicherheitsabschlag **verwendet** werden, wenn bei der Messung **bestimmte Voraussetzungen** beachtet worden sind (vgl. BGH, a.a.O.; zu den Anforderungen an das tatrichterliche Urteile s. einerseits die strengen Anforderungen des 2. Senats für Bußgeldsachen des OLG Hamm (DAR 2001, 416; NStZ 2002, 94; NJW 2002, 2485 zust. *Himmelreich/Lessing* [Rspr.-Übersicht] NStZ 2002, 306] und andererseits die großzügigeren Anforderungen des 3. Senats für Bußgeldsachen des OLG Hamm (NZV 2002, 198; zu allem auch *Burhoff* VA 2002, 152 ff.):

- Das Atemalkoholtestgerät war durch die Physikalisch-technische Bundesanstalt **bauartzugelassen**.
- Das Atemalkoholtestgerät war (noch) **gültig geeicht**. Erforderlich ist nach den §§ 1 Nr. 2, 2 Abs. 1 EichG, §§ 12 Abs. 1 i.V.m. Anh. B Nr. 18.5, 32 Abs. 1 EichO eine **halbjährliche Eichung**.
- Die Verfahrensbestimmungen sind **beachtet** worden, also: Zeitablauf seit Trinkende mindestens 20 Minuten, **Kontrollzeit** von zehn Minuten vor der AAK-Messung, **Doppelmessung** im Zeitabstand von maximal fünf Minuten und Einhaltung der zulässigen **Variationsbreite** zwischen den Einzelwerten).

- Allein aufgrund allgemeiner Erwägungen lässt sich in Zukunft eine Abweichung von dem gemessenen AAK-Wert nach unten nicht (mehr) erreichen. Vielmehr muss der **Verteidiger konkrete Messfehler vortragen** und ggf. durch einen entsprechenden Beweisantrag unter Beweis stellen. Dazu muss er z.B. den Mandanten sehr sorgfältig zum **Ablauf** der **Messung befragen**. Denn nur so kann er ermitteln, ob die o.a. Zeiten eingehalten worden sind. Es empfiehlt sich auch dringend, auf jeden Fall die **Verfahrensakten einzusehen**, um so festzustellen, ob das verwendete Atemalkoholgerät noch gültig geeicht war. Ist das nicht der Fall, wird das zwar nicht zur völligen Unverwertbarkeit der Messung führen, es wird jedoch dann ein Sicherheitsabschlag von den ermittelten AAK-Werten zu machen sein. Dazu wird dann in der Hauptverhandlung ein **Sachverständiger** gehört werden müssen.

346 Bußgeldverfahren, Besonderheiten der Hauptverhandlung

Literaturhinweise: ***Beck***, Ausnahmen vom Fahrverbot, DAR 1997, 32; ders., Anwesenheitspflicht des Betroffenen in der Hauptverhandlung, DAR 1999, 511; ***Beck/Berr***, OWi-Sachen im Straßenverkehrsrecht, 3. Aufl., 1999; ***Beck/Löhle***, Fehlerquellen bei polizeilichen Meßverfahren, 7. Aufl., 2002; ***Bick***, Die Anfechtung von Verwerfungsurteilen nach § 329 I StPO und § 74 II OWiG, StV 1987, 273; ***Bode***, Die Rechtsprechung zu drogenbeeinflußter Verkehrsteilnahme, BA 2002, 7; ***Böttcher***, Das neue Beweisrecht im Verfahren nach dem OWiG, NStZ 1986, 393; ***Bohnert***, Neue Regelungen im Zwischenverfahren des OWiG, NZV 1999, 322; ***Brüssow***, Verkehrsstraf- und Ordnungswidrigkeitenrecht, in: Strafverteidigung in der Praxis, 1998, S. 1067; ders., Beweisverwertungsverbote in Verkehrsstrafsachen, StraFo 1998, 294; ***Burhoff***, Rechtsbeschwerde im Ordnungswidrigkeitenverfahren, ZAP F. 21, S. 159; ders., Rechtsbeschwerde erfolgreich einlegen, VA 2001, 90; ders., Rechtsbeschwerde erfolgreich einlegen (Teil 1), PA 2002, 127; ders., Rechtsbeschwerde erfolgreich einlegen (Teil 2), PA 2002, 139; ***Hecker***, Verwertungsverbot infolge unterlassener Betroffenenbelehrung, NJW 1997, 1833; ***Hornmann***, Die Verfolgung von Ordnungswidrigkeiten durch Private ist unzulässig – auch in Hessen, DAR 1999, 158; ***Janker***, Der langsame Abschied von der Blutprobe – Aktuelle Fragen zum Führen von Kraftfahrzeugen unter Alkoholeinfluss nach § 24a Abs. 1 StVG sowie § 316 StGB, DAR 2002, 49; ***Maatz***, Forensische Verwertbarkeit und Konsequenzen aus der AAK-Entscheidung des BGH, BA 2002, 21; ***Rochow***, Die Verpflichtung des Betroffenen zum persönlichen Erscheinen in der Hauptverhandlung im Rahmen von OWi-Verfahren, zfs 1999, 366; ***Schäpe***, Akteneinsicht des Betroffenen vor der Verwaltungsbehörde, DAR 1998, 326; ders., Grenzen der Fahrerermittlung durch die Behörde, DAR 1999, 186; ***Schneider***, Die Pflicht des Betroffenen zum persönlichen Erscheinen in der Hauptverhandlung des Bußgeldverfahrens – Zur Neuregelung des § 73 I OWiG in der seit dem 1.3.1998 geltenden Fassung, NZV 1999, 14; ***Schünemann***, „Dienstliche Äußerungen" von Polizeibeamten im Strafverfahren, DRiZ 1979, 101; ***Schulz***, Die Einstellung nach § 47 OWiG bei Verkehrsordnungswidrigkeiten, StraFo 1999, 114; ders., Die Einstellung nach § 47 OWiG als Rechtsbeugung, NJW 1999, 3471; ***Wiegmann***, Das Wiedererkennen im Straf- und Bußgeldverfahren – Die strafprozessuale Problematik des Wiedererkennens, StraFo 1998, 37; wegen weiterer Lit.-Hinw. s. *Burhoff*, EV, Rn 462, und die von mir stammenden Veröffentlichungen zu Fahrverbotsfragen auf meiner Homepage www.burhoff.de.

346a Für das Bußgeldverfahren gelten die Vorschriften des **OWiG**. Bei den verhandelten Sachen handelt es sich überwiegend um straßenverkehrsrechtliche Verstöße, die für die Betroffenen wegen der Gefahr, ggf. die Fahrerlaubnis zu verlieren, von besonderer Bedeutung sind (allgemein zur Verteidigung in diesen Sachen s. *Beck/ Berr*, a.a.O.; s.a. *Dahs*,Rn. 1082 ff.). Wegen der Besonderheiten des bußgeldrechtlichen Ermittlungsverfahrens wird verwiesen auf *Burhoff*, EV, Rn. 462 ff.

Ist gegen einen Bußgeldbescheid ein zulässiger Einspruch (s. §§ 67 ff. OWiG) eingelegt, wird durch das zuständige AG i.d.R. ein **HV-Termin** anberaumt (zur Möglichkeit, ohne mündliche HV durch Beschluss zu entscheiden, s. § 72 OWiG). Grundlage des (gerichtlichen) Verfahrens ist der ergangene Bußgeldbescheid (*Göhler*, § 71 Rn. 3). Gem. § 71 OWiG richtet sich das **gerichtliche Verfahren** nach den Vorschriften der **StPO**, die nach zulässigem Einspruch gegen einen Strafbefehl gelten (s.u. Rn. 347). Damit finden also zunächst einmal die **§§ 411**, **412** Anwendung (→ *Strafbefehlsverfahren*, Rn. 824). Über **§ 46 Abs. 1 OWiG** werden aber auch die übrigen für die HV geltenden Vorschriften angewendet (s.u. Rn. 348 ff.). Für die Hauptverhandlung in einem Ordnungswidrigkeitenverfahren gibt es jedoch auch **Besonderheiten**, die sich aus den §§ 71 ff. OWiG ergeben (s.u. Rn. 356 ff.).

347 **1.** Für die aus § 71 OWiG folgende Anwendung der Grundsätze des **Strafbefehlsverfahrens** gelten die Ausführungen bei → *Strafbefehlsverfahren*, Rn. 824, entsprechend. Auf Folgendes ist (nochmals) besonders hinzuweisen:

- Das Gericht darf in seiner Entscheidung zum **Nachteil** des Betroffenen vom **Bußgeldbescheid abweichen** (s. § 411 Abs. 4). Nach § 81 OWiG kann es sogar zum Strafverfahren übergehen.

> ☝ Es gelten für die Abweichung, insbesondere für die Frage, wann ein **Hinweis** des Gerichts erforderlich ist, die allgemeinen Regeln (wegen der Einzelh. s. *Göhler*, § 71 Rn. 50 ff. m.w.N.; → *Hinweis auf veränderte Sach-/Rechtslage*, Rn. 551). Daher muss der Richter, wenn er die Verurteilung des Betroffenen auf eine andere als im Bußgeldbescheid genannte Bußgeldvorschrift stützen will, zuvor dem Betroffenen einen rechtlichen Hinweis erteilen (OLG Düsseldorf NZV 1994, 491).
>
> Für den Betroffenen von besonderer praktischer Bedeutung ist, dass das Gericht ihn auf die Möglichkeit eines im Bußgeldbescheid nicht festgesetzten **Fahrverbots hinweisen** muss, bevor es dieses anordnet (BGHSt 29, 274; OLG Düsseldorf NJW 1990, 462 [Ls.]; NStZ 1994, 347; OLG Hamm NJW 1980, 251). Will das Gericht allerdings nur eine **höhere Geldbuße**/ein **längeres Fahrverbot** als im Bußgeldbescheid festsetzen, muss es auf die Umstände, die es dazu veranlassen, **nicht** gem. § 265 hinweisen (OLG Hamm NJW 1980, 1587 [Geldbuße]; BayObLG NJW 2000, 3511 -Ls.- [Fahrverbot]; *Göhler*, § 71 Rn. 50a).

348

- Ist der **Einspruch** gegen den Bußgeldbescheid **unzulässig** und stellt sich das erst in der HV heraus, wird er vom Gericht gem. § 260 Abs. 3 i.V.m. § 46 Abs. 1 OWiG durch Urteil verworfen (BayObLG NJW 1962, 118).
- Der Betroffene/sein Verteidiger können den **Einspruch** gegen den Bußgeldbescheid bis zum **Beginn** der → ***Urteilsverkündung***, Rn. 920, **zurücknehmen** (vgl. § 411 Abs. 3 S. 1; wegen der Einzelh. *Göhler*, § 71 Rn. 6 ff. m.w.N.). Grds. ist für die Rücknahme gem. § 303 i.V.m. § 71 Abs. 1 OWiG die **Zustimmung** der StA erforderlich. Nimmt diese – wie üblich – an der HV nicht teil, ist die Zustimmung nach § 75 Abs. 2 OWiG aber entbehrlich.
- Auch die **Beschränkung** des **Einspruchs** gegen den Bußgeldbescheid ist entsprechend § 410 Abs. 2 beim Strafbefehl zulässig (BayObLG NStZ-RR 1999, 369; OLG Hamm VRS 99, 220; OLG Celle NZV 1999, 524).

349 **2.** Für die **HV** in einem Bußgeldverfahren gelten die **StPO-Vorschriften** wie folgt:

> ☝ Nach § 78 Abs. 5 S. 1 OWiG kann der Amtsrichter von der **Zuziehung** eines **Protokollführers absehen**. Macht er von dieser Möglichkeit Gebrauch, kann seine Entscheidung nach § 78 Abs. 5 S. 2 OWiG nicht angefochten werden. Die Entscheidung muss nicht unbedingt als Beschluss ergehen, sondern kann auch stillschweigend dadurch getroffen werden, dass der Amtsrichter ohne Protokollführer erscheint (*Göhler*, § 78 Rn. 2a m. Hinw. auf n.v. Rspr. des BayObLG).

a) Die **Vorbereitung** der **Hauptverhandlung** richtet sich nach den §§ 213 – 225a. Der Betroffene und sein Verteidiger sind also zur HV zu **laden**. Gem. § 74 Abs. 3 OWiG ist der Betroffene in Abweichung von § 216 über die sich bei seinem Ausbleiben aus § 74 Abs. 1, 2 OWiG ergebenden Folgen zu **belehren** (s. i.Ü. → *Ladung des Angeklagten*, Rn. 590; → *Ladung des Verteidigers*, Rn. 595). Es gilt die **Ladungsfrist** des § 217 (eine Woche), und zwar auch dann, wenn der Betroffene bereits zu einer früheren HV unter Einhaltung der Ladungsfrist geladen worden war (BayObLG NJW 1978, 2406) und auch bei einer Umladung (OLG Köln NStZ-RR 2000, 179); **nicht** jedoch, wenn die HV lediglich **unterbrochen** worden ist (OLG Köln NStZ 1991, 92; BayObLG NZV 1999, 306). Von einem (in seiner Abwesenheit) beschlossenen Fortsetzungstermin ist der Betroffene jedoch zumindest formlos zu verständigen (BayObLG, a.a.O.), und zwar auch dann, wenn er vom persönlichen Erscheinen in der HV entbunden war. Auch im Bußgeldverfahren sind gem. § 222 Abs. 1 dem Betroffenen sämtliche zur HV geladenen **Zeugen** bekannt zugeben, und zwar auch dann, wenn sie bereits im Bußgeldbescheid angeführt waren (OLG Hamm NJW 1996, 534). Erfüllt das Gericht diese Mitteilungspflicht nicht, kann gem. § 246 Abs. 2 die Aussetzung der HV verlangt werden (→ *Aussetzung wegen verspäteter Namhaftmachung geladener Beweispersonen*, Rn. 163).

☝ Auch für die HV im OWi-Verfahren findet § 140 Abs. 1 Nr. 5 Anwendung. D.h., im Fall einer **Inhaftierung** von mehr als drei Monaten ist daher dem Betroffenen ein **Pflichtverteidiger** beizuordnen (OLG Köln StV 1998, 531 [Ls.]; zur Pflichtverteidigerbeiordnung im OWi-Verfahren i.Ü. *Burhoff*, EV, Rn. 470).

350 **b)** Für eine **Aussetzung** oder → ***Unterbrechung** der Hauptverhandlung*, Rn. 873, gelten die §§ 228, 229 uneingeschränkt (*Göhler*, § 71 Rn. 29; → *Aussetzung der Hauptverhandlung, Allgemeines*, Rn. 149, m.w.N.).

Bei **Verspätung** oder **Verhinderung** des **Verteidigers** (→ *Verhinderung des Verteidigers*, Rn. 982) sind für die Frage, ob mit dem Beginn der HV zu **warten** oder die HV sogar auszusetzen und zu verlegen ist, alle **Umstände** des Einzelfalls gegeneinander **abzuwägen**. Den Vorrang hat im Zweifel das Verteidigungsinteresse des Betroffenen. Dabei muss das Gericht eine **geringfügige Verspätung** (i.d.R. 15 Minuten; s. *Göhler*, § 74 Rn. 28 m.w.N.; eingehend und zusammenfassend OLG Hamm NStZ-RR 1997, 179 [mehr als 15 Minuten jedoch nur im Ausnahmefall, was von den rechtlichen und tatsächlichen Schwierigkeiten der Sache abhängt]; s. aber KG NStZ-RR 2002, 218 und BerlVerfGH NJW-RR 2000, 1451) **berücksichtigen** und wird solange mit dem Beginn der HV warten müssen (zur – verneinten – Zumutbarkeit des Erscheinens für den Betroffenen, wenn der Verteidiger verhindert ist und zuvor ein Befangenheitsantrag gegen den amtierenden Richter zurückgewiesen worden ist, s. OLG Hamm NStZ 1995, 596; zur **Terminsverlegung** wegen Verhinderung des Verteidigers OLG Zweibrücken NZV 1996, 162; → *Terminsverlegung*, Rn. 852; zur **Verwerfung** des **Einspruchs** wegen Ausbleiben des Betroffenen/Verteidigers s. Rn. 361 und → *Berufungsverwerfung wegen Ausbleiben des Angeklagten*, Rn. 211).

☝ Kann der Verteidiger absehen, dass er **nicht pünktlich** zum Beginn der HV erscheinen kann, wird er dies dem Gericht **möglichst umgehend mitteilen**. Das gebietet nicht nur die Höflichkeit, sondern auch die Fürsorge gegenüber dem Mandanten, zumal in diesen Fällen ein (noch mehr) verspäteter Beginn oder die Verlegung der HV durch das Gericht geboten sein dürften (KG, a.a.O.; OLG Hamm AnwBl. 1980, 200 VRS 68, 49; *Göhler*, § 71 Rn. 30b m.w.N.).

351 **c)** Für den **Ablauf** der **HV** gilt grds. § 243 (→ *Gang der Hauptverhandlung, Allgemeines*, Rn. 508, m.w.N.). Es gilt allerdings die Besonderheit, dass an die Stelle der → *Verlesung des Anklagesatzes*, Rn. 989, nach § 243 Abs. 3 S. 1 die

Verlesung des **Bußgeldbescheides** tritt. Nimmt die StA nicht an der HV teil, verliest der Richter den Bußgeldbescheid, wenn nicht, was nach § 78 Abs. 1 S. 1 OWiG zulässig ist, von der Verlesung des Bußgeldbescheides abgesehen wurde. Dann muss der Richter aber den wesentlichen Inhalt des Bußgeldbescheides bekannt geben (s.u. Rn. 367; *Göhler*, § 78 Rn. 1a).

352 **d)** Für die **Vernehmung** des **Betroffenen** zur Person und zur Sache und für seine Belehrung zur Aussagefreiheit gelten dieselben Regeln wie im Strafverfahren (→ *Belehrung des Angeklagten*, Rn. 177; → *Vernehmung des Angeklagten zur Person*, Rn. 1034; → *Vernehmung des Angeklagten zur Sache*, Rn. 1037). Ist der Betroffene nicht in der HV anwesend und wird nach § 74 Abs. 1 OWiG in seiner Abwesenheit verhandelt, gibt der Richter den wesentlichen Inhalt einer schriftlichen oder protokollarischen Äußerung des Betroffenen zur Sache bekannt oder stellt fest, dass sich der Betroffene nicht geäußert hat.

☝ Nach der Rspr. können auch die in einem **Schriftsatz** des **Verteidigers** vorgetragenen Angaben des Betroffenen bekannt gegeben werden, wenn sowohl der Verteidiger als auch der Betroffene in der HV ausbleiben und der Verteidiger bei Abgabe seiner Erklärungen Verteidigungsvollmacht hatte (OLG Frankfurt NJW 1993, 2129 [Ls.] ; OLG Zweibrücken NZV 1994, 372; *Göhler* NStZ 1994, 74 in der Anm. zu OLG Frankfurt, a.a.O.). Folgt man dem, kann der Verteidiger ggf. unter Hinweis auf diese Möglichkeit die **Entbindung** des Betroffenen vom Erscheinen in der HV **erreichen** (s. i.Ü. u. Rn. 358).

353 **e)** Für den Ablauf der Hauptverhandlung gelten i.Ü. die allgemeinen Ausführungen zur → *Verhandlungsleitung*, Rn. 972, zum → *Kreuzverhör*, Rn. 586, und zum **Fragerecht** (→ *Fragerecht, Allgemeines*, Rn. 490, m.w.N.) sowie zu den → ***Erklärungen*** *des Angeklagten*, Rn. 464, und den → *Erklärungen des Verteidigers*, Rn. 466, entsprechend (zur Frage wann im Hinblick auf den Grundsatz der **Öffentlichkeit** der HV im Bußgeldverfahren bei → *Verlegung der Hauptverhandlung an einen anderen Ort*, Rn. 987, ein **Aushang** erforderlich ist, OLG Hamm StV 2000, 659 m.w.N.).

354 **f)** Die **Beweisaufnahme** (§§ 244 – 257) ist im Bußgeldverfahren **teilweise anders** gestaltet als im normalen Strafverfahren:

- Zu **§ 244** ergeben sich **Abweichungen** aus § 77 OWiG (s.u. Rn. 363).
- **§ 245** (→ *Präsentes Beweismittel*, Rn. 675) gilt **nicht** (*Göhler*, § 77 Rn. 27).
- **§ 247** (→ *Entfernung des Angeklagten aus der Hauptverhandlung*, Rn. 435) findet hingegen **Anwendung**.

Für die **Verlesung** von Schriftstücken und Protokollen gilt:

- **Grds**. gilt für die Verlesung von Schriftstücken, soweit nicht § 77a OWiG Anwendung findet (s.u. Rn. 365), auch **§ 249 Abs. 1** (→ *Urkundenbeweis, Allgemeines*, Rn. 884, m.w.N.; zur Verlesung von Angaben des Verteidigers s. Rn. 352, 358).
- § 249 Abs. 2 (→ ***Selbstleseverfahren***, Rn. 794) wird insgesamt durch § 78 OWiG **verdrängt** (*Göhler*, § 77a Rn 1 a).
- Soweit auf der Grundlage des § 77a OWiG eine Verlesung von Protokollen über die Vernehmung von Zeugen, SV und Mitbetroffenen nicht erlaubt ist, **gilt** nach § 77a Abs. 4 S. 2 OWiG die Regelung des **§ 251** auch im Bußgeldverfahren (*Göhler*, § 71 Rn. 38 c m.w.N.; → *Verlesung von Protokollen früherer Vernehmungen*, Rn. 1017; → *Protokollverlesung zur Gedächtnisstützung*, Rn. 735).
- Es **gilt** auch **§ 252** (*Göhler*, § 71 Rn. 38d m.w.N.; → *Protokollverlesung nach Zeugnisverweigerung*, Rn. 725).
- Für die Verlesung von **behördlichen Gutachten** gilt § 256 (→ *Verlesung von Behördengutachten*, Rn. 1001).

☝ Der **TÜV** und der **Deutsche Kraftfahrzeug-Überwachungsverein** sind **keine öffentliche Behörde** i.S.d. § 256 Abs. 1 (OLG Köln NJW 1963, 2284; *Göhler*, § 71 Rn. 38 f. m.w.N.). Ihre Gutachten dürfen also nicht nach § 256 Abs. 1 verlesen werden. Entsprechendes gilt für die dienstliche Äußerung eines Polizeibeamten (*Schünemann* DRiZ 1989, 101).

355 **g)** Der Betroffene muss vom Gericht gem. § 265 auf eine **Änderung** der **Sach-** oder **Rechtslage** hingewiesen werden (s.o. Rn. 347; → *Hinweis auf veränderte Sach-/Rechtslage*, Rn. 551). Es besteht aber keine (zuvorige) Hinweispflicht, wenn in der HV, in der der Betroffene weder erschienen noch vertreten ist, Bundeszentralregister- und Verkehrszentralregisterauszüge u.a. verwertet werden (BayObLG NJW 1995, 2800).

h) Der Verteidiger kann selbstverständlich auch in der HV eines Bußgeldverfahrens einen **Schlussvortrag** halten (→ *Plädoyer des Verteidigers*, Rn. 665).

i) Dem Betroffenen ist das **letzte Wort** zu gewähren (→ *Letztes Wort des Angeklagten*, Rn. 604).

356 **3.** Die **Anwesenheit** des **Betroffenen** in der HV richtet sich nach § 73 OWiG.

☝ Während bis zur am 1.3.1998 in Kraft getretenen **Neufassung** des **§ 73 Abs. 1 OWiG** der Betroffene zwar berechtigt, grds. aber nicht verpflichtet war, an der HV teilzunehmen, gilt demgegenüber jetzt auch in der HV des OWi-Verfahrens die **Anwesenheitspflicht** der StPO. Daraus ergeben sich für das Ausbleiben des Betroffenen in der HV gegenüber dem früheren Recht nun Änderungen (s. Rn. 356a ff.).

Im Einzelnen gilt:

356a **a)** Gem. **§ 73 Abs. 1** OWiG besteht jetzt die **Pflicht** des Betroffenen, in der HV zu **erscheinen** (zur Anwesenheitspflicht des Betroffenen s.a. *Beck* DAR 1999, 521). Nach § 73 Abs. 2 OWiG ist das **Gericht** aber **verpflichtet** (kein Ermessen! [*Göhler*, § 73 Rn. 5]; BayObLG DAR 2001, 371), den Betroffenen auf seinen Antrag hin von dieser Verpflichtung zu **entbinden**, wenn er sich zur Sache geäußert hat oder erklärt, dass er sich in der HV nicht zur Sache äußern werde, und seine Anwesenheit zur Aufklärung wesentlicher Gesichtspunkte des Sachverhalts nicht erforderlich ist (s. z.B. BayObLG StraFo 1998, 315 [Anordnung des persönlichen Erscheinens zum Zweck der Identifizierung]).

☝ Die Frage der **Antragstellung** wird der Verteidiger mit dem Mandanten, der möglicherweise von weither zur HV anreisen muss, sorgfältig **erörtern** (wegen der sich aus der Neuregelung ergebenden Einzelh. s. insbesondere *Schneider* NZV 1999, 14 [auch zur Frage, inwieweit die zu § 73 OWiG a.F. ergangene Rspr. weiter anwendbar bleibt]).

☝ Bei **entschuldigtem Ausbleiben** des Betroffenen darf die **HV** später **nicht** durchgeführt werden (zum früheren Recht: BGHSt 28, 44; OLG Hamm NJW 1972, 1063; *Göhler*, § 73 Rn. 19 m.w.N. aus der früheren Rspr. und zur a.A. in der Lit.). Das gilt auch, wenn der Betroffene durch einen Verteidiger vertreten ist (OLG Hamm NJW 1976, 303), es sei denn, dieser erklärt, er sei mit der Verhandlung in Abwesenheit des Betroffenen einverstanden (OLG Hamm VRS 39, 359). Voraussetzung dürfte es dann aber sein, dass der Verteidiger eine (besondere) **Vertretungsvollmacht** für den Angeklagten hat (BayObLG NStZ 2001, 585 [Ls.]; → *Vertretung des Angeklagten durch den Verteidiger*, Rn. 1094). Das Gericht darf den Betroffenen nicht ohne Antrag des Verteidigers vom Erscheinen in der HV entbinden und dann ohne ihn verhandeln (BayObLG NStZ-RR 2000, 149)

356b **aa)** Die Entbindung von der Anwesenheitspflicht **setzt** zunächst **voraus**, dass eine Äußerung des Betroffenen zur Sache vorliegt oder dieser **erklärt**, dass er sich **nicht** zur **Sache äußern** werde. Eine Äußerung des Betroffenen zur Sache i.S.d. § 73 Abs. 2 OWiG liegt dann vor, wenn eine im Vorverfahren abgegebene Äußerung des Betroffenen in der HV verwertbar ist (vgl. dazu *Göhler*, § 73 Rn. 6). Das wird u.a. davon abhängen, ob die bislang vom Betroffenen abgegebenen Erklärungen inhaltlich zur Sachaufklärung beitragen können. Das wird man von einer Erklärung, mit der der Betroffene Beweisergebnisse bezweifelt hat, nicht annehmen können. Die Erklärung, er könne sich an den Vorfall nicht erinnern, wird allerdings einer Entbindung nicht entgegenstehen (a.A. *Göhler*, a.a.O.). Denn welche (weitere) Sachaufklärung kann von einem solchen Betroffenen in der HV erwartet werden? Auch ein ggf. der Verwertung in der HV an sich entgegenstehendes Beweisverwertungsverbot, z.B. weil der Betroffene nicht oder nicht ausreichend belehrt worden ist, wird – zumindest bei dem verteidigten Betroffenen – der Entbindung nicht entgegenstehen. Im vom Betroffenen gestellten Entbindungsantrag wird man nämlich das Einverständnis mit der Verwertung bzw. den Verzicht auf den ggf. geltend zu machenden Widerspruch gegen die Verwertung sehen können.

bb) Hinzukommen muss weiter, dass die **Anwesenheit** des Betroffenen in der HV zur **Aufklärung** wesentlicher Punkte des Sachverhalts **nicht erforderlich** ist. Nach der Rspr. des BGH zu § 73 Abs. 2 OWiG a.F. (zur Frage der Zulässigkeit der Anordnung des persönlichen Erscheinens) musste von der Anwesenheit des Betroffenen in der HV ein Beitrag zur Aufklärung zumindest zu erwarten sein (BGHSt 38, 251, 255). Das soll auch nach der Neufassung noch gelten (*Göhler*, § 73 Rn. 8). A.A. ist insoweit *Schneider* (NZV 1999, 16), der rein spekulative Überlegungen als nicht mehr ausreichend ansieht (s.a. OLG Zweibrücken NZV 2000, 304), sondern der Auffassung ist, es müsse feststehen, dass die Anwesenheit des Betroffenen in der HV Einfluss ausüben wird. M.E. ist nach Sinn und Zweck der Neuregelung und auch der Formulierung in § 73 Abs. 2 – „erforderlich ist" – zu fordern, dass **konkrete Anhaltspunkte** dafür sprechen müssen, dass die Anwesenheit des Betroffenen zumindest Auswirkungen auf die Aufklärung des Sachverhalts hat (s. dazu *Schneider*, a.a.O.; so a. wohl *Göhler* § 73 Rn. 8; s.a. KG zfs 1999, 536 [muss auch **verhältnismäßig** sein]).

Das ist z.B. dann der Fall, wenn die **Identifizierung** des Betroffenen in der HV anhand von Lichtbildern oder durch Zeugenaussagen erforderlich ist (BGHSt 30, 172, 175 [zum alten Recht]; BayObLG StraFo 1998, 315), wenn die **wirtschaftlichen Verhältnisse** des Betroffenen aufgeklärt werden müssen, weil eine (deutliche) Erhöhung der (Regel-)Geldbuße in Betracht zu ziehen ist (BayObLG NJW 1999, 2292) oder die näheren Umstände, die für die Verhängung eines **Fahrverbotes** von Bedeutung sind (OLG Karlsruhe zfs 2001, 476; *Göhler*, a.a.O.). Ergeben sich die erforderlichen Feststellungen aufgrund von Urkunden oder aus schriftlichen Auskünften des Betroffenen dürfte seine Anwesenheit entbehrlich sein (KG zfs 1999, 536; OLG Karlsruhe zfs 1999, 538; s.a.u. Rn. 360).

☝ Nach h.M. in der Rspr. ist die Vernehmung des Betroffenen durch den **ersuchten Richter** im Wege der Rechtshilfe nach der Neufassung der §§ 73, 74 OWiG **nicht mehr** zulässig (BGHSt 44, 345; BayObLG NJW 1999, 733; OLG Düsseldorf NStZ 1999, 194; *Göhler*, § 73 Rn. 11; a.A. OLG Celle NZV 1999, 97).

356c Über den **Antrag** des Betroffenen, ihn vom Erscheinen zu **entbinden**, muss grds. **rechtzeitig vor** der **HV** entschieden werden, damit der Betroffene sich auf die getroffene Entscheidung einstellen kann. Ist über den rechtzeitig gestellten Antrag des Betroffenen nicht entschieden worden, kann das ggf. sein Fernbleiben in der HV entschuldigen (OLG Zweibrücken StraFo 1997, 81 [zumindest dann, wenn zusätzliche Tatsachen belegen, dass der Betroffene davon ausgegangen ist, seine Anwesenheitspflicht sei aufgehoben]; OLG Karlsruhe zfs 1999, 538 [Antrag bereits einen Monat vor der HV]).

357 **b)** Hat das Gericht den Betroffenen von der **Pflicht** zum **Erscheinen entbunden**, kann er sich gem. § 73 Abs. 3 OWiG in der HV durch einen schriftlich bevollmächtigten **Verteidiger vertreten** lassen. Erscheint der Betroffene in diesem Fall entschuldigt nicht und ist er auch nicht durch einen Verteidiger vertreten, kann das Gericht entweder die HV vertagen oder aber auch das Verfahren nach § 74 Abs. 1 OWiG in Abwesenheit des Betroffenen durchführen.

☝ Eine **Verwerfung** des **Einspruchs** kommt allerdings **nicht** in Betracht, auch nicht, wenn der Verteidiger nicht erschienen ist (OLG Frankfurt zfs 2000, 272; OLG Hamm NZV 2001, 491).

Für diese Abwesenheitsverhandlung gilt:

- Nach § 74 Abs. 1 S. 2 sind **frühere Vernehmungen** des Betroffenen und seine schriftlichen oder protokollierten Erklärungen durch Mitteilung ihres wesentlichen Inhalts oder durch Verlesung in die HV **einzuführen**. Nicht ausreichend ist die Einführung des Inhalts einer dienstlichen Äußerung eines Polizeibeamten, da es sich dabei nicht um eine schriftliche Erklärung des Betroffenen handelt. Entscheidend für die Einführung in die HV ist, dass es sich um vom Betroffenen genehmigte Äußerungen handelt (so wohl a. *Göhler*, § 74 Rn. 12). Auch die in einem Schriftsatz des Verteidigers vorgetragenen Angaben des Betroffenen können bekannt gegeben werden (OLG Frankfurt NJW 1993, 2129 [Ls.]; OLG Zweibrücken NZV 1994, 372; s.o. Rn. 352).
- Dem Betroffenen **unbekannte Beweismittel** dürfen in Abwesenheit des Betroffenen nicht verwendet werden (vgl. z.B. OLG Hamm VRS 93, 359 [Computerberechnungsbogen]; OLG Köln NJW 1996, 535 [für Messprotokoll bei Geschwindigkeitsüberschreitung]).

- **Vor der HV** schriftlich gestellte **Beweisanträge** sind nur Beweisanregungen, über die nicht gem. § 244 Abs. 3, 4, 6, sondern im Rahmen der Aufklärungspflicht zu befinden ist (*Göhler*, § 74 Rn. 17a).

- Für die **Vertretung** des Betroffenen durch den **Verteidiger** gelten die gleichen Grundsätze, die zu den §§ 234, 411 Abs. 2 entwickelt worden sind. Es kann insoweit auf → *Vertretung des Angeklagten durch den Verteidiger*, Rn. 1094, verwiesen werden. § 74 Abs. 1 S. 3 OWiG bestimmt ausdrücklich, dass ein nach § 265 Abs. 1, 2 erforderlicher **Hinweis** dem Verteidiger erteilt werden kann.

358

4. a) Früher ist in Bußgeldsachen von den (Amts-)Gerichten meist gem. § 73 Abs. 2 OWiG a.F. das **persönliche Erscheinen** des Betroffenen **angeordnet** worden. Das wurde von den Obergerichten grds. nur dann als zulässig angesehen, wenn es zur Aufklärung des Sachverhalts erforderlich war (OLG Koblenz NJW 1994, 3306 [Ls.] unter Hinw. auf BGHSt 38, 251; zur Kritik an der Entscheidung des OLG Koblenz s. *Göhler* NStZ 1995, 112, 117; aus der umfangreichen Rspr. dazu u.a. auch noch BayObLG NStZ-RR 1996, 179; OLG Dresden zfs 1995, 235; OLG Frankfurt NZV 1995, 241; NStZ 1997, 39; OLG Jena NStZ-RR 1996, 114). Häufig wurde das persönliche Erscheinen des Betroffenen aber angeordnet, obwohl durch die Anwesenheit des Betroffenen eine weitere Aufklärung des Sachverhalts nicht möglich war. Durch eine solche Maßnahme sollte dann meist erreicht werden, dass der Betroffene sich die Durchführung des gerichtlichen Verfahrens noch einmal überlegt und ggf. seinen Einspruch zurücknimmt. Eine Rolle spielte häufig auch, dass das Gericht bei der Anordnung des persönlichen Erscheinens den Einspruch nach § 74 Abs. 2 OWiG leichter verwerfen konnte, wenn der Betroffene ausblieb, obwohl die Anordnung des persönlichen Erscheinens diesem Zweck nicht dienen durfte (OLG Jena, a.a.O.).

Diese **Möglichkeit** ist durch die Einführung der Erscheinenspflicht des Betroffenen durch die o.a. **Neuregelung** des OWiG **entfallen**, da der Betroffene schon von Gesetzes wegen gem. § 73 Abs. 1 OWiG zum Erscheinen in der HV verpflichtet ist. Die o.a. Problematik „Anordnung des persönlichen Erscheinens" wird nun aber abgelöst durch die Möglichkeit, das Erscheinen des Betroffenen in der HV zur Sachaufklärung für erforderlich zu halten und ihn deshalb gem. § 73 Abs. 2 OWiG von der Erscheinenspflicht nicht zu entbinden (vgl.o. Rn 356b). Dem sind m.E. die o.a. Argumente entgegenzuhalten: Die Nichtentbindung von der Pflicht zum Erscheinen darf **nicht** dazu dienen, die – nach der Neuregelung des § 74 Abs. 2 OWiG zwingende – **Verwerfung** des Einspruchs des Betroffenen **„vorzubereiten"**.

359

b) Hat das Gericht den Betroffenen vom **persönlichen Erscheinen** in der HV **nicht entbunden**, muss der Verteidiger nach Möglichkeit vor der HV immer noch einmal **sorgfältig prüfen**, ob diese Anordnung Bestand haben kann (vgl. dazu im Einzelnen *Göhler*, § 73 Rn. 5; zum persönlichen Erscheinen einer juristischen Person s. OLG Zweibrücken NStZ 1995, 293 [zum alten Recht]).

Gegen eine nach seiner Meinung unberechtigte Nichtentbindung wird er rechtzeitig vor der HV (noch einmal) **Einwendungen** erheben und dabei die Gründe für seinen Entbindungsantrag vortragen. Ist der Betroffene **geständig**, kann die nicht erfolgte Entbindung allein schon deshalb unwirksam sein (BayObLG NStZ-RR 1996, 179; OLG Hamm NZV 1997, 90; OLG Frankfurt NStZ 1997, 39 [jeweils zum alten Recht]; s. auch oben die Nachw. bei Rn. 356b), und zwar auch dann, wenn es um die Verhängung eines Fahrverbots geht (s. aber OLG Karlsruhe zfs 2000, 476). Auf eine **weite Entfernung** des Wohnorts des Betroffenen vom Gerichtsort muss der Verteidiger unter dem Gesichtspunkt der Zumutbarkeit und der Möglichkeit der Vertretung durch den Verteidiger hinweisen (s. KG zfs 1999, 536, wonach das Erscheinen des Betroffenen in der HV „verhältnismäßig" sein muss); die kommissarische Vernehmung des Betroffenen ist jetzt – entgegen dem alten Recht – nicht mehr möglich (s. die o. bei Rn. 356b angeführten Rspr.-Hinw.). Will der Betroffene in der HV **keine Angaben** zur **Sache** machen, muss der Verteidiger im Hinblick auf die Neufassung des § 73 Abs. 2 OWiG auch das **ankündigen** (zum alten Recht s. OLG Jena NStZ-RR 1996, 114 [Verwerfung des Einspruchs wegen Nichterscheinens in diesen Fällen unzulässig]). Schließlich muss er ggf. darauf hinweisen, dass von ihm mit Vollmacht für den Betroffenen abgegebene Erklärungen in der HV verlesen werden können (s. oben Rn. 352).

☝ Ein möglichst **frühzeitiger Entbindungsantrag empfiehlt** sich vor allem auch deshalb, weil nach der Neufassung des § 74 Abs. 1 S. 1 OWiG – „entbunden war" – die Auffassung vertreten werden könnte, dass ein Entbindungsantrag in der HV nicht mehr zulässig sei, sondern der Antrag vor der HV eingegangen sein müsse (so *Göhler*, § 73 Rn. 4; s. dazu a.u. Rn. 362). Allerdings kann eine genügende Entschuldigung nicht mit der Begründung verneint werden, der Betroffene wäre in der Lage gewesen, sich rechtzeitig vor der HV zu entschuldigen (OLG Köln NZV 1999, 261; a. A. *Deutscher* NZV 1999, 262 in der Anm. zu OLG Köln, a.a.O.).

360 Grds. ist die **Ablehnung** des Entbindungsantrags **nur** zulässig, wenn von der Anwesenheit des Betroffenen in der HV ein Beitrag zur **Aufklärung** zu **erwarten** ist (s.o. Rn. 356a f.).

☝ Insoweit wird alles das, was schon unter der **alten Fassung** des OWiG nach der Rspr. **nicht** vom Sachaufklärungszweck gedeckt war, unter der Geltung der **Neufassung** des § 73 Abs. 2 OWiG **erst recht** nicht gelten (s.a. *Schneider* NZV 1999, 17).

Beispiele (teilweise aus der Rspr. zum alten Recht; zur Anwendung auf die Neufassung des Gesetzes s. *Schneider* NZV 1999, 17 ff.):

- wenn der Betroffene sich zwar schon geäußert hat, seine **Angaben** aber **unklar**, **widersprüchlich** oder **unvollständig** sind, und damit eine Verlesung dieser Angaben zur Sachverhaltsaufklärung nicht beitragen können; es ist allerdings zu erwägen, ob dann nicht die Klarstellung in der HV durch einen zur Vertretung berechtigten Verteidiger ausreichend ist und der Betroffene ggf. deshalb entbunden werden kann,
- wenn – bei einem bestreitenden Betroffenen – aufgrund eines **Lichtbildes** zu klären ist, ob er als Täter in Frage kommt (BGHSt 30, 172; BayObLG StraFo 1998, 315), wohl auch, wenn der Betroffene es schon ausdrücklich abgelehnt hat, sich zur Sache zu äußern (BGH, a.a.O.; BayObLG NJW 1983, 832 [Ls.]; OLG Frankfurt zfs 1995, 153) und auch, wenn ein vom Betroffenen als Täter bezeichneter Zeuge erklärt hat, er werde zur HV nicht erscheinen (BayObLG NStZ-RR 1999, 187),
- wenn der Betroffene seine Fahrereigenschaft und eine Geschwindigkeitsüberschreitung zwar eingeräumt hat, sein persönliches Erscheinen zur Klärung einer behaupteten „**Existenzvernichtung**“ in Zusammenhang mit einer Fahrverbotsentscheidung aber erforderlich ist (BayObLG NJW 1995, 1568; s.a. OLG Frankfurt zfs 1995, 396); ggf. dürfte das Erscheinen des vertretungsberechtigten Verteidigers reichen,
- wenn bei einer in Betracht zu ziehenden deutlichen Erhöhung der Geldbuße die **wirtschaftlichen Verhältnisse** des Betroffenen aufzuklären sind (BayObLG NJW 1999, 2292),
- wenn die Umstände, die für die **Verhängung** eines **Fahrverbotes** maßgeblich sind, näher aufgeklärt werden müssen (OLG Karlsruhe zfs 2001, 476; s. auch BayObLG NJW 1995, 1568).

☝ Dem Betroffenen muss das **Erscheinen** auch **zumutbar** sein (KG zfs 1999, 536). Das ist der Fall, wenn die Sache nicht geringfügig ist und der Betroffene in der Nähe des Gerichts wohnt oder sich dort aufhält (*Göhler*, § 73 Rn. 8.). Ist die Anwesenheit des Betroffenen zur Aufklärung des Sachverhalts nicht notwendig und handelt es sich um eine **geringfügige Ordnungswidrigkeit** (Geldbuße bis zu 100 €), so wird, auch wenn der Betroffene in der Nähe des Gerichts wohnt, das Erscheinen i.d.R. nicht zumutbar sein. Das gilt erst recht, wenn der Betroffene seinen Wohnort weit entfernt vom Gerichtsort hat (BayObLG NJW 1997, 3455 -Ls.- [zunächst andere Aufklärungsmöglichkeiten ausschöpfen; zum alten Recht]; vgl. aber BayObLG StraFo 1998, 315 [zum alten Recht; persönliches Erscheinen erforderlich zum Zwecke der Identifizierung]).

361 **c)** Hat das Gericht den Betroffenen auf Antrag des Verteidigers nicht vom Erscheinen in der HV entbunden, **erscheint** der Betroffene aber dennoch in der HV ohne genügende Entschuldigung **nicht**, ist jetzt das Gericht nach § 74 Abs. 2 OWiG verpflichtet/**gezwungen**, den **Einspruch** durch Urteil zu **verwerfen**. Die früher mögliche Vorführung des Betroffenen oder die Verhandlung nach § 74 Abs. 1 OWiG in seiner Abwesenheit sind nicht (mehr) möglich (*Göhler*, § 74 Rn. 34).

Für die zwingende **Verwerfung** des Einspruchs (vgl. wegen der Einzelh. *Göhler*, § 74 Rn. 19 ff. m.w.N.) ist **Voraussetzung**,

- dass der Betroffene **nicht** von der Verpflichtung zum **Erscheinen entbunden** war (s. dazu oben Rn. 356 a ff.),
- dass der Betroffene **ordnungsgemäß** unter Hinweis auf die Folgen des unentschuldigten Ausbleibens (§ 74 Abs. 3 OWiG; zur Belehrung s. *Göhler*, § 74 Rn. 21 ff.) **geladen** worden ist (s. OLG Zweibrücken NStZ 1996, 239 [bei kurzfristiger Vorverlegung der Terminsstunde kann der Hinweis unterbleiben]; OLG Hamburg NStZ-RR 1998, 183 [Sache, in der verhandelt werden soll, muss angegeben werden]; zur (verneinten) Frage, ob die Belehrung in einer früheren Ladung ausreicht s. BayObLG NZV 1999, 306 und *Göhler*, § 74 Rn. 22 m.w.N.; s.a.o. Rn. 349),

> ☝ War der gewählte **Verteidiger** nicht ordnungsgemäß oder **nicht geladen**, kann der Einspruch ebenfalls nicht verworfen werden (BayObLG DAR 2001, 37; NStZ-RR 2001, 377).

- dass er bei Beginn der Hauptverhandlung (s. → *Aufruf der Sache*, Rn. 100) **ohne genügende Entschuldigung ausbleibt**. Insoweit gelten grds. die zu den §§ 329, 412 für die → *Berufungsverwerfung wegen Ausbleiben des Angeklagten*, Rn. 215 f., entwickelten Grundsätze (*Göhler*, § 74 Rn. 29, 30 ff. m.w.N.; → *Strafbefehlsverfahren*, Rn. 826; s.a. → *Ausbleiben des Angeklagten*, Rn. 112 f.). Genügend entschuldigt ist der Betroffene aber z.B. auch, wenn ihm in der Ladung mitgeteilt worden ist, er sei zum Erscheinen in der HV nicht verpflichtet (OLG Hamm NZV 1999, 307; zur Wartepflicht der Gerichts → *Berufungsverwerfung wegen Ausbleiben des Angeklagten*, Rn. 211).

362

> ☝ **Erscheint** der **Verteidiger** des persönlich geladenen Betroffenen im Termin, so kann der **Einspruch** vom Gericht **dennoch verworfen** werden, da – anders als im Fall des § 412 (→ *Strafbefehlsverfahren*, Rn. 826) – der Betroffene, dessen Entbindungsantrag abgelehnt worden ist, sich nicht vertreten lassen kann (§ 73 Abs. 3 OWiG; *Göhler*, § 74 Rn. 33).
>
> Der Verteidiger kann m.E. aber auch nach der Neuregelung noch zu **Beginn** der HV den **Antrag** stellen, den Betroffenen jetzt noch vom persönlichen Erscheinen zu **entbinden**, etwa weil die Ablehnung des Antrags im Vorverfahren unzulässig war (OLG Naumburg zfs 2002, 251 [Vorlage an den BGH]; OLG Köln NStZ-RR 2002, 114; NStZ 2002, 268; offen gelassen OLG Köln NZV 1998, 474; 1999, 436; a.A. *Göhler*, § 73 Rn. 4; offen gelassen auch vom BGH, Beschl. v. 13.8.2002, 4 StR 592/01, der die Vorlage des OLG Naumburg [a.a.O.] als unzulässig angesehen hat). Denn wenn kurzfristig eingegangene Entschuldigungen bei der Verwerfung zu berücksichtigen sind (vgl. dazu *Göhler*, § 74 Rn. 31), besteht kein Grund, die für einen (kurzfristigen) Entbindungsantrag – in der HV noch – vorgetragenen Umstände ebenfalls jetzt nicht noch im Rahmen der Entscheidung über einen Entbindungsantrag zu berücksichti-

gen. Dieser empfiehlt sich besonders, wenn der Betroffene ausbleibt und der Verteidiger damit rechnet, dass er sein Ausbleiben ggf. nicht genügend entschuldigen kann. Lehnt das Gericht den Antrag durch Beschluss ab, kann es anschließend aber sogleich den Einspruch verwerfen (OLG Hamm VRS 49, 207).

Die genügende Entschuldigung prüft das Gericht im Wege des → ***Freibeweisverfahrens***, Rn. 502 (OLG Oldenburg VRS 88, 295). Hat es Zweifel an der genügenden Entschuldigung, sind die Voraussetzungen für die Einspruchsverwerfung nicht gegeben (s. u.a. OLG Düsseldorf StraFo 1996, 156; 1997, 82; zu allem a. *Göhler*, § 74 Rn. 31 ff. m.w.N.; zur genügenden Entschuldigung bei verspäteter Ablehnung eines Terminsverlegungsantrags OLG Düsseldorf VRS 88, 137). Das Gericht hat ggf. eine **Aufklärungspflicht**.

Ist der **Verteidiger** vom Gericht **nicht** gem. § 145a Abs. 3 S. 2 i.V.m. § 46 Abs. 1 OWiG über die Ablehnung des Antrags, den Betroffenen vom Erscheinen in der HV zu entbinden, **unterrichtet** worden, hindert dies grds. nicht die Verwerfung des Einspruchs, wenn der Betroffene in der HV nicht erscheint (*Göhler*, a.a.O., § 74 Rn. 27 m.w.N.; a.A. BayObLG NZV 1989, 162 m. abl. Anm. *Göhler*; OLG Stuttgart VRS 67, 39; s.a. *Göhler* NStZ 1990, 75). Ist der Verteidiger **nicht geladen** worden, hindert das jedoch die Verwerfung des Einspruchs (BayObLG DAR 2001, 37; NStZ-RR 2001, 377; OLG Zweibrücken zfs 1994, 269 m.w.N.).

Ist der **Betroffene** als **Rechtsanwalt** tätig, kann das Gericht einen Einspruch, wenn der Betroffene in der HV nicht erscheint, nicht gem. § 74 Abs. 2 OWiG verwerfen, wenn der Betroffene/Rechtsanwalt darauf hingewiesen hatte, dass er zur Terminszeit als Pflichtverteidiger in anderer Sache geladen ist (OLG Düsseldorf NJW 1995, 473 [Ls.; zum alten Recht]).

363 **5. a)** Gem. § 77 OWiG bestimmt das Gericht den Umfang der **Beweisaufnahme**, unbeschadet der Vorschrift des § 244 Abs. 2. Damit gilt grds. auch im Bußgeldverfahren der Grundsatz der **Amtsaufklärung**, den Betroffenen trifft also keine Darlegungs- oder Beweislast (*Göhler*, § 77 Rn. 2 ff. m.w.N.). Bei der Bestimmung des Umfangs der Beweisaufnahme hat das Gericht **kein freies Ermessen**, vielmehr muss es nach § 77 Abs. 1 S. 2 OWiG die **Bedeutung** der Sache berücksichtigen, so z.B. bei einem Verkehrsunfall die Höhe des Sachschadens (wegen der Einzelh. s. *Göhler*, § 77 Rn. 4 ff. m.w.N.).

364 **b)** Auch im Bußgeldverfahren können **Beweisanträge** gestellt werden. Für Inhalt, Form usw. gelten die allgemeinen Regeln (s. → *Beweisantragsrecht, Allgemeines*, Rn. 302, m.w.N.) und es gelten die allgemeinen → *Beweisverwertungsverbote*, Rn. 313 (eingehend dazu *Brüssow* StraFo 1998, 294; zum Einsatz Privater bei der Verkehrsüberwachung und der Geschwindigkeitsmessung s.o. Rn. 321; zur Lichtbildübermittlung von der Melde- an die Ordnungsbehörde s. die Nachw. o. bei Rn. 325). Die Ablehnung eines Beweisantrages muss das Gericht in einem Beschluss begründen. Bei der Ablehnung ist es allerdings **nicht** nur an die Gründe des **§ 244** gebunden, vielmehr stehen ihm gem. § 77 Abs. 2

OWiG weitere, darüber hinaus gehende Gründe zur Verfügung (zur geplanten Erweiterung des § 77 Abs. 2 OWiG s. → *Gesetzesnovellen*, Rn. 522). Dies sind:

- Nach **pflichtgemäßem Ermessen** des Gerichts ist die Beweiserhebung zur **Erforschung** der **Wahrheit nicht erforderlich** (§ 77 Abs. 2 Nr. 1 OWiG). Das ist gegeben, wenn der Sachverhalt aufgrund verlässlicher Beweismittel so eindeutig geklärt ist, dass die beantragte Erhebung des Beweises an der Überzeugung des Gerichts nichts ändern würde (OLG Düsseldorf VRS 76, 377; *Göhler*, § 77 Rn. 13 m.w.N. zu § 77 OWiG a.F.). I.Ü. kommt es darauf an, ob der Beweisantrag ohne eine Verletzung der Aufklärungspflicht abgelehnt werden kann. Das wird bei dem Antrag auf **Vernehmung** eines **weiteren Zeugen** zur Entkräftung der Aussage eines einzigen bisher vernommenen Zeugen i.d.R. nicht der Fall sein (OLG Celle Nds.Rpfl. 2001, 160; OLG Düsseldorf NStZ 1991, 542; VRS 78, 140; OLG Köln VRS 100, 464; s.a. OLG Düsseldorf NStZ-RR 1999, 183; vgl. i.Ü. *Göhler*, § 77 Rn. 14 ff. m.w.N.). Entsprechendes gilt, wenn eine aufgrund eines **Radarfotos** getroffene Identitätsfeststellung durch einen Gegenzeugen entkräftet werden soll (OLG Oldenburg VRS 88, 296).
- Abgelehnt werden kann auch, wenn nach freier Würdigung des Beweismittels die zu beweisende Tatsache ohne verständigen Grund so **spät vorgebracht** wurde, dass die Beweiserhebung zur Aussetzung der HV führen würde (§ 77 Abs. 2 Nr. 2 OWiG). Der Betroffene handelt dann ohne verständigen Grund, wenn ihm ein früheres Vorbringen möglich und zumutbar gewesen wäre, so besonders, weil dies weder für ihn noch für einen seiner Angehörigen nachteilig gewesen wäre (*Göhler*, § 77 Rn. 20). Dass die Beweiserhebung nur zur Vertagung führt, reicht zur Ablehnung des Beweisantrages nicht aus (allg. Meinung, s.u.a. Göhler, § 77 Rn. 20; OLG Hamm, Beschl. v. 2.7.2002, 3 Ss OWi 159/02=hhtp://www.burhoff.de)

> ☝ Die bis zum 1.3.1998 in § 77 Abs. 2 Nr. 2 OWiG enthaltene **Beschränkung** auf „Verfahren wegen einer **geringfügigen Ordnungswidrigkeit**" ist **entfallen**. Der Verteidiger muss also in allen OWi-Verfahren geplante/erforderliche Beweisanträge rechtzeitig, möglichst sogar noch vor der HV, stellen.

365 **6. a)** Mit der 1987 in das OWiG eingefügten Vorschrift des § 77a OWiG ist die Möglichkeit einer **vereinfachten Art** der **Beweisaufnahme** geschaffen worden (vgl. allgemein dazu *Böttcher* NStZ 1986, 393 ff.; zur Kritik *Göhler*, § 77a Rn. 1 [nicht über die gezogenen Grenzen hinausgehen]). Danach gilt:

- Die Vernehmung eines Zeugen, SV oder Mitbetroffenen kann **abweichend** von **§ 251** Abs. 1 Nr. 1-3, Abs. 2 S. 2 (vgl. dazu → *Verlesung von Protokollen früherer Vernehmungen*, Rn. 1017) durch die Verlesung von Niederschriften über eine frühere Vernehmung sowie von Urkunden, die eine von ihnen stammende schriftliche Äußerung enthalten, ersetzt werden (§ 77a Abs. 1 OWiG). Dies gilt auch für nichtrichterliche Vernehmungsprotokolle.
- Nach § 77a Abs. 2 OWiG dürfen **Erklärungen** von **Behörden** (s. § 36 Abs. 2, 3 OWiG) und sonstigen Stellen über ihre dienstlichen Wahrnehmungen, Untersuchungen und Erkenntnisse sowie über diejenigen ihrer Angehörigen **auch** dann **verlesen** werden, **wenn** die Voraussetzungen des **§ 256 nicht** vorliegen. Dazu zählen z.B. Erkenntnisse

aufgrund allgemeiner Überwachungsmaßnahmen, wie z.B. Geschwindigkeits- und Rotlichtkontrollen (*Göhler*, § 77 a Rn. 7 ff.).

- Schließlich kann das Gericht nach **§ 77a Abs. 3 OWiG** eine **behördliche Erklärung** nach § 77a Abs. 2 OWiG auch **fernmündlich** einholen und deren Inhalt in der HV bekannt geben. Diese Möglichkeit wird man aber wohl auf **Nebenpunkte** beschränken müssen, denen nach Auffassung der Verfahrensbeteiligten keine entscheidende Bedeutung zukommt (*Göhler*, § 77a Rn. 9 ff.; s. dort a. wegen der weiteren Einzelh.).

☝ Holt das Gericht eine behördliche Erklärung fernmündlich ein, sollte der **Verteidiger** darauf **bestehen**, an diesem **Telefongespräch teilzunehmen**, um beurteilen zu können, ob er einer Verwertung der fernmündlich eingeholten behördlichen Erklärung zustimmt (s.u. Rn. 366) und ob er ergänzende Fragen hat.

366

b) Der **Verteidiger** und der **Betroffene** müssen nach § 77a Abs. 4 OWiG den sich aus § 77a Abs. 1 – 3 OWiG ergebenden vereinfachten Möglichkeiten der Beweisaufnahme **zustimmen**, wenn sie in der HV anwesend sind. Die Zustimmung muss sich (auch) auf die **Verwertungsmöglichkeit** des Ergebnisses der vereinfachten Beweisaufnahme erstrecken.

☝ Der Verteidiger kann also **zunächst** sein **Einverständnis** zu der vereinfachten Beweisaufnahme, also z.B. der Verlesung einer Urkunde oder der fernmündlichen Einholung einer behördlichen Erklärung, geben, **dann** aber nach Verlesung oder Bekanntgabe der Erklärung deren **Verwertung widersprechen** (*Göhler*, § 77a Rn. 14).

Die Zustimmung kann auch **stillschweigend** erklärt werden (BGH NStZ 1986, 207 [Pf/M] zu § 251 Abs. 1 Nr. 4; BayObLG NStZ 1994, 42; OLG Köln StV 2001, 342 m.w.N.; *Göhler*, § 77a Rn. 14a m.w.N.). Der Zustimmende muss sich aber der Tragweite seines Schweigens bewusst sein, nämlich dass die Urkunde oder das sonstige Beweismittel in der Entscheidung verwertet werden soll.

367

7. Weitere Verfahrensvereinfachungen sieht schließlich § 78 Abs. 1 OWiG vor. Danach kann das Gericht statt der Verlesung eines **Schriftstücks** dessen **wesentlichen Inhalt bekannt geben**, soweit es nicht auf den Wortlaut des Schriftstücks ankommt. Die Vorschrift gilt für alle Fälle in denen die Verlesung von Schriftstücken in der HV erlaubt ist, also nach §§ 249 Abs. 1, 251 Abs. 1 Nr. 1-3, Abs. 2 S. 2, Abs. 3, 253, 254, 256 (→ *Protokollverlesung zur Gedächtnisstützung*, Rn. 735; → *Verlesungsverbot für schriftliche Erklärungen*, Rn. 994; → *Verlesung von ärztlichen Attesten*, Rn. 997; → *Verlesung von Behördengutachten*, Rn. 1001; → *Verlesung von Geständnisprotokollen*, Rn. 1006; → *Verlesung von Leumundszeugnissen*, Rn. 1015; → *Verlesung von Protokollen früherer Vernehmungen*, Rn. 1017; → *Verlesung von sonstigen Gutachten und Berichten*, Rn. 1029).

Die bloße Bekanntgabe des wesentlichen Inhalts eines Schriftstücks ist nicht von der Zustimmung des Verteidigers oder des Betroffenen abhängig. Ist allerdings nach § 77a Abs. 4 S. 2 OWiG für die Verlesung eines Schriftstücks die **Zustimmung** erforderlich, erstreckt sich das auch auf das Verfahren nach § 78 Abs. 1 S. 1, 2 OWiG.

367a **8.** Die HV des Bußgeldverfahrens **endet** mit der Einstellung des Verfahrens oder durch Urteil.

a) Für die **Einstellung** des Verfahrens gilt die Sondervorschrift des § 47 OWiG (vgl. wegen der Einzelh. *Göhler*, § 47 OWiG Rn. 1 ff. m.w.N.; *Schulz* StraFo 1999, 114; ders. NJW 1999, 3471). Die Einstellung liegt nach § 47 Abs. 1 OWiG im pflichtgemäßen **Ermessen** des Gerichts (s. dazu für Verkehrsordnungswidrigkeiten *Göhler*, § 47 OWiG Rn. 15 ff. m.w.N.; zum Verfahren *Göhler*, vor § 59 OWiG Rn. 157 ff.; zum Begriff a. *Schulz* StraFo 1999, 114 und *Deutscher* NZV 1999, 186). Für die Einstellung ist grds. die **Zustimmung** der **StA** erforderlich. Das gilt jedoch nach der Neuregelung des § 47 durch das OWiG-Änderungsgesetz v. 26.1.1998 (BGBl. I, S. 156) nicht (mehr), wenn durch den Bußgeldbescheid nur eine Geldbuße von 100 € (bisher 200 DM) verhängt worden ist und die StA – wie i.d.R. üblich – erklärt hat, sie nehme an der HV nicht teil. Der Zustimmung der StA bedarf es auch dann nicht, wenn sie nicht an der HV teilnimmt (§ 75 Abs. 2 OWiG).

☝ Nach überwiegender Meinung in Rspr. und Lit. ist die gerichtliche Einstellung des Verfahrens **unanfechtbar** (s. § 47 Abs. 2 S. 2 OWiG). Das gilt auch für eine für den Betroffenen nachteilige Kostenentscheidung (*Schulz* StraFo 1999, 116 m.w.N.). Allerdings ist der Betroffene vorher zu **hören**.

b) Gegen das **Urteil** ist nach §§ 79 ff. OWiG grds. die **Rechtsbeschwerde** zulässig. Die damit zusammenhängenden Fragen können hier nicht dargestellt werden. Wegen der Einzelh. verweise ich auf *Burhoff* ZAP F. 21, S. 159 und auf die „**Checkliste**" in VA 2001, 90 bzw. PA 2002, 127 u. 139.

D

DNA-Untersuchung

368

Das Wichtigste in Kürze

1. Seit ihrer Einführung in die deutsche Kriminaltechnik hat sich die DNA-Untersuchung zu einem der wirksamsten Sachbeweise entwickelt.
2. Der Beweiswert der DNA-Untersuchung wird grds. allgemein als hoch angesehen.
3. Die DNA-Analyse ist grds. als zulässiges und sowohl zum Täterausschluss als auch zur Täterfeststellung geeignetes Beweismittel anerkannt.
4. Gesetzlich ist die Zulässigkeit der DNA-Untersuchung inzwischen in § 81e und das Verfahren der Untersuchung in § 81f geregelt.
5. Der Verteidiger sollte bei seinen Überlegungen nicht übersehen, dass aus einer DNA-Untersuchung für den Mandanten eine gefährliche Verfahrenssituation entstehen kann.

Literaturhinweise: ***Benfer***, Die molekulargenetische Untersuchung (§§ 81e, 81g StPO), StV 1999, 402; ***Brinkmann/Wiegand***, DNA-Analysen – Neue Entwicklungen und Trends, Krim 1993, 191; ***Bula***, Neue gesetzliche Bestimmungen zur DNA-Analyse, Der Kriminalist 1997, 347; ***Busch***, Zur Zulässigkeit molekulargenetischer Reihenuntersuchungen, NJW 2001, 1335; ***Cramer***, Anmerkung zu § 81f II 3 StPO – Geheimhaltungsschutz und Gutachtenverweigerung, NStZ 1998, 498; ***Denk***, DNA-Spurenanalyse – DNA-Fingerprinting – Genom-Analyse als Werkzeug des Gerichtsmediziners bei der kriminalistischen Spurenuntersuchung, Krim 1991, 566; ***Foldenauer***, Genanalyse im Strafverfahren, 1995; ***Graalmann-Scheerer***, DNA-Analyse – „Genetischer Fingerabdruck". Strafverfahrensrechtliche Probleme im Zusammenhang mit der molekulargenetischen Untersuchung, Krim 2000, 328; dies., Molekulargenetische Untersuchung im Strafverfahren, ZRP 2002, 72; ***Hother***, Die DNA-Analyse. Ihre Bedeutung für die Strafverfolgung und ihr Beweiswert im Strafverfahren, 1995; ***Hummel***, Voraussetzungen für die Verwendung einer DNA-Analyse mit Single- und Multi-Locus-Sonden in Fällen strittiger Blutsverwandtschaft, NJW 1990, 753; ***Kamann***, Das DNA-Verfahren in der Praxis, Ein Leitfaden an Hand von Formularvorschlägen, Beilage 2/2000 zu ZAP-Heft 5/2000; ***Kurer***, DNA-Analyse als erfolgreiches Beweismittel, Krim 1994, 213; ***Kimmich/Spyra/Steinke***, Das DNA-Profiling in der Kriminaltechnik und der juristischen Diskussion, NStZ 1990, 318; ders., DNA-Amplifizierung in der forensischen Anwendung und der juristischen Diskussion, NStZ 1993, 23; ***Oberlies***, Genetischer Fingerabdruck und Opferrechte, StV 1990, 469; ***Rademacher***, Zur Frage der Zulässigkeit genetischer Untersuchungsmethoden im Strafverfahren, StV 1989, 546; ders., Zulässigkeit der Gen-Analyse?, NJW 1991, 735; ***Satzger***, DNA-Massentests – kriminalistische Wunderwaffe oder ungesetzliche Ermittlungsmethode?, JZ 2001, 639; ***Schmitter/Herrmann/Pflug***, Untersuchung von Blut- und Sekretspuren mit Hilfe der DNA-Analyse, MDR 1989, 402; ***Senge***, Strafverfahrensänderungsgesetz – DNA-Analyse, NJW 1997, 2409; ders., Gesetz zur Änderung der Strafprozeßordnung (DNA-Identitätsfeststellungsgesetz), NJW

1999, 253; ***Sternberg-Lieben,*** „Genetischer Fingerabdruck" und § 81a StPO, NJW 1987, 1244; ***Steinke,*** „Genetischer Fingerabdruck und § 81a StPO, NJW 1987, 2914; ders., Der Beweiswert forensischer Gutachten (am Beispiel der besonders problematischen SV-Gebiete: DNA-Analyse, Lack-Analyse, Handschriftenvergleich, Sprecherkennung), NStZ 1994, 16; ***Taschke/Breidenstein,*** Die DNA-Analyse im Strafverfahren, 1997; ***Vogt,*** Anm. zu BGH 5 StR 239/92 (LG Hannover) vom 12.8.92 „Beweiswürdigung bei DNA-Analyse" [BGH StV 1992, 455], StV 1993, 175; ***Wagner,*** Das „genetische Fingerabdruckverfahren" als Hilfsmittel bei der Verbrechensbekämpfung, 1996; ***Wiegand/Kleiber/Brinkmann,*** DNA-Analytik, Krim 1996, 720; s. auch die Hinw. bei → *Beweisverwertungsverbote,* Rn. 331, und bei *Burhoff,* EV, Rn. 514.

368a **1.** Seit Einführung in die deutsche Kriminaltechnik hat sich die DNA-Untersuchung (auch Genetischer Fingerabdruck oder Genom-Analyse) zu einem der **wirksamsten Sachbeweise** entwickelt und ist – trotz kritischer Stimmen in der Lit. – zwischenzeitlich gerichtlich anerkannt und seit dem 22.3.1997 in den **§§ 81e, 81f** gesetzlich geregelt.

Hier können nicht alle mit der DNA-Untersuchung zusammenhängenden Fragen im Einzelnen dargestellt werden, zumal sich diese Fragen dem Verteidiger i.d.R. bereits im Ermittlungsverfahren stellen. Die Aspekte des Beweiswertes (s.u. Rn. 369) und der Zulässigkeit einer DNA-Untersuchung (s.u. Rn. 370) können jedoch auch noch/wieder in der HV Bedeutung erlangen. Sie sollen daher neben einigen Hinweisen für den Verteidiger (s.u. Rn. 374 ff.) auch hier dargestellt werden. I.Ü. wird wegen der Einzelh. verwiesen auf die o.a. Lit.-Hinw. sowie auf *Burhoff,* EV, Rn. 495 m.w.N., dort auch bei Rn. 514 ff. zur Zulässigkeit von DNA-Untersuchungen nach dem sog. DNA-Identitätsfeststellungsgesetz (BGBl. I, S. 2646) für künftige Strafverfahren.

369 **2.** Der **Beweiswert** der DNA-Untersuchung wird grds. **allgemein** als **hoch** angesehen (vgl. *Lührs* MDR 1992, 929; *Steinke* NStZ 1994, 16 ff.; *Benfer* StV 1999, 402; *Satzger* JZ 2002, 641; SK-StPO-*Rogall,* § 81a Rn. 69). Einschränkend beurteilt wird/wurde der Beweiswert noch bei der nachweisempfindlichen PCR-Analyse (zu den verschiedenen Analyse-Verfahren *Burhoff,* EV, Rn. 498; vgl. dazu *Steinke* NStZ 1994, 19; s. auch die „**Richtlinien** für die Erstattung von DNA-Abstammungsgutachten" des **Bundesgesundheitsamtes** in Bundesgesundheitsblatt 1992, 592 f.).

☝ Der Beweiswert eines DNA-Gutachtens ist natürlich auch davon **abhängig**, ob die sog. Strichcodes/Bandenmuster **korrekt ausgewertet** wurden, ob die Sicherheit des Testergebnisses ggf. durch äußere Umstände beeinflusst worden und ob es möglicherweise zur Verwechslung und Vermischung von Untersuchungsmaterial gekommen ist.

☝ Nach der Rspr. ist der Beweiswert einer DNA-Analyse stets **kritisch zu würdigen.** Allein auf eine PCR-Analyse kann die Verurteilung nicht gestützt werden (BGHSt 38, 320). Auch muss sich das Gericht bewusst sein, dass die DNA-Untersuchung lediglich eine statistische Aussage enthält, die eine **Würdigung** aller (**anderen**) **Beweisumstände** nicht überflüssig macht (BGH NStZ 1994, 554).

3. Mit bekannt werden der Möglichkeit der Beweisführung mittels einer DNA-Analyse hat in Rspr. und Lit. die Diskussion um die **Zulässigkeit** von DNA-Untersuchungen im Strafverfahren eingesetzt (wegen der Einzelh. s. *Burhoff*, EV, Rn. 502 m.w.N.). Diese lässt sich wie folgt zusammenfassen: **370**

- Die DNA-Untersuchung ist **grds**. als **zulässiges** und sowohl zum Täterausschluss als auch zur Täterfeststellung geeignetes **Beweismittel** anerkannt (BGHSt 37, 157; 38, 320; LG Berlin NJW 1989, 787; LG Darmstadt NJW 1989, 2883; LG Heilbronn NJW 1990, 784).
- Die **Entnahme** von **Untersuchungsmaterial,** wie Blutproben, Haaren und Speichelproben, wurde in zulässiger Weise auf **§ 81a gestützt** (BVerfG NJW 1996, 771; s.a. BVerfG NJW 1996, 3071 [zur Zulässigkeit der Entnahme einer Probe bei einem verhältnismäßig großen Kreis potentieller Tatverdächtiger]).
- Die gentechnische Untersuchung ist, soweit sie sich auf die persönlichkeitsneutralen Bereiche der DNA beschränkt, als zulässig angesehen (vgl. BGHSt 37, 157) und auch **verfassungsrechtlich** nicht beanstandet worden (BVerfG, a.a.O.; vgl. auch SK-StPO-*Rogall*, § 81a Rn. 77 m.w.N.).
- Ob § 81c Abs. 2 eine DNA-Analyse bei anderen Personen als dem Beschuldigten im Wege der sog. „**genetischen Massenfahndung**" oder als sog. Reihenuntersuchung erlaubt, ist noch nicht entschieden. Das BVerfG hat die Frage offen gelassen (BVerfG NJW 1996, 1587; zur DNA-Untersuchung bei Dritten s.a. SK-StPO-*Rogall*, a.a.O.; *Oberlies* StV 1990, 470; krit. hinsichtlich der Eingriffsnorm *Benfer* NStZ 1997, 397 in der Anm. zu BVerfG, a.a.O.). In der Lit. wird das **Massenscreening** weitgehend für **zulässig** gehalten (*Kleinknecht/Meyer-Goßner*, § 81e Rn. 6 m.w.N.; **a.A.** *Benfer* StV 1999, 402; *Satzger* JZ 2001, 639; teilweise abl. *Busch* NJW 2002, 1335). Mit *Busch* (a.a.O.) ist allerdings in diesen Fällen besonderes Gewicht auf die Zumutbarkeit der Maßnahme zu legen.

4. Gesetzlich ist die **Zulässigkeit** der DNA-Untersuchung in **§ 81e** nun wie folgt **geregelt** (wegen der Einzelh. s. *Burhoff*, EV, Rn. 504 ff.): **371**

- Nach § 81e Abs. 1 S. 1, 2 dürfen sog. DNA-Untersuchungen – sowohl beim Beschuldigten als auch bei einem Dritten – nur durchgeführt werden, soweit sie zur Feststellung der Abstammung oder der Tatsache, ob das aufgefundene **Spurenmaterial** von dem **Beschuldigten** oder dem Verletzten **stammt**, **erforderlich** sind (s.a.u. Rn. 372). Darüber hinausgehende Feststellungen sind nach § 81e Abs. 1 S. 3 nicht erlaubt, wohl auch nicht, wenn der Beschuldigte zustimmt (*Nack* StraFo 1998, 369). Das Merkmal der Erforderlichkeit wird i.Ü. nicht dadurch ausgeschlossen, dass dieselben Feststellungen demnächst auch mit anderen Beweismitteln erzielt werden können. § 81e Abs. 1 enthält **keine Subsidiaritätsklausel** (SK-StPO-*Rogall*, a.a.O.).

☝ Damit sind Untersuchungen zur Feststellung psychischer, charakterbezogener und krankheitsbezogener **Persönlichkeitsmerkmale unzulässig** (BT-Dr. 13/667, S. 6). Sofern anlässlich der Untersuchung unvermeidbar Informationen aus diesen Bereichen anfallen, dürfen von dem untersuchenden SV keine Feststellungen getroffen oder in das Verfahren eingeführt werden. Insoweit besteht also ein umfassendes **Beweisverwertungsverbot**.

- Eine besondere **Einsatzschwelle**, wie z.B. hinreichenden oder dringenden Tatverdacht, setzt die Vorschrift **nicht** voraus. Darauf ist verzichtet worden, um – insbesondere auch in einem frühen Stadium des Ermittlungsverfahrens – einen Beschuldigten als Täter sicher ausschließen zu können (BT-Dr. 13/667, S. 8; *Senge* NJW 1997, 2411; KK-*Senge*, § 81e Rn. 3). Es ist jedoch auch der allgemeine **Verhältnismäßigkeitsgrundsatz** zu beachten.

372

- Folgendes **Material** kann untersucht werden:
  - Es kann sich um vom **Beschuldigten** stammendes Material, wie z.B. eine Blutprobe, Sperma usw., handeln. Die **Entnahme** des erforderlichen **Untersuchungsmaterials** kann – wie auch schon bisher (BVerfG NJW 1996, 771) – auf **§ 81a** gestützt werden. Wegen der allgemeinen Einzelh. zu § 81a *Burhoff*, EV, Rn. 506.
  - Das Material kann nach § 81e Abs. 1 S. 2 auch von **Dritten** stammen. Hinsichtlich dieser verweist die Vorschrift allgemein auf § 81c. Damit ist klargestellt, dass die dem Schutz des Betroffenen dienenden Regelungen in § 81c Abs. 3, 4 und 6 bei der Entnahme des Materials anzuwenden sind (SK-StPO-*Rogall*, § 81e Rn. 8; s.a. LG Frankenthal NStZ-RR 2000, 146).

☝ Der betroffene Dritte ist also ggf. insbesondere über ein **Weigerungsrecht** zu **belehren**. Ggf. können sich aus der Verletzung der insoweit bestehenden Pflichten **Beweisverwertungsverbote** ergeben. Insoweit gelten die Ausführungen → *Glaubwürdigkeitsgutachten*, Rn. 533, und bei *Burhoff*, EV, Rn. 517 ff., entsprechend.

  - Untersucht werden kann nach § 81e Abs. 2 schließlich **aufgefundenes**, sichergestelltes und beschlagnahmtes **Spurenmaterial** in dem in § 81e Abs. 1 S. 1 festgelegten Umfang (s. dazu o. Rn. 371).

373

☝ Alle Materialien unterliegen der in § 81a Abs. 3 Hs. 1 enthaltenen **Zweckbindung**. Eine allgemeine „Ausforschungsuntersuchung“ ist also nicht erlaubt. Nicht ausgeschlossen ist es aber, dem Beschuldigten/Angeklagten entnommenes Material auf die Vergleichbarkeit mit Spurenmaterial aus einem anderen anhängigen Verfahrens zu untersuchen (wegen der Einzelh. *Burhoff*, EV, Rn. 506, 1069).

5. Hinweise für den Verteidiger!

374

Der Verteidiger darf bei seinen Überlegungen, ob (noch) in der HV ein Antrag auf DNA-Untersuchung gestellt werden soll, Folgendes nicht übersehen: Einerseits ist die DNA-Untersuchung eine Methode, um einen Angeklagten (verhältnismäßig) sicher als **Täter auszuschließen**. Andererseits muss sich der Verteidiger eine entsprechende Antragstellung sorgfältig überlegen und die daraus möglicherweise entstehende – **gefährliche** – **Verfahrenssituation** mit seinem Mandanten besprechen (s.a. *Rademacher* NJW 1991, 737). Denn ist das Gutachten erst erstattet und nach seinem Ergebnis der Mandant als Spurenleger anzusehen, wird es i.d.R. – wegen des grds. hohen Beweiswertes (s.o. Rn. 369) – kaum noch gelingen, eine Verurteilung des Angeklagten zu verhindern.

375

a) Hat der Verteidiger sich nach Rücksprache mit dem Angeklagten zur **Antragstellung** entschlossen, muss er Folgendes **beachten**:

- Im Antrag (s. das Antragsmuster u. Rn. 379) sollte er darauf **hinweisen**, dass nach der Rspr. des BGH dem **Beweisantrag** auf Durchführung einer DNA-Untersuchung zum Beweis dafür, dass der Beschuldigte nicht der Täter sein könne, i.d.R. **stattzugeben** sein wird (BGH NJW 1990, 2328). Es kann i.Ü. auch allein aus der Antragstellung nicht der Schluss gezogen werden, das Verfahren solle verschleppt werden (BGH, a.a.O.).
- Es muss **nicht unbedingt** ein **DNA-SV benannt** werden, vielmehr kann die Benennung eines Blutgruppensachverständigen ausreichend sein. Denn dieser ist in gleichem Maße kompetent, wenn es darum geht, eine Person als Verursacher von Blutspuren auszuschließen (BGHSt 39, 49).
- Ggf. sollte der Verteidiger das Gericht darauf hinweisen, dass die **Aufklärungspflicht** beim Vorhandensein von Spurenmaterial die DNA-**Untersuchung gebieten** kann (BGH NStZ 1991, 399).
- **Verweigert** der **SV**, der sein Gutachten aufgrund des anonymisierten Materials erstattet hat und demgemäß nicht weiß, wen das Gutachten betrifft, erst vor oder in der HV gem. §§ 76, 52 die Gutachtenerstattung in der HV, kommt eine **Verlesung** seines Gutachtens gem. § 256 **nicht** in Betracht. Die diesem Gutachten zugrunde liegenden Untersuchungsergebnisse können jedoch Grundlage des Gutachtens eines anderen SV sein, welches dann ggf. in der HV verlesen werden kann (so wohl zutreffend *Cramer* NStZ 1998, 500; → *Verlesung von Behördengutachten*, Rn. 1001).

376

b) Das bei der Anordnung einer DNA-Untersuchung einzuhaltende **Verfahren** regelt jetzt **§ 81f** wie folgt (s. dazu *Burhoff*, EV, Rn. 507 ff.):

- Für die **Anordnung** der Untersuchung ist **ausschließlich** das (erkennende) **Gericht** zuständig. Das gilt sowohl für die Untersuchung entnommenen Vergleichsmaterials als auch für das aus einer Tatspur gewonnene Material. Die StA ist – ebenso wie im Ermittlungsverfahren – zur Anordnung der Untersuchung in keinem Fall zuständig. In der HV werden i.d.R. auch nicht mehr die in § 81a Abs. 2 und § 81c Abs. 5 genannten Voraussetzungen, unter denen ausnahmsweise die StA die Entnahme von (Untersuchungs-)Material anordnen kann, vorliegen, so dass grds. auch die Entnahme des Materials vom Gericht angeordnet werden wird.

- Nach § 81f Abs. 1 S. 2 hat die Anordnung der Untersuchung durch den Richter schriftlich zu erfolgen, also i.d.R. durch **Beschluss** in der für die HV erforderlichen Besetzung, also ggf. mit Schöffen (s.a. *Kleinknecht/Meyer-Goßner*, § 81a Rn. 25 f. [für Anordnung nach § 81a]). Im Beschluss muss der mit der Untersuchung zu beauftragende **SV bestimmt** werden (wegen der Einzelh. s. § 81f Abs. 2 S. 1 und dazu *Burhoff*, EV, Rn. 509; zur Frage, ob der Richter auch für die Auswahl des SV zuständig ist, s. einerseits verneinend *Senge* NJW 1997, 2411 Fn. 47; KK-*Senge*, § 81f Rn. 3; andererseits bejahend SK-StPO-*Rogall* § 81f Rn. 3). **Nicht** erforderlich ist die Bestimmung der **Untersuchungsmethode**. Aus § 81e Abs. 1 S. 3 und dem verfassungsrechtlichen Verhältnismäßigkeitsprinzip folgt aber, dass nur solche Methoden angewendet werden dürfen, bei denen keine persönlichkeitsrelevanten „Überschussinformationen" anfallen.

☝ Dem SV ist nach § 81f Abs. 2 S. 3 das Untersuchungsmaterial ohne Mitteilung des Namens, der Anschrift und des Geburtstages und -monats des Betroffenen, also in weitgehend **anonymisierter Form,** zu übergeben (s.a.o. Rn. 375 a.E.). Auf einen Verstoß gegen das Gebot der Anonymisierung kann die **Revision nicht** gestützt werden (BGH NStZ 1999, 209 [Ls.]).

- Die **Ausführung** der für die Untersuchung erforderlichen Maßnahmen obliegt der **StA** (vgl. *Kleinknecht/Meyer-Goßner*, § 81a Rn. 28), die den Beschuldigten z.B. zur Blutentnahme lädt. Bei der Entnahme der für die DNA-Untersuchung erforderlichen Vergleichsblutprobe kann, wenn der Angeklagte nicht freiwillig zur Entnahme bereit ist, ggf. auch **Zwang** angewendet werden (wegen der Einzelh. *Burhoff*, EV, Rn. 1052, 1057).

377 **c)** Fraglich ist, ob der Verteidiger/**Angeklagte** eine in der HV gegen seinen Willen angeordnete DNA-**Untersuchung** (mit Blutentnahme) mit einem **Rechtsmittel** anfechten kann. Grds. ist gegen eine nach § 81a angeordnete Maßnahme die Beschwerde nach § 304 zulässig, der jedoch, da es sich um eine Maßnahme des erkennenden Gerichts handelt, § 305 S. 1 entgegenstehen könnte. Da die (Untersuchungs-/Entnahme-)Maßnahme insbesondere wegen des Eingriffs in den genetischen Code aber einem der in § 305 S. 2 genannten Zwangseingriffe vergleichbar sein dürfte, wird man ausnahmsweise die Beschwerde als zulässig ansehen können (s.a. *Kleinknecht/Meyer-Goßner*, § 81f Rn. 8; KK-*Senge*, § 81f Rn. 6; SK-StPO-*Rogall*, § 81f Rn. 16).

☝ Die **Weigerung**, sich Blut entnehmen zu lassen und die Einlegung der Beschwerde mit der Begründung, die Maßnahme sei ungerechtfertigt, darf **nicht** als ein den **Tatverdacht** gegen den Betroffenen begründendes oder bestärkendes **Indiz** gewertet werden (BVerfG NJW 1996, 1587). Auch darf der Umstand, dass eine zu einem Speicheltest geladene Person in Begleitung eines Rechtsanwalts erscheint, in einem späteren Strafverfahren nicht gegen ihn als belastendes Indiz verwendet werden (BGHSt 45, 367). Darauf muss der Verteidiger ggf. im **Plädoyer hinweisen**.

Richtet sich die Maßnahme gegen einen **Dritten, kann** dieser auf jeden Fall **anfechten**, § 305 steht dann schon nach S. 2 der Vorschrift nicht entgegen. Auch die **StA** kann gegen die Ablehnung der von ihr beantragten Untersuchung Beschwerde einlegen (*Kleinknecht/Meyer-Goßner*, a.a.O.; KK-*Senge*, a.a.O.).

378 **d)** Aus der o.a. gesetzlichen Regelung sind m.E. folgende **Beweisverwertungsverbote** abzuleiten und vom Verteidiger ggf. geltend zu machen:

- **Unverwertbar** sind die Untersuchungsergebnisse, die unter **Überschreitung** des nach § 81e Abs. 1 S. 1, 2 zulässigen **Zwecks** (s.o. Rn. 371) erlangt worden sind. § 81e Abs. 1 S. 3 verbietet ausdrücklich Feststellungen über andere als die in Abs. 1 S. 1 bezeichneten Tatsachen (s.a. BT-Dr. 13/667, S. 7; *Kleinknecht/Meyer-Goßner*, § 81f Rn. 9; SK-StPO-*Rogall*, § 81e Rn. 17; a.A. KK-*Senge*, § 81f Rn. 7 m.w.N. [Einzelfallprüfung]), also z.B. zu Persönlichkeitsmerkmalen.
- Entsprechendes gilt für eine Verletzung der **Zweckbindung** in § 81a Abs. 3 Hs. 1 (s.o. Rn. 373).
- **Unverwertbar** sind auch solche Untersuchungen, die entgegen dem – ausschließlichen – Richtervorbehalt in § 81f Abs. 1 S. 1 **nicht** vom **Richter angeordnet** worden sind. Sinn und Zweck dieser Regelung ist es nämlich, damit den mit den molekulargenetischen Untersuchungsmethoden verbundenen Bedenken zu begegnen. Der Gesetzgeber hat zudem bewusst auf eine Eilzuständigkeit der StA verzichtet (BT-Dr. 13/667, S. 7; *Kleinknecht/Meyer-Goßner*, a.a.O.). Diese ist, da die DNA-Untersuchung auch an älterem Zellmaterial durchgeführt werden kann, auch nicht erforderlich (zum Sonderfall der zulässigen Verwertung zugunsten des Beschuldigten s. *Nack* StraFo 1998, 369).
- **Verwertbar** sind hingegen die Ergebnisse einer ohne richterliche Anordnung vorgenommenen Untersuchung beim **Verletzten** oder bei **Dritten**, da die Verfahrensvorschriften ausschließlich dessen Schutz gelten (*Graalmann-Scheerer* Krim 2000, 332; *Kleinknecht/Meyer-Goßner*, § 81f Rn. 9).

☝ Der Verteidiger muss im Hinblick auf die Rspr. des BGH (vgl. u.a. BGHSt 38, 214) der Verwendung eines (unverwertbaren) DNA-Gutachtens vor der Einführung in die HV vorsorglich ausdrücklich **widersprechen** (→ *Widerspruchslösung*, Rn. 1166a ff.). Das gilt vor allem auch für die Verwendung von im Ermittlungsverfahren durchgeführten Untersuchungen.

379 **6. Antragsmuster**

An das
Amtsgericht/Landgericht Musterstadt

In dem Strafverfahren
gegen H. Muster
Az.: . . .

wegen des Verdachts der Vergewaltigung

wird beantragt

zum Beweis der Tatsache, dass die im Slip der Geschädigten festgestellten Spermaspuren nicht vom Angeklagten stammen,

die Einholung des Gutachtens eines Sachverständigen über den Vergleich nicht codierender DNA-Bestandteile.

Rechtsanwalt

380 Durchsuchung des Verteidigers

Literaturhinweise: ***Burkhard***, Durchsicht und Beschlagnahme von Handakten, PStR 2001, 158; ***Krekeler***, Durchsuchung des Verteidigers beim Betreten des Gerichtsgebäudes, NJW 1979, 185; ***Zuck***, Anwaltsberuf und Bundesverfassungsgericht, NJW 1979, 1121.

☝ **1.** Während in den siebziger Jahren die Frage, ob die körperliche Untersuchung des Verteidigers auf Waffen und gefährliche Werkzeuge vor dem Betreten des Sitzungssaals, in dem die HV stattfinden soll, aufgrund einer sitzungspolizeilichen Maßnahme des Vorsitzenden des Gerichts zulässig ist, heftig diskutiert worden ist (Stichwort „Hosenladenerlass"; vgl. z.B. *Krekeler* NJW 1979, 185 ff.; *Zuck* NJW 1979, 1125), ist diese **Frage** dann einige Zeit kaum noch von praktischer Bedeutung gewesen. Sie kann aber, wie die Entscheidung des BVerfG v. 29.9.1997 (NJW 1998, 296), die in einem wegen Verstoßes gegen das BtM-Gesetz geführten Verfahren erging, zeigt, **wieder** an **Bedeutung** gewinnen.

380a **2.a)** Die Frage nach der **Zulässigkeit** der Durchsuchung des Verteidigers hat das BVerfG in der Vergangenheit dahingehend entschieden, dass die Durchsuchung zulässig ist, wenn der angeordnete Eingriff nicht außer Verhältnis zu dem gegebenen Anlass steht und der Verteidiger nicht unzumutbar belastet wird (BVerfG

NJW 1978, 1048). Grds. kann daher auch ein Verteidiger vor Betreten des Gerichtssaals **kontrolliert** und daraufhin **durchsucht** werden, ob er Waffen oder andere zur Störung geeignete Dinge bei sich führt (BVerfG, a.a.O.; BGH NJW 1979, 770; *Kissel*, § 176 GVG Rn. 18; *Kleinknecht/Meyer-Goßner*, § 176 GVG Rn. 5; allgemein zur Durchsuchung *Burhoff*, EV, Rn. 525 ff.). Dabei dürfen auch Taschen durchgesehen werden.

☝ Das **Durchblättern** mitgebrachter **Akten** ist zulässig, nicht jedoch die Kenntnisnahme vom Inhalt (*Burkhard* PStR 2001, 158).

b) Das BVerfG hat inzwischen allerdings in seinem o.a. Beschl. v. 29.9.1997 (NJW 1998, 296) – insoweit **abweichend** von seiner bisherigen Rspr. – darauf hingewiesen, dass es vor dem Hintergrund des Art. 12 Abs. 1 GG **zweifelhaft** sein könne, wenn eine sitzungspolizeiliche Anordnung des Vorsitzenden, nach der der Verteidiger vor dem Betreten des Gerichtssaals zu durchsuchen ist, sich nur darauf stützt, dass sich **andere Verteidiger** in ähnlichen Verfahren **unkorrekt** verhalten hätten.

Zudem ist es nach Auffassung des BVerfG erforderlich, dass eine sitzungspolizeiliche Anordnung, wenn sie im Hinblick auf Art. 12 GG Bestand haben soll, sich auf **konkrete Anhaltspunkte** stützen muss, um ein Misstrauen gegenüber dem Verteidiger begründen zu können (insoweit krit. zur konkreten Entscheidung *Hübel* StV 1998, 243 in der Anm. zu BVerfG, a.a.O.). Damit hat sich das BVerfG ein Stück von seiner älteren Rspr. entfernt, nach der es allgemein als zulässig angesehen wurde, wenn Verteidiger durchsucht werden. Dass durch die entsprechenden Anordnungen des Vorsitzenden auch Verteidiger betroffen wurden, die keinen Anlass für die Annahme gegeben hatten, sie würden die Ordnung in der Sitzung stören, war unerheblich und musste nach der überkommenen Rspr. im Interesse der Sicherheit in Kauf genommen werden (BVerfG NJW 1977, 2157).

☝ Die angeordnete **Kontrollmaßnahme** muss zudem, so auch schon die bisherige Rspr., hinreichend präzisiert und in ihrer Intensität **sachgerecht abgestuft** sein (vgl. das Beispiel bei BVerfG NJW 1978, 1048 [zunächst Abtasten der Kleidung, auch mit Hilfe eines Metalldetektors, darüber hinausgehende Durchsuchungsmaßnahmen nur, wenn das Suchgerät anspricht und auch nur derjenigen Kleidungsstücke, von denen die Reaktion ausgeht]).

381

3. Bei den (Durchsuchungs-)Anordnungen handelt es sich um Maßnahmen der → *Sitzungspolizei*, Rn. 805. Wegen **Rechtsmitteln** gelten die dort unter Rn. 811 gemachten Ausführungen.

E

382 Einlassregelungen für die Hauptverhandlung

1. Bei zu erwartendem größeren Publikumsandrang kann der Vorsitzende des Gerichts anordnen, dass **Einlasskarten** ausgegeben und nur Personen mit einer Einlasskarte der Zutritt zum Sitzungssaal gestattet wird. Zulässig ist auch die Anordnung, dass **Besucher** sich **ausweisen** müssen, wenn die Sicherheit im Gerichtsgebäude nicht ohne weiteres gewährleistet ist und mit einer Störung der HV gerechnet werden muss (BGHSt 27, 13, 16; *Kissel*, § 169 GVG Rn. 39 m.w.N.; § 176 Rn. 16). Auch die **Registrierung** der Besucher kann angeordnet werden sowie, dass die Personalausweise während der Dauer der HV oder solange sich die Besucher im Zuhörerraum aufhalten, einbehalten werden (wegen der Einzelh. s. *Kissel*, § 176 GVG Rn. 40 m.w.N.; s.a. *Greiser/Artkämper*, Rn. 42 ff.). Dadurch wird der Grundsatz der Öffentlichkeit nicht verletzt (*Kissel*, § 176 GVG Rn. 24 ff.; → *Ausschluss der Öffentlichkeit*, Rn. 133).

383 **2.** Der Vorsitzende kann darüber hinaus anordnen, dass nur solche Personen in den Sitzungssaal eingelassen werden, die mit einer **Kontrolle** und **Durchsuchung** auf Waffen und/oder anderer zur Störung geeigneter Sachen, wie z.B. Transparente, Geräte zur Lärmerzeugung usw., **einverstanden** sind (BVerfG NJW 1978, 1048; OLG Koblenz NJW 1975, 1333). Solche Durchsuchungsanordnungen können grds. hinsichtlich aller Verfahrensbeteiligten ergehen (*Kissel*, § 176 GVG Rn. 18; wegen der Besonderheiten beim Verteidiger → *Durchsuchung des Verteidigers*, Rn. 380). Werden zur Störung geeignete Gegenstände gefunden, kann der Vorsitzende die betreffende Person wegen der erkennbaren Störungsabsicht **zurückweisen** oder die Sachen **sicherstellen** lassen.

☝ Hat das Gericht durch Anordnung der vorherigen Durchsuchung von Zuhörern selbst bewirkt, dass sich deren Zutritt zum Sitzungssaal verzögert, darf es mit der **Verhandlung erst beginnen**, wenn den rechtzeitig erschienenen Personen der **Zutritt gewährt** worden ist. Anderenfalls ist der Grundsatz der Öffentlichkeit verletzt (BGH NJW 1995, 3196). Der Eintritt von Personen, die erst nach dem für den Hauptverhandlungsbeginn ursprünglich festgesetzten Zeitpunkt erscheinen, braucht hingegen nicht abgewartet zu werden (BGHSt 28, 341).

Der Grundsatz der Öffentlichkeit ist i.Ü. auch nicht verletzt, wenn nach einer **Unterbrechung** der HV der Zutritt beliebigen Zuhörern offen steht, die zulässig angeordneten Kontrollmaßnahmen aber dazu führen, dass bei Fortsetzung der HV noch nicht alle Interessenten Einlass gefunden haben (BGHSt 28, 258; s.a. BGH NStZ-RR 2001, 267 [Be]). Das Publikum hat die Möglichkeit im Saal zu bleiben (s.a. *Kissel*, § 169 Rn. 44).

384 **3.** Im Interesse des ungestörten Ablaufs der HV ist es **zulässig**, dass zur Vermeidung von Störungen bei einzelnen – sachlich und zeitlich begrenzten wichtigen – Verfahrensakten kurzfristig und **vorübergehend** der **Eintritt** von Zuhörern in den Sitzungssaal **unterbrochen** wird, z.B. während einer Eidesleistung, während der Vernehmung eines Zeugen in einer kritischen Phase oder während der → *Urteilsverkündung*, Rn. 920 (BGHSt 24, 72 ff.). Dadurch wird der Grundsatz der Öffentlichkeit nicht verletzt (→ *Ausschluss der Öffentlichkeit*, Rn. 133).

4. Bei den o.a. Maßnahmen handelt es sich i.d.R. um Maßnahmen der → ***Sitzungspolizei***, Rn. 805. Es gelten also wegen der **Rechtsmittel** grds. die dort unter Rn. 811 gemachten Ausführungen.

Einstellung des Verfahrens, Allgemeines **385**

Literaturhinweise: ***Bloy***, Zur Systematik der Einstellungsgründe im Strafverfahren, GA 1980, 161; ***Bornheim***, Strategien zur Verfahrenseinstellung, PStR 2000, 32; ***Burhoff***, Einstellung des Verfahrens: Voraussetzungen, Vor- und Nachteile, PStR 2002, 19; ***Dahs***, Zur Verteidigung im Ermittlungsverfahren, NJW 1985, 1113; ***Gillmeister***, Die Erledigung des Strafverfahrens außerhalb der Hauptverhandlung, StraFo 1994, 39; ders., Einstellungen im Strafverfahren, StrafPrax, § 7; ***Groß***, Gegen den Mißbrauch strafrechtlicher Ermittlungen zur Vorbereitung eines Zivilverfahrens – Abgebrochene gesetzgeberische Vorüberlegungen, GA 1996, 151; ***R.Hamm***, Mißbrauch des Strafrechts, NJW 1996, 298; ***Kaiser***, Möglichkeiten der Bekämpfung von Bagatellkriminalität in der Bundesrepublik Deutschland, ZStW 1978, 877 (Band 90); ***Kieswetter***, Die Verteidigung mit dem Ziel der Erledigung ohne Hauptverhandlung, Band 5 der Schriftenreihe der ARGE Strafrecht des DAV, 1988, S. 101; ***Kühne***, Wer mißbraucht den Strafprozeß?, StV 1996, 684; ***Meyer-Goßner***, Verurteilung und Freispruch versus Einstellung, in: Festschrift für *Rieß*, S. 331; ***Rückel***, Verteidigungstaktik bei Verständigungen und Vereinbarungen im Strafverfahren, NStZ 1987, 297; s. auch die Hinw. bei den u.a. Stichwörtern.

☝ Ist es dem Verteidiger nicht gelungen, bereits im Ermittlungsverfahren eine Einstellung des Verfahrens zu erreichen (vgl. dazu *Dahs*, *Gillmeister*, *Kieswetter*, jeweils a.a.O.), muss/kann er auch noch versuchen, in der HV dieses Ziel zu erreichen. Es ist allerdings nicht zu verkennen, dass die Neigung der Gerichte, in der HV ein Verfahren (noch) einzustellen, i.d.R. nicht groß ist. Der (erfahrene) Verteidiger wird deshalb auf eine **Einstellung schon** im **Ermittlungsverfahren drängen** (vgl. dazu eingehend auch *Burhoff*, EV, Rn. 672 ff.; insbesondere zu den allgemeinen Vor- und Nachteilen einer Einstellung bei Rn. 676 m.w.N. sowie in PStR 2002, 19).

385a Die StPO sieht in den **§§ 153 ff.** verschiedene Möglichkeiten der Einstellung des Verfahrens vor. Davon sind für die HV die nach den §§ 153, 153a (→ *Einstellung des Verfahrens nach § 153 wegen Geringfügigkeit*, Rn. 387; → *Einstellung des Verfahrens nach § 153a nach Erfüllung von Auflagen und Weisungen*, Rn. 392) und die nach den §§ 154, 154a (→ *Einstellung des Verfahrens nach § 154 bei Mehrfachtätern*, Rn. 399; → *Einstellung des Verfahrens nach § 154a zur Beschränkung der Strafverfolgung*, Rn. 405) von besonderer praktischer Bedeutung. Hinzuweisen ist auch auf die Möglichkeit der → *Einstellung des Verfahrens nach § 153b bei Absehen von Strafe*, Rn. 398a, insbesondere nach einem → *Täter-Opfer-Ausgleich*, Rn. 831a.

386 Daneben gibt es u.a. **noch** die Möglichkeit der Einstellung

- nach § 153c, für die Fälle der **Nichtverfolgung** von **Auslandstaten**,
- nach § 153d, für die Fälle der **Nichtverfolgung** von **politischen Straftaten**,
- nach § 153e, für die Fälle der **tätigen Reue** bei **Staatsschutzdelikten**,
- nach § 154b, für die Fälle der **Auslieferung** oder **Ausweisung** des Angeklagten,
- nach § 154c, für die Tat, mit deren Offenbarung bei einer **Nötigung** oder **Erpressung** gedroht worden ist.

☝ Da es sich bei einem **Einstellungsantrag** um einen den Verfahrensgang betreffenden Antrag handelt, kann das Gericht dem Verteidiger nach **§ 257a aufgeben**, diesen Antrag **schriftlich** zu stellen (→ *Schriftliche Antragstellung*, Rn. 784).

Einstellung des Verfahrens nach § 153 wegen Geringfügigkeit 387

Literaturhinweise: ***Böttcher/Mayer***, Änderungen des Strafverfahrensrechts durch das Entlastungsgesetz, NStZ 1993, 153; ***Eisele***, Verzicht auf die Fahrerlaubnis als Instrument zur Beendigung von Strafverfahren, NZV 1999, 232; ***Jungwirth***, Bagatelldiebstahl und Sachen ohne Verkehrswert, NJW 1984, 954; ***Kempf***, Das Verfahrenshindernis der „überlangen Dauer" und seine Konsequenzen, – zugleich Besprechung von BGH, Urt. v. 25.10.2000 – 2 StR 232/00 = StV 2001, 89, StV 2001, 134; ***Kühne***, Die Rechtsprechung des Europäischen Gerichtshofes für Menschenrechte (EGMR) zur Verfahrensdauer in Strafsachen (Fallauswertung für das Jahr 2000/2001), StV 2001, 529; ***Meyer***, Das „Fehlen des öffentlichen Interesses" in § 153 Abs. 1 StPO – eine überflüssige und überdies gefährliche Leerformel?, GA 1997, 404; ***Rieß***, Das Gesetz zur Entlastung der Rechtspflege – ein Überblick, AnwBl. 1993, 51; ders., Die Versagung der Abzugsfähigkeit von „Schmiergeldern" bei Einstellung des Strafverfahrens nach den §§ 153 ff. StPO – Kritische Bemerkungen zu § 4 Abs. 5 Nr. 10 EStG aus strafprozessualer Sicht, wistra 1997, 137; ***Schlegl***, Verfahrenseinstellung nach § 153 bei in der Anklage als Verbrechen bezeichneten Taten, NJW 1969, 89; ***Schmid***, Erstattung der Auslagen des Nebenklägers bei Einstellung des Verfahrens nach den §§ 153 ff. StPO, JR 1980, 404; ***Schmidt***, Verfahrenseinstellungen bei Zusammentreffen von Straftat und Ordnungswidrigkeit – zugleich eine Anmerkung zu BGHSt 41, 385, wistra 1998, 211; ***Siegismund/Wickern***, Das Gesetz zur Entlastung der Rechtspflege, wistra 1993, 81; ***Terbach***, Rechtsschutz gegen die staatsanwaltliche Zustimmungsverweigerung zur Verfahrenseinstellung nach §§ 153 II, 153a II StPO, NStZ 1998, 172; ***Vultejus***, Legalitäts- und Opportunitätsprinzip, ZRP 1999, 135; s.a. die Hinw. bei → *Einstellung des Verfahrens, Allgemeines*, Rn. 385.

1.a) Voraussetzung einer Einstellung wegen Geringfügigkeit nach § 153 ist, dass das Verfahren ein Vergehen zum Gegenstand hat und dass die Schuld des Täters als gering anzusehen ist sowie, dass das öffentliche Interesse an der Strafverfolgung fehlt (zu allem eingehend *Burhoff*, EV, Rn. 687 ff.).

☝ Der Verteidiger darf nicht übersehen, dass die Vorschrift auch dann zur Anwendung kommen kann, wenn das Verfahren **zunächst** wegen eines **Verbrechens** geführt worden ist, dieser Vorwurf dann aber fallen gelassen wurde (*Kleinknecht/Meyer-Goßner*, § 153 Rn. 1; s.a. *Schlegl*, a.a.O.).

Hier bietet sich manchmal ein **Ansatzpunkt** für entsprechenden **Vortrag** des Verteidigers. So kann z.B. der Verteidiger in einem Meineidsverfahren (§ 154 StGB [Verbrechen]) vortragen, dass sein Mandant, wenn überhaupt, dann auf jeden Fall aber nicht vorsätzlich, sondern nur fahrlässig falsch ausgesagt hat. Damit wäre dann nur der Vorwurf des fahrlässigen Falscheides nach § 163 StGB (Vergehen) berechtigt.

Möglich ist es nach der (neueren) Rspr. des BGH auch, wenn eine **Straftat** und eine **Ordnungswidrigkeit tateinheitlich** zusammentreffen, das Verfahren nur wegen der Straftat einzustellen mit der Folge, dass dann nur noch die Ordnungswidrigkeit von der zuständigen Verwaltungsbehörde geahndet werden muss/kann (BGHSt 41, 385 m.zahlr.w.N.; eingehend und krit. dazu *Schmidt*, a.a.O.).

387b **b)** Das Maß der **Schuld** ist **gering**, wenn sie beim Vergleich mit Vergehen gleicher Art nicht unerheblich **unter** dem **Durchschnitt** liegt (*Kleinknecht/Meyer-Goßner*, § 153 Rn. 3 m.w.N.; zur Einstellung eines Verfahrens, in dem das ggf. fahrlässige Verhalten einer Ärztin zu schwersten irreparablen Schäden beim Patienten geführt hat, wegen geringer Schuld s. BGH NStZ 1999, 312). Es muss eine Strafe im untersten Bereich des anzuwendenden Strafrahmens zu erwarten sein, wobei die für die Strafzumessung maßgeblichen Gesichtspunkte des § 46 Abs. 2 StGB zu berücksichtigen sind (zu den vom Verteidiger insoweit anzustellenden Überlegungen eingehend *Burhoff*, EV, Rn. 687ff.). Dabei kann auch eine **lange Verfahrensdauer** berücksichtigt werden (*Burhoff*, EV, Rn. 688). Der für die Berechnung der Verfahrensdauer nach Art. 6 Abs. 1 MRK maßgebende Zeitraum beginnt mit der Erhebung der Anklage, ggf. auch früher (EGMR NJW 2002, 2856 [mit der Maßnahme, aus der sich der Vorwurf der strafbaren Handlung und erhebliche Auswirkungen auf den Beschuldigten ergeben]). Dazu folgende

Beispiele

- Einstellung im Revisionsverfahren bei **14 Jahre** zurückliegender Tat, fast zwei Jahre Stillstand der Ermittlungen, ein Jahr U-Haft, keine Entschädigung nach dem StrEG und keine Erstattung der notwendigen Auslagen (vgl. BGH NStZ 1996, 506, ähnlich BGH NStZ 1996, 21 [K]; s. auch BGH NJW 1995, 737; 1999, 1198, jeweils m.w.N. und EGMR NJW 2002, 2856),
- **zwölf Jahre Verfahrensdauer**, fortgeschrittenes Lebensalter der Angeklagten, ausgesetzte Zivilverfahren; großzügige Spende zur Errichtung eines Universitätslehrstuhls (LG Frankfurt NJW 1997, 1994 [„Holzschutzmittel"]),
- Verfahrensverzögerung von **drei Jahren** wegen eines Zuständigkeitsstreits zwischen zwei Finanzämtern (LG Kaiserslautern wistra 1998, 270),
- **zwölf Jahre** dauerndes **Wirtschaftsstrafverfahren** (OLG Frankfurt NStZ-RR 1998, 52 m.w.N.),
- **neun Jahre Verfahrensdauer** auch in einem Fall mit gewisser Komplexität zu lang (EGMR StV 2001, 489),
- **13 Jahre Verfahrensdauer** in einem Betrugsverfahren zu lang (eingehend LG Köln StraFo 2000, 173).

☝ Der BGH geht allerdings davon aus, dass eine gewisse Untätigkeit während eines einzelnen Verfahrensabschnitts bei **insgesamt angemessener Verfahrensdauer** nicht zu einem Verstoß gegen Art. 6 Abs. 1 S. 1 MRK führt (BGH StraFo 2001, 409; NStZ-RR 2001, 294; 2002, 217).

388 **2.** Nach § 153 Abs. 2 kann das **Gericht** in jeder Lage des Verfahrens, also auch noch **in** der **HV**, das Verfahren wegen Geringfügigkeit einstellen. Dafür ist ein förmlicher Antrag nicht erforderlich, **ausreichend** ist die **Anregung** eines Verfahrensbeteiligten oder des Gerichts selbst (zur Einstellung nach § 153 im Ermittlungsverfahren s. *Burhoff*, EV, Rn. 683 ff.).

3. a) Nach § 153 Abs. 2 ist für die Einstellung grds. die **Zustimmung** des **Angeklagten** und der **StA** erforderlich. Die Zustimmung (der StA) zu einer Einstellung ist grds. nicht zurücknehmbar (LG Neuruppin NJW 2002, 1967). Solange ein Einstellungsbeschluss noch nicht ergangen ist, kann der Angeklagte seine Zustimmung **zurücknehmen** (KG JR 1978, 524). **389**

☝ Gem. § 153 Abs. 2 S. 2 bedarf es der Zustimmung des Angeklagten **ausnahmsweise nicht**, wenn die HV aus den in § 205 aufgeführten Gründen (→ *Einstellung des Verfahrens nach § 205*, Rn. 410) nicht durchgeführt werden kann oder in den Fällen des § 231 Abs. 2 und der §§ 232, 233 (→ *Entbindung des Angeklagten vom Erscheinen in der Hauptverhandlung*, Rn. 427; → *Verhandlung ohne den Angeklagten*, Rn. 954). Der Widerspruch des anwesenden Verteidigers des (ausgebliebenen) Angeklagten ist unerheblich (OLG Düsseldorf MDR 1992, 1174).

☝ Die Einstellung des Verfahrens ist von einer **Zustimmung** des **Nebenklägers nicht** abhängig (LG Koblenz NJW 1983, 2458; *Kleinknecht/Meyer-Goßner*, § 397 Rn. 6; s.a. BGHSt 28, 272 f.), obwohl die Praxis häufig, insbesondere in Verkehrsstrafsachen, auf die Zustimmung des Nebenklägers Wert legt. Dem Nebenkläger ist aber auf jeden Fall gem. § 33a **rechtliches Gehör** zu gewähren. Vor einer Einstellung ist zudem auch gem. § 396 Abs. 3 über die **Zulassung** der Nebenklage zu entscheiden.

b) Die Zustimmung des Angeklagten ist **Prozesserklärung** und damit nach h.M. **bedingungsfeindlich** (HK-*Krehl*, § 153 Rn. 22 m.w.N.; a.A. LR-*Rieß*, § 153 Rn. 67; LG Neuruppin NJW 2002, 1967). Das muss der Verteidiger, wenn er seine Stellungnahme zu einem Einstellungsvorschlag formuliert, beachten. Er kann also z.B. die Zustimmung nicht unter der Bedingung erklären/davon abhängig machen, dass die notwendigen Auslagen des Angeklagten der Staatskasse auferlegt werden; das macht die Zustimmung unwirksam (*Kleinknecht/Meyer-Goßner*, § 153 Rn. 27 m.w.N. auch zur a.A., wie z.B. OLG Düsseldorf MDR 1989, 932; LG Neuruppin, a.a.O.; s.a. OLG Hamm, Beschl. v. 21.12.2000 – 2 Ss 889/00). Er kann allerdings **anregen**, dass seine notwendigen Auslagen der Staatskasse auferlegt werden (HK-*Krehl*, a.a.O., m.w.N.). Eine solche Anregung macht die Zustimmung nicht unwirksam. **390**

☝ In der Zustimmung liegt **kein Schuldeingeständnis** (BVerfG NJW 1990, 2741; 1991, 1530; StV 1996, 163 [für § 153a]).

391 **4.** Das Gericht muss in seiner Einstellungsentscheidung über die **Kosten** und notwendigen **Auslagen** gem. § 464 i.V.m. § 467 Abs. 1–4 entscheiden. Dabei wird die Stärke des Tatverdachts eine wesentliche Rolle für eine für den Angeklagten günstige bzw. nachteilige Kosten- und Auslagenentscheidung spielen (*Kleinknecht/Meyer-Goßner*, § 153 Rn. 29, § 467 Rn. 19 m.w.N.). Entschieden werden muss auch über eine **Entschädigung** für Strafverfolgungsmaßnahmen nach dem **StrEG** (→ *Entschädigung nach dem StrEG*, Rn. 449).

Die **Einstellungsentscheidung** des Gerichts ist grds. **unanfechtbar** (*Kleinknecht/Meyer-Goßner*, § 153 Rn. 28 ff.; zu den Rechtsmitteln s.a. die Tabelle bei *Burhoff*, EV, Rn. 774). Das gilt nach § 400 Abs. 2 S. 2 auch für den Nebenkläger, selbst wenn der Beschluss verfahrensfehlerhaft war (BVerfG NJW 1995, 317; LG Mönchengladbach StV 1987, 335) und für die Nebenentscheidungen, nach § 8 Abs. 3 S. 1 StrEG aber nicht für die Entscheidung über eine Entschädigung nach dem StrEG. Der Angeklagte kann auch die Ablehnung der Einstellung durch das Gericht nicht anfechten. Ferner ist die Verweigerung der staatsanwaltschaftlichen Zustimmung nicht anfechtbar (*Terbach* NStZ 1998, 172; zu den Rechtsmitteln s.a. *Burhoff*, EV, Rn. 696).

☝ War allerdings die Zustimmung des Angeklagten nach § 153 Abs. 2 S. 2 erforderlich, kann er die **ohne seine Zustimmung** erfolgte Einstellung **anfechten** (OLG Düsseldorf StraFo 1999, 277).

Siehe auch: → *Einstellung des Verfahrens, Allgemeines*, Rn. 385, m.w.N.

392 Einstellung des Verfahrens nach § 153a nach Erfüllung von Auflagen und Weisungen

Literaturhinweise: ***Bär***, Bedeutung und Anwendung des § 153a StPO in Verkehrsstrafsachen, DAR 1984, 129; ***Beulke/Theerkorn***, Gewalt im sozialen Nahraum – Beratungsauflage als (ein) Ausweg?, NStZ 1995, 474; ***Bode***, Maßnahmen der Fahrerlaubnisbehörde bei Probe-Fahrerlaubnis und nach dem Punktsystem, ZAP F. 9, S. 495; ***Boxdorfer***, Das öffentliche Interesse an der Strafverfolgung trotz geringer Schuld des Täters, Grenzen der Anwendung des § 153a StPO, NJW 1976, 317; ***Dahs***, § 153a StPO – ein „Allheilmittel" der Strafrechtspflege, NJW 1996, 1192; ***Fünfsinn***, Die „Zumessung" der Geldauflage nach § 153a I Nr. 2 StPO, NStZ 1987, 97; ***Grohmann***, Zustimmung der Staatsanwaltschaft zur Einstellung nach § 153a Abs. 2 StPO, DRiZ 1983, 365; ***Hoffmann/Wißmann***, Die Erstattung von Geldstrafen, Geldauflagen und Verfahrenskosten im Strafverfahren durch Wirtschaftsunternehmen gegenüber ihren Mitarbeitern, StV 2001, 249; ***Ignor/Rixen***, Abberufung eines Vorstandsmitglieds wegen Unzuverlässigkeit nach Einstellung eines Banken-Strafverfahrens gem. § 153a StPO, StraFo 2000, 157; dies., Untreue durch Zahlung von Geldauflagen? – Zum Strafbarkeitsrisiko von Aufsichtsratsmitgliedern am Beispiel der sog. Banken-Strafverfahren, wistra

2000, 448; ***Joecks***, Erledigung von Steuerstrafverfahren – Möglichkeiten; Bemessungskriterien; Auswirkungen der Erledigung, StraFo 1997, 2; ***Jung/Britz***, Anmerkungen zur „Flexibilisierung" des Katalogs von § 153a Abs. 1 StPO, in: Festschrift für *Meyer-Goßner*, S. 153; ***Kalomiris***, Wiederaufnahme bei der Verhängung von Geldstrafen trotz erfüllter Auflage nach § 153a I StPO, NStZ 1998, 500; ***Karl***, Entstehen eines Verfahrenshindernisses nach § 153a I 4 StPO trotz notwendiger oder fehlender Zustimmung des Gerichts, NStZ 1995, 535; *Rieß*, Zur weiteren Entwicklung der Einstellungen nach § 153a StPO, ZRP 1985, 212; ***Salditt***, Schattenwirkungen des Strafverfahrens, StraFo 1996, 71; ***Schlothauer***, Die Einstellung des Verfahrens gem. § 153, § 153a StPO nach Eröffnung des Hauptverfahrens, StV 1982, 449; ***Sieg***, Fehlerhafte Einstellung nach § 153a StPO, MDR 1981, 200; ***Sinner/Kargl***, Der Öffentlichkeitsgrundsatz und das öffentliche Interesse an § 153a StPO, Jura 1998, 231; ***Stöckel***, Das Opfer krimineller Taten, lange vergessen – Opferschutz, Opferhilfe heute, JA 1998, 599; s.a. die Hinw. bei → *Einstellung des Verfahrens, Allgemeines*, Rn. 385, und bei →*Einstellung des Verfahrens nach § 153 wegen Geringfügigkeit*, Rn. 387.

Sinn und Zweck der (zunächst nur vorläufigen) Einstellung des Verfahrens nach § 153a ist es, im Bereich der kleineren und mittleren Kriminalität die Verfahrenserledigung zu **vereinfachen** und zu **beschleunigen** (*Kleinknecht/Meyer-Goßner*, § 153a Rn. 2 m.w.N.). Die Einstellung nach § 153a kann schon **während** des **Ermittlungsverfahrens** durch die StA erfolgen (dazu eingehend *Burhoff*, EV, Rn. 701 ff.). Das Verfahren kann nach § 153a Abs. 2 aber auch noch **während** der **HV** eingestellt werden.

392a **1. Voraussetzung** der Einstellung ist, dass es sich bei der Tat um ein Vergehen handelt und das öffentliche Interesse an der Strafverfolgung sowie die Schwere der Schuld nicht entgegenstehen. **Typische Anwendungsfälle** sind damit – i.d.R. bei Ersttätern – nicht zu schwere Eigentums- und Vermögensdelikte, leichte und mittelschwere Verkehrsstraftaten, die Verletzung der Unterhaltspflicht, aber auch ggf. eine fahrlässige Tötung oder eine Wirtschaftsstraftat (*Kleinknecht/Meyer-Goßner*, § 153a Rn. 1, 7 m.w.N.; zur Neuregelung s. BT-Dr. 12/1217, S. 34; *Rieß* AnwBl. 1993, 55; *Siegismund/Wickern* wistra 1993, 84; zur Einstellung nach § 153a allgemein Beck-*Hamm*, S. 152 ff.). Für eine Einstellung nach § 153a kommen auch **gewichtigere Delikte** als für die Einstellung nach **§ 153** in Betracht.

393 **2.** Voraussetzung der gerichtlichen Einstellung ist nach § 153a Abs. 2 S. 1 weiter, dass **Angeklagter** und **Verteidiger** der Einstellung **zustimmen**.

☝ Die **Zustimmung** der **StA** hängt manchmal davon ab, wie geschickt der **Verteidiger** die **Einstellung** nach § 153a **anregt**. Häufig ist der StA nämlich z.B. nicht mehr bereit, in der (Berufungs-)HV einer Einstellung nach § 153a zuzustimmen, wenn der Angeklagte ein entsprechendes „Angebot" im Ermittlungsverfahren oder in der HV 1. Instanz abgelehnt hat. Dann muss der Verteidiger die zwischenzeitlich eingetretenen **Umstände**, die eine Verfahrenseinstellung dennoch möglich machen, **vortragen**.

Das können **Schadenswiedergutmachung**, eine **Entschuldigung** des Angeklagten oder auch **Strafverbüßung** in einer anderen Sache sein. Der Verteidiger wird auch darauf hinweisen, dass es den Grundsatz, eine Einstellung nach § 153a werde nur einmal „angeboten", ebenso wenig gibt wie bestimmte Delikte, bei denen eine Einstellung ausgeschlossen ist. Vielleicht kann er dem StA die Zustimmung zur Einstellung auch damit „schmackhaft" machen, dass er bei einem Eigentums-/Vermögensdelikt von vornherein **Nr. 93a RiStBV** im Auge hat und auf jeden Fall eine Geldbuße anbietet, die einen ggf. durch die Tat erlangten Gewinn abschöpft.

394 ☝ Manchmal muss der Verteidiger aber nicht nur bei der StA **Überzeugungsarbeit** leisten, sondern auch bei seinem **Mandanten**. Das ist i.d.R. immer dann der Fall, wenn dieser fest davon überzeugt ist, er müsse in der HV freigesprochen werden. Bei dem erforderlichen Beratungsgespräch muss der Verteidiger seinem Mandanten dann die Beweislage eindeutig schildern und ihn aufklären, wenn nach seiner Sicht der Beweislage mit einer Verurteilung zu rechnen ist. Er wird und muss ihm alle Gründe, die für und gegen eine Einstellung sprechen, aufzählen (vgl. dazu a. *Burhoff*, EV, Rn. 704). Die Entscheidung über die Zustimmung muss er dem Mandanten überlassen. Bei der Beratung muss die **Sorgfaltspflicht** des Verteidigers um so höher sein, je höher eine vom Gericht oder von der StA ins Gespräch gebrachte Geldbuße ist. Der BGH hat ausdrücklich darauf hingewiesen, dass sich ein Verteidiger seinem Mandanten gegenüber **ersatzpflichtig** macht, wenn er nicht pflichtgemäß im Strafverfahren auf die Verjährung hinweist (BGH NJW 1964, 2402; *Müller*, Rn. 39 m.w.N.). Hier ist also höchste Vorsicht geboten!

395 **3.** Die (vorläufige) Einstellung nach § 153a hängt davon ab, dass der Angeklagte die Erfüllung bestimmter **Auflagen** und **Weisungen** übernimmt (zur geplanten Erweiterung des Anwendungsbereichs → *Gesetzesnovellen*, Rn. 523).

☝ Früher war der Katalog der Auflagen und Weisungen abschließend. Die gesetzliche Neuregelung durch das Gesetz zu strafverfahrensrechtlichen Verankerung des Täter-Opfer-Ausgleichs vom 20.12.1999 (BGBl. I 1999, S. 2491) hat inzwischen jedoch nicht nur den Katalog der möglichen **Auflagen** und **Weisungen** erweitert, vielmehr sind diese jetzt auch **nur noch beispielhaft** – „insbesondere" – aufgezählt. Es sind also auch andere Maßnahmen als die in erwähnten § 153a zulässig und möglich (vgl. dazu *Kleinknecht/Meyer-Goßner*, § 153a Rn. 14).

Das Gesetz enthält folgenden **Katalog**:

- Erbringung von **Leistungen** zur **Wiedergutmachung** des durch die Tat verursachten Schadens (§ 153a Abs. 1 S. 2 Nr. 1), die so **konkret bestimmt** sein müssen, dass Erfüllung oder Nichterfüllung sicher festgestellt werden können (wegen der Einzelh. s. *Kleinknecht/Meyer-Goßner*, § 153a Rn. 14 ff. m.w.N.),

> Der Verteidiger sollte auch berücksichtigen, dass bei einer nach § 153a geleisteten Zahlung ggf. die **Anrechnung** auf ein im Zivilprozess geltend gemachtes **Schmerzensgeld** in Betracht kommt (OLG Düsseldorf NJW 1997, 1643).

- Zahlung eines **Geldbetrages** zugunsten einer **gemeinnützigen Einrichtung** (§ 153a Abs. 1 S. 2 Nr. 2) oder auch der Staatskasse.

> Dies ist die in der **Praxis bedeutsamste Auflage**. Höhe und Empfänger des vom Angeklagten zu zahlenden Geldbetrages werden i.d.R. vom Gericht bestimmt und richten sich meist an der Höhe einer zu erwartenden Geldstrafe aus (zur Kritik daran, insbesondere an einer Praxis, die den Geldbetrag höher als eine zu erwartende Geldstrafe ansetzen will, Beck-*Hamm*, S. 161 f.; zu den Besonderheiten im Steuerstrafverfahren s. *Joecks* StraFo 1997, 2; zur Bemessung i.Ü. *Fünfsinn* NStZ 1987, 97). Der **Verteidiger** kann und wird versuchen, hierauf **Einfluss** zu **nehmen**. Die Möglichkeit dazu hat er, da ohne Zustimmung des Beschuldigten eine Einstellung nach § 153a nicht möglich ist.

- Erbringung von **sonstigen gemeinnützigen Leistungen**, wie z.B. Hilfsdienst in einem Krankenhaus oder Pflegeheim (§ 153a Abs. 1 S. 2 Nr. 3), die sich insbesondere anbietet, wenn der Mandant **mittellos** ist,
- Erbringung von **Unterhaltszahlungen** in Verfahren wegen Verletzung der Unterhaltspflicht nach § 170 StGB (§ 153a Abs. 1 S. 2 Nr. 4),
- Das ernsthafte Bemühen, einen Ausgleich mit dem Verletzten zu erreichen und dabei seine Tat ganz oder z.T. wieder gut zu machen oder deren Wiedergutmachung zu erstreben (§ 153a Abs. 1 S. 2 Nr. 5; wegen der Einzelh. s. → ***Täter-Opfer-Ausgleich***, Rn. 831a),

> Dazu ist hier nur auf Folgendes **hinzuweisen** (krit. zur Neuregelung *Tolmein* ZRP 1999, 408, 409):
>
> - Erforderlich (und ausreichend) ist ein **ernsthaftes Bemühen**, also anders als in § 46a StGB, wo ein „einfaches“ Bemühen ausreicht.
> - Dieses Bemühen muss auch nicht zum Erfolg geführt haben. Nach *Kleinknecht/Meyer-Goßner* (§ 153a Rn. 22a) ist aber eine **Feststellung** der StA in den Akten erforderlich, dass das gezeigte **Bemühen** als **ausreichend** anzusehen ist.

- Die Einstellung kommt nur bei **Vergehen** in Betracht, § 46a StGB lässt den TOA grds. aber auch bei Verbrechen zu (so auch § 153b).

- Teilnahme an einem **Aufbauseminar** nach §§ 2b Abs. 2 S. 2, 4 Abs. 8 S. 4 StVG, insbesondere bei **verkehrsrechtlichen Zuwiderhandlungen** in der sog. Probezeit oder nach Erreichen der Höchstpunktgrenze (§ 153a Abs. 1 S. 2 Nr. 6; dazu eingehend *Bode* ZAP Fach 9, S. 503 f., der unter Hinw. auf die Gesetzesbegründung [vgl. BR-Dr. 821/96, S. 97] die Vorschrift auch bei Verkehrsstraftaten unter Einfluss von **Alkohol** für anwendbar hält).

396 Zur Erfüllung der Auflagen und Weisungen kann in den Fällen Nr. 1 – 3, 5 und 6 eine **Frist** von bis zu sechs Monaten, im Fall Nr. 4 eine von bis zu einem Jahr gesetzt werden. Die Frist kann nur einmal für die Dauer von drei Monaten **verlängert** werden. Deshalb **empfiehlt** es sich, die (erste) Frist von vornherein auf sechs Monate festsetzen zu lassen. Es ist dem Angeklagten unbenommen, seine Verpflichtungen eher zu erfüllen. Bei verspäteter Erfüllung der Auflagen und Weisungen ist eine Wiedereinsetzung in den vorigen Stand ausgeschlossen (LG Kiel SchlHA 2002, 20).

☝ Insbesondere bei Auferlegung der Zahlung eines Geldbetrages zugunsten einer gemeinnützigen Einrichtung oder der Staatskasse bedarf der Angeklagte häufig der **Hilfe** des **Verteidigers**. Sowohl wenn es sich um eine einmalige Leistung als auch wenn es sich um eine in mehreren Raten zu erbringende handelt, kann es sich anbieten, dass der Angeklagte seine Leistung beim Verteidiger „**anspart**" und dieser für ihn die entsprechenden Überweisungen/Zahlungen tätigt. Häufig sind die Mandanten nämlich nicht in der Lage, einen Tilgungs-/ Zahlungsplan einzuhalten, so dass dann bei Ablauf der Erfüllungsfrist die zu erbringende Leistung nicht vorhanden ist. Erbringt der Mandant Teilleistungen an die begünstigte Stelle, erfüllt die Geldbuße dann aber nicht vollständig, sind zudem die erbrachten **Teilleistungen verloren** (153a Abs. 1 S. 5).

Zumindest sollte der Verteidiger den Mandanten aber dadurch **kontrollieren**, dass er sich von ihm Durchschriften der vorgenommenen Überweisungen schicken lässt. Ggf. wird er ihn angemessene Zeit vor Ablauf der Erfüllungsfrist (noch einmal) an die vollständige Erfüllung der Geldauflage erinnern (Frist notieren!).

Hilfe des Verteidigers kann insbesondere auch dann gefragt sein, wenn der Mandant noch **nach Fristablauf Zahlungen** erbracht hat, was dem Gericht und der StA, da sie z.B. beim Empfänger nicht nachgefragt haben, nicht bekannt ist. Dann stellt sich die Frage, ob diese zu erstatten sind. Während das für vor Ablauf der gesetzten Frist erbrachte Leistungen nach dem Gesetzeswortlaut zu verneinen ist (vgl. dazu LR-*Rieß*, § 153a Rn. 59 [Berücksichtigung bei der Strafzumessung]; *Kleinknecht/Meyer-Goßner*, § 153a Rn. 46 m.w.N. [§ 56f Abs. 3 StGB entsprechend]), sind nach Fristablauf erbrachte Leistungen zu **erstatten** (KK-*Schoreit*, § 153a, Rn. 40; *Kalomiris* NStZ 1998, 500; a.A. LR-*Rieß*, a.a.O.). Den entsprechenden **Antrag** muss der Verteidiger ggf. für seinen Mandanten stellen.

Nach *Kalomiris* (a.a.O.) kommt in den Fällen, in denen die Auflage **vor Fristablauf vollständig** erfüllt war, aber ggf. die **Wiederaufnahme** des Verfahrens nach § 359 Nr. 5 StPO in Betracht (s. aber *Kleinknecht/Meyer-Goßner*, § 359 Rn. 39 m.w.N.).

397

4. Die vorläufige Einstellung erfolgt durch **Beschluss**, der i.d.R. **nicht anfechtbar** ist (KK-*Schoreit*, § 153a Rn. 54 m.w.N.; *Kleinknecht/Meyer-Goßner*, § 153a Rn. 57; wegen der Rechtsmittel bei Einstellungen s. die Tabelle bei *Burhoff*, EV, Rn. 774 f.). Dieser Einstellungsbeschluss muss, da die Einstellung zunächst nur vorläufig erfolgt, noch **keine Kosten-/Auslagenentscheidung** enthalten. Auch eine Entscheidung über eine Entschädigung wegen einer Strafverfolgungsmaßnahme nach dem StrEG erfolgt erst mit dem endgültigen Einstellungsbeschluss (vgl. dazu KK-*Schoreit*, § 153a Rn. 60 ff.) nach Erfüllung der Auflagen oder Weisungen (→ *Entschädigung nach dem StrEG*, Rn. 449).

Auch die **endgültige Einstellung** ist grds. **nicht anfechtbar** (KK-*Schoreit*, § 153a Rn. 60 ff.). Das gilt auch für den Fall, dass die Feststellung, der Beschuldigte habe die erteilten Auflagen und Weisungen erfüllt, objektiv unrichtig ist (LG Kiel NStZ-RR 1998, 343; so jetzt a. *Kleinknecht/Meyer/Goßner*, § 153a Rn. 57). Die **Verfahrenskosten** fallen gem. § 467 Abs. 1 der Staatskasse zur Last, notwendige Auslagen werden dem Angeklagten gem. § 467 Abs. 5 nicht erstattet. Für die Kosten der Nebenklage gilt § 472 Abs. 2 S. 2). Wird ein rechtkräftiges Strafurteil auf eine Verfassungsbeschwerde des Angeklagten hin aufgehoben, die Sache an das Gericht zurückverwiesen und das Verfahren dann gem. § 153a eingestellt, sind Verfahrenskosten und Zahlungen auf eine Geldauflage aus einem Bewährungsbeschluss nach dem StrEG zu erstatten (OLG Stuttgart NJW 1997, 206). Die mit Zustimmung des Gerichts erfolgte Verfahrenseinstellung kann durch den Verletzten auch **nicht** mit der **Verfassungsbeschwerde** überprüft werden (BVerfG NStZ 2002, 211).

☝ Die (endgültige) Einstellung nach § 153a ist **kein Schuldeingeständnis** und hat grds. für andere Verfahren keine präjudizierende Wirkung (BVerfG StV 1996, 163; s.a. NJW 1991, 1530; s.a. *Salditt* StraFo 1996, 71; *Burhoff*, EV, Rn. 715).

398 Vor der Einstellung erhält ein **Nebenkläger rechtliches Gehör.** Seine **Zustimmung** zur Einstellung ist jedoch **nicht erforderlich** (LG Koblenz NJW 1983, 2458; *Kleinknecht/Meyer-Goßner*, § 397 Rn. 6; s.a. BGHSt 28, 272 f.), obwohl die Praxis häufig, insbesondere in Verkehrsstrafsachen, auf diese Zustimmung Wert legt. Häufig „hilft" es dem Nebenkläger, seine Zustimmung zu erteilen, wenn der **Beschuldigte zusagt**, die **Kosten** der Nebenklage zu übernehmen. Auch in diesem Fall hat die **Rechtsschutzversicherung** des Angeklagten für die diesem auferlegten Kosten einzustehen (vgl. u.a. LG Frankenthal AnwBl. 1982, 213; LG Duisburg AnwBl. 1981, 461; *KK-Schoreit*, § 153a Rn. 63 m.w.N.).

Siehe auch: → *Einstellung des Verfahrens, Allgemeines*, Rn. 385, m.w.N.

398a Einstellung des Verfahrens nach § 153b bei Absehen von Strafe

Literaturhinweise: ***Bernsmann***, Wider eine Vereinfachung der Hauptverhandlung, ZRP 1994, 332; s.a. die Hinw. bei → *Einstellung des Verfahrens, Allgemeines*, Rn. 385, → *Einstellung des Verfahrens nach § 153 wegen Geringfügigkeit*, Rn. 387, → *Täter-Opfer-Ausgleich*, Rn. 831a.

398b **1.** § 153b sieht eine Einstellung des Verfahrens dann vor, wenn die Voraussetzungen vorliegen, unter denen das Gericht von Strafe absehen könnte. Dann kann im Ermittlungsverfahren die StA mit Zustimmung des Gerichts das Verfahren einstellen. Nach § 153b Abs. 2 kann das Gericht später **nur** noch **bis** zum **Beginn** der **HV**, also bis zum → *Aufruf der Sache*, Rn. 100, gem. § 243 Abs. 1 S. 1, das Verfahren nach § 153b einstellen. Eine (noch spätere) Einstellung „in" der HV scheidet aus, dann wird im Urteil nach den jeweils einschlägigen materiell-rechtlichen Normen von Strafe abgesehen. Da somit die praktische Bedeutung der Einstellung nach § 153b für die HV nur gering ist, soll sich die Darstellung an dieser Stelle auf einen kurzen Überblick beschränken. Wegen der weiteren Einzelh. wird verwiesen auf *Burhoff*, EV, Rn. 724 und auf → ***Täter-Opfer-Ausgleich***, Rn. 831a.

398c **2.** Zu den für eine **Anwendung** des § 153b in Frage kommenden materiell-rechtlichen Vorschriften zählt zunächst § 60 StGB (h.M.), der auch bei Verbrechen gilt, sowie die Vorschriften des StGB, in denen wegen tätiger Reue oder sonstiger Schuldminderungsgründe von der **Strafe abgesehen** werden kann. Das sind z.B.

§ 158 Abs. 1 StGB (Berichtigung einer falschen Aussage) sowie auch die §§ 29 Abs. 5, 31 BtMG (Eigenverbrauch/„Kronzeuge"). § 153b kann insbesondere **auch** im Fall des **§ 46a StGB** angewendet werden (*Kleinknecht/Meyer-Goßner*, § 153b Rn. 1), allerdings mit der o.a. zeitlichen Begrenzung. Für das **Jugendstrafverfahren** gilt § 10 Abs. 1 Nr. 7 JGG (vgl. dazu *Kleinknecht/Meyer-Goßner*, § 153b Rn. 5).

398d **3.** Für eine Einstellung nach § 153b ist die **Zustimmung** der **StA** und des **Angeklagten**, nicht aber die des Nebenklägers erforderlich (vgl. zu Letzterem → *Einstellung des Verfahrens nach § 153 wegen Geringfügigkeit*, Rn. 389). Wegen der mit der Einstellungsentscheidung zu treffenden **Kostenentscheidung** gelten die Ausführungen bei → *Einstellung des Verfahrens nach § 153a nach Erfüllung von Auflagen und Weisungen*, Rn. 397, entsprechend (vgl. dazu a. KK-*Schoreit*, § 153b Rn. 8). Für **Rechtsmittel** in Zusammenhang mit einer Einstellung nach § 153b gelten die Ausführungen zu Rechtsmitteln gegen eine → *Einstellung des Verfahrens nach § 153 wegen Geringfügigkeit*, Rn. 391, entsprechend (s.a. *Heinrichs* NStZ 1996, 110; *Karl* NStZ 1995, 535; *Schroeder* NStZ 1996, 535, jeweils m.w.N.).

Siehe auch: → *Einstellung des Verfahrens, Allgemeines*, Rn. 385, m.w.N.

Einstellung des Verfahrens nach § 154 bei Mehrfachtätern **399**

Literaturhinweise: ***Bruns***, Prozessuale „Strafzumessungsverbote" für strafbare Vor- und Nachtaten?, NStZ 1981, 81; ***Gillmeister***, Strafzumessung aus verjährten und eingestellten Straftaten, NStZ 2000, 344; ***Mösl***, Zum Strafzumessungsrecht, NStZ 1981, 131; ***Peters***, Die Problematik der vorläufigen Einstellung nach § 154 Abs. 2 StPO, StV 1981, 400; s.a. die Hinw. bei → *Einstellung des Verfahrens, Allgemeines*, Rn. 385, und bei → *Einstellung des Verfahrens nach § 153 wegen Geringfügigkeit*, Rn. 387.

Die Einstellung nach § 154 erstrebt eine **Verfahrensbeschleunigung** durch einen Teilverzicht auf Strafverfolgung (*Kleinknecht/Meyer-Goßner*, § 154 Rn. 1 m.w.N.; zur Einstellung nach § 154 im Ermittlungsverfahren, insbesondere zu den Vor- und Nachteilen dieser Einstellungsmöglichkeit, s. *Burhoff*, EV, Rn. 733 ff.).

> ☝ Sie ist aber auch eine gute Möglichkeit für den Verteidiger, das **Gericht** daraufhin zu **testen**, ob es überhaupt zur Verurteilung neigt (*Dahs*, Rn. 481).

400 **1.** Betroffen von der Einstellung nach § 154 ist i.d.R. der **Mehrfachtäter**, der bereits wegen einer anderen Tat rechtskräftig verurteilt worden ist (zur geplanten Erweiterung des Anwendungsbereichs durch eine Erweiterung des Kreises der Bezugssanktionen → *Gesetzesnovellen*, Rn. 523). Es gilt:

- Fällt neben dieser Verurteilung die zu erwartende **Strafe nicht beträchtlich** ins Gewicht, kann das Verfahren nach **§ 154 Abs. 1 Nr. 1** eingestellt werden, wenn dadurch nicht die Einwirkung auf den Täter und die Verteidigung der Rechtsordnung Schaden leiden würden. Diese ausdrücklich nur in § 154 Abs. 1 Nr. 2 enthaltene Einschränkung gilt nach Sinn und Zweck der Regelung auch für § 154 Abs. 1 Nr. 1 (*Kleinknecht/Meyer-Goßner*, § 154 Rn. 7).

  Die Frage, wann eine Strafe nicht besonders ins Gewicht fällt, ist eine Frage des **Einzelfalls** (zu der insoweit erforderlichen Prüfung s. *Burhoff*, EV, Rn. 739).

- Darüber hinaus kann nach **§ 154 Abs. 1 Nr. 2** auf die **Strafverfolgung** wegen einer der mehreren Taten **verzichtet** werden, wenn es **unangemessen lange** dauern würde, bis ein **Urteil** in dieser Sache zu erwarten ist; dabei ist die Strafsache mit anderen Verfahren zu vergleichen). Wenn allerdings ein Urteil in angemessener Frist durch **Verfahrenstrennung** erreicht werden kann, ist der Abtrennung des entsprechenden Verfahrensteils der Vorrang einzuräumen (*Kleinknecht/Meyer-Goßner*, § 154 Rn. 9, 12 m.w.N.; dort a. wegen der weiteren Einzelh.; → *Abtrennung von Verfahren*, Rn. 69).

401 **2.** Die Einstellung nach § 154 kann in jeder Lage des Verfahrens, also auch **noch in** der **HV**, erfolgen. Zuständig für die Entscheidung über die Einstellung in der HV ist nach § 154 Abs. 2 das Gericht. Erforderlich ist ein **Antrag** der **StA**. Der **Angeklagte** muss der Einstellung nicht zustimmen, das Gericht wird ihn aber **hören**. Die Anhörung ist aber nicht erforderlich (s. LR-*Rieß*, § 154 Rn. 37 f.; zuletzt BGH NStZ 1995, 18 [K]; zu allem s.a. *Peters* StV 1981, 400 ff.). Auch ein Nebenkläger muss nicht zustimmen (→ *Einstellung des Verfahrens nach § 153a nach Erfüllung von Auflagen und Weisungen*, Rn. 398).

☝ Wenn der **Verteidiger** für den Angeklagten zur Frage der Einstellung des Verfahrens nach § 154 eine **Erklärung** abgibt, muss er darauf hinweisen, dass das Gericht alle erforderlichen **Nebenentscheidungen** miterlässt. Dies sind einmal die Kostenentscheidung (vgl. dazu § 467 Abs. 1, 4) und vor allem, soweit gegen den Angeklagten **Strafverfolgungsmaßnahmen** i.S.d. **StrEG** (U-Haft wegen der eingestellten Tat!) ergriffen worden waren, die Entscheidung über eine **Entschädigung** nach den §§ 8, 3 StrEG (KK-*Schoreit*, § 154 Rn. 30 m.w.N.; → *Entschädigung nach dem StrEG*, Rn. 449). Mit der Entscheidung über eine Entschädigung darf nicht bis zum rechtskräftigen Abschluss eines anderen Verfahrens gewartet werden (OLG Düsseldorf NStZ-RR 1996, 223), die in § 154 Abs. 4 bestimmte Frist ist allerdings abzuwarten (OLG Düsseldorf StraFo 1999, 176).

402 **3.** Die Einstellung nach § 154 Abs. 2 erfolgt durch **Beschluss** (BGH NStZ 1997, 26 [K]). Die gerichtliche Entscheidung ist grds. **nicht anfechtbar** (BGHSt 10, 88, 91; zu den Rechtsmitteln s.a. die Tabelle bei *Burhoff*, EV, Rn. 774; s.a. *Peters* StV 1981, 411). Das gilt auch für die Nebenentscheidungen (KK-*Schoreit*, § 154 Rn. 35).

4. Die Einstellung nach § 154 ist endgültig gemeint, durch sie entsteht ein **Verfahrenshindernis** (BGHSt 30, 197; OLG Düsseldorf StraFo 1999, 302). Dies gilt jedoch nur, wenn eine wirksame Anklage vorliegt (BGH NStZ 2001, 656; zur Anklageschrift s. *Burhoff*, EV, Rn. 194): Es besteht aber die Möglichkeit, nach § 154 Abs. 3, 4 das Verfahren später wieder aufzunehmen. Dazu ist ein Gerichtsbeschluss erforderlich (OLG Düsseldorf, a.a.O., zugleich auch zur [verneinten] Frage der stillschweigenden Wiederaufnahme). Auch kann eine mit der Straftat zusammenhängende **Ordnungswidrigkeit** von der Verwaltungsbehörde **weiterverfolgt** werden (BGHSt 41, 385 m.w.N.). **402a**

☝ Der Verteidiger sollte den Angeklagten jedoch darauf hinweisen, dass in der Praxis die „Wiederaufnahme" eines Verfahrens nicht häufig ist. Sie ist nach § 154 Abs. 2 an **bestimmte** – zu beachtende – **Voraussetzungen** gebunden (vgl. wegen der Einzelh. *Kleinknecht/Meyer-Goßner*, § 154 Rn. 22 m.w.N.). Es handelt sich zudem dann um eine „endgültige Einstellung", wenn sie im Hinblick auf eine rechtskräftige Verurteilung in einem anderen Verfahren erfolgt ist.

5. Hinweise für den Verteidiger! **403**

a) Von der Frage der Wiederaufnahme unabhängig ist es, ob die gem. § 154 Abs. 2 eingestellten Taten bei der **Beweiswürdigung** oder der **Strafzumessung** des anhängigen Verfahrens **berücksichtigt** werden dürfen. Insoweit gilt:

- Nach der Rspr. des **BGH** dürfen die gem. § 154 Abs. 2 eingestellten Taten bzw. belastende Umstände aus eingestellten Taten **straferschwerend** zum Nachteil des Angeklagten nur berücksichtigt werden, wenn sie **prozessordnungsgemäß festgestellt** sind (vgl. u.a. BGH NStZ 2000, 594), und wenn der Angeklagte außerdem darauf **hingewiesen** worden ist, dass trotz Einstellung sein Verhalten berücksichtigt werden soll (st.Rspr., vgl. u.a. BGHSt 30, 147; zuletzt NStZ 1994, 195; 1998, 51; *Kleinknecht/Meyer-Goßner*, § 154a Rn. 2; § 154 Rn. 25; KK-*Schoreit*, § 154 Rn. 48, jeweils m.w.N.; zu allem a. *Bruns* NStZ 1981, 85; *Mösl* NStZ 1981, 134; *Gillmeister* NStZ 2000, 344). Auch wenn das Gericht von einem auf Anregung des Gerichts gestellten Einstellungsantrag der StA im Urteil abweichen will, muss es darauf hinweisen (BGH NStZ 1999, 416).

☝ Hat die **StA** im **Ermittlungsverfahren** das Verfahren teilweise nach § 154 Abs. 1 eingestellt, können die eingestellten Taten allerdings nicht nur mit einem Hinweis, sondern nur mit der → ***Nachtragsanklage***, RN. 617, wieder einbezogen werden (BGH NStZ-RR 2002, 258 [Be]; LR-Rieß, § 154 Rn. 49).

- Das Gleiche gilt für die Berücksichtigung bei der **Beweiswürdigung** (st.Rspr., vgl. u.a. BGHSt 31, 302 f.; zuletzt NStZ 1996, 611).

  Nur in den Fällen, in denen aus den Umständen des Verfahrensgangs oder aus anderen Gründen die Teileinstellung einen **Vertrauenstatbestand** nicht zu erzeugen vermag, ist ein **Hinweis entbehrlich** (BGH, a.a.O.; zu einem Ausnahmefall der Verwertbarkeit s. BGH NJW 1996, 2585 [Verwertung des eingestellten Betrugs-Sachverhalts beim Vorwurf des Versicherungsbetrugs]; s.a. u. Rn. 404). Wenn jedoch der Verteidiger der Einstellung **widerspricht**, um einen Freispruch zu erreichen, und sich das Gericht durch die Einstellung der Auseinandersetzung mit den Einwendungen der Verteidigung entzieht, kann der Verteidiger/Angeklagte darauf vertrauen, dass ohne vorherigen Hinweis der ausgeschiedene Verfahrensstoff bei der verbleibenden Beweiswürdigung nicht mehr berücksichtigt wird (BGH NStZ 1996, 611; KK-*Schoreit*, § 154a Rn. 49).

- Entgegen BGHSt 30, 165 dürfte das (Verwertungs-)Verbot **auch** dann gelten, wenn die **StA** schon vor Anklageerhebung gem. § 154 Abs. 1 im **Ermittlungsverfahren** von der Strafverfolgung **abgesehen** hat. Der Angeklagte darf grds. darauf vertrauen, dass ein von der StA eingestelltes Verfahren nicht zu seinem Nachteil verwertet wird (so a. BGH NStZ 1983, 20; StV 1983, 15; KK-*Schoreit*, § 154 Rn. 48).

404 **b)** Für die **Revision** gilt:

☝ Das **Unterlassen** des (erforderlichen) Hinweises muss der Verteidiger in der Revision mit der **Verfahrensrüge** in der Form des § 344 Abs. 2 S. 2 geltend machen (BGH NStZ 1993, 501; *Kleinknecht/Meyer-Goßner*, § 154a Rn. 2 m.w.N.).

Ggf. kann ein ausdrücklicher **Hinweis** aber auch **entbehrlich** sein. Das hängt entscheidend davon ab, ob eine Verfahrenslage bestanden hat, aufgrund derer der Angeklagte darauf **vertrauen** durfte, dass die ausgeschiedene Tat nicht zu seinem Nachteil verwertet werden würde. Das ist z.B. nicht der Fall, wenn der Angeklagte durch den Ablauf der HV davon ausgehen musste, dass die ausgeschiedenen Tatteile herangezogen werden würden (BGH NStZ 1987, 133) oder wenn das Verteidigungsverhalten des Angeklagten durch die Heranziehung nicht beeinflusst werden kann (BGH NStZ 1987, 134; NStZ 1992, 225 [K]; s. aber a. BGH NStZ 1996, 611).

Siehe auch: → *Einstellung des Verfahrens, Allgemeines*, Rn. 385, m.w.N.

405 Einstellung des Verfahrens nach § 154a zur Beschränkung der Strafverfolgung

Literaturhinweise: s. die Hinw. bei → *Einstellung, Allgemeines*, Rn. 385, und auch bei → *Einstellung nach § 153 wegen Geringfügigkeit*, Rn. 387.

Die Einstellung nach § 154a verfolgt ebenfalls das Ziel der **Verfahrensbeschleunigung** und -vereinfachung.

1. **Voraussetzung** für eine Einstellung nach § 154a ist, dass entweder abtrennbare Teile einer Tat oder einzelne von mehreren Gesetzesverletzungen entweder für die zu erwartende Strafe (§ 154a Abs. 1 S. 1 Nr. 1) oder neben einer bereits rechtskräftig verhängten Strafe (§ 154a Abs. 1 S. 1 Nr. 2) nicht beträchtlich ins Gewicht fallen oder durch die Einstellung eine unangemessen lange Verfahrensdauer vermieden werden soll (§ 154a Abs. 1 S. 2 i.V.m. § 154 Abs. 1 Nr. 2; wegen der Einzelh. s. *Kleinknecht/Meyer-Goßner*, § 154a Rn. 4 ff. und die entsprechend geltenden Ausführungen bei → *Einstellung des Verfahrens nach § 154 bei Mehrfachtätern*, Rn. 399).

406 2. Eingestellt werden kann durch das Gericht in jeder Lage des Verfahrens, also auch noch **in** der **HV** (zur Einstellung nach § 154a im Ermittlungsverfahren *Burhoff*, EV, Rn. 746 ff.). Nach § 154a Abs. 2 ist nur die **Zustimmung** der **StA** erforderlich, nicht die des Angeklagten. Dieser wird nur gehört. Auch die Zustimmung des Nebenklägers ist nicht erforderlich (→ *Einstellung des Verfahrens nach § 153a nach Erfüllung von Auflagen und Weisungen*, Rn. 398). Dessen Anschlussrecht wird allerdings gem. § 397 Abs. 2 durch die Beschränkung nach § 154a nicht berührt.

Das Gericht entscheidet in der HV durch **Beschluss**, und zwar spätestens zusammen mit der → *Urteilsverkündung*, Rn. 920 (BGH NStZ 1996, 324 [K]). Der Beschluss braucht i.d.R. keine **Kosten**- und **Auslagenentscheidung** zu enthalten, da es sich nur um eine vorläufige Entscheidung handelt (st. Rspr. seit BGHSt 22, 105 f.; s.a. BGH StV 1993, 135 [Ls.]; KK-*Schoreit*, § 154a Rn. 16). Einer Kostenentscheidung bedarf der gerichtliche Beschluss nur dann, wenn er das Verfahren tatsächlich insgesamt beendet (OLG Frankfurt MDR 1982, 1042). Bei der abschließenden Kostenentscheidung wird dann § 465 entsprechend angewendet.

407 3. Der gerichtliche Beschluss nach § 154a ist grds. **nicht anfechtbar** (*Kleinknecht/Meyer-Goßner*, § 154a Rn. 23; wegen der Rechtsmittel s.a. die Rechtsmittel-Tabelle bei *Burhoff*, EV, Rn. 774).

408 4. Das Gericht kann nach § 154a Abs. 3 das **Ausgeschiedene** in jeder Lage des Verfahrens **wieder** in das Verfahren **einbeziehen**. Die ausdrückliche Wiedereinbeziehung ist erforderlich, wenn es ausgeschiedene Taten oder Tatteile bei der **Beweiswürdigung** oder bei der **Strafzumessung** berücksichtigen will (s. dazu im Einzelnen bei → *Einstellung des Verfahrens nach § 154 bei Mehrfachtätern*, Rn. 403; die dortigen Rspr.-Nachw. gelten entsprechend).

Für die Wiedereinbeziehung bedarf das Gericht weder eines Antrags noch der Zustimmung eines Verfahrensbeteiligten. Stellt die **StA** einen **Antrag**, muss das Gericht diesem gem. § 154a Abs. 3 S. 2 **entsprechen**.

Die Wiedereinbeziehung erfolgt i.d.R. durch **Gerichtsbeschluss**. Dieser ist jedoch – im Gegensatz zu § 154 Abs. 5 – nicht vorgeschrieben (s. aber BGH NStZ 1996, 241). Es reicht aus, wenn die Einbeziehung durch andere Maßnahmen **deutlich** zum **Ausdruck** gebracht wird (BGH NJW 1975, 1748), indem der Vorsitzende etwa einen **Hinweis** nach **§ 265** gibt (BGH NStZ 1994, 495; → *Hinweis auf veränderte Sach-/Rechtslage*, Rn. 561) oder Zeugen zu einem ausgeschiedenen Tatkomplex gehört werden.

409 ☝ § 154a Abs. 3 S. 3 schreibt die entsprechende Anwendung von § 265 Abs. 4 vor (→ *Aussetzung wegen veränderter Sach-/Rechtslage*, Rn. 159; → *Hinweis auf veränderte Sach-/Rechtslage*, Rn. 551 ff.). Der Verteidiger kann also, wenn er sich auf eine Verteidigung auch hinsichtlich des wiedereinbezogenen Tatteils nicht ausreichend hat vorbereiten können, einen **Aussetzungsantrag** stellen. Er darf dieses nicht versäumen, da die Ablehnung eines solchen Antrags ggf. gem. § 338 Nr. 8 die **Revision** rechtfertigen kann. Die Aussetzung ist allerdings nicht obligatorisch.

Eine unterlassene, aber gebotene Wiedereinbeziehung ist mit einer den Anforderungen des § 344 Abs. 2 S. 2 entsprechenden **Verfahrensrüge** gelten zu machen (BGH NStZ 1996, 241; a.A. BGH NStZ 1995, 540 f. [auch Sachrüge]).

Siehe auch: → *Einstellung des Verfahrens, Allgemeines*, Rn. 385, m.w.N.

410 Einstellung des Verfahrens nach § 205 wegen Abwesenheit des Angeklagten oder anderer Hindernisse

Literaturhinweise: ***Krause***, Die vorläufige Einstellung von Strafsachen praeter legem, GA 1969, 97; ***Rieß***, Beschwerdebefugnis des Nebenklägers bei vorläufiger Verfahrenseinstellung nach § 205 StPO, NStZ 2001, 355; s.a. die Hinw. bei → *Einstellung des Verfahrens, Allgemeines*, Rn. 385.

1. Nach § 205 kann bei **vorübergehenden Hindernissen** tatsächlicher oder rechtlicher Art das Verfahren (vorläufig) eingestellt werden. Die Vorschrift gilt in jeder Lage des Verfahrens (s. Nr. 104 RiStBV; *Krause* GA 1969, 97; zum Ermittlungsverfahren *Burhoff*, EV, Rn. 764 ff.).

☝ Nach einer Einstellung gem. § 205 ist die **Fortsetzung** des Verfahrens **jederzeit möglich**, und zwar i.d.R. auf Antrag der StA.

411

2. Hauptanwendungsfall des § 205 ist die – für längere Zeit bestehende – **Abwesenheit** des **Angeklagten**, z.B. infolge Flucht (zum Begriff der Abwesenheit s. § 276). Angewendet werden kann § 205 auch bei anderen vorübergehenden, in der Person des Angeklagten liegenden Hindernissen. Dazu zählt die (vorübergehende) **Verhandlungsunfähigkeit** (BGH NStZ 1996, 242; zum Begriff → *Verhandlungsfähigkeit*, Rn. 966), und zwar auch dann, wenn der Angeklagte sich weigert, eine bestehende Krankheit behandeln zu lassen, sofern die Möglichkeit der Besserung gegeben ist (LG Nürnberg-Fürth NJW 1999, 1125). Hat der Angeklagte die Verhandlungsunfähigkeit selbst herbeigeführt, gilt § 231a (→ *Selbst herbeigeführte Verhandlungsunfähigkeit*, Rn. 788; s.a. dazu LG Nürnberg-Fürth, a.a.O.). Bei einem **Ausländer** kann die Anwendung von § 205 in Betracht kommen, wenn er in seine Heimat zurückgekehrt ist (OLG Koblenz VRS 68, 364) und seine Gestellung unmöglich ist (BGHSt 37, 145 f.).

☝ Ob § 205 bei nicht in der Person des Beschuldigten liegenden Hindernissen, z.B. **Unauffindbarkeit** eines wesentlichen **Zeugen**, entsprechend angewendet werden kann, ist **str**. Von der h.M. in der Lit. wird das bejaht (vgl. *Kleinknecht/Meyer-Goßner*, § 205 Rn. 8 m.w.N.), a.A. ist die Rspr. (vgl. BGH NStZ 1985, 230; OLG Düsseldorf JR 1984, 436; OLG Frankfurt NStZ 1982, 218 [für Vernehmungsunfähigkeit eines Zeugen]; OLG Hamm NJW 1998, 1088; OLG Koblenz StV 1993, 513; OLG München NJW 1978, 176; OLG Schleswig StraFo 1999, 126; OLG Stuttgart StV 2002, 667 [keine Einstellung bis zur Erlangung der notwenigen Verstandesreife einer Zeugin, wenn der Vormund für die minderjährige Zeugin vom ZVR Gebrauch macht]).

Der Rspr. ist m.E. zumindest dann zu folgen, wenn der Zeuge bereits vernommen ist. Eine Einstellung des Verfahrens kommt dann i.d.R. nicht (mehr) in Betracht, vielmehr ist die **frühere Aussage** des Zeugen nach § 251 zu **verlesen** (*Kleinknecht/Meyer-Goßner*, a.a.O.; BGH, a.a.O.; OLG Düsseldorf, a.a.O., m.w.N.; ähnlich *Rose* NStZ 1999, 263 in der Anm. zu OLG Hamm, a.a.O.; → *Verlesung von Protokollen früherer Vernehmungen*, Rn. 1017).

412

3. Das Gericht wird von der Möglichkeit der Einstellung nach § 205 nur dann Gebrauch machen, wenn das **Hindernis** für **längere Zeit** besteht. Sonst kann ggf. einfaches Warten genügen. In Verfahren gegen **mehrere Angeklagte** ist das **Beschleunigungsgebot** gegenüber Mitangeklagten zu beachten (OLG München NJW 1978, 176; zur Beachtung des Beschleunigungsgebotes s.a. OLG Stuttgart

StV 2001, 667). Wenn die Voraussetzungen des § 205 nur für einen (flüchtigen) Angeklagten vorliegen, ist die vorläufige Einstellung hinsichtlich der anderen nicht zulässig, vielmehr werden dann i.d.R. die verbundenen Verfahren zu trennen sein (OLG München; a.a.O.; *Kleinknecht/Meyer-Goßner*, § 205 Rn. 7; → *Abtrennung von Verfahren*, Rn. 69).

413 **4.** In der HV wird das Verfahren durch **Beschluss** eingestellt. Dieser kann vom Angeklagten und der StA mit der einfachen **Beschwerde** nach § 304 angefochten werden (*Kleinknecht/Meyer-Goßner*, § 205 Rn. 4 m.w.N.; s.a. OLG Celle MDR 1978, 160 f.; zur Beschwerde allgemein *Burhoff*, EV, Rn. 385). Wird die Einstellung abgelehnt, kann der Beschluss nach § 305 S. 1 nicht angefochten werden (*Kleinknecht/Meyer-Goßner*, a.a.O.; KK-*Tolksdorf*, § 205 Rn. 13; OLG Frankfurt NJW 1969, 570). Der **Nebenkläger** kann die Einstellung nach h.M. nicht anfechten, und zwar auch dann nicht, wenn der Beschluss verfahrensfehlerhaft ist (*Kleinknecht/Meyer-Goßner*, § 205 Rn. 4; LG Mönchengladbach StV 1987, 335; a.A. *Rieß* NStZ 2001, 355). Das ist verfassungsrechtlich nicht zu beanstanden (BVerfG NJW 1995, 317).

☝ Da § 205 dem **Erlass** eines **Strafbefehls** nicht entgegensteht (*Kleinknecht/Meyer-Goßner*, § 205 Rn. 1), sollte der Verteidiger immer überlegen, ob er – in geeigneten Fällen – nicht auch noch in der HV den Erlass eines Strafbefehls beantragt/**anregt**. Das gibt ihm die Möglichkeit, dazu (noch) Absprachen hinsichtlich der festzusetzenden Rechtsfolgen mit dem StA zu treffen (wegen der Voraussetzungen für den Erlass eines Strafbefehls noch in der HV → *Ausbleiben des Angeklagten*, Rn. 114 ff.).

Siehe auch: → *Einstellung des Verfahrens, Allgemeines*, Rn. 385, m.w.N.

414 Einstellung des Verfahrens nach § 206a bei Verfahrenshindernissen

Literaturhinweise: ***Arloth***, Verfahrenshindernis und Revisionsrecht, NJW 1985, 417; ***Cabanis***, Verhandlungs- und Vernehmungs(un)fähigkeit, StV 1984, 87; ***Drees***, Gilt das Verbot der Schlechterstellung auch dann, wenn das Rechtsmittelgericht das Verfahren wegen eines behebbaren Verfahrenshindernisses einstellt?, StV 1995, 669; ***Endriß/Kinzig***, Eine Straftat – zwei Strafen, Nachdenken über ein erweitertes „ne bis in idem", StV 1997, 665; ***Fiegenbaum/Raabe***, Verhandlungs-, Haft- und Schuldfähigkeit bei Patienten mit Angst- bzw. Panikstörungen, StraFo 1997, 97; ***Fischer/Gauggel/Lämmler***, Möglichkeiten der neurologischen Prüfung der Verteidigungsfähigkeit, NStZ 1994, 316; ***Gatzweiler***, Der Sachverständige zur Beurteilung der Verhandlungsfähigkeit bzw. Verhandlungsunfähigkeit, StV 1989, 167; ***Gillmeister***, Rechtliches Gehör im Ermittlungsverfahren, StraFo 1996, 114;

Grotz, Das Schengener Durchführungsübereinkommen und der Grundsatz ne bis in idem, StraFo 1995, 102; ***Hecker***, Das Prinzip „Ne bis in idem" im Schengener Rechtsraum (Art 54 SDÜ), StV 2000, 306; ***Hillenkamp***, Verfahrenshindernisse von Verfassungs wegen, NJW 1989, 2841; ***Kempf***, Das Verfahrenshindernis der „überlangen Dauer und seine Konsequenzen, zugleich Besprechung von BGH, Urt. v. 25.10.2000 - 2 StR 232/00, StV 2001, 89, StV 2001, 134; ***Lagodny***, Teileuropäisches „ne bis in idem" durch Art. 54 des Schengener Durchführungsübereinkommens (SDÜ); ***Maatz***, Strafklageverbrauch und Gerechtigkeit, in: Festschrift für *Meyer-Goßner*, S. 257; ***Radke/Busch***, Transnationaler Strafklageverbrauch in den sog. Schengen-Staaten?, EuGRZ 2000, 421; ***Rath***, Zum Begriff der Verhandlungsfähigkeit im Strafverfahren, GA 1997, 214; ***Rieß***, Verfahrenshindernisse von Verfassungs wegen?, JR 1985, 45; ***Schomburg***, Internationales „ne bis in idem" nach Art. 54 SDÜ, Zugleich eine Anmerkung zu einem Urteil des OLG Saarbrücken v. 16.12.1996 – Ss 90/95 122/95 [NStZ 1997, 245], StV 1997, 383; ders., Die Europäisierung des Verbots doppelter Strafverfolgung – Ein Zwischenbericht, NJW 2000, 1833; ***Sommer***, Auswirkungen des Schengener Übereinkommens für die Strafverteidigung, StraFo 1999, 37; ***Widmaier***, Verhandlungs- und Verteidigungsfähigkeit – Verjährung und Strafmaß; zu den Entscheidungen des BGH und des BVerfG im Revisionsverfahren gegen *Erich Mielke*, NStZ 1995, 361.

414a

1. Stellt sich in der HV ein Verfahrenshindernis heraus, muss das Verfahren durch **Einstellungsurteil** gem. § 260 Abs. 3 eingestellt werden. Das gilt auch, wenn die HV nach § 229 unterbrochen war (KG NJW 1993, 673; 947; *Kleinknecht/Meyer-Goßner*, § 206a Rn. 1).

Als Verfahrenshindernis werden von der Rspr. des BGH alle **Umstände** angesehen, die nach dem ausdrücklich erklärten oder aus dem Zusammenhang ersichtlichen Willen des Gesetzes so schwer wiegen, dass sie der **Zulässigkeit** des **Verfahrens (dauernd) entgegenstehen** (BGHSt 32, 345; 36, 294). Das lässt sich aber nicht (nur) aus dem Umstand herleiten, dass es sich um einen zwingenden Aufhebungsgrund nach § 338 handelt (BGHSt 26, 84). In Betracht kommt die (dauernde) Einstellung nach § 206a Abs. 1 auch nur bei einem Verfahrenshindernis, das dauernd wirkt. Voraussetzung ist jedoch nicht, dass es für immer besteht. Es muss aber erheblich weiter wirken als das vorläufige, das nur zur Einstellung nach § 205 führt (→ *Einstellung des Verfahrens nach § 205 wegen Abwesenheit des Angeklagten*, Rn. 410).

2. Auf dieser Grundlage wird die Eigenschaft als **Verfahrenshindernis** von der Rspr.

415

bejaht (s. KK-*Tolksdorf*, § 206a Rn. 11; *Kleinknecht/Meyer-Goßner*, Einl. Rn. 148 ff.; *Burhoff*, EV, Rn. 777 ff.)

- bei **anderweitiger Rechtshängigkeit** (BGH NStZ 1984, 212 [Pf/M],
- bei **Beweismanipulationen** der Ermittlungsbehörden (LG Hannover StV 1985, 94; a. A. *Kleinknecht/Meyer-Goßner*, Einl. Rn. 148b),
- wenn die **deutsche Gerichtsbarkeit fehlt** (BGHSt 14, 137, 139),

- wenn der **Eröffnungsbeschluss fehlt** (vgl. u.a. BGHSt 10, 278; → *Eröffnungsbeschluss, Nachholung in der Hauptverhandlung*, Rn. 479; s. dazu auch OLG Hamm NStZ-RR 1997, 139),
- wenn der auslieferungsrechtliche **Grundsatz** der **Spezialität** entgegensteht (st. Rspr., s. z.B. BGHSt 29, 94; zuletzt BGH NStZ 1998, 149; StV 1998, 324),
- wenn **Immunität** entgegensteht (BVerfG NJW 1998, 50),
- wenn der **Strafantrag** fehlt und nicht mehr nachgeholt werden kann, es sei denn, es genügt, wie z.B. nach § 230 Abs. 1 StGB, zur Strafverfolgung auch ein besonderes öffentliches Interesse, das von der StA bejaht wird (BGHSt 18, 123; s.a. *Burhoff*, EV, Rn. 784),

415a

- bei **Verbrauch** der **Strafklage** (s. dazu wegen der Einzelh. *Kleinknecht/Meyer-Goßner*, Einl. Rn. 171 ff. m.w.N.)

Beispiele

- zur Sperrwirkung der **Ablehnung** eines **Strafbefehlsantrags** s. OLG Jena (NStZ-RR 1998, 20),
- zum Umfang des Strafklageverbrauchs bei **Besitz** von **BtM** (u.a. OLG Oldenburg StV 2002, 240 [für Rauschfahrt bejaht]; OLG Braunschweig StV 2002, 241 [für Ladendiebstahl bejaht]),
- zum Umfang des Strafklageverbrauchs bei **Handeltreiben** mit **BtM** (u.a. BGH StV 1996, 650; OLG Karlsruhe StV 1998, 28),
- zum Strafklageverbrauch durch **Erwähnung** des Sachverhalts in einer früheren **Anklage** s. BGHSt 43, 96 und BGH NStZ 2000, 216,
- Verurteilung wegen **Fahrens ohne Fahrerlaubnis** führt zum Strafklageverbrauch für auf der – fortgesetzten – Fahrt begangene schwere räuberische Erpressung (s. zuletzt u.a. BGH NStZ 1996, 41; s. auch BGH NStZ 1997, 508 [verneint bei Zusammentreffen mit jeweils abgeschlossenen Diebstahlstaten]),
- **Waffendelikt**/Menschenhandel (OLG Braunschweig StraFo 1997, 16).

☝ Grds. wird das Vorliegen dieses Verfahrenshindernisses im **Freibeweisverfahren** nach Aktenlage geklärt. Etwas anderes gilt jedoch dann, wenn es dabei auf die Klärung von Tatsachen ankommt, die die angeklagte Straftat betreffen. Dann erfolgt die Klärung im Strengbeweisverfahren der Hauptverhandlung (BGHSt 46, 349).

415b

- Mit Abschluss des sog. **Schengener Abkommens** haben die Fragen, die mit dessen **Art. 54** zusammenhängen, zunehmend an praktischer Bedeutung gewonnen. Art. 54 SDÜ bestimmt nämlich, dass derjenige, der durch eine Vertragspartei rechtskräftig abgeurteilt ist, wegen derselben Tat durch eine andere Vertragspartei nicht verfolgt werden darf (s. den Text des Art. 54 SDÜ bei *Schomburg* bzw. *Lagodny*, jeweils a.a.O.). Damit stellt sich die Frage nach einem ggf. **internationalen „ne bis in idem“** und danach, ob die Rechtskraftwirkung in allen Staaten des Übereinkommens erforderlich ist oder ob die im Entscheidungsstaat ausreicht (vgl. *Lagodny*, a.a.O.). Die damit zusammenhängenden Fragen können hier nicht alle dargestellt werden. Wegen der Einzelh. ist auf die o.a. Lit.-Hinw. zu verweisen.

Streit besteht insbesondere in der Frage, ob nur ausländische „**Urteile**" oder auch andere Maßnahmen und Entscheidungen ausreichen (vgl. dazu BGH NJW 1999, 1270; BGHSt 45, 123; eingehend insbesondere *Sommer* StraFo 1999, 39 f.; *Schomburg* NJW 2000, 1833, *Hecker*, StV 2001, 306 und *Radke/Busch* EuGRZ 2000, 421). Hier kann nur hingewiesen werden auf folgende Rspr.-

Beispiele

- Ein **Straferkenntnis** der **Bezirkshauptmannschaft Kufstein** ist kein Urteil i. S. v. Art 54 SDÜ und steht damit der Ahndung einer Fahrt (auch) als fahrlässiger Trunkenheitsfahrt nach § 316 StGB nicht entgegen (BayObLG StV 2001, 263).
- Zur Frage, ob durch die **niederländische „transactie**" Strafklageverbrauch eintritt s. OLG Köln NStZ 2001, 558 [Vorlage an den EuGH]; v. Generalanwalt des EuGH im Schlussantrag v. 19.9.2002 [C-187/01; C-385/01] bejaht).
- Die Einstellung des Verfahrens (**„ordonnance de non-lieu"**) aus tatsächlichen Gründen durch den französischen Appellationsgerichtshof steht einer weiteren Strafverfolgung in Deutschland nicht entgegen, da dieser Entscheidung keine Rechtskraftwirkung zukommt (BGHSt 45, 123).
- Offen gelassen hat der BGH die Frage, ob das **belgische „transactie**"- Verfahren im Rahmen von Art. 54 SDÜ beachtlich ist (BGH NJW 1999, 1270).
- Das (belgische) Gericht erster Instanz Eupen sieht i.Ü. die in Deutschland nach **§ 153** erfolgte **Einstellung** des Verfahrens wegen der erforderlichen richterlichen Zustimmung als **Strafverfolgungshindernis** i. S. v. Art. 54 SDÜ an (s. StraFo 1999, 119).
- Das OLG Innsbruck sieht die Außerverfolgungsetzung durch Verwerfung eines **Klageerzwingungsantrags** als unbegründet als rechtskräftige Entscheidung i. S. v. Art. 54 SDÜ an (OLG Innsbruck NStZ 2000, 663).
- Auch das **gnadenähnliche Absehen** von **weiterer Vollstreckung** einer Freiheitsstrafe unter Ausweisung des Verurteilten durch eine **spanisches Gericht** steht der weiteren Vollstreckung der im Ausland verhängten Freiheitsstrafe entgegen (OLG München NStZ 2001, 614; zust. *Hecker* StV 2002, 71 in der Anm. zu OLG München, a. a. O.).
- Das Verfahren im Ausland muss **endgültig erledigt** sein. Das ist es nach der Rspr. des BGH erst nach einer **gerichtlichen Entscheidung** (BGH NJW 1999, 1270; vgl. dazu auch den „Anfragebeschluss" BGH NStZ 1998, 149; so a. BayObLG StraFo 1999, 49). Nach OLG Saarbrücken (NStZ 1997, 245) ist demgemäß eine Verfolgung im Inland nach Verurteilung zu einer Geldstrafe im Ausland noch möglich, solange diese nicht gezahlt ist (zum Begriff der endgültigen Erledigung i. S. d. Art. 54 des Schengener Abkommens und dem sich ggf. daraus ergebendem Strafklageverbrauch s. a. – bejahend – LG Hamburg wistra 1995, 358; 1996, 359 und – verneinend – OLG Hamburg wistra 1996, 193 [für bereits erfolgte Sanktionierung in Belgien]). Gerade vollstreckt i. S. v. Art. 54 SDÜ wird eine Sanktion auch dann, wenn ihre Vollstreckung zur Bewährung ausgesetzt ist (BGHSt 46, 187).

☝ Der Verteidiger muss die mit dem Schengener Abkommen zusammenhängenden Fragen beachten. Auf jeden Fall sollte er aber auf die Möglichkeit der **Einstellung** des Verfahrens nach **§ 153c Abs. 1 Nr. 3** hinweisen und diese beantragen.

416

- bei dauernder **Verhandlungsunfähigkeit** (st.Rspr., vgl. u.a. BGH NJW 1970, 1981; zuletzt BGH NStZ 1996, 242; s. dazu → *Verhandlungsfähigkeit*, Rn. 966).

> Ist die Verhandlungsunfähigkeit nur **vorübergehend**, kommt nur eine → *Einstellung nach* ***§ 205*** *wegen Abwesenheit des Angeklagten*, Rn. 410, in Betracht (BGH, a.a.O.).

- bei **Verjährung** (BGHSt 24, 208, 213),
- bei **Verstößen** gegen die allgemeinen Regeln des **Völkerrechts** nur in **Ausnahmefällen**, wenn nämlich der ausländische Staat wegen der Verletzung seines Hoheitsgebiets Ansprüche gegen die Bundesrepublik Deutschland stellt, die ihrer Art nach der Durchführung des Strafverfahrens entgegenstehen (BVerfG NJW 1986, 3021; zu den Voraussetzungen des völkerrechtswidrigen Einsatzes eines V-Mannes s. BVerfG NJW 1995, 651; s. i.Ü. u.a. BGH NStZ 1984, 563 [Entführung mittels List aus fremden Hoheitsgebiet]; NStZ 1985, 464 [Festnahme des Angeklagten auf fremden Hoheitsgebiet]; s.a. BGH NJW 1987, 3087),
- bei **vorläufiger Einstellung** des Verfahrens nach § **154 Abs. 2** (BGH GA 1981, 36).

417

verneint (s. KK-*Tolksdorf*, § 206a Rn 10; *Kleinknecht/Meyer-Goßner*, Einl. Rn. 148 f.)

- bei **Abschieben** des Angeklagten in die Bundesrepublik Deutschland **ohne** förmliches **Auslieferungsverfahren** (BGH MDR 1980, 631 [H]),
- bei Nichteinhaltung einer im Rahmen einer **Absprache** gegebenen richterlichen Zusage über den Rechtsfolgenausspruch (BGH NStZ 1988, 211 [M]; → *Absprachen mit Gericht und StA*, Rn. 63),
- bei vorschriftswidriger **Abwesenheit** des **Angeklagten** in der Berufungsverhandlung (BGHSt 26, 84),
- bei **Fehlen** eines schriftlichen **Strafbefehlsantrags** (OLG Stuttgart NStZ 1998, 100),
- bei Verstoß gegen das Gebot des **gesetzlichen Richters** (BGHSt 19, 273),
- bei Verurteilung zur **Höchstjugendstrafe** für die Verfolgung von Straftaten, die der Täter als Erwachsener vor dem Urteil begangen hat (BGHSt 36, 294),
- bei **Kenntnis** der StA vom **Verteidigerkonzept** (BGH NJW 1984, 1907; krit. dazu *Arloth* NJW 1985, 417; *Gössel* NStZ 1984, 420 in der Anm. zu BGH, a.a.O.; *Rieß* JR 1985, 45),
- bei einem Versuch von **Polizeibeamten**, eine **Verurteilung** des Angeklagten um jeden Preis **herbeizuführen** (BGHSt 33, 283),
- bei Verletzung des **rechtlichen Gehörs** (vgl. u.a. BGHSt 26, 84, 91),
- bei **Tatprovokation** (→ *V-Mann in der Hauptverhandlung*, Rn. 1134, *Kleinknecht/Meyer-Goßner*, Einl. Rn. 148a),

418

- nach h.M. in der Rspr. bei **überlanger Verfahrensdauer** (st. Rspr., vgl. u.a. BGHSt 21, 81; 35, 137; zuletzt BGHSt 46, 160; StV 2000, 670; ; vgl. die weit. Nachw. bei *Kleinknecht/Meyer-Goßner*, Art. 6 MRK Rn. 9, auch zur **a.A.** in der **Lit.** sowie bei

KK-*Tolksdorf*, § 203 Rn. 10; s.a. *Hillenkamp* NJW 1989, 2841 und vor allem Kempf StV 2001, 134 m.w.N. aus der teilweise abweichenden Rspr. der OLG).

☝ Etwas **anderes** kann auch nach der Rspr. in **Extremfällen** gelten (z.B. BVerfG NJW 1992, 2472 f. m.w.N. [mehr als acht Jahre dauerndes OWi-Verfahren]; OLG Koblenz NJW 1994, 1887; LG Bad Kreuznach NJW 1993, 1725 [4 1/2 Jahre Zwischenverfahren] mit umfangreichen Rspr.-Nachw.).

☝ Die überlange, vom Angeklagten nicht zu vertretende Verfahrensdauer muss aber bei der **Strafzumessung** (st.Rspr., vgl. u.a. BGHSt 24, 239; zuletzt NStZ 1997, 29; 1999, 181; StV 1998, 376; wistra 1997, 347), ggf. durch Strafaussetzung zur Bewährung (vgl. u.a. BGH NJW 1986, 332 m.w.N.) oder ggf. auch durch → *Einstellung des Verfahrens nach § 153 wegen Geringfügigkeit*, RN. 387b, **kompensiert** werden (zu letzterem BGH NStZ 1996, 506; s. auch BGH NStZ 1997, 543 [Einstellung nicht ohne Zustimmung des Angeklagten]; zu allem weit. Nachw. bei *Kleinknecht/Meyer-Goßner*, a.a.O.; KK-*Tolksdorf*, § 206 a Rn. 10). Darauf sollte der Verteidiger in seinem **Plädoyer** vorsorglich hinweisen.

Der **BGH** macht von seiner o.a. „Strafzumessungs-Rspr." i.Ü. auch dann eine **Ausnahme**, wenn eine angemessene Berücksichtigung des Verstoßes gegen das Beschleunigungsgebot im Rahmen einer Sachentscheidung nicht mehr in Betracht kommt (BGHSt 46, 160).

- bei **Unmöglichkeit** der unmittelbaren **Vernehmung** von **Zeugen** (BGH NStZ 1985, 230; → *Verwertung der Erkenntnisse eines [gesperrten] V-Mannes*, Rn. 1111),
- wenn sich die Ermittlungsbehörde an eine **Zusage**, eine Tat nicht verfolgen zu wollen, **nicht gehalten** hat (BGHSt 37, 10; → *Absprachen mit Gericht und StA*, Rn. 63; im Ermittlungsverfahren s. *Burhoff*, EV, Rn. 23),
- bei gesetzwidriger **Zellendurchsuchung** unter Ausnutzung der Abwesenheit des Angeklagten (OLG Karlsruhe StV 1986, 10; a.A. AG Mannheim StV 1985, 276; s.a. *Volk* StV 1986, 34),
- bei Unterlassen der **Zustellung** des **erstinstanzlichen Urteils** (BGHSt 33, 183).

3. Hinweise für den Verteidiger!

419

a) Kommt ein Verfahrenshindernis in Betracht, muss der Verteidiger mit seinem **Mandanten besprechen**, ob es ratsam ist, das **schon** in der **HV geltend** zu machen, oder ob damit besser noch – ggf. bis zur Revision – gewartet wird. Die Entscheidung wird davon abhängen, ob das Verfahrenshindernis, wie z.B. ein fehlender Eröffnungsbeschluss (→ *Eröffnungsbeschluss, Nachholung in der Hauptverhandlung*, Rn. 479), noch beseitigt werden kann, oder ob das nicht mehr möglich ist und die endgültige Einstellung des Verfahrens erreicht werden kann.

Dabei sollte er berücksichtigen, dass bei Einstellung durch das Revisionsgericht und erneuter Anklage das **Schlechterstellungsgebot** des § 331 Geltung haben dürfte (BayObLG NJW 1961, 1487; OLG Hamburg NJW 1975, 1473; LG Zweibrücken StV 1997, 13 f.; LR-*Gollwitzer* § 331 Rn. 18; *Drees* StV 1995, 669; a.A. *Kleinknecht/Meyer-Goßner*, § 331 Rn. 4 m.w.N.; a.A. wohl a. BGHSt 20, 77, 80 [obiter dictum]).

☝ Ist der **Sachverhalt** bei Bekannt werden des Verfahrenshindernisses in der HV bereits so weit **geklärt**, dass danach davon ausgegangen werden muss, dass sich der Angeklagte keiner Straftat schuldig gemacht hat, kann das Verfahren nicht mehr nur eingestellt werden. Vielmehr ist der Angeklagte dann freizusprechen (BGHSt 13, 268, 273; 20, 333; 335; BayObLGSt 1963, 44, 47; *Kleinknecht/Meyer-Goßner*, § 260 Rn. 44). Der **Freispruch** hat **Vorrang**. Darauf sollte der Verteidiger im Plädoyer hinweisen. Es ist auch zu überlegen, ob in diesen Fällen das Verfahrenshindernis überhaupt (noch) geltend gemacht wird.

420 **b)** Das Vorliegen eines Verfahrenshindernisses wird vom Gericht im → ***Freibeweisverfahren***, Rn. 502, geprüft. Die Frage, ob bei Zweifeln über das Vorliegen der Voraussetzungen eines Prozesshindernisses der Grundsatz „**in dubio pro reo**“ gilt, hängt vom **Einzelfall** ab (BGHSt 18, 274, 277). **Bejaht** worden ist die Anwendung für die Verjährung (BGH, a.a.O.), für den Verbrauch der Strafklage (BayObLG NJW 1968, 2118; a.A. BGH MDR 1955, 527 [He]) und für die Frage der (rechtzeitigen) Stellung eines Strafantrags (RGSt 47, 238; vgl. zu allem a. KK-*Engelhardt*, § 261 Rn. 62 m.w.N.). Für das Verfahrenshindernis der Verhandlungsunfähigkeit wird die Anwendung von „in dubio pro reo“ hingegen **verneint** (BGH NStZ 1988, 213 [M]; *Kleinknecht/Meyer-Goßner*, § 261 Rn. 34, m.w.N.; → *Verhandlungsfähigkeit*, Rn. 970).

421 **c)** Bezieht sich das Verfahrenshindernis nur auf eine von **mehreren Taten**, die Gegenstand des Verfahrens sind, oder nur auf einen von mehreren Angeklagten, kommt eine Einstellung auch nur insoweit in Betracht (LR-*Rieß* § 206a Rn. 6).

422 **d)** Hat das Gericht das Verfahren außerhalb der HV durch **Beschluss** nach § 206a **eingestellt**, steht dem Angeklagten dagegen grds. **kein Rechtsmittel** zu, da er nicht beschwert ist (OLG Celle MDR 1978, 160 f.; *Kleinknecht/Meyer-Goßner*, § 206a Rn. 10; KK-*Tolksdorf*, § 206a Rn. 13). Auch der die Einstellung **ablehnende Beschluss** ist **nicht anfechtbar**, dem steht § 305 S. 1 entgegen. Der Nebenkläger kann, soweit der Beschluss die Tat betrifft, die ihn zum Anschluss berechtigte, die Einstellung anfechten (§ 400 Abs. 2 S. 2; wegen der Rechtsmittel s. i.Ü. KK-*Tolksdorf*, a.a.O.).

423 **e)** Wegen der **Kosten** und **Auslagen** ist auf **§ 467** zu verweisen. Nach § 467 Abs. 3 S. 2 Nr. 2 kann das Gericht davon absehen, der Staatskasse die notwendigen Auslagen des Beschuldigten aufzuerlegen. Das soll nach h.M. allerdings dann nicht gelten, wenn das Verfahrenshindernis von vornherein erkennbar war (vgl. *Kleinknecht/Meyer-Goßner*, § 467 Rn. 18 m.w.N.; s.a. BVerfG NStZ-RR 1996, 45). Gegen eine ihn belastende Kostenentscheidung kann der Angeklagte **sofortige Beschwerde** einlegen (*Kleinknecht/Meyer-Goßner*, § 206a Rn. 10). Die Beschränkung des § 464 Abs. 3 S. 1 Hs. 2 gilt nicht (*Kleinknecht/Meyer-Goßner*, § 464 Rn. 19 m.w.N. aus der Rspr.).

Siehe auch: → *Einstellung des Verfahrens, Allgemeines*, Rn. 385, m.w.N.

Entbindung des Angeklagten vom Erscheinen in der Hauptverhandlung **424**

1. Nach **§ 233** kann ohne den Angeklagten verhandelt werden, wenn er vom Erscheinen in der HV entbunden worden ist.

☝ Ob der Angeklagte von der Pflicht zum Erscheinen in der HV entbunden werden kann, ist an sich eine Frage, die vom Verteidiger schon bei der → *Vorbereitung der Hauptverhandlung*, Rn. 1144, zu prüfen ist, so z.B. wenn der Angeklagte weit vom Gerichtsort entfernt wohnt oder er alt und gebrechlich ist. Da der **Antrag** auf Entbindung aber auch **noch** zu **Beginn** der **(Berufungs-)HV** gestellt werden kann (BGHSt 25, 281 [für Berufungs-HV]; OLG Hamm NJW 1969, 1129; OLG Schleswig SchlHA 1964, 70), bietet er eine gute Möglichkeit, → *Zwangsmittel bei Ausbleiben des Angeklagten*, Rn. 1231, oder ein Verwerfungsurteil nach § 329 zu verhindern (→ *Berufungsverwerfung wegen Ausbleiben des Angeklagten*, Rn. 183). Ggf. kann der Verteidiger auch noch in der HV den Erlass eines **Strafbefehls anregen** (→ *Ausbleiben des Angeklagten*, Rn. 114).

Voraussetzung für die Entbindung vom Erscheinen ist nach § 233 Abs. 1, dass nur **reduzierte Rechtsfolgen** zu erwarten sind, und zwar, u.a. nur Freiheitsstrafe bis zu sechs Monaten, Geldstrafe bis zu 180 Tagessätzen, Verwarnung mit Strafvorbehalt, Fahrverbot; auch die Entziehung der Fahrerlaubnis ist zulässig. Entscheidend ist nicht die abstrakte, sondern die konkrete Straferwartung (KK-*Tolksdorf*, § 233 Rn. 4). Kommt das Gericht dem Antrag nach, muss es den Angeklagten gem. § 231 Abs. 2 durch einen beauftragten oder ersuchten Richter über die **Anklage vernehmen** lassen.

425 **2.** Die Entbindung erfolgt auf **Antrag**, für den der Verteidiger eine über seine Verteidigervollmacht hinausgehende **Vertretungsvollmacht** benötigt (BGHSt 12, 367; OLG Hamm NJW 1969, 1129). Nach h.M. genügt dafür aber die allgemeine Vollmacht, den Angeklagten in dessen Abwesenheit vertreten zu dürfen (OLG Köln NJW 1969, 705; *Kleinknecht/Meyer-Goßner*, § 233 Rn. 5 m.w.N. auch zur a.A.).

☝ Über den Entbindungsantrag **entscheidet** in der HV das **Gericht** in der dafür vorgesehenen Besetzung, also mit Schöffen, nicht der Vorsitzende allein.

Eine ablehnende Entscheidung ist wegen § 305 S. 1 **nicht** mit der **Beschwerde** anfechtbar (OLG Hamm, a.a.O.). Da es sich um eine Maßnahme des Gerichts handelt, ist auch das Beanstandungsrecht aus **§ 238 Abs. 2 nicht** gegeben.

426 **3.** Wird der Angeklagte vom Erscheinen entbunden, werden gem. § 234a Hs. 2 die **Zustimmungsrechte** zum Verzicht auf eine Beweiserhebung nach § 245 Abs. 1 S. 2 (→ *Beweisverzicht*, Rn. 327), aus § 61 Nr. 5 (→ *Vereidigungsverzicht*, Rn. 681) und zur Verlesung von Protokollen nach § 251 Abs. 1 Nr. 4, Abs. 2 (→ *Verlesung von Protokollen früherer Vernehmungen*, Rn. 725) vom **Verteidiger ausgeübt** (→ *Vertretung des Angeklagten durch den Verteidiger*, Rn. 1094). Wirkt kein Verteidiger mit, muss die Zustimmung des Angeklagten eingeholt werden (BayObLG NJW 1963, 2239; *Kleinknecht/Meyer-Goßner*, § 245 Rn. 10; für → *Beweisverzicht*, Rn. 327). Es kann **jedoch** gem. § 153 Abs. 2 S. 2 ohne Zustimmung des Angeklagten und gegen den Widerspruch des Verteidigers das Verfahren nach **§ 153** eingestellt werden (→ *Einstellung des Verfahrens nach § 153 wegen Geringfügigkeit*, Rn. 387).

☝ Ein rechtlicher **Hinweis** nach § 265 kann dem Verteidiger allerdings **nicht** erteilt werden (*Kleinknecht/Meyer-Goßner*, § 234a Rn. 3), da bei Umgestaltung der Anklage eine (neue) Vernehmung des Angeklagten erforderlich ist (*Kleinknecht/Meyer-Goßner*, § 233 Rn. 16).

427 Entbindung von der Schweigepflicht

Literaturhinweise: ***Cramer***, Strafprozessuale Verwertbarkeit ärztlicher Gutachten aus anderen Verfahren, NStZ 1996, 209; ***Göppinger***, Die Entbindung von der Schweigepflicht und die Herausgabe oder Beschlagnahme von Krankenblättern, NJW 1958, 241; ***Schmitt***, Probleme des Zeugnisverweigerungsrechts (§ 53 I Nr. 3 StPO, § 383 Nr. 6 ZPO) und des Beschlagnahmeverbots (§ 97 StPO) bei Beratern juristischer Personen – zugleich ein Beitrag zu der Entbindungsbefugnis des Konkursverwalters, wistra 1993, 9; ***Solbach***, Kann der Arzt von seiner Schweigepflicht entbunden werden, wenn sein Patient verstorben oder willensunfähig ist?, DRiZ 1978, 204; ***Werner***, Der steuerliche Berater als Zeuge im (Steuer-)Strafverfahren, PStR 2002, 62; s. i.Ü. die Hinw. bei → *Zeugnisverweigerungsrecht*, Rn. 1194.

1. Auch in der HV können für die Verteidigung die mit einer Entbindung von der Schweigepflicht zusammenhängenden Fragen Bedeutung erlangen, und zwar insbesondere, wenn es um die Schweigepflichtsentbindung von **Zeugen** geht, denen sonst nach §§ 53, 53a ein → *Zeugnisverweigerungsrecht*, Rn. 1194, zustehen würde (zur ggf. im Ermittlungsverfahren erforderlichen Entbindung des Verteidigers von seiner anwaltlichen Schweigepflicht s. *Burhoff*, EV, Rn. 799 und zur Zulässigkeit des Bruchs der Schweigepflicht, wenn dies erforderlich ist, um sich z.B. selbst sachgerecht verteidigen zu können, vgl. *Burhoff*, EV, Rn. 1897).

2. Für die **Entbindung** von der einem **Zeugen**, z.B. einem Arzt, Rechtsanwalt oder Notar sowie Steuerberater, nach § 53 Abs. 2 obliegenden Schweigepflicht ist auf Folgendes hinzuweisen:

428

a) Grds. liegt es im **pflichtgemäßen Ermessen** des an sich zeugnisverweigerungsberechtigten Zeugen, ob er von seinem **Zeugnisverweigerungsrecht Gebrauch** macht. Nur die in § 53 Abs. 1 Nr. 2, 3 und 3a genannten Berufsgruppen (Verteidiger, Rechtsanwälte, Ärzte, Schwangerschaftsberater) müssen aussagen, wenn sie von der Schweigepflicht entbunden sind (BGHSt 18, 146, 147). Bei den anderen Gruppen (Geistliche, Drogenberater, Abgeordnete, Mitglieder von Rundfunk und Presse) ist die Entbindung rechtlich wirkungslos, sie kann lediglich die Entschließung des Zeugen, ob er aussagen will, beeinflussen (*Kleinknecht/Meyer-Goßner*, § 53 Rn. 45 m.w.N.).

429

b) Die **Berechtigung zur Entbindung** hat derjenige, zu dessen Gunsten die Verschwiegenheitspflicht gesetzlich begründet ist (OLG Hamburg NJW 1962, 689, 691). Im Einzelnen gilt (zur Frage, ob überhaupt entbunden werden soll, s.u. Rn. 434):

- I.d.R. ist „**Träger des Geheimhaltungsinteresses**" derjenige, der dem zeugnisverweigerungsberechtigten Zeugen etwas anvertraut hat (KK-*Senge*, § 53 Rn. 46 m.w.N.).
- Hat dem Zeugen die Tatsache jemand **anvertraut**, der nicht zugleich geheimnisgeschützt ist, genügt die Entbindung durch den **Geheimnisgeschützten** (*Kleinknecht/Meyer-Goßner*, § 53 Rn. 46).
- Hat der Beschuldigte selbst dem Zeugen ein **Drittgeheimnis** anvertraut, z.B. der beschuldigte Patient seinem Arzt ein Leiden der Ehefrau, kann nach h.M. sowohl der **Beschuldigte** als auch der **Dritte** von der Schweigepflicht entbinden (*Kleinknecht/Meyer-Goßner*, a.a.O.; OLG Köln NJW 1983, 1008 [Ls.]; a.A. KK-*Senge*, a.a.O.).

430

- Bei **juristischen Personen** müssen die vertretungsberechtigten Organe von der Schweigepflicht entbinden (vgl. zu allem eingehend *Schmidt* wistra 1993, 10 f. m.w.N.), und zwar

- bei der **AG** der Vorstand (*Kleinknecht/Meyer-Goßner*, a. a. O.),
- bei der **Genossenschaft** der Vorstand (*Kleinknecht/Meyer-Goßner*, a. a. O.),
- bei der **GmbH** der Geschäftsführer (OLG Celle wistra 1986, 83), der ehemalige Geschäftsführer kann hinsichtlich der Tatsachen, die einem (Steuer-)Berater während der Tätigkeitszeit des ehemaligen Geschäftsführers bekannt geworden sind, entbinden (LG Berlin wistra 1993, 278); im Gründungsstadium müssen m. E. alle Gesellschafter entbinden,
- grds. nicht der **Insolvenzverwalter** allein, sondern z. B. der ehemalige Geschäftsführer der in Insolvenz gefallenen GmbH (OLG Düsseldorf StV 1993, 346; LG Saarbrücken wistra 1995, 239; *Kleinknecht/Meyer-Goßner*, a.a.O., m.w.N.; s.a. *Schmidt* wistra 1993, 13 f. m.w.N.; a. A. LG Hamburg NStZ-RR 2002, 13 m. w. N. zur a. A.).

431 ☝ Das Recht, von einer Schweigepflicht zu entbinden, ist ein **höchstpersönliches Recht** (LG Hamburg NStZ-RR 2002, 13). Dazu gilt:

- Für die Ausübung ist **Geschäftsfähigkeit nicht** erforderlich. Ausreichend ist die natürliche Willensfähigkeit und eine hinreichende Vorstellung von der Bedeutung des Rechts. Sind diese Voraussetzungen gegeben, können auch Minderjährige und Geistesgestörte das Recht wirksam ausüben (KK-*Senge*, § 53 Rn. 48 m.w.N.). Auf die **Zustimmung/Einwilligung** des **gesetzlichen Vertreters** kommt es **nicht** an. Dieser kann auch nicht für den Geschäftsunfähigen die Entbindungserklärung abgeben (KK-*Senge*, a.a.O.; *Kleinknecht/Meyer-Goßner*, § 53 Rn. 48 m.w.N. auch zur a. A.).
- Ist der **Entbindungsberechtigte verstorben**, können nach h. M. die **Erben** bzw. die nächsten Angehörigen **nicht** entbinden (*Kleinknecht/Meyer-Goßner*, § 53 Rn. 48 m.w.N.). Der Zeuge muss dann selbst entscheiden (BGH NJW 1984, 2893; BayObLG NJW 1987, 1492), im Zweifel nach Beratung mit seiner Berufsvertretung (OLG Hamburg NJW 1962, 689).

432 **c)** Die Entbindungserklärung ist an eine **bestimmte Form nicht** gebunden. Sie kann durch schlüssiges Verhalten erfolgen (*Kleinknecht/Meyer-Goßner*, § 53 Rn. 47).

☝ Der Verteidiger muss deshalb beachten, dass die **Benennung** eines zeugnisverweigerungsberechtigten **Zeugen** im Zweifel **als Entbindung** von der Schweigepflicht **gewertet** wird (KK-*Senge*, § 53 Rn. 50; *Kleinknecht/Meyer-Goßner*, § 53 Rn. 47).

Inhaltlich kann die Entbindungserklärung auf bestimmte Vorgänge **beschränkt** werden (OLG Hamburg, a. a. O.), jedoch nicht auf einzelne Tatsachen, sondern nur auf **Tatsachenkomplexe**. Die Grenze verläuft nach KK-*Senge* (§ 53 Rn. 52 m.w.N.) dort, wo eine nicht das ganze Geheimnis preisgebende Bekundung eine wegen Unvollständigkeit unwahre Aussage sein würde (zur unwahren Aussage s. *Tröndle/Fischer*, vor § 153 StGB Rn. 4 m.w.N.).

Die Befreiung ist **personenbezogen**. Sie gilt nur für die Person, der sie erteilt worden ist, und gem. § 53a Abs. 2 für deren Gehilfen/Berufshelfer. Die Befreiung ist grds. auch **verfahrensbezogen**, gilt also nur für das Verfahren, in dem sie erteilt worden ist.

☝ Der Verteidiger muss jedoch beachten, dass eine einmal abgegebene **Entbindungserklärung fortgilt**. Die im Ermittlungsverfahren erklärte Entbindung gilt also auch für eine Aussage des Zeugen in der HV (*LR-Dahs*, § 53 Rn. 63).

433

d) Die **Entbindung** von der Schweigepflicht kann – in entsprechender Anwendung von § 52 Abs. 3 S. 2 – **jederzeit widerrufen** werden (RGSt 57, 63, 66; zuletzt BGHSt 42, 73 m.w.N. [Widerruf von der Entbindung von der ärztlichen Schweigepflicht]; *Kleinknecht/Meyer-Goßner*, § 53 Rn. 49; KK-*Senge*, § 53 Rn. 54; zur Zweckmäßigkeit eines Widerrufs s.u. 3). Zum Widerruf **berechtigt** ist derjenige, der die Entbindung von der Schweigepflicht **ursprünglich erklärt** hat. Entscheidend ist der zweifelsfrei erklärte Wille (BGH, a.a.O.).

☝ Der Verteidiger muss bei einem Widerruf der Entbindung bedenken, dass durch den Widerruf der Eindruck entstehen kann, der Angeklagte habe (nun doch) etwas zu verbergen. Deshalb wird i.d.R. der **Widerruf nicht** zu **empfehlen** sein. Das gilt insbesondere auch, weil in diesen Fällen die bis dahin gemachte (richterliche) Aussage des Zeugen verwertbar ist und ein **Protokoll verlesen** werden kann (BGHSt 18, 146; zuletzt BGH StV 1997, 233 [Ls.]; *Kleinknecht/Meyer-Goßner*, a.a.O.). **§ 252** gilt **nicht** (→ *Protokollverlesung nach Zeugnisverweigerung*, Rn. 725 ff.).

Unzulässig ist die **Verwertung** der Aussage eines zeugnisverweigerungsberechtigten Arztes nach Widerruf der Entbindung von der Schweigepflicht, wenn der Arzt vom Gericht über eine – angeblich (fort-)bestehende – **Befreiung** belehrt worden ist, dies jedoch **objektiv falsch** war (s. BGHSt 42, 73). Insoweit gilt nicht die sog. Rechtskreistheorie (BGHSt 33, 148). Auch muss der Verteidiger, um die unzulässige Verwertung in der **Revision** rügen zu können, nicht nach § 238 Abs. 2 vorgegangen sein (BGHSt 42, 73; s.a. *Welp* JZ 1997, 35 in der Anm. zu BGH, a.a.O.; → *Verlesung von Protokollen früherer Vernehmungen*, Rn. 725 ff.).

434

3. Hinweise für den Verteidiger!

Der Verteidiger muss die Frage, ob sein Mandant einen ggf. nach § 53 zeugnisverweigerungsberechtigten Zeugen überhaupt von der **Schweigepflicht entbindet**, sorgfältig **prüfen** (s.a. *Dahs*, Rn. 360).

☝ Aus der **Verweigerung** der Entbindung von der Schweigepflicht darf **kein** den Mandanten **belastendes Indiz** abgeleitet werden, wenn der Mandant i.Ü. umfassend schweigt (BGHSt 45, 363).

Für die Entscheidung muss der Verteidiger **berücksichtigen**, ob der Geheimnisträger den Beschuldigten **be- oder entlasten** könnte. Kommt eine Belastung in Betracht, wird er grds. nicht von der Schweigepflicht entbunden werden können. Die Entbindung wird hingegen geboten sein, wenn eine Entlastung, z.B. durch Bestätigung der Einlassung des Beschuldigten, in Betracht kommt. In **Zweifelsfällen** ist zu empfehlen, die Entbindung auf bestimmt Punkte zu **beschränken**, was zulässig ist (s.o. Rn. 433). Allerdings sollte der Verteidiger nicht übersehen, dass daraus vom Gericht ggf. auch nachteilige Schlüsse gezogen werden könnten (BGHSt 20, 298; s.a. BGHSt 45, 363).

Der Verteidiger muss auch **erwägen**,

- dass der von der Schweigepflicht entbundene Geheimnisträger seinerseits seine **Berufshelfer**, also Angestellte und sonstige Hilfspersonen, von der Schweigepflicht **entbinden** kann (s. dazu *Kleinknecht/Meyer-Goßner*, § 53a Rn. 2 ff. m.w.N.),
- dass ein ggf. nach § 97 Abs. 1 bestehendes **Beschlagnahmeprivileg entfällt** (*Burhoff*, EV, Rn. 156; s.a. zur Entbindung von der ärztlichen Schweigepflicht und zur Beschlagnahme von ärztlichen Aufzeichnungen *Göppinger* NJW 1958, 241),
- dass der **Zeuge** (dann) **vollständig** und **wahrheitsgemäß aussagen** muss und nicht mit Rücksicht auf den Beschuldigten bestimmte Tatsachen verschweigen darf,
- dass mit der Entbindung der Zeuge/Arzt auch über die ihm aus einem **anderen Verfahren** bekannten **Umstände aussagen** muss (BGHSt 38, 369; s.a. *Cramer* NStZ 1996, 209 ff.). Es empfiehlt sich, eine **Belehrung** des Angeklagten über die Folgen der Entbindung von der Schweigepflicht **schriftlich festzuhalten** (s. das Muster bei *Burhoff*, EV, Rn. 404).

Siehe auch: → *Zeugnisverweigerungsrecht*, Rn. 1194.

Entfernung des Angeklagten aus der Hauptverhandlung

435

Das Wichtigste in Kürze

1. § 247 ist eine eng auszulegende Ausnahmevorschrift.
2. Die Entfernung des Angeklagten aus der HV ist im Interesse der Sachaufklärung zulässig, zum Schutz von Zeugen und zum eigenen Schutz des Angeklagten.
3. Erforderlich ist ein förmlicher Beschluss des Gerichts.
4. Ist der Angeklagte zur HV wieder zugelassen, muss er vom wesentlichen Inhalt dessen, was in seiner Abwesenheit verhandelt worden ist, unterrichtet werden.

Literaturhinweise: ***Basdorf***, Reformbedürftigkeit der Rechtsprechung des Bundesgerichtshofs zu § 247 StPO; in: Festschrift für *Salger*, 1994, S. 203; ***Gleß***, § 247a StPO – (auch) eine Wohltat für den Angeklagten?, JR 2002, 97; ***Granderath***, Schutz des Tatopfers im Strafverfahren, MDR 1983, 797; ***Strate***, Zur zeitweiligen Ausschließung des Angeklagten von der Hauptverhandlung, NJW 1979, 909; ***Tiedemann/Sieber***, Die Verwertung des Wissens von V-Leuten im Strafverfahren, NJW 1984, 753; ***Ullrich***, Schutz des verletzten Zeugen durch Entfernung des Angeklagten gem. § 247 StPO im Bereich der Sexualdelinquenz, 1998; s.a. die Hinw. bei → *Videovernehmung in der Hauptverhandlung*, Rn. 1130.

435a

1. § 247, der den **zeitweiligen** Ausschluss des Angeklagten aus der HV ermöglicht, ist eine **eng** auszulegende **Ausnahme** vom Recht und der Pflicht des Angeklagten zur persönlichen Anwesenheit während der gesamten HV (vgl. BGHSt 26, 218, 220; zuletzt StV 1987, 377; → *Anwesenheitspflicht des Angeklagten*, Rn. 89). Dieser Normzweck muss bei der Anwendung der Vorschrift beachtet werden. Die Entfernung des Angeklagten aus der HV geht aber einer etwaigen → ***Videovernehmung*** *in der Hauptverhandlung*, Rn. 1133b, nach § 247a vor, da die persönliche Vernehmung des Zeugen Vorrang vor den Verteidigungsinteressen des Angeklagten hat (so auch BGH NStZ 2001, 608; KK-*Diemer*, § 247a Rn. 8, 11). Im **JGG-Verfahren** kommt für den Ausschluss des Angeklagten neben § 247 auch § 51 Abs. 1 S. 1 JGG in Betracht (vgl. dazu BGH NJW 2002, 1735 [Ls.]; s. → ***Jugendgerichtverfahren***, *Besonderheiten der Hauptverhandlung*, Rn. 566).

2. Die Entfernung/der Ausschluss des Angeklagten aus der HV ist nach § 247 **nur** in folgenden Fällen zulässig:

436

a) Nach § 247 S. 1 kann der Angeklagte im **Interesse** der **Sachaufklärung** ausgeschlossen werden, und zwar dann, wenn die begründete Besorgnis besteht, ein Mitangeklagter oder ein Zeuge werde in Gegenwart des Angeklagten nicht die Wahrheit sagen. Die vom Gericht zu treffende Entscheidung muss sich auf **bestimmte Tatsachen** gründen. Folgende

Beispiele:

für die **zulässige Entfernung** des Angeklagten:

- die **Angst** einer vom Angeklagten bedrohten Zeugin vor (weiteren) Repressalien (BGH NStZ 1990, 27 [M]),
- ggf. die Erklärung eines **Mitangeklagten**, im Fall der Anwesenheit des Angeklagten von seinen **Schweigerecht** Gebrauch zu machen (BGH StV 2001, 214 [Ls.),
- die Befürchtung, ein Zeuge werde beim Zusammentreffen mit dem Angeklagten einen **Nervenzusammenbruch** erleiden und als Beweismittel verloren gehen (BGHSt 22, 289, 296; GA 1970, 111),
- ggf., wenn die **Vernehmung** eines **V-Mannes** aus den in § 96 und § 54 BRRG i.V.m. § 39 Abs. 3 S. 1 BRRG anerkannten Gründen von der obersten Dienstbehörde nicht „freigegeben" wird (BGHSt 32, 32; vgl. auch BGH NJW 1985, 1478 [der Ausschluss erstreckt sich auch auf die Vereidigung dieses Zeugen]; s.a. → *V-Mann in der Hauptverhandlung*, Rn. 1134; → *Verwertung der Erkenntnisse eines [gesperrten] V-Mannes*, Rn. 1111),

> ☝ Das Gericht muss bei Zweifeln an der Begründetheit der Verwaltungsentscheidung zunächst auf deren **Überprüfung drängen** (zuletzt BGHSt 42, 175; eingehend dazu *Tiedemann/Sieber* NJW 1984, 753, 756; → *Aussagegenehmigung*, Rn. 132).

- die Drohung eines Zeugen, er werde bei Anwesenheit des Angeklagten in der HV von seinem **Zeugnis-/Aussageverweigerungsrecht** Gebrauch machen (BGHSt 22, 18, 21; NStZ 1997, 402).

437 Die Entfernung ist **nicht zulässig**, wenn

- der Angeklagte nur zu dem Zweck entfernt werden soll, um die **Anpassung** seiner **Einlassung** an die eines Mitangeklagten zu **verhindern** (BGHSt 15, 194 f.; KK-*Diemer*, § 247 Rn. 2 m.w.N. auch zur a.A.; weiter a. *Granderath* MDR 1983, 800),
- der Zeuge oder Mitangeklagte bloß den **Wunsch** hat, der Angeklagte möge entfernt werden (BGHSt 22, 18, 21; NStZ 1999, 419); vielmehr muss der Zeuge substantiiert begründen, warum er nicht in Anwesenheit des Angeklagten aussagen will, wovon nur in Ausnahmefällen abgesehen werden kann (BGH, a.a.O.),
- wenn ein **Zeuge überlistet** werden soll, indem z.B. eine andere Person für den Angeklagten auf der Anklagebank Platz nimmt, um zu prüfen, ob der Zeuge den „Angeklagten" erkennt (KK-*Diemer*, a.a.O.; offen gelassen in RGSt 69, 253),
- wenn (allein) ein gem. § 1897 BGB bestellter **Betreuer** der Vernehmung des Betreuten in Anwesenheit des Angeklagten **widersprochen** hat (BGHSt 46, 143).

438 **b)** Der Ausschluss des Angeklagten ist nach § 247 S. 2 außerdem zulässig zum **Schutz** von **Zeugen**, wenn bei der Vernehmung eines erwachsenen Zeugen in Gegenwart des Angeklagten schwerwiegende **gesundheitliche Nachteile** zu erwarten sind bzw. bei der Vernehmung von Zeugen **unter 16 Jahren** die Gefahr eines erheblichen Nachteils für das **Wohl** dieses **Jugendlichen** zu erwarten ist. Auch hier reicht die bloße Möglichkeit der Gesundheitsgefahr nicht aus, vielmehr müssen für die Annahme – nach Überzeugung des Gerichts (BGH NStZ 1988, 423) – konkrete Tatsachen vorliegen (*Kleinknecht/Meyer-Goßner*, § 247 Rn. 12). Diese Voraussetzungen sind z.B. angenommen worden bei Gefahr eines Nervenzusammenbruchs mit der Folge der Vernehmungsunfähigkeit (BGHSt 22, 289, 296; OLG Hamburg NJW 1975, 1573). Auch bei der **Vernehmung** von **V-Leuten** kann nach der Rspr. die o.a. Annahme nahe liegen, da die Kenntnis des Angeklagten von ihrem Aussehen diese in Lebens- oder Gesundheitsgefahr bringen kann (*Kleinknecht/Meyer-Goßner*, § 247, a.a.O., m.w.N.; s. allerdings → *V-Mann in der Hauptverhandlung*, Rn. 1134; → *Verwertung der Erkenntnisse eines [gesperrten] V-Mannes*, Rn. 1111; zum Verhältnis zu § 247a → *Videovernehmung in der Hauptverhandlung*, Rn. 1133b, und BGH NStZ 2001, 608).

439

☝ Die Entfernung des Angeklagten aus der HV bedarf **sorgfältiger** Feststellung und **Abwägung** der für und gegen die Anwesenheit des Angeklagten sprechenden Gründe. Allgemein wird der Verteidiger nach Möglichkeit **versuchen durchzusetzen**, dass Zeugen in **Gegenwart** des Angeklagten **aussagen**, da deren Verhalten in Gegenwart des Angeklagten für die Beweiswürdigung von erheblicher Bedeutung sein kann. Allerdings sollten Angeklagter/Verteidiger alles vermeiden, was, insbesondere in Missbrauchsfällen, den Eindruck entstehen lassen könnte, dass durch das Beharren auf einer Vernehmung in Anwesenheit des Angeklagten Druck auf den Zeugen ausgelöst werden soll. Ein solcher Eindruck wird dem Angeklagten eher schaden als nutzen.

Geht es um den Ausschluss des Angeklagten während der → ***Vernehmung jugendlicher Zeugen***, Rn. 1064, sollte der Verteidiger auch darauf hinweisen, dass nach seiner Ansicht ein ggf. (vorrangig) zu erwägender → *Ausschluss der Öffentlichkeit*, Rn. 136, und die Beschränkung des Fragerechts nach **§ 241a** einen **ausreichenden Schutz** des Zeugen gewährleisten (KK-*Diemer*, § 247 Rn. 10; zu verteidigungstaktischen Überlegungen s.a. *Malek*, Rn. 199).

440

c) Schließlich ist die Entfernung des Angeklagten nach § 247 S. 3 auch im **Interesse** der **Gesundheit** des **Angeklagten** zulässig, wenn insbesondere bei der Anhörung eines SV der Gesundheitszustand des Angeklagten und Behandlungsaussichten erörtert werden und dadurch ein erheblicher Nachteil für die Gesundheit des Angeklagten zu befürchten ist.

3. Hinweise für den Verteidiger!

Für das **Verfahren** bei der Entfernung des Angeklagten muss der Verteidiger auf Folgendes unbedingt achten:

441 a) Der Angeklagte kann für die **gesamte Dauer** einer Vernehmung ausgeschlossen werden. Dann ist er von der unmittelbaren Befragung des Zeugen ausgeschlossen (BGHSt 22, 289, 296), der Ausschluss bezieht sich aber nur auf die Dauer der Vernehmung des Zeugen (BGH StV 2000, 120; s.u. Rn. 442) .

Es ist aber auch zulässig, den Angeklagten nur für einen Teil der Vernehmung zu entfernen, z.B. nur für die Zeit der Beantwortung einer bestimmten Frage (BGH MDR 1975, 544 [D]). In diesem Fall ist darauf zu achten, dass der **Ausschluss** auf diesen Teil **beschränkt** bleibt, der Angeklagte danach also wieder an der HV teilnimmt. Auch der (teilweise) Ausschluss erfasst alle Teile der Vernehmung, die mit dem den Ausschluss betreffenden Verfahrensvorgang in Verbindung stehen, wie z.B. Vorhalte usw. (vgl. u.a. BGH NStZ 1994, 354; KK-*Diemer*, § 247 Rn. 6 m.w.N.; s.a. *Stein* StV 1995, 251 in der Anm. zu BGH StV 1995, 250).

442 b) Der Ausschluss erfasst grds. keine Verfahrensvorgänge mit **selbständiger verfahrensrechtlicher Bedeutung** (BGH StV 1987, 377). Es darf also **nicht**:

- über den **Antrag** auf Vernehmung eines SV zur Vorbereitung einer einen jugendlichen Zeugen betreffenden Entscheidung nach **§ 247 S. 2 verhandelt** und entschieden werden (BGH NStZ 1987, 17 [Pf/M]),
- eine → ***Augenscheinseinnahme***, Rn. 101, durchgeführt werden (st. Rspr., BGH NStZ 2001, 262; StV 2002, 8 [Ls.]; StraFo 2002, 191 m.w.N.; s. aber BGH NJW 1988, 2682),
- über den → ***Ausschluss der Öffentlichkeit***, Rn. 133, verhandelt und entschieden werden (*Kleinknecht/Meyer-Goßner*, § 247 Rn. 6), es sei denn, aus der besonderen Gestaltung des Einzelfalls ergibt sich die nahe liegende Möglichkeit des Ausschlusses während der Vernehmung (BGH NJW 1979, 276 [für minderjähriges Mädchen, das über sexuelle Vorgänge aussagen soll]; s.a. BGH StV 1995, 250 und die Kritik von *Stein* StV 1995, 251 in der Anm. zu BGH, a.a.O.),
- ein → ***Beweisverzicht***, Rn. 327, erklärt werden, da dafür stets auch die Zustimmung des Angeklagten erforderlich ist (BGH MDR 1983, 282 [H]; NStZ 1996, 351),
- die → ***Entlassung** von Zeugen und Sachverständigen*, Rn. 446, angeordnet werden (bislang st.Rspr., vgl. u.a. BGH NStZ 1995, 557 m.w.N. [für Entlassung des nebenklageberechtigten Zeugen unmittelbar nach einer ergänzenden Vernehmung]; zuletzt grds.a. BGH NJW 1998, 2541; OLG Düsseldorf VRS 91, 365), was auch bei einem jugendlichen Zeugen gilt (BGH StV 1996, 471 m.w.N.),

☝ Nach BGH NJW 1998, 2541, 2542 soll aber die Verhandlung über die Entlassung des Zeugen in Abwesenheit des Angeklagten möglicherweise dann **nicht** mehr als **absoluter Revisionsgrund** nach § 338 Nr. 5 angesehen werden, wenn der Angeklagte nach Unterrichtung über den Inhalt der Zeugenaussage auf **Fragen** an den Zeugen **verzichtet** hat, weil dann das Fragerecht des Angeklagten nicht (mehr) betroffen sei (offen gelassen noch von BGH NStZ 1999, 44; **a.A.** inzwischen BGH StV 2000, 239 [an der bisherigen st.Rspr. wird festgehalten]). Etwas anderes wird jedoch jedenfalls dann gelten, wenn sich das Verfahren in Abwesenheit des Angeklagten in einer für diesen nicht vorhersehbaren Weise entwickelt (BGH StV 2000, 238).

☝ Das Gericht muss, wenn der Angeklagte noch zulässige Fragen an den Zeugen stellen will, diesen – auch ohne Beweisantrag – wieder **herbeischaffen** (BGH NJW 1998, 2541 f.; s.a. *Basdorf*, S. 209).

443

- eine von dem Zeugen bei seiner Vernehmung übergebene **Urkunde** oder ein Protokoll zu Beweiszwecken gem. § 253 (→ *Protokollverlesung zur Gedächtnisstützung*, Rn. 735) im Wege des Urkundsbeweises **verlesen** werden (BGHSt 21, 332;NStZ 1997, 402; 2001, 262; StraFo 2002, 191 m.w.N.), eine Verlesung im Wege des Vorhalts ist hingegen erlaubt (BGH NStZ 1997, 402),

☝ Der **BGH** hat in diesem Zusammenhang erwogen, den Umfang der Entfernung des Angeklagten den **Grundsätzen anzupassen**, die von der Rspr. für den → ***Ausschluss der Öffentlichkeit***, Rn. 133, gem. § 171b GVG oder § 172 GVG während einer Vernehmung anerkannt sind. Hier findet der absolute Revisionsgrund des § 338 Nr. 6 keine Anwendung, wenn eine auch gesonderte förmliche Beweiserhebung im Zusammenhang mit der Vernehmung stand, von welcher die Öffentlichkeit ausgeschlossen war (vgl. dazu BGH NStZ 2002, 384 m.w.N.; zur Übertragbarkeit auch *Basdorf*, S. 206 f., 212 f.). Der BGH sieht die Anwendung dieser Grundsätze gerade bei einer Verfahrensweise nach § 253 als sachgerecht an, hat die Frage jedoch (noch) offen gelassen.

- über die **Vereidigung verhandelt** und entschieden werden (st.Rpr., vgl. BGHSt 22, 289, 297; zuletzt NStZ 1999, 44 m.w.N.; OLG Düsseldorf VRS 91, 365; OLG Dresden StV 1999, 637; s.a. *Kleinknecht/Meyer-Goßner*, § 247 Rn. 19),
- die **Vereidigung vorgenommen** werden (st.Rspr., vgl. BGHSt 26, 218; zuletzt NStZ 1997, 402 m.w.N.), sofern der Angeklagte nicht wegen Enttarnung oder Gefährdung des Zeugen ausgeschlossen war (BGHSt 37, 48),
- ein **weiterer Zeuge vernommen** werden (BGH NStZ 1993, 350 [für Vernehmung eines Polizeibeamten über die Identität eines V-Mannes]; OLG Schleswig SchlHA 1987, 120 [L]),

☝ Ob in Zukunft der Begriff der Vernehmung i.S.d. § 247 **weiter ausgelegt** werden wird, bleibt abzuwarten (s. dazu den Hinw. in BGH NStZ 1995, 557; s.a. *Stein* StV 1995, 251 in der Anm. zu BGH, a.a.O., und *Basdorf*, S. 203 ff.).

- **zulässig** ist aber die (**informatorische**) **Befragung** des Zeugen in Abwesenheit des Angeklagten, um **prüfen** zu können, ob die **Entfernung** des Angeklagten während der Vernehmung des Zeugen in Betracht kommt (BGH NStZ 2002, 46).

444 **c)** Für die Entfernung des Angeklagten reicht allein die Verfügung des Vorsitzenden nicht aus, sie erfordert vielmehr einen förmlichen **Beschluss** des **Gerichts** (st.Rspr., vgl. u.a. BGHSt 22, 18 m.w.N.). Die Beteiligten sind zu hören, der Beschluss ist i.d.R. substantiiert zu begründen (BGH NStZ 2002, 44; StV 2000, 120; OLG Hamm StraFo 2000, 57) und in Anwesenheit des Angeklagten zu verkünden (BGH, a.a.O.). Eines begründeten Beschlusses bedarf es auch dann, wenn alle Beteiligten mit der Entfernung des Angeklagten einverstanden sind (BGH, a.a.O.).

Die Entfernung des Angeklagten ohne (begründeten) Beschluss ist ein **absoluter Revisionsgrund** (§ 338 Nr. 5; vgl. u.a. BGH NJW 1976, 1108). Das gilt auch, wenn während der Abwesenheit des Angeklagten Verfahrensvorgänge durchgeführt worden sind, die nicht zur Vernehmung gehören (s.o.; vgl. die Nachw. bei *Kleinknecht/Meyer-Goßner*, § 247 Rn. 19; s. jetzt aber BGH NJW 1998, 2541; NStZ 1999, 44 [zur Verhandlung über die Entlassung des Zeugen in Abwesenheit des Angeklagten; zugleich auch zu den Anforderungen an die **Verfahrensrüge**]; zu Letzterem auch BGH NStZ-RR 1999, 108).

445 **d)** Ist der Angeklagte **wieder** zur HV **zugelassen**, muss er gem. § 247 S. 4 vor weiteren Verfahrenshandlungen unverzüglich über den **wesentlichen Inhalt** dessen **unterrichtet** werden, was während seiner Abwesenheit ausgesagt oder verhandelt worden ist (vgl. KK-*Diemer*, § 247 Rn. 14 m.w.N.; s.a. BGH StV 1993, 287; NStZ-RR 1998, 261 [K]). Die Unterrichtung ist zwingend (BGH NStZ 1998, 263) und muss vor der Entlassung eines Zeugen erfolgen (BGH StV 1992, 550 m.w.N.), da der Angeklagte Gelegenheit haben muss, zusätzliche Fragen zu stellen und zur Vereidigung Stellung zu nehmen (BGH NStZ 1995, 557; StV 1996, 471, jeweils m.w.N.). Die Unterrichtung hat auch dann zu erfolgen, wenn der Vorsitzende die betreffenden Vorgänge zur Klärung des Tatvorwurfs für unergiebig hält (BGH StV 2002, 353). Wird die **Vernehmung** des Zeugen, der in Abwesenheit des Angeklagten vernommen werden soll, **unterbrochen**, muss der Angeklagte, bevor anderweitige Beweiserhebungen durchgeführt werden, zunächst unterrichtet werden (BGH NStZ 1999, 522; NStZ-RR 2000, 292 [K]).

☝ **Form** und **Inhalt** der Unterrichtung bestimmt der **Vorsitzende** im Wege der sich aus § 238 ergebenden → *Verhandlungsleitung*, Rn. 972.

Der Verteidiger muss darauf achten, dass dem Angeklagten **alles** mitgeteilt wird, was er zu seiner **sachgerechten** Verteidigung wissen muss. Dazu gehören jedoch nicht die Personalien eines Zeugen, zur Wahrung dessen Anonymität der Angeklagte ausgeschlossen worden ist (KK-*Diemer*, § 247 Rn. 15). Ist der **Bericht** des Vorsitzenden **unrichtig** oder unvollständig, muss der Verteidiger das **beanstanden** und ggf. nach **§ 238 Abs. 2** einen Gerichtsbeschluss herbeiführen. Will der Angeklagte später mit der Revision geltend machen, dass er über die in seiner Abwesenheit gestellten Fragen nicht unterrichtet worden ist, setzt das voraus, dass er den Vorsitzenden in der HV um Mitteilung der Fragen gebeten und insoweit ggf. einen Gerichtsbeschluss herbeigeführt hat (BGH StV 2000, 654 [Ls.]).

Siehe auch: → *Beurlaubung des Angeklagten von der Hauptverhandlung*, Rn. 247; → *Entbindung des Angeklagten vom Erscheinen in der Hauptverhandlung*, Rn. 424; → *Verhandlung ohne den Angeklagten*, Rn. 954.

Entlassung von Zeugen und Sachverständigen

446

1. Nach § 248 S. 1 dürfen vernommene Zeugen und SV sich nicht eigenmächtig von der Gerichtsstelle, d.h. von dem Ort, an dem das Gericht tagt, **entfernen**. Sie benötigen dafür die **Genehmigung** des **Vorsitzenden**, der vorher StA und Angeklagten hören muss.

447

☝ Die **endgültige Entlassung** von Zeugen und SV ist – im Gegensatz zu der nur vorübergehenden Beurlaubung – eine Maßnahme der → *Verhandlungsleitung*, Rn. 972, des Vorsitzenden. Gegen sie kann nach **§ 238 Abs. 2** vorgegangen und ein Gerichtsbeschluss beantragt werden.

☝ Die **Verletzung** des **§ 248** kann der Verteidiger grds. mit der **Revision** geltend machen (str.; KK-*Diemer*, § 248 Rn. 5 m.w.N.; a.A. *Kleinknecht/Meyer-Goßner*, § 248 Rn. 4; wie hier OLG Stuttgart NStZ 1994, 600; s.a. BGH StV 1985, 355). Das gilt jedenfalls dann, wenn durch die **Entlassung ohne** vorherige **Anhörung** des Angeklagten und seines Verteidigers deren **Fragerecht** nachweislich **beeinträchtigt** wurde und das Urteil hierauf beruhen kann (OLG Stuttgart, a.a.O.; so offenbar auch BGH StV 1996, 248 [Verletzung von § 240]). Voraussetzung ist dann aber, dass ein **Gerichtsbeschluss** herbeigeführt worden ist (BGH, a.a.O.; StV 1985, 355).

448

☝ Der Verteidiger muss sich sehr **genau überlegen**, ob er der Entlassung eines Zeugen oder SV **zustimmt** oder nicht. Denn mit der Entlassung erlischt sein Frage- und Erklärungsrecht, da dann die Vernehmung abgeschlossen ist.

Eine erneute Vernehmung kann er später grds. nur mit einem Beweisantrag erreichen, der aus den Gründen des § 244 Abs. 3 abgelehnt werden kann. Bei seinen Überlegungen muss der Verteidiger besonders berücksichtigen, ob er dem zu entlassenden Zeugen ggf. später aus anderen Zeugenvernehmungen **noch Vorhalte** machen muss. Dann sollte er sich der Möglichkeit einer ergänzenden Zeugenvernehmung nicht begeben und einer Entlassung (zunächst) **ausdrücklich widersprechen** (vgl. *Sommer* ZAP F. 22, S. 112; s.a. LR-*Gollwitzer*, § 248 Rn. 15). Später kann er dann der endgültigen Entlassung des Zeugen immer noch zustimmen.

☝ Die Entlassung von Zeugen wird der Verteidiger insbesondere auch dann hinauszögern, wenn er noch nicht absehen kann, ob er gegen die Verwertung ihrer Aussage nach der „**Widerspruchslösung**" Widerspruch einlegen muss (vgl. u.a. BGHSt 38, 214). Mit der Entlassung des Zeugen erlischt nämlich das sich aus § 257 ergebende → *Erklärungsrecht des Verteidigers*, Rn. 466, innerhalb dessen zeitlichen Rahmen ein Widerspruch spätestens geltend zu machen ist. Stellt sich die Notwendigkeit eines Widerspruchs jedoch erst nach der **Vernehmung weiterer Zeugen** heraus, z.B. nach Vernehmung weiterer Polizeibeamter zum Zustandekommen eines Geständnisses, ist der zunächst vernommene Zeuge dann aber schon entlassen, kann der Verteidiger den Widerspruch nicht mehr erheben. Ist der Zeuge dann hingegen noch nicht entlassen, kann der Verteidiger im Rahmen seiner nach § 257 weiterhin zulässigen Erklärung noch Widerspruch gegen die Verwertung der Vernehmung erheben (→ *Erklärungsrecht des Verteidigers*, Rn. 468; → *Widerspruchslösung*, Rn. 1166a).

Hat der Verteidiger „vorschnell" der Entlassung eines Zeugen oder SV zugestimmt, kann er, wenn sich ggf. erst später die Notwendigkeit eines Widerspruchs herausstellt, diesen ggf. noch dadurch „retten", dass er die → ***erneute Vernehmung*** *eines Zeugen oder Sachverständigen*, Rn. 473, **beantragt**, um dann nach der erneuten Vernehmung den Widerspruch erklären zu können.

Siehe auch: → *Erklärungsrecht des Verteidigers*, Rn. 466, → *Erneute Vernehmung eines Zeugen oder Sachverständigen,* Rn. 473, → *Wiederholung einer Beweisaufnahme*, Rn. 1173.

Entschädigung nach dem StrEG

449

Literaturhinweise: ***Abramenko***, Der Freispruch wegen eines nachträglichen Beweisverwertungsverbotes und die Entschädigung nach §§ 1, 2 StrEG, NStZ 1998, 176; ***Friehe***, Der Verzicht auf Entschädigung für Strafverfolgungsmaßnahmen, 1997; ***D.Meyer***, Strafrechtsentschädigung und Auslagenerstattung, 5. Aufl., 2002.

1. Grds. kann der Angeklagte, der in der HV **freigesprochen** oder gegen den das Verfahren **eingestellt** wird, Entschädigung nach dem StrEG verlangen, wenn er durch den Vollzug von **U-Haft** oder einer anderen **Strafverfolgungsmaßnahme** einen **Schaden** (zur Frage der Berücksichtigung von Urlaub bei Haftentschädigung s. OLG Köln NJW-RR 1994, 920) erlitten hat. Es können hier nicht alle Einzelheiten der Voraussetzungen des Entschädigungsanspruchs nach dem StrEG dargestellt werden. Insoweit muss auf *D.Meyer*, a.a.O., und die Komm. zu den §§ 1 ff. StrEG bei *Kleinknecht/Meyer-Goßner* verwiesen werden.

450

2.a) Nach § 8 Abs. 1 S. 1 StrEG **entscheidet** das **Gericht** grds. in dem **Urteil** oder Beschluss, der das **Verfahren** in der HV **abschließt**. Über die Entschädigung kann aber auch noch später entschieden werden, wenn sie z.B. vergessen worden ist (OLG Düsseldorf NJW 1999, 2830). Eine Zurückstellung der Entscheidung bis zur Erledigung eines weiteren Verfahrens ist jedoch nicht zulässig (OLG Düsseldorf NStZ-RR 1996, 223 [für Abwarten bis zur Erledigung eines wieder aufgenommenen Verfahrens, das nach § 154 eingestellt war]).

> ☝ Zwar ist die Entscheidung von Amts wegen zu treffen, der Verteidiger sollte aber, wenn eine Entschädigungsleistung in Betracht kommt (s. u. Rn. 451), diese in seinem **Plädoyer beantragen** (→ *Plädoyer des Verteidigers*, Rn. 665).
>
> Das Unterlassen der Entscheidung kann ggf. mit der sofortigen Beschwerde angefochten werden (OLG Düsseldorf, a. a. O.).

451

b) Entschädigung für Strafverfolgungsmaßnahmen kann nach § 2 StrEG in folgenden **Fällen** beantragt werden:

- bei vorläufigem **Berufsverbot**,
- bei Sicherstellung, **Beschlagnahme**, Arrest nach § 111d und **Durchsuchung** (s. dazu *Burhoff*, EV, Rn. 281 ff., 525 ff., 1484),
- bei Vollzug von **U-Haft** (zur U-Haft *Burhoff*, EV, Rn. 1685; s.a. OLG Frankfurt NStZ-RR 1996, 62),
- bei einstweiliger **Unterbringung** und Unterbringung zur Beobachtung nach den Vorschriften der §§ 81, 126a und der §§ 71 Abs. 2, 72 Abs. 3, 73 JGG (s. dazu *Burhoff*, EV, Rn. 775, 1669 ff.),
- bei Schäden infolge von den **Vollzug** eines Haftbefehls aussetzenden richterlichen Maßnahmen, wie z.B. die Anweisung, den Wohnort nicht ohne Genehmigung zu verlassen,
- bei **vorläufiger Entziehung** der **Fahrerlaubnis** nach § 111a (s. dazu *Burhoff*, EV, Rn. 2014 ff.),
- bei **vorläufiger Festnahme** nach § 127 Abs. 2 (s. dazu *Burhoff*, EV, Rn. 2034).

☝ Der **Katalog** dieser Strafverfolgungsmaßnahmen ist **abschließend**. Die Gerichte können ihn nicht von sich aus erweitern. Das ist dem Gesetzgeber vorbehalten (OLG Jena NStZ-RR 2001, 160). Voraussetzung für eine Entschädigung ist auch eine **rechtmäßig angeordnete** und vollzogene Strafverfolgungsmaßnahme. Rechtswidrige und schuldhafte Eingriffe sind nach den Grundsätzen der Amtshaftung zu entschädigen (OLG Düsseldorf StraFo 2000, 429).

452 c) Wenn der Verteidiger für den Angeklagten Entschädigung beantragt, muss er immer § 5 StrEG beachten, der den **Ausschluss** der Entschädigung regelt. Von praktischer Bedeutung sind – insbesondere bei der Entziehung einer Fahrerlaubnis – § 5 Abs. 1 Nr. 3 StrEG und § 5 Abs. 2 StrEG. Nach **§ 5 Abs. 1 Nr. 3 StrEG** wird eine Entschädigung z.B. nicht gewährt, wenn nach einer vorläufigen Entziehung der Fahrerlaubnis von der Anordnung der **endgültigen Entziehung** nur deshalb abgesehen wird, weil die Voraussetzungen, z.B. wegen **Zeitablaufs**, nicht mehr vorlagen. Nach **§ 5 Abs. 2 StrEG** entfällt ein Entschädigungsanspruch immer dann, wenn und soweit der Beschuldigte die Strafverfolgungsmaßnahme **vorsätzlich** oder **grob fahrlässig** verursacht hat (wegen der Einzelh. s. *Kleinknecht/Meyer-Goßner*, § 5 StrEG Rn. 6 ff. m.w.N.; zur Annahme grober Fahrlässigkeit bei unschuldig erlittener Untersuchungshaft s.a. BVerfG NJW 1996, 1049). Str. ist die Frage, inwieweit sich eine nachträgliche Änderung der Rechts- und Sachlage, z.B. durch ein nachträgliches BVV, auf die Frage des Verschuldens auswirkt (vgl. dazu *Abramenko* NStZ 1998, 177 m.w.N. aus Rspr. und Lit.; s.a. OLG Karlsruhe NStZ 1998, 211, wonach sich ein BVV nur auf den strafrechtlichen Schuldvorwurf, nicht hingegen auf eine im Rahmen des StrEG zu treffende Entschädigungsentscheidung bezieht).

453 ☝ Für eine Entschädigung wegen **vorläufiger Entziehung** der **Fahrerlaubnis** nach **§ 111a** ist Folgendes zu beachten:

- **Grobe Fahrlässigkeit** ist in der Vergangenheit i.d.R. schon bei einer **BAK** von **0,8 ‰** angenommen worden (BayObLG VRS 77, 444 m.w.N.). Nach der Änderung des § 24a StVG wird z.T. angenommen, dass die Grenze **schon** bei **0,5 ‰** gezogen werden müsse (so *Kleinknecht/Meyer-Goßner*, § 5 StrEG Rn. 12 m.w.N. zur a.A.).
- Bei (noch) **geringerer** BAK muss zusätzlich ein vorwerfbares **verkehrswidriges Verhalten**, durch das der Tatverdacht verstärkt worden ist, festgestellt werden (*Kleinknecht/Meyer-Goßner*, a.a.O., m.w.N.). Ein positiver Alkoholtest genügt allein nicht (OLG Hamm NJW 1975, 790; *Kleinknecht/Meyer-Goßner*, a.a.O., m.w.N. zur a.A.).

- **Grob fahrlässig** handelt auch, wer nach einem Unfall **nachtrinkt** oder sich vom **Unfallort entfernt** (*Kleinknecht/Meyer-Goßner*, a.a.O., m.w.N.; zuletzt OLG Nürnberg NStZ-RR 1997, 189 [Nachtrunk]). Ob auch derjenige grob fahrlässig handelt, der den Namen des wahren Fahrers verschweigt oder in sonstiger Weise das Einschreiten der Polizei herausfordert (s. *Kleinknecht/Meyer-Goßner*, a.a.O.; LG Flensburg VRS 68, 46), hängt von den Umständen des Einzelfalls ab.

- **Grob fahrlässig** handelt auch, wer in so engem zeitlichen Zusammenhang mit dem Konsum von **Haschisch** im Verkehr ein Fahrzeug führt, dass in einer ihm entnommenen Blutprobe THC im **Vollblut** nachgewiesen werden kann (BayObLG NJW 1994, 2427; OLG Düsseldorf NZV 1994, 491; NStZ 2000, 303 [Ls.]; s. dazu a. *Hentschel* JR 1999, 476 in der Anm. zu OLG Düsseldorf, a.a.O.).

454 Hinzuweisen ist auch noch auf § **6 StrEG**. Danach kann nach Abs. 1 Nr. 1 die Entschädigung u.a. ganz oder z.T. versagt werden, wenn der Angeklagte wesentliche, ihn **entlastende Umstände verschwiegen** hat. Das gilt auch dann, wenn er dabei den Rat seines Verteidigers befolgt hat (OLG Düsseldorf NStZ-RR 1996, 223).

455 **d)** Gegen die Entscheidung über die Entschädigungspflicht ist nach § 8 Abs. 3 StrEG die **sofortige Beschwerde** zulässig, und zwar ohne Rücksicht darauf, ob die Hauptentscheidung anfechtbar ist (vgl. *Kleinknecht/Meyer-Goßner*, § 8 StrEG Rn. 17 m.w.N.).

☝ Ist die Entschädigungspflicht der Staatskasse rechtskräftig festgestellt worden, muss nach § 10 StrEG der Anspruch auf Entschädigung durch Einleitung des sog. **Betragsverfahrens innerhalb** von **sechs Monaten** geltend gemacht werden. Über den Anspruch entscheidet nach § 10 Abs. 2 StrEG die Landesjustizverwaltung. Gegen ihre Entscheidung kann innerhalb von **drei Monaten Klage** bei den Zivilgerichten erhoben werden (§ 13 StrEG; zur Fristwahrung durch einen innerhalb der Ausschlussfrist eingereichten Prozesskostenhilfeantrag OLG Schleswig SchlHA 2000, 68). Im Betragsverfahren sind die Zivilgerichte an die strafverfahrensrechtliche Grundentscheidung über den Entschädigungsanspruch **gebunden**, es sei denn es handelt sich um eine rechtswidrige, im Gesetz nicht vorgesehene Grundentscheidung (OLG Jena NStZ-RR 2001, 160).

456 Entziehung des Fragerechts als Ganzes

Literaturhinweise: ***Miebach***, Entziehung des Fragerechts im Strafprozeß?, DRiZ 1977, 140; ***Niemöller***, Rechtsmißbrauch im Strafprozeß, StraFo 1996, 104; ***Senge***, Missbräuchliche Inanspruchnahme verfahrensrechtlicher Gestaltungsmöglichkeiten – wesentliches Merkmal der Konfliktverteidigung? Abwehr der Konfliktverteidigung, NStZ 2002, 225; ***ter Veen***, Die Beschneidung des Fragerechts und die Beschränkung der Verteidigung als absoluter Revisionsgrund – zugleich Anmerkung zu BGH 3 StR 449/450/81, StV 1983, 167, s.a. die Hinw. bei → *Verteidigerhandeln und Strafrecht*, Rn. 1085, und bei → *Zurückweisung einzelner Fragen (des Verteidigers)*, Rn. 1208.

1. Das Fragerecht kann nach § 241 Abs. 2 **grds. nicht** als **Ganzes** entzogen werden (RGSt 38, 57; *Kleinknecht/Meyer-Goßner*, § 241 Rn. 6; LR-*Gollwitzer*, § 241 Rn. 22). § 241 Abs. 2 sieht seinem Wortlaut nach nämlich nur die Zurückweisung von einzelnen Fragen vor.

457 **2.a)** Der Verteidiger darf – ebenso wie jeder andere Verfahrensbeteiligte, dem ein Fragerecht zusteht (→ *Fragerecht, Allgemeines*, Rn. 490) – sein Fragerecht jedoch nicht missbrauchen. Bei fortgesetztem erheblichem Missbrauch des Fragerechts und unter der Voraussetzung, dass weitere zulässige Fragen nicht mehr zu erwarten sind, kann das Gericht ihm sein Fragerecht dann auch als Ganzes entziehen. Ein **Missbrauch** des Fragerechts kommt insbesondere in Betracht, wenn ersichtlich **keine sachdienlichen Fragen** mehr gestellt werden und das (formale) Fragerecht nur zu prozesswidrigen Zwecken, z.B. um den Abschluss des **Verfahrens** zu **verschleppen**, ausgeübt wird (zum Missbrauch von Verteidigungsrechten, also auch des Fragerechts, s. u.a. *Jahn* ZRP 1998, 103; *Kempf* StV 1996, 507; *Kröpil* JR 1997, 315; *Kühne* NJW 1998, 3027; *Niemöller* StV 1996, 501; *Senge* NStZ 2002, 225).

458 **b)** Das Gericht darf – auch bei fortgesetztem Missbrauch – das Fragerecht **nicht sofort** als Ganzes entziehen, sondern muss **stufenweise** vorgehen. Als erste Maßnahme kann der Vorsitzende – nach **Abmahnung** des Fragenden (LR-*Gollwitzer*, a.a.O.) – die vorherige Mitteilung der Fragen verlangen (BGH NStZ 1982, 158 [insoweit nicht in NJW 1982, 189]; 1983, 209 [Pf/M]; *Kleinknecht/Meyer-Goßner*, § 240 Rn. 9 m.w.N.). Danach können dann ggf. zunächst einzelne Fragen zurückgewiesen werden (OLG Karlsruhe NJW 1978, 436). Führt das nicht zum Erfolg, kann bei fortgesetztem erheblichem Missbrauch der Vorsitzende als **letztes Mittel** auch das Stellen weiterer (unsachlicher oder unzulässiger) Fragen für **bestimmte Abschnitte** der Beweisaufnahme **ganz unterbinden** (BGH MDR 1973, 371 [D]; OLG Karlsruhe, a.a.O.; LR-*Gollwitzer*, a.a.O.; a.A. RGSt 38, 57; *ter Veen* StV 1983, 167; zur a.A. s. die Nachw. bei SK-StPO-*Schlüchter*, § 241 Rn. 3; s.a. *Niemöller* StraFo 1996, 108 f., der in extremen Missbrauchsfällen ein prozessuales Notstandsrecht bejaht, das dem Gericht als „ultima ratio" die Befugnis gibt, das missbrauchte Recht zu entziehen). Die Entziehung darf jedoch nicht weiter gehen, als es zur Verhütung des Missbrauchs unerlässlich ist. Sie ist also z.B. beschränkt auf einen Zeugen, wenn es dem Verteidiger erkennbar (nur) darauf ankommt, diesen bloß zu stellen. Sie kommt nicht in Frage, wenn andere Mittel Erfolg versprechen. Auch kann der Fragende das **Gericht** ersuchen, bestimmte **Fragen** zu **stellen**. Sind sie nicht missbräuchlich, hat das Gericht dem Ersuchen zu entsprechen. Lehnt es die Bitte ab, muss es dem Verteidiger dann aber (wieder) sein eigenes Fragerecht einräumen (KK-*Tolksdorf*, § 241 Rn. 6).

3. Hinweise für den Verteidiger! **459**

☝ Die Entziehung des Fragerechts durch den Vorsitzenden ist eine Maßnahme der → ***Verhandlungsleitung***, Rn. 972, die der Verteidiger nach **§ 238 Abs. 2** beanstanden kann und muss, um einen Gerichtsbeschluss herbeizuführen, da nur das ihm die **Revisionsrüge** des § 338 Nr. 8 erhält.

☝ In diesen Fällen sollte der Verteidiger eine → ***Unterbrechung*** *der Hauptverhandlung*, Rn. 873, herbeiführen, um sich zunächst selbst über die Bedeutung und den Wortlaut seiner Frage(n) klar zu werden. Er sollte dann die Entwicklung in der HV und die zurückgewiesenen Fragen schriftlich wiederholen und mit dem begründeten Antrag auf Entscheidung des Gerichts als Anlage zum Protokoll überreichen.

☝ Die **Entziehung** des Fragerechts erfordert – entsprechend den Grundsätzen für die Ablehnung von Beweisanträgen – einen ausführlich begründeten **Beschluss**, aus dem klar hervorgehen muss, auf welche Umstände sich der die weiteren Fragen unterbindende Beschluss stützt (BGH MDR 1973, 371 [D]; OLG Karlsruhe NJW 1978, 436).

Siehe auch: → *Zurückweisung einzelner Fragen (des Verteidigers)*, Rn. 1208.

Erklärungen des Verteidigers **460**

Literaturhinweise: ***Dahs***, Vertretung des Angeklagten durch seinen Verteidiger bei Erklärungen gemäß § 257 StPO, NJW 1962, 2238; ***König***, Pazifische Phantasien – Ist das Gericht berechtigt, möglicherweise sogar verpflichtet, seine Sicht vom bisherigen Ergebnis der Beweisaufnahme in der Hauptverhandlung offenzulegen?, in: Festgabe für den Strafverteidiger *Heino Friebertshäuser*, S. 211; ***Leipold***, Form und Umfang des Erklärungsrechts nach § 257 StPO und seine Auswirkungen auf die Widerspruchslösung des Bundesgerichtshofes, StraFo 2001, 300; ***Michel***, Einlassung durch den Anwalt?, MDR 1994, 648; ***E.Müller***, Gedanken zur Vernehmung des Angeklagten in der Hauptverhandlung und zum sog. Opening-Statement des Verteidigers, in: Festschrift für *Hanack*, S. 67; ***Salditt***, Verteidigung in der Hauptverhandlung – Notwendige Alternativen zum Praxisritual, StV 1993, 442; ***Wesemann***, Beanstandungs- und Erklärungsrechte zur Schaffung von Freiräumen der Verteidigung, StraFo 2001, 293.

1.a) Allgemein hat der Verteidiger das Recht, ohne Bindung an bestimmte Prozesssituationen **jederzeit** in der HV – mit **Zustimmung** des Vorsitzenden – Erklärungen abzugeben (*Dahs*, Rn. 483). Davon sollte er im Interesse des Angeklagten grundsätzlich auch Gebrauch machen, da er damit die Sachaufklärung beeinflussen kann und seinem Mandanten **rechtliches Gehör** sichert. Der Verteidiger kann nämlich mit seinen Erklärungen die HV in die Richtung lenken, die für seinen Verteidigungsplan und damit für den Angeklagten günstig ist (vgl. dazu *Wesemann* StraFo 2001, 296).

461 **b)** Das *Recht* des Verteidigers zu einem sog. „**opening statement**" wird heute grundsätzlich nicht mehr in Abrede gestellt (s. *Malek*, Rn. 166 ff.; *Müller*, S. 67 ff.; *Wesemann* StraFo 2001, 296; s.a. DRiZ 1997, 491 ff.). Von diesem Recht sollte der Verteidiger in geeigneten Fällen nach → *Verlesung des Anklagesatzes*, Rn. 989, und der → *Belehrung des Angeklagten*, Rn. 177, auch Gebrauch machen. Ableiten lässt sich dieses Recht des Verteidigers m.E. aus § 257 (s.a. *Wesemann* StraFo 2001, 296). Das gilt vor allem dann, wenn der Angeklagte nach seiner Belehrung erklärt hat, er wolle schweigen (zur sog. „Gegenrede" nach Verlesung des Anklagesatzes s.a. die instruktiven Ausführungen von *Salditt* StV 1993, 444). Es ist geplant, das Recht auf eine Eingangsstellungnahme gesetzlich zu verankern (→ *Gesetzesnovellen*, Rn. 520c).

Mit der **Bekanntgabe** seines **Verteidigungsplans** hat der Verteidiger u.U. eine gute Möglichkeit, den Ablauf der Verhandlung wesentlich mit zu beeinflussen (s. aber Rn. 462).

Inhaltlich muss der Verteidiger in einem „**opening statement**" der „Anklage als Arbeitshypothese der Staatsanwaltschaft entgegentreten", indem er (vgl. *Wesemann* StraFo 2001, 296)

- seine **Gegenbeweise** zu den in der Anklage enthaltenen Behauptungen ankündigt,
- ggf. die **Zulässigkeit** bestimmter **Beweiserhebungen** aufwirft,
- eine eigene **rechtliche Beurteilung** vorträgt (§ 243 Abs. 3),
- ggf. das **Schweigen** des Mandanten **erläutert**,
- seine **Angaben** zur Sache **ergänzt** und bewertet,
- ggf. einen **Einstellungsantrag** wiederholt,

- versucht, einer **einseitigen Darstellung** in der Öffentlichkeit und/oder einer einseitigen Beeinflussung der ehrenamtlichen Richter entgegenzuwirken (*Dahs*, Rn. 483; *Malek*, Rn. 133) .

462

Ob der Verteidiger bereits unmittelbar zu **Beginn** der **HV** um das Wort bittet, um eine Erklärung abzugeben, sollte er jedoch immer (noch) **sorgfältig prüfen**. Nicht jeder Vorsitzende sieht es nämlich gern, wenn der Sitzungsverlauf gleich zu Anfang durch Erklärungen des Verteidigers „gestört" wird.

Erteilt der Vorsitzende dem Verteidiger nicht das Wort zu einer Erklärung, ist fraglich, ob der Verteidiger diese Maßnahme der → *Verhandlungsleitung*, Rn. 972, erfolgreich nach **§ 238 Abs. 2** beanstanden kann, da die Vorschrift nur die Beanstandung „als unzulässig" zulässt (*Kleinknecht/Meyer-Goßner*, § 238 Rn. 17 m.w.N.; wegen der **Revision** s. *Kleinknecht/Meyer-Goßner*, § 257 Rn. 9 m.w.N.).

2. Hinweis für den Verteidiger

463

Der Verteidiger muss bei seinen Überlegungen, ob er Erklärungen abgeben soll, Folgendes bedenken: Die in Anwesenheit des Angeklagten in der HV abgegebene Erklärung des Verteidigers zur Sache kann grds. als **Einlassung** des **Angeklagten gewertet** werden (s. BGH NStZ 1994, 352 m.w.N. [für in Anwesenheit des Angeklagten abgegebene Erklärung, „die Vorwürfe würden vom Angeklagten eingeräumt"]). Etwas anderes gilt, wenn der Angeklagte die Einlassung zur Sache (ausdrücklich) verweigert hat. Dann können Tatsachenvortrag des Verteidigers in einem Beweisantrag (BGH NStZ 1990, 447), schriftliche Äußerungen des Verteidigers zur Tatbeteiligung des Angeklagten (BGHSt 39, 305; OLG Celle NJW 1989, 992) oder prozessuale Erklärungen des Verteidigers (OLG Hamm NJW 1979, 1373) nicht als Einlassung des Angeklagten gewertet werden.

463a

Hinzuweisen ist in diesem Zusammenhang auf eine Entscheidung des 1. Strafsenats des **BGH**. Dieser hat in einem bemerkenswert kurzen, nämlich nur einen Satz langen Beschluss **entschieden**, dass, wenn der Verteidiger in der HV in Anwesenheit seines Mandanten, der selbst keine Angaben zur Sache macht, für diesen Erklärungen zur Sache abgibt, diese **ohne weiteres** als **Einlassung** des Angeklagten verwertet werden können (StV 1998, 59). Dies ist deshalb bemerkenswert, weil bislang nämlich davon ausgegangen werden konnte, dass Äußerungen des Verteidigers zur Sache nur dann als Einlassung eines schweigenden Angeklagten verwertet werden konnten, wenn durch Erklärungen des Angeklagten oder des Verteidigers **klargestellt** war, dass der **Angeklagte** diese Äußerungen als eigene **Einlassung** verstanden wissen **wollte** (BGH NStZ 1990, 447; *Salditt* StV 1993, 443 f.; zu allem a. → *Vernehmung des Angeklagten zur Sache*, Rn. 1042; so noch OLG Hamm StV 2002, 187; OLG Düsseldorf StV 2002, 411). Auf die klarstellende Erklärung scheint der BGH nun zu verzichten (zur Kritik an dieser Entscheidung s. die eingehende Besprechung von *Park* StV 1998, 59 ff.; zu den Voraussetzungen der Verwertbarkeit der Erklärung des Verteidigers zur Sache bei einem zur Sache schweigenden Angeklagten s.a. *Michel* MDR 1994, 648).

☝ Der Verteidiger sollte daher, auch wenn er von seinem Mandanten ausdrücklich zu (Sach-)Äußerungen autorisiert ist (s. dazu *Park*, a.a.O.), **sorgfältig überlegen**, welche Sachäußerungen er abgibt und ggf. **zurückhaltend** von seinem Erklärungsrecht Gebrauch machen.

Siehe auch: → *Erklärungsrecht des Angeklagten*, Rn. 464; → *Erklärungsrecht des Verteidigers*, Rn. 466.

464 Erklärungsrecht des Angeklagten

Literaturhinweise: ***Hammerstein***, Die Grenzen des Erklärungsrechts nach § 257 StPO, in: Festschrift für *Rebmann*, S. 233; ***Hohmann***, Das Erklärungsrecht von Angeklagtem und Verteidiger nach § 257 StPO, StraFo 1999, 153; ***Leipold***, Form und Umfang des Erklärungsrechts nach § 257 StPO und seine Auswirkungen auf die Widerspruchslösung des Bundesgerichtshofes, StraFo 2001, 300; ***Wesemann***, Beanstandungs- und Erklärungsrechte zur Schaffung von Freiräumen der Verteidigung, StraFo 2001, 293.

Gem. **§ 257 Abs. 1** soll nach der Vernehmung eines jeden Mitangeklagten und nach jeder einzelnen Beweiserhebung, wie z.B. einer Zeugen- oder SV-Vernehmung, aber auch nach der Erhebung eines Urkundenbeweises durch das sog. → *Selbstlesevefahren*, Rn. 794, der **Angeklagte befragt** werden, ob er dazu etwas zu **erklären** hat. Die Vorschrift sichert das rechtliche Gehör des Angeklagten (KK-*Engelhardt*, § 257 Rn. 1).

Obwohl es sich bei der Vorschrift nur um eine **Sollvorschrift** (zur Revision s. *Kleinknecht/Meyer-Goßner*, § 257 Rn. 9) handelt, darf das Gericht **nicht** ohne besonderen Grund von der Befragung des Angeklagten **absehen** (*Kleinknecht/Meyer-Goßner*, § 257 Rn. 2). Diese ergänzt ggf. die → *Vernehmung des Angeklagten zur Sache*, Rn. 1037. Will der Angeklagte daher von der Möglichkeit, eine Erklärung abzugeben, Gebrauch machen, muss ihm dazu Gelegenheit gegeben werden. Der Verteidiger kann/muss dann für ihn das Wort erbitten. Er braucht sich nicht auf das → *Fragerecht des Angeklagten*, Rn. 491, oder auf sein Schlusswort (→ *Letztes Wort des Angeklagten*, Rn. 604) verweisen zu lassen (*Dahs*, Rn. 485).

465

☝ Da Erklärungen des Angeklagten nach § 257 Abs. 1 eine Sacheinlassung ggf. ergänzen, muss der Verteidiger **sorgfältig überlegen**, ob es überhaupt sinnvoll ist, den **Angeklagten** eine **Erklärung abgeben** zu lassen (ähnlich *Wesemann* StraFo 2001, 298, der ebenfalls zu zurückhaltendem Gebrauch rät). Soll der Angeklagte nämlich zur Sache an sich insgesamt schweigen, wird eine Erklärung nach § 257 Abs. 1 sich nicht empfehlen. Diese wäre dann nämlich ggf. eine Teileinlassung und als solche zusammen mit dem vorhergehenden Schweigen gegen den Angeklagten verwertbar (→ *Vorbereitung der Hauptverhandlung*, Rn. 1150). Häufig geraten die Erklärungen des Angeklagten zudem auch zu lang und zu weitschweifig und richten deshalb gelegentlich mehr Schaden an, als sie Nutzen bringen (zu allem a. *Hohmann* StraFo 1999, 156). Aber auch, wenn der Angeklagte sich zur Sache einlässt, ist bei Erklärungen des Angeklagten Vorsicht geboten. Denn häufig, insbesondere wenn es um die Glaubwürdigkeit eines Zeugen geht, geraten diese so emotional, dass sie – zumindest bei den Laienrichtern – einen schlechten Eindruck hinterlassen.

Ggf. wird der Verteidiger daher auf jeden Fall um eine **kurze** → ***Unterbrechung** der Hauptverhandlung*, Rn. 873, bitten, um mit seinem Mandanten zu besprechen, ob und wenn ja, welche Erklärung dieser abgeben will. Oft empfiehlt es sich, dass der Verteidiger die vom Angeklagten beabsichtigte Erklärung selbst abgibt (zur Bewertung einer Erklärung des Verteidigers als Einlassung des Angeklagten s. BGH NStZ 1994, 352; s.a. Rn. 463).

☝ Wird dem **Angeklagten** das **Erklärungsrecht nicht** eingeräumt, muss der Verteidiger diese Maßnahme der → *Verhandlungsleitung*, Rn. 972, des Vorsitzenden beanstanden und ggf. nach **§ 238 Abs. 2** einen **Gerichtsbeschluss** herbeiführen.

Ob ein **Angeklagter** im Rahmen seines Erklärungsrechts nach § 257 Abs. 1 **erstmalig** in der HV **Angaben** zur **Sache** gemacht hat (→ *Vernehmung des Angeklagten zur Sache*, Rn. 1037), ist nach der Rspr. des BGH eine wesentliche Förmlichkeit der HV und deshalb protokollierungspflichtig (BGH NJW 1996, 533; s. aber BGH NStZ 1994, 449 und dazu auch *Wesemann* StraFo 2001, 298).

Siehe auch: → *Erklärungen des Verteidigers*, Rn. 460; → *Erklärungsrecht des Verteidigers*, Rn. 466.

466 Erklärungsrecht des Verteidigers

Das Wichtigste in Kürze

1. Nach § 257 Abs. 2 steht dem Verteidiger für die Beweiserhebung ein Erklärungsrecht zu.
2. Die Erklärung muss sich zeitlich und inhaltlich auf eine vorhergehende abgeschlossene Vernehmung oder sonstige Beweiserhebung beziehen.
3. Überschreitet der Verteidiger die Grenzen, kann ihm sein Erklärungsrecht ggf. entzogen werden.

Literaturhinweise: ***Burhoff***, Fragerecht, Erklärungsrecht und Schlußvortrag des Verteidigers in der Hauptverhandlung, ZAP F. 22, S. 127; ***Hammerstein***, Die Grenzen des Erklärungsrechts nach § 257 StPO, in: Festschrift für *Rebmann*, S. 233; ***Hohmann***, Das Erklärungsrecht von Angeklagtem und Verteidiger nach § 257 StPO, StraFo 1999, 153; ***König***, Offene Kommunikation in der Hauptverhandlung, AnwBl. 1997, 541; ders., Pazifische Phantasien – Ist das Gericht berechtigt, möglicherweise sogar verpflichtet, seine Sicht vom bisherigen Ergebnis der Beweisaufnahme in der Hauptverhandlung offenzulegen?, in: Festgabe für den Strafverteidiger *Heino Friebertshäuser*, S. 211; ***Leipold***, Form und Umfang des Erklärungsrechts nach § 257 StPO und seine Auswirkungen auf die Widerspruchslösung des Bundesgerichtshofes, StraFo 2001, 300; ***Wesemann***, Beanstandungs- und Erklärungsrechte zur Schaffung von Freiräumen der Verteidigung, StraFo 2001, 293; s.a. die Hinw. bei → *Verteidigerhandeln und Strafrecht*, Rn. 1085.

466a 1. Mit **Zustimmung** des Vorsitzenden kann der Verteidiger **jederzeit** in der HV – ohne Bindung an bestimmte Prozesssituationen – Erklärungen abgeben (*Dahs*, Rn. 483; → *Erklärungen des Verteidigers*, Rn. 460).

467 2. § 257 Abs. 2 räumt darüber hinaus dem Verteidiger für die **Beweiserhebung** ausdrücklich ein **Erklärungsrecht** ein, das ihm die Möglichkeit gibt, unmittelbar auf ein Beweisergebnis zu reagieren, so z.B. wenn Zusammenhänge verdeutlicht oder auf zu erwartendes entlastendes Material verwiesen werden soll. Dadurch kann der Verteidiger verhindern, dass sich bei den Laienrichtern zu früh eine feste Meinung bildet.

☝ In der Praxis wird von diesem Erklärungsrecht meist nur wenig Gebrauch gemacht, obwohl es dem Verteidiger **gute Möglichkeiten** bietet, den Sachverhalt i.S.d. Mandanten weiter aufzuklären und auf das Entscheidungsverfahren Einfluss zu nehmen. *Hohmann* (StraFo 1999, 153 ff.) plädiert daher für einen „gleichberechtigten Eingang in das Verteidigerrepertoire“. Auch *Wesemann* (StraFo 2001, 297) spricht sich für einen verstärkten Gebrauch des Erklärungsrechts aus.

Das Erklärungsrecht wird dem Verteidiger auch nur auf **Verlangen** gewährt. Er muss es also in der HV geltend machen. Der Vorsitzende ist nicht verpflichtet, den Verteidiger über dieses Recht zu belehren.

468 **a)** Der **Umfang** des Erklärungsrechts aus § 257 Abs. 2 ist **begrenzt**. Der Verteidiger darf nur zur **vorhergehenden, abgeschlossenen** Vernehmung eines Angeklagten oder einer Beweisperson oder einem sonstigen abgeschlossenen **Akt** der Beweisaufnahme eine Erklärung abgeben. § 257 Abs. 2 spricht von „**nach** jeder einzelnen Beweiserhebung", so dass eine Vernehmung nicht unterbrochen werden muss, um Gelegenheit zu einer Erklärung nach § 257 Abs. 2 zu geben (s. auch *Hohmann* StraFo 1999, 154).

Die Erklärung des Verteidigers muss sich **inhaltlich auf** den vorangegangenen Akt der **Beweisaufnahme**, wozu auch die Vernehmung des Angeklagten zur Sache gehört, beziehen. Sie kann in einer kritischen Stellungnahme zum Beweiswert bestehen, Widersprüche aufzeigen und auf Zusammenhänge mit anderen Beweismitteln hinweisen (zur inhaltlichen Begrenzung des Erklärungsrechts s. *Hohmann* StraFo 1999, 155; *Hammerstein*, S. 233; *Leipold* StraFo 2000, 301). Auf eine frühere Beweiserhebung darf nur Bezug genommen werden, wenn sie mit der soeben beendeten Beweiserhebung unmittelbar zusammenhängt (*Hammerstein*, a.a.O.). Davon wird man m.E. z.B. ausgehen können, wenn mehrere Zeugen zu einem Beweisthema gehört werden. Dann kann der Verteidiger m.E. nach der Vernehmung des letzten Zeugen eine (zusammenhängende) Erklärung abgeben. Vorsorglich sollte er dies aber ankündigen und ggf. vom Vorsitzenden „genehmigen" lassen.

☝ **Spätestens** im Rahmen einer Erklärung nach § 257 muss der Verteidiger nach der vom BGH vertretenen „Widerspruchslösung" gegen die nach seiner Auffassung **unzulässige Verwertung** eines **Beweises Widerspruch** erheben (s. u.a. BGHSt 38, 214, 226; 42, 86, 90; → *Widerspruchslösung*, Rn. 1166a ff.; zum „verzögerten" Einverständnis mit der Entlassung von Zeugen Rn. 448).

☝ Nach der Rspr. des **BGH** ist das **Gericht nicht verpflichtet**, wenn der Verteidiger in seiner Erklärung eine durchgeführte Beweiserhebung, z.B. eine Zeugenvernehmung, in eine bestimmte Richtung gewertet hat, darauf **hinzuweisen**, dass es die Beweiserhebung **anders wertet**, also z.B. die Aussage des Zeugen anders als der Verteidiger verstanden hat (BGHSt 43, 212). Denn ein Zwischenverfahren, in dem sich das Gericht zu einzelnen Beweiserhebungen erklären müsste, sei in der StPO nicht vorgesehen. Der BGH (a.a.O.) hat aller dings darauf hingewiesen, dass durch seine Auffassung die Möglichkeit eines **offenen Rechtsgesprächs nicht beschränkt** werde.

Diese Rspr. ist in der **Lit.** von *König* (StV 1998, 113 in der Anm. zu BGH, a.a.O.) **scharf kritisiert** worden. Er fordert m.E. zu Recht unter Hinweis auf den Anspruch des rechtlichen Gehörs zumindest dann einen Hinweis des Gerichts, wenn es um wesentliche Differenzen geht (s.a. *König* AnwBl. 1997, 541 und in Festgabe, S. 211 ff.; krit. auch *Wesemann* StraFo 2001, 298). Entsprechendes gilt nach dem Grundsatz des fairen Verfahrens auch dann, wenn der Verteidiger/Angeklagte erkennbar wegen der anderen/falschen Einschätzung von (weiteren) Beweiserhebungen/-anträgen absieht.

☝ In dieser Situation muss der Verteidiger ggf. einen sog. **affirmativen Beweisantrag** stellen, um damit das von ihm „gewünschte" Beweisergebnis festzuschreiben bzw. durch die Bescheidung seines Antrags die andere Einschätzung des Gerichts zu erfahren (→ *Beweisantrag*, Rn. 259).

469 b) Die Erklärung muss **inhaltlich** nicht unbedingt (nur) ergänzende **Ausführungen** zur Sache enthalten oder mit Anträgen verbunden sein. Auch eine rein wertende Stellungnahme ist möglich, wenn die Ausführungen insoweit inhaltlich auf den Beweisgegenstand begrenzt bleiben (vgl. zu allem *Dahs*, Rn. 483; LR-*Gollwitzer*, § 257 Rn. 19). Noch weiter gehen *Hohmann* (StraFo 1999, 155) und *Wesemann* (StraFo 2001, 299). Danach muss die Erklärung nur ihren **Ausgangspunkt** in der gerade **beendeten Beweiserhebung** finden. Dem wird man sich anschließen können. Denn häufig macht die Erklärung zu einer gerade gehörten Zeugenaussage nur einen Sinn, wenn sie ins Verhältnis zu den Aussagen anderer bereits gehörter Zeugen oder sonstiger Beweiserhebungen gesetzt wird bzw. werden kann. Für eine Darlegung der Prozessstrategie oder eine Gegendarstellung zur Anklage ist, wenn der Vorsitzende dazu nicht vorher bereits ausdrücklich das Wort erteilt hat, aber im Rahmen des § 257 Abs. 2 nur nach Vernehmung des Angeklagten zur Sache Raum, sonst stehen die durch das vorangegangene einzelne Beweismittel gezogenen Grenzen entgegen (s. aber *Hohmann*, a.a.O.; s. auch Rn. 470).

470 c) Gem. § 257 Abs. 3 darf die Erklärung nach § 257 Abs. 2 allerdings den **Schlussvortrag** des Verteidigers **nicht vorwegnehmen**. Eine **Gesamtwürdigung** des bisherigen Verhandlungsergebnisses ist also **unzulässig** (KK-*Engelhardt*, § 257 Rn. 4; *Leipold* StraFo 2001, 301). Das ist aus der Gesamtschau der abgeschlossenen HV Ziel und Aufgabe des Schlussvortrags (→ *Plädoyer des Verteidigers*, Rn. 665). Mit einer Erklärung nach § 257 Abs. 2 soll/darf nur auf die für die weitere Verfahrensgestaltung oder für die Verhandlungsstrategie bedeutsamen Gesichtspunkte hingewiesen werden (LR-*Gollwitzer*, § 257 Rn. 21). Damit sind z. B. Erklärungen zu Glaubwürdigkeitsfragen, zur (mangelnden) Sachkunde eines SV, zur Vereinbarkeit des Beweismittels mit anderen Beweisergebnissen usw. zulässig (*Hohmann* StraFo 1999, 155).

☝ Das Recht, **Anträge** zu stellen, wird allerdings durch § 257 Abs. 3 **nicht eingeschränkt** (*Kleinknecht/Meyer-Goßner*, § 257 Rn. 8). Zur **Vorbereitung** seiner Erklärung kann der Verteidiger ggf. die → ***Unterbrechung** der Hauptverhandlung*, Rn. 873, beantragen.

Grds. kann auch die **Redezeit** des Verteidigers nicht beschränkt werden (so a. *Hohmann* StraFo 1999, 154; *Wesemann* StraFo 2001, 299 unter Hinw. auf BGHSt 3, 368), es sei denn, er übt sein Erklärungsrecht missbräuchlich aus (s. dazu Rn. 471).

471 d) **Überschreitet** der Verteidiger die durch § 257 Abs. 2, 3 gezogenen **Grenzen**, kann der Vorsitzende als Maßnahme der → *Verhandlungsleitung*, Rn. 972, die Erklärung unterbrechen und die Überschreitung **abmahnen**. Haben die Ermahnungen keinen Erfolg, kann er dem Verteidiger ggf. auch das **Wort** ganz **entziehen**. Ob und wann er einschreiten soll, steht in seinem pflichtgemäßen Ermessen (LR-*Gollwitzer*, § 257 Rn. 16). Es gelten etwa die gleichen Schranken wie beim Fragerecht (→ *Entziehung des Fragerechts als Ganzes*, Rn. 456; zum Missbrauch von Verteidigungs-, also auch von Erklärungsrechten s. u. a. *Jahn* ZRP 1998, 103; *Kempf* StV 1996, 507; *Kröpil* JR 1997, 315; *Kühne* NJW 1998, 3027; *Niemöller* StV 1996, 501).

☝ Gegen **Anordnungen** des **Vorsitzenden** im Rahmen des § 257 – das Erklärungsrecht wird verweigert oder entzogen – ist die Anrufung des Gerichts nach **§ 238 Abs. 2** möglich, da die Anordnungen die → *Verhandlungsleitung*, Rn. 972, betreffen (eingehend dazu *Hohmann* StraFo 1999, 156 f.). Da § 257 Abs. 2 das Erklärungsrecht für die Zeit nach einer Beweiserhebung einräumt, hat der Verteidiger kein Recht, die Vernehmung eines Zeugen zu unterbrechen.

Will der Verteidiger ggf. eine Beschränkung des Erklärungsrechts mit der **Revision** rügen bzw. sich dies offen halten, muss er einen **Gerichtsbeschluss** herbeiführen. Es empfiehlt sich dann, den Inhalt der erhobenen Beanstandung in das Protokoll der HV aufnehmen zu lassen, indem dieser schriftlich zum Protokoll gegeben wird (*Hohmann*, a.a.O.; s.a. Rn. 472).

Str. ist allerdings die Frage, ob ein Verstoß gegen § 257 Abs. 2 **überhaupt** die **Revision** begründen kann oder nicht, weil es sich nur um eine **Ordnungsvorschrift** handelt (vgl. dazu *Kleinknecht/Meyer-Goßner*, § 257 Rn. 9 m.w.N.; *Hohmann* StraFo 1999, 157; *Leipold* StraFo 2001, 301). Jedenfalls muss der Verteidiger bei der Begründung der Revision alle mit dem nicht oder nicht ausreichend gewährten Erklärungsrecht zusammenhängenden Fragen und die damit zusammenhängenden Vorgänge in der HV vortragen und darlegen, warum das Gericht das ihm eingeräumte Ermessen nicht ordnungsgemäß ausgeübt hat (*Leipold*, a.a.O.).

472 **3.** Durch das VerbrechensbekämpfungsG v. 28.10.1994 ist **§ 257a** in die StPO aufgenommen worden. Danach kann den Verfahrensbeteiligten aufgegeben werden, bestimmte **Anträge** und **Anregungen schriftlich** zu stellen. Hinsichtlich dieser – vor allem zur schnelleren Abwicklung umfangreicher HV geschaffenen (BT-Dr. 12/6853, S. 34) – Vorschrift muss der Verteidiger Folgendes beachten:

☝ Das Schriftlichkeitsgebot bezieht sich nur auf **Anträge** und **Anregungen** zu **Verfahrensfragen**. Es gilt **nicht** für Erklärungen des Verteidigers nach **§ 257** (→ *Erklärungen des Verteidigers*, Rn. 460; *Kleinknecht/Meyer-Goßner*, § 257a Rn. 8; *Hohmann* StraFo 1999, 157 Fn. 41; so wohl a. *Wesemann* StraFo 2001, 299), es sei denn, diese enthalten (auch) Anregungen zu Verfahrensfragen. Das soll nach der Begründung des Gesetzesentwurfs (s. BT-Dr. 12/6853) offenbar dann der Fall sein, wenn der Verteidiger zur Zulässigkeit der Verwertung eines Beweismittels eine Erklärung abgibt, was m.E. zweifelhaft ist (wegen der Geltung des § 257a bei Beweisanträgen → *Beweisantrag, Form*, Rn. 277; wegen der allgemein zu beachtenden Voraussetzungen → ***Schriftliche Antragstellung***, Rn. 784).

Siehe auch: → *Erklärungsrecht des Angeklagten*, Rn. 464.

473 Erneute Vernehmung eines Zeugen oder Sachverständigen

Ergibt sich für den Verteidiger, nachdem er der Entlassung eines Zeugen oder SV zugestimmt hat (→ *Entlassung von Zeugen und Sachverständigen*, Rn. 446), dass er an die Beweisperson doch **noch Fragen** hat, ist zu **unterscheiden**:

1. Handelt es sich bei den Fragen um solche, die bezogen auf das Beweisthema, zu dem die Beweisperson bereits ausgesagt, **nicht neu** sind, ist der Beweiserhebungsanspruch verbraucht. Es handelt sich dann nur um eine **Wiederholung** dieser (bereits abgeschlossenen) Beweiserhebung. Ein Vernehmungsantrag des Verteidigers ist kein Beweisantrag, sondern **nur** eine → ***Beweisanregung***, Rn. 250. Der „Antrag“ muss also nicht den dafür geltenden inhaltlichen Anforderungen entsprechen, er wird andererseits vom Gericht aber auch nur an der sich aus § 244 Abs. 2 ergebenden → ***Aufklärungspflicht*** *des Gerichts*, Rn. 95, geprüft. Die Ablehnungsgründe des § 244 Abs. 3 und 4 gelten nicht (st.Rspr.; vgl. u.a. BGHSt 14, 21 f.; zuletzt BGH NStZ 1999, 312 m.w.N.; KK-*Herdegen*, § 244 Rn. 15, 49 m.w.N.).

Betrifft der Antrag möglicherweise **nur** z.T. bereits behandelte Tatsachen, so z.B. bei der Schuld- und der Straffrage, kann er nur wegen dieses Teils unter den erleichterten Voraussetzungen des § 244 Abs. 2 abgelehnt werden. I.Ü. ist er wie ein Beweisantrag zu behandeln (BGHSt 15, 161; s. dazu u. Rn. 477).

☝ Wegen dieser erleichterten Ablehnungsmöglichkeit einer „erneuten Vernehmung“ muss der Verteidiger sorgfältig prüfen, ob ein Zeuge oder SV unmittelbar nach seiner Vernehmung bereits entlassen werden kann (→ ***Entlassung*** *von* ***Zeugen*** *und* ***Sachverständigen***, Rn. 446).

Beispiele:

für bloße Wiederholung:

474

- durch die Beweisbehauptung wird die Aussage des bereits vernommenen Zeugen lediglich ins **Gegenteil verkehrt** (BGH StV 1991, 2),
- Antrag auf nochmalige Vernehmung eines schon entlassenen Zeugen unter **Gegenüberstellung** eines anderen (BGH NJW 1960, 2156 f.; StV 1996, 566; KK-*Herdegen*, § 244 Rn. 49; → *Gegenüberstellung von Zeugen*, Rn. 518),
- ein **SV** kann auch **nicht** als Zeuge über das aussagen, was er in **derselben HV** bereits ausgesagt hatte (vgl. BGH NStZ 1993, 229 [K]; 1995, 218 [K]),
- Antrag auf **Wiederholung** einer Beweiserhebung unter **abweichenden Bedingungen** (BGH NStZ 1997, 95 [für Stimmvergleichstest]),
- Antrag auf **Wiederholung** der gesamten Beweisaufnahme in **Gegenwart** eines **SV** (BGHSt 14, 21 f.).

Nicht um eine **bloße Wiederholung** handelt es sich,

475

- wenn sich die erneute Vernehmung eines Zeugen im Hinblick auf die **Entstehungsgeschichte** einer **kindlichen Beschuldigung** in einem Verfahren wegen sexuellen Missbrauchs aufdrängt (BGH NStZ 1994, 297),

- wenn die Vernehmung eines **Zeugen** beantragt wird, der bisher nur als **Mitbeschuldigter** vernommen worden ist (BGH NJW 1985, 76 m.w.N.),
- wenn sich **Umstände** ergeben (haben), die einem bereits gehörten **SV unbekannt** waren und zu denen sich dieser deshalb nicht äußern konnte (BGH NStZ 1995, 201),
- m.E., wenn sich bei der Vernehmung eines Zeugen **Umstände** ergeben (haben), die auf die Verwertbarkeit der Vernehmung eines bereits gehörten **Zeugen** Einfluss haben, diese aufgeklärt werden müssen und ggf. einen **Widerspruch** gegen die Verwertung der ersten Vernehmung (**nachträglich**) **notwendig** machen (→ *Entlassung von Zeugen und Sachverständigen*, Rn. 448).

476

☝ **Maßstab** für die **Ablehnung** eines Antrags ist das pflichtgemäße Ermessen des Gerichts unter Berücksichtigung seiner **Aufklärungspflicht** (LR-*Gollwitzer*, § 244 Rn. 133 m.w.N.; vgl. dazu a. BGH, a.a.O.). Der Verteidiger muss daher die **Begründung** seines Antrags diesem Maßstab **inhaltlich anpassen**, wobei er immer auch die revisionsrechtliche Aufklärungsrüge im Auge behalten muss.

Er muss daher vortragen, dass hinreichende Gründe für die Annahme bestehen, die wiederholte Beweisaufnahme werde ein **vollständigeres** oder **anderes Ergebnis** erbringen als die bereits durchgeführte. Das kann der Fall sein,

- wenn die **bisherige** Beweisaufnahme **nicht erschöpfend** war (BGH NJW 1960, 2156 [Vernehmung eines Zeugen]),
- ein **Zeuge** selbst erklärt hat, er wolle seine **Aussage berichtigen** (LR-*Gollwitzer*, a.a.O.),
- weil bei einer → ***Augenscheinseinnahme***, Rn. 101, **übersehen** wurde, auf einen bestimmten, später als erheblich erkannten Punkt zu achten (LR-*Gollwitzer*, a.a.O.; s.a. Antragsmuster bei → *Beweisanregung*, Rn. 254).

477 **2.** Handelt es sich bei den **Fragen**, über die Beweis erhoben werden soll, um im o.a. Sinne **neue Tatsachen**, muss der Verteidiger einen Antrag stellen, der den Anforderungen an einen **Beweisantrag** entspricht (→ *Beweisantrag, Inhalt*, Rn. 295). Das Gericht kann diesen Antrag nur unter den besonderen Voraussetzungen des § 244 Abs. 3 und 4 durch Beschluss ablehnen (zuletzt BGH NStZ 1999, 312). Ggf. wird der Verteidiger nach § 245 Abs. 2 vorgehen und den Zeugen selbst „präsentieren", um so die dem Gericht zur Verfügung stehenden Ablehnungsmöglichkeiten noch weiter zu reduzieren (→ *Präsentes Beweismittel*, Rn. 675 ff.).

478 **3.** Diese Grundsätze gelten auch, wenn es darum geht, ob ein Zeuge, der von einem **beauftragten** oder **ersuchten** Richter vernommen und dessen Vernehmungsniederschrift in der HV verlesen worden ist, ggf. vom erkennenden Gericht (noch einmal) vernommen werden soll (→ *Kommissarische Vernehmung eines Zeugen oder Sachverständigen*, Rn. 579). Auch hier bestimmt die → *Aufklä-*

rungspflicht des Gerichts, Rn. 95, ob die Vernehmung des Zeugen oder SV notwendig ist, etwa weil aufgetretene Widersprüche zu klären sind (KK-*Herdegen*, § 244 Rn. 15 m.w.N. aus der Rspr.).

Siehe auch: → *Wiederholung einer Beweiserhebung*, Rn. 1173.

Eröffnungsbeschluss, Nachholung in der Hauptverhandlung 479

Literaturhinweise: ***Kuckein***, Revisionsrechtliche Kontrolle der Mangelhaftigkeit von Anklage und Eröffnungsbeschluss, StraFo 1997, 33.

1. **I.d.R.** wird der Verteidiger die mit dem Eröffnungsbeschluss (§ 207; im Folgenden kurz: EÖB) zusammenhängenden Fragen noch im **Ermittlungsverfahren geprüft** haben (vgl. dazu *Burhoff*, EV, Rn. 827 ff.). Dazu gehört insbesondere auch, welche Auswirkungen Mängel der Anklageschrift auf das weitere Verfahren, insbesondere die Wirksamkeit des EÖB haben. Insoweit wird verwiesen auf *Burhoff*, EV, Rn. 194 ff. und allgemein auch auf *Kuckein* StraFo 1997, 33.

In der HV können die den EÖB betreffenden Fragen allerdings dann (nochmals) **Bedeutung** erlangen, wenn erst jetzt festgestellt werden sollte, dass ein **EÖB fehlt**.

☝ Grds. ist dann, da der EÖB **unverzichtbare Prozessvoraussetzung** und Grundlage der HV ist, eine Entscheidung in der Sache nicht (mehr) möglich (vgl. u.a. BGHSt 5, 225, 227; KK-*Tolksdorf*, § 203 Rn. 2). Der Verteidiger muss daher auf jeden Fall die → ***Einstellung*** *nach § 206a bei Verfahrenshindernissen*, Rn. 414, **beantragen**.

2. **Fraglich** und in Rspr. und Lit. umstritten ist, ob und inwieweit der Erlass des EÖB in der HV noch **nachgeholt** werden kann. Dazu gilt: **480**

- Einigkeit besteht, dass ein im Eröffnungsverfahren erlassener und **verloren gegangener EÖB** durch einen seinen Inhalt feststellenden Gerichtsbeschluss **ersetzt** werden kann (RGSt 55, 159 f.; *Kleinknecht/Meyer-Goßner*, § 203 Rn. 3).
- Ist der EÖB erlassen, weist aber **Mängel** auf, können diese noch in der HV **geheilt** werden (s. schon RGSt 10, 56; BGH GA 1973, 111, 112; OLG Naumburg NStZ 1996, 248; s.a. BGH NStZ 1984, 133; → *Verlesung des Anklagesatzes*, Rn. 989). Das gilt jedenfalls bei einem **offensichtlichen** (Schreib-)**Versehen** oder sonstigen offensichtlichen Unrichtigkeiten, wobei sich diese sog. Versehen äußerer Art zwanglos aus den Umständen ergeben müssen. Sachliche Änderungen des Eröffnungsbeschlusses sind hingegen ausgeschlossen (*Kleinknecht/Meyer-Goßner*, § 207 Rn. 12 und § 203 Rn. 3; BayObLG NStZ-RR 1999, 111 [für versehentliche Eröffnung vor dem Strafrichter anstelle der vor dem Schöffengericht gewollten Eröffnung bejaht]).

- Ist ein EÖB überhaupt noch **nicht erlassen** worden, kann er nach Auffassung der **Rspr**. noch in der HV 1. Instanz **nachgeholt** werden (BGHSt 29, 224; a.A. *Meyer-Goßner* JR 1981, 214, 216; OLG Düsseldorf MDR 1970, 783; OLG Stuttgart NJW 1962, 1834; s. die weit. Nachw. zur a.A. bei *Kleinknecht/Meyer-Goßner*, a.a.O.). Dem dürfte **zuzustimmen** sein, da z.B. auch ein Strafantrag noch nach Beginn der HV nachgeholt werden kann (BGHSt 3, 73) und auch die Regelung der → *Nachtragsanklage*, Rn. 617, in § 266 für die Möglichkeit der Nachholung spricht (zum Vorgehen im Verfahren s.u. Rn. 481 ff.).

☝ An dieser Stelle ist immer auch zu prüfen, inwieweit ggf. der EÖB durch **sonstige Entscheidungen ersetzt** bzw. in ihnen enthalten ist (vgl. dazu *Burhoff*, EV, Rn. 832 ff.).

- In der **Berufungs-HV** ist eine Nachholung des EÖB jedoch **nicht mehr** möglich. Über die Eröffnung des Hauptverfahrens hat gem. § 199 das Gericht des ersten Rechtszugs zu entscheiden (BGHSt 33, 167).

481 **3.** Für das **Verfahren** ist Folgendes zu beachten:

☝ Der Verteidiger muss sich das weitere **Vorgehen sorgfältig überlegen**. Erkennt er das Fehlen des EÖB, wird er das im Zweifel in der HV nicht rügen, sondern den Mangel **erst mit** der **Revision** geltend machen. Dann kann der EÖB nämlich nicht mehr nachgeholt werden. Sein Fehlen zwingt vielmehr zur Einstellung des Verfahrens (vgl. zuletzt BGH NStZ 1994, 227 [K]; StV 1983, 2; KK-*Tolksdorf*, § 203 Rn. 2 m.w.N.; a.A. BGHSt 29, 224, 228; OLG Naumburg NStZ 1996, 248 [für mangelhaften EÖB]).

Der Verteidiger, der das Fehlen des EÖB erkennt, das aber nicht sofort rügt, verliert dadurch m.E. nicht sein **Rügerecht** (wegen der Einzelh. → *Verwirkung von Verteidigungsrechten*, Rn. 1122 ff.; so a. *Dahs*, Rn. 386, 751; a.A. für unterlassene Mitteilung der Anklageschrift an den Angeschuldigten und seinen Verteidiger BGH NStZ 1982, 125; OLG Düsseldorf StV 2001, 498: [i.d.R. Verzicht auf die Geltendmachung des Mangels]; so a. KK-*Tolksdorf*, § 201 Rn. 21).

482 **a)** Fraglich ist, bis zu welchem **Zeitpunkt** in der HV der EÖB nachgeholt werden kann. Lässt man die Nachholung überhaupt zu, muss man sie bis zum → ***Schluss der Beweisaufnahme***, Rn. 783, als zulässig ansehen (s.a. KK-*Tolksdorf*, § 203 Rn. 2). M.E. ist es auch **nicht erforderlich**, die bis dahin durchgeführten Teile der HV stets zu **wiederholen** (so aber LR-*Rieß*, § 207 Rn. 46). Der Angeklagte ist ausreichend dadurch geschützt, dass er die Aussetzung der HV verlangen kann (s.u. Rn. 483). Der EÖB kann auch dann noch nachgeholt werden, wenn schon ohne EÖB mehrere HV-Termine stattgefunden haben, die jedoch mit Vertagung endeten. Allerdings muss – wenn das **Fehlen** des EÖB noch **vor** der **HV bemerkt** wird – der EÖB nicht erst in der HV, sondern schon vor dieser nachgeholt werden (OLG Köln MDR 1980, 688; grds. a.A. *Meyer-Goßner* JR 1981, 214 in der Anm. zu OLG Köln, a.a.O.).

b) Für die Nachholung des EÖB ist die **HV** zu **unterbrechen**, damit das Gericht in der für Entscheidungen außerhalb der HV zuständigen Besetzung, also ggf. ohne Laienrichter, über den zu erlassenden EÖB beraten und beschließen kann. Der EÖB wird dann bei **Fortsetzung** der HV **verkündet** (§ 35 Abs. 1; KK-*Tolksdorf*, a.a.O.).

483 **c)** Nach der Rspr. des BGH (BGHSt 29, 224, 230) kann der Verteidiger/Angeklagte die **Aussetzung** der HV gem. §§ 217 Abs. 1, 218 **verlangen**, da – wegen fehlender Zustellung des EÖB – eine Ladungsfrist nicht in Lauf gesetzt worden ist.

☝ Über dieses Recht **muss belehrt** werden. Nach Belehrung können Angeklagter und Verteidiger gem. § 217 Abs. 3 auf die Einhaltung der Ladungsfrist verzichten, so dass dann sofort mit der HV fortgefahren werden kann (BGHSt, a.a.O.).

F

Fesselung des Angeklagten

484

Literaturhinweise: ***Hoffmann/Wißmann***, Zur Fesselung von Untersuchungsgefangenen oder: Wann dürfen die Handschellen tatsächlich klicken, StV 2001, 706; ***Lüderssen***, Der gefesselte Angeklagte, in: Gedächtnisschrift für *Meyer*, S. 269.

1. Grds. soll der Angeklagte nach § 119 Abs. 5 S. 2 **ungefesselt** an der HV teilnehmen.

2. Gem. § 119 Abs. 5 S. 1 kann die **Fesselung** des Angeklagten in der HV jedoch dann **zulässig** sein (eingehend zu allem *Lüderssen*, a.a.O.; *Hoffmann/Wißmann* StV 2001, 706),

- wenn die Gefahr von **Gewaltanwendungen** oder Widerstandsleistung besteht (Nr. 1),
- wenn der Angeklagte versucht zu fliehen oder wenn bei Würdigung der Umstände des Einzelfalles, namentlich der Verhältnisse des Beschuldigten und der Umstände, die einer Flucht entgegenstehen, die Gefahr besteht, dass er sich aus dem Gewahrsam befreien wird (**Fluchtgefahr**; Nr. 2),
- wenn **Selbstmord**- oder Selbstbeschädigungsgefahr besteht (Nr. 3).

Wird die Fesselung während der HV angeordnet, müssen für die Erforderlichkeit der Maßnahme **konkrete Tatsachen** vorliegen (OLG Oldenburg NJW 1975, 2219), sie muss notwendig sein (OLG Koblenz StV 1989, 209). Nicht erlaubt ist eine generelle Anordnung der Maßnahme für lediglich denkbare, künftige Ereignisse (OLG Oldenburg a.a.O.; LG Koblenz StV 1983, 467; LG Stuttgart Justiz 1990, 338).

Für die **Art** und **Weise** der Fesselung ist auf **Nr. 64 UVollzugsO** hinzuweisen. Danach dürfen Fesseln i.d.R. nur an den Händen oder an den Füßen angelegt werden. Soweit es notwendig ist, muss die Fesselung zeitweise gelockert werden. Die Anordnung der Fesselung trifft grds. der Richter.

485 ☝ Da das Bild eines **gefesselten Angeklagten** bei Zuschauern, Presse und Laienrichtern besondere Gefährlichkeit suggeriert, sollte der Verteidiger – auch aus Respekt vor der Würde des Angeklagten – alle Möglichkeiten ausschöpfen, um diesen Zustand in der HV zu **verhindern**. Dazu muss er darauf hinweisen, dass die „Fluchtgefahr" i.S.d. § 119 Abs. 5 S. 1 Nr. 2 nicht der in § 112 Abs. 2 Nr. 2 entspricht (vgl. dazu *Burhoff*, EV, Rn. 1685 ff.). Das ergibt sich sowohl aus dem Wortlaut, der eine konkretere Fluchtgefahr voraussetzt als § 112 Abs. 2 Nr. 2 als auch daraus, dass sonst jeder U-Haft-Gefangene ohne weiteres gefesselt vorgeführt werden könnte (so a. zutr. *Hoffmann/Wißmann* StV 2001, 707).

Der zu beachtende **Verhältnismäßigkeitsgrundsatz** gebietet es zudem, einer ggf. bestehenden Fluchtgefahr i.S. des § 119 Abs. 5 S. 1 Nr. 2 durch weniger einschneidende Mittel, wie z.B. besonderer Bewachung, zu begegnen.

Ist der Vorsitzende dazu nicht bereit, kann der Verteidiger, da es sich bei der Anordnung der Fesselung für die Zeit der HV um eine nach § 238 Abs. 1 zu beurteilende Maßnahme der → ***Verhandlungsleitung***, Rn. 972, des Vorsitzenden handelt (*Kleinknecht/Meyer-Goßner*, § 119 Rn. 41), gegen die Anordnung nach **§ 238 Abs. 2** das Gericht anrufen und einen **Gerichtsbeschluss** herbeiführen.

Feststellung von Vorstrafen des Angeklagten

486

Literaturhinweise: ***Bohnert***, Ordnungsvorschriften im Strafverfahren, NStZ 1982, 5; ***Granderath***, Getilgt – aber nicht vergessen. Das Verwertungsverbot des Bundeszentralregistergesetzes, ZRP 1985, 319; ***Rudolphi***, Die Revisibilität von Verfahrensmängeln im Strafprozeß, MDR 1970, 93; s.a. die Hinw. bei → *Beweisverwertungsverbote, Allgemeines*, Rn. 313.

1. Nach § 243 Abs. 4 S. 3 sollen Vorstrafen des Angeklagten nur insoweit festgestellt werden, wie sie für die **Entscheidung** von **Bedeutung** sind. Vorstrafen i.S. dieser Regelung sind die im **BZR**, im **Erziehungsregister** oder im **Verkehrszentralregister** eingetragenen Verurteilungen und bußgeldrechtlichen Ahndungen. Für die Entscheidung von Bedeutung ist eine Vorstrafe nur dann, wenn sie nicht nach den §§ 51, 66 BZRG unverwertbar ist, weil **Tilgungsreife** besteht (s.u. Rn. 489). Das muss der Verteidiger bereits bei der → *Vorbereitung der Hauptverhandlung*, Rn. 1144, und der Beantwortung der Frage, ob → *Beweisverwertungsverbote*, Rn. 313, bestehen, prüfen.

☝ Tilgungsreife Vorstrafen dürfen weder bei der **Beweiswürdigung** noch bei der **Strafzumessung** verwertet werden (BGH StV 1999, 639 m.w.N.; *Granderath* ZRP 1985, 320). Das Verwertungsverbot gilt auch bei der Anordnung von **Maßregeln** der **Besserung** und **Sicherung** (BGH StV 2002, 479 m.w.N. [für Sicherungsverwahrung]).

487

2. Den **Zeitpunkt** der Feststellung der Vorstrafen bestimmt nach § 243 Abs. 4 S. 4 der Vorsitzende. **Frühest möglicher** Zeitpunkt ist die → *Vernehmung des Angeklagten zur Sache*, Rn. 1037 (BGH VRS 34, 219; OLG Stuttgart NJW 1973, 1941), da die Feststellung von Vorstrafen nicht zur → *Vernehmung des Angeklagten zur Person*, Rn. 1034, gehört.

I.Ü. bestimmt der Vorsitzende den Zeitpunkt der Feststellung, der so **spät wie möglich** liegen soll (*Kleinknecht/Meyer-Goßner*, § 243 Rn. 34 m.w.N.): Sind die Vorstrafen schon für den Schuldspruch von Bedeutung, z.B. wenn es um die Gewohnheitsmäßigkeit eines Handelns geht, können sie bereits bei der Vernehmung des Angeklagten zur Sache erörtert werden. Da sie i.d.R. aber nur für den Rechtsfolgenausspruch von Bedeutung sind, sollen sie grds. erst dann zur Sprache gebracht werden, wenn feststeht, dass der Angeklagte nicht freizusprechen ist (vgl. **Nr. 134 RiStBV**). Auch dann ist aber immer noch zu prüfen, ob die Vorstrafe für die Ahndung der abzuurteilenden Tat von Bedeutung ist. Das kann z.B. dann nicht der Fall sein, wenn es sich um eine Vorstrafe wegen Diebstahls und bei der abzuurteilenden Tat um ein Verkehrsdelikt handelt.

488 3. **Art** und **Weise** der Feststellung werden ebenfalls vom Vorsitzenden im Rahmen der → *Verhandlungsleitung*, Rn. 972, bestimmt. Meist ist es ausreichend, wenn der Angeklagte auf **Vorhalt** der entsprechenden **Registerauszüge** die Vorstrafen einräumt. Allerdings muss der Angeklagte dies in einer ordnungsgemäßen Vernehmung tun. Eine bloß informatorische Erörterung reicht nicht aus (BGH StV 1994, 526). Gibt der Angeklagte keine Erklärung ab, können die Auszüge nach § 249 Abs. 1 S. 1, 2 verlesen werden (→ *Urkundenbeweis, Allgemeines*, Rn. 884). **Bestreitet** der Angeklagte die Richtigkeit, muss ggf. durch **Beiziehung** der früheren **Strafakten** oder durch Vernehmung von Zeugen Beweis erhoben werden. Dazu kann der Angeklagte schon bei seiner Vernehmung zur Sache Beweisanträge stellen (BGHSt 27, 216, 220).

☝ Soll über die Warnfunktion einer früheren Verurteilung hinaus ggf. auch die Art der **Tatbegehung strafschärfend** herangezogen werden, muss diese vom Gericht festgestellt werden. Dafür reicht allein die Feststellung der Vorstrafe jedoch nicht, vielmehr müssen zumindest die Gründe des früheren **Urteils verlesen** werden, ggf. sind noch weitere Beweiserhebungen erforderlich, wenn das die → *Aufklärungspflicht des Gerichts*, Rn. 95, gebietet (BGHSt 43, 106). Der Verteidiger muss sich in diesem Zusammenhang dann überlegen, ob er ggf. einen Beweisantrag stellt, mit dem die früheren Feststellungen ausgeräumt werden sollen/können.

☝ Sollen die Vorstrafen **zu früh** (s.o. Rn. 487) oder **nicht** (mehr) **verwertbare** Vorstrafen festgestellt werden, muss der Verteidiger sofort **widersprechen**, um insbesondere bei den Laienrichtern einen den Angeklagten benachteiligenden schlechten Eindruck zu vermeiden. Ggf. muss er gem. **§ 238 Abs. 2** einen **Gerichtsbeschluss** herbeiführen.

Mit der **Revision** kann der Verteidiger einen Verstoß gegen § 243 Abs. 4 S. 3, 4 später **nicht** rügen, da es sich nur um Ordnungsvorschriften handelt (*Kleinknecht/Meyer-Goßner*, § 243 Rn. 41; kritisch zur Lehre von folgenlos verletzbaren Ordnungsvorschriften *Grünwald* JZ 1968, 752 in der Anm. zu BGHSt 22, 129; *Rudolphi* MDR 1970, 100; *Bohnert* NStZ 1982, 10; s.a. *Kleinknecht/Meyer-Goßner*, § 337 Rn. 4 und die vereinzelt gebliebene Entscheidung BGHSt 25, 325, wonach die unterbliebene → *Belehrung des Angeklagten*, Rn. 177, die Revision begründen kann).

Der Verteidiger sollte prüfen, ob er nicht vor der HV das Gericht ausdrücklich bittet, Feststellungen zu Vorstrafen überhaupt nicht oder erst möglichst spät zu treffen. Ist der **StA** mit einer entsprechenden „Vereinbarung“ nicht einverstanden, kann er zwar einen Antrag stellen, der Verteidiger sollte dann aber auf **Nr. 134 RiStBV** verweisen.

4. Einschlägige Vorschriften für die Bestimmung der **Tilgungsreife** sind die **§§ 51, 46 BZRG**: Nach § 51 BZRG darf eine Tat oder eine Verurteilung einem Betroffenen im Rechtsverkehr nicht mehr vorgehalten werden, wenn die Eintragung über die Verurteilung getilgt oder tilgungsreif ist. Die Tilgungsreife bestimmt die sich aus § 46 BZRG ergebende **Tilgungsfrist**. Diese ist unterschiedlich, sie liegt zwischen **fünf** und **15 Jahren** und ist von der verhängten Strafe abhängig und davon, ob ggf. weitere Eintragungen im BZRG vorliegen. Maßgeblich für den Ablauf der Frist ist der Zeitpunkt des letzten tatrichterlichen Urteils. Das bedeutet, dass das Verwertungsverbot des § 51 BZRG auch dann gilt, wenn die Tilgungsfrist zwar zum Zeitpunkt der neuen Tat noch nicht verstrichen war, wohl aber vor Ende der HV in der letzten Tatsacheninstanz bereits abgelaufen ist (st. Rspr., zuletzt (BGH StV 1999, 639 m.w.N. [Beweisverwertungsverbot]). **489**

Fragerecht, Allgemeines **490**

Gem. § 240 Abs. 1 muss der Vorsitzende **auf Verlangen** den Beisitzern gestatten, Fragen an den Angeklagten, die Zeugen und die SV stellen zu dürfen.

Dasselbe gilt gem. § 240 Abs. 2 für den StA, den Angeklagten, den Verteidiger und die Schöffen. Darüber hinaus haben die Ergänzungsrichter und -schöffen (RGSt 67, 276, 277; OLG Celle NJW 1973, 1054), der Privatkläger, der Nebenkläger, deren Rechtsbeistände sowie nach § 67 JGG die Erziehungsberechtigten und gesetzlichen Vertreter eines Jugendlichen ein Fragerecht (vgl. i.Ü. *Kleinknecht/Meyer-Goßner*, § 240 Rn. 3 m.w.N.). Dem Ehegatten als Beistand des Angeklagten nach § 149 soll hingegen ein Fragerecht gegenüber Zeugen nicht zustehen (BayObLG NJW 1998, 1655; m.E. fraglich; a.A. *Kleinknecht/Meyer-Goßner*, a.a.O.).

Siehe auch: → *Befragung des Angeklagten*, Rn. 175; → *Entziehung des Fragerechts als Ganzes*, Rn. 456; → *Fragerecht des Angeklagten*, Rn. 491; → *Fragerecht des Sachverständigen*, Rn. 494; → *Fragerecht des Staatsanwaltes*, Rn. 496; → *Fragerecht des Verteidigers, Allgemeines*, Rn. 497; → *Zurückweisung einzelner Fragen (des Verteidigers)*, Rn. 1208.

Fragerecht des Angeklagten **491**

Literaturhinweise: ***Gollwitzer***, Das Fragerecht des Angeklagten, in: Gedächtnisschrift für *Meyer*, S. 147.

1. Nach § 240 Abs. 1 kann der Angeklagte Fragen an **Zeugen** und **SV** stellen (zur allgemeinen Bedeutung des Fragerechts des Angeklagten s. BGHSt 46, 93 [für das Ermittlungsverfahren]). Das kann ihm der Vorsitzende nicht unter Hinweis auf das Fragerecht seines Verteidigers verwehren (BGH StV 1985, 2; → *Ablehnungsgründe, Befangenheit*, Rn. 40, 42).

Für den **Umfang** des Fragerechts und die ggf. mögliche **Entziehung** oder **Beschränkung** gelten die Ausführungen bei → *Entziehung des Fragerechts als Ganzes*, Rn. 456; → *Fragerecht des Verteidigers, Allgemeines*, Rn. 490, und → *Zurückweisung einzelner Fragen des Verteidigers*, Rn. 1208, entsprechend.

☝ Der Verteidiger sollte, falls der Angeklagte Zeugen oder Sachverständige selbst befragen will, die **Zweckmäßigkeit** der geplanten Fragen sorgfältig prüfen und **im Zweifel** den Mandanten **nicht selbst** fragen lassen. Oft stellen Angeklagte nämlich keine Fragen, sondern geben Erklärungen/Vorhalte ab, die dann gegen sie selbst verwendet werden können. Es ist daher ratsam, dass der **Verteidiger** sich mit dem Mandanten über die zu stellende Frage verständigt und sie ggf. **selbst stellt** (*Dahs*, Rn. 495).

492 2. **Ausgeschlossen** ist nach § 240 Abs. 2 S. 2 die **unmittelbare Befragung** eines **Mitangeklagten** durch einen anderen Angeklagten, und zwar auch, wenn der Fragesteller Rechtsanwalt ist (BVerfG NJW 1980, 1677, 1678). Die Vorschrift steht mit dem Rechtsstaatsprinzip des Art. 20 Abs. 3 GG in Einklang (BGH StV 1996, 471; s. dazu BVerfG NJW 1996, 3408). Etwas anderes folgt etwa auch nicht aus Art. 6 Abs. 3 Buchst. a MRK, da auch nach dieser Vorschrift der Angeklagte nur (allgemein) das Recht hat, Fragen zu stellen oder stellen zu lassen (BGH, a.a.O.).

☝ Der Angeklagte muss sich also an den **Vorsitzenden** oder an seinen Verteidiger wenden, damit dieser die entsprechenden **Fragen** an den Mitangeklagten stellt. Weigert sich der Vorsitzende, kann nach **§ 238 Abs. 2** das Gericht angerufen werden (KMR-*Paulus*, § 240 Rn. 7).

Nach dem eindeutigen Wortlaut des § 240 Abs. 2 S. 2 – „unzulässig“ – kann der **Vorsitzende** die unmittelbare Befragung eines Angeklagten durch einen Mitangeklagten auch **nicht zulassen** (KK-*Tolksdorf*, § 240 Rn. 7; a.A. LR-*Gollwitzer*, § 240 Rn. 15).

493 ☝ Angeklagte neigen dazu, selbst **Mitangeklagte** befragen zu wollen. Der Verteidiger sollte das nach Möglichkeit **unterbinden**, da sich daraus häufig ein „Streitgespräch“ unter den Angeklagten entwickelt, aus dem das Gericht aufschlussreiche Erkenntnisse für die Urteilsfindung gewinnen kann.

Der Verteidiger muss ggf. einer unmittelbaren Befragung seines Mandanten durch einen Mitangeklagten **widersprechen**.

Siehe auch: → *Befragung des Angeklagten*, Rn. 175; → *Fragerecht, Allgemeines*, Rn. 490, m.w.N., → *Vernehmung des Mitangeklagten als Zeugen*, Rn. 1045a.

Fragerecht des Sachverständigen

494

1. Gem. § 80 Abs. 2 kann einem SV (nur) gestattet werden, **unmittelbar** an **Zeugen** oder **Angeklagte** (**einzelne**) **Fragen** zu stellen. Daraus folgt, dass einem SV nicht deren ganze Befragung überlassen werden darf. Das gilt auch für Explorationen durch psychologische SV, die ebenso wie andere SV nicht zu eigenen Ermittlungen befugt sind (*Kleinknecht/Meyer-Goßner*, § 80 Rn. 2 m.w.N.).

☝ Der Angeklagte kann sich auch gegenüber dem SV auf sein Recht zum **Schweigen** berufen. Das sollte der Verteidiger seinem Mandanten aber nur empfehlen, wenn daraus keine ungünstigen Schlüsse gezogen werden können (→ *Vorbereitung der Hauptverhandlung*, Rn. 1144).

495

2. Der Verteidiger muss darauf bestehen, dass der SV sein Fragerecht **ordnungsgemäß** ausübt. Dem SV steht das allgemeine Fragerecht aus § 240 Abs. 2 nicht zu. Deshalb darf der SV nur der Vorbereitung seines Gutachtens dienende Fragen stellen.

☝ Stellt der SV darüber hinausgehende und deshalb **unzulässige Fragen**, muss der Verteidiger diese beim Vorsitzenden **beanstanden**, deren Zurückweisung beantragen und ggf. nach § **238 Abs. 2** einen Gerichtsbeschluss herbeiführen. Das gilt insbesondere, wenn der Angeklagte mit Fragen überrascht werden soll.

Siehe auch: → *Befragung des Angeklagten*, Rn. 175, → *Zurückweisung einzelner Fragen (des Verteidigers)*, Rn. 1208.

496 Fragerecht des Staatsanwaltes

Nach § 240 Abs. 1 kann der StA dem **Angeklagten, Zeugen** und **Sachverständigen** Fragen stellen. Für den **Umfang** dieses Fragerechts und seine (mögliche) **Entziehung** oder **Beschränkung** gelten die Ausführungen bei → *Entziehung des Fragerechts als Ganzes* Rn. 456, bei → *Fragerecht des Verteidigers, Allgemeines*, Rn. 497, und → *Zurückweisung einzelner Fragen des Verteidigers*, Rn. 1208, entsprechend.

☝ Insbesondere während der Befragung des Angeklagten muss der Verteidiger darauf achten, dass seinem Mandanten **keine unzulässigen** Fragen gestellt werden. Auch der StA darf den Angeklagten **nicht** zu einem **Geständnis drängen** (*Dahs*, Rn. 516). Fragt der StA nach (angeblich) entlastenden Umständen, will der Angeklagte diese Frage aber nicht beantworten, da er z.B. keinen Angehörigen belasten oder eine andere Straftat einräumen will, muss der Verteidiger ggf. mit einer **Erklärung** nach § 257 Abs. 2 versuchen zu erläutern, warum sein Mandant diese Frage nicht beantworten will oder warum sie entgegen der Ansicht des StA bedeutungslos ist (→ *Erklärungsrecht des Verteidigers*, Rn. 466).

Siehe auch: → *Befragung des Angeklagten*, Rn. 175, → *Zurückweisung einzelner Fragen (des Verteidigers)*, Rn. 1208.

497 Fragerecht des Verteidigers, Allgemeines

Literaturhinweise: ***Burhoff***, Fragerecht, Erklärungsrecht und Schlußvortrag des Verteidigers in der Hauptverhandlung, ZAP F. 22, S. 127; ***Salditt***, Der Verteidiger vernimmt Zeugen – was britische Handbücher raten, StV 1988, 451; ***Sommer***, Maßnahmen des Strafverteidigers in der Hauptverhandlung, ZAP F. 22, S. 101.

1. Der Verteidiger muss die Bedeutung des ihm in **§ 240 Abs. 2** eingeräumten Rechts, Zeugen und SV, aber auch den Angeklagten, zu befragen, kennen. Dieses Fragerecht ist eine der wenigen Möglichkeiten des Verteidigers, das Ergebnis der **Beweisaufnahme** i.S.d. Angeklagten zu **beeinflussen**. Deshalb muss sich der Verteidiger dieser Aufgabe besonders sorgfältig widmen (*Dahs*, Rn. 487) und – schon im Interesse seines Mandanten – nach Möglichkeit alle Gegensätze und Spannungen mit dem Gericht vermeiden.

Frageart und -technik ergeben sich aus der Prozesssituation und der Persönlichkeit des Verteidigers. Der Verteidiger sollte sich aber vorab über die Wirkung seiner Fragetechnik im Klaren sein (*Sommer* ZAP F. 22, S. 111 m.w.N.). Hilfreich ist dabei eine vorweggenommene Einschätzung des Zeugen, zu der der Angeklagte möglicherweise beitragen kann, und ein hierauf beruhendes **Konzept** der Befragung. Die mit der Vernehmungstaktik zusammenhängenden Fragen können hier nicht im Einzelnen dargestellt werden. Dazu wird vor allem verwiesen auf die eingehenden Ausführungen von *Bender/Nack* (Tatsachenfeststellung vor Gericht, Bd. II, Vernehmungslehre, 2. Aufl., 1995; s. aber a. *Dahs*, Rn. 546 ff.; *Schlothauer*, Rn, 85 ff.; *Malek*, Rn. 344 ff., sowie a. die lesenswerten Ausführungen zur Befragung durch den Verteidiger von *Salditt* in StV 1988, 451 ff.).

2. Zum **Umfang** des Fragerechts des Verteidigers ist Folgendes festzustellen: **498**

☝ § 240 Abs. 2 S. 1 räumt dem Verteidiger nicht das Recht ein, die ganze Vernehmung eines Zeugen, SV oder des Angeklagten eigenständig zu wiederholen. Er hat vielmehr **nur** das Recht, noch **offen** gebliebene **(einzelne) Fragen** zu stellen.

Der Verteidiger darf aber **Vorhalte** aus früheren Vernehmungen machen, wozu häufig eine ggf. umfangreichere Einleitung der Frage erforderlich ist. Solche Anknüpfungen sind sowohl zum Zweck des Vorhalts als auch der Wiederholung zulässig (*Dahs*, Rn. 488; s.a. → *Zurückweisung einzelner Fragen (des Verteidigers)*, Rn. 1208).

Das Fragerecht bezieht sich nur auf **anwesende** Angeklagte, Zeugen und SV.

☝ Der Verteidiger unterliegt im Hinblick auf Mitangeklagte nicht der Beschränkung aus § 240 Abs. 2 S. 2. Er kann **Mitangeklagte** also **unmittelbar** befragen (BGHSt 16, 67, 68).

3. Den **Zeitpunkt**, in dem das Fragerecht ausgeübt werden darf, **bestimmt** im Rahmen der ihm zustehenden → *Verhandlungsleitung*, Rn. 972, der **Vorsitzende** (BGH NStZ 1995, 143; *Kleinknecht/Meyer-Goßner*, § 240 Rn. 6). I.d.R. wird das nach Beendigung der Vernehmung durch den Vorsitzenden sein, wobei der Vorsitzende eine bestimmte Reihenfolge, in der die Beteiligten ihre Fragen stellen können, nicht einhalten muss (BGH NJW 1969, 437; a.A. offenbar *Müller*, Rn. 60 a.E.). Das Fragerecht **endet** mit der **Entlassung** des zu Befragenden nach § 248 (→ *Entlassung von Zeugen und Sachverständigen*, Rn. 446). **499**

☝ In der **Entlassung** des Zeugen gegen den Widerspruch des Verteidigers kann eine unzulässige Beschränkung des Fragerechts liegen. Will der Verteidiger das in der Revision rügen, muss er gem. § 238 Abs. 2 einen **Gerichtsbeschluss** herbeiführen (BGH StV 1996, 248 m.w.N.).

Will der Verteidiger eine bereits vernommene und entlassene Beweisperson noch einmal zu einer bestimmten Frage hören, wird er mit einem entsprechenden (Beweis-)Antrag i.d.R. nur Erfolg haben, wenn es sich um **neue Tatsachen** handelt, zu denen die Beweisperson noch befragt werden soll (wegen der Einzelheiten → *Erneute Vernehmung eines Zeugen oder Sachverständigen*, Rn. 473; → *Wiederholung einer Beweiserhebung*, Rn. 1173).

500 **4.** Der Verteidiger hat grds. das **Recht** auf **unmittelbare Befragung**; eine Ausnahme gilt nach § 241a bei der → *Vernehmung jugendlicher Zeugen*, Rn. 1064. Das bedeutet, dass er seine Fragen grds. ohne Vermittlung des Vorsitzenden stellen darf. Dieser ist auch nicht berechtigt, Fragen an sich zu ziehen und in einer ihm als richtig erscheinenden Form zu stellen (*Dahs*, Rn. 488). Der Verteidiger sollte auf der **ununterbrochenen Ausübung** seines Fragerechts bestehen, auch wenn der Vorsitzende plötzlich selbst Interesse an einem bisher noch nicht behandelten Fragenkomplex/Thema hat. Der Verteidiger hat allerdings **kein Recht**, eine einmal begonnene Zeugenbefragung ohne Unterbrechung **fortzusetzen** und zu Ende zu führen (BGH NStZ 1995, 143 [für den Fall, dass eine Zeugenbefragung durch die Erklärung eines bislang schweigenden Mitangeklagten unterbrochen wird, der sich nun doch zur Sache einlassen will]).

Der Verteidiger braucht grds. auch den **Inhalt** einer Frage **vorher nicht** mitzuteilen oder ihren Sinn zu erklären. Er muss auch ein Schriftstück, aus dem einem Zeugen Vorhalte gemacht werden sollen, nicht vorher vorlegen (BGHSt 16, 67). Etwas anderes gilt, wenn der Verteidiger sein Fragerecht bereits **missbraucht** hat. Dann kann das Gericht zur Abwendung weiteren Missbrauchs verlangen, dass der Verteidiger weitere Fragen zuvor schriftlich oder mündlich **mitteilt** (BGH NStZ 1982, 158 [insoweit nicht in NJW 1982, 189]; 1983, 209 [Pf/M]; LR-*Gollwitzer*, § 240 Rn. 5; → *Entziehung des Fragerechts als Ganzes*, Rn. 456).

501 **5.** Zu den **Rechtsbehelfen** bei Beschränkung des Fragerechts → *Entziehung des Fragerechts als Ganzes*, Rn. 456, und → *Zurückweisung einzelner Fragen des Verteidigers*, Rn. 1217, siehe dort.

502 Freibeweisverfahren

Literaturhinweise: ***Krause***, Dreierlei Beweis im Strafverfahren, Jura 1982, 225; ***Schmidt***, Dienstliche Äußerungen als Mittel der Freibeweisführung im Strafprozeß, SchlHA 1981, 2; ders., Über Eid und eidesstattliche Versicherung im strafprozessualen Freibeweisrecht, SchlHA 1981, 41; ders., Über Glaubhaftmachung im Strafprozeß, SchlHA 1981, 73; ***Többens***, Der Freibeweis und die Prozeßvoraussetzungen im Strafprozeß, NStZ 1982, 184; ***Willms***, Wesen und Grenzen des Freibeweises, in: Festschrift für *Heusinger*, S. 393.

1. Für die Beweisaufnahme sind zwei Beweisverfahren zu **unterscheiden** (zu allem eingehend KK-*Herdegen*, § 244 Rn. 6 m.zahlr.w.N. aus der Rspr.).

- Das sog. **Strengbeweisverfahren** gilt zwingend für die Feststellung von Schuld- und Rechtsfolgentatsachen (BGH StV 1995, 339; OLG Celle StV 1995, 292). Auf dieses sind die Vorschriften über die förmliche Beweisaufnahme in den §§ 244 – 257 sowie der sich aus § 261 ergebende Grundsatz der Mündlichkeit und der der Öffentlichkeit der HV (§§ 169 ff. GVG) anzuwenden.
- Das **Freibeweisverfahren** gilt in der HV nur für Feststellung von Prozessvoraussetzungen und sonstigen Prozesstatsachen (*Kleinknecht/Meyer/Goßner*, § 244 Rn. 7; s.u. Rn. 503). Daneben gilt es bei allen Beweiserhebungen außerhalb der HV, z.B. im Ermittlungsverfahren.

☝ Eine **Tatsache** kann **doppelrelevant** sein, also sowohl für die Schuld-/Rechtsfolgenfrage, als auch für eine prozessuale Entscheidung Bedeutung haben (Beispiel: die Tatzeit hat sowohl für den Schuldvorwurf als auch für die Verjährung Bedeutung). Diese Tatsachen müssen im **Strengbeweisverfahren** festgestellt werden, wenn sie für die Schuld- oder Rechtsfolgenentscheidung verwertet werden sollen (BGH StV 1991, 148 f. m.w.N.). Das Ergebnis bildet dann auch die Grundlage für die prozessuale Entscheidung (KK-*Herdegen*, § 244 Rn. 8 m.w.N.; *Többens* NStZ 1982, 185).

503

2. Das Freibeweisverfahren (s. dazu u. Rn. 504 ff.) ist in der HV **anwendbar** zur Feststellung von Tatsachen bei folgenden

Beispielen:

- zur Klärung der Voraussetzungen der genügenden Entschuldigung für ein **Ausbleiben** des **Angeklagten** in den Fällen der §§ 231 Abs. 2, 231a, 329 (→ *Berufungsverwerfung wegen Ausbleiben des Angeklagten*, Rn. 209; → *Verhandlung ohne den Angeklagten*, Rn. 954),
- bei **ausländischen Zeugen** zur Frage, ob diese Sachdienliches zur Klärung der Beweisfrage beitragen können (BGH NStZ 1995, 244; StV 1997, 511) sowie auch zur Frage, ob sie ggf. bereit sind, freiwillig zur HV zur erscheinen (→ *Auslandszeuge*, Rn. 123),
- bei **Beweisanträgen** grds. zur Frage der tatsächlichen Voraussetzungen der Ablehnung (st.Rspr, vgl. u.a. BGHSt 39, 251; zuletzt BGH NJW 1998, 2753 f.; wegen der Einzelh. s. KK-*Herdegen*, § 244 Rn. 9),
- zur Klärung der Frage der tatsächlichen Voraussetzungen von **Beweisverwertungsverboten** (BGHSt 16, 164 [für § 136a Abs. 3 S. 2]; BGH NStZ 1996, 295 [für die Feststellung der Voraussetzungen des § 252]; 1997, 609 [für ausreichende Belehrung über das Recht, einen Verteidiger hinzuziehen zu können; krit. dazu *Wollweber* StV 1999, 355 in der Anm. zu BGH, a.a.O.]; → *Protokollverlesung nach Zeugnisverweigerung*, Rn. 725]; s. dazu KK-*Herdegen*, § 244 Rn. 10; *Kleinknecht/Meyer-Goßner*, Einl. Rn. 51 ff.),

☝ Diese Frage ist ggf. **vor** der **eigentlichen Beweiserhebung** zur Sache selbst zu **klären**. Denn was nicht verwertet werden darf, darf in die Beweisaufnahme nicht eingeführt werden (wegen der Einzelh. → *Widerspruchslösung*, Rn. 1166a ff.).

- zur Frage der Rechtzeitigkeit, der Berechtigung, der ordnungsgemäßen Form und Aufrechterhaltung eines **Strafantrags** (BGH MDR 1955, 143 [D]; vgl. KK-*Herdegen*, § 244 Rn. 9 m.w.N.; zum Strafantrag s.a. *Burhoff*, EV, Rn. 784 f.),
- bei **SV-Anträgen** zur Klärung der Frage der Sachkunde des (vorgeschlagenen) SV (KK-*Herdegen*, § 244 Rn. 9 m.w.N.) und, ob für das Gutachten genügend Anknüpfungstatsachen vorhanden oder zu gewinnen sind (BGH NJW 1983, 404 f.),
- zur Klärung eines → ***Vereidigungsverbots***, Rn. 940,
- zur Frage der → ***Verhandlungsfähigkeit***, Rn. 966, des Angeklagten, die jedoch nicht auch die Schuldfähigkeit betreffen darf (st.Rspr., vgl. u.a. BGHSt 26, 84; zuletzt NStZ 1984, 181; s.a. BGHSt 41, 16 und KK-*Herdegen*, § 244 Rn. 9).

504 **3.** Das Gericht kann das Freibeweisverfahren **frei gestalten**, es ist aber kein Verfahren nach Gutdünken (KK-*Herdegen*, § 244 Rn. 12 m.w.N.) Zu **beachten** sind die Aufklärungspflicht, der Grundsatz des rechtlichen Gehörs, ein → *Zeugnisverweigerungsrecht*, Rn. 1194, ein → *Vereidigungsverbot*, Rn. 940, und das Recht des Angeklagten zu schweigen. **Keine Anwendung** finden hingegen die Grundsätze der Mündlichkeit, Unmittelbarkeit und Öffentlichkeit (BGHSt 16, 164, 166). Das Gericht kann **alle** ihm **zugänglichen Erkenntnisquellen** benutzen (BGH NStZ 1984, 134; *Kleinknecht/Meyer-Goßner*, § 244 Rn. 9 m.w.N.; vgl. die Zusammenstellung bei KK-*Herdegen*, § 244 Rn. 10), also insbesondere schriftliche oder telefonische Auskünfte einholen. Auch für die **Beweiswürdigung** gelten keine Besonderheiten: Das Gericht muss z.B. die Glaubwürdigkeit eingeholter dienstlicher Äußerungen und die Angaben von Zeugen prüfen (BayObLG wistra 2000, 477).

505 **Problematisch** ist, wie das Gericht zu **verfahren** hat, wenn es einen beantragten **Freibeweis ablehnen** will. Nach h.M. ist es dabei nicht an § 244 Abs. 3, 4 gebunden. Auch soll es **nicht** durch **Beschluss** entscheiden müssen, vielmehr soll die bloße Mitteilung der Ablehnungsgründe durch den Vorsitzenden reichen (vgl. zu allem u.a. BGHSt 16, 164; NStZ 1984, 18 [Pf/M]; OLG Frankfurt NJW 1983, 1208; *Kleinknecht/Meyer-Goßner*, § 244 Rn. 9 m.w.N.). Dagegen ist von *Herdegen* (KK-*Herdegen*, § 244 Rn. 12) eingewandt worden, dass derjenige, der durch Stellung eines Antrags einen Beweiserhebungsanspruch geltend macht, im Fall der Ablehnung auf jeden Fall durch eine formelle Entscheidung über die dafür maßgeblichen Gründe unterrichtet werden müsse (s.a. *Malek*, Rn. 253). Dem sollte die Praxis (im Interesse eines fairen Verfahrens) m.E. folgen.

☝ Solange das nicht der Fall ist, gilt: Auch der Antrag auf Erhebung eines Freibeweises ist ein echter Antrag, der in das → *Protokoll der Hauptverhandlung*, Rn. 713, aufzunehmen ist. **Gegen** die **Mitteilung** des Vorsitzenden, dass dem Antrag nicht gefolgt werde, kann der Verteidiger gem. **§ 238 Abs. 2** das

Gericht anrufen, das dann durch Beschluss entscheidet. Aus der Begründung dieses Beschlusses muss der Antragsteller m.E. dann erfahren, warum seinem Antrag nicht nachgegangen wird (BGHSt 30, 131, 143; BGH NStZ 1985, 229 [für Beweisermittlungsantrag]).

Die Ablehnung eines (Verfahrens-)Antrags auf Erhebung eines Freibeweises kann der Verteidiger in der **Revision** mit der Verfahrensrüge geltend machen. Es gelten die allgemeinen (strengen) Anforderungen für eine i.S.d. § 344 Abs. 2 S. 2 ordnungsgemäße Begründung.

Freies Geleit

506

Literaturhinweise: ***Hartwig***, Die Selbstladung von Auslandszeugen, StV 1996, 626; ***Linke***, Schützt das freie Geleit einen Zeugen vor der Verhaftung?, EuGRZ 1980, 155; ***Walter***, Das Europäische Übereinkommen über die Rechtshilfe in Strafsachen, NJW 1977, 983; s. auch die Hinw. bei → *Auslandszeuge*, Rn. 123.

1. Für den **Angeklagten** ist das sichere Geleit geregelt in **§ 295**. Seine Gewährung steht im freien Ermessen des Gerichts (OLG Düsseldorf NStZ-RR 1999, 245 [zugleich auch zu den zu berücksichtigenden Umständen]).

506a

2. Für **Zeugen** (und SV) gilt: Teilweise wird in der **Lit.** das **freie Geleit** auch für Zeugen und SV als allgemein anerkannter Grundsatz des Völkerrechts angesehen, der ihnen – auch **ohne ausdrückliche Zusicherung** – freies Geleit gewährt, wenn sie in einer Strafsache aus dem **Ausland vorgeladen** werden (SK-StPO-*Schlüchter*, § 295 Rn. 21; zu Einzelfragen *Hartwig* StV 1996, 631). Der **BGH** ist jedoch **a.A.** (vgl. BGHSt 35, 216). Danach kann einem Zeugen **nur** dann sicheres Geleit erteilt werden, wenn er in einer **anderen Sache Beschuldigter** ist (so jetzt auch KK-*Engelhardt*, § 295 Rn. 12 m.w.N.; a.A. *Lagodny* StV 1989, 92 in der Anm. zu BGH, a.a.O.). Die mit dem freien Geleit für Zeugen zusammenhängenden Fragen behandelt aber Art. 12 des Europäische Übereinkommen über die Rechtshilfe in Strafsachen vom 20.4.1959 (BGBl. II 1964, S. 1386; s. dazu *Walter* NJW 1977, 983). Der Schutz des freien Geleits **endet** danach erst, wenn die geschützte Person während 15 aufeinander folgenden Tagen, nachdem ihre Anwesenheit von den Justizbehörden nicht mehr verlangt wurde, das Hoheitsgebiet der Bundesrepublik Deutschland verlassen konnte und trotzdem geblieben oder nach Verlassen zurückgekehrt ist. Auf dieses freie Geleit ist ggf. in der Ladung eines Zeugen aus dem Ausland hinzuweisen (*Kleinknecht/Meyer-Goßner*, § 244 Rn. 63 m.w.N. aus der Rspr. des BGH).

Das freie Geleit bezieht sich nur auf **Straftaten**, die **vor** der **Einreise** aufgrund der Ladung begangen worden sind. Die Verfolgung und auch Verhaftung wegen einer falschen Aussage vor dem ersuchenden Gericht ist daher nicht ausgeschlossen (KK-*Engelhardt*, § 295 Rn. 13).

Siehe auch: → *Auslandszeuge*, Rn. 123.

507 Fremdsprachige Protokollierung

Ist in der HV wegen Beteiligung von Personen, die der deutschen Sprache nicht mächtig sind, die → *Zuziehung eines Dolmetschers*, Rn. 1226, erforderlich, wird nach § 185 Abs. 1 S. 2 Hs. 1 GVG ein **Nebenprotokoll** in der fremden Sprache grds. **nicht** geführt. Es kann aber gem. § 185 Abs. 1 S. 2 Hs 2 GVG eine **teilweise** fremdsprachige Protokollierung in Betracht kommen, wenn das Gericht dies mit Rücksicht auf die **Wichtigkeit** der Sache für erforderlich erachtet. Die Anordnung liegt im **Ermessen** des Vorsitzenden bzw. des Gerichts, so z.B., wenn ein (Hauptbelastungs/Entlastungs-) Zeuge in einer fremden Sprache zu einem Komplex aussagt, den der Dolmetscher nicht ohne besondere Fachkenntnisse übersetzen kann. Die Ausübung des Ermessens durch das Gericht kann vom **Revisionsgericht** nur darauf überprüft werden, ob es ermessensfehlerfrei ausgeübt worden ist (BGH NStZ 1984, 328).

☝ Der Verteidiger kan nach § 185 Abs. 1 S. 3 GVG beantragen, dass dem Protokoll eine durch den Dolmetscher zu beglaubigende Übersetzung beigefügt wird.

G

508 Gang der Hauptverhandlung, Allgemeines

Literaturhinweise: ***Häger***, Zu den Folgen staatsanwaltlicher, in der Hauptverhandlung begangener Verfahrensfehler, in: Gedächtnisschrift für *K.Meyer*, S. 171.

1. Die regelmäßige Reihenfolge der Verfahrensvorgänge in der HV 1. Instanz ist in den **§§ 243 ff.** festgelegt, für die → *Berufungshauptverhandlung*, Rn. 183, gilt § 324. Von der regelmäßigen Reihenfolge der Verfahrensvorgänge (s.u. Rn. 509) kann **abgewichen** werden, wenn dafür **triftige Gründe** vorliegen, der Aufbau der HV im Ganzen gewahrt bleibt und die Prozessbeteiligten **nicht widersprechen** (*Kleinknecht/Meyer-Goßner*, § 243 Rn. 1 m.w.N.; BGH StV 1990, 245 für Umfangsverfahren). Infolge der Abweichungen darf dem Angeklagten allerdings nicht das Recht beschnitten werden, sich im Zusammenhang zum Schuldvorwurf zu äußern (BGH, a.a.O.).

☝ In sog. **Punktesachen**, wenn also eine große Anzahl von Einzeltaten zu verhandeln ist, kann auch **ohne Zustimmung** des Verteidigers oder des Angeklagten von der in § 243 bestimmten Reihenfolge **abgewichen** werden (*Kleinknecht/Meyer-Goßner*, a.a.O.; wohl a. BGH StV 1991, 148). Etwas anderes gilt hinsichtlich der → *Verlesung des Anklagesatzes*, Rn. 989 (s. dazu *Häger*, S. 175).

Zulässig – und in der Praxis meist auch empfehlenswert – ist es in diesen Fällen, die → *Vernehmung des Angeklagten zur Sache*, Rn. 1037, zunächst allgemein vorzunehmen, und dann die Beweisaufnahme zu **einzelnen** Taten oder **Tatkomplexen** mit Anhörung des Angeklagten und Erhebung der Beweise fortzusetzen (BGHSt 19, 93, 96; *Kleinknecht/Meyer-Goßner*, § 243 Rn. 2; KK-*Tolksdorf*, § 243 Rn. 4, jeweils m.w.N.).

2. Der **regelmäßige Gang** der HV ergibt sich aus §§ 243 ff. wie folgt: **509**

- **Beginn** der HV mit dem → *Aufruf der Sache*, Rn. 100 (§ 243 Abs. 1 S. 1),
- → ***Präsenzfeststellung***, Rn. 692 (§ 243 Abs. 1 S. 2),
- **Abtreten** der **Zeugen** (§ 243 Abs. 2 S. 1; → *Anwesenheit von Zeugen in der Hauptverhandlung*, Rn. 93; → *Zeugenbelehrung*, Rn. 1179) und **sonstiger Personen** (→ *Nebenklägerrechte in der Hauptverhandlung*, Rn. 625; → *Privatklageverfahren*, Rn. 694; → *Verletztenbeistand*, Rn. 1032; → *Zeugenbeistand*, Rn. 1175; s.a. *Kleinknecht/Meyer-Goßner*, § 243 Rn. 6 m.w.N.),
- → *Vernehmung des **Angeklagten** zur **Person***, Rn. 1034 (§ 243 Abs. 2 S. 2),
- → *Verlesung des **Anklagesatzes***, Rn. 989 (§ 243 Abs. 3 S. 1),
- → ***Belehrung** des Angeklagten*, Rn. 177 (§ 243 Abs. 4 S. 1),
- → *Vernehmung des **Angeklagten** zur **Sache***, Rn. 1037 (§ 243 Abs. 4 S. 2),
- ggf. → *Feststellung von **Vorstrafen** des Angeklagten*, Rn. 486,
- **Beweisaufnahme** mit **Zeugenvernehmungen** (→ *Vernehmung des Zeugen zur Person*, Rn. 1047; → *Vernehmung des Zeugen zur Sache*, Rn. 1050), **Vernehmung** von **SV** (→ *Sachverständigenbeweis*, Rn. 765; → *Vernehmung Sachverständiger*, Rn. 1076); → ***Augenscheinseinnahme***, Rn. 101, und Erhebung von **Urkundenbeweisen** (→ *Urkundenbeweis, Allgemeines*, Rn. 884, m.w.N.), und **510**
- Stellung von **Beweisanträgen** → *Beweisantragsrecht, Allgemeines*, Rn. 302, m.w.N.),

- → ***Schluss** der **Beweisaufnahme***, Rn. 783,
- **Schlussvorträge** des StA und des Verteidigers (→ *Plädoyer des Verteidigers*, Rn. 665),
- → ***Letztes Wort** des Angeklagten*, Rn. 604,
- → ***Urteilsverkündung***, Rn. 920.

☝ Wird von der in § 243 bestimmten Reihenfolge des Gangs der HV abgewichen, muss die Abweichung im → ***Protokoll** der Hauptverhandlung*, Rn. 713, vermerkt werden, wenn es sich um eine **wesentliche Abweichung** handelt (KK-*Tolksdorf*, § 243 Rn. 7).

511 Gegenüberstellung von Zeugen

Literaturhinweise: ***Ackermann***, Rechtmäßigkeit und Verwertbarkeit heimlicher Stimmvergleiche im Strafverfahren, 1995; ders., Identifizierung anhand des Gangbildes. Die kriminalistische Wiedererkennung von Personen anhand ihrer Bewegungseigenschaften, Krim 2001, 253; ***Artkämper***, Gegenüberstellung – Erkenntnisquelle mit Kautelen, Krim 1995, 645; ders., Sofortfahndung und Wiedererkennen, Krim 1997, 505; ***Bohlander***, Die Gegenüberstellung im Ermittlungsverfahren, StV 1992, 441; ***Burgdorf/Ehrentraut/Lesch***, Die Identifizierungsgegenüberstellung gegen den Willen des Beschuldigten – Eine unzulässige Ermittlungsmaßnahme?, GA 1987, 106; ***Burhoff***, Wiedererkennen des Täters anhand eines Lichtbildes, VA 2002, 90; ***Eggert***, Identifizierung von Tatverdächtigen durch Augenzeugen, ZAP F. 22, S. 181; ***Eisenberg***, Visuelle und auditive Gegenüberstellung im Strafverfahren – Empirische und rechtliche Zusammenhänge, Krim 1995, 458; ***Freund***, Zulässigkeit, Verwertbarkeit und Beweiswert eines heimlichen Stimmvergleichs – BGHSt 40, 66, JuS 1995, 394; ***Geerds***, Strafprozessuale Personenidentifizierung, Juristische und kriminalistische Probleme der §§ 81b, 163b, 163c StPO, Jura 1986, 9; ***Glaser***, Wiedererkennen im Wege der Sofortfahndung – Ausweg aus einem unlösbaren Dilemma, Krim 1995, 653; ***Gniech/Stadler***, Die Wahlgegenüberstellung – Methodische Probleme des kriminalistischen Wiedererkennungsexperiments, StV 1981, 565; ***Görling***, Täteridentifizierung per Video-Gegenüberstellung, Krim 1985, 58; ***Grünwald***, Probleme der Gegenüberstellung zum Zwecke der Wiedererkennung, JZ 1981, 423; ***Köhnken***, Gegenüberstellungen – Fehlerquellen bei der Identifizierung durch Augenzeugen, Krim 1993, 231; ***Köhnken/Sporer***, Identifizierung von Tatverdächtigen durch Augenzeugen, 1990; ***Krause***, Einzelfragen zum Anwesenheitsrecht des Verteidigers im Strafverfahren, StV 1984, 367; ***Merten/Schwarz/Walser***, Wiedererkennungsverfahren, Krim 1998, 421; ***Meurer/Sporer***, Zum Beweiswert von Personenidentifizierungen: Neuere empirische Befunde, 1990; ***Nöldeke***, Zum Wiedererkennen des Tatverdächtigen bei Gegenüberstellung und Bildvorlage, NStZ 1982, 193; ***Odenthal***, Die Gegenüberstellung im Strafverfahren, 3. Aufl., 1999; ders., Die Gegenüberstellung zum Zwecke des Wiedererkennens, NStZ 1985, 433; ders., Zulässigkeit und Beweiswert einer heimlichen Stimmenidentifizierung, NStZ 1995, 579; ders., Sequenzielle Video-Wiedererkennungsverfahren, NStZ 2001, 580; ***Pauly***, Das Wiedererkennen im Straf- und Bußgeldverfahren – Verteidigungsfehler und Revision, StraFo 1998, 41; ***Pfister***, Personenidentifikation anhand der Stimme. Ein computergestütztes Verfahren und seine Grenzen im praktischen Einsatz, Krim 2001, 287; ***Philipp***, Die Gegenüberstellung, 1981; ***Riegel***, Wahllichtbildvorlage und informationelles Selbstbestimmungsrecht, ZRP 1997, 476; ***Rösing***, Standards für die anthropologische Identifikation. Grundlagen, Kriterien und Verfahrensregelungen für Gutachten zur Identifizierung lebender Personen aufgrund von Bilddokumenten, Krim 1999, 246; ***Schindler/Stadler***, Tatsituation oder Fahndungsfotos – Ein experimental-psychologisches Gutachten zum Dilemma des Zeugen in der Wiedererkennungssituation, StV 1991, 38; ***Schmidt***, Zeugenbeweis mit all seinen Schwächen, Täteridentifizierung per Video-Gegenüberstellung, zu *Görling* KR 1985, 85 ff.; Krim 1985, 239; ***Schneider***, Überlegungen zur strafprozessualen Zulässigkeit heimlich durchgeführter Stimmvergleiche, GA 1997, 371; ***Schwarz***, Die sequentielle Video-Wahlgegenüberstellung. Plädoyer für ein besseres Wiedererkennungsverfahren, Krim 1999, 397; ***Schweling***, Das Wiedererkennen des Täters, MDR 1969, 177; ***Steinke***, Die Problematik der Wahlgegenüberstellung, Krim 78, 505; ***Undeutsch***, Die Wiedererkennung von Personen, in: Festgabe für *Karl Peters*, S. 461; ***Warnecke***, Täteridentifizierung nach Sofortfahndung, Krim 1997, 727; ***Wiegmann***, Identifizierung aufgrund von Lichtbildvorlagen, StV 1996, 179; *dies.*, Das Wiedererkennen im Straf- und Bußgeldverfahren – Die strafprozessuale Problematik des Wiedererkennens, StraFo 1998, 37.

Die StPO regelt die Gegenüberstellung in **§ 58**. Die Identifizierungsgegenüberstellung (vgl. dazu u. Rn. 512 ff.) ist von der Vernehmungsgegenüberstellung (vgl. dazu u. Rn. 518 f.) zu unterscheiden.

☝ Eine Gegenüberstellung ist im Strafverfahren häufig dann von **entscheidender Bedeutung**, wenn in der HV ein Zeuge wegen Zeitablaufs den Beschuldigten nicht mehr als Täter identifizieren kann. Dann wird i.d.R. auf eine im Ermittlungsverfahren durchgeführte Gegenüberstellung zurückgegriffen, die sich dann als ein „**vorweggenommener Teil der Beweisaufnahme**" darstellt. Insbesondere deshalb muss der Verteidiger darauf achten, ob eine Gegenüberstellung verwertbar ist, was grds. nur der Fall ist, wenn bei ihrer Durchführung bestimmte Grundsätze beachtet worden sind. Mit den sich daraus ergebenden **Fragen** sollte er sich daher schon **frühzeitig** und nicht erst in der HV **beschäftigen** (s. dazu eingehend *Burhoff*, EV, Rn. 871 f.).

512

1.a) Bei der sog. **Identifizierungsgegenüberstellung** wird die zu identifizierende Person in Augenschein genommen und nur der andere Teil als Zeuge vernommen. Diese Gegenüberstellung findet i.d.R. bereits im Vorverfahren statt. Die damit zusammenhängenden Fragen können hier nicht alle dargestellt werden. Insoweit wird u.a. verwiesen auf *Burhoff*, EV, Rn. 860 ff. und die o.a. Lit.-Hinw. Hinzuweisen ist hier auf Folgendes:

Über das Ergebnis der im Ermittlungsverfahren durchgeführten Gegenüberstellung wird in der HV meist nur noch in der Weise berichtet, dass eine vorgenommene Gegenüberstellung in der HV im Einzelnen **nachvollzogen** wird (LR-*Dahs*, § 58 Rn. 15), indem dem erkennenden Gericht alle für die Beurteilung des Wiedererkennens maßgeblichen Umstände in möglichst umfassender Weise präsentiert werden (vgl. u.a. OLG Frankfurt StV 1988, 290; NStZ 1988, 41; *Pauly* StraFo 1998, 44; *Wiegmann* StraFo 1998, 40). I.d.R. geschieht das mit Lichtbildern, es kann aber auch mit einem Videofilm geschehen (BVerfG NStZ 1983, 84; zur zweckmäßigen **Gestaltung** der sog. **Wahlgegenüberstellung** s. u.a. OLG Karlsruhe NStZ 1983, 377; OLG Köln StV 1992, 412; *Artkämper* Krim 1995, 647 ff.; *Burhoff*, EV, Rn. 866 ff.; *Eggert* ZAP F. 22, S. 184 f.). Eine Wiederholung der Wahlgegenüberstellung in der HV ist entbehrlich (BGH StV 2000, 603 [Ls.]).

Der **Beweiswert** des Wiedererkennens wird **unterschiedlich** beurteilt. Dazu ist u.a. hinzuweisen auf folgende Entscheidungen aus der Rspr.: zuletzt u.a. BGH NStZ 1997, 355; 1998, 266; StV 1996, 649; OLG Düsseldorf NStZ-RR 2001, 109; OLG Hamm NStZ-RR 2000, 213; OLG Frankfurt NStZ-RR 1999, 365; OLG Koblenz NStZ-RR 2001, 110; LG Gera StV 1997, 180; 2000, 610; zur Beweiswürdigung beim Wiedererkennen: OLG Köln StV 2000, 607; s.a. *Burhoff*, EV, Rn. 871; schließlich a. noch **Nr. 18 S. 1 RiStBV**).

Hinzuweisen ist in diesem Zusammenhang auch auf eine **neue Art** der Gegenüberstellung in Form der sog. **sequentiellen** oder sukzessiven **Gegenüberstellung**. Bei dieser werden dem Zeugen die Auswahlpersonen nicht gleichzeitig, sondern einzeln und nacheinander gegenübergestellt, so dass der Zeuge seine Entscheidung sogleich und in Unkenntnis der noch folgenden Personen treffen muss (zu dieser Form der Gegenüberstellung s. *Odenthal* NStZ 2001, 580; *Schwarz* Krim 1999, 397). Diese Form der Gegenüberstellung schließt eine vergleichende Auswahl aus und dürfte daher einer Wahlgegenüberstellung **vorzuziehen** sein (BGH StV 2000, 603 [Ls.]).

☝ Problematisieren muss der Verteidiger in der HV ggf. die Frage, ob die Einführung des Ergebnisses der im Ermittlungsverfahren durchgeführten Gegenüberstellung nicht einem **BVV** unterliegt. Räumt man nämlich dem Verteidiger für die im Ermittlungsverfahren durchgeführte Gegenüberstellung ein **Anwesenheitsrecht** ein, weil es sich um einen vorweg genommenen Teil der HV handelt (vgl. dazu *Burhoff*, EV, Rn. 868), muss er konsequenterweise dann auch vom (Gegenüberstellungs-)Termin **benachrichtigt** werden. Ist das unterblieben, kann sich daraus ein **BVV** ergeben (vgl. dazu *Burhoff*, EV, Rn. 872, 1455, 1506).

513 **b) In** der **HV** darf sich der Verteidiger im Interesse seines (bestreitenden) Mandanten **nicht** mit dem **Ergebnis** einer im Ermittlungsverfahren durchgeführten Gegenüberstellung **zufrieden geben**, wenn er Anlass hat, am ordnungsgemäßen Zustandekommen des Ergebnisses zu zweifeln (wegen der Anforderungen an Wahl- oder ggf. auch Einzelgegenüberstellung eingehend *Burhoff*, EV, Rn. 866 ff.

m.w.N.). Mit einem (Beweis-)**Antrag** kann und muss er dann beantragen (s. *Eggert* ZAP F. 22, S. 191 f.),

- die **Verhörsperson**, den **Leiter** der **Gegenüberstellung** zum Ablauf zu hören,
- die Lichtbilder von oder eine **Bilddokumentation** der Gegenüberstellung in **Augenschein** zu nehmen,
- im Hinblick auf **Vorkenntnisse** des (wieder erkennenden) Zeugen Tageszeitungen, Kassetten mit Fernsehbildern u.a. beizuziehen,
- in Betracht kommt auch, die **Hinzuziehung** eines **Psychologen** als **SV** zur Beurteilung der Zuverlässigkeit des Wiedererkennens (vgl. *Undeutsch*, S. 464, 478; *Eggert*, a.a.O.). In einem dazu gestellten Beweisantrag muss der Verteidiger dem Gericht deutlich machen, dass es bei einem Wiedererkennungszeugen um mehr geht, als die Glaubwürdigkeit zu überprüfen. Der Verteidiger muss sich in diesem Zusammenhang überlegen, ob er den SV dem Gericht ggf. als → ***Präsentes Beweismittel***, Rn. 675, „anbietet".

514

☝ Soll eine Gegenüberstellung aus dem Ermittlungsverfahren in der **HV wiederholt** werden, kann ein **Zeuge**, der daran beteiligt werden soll, seine Teilnahme **verweigern**, wenn ihm ein → *Zeugnisverweigerungsrecht*, Rn. 1194, zusteht (KK-*Senge*, § 58 Rn. 8). Er muss sie **nicht dulden** (BGH NJW 1960, 2156; a.A. *Kleinknecht/Meyer-Goßner*, § 58 Rn. 9; zum Beweiswert *Kleinknecht/Meyer-Goßner*, a.a.O.; KK-*Senge*, § 58 Rn. 9).

Der **Angeklagte** muss nach h.M. die Anwendung von Zwang **dulden** (s. BVerfG NJW 1978, 1149; BGHSt 34, 39; KG NJW 1979, 1668; JR 1979, 347; wegen der Einzelh. s. *Burhoff*, EV, Rn. 865, m.w.N.; zu den Grenzen der Duldungspflicht s. *Pauly* StraFo 1998, 43).

Wird ein „**Wiedererkennungszeuge**" in der HV (erneut) **gefragt**, ob er den Angeklagten wiedererkenne, muss der Verteidiger diese Frage als **ungeeignet** i.S.d. § 241 Abs. 2 (→ *Zurückweisung einzelner Fragen des Verteidigers*, Rn. 1211) beanstanden. Es handelt sich nämlich nur um ein wiederholtes Wiedererkennen, das insbesondere deshalb wertlos ist, weil es sich nun in der HV um eine „Einzelgegenüberstellung" handelt, bei der der Angeklagte zudem noch durch die Sitzordnung hervorgehoben ist (zum Beweiswert insoweit a. LG Gera StV 1997, 180).

Weist der Vorsitzende die Beanstandung des Verteidigers **zurück**, muss er das beanstanden und gem. **§ 238 Abs. 2** einen Gerichtsbeschluss herbeiführen. Außerdem sollte der Verteidiger nach diesem Teil der Beweisaufnahme gem. § 257 (→ ***Erklärungen*** *des Verteidigers*, Rn. 466; → *Erklärungsrecht des Verteidigers*, Rn. 464) und später in seinem Schlusswort (→ *Plädoyer des*

Verteidigers, Rn. 665) deutlich machen, dass eine **erneute Identifizierung** des Angeklagten **wertlos** ist (vgl. zu allem *Eggert* ZAP F. 22, S. 189, 192).

Soll ein Zeuge dem Angeklagten **erstmals** in der **HV** gegenübergestellt werden, muss der Verteidiger auf die Beachtung von **Nr. 18 RiStBV** drängen. Eine Einzelgegenüberstellung ist zwar nicht unzulässig, i.d.R. aber wertlos (*Burhoff*, EV, Rn. 866 m.w.N.). Ggf. muss der Verteidiger in der HV widersprechen und den für die Revision erforderlichen Gerichtsbeschluss herbeiführen. Wird der Angeklagte in der HV erstmalig wiedererkannt, hat das nur **geringen Beweiswert**, da der Angeklagte durch seine Platzierung im Gerichtssaal als Tatverdächtiger hervorgehoben ist, es sei denn, der Wiedererkennungsakt bezieht sich auf eine Person, mit der der Zeuge näher bekannt oder vertraut ist (OLG Köln StV 1998, 640 m.w.N.).

515 Zum **Beweiswert** einer **Einzelgegenüberstellung** ist allgemein darauf hinzuweisen, dass allein darauf eine Verurteilung nicht gestützt werden kann (allgemein zum geringen Beweiswert u.a. *Artkämper* Krim 1997, 505). Es bietet sich an, hier wie beim → *Zeugen vom Hörensagen*, Rn. 1191, zu verfahren und wegen der nur begrenzten Zuverlässigkeit des Einzelidentifizierungsmaßnahme **besondere Anforderungen** an die **Beweiswürdigung** zu stellen (so wohl a. BGH StV 1996, 649; zum „Zeugen vom Hörensagen" s. BVerfG NJW 1996, 448; s.a. BGHSt 36, 159, 166 f. m.w.N.; 42, 15; StV 1996, 583). Danach wird eine solche Maßnahme i.d.R. zur Verurteilung nicht genügen, wenn sie nicht durch andere **wichtige Gesichtspunkte bestätigt** wird (s.a. → *V-Mann in der Hauptverhandlung*, Rn. 1134).

516 **2.** Die obigen Ausführungen gelten entsprechend für eine **akustische Gegenüberstellung** in Form eines Stimmenvergleichs (zur Erkennung von Personen anhand ihrer Stimme s. allgemein *Geerds* Jura 1986, 14; *Künzel* NStZ 1989, 400 ff.; *Ackermann*, a.a.O.). Dieser kann z.B. veranlasst sein, wenn ein Zeuge den Täter nicht gesehen, aber gehört hat.

☝ Zu Recht weist *Malek* (Rn. 413) darauf hin, dass es dem Angeklagten erlaubt sein müsse, seine **Stimme geheim** zu halten, wenn ein Zeuge die Täterstimme kenne oder diese auf Tonband aufgenommen worden sei. Deshalb wird der Verteidiger in diesen Fällen auch solche Angaben, zu denen der Angeklagten an sich nach § 243 Abs. 2 S. 2 verpflichtet ist, für den Angeklagten vortragen dürfen. Auf jeden Fall wird der **Verteidiger** in diesen Fällen den

Angeklagten auch bei der Einlassung **vertreten** dürfen/müssen (→ *Vernehmung des Angeklagten zur Person*, Rn. 1034; → *Vernehmung des Angeklagten zur Sache*, Rn. 1041).

Darüber hinaus ist auf Folgendes **hinzuweisen**: **517**

- Auch bei einem Stimmenvergleich **scheidet** ein **Einzelvergleich aus**. Der Zeuge darf also nicht nur die Stimme des Angeklagten, sondern muss auch andere Stimmen hören (BGH NStZ 1994, 597; zum Beweiswert und zu den [allgemeinen] Anforderungen an einen Stimmenvergleich s.a. OLG Köln NStZ 1996, 509 [für eine Identifizierung des Täters muss dieser nicht unbedingt ausgeprägte Sprachmerkmale haben]; *Odenthal* NStZ 1995, 579 sowie *Freund* JuS 1995, 395).
- Ein **heimlicher Stimmenvergleich**, indem etwa die Stimme des Angeklagten heimlich (z.B. in der U-Haft) auf Tonband aufgezeichnet und dann dem Zeugen vorgespielt wird, ist **unzulässig**, wenn der Angeklagte seine Beteiligung an einer Stimmprobe abgelehnt hat oder seine Vernehmung ausschließlich zu dem Zweck erfolgt, dem Zeugen Gelegenheit zum Mithören zu verschaffen (BGHSt 34, 39; 40, 66; zur Zulässigkeit der sog. „Hörfalle“ s. BGHSt 42, 139 und *Ackermann*, a.a.O.).
- Ist ein **Stimmenvergleich** nicht auf Tonträger festgehalten worden, so dass die entsprechende Aufnahme in der HV nicht im Wege der Augenscheinseinnahme vorgespielt werden kann, muss sich das Gericht ggf. unter Hinzuziehung eines Sprachwissenschaftlers durch **Anhörung** der **Vergleichsstimmen** selbst einen Eindruck hinsichtlich des Beweiswertes des Stimmenvergleichs verschaffen (OLG Köln NStZ 1996, 509; zur Ablehnung eines Antrags auf Wiederholung eines Stimmvergleichstests als bedeutungslos s. BGH NStZ 1997, 95).

3. Von der Identifizierungsgegenüberstellung zu unterscheiden ist die **Vernehmungsgegenüberstellung**, durch die **Widersprüche** zwischen einer Zeugenaussage und den Angaben des Angeklagten oder eines anderen Zeugen durch Rede und Gegenrede, Fragen und Vorhalte **geklärt** werden sollen (*Kleinknecht/Meyer-Goßner*, § 58 Rn. 10 m.w.N.). Bei ihr handelt es sich um eine besondere Art der Vernehmung der gegenübergestellten Personen. Ein **zeugnisverweigerungsberechtigter** Zeuge kann die Gegenüberstellung **verweigern** (KK-*Senge*, § 58 Rn. 7). Das gilt auch, wenn der Zeuge (nur) stumm daran mitwirken soll, ob ein anderer Zeuge in seiner Gegenwart seine frühere Aussage aufrechterhält (KK-*Senge*, a.a.O.; BGH NJW 1960, 2156). Wenn der **Angeklagte** sich nicht zur Sache einlässt, kann er zu einer Vernehmungsgegenüberstellung **nicht gezwungen** werden, wohl aber zu einer Gegenüberstellung zum Zwecke der Identitätsfeststellung (s.o.), die er dulden muss (KK-*Senge*, § 58 Rn. 8 m.w.N.). **518**

519 ☝ Der Verteidiger muss, falls es im Interesse des Angeklagten geboten ist, die **Gegenüberstellung** des Zeugen mit einem anderen Zeugen oder mit dem Angeklagten **beantragen**. Bei diesem Antrag handelt es sich grds. nicht um einen **Beweisantrag** i. S. d. § 244. Für die Antragstellung muss der Verteidiger bedenken, dass die Gegenüberstellung einerseits zugunsten des Angeklagten zur Aufklärung beitragen, andererseits aber auch für den Angeklagten von Nachteil sein kann.

Die Gegenüberstellung liegt im **Ermessen** der Gerichts, so dass der Verteidiger, wenn der Vorsitzende eine Gegenüberstellung (zunächst) ablehnt, nach **§ 238 Abs. 2** einen **Gerichtsbeschluss** beantragen muss. Er kann auch einen → *Beweisermittlungsantrag*, Rn. 308, stellen. Das empfiehlt sich dann, wenn er das Unterlassen der Gegenüberstellung später mit der **Aufklärungsrüge** als eine Verletzung der Aufklärungspflicht geltend machen will, was möglich ist (RGSt 58, 79 f.). Auf eine Verletzung des **§ 58** kann die **Revision** i.Ü. **nicht** gestützt werden.

Siehe auch: → *Zeugenvernehmung, Allgemeines*, Rn. 1186, m.w.N.

520 Gesetzesnovellen

Literaturhinweise: ***Albrecht***, Ist das Strafverfahren noch zu beschleunigen?, NJ 1994, 396; ***Barth***, Das Beweisantragsrecht zwischen verfassungsrechtlichem Anspruch und Reformforderungen auf ungesicherter empirischer Grundlage, ZStW 1996, 155 (Band 108); ***Bernsmann***, Wider eine Vereinfachung der Hauptverhandlung, ZRP 1994, 329; ***Bertram***, Empfehlen sich Änderungen des Strafverfahrensrechts mit dem Ziel, ohne Preisgabe rechtsstaatlicher Grundsätze den Strafprozeß, insbesondere in der Hauptverhandlung, zu beschleunigen?, NJW 1994, 2186; ders., Entwurf eines Zweiten Gesetzes zur Entlastung der Rechtspflege (Strafrecht), ZRP 1996, 46; ***Beulke***, Konfrontation und Strafprozessreforn, Art. 6 Abs. 3 Lit. d. EMRK und ein „partizipatorisches" Vorverfahren anstelle einer Hauptverhandlung in ihrer bisherigen kontradiktorischen Struktur, in: Festschrift für *Peter Rieß*, S. 3; ***Bittmann***, Das Eckpunktepapier zur Reform des Strafverfahrens, ZRP 2001, 441; ***Böttcher***, Die Rechtsmittelreform in Strafsachen als Thema Deutscher Juristentage, in: Festschrift für *Peter Rieß*, S. 31; ***Däubler-Gmelin***, Überlegungen zur Reform des Strafprozesses, StV 2000, 359; ***Fezer***, Reduktion von Beweiserfordernissen – Systemverändernde Tendenzen in der tatrichterlichen Praxis und der Gesetzgebung, StV 1995, 263; ***Freund***, Stellungnahme eines Arbeitskreises der Strafrechtslehrer zum „Eckpunktepapier" zur Reform des Strafverfahrens, GA 2002, 82; ***Frister***, Die Einschränkung von Verteidigungsrechten im Bundesratsentwurf eines „Zweiten Gesetzes" zur Entlastung der Rechtspflege, StV 1997, 150; ***Herzog***, Die Stellung zum Beweisantragsrecht als Indikator autokratischer und korporatistischer Vorstellungen vom Strafverfahren, StV 1994, 166; *ders.*, Ein kritischer Bericht aus der fortlaufenden StPO-Novellengesetzgebung, StV 2000, 444; ***Hinz***, Die Eckpunkte der

Bundesregierung zur StPO-Reform (I), Eine kritische Betrachtung, SchlHA 2001, 245; ***Herdegen***, Da liegt der Hase im Pfeffer – Bemerkungen zur Reform des Beweisantragsrechts, NJW 1996, 26; ***Ignor/Matt***, Integration und Offenheit im Strafprozeß – Vorschläge zu einer Reform des Strafverfahrens, StV 2002, 102; ***Kilchling***, Opferschutz und der Strafanspruch des Staates- Ein Widerspruch, NStZ 2002, 57; ***Kintzi***, Möglichkeiten der Vereinfachung und Beschleunigung von Strafverfahren de lege ferenda, DRiZ 1994, 325; ders., Rechtsmittelreform in Strafsachen – eine unendliche Geschichte?, in: Festschrift für *Peter Rieß*, S. 225; ***Krause***, Das Zwischenverfahren im Strafprozeß – Mauerblümchen oder verborgener Schatz? Zugleich ein Beitrag zum Diskussionspapier der Regierungskoalition zur Reform des Strafverfahrens, StV 2002, 222; ***Kröpil***, Zur Entstehung und zum Begriff des Ablehnungsgrundes der Prozeßverschleppung, AnwBl. 1999, 15; ***Laufhütte***, Überlegungen zur Diskussion über die Reform der Instanzenzuges in Strafsachen, NStZ 2000, 449; ***Meyer-Goßner***, Theorie ohne Praxis und Praxis ohne Theorie im Strafverfahren, ZRP 2000, 345; ***Müller***, Präklusion, Beweisantragsrecht und Verfahrensdauer, AnwBl. 1997, 89; ***Nobis***, Die Reform der Rechtsmittel im Strafprozeß, StV 2000, 449; ***Nüsse***, Verfahrensbeschleunigung ohne Beeinträchtigung der Verteidigung aus der Sicht eines Richters, StraFo 1996, 34; ***Perron***, Beschleunigung des Strafverfahrens mit rechtsstaatlichen Mitteln?, JZ 1994, 823; ***Salditt***, Eckpunkte – Streitfragen des partizipatorischen Strafprozesses, StV 2001, 311; ***Scheffler***, Strafprozeß, quo vadis?, GA 1995, 456; ***Schlüchter***, Beschleunigung des Strafprozesses und insbesondere der Hauptverhandlung ohne Rechtsstaatsverlust, GA 1994, 397; ***Schöch***, Opferschutz – Prüfstein für alle strafprozessualen Reformüberlegungen?, in: Festschrift für *Peter Rieß*, S. 507; ***Siegismund***, Zur Verbesserung des Opferschutzes im Jugendstrafverfahren – Überlegungen zur Einführung von Nebenklage und Adhäsionsverfahren gegen Jugendliche, in: Festschrift für *Peter Rieß*, S. 857; ***Schulz***, Die Erosion des Beweisantragsrechts, zum Entwurf eines Gesetzes zur Entlastung der Rechtspflege, StV 1991, 354; ***von Galen/ Wattenberg***, Eckpunkte einer Reform des Strafverfahrens – Reform des reformierten Strafprozesses oder Gefahr für rechtsstaatliche Standards, ZRP 2001, 445; ***Wassermann***, Von der Schwierigkeit, Strafverfahren in angemessener Zeit durch Urteil abzuschließen, NJW 1994, 1106; ***Weihrauch***, Die Zukunftsperspektive – Strafverteidigung im Blick auf das beginnende Jahrhundert, BRAK-Mitt. 2000, 155; ***Widmaier***, Kritische Gedanken zur diskutierten Reform des Beweisantrags- und Revisionsrechts, NStZ 1994, 414; ***Wrege***, Die Eckpunkte der Bundesregierung zur StPO-Reform (II), Eine Erwiderung aus der Sicht eines Strafkammerrichters, SchlHA 2001, 249; ***Zieschang***, Die Problematik der wiederholten Anwendung des § 229 Abs. 3 StPO; s.a. die Hinw. bei den u.a. weiterführenden Stichwörtern.

520a

1. Das Strafverfahrensrecht ist immer im Fluss. Die aktuellen Gesetzgebungsvorhaben, die im Wesentlichen begründet sind mit Zielen wie Beschleunigung, Entlastung und Vereinfachung, obwohl häufig gerade erst die beabsichtigten Änderungen die Verfahrenslage schaffen, die sie beseitigen wollen, sind kaum noch zu überschauen. Deshalb soll dieses Stichwort eine kurze Übersicht über die zur Zeit im Bundestag oder Bundesrat eingebrachten Gesetzesvorhaben, die Auswirkungen auf die strafrechtliche HV haben können, geben, den derzeitigen Stand des Gesetzgebungsverfahrens mitteilen und damit die geplante Entwicklung des Verfahrensrechts veranschaulichen und darüber möglichst frühzeitig informieren.

Über die (frühzeitige) Information des Verteidigers hinaus wird damit auch erreicht, dass die Ausführungen bei den jeweiligen Stichwörtern, die von (zukünftigen) Änderungen betroffen sein können, – auch nach In-Kraft-Treten der Gesetzesänderungen – ihre Aktualität behalten, da auf mögliche Änderungen bei den Stichwörtern hingewiesen ist. Das Wissen von geplanten Gesetzesänderungen kann für den Verteidiger zudem vielleicht in dem ein oder anderen Fall auch **Argumentationshilfe** sein.

520b **2.** Da das Gesetzgebungsverfahren dynamisch ist, stellt die nachfolgende Auflistung nur eine Momentaufnahme dar. Der hier mitgeteilte Stand der Gesetzesvorhaben ist: September 2002. Der **aktuelle Stand** der Novellen lässt sich erfragen beim **Bundesministerium** der **Justiz**, Jerusalemer Str. 24 – 28, 10117 Berlin, Tel. 030/202570, Fax 030/20259525, E-Mail:poststelle@bmj.bund400.de. Es lohnt sich auch ein Blick in das **Internet**. Dort informiert das BMJ über die laufenden Gesetzgebungsvorhaben.

☝ Unter „**http://www.bundestag.de**" besteht Zugriff auf die GESTA, die den **Gesetzgebungsstand** für **Bundesgesetze** dokumentiert. Ein Mausklick auf: „Datenbanken – Gesetzgebung", dann auf „DIP", schließlich auf „[Gesetzgebungstand] GESTA" führt zu der entsprechenden Information. Ist die Nummer der BT-Drucksache bekannt, kann der Zugriff auch über diese erfolgen.

520c **3.** Für den 63. Deutschen Juristentag hatte das BMJ ein sog. **Eckpunktepapier** angekündigt, dann aber wieder zurückgezogen. Danach hat die Bundesregierung im Frühjahr 2001 ein neues „Eckpunktepapier" vorgelegt (s. dazu StV 2001, 314). Dieses sah eine **weitgehende Reform** des **Strafverfahrens** vor. Nach den Vorstellungen des BMJ soll der Verfahrenschwerpunkt von der Hauptverhandlung zum Ermittlungsverfahren verlagert werden. Die Verteidigung soll in einem frühen Verfahrensstadium stärker eingebunden werden, um dadurch die Hauptverhandlung zu entlasten. Ziel ist es, mehr als bisher möglich, Beweiserhebungen aus dem Ermittlungsverfahren in der Hauptverhandlung zu verwerten. Angestrebt wird eine effizientere Hauptverhandlung und vor allem auch eine (noch weitere) Verbesserung des Opferschutzes. Die ehemalige Bundesministerin der Justiz hat dieses Papier weiter erläutert (s. StV 2001, 359 ff.).

Die für eine Änderung der Hauptverhandlung **wesentlichen „Eckpunkte"** betreffen (vgl. i.Ü. StV 2001, 314; zu den Änderungen im Ermittlungsverfahren *Burhoff*, EV, Rn. 887; s. i.Ü. a. *Beulke*, *Däubler-Gmelin*, *Bittmann*, *von Galen/Wattenberg*, jeweils a.a.O.; *Hinz* SchlHA 2001, 247 f.):

- die Einführung eines **Anhörungstermins** im Zwischenverfahren (vgl. dazu *Krause* StV 2002, 222).

- die Schaffung des Rechts der Verteidigung zu einer **Eingangsstellungnahme**, das bislang gesetzlich nicht verankert ist (→ *Erklärungen des Verteidigers*, Rn. 460; *Ignor/Matt* StV 2002, 107),
- die Verstärkung der Verwertbarkeit von im Ermittlungsverfahren erhobenen Beweisen durch **Erweiterung** der Möglichkeiten zur **Verlesung** von **Vernehmungsniederschriften** und Urkunden unter Beachtung des Amtsermittlungsgrundsatzes (krit. dazu *Ignor/Matt* StV 2002, 108),
- eine „**transparentere Hauptverhandlung**" dadurch, dass dem Gericht die Möglichkeit eröffnet wird, eine vorläufige Beurteilung des Verfahrensstandes in tatsächlicher und rechtlicher Hinsicht abzugeben, ohne dass dies den Vorwurf der Befangenheit begründen soll,
- eine **gesetzliche Normierung** der **Verständigung** im Strafverfahren auf der Grundlage der bisherigen obergerichtlichen Rspr. (→ *Absprachen mit Gericht und StA*, Rn. 63; vgl. dazu von *Galen/Wattenberg* ZRP 2001, 449),
- verstärkter **Einsatz technischer Mittel** (Bild-Ton-Aufzeichnungen, Tonbandaufzeichnungen von Vernehmungen, zur Beschleunigung der Arbeitsabläufe und zum Opferschutz (vgl. dazu von *Galen/Wattenberg* ZRP 2001, 450).

Die „Eckpunkte" werden in der Literatur **kontrovers diskutiert** (vgl. die o.a. Lit.-Hinw. und die weiteren Nachw. bei *Freund* GA 2002, 82 Fn. 4). Gegen sie wird insbesondere vorgebracht, dass damit der Weg in den Parteiprozess beginnt (*Salditt* StV 2001, 311 ff.; zu Reformvorschlägen s.a. *Ignor/Matt* StV 2002, 105). Es ist nicht abzusehen, wann und wie die Reformvorschläge in Gesetzesänderungen einmünden. Bei Redaktionsschluss lag ein Referentenentwurf aus dem BMJ noch nicht vor. Es bleibt abzuwarten, ob in der 15. Legislaturperiode nun die Reform des Strafverfahrens kommt.

4. Auf folgende geplante Gesetzesänderungen ist hinzuweisen: **521**

Ablehnungsrecht:

In Zukunft soll nach einem neuen § 26a Abs. 1 Nr. 4 die **einstimmige Verwerfung** des Ablehnungsgesuchs unter Beteiligung des abgelehnten Richters auch in den Fällen der **offensichtlichen Unbegründetheit**, statt wie bisher nur der Unzulässigkeit des Ablehnungsgesuchs, möglich sein (→ *Ablehnungsverfahren*, Rn. 46). Die Anfechtungsmöglichkeit der Ablehnungsentscheidung nach § 28 Abs. 2 bleibt erhalten, insbesondere auch in der Revision. Diese Änderung ist enthalten im „Entwurf eines Gesetzes zur Beschleunigung von Strafverfahren („Strafverfahrensbeschleunigungsgesetz" (BT-Dr. 14/1714; s. dazu *Herzog* StV 2000, 446) Dieser entspricht im Wesentlichen dem Entwurf zu einem „2. Gesetz zur Entlastung der Rechtspflege", der auf einem Vorschlag der Justizministerkonferenz beruhte (wegen der Einzelh. dazu BR-Dr. 633/95 und BT-Dr. 13/4541; s. dazu u.a. *Bernsmann* ZRP 1994, 329; *Bertram* NJW 1994, 2187 f.; krit. *Frister* StV 1997, 151; *Schlüchter* GA 1994, 419 ff.; s.a. BRAK-Mitt. 1995, 233 ff.).

Zudem soll in Zukunft die Ablehnung eines Richters einheitlich unverzüglich geltend gemacht werden müssen (s. BT-Dr. 14/1714).

Adhäsionsverfahren:

Das → *Adhäsionsverfahren*, Rn. 72, soll künftig **auch** im **Jugendstrafverfahren** zulässig sein (s. BT-Dr. 14/1714 [s.o.]; dazu *Siegismund*, a.a.O.).

Beschleunigtes Verfahren:

Wegen der strengen Rspr. zur Frist zwischen Eingang des Antrags auf Durchführung des beschleunigten Verfahrens und der HV (vgl. die Nachw. bei → *Beschleunigtes Verfahren*, Rn. 228) ist geplant, in § 418 Abs. 1 einen S. 2 einzufügen, wonach zwischen dem **Eingang** des **Antrags** und dem **Beginn** der **HV**, die zum Urteil führt, nicht mehr als **sechs Wochen** liegen dürfen (Strafverfahrensbeschleunigungsgesetz“ [BT-Dr. 14/1714]; s. dazu a. BT-Dr. 14/2444 und auch schon der Gesetzesantrag des Landes Baden-Württemberg BR-Dr. 301/99).

Nach dem Gesetzentwurf des BR in der BR-Dr. 14/5014 soll das beschleunigte Verfahren zudem demnächst **auch** im **Jugendstrafrecht** Anwendung finden.

522

Beweisantragsrecht:

Die Ablehnung eines Beweisantrages wegen **Verschleppungsabsicht** soll künftig nach der „freien Würdigung des Gerichts“ erfolgen können. Das Revisionsgericht überprüft dann später nur den Weg der Überzeugungsbildung, nicht aber die Tragfähigkeit der für die Verschleppungsabsicht sprechenden Indizien (s. „Strafverfahrensbeschleunigungsgesetz“ [BT-Dr. 14/1714] und auch schon das 2. Gesetz zur Entlastung der Rechtspflege [s.o. „Ablehnungsrecht“]; → *Beweisantrag, Ablehnungsgründe*, Rn. 270; s. dazu a. *Fezer* StV 1995, 266; *Kröpil* AnwBl. 1999, 17 ff. und krit. *Herzog* StV 2000, 447).

Berufung:

S. „Rechtsmittelreform“

523

Einstellung des Verfahrens:

Erweitert werden soll die Einstellungsmöglichkeit nach § 153c Abs. 1 Nr. 3 wegen Auslandsverurteilung. Diese soll demnächst auch ohne Vollstreckung möglich sein (Strafverfahrensbeschleunigungsgesetz [BT-Dr. 14/1714]).

Von stärkerer praktischer Bedeutung ist die **Erweiterung** des Kreises der **Bezugssanktionen** nach den §§ 154, 154a durch Ausdehnung auf alle Rechtsfolgen der Tat wie Verfall, Einziehung, Unbrauchbarmachung und Verwarnung mit Strafvorbehalt einschließlich der Auflagen nach § 153a Abs. 1 S. 2 Nr. 2 (s. → *Einstellung des Verfahrens nach § 154 bei Mehrfachtätern* Rn. 399, → *Einstellung des Verfahrens nach § 154a zur Beschränkung der Strafverfolgung*, Rn. 405; krit. dazu *Herzog* StV 2000, 447).

Jugendstrafverfahren:

524

Im Jugendstrafverfahren soll der **Nebenklageberechtigte** ein Recht auf **Hinzuziehung** eines **Rechtsanwalts** erhalten. Außerdem soll der als Zeugenbeistand auftretende Rechtsanwalt zur Anwesenheit in der HV des Jugendstrafverfahrens berechtigt sein (wegen der Einzelh. s. BR-Dr. 50/95 v. 25.1.1995; s.a. „Opferschutz"). Außerdem sollen im Jugendstrafverfahren auch das → *Adhäsionvserfahren*, Rn. 72 und das → *beschleunigte Verfahren*, Rn. 228, zulässig sein (s. jeweils oben).

Kronzeugenregelung:

Die bis zum 31.12.1999 befristete Kronzeugenregelung ist **nicht** mehr **verlängert** worden. Ob eine neue Kronzeugenregelung eingeführt wird, lässt sich derzeit noch nicht absehen (vgl. die Lit.-Hinw. bei → *Kronzeuge*, Rn. 587).

Opferschutz:

Geplant ist eine erhebliche weitere Verbesserung der Stellung des Verletzten im Strafverfahren. Der „Entwurf eines Gesetzes zur Änderung der Strafprozeßordnung (Gesetz zur Stärkung der Verletztenrechte [BT-Dr. 14/4661) sieht eine erhebliche Stärkung der Verletztenrechte vor, indem der **Schutz** des allgemeinen **Persönlichkeitsrechts** des Verletzten weiter gestärkt wird, dem Verletzten mehr eigene Rechte eingeräumt werden, um sich stärker **aktiv** am **Verfahren beteiligen** zu können und die Möglichkeiten der Geschädigten verbessert werden, **vermögensrechtliche** Ansprüche bereits im Strafverfahren **geltend** zu machen (s.a. „Adhäsionsverfahren").

Protokoll der Hauptverhandlung:

In Verfahren vor dem **Strafrichter** soll dieser in der HV von der Hinzuziehung eines **Urkundsbeamten absehen** können. Weiterhin soll in allen Verfahren vor dem AG auf das bisherige **Inhaltsprotokoll verzichtet** werden. Es ist außerdem geplant, durch eine Neufassung des § 273 die Entscheidung des Vorsitzenden über eine Ablehnung der wörtlichen Protokollierung unanfechtbar werden zu lassen („Strafverfahrensbeschleunigungsgesetz" [BT-Dr. 14/1714] und auch schon das 2. Gesetz zur Entlastung der Rechtspflege [s.o. „Ablehnungsrecht"]; → *Protokoll der Hauptverhandlung, Allgemeines*, Rn. 713 ff.).

Rechtsmittel:

Geplant ist eine **umfassende Änderung** der Rechtsmittel, und zwar wie folgt:

Der Bereich der **Annahmeberufungen** soll auf Verurteilungen bis zu 90 Tagessätzen einschließlich Fahrverbot und Entziehung der Fahrerlaubnis bis zu neun Monaten angehoben werden. Zugleich soll hier die Sprungrevision ausgeschlossen werden.

In dem Bereich, in dem danach noch die Revision möglich ist, also bei Verurteilungen über 90 Tagessätzen, soll ein **Wahlrechtsmittel** eingeführt werden. Dem Rechtsmittelführer stehen dann nur noch Berufung oder Revision zur Verfügung. Künftig soll der Angeklagte auch das Ziel der **Berufung** angeben und diese **begründen** müssen („Strafverfahrensbeschleunigungsgesetz" [BT-Dr. 14/1714] und auch schon das 2. Gesetz zur Entlastung der Rechtspflege [s.o. „Ablehnungsrecht"]; → *Berufung, Allgemeines*, Rn. 178a, m.w.N.; → *Rechtsmittel, Allgemeines*, Rn. 742; krit. *Herzog* StV 2000, 447; *Nobis* StV 2000, 449; *Laufhütte* NStZ 2000, 449).

525

Strafbefehlsverfahren:

Das Strafbefehlsverfahren soll auf Verfahren vor dem **LG** oder **OLG ausgedehnt** werden, weil auch dort strafbefehlsgeeignete Verfahren anfallen können. Der **Übergang** zum Strafbefehlsverfahren soll bis zum **Ende** der **letzten Tatsacheninstanz** möglich sein, also auch die Fälle erfassen, in denen nach erstinstanzlichem Freispruch der Angeklagte in der → *Berufungshauptverhandlung*, Rn. 183, nicht erscheint („Strafverfahrensbeschleunigungsgesetz" [BT-Dr. 14/1714] und auch schon das 2. Gesetz zur Entlastung der Rechtspflege [s.o. „Ablehnungsrecht"]; → *Ausbleiben des Angeklagten*, Rn. 109; → *Strafbefehlsverfahren*, Rn. 824 ff.).

Unterbrechung der Hauptverhandlung:

§ 229 soll reformiert werden. Vorgesehen ist, die **Frist** des § 229 Abs. 1 auf drei Wochen **auszudehnen**. Außerdem soll die Möglichkeit eingeräumt werden, die HV schon nach sechs Monaten für 30 Tage zu unterbrechen und dann nochmals nach weiteren sechs Monaten. Darüber hinaus soll die Möglichkeit der Hemmung der Unterbrechungsfrist wegen Krankheit auf die Mitglieder des Gerichts ausgedehnt werden („Strafverfahrensbeschleunigungsgesetz" [BT-Dr. 14/1714] und auch schon das 2. Gesetz zur Entlastung der Rechtspflege [s.o. „Ablehnungsrecht"]; krit. *Zieschang* StV 1996, 115; → *Unterbrechung der Hauptverhandlung*, Rn. 873).

Vereidigung eines Zeugen:

Die **Regelvereidigung** eines Zeugen, auf die in der Praxis zumeist nach § 61 Nr. 5 verzichtet wird, soll **abgeschafft** und die Vereidigung in das Ermessen des Gerichts gestellt werden, so dass kein Prozessbeteiligter mehr die Eidesleistung erzwingen kann („Strafverfahrensbeschleunigungsgesetz" [BT-Dr. 14/1714] und auch schon das 2. Gesetz zur Entlastung der Rechtspflege [s.o. „Ablehnungsrecht"]; krit. *Herzog* StV 2000, 447; → *Vereidigung eines Zeugen*, Rn. 932).

526

Verlesung von Protokollen (früherer Vernehmungen):

Die Verlesungsmöglichkeit nach § 251 Abs. 1 soll erweitert werden auf **Niederschriften** über das Vorliegen oder die Höhe eines **Vermögensschadens**, weil die Geschädigten oftmals zum Tathergang und zur Person des Täters nichts beitragen können und eine persönliche Vernehmung allein zur Schadensbekundung entbehrlich erscheint („Strafverfahrensbeschleunigungsgesetz" [BT-Dr. 14/1714] und auch schon das 2. Gesetz zur Entlastung der Rechtspflege [s.o. „Ablehnungsrecht"]; → *Verlesung von Protokollen früherer Vernehmungen*, Rn. 1017).

Verlesung von sonstigen Gutachten und Berichten:

527

In den Kreis der nach **§ 256 verlesbaren Urkunden** aufgenommen werden sollen Gutachten vereidigter SV und Durchsuchungsprotokolle, Spurensicherungsberichte und ähnliche Protokolle über Routinevorgänge, sofern sie keine Vernehmungen zum Inhalt haben („Strafverfahrensbeschleunigungsgesetz“ [BT-Dr. 14/1714] und auch schon das 2. Gesetz zur Entlastung der Rechtspflege [s.o. „Ablehnungsrecht“]; → *Verlesung von sonstigen Gutachten und Berichten*, Rn. 1029).

Glaubwürdigkeitsgutachten

528

Das Wichtigste in Kürze

1. Die Beurteilung der Glaubwürdigkeit eines Zeugen ist „ureigenste Aufgabe“ des Gerichts, das, auch wenn ein SV hinzugezogen worden ist, allein entscheidet, ob es einem Zeugen glaubt oder nicht.
2. Hat das Gericht nicht genügend Sachkunde, muss es zur Beurteilung der Glaubwürdigkeit eines Zeugen einen SV beiziehen.
3. Aus § 81c folgt, dass eine psychiatrische oder psychologische Untersuchung nur mit Einwilligung des Zeugen zulässig ist. Sind ggf. Belehrungspflichten nicht oder nicht ordnungsgemäß erfüllt, kann sich ein Beweisverwertungsverbot für die beim SV gemachten Angaben ergeben.
4. Die Untersuchung eines Zeugen ist nicht der einzige Weg, seine Glaubwürdigkeit und Aussagetüchtigkeit zu überprüfen.
5. Grds. muss der SV, der mit der Beurteilung der Glaubwürdigkeit eines Zeugen beauftragt ist, in der HV während dessen Vernehmung und den Vorgängen, die sich mit der Glaubwürdigkeit dieses Zeugen befassen (Vernehmung weiterer Zeugen), anwesend sein.

Literaturhinweise: ***H.-U.Bender***, Merkmalskombinationen in Aussagen. Theorie und Empirie zum Beweiswert beim Zusammentreffen von Glaubwürdigkeitskriterien, 1987; ***Bender/Nack***, Tatsachenfeststellung vor Gericht, Bd. I: Glaubwürdigkeits- und Beweislehre, 2. Aufl., 1995; ***Conen/Tsambikakis***, Strafprozessuale Wahrheitsfindung mittels Sachverständiger im Spannungsfeld zwischen Aufklärungspflicht und Beweisantragsrecht, GA 2000, 372; ***Deckers***, Verteidigung in Verfahren wegen sexuellen Mißbrauchs von Kindern, NJW 1996, 3105; ders., Die Verteidigung in Mißbrauchsverdachtsfällen als juristisches, sozialethisches und familienrechtliches Problem, AnwBl. 1997, 453; ders., Glaubwürdigkeit kindlicher Zeugen, NJW 1999, 1365; ***Endres***, Sexueller Kindesmißbrauch, Psychologischer Sachverstand als Beweismittel bei Verdachtsfällen sexuellen Kindesmißbrauchs, Krim 1997, 490; ***Fabian/Greuel/Stadler***, Möglichkeiten und Grenzen aussagepsychologischer Begutachtung, StV 1996, 347; ***Fischer***, Glaubwürdigkeitsbeurteilung und Beweiswürdigung – Von der Last der „ureignen Aufgabe“, NStZ 1994, 1; ***Gmür***, Das psychiatrische Glaubwürdigkeitsgutachten, Krim 2000, 128; ***Jahn***, Grundlagen der Beweiswürdigung und Glaubhaftigkeitsbeurteilung im Strafverfahren, Jura 2001, 450; ***Jansen***, Überprüfung aussagepsychologischer Gutachten – unter Berücksichtigung der Grundsatzentscheidung des BGH v. 30.7.1999 (StV 1999, 473 = NJW 1999, 2746 ff.), StV 2000, 224; ***Krekeler***, Strafverteidigung mit und gegen einen Sachverständigen, StraFo 1996, 5; ***Lorenz***, Lehren und Konsequenzen aus dem Wormser Missbrauchsprozessen, DRiZ 1999, 253; ***Meyer-Mews***, Die „in dubio contra reo" Rechtsprechungspraxis bei Aussage-gegen-Aussage-Delikten, NJW 2000, 916; ***Nack***, Verteidigung bei der Glaubwürdigkeitsbeurteilung von Aussagen, StV 1994, 555; ders. Der Zeugenbeweis aus aussagepsychologischer und juristischer Sicht, Interdisziplinärer Dialog – Sichtweise des Revisionsrichters, StraFo 2001, 1; ders. Revisibilität der Beweiswürdigung – Teil 1, StV 2002, 510; Teil 2, StV 2002, 558; ***Offe***, Anforderungen an die Begutachtung der Glaubhaftigkeit von Zeugenaussagen, NJW 2000, 929; ***Plaum***, Ein „Wahrheitstest" für Glaubhaftigkeitsgutachten, Krim 1998, 549; ***Schade***, Der Zeitraum von der Erstaussage bis zur Hauptverhandlung als psychologischer Prozeß. Folgerungen für die Glaubwürdigkeitsbegutachtung am Beispiel der Wormser Prozesse über sexuellen Kindesmissbrauch, StV 2000, 165; ***Scholz***, Wie können nicht glaubhafte Zeugenaussagen entstehen?, NStZ 2001, 572; ***Scholz/Endres***, Sexueller Kindesmißbrauch aus psychologischer Sicht – Formen, Vorkommen, Nachweis -, NStZ 1994, 466; dies., Aufgaben des psychologischen Sachverständigen beim Verdacht des sexuellen Kindesmißbrauchs, NStZ 1995, 6; ***Undeutsch/Klein***, Neue Wege der wissenschaftlichen Verdachtsanalyse in Missbrauchsfällen – Suggestionsforschung und Polygraphtests -, AnwBl. 1997, 462.

528a **1.** Die Beurteilung der Glaubwürdigkeit eines Zeugen ist sog. „**ureigenste Aufgabe**" des **Gerichts**, das, auch wenn ein SV hinzugezogen worden ist, allein entscheidet, ob es einem Zeugen glaubt oder nicht (vgl. u.a. BGH StV 1993, 567; KK-*Herdegen*, § 244 Rn. 31 m.w.N.). Das Ergebnis dieser Entscheidung hängt von der dem Richter obliegenden **Gesamtwürdigung** des Beweisstoffs ab (zur Revisibilität der Glaubwürdigkeitsbeurteilung von Aussagen s. *Nack* StV 1994, 555 ff. m.zahlr.w.N. auch aus der n.v. Rspr. des BGH; ders., StraFo 2001, 1 ff.; zu den Grenzen aussagepsychologischer Begutachtung s. *Fabian/Greuel/Stadler* StV 1996, 347 ff.). Hinzuweisen ist in diesem Zusammenhang insbesondere auch auf *Fischer* (NStZ 1994, 1 ff.), der das Überhandnehmen von Glaubwürdigkeitsgutachten kritisiert und die Richter auffordert, ihre „ureigenste" Aufgabe der Beweiswürdigung (wieder mehr) in die Hand zu nehmen.

529 **2.** In bestimmten Fällen besteht jedoch **Anlass**, einen SV zur **Beurteilung** der **Glaubwürdigkeit** eines Zeugen beizuziehen (s.a. *Nack* StraFo 2001, 4 ff.). Das ist grds. immer dann der Fall, wenn „Eigenart und besondere Gestaltung des Einzelfalls" vom Gericht eine **Sachkunde** verlangen, die ein Richter normalerweise selbst dann nicht hat, wenn er über besondere forensische Erfahrungen, etwa in Jugend- oder Jugendschutzsachen, verfügt (zuletzt BGH NStZ 2001, 105 m.w.N.). I.d.R. wird der Verteidiger sich mit den insoweit auftauchenden Fragen schon im Ermittlungsverfahren auseinandersetzen müssen (vgl. dazu a. *Burhoff*, EV, Rn. 905 ff.).

☝ Das gilt besonders für ein von einem SV während des Ermittlungsverfahrens ggf. erstattete (**Glaubwürdigkeitsgutachten** (vgl. dazu insbesondere *Burhoff*, EV, Rn. 911 ff.). Er muss vor allem prüfen, ob die vom **BGH** für ein solches Gutachten aufgestellten **Mindestanforderungen** beachtet sind (s. dazu BGHSt 45, 164, NStZ 2001, 45; *Jansen* StV 2000, 224; *Offe* NJW 2000, 929; zur Auswertung von Glaubwürdigkeitsgutachten in Verfahren wegen sexuellen Missbrauchs s. insbesondere *Deckers* NJW 1996, 3108 f. und NJW 1999, 1365 m.zahlr.w.N.; zur Frage, ob der Angeklagte einen Anspruch auf Vorlage der Arbeitsunterlagen des SV hat, → *Sachverständigenbeweis*, Rn. 778).

Da die Frage nach der Einholung eines Glaubwürdigkeitsgutachtens aber auch (erst) in der HV Bedeutung erlangen kann, ist auf folgende Einzelh. hinzuweisen:

530

- Ein **Beweisantrag**, der sich mit der Glaubwürdigkeit eines Zeugen, der den Angeklagten belastet, befasst, darf grds. **nicht** mit einer **Wahrunterstellung** abgelehnt werden (BGH StV 1996, 647).
- Grds. machen nur **besondere Umstände** die **Zuziehung** eines **SV** erforderlich (s. u.a. BGH NStZ 1982, 170; BayObLG StV 1996, 476), so z.B.
  - zur Beurteilung der **Auswirkungen** von **Alkohol** auf die Erinnerungsfähigkeit (z.B. BGH StV 2000, 665),
  - wenn die Person des Zeugen ausnahmsweise solche Besonderheiten aufweist, dass Zweifel daran aufkommen können, ob die Sachkunde (des Gerichts) zur Beurteilung der Glaubwürdigkeit unter den gegebenen besonderen Umständen ausreicht (BGH JZ 1990, 52; s.a. BGH StV 1993, 567 [für Zeugin war bereits **Entmündigungsantrag** gestellt, mehrfache stationäre Behandlungen in einem Fachkrankenhaus für Neurologie und Psychiatrie]; StV 1997, 60 [Hirnhautentzündung mit monatelangem Krankenhausaufenthalt als Kleinkind, Sonderschulbesuch, **psychische Auffälligkeiten**]; und BGH NStZ-RR 2001, 132 – K -[**schizophrene** Belastungszeugin]),
  - wenn der Zeuge an **Epilepsie** litt (BGH StV 1991, 245),
  - wenn der Zeuge sich erst nach **Hypnose** erinnert hat (so wohl BGH NStZ-RR 1999, 48),
  - wenn der Zeuge hochgradig **medikamentenabhängig** war (zuletzt BGH NStZ 1991, 47),
  - wenn der Zeuge an einer **Psychose** leidet (BGH StV 1990, 8 m.w.N.; BayObLG StV 1996, 476; s.a. BGH NStZ 1995, 558 [Beiziehung eines Psychiaters zur Beurteilung der Aussagetüchtigkeit]),
  - wenn die Zeugentüchtigkeit durch ein **Schädel-Hirn-Trauma** möglicherweise beeinträchtigt war (BGH StV 1994, 634),
  - wenn der Zeuge an **Schwachsinn** leidet und zudem noch Alkohol- und Tablettenmissbrauch vorliegt (BGH StV 1997, 61),

- bei „Aussage gegen Aussage“ (s. dazu zuletzt BGH StV 1994, 359; 1998, 116, jeweils m.w.N.) oder bei **wechselndem Aussageverhalten** des Zeugen (vgl. BGH NStZ 1992, 347; s.a. die weit. Nachw. bei *Nack* StV 1994, 556).

☝ Ist der **Zeuge** zur **Mitarbeit** bei der Exploration **nicht bereit**, muss das Gericht ggf. auf die Einholung eines SV-Gutachtens zur Glaubwürdigkeit verzichten. Es muss dann die Aussage aber selbst sorgfältig analysieren und bewerten (BGH NStZ 1997, 355) bzw. ein bereits früher eingeholtes SV-Gutachten und die Verfahrensakten daraufhin auswerten, inwieweit möglicherweise eine Beeinflussung des (kindlichen) Zeugen möglich ist (BGH StV 1998, 116). Ggf. sind zur Suggestion auch die dafür in Betracht kommenden Zeugen zu hören.

Das Gericht kann i.Ü. ggf. im Hinblick auf eigene Sachkunde auf die Einholung eines SV-**Gutachtens verzichten**, wenn **andere Beweismittel** die Beurteilungsmöglichkeiten des Gerichts stützen (BGH NStZ-RR 1999, 48 f. [Geständnis des Angeklagten]). Von der Anhörung eines Psychologen als (weiteren) **SV** zur Glaubwürdigkeit kann auch dann abgesehen werden, wenn sich das Gericht aufgrund des Gutachtens eines psychiatrischen SV die nötige Sachkunde verschafft, um beurteilen zu können, dass Auffälligkeiten in der Person des Zeugen auf die Glaubwürdigkeit von dessen Aussage keinen Einfluss haben (BGH NJW 1998, 2753; s. aber a. BGH NStZ 1997, 610 [nicht bei einem weiteren SV i.S.v. § 244 Abs. 4 S. 2]).

531

- Dieser Grundsatz gilt auch, wenn es um die Beurteilung der Aussagen von **Kindern** und **Jugendlichen** geht (st.Rspr., vgl. u.a. BGH NJW 1961, 1636; zuletzt NStZ 1997, 355; 1999, 258; allgemein zur Glaubwürdigkeitsbeurteilung kindlicher Tatopfer BGH NStZ 1996, 98; s.a. *Nack* StV 1994, 557 m.w.N. und *Deckers* NJW 1999, 1368 f.). Häufig ist es jedoch bei kindlichen und jugendlichen Zeugen ratsam, einen **(Jugend-)Psychiater** oder (Jugend-)Psychologen oder einen SV zur Beurteilung der Glaubwürdigkeit eines jugendlichen Zeugen hinzuzuziehen (zuletzt BGH StV 1997, 60; NStZ-RR 1997, 171 f.; KK-*Herdegen*, § 244 Rn. 31, m.w.N.; zu dessen Befugnis BGH NJW 1998, 2753 f.).

☝ Nach OLG Zweibrücken (StV 1995, 293) sind Zeugen, die jünger als **4½** Jahre alt sind, **kaum aussagetüchtig**, so dass sich bei ihnen die psychologische Exploration und Begutachtung aufdrängt. Das OLG Köln (StV 1995, 293 f.) sieht keinen Erfahrungssatz als gegeben, dass ein **8-jähriges Kind** grds. nicht in der Lage sei, sich an einen knapp zwei Jahre zurückliegenden Vorfall im Straßenverkehr zu erinnern.

Die **Zuziehung** eines SV ist darüber hinaus **geboten**,

- wenn es um die Beurteilung der **Aussage** eines **jugendlichen Zeugen** geht, der sich zur Tatzeit in der **sexuellen Reifung** befand und über sexuelle Dinge aussagen soll (OLG Düsseldorf StV 1994, 642),
- wenn **Besonderheiten** in der **Person** des (jugendlichen) Zeugen bestehen, wie z.B. ungewöhnliches Erscheinungsbild oder (Aussage-)Verhalten (OLG Brandenburg StV 1999, 481), unaufgeklärte Widersprüche, **geistige Schäden**, **Reifedefizite** u.a. (BGH NStZ-RR 1997, 171 [geistige Behinderung]; OLG Düsseldorf StV 1990, 13 m.w.N.; OLG Koblenz StV 2001, 561; *Kleinknecht/Meyer-Goßner*, § 244 Rn. 74; zur Glaubwürdigkeitsbeurteilung unter Berücksichtigung der Entstehungsgeschichte der Aussage und bei einer Häufung von Fragwürdigkeiten BGH StV 1996, 366, 367),

- i.d.R. in Verfahren wegen **sexuellen Missbrauchs,** so z.B. wenn eine intensive, teilweise **suggestive Befragung** von Geschädigten geringen Alters durch Familienangehörige stattgefunden hat, zwischen Taten und Offenbarung mehr als ein Jahr liegt und die kindlichen Aussagen in einem Sorgerechtsstreit verwendet werden (BGH NStZ 2001, 105; vgl. zu dieser Problematik eingehend *Deckers* NJW 1996, 3105; NJW 1999, 1365 und a. *Schade* StV 2000, 165; *Scholz* NStZ 2001, 572; zur Glaubwürdigkeit kindlicher Tatopfer u.a. BGH NStZ 1996, 98; StV 1998, 116), nicht unbedingt, wenn für einen Belastungszeugen ein Gutachten eingeholt worden ist, aber auch für Entlastungszeugen (BGH NStZ 1999, 257 [zugleich auch zur Beweiswürdigung in solchen Fällen]),
- in Verfahren wegen sexuellen Missbrauchs aber auf jeden Fall dann, wenn die **Schwierigkeiten** bei der Vernehmung über die typischen Probleme bei diesen Vernehmungen hinausgehen (BGH NStZ 1999, 472 [für einen Fall, in dem das Opfer sich praktisch nur andeutungsweise geäußert hat]),
- wenn es sich um die Angaben über ein Geschehen, in dem der **Zeuge** zwischen **sieben** und **zwölf** (BGH NStZ 1990, 228 [M]) bzw. zwischen **fünf** und **13 Jahre** (BGH StV 1994, 173) **alt** war, handelt, da es dann nicht allein auf die Glaubwürdigkeit zum Zeitpunkt der Vernehmung ankommt, sondern auch die Wahrnehmungsfähigkeit, das Erinnerungsvermögen und die Zuverlässigkeit des Zeugen zum Zeitpunkt des Geschehens von Bedeutung sind.

532

☝ Bei der **Auswahl** eines SV muss der Verteidiger beachten, dass die Fachkenntnisse eines **Psychologen** häufig **nicht** ausreichend sind, wenn eine geistige Erkrankung Einfluss auf die **Glaubwürdigkeit** eines Zeugen haben kann; es ist dann ein Psychiater beizuziehen (BGHSt 23, 8, 12 ff.; zuletzt BGH NStZ 1997, 199; StV 1997, 60; s. aber BGH NJW 1998, 2753 [keine Hinzuziehung eines **Psychologen** als **weiteren SV** zur Glaubwürdigkeit eines **erwachsenen Zeugen**, wenn sich der Tatrichter aufgrund des Gutachtens eines psychiatrischen SV die nötige Sachkunde dafür verschafft hat, beurteilen zu können, dass die Auffälligkeiten in der Person des Zeugen auf dessen Zeugentüchtigkeit keinen Einfluss haben].Geht es allerdings (nur) um „normalpsychologische“ Wahrnehmungs-, Gedächtnis- und Denkprozesse, reicht die Zuziehung eines Psychologen (BGH NJW 2002, 1813). Ggf. muss der Verteidiger einen **Beweisantrag** stellen, wenn er die Zuziehung eines weiteren SV für erforderlich ansieht (s. die Hinw. bei BGH, a.a.O.; → *Obergutachter*, Rn. 636, mit Antragsmuster Rn. 642, → *Sachverständigenbeweis*, Rn. 765).

Zum Verfahren bei der Auswahl eines SV wird verwiesen auf *Burhoff*, EV, Rn. 1467 ff., und auf Nr. 70 RiStBV).

Verweigert der gesetzliche Vertreter eines minderjährigen Opfers dessen notwendige **Untersuchung** durch einen **bestimmten SV**, kann das Gericht wegen der ihm obliegenden → *Aufklärungspflicht des Gerichts*, Rn. 95, verpflichtet sein, einen anderen SV auszuwählen (KG NJW 1997, 69).

Hat im Vorverfahren eine → ***Gegenüberstellung** von Zeugen*, Rn. 511, stattgefunden, kann es in schwierigen Fällen ratsam sein, in der HV die Hinzuziehung eines **Psychologen** als SV zu beantragen, damit dieser bei der Beurteilung der Zuverlässigkeit einer Wiedererkennung behilflich ist (*Eggert* ZAP F. 22, S. 192).

533 **3.a)** Aus § 81c folgt, dass eine **psychiatrische** oder **psychologische Untersuchung** nur mit **Einwilligung** des **Zeugen** zulässig ist (BGHSt 14, 21, 23; 23, 1 f.; s.a. *Eisenberg* [StV 1995, 625 in der Anm. zu BGHSt 40, 336], der die Glaubwürdigkeitsuntersuchung eher als einer Vernehmung vergleichbar ansieht und deshalb § 52 analog anwenden will). Der Verteidiger muss darauf achten, dass über die Einwilligung zur Untersuchung gem. §§ 81c Abs. 3 S. 2, 52 Abs. 2, 3 allein der **gesetzliche Vertreter** eines Zeugen entscheidet, wenn der Zeuge selbst von der Bedeutung seines Untersuchungsverweigerungsrechts als Angehöriger mangels Verstandesreife keine genügende Vorstellung hat (BGHSt 40, 336 [für Kinder in einem Verfahren wegen sexuellen Missbrauchs]). Auch der gesetzliche Vertreter ist zu **belehren** (eingehend zur Belehrung *Burhoff*, EV, Rn. 1081 ff.).

b) Sind die Belehrungspflichten nicht oder nicht ordnungsgemäß erfüllt, kann sich ein **Beweisverwertungsverbot** für die beim SV gemachten Angaben ergeben. Im Einzelnen gilt:

534 ● **Unverwertbar**

- sind grds. die **Angaben**, die ein untersuchter Zeuge gegenüber dem SV – **ohne Belehrung** durch das beauftragende Gericht – gemacht hat, solange Ungewissheit darüber besteht, ob der Zeuge von seinem ZVR Gebrauch macht oder ob er darauf verzichtet (BGH NJW 1996, 206; StV 1996, 196),
- ist auch das Gutachten, vor dessen Erstellung ein zeugnisverweigerungsberechtigter **Zeuge nicht** auch über sein Recht, die **Untersuchung verweigern** zu können, **belehrt** worden ist (BGH NStZ 1996, 275), es sei denn, es erfolgt eine nachträgliche Einwilligung, z.B. im Rahmen der Vernehmung in der HV.

● Auch die **unterlassene** oder **fehlerhafte Belehrung** eines **Minderjährigen** über das Untersuchungsverweigerungsrecht nach § 81c Abs. 3 S. 2 begründet ein BVV, wenn ein Kausalzusammenhang besteht und der Mangel nicht geheilt worden ist. Beruht das (spätere) Urteil auf der Verwertung, fällt es bei entsprechend ausgeführter Rüge (§ 344 Abs. 2!) der Revision anheim (BGHSt 13, 394, 398; KK-*Senge*, a.a.O.; zum BVV bei nicht ordnungsgemäßer Belehrung eines Kindes s. zuletzt BGH NJW 1996, 206; BGH NStZ 1996, 145).

Hat der SV bewusst nicht für die ordnungsgemäße Belehrung eines Kindes gesorgt, begründet das allein i.d.R. noch nicht die Besorgnis der **Befangenheit** des SV (BGH NStZ 1997, 349); etwas anderes gilt, wenn der SV den zu untersuchenden Kindern bewusst verschweigt, dass er für die Justizbehörden tätig ist, weil er sicher ist, dass diese anderenfalls keine Angaben zum Tatgeschehen machen (BGH, a.a.O.).

- Entsprechendes gilt für den **gesetzlichen Vertreter** (st.Rspr., s. u.a. BGHSt 14, 159 f.; zuletzt BGHSt 40, 336; zur Belehrung *Burhoff*, EV, Rn. 517b). Das BVV besteht allerdings nicht, wenn feststeht, dass der gesetzliche Vertreter in Kenntnis des Rechts, die Untersuchung zu verweigern, in diese eingewilligt hätte (BGH, a.a.O.). Die **Zustimmung** des gesetzlichen Vertreters zu der Vernehmung reicht nur dann aus, wenn sich nach der Belehrung (der kindlichen Zeugen) herausgestellt hätte, dass diese das **Bewusstsein** der **Kinder** überhaupt **nicht erreicht** hätte (BGH NJW 1996, 206; NStZ 1996, 145; StV 1996, 196; zur erforderlichen Revisionsbegründung BGH NStZ 1997, 145). **535**

Die Frage der ordnungsgemäßen Belehrung muss der Verteidiger sorgfältig prüfen. Fehlt es an der erforderlichen Belehrung und kann der Mangel in der HV nicht geheilt werden, darf, wenn der Zeuge in der HV die **Aussage verweigert**, der **SV** dazu **nicht vernommen** werden (s.a. *Deckers* NJW 1996, 3110).

Die Tatschilderung eines auf seine Glaubwürdigkeit begutachteten Zeugen ist eine sog. **Zusatztatsache** und steht einer Aussage i.S.d. § 252 gleich. Die in diesem Zusammenhang vom Zeugen gegenüber dem SV gemachten Mitteilungen dürfen im Fall einer späteren Zeugnisverweigerung nach § 52 ebenfalls **nicht** in die HV eingeführt und **verwertet** werden, und zwar weder durch das SV-Gutachten noch durch die Vernehmung des SV als Zeugen (zuletzt BGHSt 46, 189 m.w.N.).

4. Die Untersuchung eines Zeugen ist nicht der einzige Weg, seine Glaubwürdigkeit und Aussagetüchtigkeit zu überprüfen. So kann der **SV** z.B. die sonst niedergelegten Aussagen und **Äußerungen** des Zeugen **verwerten**, er kann insbesondere bei dessen Vernehmung in der HV anwesend sein und die hierbei gewonnenen Eindrücke beurteilen (BGHSt 40, 336; NStZ 1982, 432). **536**

Der Verteidiger muss **sorgfältig prüfen**, ob er die Einholung eines Glaubwürdigkeitsgutachtens beantragt oder nicht. Denn ist das psychologische Gutachten über die Glaubwürdigkeit eines Belastungszeugen, z.B. in einem Verfahren wegen einer Vergewaltigung, erst einmal gegen den Angeklagten ausgefallen, dann ist er auch schon so gut wie verurteilt (*Bender* ZAP F. 22, S. 30). Der Verteidiger muss bei seinen Überlegungen auch berücksichtigen, dass er ein gegen den Angeklagten ausgefallenes Gutachten ohne eigenen SV selten so gezielt angreifen kann, dass er das Gericht dazu bringt, ein zweites gerichtliches Gutachten in Auftrag zu geben (zum Umgang des Rechtsanwaltes mit Glaubwürdigkeitsgutachten, insbesondere zur Prüfung, s. i.Ü. *Bender* ZAP Fach 22, S. 29 ff.).

537 **5.** Grds. muss der SV, der mit der Beurteilung der Glaubwürdigkeit eines Zeugen beauftragt ist, in der HV während dessen Vernehmung und den Vorgängen, die sich mit der Glaubwürdigkeit dieses Zeugen befassen (Vernehmung weiterer Zeugen), anwesend sein (so wohl BGH NStZ 1995, 45). Haben sich **nach** der **Anhörung** eines SV **Umstände** ergeben, die dem SV **unbekannt** waren und zu denen er sich deshalb nicht äußern konnte, muss das Gericht i.d.R. dem SV Gelegenheit geben, sich bei einer **erneuten Anhörung** damit auseinander zu setzen (BGH NStZ 1995, 201; → *Erneute Vernehmung eines Zeugen oder Sachverständigen*, Rn. 473).

H

538 Haftfragen

Literaturhinweise: ***Amelung***, Die Sicherheitsleistung gem. § 116 StPO, StraFo 1997, 300; ***Bertram***, Mitwirkung von Schöffen während unterbrochener Hauptverhandlung?, NJW 1998, 2934; ***Bleckmann***, Zur Verfassungsbeschwerde gegen Untersuchungshaftbeschlüsse, NJW 1995, 2192; ***Burhoff***, Die besondere Haftprüfung durch das OLG nach den §§ 121, 122 StPO – eine Übersicht anhand neuerer Rechtsprechung mit Hinweisen für die Praxis, StraFo 2000, 109 = http://www.burhoff.de; ***Deckers***, Verteidigung in Haftsachen, NJW 1994, 2261; ders., Untersuchungshaft, in: StrafPrax, § 5; ***Deckers/Püschel***, Untersuchungshaft als Strafmilderungsgrund – Überlegungen zur Überbelegung, NStZ 1996, 419; ***Fiegenbaum/Raabe***, Verhandlungs-, Haft- und Schuldfähigkeit bei Patienten mit Angst- bzw. Panikstörungen, StraFo 1997, 97; ***Gatzweiler***, Haftunfähigkeit, Chancen und Versagen von Strafverteidigung bei Haftvollzug, StV 1996, 283; ***Linke***, Zwischenhaft, Vollstreckungshaft, Organisationshaft: Haftinstitut ohne Rechtgrundlage, JR 2001, 358; ***Merz***, Wirkung der Aufhebung des Haftbefehls auf den Vollzug der Untersuchungshaft, NJW 1961, 1852; ***Nerée***, Zur Zulässigkeit der Sicherungshaft gemäß § 112a StPO, insbesondere bei Anwendung des Jugendstrafrechts, StV 1993, 212; ***Rückel***, Handlungsmöglichkeiten des Strafverteidigers im Haftverfahren, StV 1985, 36; ***Schlothauer***, Verteidigung des inhaftierten Mandanten, StraFo 1995, 5; ***Schlothauer/Weider***, Untersuchungshaft, 3. Aufl., 2000; ***Seebald***, Zur Verhältnismäßigkeit der Haft nach erstinstanzlicher Verurteilung, NJW 1975, 28; ***Seebode***, Zwischenhaft, ein vom Gesetz nicht vorgesehener Freiheitsentzug (§ 345 StGB), StV 1988, 119; ***Schröder***, Die jederzeitige Haftprüfung von Amts wegen, NStZ 1998, 68; ***Sommermeyer***, Recht der Untersuchungshaft, NJ 1992, 340; ***Sowada***, Die Gerichtsbesetzung bei Haftentscheidungen während einer anhängigen Hauptverhandlung, NStZ 2001, 169; ***Stahl***, Aufhebung des U-Haft-Befehls in der Hauptverhandlung und verzögerte Entlassung aus der U-Haft, StraFo 2001, 261; ***Ullrich***, Handlungsmöglichkeiten des Strafverteidigers im Haftverfahren?, StV 1986, 268; ***Volk***, Haftbefehle und ihre Begründungen: Gesetzliche Anforderungen und praktische Umsetzungen, 1995; ***Weider***, Die Anordnung der Untersuchungshaft – Leichtfertige Annahme von Fluchtgefahr und apokryphe Haftgründe, StraFo 1995, 11.

538a

1. a) Wird gegen den Angeklagten ein Haft- oder Unterbringungsbefehl vollzogen, muss das **Gericht** auch **während laufender HV** die **Voraussetzungen** für deren Fortbestehen gem. den §§ 121 ff., 126a **prüfen**. Wenn es feststellt, dass die Voraussetzungen für die freiheitsentziehende Maßnahme nicht mehr vorliegen, muss es gem. §§ 120 Abs. 1 S. 1, 126a Abs. 3 S. 1 die entsprechenden Anordnungen sofort **aufheben**. Es darf damit nicht bis zur Urteilsverkündung warten (allgemein zur Verteidigung in U-Haftsachen [im Ermittlungsverfahren] *Burhoff*, EV, Rn. 1685 ff. m.w.N.; s.a. *Schlothauer* StraFo 1995, 5; zur Anordnung der U-Haft *Weider* StraFo 1995, 11; → ***Hauptverhandlungshaft***, Rn. 544a). Die besondere Haftprüfung durch das **OLG** nach den §§ 121, 122 findet allerdings **nicht** statt (§ 121 Abs. 3; zur Haftprüfung durch das OLG eingehend *Burhoff* StraFo 2000, 109; s. aber u. Rn. 543a).

b) Hinweise für den Verteidiger!

☝ Da der Verteidiger auch **nach Beginn** der HV **jederzeit** den **Antrag** stellen kann, einen **HB aufzuheben** oder außer Vollzug zu setzen, bietet sich hier die Möglichkeit zu erfahren, wie das Gericht das Ergebnis der Beweisaufnahme beurteilt. Der Verteidiger kann nämlich nach einer nach seiner Meinung den Angeklagten entlastenden Zeugenaussage den Antrag stellen, (nun) einen gegen den Angeklagten bestehenden Haftbefehl aufzuheben. Aus der Entscheidung des Gerichts kann er dann u. U. ablesen, ob das Gericht die Aussage des Zeugen ebenso entlastend wertet (zu taktischen Überlegungen s. a. *Schlothauer/Weider*, Rn. 807 ff.). Auch dass noch eine Vielzahl von HV-Tagen anberaumt ist, rechtfertigt, wenn die Voraussetzungen für den dringenden Tatverdacht nicht mehr vorliegen, nicht die Annahme, dass eine dem Angeklagten positive Haftentscheidung ggf. voreilig erfolgt (BGH StV 1991, 525).

539

c) Der Angeklagte hat gem. § 118 Abs. 4 während der Dauer der HV grds. **keinen Anspruch** auf eine **mündliche Haftprüfung** (vgl. allgemein dazu *Bleckmann* NJW 1995, 2192; *Schroeder* NStZ 1998, 68). Etwas anderes soll nach der Lit. (immer) dann gelten, wenn die HV länger, insbesondere nach § 229 Abs. 2, unterbrochen wird (vgl. nur KK-*Boujong*, § 118 Rn. 4, s. die weit.N. bei OLG Celle StV 1996, 387). Dem wird man in dieser Allgemeinheit nicht folgen können (s. auch LR-*Hilger*, § 118 Rn. 11). Grund für den Ausschluss des Anspruchs auf mündliche Haftprüfung ist, dass in der andauernden HV dem Angeklagten rechtliches Gehör gewährt werden kann. Deshalb ist es zutreffend, wenn das OLG Celle (a.a.O.) darauf abstellt, in welcher zeitlichen Nähe zum letzten HV-Termin der Haftprüfungsantrag gestellt worden und wie sein Inhalt gestaltet ist. Etwas anderes wird also i.d.R. (nur) dann gelten, wenn die zeitliche Grenze des § 229 Abs. 1 (zehn Tage!) erreicht ist (OLG Celle, a.a.O.; → ***Unterbrechung** der Hauptverhandlung*, Rn. 873).

d) Eine während laufender HV ergehende Haftentscheidung kann der Verteidiger für den Mandanten mit der **Haftbeschwerde** angreifen (s. dazu BGH StV 1991, 525; KG StV 1993, 252; OLG Koblenz StV 1994, 316; *Schlothauer/Weider*, Rn. 805, 1081; zur Haftbeschwerde *Burhoff*, EV, Rn. 915). Meist wird die Entscheidung vom Beschwerdegericht aber nur eingeschränkt überprüft werden können, weil diesem die volle Kenntnis vom Ergebnis der bisherigen Beweisaufnahme fehlt (OLG Frankfurt StV 1995, 593; OLG Karlsruhe StV 1997, 312 [beschränkt darauf, ob die Entscheidung auf die in der HV gewonnenen Tatsachen gestützt ist und auf einer vertretbaren Bewertung der Beweisergebnisse beruht]).

539a **e)** Auf der Grundlage der Entscheidung BGHSt 43, 91 ist in der Rspr. und Lit. Streit entstanden, in welcher **Besetzung** die **Strafkammer** (und das **Schöffengericht**) bei Haftprüfungen **entscheiden** muss. Während das OLG Hamburg (NJW 1998, 2988), das OLG Hamm (StV 1998, 388), das OLG Jena (StraFo 1999, 212) und das OLG Naumburg (NStZ-RR 2001, 347) der Auffassung sind, dass insbesondere zur Beschleunigung des Verfahrens immer in der Besetzung außerhalb der HV, also ohne Schöffen, entschieden werden müsse, vertritt das OLG Köln (vgl. NJW 1998, 2989) und die überwiegende Auffassung in der Lit. die Ansicht, dass die entsprechenden Entscheidungen grds. unter Mitwirkung der Schöffen zu treffen sind (s. u.a. *Bertram* NJW 1998, 2934; *Dehn* NStZ 1997, 608 und *Foth* NStZ 1998, 262, jeweils in den Anm. zu OLG Köln, a.a.O.; *Katholnigg* JR 1998, 170, *Schlothauer* StV 1998, 144, jeweils in der Anm. zu OLG Hamburg, a.a.O.; s. auch *Paeffgen* NStZ 1999, 78 [Rspr.-Übersicht]; eingehend *Sowada* NStZ 2001, 169 ff; a.A. KK-*Boujong*, § 126 Rn. 10 [ausgenommen in den Fällen §§ 268b, 120 Abs. 1]; differenzierend *Kleinknecht/Meyer-Goßner*, § 126 Rn. 8).

☝ M.E. ist über in/**während** der **HV** gestellte Anträge mit den **Schöffen** zu entscheiden; für eine andere Besetzung ergibt sich aus dem Gesetz kein Anhaltspunkt. In diesen Fällen dürfte auch das Beschleunigungsargument des OLG Hamburg nicht greifen. Über außerhalb der HV gestellte Anträge wird - ebenso wie über andere Anträge, über die ohne mündliche Verhandlung entschieden werden kann – ohne Schöffen entschieden (s.a. *Kleinknecht/Meyer-Goßner*, § 126 Rn. 8; § 30 GVG Rn. 3; zu allem a. BVerfG NJW 1998, 2962 [die a.A. des OLG Hamburg ist von Verfassungs wegen nicht zu beanstanden]).

☝ Anträge, die während einer → ***Unterbrechung** der Hauptverhandlung*, Rn. 873 gestellt worden sind, sind **nicht** in der **HV** i.S.d. § 226 gestellt. „Hauptverhandlung" ist die Zeit, die u.a. eine bestimmte Präsenz von Verfahrensbeteiligten fordert. Unterbrechungen erfordern das nicht (so zutr. *Bertram* NJW 1998, 2936; a.A. *Schlothauer* StV 1998, 144, 145 in der Anm. zu OLG Hamburg, a.a.O.). Über solche Anträge ist also ohne Schöffen zu entscheiden (s. auch *Kleinknecht/Meyer-Goßner*, § 126 Rn. 8). Etwas anderes dürfte für nur **kurzfristige** Unterbrechungen der HV/Pausen gelten (*Kleinknecht/Meyer-Goßner*, a.a.O., OLG Hamm, a.a.O.).

540

2. Nach § 268b muss das Gericht **bei** der **Urteilsfällung** von Amts wegen über die **Fortdauer** von vollstreckter Untersuchungshaft oder einstweiliger Unterbringung entscheiden. Das bedeutet:

a) Wird der **Angeklagte freigesprochen**, muss der Haft- oder Unterbringungsbefehl nach §§ 120 Abs. 1 S. 2, 126a Abs. 3 S. 1 **aufgehoben** werden, da dann die Voraussetzungen für diese Anordnungen nicht mehr vorliegen, und zwar auch dann, wenn der Angeklagte nur zu einer **Bewährungs**- oder **Geldstrafe** verurteilt wird. Der HB wird nicht automatisch gegenstandslos (OLG Düsseldorf NStZ 1999, 585). Entsprechendes gilt für einen außer Vollzug gesetzten HB und einen Haftverschonungsbeschluss (OLG Düsseldorf, a.a.O.).

☝ Wird der HB aufgehoben, kann es zu **Schwierigkeiten** bei der **Entlassung** aus der Haftanstalt kommen. Jedenfalls darf der Angeklagte gegen seinen Willen nicht in die Haftanstalt zurückgebracht werden (LG Berlin, StV 2001, 690; StraFo 2002, 273; *Kleinknecht/Meyer-Goßner*, § 120 Rn. 9 m.w.N.; *Dahs*, Rn. 738; *Merz* NJW 1961, 1852; eingehend *Stahl* StraFo 2001, 261). Es kann sich aber empfehlen, dass der Mandant noch einmal freiwillig in die JVA zurückkehrt, allein um schon seine dort verbliebene Habe abzuholen. Dann sollte er aber auf jeden Fall die schriftliche **Entlassungsanordnung** des Richters mitnehmen.

Auch ein **Festhalten** des (**ausländischen**) **Angeklagten** zu dem Zweck, den zuständigen Behörden die Prüfung zu ermöglichen, ob **ausländerrechtliche Maßnahmen** gegen ihn einzuleiten seien, ist **unzulässig**. Eine solche Prüfung kann und muss vor Aufhebung des HB durch die zuständige Stelle erfolgen. Denn gegen einen Ausländer kann bei Vorliegen der dazu erforderlichen Voraussetzungen Abschiebehaft nach § 57 Abs. 2 AuslG angeordnet werden noch während er sich in Untersuchungshaft befindet (LG Berlin, StV 2001, 690;

StraFo 2002, 273; dazu umfassend *Jung* in einem Gutachten für die Vereinigung der Berliner Strafverteidiger e. V. [http://www.strafverteidiger-berlin.de/forum/jung01.html]).

Der Verteidiger muss gegen die **Nichtentlassung** seines Mandanten **Beschwerde** einlegen. Ist der Mandant vor der Entscheidung des Beschwerdegerichts entlassen worden, wird die Beschwerde im Hinblick auf die Rspr. des BVerfG zum fortwirkenden Rechtsschutzinteresse (vgl. dazu BVerfG NJW 1997, 2163; *Burhoff*, EV, Rn. 1432 ff.) zulässig bleiben (so ausdrücklich LG Berlin StV 2001, 690; zur sog. (unzulässigen) **Organisationshaft** s. *Linke* JR 2001, 358; *Seebode* StV 1988, 119).

541 b) Wird der **Angeklagte verurteilt**, muss das Gericht stets das **Fortbestehen** der Haftgründe, die ggf. auszuwechseln sind, und die Frage einer Haftverschonung nach § 116 **prüfen** (*Kleinknecht/Meyer-Goßner*, § 268 b Rn. 2). Ggf. muss der HB an die Verurteilung angepasst werden, wenn er davon abweicht (zum Übergang von U-Haft in Strafhaft bei einem → ***Rechtsmittelverzicht***, Rn. 756).

☝ Der Verteidiger muss sorgfältig darauf achten, ob er in seinem **Plädoyer** zur **Haftfrage** Stellung nehmen muss (vgl. dazu auch *Schlothauer/Weider*, Rn. 810 ff.; zur U-Haft als Strafmilderungsgrund s. *Deckers/Püschel* NStZ 1996, 419). Häufig wird das davon abhängen, ob der StA in seinem Schlussvortrag die Verhängung einer Freiheitsstrafe beantragt hat.

- Ist die vom StA beantragte **Freiheitsstrafe** so **hoch**, dass nach der Rspr. **Fluchtgefahr** i.S.d. § 112 Abs. 2 Nr. 2 in Betracht kommt, wird der Verteidiger vortragen müssen, warum diese nicht oder nicht mehr besteht, so dass der HB aufzuheben oder zumindest außer Vollzug zu setzen ist (zur Fluchtgefahr vgl. *Kleinknecht/Meyer-Goßner*, § 112 Rn. 23 f. m.w.N.; s.a. *Burhoff*, EV, Rn. 1698 ff.; zur Fluchtgefahr bei einem ausländischen Angeklagten s. insbesondere u.a. OLG Köln StV 1996, 389; OLG Frankfurt StV 1997, 138; OLG Hamm StV 1999, 37, 215 [jeweils zur – verneinten – Fluchtgefahr trotz Verurteilung zu einer mehrjährigen Freiheitsstrafe]; OLG Saarbrücken StV 2000, 208; OLG München StV 2002, 205; *Burhoff* StraFo 2000, 112).

- War der HB bislang auf den Haftgrund der **Verdunkelungsgefahr** i.S.d. § 112 Abs. 2 Nr. 3 gestützt, muss der Verteidiger auf **Nr. 138 Abs. 7 S. 3 RiStBV** verweisen. Danach kommt nach Verkündung des Urteils ein Haftbefehl wegen Verdunkelungsgefahr nur ausnahmsweise in Betracht. In diesen Fällen wird der Verteidiger dann darauf hinweisen und dazu vortragen müssen, dass auch Fluchtgefahr als weiterer Haftgrund nicht besteht.

- Ggf. wird der Verteidiger sich auch mit dem Haftgrund der „**Wiederholungsgefahr**“ i.S.d. § 112a auseinandersetzen müssen (vgl. dazu OLG Hamm StV 1997, 310 m.w.N.; *Nerée* StV 1993, 212). In diesem Fall bekommen insbesondere die Fragen der Außervollzugsetzung nach Leistung einer Kaution Bedeutung (s. dazu u. Rn. 542 m.w.N. und OLG Köln StraFo 1997, 150).

542

3. a) Befand sich der **Angeklagte** bislang **nicht** in **Untersuchungshaft**, wird im Schlussvortrag vom **StA** aber nun ein HB oder dessen Wiederinvollzugsetzung **beantragt**, muss der Verteidiger dazu auf jeden Fall Stellung nehmen. Für den Inhalt seiner Stellungnahme gelten die Ausführungen o. zu Rn. 541 entsprechend.

☝ Zur Frage der Fluchtgefahr muss der Verteidiger insbesondere darauf hinweisen, dass der **Mandant** ohne Schwierigkeiten und in Kenntnis der Möglichkeit der Verurteilung **zur HV erschienen** ist und schon deshalb keine Fluchtgefahr besteht (OLG Hamm StV 2000, 320). Dabei sollte er auch darauf hinweisen, dass allein mit der Möglichkeit einer **hohen Strafe** Fluchtgefahr nicht begründet werden kann (s.o. Rn. 541; inzwischen wohl st.Rspr. der Obergerichte, vgl. u.a. OLG Hamm StV 1999, 37, 215; zum Begriff der hohen Straferwartung *Burhoff* StraFo 2000, 112; *Burhoff*, EV, Rn. 1701 f. m.w.N.). Auch dann müssen außerdem noch bestimmte Tatsachen vorliegen, die den Schluss rechtfertigen, der Angeklagte werde dem in der verhängten (hohen) Strafe liegenden Fluchtanreiz nachgeben (OLG Hamm StV 2001, 115 m.w.N.; ähnlich OLG Stuttgart StV 1998, 553). Hinweisen sollte er in dem Zusammenhang ggf. auch auf die Vorstellungen, die der Angeklagte selbst vom Ausgang des Strafverfahrens hat (StrafPrax-*Deckers*, § 5 Rn. 103; *Burhoff* StraFo 2000, 112)

542a

b) War der Angeklagte bislang gem. § 116 von der U-Haft verschont, muss sich der Verteidiger auch mit der Möglichkeit der **Aufhebung** eines **Haftverschonungsbeschlusses** auseinandersetzen (zur Außervollzugsetzung des HB allgemein *Burhoff*, EV, Rn. 266 ff.). Insoweit gilt: Grds. kann bei unveränderter Sachlage eine Haftverschonung nicht widerrufen werden (vgl. u.a. OLG Düsseldorf StV 1993, 480). Ein Widerruf ist vielmehr nur unter den Voraussetzungen des § 116 Abs. 4 möglich (zum Widerruf eines Haftverschonungsbeschlusses vgl. z.B. KG StraFo 1997, 27). Entscheidend ist, dass **neue Umstände** die Gründe für die Haftverschonung derart erschüttern, dass der Richter – bei Kenntnis dieser

Umstände – Haftverschonung nicht gewährt hätte (OLG Düsseldorf StV 2002, 207; *Kleinknecht/Meyer-Goßner*, § 116 Rn. 28 m.w.N.; KK-*Boujong*, § 116 Rn. 32). Das kann z.B. auch das beantragte/ergangene Urteil sein, wenn die Strafe erheblich höher ausfällt, als vom Angeklagten erwartet (OLG Frankfurt StV 1998, 31; OLG Hamm StV 1997, 643; OLG Stuttgart StV 1998, 553).

☝ Allerdings sind auch in diesem Fall die übrigen Umstände mit zu berücksichtigen (OLG Stuttgart, a.a.O.; OLG Koblenz StraFo 1999, 322; OLG Brandenburg StV 2001, 31). Auch hier hat der Umstand, dass der Angeklagte sich über einen längeren Zeitraum für das Verfahren zur Verfügung gehalten hat (OLG Düsseldorf, a.a.O.) bzw. er in Kenntnis des Antrags der StA auf Verurteilung zu einer Freiheitsstrafe ohne Bewährung dennoch zur Urteilsverkündung erschienen ist (OLG Karlsruhe StV 2000, 508) erhebliche Bedeutung. Helfen kann in diesen Fällen ggf. zudem eine – vom Verteidiger angebotene – **Verschärfung** der **Auflagen** (vgl. die Fallgestaltung bei OLG Hamm, a.a.O. [Kaution von [damals] 30.000 DM bei einem aus Kasachstan stammenden Angeklagten; Kaution war von der Familie gestellt]).

543 **c)** Wird entgegen den Ausführungen des Verteidigers die **Fortdauer** der **Untersuchungshaft angeordnet** oder ein HB erlassen, muss der Verteidiger in geeigneten Fällen unverzüglich **Haftverschonung** beantragen oder ggf. **Haftbeschwerde** einlegen (zur Haftverschonung bei einem sog. Selbststeller s. OLG Hamburg StV 1995, 420). Hinsichtlich eines Haftverschonungsantrags empfiehlt es sich, vorab mit dem Mandanten zu beraten und zu überlegen, welche Sicherheitsleistungen/Auflagen i.S.d. § 116 Abs. 1 angeboten werden können. Von besonderer Bedeutung ist hier die Frage einer **Kaution** (vgl. dazu *Kleinknecht/Meyer-Goßner*, § 116 Rn. 10 m.w.N.; *Burhoff*, EV, Rn. 266 ff.; zur Sicherheitsleistung a. *Amelung* StraFo 1997, 300).

☝ Es ist darauf hinzuweisen, dass auch nach einem freiheitsentziehenden Urteil gem. § 118 Abs. 4 **kein Anspruch** auf eine **mündliche Haftprüfung** mehr besteht. Die Möglichkeiten des Verteidigers sind also auf das schriftliche Verfahren beschränkt.

Hatte das **OLG** einen **HB** wegen Fehlens eines die Haftfortdauer rechtfertigenden „wichtigen Grundes“ i.S.v. § 121 Abs. 1 **aufgehoben**, darf mit Erlass eines auf Freiheitsentziehung lautenden Urteils nunmehr wieder ein HB wegen derselben Tat erlassen werden (vgl. u.a. OLG Düsseldorf StV 1996, 493; OLG München StV 1996, 676; OLG Zweibrücken NJW 1996, 3222).

4. Wird die **HV ausgesetzt**, findet nunmehr die ggf. nach § 121 Abs. 3 nicht durchgeführte besondere **Haftprüfung** durch das **OLG** nach den §§ 121, 122 statt (vgl. dazu allgemein *Burhoff* StraFo 2000, 109; *Burhoff*, EV, Rn. 924 ff.). Gerade in diesem Fall muss der Verteidiger den „wichtigen Grund" i.S.v. § 121 besonders sorgfältig zu prüfen. Der **Beschleunigungsgrundsatz** erfordert es nämlich auch, dass eine einmal begonnene HV grundsätzlich zügig zum Abschluss gebracht wird (zuletzt OLG Karlsruhe StV 2000, 91 m.w.N.). Hinzu kommt, dass in diesen Fällen die Untersuchungshaft meist bereits erheblich mehr als sechs Monate dauert und dann ganz besonders wichtige Gründe für die Anordnung der Fortdauer vorliegen müssen. Deshalb kommt die Anordnung der **Fortdauer** der **Untersuchungshaft** i.d.R. in diesen Fällen nur in Betracht, wenn die Aussetzung der HV aus sachlichen Gründen zwingend geboten bzw. **unumgänglich** war (OLG Karlsruhe; a.a.O., m.w.N.; vgl. dazu z.B. a. OLG Düsseldorf StraFo 2001, 255 [grundlose Vertagung, weil Grund für die Annahme vorlag, dass die Schöffen aus Sicht des Angeklagten befangen sein könnten]; OLG Zweibrücken StraFo 2000, 322 [grundlose Aussetzung wegen Beweisanträgen]; OLG Celle Nds.Rpfl. 2000, 367 [grundlose Aussetzung wegen Einholung eines SV-Gutachtens]; *Kleinknecht/Meyer-Goßner*, § 121 Rn. 25; s.a. die **Checkliste** bei *Burhoff*, EV, Rn. 951). Auch dürfen nicht Fehler im Ermittlungsverfahren zur Aussetzung der HV geführt haben (OLG Hamm, Beschl. v. 9.9.2002, 2 Bl 90/02, http://www.burhoff.de). **543a**

5. Zu den Haftfragen bei **Nichterscheinen** des Angeklagten → ***Zwangsmittel bei*** *Ausbleiben des Angeklagten*, Rn. 1231, zu den Haftfragen bei Rechtsmittelverzicht → ***Rechtsmittelverzicht***, Rn. 751. **544**

Siehe auch: → *Ausbleiben des Angeklagten*, Rn. 109 m.w.N.

Hauptverhandlungshaft **544a**

Literaturhinweise: ***Asbrock***, Hauptsache Haft – Hauptverhandlungshaft als neuer Haftgrund, StV 1997, 43; ***Bandisch***, Stellungnahme des Strafrechtsausschusses des DAV zum Entwurf eines Gesetzes zur Änderung der Strafprozeßordnung (Hauptverhandlung), StraFo 1996, 34; ***Fülber***, Die Hauptverhandlungshaft, 2000; ***Grasberger***, Verfassungsrechtliche Probleme der Hauptverhandlungshaft, GA 1998, 530; ***Hartenbach***, Einführung der Hauptverhandlungshaft, ZRP 1997, 227; ders., Gesetzesentwurf zur Hauptverhandlungshaft, AnwBl. 1996, 83; ***Hellmann***, Die Hauptverhandlungshaft gem. § 127b StPO, NJW 1997, 2145; ***Herzog***, Symbolische Untersuchungshaft und abstrakte Haftgründe – Anmerkungen zur „Hauptverhandlungshaft", StV 1997, 215; ***Keller***, Die Hauptverhandlungshaft, Krim 1998, 677; ***Pofalla***, Gesetzesentwurf zur Hauptverhandlungshaft, AnwBl. 1996, 466; ***Stintzing/Hecker***, Abschreckung durch Hauptverhandlungshaft? – Der neue Haftgrund des „vermuteten Ungehorsams", NStZ 1997, 569; s.a. die Hinw. bei → *Beschleunigtes Verfahren*, Rn. 227.

544b **1.** § 127b, der die sog. Hauptverhandlungshaft zulässt, ist 1997 in die StPO eingefügt worden. Die Hauptverhandlungshaft war/ist nicht nur im politischen Raum umstritten gewesen, sondern ist/wird auch in der strafverfahrensrechtlichen Lit. zumeist **kritisch beurteilt** worden (s. insbesondere *Asbrock* StV 1997, 43; *Bandisch* StraFo 1996, 34; *Grasberger* GA 1998, 530 ff.; *Hartenbach* AnwBl. 1996, 83; *Herzog* StV 1997, 215d; krit. a. *Kleinknecht/Meyer-Goßner*, § 127b StPO Rn. 1 ff. und *Schlothauer/Weider*, Rn. 177, 258 ff.; abwägend KK-*Boujong*, § 127b Rn. 1).

Die Vorschrift ergänzt die Regeln über das → ***Beschleunigte Verfahren***, Rn. 227, zu deren verstärkter Nutzung sie die StA veranlassen soll. Sie hat daher zur Sicherung der Hauptverhandlung im beschleunigten Verfahren einen eigenen Haftgrund geschaffen (KK-*Boujong*, § 127b Rn. 1). Die Hauptverhandlungshaft ist aber ein **Unterfall** der **Untersuchungshaft.**

544c **2.** Die Hauptverhandlungshaft ist an sich Haft, die – entgegen ihrem Namen – nicht in der HV, sondern im Ermittlungsverfahren zur **Sicherung** der **Durchführung** der **HV** im beschleunigten Verfahren angeordnet wird. Damit gehören die mit ihr zusammenhängenden Probleme an sich auch in das Ermittlungsverfahren (s. deshalb a. *Burhoff*, EV, Rn. 965 ff.). Da jedoch der Richter, der im beschleunigten Verfahren für die HV zuständig ist, gem. § 127b Abs. 3 auch über den Erlass des HB, mit dem die Hauptverhandlungshaft angeordnet wird, zu entscheiden hat, ist auch an dieser Stelle auf die mit der Hauptverhandlungshaft zusammenhängenden Fragen einzugehen.

544d **3.** Nach der vorläufigen Festnahme durch die StA oder die Beamten des Polizeidienstes gem. § 127b Abs. 1 (vgl. dazu *Burhoff*, EV, Rn. 968) ist der Festgenommene gem. § 128 StPO dem **Richter vorzuführen**. Nach § 127b Abs. 3 StPO ist das nicht der sonst nach vorläufigen Festnahmen zuständige (Haft-)Richter, sondern der Richter, der für die HV zuständig sein wird. Davon soll nur „in begründeten Ausnahmefällen" abgesehen werden dürfen (BT-Dr. 13/2576 S. 3; *Kleinknecht/Meyer-Goßner*, § 127b Rn. 14). Dieser **entscheidet** dann gem. § 127b Abs. 2 über den Erlass eines **Haftbefehls**.

544e **4.a)** Für den Erlass des HB müssen folgende **Voraussetzungen** gegeben sein:

- Der Festgenommene muss der Tat **dringend verdächtig** i.S.d. § 112 sein (vgl. zum dringenden Tatverdacht *Burhoff*, EV, Rn. 1694 ff.).
- Es müssen die in § 127b Abs. 1 Nr. 1 und 2 StPO genannten **Festnahmegründe** vorliegen, und zwar **kumulativ** (*Kleinknecht/Meyer-Goßner*, § 127b Rn. 6). Das sind:
  - Es muss die **unverzügliche Entscheidung** im **beschleunigten Verfahren wahrscheinlich** sein. Dabei ist „unverzüglich" im Hinblick auf § 127b Abs. 2 StPO wohl dahin auszulegen, dass die HV binnen einer Woche stattfinden muss (*Kleinknecht/*

Meyer-Goßner, § 127b Rn. 9; KK-*Boujong*, § 127b Rn. 8). Das wird i.d.R. bedeuten, dass zur Durchführung gerade des beschleunigten Verfahrens ein Richter bereit stehen muss, was den Anwendungsbereich des § 127b auf größere AG beschränken wird.

- Es muss außerdem zu **befürchten** sein, dass der **Festgenommene** der **HV fernbleiben** wird. Als Grundlage für diese Befürchtung werden **„bestimmte Tatsachen"** verlangt, wie z.B., dass der Betroffene schon früher einer HV ferngeblieben ist oder er ohne festen Wohnsitz ist (reisender oder wieder ausreisender Straftäter; *Kleinknecht/Meyer-Goßner*, § 127b Rn. 10; *Schlothauer/Weider*, Rn. 215).

> Die **„Befürchtung"** in § 127b Abs. 1 Nr. 1 verlangt einen **geringeren Grad** an Wahrscheinlichkeit als sie die **Fluchtgefahr** i.S.v. § 112 erfordert. Allerdings reicht für die Befürchtung nicht aus, dass nur die Möglichkeit des Fernbleibens besteht, vielmehr muss nach den Umständen des Einzelfalls die Möglichkeit, dass der Betroffene der HV fernbleibt, ernsthaft in Betracht kommen (*Hellmann* NJW 1997, 2147 unter Hinw. auf die Auslegung des § 168c Abs. 3 S. 2; *Pfeiffer*, § 127b Rn. 4; KK-*Boujong*, § 127b Rn. 11; a.A. LR-*Hilger* § 127b Rn. 13).
>
> Nicht erforderlich ist, dass der Betroffene aktiv etwas tut, um den Fortgang des Verfahrens zu erschweren oder zu vereiteln. Vielmehr reicht allein die **Erwartung** aus, dass er der **HV fernbleiben** werde. Damit ist in § 127b Abs. 1 Nr. 2 ein neuer Haftgrund enthalten, da bislang ein HB wegen Fluchtgefahr nicht damit begründet werden konnte, dass der Betroffene ggf. der HV fernbleiben wolle (*Hellmann*, a.a.O.).

- Außerdem muss die **HV binnen** einer **Woche** nach Durchführung der Festnahme zu erwarten sein.

> Deshalb ist nach § 127b Abs. 2 S. 2 der **HB** auf höchstens eine Woche ab dem Tag der Festnahme zu **befristen**. Für die Berechnung der Frist gilt § 43 Abs. 1, nicht § 43 Abs. 2. Bei einer Festnahme an einem Sonntag läuft die Frist also auch am nächsten Sonntag ab (*Kleinknecht/Meyer-Goßner*, § 127b Rn. 18; KK-*Boujong*, § 127b Rn. 17; a.A. *Schlothauer/Weider*, Rn. 205 ff. [kein Grund für die unterschiedliche Behandlung ersichtlich]).
>
> Ist die **HV nicht** innerhalb dieser **Frist** zu erwarten, muss der Festgenommene **freigelassen** werden. Er ist auch freizulassen, wenn die HV über die im HB bestimmte Zeit, etwa durch Unterbrechung oder Aussetzung, andauert (*Kleinknecht/Meyer-Goßner*, a.a.O.). Hauptverhandlungshaft kommt auch dann nicht mehr in Betracht, wenn der Beschuldigte nach der Tat zunächst in polizeilichen Gewahrsam genommen, dann wieder auf freien Fuß gesetzt wurde und zwischenzeitlich mehr als zwei Wochen verstrichen sind (AG Erfurt NStZ-RR 2000, 46). Dann ist nämlich die Erwartung, dass im beschleunigten Verfahren binnen einer Woche nach Festnahme verhandelt werden könne, nicht mehr gerechtfertigt.

544f **b) Weitere Voraussetzungen** hat der HB nicht, insbesondere ist das Vorliegen einer der Haftgründe der §§ 112 ff. StPO nicht erforderlich. Es gilt allerdings das **Verhältnismäßigkeitsgebot** des § 112 Abs. 1 S. 2 StPO, so dass ein HB nach

§ 127b Abs. 2 StPO dann unzulässig ist, wenn selbst eine nur wenige Tage dauernde Haft unverhältnismäßig wäre (*Kleinknecht/Meyer-Goßner*, § 127b, Rn. 16 [z.B. bei einer nur geringfügigen Geldstrafe]). Darüber hinaus wird in der Lit. der HB nach § 127b Abs. 2 dann als unverhältnismäßig angesehen, wenn die Anwesenheit in der HV mit milderen Mitteln als der Inhaftierung, also z.B. der zwangsweisen Vorführung, sichergestellt werden kann (*Hellmann* NJW 1997, 2148). Das ist zutreffend, da auch in „normalen" Verfahren die ggf. mögliche Vorführung den Vorrang vor einem HB nach § 230 hat (*Kleinknecht/Meyer-Goßner*, § 230 Rn. 199 m.w.N.; s.a. KK-*Boujong*, § 127b Rn. 16; *Schlothauer/Weider*, Rn. 208; eingehend zur [Un-]Verhältnismäßigkeit der Hauptverhandlungshaft *Grasberger* GA 1998, 532 ff. m.w.N.). Insbesondere werden die Möglichkeit, nach § 127a eine **Sicherheit** zu stellen bzw. die das Verfahren durch **Strafbefehl** zu erledigen, den Erlass eines HB nach § 127b ausschließen (*Schlothauer/Weider*, Rn. 219; *Kleinknecht/Meyer-Goßner*, § 127b Rn. 10; jeweils m.w.N.).

544g

5. Hinweise für den Verteidiger!

☝ Ist Hauptverhandlungshaft angeordnet, können sich für die Verteidigung **Probleme** insbesondere im Hinblick auf die **kurzen Fristen** ergeben. Diese werden es häufig in der Praxis nur schwer möglich machen, dass der Verteidiger noch rechtzeitig vor der Hauptverhandlung mit seinem Mandanten **Kontakt** aufnehmen kann. Probleme kann es auch mit einer rechtzeitig und ausreichend vor dem Hauptverhandlungstermin gewährten **AE** geben (zu allem *Schlothauer/Weider*, Rn. 242 ff.). Meist wird dem Verteidiger dann nichts anderes übrig bleiben, als **Unterbrechung** bzw. Aussetzung der **HV** zu beantragen. Im Zweifel wird dann das Verfahren nicht mehr zur Durchführung als „beschleunigtes Verfahren" geeignet sein. Auf jeden Fall sollte in diesen Fällen **Aufhebung** des **Hauptverhandlungshaftbefehls** zu beantragen.

a) Der HB nach § 127b Abs. 2 kann in entsprechender Anwendung von § 116 **außer Vollzug** gesetzt werden, wenn durch andere geeignete Maßnahmen, also z.B. auch eine Kaution, das Erscheinen des Festgenommenen in der HV sichergestellt werden kann (BT-Dr. 13/2576, S. 3; *Kleinknecht/Meyer-Goßner*, § 127b Rn. 19; *Pfeiffer*, § 127b Rn. 8), obwohl § 127b in § 116 nicht erwähnt wird (zur Außervollzugsetzung eines Haftbefehls allgemein *Burhoff*, EV, Rn. 266).

Aber **auch** wenn der HB außer Vollzug gesetzt wird, muss die **HV** binnen **einer Woche** durchgeführt werden. Findet sie später statt, wird der HB gegenstandslos und eine ggf. gestellte Kaution wird frei. Erscheint der Beschuldigte nicht in der HV, kommt eine Wiederinvollzugsetzung des HB nur dann in Betracht, wenn die Wochenfrist noch nicht abgelaufen ist und innerhalb der verbleibenden Restfrist die erneute Ansetzung der HV möglich ist (*Kleinknecht/Meyer-Goßner*, a.a.O.).

544h b) Hinzuweisen ist auch noch darauf, dass dem unverteidigten Beschuldigten sogleich gem. § 418 Abs. 1 ein **Pflichtverteidiger** beigeordnet werden muss, falls eine Freiheitsstrafe von mindestens sechs Monaten zu erwarten ist (→ *Beschleunigtes Verfahren*, Rn. 229; *Burhoff*, EV, Rn. 371 ff.).

544i c) Will der Festgenommene gegen die **vorläufige Festnahme** und den HB mit einem Rechtsmittel vorgehen, gilt (vgl. *Kleinknecht/Meyer-Goßner*, § 127b Rn. 20 ff.; KK-*Boujong*, § 127b Rn. 8; *Schlothauer/Weider*, Rn. 227):

- Soll die **Festnahme** selbst beanstandet werden, gilt § 128, so dass der **Richter** über die Fortdauer der Haft entscheidet.
- Geht es um die Art und Weise des Vollzugs, war nach bislang h.M. das Verfahren nach §§ 23 ff. EGGVG zu wählen. Im Hinblick auf die Entscheidung des BVerfG v. 30.4.1997 (NJW 1997, 2163) hat die Überprüfung einer **erledigten** vorläufigen **Festnahme** nun gem. **§ 98 Abs. 1 S. 2** jedoch durch den Richter zu erfolgen (BGHSt 44, 171).
- Gegen den **HB** sind die **allgemeinen Rechtsbehelfe** wie bei (allgemeiner) Anordnung der U-Haft gegeben, also Haftprüfungsantrag und Haftbeschwerde (dazu im Einzelnen *Burhoff*, EV, Rn. 1714 ff. m.w.N.). Hier ist allerdings wegen der Befristung des HB i.d.R. ganz besonders **schnelles Handeln** geboten, soll die Haftbeschwerde nicht durch Fristablauf gegenstandslos werden (so *Kleinknecht/Meyer-Goßner*, § 127b Rn. 22). Allerdings sind hier die Grundsätze der Entscheidung des **BVerfG** v. 30.4.1997 (a.a.O.) entsprechend anzuwenden (s.a. *Schlothauer/Weider*, Rn. 231, und jetzt auch *Kleinknecht/Meyer-Goßner*, § 127b Rn. 22).Wegen der Kürze der Zeit kann der Betroffene i.d.R. nämlich ausreichenden Rechtsschutz nicht erlangen (für die Anwendung der Grundsätze des BVerfG auch OLG Düsseldorf StraFo 2001, 251 [für HB nach § 230]; a.A. insoweit OLG Hamm NJW 1999, 229; → *Zwangsmittel bei Ausbleiben des Angeklagten*, Rn. 1240).

Siehe auch: → *Beschleunigtes Verfahren*, Rn. 227.

Hilfsbeweisantrag **545**

Literaturhinweise: ***Kudlich***, Unzulässigkeit eines mißbräuchlichen Hilfsbeweisantrags – BGHSt 40, 287, JuS 1997, 507; ***Michalke***, Noch einmal: „Hilfsbeweisantrag – Eventualbeweisantrag – Bedingter Beweisantrag", StV 1990, 184; ***Scheffler***, Der Hilfsbeweisantrag und seine Bescheidung in der Hauptverhandlung, NStZ 1989, 158; ***Schlothauer***, Hilfsbeweisantrag – Eventualbeweisantrag – bedingter Beweisantrag, StV 1988, 542; ***Schrader***, Der Hilfsbeweisantrag – ein Dilemma, NStZ 1991, 224; ***Widmaier***, Der Hilfsbeweisantrag mit „Bescheidungsklausel", in: Festschrift für *Salger*, S. 421; s.a. die Hinw. bei → *Beweisantrag*, Rn. 255, und bei → *Beweisantragsrecht, Allgemeines*, Rn. 302.

545a **1.** Der Hilfsbeweisantrag ist ein Unterfall des → *bedingten Beweisantrags*, Rn. 169. Er ist **stets** mit einem **Hauptantrag verknüpft** und wird meist im → *Plädoyer des Verteidigers*, Rn. 665, gestellt (*Kleinknecht/Meyer-Goßner*, § 244 Rn. 22 m.w.N.; *Hamm/Hassemer/Pauly*, Rn. 68). Ein Beweisantrag, den der Verteidiger während des Plädoyers in unmittelbarem Zusammenhang mit seinem Hauptantrag (auf Freisprechung) stellt, wird daher im Zweifel als Hilfsbeweisantrag anzusehen sein (BGH MDR 1951, 275 [D]; Beck-*Michalke*, S. 474 m.w.N.). Abzugrenzen ist der Hilfsbeweisantrag vom sog. **Eventualbeweisantrag**. Dabei handelt es sich um eine Kombination von bedingtem Beweisantrag und Hilfsbeweisantrag, nämlich um einen bedingten Beweisantrag, der im Plädoyer als Hilfsbeweisantrag gestellt wird (BGH StV 1990, 149; 1996, 248 f.; *Kleinknecht/Meyer-Goßner*, § 244 Rn. 22b m.w.N.).

Der Hilfsbeweisantrag muss alle **Voraussetzungen** für einen Beweisantrag i.e.S. erfüllen, also **Beweismittel** und **Beweisthema** anführen (→ *Beweisantrag, Inhalt*, Rn. 295).

☝ Unzulässig sind Hilfsbeweisanträge, die sich nach der aufgestellten, zu beweisenden Behauptung zwar **gegen** den Schuldspruch richten, tatsächlich aber nur für den Fall einer bestimmten **Rechtsfolgenentscheidung** gelten sollen, da das Beweisverlangen dann nur ein Vorwand ist und die Anträge in Wahrheit (nur) das Angebot zu einer Absprache enthalten (BGHSt 40, 287; NStZ 1995, 246; zust. *Herdegen* NStZ 1995, 202 in der Anm. zu BGHSt, a.a.O.). Der BGH sieht diese Art der Antragstellung als **missbräuchlich** an (s. dazu a. *Kudlich* JuS 1997, 507). Zulässig ist aber ein Hilfsbeweisantrag, der für den Fall der Verurteilung zu einer Strafe, deren Vollstreckung nicht zur Bewährung ausgesetzt wird, auf den Nachweis einer – vom Angeklagten eingeräumten – Tatbestandsalternative abzielt, die geeignet ist, die Tat in einem milderen Licht und damit die Strafaussetzung als eher möglich erscheinen lässt (BGH NStZ 1998, 209 f.).

546 **2.** Bei dem **Hauptantrag**, mit dem der Verteidiger seinen Hilfsbeweisantrag **verknüpft**, kann es sich handeln um folgende

Beispiele:

- Antrag auf **Freisprechung**,
- Verhängung einer **Strafe** nur in einer **bestimmten Höhe** (s. aber BGH NStZ 1995, 246),
- Verurteilung nur zu einer **Bewährungsstrafe** (s. dazu BGH NStZ 1998, 209),
- Verurteilung nur zu einer **Geldstrafe**,
- Verurteilung nur wegen eines **bestimmten Tatvorwurfs**,

- dass im Urteil nicht die **Fahrerlaubnis** entzogen wird,
- dass der Angeklagte nicht untergebracht oder gegen ihn nicht andere **Maßregeln** der Sicherung oder Besserung (§§ 61 ff. StGB) verhängt werden.

547 **3.** Die Verknüpfung des Hilfsbeweisantrags mit dem Hauptantrag des Schlussvortrags des Verteidigers führt nach allgemeiner Meinung dazu, dass der Verteidiger auf die **Bekanntgabe** der **Ablehnungsgründe** des Gerichts vor der Urteilsverkündung **verzichtet** (st.Rspr., vgl. u.a. BGHSt 32, 10, 13; NStZ 1991, 47; zuletzt NStZ 1998, 98; *Kleinknecht/Meyer-Goßner*, § 244 Rn. 44a m.w.N.). Daher kann das Gericht seine ablehnende Entscheidung erst mit den Urteilsgründen bekannt geben (s. BGH NStZ 1995, 98 [für Antrag auf Einholung eines weiteren → *Glaubwürdigkeitsgutachten*, Rn. 528]). Das gilt aber **nicht**, wenn der Hilfsbeweisantrag wegen **Verschleppungsabsicht** abgelehnt werden soll. Dann muss der Antrag auf jeden Fall in der HV beschieden werden, damit der Verteidiger/Angeklagte den Vorwurf der Verschleppung entkräften kann (st.Rspr., u.a. BGH StV 1990, 394; *Kleinknecht/Meyer-Goßner*, a.a.O.; a.A. KK-*Herdegen*, § 244 Rn. 50a [inkonsequent]).

548 **4. Sinn** und **Zweck** des Hilfsbeweisantrags sind **fraglich** (*Hamm/Hassemer/Pauly*, Rn. 74 ff.). Denn wegen der Möglichkeit, über den Antrag erst im Urteil zu entscheiden, erfährt der Verteidiger i.d.R. meist erst, wenn es zu spät ist und es dem Angeklagten nichts mehr nützt, was das Gericht von der von ihm aufgestellten Verknüpfung/Bedingung hält. Der Verteidiger sollte auch nicht davon ausgehen, das Gericht werde aus Gründen der Bequemlichkeit den Angeklagten eher freisprechen als verurteilen.

> ☝ Deshalb sollte der Verteidiger auf **Hilfsbeweisanträge verzichten** und entweder unbedingte oder zumindest bedingte Beweisanträge stellen, da er bei diesen die Ablehnungsgründe vor der Urteilsverkündung erfährt und seine weitere Verteidigungsstrategie darauf einstellen kann. Es ist nämlich nicht mehr von Bedeutung, wenn z.B. zu einem Hilfsbeweisantrag auf Einholung eines SV-Gutachtens vom Gericht erst in der Urteilsbegründung mitgeteilt wird, dass es den Angeklagten verurteilt, den Hilfsbeweisantrag ablehnt und sich selbst für sachkundig hält. Hätte der Verteidiger das früher gewusst, hätte er einen unbedingten Beweisantrag stellen und darin ausführen können, warum das Gericht nicht von eigener Sachkunde ausgehen könne (→ *Beweisantrag, Formulierung: Sachverständigenbeweis*, Rn. 281; → *Obergutachter*, Rn. 636).

549 Diese Überlegungen gelten insbesondere deshalb, weil nach der neueren, inzwischen wohl einheitlichen, Rspr. des **BGH** die **Bescheidung** des Hilfsbeweisantrags **in** der **HV** auch **nicht** mehr – wie früher – dadurch **gesichert** werden kann, dass der Antrag mit dem **Zusatz** versehen wird, auf die Bekanntgabe der Ablehnungsgründe vor der Urteilsverkündung werde nicht verzichtet. Der BGH hat nämlich – zumindest in einem obiter dictum – die Bescheidung eines im → *Plädoyer des Verteidigers*, Rn. 665, gestellten Hilfsbeweisantrags erst in den Urteilsgründen, obwohl der Antrag einen entsprechenden Zusatz enthielt, für zulässig angesehen (s. BGH NStZ 1991, 47 [4. Strafsenat]; 1995, 98 [1. Strafsenat]; StV 1996, 529 f. [5. Strafsenat]; a.A. NStZ 1989, 191 [2. Strafsenat]; **abl**. *Michalke* ZAP F. 22, S. 68; dies., Beck-*Michalke*, S. 475; *Hamm/Hassemer/Pauly*, Rn. 70 ff.; **wie** der **BGH** a. *Kleinknecht/Meyer-Goßner*, § 244 Rn. 44 a m.w.N.; KK-*Herdegen*, § 244 Rn. 50a; *Widmaier*, S. 431; eingehend dazu a. *Niemöller* JZ 1992, 884; s.a. zuletzt BGH NStZ 1998, 207 m.w.N.; OLG Frankfurt StraFo 1998, 271 [Ablehnung des Antrags wegen Prozessverschleppung in der HV]; → *Bedingter Beweisantrag*, Rn. 173).

☝ Im Hinblick auf diese Entscheidung bleibt nur, den **Zusatz**, dass nicht verzichtet werde, um den Hinweis zu **ergänzen**, dass ohne eine entsprechende Mitteilung vom Nichteintritt des Hilfsfalls ausgegangen werde (so Beck-*Michalke*, 2. Aufl., S. 338; anders jetzt S. 475). *Hamm/Hassemer/Pauly* (Rn. 70) empfehlen, für den Fall der Bescheidung weitere Beweisanträge anzukündigen (s.a. *Malek*, Rn. 286). Zumindest wird das Gericht den Verteidiger dann nämlich von der **Unbeachtlichkeit** der sog. „Bescheidungsklausel" **unterrichten** und fragen müssen, ob er seinen Hilfsantrag aufrecht erhält oder die Bedingung fallen lässt (KK-*Herdegen*, § 244 Rn. 50a). Noch **sicherer** dürfte es sein, wenn der Verteidiger während seines Plädoyers (zunächst) den → *Wiedereintritt in die Beweisaufnahme*, Rn. 1167, **verlangt** und erst, wenn das geschehen ist, den (Hilfs-)Beweisantrag **als echten Beweisantrag** stellt (so die Empfehlung von *Schlothauer* StV 1991, 350 ff. in der Anm. zu BGH NStZ 1991, 47; ähnlich a. Beck-*Michalke*, S. 475).

550 5. Muster eines Hilfsbeweisantrags

An das
Amtsgericht/Landgericht Musterstadt

In der Strafsache
gegen H. Muster
Az.: . . .

wird hilfsweise für den Fall,

dass das Gericht den Angeklagten zu einer Freiheitsstrafe verurteilen will, die nicht zur Bewährung ausgesetzt wird,
beantragt,

den Inhaber der Fa. Muster, Herrn W. Muster,
Musterstadt, Musterweg, als Zeugen zu vernehmen,

und zwar zum Beweis der Tatsache, dass der Angeklagte zum 1. Oktober 2002 von seinem früheren Arbeitgeber, der Fa. Muster, Musterstadt, Musterweg, wieder eingestellt worden ist.

Auf eine Entscheidung über diesen Antrag vor Abschluss der endgültigen Urteilsberatung wird nicht verzichtet. Ohne eine entsprechende Mitteilung vor Urteilsverkündung wird davon ausgegangen, dass das Gericht den Nichteintritt des Hilfsfalls annimmt und den Angeklagten zumindest zu einer zur Bewährung ausgesetzten Freiheitsstrafe verurteilen wird. Es ist zudem beabsichtigt, dann weitere Beweisanträge zu stellen.

Rechtsanwalt

Hinweis auf veränderte Sach-/Rechtslage **551**

Literaturhinweise: ***Gillmeister***, Die Hinweispflicht des Tatrichters, StraFo 1997, 8; ders., Die Hinweispflicht des Tatrichters, in: Festgabe für den Strafverteidiger *Heino Friebertshäuser*, S. 185; ders., Strafzumessung aus verjährten und eingestellten Straftaten, NStZ 2000, 344; ***Hänlein/Moos***, Zur Reichweite und revisionsrechtlichen Problematik der Hinweispflicht nach § 265 Abs. 1 StPO, NStZ 1990, 481; ***Kintzi***, Konsequenzen aus dem Beschluss des Bundesverfassungsgerichts zur Aussetzung einer lebenslangen Freiheitsstrafe, DRiZ 1993, 341; ***König***, Pazifische Phantasien – Ist das Gericht berechtigt, möglicherweise sogar verpflichtet, seine Sicht vom bisherigen Ergebnis der Beweisaufnahme in der Hauptverhandlung offen zu legen?, in: Festgabe für den Strafverteidiger *Heino Friebertshäuser*, S. 211; ***Küpper***, Die Hinweispflicht nach § 265 StPO bei verschiedenen Begehungsformen desselben Strafgesetzes, NStZ 1986, 249; ***Michel***, Aus der Praxis: Die richterliche Hinweispflicht, JuS 1991, 850; ***Mösl***, Zum Strafzumessungsrecht, NStZ 1981, 131; ***Neuhaus***, Anpassung und Wechsel des Verteidigungsziels während der Hauptverhandlung, ZAP F. 22, S. 249; ***Niemöller***, Die Hinweispflicht des Strafrichters, 1988; ***Scheffler***, Rückkehr zur bisherigen Rechtsauffassung nach einem rechtlichen Hinweis gem. § 265 Abs. 1 StPO ohne erneuten Hinweis?, JR 1989, 232; ***Schlothauer***, Gerichtliche Hinweispflichten in der Hauptverhandlung, StV 1986, 213.

551a **1.** § 265 bestimmt die **Pflicht** des Gerichts, den Angeklagten in der HV auf eine **Änderung rechtlicher**, **tatsächlicher** und auch **verfahrensrechtlicher** Gesichtspunkte **hinzuweisen**. Die Vorschrift dient als ein gesetzlich geregelter Fall der (gerichtlichen) Fürsorgepflicht der Sicherung einer umfassenden Verteidigung des Angeklagten und soll ihn vor Überraschungen schützen (*Kleinknecht/Meyer-Goßner*, § 265 Rn. 2 m.w.N.). Dem will das Gesetz dadurch begegnen, dass es dem **Angeklagten** die Möglichkeit gibt, die **Aussetzung** der HV zu verlangen (vgl. dazu → *Aussetzung der HV wegen veränderter Sach-/Rechtslage*, Rn. 159, mit Antragsmuster, Rn. 162). Wenn § 265 auch eine Vorschrift ist, die sich zunächst an das Gericht wendet, hat sie aber dennoch unter **revisionsrechtlichen** Gesichtspunkten auch für den Verteidiger Bedeutung. Deshalb soll wenigstens ein grober Überblick über die Voraussetzungen der Vorschrift gegeben werden.

Zur Auslegung der Vorschrift gibt es umfangreiche Rspr. und Lit., die hier nicht in allen Einzelheiten dargestellt werden kann (vgl. u.a. *Kleinknecht/Meyer-Goßner*, § 265 Rn. 1 ff.; KK-*Engelhardt*, § 265 Rn. 1 ff.). Besonders hinzuweisen ist auf die eingehenden Ausführungen von *Schlothauer* (StV 1986, 213 ff.), der umfassend die Fallkonstellationen mit dem entsprechenden Schrifttum und Rspr. behandelt.

552 **2.** Der erste Anwendungsfall des § 265 ist die Anwendung eines **anderen**, nicht unbedingt schwereren, **Strafgesetzes (§ 265 Abs. 1)**. Hier ist ein rechtlicher Hinweis immer dann erforderlich, wenn – infolge anderer rechtlicher Beurteilung bei gleich bleibendem Sachverhalt oder wegen in der HV neu hervorgetretener Tatsachen – aufgrund eines Strafgesetzes verurteilt werden soll, das anstatt oder neben einem in der Anklage bezeichneten Strafgesetz für den Schuldspruch in Betracht kommt (*Kleinknecht/Meyer-Goßner*, § 265 Rn. 8 m.w.N.; zum verfahrensrechtlichen Tatbegriff s. zuletzt u.a. BGH NStZ 1996, 243; NStZ-RR 1996, 203).

Beispiele:

- eine **andere Begehungsform,** z.B. bei § 211 StGB (vgl. u.a. BGH StV 1996, 297; 1998, 583), bei § 224 StGB n.F. (BGH NStZ 1984, 328 [für § 223a a.F.]), im Rahmen des § 142 StGB (OLG Brandenburg StraFo 2002, 193), aber **nicht** bei Übergang zu einer anderen **gleichartigen Begehungsform** – „mittels eines gefährlichen Werkzeugs" statt „mittels einer Waffe" (BGH NStZ 1988, 212 [M] m.w.N.) – oder bei § 323a StGB, wenn sich die **Rauschtat ändert** (BayObLG NJW 1954, 1579; OLG Schleswig SchlHA 69, 153 [E/J]) oder bei einer milderen Qualifikation, wenn deren Anwendbarkeit nur darauf beruht, dass ein die schwerere Qualifikation begründender Umstand entfällt (BGH NJW 1970, 904; s. aber BGH StraFo 2002, 261 [für Qualifikationen des § 250 StGB],
- **andere Deliktsform**, wie Vollendung statt Versuch oder umgekehrt (*Schlothauer* StV 1986, 213, 217; BGH NStZ 1991, 229 [M/K]),
- **Änderung** der **Schuldform**, wie z.B. Vorsatz statt Fahrlässigkeit (BGH VRS 49, 184) oder umgekehrt (OLG Brandenburg NStZ-RR 2000, 54 [Ls.]; OLG Braunschweig NStZ-RR 2002, 179; OLG Dresden DAR 2000, 125; OLG Jena NStZ-RR 1997, 116; OLG Schleswig SchlHA 2000, 129 [Dö], jeweils für OWi-Verfahren; a.A. BayObLG bei *Rüth* DAR 1971, 207),
- **Änderung** der **Handlungsform**, wie z.B. durch Tun statt durch Unterlassen und umgekehrt (BGH StV 2002, 183) oder

553

- **Änderung** des **Straftatbestandes**, wie z.B. versuchter Totschlag anstelle von versuchtem Mord (BGH StV 1998, 583; NStZ 1998, 529), Vollrausch anstelle von Trunkenheit im Verkehr (OLG Köln NStZ-RR 1998, 370 [Anklage wegen vorsätzlicher Trunkenheit macht Hinweis auf Vorsatz als Schuldform beim Vollrausch nicht entbehrlich]),

Enthält das andere Strafgesetz mehrere **Tatbestandsalternativen**, muss auch darauf hingewiesen werden, welche der möglichen Alternativen angenommen werden soll (BGH StV 1997, 237 [für gefährliche Körperverletzung]; StV 1998, 583 [für Mord]).

- bei anderer Beurteilung des **Konkurrenzverhältnisses** (vgl. u.a. BGH StV 1991, 101 f.; 1996, 584),
- Änderungen bei **Täterschaft** (vgl. für Änderung von Allein- in Mittäterschaft BGH NStZ 1994, 64 m.w.N.; NStZ-RR 1996, 108; StV 2002, 236 [Ls.]; OLG Düsseldorf StraFo 1999, 200) oder umgekehrt (BGH StV 1990, 54),
- Änderung von **Teilnahme** in Täterschaft (BGH NJW 1985, 2488) oder umgekehrt (KK-*Engelhardt*, § 265 Rn. 10; *Neuhaus* ZAP F. 22, S. 253),
- nach BGH NJW 1988, 501 hingegen **nicht**, wenn das Gericht entgegen der Anklage die Voraussetzungen des § **21 StGB verneinen** will (m.E. **zweifelhaft**, zumindest dürfte sich wegen einer Änderung der Tatrichtung aus einer entsprechenden Anwendung von § 265 Abs. 1, 2 eine Hinweispflicht ergeben [s.u. Rn. 555 und 558]; ähnlich auch *Schäfer*, Rn. 921).

554

3. Nach **§ 265 Abs. 2** ist ein Hinweis auch dann erforderlich, wenn sich **erst in** der **HV** vom Gesetz besonders vorgesehene **Umstände** ergeben, die die **Strafbarkeit erhöhen** oder die Anordnung einer **Maßregel** der Besserung und Sicherung rechtfertigen. Zu nennen sind hier als

Beispiele:

- alle **benannten Strafschärfungsgründe**, die zu einem neuen Tatbestand oder der Anwendung einer anderen gesetzlichen Regelung führen, wie z.B. in §§ 221 Abs. 2, 223 Abs. 2, 239 Abs. 2, 250 Abs. 1 StGB (BGH NJW 1959, 996; 1980, 714; s.a. NJW 1977, 1830),
- jede der abschließend als **Maßregel** der **Sicherung** und **Besserung** erwähnten Maßnahmen der **§§ 61 ff. StGB**, die nicht bereits in der zugelassenen Anklage erwähnt ist; wie z.B. auch die **Entziehung** der **Fahrerlaubnis** nach § 69 StGB (*Kleinknecht/Meyer-Goßner*, § 265 Rn. 20 m.w.N.; s. z.B. BGH StV 1988, 329), und zwar auch dann, wenn der StA in seinem Plädoyer den Antrag auf Anordnung einer Sperre für die (Wieder-)Erteilung der Fahrerlaubnis ausdrücklich gestellt hat (BGH StV 1994, 232, 233); der Hinweis ist auch erforderlich, wenn eine andere als die in der Anklageschrift bezeichnete Maßregel in Betracht kommt (**Unterbringung** nach § 64 StGB anstelle der in der Anklage erwähnten Unterbringung nach § 63 StGB; BGH StV 1991, 198; ähnlich BGH NStZ-RR 2002, 271),

Nach der Rspr. des BGH bedarf es eines (weiteren) richterlichen Hinweises allerdings dann nicht, wenn bereits im wesentlichen **Ergebnis** der **Ermittlungen** auf die Maßregel – wenn auch nur kurz – hingewiesen wird (BGH NStZ 2001, 162).

- alle **Regelbeispiele**, wie z.B. bei § 243 Abs. 1 StGB (BGH NJW 1988, 501),

- **nicht** hingegen bei in Frage kommender Anwendung von **unbenannten Strafschärfungsgründen** für besonders schwere Fälle, wie z.B. bei § 263 Abs. 3 StGB (*Kleinknecht/Meyer-Goßner,* § 265 Rn. 19 m.w.N.; BGH StV 2000, 298 [Ls.]; OLG Düsseldorf NJW 2000, 158 [für Änderung von § 243 Abs. 1 Nr. 2 StGB in einen unbenannten besonders schweren Fall; a.A. *Schlothauer* StV 1986, 221; m.E. dürfte in diesen Fällen meist jedoch ein Hinweis wegen veränderter Tatrichtung in Betracht kommen, s.u. Rn. 555 und Rn. 558).

555 4. **Entsprechend** anzuwenden sind § 265 Abs. 1 und 2 auf die Fälle, in denen sich erst in der HV eine **Änderung** der **gesamten Tatrichtung** ergibt, davon aber der rechtliche Vorwurf unberührt bleibt. Das führt zwar nicht zur Anwendung eines anderen Strafgesetzes i.S.v. § 265 Abs. 1, Sinn und Zweck des § 265, der dem Angeklagten eine umfassende Verteidigung ermöglichen soll, erfordern hier aber gleichwohl einen Hinweis (*Kleinknecht/Meyer-Goßner,* § 265 Rn. 22; s.a. u. Rn. 558; zur Entwicklung der Rspr. des BGH für die Fälle der Veränderung des Tatbildes s. *Niemöller,* a.a.O., 26 ff.). Das gilt insbesondere bei folgenden

Beispielen:

- in der HV gegen den wegen Totschlags Angeklagten stellt sich heraus, dass eine Verurteilung wegen eines **besonders schweren** Falls des Totschlags nach § 212 Abs. 2 StGB und damit zu einer lebenslangen Freiheitsstrafe in Betracht kommen könnte, da in diesem Fall dem Angeklagten ein ebenso schwerer Schuldvorwurf wie im Fall einer Mordanklage gemacht wird (vgl. dazu *Tröndle/Fischer,* § 212 Rn. 3 m.w.N.; s.a. BGH NJW 1980, 714),
- nach BGH (NJW 1996, 3019; a.A. *Kintzi* DRiZ 1993, 343) **nicht**, wenn das Gericht beabsichtigt, bei einer Mordanklage die besondere **Schuldschwere** i.S.d. § 57a Abs. 1 Nr. 2 StGB oder des § 57b StGB (lebenslange Gesamtfreiheitsstrafe) festzustellen (vgl. dazu BVerfG NJW 1992, 2947; s.a. *Tröndle/Fischer,* § 57a Rn. 7 m.w.N.).

  Das ist **zweifelhaft**. Ergibt sich nämlich erst in der HV eine Änderung der Tatrichtung des dem Angeklagten zur Last gelegten Tötungsdelikts und kommt danach eine Anwendung des § 57a Abs. 1 Nr. 2 StGB in Betracht, führt das zwar nicht zur Anwendung eines anderen Strafgesetzes i.S.v. § 265 Abs. 1. Sinn und Zweck des § 265, der dem Angeklagten eine umfassende Verteidigung ermöglichen soll, erfordern m.E. hier aber gleichwohl einen Hinweis).

556 5. Eine **entsprechende Anwendung** von § 265 Abs. 1 und 2 kommt m.E. auch dann in Betracht, wenn es um einen **Hinweis** auf den **Wegfall** eines zuvor erteilten **Hinweises** geht.

Beispiel:

Zugelassene Anklage wegen versuchten Totschlags, in der HV dann zunächst Hinweis auf gefährliche Körperverletzung, die Verurteilung erfolgt dann – ohne weiteren Hinweis? – (doch) wegen versuchten Totschlags.

Anderer Meinung ist in diesen Fällen wohl die Rspr. des **BGH** (vgl. BGH NJW 1998, 3654, 3655; so a. *Kleinknecht/Meyer-Goßner,* § 265 Rn. 33). Der BGH (a.a.O.) hat eine **Hinweispflicht verneint**, wenn das Gericht entgegen der

Anklage die Anwendung von § 21 StGB verneinen will, da auch bei einem Hinweis auf ein milderes Gesetz der in der zugelassenen Anklage enthaltene Vorwurf bestehen bleibt. Wendet man diese Grundsätze konsequent auf die Frage der Erforderlichkeit eines Hinweises auf den Wegfall eines Hinweises an, ist jener nicht erforderlich. Sieht man jedoch § 265 als eine sich aus dem Grundsatz des „fair trial" ergebende Vorschrift an, deren Sinn und Zweck es sein soll, dem Angeklagten eine umfassende Verteidigungsmöglichkeit zu verschaffen, dürfte diese Rspr. zumindest **zweifelhaft** sein.

☝ Hat das **Gericht** selbst die **Anregung** zu einer Einstellung nach § 154 gegeben und die **StA** daraufhin einen entsprechenden **Antrag** gestellt, muss das Gericht allerdings auch nach der Rspr. des BGH nach den Grundsätzen des fairen Verfahrens einen Hinweis geben, wenn es die Einstellung nun im Urteil nicht mehr (in allen Fällen) vornehmen will (BGH NStZ 1999, 416).

557 6. **Entsprechend** angewendet wird § 265 Abs. 1, 2 auf **Nebenstrafen** und **Nebenfolgen**, wenn ihre Verhängung die Feststellung besonderer Umstände zum „äußeren und inneren Tatgeschehen" voraussetzt, die zum Tatbestand hinzutreten müssen.

Beispiele:

für eine **Hinweispflicht** sind:

- die Verhängung eines **Fahrverbots** nach **§ 25 StVG** (BGHSt 29, 274; OLG Düsseldorf NJW 1990, 462 [Ls.]),
- die Einziehung nach **§ 74 StGB** (BGHSt 16, 47; a.A. BGH StV 1984, 453; s.a. *Schlothauer* StV 1986, 222),
- die Aberkennung der bürgerlichen **Ehrenrechte** (*Kleinknecht/Meyer-Goßner*, § 265 Rn. 24 m.w.N.).

für **Nichtbestehen** der Hinweispflicht sind:

- die mögliche Verhängung eines **Fahrverbots** nach **§ 44 StGB,** da sich der Angeklagte über die möglichen Haupt- und Nebenfolgen seiner Tat grds. selbst unterrichten muss (*Kleinknecht/Meyer-Goßner*, a.a.O., m.w.N.; a.A. u.a. OLG Hamm MDR 1971, 776; *Schlothauer* StV 1986, 221),
- wenn im Bußgeldbescheid bereits eine Fahrverbot angeordnet worden ist, muss **nicht** auf die Möglichkeit hingewiesen werden, dass auch ein **längeres Fahrverbot gerechtfertigt** ist (BayObLG NJW 2000, 3511 [Ls.]).

558 **7.** Wenn sich während der HV (nur) der **Sachverhalt** oder auch die **Verfahrenslage verändert**, sieht § 265 Abs. 4 eine **ausdrückliche Hinweispflicht nicht** vor (BGH NStZ 1984, 422; a.A. OLG Hamm HESt 1, 187; OLG Köln StV 1984, 414; OLG Schleswig MDR 1980, 516). Der Angeklagte muss aber die Veränderung aus dem Gang der HV entnehmen können und er hat dann nach § 265 Abs. 4 das Recht, die **Aussetzung** der HV zu verlangen. Das ist insbesondere der Fall, wenn eine in der zugelassenen Anklage nicht erwähnte Handlung oder sonstige Tatsache zum Gegenstand des Urteils gemacht werden soll oder sich die prozessuale Situation des Angeklagten geändert hat (BGH NStZ 2000, 48; s.a. BGH NStZ 1997, 72 – K – [Empfehlung, die veränderte Sachlage schriftlich zu fixieren und ins Protokoll aufzunehmen] und NStZ 1999, 42; zum Hinweis bei veränderter Sachlage eingehend *Gillmeister* StraFo 1997, 8 ff., der einen Hinweis auf jeden Fall immer dann als erforderlich ansieht, wenn der Sachverhalt sich tatbestandsrelevant ändert; zu allem a. KK-*Engelhardt*, § 265 Rn. 24 m.w.N.).

☝ Nach der Rspr. des BGH bedarf es eines (weiteren) richterlichen Hinweises allerdings dann nicht, wenn sich aus dem **wesentlichen Ergebnis** der **Ermittlungen** bereits ergibt, dass sich der Angeklagte ggf. auch in die veränderte Richtung verteidigen muss (BGH NStZ 2001, 162 [für Sicherungsverwahrung]). Eine Hinweispflicht besteht auch nur dann, wenn die **Abweichung** solche Tatsachen betrifft, in denen Merkmale des **gesetzlichen Tatbestandes** gefunden werden (BGH NStZ 2000, 48).

Beispiele:

559 **für** veränderte **Sachlage:**

- wenn bei einer Anklage wegen Beihilfe die Person des **Haupttäters wechselt** (OLG Hamburg HESt 3, 54),
- ☝ wenn sich die die Verurteilung tragenden **Indizien ändern** (BGHSt 11,88, 91),
- wenn bei einer Anklage wegen Mittäterschaft die Person des **Mittäters wechselt** (BGH MDR 1977, 108 [H]),
- anderes **Opfer**, z.B. anderer Geschädigter beim Betrug (BGH JR 1964, 65; KK-*Engelhardt*, § 265 Rn. 11),
- Änderung der **Tatzeit** ([Alibi!] BGH NJW 1988, 571; 1994, 502, dort a. zur Protokollierungspflicht; StV 1997, 237; 1999, 304; OLG Bremen StV 1996, 301; s.a. *Niemöller*, a.a.O., 26 ff.),
- Ausdehnung des **Tatzeitraums** (BGHSt 28, 296, 197; StV 1996, 584),

- wenn bei einer zwar noch zulässigen, aber **ungenau gefassten Anklage** (hier: Vielzahl sexueller Übergriffe) das Gericht, anders als die Anklage von nach Ort, Zeit und Tatbegehung konkret bestimmten Taten ausgehen will (BGHSt 40, 44 ff.; NJW 1998, 3788; zur Fassung der Anklageschrift s. *Burhoff*, EV, Rn. 108),

> ☝ Da es sich bei diesen „Hinweisen" um eine Ergänzung von Anklage und Eröffnungsbeschluss handelt, muss die Unterrichtung im → ***Protokoll der Hauptverhandlung***, Rn. 713, dokumentiert werden (BGH NStZ 1999, 42).

- wenn vom **Vorwurf** der **eigenhändigen** Brandstiftung zum Vorwurf **gewechselt** wird, der Angeklagte habe die Tat durch einen beauftragten Unbekannten ausführen lassen (BGH NStZ 1994, 64),
- ggf. **nicht**, wenn die Veränderung nur die **Tatplanung** betrifft (BGH NStZ 2000, 48).

für veränderte **Verfahrenslage:** **560**

- wenn das Gericht, das einen Beweisantrag wegen **Bedeutungslosigkeit** der behaupteten Tatsache **abgelehnt** hat, das Urteil (nun) auf das Gegenteil der behaupteten Tatsache stützen will (so wohl BGH StV 1996, 648; so a. *Gillmeister* StraFo 1997, 8, 11 [für Abweichen von Wahrunterstellung als unerheblich]),
- wenn der Angeklagte in seinem Recht, sich des **Beistands** eines Verteidigers zu bedienen, unvorhergesehen **beeinträchtigt** wird, vorausgesetzt, die Durchführung der HV wird für den Angeklagten unzumutbar (s. *Kleinknecht/Meyer-Goßner*, § 265 Rn. 43 m.w.N.; BGH NJW 2000, 1350; NStZ-RR 2000, 290 [K]; → *Anwesenheit des Verteidigers in der Hauptverhandlung*, Rn. 87; → *Aussetzung wegen Ausbleiben des Verteidigers*, Rn. 152; → *Ladung des Verteidigers*, Rn. 590; → *Verhinderung des Verteidigers*, Rn. 982),
- beim **Nachschieben** bisher zurückgehaltener **Beweismittel** in der HV (vgl. z.B. BayObLG NStZ 1981, 355 [für Lichtbilder]),
- wenn das Gericht **gerichtskundige Tatsachen** aus anderen Strafverfahren heranziehen will, ist der Angeklagte auch darauf hinzuweisen, dass diese Fakten ggf. ohne förmliche Beweisaufnahme verwertet werden sollen (BGH StV 1998, 251),
- wenn das Gericht ein – an sich unverwertbares – richterliches Protokoll nach § 251 Abs. 1 verlesen hat, es dieses dann im Urteil aber als **nichtrichterliche Vernehmung** gem. § 251 Abs. 2 S. 2 verwerten will (BGH NStZ 1998, 312; s. dazu a. *Burhoff*, EV, Rn. 1455, 1890 f.),

- **unklar** ist die Rechtslage bei der vom Gericht geplanten **Verwertung** von **Tatsachen** aus nach §§ 154, 154a **eingestellten Verfahrenskomplexen** (Hinweispflicht bejaht u.a. von BGH StV 1995, 520 m.w.N.; NStZ 1995, 220 [K]; offen gelassen von BGH NJW 1985, 1479; s. einerseits BGH NStZ 1996, 611; 1998, 51; [Hinweispflicht für Verwertung bei **Beweiswürdigung** i.d.R. zu bejahen] und andererseits BGH NJW 1996, 2585 [Verfahren wegen Betrugsversuchs wird eingestellt, der zugrunde liegende Sachverhalt wird aber bei der Beweiswürdigung zum Vorwurf des Versicherungsbetrugs verwertet; Hinweispflicht verneint, da die Teileinstellung wegen „Betruges" keinen Vertrauenstatbestand habe erzeugen können. § 265 Abs. 1 StGB enthalte ebenfalls das Merkmal „in betrügerischer Absicht"]; s.a. BGH StraFo 2001, 236; OLG Hamm StraFo 2001, 415 [keine Verwertung, wenn der Verteidiger der Einstellung des Verfahrens widersprochen hat]). **561**

M.E. wird man in diesen Fällen wegen des Gebots eines fairen Verfahrens **grds**. die **Hinweispflicht** bejahen müssen (s.a. LR-*Rieß*, § 154 Rn. 54; *Mösl* NStZ 1981, 134). Das gilt auch, wenn bei der **Strafzumessung** Taten strafschärfend verwertet werden sollen, die verjährt sind oder die wegen fehlenden Strafantrags nicht verfolgt werden können (BGH StV 2000, 656; zu allem eingehend *Gillmeister* NStZ 2000, 344 ff.).

Entsprechend anzuwenden ist § 265 Abs. 4 gem. § 154a Abs. 3 S. 3 auf jeden Fall bei **Wiedereinbeziehung** ausgeschiedener Taten oder Tatteile gem. § 154a Abs. 3 (→ *Einstellung des Verfahrens nach § 154 bei Mehrfachtätern*, Rn. 399; → *Einstellung des Verfahrens nach § 154a zur Beschränkung der Strafverfolgung*, Rn. 405).

561a **8.** Ergeben kann sich eine **Hinweispflicht** des Gerichts schließlich auch aus **eigenem prozessualen Verhalten** des Gerichts. Das wird m.E. immer dann der Fall sein, wenn das Gericht durch eigene Erklärungen einen **Vertrauenstatbestand** geschaffen hat. Dann gebietet es m.E. der Grundsatz des „fair trial“, davon nur nach einem entsprechenden Hinweis (wieder) abzuweichen. Das hat die Rspr. bisher bejaht für folgende

Beispiele

- wenn die **Zusage** gegeben worden ist, bestimmte in der HV erörterte Vorkommnisse bei der **Beweiswürdigung** nicht zu Lasten des Angeklagten zu verwerten (BGH StV 2001, 387),
- wenn die **Zusage** gegeben worden ist, einen bestimmten **Sachverhalt** der Entscheidung zugrunde legen zu wollen (OLG Hamm Beschl. v. 31.10.2001, 2 Ss 940/01 = http://www.burhoff.de.
- wenn bei einer **gescheiterten Strafmaßabsprache** das Gericht die in Aussicht gestellte Strafhöhe überschreiten will, es sei denn eine Veränderung der strafzumessungsrelevanten Sachlage war erkennbar (BGH NStZ 2002, 219; dazu eingehend *Weider* NStZ 2002, 147; → *Absprachen mit Gericht und StA*, Rn. 63).

9. Hinweise für den Verteidiger!

562 **a)** Das Gericht darf dem Angeklagten **nicht** nur einen **pauschalen Hinweis** erteilen, sondern muss ihn eindeutig und erschöpfend aufklären (zum Inhalt des Hinweises s.a. KK-*Engelhardt*, § 265 Rn. 17 m.w.N.). Dazu gehört z.B. nicht nur, dass bei mehreren möglichen Tatbestandsalternativen die konkret ins Auge gefasste bezeichnet wird (BGH StV 1998, 583; NStZ 1998, 529), sondern i.d.R. auch, dass die Tatsachen genannt werden, die das neu in Betracht gezogene gesetzliche Merkmal möglicherweise ausfüllen können (BGH, a.a.O.). Es genügt auch nicht, wenn nur Beweispersonen auf die veränderte Sachlage hinweisen (BGHSt 28, 196; NStZ-RR 2002, 271 [für Sachverständigen]; OLG Bremen StV 1996, 301; wegen der Einzelh. s. *Kleinknecht/Meyer-Goßner*, § 265 Rn. 28) oder die Veränderung von einem anderen Verfahrensbeteiligten angesprochen wird. Das gilt grds. selbst dann, wenn alle Verfahrensbeteiligten den veränderten Gesichtspunkt in der HV bereits angesprochen haben (BGH NStZ 1998, 529 f.).

☝ Die erteilten Hinweise muss der Verteidiger **sorgfältig prüfen**. Bei einem **unklaren** Hinweis **muss** er auf jeden Fall um **Erläuterung** bitten. Anderenfalls kann im Revisionsverfahren nicht beanstandet werden, die rechtlichen Hinweise seien nicht näher erläutert worden (BGH NJW 1998, 767).

Auch für den Verteidiger ist von Bedeutung, wovon das Gericht nach dem Hinweis ausgeht, da das Gericht nur unter den Voraussetzungen des § 265 Abs. 3 die HV aussetzen muss (→ *Aussetzung wegen veränderter Sach-/ Rechtslage*, Rn. 159). In diesem Fall sollte er dann aber auch auf die **Aussetzung** drängen, wenn sonst für seinen Mandanten Nachteile zu befürchten sind. Allerdings ist auch zu berücksichtigen, dass die durch eine Aussetzung zusätzlich entstehenden **Kosten** im Fall einer Verurteilung den Angeklagten treffen.

In den Fällen, in denen ein **Hinweis** als **nicht erforderlich** angesehen wird, muss der Verteidiger versuchen, durch **informelle Kontakte** zum Gericht in Erfahrung zu bringen, welche von der Anklage abweichende Variante dort erwogen wird. Eine andere Möglichkeit ist es, im Rahmen einer Erklärung des Verteidigers nach **§ 257** ausdrücklich zu erklären, wovon der Verteidiger/der Angeklagte ausgehen, und zum Ausdruck zu bringen, dass man einen Hinweis erwarte, wenn sich insoweit eine Abweichung abzeichne. Nach der Rspr. des BGH dürfte allerdings keine Pflicht des Gerichts bestehen, in einer Art „Zwischenverfahren" Erklärungen zu seiner Sicht der Dinge abzugeben (BGHSt 43, 212 [für Erklärungen zu einzelnen Beweisergebnissen]; ähnlich StV 2001, 387; → *Erklärungsrecht des Verteidigers*, Rn. 468). An gegebene Zusagen muss sich das Gericht allerdings halten (vgl. o. Rn. 561a).

563

b) Für die **Revision** ist darauf hinzuweisen, dass das Urteil i.d.R. auf einem Verstoß gegen § 265 Abs. 1 **beruhen** wird. Daher sind zwar **Ausführungen** zu dieser Frage in der Revisionsbegründung an sich entbehrlich und werden von der Rspr. grds. auch nur in Zweifelsfällen gefordert (*Kleinknecht/Meyer-Goßner*, § 265 Rn. 48; BGH NStZ 1992, 450). Das Revisionsgericht kann jedoch eine andere Sichtweise als der Verteidiger haben und sich ggf. auch nicht vorstellen, wie der Angeklagte sich anders hätte verteidigen können. Deshalb **empfiehlt** es sich, eine auf § 265 gestützte Verfahrensrüge zur Beruhensfrage spätestens dann ausführlich zu begründen, wenn der Revisionsverwerfungsantrag der StA Ausführungen dazu enthält, dass das Urteil nicht auf dem fehlenden Hinweis beruhe (s.a. die Anm. der StV-Redaktion zu BGH StV 1996, 82; zur Beruhensfrage s.a. noch BGH NStZ 1995, 247; 1998, 529 f.).

I

564 Informatorische Befragung eines Zeugen

Literaturhinweise: ***Geppert***, Notwendigkeit und rechtliche Grenzen der „informatorischen Befragung" im Strafverfahren, in: Festschrift für *Oehler*, S. 323; ***Haubrich***, Informatorische Befragung von Beschuldigten und Zeugen, NJW 1981, 803; ***Krause***, Die informatorische Befragung, Polizei 1978, 305; ***ter Veen***, Die Zulässigkeit der informatorischen Befragung, StV 1983, 293.

1. Die StPO kennt keine bloß informatorische Befragung eines Zeugen als **Ersatz** für eine formelle **Zeugenvernehmung** (BGH MDR 1974, 36 [D]; OLG Celle StV 1995, 292; OLG Köln StV 1999, 8, jeweils m.w.N.). Deshalb ist die formlose Vernehmung von Auskunftspersonen über Fragen, die für den Schuld- und Rechtsfolgenausspruch von Bedeutung sind, immer unstatthaft (OLG Celle a.a.O. [für die Vernehmung eines Bewährungshelfers über den Verlauf der Bewährungszeit, worauf dann im Urteil sowohl die Anordnung der Unterbringung in einer Entziehungsanstalt nach § 64 StGB als auch die Versagung von Bewährung gestützt worden ist]).

565 **2. Zulässig** ist eine informatorische Befragung im Wege des → ***Freibeweisverfahrens***, Rn. 502, und zwar in folgenden

Beispielen:

- es soll der **Aufenthaltsort** eines **anderen Zeugen geklärt** werden, ohne dass durch die Beantwortung der Fragen eine Verbindung zur Aussage entsteht (*Kleinknecht/Meyer-Goßner*, § 59 Rn. 2, m.w.N.),
- es soll geprüft werden, ob die Vernehmung des Zeugen von **Bedeutung** ist oder wegen mutmaßlicher Bedeutungslosigkeit auf seine **Aussage** verzichtet werden kann (OLG Celle StV 1995, 292, m.w.N.; OLG Köln StV 1999, 8),
- es handelt sich um **formlose Befragungen** hinsichtlich einer Augenscheinseinnahme (*Kleinknecht/Meyer-Goßner*, a.a.O., m.w.N.; zur „informatorischen" **Augenscheinseinnahme** s. Rn. 101),
- durch die informatorische Befragung sollen zunächst nur die **Identität** des Zeugen oder für die Ausübung eines Zeugnisverweigerungsrechts erhebliche Fragen **geklärt** werden (RGSt 22, 54),
- es soll festgestellt werden, ob der **Zeuge überhaupt** etwas von dem zur Erörterung anstehenden Vorgang **weiß** (*Kleinknecht/Meyer-Goßner*, a.a.O.; BayObLG NJW 1953, 1524; OLG Köln StV 1999, 8).

☝ Ist der Verteidiger der Auffassung, dass eine „informatorische Vernehmung“ eines Zeugen unstatthaft ist, muss er ihr gem. § 238 **widersprechen** und gem. **§ 238 Abs. 2** einen Gerichtsbeschluss herbeiführen. Es empfiehlt sich auch, nach der „Vernehmung“ des Zeugen dessen **Vereidigung** zu **beantragen**. Die Entscheidung über diesen Antrag zwingt das Gericht, die Art der Vernehmung zu klären (s.a. OLG Köln StV 1988, 289; → *Vereidigung eines Zeugen*, Rn. 932).

Siehe auch: → *Zeugenvernehmung, Allgemeines*, Rn. 1186, m.w.N.

J

Jugendgerichtsverfahren, Besonderheiten der Hauptverhandlung

566

Literaturhinweise: ***Barton***, Läßt sich die niedrige Verteidigerquote in Jugendstrafsachen mit mangelnder Verteidigungseffizienz begründen?, in: *Walter*, Strafverteidigung für junge Beschuldigte, S. 133; ***Böhm***, Aus der neueren Rechtsprechung zum Jugendstrafrecht, NStZ-RR 2001, 321; ***Eisenberg***, Einführung in die Grundprobleme des Jugendstrafrechts, JuS 1983, 569; ders., Der Verteidiger in Jugendstrafsachen, NJW 1984, 2913; ders., Beschlagnahme von Akten der Jugendgerichtshilfe durch das Jugendgericht, NStZ 1986, 308; ders., Zum Schutzbedürfnis jugendlicher Beschuldigter im Ermittlungsverfahren, NJW 1988, 1250; ders., Zur verfahrensrechtlichen Stellung der Jugendgerichtshilfe, StV 1998, 304; ders., Anwendungsmodifizierung bzw. Sperrung von Normen der StPO durch Grundsätze des JGG, NStZ 1999, 281; ***Heimann***, Jugendstrafverfahren, FA Strafrecht-*Heimann*, E 7; ***Hinz***, Strafmündigkeit ab vollendetem 12. Lebensjahr, ZRP 2000, 107; ***Katz***, Notwendige Verteidigung im Jugendstrafverfahren, – Eine Stellungnahme aus der Sicht eines Jugendrichters, in: *Walter*, Strafverteidigung für junge Beschuldigte, S. 149; ***Löhr***, Kriminologisch-rationaler Umgang mit jugendlichen Mehrfachtätern, ZRP 1997, 280; ***Mitsch***, Nebenklage im Strafverfahren gegen Jugendliche und Heranwachsende, GA 1998, 159; ***Molketin***, Notwendige Verteidigung bei jugendlichen Angeklagten; Jugendstrafrecht für Angehörige der „Skinheads“, – zugleich Anmerkung zu OLG Zweibrücken, Beschl. v. 28. 1. 1986, NStZ1997, 89; ***Nix***, Vorläufige Festnahme und verbotene Vernehmungsmethoden gegenüber Kindern, Jugendlichen und Heranwachsenden im strafrechtlichen Ermittlungsverfahren, MSchrKrim 1993, 183; ***Noak***, Urteilsabsprachen im Jugendstrafrecht – Besprechung von BGH, Beschl. v. 15.3.2001 – 3 StR 61/01 = StV 2001, 555, StV 2002, 445; ***Ostendorf*** Die Pflichtverteidigung in Jugendstrafverfahren, StV 1986, 308; ders., Die Prüfung der strafrechtlichen Verantwortlichkeit gem. § 3 JGG – der erste Einstieg in die Diversion, JZ 1986, 664; ders., Das deutsche Jugendstrafrecht – ein Überblick, NJ 1995, 62; ders., Das deutsche Jugendstrafrecht – zwischen Erziehung und Repression, StV 1998, 297; ders., Jugendstrafrecht in der Diskussion, ZRP 2000, 103; ders., Persönlichkeitsschutz im (Jugend-)Strafverfahren bei mehreren Angeklagten, in: Festschrift für *Peter Rieß*, S. 845; ders., Weiterführung der Reform des Jugendstrafrechts, StV 2002, 436; ***Radbruch***, Zur Reform der Verteidigung in Jugendstrafsachen, StV 1993, 553; ***Schäfer***, Das Berufungsverfahren in Jugendsachen, NStZ 1998, 330; ders., Vorsicht bei Teileinstellungen nach §§ 154, 154a StPO im Jugendstrafrecht, PAK 2002, 30; ***Schilling***, Begutachtung von strafrechtlicher Verantwortlichkeit und Schuldfähigkeit aus der Sicht eines Jugendpsychologen, NStZ 1997, 261; ***Schlag***, Verteidigung von Jugendlichen und Heranwachsenden, in: Strafverteidigung in der Praxis, 1998, S. 1131 [im Folgenden kurz: *Schlag*, StrafPrax, Rn.]; ***Schlickum***, Verteidigung in Jugendstrafsachen: Mithilfe zur Verurteilung?, StV 1981, 359; ***Schmidt***, Die Besetzung der großen Jugendkammer in Verfahren über Berufungen gegen Urteile des Jugendschöffengerichts (§ 33b JGG), NStZ 1995, 215; ***Schmidt-Justen***, Jugendstrafverfahren, StrafPrax-*Schmidt-Justen*, § 25; ders., Zur Verteidigung junger Menschen im anwaltlichen Selbstverständnis, in: *Walter*, Strafverteidigung für junge Beschuldigte, S. 169; ***Schmülling/Walter***, Rechtliche Programme im Konflikt: Resozialisierung junger Straftäter unter den Bedingungen des Ausländerrechts, StV 1998, 313; ***Schuhmacher***, Gruppendynamik und Straftat, NJW 1980, 1880; ***Semrau/Kubink/Walter***, Verteidigung junger Beschuldigter aus der Sicht von Rechtsanwälten, MSchrKrim 1995, 34; ***Siebers***, Die Pflicht der Staatsanwaltschaft zur Ausschöpfung jeder Möglichkeit der Verkürzung der Untersuchungshaft im Hinblick auf das Strafbefehlsverfahren, das beschleunigte Verfahren und das vereinfachte Jugendverfahren, StraFo 1997, 329; ***Siegismund***, Zur Verbesserung des Opferschutzes im Jugendstrafverfahren – Überlegungen zur Einführung von Nebenklage und Adhäsionsverfahren gegen Jugendliche, in: Festschrift für *Peter Rieß*, S. 857; ***Walter***, Stellung und Bedeutung des Verteidigers im jugendkriminalrechtlichen Verfahren, NStZ 1987, 481; ders., Einführung in die „Kölner Richtlinien“ zur notwendigen Verteidigung in Jugendstrafverfahren, in: *Walter*, Strafverteidigung für junge Beschuldigte, S. 199; ***Wölfl***, Die Geltung der Regelvermutung des § 69 II StGB im Jugendstrafrecht, NZV 1999, 69; ***Zieger***, Verteidiger in Jugendstrafsachen, Erfahrungen und Empfehlungen, StV 1982, 305; ders., Kosten der Verteidigung in Jugendstrafsachen – Der oft vergessene § 74 JGG, StV 1990, 282; ders., Verteidigung in Jugendstrafsachen, 3. Aufl., 1998.

566a **1.** Die Verteidigung in Jugendstrafsachen stellt den Verteidiger vor **besondere Aufgaben**. Diese ergeben sich einerseits aus den Besonderheiten der jugendlichen bzw. heranwachsenden Mandanten sowie andererseits aus den besonderen Vorschriften des Jugendstrafrechts und des Jugendstrafverfahrens, die im JGG geregelt sind. Hier ist nicht der Platz, alle Besonderheiten des Jugendstrafverfahrens im Einzelnen darzustellen (zu den Aufgaben und Zielen der Verteidigung in Jugendstrafverfahren s. StrafPrax-*Schmidt-Justen*, § 25 Rn. 5 ff.; FA Strafrecht-*Heimann* E 7 Rn. 6 ff.). Die Ausführungen hier sollen dem Verteidiger nur einen **Überblick** über die Besonderheiten der HV im Jugendgerichtsverfahren geben. I.Ü. muss auf die Kommentare zum JGG (s. z.B. *Eisenberg*, JGG, 9. Aufl., 2002 [im Folgenden kurz: *Eisenberg*, Paragraph und Rn.], auf *Ostendorf*, JGG, 5. Aufl., 2000 [im Folgenden kurz: *Ostendorf*, Paragraph und Rn.]) oder *Diemer/Schoreit/Sonnen*, Kommentar zum JGG, 4. Aufl., 2002 [im Folgenden kurz: *Diemer* u.a.] verwiesen werden. Eine eingehende Darstellung der Probleme geben auch *Tondorf* in Beck-*Tondorf* (S. 911 ff. m.w.N.), zur HV s. insbesondere

S. 940 ff., und *Zieger* (jeweils a.a.O.). Wegen der Besonderheiten der Verteidigung jugendlicher Beschuldigter im Ermittlungsverfahren, insbesondere wegen der Möglichkeiten der Verfahrenseinstellung nach den §§ 45 ff. JGG, wird verwiesen auf *Burhoff*, EV, Rn. 995 ff. Es empfiehlt sich auch für denjenigen Verteidiger, der nicht täglich mit der Verteidigung in Jugendstrafsachen befasst ist, die Lektüre/Auswertung der in regelmäßiger Folge in der NStZ-RR erscheinenden Rechtsprechungsübersichten von *Böhm* (zuletzt NStZ-RR 2001, 321 m.w.N. zu vorhergehenden Übersichten). In Zukunft sollen das → *Adhäsionsverfahren*, Rn. 72, und das → *Beschleunigte Verfahren*, Rn. 227, auch auf Jugendliche Anwendung finden (s. → *Gesetzesnovellen*, Rn. 521, 524; dazu *Siegismund*, a.a.O.).

567

2.a) Im Jugendstrafverfahren ist für den jugendlichen oder heranwachsenden Angeklagten insbesondere die **Vorbereitung** der **HV** von besonderer Bedeutung. Über die bei der → *Vorbereitung der Hauptverhandlung*, Rn. 1144, allgemein zu beachtenden Punkte hinaus muss der Verteidiger hier Folgendes besonders beachten (s.a. *Burhoff*, EV, Rn. 1010, 1989 ff.; Beck-*Tondorf*, S. 940; *Zieger* StV 1982, 309):

- Der Verteidiger sollte den Jugendlichen mit dem mutmaßlichen **Ablauf** der HV gut **vertraut** machen, damit diese nach Möglichkeit keine Überraschungen mehr für ihn bietet.
- Hat sich der Angeklagte nach Beratung durch seinen Verteidiger entschlossen, keine Angaben zur Sache zu machen, muss der Verteidiger seinem Mandanten eindringlich klar machen, dass er sich in der HV **nicht** zu **spontanen Äußerungen** verleiten lässt.
- Der Verteidiger sollte seinem Mandanten auch klar machen, dass er ihn während der HV **jederzeit** um eine **vertrauliche Unterredung** bitten kann und er, wenn der Mandant das wünscht, dann die → *Unterbrechung der Hauptverhandlung*, Rn. 873, beantragen wird.
- Vielleicht empfiehlt es sich auch, dem jugendlichen Mandanten einen **Rat** hinsichtlich der **Kleidung** zu geben, die er während der HV tragen will. Es ist sicherlich ratsam, nicht ganz so „ausgeflippt" zu erscheinen.

567a

b) Zur Vorbereitung der HV gehört auch die Überprüfung der Frage, ob ggf. eine **Pflichtverteidigerbestellung** in Betracht kommt, falls sie noch nicht im Ermittlungsverfahren erfolgt sein sollte. Ggf. wird der Verteidiger noch zu Beginn der HV seine Beiordnung als Pflichtverteidiger beantragen (vgl. dazu allgemein → *Pflichtverteidiger, Bestellung in der Hauptverhandlung*, Rn. 643). Im Einzelnen gilt:

Grundlage der Pflichtverteidigerbestellung ist die Vorschrift des **§ 68 JGG**. Danach wird dem Jugendlichen ein Pflichtverteidiger bestellt, wenn einem **Erwachsenen** ein **Verteidiger** zu **bestellen** wäre (§ 68 Nr. 1 JGG; *Burhoff*, EV, Rn. 1228, m.w.N.; zur Pflichtverteidigung vgl. insbesondere *Ostendorf*, § 68 Rn. 3 ff., der sich für eine erhebliche Ausdehnung insbesondere der notwendigen Verteidigung in Jugendstrafsachen ausspricht; ders. StV 1986, 308 m.w.N.; StrafPrax-Schmidt-Justen, Rn. 44 ff.; FA Strafrecht-*Heimann* E 7 Rn. 319 ff; *Zieger*, Rn. 166 ff. m.w.N.; *Katz*, S. 149 ff.; s.a. *Burhoff*, EV, Rn. 1244).

☝ Immer dann, wenn einem Erwachsenen ein Pflichtverteidiger beizuordnen ist, wird das **„erst recht"** auch bei einem Jugendlichen/Heranwachsenden der Fall sein müssen.

Darüber hinaus wird/muss die Auslegung der **Generalklausel** des § 140 unter jugendrechtlichen und jugendkriminologischen Aspekten **extensiv** und **großzügig** erfolgen (*Eisenberg*, § 68, Rn. 23 m.w.N.; *Ostendorf*, § 68, Rn. 6 m.w.N.; LR-*Lüderssen*, § 140 Rn. 87; vgl. z.B. LG Gera StV 2001, 171 [zumindest in Verfahren vor der Berufungskammer]; AG Hamburg StV 1998, 326; AG Saalfeld StV 2002, 406, jeweils m.w.N.).

Demgemäß fordern auch die sog. **„Kölner Richtlinien"** (NJW 1989, 1025; vgl. dazu *Radbruch* StV 1993, 556; *Walter*, a.a.O.) die Beiordnung eines Pflichtverteidigers in allen Fällen der (späteren) Verhandlung vor dem **Jugendschöffengericht** und außerdem immer dann, wenn **Jugendstrafe** zu erwarten ist, unabhängig davon, ob diese zur Bewährung ausgesetzt wird oder nicht (vgl. zu allem a. *Eisenberg*, § 68 Rn. 18 m.w.N.), was zutreffend sein dürfte.

Das wird von der **Rspr** z.T. noch **anders** gesehen (s. auch *Böhm* NStZ-RR 2001, 325). Dazu folgende

Beispiele (wegen der weit. Einzelh. s. *Burhoff*, EV, Rn. 999):

- Das LG Gera (StraFo 1998, 270, 342) sieht die Bestellung eines Verteidigers jedenfalls aber immer dann als regelmäßig geboten an, wenn als **Rechtsfolge** auf **Jugendstrafe** erkannt wird.
- Nach OLG Hamm (NStZ-RR 1997, 78) ist die Verteidigung i.S.v. § 140 Abs. 2 i.d.R. zumindest notwendig, wenn eine (Einheits-)**Jugendstrafe** von deutlich mehr als **einem Jahr** und kaum noch eine Bewährungschance in Betracht kommt, nach KG (StV 1998, 325) kommt die Bestellung ab einem Jahr Einheitsjugendstrafe in Betracht (ähnlich OLG Celle StV 1991, 151 und OLG Köln StraFo 2002, 297). Nach OLG Rostock (StV 1998, 325 [Ls.]) ist ein Pflichtverteidiger auch dann zu bestellen, wenn in eine Einheitsjugendstrafe von zwei Jahren und drei Monaten eine bereits verhängte Jugendstrafe von zwei Jahren einbezogen werden muss.
- Wegen der **Schwierigkeit** der **Sach**- und **Rechtslage**, ist jedenfalls in einem Verfahren vor dem Jugendschöffengericht gegen 15 Angeklagte mit mehr als 30 benannten Zeugen wegen des Verdachts des Landfriedensbruchs (LG Düsseldorf StraFo 1997, 307) oder wenn ein **Nebenkläger anwaltlich** vertreten wird und sich der Beschuldigte deshalb nicht selbst verteidigen kann (s. dazu auch LG Essen NStZ 1987, 130), ein Pflichtverteidiger zu bestellen.

576b

- Bei einem **ausländischen Heranwachsenden** ist die Pflichtverteidigerbestellung von besonderer Bedeutung (s. dazu einerseits AG Hamburg StV 1998, 326 [großzügig und extensiv], andererseits einschränkend LG Hamburg StV 1998, 327). Nach Ansicht des OLG Frankfurt (NStZ 1993, 507)] ist davon auszugehen, dass bei einem ausländischen Heranwachsenden (Alter: 18 Jahre 10 Monate)], der in seiner Heimat nur sechs Jahre die Schule besucht hat, über keine weiterreichende Ausbildung verfügt und sich erst wenige Monate in der BRD aufhält, davon auszugehen ist, dass er sich nicht selbst verteidigen kann (s.a. OLG Hamm NStZ-RR 1997, 78; s.a. die Hinw. bei *Böhm* NStZ-RR 2001, 325). Das OLG Stuttgart (StraFo 2001, 205) sieht die Beiordnung eines Pflichtverteidigers als nicht erforderlich an, wenn der ausländische Angeklagte in 1. Instanz nur zu 30 Stunden gemeinnütziger Arbeit verurteilt worden ist und nur er Berufung eingelegt hat

- Das AG Saalfeld (NStZ 1995, 150; StV 2002, 406) will einem jugendlichen Beschuldigten schließlich immer dann einen Pflichtverteidiger beiordnen, wenn ein **erwachsener Mitangeklagter** durch einen Rechtsanwalt **verteidigt** wird.

568

3. Für die **HV** gegen den Jugendlichen/Heranwachsenden gilt (zur geplanten Erweiterung des Anwesenheitsrechts des Nebenklageberechtigten → *Gesetzesnovellen*, Rn. 524; s. zu allem *Eisenberg* NStZ 1999, 283 ff.):

a) Bei der **Vernehmung** des jugendlichen/heranwachsenden **Angeklagten** zur Person oder Sache ist neben den allgemeinen Ausführungen bei → *Vernehmung des Angeklagten zur Person*, Rn. 1034, und → *Vernehmung des Angeklagten zur Sache*, Rn. 1037, auf folgende Punkte zu achten:

☝ Der **Verteidiger** sollte sich bei der Vernehmung seines Mandanten nach Möglichkeit **zurückhalten**, umso dem Angeklagten die Gelegenheit zu geben, sich darzustellen. In welcher Weise das geschieht, muss aber vorher mit dem Mandanten besprochen werden. Denn es nützt diesem nichts, wenn er provokativ und wenig einsichtig auftritt.

Der Verteidiger muss gerade bei Jugendlichen/Heranwachsenden versuchen, das Recht seines Mandanten durchzusetzen, seine **Erklärungen ohne** dauernde **Unterbrechungen** zu Ende zu bringen. Auch sollte er besonders darauf achten, dass keine seinen Mandanten verletzenden und herabsetzenden Fragen gestellt werden. Ggf. wird er Fragen beanstanden und gem. **§ 238 Abs. 2** einen Gerichtsbeschluss herbeiführen (müssen).

Bei der Vernehmung eines jugendlichen Angeklagten muss der Verteidiger noch mehr als bei einem Erwachsenen darauf achten, dass eventuell schon vorliegende **Voreintragungen** – wenn überhaupt – so **spät** wie möglich erörtert werden (→ *Feststellung von Vorstrafen des Angeklagten*, Rn. 486). Das kann für den Eindruck, den sich ggf. Laienrichter während der Anhörung von dem Jugendlichen machen, von besonderer Bedeutung sein.

569 b) Zu beachten ist, dass der Grundsatz der **Öffentlichkeit** der Verhandlung nach § 48 JGG **eingeschränkt** ist. Nach **§ 48 JGG** wird gegen zur Tatzeit Jugendlichen nicht öffentlich verhandelt. § 48 JGG ist aber nur anwendbar, wenn Jugendliche am Verfahren beteiligt sind. Für Heranwachsende gilt § 109 Abs. 1 S. 4 JGG: Die Öffentlichkeit kann ausgeschlossen werden, wenn das im Interesse des Heranwachsenden liegt (vgl. wegen der Einzelh. *Kleinknecht/Meyer-Goßner*, § 169 GVG Rn. 2; s.a. *Eisenberg*, § 48 Rn. 1 ff. m.w.N.). I.Ü. gelten die **allgemeinen** Vorschriften des **GVG** (→ *Ausschluss der Öffentlichkeit*, Rn. 133). Soweit die Öffentlichkeit nach § 109 Abs. 1 S. 4 JGG ausgeschlossen worden ist, gilt das allerdings auch für die Verkündung des Urteils, wenn das Gericht nichts anderes bestimmt (BGHSt 42, 294). Sind Gegenstand der HV Taten, die der Angeklagte teils als Jugendlicher, teils als Heranwachsender begangen hat, **bleibt** die Öffentlichkeit auch dann **ausgeschlossen**, wenn das Verfahren wegen der Taten, die der Angeklagte als Jugendlicher begangen hat, gem. § 154 Abs. 2 **eingestellt** worden ist (BGHSt 44, 43 m.w.N.; krit. *Wölfl* in der Anm. zu BGH, a.a.O.).

570 c) Gem. § 50 Abs. 1 JGG kann die HV **ohne** den **Angeklagten** nur dann stattfinden, wenn dies im allgemeinen Verfahren zulässig wäre (→ *Verhandlung ohne den Angeklagten*, Rn. 954, m.w.N.), besondere Gründe dafür vorliegen und der StA zustimmt (vgl. dazu im Einzelnen *Eisenberg*, § 50 Rn. 18 m.w.N.; ders. NStZ 1999, 285 [keine Anwendung der §§ 231, 231a]).

d) Nach § 51 JGG soll der Vorsitzende den jugendlichen **Angeklagten** für die Dauer solcher Erörterungen von der HV **ausschließen**, aus denen **Nachteile** für die **Erziehung** entstehen können. Der Anwendungsbereich des § 51 JGG ist weiter als der des § 247. Er erfasst auch die Verhandlung über die Vereidigung und Entlassung eines Zeugen (BGH NJW 2002, 1735 [Ls.]; s. → *Entfernung des Angeklagten aus der Hauptverhandlung*, Rn. 435). Wegen des grds. bestehenden Anwesenheitsrechts des Angeklagten (OLG Karlsruhe StV 1986, 289; s.a. → *Anwesenheitspflicht des Angeklagten*, Rn. 89) wird man diese Vorschrift **eng auslegen** müssen (Beck-*Tondorf*, S. 941). Ob das soweit geht, dem Verteidiger zu empfehlen, einer Verfahrensweise nach § 51 Abs. 1 S. 1 JGG zu widersprechen (so *Zieger* StV 1982, 310), mag jeder Verteidiger für sich entscheiden.

☝ Die Vorschrift des § 51 JGG gilt **nicht** für **Heranwachsende** (s. § 109 JGG).

571 e) Für die **Beweisaufnahme** gelten die **allgemeinen Regeln**. Der Verteidiger muss hier sein Augenmerk besonders darauf richten, dass sein **Mandant** nach Möglichkeit **nicht selbst Fragen** an Zeugen und SV stellt (→ *Fragerecht des Angeklagten*, Rn. 491) oder **Erklärungen** abgibt (→ *Erklärungsrecht des Angeklagten*, Rn. 464).

☝ Der Verteidiger sollte seinen Mandanten eindringlich darauf hinweisen, dass er **Fragen** und **Erklärungen**, wenn er sie denn überhaupt selbst stellen will, **vorher** mit ihm **abspricht**.

572 **f)** Gem. § 49 Abs. 1 JGG werden im Verfahren vor dem Jugendrichter **Zeugen** nur **vereidigt**, wenn es der Richter wegen der ausschlaggebenden Bedeutung der Aussage oder zur Herbeiführung einer wahren Aussage für **notwendig** erachtet. Das gilt nach § 49 Abs. 2 JGG nicht, wenn in dem Verfahren auch Heranwachsende oder Erwachsene angeklagt sind. § 49 Abs. 1 JGG gilt auch nicht im Verfahren vor dem Jugendschöffengericht oder der Jugendkammer, auch nicht in der Berufungsinstanz (*Eisenberg*, § 49 Rn. 2 m.w.N.). I.Ü. gelten für die → *Vereidigung eines Zeugen*, Rn. 932, die allgemeinen Vorschriften.

573 **g)** Wesentlich häufiger als in „Erwachsenensachen" wird der Verteidiger es in der HV in Jugendsachen mit **SV** zu tun haben. Hier wird der Verteidiger – je nach dem Ergebnis eines Gutachtens – sorgfältig überlegen, ob er von der Möglichkeit des **§ 51 JGG** Gebrauch machen soll (s.o. Rn. 570), wenn der SV sein Gutachten erstattet.

574 **h)** Der Verteidiger muss wissen, dass nach § 67 Abs. 1 JGG **Erziehungsberechtigte** und gesetzliche Vertreter des Jugendlichen/Heranwachsenden immer dann das **Recht** haben, **gehört** zu **werden**, Fragen und Anträge zu stellen, wenn auch dem Angeklagten dieses Recht zusteht. Das gilt auch für die Befragung nach jeder einzelnen Beweiserhebung gem. § 257.

Insbesondere ist den Erziehungsberechtigten und gesetzlichen Vertretern stets **von Amts wegen** das **letzte Wort** zu geben (BGHSt 21, 288; NStZ 2000, 435; 2000, 553; StraFo 2002, 290; BayObLG StV 2001, 73; zur Reihenfolge s. einerseits *Eisenberg*, § 67 Rn. 9 [vor dem Angeklagten]; andererseits KK-*Engelhardt*, § 258 Rn. 20 [Reihenfolge steht im Ermessen des Vorsitzenden]). Das gilt auch dann, wenn der gesetzliche Vertreter in einem früheren Verfahrensabschnitt als Zeuge gehört worden (BGH, a.a.O.) oder wenn er Mitangeklagter ist (BGH NStZ 1996, 612). Wird dem Erziehungsberechtigten/gesetzlichen Vertreter das letzte Wort nicht erteilt, kann der Angeklagte das mit der **Revision** geltend machen. Das Urteil wird zumindest hinsichtlich der Schuld- und Rechtsfolgenfrage i.d.R. auf diesem Fehler beruhen (BGHSt 22, 278; NStZ 1985, 230; NStZ 2000, 553; StraFo 2002, 290; s.a. NStZ 1996, 612 [dort auch zu den Auswirkungen, wenn die nach § 67 Abs. 2 JGG vorgeschriebene Terminsnachricht an den Erziehungsberechtigten unterblieben ist]; NStZ 1999, 426; s.a. OLG Frankfurt NStZ 1996, 480 [B] und die weit. Nachw. bei *Eisenberg*, § 67 Rn. 9).

☝ Der Erziehungsberechtigte muss als solcher die Gelegenheit zum letzten Wort haben. Es **genügt nicht**, wenn er dies als **(Mit-)Angeklagter** hatte und sich dabei auch als Erziehungsberechtigter **äußern** kann (BGH NStZ 1996, 612). Ob etwas anderes gilt, wenn dem Erziehungsberechtigten gem. § 67 Abs. 4 JGG die Rechte hätten entzogen werden können, hat der BGH offen gelassen.

575 **i)** Nach § 38 JGG ist im gesamten Verfahren die sog. **Jugendgerichtshilfe** (kurz: JGH) beteiligt. Diese nimmt i.d.R. auch an der HV teil, in der ihr, wenn ihr Vertreter es verlangt, gem. § 50 Abs. 3 S. 2 JGG das Wort zu erteilen ist. Meist macht die JGH davon Gebrauch und äußert sich gem. § 38 Abs. 2 S. 2 JGG insbesondere zu den gegen den Angeklagten zu ergreifenden Maßnahmen (s. dazu Beck-*Tondorf*, S. 942; zu den Einzelh. der Beteiligung der JGH und zu ihrer Stellung im Verfahren s. *Eisenberg*, § 38 Rn. 23 ff.; ders. StV 1998, 310). Das Nichtheranziehen der JGH kann die Aufklärungspflicht verletzen und somit die Revision begründen (BGH StV 2001, 172; BayObLG VRS 88, 287).

☝ Nach § 38 Abs. 3 S. 2 JGG ist dem Vertreter der JGH in der HV auf Verlangen das Wort zu erteilen. I.d.R. geschieht das auch, schon um den sog. Bericht der JGH einzuführen. Für diesen gelten i.Ü. die allgemeinen Regeln des Urkundsbeweises (*Eisenberg* StV 1998, 311; → *Urkundsbeweis, Allgemeines*, Rn. 884). Wird der Vertreter der JGH als Zeuge zu seinem Bericht vernommen, hat dieser **kein Zeugnisverweigerungsrecht** (*Eisenberg*, § 38 JGG Rn. 30 m.w.N.; ders., StV 1997, 312 m.w.N.; *Zieger* StV 1982, 307), so dass er Dinge, die er vom Angeklagten zum Schuldvorwurf erfahren hat, grds. dem Gericht mitteilen muss.

Wenn die Jugendgerichtshilfe ihrer Berichtspflicht nicht nachkommt, kann sich das Gericht die für seine Entscheidung erforderlichen Daten mit den Zwangsmitteln der StPO, also mit **Durchsuchung** und **Beschlagnahme**, beschaffen (LG Trier NStZ-RR 2000, 248). Ggf. muss der Verteidiger diese, wenn er sich daraus Positives für seinen Mandanten verspricht, beantragen.

576 **k)** Für das → ***Plädoyer des Verteidigers***, Rn. 665, muss dieser den besonderen **Sanktionskatalog** des JGG kennen, da er ohne dessen Kenntnis den Mandanten nicht sachgerecht verteidigen kann. Hier ist nur Raum für folgende Kurzhinweise (wegen weiterer Einzelh. s. *Burhoff*, EV, Rn. 1011; zur Einstellung im Jugendstrafverfahren *Burhoff*, EV, Rn. 1006 ff.; s.a. Beck-*Tondorf*, S. 942 ff.; und *Schäfer* PAK 2002, 30):

- Im Vordergrund steht im JGG der **Erziehungsgedanke** (zuletzt BGH NStZ 1996, 232; StV 1998, 335; OLG Hamm StV 1999, 658).
- Das JGG sieht als **Sanktionen** Erziehungsmaßregeln, Zuchtmittel und Jugendstrafe vor, die gem. § 8 JGG auch miteinander **kombiniert** werden können, wenn die erforderliche Erziehung das für den Jugendrichter nahe legt.
- **Erziehungsmaßregeln** sind – neben Hilfe zur Erziehung/Erziehungsbeistandschaft gem. § 12 JGG – die Erteilung von Weisungen nach §§ 9, 10 JGG, die sich auf den Aufenthalt, den Wohnort, die Arbeitsstelle und auf Arbeitsleistungen sowie auch darauf beziehen können, an einem Verkehrsunterricht teilzunehmen (wegen der Einzelh. s. Beck-*Tondorf*, S. 943 ff.).
- **Zuchtmittel** (§ 13 JGG) sind die **Verwarnung** (§ 14 JGG), die Erteilung von **Auflagen** (§ 15 JGG; z.B. die Entschuldigung oder die Zahlung einer Geldbuße) und der **Jugendarrest** (§ 16 JGG) in der Form des Freizeit- (1 – 2 Freizeiten), des Kurz- und des Dauerarrestes (1 – 4 Wochen). Sie werden angewendet, wenn dem Jugendlichen eindringlich vor Augen geführt werden muss/ soll, dass er für das von ihm begangene Unrecht einzustehen hat (Beck-*Tondorf*, S. 945 ff. m.w.N.).
- **577** Als letztes Mittel steht schließlich die **Jugendstrafe** zur Verfügung, die vom Richter verhängt wird, wenn wegen schädlicher Neigungen des Jugendlichen, die durch die Tat hervorgetreten sind, Erziehungsmaßregeln oder Zuchtmittel zur Erziehung nicht ausreichen, oder wegen der Schwere der Schuld Strafe erforderlich ist (§ 17 JGG; s. dazu auch *Böhm* NStZ-RR 2001, 321).

☝ Die schädlichen Neigungen müssen auch im **Zeitpunkt** der **Entscheidung** noch vorliegen (zuletzt BGH StV 1998, 331; OLG Hamm StV 1999, 658).

Die **Dauer** der Jugendstrafe bemisst sich nach § 18 JGG. Sie beträgt mindestens **sechs Monate** und höchstens **fünf Jahre**, es sei denn, es handelt sich bei der Tat um ein Verbrechen, für das nach allgemeinem Strafrecht eine Höchststrafe von mehr als zehn Jahren Freiheitsstrafe angedroht ist. Dann beträgt das Höchstmaß zehn Jahre. Die Strafrahmen des allgemeinen Strafrechts gelten nicht (zur Strafaussetzung zur **Bewährung** gem. **§ 21 JGG** s. Beck-*Tondorf*, S. 947 ff. m.w.N.; s.a. BGH StV 1996, 270 [Strafaussetzung zur Bewährung ist nicht notwendigerweise deshalb ausgeschlossen, weil die neue Straftat während des Laufs einer Bewährungszeit begangen wurde]).

578 **4.** Hinsichtlich der **Rechtsmittel** gegen im Jugendgerichtsverfahren ergangene Urteile ist auf Folgendes hinzuweisen:

☝ Mit einem → ***Rechtsmittelverzicht***, Rn. 751, unmittelbar nach Verkündung des Urteils sollte der Verteidiger noch **vorsichtiger** als in „Erwachsenensachen" sein, da gerade der jugendliche Angeklagte sich häufig der Tragweite der Entscheidung nicht bewusst sein wird (s. dazu a. BGH NStZ-RR 1998, 60).

Für die Rechtsmittel gelten grds. die Vorschriften des **allgemeinen Rechts** mit den sich aus § 55 JGG ergebenden Einschränkungen, die der Beschleunigung des Jugendstrafverfahrens im erzieherischen Interesse dienen.

Aus **§ 55 JGG** ergeben sich folgende **Einschränkungen**:

- Hat das Gericht lediglich **Erziehungsmaßregeln** (§ 9 JGG) oder **Zuchtmittel** (§ 13 JGG) angeordnet oder deren Auswahl dem Vormundschaftsrichter überlassen, so ist ein Rechtsmittel **nicht zulässig**, wenn lediglich der **Umfang** und die Auswahl der Maßregeln angefochten werden sollen (§ 55 Abs. 1 S. 1 JGG). Etwas anderes gilt nur, wenn durch die Entscheidung Hilfe zur Erziehung angeordnet wurde (§ 55 Abs. 1 S. 2 JGG).
- Wer eine **zulässige Berufung** eingelegt hat, kann gem. § 55 Abs. 2 S. 1 JGG **keine Revision** mehr einlegen. Das gilt auch für den Fall der Verwerfung einer Berufung nach § 329 Abs. 1 (OLG Düsseldorf MDR 1994, 1141; OLG Hamm StV 1999, 657 [Ls.]). Diese „Sperrwirkung" gilt i.Ü. auch für die Kostenentscheidung des Berufungsurteils (OLG Hamm StV 1999, 667 [Ls.] m.w.N. auch zur a.A.).
- Der **Erziehungsberechtigte** oder der gesetzliche Vertreter kann das von ihm eingelegte Rechtsmittel nur mit Zustimmung des Angeklagten zurücknehmen.

☝ Die Rspr. ist der Auffassung, dass auch in Verfahren über **Berufungen** gegen Urteile des Jugendschöffengerichts die große **Jugendkammer** mit nur **zwei Berufsrichtern** und zwei Jugendschöffen besetzt sein kann (BGH NStZ 1996, 480 -B- [entsprechende Anwendung von § 33b Abs. 2 JGG]; BayObLG NStZ 1998, 102 [verfassungskonforme Auslegung von § 33b Abs. 1 Hs. 1 JGG]; OLG Düsseldorf StV 2001, 166; s.a. *Böhm* NStZ-RR 2001, 324; a.A. die Lit., s. z.B. *Schmidt* NStZ 1995, 215; *Rzepka* StV 2001, 167 in der Anm. zu OLG Düsseldorf, a.a.O., m.w.N. in Fn. 3; → *Reduzierte Besetzung der großen Strafkammer*, 757). Bei der Beurteilung der Frage der Besetzung hat die Jugendkammer einen **weiten Beurteilungsspielraum** (BayObLG NStZ-RR 2001, 49).

K

Kommissarische Vernehmung eines Zeugen oder Sachverständigen

579

Literaturhinweise: ***Foth***, Wie sind die Beobachtungen des beauftragten Richters zur Glaubwürdigkeit des kommissarisch vernommenen Zeugen in die Hauptverhandlung einzuführen?, MDR 1983, 716; ***Schomburg***, Internationale vertragliche Rechtshilfe in Strafsachen, NJW 1998, 1044; ***von Ungern-Sternberg***, Zur Frage des Anwesenheitsrechts des Beschuldigten und Verteidigers bei der Zeugenvernehmung durch ausländische Gerichte vor der Hauptverhandlung, ZStW 1975, 925 [Band 87]; s.a. die Hinw. bei → *Verwertung der Erkenntnisse eines (gesperrten) V-Mannes*, Rn. 1111, und bei → *Videovernehmung in der Hauptverhandlung*, Rn. 1129.

Grds. sind nach dem aus § 250 folgenden → *Unmittelbarkeitsgrundsatz*, Rn. 868, Zeugen und SV in der HV persönlich zu hören. Es kann sich jedoch schon vor der HV oder auch noch in der HV abzeichnen, dass ein Zeuge oder SV wegen Krankheit, Urlaub oder aus sonstigen Gründen nicht für die HV zur Verfügung stehen wird oder steht. In diesen Fällen kommt ggf. nach § 223 eine kommissarische Vernehmung in Betracht. Dafür muss der **Verteidiger** allgemein Folgendes **beachten** (zu den Besonderheiten bei der in der Praxis häufigen Vernehmung eines V-Mannes → *Verwertung der Erkenntnisse eines [gesperrten] V-Mannes*, Rn. 1111; → *V-Mann in der Hauptverhandlung*, Rn. 1134):

580

1. Das Gericht kann nach § 223 bei **Krankheit**, **Gebrechlichkeit** oder anderen nicht zu beseitigenden **Hindernissen** von längerer oder **ungewisser Dauer** (§ 223 Abs. 1) bzw. bei Unzumutbarkeit des Erscheinens wegen **großer Entfernung** (§ 223 Abs. 2) die Vernehmung des Zeugen oder SV durch einen beauftragten oder ersuchten Richter anordnen. Von besonderer Bedeutung ist die Vorschrift in der Praxis häufig, wenn es um die Vernehmung von V-Leuten geht. Die Rspr. des BGH hat nämlich in der Vergangenheit anerkannt, dass deren Vernehmung ein nicht zu beseitigendes Hindernis i.S.d. § 223 entgegensteht, wenn diese für eine Vernehmung in der HV endgültig gesperrt sind (BGHSt 31, 115; allgemein zur Vernehmung von V-Leuten s. KK-*Tolksdorf*, § 223 Rn. 9; → *Verwertung der Erkenntnisse eines [gesperrten] V-Mannes*, Rn. 1111, dort a. zur Frage, inwieweit die Vorschrift nach Einführung der §§ 58a, 247a insoweit noch anwendbar ist). Der Verteidiger hat wegen der in der Vorschrift enthaltenen unbestimmten Rechtsbegriffe und wegen des dem Gericht eingeräumten **Ermessens** nur wenig Möglichkeiten, auf das Gericht einzuwirken, um eine bestimmte Entscheidung zu erreichen (*Schlothauer*, Rn. 148). Deshalb soll davon abgesehen werden, hier die Voraussetzungen für eine kommissarische Vernehmung im Einzelnen darzustellen (vgl. dazu *Kleinknecht/Meyer-Goßner*, § 223 Rn. 2 ff.). Mit ihnen muss sich der Verteidiger, wenn er nicht selbst die kommissarische Vernehmung eines Zeugen oder SV beantragen will (s.u. Rn. 584), i.d.R. auch erst dann beschäftigen, wenn in der HV die **Niederschrift** einer kommissarischen Vernehmung gem. § 251 Abs. 1 **verlesen** werden soll (→ *Verlesung von Protokollen früherer Vernehmungen*, Rn. 1019).

581 2. Für das **Verfahren** bei einer kommissarischen Vernehmung ist auf Folgendes hinzuweisen:

a) Der Angeklagte und auch der **Verteidiger** können die kommissarische Vernehmung eines Zeugen oder SV selbst **beantragen** (*Kleinknecht/Meyer-Goßner*, § 223 Rn. 11; vgl. a.u. Rn. 584). Will das Gericht einen Zeugen oder SV von Amts wegen kommissarisch vernehmen lassen, muss es den Angeklagten/Verteidiger vorher hören.

582 b) Die kommissarische Vernehmung wird durch **Gerichtsbeschluss** angeordnet. Dieser kann gem. § 305 S. 1 **nicht** mit der Beschwerde **angefochten** werden. Außerdem kann die Revision später nur auf eine Verletzung des § 251 bei der Verlesung der Vernehmungsniederschrift gestützt werden (*Kleinknecht/Meyer-Goßner*, § 223 Rn. 25 f.). Nach § 223 Abs. 3 hat die Vernehmung i.d.R. eidlich zu erfolgen. Das gilt auch für Vernehmungen im Ausland (s. BGH NStZ 1996, 609]), allerdings bedarf es i.d.R. nur der Einhaltung der im Ausland geltenden Verfahrensvorschriften (BGH NStZ 2000, 547).

583 c) Die kommissarische Vernehmung wird durch einen **beauftragten** oder **ersuchten Richter** in nichtöffentlicher Sitzung durchgeführt (wegen der Einzelh. s. *Kleinknecht/Meyer-Goßner*, § 223, Rn. 14 ff.; *Schlothauer*, Rn. 150 ff.). Die von diesem bei der Vernehmung gemachte **Wahrnehmungen**, die die Schuldfrage betreffen, wie etwa Beobachtungen zum Aussageverhalten des Zeugen, werden später nicht etwa mit einer dienstlichen Äußerung des Richters in die HV eingeführt, sondern sind im Protokoll der kommissarischen Vernehmung festzuhalten und können dann gem. § 251 (mit-)verlesen werden (BGHSt 45, 354).

Der Verteidiger und der Angeklagte haben grds. ein **Anwesenheitsrecht** und sind vom Termin zu benachrichtigen. Die Benachrichtigungspflicht entfällt, wenn auf die Benachrichtigung verzichtet wird, oder wenn eine Gefährdung des Untersuchungserfolges zu erwarten ist (s. im Einzelnen § 224). Das dürfte beim Verteidiger i.d.R. nicht der Fall sein (s.a. *Grünwald*, S. 53 ff.; → *Verwertung der Erkenntnisse eines [gesperrten] V-Mannes in der HV*, Rn. 1116; → *V-Mann in der Hauptverhandlung*, Rn. 1134; wegen eines Beweisverwertungsverbots s.u. Rn. 585). Für den Angeklagten dürften die Grundsätze hinsichtlich des Ausschlusses von einer richterlichen Vernehmung nach § 168c entsprechend gelten (s. dazu *Burhoff*, EV, Rn. 1879). Es gilt i.Ü. **§ 68** (BGHSt 32, 115, 124; → *Vernehmung des Zeugen zur Person*, Rn. 1047). Wenn zusätzlich zu den Voraussetzungen des § 223 die des § 247a S. 1 vorliegen, kann die kommissarische Vernehmung auch in Form der → ***Videovernehmung** in der Hauptverhandlung*, Rn. 1129, durchgeführt werden (KK-*Diemer*, § 247a Rn. 3).

☝ Die **Übertragung** einer kommissarischen **Videovernehmung** nach den §§ 223, 247a in die HV ist aber **nicht zulässig**. Die kommissarische Vernehmung ist „ausgelagerter" Teil der HV und nicht HV selbst (so die h.M., u.a. *Rieß* NJW 1998, 3242; ders. StraFo 1999, 7; *Kleinknecht/Meyer-Goßner*, § 223 Rn. 20 m.w.N. auch zur a.A.).

d) In Betracht kommt auch eine kommissarische Vernehmung im **Ausland**. Dafür gilt (s. i.Ü. a. *Schlothauer*, Rn. 173 ff., m.w.N.): **583a**

- Handelt es sich um eine sog. **konsularische Vernehmung** durch einen deutschen Konsularbeamten, gelten die Vorschriften der StPO, insbesondere die hinsichtlich des Anwesenheitsrechts des Verteidigers entsprechend. Die konsularische Vernehmung steht i.Ü. einer richterlichen Vernehmung gleich, so dass das Protokoll in der HV gem. § 251 Abs. 1 verlesen werden kann (BGH NJW 1989, 2205; → *Verlesung von Protokollen früherer Vernehmungen*, Rn. 1019 ff.).
- Erfolgt die kommissarische Vernehmung durch ein **ausländisches Gericht**, richtet sich das Verfahren bei der Vernehmung grds. nach dem ausländischen Verfahrensrecht (LR-*Gollwitzer*, § 223 Rn. 38 m.w.N.). Bei Staaten, die dem EuRHÜbK beigetreten sind, gilt Art. 4 EuRHÜbK (vgl. dazu *Schomburg* NJW 1998, 1044). Das um die Vernehmung ersuchende deutsche Gericht muss i.Ü. darauf hinwirken, dass nach Möglichkeit das deutsche Verfahrensrecht beachtet wird (LR-*Gollwitzer*, § 223 Rn. 39; s.a. BGHSt 35, 82 und BGH NStZ 1996, 609 [kann nach ausländischem Recht die Vernehmung nach deutschem Recht durchgeführt werden, muss dieses auch zur Anwendung kommen; für Vereidigung]).

☝ Für **Verfahrensverstöße** bei den ausländischen Vernehmungen gilt: Handelt es sich um Verstöße gegen ausländisches Recht, in dem ggf. strengere Anforderungen als nach deutschem Recht gestellt werden, sind diese hier unbeachtlich (BGH GA 1976, 218 f.; *Schlothauer*, Rn. 177). Fehler nach deutschem Recht können aber Einfluss auf die Verwertbarkeit der Vernehmungsniederschrift haben. Im Hinblick auf die „Widerspruchslösung" des BGH (vgl. BGHSt 38, 214) muss der Verteidiger vor der Verwertung in der HV **widersprechen** (s.a. BGHSt 42, 86; NStZ-RR 2002, 110 f. [jeweils für Verstoß gegen Benachrichtigungspflicht]; weiter *Schlothauer*, Rn. 177 Fn. 54; → *Widerspruchslösung*, Rn. 1166a).

584 **3. Hinweise für den Verteidiger!**

a) Die **Entscheidung**, ob ggf. die kommissarische Vernehmung eines Zeugen oder SV **beantragt** wird, ist davon abhängig, welche Bedeutung der Zeuge oder SV aus Sicht des Verteidigers für das Verfahren hat.

☝ Meint der Verteidiger, dass es **entscheidend** auf den **persönlichen Eindruck** ankommt, den sich das Gericht von dem Zeugen machen soll, wird er auf der **Vernehmung** des Zeugen **in** der **HV bestehen**. Eine persönliche Vernehmung ist vor allem auch dann vorzuziehen, wenn der Verteidiger aus der Vernehmung des Zeugen oder SV zugunsten des Angeklagten sprechende Umstände erwartet. Bei zu befürchtenden nachteiligen Auswirkungen, etwa durch die Vernehmung des Geschädigten, wird er eher mit einer kommissarischen Vernehmung einverstanden sein (vgl. zu den Erwägungen auch noch *Dahs*, Rn. 445; *Schlothauer*, Rn. 148 f.).

Der Verteidiger muss, wenn das Gericht (nur) eine kommissarische Vernehmung beabsichtigt, er aber eine **persönliche Vernehmung** als notwendig ansieht, einen förmlichen → ***Beweisantrag*** stellen (→ *Beweisantrag, Formulierung: Zeugenbeweis*, Rn. 290, mit Antragsmuster, Rn. 294).

585 **b)** Bei einer kommissarischen Vernehmung taucht häufig, vor allem wenn die Voraussetzungen für diese Art der Vernehmung fraglich sind, die Frage auf, ob in der HV ggf. die Niederschrift einer richterlichen kommissarischen Vernehmung im **allseitigen Einverständnis** nach § 251 Abs. 1 Nr. 4 verlesen werden kann. Bei der Entscheidung, ob er sein Einverständnis damit erklärt, wird der **Verteidiger** die gleichen Gesichtspunkten wie unter Rn. 584 dargestellt **abwägen** (s.a. → *Verlesung von Protokollen früherer Vernehmungen*, Rn. 1027).

☝ Ist der Verteidiger bzw. der Angeklagte von der Vernehmung **nicht benachrichtigt** worden, besteht, wenn die Benachrichtigung erforderlich war und nicht unterbleiben konnte, ein **BVV** hinsichtlich des bei der Vernehmung aufgenommenen Protokolls. Dessen Verlesung in der HV muss der Verteidiger auf jeden Fall **vorher** widersprechen, wenn er die Revision später auf den Verstoß gegen § 224 stützen will (zuletzt BGHSt 34, 115; NStZ 1987, 132 [für § 168c]; s.a. BGHSt 38, 214). Er muss auch darauf achten, dass der **Widerspruch** ins → ***Protokoll** der Hauptverhandlung*, Rn. 541, aufgenommen wird (→ *Widerspruchslösung*, Rn. 1166g).

Siehe auch: → *V-Mann in der Hauptverhandlung*, Rn. 783; → *Zeugenvernehmung, Allgemeines*, Rn. 821, m.w.N.

Kreuzverhör

586

Nach § 239 Abs. 1 kann auf **übereinstimmenden Antrag** von StA und Verteidiger die Vernehmung der von der StA und dem Angeklagten benannten Zeugen und SV vom Vorsitzenden dem Verteidiger und dem StA **überlassen** werden. Von dieser Möglichkeit, ein Kreuzverhör durchzuführen, wird in der Praxis aber praktisch nicht Gebrauch gemacht.

Gelegentlich wird in der HV ein sog. **informelles Kreuzverhör** durchgeführt, indem der Vorsitzende unmittelbar oder alsbald nach dem zusammenhängenden Bericht eines Zeugen (§ 69 Abs. 1 S. 1) zunächst dem StA und dem Verteidiger die Möglichkeit einräumt, Fragen zu stellen. Das ist **ausnahmsweise zulässig** (*Kleinknecht/Meyer-Goßner*, § 239 Rn. 2; KK-*Tolksdorf*, § 239 Rn. 2). Diese Verfahrensweise ist z.B. dann zweckmäßig, wenn StA oder Verteidiger mit vertretbaren Gründen der Auffassung sind, der Vorsitzende lasse durch seine Verhandlungsleitung erkennen, in Bezug auf Schuld- oder Straffrage schon festgelegt zu sein.

Kronzeugen

587

Literaturhinweise: ***Füllkrug***, Unzulässige Vorteilszusicherung als verbotene Vernehmungsmethode – zugleich ein Beitrag zur Fernwirkung von Beweisverwertungsverboten, MDR 1989, 119; ***Hoyer***, Die Figur des Kronzeugen, JZ 1994, 233; ***Middendorf***, Der Kronzeuge, ZStW 1973, 1102 (Band 85); ***Mühlhoff/Pfeiffer***, Der Kronzeuge – Sündenfall des Rechtsstaats oder unverzichtbares Mittel der Strafverfolgung, ZRP 2000, 121; ***Peglau***, Überlegungen zur Schaffung neuer „Kronzeugenregelungen“, ZRP 2001, 103; ***Schlüchter***, Erweiterte Kronzeugenregelung?, ZRP 1997, 65; ***Stern***, Heute Beschuldigter – morgen „Kron“-Zeuge. Der Rollentausch als Ermittlungsmethode, StraFo 2002, 185; ***Strate***, Mit Taktik zur Wahrheitsfindung -- Probleme der Verteidigung in Betäubungsmittelverfahren, ZRP 1987, 318.

1. Als Kronzeuge wird allgemein der Straftäter angesehen, dem der Staat dafür, dass er sein Wissen über die Straftaten anderer offenbart, **Zugeständnisse** hinsichtlich der Verfolgung oder **Bestrafung** wegen **eigener Taten** macht (*Eisenberg*, Rn. 992). Im anglo-amerikanischen Recht ist das Rechtsinstitut seit langem anerkannt, in Deutschland ist eine gesetzliche Regelung dieser Problematik erst in den 70-er Jahren bei der Bekämpfung und Aufklärung terroristischer Straftaten erwogen und schließlich verabschiedet worden (*Kleinknecht/Meyer-Goßner*, [44. Aufl.] vor Art. 1 KronzG Rn. 2 m.w.N.). Eine **Ausdehnung** der zunächst nur auf terroristische Straftaten beschränkten sog. Kronzeugenregelung auf den Bereich der organisierten Kriminalität ist durch das **VerbrechensbekämpfungsG** v. 28.10.1994 erfolgt.

☝ Die Regelungen waren zunächst bis zum 31.12.1995 begrenzt und sind dann bis zum 31.12.1999 verlängert worden. Eine weitere Verlängerung ist nicht mehr erfolgt, so dass die **Regelung inzwischen ausgelaufen** ist. Ob und inwieweit im Hinblick auf die Bekämpfung der organisierten und terroristischen Kriminalität neue Regelungen geschaffen werden, lässt sich derzeit nicht absehen (vgl. dazu *Peglau* ZRP 2001, 203; sehr krit. insoweit *Stern* StraFo 2002, 185; → *Gesetzesnovellen*, Rn. 524).

588 **2.a)** Als sog. **kleine Kronzeugenregelung** werden die Vorschriften der § 31 BtMG, § 261 Abs. 10 StGB und § 129 Abs. 6 Nr. 2 StGB bezeichnet (zur geforderten Abschaffung der Regelung des § 31 BtMG s. 8. Strafverteidigertag 1984, 12 f.; *Strate* ZRP 1987, 318; zur Kritik s.a. *Eisenberg*, Rn. 993 f. u. *Schlüchter* ZRP 1997, 65). Hier können nicht die allgemeinen Voraussetzungen für die Anwendung dieser Vorschriften dargestellt werden. Dazu wird auf die einschlägigen Kommentare verwiesen.

589 **b)** Hinzuweisen ist hier nur kurz auf die **Auswirkungen** des in der Praxis bedeutsamen **§ 31 BtMG**: Danach kommt für denjenigen eine Strafmilderung in Betracht, der durch **freiwillige Wissensoffenbarung** eine Tat über seinen **eigenen** Tatbeitrag hinaus aufdeckt. Bei der Verteidigung in BtM-Verfahren wird der Verteidiger die sich ggf. insoweit ergebenden Fragen mit seinem Mandanten erörtern müssen. Wird in der HV gegen seinen Mandanten, dem ein Verstoß gegen das BtMG zur Last gelegt wird, ein **Mittäter** als **Zeuge** vernommen, muss der Verteidiger darauf achten, ob dieser nicht, um sich die „Wohltaten" des § 31 BtMG zu verschaffen, den Mandanten zu Unrecht belastet. Die Untersuchung der **Glaubwürdigkeit** dieses Zeugen ist also von besonderer Bedeutung.

L

590 Ladung des Angeklagten

Literaturhinweise: ***Rieß***, Die Stellung des Verteidigers beim Verzicht auf die Verwendung präsenter Beweismittel, NJW 1977, 881.

1. Die Ladung des Angeklagten richtet sich nach den §§ 216, 217. Sie wird gem. § 214 vom Vorsitzenden angeordnet. Die **Ladungsfrist** beträgt gem. § 217

Abs. 1 mindestens **eine Woche**. Diese Mindestfrist soll dem Angeklagten genügend Zeit für die Vorbereitung seiner Verteidigung gewähren (BGHSt 24, 143). Da es sich somit um eine den Schutz des Angeklagten bezweckende Vorschrift handelt, kann der Angeklagte – auch gegen den **Widerstand** seines **Verteidigers** – auf die Einhaltung der Ladungsfrist **verzichten** (KK-*Tolksdorf*, § 217 Rn 8; a.A. *Rieß* NJW 1977, 883). Der Verzicht des Angeklagten auf die Einhaltung der Ladungsfrist beinhaltet aber nicht vorab schon den Verzicht auf die Rüge, dass im Fall der notwendigen Verteidigung die HV ohne Pflichtverteidiger stattgefunden hat (§ 338 Nr. 5; OLG Hamm StraFo 1998, 164, 269).

591 **2.** Die Ladungsfrist muss nach h.M. **nur** bei der Ladung zum **ersten HV-Termin** gewahrt werden, nicht aber zu einem späteren Termin in derselben Instanz (BGH, a.a.O.; KK-*Tolksdorf*, § 217 Rn. 3 m.w.N.). Auch der erste Termin **nach** einer **Unterbrechung** bzw. Aussetzung der HV erfordert **nicht** erneut die Einhaltung der Ladungsfrist (BGH NJW 1987, 2592 m.w.N.; *Kleinknecht/Meyer-Goßner*, § 229 Rn. 14).

592 **3.** Die Ladungsfrist wird durch die **erforderliche Zustellung** der Ladung in Lauf gesetzt (zur wirksamen Ladung im Ausland unter Anwendung der Regeln im SDÜ s. OLG Frankfurt NStZ-RR 1999, 18). Wird die Ladungsfrist nicht eingehalten, ist der Angeklagte i.d.R. **nicht** zum **Erscheinen** verpflichtet (BGHSt 24, 143 [jedenfalls dann nicht, wenn zuvor schriftlich Aussetzung beantragt worden ist]; OLG Frankfurt, a.a.O. [dann nicht, wenn damit zu rechnen ist, dass Aussetzung beantragt worden wäre; zugleich auch zur Frage, ob die Nichteinhaltung der Ladungsfrist → *Zwangsmittel bei Ausbleiben des Angeklagten*, Rn. 1231, erlaubt]; zur a.A. s.u. Rn. 593).

☝ Der Angeklagte kann auch **über** den **Verteidiger** geladen werden. Dazu benötigt dieser gem. § 145a Abs. 2 S. 1 allerdings eine bei den Akten befindliche Vollmacht, die ihn **ausdrücklich** zum Empfang von Ladungen **ermächtigt**. Da § 145a Abs. 2 S.1 eng auszulegen ist, ist diese Empfangsvollmacht in der Vollmacht „Zustellungen ..... entgegenzunehmen" nicht enthalten (OLG Köln NStZ-RR 1998, 240).

Eine nur formlose Mitteilung vom Zeitpunkt des Termins genügt nicht (vgl. auch Nr. 117 Abs. 1 S. 1 RiStBV), es sei denn, die Beachtung der Ladungsfrist ist nicht erforderlich. So braucht z.B. zu einem **Fortsetzungstermin** nicht förmlich geladen zu werden (*Kleinknecht/Meyer-Goßner*, § 229 Rn. 12). Das bedeutet, dass gem. § 35 Abs. 1 sowohl die Ladung durch deren Verkündung in Anwesenheit des Angeklagten, z.B. am Ende des vorhergehenden HV-Termins, als auch gem.

§ 35 Abs. 2 S. 2 durch formlose Mitteilung möglich ist. Der Angeklagte kann zu einem außerhalb der HV bestimmten Fortsetzungstermin auch „nur" durch eine **telefonische Mitteilung** an den **Verteidiger** geladen werden (BGHSt 38, 271; → *Unterbrechung der Hauptverhandlung*, Rn. 882). Aus dem Wortlaut des § 217 Abs. 1 – „zwischen" – ist abzuleiten, dass bei der **Fristberechnung** der Tag der Zustellung und der Tag, an dem die HV stattfinden soll, nicht mitgerechnet werden. § 43 Abs. 2 gilt nicht (*Kleinknecht/Meyer-Goßner*, § 217 Rn. 2). Fallen in die Wochenfrist aber mehrere **Feiertage**, kann darin eine Behinderung der Verteidigung liegen (KK-*Tolksdorf*, § 217 Rn. 5 m.w.N.).

593 ☝ Wird die **Ladungsfrist nicht eingehalten**, kann nach § 217 Abs. 2 bis zum Beginn der → *Vernehmung des Angeklagten zur Sache*, Rn. 1037, **Aussetzung** der HV verlangt werden. Den Antrag können nur der Angeklagte persönlich oder für ihn der dazu bevollmächtigte Verteidiger stellen. Der **Verteidiger** hat **kein eigenes Antragsrecht** (*Kleinknecht/Meyer-Goßner*, § 217 Rn. 7), es sei denn, er selbst ist nicht fristgemäß geladen worden. Die Aussetzung kann auch verlangt werden, wenn ein Eröffnungsbeschluss nicht vorliegt, da dann wegen dessen fehlender Zustellung die Ladungsfrist nicht wirksam in Lauf gesetzt worden ist (BGHSt 29, 224, 230).

Der Antrag kann auch schon **vor** Beginn der **HV** (schriftlich) gestellt werden (KK-*Tolksdorf*, § 218 Rn. 10). Das ist besonders dann ratsam, wenn der Verteidiger den Termin selbst nicht wahrnehmen kann. Zudem kann dann keine Zwangsmaßnahme ergehen (BGHSt 24, 143).

I.d.R. macht das Gericht in der Ladung die geladenen **Zeugen** und SV **„namhaft"** (§ 222; zu den Folgen einer verspäteten Namhaftmachung → *Aussetzung der Hauptverhandlung wegen verspäteter Namhaftmachung geladener Beweispersonen*, Rn. 163). Die Ladung muss nach § 216 Abs. 1 S. 1 die **Warnung** enthalten, dass im Fall des unentschuldigten Ausbleibens Zwangsmaßnahmen erlassen werden können; fehlt die Warnung, scheiden → *Zwangsmittel bei Ausbleiben des Angeklagten*, Rn. 1231, aus (KK-*Tolksdorf*, § 216 Rn. 5). Von der Warnung ist allerdings abzusehen, wenn sich der Einsatz der Zwangsmittel nicht realisieren lässt (OLG Frankfurt NStZ-RR 1998, 18, 19 m.w.N. [für Zustellung einer Ladung auf Teneriffa]).

Fraglich ist, ob der **Angeklagte** trotz eines Aussetzungsantrags **verpflichtet** ist, zur **HV** zu **erscheinen** (vgl. verneinend BGHSt 24, 143 ff.; LR-*Gollwitzer*, § 217 Rn. 8 m.w.N.; bejahend *Kleinknecht/Meyer-Goßner*, § 217 Rn. 11; KK-*Tolksdorf*, § 217 Rn. 9). Die Frage ist für den Angeklagten deshalb von Bedeutung, weil sich nach ihr der Erlass von Maßnahmen nach § 230 Abs. 2 richten kann (→ *Ausbleiben des Angeklagten,* Rn. 117; → *Zwangsmittel bei Ausbleiben des Angeklagten*, Rn. 1231). Unabhängig von der Antwort wird man den Angeklagten aber zumindest als **entschuldigt** i.S.d. § 230 ansehen müssen (LR-*Gollwitzer* § 217 Rn. 13 f. m.w.N.; wohl auch KK-*Tolksdorf*, a.a.O.).

Ladungen eines ausländischen Angeklagten, denen eine **Übersetzung nicht** beigefügt ist, sind nicht deshalb unwirksam (OLG Hamm JMBl. NW 1984, 78). Die Nr. 181 Abs. 2 RiStBV ist nur eine Empfehlung (BVerfG NJW 1983, 2762). I.d.R. wird dem Beschuldigten aber Wiedereinsetzung zu gewähren sein (s.a. BayObLG NJW 1996, 1836).

4. **Muster eines Aussetzungsantrags** (wegen verspäteter Ladung des Angeklagten) 594

An das
Amtsgericht/Landgericht Musterstadt

In der Strafsache
gegen H. Muster
Az.: . . .

wird namens und in Vollmacht des Angeklagten beantragt,

die Hauptverhandlung wegen Nichteinhaltung der Ladungsfrist nach § 217 Abs. 1 StPO auszusetzen und den heutigen Termin aufzuheben.

Begründung:

Das Gericht hat den Angeklagten mit Schreiben vom 10.5.2002 zur Hauptverhandlung am 24.5.2002 geladen. Diese Ladung ist dem Angeklagten am 19.5.2002 zugestellt worden, also nur vier Tage vor dem anberaumten Termin. Am Hauptverhandlungstag ist der Angeklagte aus beruflichen Gründen ortsabwesend. Er ist aus beruflichen Gründen zudem auch verhindert, den Hauptverhandlungstermin mit mir ausreichend vorzubereiten.

Rechtsanwalt

Siehe auch: → *Aussetzung der Hauptverhandlung, Allgemeines,* Rn. 149, m.w.N., → *Ladung des Verteidigers*, Rn. 595.

595 Ladung des Verteidigers

1. Nach §§ 218, 217 ist neben dem Angeklagten (→ *Ladung des Angeklagten*, Rn. 590) der bestellte (Pflicht-)**Verteidiger** stets, der Wahlverteidiger dann zu **laden**, wenn die Wahl dem Gericht angezeigt worden ist. Die **Verteidigungsanzeige** ist an eine bestimmte Form nicht gebunden, sie kann auch durch schlüssiges Verhalten erfolgen, so z.B. wenn der Verteidiger in Gegenwart des Angeklagten ohne dessen Widerspruch vor Gericht tätig geworden ist (RGSt 25, 152; KK-*Tolksdorf*, § 218 Rn. 3). **Nicht erforderlich** ist die Vorlage einer **Vollmacht**, so dass der Verteidiger auch dann geladen werden muss, wenn er eine Vollmacht nicht zu den Akten gereicht hat (BGHSt 36, 259; OLG Köln VRS 98, 138; zur Vollmachtsvorlage → *Vollmacht des Verteidigers*, Rn. 1141). Die Ladung wird gem. § 214 Abs. 1 vom Vorsitzenden angeordnet.

596 **2.** Hat der Angeklagte **mehrere Verteidiger**, sind grds. **alle** zu laden (BGH StV 2001, 663 m.w.N.), wenn die Voraussetzungen des § 218 Abs. 1 vorliegen. Sind mehrere Anwälte einer Sozietät bestellt, so genügt jedoch die Ladung des Verteidigers der Sozietät, der seine Wahl angezeigt hat (h.M.; LR-*Gollwitzer,* § 218 Rn. 10).

597 **3.** Für **Ladungsfrist** und **Form** der Ladung gelten die dazu gemachten Ausführungen bei → *Ladung des Angeklagten*, Rn. 590, entsprechend. Die Ladung des Verteidigers und die Einhaltung der Ladungsfrist sind grds. **auch** dann notwendig, wenn der Verteidiger **Kenntnis** vom Termin hatte (BayObLG StV 1985, 140; KK-*Tolksdorf*, § 218 Rn. 6 m.w.N.).

☝ Ist der **Verteidiger nicht** oder **nicht ordnungsgemäß** zum HV-Termin geladen, kann er – ebenso wie der Angeklagte – gem. **§§ 218 S. 2, 217** die **Aussetzung** der HV verlangen (s.u. Rn. 599), wenn er seine Wahl dem Gericht so rechtzeitig angezeigt hat, dass er unter Einhaltung der Ladungsfrist hätte geladen werden können (BGH NStZ 1995, 298 m.w.N.). Das gilt nicht, wenn der verspätet geladene Verteidiger auf andere Weise rechtzeitig vom HV-Termin zuverlässig (s. dazu BGHSt 36, 259, 262; krit. *Malek*, Rn. 121) Kenntnis erlangt hat, die Anzeige der Verteidigung verspätet erfolgt ist oder der Verteidiger erst kurz vor dem Termin bestellt wird (BGH NStZ 1983, 209 [Pf/M]). Es kann dann aber eine Aussetzung oder Unterbrechung nach den **§§ 228**, **229**, **265** Abs. 4 in Betracht kommen (→ *Aussetzung der Hauptverhandlung, Allgemeines*, Rn. 149, m.w.N.).

Ob der Verteidiger überhaupt einen Aussetzungsantrag stellt, wird er i.d.R. davon **abhängig** machen, ob er noch weitere **Zeit** zur **Vorbereitung** der HV benötigt. Ist das nicht der Fall, wird er i.d.R. auf die Einhaltung der Ladungsfrist verzichten (s.a. *Malek*, Rn. 122a). Anders wird er sich ggf. dann entscheiden, wenn hinsichtlich ihm bekannter Vorstrafen Tilgungsreife noch nicht eingetreten ist, bei einem neuen HV-Termin aber eingetreten sein könnte (→ *Feststellung von Vorstrafen des Angeklagten*, Rn. 489).

598 **4.** Der Verteidiger kann auf seine Ladung und die Einhaltung der Ladungsfrist verzichten, und zwar auch stillschweigend. Ein **stillschweigender Verzicht** liegt i.d.R. in der bei der Anzeige der Verteidigung abgegebenen Erklärung des Verteidigers, er habe Kenntnis vom Termin. Ein Verzicht liegt nicht darin, dass der Verteidiger ohne Angabe von Gründen einem HV-Termin fernbleibt (BGH StV 2001, 664). Will der Verteidiger verzichten, benötigt er dafür nicht die Zustimmung des Angeklagten (BGH NJW 1963, 1787). Darüber kann er allein entscheiden, so dass auch der Angeklagte vor der HV nicht wirksam auf die Ladung des Verteidigers verzichten kann (OLG Zweibrücken StV 1988, 425).

599 **5.** Für den **Aussetzungsantrag** nach §§ 218 S. 2, 217 gilt:

- Ist der Verteidiger von **Anfang** an in der **HV anwesend**, muss er den Aussetzungsantrag bis zum **Beginn** der → *Vernehmung des Angeklagten zur Sache*, Rn. 1037, stellen (§§ 218 S. 2, 217 Abs. 2). Das Recht zur Antragstellung steht dem erschienenen, aber nicht geladenen Verteidiger auch dann zu, wenn ein weiterer, ordnungsgemäß geladener Verteidiger anwesend ist.
- Erscheint der Verteidiger erst **nach Verhandlungsbeginn**, muss er den Aussetzungsantrag nach dem Sinn der o.a. Vorschriften **unverzüglich** nach seinem Erscheinen stellen (*Kleinknecht/Meyer-Goßner*, § 218 Rn. 14 m.w.N.; KK-*Tolksdorf*, § 218 Rn. 8).
- Erscheint der **Verteidiger** in der HV **nicht**, kann der **Angeklagte** den Aussetzungsantrag stellen, da sein Recht auf einen Verteidiger beeinträchtigt ist. In diesen Fällen sollte dem Angeklagten aber vom Verteidiger ein **vorformulierter** Antrag mitgegeben werden.
- Schließlich kann der **Verteidiger** den Aussetzungsantrag auch **bereits vor** der HV stellen (KK-*Tolksdorf*, § 218 Rn. 10).

☝ (Nicht geheilte) Verstöße gegen § 218 können mit der **Revision** geltend gemacht werden (wegen der Einzelh. s. *Kleinknecht/Meyer-Goßner*, § 218 Rn. 19; zur Begründung der Verfahrensrüge BayObLG StV 1996, 534; NStZ 1997, 41; OLG Hamm StV 1999, 194; OLG Köln NStZ-RR 2001, 140 [zugleich auch zur Frage, ob sog. Negativtatsachen vorgetragen werden müssen]; zur „Beruhensfrage" KG StV 1996, 10).

600 **6. Muster eines Aussetzungsantrags (wegen nicht erfolgter Ladung des Verteidigers)**

An das
Amtsgericht/Landgericht Musterstadt

In der Strafsache
gegen H. Muster
Az.: . . .

wird beantragt,

die Hauptverhandlung wegen Nichteinhaltung der Ladungsfrist aus den §§ 218 S. 2, 217 Abs. 1 StPO auszusetzen.

Ich habe dem Gericht bereits am . . . angezeigt, dass ich den Angeklagten vertrete. Heute erfahre ich nur zufällig von dem Angeklagten, dass er bereits am . . . zur Hauptverhandlung am . . . geladen worden ist. Ich habe eine Ladung nicht erhalten. Damit ist die Ladungsfrist nicht gewahrt. Wegen der Kürze der Zeit bis zur Hauptverhandlung ist es mir unmöglich, das Verfahren ausreichend durch noch notwendige Besprechungen mit dem Angeklagten vorzubereiten. Ich bin zudem am Hauptverhandlungstag durch einen bereits seit längerem anberaumten anderen Termin verhindert.

Rechtsanwalt

601 Ladung von Zeugen

Literaturhinweise: ***Häner***, Verfahren beim Ausbleiben des gerichtlich geladenen Zeugen, JR 1984, 496; ***Rose***, Die Ladung von Auslandszeugen im Strafprozeß, wistra 1998, 11; s.a. die Hinw. bei → *Auslandszeuge*, Rn. 123.

1. Für die Ladung von Zeugen gilt ebenfalls § 214 Abs. 1. Die Ladung wird also vom **Vorsitzenden angeordnet**. Die Geschäftsstelle des Gerichts hat dann die Aufgabe, die Ladung zu bewirken. Zeugen müssen der Ladung Folge leisten. Bei → *Nichterscheinen eines Zeugen*, Rn. 634, kann gegen ihn ein **Ordnungsmittel** festgesetzt werden (zur Ladung von Auslandszeugen *Rose* wistra 1998, 11). Hat der Zeuge nach Erhalt der Ladung erklärt, er mache von seinem ZVR Gebrauch, kann das Gericht aber im Allgemeinen davon **absehen**, auf seinem **Erscheinen** in der HV zu **bestehen**, es sei denn, die Zeugnisverweigerung beruht auf einem Irrtum (BGH NJW 1966, 742).

2. Der Verteidiger hat folgende Möglichkeiten, um bereits im Rahmen der → ***Vorbereitung der Hauptverhandlung***, Rn. 1144, auf die Ladung von Zeugen Einfluss zu nehmen:

a) Er wird zunächst gem. § 219 Abs. 1 einen (**Beweis-**)**Antrag** auf Ladung eines Zeugen durch das Gericht stellen, den er an den Vorsitzenden richten muss (→ *Beweisantrag zur Vorbereitung der Hauptverhandlung*, Rn. 307a). **602**

☝ Ist auf einen vor der HV gestellten Antrag des Verteidigers gem. § 219 vom Vorsitzenden ein **Zeuge** geladen worden, der dann aber in der HV **nicht erschienen** ist, muss der Verteidiger in der HV erneut einen **Beweisantrag** auf Vernehmung dieses Zeugen stellen. Anderenfalls kann sein Schweigen ggf. als → ***Beweisverzicht***, Rn. 327, angesehen werden (OLG Hamm NJW 1999, 1416 [Ls.]).

Lehnt der Vorsitzende den Antrag **ab**, kann der Angeklagte/Verteidiger diesen Zeugen gem. § 220 Abs. 1 **unmittelbar laden** lassen (zu den Besonderheiten bei Auslandszeugen → *Auslandszeuge*, Rn. 127). Durch diese Selbstladung wird stärker auf den Gang der HV Einfluss genommen als durch die Stellung eines Beweisantrags nach § 244 Abs. 3 – 5. Die Vernehmung eines unmittelbar geladenen Zeugen kann das Gericht nämlich nur unter den strengeren Voraussetzungen des § 245 Abs. 2 S. 2 und 3 ablehnen (→ *Präsentes Beweismittel*, Rn. 675).

☝ Das Selbstladungsverfahren ist insbesondere dann zu **empfehlen**, wenn ein (Beweis-)**Antrag vor** der **HV** ohne oder mit fehlerhafter Begründung **abgelehnt** worden ist oder es sich während der HV als notwendig erweist, einem bereits entlassenen Zeugen noch Fragen zu stellen (*Dahs*, Rn. 436).

b) Der Verteidiger kann den **Zeugen** schließlich auch – ohne ihn zuvor förmlich zu laden – gem. § 222 Abs. 2 **in** der **HV** (nur) **stellen**. Für die Ablehnung seiner Vernehmung gilt dann aber nicht § 245, sondern § 244 (*Kleinknecht/Meyer-Goßner*, § 245 Rn. 16; → *Präsentes Beweismittel*, Rn. 680). **603**

Letztes Wort des Angeklagten **604**

Literaturhinweise: ***Dästner***, Schlußvortrag und letztes Wort im Strafverfahren, R&P 1982, 180; ***Hammerstein***, Verteidigung mit dem letzten Wort, in: Festschrift für *Tröndle*, S. 485; ***Schlothauer***, Wiedereröffnung der Hauptverhandlung und letztes Wort, StV 1984, 134; ***Seibert***, Das letzte Wort, MDR 1984, 471; ***Tröndle***, Umgang des Richters mit anderen Verfahrensbeteiligten, DRiZ 1970, 217.

1. Der Angeklagte hat nach § 258 Abs. 2 Hs. 2, Abs. 3 das Recht, vor der → *Urteilsberatung*, Rn. 915, (noch einmal) als **Letzter** in der HV zu **sprechen,** auch wenn er vorher schon Gelegenheit zu Ausführungen und Anträgen hatte (BGH StV 1999, 5). Das gilt gem. § 326 S. 2 auch für die Berufungs- und gem. § 351 Abs. 2 S. 2 ebenso für die Revisionshauptverhandlung. Das letzte Wort ist dem Angeklagten immer zu gewähren, auch dann, wenn er an vorhergehenden HV-Terminen freiwillig nicht teilgenommen hat (OLG Hamm StV 2001, 390 [Ls.]).

Nach § 258 Abs. 3 spricht der Angeklagte auch im Verhältnis zu seinem eigenen Verteidiger als Letzter. Er kann sein letztes Wort nicht auf diesen übertragen (OLG Schleswig SchlHA 1970, 199 [E/J]; LR-*Gollwitzer*, § 258 Rn. 28). Bei **mehreren** Angeklagten bestimmt der **Vorsitzende** die **Reihenfolge**, in der die Angeklagten das letzte Wort haben (RGSt 57, 265; *Kleinknecht/Meyer-Goßner*, § 258 Rn. 23; zum letzten Wort des Erziehungsberechtigten/gesetzlichen Vertreters → *Jugendgerichtsverfahren, Besonderheiten der Hauptverhandlung*, Rn. 574).

☝ Neben dem jugendlichen Angeklagten ist auch dessen **gesetzlichem Vertreter** von Amts wegen das letzte Wort zu erteilen, und zwar auch dann, wenn er zuvor als Zeuge gehört worden ist (BGHSt 21, 288; allgemein BGH StraFo 2002, 290; → *Jugendgerichtsverfahren, Besonderheiten*, Rn. 574).

605 **2.** Dem Angeklagten steht es grds. frei, was er **inhaltlich** in seinem letzten Wort vorbringen will (s. u.). Er darf **alles** vorbringen, was er meint, vorbringen zu müssen (BGHSt 9, 77 ff.; BGH StV 1985, 355). Dabei darf er auch über Umstände sprechen, auf die das Gericht die Beweisaufnahme nicht zu erstrecken brauchte. Das gilt vor allem für solche Umstände, die sich auf die Beweggründe für seine Tat beziehen (BGH, a. a. O.). Der Angeklagte kann **schriftliche Aufzeichnungen** benutzen oder einen schriftlichen **Entwurf** seines letzten Wortes **verlesen**; das darf der Vorsitzende ihm nicht untersagen (BGHSt 3, 368; BGH MDR 1964, 72).

606 ☝ Die Frage, ob der Angeklagte von seinem Recht, als Letzter inhaltlich noch Ausführungen machen zu dürfen, Gebrauch machen oder ob er sich darauf beschränken soll, zu erklären: „Ich habe nichts mehr zu erklären" oder „Ich schließe mich den Ausführungen meines Verteidigers an", lässt sich nicht allgemein beantworten. Es kommt auf den **Einzelfall** an (s. *Dahs*, Rn. 726, der zu vorsichtiger Ausübung des letzten Wortes rät; s. a. eingehend *Hammerstein*, S. 485 ff.; zu allem *Malek*, Rn. 475 ff.).

☝ Der Verteidiger sollte das letzte Wort mit seinem Mandanten **sorgfältig** im Rahmen der → *Vorbereitung der Hauptverhandlung*, Rn. 1144, **vorbereiten** (*Hammerstein*, S. 487). Der Verteidiger muss bei der Beratung des Angeklagten in dieser Frage das **Naturell** seines **Mandanten** ebenso berücksichtigen wie den **Verlauf** der **HV**. Neigt der Mandant zu unkontrollierten Ausbrüchen oder steht nach dem Ergebnis der HV seine Schuld fest, wird sich ein letztes Wort nicht unbedingt empfehlen. Denn weder ein „ausrastender" noch ein „immer noch" bestreitender Angeklagter hinterlässt bei den Richtern, besonders bei den Laienrichtern, einen guten Eindruck. Verteidiger und Mandant müssen sich darüber im Klaren sein, dass das letzte Wort die letzte Gelegenheit ist, dem Gericht vor der Beratung einen guten Eindruck vom Mandanten zu vermitteln.

☝ Der Verteidiger sollte seinen Mandanten, wenn dieser sich zum letzten Wort entschlossen hat, dazu anhalten, sich auf die **unbedingt notwendigen Ausführungen** zu beschränken. Rechtliche Ausführungen sollte der Mandant dem Verteidiger überlassen. Ggf. muss der Verteidiger eine kurze → ***Unterbrechung** der Hauptverhandlung*, Rn. 873, beantragen, wenn er sich mit seinem Mandanten nicht während der HV über dessen letztes Wort verständigen kann. Diese Unterbrechung wird i.d.R. auch gewährt werden. Insbesondere muss der Verteidiger darauf achten, dass jede Äußerung zur Sache vom Gericht (noch) gegen den (sonst **schweigenden**) **Angeklagten** verwendet werden kann. Ggf. wird sogar noch einmal in die Beweisaufnahme eingetreten (*Malek*, Rn. 476).

607 **3.** Grds. darf der Vorsitzende den Angeklagten während seines letzten Wortes **nicht unterbrechen**, es sei denn, aus den Ausführungen ergibt sich ein Anlass zu einer Frage an den Angeklagten (BGH MDR 1957, 527 [D]). Der Vorsitzende darf den Angeklagten auch nicht (vorab) auf eine bestimmte **Redezeit** beschränken (RGSt 64, 57). Ebenso ist es unzulässig, ihm die Entziehung des letzten Wortes für den Fall anzudrohen, dass er die Unwahrheit sagt (BGH JR 1965, 348; LR-*Gollwitzer*, § 258 Rn. 31).

608 Etwas anderes gilt, wenn der Angeklagte sein Recht **missbraucht**. Das ist z.B. der Fall, wenn er in seinem letzten Wort Gericht, StA, einen Zeugen oder SV oder einen anderen Verfahrensbeteiligten unnötig, etwa sogar **beleidigend**, angreift (RGSt 41, 261; zur strafrechtlichen Beurteilung von Prozesserklärungen eines Angeklagten in der HV s. BGHSt 31, 16). Ein Missbrauch kann aber auch in fortwährenden **Abschweifungen** (BGHSt 3, 368 f.) oder in öfterer und unbegründeter Wiederholung derselben Ausführungen liegen (BGH MDR 1964, 72; StV 1985, 355).

In diesen Fällen wird der Vorsitzende den Angeklagten zunächst **ermahnen** müssen. Bleibt das ohne Erfolg, ist die **Entziehung** des Wortes das letzte Mittel und i.d.R. nur dann zulässig (*Kleinknecht/Meyer-Goßner*, § 258 Rn. 26 m.w.N.).

☝ Entzieht der Vorsitzende dem Angeklagten bei dessen letztem Wort das Wort oder unterbricht er den Angeklagten (unnötig), handelt es sich um eine Maßnahme der → ***Verhandlungsleitung***, Rn. 972. Diese kann der Verteidiger beanstanden und das Gericht anrufen. Den Gerichtsbeschluss gem. **§ 238 Abs. 2** muss er herbeiführen, wenn er die Maßnahme in der Revision rügen will.

609 **4.** Von besonderer verfahrens- und revisionsrechtlicher Bedeutung ist die Verpflichtung des Gerichts, dem Angeklagten nach einem → ***Wiedereintritt in die Beweisaufnahme***, Rn. 1167, **erneut** Gelegenheit zum **letzten Wort** zu geben. Kommt das Gericht dieser Verpflichtung nicht nach, ist die Revision des Angeklagten meist begründet (*Kleinknecht/Meyer-Goßner*, § 258 Rn. 33; BGH NStZ 1999, 473; zu einem Ausnahmefall s. BGH StV 1996, 297). In diesem Zusammenhang ist es wichtig, dass der Verteidiger später darauf achtet, ob alle Vorgänge **protokolliert** sind. Die Erteilung des letzten Wortes ist nämlich eine wesentliche Förmlichkeit der HV, die nur durch das Protokoll bewiesen werden kann und deshalb in das → *Protokoll der Hauptverhandlung*, Rn. 713, aufgenommen werden muss (vgl. u.a. BGH StV 2002, 530 m.w.N.).

M

610 Mitschreiben in der Hauptverhandlung

Literaturhinweise: ***Schneider***, Verletzung der Öffentlichkeit durch Bitte an einen Zuhörer, den Sitzungssaal zu verlassen?, StV 1990, 92; ***Strassburg***, Der Prozeßbeobachter im Strafprozeß, MDR 1977, 712.

1. Schreiben **Verfahrensbeteiligte**, insbesondere der Angeklagte oder der Verteidiger, aber auch **Zuhörer** (!) in der HV mit, kann der Vorsitzende das grds. **nicht** unter Berufung auf seine sitzungspolizeilichen Befugnisse (§ 176 GVG;

→ *Sitzungspolizei*, Rn. 805) **untersagen** oder den Mitschreibenden sogar aus dem Saal weisen (BGHSt 18, 179; NStZ 1982, 389; vgl. *Kissel*, § 176 Rn. 25; § 169 Rn. 64).

2. Ein **Ausnahme** gilt, wenn das Mitschreiben den Ablauf der **Sitzung stört**. Das ist aber nicht schon dann der Fall, wenn es den Vorsitzenden (nur) nervös macht und er meint, dass dadurch seine → *Verhandlungsleitung*, Rn. 972, gestört wird (BGH GA 1963, 102 [Ls.]). Der Vorsitzende wird dem Angeklagten das Mitstenographieren von Zeugenaussagen auch kaum mit der Begründung untersagen können, dadurch werde der Angeklagte selbst zu sehr in seiner Aufmerksamkeit gestört. Es ist nämlich allein Sache des Angeklagten, ob und wie aufmerksam er der HV folgt (so a. *Kissel*, § 176 Rn. 25 m.w.N.; a.A. BGHSt 1, 322). **611**

☝ Auf das Mitschreiben bezogene Maßnahmen des Vorsitzenden betreffen die äußere Ordnung der HV, sie sind daher **keine** Maßnahmen der → ***Verhandlungsleitung***, Rn. 972, sondern solche der → *Sitzungspolizei*, Rn. 805. Wegen der **Rechtsmittel** gegen Maßnahmen des Vorsitzenden in diesem Bereich s. dort unter Rn. 811.

Der Vorsitzende kann das **Mitschreiben** unter Berufung auf § 176 GVG jedoch dann **unterbinden**, wenn die **Gefahr** besteht, dass Aussagen oder sonstige Verhandlungsvorgänge vor dem Sitzungssaal noch auf ihre Vernehmung wartenden **Zeugen mitgeteilt** werden sollen oder wenn sich ein Tatbeteiligter, gegen den noch gesondert ermittelt wird, unterrichten will (BGH NStZ 1982, 389; vgl. a. *Schneider* StV 1990, 92). **612**

☝ Gegen eine **Prozessbeobachtung** i.Ü. bestehen jedoch keine Bedenken (*Strassburg* MDR 1977, 712). Der Verteidiger kann also durch eine im Sitzungssaal anwesende Angestellte das von Zeugen Gesagte mitschreiben lassen, wenn er die Aufzeichnungen nicht zur Zeugenbeeinflussung verwenden will (BGHSt 18, 179).

N

613 Nachbereitung der Hauptverhandlung

Literaturhinweise: ***Bode***, Berücksichtigung der Nachschulung von Alkohol-Verkehrs-Straftätern durch Strafgerichte – Rechtsprechungsübersicht, DAR 1983, 33; ders., Ärztliche oder medizinisch-psychologische Untersuchung zur Prüfung der Kraftfahreignung von erstmals alkoholauffälligen Kraftfahrern, NZV 1998, 442; ***Bode/Winkler***, Fahrerlaubnis-Eignung-Entzug-Wiedererteilung, 2. Aufl., 1997; ***Burhoff***, Vorzeitige Aufhebung der Sperrfrist (§ 69a Abs. 7 StGB), VA 2002, 74; ders.; Bemessung der Sperrfrist, VA 2002, 126; ***Cierniak***, Beschwerde gegen die vorläufige Entziehung der Fahrerlaubnis und Revision, NZV 1999, 324; ***Gebhardt***, Verwaltungsrechtliche Folgen eines strafrechtlichen Führerscheinverfahrens, StraFo 1997, 41; ***Himmelreich***, Auswirkungen von Nachschulung und Therapie bei Trunkenheitsdelikten im deutschen Strafrecht, DAR 1997, 465; ***Larsen***, Die Bedeutung der Nachschulung für die Verteidigung in Strafsachen wegen Trunkenheit im Verkehr mit hoher Blutalkoholkonzentration mit Blick auf die Vermeidung und/oder Vorbereitung auf die MPU, StraFo 1997, 298; ***Schäpe***, Probleme der Praxis bei der Vollstreckung von Fahrverboten, DAR 1998, 10.

613a Die Tätigkeit des Verteidigers ist mit dem Abschluss der HV nach → Urteilsverkündung, Rn. 920, und → *Rechtsmittelbelehrung*, Rn. 749, noch nicht beendet. Insbesondere wenn der Mandant verurteilt worden ist, muss er ihm das Ergebnis und die Folgen des Verfahrens erklären und das weitere Vorgehen mit ihm absprechen. Dabei sollte der Verteidiger folgende Punkte unbedingt beachten bzw. auf folgende **Fragen** des **Mandanten** vorbereitet sein (s. *Dahs*, Rn. 739 ff.; wegen des Verhaltens und Vorgehens des Verteidigers bei Bestehen oder Erlass eines **Haftbefehls** bei Urteilsverkündung → *Haftfragen*, Rn. 538):

☝ Viele Angeklagte haben wegen der Belastungen der HV das verkündete Urteil und die ggf. ergangenen Nebenentscheidungen nicht verstanden und in ihrer Bedeutung nicht erfasst. Deshalb muss der Verteidiger dem Angeklagten die **Entscheidungen** des Gerichts **noch einmal darlegen**.

☝ Den Angeklagten interessiert auch, ob er **Rechtsmittel** gegen die Entscheidung des Gerichts einlegen kann. Insoweit muss der Verteidiger beachten, dass es i.d.R. nicht ratsam ist, unmittelbar im Anschluss an die Urteilsverkündung einen → *Rechtsmittelverzicht*, Rn. 751, zu erklären. Im Zweifel wird er mit dem Angeklagten einen **Gesprächstermin** vereinbaren, in dem die Erfolgsaussichten eines Rechtsmittels, die sich i.d.R. erst nach Vorlage des schriftlich begründeten Urteils abschließend beurteilen lassen, besprochen werden. Vorab kann dann zur **Fristwahrung** „Rechtsmittel" eingelegt werden (→ *Rechtsmittel, Allgemeines*, Rn. 740; zur Beschwerde bei der vorläufigen Entziehung der Fahrerlaubnis *Cierniak* NZV 1999, 324).

614

☝ Wenn der Angeklagte vom Gericht zu einer **Bewährungsstrafe** verurteilt worden ist, hat für ihn der gem. § 268a erlassene **Bewährungsbeschluss** besondere Bedeutung. Häufig hängt nämlich vom Gewicht der darin festgelegten Auflagen und Weisungen die Frage ab, ob ein Rechtsmittel eingelegt oder ein → *Rechtsmittelverzicht*, Rn. 751, erklärt werden soll. Der Verteidiger sollte in diesem Zusammenhang nicht übersehen, dass er den Bewährungsbeschluss **selbständig** mit der einfachen Beschwerde nach § 305a **anfechten** kann (wegen der Einzelh. → *Rechtsmittel, Allgemeines*, Rn. 747).

☝ Ist der Angeklagte zu einer **Geldstrafe** verurteilt worden, muss der Verteidiger ihn ggf. auf die Möglichkeit der **Ratenzahlung** nach § 42 StGB, § 459a hinweisen. Soll nicht der Verteidiger den Ratenzahlungsantrag für den Angeklagten stellen, muss er diesen aber darüber aufklären, dass ein Antrag erforderlich ist. Diesem muss der Angeklagte unbedingt Unterlagen über seine Einkünfte und Belastungen beifügen, aus denen sich der Umfang seiner Leistungsfähigkeit ergibt (wegen der Einzelh. der Zahlungserleichterungen s. die Komm. bei *Kleinknecht/Meyer-Goßner* zu § 459a m.w.N.).

615

☝ Hat das Gericht gegen den Angeklagten ein **Fahrverbot** nach § 44 StGB verhängt, muss der Verteidiger ihn in doppelter Hinsicht belehren: Der Angeklagte ist mit **Rechtskraft** des Urteils nicht mehr im Besitz einer Fahrerlaubnis und darf folglich auch **kein Kfz** mehr führen (§ 21 StVG!). Die vom Gericht festgesetzte **Frist beginnt** jedoch erst, wenn der Führerschein auf der Geschäftsstelle des Gerichts **hinterlegt** worden ist (§ 44 Abs. 4 StGB; zu den Wirkungen des Fahrverbots i.Ü. s. *Schäpe* DAR 1999, 11).

☝ Ist dem Angeklagten die **Fahrerlaubnis** gem. § 69 StGB **entzogen** worden, muss der Verteidiger ihm erläutern, dass die gem. § 69a StGB festgesetzte **Sperrfrist** erst mit **Rechtskraft** des Urteils beginnt. In diesem Zusammenhang wird er den Mandanten auch darauf hinweisen, dass im Fall einer Berufung die bis zur Berufungs-HV verstrichene Zeit ggf. nicht angerechnet wird, wenn die Berufung keinen Erfolg hat (→ *Berufungsrücknahme*, Rn. 205 ff.). Es kann für den Mandanten auch von Bedeutung sein, ob ggf.

Aussichten bestehen, dass eine angeordnete Sperrfrist abgekürzt und die Sperrfrist nach § 69a Abs. 7 StGB **vorzeitig aufgehoben** wird (vgl. dazu *Burhoff* VA 2002, 74; s.a. Rn. 616).

616 ☝ Von Interesse kann es für den Angeklagten auch sein, ob eine **Eintragung** im **Bundeszentralregister** erfolgt oder demnächst in einem **polizeilichen Führungszeugnis** erscheint. In diesem Zusammenhang kann der Verteidiger den Mandanten insoweit beruhigen, als bei Erstverurteilungen Geldstrafen von nicht mehr als 90 Tagessätzen und Freiheitsstrafen von nicht mehr als drei Monaten gem. § 30 Abs. 2 Nr. 5 BZRG nicht in ein polizeiliches Führungszeugnis aufgenommen werden und der Verurteilte sich insoweit auch als **nicht vorbestraft** bezeichnen darf.

☝ Bei einer **Verurteilung** wegen Ordnungswidrigkeiten und Straftaten im **Straßenverkehr** spielen für den Angeklagten/Betroffenen die Fragen der Eintragung im Verkehrszentralregister und die der „**Strafpunkte**" eine große Rolle (s. dazu die §§ 40 ff. FeV).

☝ Ggf. muss der Verteidiger den Mandanten auch schon jetzt darüber belehren, dass das Straßenverkehrsamt möglicherweise vor einer Wiedererteilung der Fahrerlaubnis eine **Medizinisch-psychologische Untersuchung** fordern wird. Dazu besteht besonders dann Anlass, wenn der Mandant wegen einer Trunkenheitsfahrt in den vergangenen zehn Jahren bereits einmal einschlägig in Erscheinung getreten ist bzw. bei der Trunkenheitsfahrt eine BAK von mehr als 1,6 o/oo festgestellt worden ist (vgl. dazu BVerwG NZV 1994, 376; wegen der Einzelh. s. *Burhoff*, EV, Rn. 2030; zum Verfahren für die Neuerteilung der Fahrerlaubnis s. *Bode* NZV 1998, 442 m.w.N.).

☝ Erörtern wird er mit dem Mandanten ggf. auch die Frage, ob sich möglicherweise schon bald eine **Nachschulung** empfiehlt, um eine Sperrfrist abkürzen zu können (wegen der Einzelh. s. *Bode* DAR 1998, 33; *Himmelreich* DAR 1997, 465; *Larsen* StraFo 1997, 298; *Burhoff* VA 2002, 74).

617 Nachtragsanklage

Literaturhinweise: ***Achenbach***, „Tat", „Straftat", „Handlung" und die Strafrechtsreform, MDR 1975, 19; ***Hilger***, Kann auf eine Nachtragsanklage (§ 266 StPO) die Eröffnung des Hauptverfahrens mangels hinreichenden Tatverdachts abgelehnt werden?, JR 1983, 441; ***Jahn***, Rechtsmissbrauch im Strafverfahren bei Verweigerung notwendiger Mitwirkungshandlungen? Dargestellt am Problem der fehlenden Zustimmung zur Nachtragsanklage durch den Angeklagten, wistra 2002, 328; ***Meyer-Goßner***, Nachtragsanklage und Ablehnung der Eröffnung des Hauptverfahrens, JR 1984, 53; ***Neuhaus***, Der strafprozessuale Tatbegriff und seine Identität, 1. Teil: MDR 1988, 1012; 2. Teil: MDR 1989, 213; ***Paeffgen***, § 129a StGB und der strafprozessuale Tatbegriff, NStZ 2002, 281.

1. Nach § 266 kann die StA in der HV Anklage wegen **weiterer** Straftaten oder Ordnungswidrigkeiten (§§ 42, 64 OWiG) des Angeklagten erheben. **Gegenstand** der Nachtragsanklage kann nur eine **andere** als die bereits angeklagte **Tat** im verfahrensrechtlichen Sinn des § 264 sein, also ein anderer selbständiger Lebenssachverhalt, der rechtlich selbständig ist (KK-*Engelhardt*, § 266 Rn. 2 m.w.N.; *Kleinknecht/Meyer-Goßner*, § 266 Rn. 2; OLG Saarbrücken NJW 1974, 375; eingehend *Neuhaus* MDR 1988, 1012 ff.; 1989, 213 ff.). Ein Fall des § 266 liegt **nicht** vor, wenn die „Identität" der Tat gewahrt bleibt und sich nur deren **rechtliche Beurteilung ändert** (OLG Saarbrücken, a.a.O. [für fahrlässige Straßenverkehrsgefährdung und sich anschließendes unerlaubtes Entfernen vom Unfallort]; vgl. i.Ü. KK-*Engelhardt*, a.a.O.). Entscheidend ist eine **Gesamtschau** aufgrund der Kriterien Tatort, -zeit, -objekt und Angriffsrichtung (*Neuhaus*, a.a.O., m.w.N.; BGH NStZ 1997, 145 [auch Zahl der Taten]; 2002, 328 [zur Tatidentität bei einem Waffendelikt]; OLG Düsseldorf NStZ-RR 1999, 304 [für Wahlfeststellung zwischen Diebstahl und Hehlerei]).

618 **2.** Die Nachtragsanklage wird in der HV **mündlich** erhoben, eine **vorbereitete Anklageschrift** muss der StA **verlesen** (*Kleinknecht/Meyer-Goßner*, § 266 Rn. 5). Für den **Inhalt** der Nachtragsanklage gilt § 200 Abs. 1, so dass die dem Angeklagten zur Last gelegte Tat unter Hervorhebung ihrer gesetzlichen Merkmale, der Zeit und des Ortes ihrer Begehung sowie das anzuwendende Strafgesetz zu bezeichnen ist (BGH NStZ 1986, 276; BayObLG NJW 1953, 674).

Die Nachtragsanklage kann nach h.M. bis zum **Beginn** der → ***Urteilsverkündung***, Rn. 920, erhoben werden (KK-*Engelhardt*, § 266 Rn. 4 m.w.N.). Das ist nach den vom RechtspflegeentlastungsG vom 11.1.1993 vorgenommenen Zuständigkeitsänderungen in der → ***Berufungshauptverhandlung***, Rn. 183, allerdings in keinem Fall mehr möglich, da es keine Strafkammer mehr gibt, die zugleich erst- und zweitinstanzliche Zuständigkeiten besitzt (OLG Stuttgart NStZ 1995, 51; *Kleinknecht/Meyer-Goßner*, § 266 Rn. 10; a.A. KK-*Engelhardt*, § 266 Rn. 5 m.w.N.). Eine Nachtragsanklage, die nur den Mangel der Verurteilung wegen einer überhaupt nicht oder jedenfalls nicht ordnungsgemäß angeklagten Tat heilen soll, ist auf jeden Fall unzulässig (BGHSt 33, 167; *Kleinknecht/Meyer-Goßner*, § 266 Rn. 10 m.w.N.). Die Nachtragsanklage ist nur wegen einer „weiteren" Tat zulässig.

619 **3.** Erhebt der StA Nachtragsanklage, kann das Gericht sie nach § 266 Abs. 1 nur dann in das **Verfahren einbeziehen**, wenn der Angeklagte **zustimmt**. Das gilt auch bei Serienstraftaten (BGH NStZ-RR 1999, 303).

☝ In der **Verweigerung** der Zustimmung liegt **kein Rechtsmissbrauch** (s. dazu eingehend *Jahn* wistra 2001, 328 m.w.N.; s.a. BGH, a.a.O. [jedenfalls nicht ohne weitere Besonderheiten]).

Die Zustimmung muss der Angeklagte **persönlich ausdrücklich** und **eindeutig** erklären. Es genügt nicht, wenn er sich auf den nachträglich erhobenen Vorwurf nur einlässt und keine Einwendungen erhebt (BGH NJW 1984, 2172 m.w.N.; OLG Hamm StV 1996, 532; LR-*Gollwitzer*, § 266 Rn. 14), selbst dann, wenn er von seinem Recht auf Unterbrechung der HV Gebrauch macht (OLG Hamm, a.a.O.).

☝ Erklärt der **Verteidiger** in Gegenwart des Angeklagten die **Zustimmung**, ist diese **wirksam**, wenn der Angeklagte ihr nicht widerspricht. Der **Widerspruch** des Verteidigers gegen eine vom Angeklagten erklärte Zustimmung soll hingegen nach h.M. **unbeachtlich** sein(*Kleinknecht/Meyer-Goßner*, § 266 Rn. 12 m.w.N.). Dabei werden m.E. aber die faktische Rollenverteilung im Strafprozess und die i.d.R. besseren rechtlichen Kenntnisse des Verteidigers übersehen.

Der **Angeklagte** kann die Zustimmung später **nicht widerrufen**.

620 ☝ Bei der Zustimmung muss der Verteidiger in erster Linie **prüfen**, ob der Angeklagte sich gegen die Nachtragsanklage **sofort verteidigen** kann:

Ist das nicht der Fall, z.B. weil dem Verteidiger die neue Tat **unbekannt** ist, wird er i.d.R. der Einbeziehung der weiteren Tat in das Verfahren **nicht zustimmen** (s.a. die Fallgestaltung bei BGH NStZ-RR 1999, 304). Zumindest sollte der Verteidiger um eine Unterbrechung der HV bitten, um sich mit seinem Mandanten besprechen zu können. **Räumt** der Angeklagte die weitere Tat **ein**, so dürfte es meist in seinem Interesse liegen, dass hierüber sofort **mitentschieden** wird. Häufig kann der Verteidiger in diesen Fällen auch erreichen, dass diese Tat als unwesentlich gem. §§ 154, 154a eingestellt wird (→ ***Einstellung*** *des Verfahrens, Allgemeines*, Rn. 329, m.w.N.).

Das Fehlen der Zustimmung ist kein von Amts wegen zu beachtendes Prozesshindernis, sondern muss in der **Revision** mit der **Verfahrensrüge** geltend gemacht werden (BGH, a.a.O.; OLG Karlsruhe NStZ-RR 2001, 209).

4. Die weitere Tat muss vom Gericht in das Verfahren **einbezogen** werden. Dies geschieht durch i.d.R. ausdrücklichen **Beschluss** (zuletzt BGH StV 1995, 342; StV 2002, 183; vgl. *Kleinknecht/Meyer-Goßner*, § 266 Rn. 15 m.w.N.). Der Beschluss muss als wesentliche Förmlichkeit der HV in das → ***Protokoll der Hauptverhandlung***, Rn. 713, aufgenommen werden (BGH, a.a.O.). **621**

☝ Hat der Angeklagte seine **Zustimmung** zur Einbeziehung **verweigert**, ist die **Wirkung** der **Nachtragsanklage erschöpft**. Das Verfahren vor dem mit der Einbeziehung befassten Gericht hat seine Erledigung gefunden. Das Gericht kann nicht etwa in einem (gesonderten) EÖB außerhalb der HV über die Nachtragsanklage befinden (OLG Karlsruhe NStZ-RR 2001, 209). Ein dennoch gefasster EÖB ist unwirksam (zu den Rechtsmitteln s. OLG Karlsruhe, a.a.O.).

Der Vorsitzende kann nach § 266 Abs. 3 S. 1 von Amts wegen die HV unterbrechen, wenn er das für eine sachgemäße Vorbereitung des weiteren Verfahrens, z.B. um weitere Zeugen zu laden oder um andere Beweismittel herbeizuschaffen, für erforderlich hält. Die **HV** muss **unterbrochen** werden, wenn der **Angeklagte** dies **beantragt**, sofern dieser Antrag nicht „offenbar mutwillig", also lediglich aus Lust zum Widerspruch oder nur zur Verzögerung des Verfahrens gestellt ist (KK-*Engelhardt*, § 266 Rn. 10 m.w.N.; zum Rechtsmissbrauch in Zusammenhang mit der Nachtragsanklage s. *Jahn* wistra 2001, 328). Der Angeklagte ist gem. § 266 Abs. 3 S. 2 über sein Recht, die Unterbrechung zu beantragen, zu **belehren**.

☝ **Lehnt** der Vorsitzende die **Unterbrechung ab**, ist das eine Maßnahme der → *Verhandlungsleitung*, Rn. 972, gegen die der Verteidiger zur Erhaltung der Revisibilität nach **§ 238 Abs. 2** das **Gericht** anrufen kann, das dann durch Beschluss entscheiden muss. Das gilt auch für die Verhandlung vor dem Einzelrichter (OLG Düsseldorf StV 1996, 252; OLG Koblenz StV 1992, 263).

Durch einen unrichtigen, die Unterbrechung ablehnenden Beschluss des Gerichts wird zwar die **Verteidigung unzulässig beschränkt** (§ 338 Nr. 8). Ob jedoch das Urteil auf diesem Verstoß beruht, ist eine Frage des Einzelfalls (BGH NJW 1970, 904).

622 Nebenklage

Literaturhinweise: ***Beulke***, Die Neuregelung der Nebenklage, DAR 1988, 114; ***Eisenberg***, Unzulässigkeit der Nebenklage Minderjähriger gegen ihren Willen, GA 1998, 32; ***Fabricius***, Die Stellung des Nebenklägervertreters, NStZ 1994, 257; ***Gerauer***, Das Weiterbeteiligungsrecht der Angehörigen beim Tod der Nebenkläger, NJW 1986, 1017; ***Hohmann***, Nebenklage, FA Strafrecht, F 3; ***Jäger***, Die Stellung des Opfers im Strafverfahren unter besonderer Berücksichtigung der Rechte des Beschuldigten: eine Untersuchung erweiterter Verfahrensrechte des Nebenklägers und deren Auswirkungen auf die Effektivität der Verteidigung unter historischen, rechtstheoretischen und sozialpsychologischen Aspekten, 1996; ***Jung***, Die Rechtsstellung des Verletzten im Strafverfahren, JR 1984, 309; ***Kaster***, Prozeßkostenhilfe für Verletzte und andere Berechtigte im Strafverfahren, MDR 1994, 1073; ***Kilchling***, Opferschutz und der Strafanspruch des Staates-Ein Widerspruch, NStZ 2002, 57; ***Kurth***, Rechtsprechung zur Beteiligung des Verletzten am Strafverfahren, NStZ 1997, 1 ff.; ***Lehmann***, Zur Zulassung der Nebenklage bei Nötigung zu einer sexuellen Handlung (§ 240 I, IV Nr. 1 StGB), NStZ 2002, 353; ***Letzgus***, Beschwerde der Nichtzulassung der Nebenklage für fahrlässige Körperverletzung, NStZ 1989, 353; ***Mitsch***, Nebenklage im Strafverfahren gegen Jugendliche und Heranwachsende, GA 1998, 159; ***Oppe***, Probleme der Nebenklage, MDR 1978, 466; ***Riegner***, Auswirkungen des § 400 I StPO auf Berufung und Revision des Nebenklägers, NStZ 1990, 10; ***Rieß***, Strafantrag und Nebenklage, NStZ 1989, 102; ***Schneider***, Die „verteidigende" Nebenklage – eine Antwort auf die „angreifende" Verteidigung – Zu parteiprozessualen Phänomenen und zur Rechtmäßigkeit der Nebenklage im sogenannten „Weimar-Verfahren", StV 1998, 456; ***Schöch***, Die Rechtsstellung des Verletzten im Strafverfahren, NStZ 1984, 395; ***Stöckel***, Das Opfer krimineller Taten, lange vergessen – Opferschutz, Opferhilfe heute, JA 1998, 599; ***Wangemann***, Das Kostenrisiko des Nebenklägers, NJW 1972, 893; ***Weigend***, Das Opferschutzgesetz – kleine Schritte zu welchem Ziel?, NJW 1987, 1173.

622a Das Recht zur Nebenklage hatte nach früherem Recht jeder Verletzte, der berechtigt war, Privatklage (→ *Privatklageverfahren*, Rn. 694; s. dazu a. *Burhoff*, EV, Rn. 1145, 1405 ff.) zu erheben. Die Neufassung des § 395 durch das sog. **OpferschutzG** vom 18.12.1986, das dem Verletzten eine umfassende Beteiligungsbefugnis verschaffen will, hat den Kreis der Nebenklageberechtigten einerseits beträchtlich erweitert, andererseits aber in § 395 Abs. 3 für fahrlässige Körperverletzungen jedoch auch eingeschränkt (zur im Hinblick auf den Opferschutz geplanten Ausdehnung der Nebenklagebefugnis → *Gesetzesnovellen*, Rn. 524).

Hier können nicht alle bei der Nebenklage auftretenden Fragen und Probleme erörtert werden. Gegenstand der Darstellung im Einzelnen sollen hier nur die **Rechte** des **Nebenkläger (-Vertreters)** in der **HV** sein. Wegen der Befugnis zum Anschluss, der Anschlusserklärung, der Zulassung der Nebenklage und sonstiger Fragen wird auf die Komm. bei *Kleinknecht/Meyer-Goßner*, § 395 f., sowie auch auf *Burhoff*, EV, Rn. 1145, verwiesen (zur Zulässigkeit der Nebenklage gegen Heranwachsende s. LG Duisburg NJW 1994, 3305; zur [bejahten] Zulässigkeit im verbundenen Verfahren gegen Jugendliche und Erwachsene s. BGHSt 41, 288; s.a. die Rspr.-Übersicht zur Beteiligung des Verletzten am Verfahren von *Kurth*

NStZ 1997, 1 ff. m.w.N.). Die h.M. geht inzwischen davon aus, dass die Nebenklage auch im **Sicherungsverfahren** zulässig ist (BGH NJW 2002, 692 m.w.N.)

☝ Der Rechtsanwalt sollte sich sorgfältig überlegen, ob er ein ihm angetragenes **Nebenklagemandat** übernimmt. Jedenfalls sollte er das Nebenklageinstitut nicht missbrauchen, was besonders für Verkehrsstrafsachen gilt, und vornehmlich in Sittlichkeitsprozessen die Nebenklage „nicht militant führen" (vgl. zur Mandatsübernahme *Müller/Freyschmidt*, Verteidigung in Straßenverkehrssachen, 7. Aufl., Rn. 270 ff.). **623**

Siehe auch: → *Nebenkläger als Zeuge*, Rn. 624; → *Nebenklägerrechte in der Hauptverhandlung*, Rn. 625.

Nebenkläger als Zeuge **624**

Literaturhinweise: s. die Hinw. bei → *Nebenklage*, Rn. 622.

Der Nebenkläger **kann** nach h.M. (KK-*Senge*, vor § 48 Rn. 13 m.w.N.) – wie aus § 397 Abs. 1 S. 1 folgt – als Zeuge vernommen werden. Die **Vernehmung** in der HV muss, wenn kein Ausnahmefall nach den §§ 60 ff. vorliegt (→ *Vereidigung eines Zeugen*, Rn. 932), grds. **eidlich** erfolgen (*Kleinknecht/Meyer-Goßner*, vor § 396 Rn. 11 m.w.N.). Häufig wird hier aber das Absehen von Vereidigung nach § 61 Nr. 2 (Verletzter oder Angehöriger des Verletzten) in Betracht kommen.

Der Nebenkläger ist nach § 397 Abs. 1 S. 1, auch wenn er als Zeuge vernommen werden soll, zur **Anwesenheit** in der HV **berechtigt**. Die das Anwesenheitsrecht eines Zeugen beschränkenden Vorschriften der §§ 58 Abs. 1, 243 Abs. 2 S. 1 gelten für ihn nicht.

Siehe auch: → *Anwesenheit von Zeugen in der Hauptverhandlung*, Rn. 93; → *Nebenklage*, Rn. 622; → *Nebenklägerrechte in der Hauptverhandlung*, Rn. 625.

Nebenklägerrechte in der Hauptverhandlung **625**

Literaturhinweise: *Gollwitzer*, Die Stellung des Nebenklägers in der Hauptverhandlung, in: Festschrift für *K.Schäfer*, S. 65; s.a. die Hinw. bei → *Nebenklage*, Rn. 622.

1. Der **Anschluss** als Nebenkläger ist in **jeder Lage** des Verfahrens zulässig. Die Anschlusserklärung kann auch **noch** in der **HV** (der Rechtsmittelinstanz) abgegeben werden (BayObLG NJW 1958, 1598 [Ls.]; OLG Stuttgart NJW 1955, 1369).

Ist vor der HV nicht über die Anschlussbefugnis entschieden (§ 396 Abs. 2), kann das Gericht das in der **HV nachholen**, jedoch nicht mehr nach Rechtskraft eines Urteils (OLG Düsseldorf NStZ-RR 1997, 11).

☝ Verteidiger und Nebenklägervertreter müssen darauf achten, dass das **Gericht** über den Anschluss **entscheidet**, nicht der Vorsitzende allein. Eine Entscheidung des Vorsitzenden ist aber nicht nichtig, sondern nur anfechtbar (*Kleinknecht/Meyer-Goßner*, § 396 Rn. 9 m.w.N.).

626 **2.** Der **Nebenkläger(-Vertreter)** hat in der HV folgende **Rechte** (s. dazu eingehend *Fabricius* NStZ 1994, 257):

a) Der Nebenkläger hat nach § 397 Abs. 1 das Recht zur **Anwesenheit** in der HV, selbst wenn er später als Zeuge vernommen werden soll (→ *Nebenkläger als Zeuge*, Rn. 624). Der Nebenkläger ist aber nicht zur Anwesenheit in der HV verpflichtet (RGSt 31, 37). Sein persönliches Erscheinen kann nicht angeordnet werden.

b) Der Nebenkläger hat in entsprechender Anwendung der §§ 378, 385 Abs. 1 bis 3 das Recht, im **Beistand** eines **Rechtsanwalts** zu erscheinen oder sich durch einen schriftlich bevollmächtigten Rechtsanwalt vertreten zu lassen. Mehrere Nebenkläger können durch einen Rechtsanwalt vertreten werden (*Kleinknecht/Meyer-Goßner*, § 397 Rn. 5 m.w.N.). Ggf. ist dem Nebenkläger ein → ***Verletztenbeistand**/Opferanwalt* beizuordnen, Rn. 1032.

627 **c)** Das Gericht muss den Nebenkläger(-Vertreter) im selben Umfang **anhören** wie den Privatkläger nach § 385 Abs. 1, also immer dann, wenn die Anhörung der StA nach § 33 Abs. 1, 2 erforderlich ist. Das gilt insbesondere vor einer beabsichtigten **Einstellung** des Verfahrens nach den §§ 153 ff., die aber von einer **Zustimmung** des Nebenklägers **nicht abhängig** ist (BGHSt 28, 272 ff.; *Beulke* DAR 1988, 119; → *Einstellung des Verfahrens nach § 153a nach Erfüllung von Auflagen und Weisungen*, Rn. 398; → *Einstellung des Verfahrens nach § 154a zur Beschränkung der Strafverfolgung*, Rn. 406; s.a. u. Rn. 629 ff.).

628 **d)** Die **Rechte** in der **HV** bestimmen sich darüber hinaus nach § 397 Abs. 1 S. 3. Danach hat der Nebenkläger(-Vertreter) das Recht,

- einen **Richter abzulehnen** (§§ 24, 31; → *Ablehnung eines Richters, Allgemeines*, Rn. 4, m.w.N.),

☝ Beim Nebenkläger ist die **Kenntnis** des **Nebenklägervertreters** für die Beschränkung des Ablehnungsrechts gem. § 25 Abs. 2 **maßgebend** (BGHSt 37, 264).

- einen **SV abzulehnen** (§ 74; → *Ablehnung eines Sachverständigen*, Rn. 6; in verbundenen Verfahren gegen Jugendliche und Heranwachsende und/oder Erwachsene ist der Nebenkläger berechtigt, den von dem jugendlichen Angeklagten gem. § 245 präsentierten SV wegen Befangenheit abzulehnen, sofern dieser nicht nur zur Aufklärung von Tatsachen beitragen soll, die ausschließlich den jugendlichen Angeklagten betreffen [OLG Düsseldorf NJW 1995, 343]),
- den Angeklagten, Zeugen und SV zu **befragen** (§ 240; → *Fragerecht, Allgemeines*, Rn. 490, m.w.N.),
- **Fragen** zu **beanstanden** (→ *Zurückweisung einzelner Fragen des Verteidigers*, Rn. 1208),
- **Erklärungen** abzugeben (§§ 257, 258; → *Erklärungsrecht des Verteidigers*, Rn. 466),
- **Anordnungen** des Vorsitzenden zu **beanstanden** (§ 238; → *Verhandlungsleitung*, Rn. 972),
- **Beweisanträge** zu stellen, dies jedoch nur im Rahmen seiner Anschlussberechtigung (wegen der Einzelh. s. *Kleinknecht/Meyer-Goßner*, § 397 Rn. 10 m.w.N.; zur Ablehnung eines Beweisantrags des Nebenklägers wegen Bedeutungslosigkeit s. BGH NJW 1997, 2762; → *Beweisantragsrecht, Allgemeines*, Rn. 308, m.w.N.),
- ein → ***präsentes Beweismittel***, Rn. 675, zu laden,
- einen **Schlussvortrag** zu halten, und zwar nach dem StA und vor dem Angeklagten/Verteidiger (→ *Plädoyer des Verteidigers*, Rn. 665),

> ☝ Dazu gehört auch das sich aus § 258 Abs. 2 Hs. 2, 397 Abs. 1 S. 3 ergebende **Recht** auf **Erwiderung**. Allerdings kommt dem nach der Rspr. des BGH (NJW 2001, 3137) nicht dasselbe Gewicht zu wie dem → *letzten Wort des Angeklagten*, Rn. 604. Deshalb begründet die Verweigerung dieses Rechts nur dann die Revision für den Nebenkläger, wenn und soweit das Urteil gerade auf diesem Fehler beruht (vgl. dazu eingehend BGH, a.a.O.).

- wenn es sich bei dem Nebenklagedelikt um ein **Antragsdelikt** handelt, kann er den Strafantrag **zurücknehmen** (→ *Rücknahme eines Strafantrags*, Rn. 759).

629 **e)** Über diese aufgezählten Befugnisse hinaus (s.o. Rn. 628) ist der Nebenkläger(-Vertreter) **allgemein** berechtigt, **Anträge** zu **stellen**, um auf einen sachgerechten Verfahrensablauf und auf sachgerechte Ausübung der dem Gericht nach § 244 Abs. 2 obliegenden Aufklärungspflicht hinzuwirken. § 397 Abs. 1 S. 3 ist jedoch eine abschließende Regelung. Das bedeutet, dass weitergehende Rechte als die gesetzlich normierten dem Nebenkläger(-Vertreter) nicht zustehen (*Kleinknecht/Meyer-Goßner*, § 397 Rn. 11 m.w.N.).

630 Der Nebenkläger(-Vertreter) hat daher **nicht** das Recht,

- den Antrag auf **Aussetzung** der HV nach §§ 246 Abs. 2, 265 Abs. 4 zu stellen (→ *Aussetzung wegen veränderter Sach-/Rechtslage, Rn.* 159; → *Aussetzung wegen verspäteter Namhaftmachung geladener Beweispersonen*, Rn. 163),

- eine **Einstellungsentscheidung** des Gerichts **anzufechten** (BVerfG NJW 1995, 317; LG Mönchengladbach StV 1987, 335),
- den Antrag nach § 255 auf **Protokollierung** des Grundes für die **Urkundenverlesung** zu stellen,
- den Antrag nach § 273 Abs. 3 auf **vollständige Niederschreibung** von Vorgängen, Aussagen und Äußerungen im → ***Protokoll*** *der Hauptverhandlung*, Rn. 713, zu stellen,
- nach § 249 Abs. 2 dem Urkundenbeweis in Form des sog. **Selbstleseverfahrens** (→ *Selbstleseverfahren*, Rn. 794) zu widersprechen,
- Anträge auf **Vereidigung** eines **SV** zu stellen (§ 79 Abs. 1 S. 2; → *Vereidigung eines Sachverständigen*, Rn. 929).

631 ☝ Das **Gericht** ist seit der Änderung des § 397 im Jahre 1986 auch **nicht** mehr verpflichtet, die **Zustimmung** oder den Verzicht des **Nebenklägers** einzuholen, soweit bestimmte Prozesshandlungen oder ihr Unterlassen von Zustimmung oder Verzicht des Angeklagten und der StA abhängig sind.

☝ Das gilt

- für den Verzicht nach § 324 Abs. 1 S. 2 auf die Verlesung des Urteils der 1. Instanz in der → ***Berufungshauptverhandlung***, Rn. 183,
- für den → ***Beweisverzicht***, Rn. 327, nach § 245 Abs. 1 S. 2,
- für den → ***Vereidigungsverzicht***, Rn. 949, nach § 61 Nr. 5,
- für die Zustimmung zur **Verlesung** von **Protokollen** nach § 251 Nr. 4 (→ *Verlesung von Protokollen früherer Vernehmungen*, Rn. 1017),
- für die Zustimmung nach § 325 Hs. 2 zur **Verlesung** von **Vernehmungsniederschriften** in der → *Berufungshauptverhandlung*, Rn. 188 ff.,
- nach § 303 S. 2 für die **Zustimmung** zur → ***Berufungsrücknahme***, Rn. 198, des Angeklagten oder nach §§ 411 Abs. 2 S. 4, 303 S. 2 zur Rücknahme des Einspruchs im → ***Strafbefehlsverfahren***, Rn. 829.

632 **3.** Für den Fall, dass der Nebenkläger ein **Rechtsmittel** gegen das in der HV verkündete Urteil erwägt, muss er darüber belehrt werden, dass er nach der Neuregelung des § 400 Abs. 1 durch das OpferschutzG **nur** noch den **Schuld**-, nicht aber den Rechtsfolgenausspruch **anfechten** kann.

☝ Der Nebenklägervertreter muss darauf achten, dass er wegen der eingeschränkten Anfechtungsmöglichkeit – abweichend von § 317 – das **Ziel** einer **Berufung** grds. **mitzuteilen** hat (OLG Düsseldorf NStZ 1994, 507; offen gelassen in BGH NStZ 1997, 97 [für Revision]).

4. Schließlich muss der Nebenklägervertreter auch die Erstattung der **notwendigen Auslagen** seines Mandanten im Auge behalten. **633**

☝ Der **Nebenklägervertreter** darf daher nicht versäumen, in seinem **Schlussvortrag** oder – im Fall der beabsichtigten Einstellung des Verfahrens – bei seiner Anhörung die Auslagenfrage anzusprechen und einen entsprechenden **Antrag** zu stellen. Damit erinnert er das Gericht an die zugunsten seines Mandanten zu treffende Entscheidung über die Nebenklagekosten. Wird eine ausdrückliche Entscheidung nämlich nicht getroffen, muss der Nebenkläger seine Auslagen selbst tragen (*Kleinknecht/Meyer-Goßner*, § 472 Rn. 10 m.w.N.). Eine **Nachholung** der Kostenentscheidung ist ebenso wie eine Berichtigung des Urteilstenors nach h.M. i.d.R. **ausgeschlossen** (vgl. aus neuerer Zeit OLG Karlsruhe NStZ-RR 1997, 157 m.w.N.; s.a. OLG Hamm NStZ-RR 1999, 54; str. für das Berufungsverfahren, s. einerseits OLG Hamm NStZ-RR 2001, 288; andererseits OLG Hamm AGS 2002, 111; jeweils m.w.N.).

Es gelten folgende **Grundsätze**:

- Wird der **Angeklagte verurteilt**, trägt er grds. die notwendigen Auslagen des Nebenklägers (s. § 472).
- Wird der Angeklagte **freigesprochen**, kann der Nebenkläger selbstverständlich keinen Auslagenersatz verlangen, er braucht aber auch nicht etwa die Auslagen des Angeklagten zu tragen.
- Bei einer **Verfahrenseinstellung** nach §§ **153**, **154**, **154a** werden nach § 472 Abs. 2 die notwendigen Auslagen dem Angeklagten ganz oder teilweise **ausnahmsweise** nur dann auferlegt, wenn dies aus besonderen Gründen der Billigkeit entspricht, wenn etwa der Angeklagte durch bereits feststehende Tatsachen Anlass zur Nebenklage gegeben hat (BVerfG StV 1988, 31, vgl. a. *Beulke* DAR 1988, 114, 119).
- Bei einer **Verfahrenseinstellung** nach **§ 153a** werden i.d.R. dem Angeklagten die notwendigen Auslagen des Nebenklägers auferlegt (§ 472 Abs. 2 S. 2, Abs. 1; vgl. dazu *Kleinknecht/Meyer-Goßner*, § 472 Rn. 13).

☝ War der Nebenklägervertreter dem Nebenkläger im Wege der Bewilligung von **Prozesskostenhilfe** beigeordnet, kann ggf. gem. §§ 102, 99 BRAGO die Zubilligung einer **Pauschvergütung** in Betracht kommen, wenn es sich um ein besonders umfangreiches oder besonders schwieriges Verfahren gehandelt hat (wegen der [allgemeinen] Einzelh. zu den Fragen der §§ 99 ff. BRAGO s. *Burhoff*, EV, Rn. 1270 m.w.Lit.-Hinw.).

634 Nichterscheinen eines Zeugen

Literaturhinweise: ***Häner***, Verfahren beim Ausbleiben des gerichtlich geladenen Zeugen, JR 1984, 496.

Erscheint der ordnungsgemäß geladene Zeuge (vgl. dazu § 48) nicht, kann gem. § 51 Abs. 1 S. 2 seine **Vorführung** angeordnet werden. Die Anordnung trifft das Gericht, nicht der Vorsitzende allein (*Kleinknecht/Meyer-Goßner*, § 51 Rn. 22), und zwar erst recht nicht außerhalb der HV (KG NStZ-RR 2000, 145 m.w.N.; → *Zwangsmittel bei Ausbleiben des Angeklagten*, Rn. 1238).

☝ Gegen einen ausgebliebenen Zeugen können auch **Fahndungsmaßnahmen** nach den neuen §§ 131a ff. ergriffen werden (vgl. zu den Voraussetzungen *Burhoff*, EV, Rn. 848 ff.).

Einem ordnungsgemäß geladenen Zeugen, der – schuldhaft – in der HV nicht erscheint, können gem. § 51 Abs. 1 S. 1 auch die durch sein Ausbleiben verursachten **Kosten auferlegt** werden. Außerdem kann gegen ihn **Ordnungsgeld/ Ordnungshaft** festgesetzt werden (BVerfG NStZ-RR 2002, 11; zu den Folgen des Nichterscheinens s.a. *Eisenberg*, Rn. 1071 ff.; OLG Düsseldorf NJW 1999, 1647 m.w.N. [kein Ordnungsmittel gegen sich im Ausland aufhaltenden Ausländer]).

☝ Ist der Zeuge **verhindert**, muss er sich so **rechtzeitig entschuldigen**, dass eine Verlegung des Termins und die Abbestellung der zur Verhandlung geladenen Personen noch möglich ist (OLG Düsseldorf StraFo 2002, 164). Ob das allerdings immer so frühzeitig geschehen muss, dass die Abladung noch im gewöhnlichen Geschäftsbetrieb erfolgen kann (so OLG Düsseldorf, a.a.O.), erscheint mir unter Berücksichtigung der modernen Kommunikationsmittel fraglich.

Der entsprechende **Beschluss** des Gerichts ergeht von Amts wegen oder auf Antrag. Den **Antrag** kann auch der Verteidiger stellen. Der Beschluss muss nicht unmittelbar in der Verhandlung ergehen, in der der Zeuge nicht erschienen ist (*Kleinknecht/Meyer-Goßner*, § 51 Rn. 23 m.w.N.). Er muss aber, wenn der Angeklagte verurteilt wird, wegen der Kosten **spätestens** erlassen werden, wenn die **Hauptsache entscheidungsreif** ist (BGHSt 10, 126). Darauf muss der Verteidiger im Interesse des Angeklagten achten, da der Angeklagte einen Rechtsanspruch darauf hat (BayVGH JR 1966, 195), dass dem säumigen Zeugen die durch das Ausbleiben entstandenen Kosten, die erheblich sein können, auferlegt werden.

Bei **nachträglicher** ausreichender **Entschuldigung** (vgl. *Kleinknecht/Meyer-Goßner*, § 51 Rn. 25 m.w.N.) kann gem. § 51 Abs. 2 S. 3 der Ordnungsgeldbeschluss **aufgehoben** werden. Dazu ist, wenn der Aufhebungsbeschluss in der HV ergeht, der **Angeklagte/Verteidiger** gem. § 33 Abs. 1 zu **hören.** Ergeht die Aufhebung außerhalb der HV, muss der Angeklagte/Verteidiger nach § 33 Abs. 3 gehört werden. Ist das Verschulden des Zeugen gering, kann das Ordnungsmittelverfahren gegen den Zeugen in entsprechender Anwendung des Rechtsgedankens aus § 153 StPO, § 47 Abs. 2 OWiG **eingestellt** werden (ganz h.M. in der Rspr.; s. zuletzt KG JR 1995, 174; OLG Düsseldorf NJW 1996, 138; MDR 1996, 1057). Ob dadurch dann auch die Kostentragungspflicht des Zeugen entfällt, ist str. (bejahend OLG Düsseldorf MDR 1990, 173; OLG Koblenz NStZ 1988, 192; verneinend KG, a.a.O.). **635**

 Erscheint ein Zeuge nicht, wird sich der Verteidiger überlegen, ob er auf diesen Zeugen ggf. **verzichtet** (vgl. dazu → *Beweisverzicht*, Rn. 327). Das Gericht ist grds. verpflichtet, entweder die Vernehmung des Zeugen in der HV oder eine Entscheidung, wie weiter verfahren werden soll, herbeizuführen (OLG Hamm NJW 1999, 1416 [Ls.], auch zur „Beruhensfrage", wenn das Gericht dieser Verpflichtung nicht nachkommt).

Verzichtet er nicht, wird er weiter prüfen, ob er den nach § 51 Abs. 1 S. 3 zulässigen Antrag stellt, den Zeugen **vorführen** zu lassen. Das wird davon abhängen, ob zu besorgen ist, der Zeuge werde zum nächsten Termin wiederum nicht erscheinen.

O

Obergutachter **636**

Literaturhinweise: ***Döhring***, Fachliche Kenntnisse des Richters und ihre Verwertung im Prozeß, JZ 1968, 614; ***Lifschütz***, Das Sonder-Fachwissen des Richters, NJW 1969, 305; ***Michalke***, Beweisantragsrecht im Strafverfahren - Allgemeine Grundsätze, ZAP F. 22, S. 49; ***Weigelt***, Der Beweisantrag in Verkehrsstrafsachen, DAR 1964, 314; s. die Hinw. bei → *Sachverständigengutachten*, Rn. 765.

1.a) Nicht ausreichende Sachkunde reicht zur → *Ablehnung eines Sachverständigen*, Rn. 5, nicht aus, da die mangelnde Sachkunde den SV nicht „befangen" macht. Fehlende Sachkunde wird aber i.d.R. für den Verteidiger Anlass sein, sich Gedanken über einen **Antrag** auf Ladung/Beauftragung eines **weiteren SV** zu machen (vgl. zusammenfassend KK-*Herdegen*, § 244 Rn. 32 ff. m. zahlr .w.N.). In der Praxis wird dieser SV i.d.R. Obergutachter genannt, obwohl er die einem „Obergutachter" sonst zukommende Schiedsrichterfunktion, nämlich eine Frage abschließend zu entscheiden, nicht hat. Vielmehr ist das „Obergutachten" (nur) ein weiteres Gutachten, das zu einem bereits ergangenen Gutachten Stellung nimmt. Dieses Gutachten und das Obergutachten sind gleichwertig (*Krekeler* StraFo 1996, 8; zur Verletzung des Grundsatzes des „fair trial" bei Beauftragung eines weiteren neuen SV durch das [Berufungs-]Gericht und dessen alleinige Ladung zur HV s. OLG Hamm NStZ 1996, 455).

b) Bei dem Antrag des Verteidigers auf Einholung eines weiteren SV-Gutachtens handelt es sich um einen → ***Beweisantrag***, Rn. 255, auf Vernehmung eines weiteren SV. Dieser wird vom Gericht über die allgemeinen Ablehnungsgründe hinaus zusätzlich nach § 244 Abs. 4 S. 2 beurteilt (vgl. dazu KK-*Herdegen*, § 244 Rn. 98 ff.; *Michalke* ZAP F. 22, S. 58 f.).

☝ Seinen Beweisantrag muss der Verteidiger aus verschiedenen Gründen **sorgfältig begründen**: Meist wollen die Gerichte wegen des „Zeitverlustes" nur ungern einen weiteren Gutachter hören, so dass häufig versucht wird, den Antrag nach Möglichkeit abzulehnen. Insbesondere deshalb muss der Verteidiger bei der Begründung seines Antrags die möglichen Ablehnungsgründe des § 244 Abs. 4 S. 1 und 2 im Blick haben (zum Inhalt eines Beweisantrages im Allgemeinen → *Beweisantrag, Inhalt*, Rn. 295) und außerdem Folgendes **beachten**:

Nach inzwischen wohl h.M. in der Rspr. kann das Gericht einen Beweisantrag auf Zuziehung eines weiteren SV ohne jede Begründung zurückweisen, wenn im Beweisantrag nicht in der Beweisbehauptung oder an anderer Stelle **dargelegt** wird, weshalb die in § 244 Abs. 4 S. 2 genannten **Ablehnungsgründe nicht** vorliegen (LR-*Gollwitzer*, § 244 Rn. 321 m.w.N.; *Michalke* ZAP F. 22, S. 58).

638 **2.** Aus den o.a. Gründen muss der Beweisantrag auf Zuziehung eines weiteren SV auf jeden Fall eine **Begründung** zu folgenden Punkten **enthalten** (*Dahs*, Rn. 645; zu allem auch Beck-*Michalke*, S. 476 ff.; *Hamm/Hassemer/Pauly*, Rn. 367 ff.):

a) Der Verteidiger muss zunächst **darlegen**, warum nach seiner Auffassung das Gericht **keine eigene Sachkunde** hat (§ 244 Abs. 4 S. 1). Von besonderer Bedeutung ist hier die Frage, warum das Gericht seine eigene Sachkunde nicht aus dem Gutachten des ersten SV herleiten kann (KK-*Senge*, § 74 Rn. 14; zur „eigenen" Sachkunde s. a. KK-*Herdegen*, § 244 Rn. 33 m.w.N., sowie BGH NStZ 1998, 528 [bei noch nicht erprobten Untersuchungsmethoden kann es sich empfehlen, einen weiteren SV beizuziehen]; zur Zulässigkeit der Ablehnung eines weiteren → *Glaubwürdigkeitsgutachten*, Rn. 528, s. BGH NJW 1998, 2753). Das ist insbesondere wichtig bei Fragen der **Schuldfähigkeit**: Bei denen kann sich das Gericht nämlich aufgrund seiner Beobachtungen in der HV und mangels Anzeichen, dass der Angeklagte in geistiger Hinsicht von der Norm abweicht, grds. auf sein medizinisches Allgemeinwissen verlassen (*Kleinknecht/Meyer-Goßner*, § 244 Rn. 74; → *Sachverständigenbeweis*, Rn. 768). Sonst darf es sich die erforderlichen **Fachkenntnisse** i. d. R. **nicht zutrauen** (s. z. B. BGH NStZ 1990, 27 [M]; 1992, 225 – K – [für schwere Hirnverletzungen]; NStZ 1994, 501 [bei Spielsucht jedoch bejaht]; NJW 1993, 1540 [Beurteilung der Auswirkungen von Unfällen mit Gehirnbeschädigung]; StV 1994, 634 [für langjährigen Alkohol- und BtM-Missbrauch und Besonderheiten in der Tat – Spontantat]; StV 1995, 633 [Ersttat eines Angeklagten im vorgerückten Alter]; OLG Hamm VRS 90, 113 [Aids-Erkrankung und Kokainsucht]; StraFo 1998, 309 [Spielsucht i. d. R. ja]; s. a. *Kleinknecht/Meyer-Goßner*, § 73 Rn. 8).

639

b) Der Verteidiger muss auch im Einzelnen begründen, warum nach seiner Meinung die **behauptete Tatsache** durch das „Erstgutachten" noch **nicht widerlegt** ist. Wichtig ist hier, dass das Gegenteil der behaupteten Tatsache allein durch das Gutachten anderer SV (BGHSt 34, 355; OLG Koblenz StV 2001, 561), nicht aber **aufgrund anderer Beweismittel** oder einer Gesamt(beweis)würdigung widerlegt sein muss (vgl. BGHSt 39, 49, 52). Der andere SV kann ausnahmsweise auch Angehöriger einer anderen Fachrichtung sein (BGH NJW 1990, 2944 f. [Sexualwissenschaftler gegenüber einem Psychiater], insoweit nicht in BGHSt 37, 157; BGHSt 39, 49 [Blutgruppen- gegenüber DNA-SV]; OLG Koblenz, a.a.O.; zu einer wenig erprobten Methode des SV s. BGH NStZ 1994, 250).

640

c) Darüber hinaus muss der Verteidiger vortragen, warum der gehörte SV von **unrichtigen tatsächlichen Voraussetzungen** ausgegangen ist, sein Gutachten Widersprüche enthält oder weshalb der Obergutachter über bessere Forschungsmittel verfügt. Dazu gilt:

- Zur Begründung von **Widersprüchen** reicht allein eine Abweichung des mündlichen von dem schriftlich erstatteten Gutachten nicht aus (BGHSt 8, 113, 116), es sei denn, es besteht gegenüber dem schriftlichen Gutachten in einem entscheidenden Punkt ein nicht erklärbarer Widerspruch (BGH NStZ 1990, 244; NJW 1991, 3290; vgl. hierzu ausführlich KK-*Herdegen*, § 244 Rn. 31 f., 102). Grds. können also nur Widersprüche innerhalb

- des mündlichen Gutachtens zur Anhörung eines Obergutachters **zwingen** (BGHSt 23, 176, 185; DAR 1988, 230 [Sp]).
- Die **überlegenen Forschungsmittel** des Obergutachters sind nur die Hilfsmittel, also die Ausstattung mit Apparaten, oder besonderc Testverfahren, die der Obergutachter anwendet. **Persönliche Kenntnisse** des SV, größere Berufserfahrung, umfangreicheres Forschungsmaterial oder Veröffentlichungen sind keine überlegenen Forschungsmittel (*Kleinknecht/Meyer-Goßner*, § 244 Rn. 76 m.w.N.; zu allem auch *Hamm/Hassemer/Pauly*, Rn. 380 ff.). Ein SV verfügt auch nicht deshalb über überlegene Forschungsmittel, weil der Angeklagte bereit ist, sich von ihm untersuchen zu lassen, die Untersuchung bei einem anderen SV aber verweigert (BGHSt 44, 26, 31).

641 **d)** Zu begründen ist auch, aus welchen Gründen es dem gehörten SV an der erforderlichen **Sachkunde mangelt**. Dazu kann es notwendig sein, den Erstgutachter zu **befragen**, worauf seine Sachkunde beruht (→ *Vernehmung Sachverständiger*, Rn. 758; s.a. den **Fragenkatolog** bei Rn. 771a). Das ist besonders bei medizinischen SV von Bedeutung, da nicht jeder Arzt sämtliche Fächer beherrschen kann (*Dahs*, Rn. 583, 193). So wird ein Blutalkoholgutachter kaum Fragen der Schuldfähigkeit oder des pathologischen Rausches ausreichend sicher beurteilen können (*Weigelt* DAR 1964, 318). An der Sachkunde mangelt es einem SV aber nicht schon allein deshalb, weil er nur Psychiater und nicht auch Psychologe (BGH NStZ 1990, 400) oder Neurologe ist (BGH NStZ 1991, 80; zu allem a. Beck-*Michalke*, S. 478 f. m.w.N.).

☝ Von der Anhörung eines Psychologen als (zusätzlichen) SV zur **Glaubwürdigkeit** kann dann abgesehen werden, wenn sich das Gericht aufgrund des Gutachtens eines psychiatrischen SV die nötige Sachkunde verschafft, um beurteilen zu können, dass Auffälligkeiten in der Person des Zeugen auf die Glaubwürdigkeit von dessen Aussage keinen Einfluss haben (BGH NJW 1998, 2753). Den Antrag auf Anhörung eines „weiteren" SV kann das Gericht mit dieser Begründung aber nicht ablehnen (BGH NStZ 1997, 610).

Die besondere Sachkunde eines **Psychiaters** wird auch benötigt, wenn ein Zeuge an einer geistigen Erkrankung leidet, die sich auf die **Aussagetüchtigkeit** auswirken kann (st.Rspr., vgl. z.B. BGHSt 23, 8 ff.; zuletzt BGH MDR 1997, 19 [H] m.w.N.; zur Hinzuziehung eines Psychiaters bei möglicher Beeinträchtigung der Schuldfähigkeit infolge Hirnschädigung s.a. BGH StV 1996, 4). An dieser Stelle zahlt es sich aus, wenn der Verteidiger sich schon bei der → *Vorbereitung der Hauptverhandlung*, Rn. 1144, also frühzeitig mit dem **Fachgebiet** des ersten SV **beschäftigt** hat (*Dahs*, Rn. 192 ff.; zur richtigen Auswahl des Psycho-SV s. *Rasch* NStZ 1992, 257; *Täschner* NStZ 1994, 221).

☝ In der HV muss der Verteidiger auch sorgfältig darauf achten, ob der SV von seinem schriftlichen Gutachten **abweicht**, da dann die Sachkunde zweifelhaft sein kann (BGHSt 8, 113 ff.; s.o.). Entsprechendes gilt, wenn der SV sich weigert, seine Methoden offen zu legen oder wenn er seine Meinung ohne nachvollziehbare Erklärung ändert (BGH NStZ 1999, 630).

☝ **Weicht** der SV in der HV **plötzlich** von seinem **schriftlichen Gutachten ab**, kann es (auch) ein Gebot des sich aus Art. 6 Abs. 1 S. MRK ergebenden Grundsatzes des „fairen Verfahrens" sein, einem Antrag der Verteidigung auf ein Gegengutachten nachzugehen (EGMR StraFo 2002, 81).

3. Antragsmuster (wegen weiterer Muster s. Beck-Michalke, S. 476) **642**

An das
Amtsgericht/Landgericht Musterstadt

Beweisantrag

In der Strafsache
gegen H. Muster
Az.: . . .

wird beantragt,

ein weiteres Sachverständigengutachten zum Beweis der Tatsache einzuholen, dass die Fähigkeit des Angeklagten, das Unrecht seiner Tat einzusehen und danach zu handeln, wegen einer krankhaften seelischen Störung bei der Begehung der Tat erheblich vermindert war (§ 21 StGB).

Es wird beantragt,

Herrn Prof. Dr. Dr. Fritz Müller, Antragsstraße 5, Musterstadt, als Sachverständigen zu bestellen.

Begründung:

Das Gericht hat in der HV zur Schuldfähigkeit des Angeklagten Prof. Dr. Dr. Meier als Sachverständigen gehört. Dieser ist Psychologe und hat sein schriftliches Gutachten auch ausdrücklich als psychologisches Gutachten erstattet.

Der Sachverständige Prof. Dr. Dr. Meier ist zu dem Ergebnis gekommen, dass bei dem Angeklagten die Voraussetzungen der §§ 20, 21 StGB zu verneinen sind.

Bei der Gutachtenerstattung hat der bisher gehörte Sachverständige wesentliche Erkenntnisse außer Acht gelassen, ist also von unrichtigen tatsächlichen Voraussetzungen ausgegangen. Dazu gehört der Umstand, dass der Angeklagte seit seiner Jugend – etwa ab dem zehnten Lebensjahr – Kampfsport betreibt, wobei er eine Kampfsportart bevorzugt, die zur Kampfunfähigkeit eines Gegners führen soll. Es ist davon auszugehen, dass er hierbei auch eine Vielzahl von Schlägen gegen den Kopf erhalten hat. Außerdem hat der Angeklagte bei seiner polizeilichen Vernehmung angeführt, dass er 1998 bei einem Raubüberfall mit einem Baseballschläger auf den Kopf geschlagen worden ist. Das entsprechende Ermittlungsverfahren ist bei der StA Musterstadt unter dem Az.: 42 Js 1235/94 geführt worden. Außerdem war der Angeklagte 1994 Opfer eines Motorradunfalls, nach dem er mehrere Tage im Koma gelegen hat.

Das beantragte weitere (psychiatrische) Gutachten wird zur Annahme der Voraussetzungen des § 20 StGB oder des § 21 StGB führen. Die Begutachtung durch den Psychologen Dr. Dr. Meier ist nicht ausreichend, da es hier um die Beurteilung von krankhaften Zuständen geht. Das setzt besondere medizinische Fachkenntnisse voraus, die – wie die Befragung des Sachverständigen in der Hauptverhandlung durch mich ergeben hat – dieser als (Nur-)Psychologe nicht besitzt (vgl. zu allem BGHSt 23, 8, 13; BGH StV 1996, 4).

Rechtsanwalt

Siehe auch: → *Beweisantrag, Formulierung: Sachverständigenbeweis*, Rn. 281, mit Antragsmuster, Rn. 284; → *Sachverständigenbeweis*, Rn. 765, m.w.N.

P

643 Pflichtverteidiger, Bestellung in der Hauptverhandlung

Literaturhinweise: ***Burgard***, Notwendige Verteidigung wegen hoher Straferwartung durch Änderungen der Verfahrenssituation in der Hauptverhandlung, NStZ 2000, 242; ***Burhoff***, Pauschvergütung für den gerichtlich bestellten Rechtsanwalt nach § 99 BRAGO, ZAP F. 24, S. 625 ff. = http://www.burhoff.de; ders., Die Pauschvergütung nach § 99 BRAGO – ein Rechtsprechungsüberblick mit praktischen Hinweisen, StraFo 1999, 261 = http://www.burhoff.de; ders., Neue Rechtsprechung zur Pauschvergütung nach § 99 BRAGO – mit praktischen Hinweisen, StraFo 2001, 119 = http://www.burhoff.de; ***Deckers***, Anmerkung zu OLG Düsseldorf 2 Ws 314/98 „Beiordnung eines auswärtigen Pflichtverteidigers", StV 1990, 254; ***Dencker***, Strafrecht und AIDS – Strafprozesse gegen Sterbende, StV 1992, 125; ***Eisenberg***, Aspekte der Rechtsstellung des Strafverteidigers, NJW 1991, 1256; ***Enders***, Pflichtverteidiger – Anrechnung von Vorschüssen, JurBüro 1996, 449; ***Friedt***, Pflichtverteidigung erst bei einer Straferwartung von mindestens einem Jahr?, StraFo 1997, 236; ***R. Hamm***, Notwendige Verteidigung bei behinderten Beschuldigten, NJW 1988, 1820; ***Herrmann***, Überlegungen zur Reform der notwendigen Verteidigung, StV 1996, 396; ***Krekeler***, Pflichtverteidigung als reduzierte Verteidigung – fehlende Waffengleichheit unter dem Gesichtspunkt des fehlenden Geldes, in: Pflichtverteidigung und Rechtsstaat, S. 52, in der Schriftenreihe der Arbeitsgemeinschaften des DAV; ***Lüderssen***, Die Pflichtverteidigung. Zum gegenwärtigen Stand der Konkretisierung des § 140 StPO, NJW 1986, 2742; ***Marberth***, Die Gebühren des Pflichtverteidigers – neue Entwicklungen, StraFo 1997, 225; ***Molketin***, Die notwendige Verteidigung bei Verkehrsdelikten, NZV 1989, 93; ders., Die Rechtsprechung zu § 140 Abs. 2 Satz 1 StPO in den Jahren 1992/93, AnwBl. 1995, 527; ders., Die Rechtsprechung zu § 140 Abs. 2 Satz 1

StPO in den Jahren 1994/95, AnwBl. 1998, 175; ***Müller***, Pflichtverteidiger – Verteidiger wessen Vertrauens, StV 1981, 570; ***Münchhalffen***, Rechtliche und tatsächliche Benachteiligungen des Pflichtverteidigers gegenüber dem Wahlverteidiger, StraFo 1997, 230; ***Neuhaus***, Notwendige Verteidigung im Erkenntnisverfahren, ZAP F. 22, S. 147; ***Oellerich***, Voraussetzungen der notwendigen Verteidigung und Zeitpunkt der Pflichtverteidigerbestellung, StV 1981, 434; ***Ostendorf***, Die Pflichtverteidigung in Jugendstrafverfahren, StV 1986, 308; ***Schellenberg***, Notwendige Verteidigung, Anmerkungen zu *Herrmann* StV 1996, 396 ff., StV 1996, 641; ***Schlothauer***, Die Auswahl des Pflichtverteidigers, StV 1981, 443; ***Sommer***, Maßnahmen des Strafverteidigers in der Hauptverhandlung, ZAP F. 22, S. 101; ***Staudinger***, Dolmetscherzuziehung und/oder Verteidigerbeiordnung bei ausländischen Beschuldigten, StV 2002, 237; ***Strate***, Pflichtverteidigung bei Ausländern, StV 1981, 46; ***Weider***, Pflichtverteidigerbestellung im Ermittlungsverfahren und Opferschutz, StV 1987, 317; ***Welp***, Der Verteidiger als Anwalt des Vertrauens, ZStW 1978 (Band 90), S. 101; ***Werner***, Neuregelung der notwendigen Verteidigung für taube, stumme und blinde Beschuldigte – zum Gesetz zur Änderung der Strafprozeßordnung vom 17.5.1988, NStZ 1988, 346; s.a. die Hinw. bei → *Pflichtverteidiger, Bestellung neben Wahlverteidiger*, Rn. 649a und bei *Burhoff*, EV, Rn. 1187 ff.

Die Frage der Beiordnung eines Verteidigers bei einer i.S.d. § 140 notwendigen Verteidigung wird i.d.R. bereits im **Vorfeld** der HV geklärt sein. Auf alle sich dabei ergebenden Fragen kann an dieser Stelle aus Platzgründen nicht eingegangen werden (vgl. dazu neben den o.a. Lit.-Hinw. die eingehenden Ausführungen und die zahlr. Nachw. bei *Burhoff*, EV, Rn. 1187 ff.; *Kleinknecht/Meyer-Goßner*, Komm. zu §§ 140 ff.; *Neuhaus* ZAP F. 22, S. 147 ff., jeweils m.w.N.). Die Ausführungen an dieser Stelle müssen sich im Wesentlichen beschränken auf die Beiordnung eines (Pflicht-)Verteidigers in der HV (zur Beiordnung eines Pflichtverteidigers neben dem Wahlverteidiger → *Pflichtverteidiger, Bestellung neben Wahlverteidiger*, Rn. 649a).

643a

1.a) Für die Pflichtverteidigerbestellung in der HV gelten die gleichen Voraussetzungen wie für eine Beiordnung vor der HV. Es muss also einer der Gründe des § 140 Abs. 1 vorliegen oder nach § 140 Abs. 2 die Beiordnung wegen der **Schwere** der **Tat** oder wegen der **Schwierigkeit** der Sach- und Rechtslage geboten erscheinen bzw. ersichtlich sein, dass sich der **Angeklagte nicht** (mehr) **selbst** verteidigen kann. Erforderlich sein kann die Bestellung in der HV zum

644

Beispiel:

- Ggf. bei einem der **deutschen Sprache nicht mächtigen** Angeklagten in einem Fall, der Schwierigkeiten von einigem Gewicht aufweist, die auch unter → *Zuziehung eines Dolmetschers*, Rn. 1226, nicht ohne weiteres ausräumbar erscheinen (*Kleinknecht/Meyer-Goßner*, § 140 Rn. 30a), allerdings nach der neuen **Rspr**. des **BGH** im Hinblick auf den Anspruch des Angeklagten/Beschuldigten auf kostenlose Beiordnung eines Dolmetschers **nicht ausnahmslos** (s. dazu BGHSt 46, 178 u. *Staudinger* StV 2002, 329; zur Beiordnung eines Pflichtverteidigers bei einem Ausländer eingehend *Burhoff*, EV, Rn. 1203, 1206 ff. m.w.N.; *Strate* StV 1981, 46),

☝ Abzustellen ist darauf, ob durch die **Inanspruchnahme** des **Dolmetschers** die **Beeinträchtigung** des Ausländers **ausgeglichen** ist oder ob der Fall so komplex ist, dass darüber hinaus auch (noch) ein Pflichtverteidiger beigeordnet werden muss (so auch *Staudinger* StV 2002, 330). Dabei sind m.E. alle Umstände des Falles von Belang und im Hinblick auf das Verteidigungsinteresse des Angeklagten abzuwägen. *Staudinger* (a.a.O.) kommt über eine entsprechende Anwendung von § 140 Abs. 2 S. 2, wonach einem hör- und sprachbehinderten Beschuldigten auf Antrag ein Pflichtverteidiger beizuordnen ist, zur Bestellung des Pflichtverteidigers.

- wenn in der HV → ***Nachtragsanklage***, Rn. 617, wegen eines **Verbrechens** erhoben wird (BGHSt 9, 243; *Burgard* NStZ 2000, 244),
- wenn sich die **Schwere** der **Tat** oder die **Schwierigkeit** der Sach- und Rechtslage erst in der HV ergibt, so z.B. wenn sich erst in der HV die Notwendigkeit ergibt, ein **Sachverständigengutachten** als entscheidendes Beweismittel gegen den Angeklagten einzuholen (LG Bochum StV 1987, 383), dessen Inhalt dem Angeklagten später nur über den allein zur Akteneinsicht berechtigten Verteidiger bekannt werden kann (*Kleinknecht/Meyer-Goßner*, § 140 Rn. 27; zur Beiordnung eines Pflichtverteidigers aus diesen Gründen s. im Einzelnen *Burhoff*, EV, Rn. 1230 ff. m.w.N.; *Burgard* NStZ 2002, 244; s.a.u. Rn. 645),
- wenn die angeklagte Tat erst in der HV als **Verbrechen** beurteilt wird (→ *Hinweis auf veränderte Sach-/Rechtslage*, Rn. 551; *Burgard*, a.a.O.),
- wenn sich in der HV herausstellt, dass die für die Anwendung des § 140 Abs. 2 erforderliche **„Straferwartungsgrenze“ überschritten** wird, z.B. durch das Erfordernis einer Gesamtstrafenbildung nach § 55 StGB (*Burgard*, a.a.O.),
- **zwingend** nach § 138c Abs. 3 S. 4, 5, wenn im Verfahren über den **Verteidigerausschluss** das Ruhen der Verteidigerrechte aus den §§ 147, 148 angeordnet wird (s.a. → *Aussetzung wegen Verteidigerausschluss*, Rn. 167),
- wenn der **Wahlverteidiger ausbleibt** und die Schwere der Tat die sofortige Bestellung eines Pflichtverteidigers gebietet (OLG Hamm NStZ-RR 1997, 78 m. zahlr.w.N.; s. aber BGH NStZ 1998, 311; zum Ausbleiben des Verteidigers s. auch BGH NJW 2000, 1350 und → *Verhinderung des Verteidigers*, Rn. 982).

645 b) Hinweise für den Verteidiger!

Für den Verteidiger kann der Beiordnungsantrag in der HV aus **prozesstaktischen Erwägungen** sinnvoll sein (*Sommer* ZAP F. 22, S. 104). Die Bescheidung dieses Antrags zwingt den Vorsitzenden (§ 141 Abs. 4) nämlich ggf., sich zu den **Voraussetzungen** der **notwendigen Verteidigung** (§ 140) zu **äußern**. Damit kann die Pflichtverteidigerbestellung der Prüfstein für die Beurteilung des Gerichts sein. Das gilt insbesondere hinsichtlich der „Schwere der Tat“, die sich an den zu erwartenden Rechtsfolgen orientiert.

So wird bei einer zu erwartenden (Gesamt-)**Freiheitsstrafe** von **mehr** als **einem Jahr** von der h. M. in der Rspr. die Beiordnung eines Pflichtverteidigers unter den Voraussetzungen des § 140 Abs. 2 i.d.R. auf jeden Fall befürwortet (vgl. u.a. OLG Braunschweig StV 1996, 6; OLG Frankfurt StV 1992, 220; OLG Hamm StV 1993, 180 [„deutlich mehr als sechs Monate"]; OLG Karlsruhe NStZ 1991, 505). Dies ist allerdings keine starre Grenze, vielmehr sind alle Umstände des Falles zu berücksichtigen (OLG Düsseldorf StV 2000, 408; OLG Stuttgart StraFo 2001, 205]]; s. a. *Eisenberg* NJW 1991, 1257 ff. und die weit. Nachw. bei *Burhoff*, EV, Rn. 1231 ff.), jedenfalls dürfen **nicht mehr** als **zwei** Jahre Freiheitsstrafe ohne Mitwirkung eines Verteidigers verhängt werden (BayObLG NStZ 1990, 250 m.w.N.; OLG Zweibrücken StV 2002, 237). Lehnt der Vorsitzende den Beiordnungsantrag ab, kann der Verteidiger daraus den Schluss ziehen, dass dessen Strafmaßvorstellung wohl unter dieser Grenze anzusiedeln sein wird.

646 Eine **zeitliche Grenze** für den Antrag auf Beiordnung gibt es in der HV **nicht**. Der Antrag kann somit selbst noch nach dem Plädoyer des StA sinnvoll gestellt werden, wenn dieser nach der Beweisaufnahme überraschend eine Strafe von mehr als einem Jahr Freiheitsstrafe beantragt hat (*Sommer*, a.a.O.). Versucht das Gericht den Verteidiger zur **Rücknahme** eines Beiordnungsantrages zu bewegen, kann das die Besorgnis der **Befangenheit** begründen (AG Bremen StraFo 2001, 171).

647 ☝ Der Verteidiger kann, wenn er erst während der HV zum Pflichtverteidiger bestellt wird, nach § 145 Abs. 3 die **Unterbrechung** oder **Aussetzung** der HV verlangen, wenn ihm die zur Vorbereitung der Verteidigung erforderliche Zeit nicht verbleibt (vgl. *Kleinknecht/Meyer-Goßner*, § 145 Rn. 10 f.; *Burgard* NStZ 2000, 245; → *Aussetzung der Hauptverhandlung, Allgemeines*, Rn. 149, m.w.N.; → *Aussetzung wegen Ausbleiben des Verteidigers*, Rn. 152). Es ist nicht Sache des Gerichts, dies zu überprüfen (BGH NStZ 2000, 212).

Grds. hat die **Unterbrechung** in den zeitlichen Grenzen des § 229 **Vorrang** vor der Aussetzung. Das Gericht entscheidet nach pflichtgemäßem Ermessen (BGHSt 13, 337, 343). Das auf § 145 Abs. 3 gestützte Aussetzungsverlangen des Verteidigers ist **unabhängig** von einer möglicherweise nach § **265 Abs. 4** gebotenen Aussetzung (BGH NStZ 1981, 231; NJW 1973, 1985; → *Hinweis auf veränderte Sach-/Rechtslage*, Rn. 551).

Für sog. **auswärtige Verteidiger** ist darauf hinzuweisen, dass das für die Beiordnung eines auswärtigen Pflichtverteidigers erforderliche **Vertrauensverhältnis** regelmäßig schon dann zu vermuten ist, wenn der **bisherige** Wahlverteidiger um die Bestellung als Pflichtverteidiger bittet (OLG Düsseldorf StV 1995, 573; OLG Koblenz StV 1995, 118 m.w.N.; OLG Saarbrücken

StV 1983, 362; zur Auswahl des Pflichtverteidigers, insbesondere des auswärtigen, s. *Burhoff*, EV, Rn. 1196 f. m.w.N.; s.a. *Neuhaus* ZAP F. 22, S. 160; KK-*Laufhütte*, § 142 Rn. 5). Ob darüber hinaus dem Beschuldigten der (auswärtige) Rechtsanwalt seines Vertrauens **stets beizuordnen** ist, war in der Vergangenheit str. Dieser Streit ist aber m.E. inzwischen durch die Rspr. des BGH (NJW 2001, 237), vor allem aber durch die des BVerfG (NJW 2001, 3695) dahin entschieden, dass das der Fall ist (s. auch OLG Hamm StraFo 2002, 293).

648 **2.** Gegen die **Ablehnung** seines in der HV gestellten Beiordnungsantrags hat der **Verteidiger kein Rechtsmittel** (vgl. *Kleinknecht/Meyer-Goßner*, § 141 Rn. 9 m.w.N.). Streitig ist, ob der **Angeklagte** gegen die Ablehnung der Beiordnung mit der Beschwerde nach §§ 304 ff. oder wegen § 305 nur nach § 238 Abs. 2 vorgehen kann. Nach wohl zutreffender h.M. handelt es sich nicht um eine i.S.d. § 305 S. 1 der Urteilsfällung vorausgehende Entscheidung, die Ablehnung ist somit für den Angeklagten stets nach § 304 Abs. 1 mit der **Beschwerde** anfechtbar (*Kleinknecht/Meyer-Goßner*, § 141 Rn. 10 m.w.N.; so a. OLG Düsseldorf StraFo 1999, 124; 1999, 586; OLG Hamm StV 1995, 64; a.A. OLG Köln StraFo 1995, 25; OLG Koblenz NStZ-RR 1996, 206; OLG Naumburg MDR 1995, 626).

☝ Legt der Verteidiger für den Angeklagten Beschwerde ein, hat diese keine aufschiebende Wirkung. Der Verteidiger muss daher **Aussetzung** der HV bis zur Entscheidung des Beschwerdegerichts über das Rechtsmittel verlangen.

Entscheidungen über die Beiordnung werden nach § 336 S. 1 vom **Revisionsgericht** auf Rechtsfehler überprüft (BGH NJW 1992, 1841 m.w.N.). Der absolute Revisionsgrund des § 338 Nr. 5 (HV in Abwesenheit des Verteidigers) liegt aber nur vor, wenn der Angeklagte während eines wesentlichen Teils der HV (s. dazu *Kleinknecht/Meyer-Goßner*, § 338 Rn. 37 m.w.N.) **zeitweise unverteidigt** war (dazu auch *Burgard* NStZ 2000, 245).

☝ Der Verteidiger muss daher, wenn sein Beiordnungsantrag **abgelehnt** worden ist und er sich die Rüge des § 338 Nr. 5 erhalten will, zeitweise den **Gerichtssaal verlassen** (haben). Dieses Vorgehen sollte jedoch im Vorfeld auf jeden Fall mit dem Angeklagten **abgesprochen** sein.

3. Manchmal versuchen (Wahl-)Verteidiger, – aus Kostengründen – ihre **Bestellung** als Pflichtverteidiger dadurch zu „**erzwingen**“, dass sie ihr Mandat als Wahlverteidiger erst so kurz vor Beginn einer (umfangreichen) HV oder sogar erst in der HV niederlegen, dass dem Vorsitzenden, wenn er die HV „retten“ will, keine andere Möglichkeit mehr bleibt, als den Verteidiger zum Pflichtverteidiger zu bestellen. Dieses Verhalten ist berufswidrig, wenn der Verteidiger schon früher wusste, dass z.B. der Mandant die Kosten nicht würde zahlen können (*Dahs*, Rn. 118 a.E.). Der **Verteidiger** muss in diesen Fällen damit rechnen, dass ihm nach § 145 Abs. 4 die **Kosten** auferlegt werden, wenn der Vorsitzende aus triftigen Gründen einen anderen Pflichtverteidiger bestellt und deshalb die Aussetzung der HV erforderlich ist (vgl. u.a. OLG Düsseldorf MDR 1997, 693; OLG Koblenz MDR 1975, 773; a.A. OLG Bamberg StV 1989, 470; s.a. *Neuhaus* ZAP F. 22, S. 163 ff.; → *Aussetzung wegen Ausbleiben des (notwendigen) Verteidigers*, Rn. 152). **649**

☝ Für die Auferlegung der Kosten bei Ausbleiben eines Pflichtverteidigers nach § 145 Abs. 4 ist nicht der Vorsitzende allein, sondern das **Gericht** in der HV **zuständig** (OLG Hamm StV 1995, 514).

Der Verteidiger sollte die Möglichkeit der Gewährung einer **Pauschvergütung** nach § 99 Abs. 1 BRAGO nicht übersehen (s. dazu im Einzelnen *Burhoff*, EV, Rn. 1270 ff.; ders. ZAP F. 24, S. 625 ff.; StraFo 1999, 261; 2001, 119 m.zahlr.N. aus der Rspr.).

Siehe auch: → *Pflichtverteidiger, Entpflichtung während laufender Hauptverhandlung*, Rn. 650; → *Plädoyer des Verteidigers*, Rn. 665; → *Vertretung des Pflichtverteidigers in der Hauptverhandlung*, Rn. 1099.

Pflichtverteidiger, Bestellung neben Wahlverteidiger **649a**

Literaturhinweise: ***Haffke***, Zwangsverteidigung – notwendige Verteidigung – Pflichtverteidigung – Ersatzverteidigung, StV 1981, 471; ***Neumann***, Die Kostentragungspflicht des verurteilten Angeklagten hinsichtlich der Gebühren und Auslagen des „Zwangsverteidigers“, NJW 1991, 264; ***Römer***, Pflichtverteidiger neben Wahlverteidiger? Der aufgenötigte Pflichtverteidiger, ZRP 1977, 92; ***Rieß***, Pflichtverteidigung – Zwangsverteidigung – Ersatzverteidigung – Reform der notwendigen Verteidigung, StV 1981, 460; ***Rudolph***, Wahlverteidiger – Pflichtverteidiger, DRiZ 1975, 210; ***Wächter***, Ersatzverteidigung – eine Alternative zur Zwangsverteidigung, StV 1981, 466; s.a. die Hinw. bei → *Pflichtverteidiger, Bestellung in der Hauptverhandlung*, Rn. 643.

1. In der Praxis ist die Frage, inwieweit ein Pflichtverteidiger – ggf. auch gegen den Willen des Angeklagten und/oder seines (Wahl-)Verteidigers – **neben** dem **649b**

Wahlverteidiger beigeordnet werden kann, häufig von Bedeutung. Diese Beiordnung ist gesetzlich zwar nicht vorgesehen, wird von der h.M. aber als zulässig betrachtet (vgl. u.a. zuletzt BGH NJW 1973, 1985 m.w.N.; *Kleinknecht/Meyer-Goßner*, § 141 Rn. 1 m.w.N. aus der Rspr. und zur a.A.; krit. *Neuhaus* ZAP F. 22, S. 276 f. m.w.N.; *Baum* StV 2001, 558 in der Anm. zu OLG Karlsruhe StV 2001, 557). Solange diese Beiordnung einverständlich erfolgt, entstehen keine Probleme. Probleme tauchen aber dann auf, wenn der Beschuldigte damit nicht einverstanden ist. In diesem Fall spricht man von sog. **Zwangsverteidigung**. Diese kann zum Wegfall der Einheitlichkeit der Verteidigung führen, was aber wohl grds. im Interesse einer wirkungsvollen Strafrechtspflege in Kauf genommen werden muss (*Kleinknecht/Meyer-Goßner*, § 141 Rn. 1a m.w.N.; zur Problematik der Zwangsverteidigung *Haffke*, *Rieß*, *Wächtler*, jeweils a.a.O.; zur (teilweisen) Kostentragungspflicht des verurteilten Angeklagten hinsichtlich der Gebühren und Auslagen des „Zwangsverteidigers" s. *Neumann* NJW 1991, 264 ff.; s. dazu auch BVerfG NJW 1984, 2403, 2404; OLG Frankfurt JurBüro 2000, 37).

649c ☝ Die **Bestellung** eines **Pflichtverteidigers** neben einem Wahlverteidiger wird i.d.R. auch sowohl für den Mandanten als auch für den Wahlverteidiger von **Vorteil** sein. Mit ihm kann **Arbeitsteilung** vereinbart werden. Zudem steht bei Terminsschwierigkeiten immer ein Vertreter zur Verfügung. Meist wird sich der Pflichtverteidiger auch an die zwischen Mandant und Wahlverteidiger erarbeitete Verteidigungsstrategie halten und sich i.d.R. auf die Rolle als sog. „Ersatzverteidiger" beschränken (*Dahs*, Rn. 120). Der Pflichtverteidiger muss nach dem Grundgedanken des § 21 BRAO die wohlverstandenen Interessen des Beschuldigten, so wie er sie versteht, jedoch auch dann vertreten, wenn er damit das **Verteidigungskonzept** des Wahlverteidigers **durchkreuzt**.

Ist der **Mandant nicht bereit**, mit dem „Zwangsverteidiger" zusammen zu arbeiten, ist der Wahlverteidiger nicht gehalten, gegen den Willen des Mandanten mit dem Pflichtverteidiger zu kooperieren (*Dahs*, a.a.O.).

649d **2.** Die **Beiordnung** eines Pflichtverteidigers neben einem Wahlverteidiger wird i.d.R. nur in **Ausnahmefällen** in Betracht kommen. Dabei werden einerseits das allgemeine Interesse an möglichst zügiger Durchführung der HV und andererseits das Interesse des Angeklagten, (nur) von einem Verteidiger seines Vertrauens verteidigt zu werden, gegeneinander abzuwägen sein. Auf dieser Grundlage hat die obergerichtliche Rspr. die Beiordnung eines Pflichtverteidigers neben einem Wahlverteidiger in folgenden

Beispielsfällen (s. auch *Burhoff*, EV, Rn. 1290 ff).

bejaht:

- wenn anders der zügige **Fortgang** des **Verfahrens** – vor allem der HV – **nicht gesichert** werden kann (OLG Koblenz NStZ 1982, 43; Rpfleger 1988, 116; OLG Karlsruhe StV 2001, 557; a. A. *Baum* StV 2001, 558 in der Anm. zu OLG Karlsruhe),
- weil der Wahlverteidiger schon **früher** das **Mandat** mehrmals **niedergelegt** hat (OLG Düsseldorf NStZ 1986, 137),
- weil sich im Einzelfall die konkrete **Gefahr** abzeichnet, dass der **gewählte Verteidiger** die zur reibungslosen Durchführung des Verfahrens (HV!) erforderlichen **Maßnahmen nicht** treffen kann oder treffen will (BGHSt 15, 306; BGH NJW 1973, 1985; OLG Hamm NJW 1975, 1238; *Kleinknecht/Meyer-Goßner*, § 141 Rn. 1 m.w.N.),
- wenn in einem **Großverfahren** wegen des Umfangs und der Schwierigkeit der Sache sowie der langen Verfahrensdauer ein unabweisbares Bedürfnis für die Mitwirkung mehrerer Verteidiger besteht (OLG Hamm NJW 1978, 1986 [Anklage 277 Seiten, 108 Zeugen, voraussichtlich mehrere Monate HV-Dauer]; OLG Karlsruhe NJW 1978, 1172 [Verfahren gegen terroristische Gewalttäter]),
- weil der Beschuldigte/Angeklagte **mittellos** und es zu befürchten ist, dass der Wahlverteidiger deshalb das Mandat alsbald niederlegen wird (OLG Zweibrücken NJW 1982, 2010 [Ls.]; s. a. OLG Düsseldorf MDR 1986, 604) oder aus sonstigen Gründen prozessualer Fürsorge (*Kleinknecht/Meyer-Goßner*, a.a.O.).

verneint: **649e**

- weil in einem nur auf vier HV-Tage terminierten Verfahren dem **Ausfall** des Wahlverteidigers **vorgebeugt** werden soll (OLG Frankfurt StV 1986, 144),
- weil die beantragte **Beiordnung** des **auswärtigen** Wahlverteidigers **abgelehnt** worden ist (OLG Frankfurt StV 1983, 234),
- weil der Wahlverteidiger in der HV **nicht vorschriftsmäßig gekleidet** ist (OLG Zweibrücken NStZ 1988, 144; → *Tragen der Robe*, Rn. 865),
- weil der Wahlverteidiger aus **terminlichen** Gründen verhindert ist, die HV wahrzunehmen (OLG Celle StV 1988, 100; OLG Düsseldorf StV 2001, 609; *Baum* StV 2001, 558 in der Anm. zu OLG Karlsruhe StV 2001, 557, das die Urlaubsabwesenheit des Wahlverteidigers für eine Beiordnung ausreichen lässt; → *Terminsverlegung*, Rn. 852).

3. Hinweis für den Verteidiger! **649f**

a) Für die **Auswahl** und das **Verfahren** der Beiordnung eines Pflichtverteidigers neben einem Wahlverteidiger gelten die allgemeinen Regeln (BGH NStZ 1997, 401; OLG Frankfurt StV 1989, 384; OLG Stuttgart StV 1990, 55; OLG Hamm

StV 1989, 242; OLG Düsseldorf StV 1995, 118 [Ls.]; vgl. auch *Burhoff*, EV, Rn. 1192 ff., Rn. 1311). Insbesondere wird der Angeklagte auch vor der Beiordnung des weiteren Pflichtverteidigers **anzuhören** sein (BVerfG NJW 2001, 3695)

☝ Ist dem Beschuldigten neben seinem Wahlverteidiger ein Pflichtverteidiger beigeordnet worden, darf die **Bestellung** vor Urteilsrechtskraft **nur zurückgenommen** werden, wenn sie **gegen** den **Willen** des Beschuldigten erfolgte (OLG Jena StV 1995, 346 [Ls.]; *Kleinknecht/Meyer-Goßner*, § 141 Rn. 1a m.w.N.; a.A. OLG Koblenz wistra 1984, 82).

649g **b)** Sind Angeklagter und Wahlverteidiger mit der Bestellung des Pflichtverteidigers neben dem Wahlverteidiger nicht einverstanden, kann gegen dessen Beiordnung **Beschwerde** eingelegt werden. Dies kann allerdings **nur** der **Angeklagte** (OLG Düsseldorf StraFo 2001, 241 m.w.N.; OLG Frankfurt StV 1994, 288; OLG Köln StV 1989, 241 f.; *Kleinknecht/Meyer-Goßner*, § 141 Rn. 9 m.w.N.). Der Wahlverteidiger selbst hat kein Beschwerderecht (OLG Düsseldorf AnwBl. 1988, 178; NStZ 1986, 138).

Siehe auch: → *Pflichtverteidiger, Bestellung in der Hauptverhandlung*, Rn. 643.

650 Pflichtverteidiger, Entpflichtung während laufender Hauptverhandlung

Literaturhinweise: ***Dencker***, Die Ausschließung des Pflichtverteidigers, NJW 1979, 2176; ***Hilgendorf***, Die Aufhebung der Pflichtverteidigerbestellung gem. § 143 StPO, NStZ 1996, 1; ***Kröpil***, Zum Meinungsstreit über das Bestehen eines allgemeinen strafprozessualen Mißbrauchsverbots, JuS 1997, 355; ***Kudlich***, Unzulässigkeit eines mißbräuchlichen Hilfsbeweisantrags – BGHSt 40, 287; ***Kühne***, Rechtsmißbrauch des Strafverteidigers, NJW 1998, 3027; ***Molketin***, „Erschleichen" der Pflichtverteidigung? Zugleich ein Beitrag zur Auslegung und Anwendung des § 143 Abs. 1 StPO; ***Müller-Meinigen***, Die Selbstachtung des Verteidigers, AnwBl. 1978, 218; s.a. die Hinw. bei → *Pflichtverteidiger, Bestellung in der Hauptverhandlung*, Rn. 643.

650a **1. Gesetzlich** geregelt ist in § 143 (nur) die **Rücknahme** der Bestellung des Pflichtverteidigers für den Fall, dass sich ein **Wahlverteidiger meldet**. Die damit zusammenhängenden Fragen sind für die HV jedoch nicht von großer Bedeutung. Dazu wird auf die eingehenden Ausführungen von *Hilgendorf* NStZ 1996, 1 ff. und auch auf *Burhoff*, EV, Rn. 1249 f. verwiesen.

☝ Auch in diesen Fällen ist zu **prüfen**, ob nicht ein unabweisbares **Bedürfnis** besteht, den **Pflichtverteidiger** neben dem Wahlverteidiger tätig bleiben zu lassen (*Kleinknecht/Meyer-Goßner*, § 143 Rn. 2; KK-*Laufhütte*, § 143 Rn. 3, jeweils m.w.N.; s.a. *Hilgendorf* NStZ 1996, 2). Es gelten dafür die gleichen Grundsätze wie für die Bestellung eines Pflichtverteidigers neben einem Wahlverteidiger (dazu → *Pflichtverteidiger, Bestellung neben Wahlverteidiger*, Rn. 649a).

651 **2.** Darüber hinaus ist eine **Entpflichtung** des Pflichtverteidigers nach h.M. **nur** aus **wichtigem Grund** zulässig (vgl. wegen der Einzelh. auch *Hilgendorf*, a.a.O., m.w.N.; *Burhoff*, EV, Rn. 1252 ff.; zur Ausschließung des Pflichtverteidigers nach §§ 138a ff. s. *Dencker*, a.a.O., und *Burhoff*, EV, Rn. 1908).

☝ Voraussetzung für die Annahme eines wichtigen Grundes ist das Vorliegen von Umständen, die den **Zweck** der **Pflichtverteidigung**, dem Beschuldigten einen geeigneten Beistand zu sichern und einen ordnungsgemäßen Verfahrensablauf zu gewährleisten, **ernsthaft gefährden** (BVerfG NJW 1975, 1015; KG JR 1982, 349; *Kleinknecht/Meyer-Goßner*, § 143 Rn. 3 m.w.N.). Nach OLG Hamburg (NJW 1998, 621) und OLG Stuttgart (NStZ-RR 1996, 205) sind grds. **strenge Anforderungen** an die Gründe für eine Entpflichtung zu stellen. *Weigend* (NStZ 1997, 47 in der Anm. zu BGHSt 42, 94) plädiert dafür, einen an den §§ 138a ff. ausgerichteten Maßstab anzulegen.

652 **Bejaht** worden ist ein **„wichtiger Grund"** (s. i.Ü. a. *Burhoff*, EV, Rn. 1253 f.):

- Bei einem **Fehlverhalten** von **besonderem Gewicht**, wie z.B. (wegen weiterer Beispiele s. die Aufzählung bei OLG Nürnberg StV 1995, 287, 289):
  - ggf. bei einem **Missbrauch** prozessualer Rechte (OLG Hamburg NJW 1998, 621 [nur im Ausnahmefall]),

    ☝ Eine Entpflichtung wegen „Missbrauchs" wird nur in Betracht kommen bei Verfahrensgestaltungen, in denen der Gebrauch prozessualer Befugnisse nur noch **verfahrensfremden Zwecken** dient, indem z.B. der Abschluss des Verfahrens in angemessener Zeit verhindert oder den Interessen schutzwürdiger Zeugen geschadet werden soll (OLG Hamburg, a.a.O.).

  - wenn der Pflichtverteidiger sich weigert, den **Schlussvortrag** zu **halten** (BGH StV 1993, 566),

– wenn er sich **weigert**, an einigen Tagen einer länger terminierten Strafsache zu **erscheinen** und auch keinen Vertreter entsendet (OLG Frankfurt StV 1985, 450; m.E. **zw.**, da nach der StPO sowohl keine Pflicht des Pflichtverteidigers besteht, im Fall seiner Verhinderung einen Vertreter zu besorgen, als auch er nach der Rspr. seine Befugnisse nicht auf einen anderen (Pflicht-)Verteidiger übertragen kann (→ *Vertretung des Pflichtverteidigers in der Hauptverhandlung*, Rn. 1099); so auch *Neuhaus* ZAP F. 22, S. 166 m.w.N.; ähnlich OLG Düsseldorf StraFo 1999, 124 [wichtiger gegen die Bestellung sprechender Grund kann es sein, wenn die Durchführung der HV dann wegen Terminschwierigkeiten gefährdet erscheint]),

- wenn ein **Interessenkonflikt** die sachgemäße Verteidigung gefährdet (OLG Köln StraFo 1995, 118 [durch die Benennung eines Zeugen ist für den Pflichtverteidiger eine Konfliktsituation entstanden, da er diesen auch anwaltlich vertritt]),
- bei **Krankheit** des Pflichtverteidigers (OLG Frankfurt NJW 1972, 1964),
- bei sonstiger **längerfristiger Verhinderung** des (Pflicht-)Verteidigers (OLG Karlsruhe Justiz 1980, 338),

653

- zur Frage der Entpflichtung eines beigeordneten Pflichtverteidigers, wenn sich der **Mandant** einen **anderen Pflichtverteidiger wünscht**, s. *Burhoff*, EV, Rn. 1264 ff. und *Neuhaus* ZAP F. 22, S. 167 f.,
- wenn sich herausstellt, dass die Tätigkeit des Pflichtverteidigers gegen § 146 verstößt (zur **Mehrfachverteidigung** *Burhoff*, EV, Rn. 1109),
- bei dauernder Störung der „äußeren" und „inneren" Ordnung der HV in Form von **Prozesssabotage** (s. *Malmendier* NJW 1997, 227, 231 f.; m.E. zw., da jedenfalls zulässige Verfahrenshandlungen kaum das Vorliegen eines wichtigen Grundes begründen können),
- bei **Störung** des **Vertrauensverhältnisses** zwischen Beschuldigtem und Pflichtverteidiger (s. dazu im Einzelnen u. Rn. 656 ff.),

654

- wenn in einem Ausschließungsverfahren (zum Verteidigerausschluss allgemein *Burhoff*, EV, Rn. 1905 ff.) der Vorwurf der versuchten **Strafvereitelung** gegen den Pflichtverteidiger erhoben worden ist (OLG Düsseldorf NJW 1995, 739),
- bei nicht behebbaren **Terminsschwierigkeiten** (OLG Frankfurt StV 1992, 151 f.; KK-*Laufhütte*, § 143 Rn. 3; dazu krit. *Münchhalffen* StraFo 1997, 233 ff.; zur Pflicht des Gerichts, diese Schwierigkeiten zu beheben, OLG Düsseldorf StraFo 1998, 228; → *Terminsbestimmung/Terminsverlegung*, Rn. 852, 854 ff.; s.a. Rn. 654 f. sowie *Burhoff*, EV, Rn. 1255, 1636 ff.),

☝ Ggf. hilft auch, dass – während laufender HV – sog. kurze **„Schiebetermine"** anberaumt werden, zu denen dann der Pflichtverteidiger einen „Vertreter" sendet. Zwar ist bei der Pflichtverteidigung eine Unterbevollmächtigung nicht zulässig (*Burhoff*, EV, Rn. 1309, m.w.N.). Die Praxis hilft sich in diesen Fällen, indem der Pflichtverteidiger – mit seinem Einverständnis und dem des Beschuldigten – für diesen Termin abberufen wird und der benannte „Vertreter" bestellt wird. Da dies den Angeklagten weniger belastet als die vollständige Entpflichtung, dürfte sich eine derartige Verfahrensweise, wenn sie vom Pflichtverteidiger angeboten wird, aus Gründen der Verhältnismäßigkeit empfehlen (zur stillschweigenden Beiordnung eines Pflichtverteidigers, der als „Vertreter" erschienen ist, s. OLG Hamm Rpfleger 1998, 440).

- bei **unberechtigtem Verlangen** nach einem **zweiten** Pflichtverteidiger (OLG Frankfurt, a.a.O.),
- bei **Untätigkeit** des **Pflichtverteidigers**, nachdem der Mandant eine Zusammenarbeit mit ihm abgelehnt hat (BGH NJW 1993, 340; s.a. OLG Stuttgart NJW 1979, 1373; NStZ-RR 1996, 205 f.).

Verneint worden ist ein **„wichtiger Grund“:** **655**

- bei **nachträglich anderer Beurteilung** der Schwierigkeit der sach- und Rechtslage (KG, Beschl. v. 24.8.2000, 3 Ws 463/00 = http://www.strafverteidiger-berlin.de; ähnlich OLG Stuttgart StV 2001, 329 für Berufungsverfahren, nachdem der Angeklagte in der 1. Instanz zu einer nur geringen Strafe verurteilt worden ist),
- bei **behebbaren Terminsschwierigkeiten** des Pflichtverteidigers am HV-Tag (OLG Frankfurt StV 1995, 11; LG Lüneburg StV 1992, 509 f.; → *Terminsbestimmung/ Terminsverlegung*, Rn. 852),

☝ Es sind **erhebliche Bemühungen** zur Behebung der Terminsschwierigkeiten erforderlich (vgl. dazu *Burhoff*, EV, Rn. 1255, m.w.N.).

- allein mit der Begründung, dass **§ 3 BerufsO** die gleichzeitige oder sukzessive Verteidigung durch mehrere Sozietätsmitglieder als **Interessenkonflikt** verbietet (OLG Frankfurt NJW 1999, 1414 f. [nur wenn konkrete Anhaltspunkte für die Unmöglichkeit einer sachgerechten Verteidigung bestehen]; s. aber a.A. für einen Interessenkonflikt LG Frankfurt StV 1998, 358 und dazu BVerfG NJW 1998, 444; s.a. *Burhoff*, EV, Rn. 1111),
- wenn dem Verteidiger das **Einlassungsverhalten** des **Beschuldigten**, der sich erst gar nicht bzw. spät und nur bruchstückhaft zur Sache eingelassen hat, „angekreidet“ werden soll (instruktiv LG Mainz StraFo 1996, 175),
- bei nicht vorschriftsmäßiger **Kleidung** des Pflichtverteidigers in der HV (BGH NStZ 1988, 510; → *Tragen der Robe*, Rn. 865),
- nicht bei jedem **unzweckmäßigen** und **prozessordnungswidrigen Verhalten**, da der Pflichtverteidiger nicht vom Gericht zu kontrollieren ist (s. u.a. BGH NStZ 1996, 21 [K]; OLG Hamburg NJW 1998, 621 [nur bei Missbrauch]; s. auch *Neuhaus* ZAP F. 22, S. 166 m.w.N.),
- wenn der Verteidiger kurz vor der HV das **Wahlmandat niederlegt**, um seine Bestellung zum Pflichtverteidiger zu erzwingen (OLG Frankfurt NStZ-RR 1996, 236; zur Niederlegung des Mandats *Burhoff*, EV, Rn. 1166; → *Pflichtverteidiger, Bestellung in der Hauptverhandlung*, Rn. 643),
- wenn sich ein **Wahlverteidiger** – möglicherweise berufsrechtswidrig – in ein bestehendes Verteidigungsverhältnis **„hereindrängt“** (OLG Frankfurt StV 1997, 575; s.a. *Burhoff*, EV, Rn. 1264 ff.).

656 **3.a)** Als besonderer Grund für die Entpflichtung wird in der Rspr. das **gestörte Vertrauensverhältnis** zwischen Pflichtverteidiger und Mandant angesehen (vgl. nur *Kleinknecht/Meyer-Goßner*, § 143 Rn. 5; KK-*Laufhütte*, § 143 Rn. 5; jeweils m.w.N.). Insoweit reicht aber nicht jede Störung aus. Vielmehr ist ein Entpflichtung nach h.M. nur dann geboten, wenn konkrete Umstände vorgetragen sind (s. aber u. Rn. 661), aus denen sich ergibt, dass eine **nachhaltige** und nicht zu beseitigende **Erschütterung** des Vertrauensverhältnisses vorliegt, aufgrund dessen zu besorgen ist, dass die Verteidigung nicht mehr objektiv sachgerecht geführt werden kann (BGHSt 39, 110 ff.; BGH NStZ 1988, 420). Das ist vom **Standpunkt** eines vernünftigen und verständigen Beschuldigten aus zu beurteilen (OLG Düsseldorf StraFo 1999, 350; *Kleinknecht/Meyer-Goßner*, a.a.O., m.w.N.). Dazu folgende

Beispiele:

657 Eine beachtliche Störung ist **bejaht** worden,

- bei Taten mit politischem Hintergrund, wenn **ideologische** und **politische Gegensätze** bestehen (OLG Hamm NJW 1975, 1238; *Neuhaus* ZAP F. 22, S. 165; a.A. OLG Karlsruhe NJW 1978, 1172),
- wenn der Pflichtverteidiger seinen **Mandanten anherrscht** mit dem Ziel, „endlich mit der Wahrheit herauszurücken" (OLG Düsseldorf StV 1993, 6),
- wenn der Pflichtverteidiger **Strafanzeige** gegen seinen Mandanten erstattet hat (BGHSt 39, 110 ff.; *Neuhaus* ZAP F. 22, S. 166),
- bei **Weigerung** des Pflichtverteidigers, die **Verteidigung** nach den **Wünschen** des **Mandanten** zu führen, da darin zum Ausdruck kommt, dass der Beschuldigte nicht oder nicht mehr darauf vertrauen kann, dass sein Verteidiger seine Belange in der gebotenen Weise wahrnimmt (OLG Hamm StV 1982, 510 f.; s.a. BGH NStZ 1988, 420 [aber nicht allein schon bei dem Rat, ein Geständnis abzulegen; es müssen weitere Umstände hinzutreten]).

658 ☝ Zu einem Entpflichtungsantrag kann sich der Verteidiger insbesondere auch dann gedrängt sehen, wenn er – **ohne** sein **Einverständnis** – erst so **kurz vor** der **HV beigeordnet** wird, dass keine Zeit mehr zur ausreichenden Vorbereitung der HV bleibt. Das ist in der Praxis (leider) häufig dann der Fall, wenn das Gericht das, z.B. wegen Ausscheidens des Wahlverteidigers, drohende Scheitern der HV durch die kurzfristige Bestellung verhindern will. Der verantwortungsbewusste Verteidiger wird sich darauf nicht einlassen, sondern, wenn ein Antrag auf → *Aussetzung wegen fehlender Akteneinsicht*, Rn. 156, keinen Erfolg hat, seine **Entpflichtung beantragen** (s.a. *Malek*, Rn. 150).

Eine beachtliche Störung ist hingegen **verneint** worden, **659**

- bei einem tätlichen **Angriff** des Beschuldigten **auf** den **Verteidiger** (KG AnwBl. 1978, 241; **a.A.** wohl zu **Recht** *Neuhaus*, a.a.O.; *Hilgendorf* NStZ 1996, 4 [auf jeden Fall dann, wenn Wiederholungsgefahr besteht]; s.a. weitere Beispiele bei *Dahs*, Rn. 120 und *Müller-Meinigen* AnwBl. 1978, 218),
- bei **Beschimpfungen** und **Bedrohungen** des Verteidigers durch den Angeklagten (OLG Köln StV 1994, 234 f.; OLG Schleswig SchlHA 1982, 122 [E/L]),
- wenn der **Angeklagte erklärt**, der **Verteidiger** sei in zwei Monaten nur kurz bei ihm gewesen, habe ihn erst eine Woche vor dem HV-Termin aufgesucht, **belüge** ihn und habe „keine Ahnung" von ihm und seinem früheren Leben mit dem Tatopfer (BGH StV 1997, 565),
- bei der **Erklärung** des Pflichtverteidigers, der **Vorwurf** der **Anklage** werde von ihm **nicht** in **Abrede** gestellt, da das auch dann, wenn der Beschuldigte zur Äußerung in der Sache nicht bereit ist, ein zulässiges, möglicherweise sogar gebotenes Verteidigerverhalten sein kann (OLG Frankfurt NStZ-RR 1996, 236),
- wenn der Angeklagte dem Verteidiger mit **Strafanzeige** gedroht hat (BGH NStZ 1997, 401),
- obwohl es über die Art und Weise der Befragung von Zeugen im Verfahren seit längerer Zeit zu **unbehebbaren Unstimmigkeiten**, zu massiven Spannungen und Vorwürfen des Beschuldigten gekommen ist (OLG Köln StraFo 1996, 62).

☝ Eine **unbegründete Entpflichtung** des Verteidigers kann ein **Grund** sein, den Richter wegen Besorgnis der Befangenheit abzulehnen (vgl. u.a. BGH NJW 1990, 1373 f.; → *Ablehnungsgründe, Befangenheit*, Rn. 34). **660**

b) Hinweis für den Verteidiger! **661**

Fraglich ist, in welchem Umfang der **Entpflichtungsantrag begründet** werden muss. Die h.M. geht davon aus, dass der Beschuldigte oder der Verteidiger **substantiiert** die Störung des Vertrauensverhältnisses darlegen müssen (vgl. u.a. BGH NStZ 1988, 420 [„mit bestimmten Tatsachen belegt"]; KG StV 1987, 428; OLG Bamberg StV 1984, 234; *Kleinknecht/Meyer-Goßner*, a.a.O.).

Dem wird man in dieser **Allgemeinheit nicht** folgen können, da der Beschuldigte oder der Pflichtverteidiger dann ggf. Interna aus dem Verteidigungsverhältnis offen legen müssten, z.B. Differenzen über den Verteidigungsplan, die sie nicht offen zu legen brauchen bzw. dürfen (Schweigepflicht!). Deshalb wird man i.d.R. einen auch nur vagen oder auch **unbestimmten Vortrag ausreichen** lassen müssen (so auch OLG Köln StraFo 1995, 118 f. [für den Fall der Geltendmachung eines Interessenkonflikts] s. aber (OLG Düsseldorf StraFo 1999, 350 [pauchale Vorwürfe reichen nicht]; zum erforderlichen Umfang der Begründung eines Entpflichtungsantrages s.a. BVerfG NJW 2001, 3695; u. *Burhoff*, EV, Rn. 1262 f.).

662 Das muss m.E. **auf jeden Fall** dann gelten, **wenn** sowohl Beschuldigter als auch Pflichtverteidiger die Entpflichtung **übereinstimmend** beantragen (*Neuhaus* ZAP F. 22, S. 166; KG StV 1990, 347 [der Beschuldigte und seine Verteidigerin legen im Einzelnen übereinstimmend unüberbrückbare Meinungsverschiedenheiten hinsichtlich einer Verteidigungsstrategie dar]; OLG Hamm StV 1982, 510). Darüber hinaus wird man m.E. davon ausgehen können, dass der Pflichtverteidiger seinen Entpflichtungsantrag i.d.R. im Bewusstsein der anwaltlichen Verantwortung stellt und ihm deshalb stattgeben müssen, wenn Anhaltspunkte für einen **Missbrauch**, etwa kollusives Zusammenwirken mit dem Beschuldigten zum Zweck der Verfahrenssabotage, fehlen (OLG Köln StraFo 1995, 118; KG NStZ 1993, 201 [Pflichtverteidiger ist mit der Entpflichtung einverstanden, durch Beiordnung eines neuen Pflichtverteidigers entstehen weder zusätzliche Kosten noch eine Verfahrensverzögerung]; s.a. *Burhoff*, EV, Rn. 1260 f.; *Neuhaus*, a.a.O.; vgl. auch *Schlothauer* StV 1981, 447).

663 **4.** Für die **Entpflichtung** des Pflichtverteidigers ist der Vorsitzende zuständig. Insoweit und für das einzuhaltende **Verfahren** gelten die Ausführungen zur Auswahl und zur Bestellung bei *Burhoff*, EV, Rn. 1192 ff., 1311 ff. entsprechend.

☝ Da die Entpflichtung des Pflichtverteidigers, der das Vertrauen des Beschuldigten besitzt, dessen Verteidigungsbelange aufs stärkste beeinträchtigt, ist dem Verteidiger und dem Angeklagten vor der Entscheidung **rechtliches Gehör** zu gewähren (BVerfG NJW 2001, 3695; BGH NJW 1990, 1373, 1374; LG Ansbach StV 1995, 579, 581 [„Selbstverständlichkeit"]). Wird rechtliches Gehör **nicht gewährt**, kann das die **Ablehnung** wegen Befangenheit rechtfertigen (LG Ansbach, a.a.O.; AG Bergheim StV 1996, 592; → *Ablehnungsgründe, Befangenheit*, Rn. 38).

Soll die Entpflichtung wegen prozessordnungswidrigen Verhaltens des Pflichtverteidigers erfolgen, muss er zuvor **abgemahnt** worden sein (OLG Hamburg NJW 1998, 621). Gegen die „Abmahnung" steht dem Verteidiger ein Rechtsmittel nicht zu (OLG Hamburg NJW 1998, 1328).

664 **5.** Zur Frage, ob und durch wen **gegen** die **Entpflichtung Beschwerde** eingelegt werden kann, lassen sich folgende Grundsätze festhalten (wegen der Einzelh. s. *Hilgendorf* NStZ 1996, 6 m.w.N.):

Nach wohl zutreffender h.M. handelt es sich nicht um eine Entscheidung nach § 305 S. 1, so dass grds. die **Beschwerde** gegeben ist (vgl. nur OLG Düsseldorf StraFo 1999, 124; OLG Hamm NJW 1990, 1433 [Ls.]; OLG Stuttgart StV 1998, 123; s.a. *Kleinknecht/Meyer-Goßner*, § 141 Rn. 10 m.w.N. auch zur a.A.). Der **Beschuldigte** kann gegen die Entpflichtung Beschwerde einlegen (OLG Koblenz MDR 1983, 252; *Kleinknecht/Meyer-Goßner*, § 143 Rn. 7 m.w.N. [auch zur Frage, wie lange das Beschwerderecht besteht]). Der **Pflichtverteidiger** selbst hat nach überwiegender Ansicht – mangels Beschwer – kein Beschwerderecht gegen seine Entpflichtung (OLG Bamberg MDR 1990, 460; OLG Düsseldorf wistra 1992, 320; OLG Hamburg NJW 1998, 621 m.w.N.; *Kleinknecht/Meyer-Goßner*, a.a.O., m.w.N. auch zur **a.A.**; a.A. auch *Hilgendorf*, a.a.O.). Nach OLG Hamm (MDR 1993, 1226 m.w.N.) kann ggf. bei **Willkür** etwas anderes gelten. Willkür liegt jedoch dann nicht vor, wenn der Vorsitzende des Gerichts bei einer vorübergehenden Verhinderung des Pflichtverteidigers – stattdessen Vertretung zuzulassen – einen anderen Rechtsanwalt, der ebenfalls das Vertrauen des Beschuldigten genießt, zum Pflichtverteidiger bestellt (OLG Frankfurt NStZ-RR 1996, 272). Wird eine **Entpflichtung abgelehnt**, ist der jeweilige **Antragsteller beschwerdeberechtigt** (OLG Köln StraFo 1996, 62; OLG Stuttgart StV 1998, 123; *Neuhaus* ZAP F. 22, S. 168).

Plädoyer des Staatsanwaltes **664a**

Literaturhinweise: ***Höß***, Rechtsfragen im Zusammenhang mit dem Schlussvortrag des Staatsanwalts, 1999; ***Schaefer,*** Das Fairnessgebot für den Staatsanwalt, in: Festschrift für *Peter Rieß*, S. 491; s.a. die Hinw. bei → *Plädoyer des Verteidigers*, Rn. 665.

Nach dem → *Schluss* der Beweisaufnahme, Rn. 783, erhält in der HV 1. Instanz zunächst der StA Gelegenheit zu seinem Plädoyer. Dazu ist hier auf folgende zwei Punkte hinzuweisen:

664b **1.** Anders als der Verteidiger (vgl. dazu → *Plädoyer des Verteidigers*, Rn. 666), ist der StA nach allgemeiner Meinung in Rspr. und Lit. **verpflichtet**, sein **Plädoyer** zu **halten** (*Kleinknecht/Meyer-Goßner*, § 258 Rn. 10; eingehend dazu *Höß*, S. 79 ff. m.w.N.). Das folgt aus §§ 160 Abs. 2, 296 Abs. 2 und der sich daraus ergebenden Pflicht der StA, auch die zur Entlastung des Angeklagten dienenden Umstände zu ermitteln und vorzutragen.

☝ **Weigert** der StA sich, ein Plädoyer zu halten, darf die HV nicht fortgeführt werden. Wird sie dennoch fortgesetzt, kann der Angeklagte das mit der **Revision** rügen, die i.d.R. auch Erfolg haben wird (BGH NStZ 1984, 468; OLG Stuttgart NStZ 1992, 98; OLG Zweibrücken StV 1986, 51 m.w.N.; s.a. *Kleinknecht/Meyer-Goßner*, § 258 Rn. 10 f. m.w.N.; diff. *Höß*, S. 92). Die vorherige Anrufung des Gerichts (§ 238) ist nicht erforderlich. Es handelt sich nicht um eine Anordnung im Rahmen der → *Verhandlungsleitung*, Rn. 972, des Vorsitzenden.

Von der **Weigerung** des StA, ein Plädoyer zu halten, ist der Dienstvorgesetzte zu unterrichten (OLG Stuttgart, a.a.O.).

664c 2. **Inhaltlich** muss sich der StA in seinem Plädoyer mit allen für und gegen den Angeklagten sprechenden Umständen, die Gegenstand der HV gewesen sind (§ 261), auseinandersetzen. Er muss sowohl das den Angeklagten Entlastende als auch das ihn Belastende vortragen. Der StA kann nicht nur Freispruch oder Verurteilung des Angeklagten beantragen, er kann nach überwiegender Meinung vielmehr auch (noch) einen Antrag auf zusätzliche Beweiserhebungen stellen (*Kleinknecht/Meyer-Goßner*, § 258 Rn. 10 m.w.N.).

664d 3. Hinsichtlich **Form**, **Unterbrechung** des Schlussvortrags, **Entziehung** des Rederechts und des Rechts auf **Erwiderung** gelten die Ausführungen bei → *Plädoyer des Verteidigers*, Rn. 670 ff., entsprechend.

Siehe auch: → *Berufungshauptverhandlung*, Rn. 183; → *Letztes Wort des Angeklagten*, Rn. 604; → *Plädoyer des Verteidigers*, Rn. 665, → *Schluss der Beweisaufnahme*, Rn. 783.

665 Plädoyer des Verteidigers

Literaturhinweise: ***Alsberg***, Das Plädoyer, AnwBl. 1978, 1 (Nachdruck); ***Burhoff***, Fragerecht, Erklärungsrecht und Schlussvortrag des Verteidigers in der Hauptverhandlung, ZAP F. 22, S. 127; ***Dahs***, Das Plädoyer des Strafverteidigers, AnwBl. 1959, 1; ***Dästner***, Schlussvortrag und letztes Wort im Strafverfahren, R&P 1982, 180; ***Deckers***, Verteidigung in Haftsachen, NJW 1994, 2261; ***Deckers/Püschel***, Untersuchungshaft als Strafmilderungsgrund, Überlegungen zur Überbelegung, NStZ 1996, 419; ***Hammerstein***, Verteidigung wider besseres Wissen?, NStZ 1997, 12; ***Schulz***, Wegfall der Ungeeignetheit im Sinne des § 69 StGB durch Zeitablauf, NZV 1997, 62; ***Sommer***, Maßnahmen des Strafverteidigers in der Hauptverhandlung, ZAP F. 22, S. 101; s. i.Ü. die Hinw. bei → *Plädoyer des Staatsanwalts*, Rn. 664a.

1. § 258 gewährt **rechtliches Gehör**, indem die Verfahrensbeteiligten zum Ergebnis der HV in tatsächlicher und rechtlicher Hinsicht Stellung nehmen und Anträge stellen können (BVerfG MDR 1980, 909). Es hat daher selbstverständlich auch der Verteidiger das Recht zum Schlussvortrag in der HV, obwohl er ausdrücklich nicht genannt wird.

Die in § 258 Abs. 1 vorgesehene **Reihenfolge** der Schlussvorträge ist zwar die zweckmäßigste, sie ist aber nicht zwingend (OLG Hamburg JR 1955, 233). Bei mehreren Angeklagten bestimmt der Vorsitzende die Reihenfolge, in der die Angeklagten und ihre Verteidiger zu Wort kommen (RGSt 57, 265). Hat ein Angeklagter mehrere Verteidiger, können sie die Aufteilung des Plädoyers nach ihrem Ermessen bestimmen (*Kleinknecht/Meyer-Goßner*, § 258 Rn. 8 m.w.N.). Das Plädoyer wird nach dem → *Schluss der Beweisaufnahme*, Rn. 783, gehalten (s.a. BGH NStZ-RR 1996, 201 [wenn erst bei der Urteilsverkündung ein Teil der Vorwürfe nach § 154 Abs. 2 eingestellt wird]).

666

☝ Der Verteidiger kann **nicht gezwungen** werden, ein Plädoyer zu halten (LR-*Gollwitzer*, § 258 Rn. 17; vgl. aber OLG Köln NStZ 1991, 248). **Weigert** sich der Verteidiger, ein **Plädoyer** zu halten, ist er aber in der HV **nicht** mehr **anwesend** (BGH NStZ 1992, 340). Das Gericht kann das Verfahren dann nur fortsetzen (vgl. BGH NStZ 1981, 295 [Pf/M]; LR-*Gollwitzer*, a.a.O.), wenn kein Fall der notwendigen Verteidigung i.S.d. § 140 vorliegt (→ *Anwesenheit des Verteidigers in der Hauptverhandlung*, Rn. 87). Handelt es sich um eine i.S.d. § 140 notwendige Verteidigung, darf die **HV** sofort oder später nur zu **Ende** geführt werden, wenn dem Angeklagten ein anderer Verteidiger bestellt oder – ggf. mit der Kostenfolge aus § 145 Abs. 4 – die Aussetzung der HV beschlossen worden ist (BGH NStZ 1992, 340; StV 1993, 566). Die Weigerung des Pflichtverteidigers, ein Plädoyer zu halten, kann dessen Entpflichtung begründen (BGH, a.a.O.).

2. Die folgenden Ausführungen zum Inhalt und zur Form des Plädoyers können aus Platzgründen nur die groben Grundzüge darstellen (zur Vertiefung wird verwiesen auf *Dahs*, Rn. 675 m.w.N.; *Dahs* sen. AnwBl. 1959, 1 ff.; und auch auf *Malek*, Rn. 443 ff.).

667

a) Hauptaufgabe des Verteidigerplädoyers ist es, die für und wider den Angeklagten sprechenden Umstände in dessen Sinn zusammenzufassen und dem Gericht, vor allem den Laienrichtern, vorzutragen. Beherrscht der Verteidiger sein Handwerk, kann das Plädoyer der rhetorische Höhepunkt der HV werden (*Sommer* ZAP F. 22, S. 116). Die Weichen für den Ausgang des Verfahrens werden indes in der HV meist früher, nämlich in der Beweisaufnahme, gestellt. Dort muss der Verteidiger den „formalen prozessualen Hebel" (*Sommer*, a.a.O.) ansetzen, um seinem Verteidigungsziel, ggf. auch in der Revision, wirksam Nachdruck verleihen zu können.

668 b) **Inhaltlich** darf sich der Schlussvortrag des Verteidigers – ebenso wie der des StA (s. Rn. 664b) – nur auf Tatsachen und Beweisergebnisse beziehen, die **Gegenstand** der **HV** waren. Der Verteidiger darf privates Wissen ebenso wenig verwerten wie sich über → *Beweisverwertungsverbote*, Rn. 313, hinwegsetzen oder etwa Urkunden verlesen, die nicht Gegenstand der HV gewesen sind. Der Verteidiger hält den Schlussvortrag in eigener Verantwortung (vgl. allgemein dazu *Alsberg* AnwBl. 1978, 1; *Dahs*, a.a.O.). Während der StA seinen Schlussvortrag jedoch objektiv und unvoreingenommen halten muss (s. → *Plädoyer des Staatsanwalts*, Rn. 664a), kann der Verteidiger **einseitig** die zugunsten des Angeklagten sprechenden Umstände hervorheben. Er ist zu einer objektiven Würdigung des Verhandlungsergebnisses nicht verpflichtet (*Kleinknecht/Meyer-Goßner*, § 258 Rn. 15; *Malek*, Rn. 459; a.A. LR-*Gollwitzer*, § 258 Rn. 24).

☝ Der Verteidiger darf auch dann **Freispruch** des Angeklagten **beantragen**, wenn er dessen **Schuld kennt** (RGSt 66, 316; BGHSt 2, 375, 377; 29, 99, 107; allg. Meinung in der Lit., s. zuletzt *Hammerstein* NStZ 1997, 12 m.w.N.). In diesen Fällen muss der Verteidiger alles vermeiden, was dem Gericht Hinweise auf die Schuld des Mandanten geben und die Verurteilung fördern kann (vgl. zu allem eingehend *Hammerstein* NStZ 1997, 12, 14 f.).

669 Der Verteidiger muss auch zur **Strafzumessung** plädieren, wenn eine Bestrafung des Angeklagten sicher ist, z.B. bei einer auf das Strafmaß beschränkten Berufung, oder wenn er nach dem Ergebnis der HV eine Bestrafung des Angeklagten sicher erwartet. Erwartet der Verteidiger einen Freispruch, kann es sich ggf. doch empfehlen, **hilfsweise** – für den Fall der Verurteilung – Ausführungen zur Strafzumessung zu machen.

☝ Der Verteidiger muss zu allen Fragen vortragen/Stellung nehmen, die Einfluss auf die Strafzumessung haben können. Bei der **Vorbereitung** des **Plädoyers** bietet die **Checkliste** bei Beck-*Tondorf* (S. 403 ff.) ein gute Hilfe. Auszugehen ist von den Kriterien des § 46 Abs. 2 StGB. Bei deren Beurteilung muss der Verteidiger naturgemäß das Schwergewicht auf das für den

Angeklagten Vorteilhafte legen und zugleich versuchen, das Nachteilige abzuschwächen. Der Verteidiger sollte sich dazu folgende „**W-Fragen**" stellen (wegen weiterer Einzelheiten Beck-*Tondorf*, a.a.O.):

- **Was** ist **geschehen**?
- **Wie** wurde die **Tat** ausgeführt?
- **Welche** (wirtschaftlichen) **Folgen** hatte sie?
- **Wie** war das **Opfer** ggf. an der Tat beteiligt?
- **Warum** ist es zu der Tat gekommen?
- **Welche Persönlichkeit** hat der Angeklagte?
- **Wie** hat sich der Angeklagte **nach** der **Tat** verhalten?
- **Welche Folgen** hatte die Tat für den Angeklagten?

Hat der Angeklagte **Schadenswiedergutmachung** geleistet, muss der Verteidiger dazu auf jeden Fall Stellung nehmen, da das über § 46a StGB erhebliche Auswirkungen auf die Strafzumessung haben kann/muss (zum Täter-Opfer-Ausgleich s. die Nachw. bei → *Täter-Opfer-Ausgleich*, Rn. 831a, und bei *Burhoff*, EV, Rn. 724 ff., insbesondere 1556 ff.). Überlegen muss der Verteidiger auch, ob sich in geeigneten Fällen bei einer **Entziehung** der **Fahrerlaubnis** nicht Ausführungen zum Wegfall der Ungeeignetheit i.S.v. § 69 StGB infolge Zeitablaufs empfehlen (s. dazu BGH StV 1992, 64; OLG Frankfurt NZV 1996, 414; LG Dresden zfs 1999, 122; eingehend dazu *Schulz* NZV 1997, 62 m.w.N. aus der Rspr.).

Der Verteidiger kann noch im Plädoyer einen → ***Beweisantrag***, Rn. 255, stellen. Allerdings sollte er bei der Antragstellung berücksichtigen, dass ein Beweisantrag, den er in seinem Plädoyer in unmittelbarem Zusammenhang mit seinem Hauptantrag (auf Freisprechung) stellt, **im Zweifel** vom Gericht als → ***Hilfsbeweisantrag***, Rn. 545, angesehen wird (BGH MDR 1951, 275 [D]; Beck-*Michalke*, S. 474 m.w.N.). Ggf. muss er auch eine → ***Entschädigung*** *nach dem* ***StrEG***, Rn. 449, beantragen, wenn nämlich der Angeklagte Strafverfolgungsmaßnahmen erlitten hat, für die eine Entschädigung nach dem StrEG in Betracht kommen kann (s. § 2 StrEG; z.B. Untersuchungshaft, Fahrerlaubnisentziehung!). Möglicherweise sind auch Ausführungen zu → ***Haftfragen***, Rn. 538, erforderlich (s. dazu auch *Schlothauer/Weider*, Rn. 810; zur Verteidigung in Haftsachen allgemein *Deckers* NJW 1994, 2261; zur U-Haft als Strafmilderungsgrund *Deckers/Püschel* NStZ 1996, 419).

670 c) Eine besondere **Form** ist für das Plädoyer **nicht** vorgesehen. Der Verteidiger sollte es aber in freier Rede halten. Der Vorsitzende darf dem Verteidiger die Benutzung schriftlicher Aufzeichnungen nicht untersagen (BGHSt 3, 368; MDR 1964, 72). Der Verteidiger kann das von ihm Ausgeführte auch anhand von Skizzen und Modellen verdeutlichen (OLG Hamm VRS 35, 370).

Es ist – zumindest in umfangreichen Strafsachen – zu empfehlen, das Plädoyer **vorzubereiten**. Dazu muss der Vorsitzende dem Verteidiger **ausreichend Zeit,** entweder zumindest nach dem Schlussvortrag des StA oder schon nach dem → *Schluss der Beweisaufnahme*, Rn. 783, einräumen (s.a. *Malek*, Rn. 457).

Weigert sich der **Vorsitzende**, die HV zur erforderlichen Vorbereitung des Plädoyers zu **unterbrechen** oder ist eine gewährte Unterbrechung nicht ausreichend, muss der Verteidiger diese Maßnahme der → *Verhandlungsleitung*, Rn. 972, des Vorsitzenden **beanstanden** und nach **§ 238 Abs. 2** einen Gerichtsbeschluss herbeiführen (KG NStZ 1984, 523). Der Verteidiger sollte seinen Unterbrechungsantrag – schon im Hinblick auf die **Revision** – begründen; die Gründe sind dann bei der Revisionsbegründung, mit der die abgelehnte Unterbrechung geltend gemacht wird, vorzutragen (BGH NStZ-RR 2000, 34 [K]).

Zur **Tonaufzeichnung** des Plädoyers des Verteidigers → *Ton- und Filmaufnahmen in der Hauptverhandlung*, Rn. 859.

671 **3.** Der Vorsitzende darf während des Plädoyers den Verteidiger grds. **nicht unterbrechen**. Er darf auch **nicht** – weder vor noch während des Schlussvortrags – die **Redezeit begrenzen** (RGSt 64, 57); das gilt allerdings nicht für Ausführungen, die als nicht zur Sache gehörig ganz untersagt werden könnten (LR-*Gollwitzer*, § 258 Rn. 42 f.).

Zulässig ist eine Unterbrechung des Verteidigers allerdings dann, wenn er das Recht zum Schlussvortrag **missbraucht**, was der Fall sein kann in folgenden

672 **Beispielen**:

- die Ausführungen des Verteidigers sind in der **Form nicht angemessen**, insbesondere weil Gericht, StA, Zeugen, SV oder andere Verfahrensbeteiligte unnötig, etwa sogar **beleidigend,** angegriffen werden (RGSt 41, 259, 261; zur Bewertung eines SV-Gutachtens als „bornierte Klugscheißerei" s. StA München StraFo 1995, 88 [keine Beleidigung]; zu haltlosen Beleidigungen des StA im Plädoyer OLG Jena NJW 2002, 1890 [keine Wahrnehmung berechtigter Interessen nach § 193 StGB]),

- der Verteidiger verwertet Tatsachen, die **nicht Gegenstand** der **HV** gewesen sind,
- der Verteidiger **schweift** fortwährend **ab** (BGHSt 3, 368 f.),
- der Verteidiger **wiederholt** öfter unbegründet seine Ausführungen (BGH MDR 1964, 72; StV 1985, 335).

Der Vorsitzende wird den Verteidiger zunächst **ermahnen** müssen. Bleibt das ohne Erfolg, ist die **Entziehung** des Wortes das letzte Mittel, gegen den Missbrauch vorzugehen, und i.d.R. nur dann zulässig.

673

☝ Gegen eine Maßnahme des Vorsitzenden, wie z.B. die Entziehung des Worts oder eine (unnötige) Unterbrechung, kann der Verteidiger das Gericht anrufen, damit gem. **§ 238 Abs. 2** ein **Gerichtsbeschluss** ergeht. Für die **Revision** ist aber bei einer Beschränkung des Rechts zum Schlussvortrag ausnahmsweise die **vorherige Anrufung** des Gerichts gem. § 238 Abs. 2 **nicht erforderlich** (BGHSt 3, 368; 21, 288, 290; wegen der weiteren Einzelh. zur Revision vgl. *Kleinknecht/Meyer-Goßner*, § 258 Rn. 33).

☝ Beginnt der Vorsitzende, was gelegentlich vorkommen soll, schon **während** des **Plädoyers** des Verteidigers mit der **Abfassung** der **Urteilsformel**, dürfte das zwar die Besorgnis der Befangenheit begründen (s.a. BGHSt 11, 74 [keine Gesetzesverletzung]). Der Verteidiger kann einen **Ablehnungsantrag** allerdings nicht stellen, da das nach dem letzten Wort des Angeklagten gem. § 25 Abs. 2 S. 2 **nicht mehr** möglich ist. Diese Regelung soll verfassungsrechtlich unbedenklich sein (BVerfG NJW 1988, 477; krit. LR-*Wendisch*, § 25 Rn. 23).

674

4. Der Verteidiger hat das Recht, auf eine **Erwiderung** (§ 258 Abs. 2 Hs. 1) des StA, des Privatklägers und des Nebenklägers auf sein Plädoyer seinerseits zu erwidern (vgl. BGH NJW 1976, 1951).

☝ **So oft** StA, Privatkläger und Nebenkläger zur **Erwiderung** das Wort erhalten, muss **anschließend** erneut dem **Verteidiger** (und dem Angeklagten) das Wort erteilt werden (BGH, a.a.O.; MDR 1978, 281 [H]; zum grds. bestehenden Recht des Nebenklägers auf Erwiderung s. BGH NJW 2001, 3137). Lehnt der Vorsitzende das ab, kann sich der Verteidiger gem. **§ 238 Abs. 2** an das Gericht wenden.

Nach → ***Wiedereintritt** in die **Beweisaufnahme***, Rn. 1167, hat der Verteidiger erneut Gelegenheit zum Plädoyer. Ein besonderer Hinweis der Gerichts ist nicht erforderlich (BGHSt 22, 278; NStZ 1993, 95).

Siehe auch: → *Berufungshauptverhandlung*, Rn. 183; → *Letztes Wort des Angeklagten*, Rn. 604; → *Plädoyer des Staatsanwaltes*, Rn. 664 a; → *Schluss der Beweisaufnahme*, Rn. 783.

675 Präsentes Beweismittel

Literaturhinweise: ***Dallinger***, Präsente Beweismittel (§ 245), MDR 1965, 965; ***Detter***, Der von der Verteidigung geladene Sachverständige (Probleme des § 245 Abs. 2 StPO), in: Festschrift für *Salger*, 1995, S. 231; ***Hartwig***, Die Selbstladung von Auslandszeugen, StV 1996, 625; ***Jessnitzer***, Reformbedürftigkeit des § 220 Abs. 2 StPO, NJW 1974, 1311; ***Köhler***, Das präsente Beweismittel nach dem Strafverfahrensänderungsgesetz 1979, NJW 1979, 348; ***Marx***, Die Verwertung präsenter Beweismittel nach neuem Recht, NJW 1981, 1425; ***Meyer***, Wann können die von einem nicht verurteilten Angeklagten verauslagten Entschädigungen für unmittelbar geladene (§ 220 StPO) oder gestellte (§ 222 StPO) Beweispersonen im Kostenfestsetzungsverfahren nach §§ 464b, 464a StPO zur Erstattung festgesetzt werden?, JurBüro 1984, 655; ***Michalke***, Beweisantragsrecht im Strafverfahren – Allgemeine Grundsätze, ZAP F. 22, S. 49; ***Rasch/Jungfer***, Die Ladung des psychiatrisch-psychologischen Sachverständigen nach § 220 StPO -- Ein Disput, StV 1999, 513; ***Rose***, Die Ladung von Auslandszeugen im Strafprozeß, wistra 1998, 11; ***Wagner***, Der Mißbrauch des Selbstladungsrechts durch den Angeklagten – KG JR 1971, 338; JuS 1972, 315; ***Widmaier***, Zur Rechtsstellung des nach §§ 220, 38 StPO geladenen Sachverständigen, StV 1985, 526.

☝ An dieser Stelle werden **nur** die mit § 245 Abs. 2 zusammenhängenden Fragen der sog. **Präsentation** von Beweismitteln behandelt. Die Fragen der Erstreckung der Beweisaufnahme auf die vom Gericht vorgeladenen und erschienenen Zeugen und SV nach § 245 Abs. 1, vornehmlich die des Verzichts, werden behandelt bei → *Beweisverzicht*, Rn. 327.

675a **1.** Die sog. Präsentation eines Beweismittels kann während der Beweisaufnahme für den Verteidiger von erheblicher Bedeutung sein: Das Gericht kann nämlich einen auf ein präsentes Beweismittel gerichteten **Beweisantrag** nur unter wesentlich **engeren Voraussetzungen zurückweisen** als einen Antrag auf Ausschöpfung eines Beweismittels, das vom Gericht erst noch geladen werden muss. Die Zurückweisung präsenter Beweismittel richtet sich nämlich nach dem engeren § 245 Abs. 2 und nicht nach § 244 Abs. 3 – 5 (zur Geltung des § 245 bei der Privatklage → *Privatklageverfahren*, Rn. 698).

676 ☝ Ein präsentes Beweismittel kann daher **nicht** wegen **Unerreichbarkeit, Unerheblichkeit, Offenkundigkeit** und auch nicht mit einer **Wahrunterstellung** zurückgewiesen werden.

Dies hat die für den Angeklagten **günstige Folge**, dass der Verteidiger Beweisanträge, die vom Gericht aus diesen Gründen abgelehnt worden sind, erneut stellen kann, wenn z.B. ein Zeuge nun „präsent" ist. Es handelt sich in diesen Fällen nicht um die bloße **Wiederholung** eines bereits abgelehnten Beweisantrages, sondern um einen neuen, über den nun unter Berücksichtigung des engeren § 245 Abs. 2 zu entscheiden ist (LR-*Gollwitzer*, § 245 Rn. 58).

☝ Beim **Sachverständigenbeweis** entfällt der Ablehnungsgrund der eigenen Sachkunde des Gerichts (§ 244 Abs. 4 S. 1; BGH NStZ 1994, 400 [für → *Glaubwürdigkeitsgutachten*, Rn. 528]). Das ist vor allem deshalb von Bedeutung, weil damit die Möglichkeit besteht, auch einen Beweisantrag auf Vernehmung eines (präsenten) SV, dem das Gericht in Abwesenheit des SV nach § 244 Abs. 4 S. 1 wegen eigener Sachkunde nicht entsprochen hatte, zu **wiederholen** (Beck-*Michalke*, S. 451). Die Vernehmung des präsenten SV kann das Gericht außerdem auch nicht deshalb zurückweisen, weil etwa das Gegenteil der behaupteten Tatsache aufgrund eines bereits erstatteten Gutachtens bewiesen sei (vgl. zu den Einzelh. *Kleinknecht/Meyer-Goßner*, § 245 Rn. 22). Die begründete → *Ablehnung eines Sachverständigen*, Rn. 6, macht diesen allerdings zu einem „völlig ungeeigneten" Beweismittel i.S.d. § 245 Abs. 2 (BGH NStZ 1999, 632).

Hinzu kommt, dass der **Verteidiger** den **„präsenten" SV auswählen** kann und das Gericht, wenn es dem Antrag nachgeht, diesen SV vernehmen muss, während der Verteidiger beim → *Sachverständigenbeweis*, Rn. 765, sonst keinen (wesentlichen) Einfluss auf die Auswahl des SV hat (§ 73; vgl. dazu *Rasch/Jungfer* StV 1999, 513).

677 **2.** Das Gericht ist **nur** dann **verpflichtet**, die Beweisaufnahme auf die präsenten Beweismittel zu erstrecken, wenn ein **förmlicher** und **vollständiger Beweisantrag** gestellt wird (zur Kritik an dieser gesetzlichen Regelung s. KK-*Herdegen*, § 245 Rn. 13). Insoweit gelten die allgemeinen Regeln (→ *Beweisantrag*, Rn. 255, m.w.N.). Es kann sich auch um einen → *bedingten Beweisantrag*, Rn. 169, handeln.

678 **3.a)** Handelt es sich bei der angestrebten Beweisaufnahme um einen → ***Urkundenbeweis***, Rn. 884 oder eine → ***Augenscheinseinnahme***, Rn. 101, muss der Verteidiger dem Gericht in der HV die Urkunde oder das Augenscheinsobjekt

überreichen, um damit die Präsenz zu dokumentieren (BGH MDR 1975, 369 [D]; NStZ 1993, 28 [K]; s.a. → *Beweisantrag, Formulierung: Augenscheinseinnahme*, Rn. 279; → *Beweisantrag, Formulierung: Urkundenbeweis*, Rn. 285). **Nicht** ausreichend ist es, wenn er zum Nachweis der Existenz und des Inhalts der Originalurkunde nur eine **Fotokopie** dieser Urkunde vorlegt (BGH NStZ 1994, 593; s. aber BGH NStZ-RR 1998, 261 -K- [bei den Akten befindlicher Bundeszentralregisterauszug „präsentes" Beweismittel]).

679 **b)** Handelt es sich bei den präsenten Beweismitteln um **Zeugen** oder **SV**, ist das Gericht nur dann verpflichtet, diese präsentierten Beweismittel auszuschöpfen, wenn der Verteidiger/Angeklagte das förmliche **Selbstladungsverfahren** eingehalten hat. Das folgt aus § 220 i.V.m. § 38. In diesen Fällen muss der Verteidiger dem Gericht **nachweisen**, dass er die Beweisperson förmlich geladen hat, wenn die Ladung nicht aktenkundig ist (BGH NStZ 1981, 401). Dazu fügt er seinem Beweisantrag den Ladungsnachweis des Gerichtsvollziehers bei (s.u. Rn. 688).

680 ☝ Haben der Verteidiger oder der Angeklagte einen Zeugen oder SV einfach **nur** in den Gerichtssaal **(mit-)gebracht**, ohne diesen förmlich vorgeladen zu haben (s.u. Rn. 681 ff.), handelt es sich nicht um eine i.S.d. § 245 Abs. 2 präsente Beweisperson, sondern **nur** um eine **„gestellte"**. Für diese gilt **§ 245 Abs. 2 nicht** (st. Rspr.; vgl. u.a. BGH NStZ 1981, 401 m.w.N.; KK-*Herdegen*, § 245 Rn. 11 m.w.N.). Das gilt auch, wenn es um die Vernehmung des Verteidigers geht. Die Anwesenheit in anderer prozessualer Eigenschaft genügt nicht, um eine Präsenz i.S.d. § 245 zu begründen (BGH StV 1995, 567).

Da für eine i.S.d. §§ 220, 245 förmliche Ladung eines Zeugen oder SV bestimmte Voraussetzungen vorliegen müssen, die der Verteidiger nicht spontan in der HV erfüllen kann, muss er sich schon **frühzeitig** bei der → *Vorbereitung der Hauptverhandlung*, Rn. 1144, **überlegen**, ob ggf. die Selbstladung eines SV oder Zeugen nach § 245 Abs. 2 in Betracht kommt. Entsprechendes gilt, wenn ein Beweisantrag in der HV abgelehnt worden ist. Ggf. muss der Verteidiger dann um kurzfristige Unterbrechung bitten, um die erforderlichen Maßnahmen einleiten zu können.

681 Bei der Selbstladung hat der Verteidiger Folgendes zu **beachten** (s. auch Beck-*Michalke*, S. 450 ff.; dies. ZAP F. 22, S. 60; zu den mit der Selbstladung von Auslandszeugen zusammenhängenden Fragen → *Auslandszeuge*, Rn. 127, und *Hartwig* u. *Rose*, jeweils a.a.O.; LR-*Gollwitzer*, § 223 Rn. 37 ff.):

- Er muss an die (Wohn-)Anschrift des Zeugen oder SV ein **Ladungsschreiben** richten, in dem dieser als Zeuge oder SV unter Angabe des genauen **Ortes** und des **Zeitpunkts** geladen wird. Die Angabe eines Beweisthemas ist nicht erforderlich (RGSt 67, 180, 182; *Michalke*, a.a.O.).

- In dem Ladungsschreiben muss der Beweisperson die **gesetzliche Entschädigung** für Reisekosten und Verdienstausfall **angeboten** werden. Die Höhe richtet sich nach dem Gesetz über die Entschädigung von Zeugen und Sachverständigen (KK-*Tolksdorf*, § 220 Rn. 9).
- Die Beweisperson muss in dem Ladungsschreiben außerdem auf die **Folgen** des **Ausbleibens** hingewiesen werden. Dazu sollte der Verteidiger den Text der §§ 51 Abs. 1, 77 Abs. 1 übernehmen.
- Das Ladungsschreiben muss der Verteidiger an den **Gerichtsvollzieher** mit der Bitte um **Zustellung** weiterleiten. Soll die Ladung persönlich überreicht werden, weil es eilt, muss der Verteidiger den Gerichtsvollzieher beauftragen, zu dessen Amtsbezirk das Gericht gehört, vor dem die Beweisaufnahme erfolgen soll. Bei Ladung per Post kann jeder Gerichtsvollzieher beauftragt werden (zur Zustellung im Ausland → *Auslandszeuge*, Rn. 125; *Hamm/Hassemer/Pauly*, Rn. 415 f.).

682

- Gleichzeitig mit dem Ladungsschreiben ist dem Gerichtsvollzieher die **Entschädigung** für den Zeugen oder SV entweder in **bar** zu übergeben oder es muss die **Hinterlegung** bei der Gerichtskasse **nachgewiesen** werden. Das geschieht dadurch, dass der Verteidiger dem Gerichtsvollzieher die über die Hinterlegung ausgestellte Bescheinigung zur Übergabe an den zu Ladenden überlässt. Der Verteidiger muss sorgfältig berechnen, welche Ansprüche entstehen können. Bietet er nämlich zu wenig an, braucht der Zeuge oder der SV nicht zu erscheinen (vgl. KK-*Tolksdorf*, § 220 Rn. 9; *Jessnitzer* NJW 1974, 1311 [für Berechnung der SV-Entschädigung]). Bei der Hinterlegung dürfte die Auszahlung an den Geladenen davon abhängig gemacht werden können, dass dieser sich bereit erklärt, der Ladung Folge zu leisten (LR-*Gollwitzer*, § 220 Rn. 15).

> Es **empfiehlt** sich, die Entschädigung zu **hinterlegen**, da dann das Gericht nach erfolgter Vernehmung auf einen entsprechenden Antrag des Verteidigers (s.u. Rn. 691) noch anordnen kann, der Beweisperson gem. § 220 Abs. 2 die gesetzliche Entschädigung aus der Staatskasse zu gewähren. Wurde dagegen in **bar** geleistet, ist der **Entschädigungsanspruch erloschen** (*Kleinknecht/Meyer-Goßner*, § 220 Rn. 12 m.w.N.; KK-*Tolksdorf*, § 220 Rn. 15; Beck-*Michalke*, S. 453).

- Schließlich muss sich der Verteidiger vom Gerichtsvollzieher die Zustellungsurkunde als **Ladungsnachweis** aushändigen lassen, da er diese dem **Gericht** mit seinem Beweisantrag in der HV **übergeben** muss.

4. Hinweise für den Verteidiger!

683

a) Der Verteidiger muss dem Gericht und der StA die von ihm geladenen Zeugen und SV, die er in der HV präsentieren will, **rechtzeitig namhaft** machen. Versäumt er dies, können die übrigen Verfahrensbeteiligten gem. § 222 die Aussetzung des Verfahrens zum Zwecke der Einholung von Auskünften über die Beweisperson beantragen (→ *Aussetzung wegen verspäteter Namhaftmachung geladener Beweispersonen*, Rn. 163).

Die Namhaftmachung empfiehlt sich für den Verteidiger auch schon deshalb, um so dem Vorsitzenden die Gelegenheit zu geben, den zusätzlich geladenen Zeugen oder SV bei seinen terminlichen Planungen zu berücksichtigen. Zur Namhaftmachung gehört **nicht** die Angabe des **Beweisthemas**. Sinn und Zweck der Vorschrift des § 222 Abs. 2 ist es lediglich, den anderen Verfahrensbeteiligten die Möglichkeit zu geben, Erkundigungen über die Person des Zeugen bzw. SV einzuziehen (LR-*Gollwitzer*, § 222 Rn. 13).

684 b) Das Beweismittel muss nicht schon bei der Antragstellung in der HV präsent sein. Es **genügt**, wenn der Verteidiger in diesem Zeitpunkt das zur Herbeischaffung **Erforderliche veranlasst** hat (*Kleinknecht/Meyer-Goßner*, § 245 Rn. 20 m.w.N.), also z.B. das Selbstladungsverfahren durchgeführt worden ist.

685 c) Der geladene Zeuge und SV muss aufgrund der Vorladung zwar nicht zu Beginn der HV, **spätestens** aber bis zum → ***Schluss der Beweisaufnahme***, Rn. 783, erschienen sein (Beck-*Michalke*, S. 454 m.w.N.; *Hamm/Hassemer/Pauly*, Rn. 407). Ein Zeuge muss als Zeuge und nicht in anderer prozessualer Eigenschaft erschienen sein (BGH StV 1995, 567 [für Verteidiger als präsenter Zeuge]). **Erscheint** die Beweisperson **nicht**, besteht **nicht** ohne weiteres ein Anspruch auf **Aussetzung** bzw. Unterbrechung der HV. Etwas anderes kann allerdings durch die → *Aufklärungspflicht des Gerichts*, Rn. 95, geboten sein (LR-*Gollwitzer* § 245 Rn. 13).

☝ Ein **SV** ist nur dann ein präsentes Beweismittel, wenn er in der HV auf die Erstattung seines Gutachtens **vorbereitet** ist und auf dieser Grundlage unmittelbar zur Sache gehört werden kann (st.Rspr. des BGH, vgl. u.a. BGHSt 6, 289, 291, zuletzt BGHSt 43, 171; *Widmaier* StV 1985, 526, 528). Er muss also sein Gutachten aufgrund des Wissens erstatten, das er zum Zeitpunkt seiner Vernehmung bereits erworben hat. Das Gericht muss ihm **während** laufender **HV nicht** Gelegenheit zur Vorbereitung des Gutachtens geben und dabei ggf. Verfahrensverzögerungen hinnehmen (BGH, a.a.O.; *Detter*, S. 238 m.w.N.).

☝ Ist hingegen eine **Vorbereitung** des SV ohne Verzögerung des HV möglich, muss das Gericht sie gestatten (BGH NStZ 1993, 395, 397). Dem kann dann auch nicht U-Haft des Angeklagten entgegenstehen (BGHSt 43, 171), so dass in diesem Fall eine **großzügige Besuchsregelung** für den SV, der den Angeklagten ggf. (noch) explorieren muss, zu treffen ist (BGH, a.a.O.; *Widmaier*, a.a.O.).

☝ **Erscheint** der geladene **Zeuge** oder SV **nicht**, besteht kein Anspruch des Angeklagten auf Aufsetzung oder → *Unterbrechung der Hauptverhandlung*, Rn. 873. Allerdings wird das Gericht seine Aufklärungspflicht zu beachten haben (Beck-*Michalke*, S. 454; → *Aufklärungspflicht des Gerichts*, Rn. 95).

686 **d**) Der Verteidiger kann einen Beweisantrag auf Vernehmung eines präsenten Beweismittels wie jeden anderen Beweisantrag **zurücknehmen**. Es gelten die allgemeinen Regeln (→ *Beweisantrag, Zurücknahme*, Rn. 307). Einen abgelehnten Beweisantrag auf Vernehmung eines präsenten Beweismittels kann er nur dann **wiederholen**, wenn der Antrag wegen fehlender Präsenz abgelehnt worden ist (*Kleinknecht/Meyer-Goßner*, § 245 Rn. 20 m.w.N.).

687 **e**) Das präsente Beweismittel hat im Verfahren grds. dieselbe **Rechtsstellung** wie ein vom Gericht herbeigeschafftes (*Widmaier* StV 1985, 526 [zur Rechtsstellung des „präsenten" SV]; wegen der Einzelh. beim SV → *Sachverständigenbeweis*, Rn. 773).

☝ Es empfiehlt sich, nach Beendigung der Vernehmung des Zeugen oder SV den **Antrag** zu stellen, die Beweisperson gem. § 220 Abs. 3 aus der Staatskasse zu **entschädigen**, da das Gericht das anordnen muss, wenn die Vernehmung sachdienlich war. Das ist nach neuerer Rspr. (vgl. OLG München StV 1996, 491; KG NStZ 1999, 476 [für lediglich gestellten SV]) bei einem SV bereits dann der Fall, wenn dessen Ausführungen die Diskussionsbasis in der HV verbreitert haben, auch wenn er letztlich die Feststellungen des gerichtlich geladenen SV bestätigt hat (zustimmend dazu *Degenhardt* StV 1996, 492 in der Anm. zu OLG München, a.a.O.; s.a. *Widmaier* StV 1985, 528; s. i.Ü. die Nachw. bei *Kleinknecht/Meyer-Goßner*, § 220 Rn. 10 ff.). Die **Rspr**. des **BGH** ist in diesem Punkt **enger** (vgl. BGH StV 1999, 576, insoweit nicht in NStZ 1999, 632). Danach kommt eine Entschädigung nicht in Betracht bei Übereinstimmung mit dem gerichtlichen Gutachten oder wenn das Gericht dem „präsenten" Sachverständigen nicht gefolgt ist und dessen Gutachten auch keinen modifizierenden Einfluss auf die Entscheidung hatte.

Mit seinem Kostenantrag kann der Verteidiger also **erfahren**, wie das Gericht die **Beweiserhebung** mit dem präsenten Beweismittel **beurteilt**. Darauf kann er dann seine weiteren Maßnahmen (weitere Zeugen- oder SV-Vernehmungen) einstellen.

5. Antragsmuster

688

a) Beweisantrag auf Vernehmung eines präsenten Zeugen

An das
Amtsgericht/Landgericht Musterstadt

In der Strafsache
gegen H. Muster
Az.: . . .

beantrage ich den von der Verteidigung geladenen (der Nachweis über die durch den zuständigen Gerichtsvollzieher erfolgten Ladung liegt an) und erschienenen

Paul Müller, Musterstraße 5, Musterstadt

als Zeugen zum Beweis der Tatsache zu vernehmen, dass sich der Angeklagte am Abend des 15. November 2002 gegen 20.00 Uhr nicht am Tatort Hermannstraße 23 aufgehalten hat, sondern seit etwa 19.00 Uhr bis gegen 23.00 Uhr in der Wohnung des Zeugen war und dort mit diesem Schach gespielt hat.

Rechtsanwalt

689

b) Muster einer Zeugen-/SV-Ladung gem. § 220

Herrn
Paul Müller
Musterstraße 5
Musterstadt

In der Strafsache
gegen H. Muster
Az.: . . .

wegen . . .

werden Sie hiermit gem. § 220 StPO von mir als Verteidiger des Angeklagten H. Muster als Zeuge/Sachverständiger zu der am 10. März 2003 um 9.00 Uhr vor dem Amts-/Landgericht in Musterstadt, M-Straße 6, Saal 121 stattfindenden Hauptverhandlung geladen und zum pünktlichen Erscheinen zu diesem Termin gebeten.

Die ihnen nach dem Gesetz zur Entschädigung von Zeugen und Sachverständigen für Reisekosten und Zeitversäumnis zustehende Entschädigung ist bei dem o.a. Gericht hinterlegt. Kopie des Hinterlegungsscheins ist zum Nachweis der erfolgten Hinterlegung beigefügt.

Ich verweise darauf, dass Sie zum Erscheinen verpflichtet sind. Gem. § 51 Abs. 1 StPO werden einem ordnungsgemäß geladenen Zeugen, der nicht erscheint, die durch das Ausbleiben verursachten Kosten auferlegt. Zugleich wird gegen ihn ein Ordnungsgeld und für den Fall, dass dieses nicht beigetrieben werden kann, Ordnungshaft festgesetzt. Auch ist die zwangsweise Vorführung des Zeugen zulässig. Im Fall wiederholten Ausbleibens kann das Ordnungsmittel noch einmal festgesetzt werden (Bei einem SV ist auf § 77 hinzuweisen).

Sollten sie verhindert sein, den o. a. Termin wahrzunehmen, unterbleibt die Auferlegung der Kosten und die Festsetzung eines Ordnungsmittels, wenn Sie ihr Ausbleiben rechtzeitig gegenüber dem oben genannten Gericht entschuldigen.

Musterstadt, den 10. Februar 2003

Rechtsanwalt

c) Muster eines Zustellungsersuchens an den Gerichtsvollzieher

690

An den
zuständigen Gerichtsvollzieher

Gerichtsvollzieherverteilungsstelle beim Amtsgericht Musterstadt

Betr.: Ladung eines Zeugen gem. §§ 38, 220 StPO

Sehr geehrte Damen und Herren,

in der Strafsache gegen H. Muster, Az.: . . . LG Musterstadt bin ich Verteidiger des Angeklagten H. Muster. Kopie der auf mich lautenden Strafprozessvollmacht liegt an.

Ich bitte, anliegende Zeugen-/SV-Ladung an Herrn Paul Müller, Musterstraße 5, Musterstadt zuzustellen, da dieser in der Hauptverhandlung vom 10. März 2003 um 9.00 Uhr vor dem Landgericht in Musterstadt, M-Straße 6, Saal 121, gem. §§ 245 Abs. 2, 220, 38 StPO als Zeuge/Sachverständiger vernommen werden soll.

Ich bitte, mir baldmöglichst die beigefügte Abschrift nebst Zustellungsurkunde zum Nachweis der Zustellung zurückzusenden. Für die Kosten der Zustellung komme ich persönlich auf.

Als gesetzliche Entschädigung für den Zeugen/Sachverständigen ist beim Amtsgericht Musterstadt ein Betrag von 500 € hinterlegt worden. Kopie des Hinterlegungsscheines liegt an.

Rechtsanwalt

691 **d) Entschädigungsantrag**

An das
Amtsgericht/Landgericht Musterstadt

In der Strafsache
gegen H. Muster
Az.: . . .

beantrage ich gem. § 220 Abs. 3, dem Zeugen Paul Müller die gesetzliche Entschädigung zu gewähren, da die Beweisaufnahme ergeben hat, dass die Vernehmung des von mir geladenen Zeugen zur Aufklärung sachdienlich war.

Rechtsanwalt

Siehe auch: → *Auslandszeuge*, Rn. 123; → *Beweisantrag, Formulierung: Augenscheinseinnahme*, Rn. 279; → *Beweisantrag, Formulierung: Sachverständigenbeweis*, Rn. 281; → *Beweisantrag, Formulierung: Urkundenbeweis*, Rn. 285; → *Beweisantrag, Formulierung: Zeugenbeweis*, Rn. 290.

692 Präsenzfeststellung

Nach dem → *Aufruf der Sache*, Rn. 100, stellt der Vorsitzende gem. § 243 Abs. 1 S. 2 fest, ob der **Angeklagte**, der **Verteidiger** und die anderen Verfahrensbeteiligten, wie z.B. ein Nebenkläger, **erschienen** sind.

Die Präsenzfeststellung erstreckt sich außerdem darauf, ob die **Beweismittel**, insbesondere die Zeugen und SV, **herbeigeschafft** sind. Dabei beschränkt sich der Aufruf der Zeugen und SV auf diejenigen, die bereits zum Beginn der HV geladen wurden. Sind die Beweismittel herbeigeschafft, gilt für sie § 245 Abs. 1. Auf sie muss sich also, wenn nicht verzichtet wird, die **Beweisaufnahme erstrecken** (→ *Beweisverzicht*, Rn. 327).

☝ Stellt sich bei der Präsenzfeststellung heraus, dass ein Verfahrensbeteiligter, dessen Anwesenheit erforderlich ist, noch nicht erschienen ist, muss das **Gericht** noch eine gewisse Zeit **warten**, bevor es für eine diesem oder einem anderen Verfahrensbeteiligten nachteilige Entscheidung trifft (KK-*Tolksdorf*, § 243 Rn. 16 m.w.N.). Die Dauer der **Wartezeit** richtet sich nach den Umständen des Einzelfalls (OLG Hamm GA 1974, 346 m.w.N.; → *Berufungsverwerfung wegen Ausbleiben des Angeklagten*, Rn. 211; → *Verhinderung des Verteidigers*, Rn. 982 ff.).

Privatkläger als Zeuge

693

Literaturhinweise: s. die Hinw. bei → *Privatklageverfahren*, Rn. 694.

Ein Privatkläger kann **nicht Zeuge** sein. Er hat im Verfahren eine Parteirolle, die es ausschließt, dass er in eigener Sache als Zeuge vernommen wird (BayObLG NJW 1961, 2318; *Kleinknecht/Meyer-Goßner*, vor § 374 Rn. 6). Das gilt – bei mehreren Privatklägern – auch hinsichtlich der gegen einen anderen Privatkläger desselben Verfahrens verübten Straftat.

Siehe auch: → *Privatklageverfahren*, Rn. 694.

Privatklageverfahren

694

Literaturhinweise: ***Bohlander***, Zu den Anforderungen an die Privatklageschrift nach § 381 StPO, NStZ 1994, 420; ***Dempewol***, Handbuch des Privatklagerechts, 1971; ***Kaster***, Prozeßkostenhilfe für Verletzte und andere Berechtigte im Strafverfahren, MDR 1994, 1073; ***Kurth***, Rechtsprechung zur Beteiligung des Verletzten am Verfahren, NStZ 1997, 1; ***Meynert***, Sofortige Beschwerde des Privatbeklagten gegen Einstellung wegen Geringfügigkeit, MDR 1973, 7; ***Nierwetberg***, Die Feststellung hinreichenden Tatverdachts bei der Eröffnung, insbesondere des Privatklagehauptverfahrens, NStZ 1989, 212; ***Schorn***, Das Recht der Privatklage, 1967; ***Stöckel***, Sühneversuch im Privatklageverfahren, 1982.

1. Das Privatklageverfahren ist eine (Straf-)Verfahrensart, die bei den in **§ 374 Abs. 1** im Einzelnen aufgezählten leichten Vergehen zulässig ist (*Kleinknecht/Meyer-Goßner*, vor § 374 Rn. 1). Die allgemeinen Voraussetzungen der Privatklage, insbesondere die Zulässigkeit und das Sühneverfahren (§ 380), werden hier nicht dargestellt. Insoweit verweise ich auf die eingehenden Komm. bei *Kleinknecht/Meyer-Goßner*, §§ 374 ff.; KK-*Senge*, §§ 374 ff., jeweils m.w.N., und *Burhoff*, EV, Rn. 1405 ff.; zu den Anforderungen an eine Privatklageschrift s.a. *Bohlander* NStZ 1994, 420 f.

695

2. Die **HV** des Privatklageverfahrens verläuft nach § 384 Abs. 1 wie jede andere HV, die vor dem Strafrichter durchgeführt wird. **Ausnahmen** bzw. **Änderungen** ergeben sich nur aus den §§ 384 ff. oder aus der besonderen Natur des Privatklageverfahrens. Allgemein ist darauf hinzuweisen, dass die Rechtsstellung des **Privatklägers** der des **StA** entspricht. Er ist aber dennoch nicht zur Unparteilichkeit, wohl aber zur Wahrheit verpflichtet (*Kleinknecht/Meyer-Goßner*, § 385 Rn. 1 m.w.N.).

696

3. Zur **Stellung** und den **Rechten** des **Privatklägers** in der HV ist Folgendes anzuführen:

a) Grds. ist dem Privatkläger – in gleichem Umfang wie im Offizialverfahren dem StA – gem. § 385 Abs. 1 **rechtliches Gehör** zu gewähren. Er hat in der HV das **Recht**,

- zur **Ablehnung** des **Richters** (§ 24, 31; → *Ablehnung eines Richters, Allgemeines*, Rn. 4, m.w.N.),
- zur **Ablehnung** eines **SV** (§ 74; → *Ablehnung eines Sachverständigen*, Rn. 6, m.w.N.),
- **Anträge** zu stellen (zu Beweisanträgen s.u. d),
- das **Beanstandungsrecht** aus § 238 Abs. 2 für Anordnungen des Vorsitzenden (→ *Verhandlungsleitung*, Rn. 972),
- den Privatbeklagten, Zeugen und SV zu **befragen** (§ 240; → *Fragerecht, Allgemeines*, Rn. 490, m.w.N.),
- **Erklärungen** abzugeben (§§ 257, 258; → *Erklärungsrecht des Verteidigers*, Rn. 466),
- **Fragen** zu **beanstanden** (→ *Zurückweisung einzelner Fragen des Verteidigers*, Rn. 1208),
- einen **Schlussvortrag** zu halten, und zwar vor dem Angeklagten/Verteidiger (→ *Plädoyer des Verteidigers*, Rn. 665).

697 **b)** Der Privatkläger kann in der HV gem. § 378 S. 1 im **Beistand** eines **Rechtsanwaltes** erscheinen oder sich durch diesen, sofern nicht gem. § 387 Abs. 3 sein persönliches Erscheinen angeordnet ist, **vertreten** lassen. Für die Vertretung in der HV ist immer eine **schriftliche Vollmacht** erforderlich (KK-*Senge*, § 378 Rn. 2). **Erscheint** der Privatkläger **nicht** und ist er auch nicht – zulässig – durch einen Rechtsanwalt vertreten, gilt die Privatklage nach § 391 Abs. 2, 3 als **zurückgenommen**.

c) Der Privatkläger kann **nicht Zeuge** sein (→ *Privatkläger als Zeuge*, Rn. 693).

698 **d)** Nach § 384 Abs. 3 bestimmt das Gericht den **Umfang** der **Beweisaufnahme**. Es hat damit einen größeren Ermessensspielraum als in anderen Verfahren, obwohl die Beweisaufnahme nach den Grundsätzen des sog. Strengbeweises stattfindet und die Prozessbeteiligten berechtigt sind, **Beweisanträge** zu stellen. Diese sind jedoch **lediglich Anregungen** an das Gericht, denen es nur entsprechen muss, wenn das zur weiteren Aufklärung des Sachverhalts nach § 244 Abs. 2 erforderlich erscheint (zu allem s.a. *Kleinknecht/Meyer-Goßner*, § 384 Rn. 14).

Das Gericht ist an die **Ablehnungsgründe** des § 244 **nicht** gebunden. Es gilt allerdings § 246, so dass auch im Privatklageverfahren ein Beweisantrag nicht mit der Begründung abgelehnt werden kann, der Antrag sei verspätet gestellt (→ ***Verspätete Beweisanträge***, Rn. 1080).

Nach § 386 Abs. 2 haben der Privatkläger und sein Beistand das **Recht** zur **unmittelbaren Ladung** gem. §§ 220, 38. Machen sie davon Gebrauch, müssen die sich aus § 222 ergebenden Mitteilungspflichten erfüllt werden (→ *Aussetzung wegen verspäteter Namhaftmachung geladener Beweispersonen*, Rn. 163). Das Gericht ist jedoch **nicht** gem. § 245 **verpflichtet**, die geladenen Beweispersonen zu **vernehmen** (→ *Präsente Beweismittel*, Rn. 675), es sei denn, die Vernehmung wäre aufgrund der allgemeinen → *Aufklärungspflicht des Gerichts*, Rn. 95, geboten (*Kleinknecht/Meyer-Goßner*, § 384 Rn. 14, § 386 Rn. 2; KK-*Senge*, § 386 Rn. 2).

699 Für die **Vereidigung** von Zeugen gilt § 62. Danach ist die Vereidigung nur zulässig, wenn es das Gericht wegen der ausschlaggebenden Bedeutung der Aussage oder zur Herbeiführung einer wahren Aussage für notwendig hält (vgl. dazu die Komm. bei *Kleinknecht/Meyer-Goßner*, § 62 Rn. 1 ff.). Danach ist die **Nichtvereidigung** also die **Regel**.

Gegen **Zeugen** und **SV** können **Zwangsmittel** (§§ 51, 70, 77) angeordnet werden. Auch sind Maßnahmen der → *Sitzungspolizei*, Rn. 805, zulässig.

700 **e)** Soll die **Strafverfolgung** nach den §§ 154a, 430 **beschränkt** werden, ist das nur mit **Zustimmung** des Privatklägers zulässig (*Kleinknecht/Meyer-Goßner*, § 385 Rn. 10 m.w.N.). Zur Beschränkung sind die anderen Prozessbeteiligten zu hören.

701 **f)** Auch im Privatklageverfahren ist auf eine **Veränderung** der **Sach-** oder **Rechtslage** nach § 265 hinzuweisen (→ *Hinweis auf veränderte Sach-/Rechtslage*, Rn. 551). Nach § 384 Abs. 4 besteht allerdings **nicht** das Recht, die **Aussetzung** nach § 265 Abs. 3 zu verlangen (→ *Aussetzung wegen veränderter Sach-/Rechtslage*, Rn. 159, mit Antragsmuster, Rn. 162).

702 **g)** Der Privatkläger kann eine **Nachtragsklage** in entsprechender Anwendung von § 266 erheben (→ *Nachtragsanklage*, Rn. 617). Sie bedarf der **Zustimmung** des Privatbeklagten und der Zulassung durch Beschluss des Gerichts.

703 **h)** Der Privatkläger kann die Privatklage in der HV **mündlich zurücknehmen** (§ 391 Abs. 1 S. 1). Der bevollmächtigte Beistand benötigt dazu keine besondere Rücknahmevollmacht. Hat das Gericht in der HV 1. Instanz bereits mit der → *Vernehmung des Angeklagten zur Sache*, Rn. 1037, (§ 243) begonnen, muss der Privatbeklagte der Rücknahme **zustimmen** (§ 391 Abs. 1 S. 2).

704 **i)** Nach § 377 Abs. 2 kann die **StA** das **Verfahren** in jeder Lage des Verfahrens **übernehmen**, und zwar auch gegen den Willen des Privatklägers. Damit scheidet der Privatkläger aus dem Verfahren aus. Will er weiter am Verfahren teilnehmen, muss er nach § 396 Abs. 1 S. 1 seinen **Anschluss** als **Nebenkläger** erklären, sofern er nach § 395 nebenklageberechtigt ist (vgl. dazu *Burhoff*, EV, Rn. 1145 ff.; → *Nebenklage*, Rn. 622).

4. Da grds. keine Abweichungen von anderen Strafverfahren gelten, hat der Privatbeklagte allgemein die Stellung eines Angeklagten mit allen Rechten und Pflichten. Auf Folgendes ist hinsichtlich der **Stellung** und der **Rechte** des **Privatbeklagten** in der HV besonders hinzuweisen:

705 **a)** In der HV kann auch der Privatbeklagte im **Beistand** eines **Rechtsanwaltes** erscheinen bzw. sich durch diesen – mit **schriftlicher Vollmacht** – vertreten lassen (§ 387 Abs. 1), sofern nicht gem. § 387 Abs. 3 sein persönliches Erscheinen angeordnet worden ist. Erscheint der Privatbeklagte nicht, kann gegen ihn ein **Vorführungsbefehl**, aber **kein Haftbefehl** erlassen werden (arg. e § 387 Abs. 3; → *Zwangsmittel bei Ausbleiben des Angeklagten*, Rn. 1231). Einem Haftbefehl steht zudem das fehlende öffentliche Interesse an der Strafverfolgung entgegen (KK-*Senge*, § 384 Rn. 5 m.w.N.).

706 **b)** Auch der Privatbeklagte und sein Beistand haben nach § 386 Abs. 2 das Recht zur **Selbstladung** von Zeugen und SV (s.o. Rn. 698).

707 **c)** Das Gesetz räumt in § 388 Abs. 1 dem Privatbeklagten die Möglichkeit ein, gegen den Privatkläger, der Verletzter ist, noch in der HV 1. Instanz bis zur Beendigung des letzten Wortes (→ *Letztes Wort des Angeklagten*, Rn. 604) **Widerklage** zu erheben. Nach § 388 Abs. 2 kann er, wenn der Verletzte nicht Privatkläger ist, in der HV auch gegen den anwesenden Verletzten Widerklage erheben.

708 In der HV wird die Widerklage durch **mündliche Erklärung** erhoben (OLG Hamburg NJW 1956, 1890; *Kleinknecht/Meyer-Goßner*, § 388 Rn. 11). Es ist aber möglich, sich auf eine (Widerklage-)Privatklage(schrift) zu beziehen, die als Anlage zum → *Protokoll der Hauptverhandlung*, Rn. 713, genommen wird. In der Widerklage müssen folgende **Mindestangaben** enthalten sein (s. § 381 S. 2; vgl. u. Rn. 712):

- **Personalien** und Anschrift der Parteien,
- **Tatzeit** und **Tatort**,
- Schilderung des **Sachverhalts**,
- anzuwendende **Strafvorschrift** aus dem Katalog des § 374,
- Angabe der **Beweismittel**,
- **entbehrlich** sind Sicherheitsleistung und Gebührenvorschuss (§ 379) sowie der nach § 380 vorgeschriebene Sühneversuch.

d) Will der Privatkläger seine Privatklage **zurücknehmen**, muss der Privatbeklagte **zustimmen**, wenn in der HV 1. Instanz bereits mit seiner Vernehmung zur Sache begonnen worden ist (§ 391 Abs. 1 S. 2). **709**

5. Im Privatklageverfahren ist die Frage eines **gerichtlichen Vergleichs** von besonderer praktischer Bedeutung. Da sowohl Klagerücknahme als auch nach § 383 Abs. 2 die Einstellung des Verfahrens wegen Geringfügigkeit noch in der HV möglich sind, ist gegen eine vergleichsweise Beendigung des Privatklageverfahrens nichts einzuwenden (s.a. *Kleinknecht/Meyer-Goßner*, vor § 374 Rn. 9; KK-*Senge*, § 391 Rn. 3, jeweils m.w.N.). Eine vergleichsweise Regelung macht aber nur dann Sinn, wenn sie zur **unwiderruflichen Beendigung** des Privatklageverfahrens führt. **710**

☝ Deshalb müssen die Parteien und ihre Beistände darauf achten, dass ein Vergleich die **Zurücknahme** der Privatklage und einer etwaigen Widerklage, ggf. auch von Strafanträgen, enthält. Der Privatbeklagte kann, was vor allem in Verfahren, die Beleidigungen o.Ä. zum Gegenstand haben, von Bedeutung ist, eine Ehrenerklärung abgeben; er kann sich bereit erklären, Schadensersatz zu leisten oder eine Geldbuße an eine gemeinnützige Einrichtung zu zahlen.

In diesem Bereich können sowohl der Verteidiger als auch der Beistand des Privatklägers viel zur **Befriedung** beitragen. Das gilt besonders für die **Formulierung** einer Ehrenerklärung, bei der beide Parteien das Gesicht wahren können, wenn eine Äußerung nicht „mit dem Ausdruck des Bedauerns" zurückgenommen werden muss, sondern der Privatbeklagte lediglich erklärt: „Ich halte die Äußerung nicht aufrecht, weil ich mich inzwischen davon überzeugt habe, dass ..." (s. *Dahs*, Rn. 1013).

Häufig hilft es auch, wenn beide Seiten sich in der **Kostenfrage flexibel** zeigen und nicht auf der Kostentragungspflicht einer Partei bestanden wird. Die Kosten sollten gegeneinander aufgehoben werden, da daraus – anders als bei einer Kostenquote – nicht auf ein teilweises Obsiegen oder Unterliegen der einen Partei geschlossen werden kann.

6. Dem Privatbeklagten stehen im Fall der Verurteilung die allgemeinen **Rechtsmittel** zu, also Berufung und/oder Revision. Der Privatkläger kann nach § 390 Abs. 1 die Rechtsmittel einlegen, die im Offizialverfahren der StA zustehen würden, also bei Freispruch i.d.R. ebenfalls die Berufung (wegen der Einzelh. *Kleinknecht/Meyer-Goßner*, § 390 Rn. 1 ff. m.w.N.). **711**

☝ Der Beistand des Privatklägers muss, wenn **Fristen** zu beachten sind, besonders darauf achten, diese nicht zu versäumen. Denn anders als beim Verschulden eines Verteidigers wird sein **Verschulden** dem **Privatkläger zugerechnet**, was vor allem für eine Wiedereinsetzung in den vorigen Stand von Bedeutung ist (*Kleinknecht/Meyer-Goßner*, § 44 Rn. 19; zur Wiedereinsetzung s. *Burhoff*, EV, Rn. 2050, und die Muster, Rn. 1415 f.).

712

7. Muster einer Privatwiderklage (zu einem Privatklagemuster siehe *Burhoff*, EV, Rn. 1416)

An das
Amtsgericht Musterstadt

Privatklagesache H. Muster/L. Meier
Az.: . . .

Widerklage
des L. Meier, S.-Straße, Musterstadt,
-- Privatbeklagter – Prozessbevollmächtigter: . . .
gegen

den H. Muster, R.-Straße, Musterstadt,
-- Privatkläger -

wegen Beleidigung.

In. o.a. Privatklagesache erhebe ich namens und in Vollmacht des Privatbeklagten gegen den Privatkläger

Widerklage

wegen Beleidigung.

Der Privatkläger wird beschuldigt, am 10. Oktober 2002 in Musterstadt

den Privatbeklagten beleidigt zu haben,

indem er auf den Privatbeklagten gegen 16.00 Uhr vor dessen Wohnung wartete und im Verlauf eines sich zwischen den Parteien entwickelnden Wortgefechts diesen mit den Worten: „Du Blödmann, du Drecksau!“ anschrie.

Vergehen gem. § 185 StGB

Beweismittel:
1. Einlassung des Privatbeklagten
2. Zeugnis der Frau R. Meier, S.-Straße, Musterstadt.

Der erforderliche Strafantrag ist am 11. Oktober 2002 gestellt.

Rechtsanwalt

Protokoll der Hauptverhandlung, Allgemeines

713

Literaturhinweise: ***Börtzler***, Die Fertigstellung des Protokolls über die Hauptverhandlung, MDR 1972, 185; ***Kahlo***, Über den Begriff der wesentlichen Förmlichkeit im Strafverfahrensrecht (§ 273 Abs. 1 StPO), in: Festschrift für *Meyer-Goßner*, S. 447; ***Kohlhaas***, Die Beweiskraft des Sitzungsprotokolls nach § 274 StPO, NJW 1974, 23; ***Meyer-Mews***, Das Wortprotokoll in der strafrechtlichen Hauptverhandlung, NJW 2002, 102; ***Nestler***, Der richterzentrierte Strafprozeß und die Richtigkeit des Urteils – zur Notwendigkeit eines Wortprotokolls der Hauptverhandlung, S. 727, in: Festschrift für *Lüderssen*, S. 773; ***Ranft***, Hauptverhandlungsprotokoll und Verfahrensrüge im Strafverfahrensrecht, 1. Teil: JuS 1994, 785, 2. Teil: JuS 1994, 867; ***Richter II***, Wider die Gegenreform, StV 1994, 454; ***Sailer***, Inhaltsprotokoll und rechtliches Gehör, NJW 1977, 24; ***Salditt***, Der Gesetzgeber und die Beurkundung der Hauptverhandlung, in: Festschrift für *Meyer-Goßner*, S. 469; ***Schlothauer***, Unvollständige und unzutreffende tatrichterliche Urteilsfeststellungen, StV 1992, 134; ***Schwenn***, Formstrenge und faires Verfahren, StraFo 1997, 262; ***Sieg***, Protokollformulare und Zeugenbelehrung, StV 1985, 130; ***Sieß***, Protokollierungspflicht und freie Beweiswürdigung im Strafprozeß, NJW 1982, 1625; ***Uetermeier***, Kein Wortprotokoll in der strafrechtlichen Hauptverhandlung, NJW 2002, 2299; s.a. die Hinw. bei → *Protokoll der Hauptverhandlung, Wörtliche Protokollierung*, Rn 724a.

713a

1. Im Protokoll der HV ist deren Gang „im Wesentlichen“, so wie er in den §§ 243, 244, 257, 258, 260 geregelt ist, wiederzugeben. Aus dem Protokoll muss sich die Beachtung der sog. **wesentlichen Förmlichkeiten** der HV ergeben. Hier kann aus Platzgründen nicht im Einzelnen dargestellt werden, was zu den wesentlichen Förmlichkeiten der HV gehört. Insoweit wird auf KK-*Engelhardt*, § 273 Rn. 4 ff. und auf *Kleinknecht/Meyer-Goßner*, § 273 Rn. 7 ff., jeweils m.w.N., verwiesen. Dasselbe gilt hinsichtlich der Beweiskraft des Protokolls nach § 274 (vgl. dazu die Komm. bei *Kleinknecht/Meyer-Goßner*, § 274 Rn. 1 ff. und bei KK-*Engelhardt*, § 274 Rn. 1 ff., jeweils m.w.N.).

☝ Während der HV muss der Verteidiger immer daran denken, dass er in der Revision die Beobachtung der für die HV vorgeschriebenen Förmlichkeiten gem. § 274 **nur** durch das Protokoll beweisen kann. Das ist insbesondere für Anträge von Bedeutung, da diese i.d.R. als nicht gestellt gelten, wenn die Antragstellung nicht im Protokoll beurkundet worden ist (**negative Beweiskraft**; vgl. zu. allem *Kleinknecht/Meyer-Goßner*, § 274 Rn. 13 ff. m.w.N.; s.u. Rn. 715 ff.). Auch kann durch das Protokoll nur bewiesen werden, ob der Angeklagte sich in der HV zur Sache eingelassen hat, nicht hingegen, was er im Einzelnen gesagt hat (BGH StV 1997, 455). Soll das „festgeschrieben" werden, muss ggf. ein affirmativer Beweisantrag gestellt bzw. die Einlassung des Angeklagten durch Verlesung einer von ihm stammenden Erklärung im Wege des Urkundenbeweises eingeführt werden (→ *Vernehmung des Angeklagten zur Sache*, Rn. 1040).

714 I.d.R. ist das Protokoll der HV **kein** sog. **Inhalts** – sondern **nur** ein **Verlaufsprotokoll** (s. aber u. Rn. 720 und → *Protokoll der Hauptverhandlung, Wörtliche Protokollierung*, Rn. 724a). Erwähnt wird im Protokoll also nur die Tatsache der Vernehmung eines Zeugen, der Inhalt seiner Aussage wird nicht wiedergegeben. Etwas anderes gilt nach § 273 Abs. 2 für die HV vor dem AG (gilt nach § 78 Abs. 2 OWiG nicht im OWi-Verfahren). Damit soll später dem Berufungsgericht die Beweisaufnahme erleichtert werden, da die Niederschrift über die Vernehmung eines Zeugen unter den Voraussetzungen des § 325 in der → *Berufungshauptverhandlung*, Rn. 189 ff., verlesen werden kann (zur geplanten Änderung → *Gesetzesnovellen*, Rn. 524). *Meyer-Mews* (NJW 2002, 102) plädiert dafür, in bestimmten Verfahrenssituationen (z.A. Aussage-gegen-Aussage-Problematik) ein Wortprotokoll zu führen (a.A. *Uetermeier* NJW 2002, 2298).

2. Hinweise für den Verteidiger!

Der Verteidiger muss hinsichtlich des Protokolls der HV auf Folgendes achten:

715 **a) Schriftstücke**, die im Wege des **Urkundenbeweises** in der HV verlesen werden, sind im Protokoll so genau zu bezeichnen, dass sie später identifiziert werden können. Die Formulierung im Protokoll, sie seien „zum Gegenstand der HV gemacht" worden, beweist nicht die Verlesung/die Art der Verwendung (OLG Celle StV 1984, 107; OLG Düsseldorf NJW 1997, 269 [Ls.]; OLG Saarbrücken NStZ-RR 2000, 48 vgl. a. BGHSt 11, 29). Der Grund der Verlesung muss nur unter den Voraussetzungen des § 255 im Protokoll erwähnt werden. Der Vorhalt von Urkunden und die Verwendung von Augenscheinsobjekten als Vernehmungshilfen brauchen allerdings nicht in das Protokoll aufgenommen werden (BGH NStZ-RR 1999, 107 [sollte, um Missverständnissen vorzubeugen, unterlassen werden]). Es muss im Protokoll außerdem auch festgehalten werden, dass die Verlesung durchgeführt worden ist (BGH NStZ 1999, 424).

716 **b)** Stellt der Verteidiger in der HV **Anträge**, muss er unbedingt darauf achten, dass diese protokolliert werden, wenn er auf die Ablehnung oder Nichtbeachtung des Antrags ein Rechtsmittel stützen will. Bei einem → *Beweisantrag*, Rn. 255, ist sowohl die Beweisbehauptung als auch das angegebene Beweismittel im Protokoll zu vermerken (KK-*Engelhardt*, § 273 Rn. 8). Die **Begründung** eines Antrags muss **nicht** in das Protokoll aufgenommen werden. Die Beweiskraft des Protokolls (§ 274) bezieht sich auch nicht auf die Begründung des Antrags (BGH NStZ 2000, 238).

Der Verteidiger hat einen Anspruch darauf, dass ein schriftlich **vorformulierter Antrag** als **Anlage** zum Protokoll genommen wird (s. *Kleinknecht/Meyer-Goßner*, § 244 Rn. 36). Das gilt jedenfalls dann, wenn dem Verteidiger gem. § 257a → *schriftliche Antragstellung*, Rn. 583, aufgegeben worden ist. Das Protokoll muss dann eindeutig auf die Anlage verweisen.

Auch eine vom Gericht gegebene Zusage/**Absprache** muss, damit die Nichteinhaltung in der Revision ggf. bewiesen werden kann, in das Protokoll aufgenommen werden (BGH NJW 1999, 3654).

717 c) **Beanstandet** der Verteidiger eine Maßnahme der → ***Verhandlungsleitung***, Rn. 972, des Vorsitzenden und beantragt nach § 238 Abs. 2 einen Gerichtsbeschluss, muss er, wenn er sich die spätere Revisionsrüge erhalten will, **alle** damit im Zusammenhang stehenden **Vorgänge** ins **Protokoll** aufnehmen lassen.

☝ Das gilt insbesondere auch, wenn der Verteidiger **Widerspruch** gegen eine vom Vorsitzenden angeordnete Maßnahme der Beweisaufnahme erhebt, z.B. gegen die → *Vernehmung einer Verhörsperson*, Rn. 1057, oder gegen die → *Verlesung von Geständnisprotokollen*, Rn. 1006. Die Erklärung des Widerspruchs ist eine **wesentliche Förmlichkeit** der HV, die in das Protokoll aufzunehmen ist (vgl. BayObLG NJW 1997, 404, 405).

718 d) Von zu protokollierenden **Entscheidungen** des Gerichts ist, wenn sie begründet werden müssen, auch die **Begründung** in das **Protokoll** aufzunehmen. Eine schriftlich abgesetzte Entscheidung kann dem Protokoll als Anlage beigefügt werden (KK-*Engelhardt*, § 273 Rn. 12 m.w.N.).

719 e) Das Protokoll wird in **deutscher Sprache** geführt. Ggf. kann nach § 185 Abs. 1 S. 2 Hs. 2 GVG vom Gericht eine → *fremdsprachige Protokollierung*, Rn. 507, angeordnet werden. Wird ein **Dolmetscher** zu HV hinzugezogen, wird nur der Umstand der Hinzuziehung im Protokoll vermerkt. Seine Mitwirkung bei jedem einzelnen Verfahrensakt muss nicht protokolliert werden. Auch die Übersetzung der sich aus dem Protokoll ergebenden (Verfahrens-)Erklärungen bedarf nicht der Protokollierung. Dabei handelt es sich nicht um wesentliche Förmlichkeiten der HV (*Kleinknecht/Meyer-Goßner*, § 185 GVG Rn. 7; KG, Beschl. v. 19.4.2002, 1 Ss 26/01 [43/01], http:www.strafverteidiger-berlin.de.

720 **3.** Nach § 273 Abs. 3 kann der Vorsitzende die **vollständige Niederschreibung** sowohl eines Vorgangs in der HV als auch vom Wortlaut von Aussagen, z.B. von Zeugen, oder von Äußerungen anderer Prozessbeteiligter anordnen. Voraussetzung ist, dass es auf die Feststellung des **Vorgangs** oder den Wortlaut der Aussage oder Äußerung **ankommt** anordnen (wegen der Einzelheiten s. → *Protokoll der Hauptverhandlung, Wörtliche Protokollierung*, Rn. 724a).

☝ Nach *Meyer-Mews* (NJW 2000, 103) ist, wenn Maßnahmen zum Zeugenschutz ergriffen werden (s. → *Entfernung des Angeklagten aus der Hauptverhandlung*, Rn. 435, nach § 247) und bei sog. „Aussage-gegen-Aussage-Verfahren" immer ein ***Wortprotokoll*** erforderlich und auf Antrag des Verteidigers und/oder des StA durchzuführen (a.A. Uetermeier, NJW 2002, 2298; zur Notwendigkeit eines Wortprotokolls auch *Nestler*, S. 727 ff.).

Rn. 721 u.722 derzeit nicht besetzt

723 **4.** Während der **laufenden HV** kann der Verteidiger das HV-Protokoll **nicht einsehen**. Das kann er auch nicht mit dem Hinweis auf sein Akteneinsichtsrecht nach § 147 begründen (vgl. zum Akteneinsichtsrecht allgemein *Burhoff*, EV, Rn. 58 ff.; s.a. → *Akteneinsicht für den Verteidiger während der Hauptverhandlung*, Rn. 80). Das HV-Protokoll wird nämlich erst Bestandteil der Akten, wenn es i.S.d. § 271 Abs. 1 **fertig gestellt** ist. Das ist es bei einer (mehrtägigen) HV erst, wenn sowohl der Vorsitzende als auch der Urkundsbeamte die gesamte Niederschrift der HV unterschrieben haben (BGHSt 29, 394; *Kleinknecht/Meyer-Goßner*, § 271 Rn. 2, 19 m.w.N.; KK-*Engelhardt*, § 271 Rn. 22 m.w.N.; s.a. OLG Brandenburg NStZ-RR 1998, 308). Deshalb ist gegen die während des Laufs der HV ergangene Entscheidung des Vorsitzenden, das „Protokoll" eines von mehreren HV-Tagen nicht zu ändern, ein Rechtsmittel nicht gegeben (OLG Brandenburg, a.a.O.).

724 Der Verteidiger hat **keinen** Anspruch auf Erstellung von **Teilprotokollen** (zuletzt BGH NStZ 1993, 141). Er hat auch keinen Anspruch auf Erteilung einer Abschrift des Protokolls, was allerdings nicht für den Wortlaut verkündeter Beschlüsse gilt (KK-*Engelhardt*, a.a.O.; RGSt 44, 53). Das Akteneinsichtsrecht des Verteidigers erstreckt sich auch nicht auf sog. **„Nebenprotokollbände"**, bei denen es sich lediglich um Mitschriften zur Unterstützung des Gerichts handelt (OLG Karlsruhe NJW 1982, 2010 [Ls.]).

☝ Das bedeutet natürlich nicht, dass der Verteidiger während der laufenden HV das Protokoll nicht **einsehen** darf. Wenn ihm der Vorsitzende das **gestattet**, ist dagegen nichts einzuwenden. Hier zahlt es sich für den Verteidiger aus, wenn er guten informellen Kontakt zum Gericht hält.

Der Verteidiger kann sich auch auf eigene **Kosten** eine **Abschrift** des Protokolls anfertigen lassen (BGHSt 18, 369 ff.). Vom LG Köln wird unter Hinw. auf die kostenrechtliche Neuregelung in Ziffer 9000 Abs. 3 c und d KVGKG, wonach wegen der Kosten(-freiheit) Abschriften gerichtlicher Entscheidungen und Niederschriften über eine Sitzung gleichbehandelt werden, ein Anspruch auf **kostenfreie Erteilung** von Verhandlungsprotokollen bejaht (LG Köln, Beschl. v. 24.1.1996 – 107 QS 14/96 = ZAP EN-Nr. 649/96).

Siehe auch: → *Protokoll der Hauptverhandlung, Wörtliche Protokollierung*, Rn. 724a.

Protokoll der Hauptverhandlung, Wörtliche Protokollierung **724a**

Das Wichtigste in Kürze

1. Die mit einer wörtlichen Protokollierung nach § 273 Abs. 3 zusammenhängenden Fragen sind in der Praxis von erheblicher Bedeutung.
2. Die wörtliche Protokollierung kommt nach § 273 Abs. 3 StPO in Betracht, wenn es auf die Feststellung eines Vorgangs in der Hauptverhandlung oder den Wortlaut einer Aussage oder Äußerung ankommt.
3. Der Verteidiger muss einen Protokollierungsantrag stellen. In diesem muss die zu protokollierende Tatsache genau bezeichnet und im Einzelnen dargelegt werden, warum eine vollständige Niederschreibung nach seiner Ansicht notwendig ist.
4. Auch Prozesserklärungen sind ggf. wörtlich in das Protokoll aufzunehmen.

Literaturhinweise: ***Burhoff***, Wörtliche Protokollierung von Zeugenaussagen, PAK 2002, 28; ***Krekeler***, Wehret auch den „kleinen" Anfängen oder § 273 Abs. 3 Satz 2 StPO muss bleiben, AnwBl. 1984, 417; ***Meyer-Mews***, Das Wortprotokoll in der strafrechtlichen Hauptverhandlung, NJW 2002, 102; ***Richter II***, Wider die Gegenreform, StV 1994, 454; ***Sailer***, Inhaltsprotokoll und rechtliches Gehör, NJW 1977, 24; ***Senge***, Missbräuchliche Inanspruchnahme verfahrensrechtlicher Gestaltungsmöglichkeiten – wesentliches Merkmal der Konfliktverteidigung? Abwehr der Konfliktverteidigung, NStZ 2002, 225; ***Schlothauer***, Unvollständige und unzutreffende tatrichterliche Urteilsfeststellungen, StV 1992, 134; ***Schmid***, Die wörtliche Protokollierung einer Aussage in der Hauptverhandlung, NJW 1981, 1353; ***Ulsenheimer***, Die Verletzung der Protokollierungspflicht im Strafprozeß und ihre revisionsrechtliche Bedeutung, NJW 1980, 2273; s.a. die Hinw. bei → *Protokoll der Hauptverhandlung, Allgemeines*, Rn 713.

724b **1. Hinweis für den Verteidiger!**

Die mit einer wörtlichen Protokollierung nach § 273 Abs. 3 zusammenhängenden Fragen sind in der Praxis von **erheblicher Bedeutung** ist. Häufig gibt es gerade auch um diese Fragen Streit in der HV. Verteidiger, die die entsprechenden Anträge stellen, setzen sich wegen der aus einer wörtlichen Protokollierung folgenden Verzögerung im Verfahrensfortgang zudem nicht selten dem Vorwurf der „Konfliktverteidigung" aus (s. dazu *Senge* NStZ 2002, 229). Dem ist m.E. entgegenzuhalten, dass das Recht auf eine wörtliche Protokollierung natürlich – wie jedes Recht – (auch) missbräuchlich ausgeübt werden kann, andererseits aber nicht jeder Antrag auf wörtliche Protokollierung Missbrauch ist. Denn der Angeklagte und sein Verteidiger haben im Strafverfahren nur wenige Möglichkeiten, in der Revision die vom Tatrichter getroffenen tatsächlichen Feststellungen anzugreifen. Vielmehr sind sie daran, ebenso wie der Revisionsrichter selbst, gebunden, da eine Wiederholung bzw. Ergänzung der Beweisaufnahme – mit möglicherweise anderem Ergebnis – durch das Revisionsgericht ausgeschlossen ist (*Kleinknecht/Meyer-Goßner*, § 337 Rn. 13 m.w.N. aus der Rspr.). Die Urteilsfeststellungen können über die Beweisaufnahme auch nicht mit Verfahrensrügen nach den §§ 244 Abs. 2, 261 StPO angegriffen werden (*Kleinknecht/Meyer-Goßner*, a.a.O.). Eine **Chance, gegen** die **Urteilsfeststellungen** anzukämpfen, haben Verteidiger und Angeklagter nur, wenn sie den **Gegenbeweis** ohne Rekonstruktion der Hauptverhandlung erbringen können (BGH NStZ 1997, 296). Und genau an dieser Stelle liegt der **praktische Nutzen** der Vorschrift des § 273 Abs. 3 StPO bzw. des danach zulässigen Antrags auf wörtliche Protokollierung. Denn ist im Sitzungsprotokoll der Inhalt einer Aussage nach § 273 Abs. 3 StPO wörtlich protokolliert, dann kann ggf. später ohne Rekonstruktion der Hauptverhandlung der Gegenbeweis gegen Urteilsfeststellungen erbracht werden (BGHSt 38, 14), auf ein bloßes Inhaltsprotokoll nach § 273 Abs. 2 StPO lässt sich hingegen die Revision nicht stützen (BayObLG NStZ 1990, 508; zur Begründung der Verfahrenrüge, dass eine teilweise protokollierte Aussage im Urteil nicht erörtert worden ist, BGH NStZ 2002, 496).

724c **2.** Die wörtliche Protokollierung kommt nach § 273 Abs. 3 StPO in Betracht, wenn es auf die **Feststellung** eines **Vorgangs** in der **Hauptverhandlung** oder den **Wortlaut** einer **Aussage** oder **Äußerung ankommt**. Nach *Meyer-Mews* (NJW 2000, 103) ist, wenn Maßnahmen zum Zeugenschutz ergriffen werden, z.B. nach § 247 (s. → *Entfernung des Angeklagten aus der Hauptverhandlung*, Rn. 435), und bei sog. „Aussage-gegen-Aussage-Verfahren" darüber hinaus immer ein **Wortprotokoll** erforderlich und auf Antrag des Verteidigers und/oder des StA durchzuführen (a.A. *Uetermeier* NJW 2002, 2298).

Im Einzelnen gilt:

- Aus dem Wortlaut des § 273 Abs. 3 folgt, dass **nur Vorgänge** in der **Hauptverhandlung** selbst, nicht Vorgänge in einer Sitzungspause oder außerhalb des Sitzungssaals, protokolliert werden können (KK-*Engelhardt*, § 273 Rn. 21), also z.B. nicht Äußerungen eines Gerichtsmitgliedes auf dem Flur oder in der Kantine, die zur Begründung eines Ablehnungsgesuchs verwendet werden sollen.
- Der zu protokollierende Vorgang muss **nicht** zu den **wesentlichen Förmlichkeiten** des Verfahrens gehören (*Kleinknecht/Meyer-Goßner*, § 273 Rn. 19; KMR-*Müller* § 273 Rn. 14). Der Vorgang kann also auch in der Verhaltensweise eines Prozessbeteiligten liegen, also Erröten, Erbleichen, Mimik und Gestik von Prozessbeteiligten, aber auch ein schlafender Richter (*Malek*, Rn. 432; *Kleinknecht/Meyer-Goßner*, § 273 Rn. 19).
- Der Begriff „**Aussage**“ meint die Einlassung des Angeklagten und die Aussagen von Zeugen und Sachverständigen; **Äußerungen** werden von den anderen Prozessbeteiligten gemacht (*Kleinknecht/Meyer-Goßner*, § 273 Rn. 20.)
- Es muss auf die Feststellung des Vorgangs oder den Wortlaut der Aussage **ankommen.**
  - Das kann für das **laufende Verfahren** z.B. dann der Fall sein, wenn es um die Darstellung eines Verfahrensfehlers, die Begründung eines Ablehnungsgesuchs oder um eine Zeugenaussage geht.
  - Für ein **anderes Verfahren** kann es auf die Bedeutung des vollständig zu protokollierenden Umstands ankommen, wenn die Vorgänge, Aussagen oder Äußerungen geeignet sind, eine andere Straftat, z.B. eine Falschaussage, festzustellen (vgl. Nr. 144 Abs. 2 S. 2 RiStBV). Der Vorgang muss also nicht für das laufende Verfahren Bedeutung haben (s.a. § 183 GVG).

724d

☝ **Schwierigkeiten** gibt es immer wieder bei der wörtlichen Protokollierung von **Zeugenaussagen**. Nach h.M. genügt nämlich bei einer Zeugenaussage nicht allein, dass diese entscheidungserheblich ist (vgl. *Kleinknecht/Meyer-Goßner*, § 273 Rn. 22 m.w.N.; *Schmidt* NJW 1981, 1353; *Sieß* NJW 1982, 1625; a.A. *Krekeler* AnwBl. 1984, 417; *Ulsenheimer* NJW 1980, 2276 m.w.N.). Das Bedürfnis zur vollständigen Protokollierung soll vielmehr nur anzuerkennen sein, wenn es nicht lediglich auf den Inhalt der Aussage, sondern auf den genauen Wortlaut ankommt (OLG Schleswig SchlHA 1976, 172 [E/J]), also z.B. dann, wenn verschiedene Deutungsmöglichkeiten mit unterschiedlichen Folgerungen bestehen.

Es ist m.E. **fraglich**, ob diese **Auslegung** der h.M. nicht **zu eng** ist und in der Praxis nicht eine (verteidigerfreundlichere) Handhabung der auch den Schutz des Angeklagten bezweckenden Vorschrift angebracht wäre. *Richter* II formuliert seine Kritik so: „Der Tatrichter legt die Formulierung des Gesetzes, eine Protokollierung habe zu erfolgen, wenn es auf die Feststellung des Wortlauts einer Aussage oder einer Äußerung ankäme (§ 273 Abs. 3 S. 1 StPO) im Ergebnis immer wieder so aus, dass nur noch Skurrilitäten im Ausdruck der Protokollierungspflicht unterliegen, weil sich bei normaler Wortwahl für eine bestimmte Äußerung auch eine inhaltsgleiche andere Formulierung finde, es mithin nicht auf diesen Wortlaut ankäme. Von diesem hohen Ross aus werden dann auch Protokollierungsanträge abgelehnt, die für die Beweiswürdigung von entscheidender Bedeutung sind und verschiedene Deutungsmöglichkeiten mit der Gefahr missverständlicher Schlussfolgerungen „zulassen“

(s. *Richter* II StV 1994, 454, 455). Deshalb wird man mit guten Gründen auch vertreten können, dass eine Protokollierung stets dann notwendig ist, wenn eine bestimmte Aussage oder Äußerung gerade für die Entscheidungsfindung erheblich sein wird oder sich eine derartige Möglichkeit nicht von vornherein ausschließen lässt (*Ulsenheimer* NJW 1980, 2273, 2276). Das gilt insbesondere in den Verfahren, in denen „Aussage gegen Aussage" steht (*Meyer-Mews* NJW 2002, 103). Gerade hier ist kommt es i.d.R. (auch) auf den Wortlaut des Aussage des Zeugen an.

Man darf sicherlich nicht verkennen, dass mit einer zu weiten Interpretation des § 273 Abs. 3 StPO durch die „Hintertür" das Wortprotokoll der HV eingeführt wird. Letztlich ist es mit dieser Frage aber wie mit vielen Streitfragen. Es bringt im Grunde nichts, sich darum mit dem Gericht zu streiten. Revisionsrechtlich hat eine falsche Handhabung des Antrags durch das Gericht nach allgemeiner Meinung keine Auswirkungen, da das Urteil darauf nach der Rechtsprechung des BGH nicht beruht (BGH NStZ 1994, 25 [K]; s.a. *Ulsenheimer* NJW 1980, 2276 ff). Vielmehr muss der Verteidiger bis zu einer ggf. großzügigeren Handhabung der Vorschrift sein **Augenmerk** darauf **richten**, dass er zumindest mit einer **umfassenden** und **sorgfältigen Begründung** seines Protokollierungsantrags (vgl. dazu Rn. 724e) dafür Sorge trägt, dass die diesem Antrag zugrunde liegenden Umstände in das Protokoll der Hauptverhandlung aufgenommen und auf diese Weise für das Revisionsgericht festgehalten werden.

3. Für das **Verfahren** ist auf Folgendes hinzuweisen:

724e **a)** Der Verteidiger muss einen **Protokollierungsantrag** stellen. In diesem muss die zu protokollierende Tatsache genau bezeichnet und im Einzelnen **dargelegt** werden, **warum** eine vollständige Niederschreibung nach seiner Ansicht notwendig ist. Darauf ist **besondere Sorgfalt** zu verwenden. Denn der Protokollierungsantrag wird nach § 273 Abs. 1 StPO in das HV-Protokoll aufgenommen, so dass, selbst wenn der Antrag abgelehnt wird, eben durch die Begründung des Antrags die nach Ansicht des Verteidigers niederzuschreibenden Vorgänge „aktenkundig" gemacht und damit für das Revisionsgericht festgehalten sind. Eben deshalb ist dieser Antrag eine gute Möglichkeit, einen Sachverhalt „festzuschreiben" (vgl. *Schlothauer* StV 1992, 134,140; *Malek*, Rn. 438). Besondere Sorgfalt muss der Verteidiger auf die **Begründung** des Umstandes, dass es auf den **Wortlaut** der Aussage **ankommt**, legen. Das ist – eben wegen der o.a. h.M. – nicht immer einfach. Hier hilft häufig das Vorbringen, dass die Aussage im weiteren Verlauf des Verfahrens noch einem zu hörenden Zeugen oder Sachverständigen vorgehalten werden soll, wobei es zumindest hierfür auf die konkrete Formulierung ankommt (*Schlothauer* StV 1992, 134, 141; *Malek*, a.a.O.). Auch der Hinweis auf § 183 GVG kann m.E. hilfreich sein. Danach sind Straftaten in der HV (falsche Aussage des Zeugen!) vom Gericht festzuhalten.

☝ Kommt es zur Auseinandersetzung darüber, ob eine Zeugenaussage ganz oder teilweise wörtlich zu protokollieren ist, sollte der Verteidiger beantragen, dass der betroffene **Zeuge** zunächst den **Sitzungssaal verlässt**. Durch die für und wider eine wörtliche Protokollierung vorgetragen Argumente kann er nämlich in seinem weiteren Aussageverhalten beeinflusst werden. Das gilt insbesondere, wenn es darum geht, ob die vom Zeugen gemachte Aussage gem. § 183 GVG als Falschaussage zu protokollieren ist.

724f **b)** Der Antrag sollte – eben wegen der Bedeutung der Formulierung – auf jeden Fall **schriftlich gestellt werden**. Damit besteht dann – ebenso wie bei einem Beweisantrag – ein Anspruch darauf, dass der schriftlich formulierte Antrag als Anlage zum Protokoll genommen wird (*Kleinknecht/Meyer-Goßner*, § 244 Rn. 36; § 273 Rn. 10.).

724g **c)** Die **Anordnung**, dass vollständig zu protokollieren ist, **trifft** der **Vorsitzende**. Liegen die Voraussetzungen für eine vollständige Protokollierung vor, besteht ein Anspruch auf die Anordnung (*Kleinknecht/Meyer-Goßner*, § 273 Rn. 29 m.w.N.). Lehnt der Vorsitzende die Protokollierung ab, kann der Verteidiger (aber auch jeder andere Prozessbeteiligte) nach § 273 Abs. 3 S. 2 StPO einen Gerichtsbeschluss beantragen (s. dazu *Krekeler* AnwBl. 1984, 417). Wird durch diesen Beschluss die Protokollierung angeordnet, ist der Vorsitzende an den Beschluss gebunden.

☝ Den **Inhalt** und **Wortlaut** der vollständigen Niederschreibung bestimmt – zusammen mit dem Urkundsbeamten – der **Vorsitzende**. Hier bleibt dem Verteidiger, wenn aus seiner Sicht das vom Vorsitzenden Diktierte nicht mit dem tatsächlich Gesagten übereinstimmt und der Urkundsbeamte das Diktat des Vorsitzenden ohne weiteres in das Protokoll aufnimmt, nur der Hinweis auf § 31 Abs. 1 und das daraus resultierende Recht zur → ***Ablehnung von Urkundsbeamten***, Rn. 62.

724h **d)** Die **Niederschrift** muss in der Hauptverhandlung **vorgelesen** und **genehmigt** werden (§ 273 Abs. 3 S. 3 StPO). Im Protokoll der Hauptverhandlung muss die Verlesung vermerkt und angegeben werden, ob die Genehmigung erteilt und ob und welche Einwendungen erhoben worden sind.

724i **4.** Hinsichtlich der **Protokollierung** von (Prozess-)**Erklärungen** ist zu unterscheiden:

- Handelt es sich um **Anträge**, müssen diese in das **Protokoll** aufgenommen werden (*Kleinknecht/Meyer-Goßner*, § 273 Rn. 10), und zwar mit Angabe des Antragstellers und des Antragsinhalts. Die Begründung der Anträge braucht nicht aufgenommen zu werden.
- **Prozesserklärungen** sind auf jeden Fall dann in das Protokoll aufzunehmen, wenn es sich um **wesentliche Förmlichkeiten** der Hauptverhandlung handelt, also z.B. der Widerspruch gegen eine Beweiserhebung im Rahmen der Widerspruchslösung des BGH (so die Rspr., BayObLG NJW 1997, 404; offen gelassen von BGH NJW 1997, 2893). Darüber hinaus besteht von Gesetzes wegen für Prozesserklärungen kein Anspruch auf Aufnahme in das Protokoll.

Siehe auch: → *Protokoll der Hauptverhandlung, Allgemeines*, Rn. 713.

725 Protokollverlesung nach Zeugnisverweigerung

Das Wichtigste in Kürze

1. Die Aussage eines vor der HV vernommenen Zeugen, der erst in der HV von einem Zeugnisverweigerungsrecht Gebrauch macht, darf nicht verlesen werden.
2. Das gilt für das Zeugnisverweigerungsrecht naher Angehöriger gem. § 52, aber auch für die Aussagen der in den §§ 53, 53a bezeichneten Berufsangehörigen und deren Helfer.
3. Das Verbot bezieht sich sachlich auf alles, was der weigerungsberechtigte Zeuge früher in vernehmungsähnlichen Situationen erklärt hat.
4. Das gilt nach st.Rspr. aber nicht für eine Aussage des Zeugen, die dieser bei einer früheren richterlichen Vernehmung nach Belehrung über sein Zeugnisverweigerungsrecht gemacht hat.

Literaturhinweise: ***Bernsmann***, Beschuldigtenvernehmung und Aussagefreiheit, Anm. zu OLG Oldenburg Ss 331/95 vom 23.10.1995, StV 1996, 416; ***Bringewat***, Der „Verdächtige" als schweigeberechtigte Auskunftsperson, JZ 1981, 289; ***Bruns***, Der „Verdächtige" als schweigeberechtigte Auskunftsperson, in: Festschrift für *Schmidt-Leichner*, S. 1; ***Cramer***, Strafprozessuale Verwertbarkeit ärztlicher Gutachten aus anderen Verfahren, NStZ 1996, 209; ***Dahs/Langkeit***, Demontage des Zeugnisverweigerungsrechts?, StV 1992, 492; ***Dencker***, Über Heimlichkeit, Offenheit und Täuschung bei der Beweisgewinnung im Strafverfahren, StV 1994, 667; ***Eisenberg***, Zur „besonderen Qualität" richterlicher Vernehmung im Ermittlungsverfahren, NStZ 1988, 488; ***Fischer***, Die Fortwirkung von Zeugnisverweigerungsrechten nach Verfahrenstrennung, JZ 1992, 570; ***Geerds***, Zur Reichweite des Verwertungsverbots (§ 252 StPO) nach früheren Aussagen – BGHSt 36, 384, JuS 1991, 199; ***Geppert***, Das Beweisverbot des § 252 StPO, Jura 1988, 305; ***Haas***, Vernehmung, Aussage des Beschuldigten und vernehmungsähnliche Situation – zugleich ein Beitrag zur Auslegung des § 136 StPO, GA 1995, 230; ***Helgerth***, Der „Verdächtige" als schweigeberechtigte Auskunftsperson und selbständiger Prozeßbeteiligten neben dem Beschuldigten und dem Zeugen, 1976; ***Keiser***, Der Zeuge als Herr des Verfahrens, NStZ 2000, 458; ***Neuhaus***, Wider den rein formalen Vernehmungsbegriff, Krim 1995, 787; ***Otto***, Das Zeugnisverweigerungsrecht des Angehörigen (§ 52 StPO) in Verfahren gegen mehrere Beschuldigte, NStZ 1991, 220;

Paeffgen, Zeugnisverweigerungsrechte und heimliche Informations-Erhebung, in: Festschrift für *Rieß*, S. 413; ***Ranft***, Das strafprozessuale Zeugnisverweigerungsecht des Angehörigen bei Inanspruchnahme des Hilfe des Jugendamtes und des Vormundschaftsrichters, Jura 1999, 522; ders., Schutz der Zeugnisverweigerungsrechte bei Äußerungen außerhalb eines anhängigen Strafverfahrens, StV 2000, 520; ***Rengier***, Grundlegende Verwertungsprobleme bei den §§ 252, 168c, 251 StPO, Jura 1981, 299; ***Rogall***, Der „Verdächtige" als selbständige Auskunftsperson im Strafprozeß, NJW 1978, 2535; ***Rothfuß***, Heimliche Beweisgewinnung unter Einbeziehung des Beschuldigten, StraFo 1998, 289; ***Roxin,*** Steht im Falle des § 252 StPO die Verwertbarkeit der früheren Aussage zur Disposition des Zeugen?, in: Festschrift für *Peter Rieß*, S. 451; ***Salditt***, Verteidigung in der Hauptverhandlung – notwendige Alternativen zum Praxisritual, StV 1994, 442; ***ter Veen***, Die Zulässigkeit der informatorischen Befragung, StV 1983, 293; ***Wömpner***, Ergänzender Urkundenbeweis neben §§ 253, 254 StPO? Zur Bedeutung und zum wechselseitigen Verhältnis der §§ 250, 253 StPO, NStZ 1983, 293; ***Wollweber***, Der Griff nach der halben Wahrheit- ein fragwürdiges Experiment, NJW 2000, 1702; ***Wolter,*** Zeugnisverweigerungsrechte bei (verdeckten) Maßnahmen im Strafprozessrecht und Polizeirecht, in: Festschrift für *Peter Rieß*, S. 633.

725a

1. Nach § 252 darf die Aussage eines vor der HV vernommenen Zeugen, der erst in der HV von seinem → *Zeugnisverweigerungsrecht*, Rn. 1194, Gebrauch macht, nicht verlesen werden. Dieses Verbot wird von der einhelligen Meinung in Rspr. und Lit. nicht nur als ein Verlesungsverbot angesehen, sondern als ein umfassendes Verwertungsverbot (vgl. u.a. BGHSt 29, 230, 232; 32, 25, 29; *Kleinknecht/Meyer-Goßner*, § 252 Rn. 12; KK-*Diemer*, § 252 Rn. 1, jeweils m.w.N.).

☝ **Frühere Vernehmungen** eines in der HV berechtigt die Aussage verweigernden Zeugen dürfen daher **nicht** durch Verlesen des Vernehmungsprotokolls oder eines früheren Urteils, durch → *Vernehmung einer Verhörsperson*, Rn. 1057, oder durch Vorhalt an den Angeklagten oder an (andere) Zeugen in die **HV eingeführt** werden. Unzulässig ist auch das Abspielen eines Tonträgers über die frühere Aussage (*Eisenberg*, Rn. 2287 m.w.N.) oder die → *Vorführung von Bild-Ton-Aufzeichnungen*, Rn. 1158a (*Kleinknecht/Meyer-Goßner*, § 255a Rn. 3). § 252 verbietet jede auch nur **mittelbare Verwertung** (OLG Hamm, Beschl. v. 5.8.2002, 2 Ss 348/02, http://www.burhoff.de [für Verlesung und Verwertung des tatsächlichen Vorwurfs eines HB, der auf den Angaben des die Ausage nun verweigernden Zeugen beruht]).

Eine **Ausnahme** gilt nach der Rspr. nur dann, wenn der Zeuge vor der HV nach vorschriftsmäßiger Belehrung von einem **Richter vernommen** worden ist. Dieser kann über die frühere Vernehmung als Zeuge **gehört** werden (vgl. u.a. BGHSt 27, 231; KK-*Diemer*, § 252 Rn. 22 m.w.N. zur Kritik in der Lit.; krit. a. *Eisenberg* NStZ 1988, 488; s.a. u. Rn. 732). Ist die frühere **Vernehmung** des Zeugen nach dessen Belehrung **audiovisuell aufgezeichnet** worden, muss allerdings vor einer Vorführung in der HV zunächst geklärt werden, ob der Zeuge zur Aussage bereit ist. Ist dies der Fall, kann die Aufzeichnung in der HV vorgeführt werden, anderenfalls ist der Richter zu vernehmen (*Kleinknecht/Meyer-Goßner*, a.a.O.).

☝ Die Verlesung eines Protokolls wird **nicht** dadurch zulässig, dass die Verfahrensbeteiligten sich mit ihr **einverstanden** erklären, da das Beweisverbot des § 252 nicht ihrer Verfügung unterliegt (zuletzt BGH NStZ 1997, 95; StV 1998, 470). Eines **Widerspruchs** des Angeklagten/seines Verteidigers gegen die Verwertung bedarf es daher nicht (BGH, a.a.O.; zuletzt BGHSt 45, 203, 205; OLG Hamm, a.a.O.).

☝ Nach der Rspr. des BGH kann aber der **Zeuge selbst** nach ordnungsgemäßer Belehrung die Verwertung seiner bei einer nicht-richterlichen Vernehmung gemachten Aussage **gestatten** (BGHSt, a.a.O.; zust. offenbar *Ranft* Jura 2000, 628; a.A. *Firsching* StraFo 2000, 124; *Wollweber* NJW 2000, 1702; *Keiser* NStZ 200, 458, jeweils in den Anm. zu BGH, a.a.O.). Die „Unverfügbarkeit des Beweisverwertungsverbotes des § 252" gilt danach also nicht uneingeschränkt. Das Gericht muss dann aber den ggf. geringeren Beweiswert der Aussage berücksichtigen (BGH, a.a.O.).

Das Beweisverwertungsverbot gilt auch für **Schriftstücke**, die ein Zeuge bei seiner polizeilichen Vernehmung überreicht und zum Bestandteil seiner Aussage gemacht hat (BGH StV 1996, 196; 1998, 470; 2001, 108; s.u. Rn. 729).

Das Verwertungsverbot ist **zeitlich nicht begrenzt**. Es entsteht auch, wenn der Zeuge sein Zeugnisverweigerungsrecht erst nach Wiederaufnahme des Verfahrens geltend macht (BGHSt 46, 189). In der neuen HV dürfen dann die dem Verwertungsverbot unterliegenden Beweise nicht erhoben werden (BGH, a.a.O., für SV-Gutachten).

726 **2.a)** Hauptanwendungsfall des § 252 ist das Zeugnisverweigerungsrecht naher **Angehöriger** gem. § 52. Dazu gilt:

- **Entscheidend** ist nicht die Stellung, die der Zeuge bei seiner früheren Vernehmung hatte, sondern allein, ob er **in** der **HV Zeuge** ist (BGHSt 27, 139, 141 m.w.N.), was sich nach rein formalen Kriterien bestimmt.

  Es ist im Fall des § 52 auch gleichgültig, ob das **Angehörigenverhältnis** vor oder nach der früheren Vernehmung **entstanden** ist, sich also z.B. der Angeklagte und eine Zeugin erst nach der früheren Vernehmung verlobt haben (vgl. BGH NJW 1980, 67 m.w.N.; StV 1988, 92).

727

- Für Verfahren gegen **mehrere Angeklagte** gilt:
  - Das Verwertungsverbot wirkt grds. **gegenüber allen** Angeklagten, auch wenn das Angehörigenverhältnis nur zu einem von ihnen besteht, sofern gegen die Angeklag-

ten ein sachlich nicht trennbarer Vorwurf erhoben wird, wie z.B. Mittäterschaft an einem Diebstahl (BGHSt 34, 215).

- Das Verwertungsverbot **besteht** grds., nachdem der Angehörige des Zeugen aus dem Verfahren **ausgeschieden** ist, zugunsten des nichtangehörigen Angeklagten **weiter**, wenn das Verfahren in irgendeinem Abschnitt gegen die mehreren Beschuldigten gemeinsam geführt worden ist (BGHSt 34, 138; 215; NStZ 1988, 210 [M]; s.a. *Fischer* JZ 1992, 570 ff.). Etwas **anderes** soll gelten, wenn das gegen den angehörigen Angeklagten geführte Verfahren rechtskräftig **abgeschlossen** (BGHSt 38, 96) oder wenn der Angehörige **verstorben** ist (BGH NJW 1992, 1118; kritisch zu dieser Rspr. *Dahs/Langkeit* StV 1992, 492).

- Das Verwertungsverbot **gilt** hingegen **nicht**, wenn der Zeuge in der HV unter Berufung auf **§ 55** die Auskunft auf einzelne Fragen oder die Aussage im Ganzen verweigert (vgl. u.a. BGHSt 11, 213). Über die früheren Aussagen dürfen in diesem Fall die Verhörspersonen vernommen werden, das Protokoll der Vernehmung darf aber nicht verlesen werden (BGH NStZ 1996, 96 m.w.N.; KK-*Diemer*, § 252 Rn. 7 m.w.N.; wegen der Einzelh. → ***Auskunftsverweigerungsrecht***, Rn. 118).

728 **b)** § 252 gilt **auch** für die in den **§§ 53, 53a** genannten Berufsangehörigen und deren Helfer (→ *Zeugnisverweigerungsrecht*, Rn. 1194), allerdings nur, wenn bei der früheren Vernehmung ein **ZVR bestanden** hat (BGH StV 1997, 233 [Ls.]). Die Vorschrift gilt nicht, wenn der Zeuge bei der Vernehmung von der Schweigepflicht entbunden war (BGHSt 18, 146; a.A. *Geppert* Jura 1988, 311; s.a. *Kleinknecht/Meyer-Goßner*, § 53 Rn. 49). In **anderen Verfahren** erstattete **ärztliche Gutachten** dürfen, wenn der Angeklagte bei der Gutachtenerstellung über seine Duldungspflicht hinaus freiwillig an einer Untersuchung mitgewirkt hat, ebenfalls **nicht verwertet**/verlesen werden, wenn der Angeklagte der Verlesung und Verwertung widerspricht und der untersuchende Arzt von seinem Zeugnisverweigerungsrecht Gebrauch macht (*Cramer* NStZ 1996, 209, 216 f.; s.a. BGHSt 38, 369). Das gilt allerdings nicht für „Zwangsuntersuchungen" (*Cramer*, a.a.O.).

729 **3.** Das Verbot bezieht sich sachlich nicht nur auf frühere Aussagen in demselben Verfahren, sondern allgemein auf **alles**, was der weigerungsberechtigte Zeuge früher in **vernehmungsähnlichen Situationen** erklärt hat (KK-*Diemer*, § 252 Rn. 14 ff.; zum Vernehmungsbegriff eingehend *Burhoff*, EV, Rn. 1836; s.a. *Bernsmann* StV 1996, 416 ff.; *Haas* GA 1995, 238 ff.; *Neuhaus* Krim 1995, 787 ff.).

Beispiele:

Erfasst werden Aussagen

- **früherer Mitbeschuldigter**, deren Aufenthalt unbekannt ist oder die aus einem anderen Grund in absehbarer Zeit nicht vernommen werden können (BGHSt 10, 186, 189 f.; KK-

Diemer, § 252 Rn. 11 m.w.N.), jedoch **nicht**, wenn sich der Mitbeschuldigte pflichtwidrig dem Verfahren **entzieht** und sich verborgen hält (BGHSt 27, 139),

☝ Das gilt **auch** für Aussagen von Personen, die im Ermittlungsverfahren als **Zeugen** (richterlich) **vernommen** und belehrt worden sind, obwohl sie an sich Beschuldigte waren, und die nun in der HV von ihrem Zeugnisverweigerungsrecht Gebrauch machen (BGHSt 42, 391; zuletzt StV 2002, 3 [Ls.]). Die Belehrung als Zeuge ist für die damalige Stellung ohne rechtliche Bedeutung.

- eines früheren, mit dem Angeklagten verwandten/verschwägerten Zeugen, der nun nach Verbindung eines gegen ihn anhängigen Strafverfahrens Mitangeklagter ist, wenn die **Verfahrensverbindung** herbeigeführt worden ist, um die **Zeugenstellung** zu **unterlaufen** (BGHSt 45, 342),
- bei **informatorischen Befragungen** durch die Polizei oder die StA (BGHSt 29, 230; s. dazu a. → *Beweisverwertungsverbote*, Rn. 314),
- eines Zeugen, die dieser bei einer im Rahmen **eigener Ermittlungen** des **Verteidigers** diesem gegenüber in einer „Vernehmung“ gemacht hat (BGHSt 46, 1 [§ 252 entsprechend]),

☝ Erfasst werden von dem Verwertungsverbot **auch** von dem Verteidiger **hinzugezogene Personen** (BGH, a.a.O. [für Ehefrau des Verteidigers]).

- sowie auch **Schriftstücke**, die der Zeuge bei seiner früheren Vernehmung übergeben und zum Bestandteil seiner Aussage gemacht hat (st.Rspr., vgl. u.a. BGHSt 22, 219; StV 1996, 196; 1998, 470; zuletzt BGHSt 46, 189) sowie auch andere Beweisobjekte, wie z.B. **Tonbandaufnahmen** (KK-*Diemer*, § 252 Rn. 3),
- in einem gegen den Zeugen selbst als Beschuldigten gerichteten **Strafverfahren**, z.B. seine Einlassung (BGH StV 1988, 185; 1992, 500), die auch nicht durch die Verlesung des gegen den Zeugen ergangenen Urteils eingeführt werden darf (BGHSt 20, 384),
- gegenüber einem **SV**, die zwar nicht das Tatgeschehen selbst betreffen, wenn der Zeuge **nicht** vom Richter über sein Recht, die Begutachtung zu verweigern, **belehrt** worden ist (BGHSt 36, 217 [für → *Glaubwürdigkeitsgutachten*, Rn. 533 f., m.w.N.]; vgl. zum SV i.Ü. KK-*Diemer*, § 252 Rn. 18 m.w.N.),
- bei einem **SV**, die das Tatgeschehen selbst betreffen (sog. **Zusatztatsachen**; → *Vernehmung Sachverständiger*, Rn. 1076; vgl. u.a. BGHSt 36, 384; zuletzt BGH NJW 2000, 528 m.w.N.),

☝ Der **SV** darf also **nicht** als **Zeuge** gehört werden, wenn der Zeuge in der HV das Zeugnis verweigert (BGH, a.a.O.).

- vor einem **Zivilrichter**, z.B. in einem Scheidungs- oder Sorgerechtsverfahren (BGHSt 17, 324; 36, 384; NJW 1998, 2229; dazu eingehend *Ranft* Jura 1999, 522).

Nicht erfasst werden **730**

- **Briefe** des Zeugen an den Angeklagten (KK-*Diemer*, § 252 Rn. 20) und Äußerungen gegenüber anderen Zeugen (BGHSt 20, 384 f.; BayObLG NJW 1983, 1132; → ***Zeugen vom Hörensagen***, Rn. 1191),
- Äußerungen, die ein Zeuge vor oder außerhalb einer Vernehmung aus **freien Stücken** getan hat (vgl. u.a. BGHSt 29, 230, 232; 36, 384, 387 ff.; NStZ 1992, 247 m.w.N.; NStZ 1998, 26 [K]; a.A. für **spontane** Äußerungen vor der Polizei als Reaktion auf die staatliche Strafverfolgung, wobei es auf die Umstände des Einzelfalls ankommen soll, OLG Frankfurt StV 1994, 117 f.; s. zu allem a. *Burhoff*, EV, Rn. 1836 ff.; zur ausreichenden Begründung der entsprechenden Verfahrensrüge s. BGH NJW 1998, 2229),
- **gesprächsweise Äußerungen** und Mitteilungen des Zeugen gegenüber einem **Dritten** außerhalb einer Vernehmung (BGHSt 1, 373). Dazu gehören u.a.:
  - die **außergerichtliche Befragung** des Zeugen durch den **Verteidiger** im Rahmen der → *Vorbereitung der Hauptverhandlung*, Rn. 1145 f. (s. aber BGHSt 46, 1),
  - nach dem Beschluss des Großen Senats auch die Erkenntnisse, die eine **Privatperson** dadurch erlangt hat, dass sie ein auf Veranlassung der Ermittlungsbehörden zwischen dem Beschuldigten und einer V-Person geführtes **Telefongespräch** über die Straftat **mitgehört** hat, jedenfalls, wenn es um die Aufklärung **schwererer Straftaten** geht (BGHSt 42, 139; sog. „Hörfalle"),
  - die Angaben gegenüber einem **V-Mann**, den die Polizei zur Aufklärung eines Mordes im Umfeld des Angeklagten eingesetzt hat, über Äußerungen von Angehörigen des Angeklagten, wenn diese in der HV von ihrem Zeugnisverweigerungsrecht Gebrauch machen, es sei denn, durch den Einsatz des V-Mannes sollte eine Vernehmung vermieden und dadurch eine mögliche Zeugnisverweigerung umgangen oder eine bereits erklärte Verweigerung unterlaufen werden (BGHSt 40, 211; eingehend zu den Fragen → *V-Mann in der Hauptverhandlung*, Rn. 1134; s.a. *Burhoff*, EV, Rn. 1756 ff.; s. jetzt BVerfG NStZ 2000, 489, wonach der gezielte Einsatz eines V-Mannes gegenüber einem Zeugnisverweigerungsberechtigten wegen Fehlens der gesetzlichen Grundlage gegen das Gebot des **„fairen Verfahrens"** verstößt),
- **schriftliche Mitteilungen** und Erklärungen des Zeugen in dem anhängigen oder einem anderen Verfahren (*Kleinknecht/Meyer-Goßner*, § 252 Rn. 9 m.w.N.; s. dazu die teilweise a.A. von *Ranft* StV 2000, 520), **731**
- Angaben in einer von der Polizei aufgenommenen **Strafanzeige** (BGHSt 9, 365; NStZ 1988, 419; s.a. OLG Stuttgart Justiz 1972, 322); dabei dürfte es auf den **Einzelfall** ankommen und eine Verlesung jedenfalls dann ausgeschlossen sein, wenn mit der Anzeige eine Vernehmung verbunden war,
- frühere Aussagen eines Zeugen, der sich **verborgen** hält (BGHSt 25, 176; zur Kritik s. KK-*Diemer*, § 252 Rn. 12 m.w.N.).

4. Das **Verbot** der Protokollverlesung nach einer Zeugnisverweigerung gilt nach st.Rspr. (vgl. zuletzt u.a. BGHSt 36, 384; weitere Nachw. bei KK-*Diemer*, § 252 Rn. 22 und bei *Kleinknecht/Meyer-Goßner*, § 252 Rn. 14) **nicht** für eine Aussage eines Zeugen, die dieser bei einer früheren **richterlichen Vernehmung** nach **732**

Belehrung über sein Zeugnisverweigerungsrecht gemacht hat (vgl. zur Kritik an dieser Rspr. die o.a. Nachw.; a.A. hinsichtlich zivilrichterlicher Vernehmungen *Ranft* StV 2000, 525).

a) **Voraussetzungen** für die Verwertbarkeit sind (s.a. → *Beweisverwertungsverbote*, Rn. 314 ff.; zur [ordnungsgemäßen] richterlichen Vernehmung *Burhoff*, EV, Rn. 1442 ff.; 1872 ff.):

- Die Aussage muss **vor** einem **Richter**, auch einem Zivilrichter (BGHSt 17, 324), gemacht worden sein. Jeder Rückgriff auf polizeiliche oder staatsanwaltschaftliche Aussagen, auch in Form des Vorhalts an den Angeklagten oder an Zeugen, ist unzulässig.
- Der Zeuge muss vom Richter i.S.d. § 136 vorschriftsmäßig **belehrt** worden sein (BGH NJW 1952, 356; s. dazu a. *Kleinknecht/Meyer-Goßner*, § 136 Rn. 7 ff. m.w.N.).

> ☝ Ist die **Belehrung** des Zeugen **unterblieben**, weil dieser fälschlicherweise sein ZVR nicht angegeben hat, hat das auf das Bestehen des Verwertungsverbotes keinen Einfluss (BGH StV 2002, 3 [zugleich mit Ausführungen zur Beruhensfrage]).

- Bei der früheren Vernehmung dürfen die in den §§ 168c, 224 vorgeschriebenen **Benachrichtigungen** nicht ohne rechtfertigenden Grund, z.B. dann, wenn die Gefahr besteht, dass der Untersuchungserfolg vereitelt oder gefährdet würde (vgl. dazu BGHSt 29, 1), unterblieben sein (BGHSt 26, 332, 335; wegen der Einzelh. s. *Burhoff*, EV, Rn. 1447 ff., 1877 ff.). Es kann die Gefährdung des Untersuchungserfolges aber nur aus Umständen resultieren, die geeignet sind, das noch zu gewinnende Beweisergebnis zu beeinflussen. Eine mögliche Beeinflussung zu weiteren Ermittlungshandlungen, deren Notwendigkeit sich erst aus dem Ergebnis dieser Vernehmung ergibt, genügt für ein Unterbleiben der Benachrichtigung nicht (BGH NJW 1999, 3133 [Ls.]).
- Allgemein dürfte Voraussetzung für die Verwertbarkeit sein, dass die Vernehmung „**ordnungsgemäß**" **zustande gekommen** ist (wegen der Einzelh. → *Verlesung von Protokollen früherer Vernehmungen*, Rn. 1020; s.a. *Burhoff*, EV, Rn. 1891 ff.).

733 b) Sind diese Voraussetzungen erfüllt, kann der **Richter** über die frühere Aussage des Zeugen als Zeuge vernommen werden. Die **Verlesung** des Vernehmungsprotokolls ist – auch mit Zustimmung der Beteiligten – **nicht zulässig** (BGHSt 10, 77; NStZ 1996, 96; → *Verlesung von Protokollen früherer Vernehmungen*, Rn. 1017). Das frühere Protokoll kann dem Richter aber vorgehalten werden (→ *Vorhalt aus und von Urkunden*, Rn. 1162). Vernommen werden können alle Richter, ggf. auch Schöffen (BGHSt 13, 394).

734

> ☝ Bei der Vernehmung des Richters muss der Verteidiger besonders darauf achten, dass dieser vom Vorsitzenden zunächst nach seinem noch **vorhandenen Wissen gefragt** wird, bevor ihm die frühere Vernehmung vorgehalten wird. Die **sofortige Verlesung** des gesamten Protokolls ist nicht statthaft und

muss vom Verteidiger **unverzüglich beanstandet** werden (*Dahs*, Rn. 535). Der Verteidiger muss darauf dringen, dass der (Vernehmungs-)Richter zunächst im Zusammenhang über das berichtet, an was er sich noch erinnern kann. Erst danach kann ein Vorhalt in Betracht kommen, bei dem der Verteidiger darauf drängen sollte, dass das frühere Vernehmungsprotokoll nur abschnittsweise vorgehalten wird, um dann jeweils die Erinnerung des Zeugen zu prüfen. Es empfehlen sich auch Fragen, wie sich der Richter auf die Vernehmung vorbereitet hat, z.B. ob ihm eine Durchschrift des Vernehmungsprotokolls zur Verfügung gestanden hat.

☝ Kann sich der Richter **nicht mehr** an den Inhalt der früheren Vernehmung **erinnern**, reicht die Erklärung, es sei richtig protokolliert worden, nicht aus, um hierauf das Urteil zu stützen (*Kleinknecht/Meyer-Goßner*, § 252 Rn. 15; zuletzt BGH StV 2001, 386; vgl. zu allem auch *Salditt* StV 1993, 444 f.). Darauf muss der Verteidiger ggf. in seinem **Schlussvortrag** (→ *Plädoyer des Verteidigers*, Rn. 665) hinweisen.

Siehe auch: → *Protokollverlesung zur Gedächtnisstützung*, Rn. 735; → *Verlesung von Geständnisprotokollen*, Rn. 1006.

Protokollverlesung zur Gedächtnisstützung **735**

Literaturhinweise: ***Geerds***, Über Vorhalt und Urkundenbeweis mit Vernehmungsprotokollen, in: Festschrift für *Blau*, S. 67; ***Grünwald***, Beweisverbote und Verwertungsverbote im Strafverfahren, JZ 1966, 489; ***Hanack***, Protokollverlesungen und -vorhalte als Vernehmungsbehelf, in: Festschrift für *Schmidt-Leichner*, S. 83; ***Kuckuck***, Zur Zulässigkeit von Vorhalten aus Schriftstücken in der Hauptverhandlung des Strafverfahrens, 1977; ***Riegner***, Verhörsbeamte als Zeugen in der Hauptverhandlung, NJW 1961, 63; ***Wömpner***, Ergänzender Urkundenbeweis neben §§ 253, 254 StPO? – Zur Bedeutung und zum wechselseitigen Verhältnis der §§ 250, 253, 254 StPO, NStZ 1983, 293; s.a. die Hinw. bei → *Urkundenbeweis, Allgemeines*, Rn. 884.

1. Häufig erklären **Zeugen** oder **SV** bei ihrer Vernehmung, dass sie sich an etwas nicht mehr erinnern können. In diesen Fällen erlaubt § 253 Abs. 1 zur Unterstützung des Gedächtnisses der Auskunftsperson die – ggf. teilweise – Verlesung des Protokolls über eine frühere Vernehmung. Nach § 253 Abs. 2 ist die Verlesung außerdem erlaubt, wenn ein in der Vernehmung hervorgetretener **Widerspruch** mit der früheren Aussage nicht auf andere Weise ohne Unterbrechung der HV festgestellt oder behoben werden kann. Kann der Widerspruch anders geklärt werden, insbesondere durch Vernehmung der Verhörsperson, ist die **Verlesung unzulässig** (BGH NStZ 2002, 46). Der Verlesung bedarf es auch dann nicht, wenn der Zeuge nach Vorhalt der früheren Aussage angibt, zwar so ausgesagt zu haben, dies sei aber gelogen gewesen (BGH, a.a.O.).

☝ Da es sich bei der Protokollverlesung zur Gedächtnisstützung in der Form des „förmlichen Vorhalts" um eine (besondere) Form des **Urkundenbeweises** (*Kleinknecht/Meyer-Goßner*, § 253 Rn. 1; a.A. z.T. die o.a. Lit.-Hinw. [nur besondere Form des Vorhalts]) handelt, durch die die Vernehmung der Verhörsperson ersetzt wird, muss der Verteidiger besonders darauf achten, dass die Voraussetzungen des § 253 vorliegen (s.a. u. Rn. 737 ff.).

☝ **Unberührt** von der Möglichkeit der Protokollverlesung nach § 253 bleibt die Möglichkeit, der Auskunftsperson aus dem Protokoll **Vorhalte** zu machen (*Kleinknecht/Meyer-Goßner*, § 253 Rn. 10 m.w.N.; → *Vorhalt aus und von Urkunden*, Rn. 1162).

736 2. **Voraussetzung** der Verlesung nach § 253 ist zunächst die **Anwesenheit** des Zeugen oder SV in der **HV** (BGH MDR 1970, 198 [D]; KG NJW 1979, 1668; OLG Saarbrücken JR 1973, 472).

Im Fall des **§ 253 Abs. 1** muss die Auskunftsperson erklären, sich nicht erinnern zu können, bzw. die Erinnerungslücke muss durch die Vernehmung erkennbar werden (BGHSt 3, 281, 285). Die Richtigkeit dieser Erklärung, die nicht überzeugend zu sein braucht, prüft das Gericht nicht nach (RGSt 59, 248; *Kleinknecht/Meyer-Goßner*, § 253 Rn. 5).

Im Fall des **§ 253 Abs. 2** muss ein Widerspruch zwischen der jetzigen und der früheren Aussage auftreten, der nicht schon bei der früheren Vernehmung aufgetreten war und der ohne Unterbrechung nicht anders als durch die Verlesung behoben werden kann. Er kann z.B. behoben werden, wenn der (Vernehmungs-) Richter oder -beamte zur HV geladen ist (RGSt 55, 223; BGH NStZ 2002, 46).

☝ Die Verlesung und der **Grund** sind nach § 255 auf **Antrag** des Angeklagten und des Verteidigers (BGHSt 12, 367) im **Protokoll** zu erwähnen. Dabei lassen die Eintragung über die dem Zeugen gemachten Vorhalte, selbst unter Berücksichtigung des Zusatzes „zur Unterstützung seines Gedächtnisses" und die Bezugnahme auf bestimmte Blattzahlen der Akte nicht die Auslegung einer Verlesung i.S.d. § 253 zum Zweck des Urkundenbeweises zu (OLG Köln StV 1998, 478).

3. Hinweise für den Verteidiger!

a) **Allgemein** muss der Verteidiger Folgendes **beachten**: **736a**

- § 253 ist eine Möglichkeit, die Vernehmung der **Vernehmungsperson** zu ersetzen oder zu **umgehen**. Damit scheiden dann die Möglichkeiten, diese zu befragen, aus. Das kann **nachteilig** sein.
- Beachten muss er auch das Stufenverhältnis zwischen freiem Vorhalt und förmlichem Vorhalt: Der **förmliche Vorhalt** ist der „**letzte Ausweg**", nachdem der auch mit Hilfe des freien Vorhalts unternommene Versuch, den Zeugenbeweis zu erreichen, erfolglos geblieben ist. Deshalb muss zunächst versucht werden, mit dem freien Vorhalt zu einer Aussage des Zeugen zu gelangen (*Kleinknecht/Meyer-Goßner*, § 253 Rn. 10 m.w.N.; → *Vorhalt aus und von Urkunden*, Rn. 1162).

Darüber hinaus gilt:

737 b) Die gesetzliche Regelung des § 253 ist nach h.M. eine **Kombination** zwischen Zeugen- und Urkundenbeweis (*Kleinknecht/Meyer-Goßner*, § 253 Rn. 1 m.w.N.; *Dahs*, Rn. 597). Der Urkundenbeweis darf jedoch nicht den Zeugenbeweis ersetzen, sondern muss **Vernehmungsbehelf** bleiben. Deshalb muss die Auskunftsperson zunächst vollständig vernommen werden, wobei ggf. ein → *Vorhalt aus und von Urkunden*, Rn. 1162, gemacht werden kann. Nur wenn das nicht zum Erfolg führt, darf nach § 253 verfahren werden (vgl. u.a. BGH NJW 1986, 2063; OLG Koblenz GA 1974, 222).

☝ Wird der Auskunftsperson ihre frühere Vernehmung „**zu früh** vorgehalten", muss der Verteidiger dies **beanstanden**, da anderenfalls nicht mehr erkennbar ist, an was sich die Auskunftsperson noch ohne die Protokollverlesung erinnert.

Der Übergang vom Zeugenbeweis mit dem Vernehmungsbehelf „Vorhalt" zur Verlesung des Protokolls in Form des Urkundenbeweises muss für alle Beteiligten deutlich werden. Deshalb muss selbst bei **vorangegangenem Vorhalt** das Vernehmungsprotokoll ggf. **nochmals** wörtlich **verlesen** werden (OLG Köln StV 1998, 478).

738 c) Verlesen werden können nach § 253 sowohl richterliche als auch nichtrichterliche Vernehmungen aus jedem Abschnitt des Strafverfahrens, aber auch aus anderen Verfahren (*Kleinknecht/Meyer-Goßner*, § 253 Rn. 7 m.w.N.). Der **Umfang** der **Verlesung** hängt von der Größe der Erinnerungslücke oder dem Widerspruch ab. Ggf. kann das ganze Protokoll verlesen werden, wenn die Beschränkung auf einen Teil unmöglich erscheint (RGSt 57, 377; OLG Koblenz, a.a.O.). Ist das Protokoll bereits zum Zweck des Vorhalts verlesen worden, ist eine **nochmalige Verlesung** erforderlich (OLG Köln NJW 1965, 830).

739 **d)** § 253 gestattet nur die Verlesung von **Vernehmungsprotokollen**. Die Vorschrift gilt nicht entsprechend für schriftliche Erklärungen der Auskunftsperson über beweiserhebliche Tatsachen. Diese sind außer durch die Vernehmung in der Form des Urkundenbeweises in die HV einzuführen (BGHSt 20, 160, 162; → *Urkundenbeweis, Allgemeines*, Rn. 884, m.w.N.). Die bei der nach § 253 verlesenen Aussage in Bezug genommenen schriftlichen Erklärungen der Auskunftsperson können aber mitverlesen werden (*Kleinknecht/Meyer-Goßner*, § 253 Rn. 6). Die Vorschrift gilt auch nicht für Tonaufnahmen (KK-*Diemer*, § 253 Rn. 10; zur Einführung von Videovernehmungen gem. § 255a → *Vorführung von Bild-Ton-Aufzeichnungen*, Rn. 1158a ff.).

☝ Die **Entscheidung** über die Verlesung trifft zunächst nach § 238 Abs. 1 der Vorsitzende. Es handelt sich um eine Maßnahme der → *Verhandlungsleitung*, Rn. 972. Beanstandet der Verteidiger die Anordnung der Verlesung, entscheidet gem. **§ 238 Abs. 2** das Gericht durch Beschluss.

R

740 Rechtsmittel, Allgemeines

Literaturhinweise: ***Burhoff***, Die Wiedereinsetzung in den vorigen Stand bei Versäumung einer Frist im Strafverfahren, ZAP F. 22, S. 223; ders., Verteidigung im Revisionsverfahren, ZAP F. 22, S. 237; ***Cierniak***, Beschwerde gegen die vorläufige Entziehung der Fahrerlaubnis und Revision, NZV 1999, 324; ***Eschelbach/Gieg***, Begründungsanforderungen an die Urteilsverfassungsbeschwerde in Strafsachen, NStZ 2000, 565; ***Kintzi,*** Rechtsmittelreform in Strafsachen – eine unendliche Geschichte?, in: Festschrift für *Peter Rieß*, S. 225; ***Schlothauer***, Das Revisionsrecht in der Krise, StraFo 2000, 289; ***Schmidt***, Zur Kollision der sog. „§ 111a-Beschwerde" mit Berufung und Revision, BA 1996, 357; ***Strate***, Der Verteidiger in der Wiederaufnahme, StV 1999, 228; s. auch die Hinw. bei → *Berufung, Allgemeines*, Rn. 178a, → *Haftfragen*, Rn. 538.

1. Bei der → *Nachbereitung der Hauptverhandlung*, Rn. 613, wird der Mandant dem Verteidiger immer wieder auch die Frage stellen, ob und welches Rechtsmittel gegen das gerade verkündete Urteil eingelegt werden kann. Die mit den Rechtsmitteln der StPO zusammenhängenden Fragen können hier nicht alle behandelt werden. Hingewiesen werden soll mit den nachstehenden Ausführungen nur auf einige, für die praktische Arbeit wichtige Aspekte (wegen der geplanten Änderungen im Rechtsmittelrecht → *Gesetzesnovellen*, Rn. 524).

741 **2.** Der Verteidiger muss den Mandanten zunächst über das **zulässige Rechtsmittel** informieren.

☝ Allgemein muss er den Mandanten darauf hinweisen, dass die Rechtsmittel gegen Urteile **fristgebunden** sind und grds. innerhalb einer Woche ab Verkündung des Urteils eingelegt werden müssen. Wenn der Mandant sich noch nicht sofort nach der HV zur Einlegung eines Rechtsmittels entscheiden kann, **empfiehlt** es sich, dem Mandanten zu raten, zunächst durch den Verteidiger zur „**Fristwahrung**“ Rechtsmittel einlegen zu lassen und dann später – nach Zustellung des schriftlich begründeten – Urteils zu entscheiden, ob und mit welchem Rechtsmittel das Verfahren weitergeführt werden soll (→ *Rechtsmittel, Unbestimmtes Rechtsmittel*, Rn. 750a).

☝ Bei **Fristversäumung** kommt **Wiedereinsetzung** in den vorigen Stand nach §§ 44 ff. in Betracht (vgl. dazu allgemein *Burhoff*, EV, Rn. 2050 ff. m.w.N.; ders. ZAP F. 22, S. 223).

742 **a)** Nach § 312 kann gegen die (amtsgerichtlichen) Urteile des Strafrichters und des Schöffengerichts grds. **Berufung** eingelegt werden (s. → *Berufung, Allgemeines*, Rn. 178a, m.w.N.). Dieser Grundsatz ist in § 313 **eingeschränkt** (wegen der Einzelh. der sog. **Annahmeberufung** s. → *Berufung, Annahmeberufung*, Rn. 178e).

743 Die → ***Berufungsfrist***, Rn. 182k, beträgt nach § 314 grds. **eine Woche** nach Verkündung des Urteils. Die Berufung muss beim Gericht des ersten Rechtszugs schriftlich oder zu Protokoll der Geschäftsstelle eingelegt werden (s. → *Berufungseinlegung*, Rn. 182a).

☝ Etwas anderes gilt, wenn das Urteil **nicht in Anwesenheit** des Angeklagten verkündet worden ist (→ *Verhandlung ohne den Angeklagten*, Rn. 954, m.w.N.). Dann beginnt die Wochenfrist erst mit der Zustellung des Urteils.

Der Verteidiger **kann** die Berufung **begründen** (§ 317), vorgeschrieben ist das jedoch nicht (wegen der Einzelh. s. → *Berufungsbegründung*, Rn. 178m).

744 **Hinweis für den Verteidiger!**

- Ob der Verteidiger dem Mandanten, der ein Rechtsmittel einlegen will, zur Berufung **rät**, hängt davon ab, was der Mandant mit seinem Rechtsmittel erreichen will. Will er von dem gegen ihn erhobenen Vorwurf insgesamt **freigesprochen** werden, wird der Verteidiger im Zweifel zur **Berufung** raten. Diese ist (zweite) Tatsacheninstanz. In der → *Berufungshauptverhandlung*, Rn. 183, werden daher i.d.R. die Zeugen nochmals gehört und der gesamte Sachverhalt erneut erörtert.
- Entsprechendes gilt, wenn dem Mandanten „nur" die **Strafe** zu **hoch** ist. Auch in diesem Fall empfiehlt sich i.d.R. die Berufung, die dann nach § 318 auf das **Strafmaß beschränkt** werden sollte (→ *Berufungsbeschränkung*, Rn. 179). Dies sollte der Verteidiger schon vor der Berufungshauptverhandlung tun. Anderenfalls werden nämlich Zeugen und SV noch einmal geladen. Die entstehenden Kosten hat dann der Angeklagte zu tragen.
- Geht es dem Mandanten oder auch dem Verteidiger um die **Klärung** einer **Rechtsfrage**, ist die Einlegung einer **Sprungrevision** nach § 335 zu empfehlen (wegen des Verhältnisses zur Annahmeberufung → *Berufung, Annahmeberufung*, Rn. 178i).

745 **b)** Gegen Urteile der **Strafkammern** und der Schwurgerichte sowie gegen die im ersten Rechtszug ergangenen Urteile der OLG ist gem. § 333 die Revision zulässig. Bei der **Revision** handelt es sich um ein Rechtsmittel mit nur begrenzten Prüfungsmöglichkeiten. Urteil und Verfahren werden nur auf **Rechtsfehler** geprüft (allgemein zur Verteidigung im Revisionsverfahren *Burhoff* ZAP F. 22, S. 237).

Die **Frist** zur Einlegung der Revision beträgt nach § 341 Abs. 1 **eine Woche** nach Verkündung des Urteils. Die Revision muss schriftlich oder zu Protokoll des Geschäftsstelle eingelegt werden. Die Ausführungen zur → *Berufungsfrist*, Rn. 182a, und zur → *Berufungseinlegung*, Rn. 182k, gelten entsprechend.

746 Anders als bei der Berufung besteht nach § 344 bei der Revision **Antrags**- und **Begründungszwang**. Die Revisionsanträge und ihre Begründung müssen gem. § 345 Abs. 1 spätestens binnen **eines Monats** nach Ablauf der Frist zur Einlegung des Rechtsmittels bei dem Gericht, gegen dessen Urteil Rechtsmittel eingelegt wird, angebracht werden. War zu dieser Zeit – was in der Praxis die Regel ist – das schriftlich begründete Urteile noch nicht zugestellt, beginnt diese Frist erst mit der Zustellung des (vollständig begründeten) Urteils.

☝ Der Verteidiger muss den **Mandanten** darauf **hinweisen**, dass er zwar selbst durch einfaches Schreiben Revision einlegen kann, dass die **Begründung** jedoch gem. § 345 Abs. 2 (fristgemäß) **nur** durch den Verteidiger oder zu Protokoll der Geschäftsstelle erfolgen kann.

In der Praxis ist es üblich, mit der Revisionseinlegung die allgemeine **Sachrüge** zu erheben und die Aufhebung des Urteils und Zurückverweisung zu beantragen. Diese Vorgehensweise ist grds. zu empfehlen, da damit die Begründung der Revision nicht mehr versäumt werden kann. Andererseits ist diese Vorgehensweise aber nicht ohne Gefahr, da, wenn später die Revision im Einzelnen begründet wird, darin dann ggf. eine (unbedachte) Beschränkung des Rechtsmittels gesehen werden kann (vgl. allgemein zur Begründung der Sachrüge *Burhoff* StV 1997, 432, 438 [Verteidigerfehler]).

747 **c)** In einigen Fällen kann sich für den Verteidiger/Angeklagten die Frage stellen, ob die **Beschwerde** gegen einen mit dem Urteil verkündeten Beschluss zulässig ist.

Die Frage kann sich einmal ergeben hinsichtlich eines **Bewährungsbeschlusses**. Dieser ist nach **§ 305a selbstständig** mit der einfachen Beschwerde nach § 304 **anfechtbar**. Das gilt allerdings nur, wenn der Beschluss eine gesetzwidrige Auflage (s. § 56a ff., 59a, 68b, 68c StGB) enthält oder Ermessensüberschreitung oder -missbrauch vorliegt (wegen der Einzelh. s. *Kleinknecht/Meyer-Goßner*, § 305a Rn. 1).

748 In der Praxis von Bedeutung ist auch immer wieder die Frage der (selbstständigen/isolierten) **Anfechtung** der Entscheidung des Berufungsgerichts zur **vorläufigen Entziehung** der **Fahrerlaubnis**, wenn gleichzeitig Revision eingelegt worden ist. Die Antwort ist in der Rspr. nicht einheitlich. Die wohl überwiegende Meinung geht von Folgendem aus: Grds. ist für eine **isolierte Anfechtung** der vom Berufungsgericht gem. § 111a Abs. 1 StPO angeordneten vorläufigen Entziehung der Fahrerlaubnis **kein Raum**, wenn gleichzeitig gegen das Urteil, das die Anordnung der Entziehung der Fahrerlaubnis gem. § 69a Abs. 1 StGB trifft, Revision eingelegt worden ist (s. u.a. OLG Brandenburg NStZ-RR 1996, 170; OLG Düsseldorf NJW 1996, 209 [Ls.]; OLG Hamm MDR 1996, 954, jeweils m.w.N.; a.A. [unbeschränkt zulässig] OLG Düsseldorf [2. Strafsenat] NStZ-RR 2000, 240; OLG Frankfurt NStZ-RR 1996, 205; OLG Koblenz NStZ-RR 1997, 206; OLG Schleswig StV 1995, 345; [mit der Maßgabe zulässig, dass die Prüfung der Geeignetheit i.S.d. § 69 StGB dem Beschwerdegericht entzogen ist] OLG Köln VRS 93, 348; zu allem eingehend *Schmidt* BA 1996, 357 und *Cierniak* NZV 1999, 324). Etwas anderes soll dann gelten, wenn die rechtlichen Voraussetzungen für die Anordnung der Entziehung der Fahrerlaubnis gem. § 69 StGB offensichtlich nicht vorgelegen haben (OLG Brandenburg, a.a.O.; OLG Hamm, a.a.O.).

Siehe auch: → *Berufung, Allgemeines*, Rn. 178a, m.w.N., → *Rechtsmittelbelehrung*, Rn. 749, → *Rechtsmittel, Unbestimmtes Rechtsmittel*, Rn. 750a, → *Rechtsmittelverzicht*, Rn. 751.

749 Rechtsmittelbelehrung

Literaturhinweise: ***Heldmann,*** Ausländer und Strafjustiz, StV 1981, 252; s.a. die Hinw. bei → *Berufung, Allgemeines*, Rn 178a, und bei → *Rechtsmittel, Allgemeines*, Rn 740.

1. Gem. § 35a muss nach der → *Urteilsverkündung*, Rn. 920, der Angeklagte über die Möglichkeit der Anfechtung des Urteils und die dafür vorgeschriebene Frist und Form belehrt werden (zum Inhalt und zur Form s. *Kleinknecht/Meyer-Goßner*, § 35a Rn. 7 ff.; s.a. LG Mainz StraFo 1999, 135 [Wiedereinsetzung in den vorigen Stand, wenn nicht (auch) über die Möglichkeit der Anfechtung der Kostenentscheidung belehrt worden ist]).

Die Belehrung ist **Sache** des **Gerichts**. Es gilt **Nr. 142 RiStBV**. Ist der Angeklagte der deutschen Sprache nicht mächtig, muss bei der Rechtsmittelbelehrung ein Dolmetscher mitwirken (→ *Zuziehung eines Dolmetschers*, Rn. 1226; s.a. *Heldmann* StV 1981, 251; KK-*Maul*, § 35a Rn. 8 m.w.N.). Die Belehrung hat dann auch den Hinweis zu enthalten, dass ein Rechtsmittel schriftlich in deutscher Sprache eingelegt werden muss (BVerfG NJW 1983, 2762, 2764; BGHSt 30, 182; Nr. 142 Abs. 1 S. 3 RiStBV).

☝ Ggf. kann bei Besonderheiten im Verfahrensablauf die zusätzliche Erteilung einer ausführlichen schriftlichen Rechtsmittelbelehrung geboten sein (BVerfG NJW 1996, 1811; s.a. Nr. 142 Abs. 1 S. 2 RiStBV [**Merkblatt**]). Wird das bei einer schwierigen und umfangreichen Rechtsmittelbelehrung unterlassen, kann das ggf. die Wiedereinsetzung in den vorigen Stand begründen (OLG Köln NStZ 1997, 404 [versäumte Frist für den Antrag auf Zulassung der Rechtsbeschwerde]; s. aber OLG Hamm NJW 2001, 3279 zur Erkundigungspflicht eines Ausländers, wenn ein Merkblatt nicht ausgehändigt worden ist). Die Belehrung braucht aber die konkrete Berechnung des Laufs der Rechtsmittelfrist nicht zu enthalten (BVerfG NJW 1971, 2217; *Weihrauch* NJW 1972, 243 in der Anm. zu BVerfG, a.a.O.).

750 **2.** Das Gericht muss den Angeklagten auch dann belehren, wenn er rechtskundig oder durch einen Rechtsanwalt verteidigt oder vertreten ist (KK-*Maul*, § 35a Rn. 6). Der Angeklagte kann jedoch auf die **Rechtsmittelbelehrung verzichten** (BGH NStZ 1984, 329; OLG Hamm NJW 1956, 1330; OLG Zweibrücken MDR 1978, 861).

☝ Der Verzicht kann darin liegen, dass der **Verteidiger** die **Belehrung übernimmt** (OLG Hamm MDR 1978, 337). Allerdings muss der Verteidiger damit **vorsichtig** umgehen. Bei einem Verzicht (des Verteidigers) auf die Rechtsmittelbelehrung gilt nämlich im Fall der Fristversäumung nicht die gesetzliche Vermutung des § 44 S. 2, wonach die Versäumung der (Rechtsmittel-)Frist unverschuldet ist, wenn nicht nach § 35a belehrt worden ist (OLG Düsseldorf MDR 1990, 652; OLG Zweibrücken, a.a.O.).

Siehe auch: → *Berufung, Allgemeines*, Rn. 178a, m.w.N. → *Nachbereitung der Hauptverhandlung*, Rn. 613, → *Rechtsmittel, Allgemeines*, Rn. 740, m.w.N.

Rechtsmittel, Unbestimmtes

750a

Literaturhinweise: siehe die Hinw. bei → *Berufung, Allgemeines*, Rn. 178a, und bei → *Rechtsmittel, Allgemeines*, Rn. 740.

1. Nach § 335 Abs. 1 kann ein Urteil, gegen das die Berufung zulässig ist, auch mit der Revision angefochten werden. Da die Entscheidung über das „richtige" Rechtsmittel i.d.R. erst nach Kenntnis von den Urteilsgründen getroffen werden kann, wird nach allgemeiner Meinung in Rspr. und Lit. in Erweiterung des § 335 auch die **unbestimmte Anfechtung** des Urteils als **zulässig** angesehen (vgl. u.a. BGHSt 6, 206; *Kleinknecht/Meyer-Goßner*, § 335 Rn. 2 m.w.N.).

☝ In welcher **Form** die unbestimmte Anfechtung erfolgt, kann der Verteidiger **frei** entscheiden: Er kann innerhalb der → *Berufungsfrist*, Rn. 182k, Rechtsmittel einlegen, ohne dieses (zunächst) näher zu bezeichnen, er kann sich aber auch die spätere Benennung des Rechtsmittels ausdrücklich vorbehalten (BGHSt 13, 388, 393; *Kleinknecht/Meyer-Goßner*, a.a.O.; vgl. auch das Muster u. Rn. 750d).

Bestehen **Zweifel**, ist anzunehmen, dass das Rechtsmittel nicht endgültig gewählt ist (zuletzt u.a. BGHSt 25, 321, 324).

750b

2.a) Hat der Verteidiger ein unbestimmtes Rechtsmittel eingelegt, wodurch die Rechtskraft des angefochtenen Urteils gem. §§ 316 Abs. 1, 343 Abs. 1 gehemmt wird, muss er **nach Zustellung** des angefochtenen Urteils **entscheiden**, welches Rechtsmittel nun **endgültig** durchgeführt werden soll.

☝ Die endgültige Wahl kann/muss bis zum **Ablauf** der **Revisionsbegründungsfrist** getroffen werden (st. Rspr., vgl. zuletzt BGHSt 25, 321, 324; OLG Düsseldorf NStZ 1983, 471).

☝ Die Frist kann vollständig ausgeschöpft werden (OLG Frankfurt NStZ 1991, 506 f.). Während des **Laufs** der Frist darf das **Berufungsverfahren nicht** durchgeführt werden. Geschieht das dennoch, geht das Wahlrecht zwar verloren, dieser Verlust kann aber mit der **Revision** gerügt werden (OLG Frankfurt, a.a.O.). Hat die Revision Erfolg, wird die Wahlmöglichkeit mit der noch verbliebenen Frist wiederhergestellt (OLG Frankfurt, a.a.O.).

Die **Bestimmung** des Rechtsmittels muss der Verteidiger davon **abhängig** machen, ob im Interesse des Mandanten auf die Berufungsinstanz als zweite Tatsacheninstanz verzichtet werden kann (vgl. zu den Überlegungen → *Rechtsmittel, Allgemeines*, Rn. 744).

Trifft der Verteidiger **keine Wahl**, wird das Rechtsmittel automatisch als **Berufung** durchgeführt (BGHSt 40, 395). Entsprechendes gilt bei einer nicht eindeutigen Erklärung (*Kleinknecht/Meyer-Goßner*, § 335 Rn. 5 m.w.N.).

750c **b)** Die einmal getroffene **Wahl** ist **endgültig**. Der Übergang zu dem anderen Rechtsmittel ist nach allgemeiner Meinung nun nicht mehr möglich (BGHSt 13, 388; *Kleinknecht/Meyer-Goßner*, § 335 Rn. 12 m.w.N.), obwohl das der vom BGH an anderer Stelle geforderten großzügigen Wahlmöglichkeit hinsichtlich des Rechtsmittels entgegensteht (dazu BGHSt 17, 44, 49; a.A. deshalb OLG Celle NJW 1982, 397; Nds.Rpfl. 1993, 331; a.A. wohl auch Beck-*Michalke*, S. 497). Die Bindungswirkung wird allerdings dann nicht eintreten, wenn die endgültige Wahl des Rechtsmittels vor wirksamer Urteilszustellung erfolgt ist (OLG Köln StV 1996, 369).

750d

3. Muster eines unbestimmten Rechtsmittels

An das
Amtsgericht
Musterstadt

In dem Strafverfahren
gegen H. Muster
Az.: . . .

wegen des Verdachts der Hehlerei u.a.

wird gegen das am 22. November 2002 verkündete Urteil des Amtsgerichts Musterstadt

Rechtsmittel

eingelegt.

Ich beantrage, mir das Protokoll der Hauptverhandlung vom 22. November 2002 zur Einsichtnahme zu übersenden oder mir – nochmals – Akteneinsicht zu gewähren.

Rechtsanwalt

Siehe auch: → *Berufung, Allgemeines*, Rn. 178a, m.w.N., → *Rechtsmittel, Allgemeines*, Rn. 740.

Rechtsmittelverzicht

751

Literaturhinweise: ***Dahs***, Zur Rechtswirksamkeit des nach der Urteilsverkündung „herausgefragten" Rechtsmittelverzichts, in: Festschrift für *Schmidt-Leichner*, S. 17; ***Erb***, Überlegungen zum Rechtsmittelverzicht des Angeklagten unmittelbar nach der Urteilsverkündung, GA 2000, 511; ***Meyer***, Erstreckung eines strafrechtlichen Rechtsmittelverzichts auf verkündete Annexentscheidungen, JurBüro 1993, 706; ***Rieß***, Der vereinbarte Rechtsmittelverzicht, in: Festschrift für *Meyer-Goßner*, S. 447; ***Schmidt***, Unwirksamkeit des Rechtsmittelverzichts, NJW 1965, 1210; ***Weider***, Rechtsmittelverzicht und Absprache, in: Festschrift für *Lüderssen*, S. 773; s.a. die Hinw. bei → *Berufungsrücknahme*, Rn. 198.

1. Nach § 302 Abs. 1 S. 1 kann auf die Einlegung eines Rechtsmittels verzichtet werden. Die Frage, ob auf ein Rechtsmittel verzichtet werden soll, meist handelt es sich um die Berufung oder Revision, ergibt sich in der HV i.d.R. unmittelbar im Anschluss an die → *Urteilsverkündung*, Rn. 920, wenn der Vorsitzende – entgegen Nr. 142 Abs. 2 S. 1 RiStBV – den Angeklagten und/oder den Verteidiger danach fragt.

☝ Der Verteidiger sollte wegen der weitreichenden Folgen auf diese Anregung des Vorsitzenden hin auf jeden Fall um eine kurze → ***Unterbrechung*** *der Hauptverhandlung*, Rn. 873, bitten, um die sich aus einem Rechtsmittelverzicht ergebenden Fragen mit dem Mandanten **besprechen** zu können (s. BGHSt 18, 257; NStZ 1996, 297). Dabei muss er ihn auch über die gegen das soeben verkündete Urteil möglichen Rechtsmittel belehren (→ *Rechtsmittel, Allgemeines*, Rn. 740).

752 Grds. ist davon **abzuraten**, noch **in** der **HV** einen **Rechtsmittelverzicht** zu erklären (so auch *Erb* GA 2000, 511 f.). Der Angeklagte steht häufig noch unter dem Eindruck der HV und er ist sich möglicherweise der Tragweite seiner (Verzichts-)Erklärung nicht bewusst. Der Verteidiger sollte auf keinen Fall Druck auf den Mandanten ausüben (BGH NStZ 1999, 364). Denn dieser vergibt mit dem Rechtsmittelverzicht seine letzte Chance, vielleicht doch noch eine für ihn günstigere Entscheidung zu erreichen.

Es kann allerdings auch der sofortige Rechtsmittelverzicht **zweckmäßig** sein. Das kann z.B. bei einem für den Angeklagten günstigen Urteil der Fall sein, wenn der StA veranlasst werden soll, ebenfalls auf Rechtsmittel zu verzichten, oder bei Verhängung eines Fahrverbots oder der Entziehung der Fahrerlaubnis, um diese sofort wirksam werden zu lassen. Der Verteidiger muss insoweit immer auch berücksichtigen und seinen Mandanten entsprechend beraten, dass das Berufungsgericht nicht gegen das **Verschlechterungsverbot** des § 331 verstößt, wenn es die zwischen dem erstinstanzlichen und seiner eigenen Entscheidung verstrichene Zeit nicht auf eine ggf. verhängte Sperrfrist anrechnet (→ *Berufungsrücknahme*, Rn. 198).

Geht es um den Verzicht auf die **Revision**, muss der Verteidiger seinen Mandanten darüber aufklären, dass über die Revision ggf. erst zu einem (so späten) Zeitpunkt entschieden wird, dass dann die **Sperrfrist** nach § 69a Abs. 5 S. 2 StGB, die das anzufechtende Urteil verhängt hat, bereits **abgelaufen** ist. Obwohl damit der Zweck dieser Maßregel erreicht ist, fällt die Fahrerlaubnisentziehung nicht nachträglich weg. Vielmehr erlischt, wenn die Revision verworfen werden sollte, trotz Ablaufs der Sperre die Fahrerlaubnis mit Rechtskraft des Urteils (§ 69 Abs. 3 StGB), und zwar selbst dann, wenn eine vorläufige Entziehung nach Ablauf der Sperre vor Beendigung des Revisionsverfahrens aufgehoben und der Führerschein dem Mandanten ausgehändigt worden war.

753 **2.** Wird auf Rechtsmittel verzichtet, wird der Verzicht in das → ***Protokoll der Hauptverhandlung***, Rn. 713, aufgenommen (zur Beweiskraft des Protokolls s. BGHSt 18, 257; im Hinblick auf besondere Umstände bei der Fertigstellung [späte Unterzeichnung] s. BayObLG NStZ-RR 1996, 276). Der Verzicht wird sofort wirksam, nicht erst mit der Fertigstellung des Protokolls (*Kleinknecht/Meyer-Goßner*, § 302 Rn. 19). Für die Wirksamkeit sind nicht die Verlesung und Genehmigungserklärung erforderlich (BGH NStZ 2000, 441]]).

754 Der Verzicht setzt eine **eindeutige**, vorbehaltlose und ausdrückliche **Erklärung** voraus (vgl. dazu *Kleinknecht/Meyer-Goßner*, § 302 Rn. 20 m.w.N.; BGH NStZ

1997, 378 [K]; zur Erklärung eines der deutschen Sprache nicht mächtigen Ausländers s. BGH NStZ 2000, 441; OLG Düsseldorf Rpfleger 1999, 96; OLG München StV 1998, 646; vgl. auch OLG Naumburg NStZ 1998, 452 [in der Übersendung des Führerscheins liegt bei der Verurteilung zur Geldbuße und Fahrverbot im OWi-Verfahren ein wirksamer Rechtsmittelverzicht]). Kopfnicken auf Befragen des Gerichts reicht grds. nicht (OLG Koblenz NStZ 1981, 445; OLG Zweibrücken VRS 83, 358; s. aber BGH NStZ 2002, 496). Der Verzicht setzt → ***Verhandlungsfähigkeit***, Rn. 966, voraus, was vom (Revisions-)Gericht im → *Freibeweisverfahren*, Rn. 502, zu klären ist (s. dazu BGH NStZ 1996, 297; NStZ 1999, 258). Das gilt auch, wenn vom Tatrichter die Schuldfähigkeit des Angeklagten zur Tatzeit verneint worden ist, da dadurch die nach anderen Kriterien zu beurteilende Verhandlungsfähigkeit nicht berührt wird (BGH NStZ-RR 1999, 109; 2001, 265 [Be]; s. auch BGH NStZ-RR 2001, 265 [Be] zur Frage der Auswirkungen der Überschreitung ärztlich vorgegebener Verhandlungsdauer auf die Wirksamkeit eines Rechtsmittelverzichts).

755

☝ Ein Rechtsmittelverzicht kann später **nicht widerrufen** oder **angefochten** werden. Ggf. kann der Verteidiger aber gegen die Wirksamkeit eines Verzichts einwenden, der Angeklagte sei sich der Bedeutung und der Tragweite seiner Erklärung nicht bewusst gewesen. **Unwirksam** kann ein Rechtsmittelverzicht sein, wenn entweder dem Angeklagten vom Gericht eine Rechtsmittelverzichtserklärung **abverlangt** wurde, ohne dass ihm gleichzeitig angeboten worden wäre, sich zuvor eingehend mit dem Verteidiger zu beraten, oder wenn zwar ohne Einwirkung auf den Angeklagten, aber auch ohne Gelegenheit zur vorherigen Beratung, ein entsprechender Verzicht zu Protokoll genommen wurde (st.Rspr., zuletzt BGH NStZ-RR 1997, 305 m.w.N.; vgl. auch BGH NStZ 1999, 364; zu einem wegen der Art und Weise seines Zustandekommens unwirksamen Rechtsmittelverzicht s. schließlich auch noch BGHSt 45, 51; zu allem auch die Zusammenstellung bei → ***Berufungsrücknahme***, Rn. 200 f.).

Waren → ***Absprachen*** *mit Gericht und StA*, Rn. 66, über das Verfahrensergebnis unwirksam, berührt das allerdings nicht immer (auch) die Wirksamkeit eines absprachegemäß erklärten Rechtsmittelverzichts (BGH NJW 1997, 2691; zw. bei einer unzulässigen Verknüpfung mit der Höhe der Strafe: BGH NStZ 1999, 364). Etwas anderes gilt dann, wenn die Gründe, die der Zulässigkeit einer solchen Absprache entgegenstehen zugleich auch zur rechtlichen Missbilligung des abgesprochenen Rechtsmittelverzichts führen (BGH NStZ

2000, 386). Das ist vor allem dann der Fall, wenn eine unzulässige Beeinflussung der freien Willenbildung des Angeklagten vorliegt (BGH, a.a.O.; NStZ 2000, 86; 2002, 496; StV 2000, 542; 2001, 557; NStZ-RR 2002, 114). Der Verteidiger wird sich daher sehr sorgfältig überlegen (müssen), ob er einen vereinbarten Rechtsmittelverzicht erklären kann. Auch ein falsches oder missverstandenes Geständnis des Angeklagten bewirkt nicht die Unwirksamkeit seines Rechtsmittelverzichts (BGH NStZ-RR 1997, 173). Ist der aufgrund einer unzulässigen Absprache des Rechtsmittelverzicht unwirksam, kann **Wiedereinsetzung** in den vorigen Stand gegen die Versäumung der Rechtsmittelfrist in Betracht kommen (BGHSt 45, 51; 45, 227; 47, 238).

I.d.R. ist aber der Verzicht eines verhandlungsfähigen Angeklagten **wirksam** (vgl. u.a. zuletzt BGH NStZ 1997, 148; OLG Oldenburg NStZ 1982, 520; zu möglichen Ausnahmen s. *Kleinknecht/Meyer-Goßner*, § 302 Rn. 25 m.w.N. und → *Berufungsrücknahme*, Rn. 200).

755a **Unwirksam** ist nach h.M. ein Rechtsmittelverzicht, der von einem trotz Vorliegens der Voraussetzungen einer notwendigen Verteidigung **nicht verteidigten Angeklagten** unmittelbar im Anschluss an die → *Urteilsverkündung*, Rn. 920, erklärt worden ist (KG StV 1998, 646; OLG Düsseldorf NStZ 1995, 147; StV 1998, 647; OLG Frankfurt NStZ 1993, 507; OLG Köln NStZ-RR 1997, 336; StV 1998, 645; *Rogall* StV 1998, 643 ff. in der Anm. zu OLG Hamburg NStZ 1997, 53; *Braun* StraFo 2001, 136 in der Anm. zu OLG Brandenburg StraFo 2001, 136; **a.A.** OLG Brandenburg, a.a.O.; OLG Hamburg NStZ 1997, 53; OLG Naumburg NJW 2001, 2190, wonach es allein darauf ankommen soll, ob sich der Angeklagte der Bedeutung der Tragweite seiner Erklärung bewusst ist. Unwirksam ist auch ein Rechtsmittelverzicht, dem eine vom Vorsitzenden unzuständigerweise abgegebene und alsbald nach der Urteilsverkündung nicht eingehaltene Zusage zugrunde liegt (BGH NJW 1995, 2568 [Erklärung des Vorsitzenden zum Strafvollzug]). Unwirksam ist auch ein Rechtsmittelverzicht, bei dem allein ein nicht zugelassener Rechtsanwalt („Scheinverteidiger") mitgewirkt hat (BGHSt 47, 238).

☝ Ist die **Rechtsmittelbelehrung unterblieben**, führt das nicht zur Unwirksamkeit eines Rechtsmittelverzichts (zuletzt BGH NStZ-RR 2000, 38 [K] m.w.N.).

755b **Verzichtet** der **Angeklagte** auf Rechtsmittel, kann der Verteidiger später nicht mehr aus eigenem Recht ein Rechtsmittel einlegen, da das Urteil durch den Verzicht rechtskräftig geworden ist (*Kleinknecht/Meyer-Goßner*, § 297 Rn. 5).

3. Mit einem in der HV erklärten Rechtsmittelverzicht wird das zuvor verkündete **Urteil sofort rechtskräftig**. Befindet sich der Angeklagte in **Untersuchungshaft**, geht diese nach h.M. **ohne weiteres** in **Strafhaft** über, ohne dass zunächst die Vollstreckung eingeleitet werden muss (BGHSt 38, 63; OLG Hamm StV 2002, 209; *Kleinknecht/Meyer-Goßner*, § 120 Rn. 15 m.w.N. auch zur **a.A.**, wie z.B. *Schlothauer/Weider*, Rn. 924 ff.; *Nobis* StraFo 2002, 101 in der Anm. zu OLG Hamm, a.a.O.). Auch das kann ein Grund sein, einen Rechtsmittelverzicht nicht schon in der HV zu erklären. **756**

Siehe auch: → *Berufung, Allgemeines*, Rn. 178a, → *Berufungsrücknahme*, Rn. 198, → *Haftfragen*, Rn. 538, → *Nachbereitung der Hauptverhandlung*, Rn. 613, → *Rechtsmittel, Allgemeines*, Rn. 740, m.w.N.

Reduzierte Besetzung der großen Strafkammer **757**

Literaturhinweise: ***Böttcher/Mayer***, Änderungen des Strafverfahrensrechts durch das Entlastungsgesetz, NStZ 1993, 153; ***Schlothauer***, Verfahrens- und Besetzungsfragen bei Hauptverhandlungen vor der reduzierten Strafkammer nach dem Rechtspflegeentlastungsgesetz, StV 1993, 147; ***Schmidt***, Die Besetzung der großen Jugendkammer in Verfahren über Berufungen gegen Urteile des Jugendschöffengerichts (§ 33b JGG), NStZ 1995, 215; s.a. die Hinw. bei → *Besetzungseinwand*, Rn. 236.

1. Nach § 76 Abs. 1 GVG ist eine große Strafkammer grds. mit drei Richtern einschließlich des Vorsitzenden und zweier Schöffen besetzt. Nach Art. 3 Nr. 8 RPf-EntlG ist nach dem neu eingefügten § 76 Abs. 2 GVG seit dem 1.3.1993 in der **HV** auch die reduzierte Besetzung mit nur **zwei (Berufs-) Richtern** und **Schöffen** zulässig. Ist eine große Strafkammer in der HV so besetzt, sollte das erhöhte Vorsicht des Verteidigers auslösen, da viele Fragen dieser Besetzung ungeklärt sind (vgl. *Schlothauer* StV 1993, 147 ff.).

2. Hinweise für den Verteidiger! **758**

- Die in § 76 Abs. 1 GVG vorgesehene „**normale**“ **Besetzung** mit drei Richtern einschließlich des Vorsitzenden und zwei Schöffen gilt zwingend für das **Schwurgericht**. Die reduzierte Besetzung in der HV ist **sonst** in der Praxis wohl der **Normalfall** (*Böttcher/Mayer* NStZ 1993, 158; BGHSt 44, 361; s. aber BGHSt 44, 328 [zurückhaltend anzuwenden]; offen gelassen von BGH StV 2001, 155). Sie gilt auch in Verfahren über Berufungen gegen Urteile des Jugendschöffengerichts für die große Jugendkammer (BayObLG NStZ 1998, 102; s.a. BGH NStZ 1996, 480 [B]).
- Die **reduzierte** Besetzung ist **nur** für die HV und die aufgrund der HV zu treffenden Entscheidungen, z.B. nach § 238 Abs. 2, zulässig (OLG Zweibrücken StraFo 1997, 204). Sonst ist stets durch drei Berufsrichter zu entscheiden. Das gilt z.B. auch für die Ent-

scheidung über ein Ablehnungsgesuch (s. § 27 Abs. 2; → *Ablehnung eines Richters, Allgemeines*, Rn. 4, m.w.N.).

- Die reduzierte Besetzung muss bei der **Eröffnung** des Hauptverfahrens **beschlossen** worden sein. Eine nachträgliche **Abänderung** dieser Entscheidung ist **nicht** zulässig (OLG Bremen StV 1993, 350; *Schlothauer* StV 1993, 148; zur Revision s.u.). Für die Ersichtlichkeit des Beschlusses ist es ausreichend, wann auf dem Formular für den Eröffnungsbeschluss lediglich nicht angekreuzt wurde, dass die Mitwirkung eines dritten Richters notwendig ist (BGH NStZ-RR 1999, 274).

☝ Eine Beschlussfassung ist auch dann noch erforderlich, wenn das Schöffengericht die Sache gem. § 270 Abs. 1 S. 1 an das LG **verwiesen** hat (BGH StraFo 2000, 333).

Nach der Neufassung des § 76 Abs. 2 GVG durch Einfügung von S. 2 kann die Strafkammer nun, wenn eine Sache vom **Revisionsgericht zurückverwiesen** worden ist, **erneut** über ihre Besetzung entscheiden (a.A. insoweit in der Vergangenheit die Lit.; vgl. *Kleinknecht/Meyer-Goßner*, [44. Aufl.] § 76 GVG Rn. 4).

- Die Besetzung mit drei Berufsrichtern ist zulässig, wenn der **Umfang** oder die **Schwierigkeit** der Sache die Mitwirkung eines dritten Richters notwendig erscheinen lassen, wobei alle Umstände des Einzelfalls zu berücksichtigen sind (BGHSt 44, 328 m.w.N.; vgl. dazu auch *Kissel*, § 76 GVG Rn. 4). Bei der Entscheidung steht den Richtern kein Ermessen, aber ein weiter **Beurteilungsspielraum** zu (BGH, a.a.O.; siehe dazu *Katholnigg* JR 1999, 304 in der Anm. zu BGH, a.a.O.). Zu **berücksichtigen** sind: Zahl der Angeklagten und Verteidiger, Zahl der Delikte und notwendiger Dolmetscher, Zahl der Zeugen und anderer Beweismittel, die Notwendigkeit von SV-Gutachten, der Umfang der Akten sowie die voraussichtliche Dauer der HV. Nach Auffassung des BGH (a.a.O.) spricht viel dafür, bei der Anordnung einer Zweierbesetzung eine gewisse Zurückhaltung zu üben; objektiv willkürlich sei es, wenn aus Gründen der Personaleinsparung eine reduzierte Besetzung beschlossen werde (zur Frage der Willkür s. i.Ü. BGH, a.a.O. [in einem Umfangsverfahren getroffene Entscheidung wegen der besonderen Umstände noch hinnehmbar, insbesondere auch, weil es zum Zeitpunkt der Entscheidung eine feststehende Rspr. zu § 76 Abs. 2 GVG noch nicht gab]).
- Die Entscheidung nach § 76 Abs. 2 GVG ist **nicht** selbständig **anfechtbar**. Eine Nachprüfung unter dem Gesichtspunkt des gesetzlichen Richters in der Revision ist aber möglich (BGH, a.a.O. [für Beschluss, die HV mit nur zwei Berufsrichtern durchzuführen]; *Kissel*, § 76 GVG Rn. 5 a.E.).

☝ Die **Überprüfung** erfolgt allerdings nur im Hinblick darauf, ob die Entscheidung objektiv willkürlich ist, weil die Strafkammer ggf. den ihr zustehenden **weiten Beurteilungsspielraum** in unvertretbarer Weise überschritten hat (BGH, a.a.O.; zu den Beurteilungskriterien s.o.).

Voraussetzung ist aber, dass der Verteidiger in der HV den sog. → ***Besetzungseinwand***, Rn. 236, nach § 222a erhoben hat (BGH, a.a.O.). Das gilt auch, wenn gerügt werden soll, dass ein Beschluss nach § 76 Abs. 2 GVG überhaupt nicht gefasst worden ist (BGHSt 44, 361).

- Die Sonderregelung des § 76 Abs. 2 GVG tritt mit Ablauf des **31.12.2002 außer Kraft** (s. Art. 1 des Gesetzes zur Verlängerung der Besetzungsreduktion bei Strafkammern vom 19.12.2000 [BGBl. I, S. 1756]). Eine vor diesem Termin mit reduzierter Besetzung begonnene HV kann nach Art. 14 Abs. 6 RPflEntlG zu Ende geführt, eine neue aber nicht mehr begonnen werden (*Schlothauer* StV 1993, 150).

Rücknahme eines Strafantrages

759

1. Nach § 77d StGB kann ein Strafantrag bis zum rechtskräftigen Abschluss des Verfahrens, also auch noch **in** der **HV**, zurückgenommen werden.

Das Gesetz sieht für die Rücknahme eine besondere **Form nicht** vor. Sie kann daher auch durch schlüssige Handlung erklärt werden (KK-*Wache*, § 158 Rn. 53 m.w.N.). Entscheidend ist, dass der Verzicht auf weitere Strafverfolgung zum Ausdruck kommt (BGHSt 9, 149, 154). Der Verzicht kann also z.B. in der Erklärung, an der weiteren Strafverfolgung habe man kein Interesse (mehr), oder in der Rücknahme eines Strafantrages liegen (OLG Hamm JMBl. NW 1955, 44).

Die Rücknahmeerklärung ist eine **bedingungsfeindliche** Prozesshandlung, die **nicht widerruflich** und auch nicht **anfechtbar** ist (KK-*Wache*, § 158 Rn. 54). Die Rücknahme kann bei mehreren Tätern oder Taten auf bestimmte Täter oder Taten beschränkt werden. **Rücknahmeberechtigt** ist der **Antragsteller**, also i.d.R. der Verletzte oder dessen → *Verletztenbeistand*, Rn. 1032.

760

2. Folge der Rücknahme ist, dass damit grds. das **Verfahrenshindernis** des fehlenden Strafantrags eintritt (BGHSt 22, 103, 105). Das gilt jedoch nur hinsichtlich des Täters oder der Tat, auf die sich die Rücknahme bezieht. Auch bleibt ein mit dem Antragsdelikt in Tateinheit stehendes Offizialdelikt weiter verfolgbar (*Tröndle/Fischer*, § 77d Rn. 8 m.w.N.).

Verfahrensrechtlich führt die Rücknahme dazu, dass, soweit das Verfahrenshindernis reicht, ein **Einstellungsurteil** nach § 260 Abs. 3 ergehen muss (→ *Einstellung des Verfahrens nach § 206a bei Verfahrenshindernissen*, Rn. 414).

☝ Der Rechtsanwalt muss seinen Mandanten, der erwägt, einen Strafantrag zurückzunehmen, auf die sich aus der Rücknahme gem. § 470 ergebende **Kostenfolge** hinweisen. Danach hat der Antragsteller nämlich die dem Angeklagten und einem Nebenbeteiligten erwachsenen notwendigen Auslagen zu erstatten, wenn das Verfahren wegen Zurücknahme des Strafantrags eingestellt wird (wegen der Einzelh. s. *Kleinknecht/Meyer-Goßner*, § 470 Rn. 1 ff.

m. w. N.). Geht die Rücknahme des Strafantrags auf eine Anregung/Absprache mit dem Verteidiger des Beschuldigten/Angeklagten zurück, empfiehlt es sich, eine Regelung über die Kosten zu treffen.

Siehe auch: → *Nebenklage*, Rn. 622, → *Nebenklägerrechte in der Hauptverhandlung*, Rn. 625, → *Privatklageverfahren*, Rn. 694, → *Verletztenbeistand*, Rn. 1032.

761 Rügeverlust

Literaturhinweise: ***Schlüchter***, Wider die Verwirkung von Verfahrensrügen im Strafprozeß, in: Gedächtnisschrift für *Meyer*, 1990, S. 445.

Die nachstehende Liste gibt einen Überblick über die Zeitpunkte, die in der HV für Rügen oder Rügeverluste bzw. Einwände maßgeblich sein können. Sie stellt dar, bis wann i. d. R. spätestens einzelne Rügen erhoben sein müssen, wenn der Verteidiger/Angeklagte sie nicht verlieren will.

1. Ablehnung eines Richters wegen Besorgnis der Befangenheit (→ *Ablehnungszeitpunkt*, Rn. 52)

- grds. bis zum **Beginn** der **Vernehmung** des **ersten Angeklagten** über seine **persönlichen Verhältnisse** (§ 25 Abs. 1),
- für **neue** oder später bekannt gewordene **Umstände „unverzüglich“** (§ 25 Abs. 2 S. 1),
- nach dem **letzten Wort** des Angeklagten überhaupt **unzulässig** (§ 25 Abs. 2 S. 2).

2. Gerichtsbesetzung oder Besetzungseinwand (→ *Besetzungseinwand*, Rn. 236; → *Besetzungsmitteilung*, Rn. 245)

- bis zum **Beginn** der **Vernehmung** des **ersten Angeklagten** zur **Sache** (§ 222a Abs. 2 und § 222b Abs. 1).

762 **3. Zuständigkeitsrüge** (→ *Zuständigkeit des Gerichts*, Rn. 1219)

- bis zum **Beginn** der **Vernehmung** des jeweiligen **Angeklagten** zur **Sache**, und zwar sowohl für die funktionelle (§ 6a S. 3) als auch für die örtliche Zuständigkeit (§ 16). Der Rügeverlust eines Mitangeklagten schadet nicht.

4. Aussetzungsantrag wegen Nichteinhaltung der Ladungsfrist (→ *Ladung des Angeklagten*, Rn. 590; → *Ladung des Verteidigers*, Rn. 595)

- bis zum **Beginn** der **Vernehmung** des **Angeklagten Sache**, und zwar sowohl bei fehlerhafter Ladung des Angeklagten (§ 217 Abs. 2) als auch bei fehlerhafter Ladung des Verteidigers (§§ 218 S. 2, 217 Abs. 2).

5. Ablehnung eines SV wegen Besorgnis der Befangenheit (→ *Ablehnung eines Sachverständigen*, Rn. 5) **763**

- grds. auch noch **nach Erstattung** des **Gutachtens** (§ 83 Abs. 2),
- **spätestens** bis zum → ***Schluss der Beweisaufnahme***, Rn. 783, (KK-*Pelchen*, § 74 Rn. 7).

6. Beweisanträge (→ *Beweisantrag*, Rn. 255, m.w.N.)

- grds. bis zum → **Schluss** der **Beweisaufnahme**, Rn. 783,
- ggf. auch noch **später**. Nach Beginn der → *Urteilsverkündung*, Rn. 920, besteht aber keine Verpflichtung des Gerichts mehr, den Beweisantrag entgegenzunehmen (→ *Beweisantrag, Zeitpunkt der Antragstellung*, Rn. 304).

7. Vereidigungsantrag zur **Nachholung** einer Vereidigung, wenn z.B. ein → *Vereidigungsverbot*, Rn. 940, entfallen ist **764**

- grds. spätestens bis zum **Beginn** der → ***Urteilsverkündung***, Rn. 920.

8. Anrufung des Gerichts nach § 238 Abs. 2 (→ *Verhandlungsleitung*, Rn. 972)

- grds. **unmittelbar**, **nachdem** der Vorsitzende die beanstandete **Maßnahme erlassen** hat.

9. Widerspruch gegen die Verwertung eines Beweises (→ *Widerspruchslösung*, Rn. 1166a ff.)

- nach der in der Rspr. des BGH vertretenen Widerspruchslösung **spätestens** im Rahmen einer **Erklärung** des Verteidigers nach **§ 257** (vgl. u.a. BGHSt 38, 214; → *Erklärungen des Verteidigers*, Rn. 460, → *Widerspruchslösung*, Rn. 1166a).

Siehe auch: → *Verwirkung von Verteidigungsrechten*, Rn. 1122.

S

Sachverständigenbeweis **765**

Literaturhinweise: ***Artkämper***, Der Sachverständige im Strafverfahren, BA 2000, 7; ***Barton***, Sachverständiger und Verteidiger, StV 1983, 73; ders., Der psychowissenschaftliche Sachverständige aus der Sicht des Strafrichters, 1983; ders., Strafverteidigung und Kriminaltechnik, StV 1988, 124; ***Bleutge***, Die Hilfskräfte des Sachverständigen – Mitarbeiter ohne Verantwortung?, NJW 1985, 1185; ***Cabanis***, Gerichts- und „Privatgutachten“, StV 1986, 451; ***Cramer***, Strafprozessuale Verwertbarkeit ärztlicher Gutachten aus anderen Verfahren,

NStZ 1996, 209; ***Conen/Tsambikakis***, Strafprozessuale Wahrheitsfindung mittels Sachverständiger im Spannungsfeld zwischen Aufklärungspflicht und Beweisantragsrecht, GA 2000, 372; ***Deckers/Gatzweiler/Münchhalffen***, Kapitalstrafverfahren, StrafPrax, § 14; ***Detter***, Der Sachverständige im Strafverfahren – eine Bestandsaufnahme, NStZ 1998, 57; ***Dippel***, Die Stellung des Sachverständigen im Strafprozeß, 1986; ***Endres***, Sexueller Kindesmißbrauch, Psychologischer Sachverstand als Beweismittel bei Verdachtsfällen sexuellen Kindesmißbrauch, Krim 1997, 490; ders., Psychologische und psychiatrische Konzepte der „tief greifenden Bewußtseinsstörung" StV 1998, 674; ***Fezer***, Die Folgen der Sachverständigenablehnung für die Verwertung seiner Wahrnehmungen, JR 1990, 397; ***Glatzel***, Die Bewertung von Schuld und Verantwortlichkeit, Zur Beurteilung der Schuldfähigkeit bei primär affektivdeterminierten Tötungsdelikten („Affektdelikte"), Krim 1995, 97; ***Haddenbrock***, Geistesfreiheit und Geisteskrankheit – Grenzparameter forensischer Schuldfähigkeit, NStZ 1995, 581; ***Hartmann/Rubach***, Verteidiger und Sachverständiger – Eine Falldarstellung, StV 1990, 425; ***Jessnitzer***, Strafverteidiger und Sachverständiger, StV 1982, 177; ***Jungfer***, Kann der Verteidiger vom Sachverständigen ein schriftliches Vorgutachten verlangen?, StraFo 1995, 19; ders., Zum Anspruch auf Erstellung eines schriftlichen Sachverständigengutachtens und zur Beiziehung der Sachverständigenunterlagen, RuP 1995, 29; ***Knecht***, Ludomanie – Pathologisches Spielen -- Eine nicht-stoffgebundene Suchtkrankheit aus psychiatrischer Sicht, Krim 1992, 661; ***Krause***, Der „Gehilfe" der Verteidigung und sein Schweigerecht (§ 53a StPO), Zur Einbeziehung Dritter in die Verteidigungstätigkeit, StraFo 1998, 1; ***Krekeler***, Der Sachverständige im Strafverfahren, insbesondere im Wirtschaftsstrafverfahren, wistra 1989, 52; ders., Strafverteidigung mit und gegen einen Sachverständigen, StraFo 1996, 5; ***Krekeler/Schonard***, Der Berufshelfer im Sinne des § 53a StPO, wistra 1998, 137; ***Maatz***, Erinnerung und Erinnerungsstörungen als sog. psychodiagnostische Kriterien der §§ 20, 21 StGB, NStZ 2001, 1; ***Meyer***, Auslagenerstattung für eigene Ermittlungen des (Pflicht-)Verteidigers, JurBüro 1993, 8; ***Müller***, Der Sachverständige im gerichtlichen Verfahren, 3. Aufl., 1988; ***Nedopil***, Verständnisschwierigkeiten zwischen dem Juristen und dem psychiatrischen Sachverständigen, NStZ 1999, 433; ***Rasch***, Forensische Psychiatrie, 1986; ders., Auswahl des richtigen Psycho-Sachverständigen im Strafprozeß, NStZ 1992, 257; ***Rode/Legnaro***, Psychiatrische Sachverständige im Strafverfahren, 1994; dies., Der Straftäter und sein Gutachter – Subjektive Aspekte der psychiatrischen Begutachtung, StV 1995, 498; ***Sarstedt***, Auswahl und Leitung des Sachverständigen im Strafprozeß (§§ 73, 78 StPO), NJW 1968, 177; ***Scholz/Endres***, Aufgaben des psychologischen Sachverständigen beim Verdacht des sexuellen Kindesmißbrauchs, NStZ 1995, 6; ***Schilling***, Begutachtung von strafrechtlicher Verantwortlichkeit und Schuldfähigkeit aus der Sicht eines Jugendpsychologen, NStZ 1997, 261; ***Spöhr***, Belehrungspflicht des Sachverständigen?, NZV 1993, 334; ***Stern***, Fehler und Mängel im Ermittlungsverfahren, AnwBl. 1997, 90; ***Streng***, Psychowissenschaftler und Strafjuristen – Verständigungsschwierigkeiten und Kompetenzkonflikte bei der Schuldfähigkeitsentscheidung, Teil 1: NStZ 1995, 12, Teil 2: NStZ 1995, 161; ***Täschner***, Bemerkungen zur „Auswahl des richtigen Psycho-Sachverständigen im Strafprozeß", NStZ 1994, 221; ***Theune***, Auswirkungen des normalpsychologischen (psychogenen) Affekts auf die Schuldfähigkeit sowie den Schuld- und Rechtsfolgenausspruch, NStZ 1999, 273; ***Tondorf/Waider***, Der Sachverständige, ein „Gehilfe" auch des Strafverteidigers?, StV 1997, 493; ***Undeutsch/Klein***, Neue Wege der wissenschaftlichen Verdachtsanalyse in Mißbrauchsfällen – Suggestionsforschung und Polygraphtests, AnwBl. 1997, 462; ***Widmaier***, Zur Rechtsstellung des nach §§ 220, 38 StPO geladenen Sachverständigen, StV 1985, 526; ***Zwiehoff***, Das Recht auf den Sachverständigen, 1999; s.a. die Hinw. bei → *Blutalkoholfragen*, Rn. 334, bei → *Präsentes Beweismittel*, Rn. 675, und bei → *Glaubwürdigkeitsgutachten*, Rn. 437.

1. Der SV ist wie der Zeuge ein **persönliches Beweismittel** (*Kleinknecht/Meyer-Goßner*, vor § 72 Rn. 1). Er ist **Gehilfe** des Richters, und zwar insoweit als diesem die zur Entscheidung erforderliche Sachkunde auf einem Wissensgebiet fehlt (st. Rspr., vgl. u.a. BGHSt 13, 1 m.w.N.; allgemein zum SV(-Beweis) insbesondere *Dippel*, a.a.O.; *Detter*, a.a.O., und auch *Eisenberg*, Rn. 1500 sowie die o.a. Lit.-Hinw.). Die **Aufgabe** des SV kann in der Vornahme bloßer Verrichtungen bestehen, wie im Fall der Blutprobenentnahme, in der Übermittlung von Fachwissen aber auch nur in der Feststellung von Tatsachen, wie z.B. bei der Bestimmung der Blutalkoholkonzentration (wegen der Einzelh. s. *Kleinknecht/Meyer-Goßner*, a.a.O.; KK-*Senge*, vor § 72 Rn. 1 ff. jeweils m.w.N.; zur richtigen Auswahl des SV *Rasch* NStZ 1992, 257; *Täschner* NStZ 1994, 221). Wegen der mit dem SV-Beweis und der Tätigkeit eines SV im Ermittlungsverfahren zusammenhängenden Fragen, insbesondere auch wegen der Beauftragung eines „eigenen" SV, wird verwiesen auf *Burhoff*, EV, Rn. 1459 ff. **765a**

2. Für den SV gelten nach § 72 grds. die **Vorschriften** für **Zeugen entsprechend**. **766**

Nicht anwendbar sind

- **§ 51** Abs. 1 (Ordnungsmittel gegen nicht erschienenen Zeugen) – im Hinblick auf § 77,
- **§ 54** (Aussagegenehmigung) – im Hinblick auf § 76 Abs. 2,
- **§ 58**, da § 80 insoweit für den SV eine Sondervorschrift darstellt,
- **§ 59** insoweit nicht, als § 79 die Frage der Vereidigung regelt, sowie schließlich
- **§ 64**, da beim SV die Nichtvereidigung die Regel ist (s. i.Ü. KK-*Senge*, § 72 Rn. 2 m.w.N.; → *Vereidigung eines Sachverständigen*, Rn. 929).

3. In bestimmten Fällen stellt das Gesetz eine **Verpflichtung** zur **Zuziehung** eines SV auf, und zwar: **767**

- bei **Einweisung** in ein **psychiatrisches Krankenhaus** zur Beobachtung auf den psychischen Zustand – nach § 81 aber nur Anhörung des SV (zur Unterbringung des Beschuldigten s. *Burhoff*, EV, Rn. 1669 ff.),
- wenn damit zu rechnen ist, dass die **Unterbringung** in einem psychiatrischen Krankenhaus, einer Entziehungsanstalt (§ 64 StGB) oder Sicherungsverwahrung **angeordnet** wird (§§ 80a, 246a, 414).

☝ Das gilt auch dann, wenn sich die Frage einer Unterbringung nach § 63 StGB erst in der HV stellt (BGH NStZ 1994, 592). Ausreichend kann aber auch eine frühere, ggf. schon ein Jahr zurückliegende Untersuchung sein (BGH, a.a.O.), nicht jedoch eine schon drei Jahre zurückliegende (BVerfG NJW 1995, 3047; zur i.d.R. notwendigen Anhörung des Betreuers als Zeuge im Sicherungsverfahren s. BGH NStZ 1996, 610).

Eventuell kann auch von einer Untersuchung **abgesehen** werden, wenn diese ihrer Art nach eine freiwillige – vom Angeklagten verweigerte – Mitwirkung voraussetzt und die zwangsweise Vornahme gegen den Willen des Angeklagten kein verwertbares Ergebnis bringen kann (BGH NStZ 1994, 95). Der SV muss den Angeklagten untersuchen, das **bloße Zugegensein** in der **HV** und die dortige Beobachtung reichen **nicht** (BGH NStZ 2000, 215). I.d.R. wird also das Gericht von der Pflicht, den Beschuldigten untersuchen zu lassen, nur in Ausnahmefällen absehen dürfen (s. dazu BGH StV 1997, 468 m.w.N.). Die Untersuchung des Angeklagten kann allerdings auch noch während der HV stattfinden (BGH NStZ 2002, 384).

- bei **Leichenschau** und Leichenöffnung (§§ 87 ff.; zur Leichenschau im Ermittlungsverfahren s. *Burhoff*, EV, Rn. 1100),
- beim Verdacht einer **Vergiftung** (§ 91),
- bei Geld- oder **Wertzeichenfälschung** (§ 92).

768 Darüber hinaus muss das **Gericht** immer dann einen SV beiziehen, wenn es selbst auf einem für die Entscheidung bedeutsamen Fachgebiet **nicht** über **genügende Sachkunde** verfügt (*Eisenberg*, Rn. 1500 f., 1518 ff. m.w.N.; ausf. KK-*Herdegen*, § 244 Rn. 27 ff., insbesondere Rn. 32 ff.; s. auch *Detter* NStZ 1998, 58 m.w.N.). Dazu folgende

Hinweise:

- Zur Zuziehung eines Sachverständigen bei morphologischen und **anthropologischen Fragen** s. BGH NJW 2000, 1350; NStZ 2000, 156; zum Beweiswert eines anthropologischen SV-Gutachtens OLG Braunschweig StV 2000, 546).
- Bei schwierigen Fragen der **Blutalkoholbestimmung** (Nachtrunk etc.) wird sich die Zuziehung eines SV dringend empfehlen (→*Blutalkoholfragen*, Rn. 334; zur Feststellung eines alkoholbedingten Vollrausches s. OLG Düsseldorf StraFo 1999, 98). Das gilt insbesondere auch, wenn es um Fragen der Auswirkungen von Alkohol (und bestimmten Medikamenten) auf die Erinnerungsfähigkeit eines Zeugen haben (BGH StV 2001, 665).
- Die Zuziehung eines SV kann bei der Beurteilung der **Glaubwürdigkeit** eines Zeugen erforderlich sein (vgl. dazu → *Glaubwürdigkeitsgutachten*, Rn. 528; s.a. *Burhoff*, EV, Rn. 904; *Deckers* NJW 1996, 3105 [für sog. Missbrauchsverfahren]).
- Die Auswertung von Diagrammscheiben eines **Fahrtenschreibers** kann das Gericht grds. selbst durchführen (OLG Düsseldorf NJW 1997, 269 [Ls.]).
- Zum Recht und zum **Justizsystem** der **DDR** kann sich das Gericht eigene Sachkunde zutrauen (BGH NStZ-RR 1996, 201).

769

- Bei Fragen der **Schuldfähigkeit** nach den §§ 20 ff. StGB gilt (allgemein s. u.a. *Streng* NStZ 1995, 12 ff., 161 ff.):

  Hier kann das Gericht von der **Zuziehung** eines SV in **aller Regel** nur dann **absehen**, wenn Anzeichen dafür, dass der Angeklagte nicht schuldfähig war, völlig fehlen (KK-

Herdegen, § 244 Rn. 29 m.w.N.; s.a. die Erläuterungen bei *Tröndle/Fischer* zu §§ 20 f. StGB). Sonst wird i.d.R. ein SV hinzugezogen werden müssen (vgl. u.a. BGH NStZ 1989, 190), und zwar insbesondere bei Tötungsdelikten (*Glatzel* Krim 1995, 97). **Anzeichen**, die geeignet sind, Zweifel hinsichtlich der vollen Schuldfähigkeit zu wecken:

- **Aids-Erkrankung** und Kokainsucht (OLG Hamm VRS 90, 113),
- **cerebrales Anfallsleiden**, insbesondere hinsichtlich einer ggf. verminderten Alkoholtoleranz (OLG Düsseldorf StraFo 1998, 187),
- ggf. **Erinnerungslücken** als Anzeichen einer affektbedingten Beeinträchtigung (BGH NStZ 1997, 296 [zugleich auch zur Abgrenzung zur bloßen Schutzbehauptung]),
- **Missbrauch** durch einen **alternden**, bislang völlig unauffälligen Angeklagten (BGH NStZ-RR 2002, 258 [Be]),
- können das Vorliegen von **Krankheiten** sein (BGH StV 1986, 285),
- ein Widerspruch zwischen Tat und Täterpersönlichkeit oder ein völlig **unübliches Verhalten** (Beck-*Michalke*, S. 417; LR-*Gollwitzer*, § 244 Rn. 76 m.w.N.; s.a. BGH StV 1994, 229 [Beweisantrag auf Einholung eines SV-Gutachtens zur Handlungsunfähigkeit, die mit der Schuldfähigkeit i.S.d. § 20 StGB nichts zu tun hat]; BGH StV 1995, 633; NStZ-RR 2002, 258 – Be – [Ersttaten eines Angeklagten im vorgerückten Alter]),

> ☝ Ggf. ist ein **zweiter SV** beizuziehen (BGH StV 1996, 4 [Hinzuziehung eines Psychiaters, nachdem das Gericht einen Psychologen gehört hat, wenn eine Hirnschädigung in Frage steht]; siehe auch BGH NJW 1998, 2753).

- ein **Unfall** mit **Gehirnverletzung** (OLG Frankfurt NStZ-RR 1997, 366 [zugleich auch zur Frage, wann ausnahmsweise die eigene Sachkunde des Gerichts ausreicht]).

- Ob **Spielsucht** Auswirkungen auf die Schuldfähigkeit gehabt hat, kann das Gericht i.d.R. selbst beurteilen, es sei denn, der Angeklagte hat die Straftat begangen, um das Spielen fortsetzen zu können (BGH NStZ 1994, 501; OLG Hamm StraFo 1998, 309; zur psychiatrischen Sicht s. *Knecht* Krim 1992, 661).
- Darüber hinaus können auch (allgemeine) Fragen der **Zeugentüchtigkeit** die Zuziehung eines SV erfordern (BGH StV 2002, 183 [fehlende Zeugentüchtigkeit wegen einer paranoid-halluzinatorischen Psychose im Zusammenhang mit exzessivem Drogenmissbrauchs]; BGH NStZ 2000, 437 und NStZ-RR 2001, 132 -K-[schizophrene Belastungszeugin]).

4. Hinweise für den Verteidiger!

770

a) Beantragt der Verteidiger mit einem **Beweisantrag** die Einholung eines SV-Gutachtens, sind aus den **Ablehnungsgründen** des § 244 der der **Ungeeignetheit** (→ *Beweisantrag, Ablehnungsgründe*, Rn. 266 f.) und der der eigenen **Sachkunde** des Gerichts von besonderer Bedeutung (→ *Obergutachter*, Rn. 636).

☝ In einer „neuen“ HV nach Teilaufhebung und Zurückverweisung durch das Revisionsgericht, ist, wenn der **Schuldspruch** des „ersten“ Urteils durch Teilverwerfung der Revision **rechtskräftig** ist, ein **Beweisantrag** der auf Feststellung der Voraussetzungen der Schuldunfähigkeit gerichtet ist, **unzulässig** (BGHSt 44, 119; insoweit noch offen gelassen in BGHSt 30, 340).

771 **b)** Ergibt sich erst in der HV die Notwendigkeit, einen SV zu beauftragen, gilt Folgendes:

aa) Hinsichtlich der **Auswahl** des **SV** muss der Verteidiger darauf achten, dass der „richtige“ SV ausgewählt wird (vgl. zur Auswahl eingehend *Detter* NStZ 1998, 58 f. m.w.N. und auch *Deckers* u.a., § 14 Rn. 40 ff.; s. auch *Burhoff*, EV, Rn. 1468 m.w.N.). **Zuständig** für die Auswahl des SV ist im gerichtlichen Verfahren gem. § 73 Abs. 1 das Gericht. Dieses ist an eine von der StA im Ermittlungsverfahren getroffene (Auswahl-)Entscheidung nicht gebunden (LR-*Wache*, § 161a m.w.N.). Hat das Gericht einen bestimmten SV ausgesucht, z.B. um das minderjährige Opfer einer Sexualstraftat zu untersuchen, verweigert der gesetzliche Vertreter des Opfers aber die Zustimmung zur Untersuchung durch diesen SV, muss das Gericht einen anderen SV auswählen (KG NJW 1997, 69 unter Hinw. auf § 244 Abs. 2; s. auch *Düring/Eisenberg* StV 1997, 457 in der abl. Anm. zu KG, a.a.O.).

☝ Nach Nr. 70 Abs. 1 RiStBV ist dem Verteidiger vor der Auswahl des SV **Gelegenheit** zu geben, sich hierzu zu **äußern**. Der Verteidiger sollte – im Interesse seines Mandanten – von seinem – wenn auch schwach ausgebildeten (*Detter* NStZ 1998, 58) – Recht zur Stellungnahme bei der Auswahl des vorgeschlagenen SV **Gebrauch machen** und versuchen, auf die Auswahl des SV Einfluss zu nehmen (s.a. *Krekeler* StraFo 1996, 6). Das gilt insbesondere, wenn er mit dem vorgeschlagenen SV nicht einverstanden ist.

Der Angeklagte wird i.d.R. **nicht** die Bestellung eines **bestimmten SV**, insbesondere des „SV seines Vertrauens“ **erzwingen** können. Weigert er sich, sich von dem vom Gericht bestellten SV untersuchen zu lassen, muss er in Kauf nehmen, ggf. gar nicht untersucht zu werden (BGHSt 44, 26, 31; NStZ 1997, 610).

771a **bb)** Liegt das **Gutachten** vor, muss der Verteidiger dieses auf seine Brauchbarkeit **überprüfen** (s. dazu *Krekeler* StraFo 1996, 5, 11; s. aber a. die auf *Rasch*, Forensische Psychiatrie, S. 286 ff., zurückgehend auf die **Mängelcheckliste** bei StrafPrax-*Deckers* u.a., § 14 Rn. 50 ff. sowie schließlich *Schlothauer*, Rn. 99d [zum Schuldfähigkeitsgutachten]; zur [bejahten] Frage, ob der Verteidiger vom SV ein schriftliches Vorgutachten verlangen kann, s. *Jungfer* StraFo 1995, 19; zu allem auch *Burhoff*, EV, Rn. 1476 ff.). Zu den (besonderen) wissenschaftlichen Mindestanforderungen an ein → *Glaubwürdigkeitsgutachten*, Rn. 528, hat der BGH Stellung genommen in BGHSt 45, 164 (dazu eingehend u.a. *Conen* u.a. GA 2000, 372).

Der Verteidiger sollte sich etwa an folgendem **Fragenkatalog** orientieren:

- Ist das Gutachten **plausibel**, folgerichtig und **schlüssig** oder hat es Widersprüche?
- Welche **Methoden** hat der SV bei der Erstellung des Gutachtens angewandt?
- Handelt es sich um **fachlich anerkannte Methoden** oder hat der SV ggf. noch nicht allgemein anerkannte Methoden angewandt (vgl. zu letzterem BGH NStZ 1998, 528)?
- Hat der SV die erforderliche **wissenschaftliche Autorität**?
- Ist der SV einer bestimmten „**Schule**" **zuzuordnen** und gibt es an dieser fachliche Kritik?
- Hat der SV sich an sein **Aufgabengebiet gehalten** oder hat er sich Kompetenzen angemaßt, die nicht zu seinem Fachgebiet zählen?
- Nimmt der SV, was unzulässig wäre, zu **Rechtsfragen** Stellung?
- Ergeben sich aus dem Gutachten **Zweifel** an der **Unparteilichkeit** des SV, die ggf. dazu zwingen, den SV wegen Befangenheit abzulehnen (→ *Ablehnung eines Sachverständigen*, Rn. 6) oder seine Entbindung zu beantragen (lesenswert dazu *Rode/Legrano* StV 1995, 496)?

Von besonderer Bedeutung für die Verwertbarkeit eines SV-Gutachtens, bei dem eine Person untersucht worden ist, ist die Frage, ob der **Untersuchte ausreichend** und **richtig belehrt** worden ist. Ist das nicht der Fall, kann das Gutachten ggf. unverwertbar sein (→ *Glaubwürdigkeitsgutachten*, Rn. 533 f.; s.a. *Burhoff*, EV, Rn. 1086 f.; vgl. dazu auch BGH StV 1997, 213 [SV hat bewusst die erforderliche Belehrung der minderjährigen Zeugen nicht herbeigeführt, was zur Annahme der Befangenheit führen kann]).

Will das Gericht von dem erstatteten Gutachten des SV **abweichen**, gebietet es die → *Aufklärungspflicht des Gerichts*, Rn. 95, dem Sachverständigen **Gelegenheit** zu geben, sich mit neuen Anknüpfungstatsachen zu befassen (OLG Zweibrücken StV 2000, 126; zur Verletzung des „fair trial" bei Beauftragung eines weiteren SV durch das [Berufungs-]Gericht OLG Hamm NStZ 1996, 455).

772 c) Hat der Verteidiger aufgrund der o.a. Fragen **Zweifel** an der Richtigkeit/ Brauchbarkeit des Gutachtens, muss er sich überlegen, ob er ein → ***Obergutachten***, Rn. 636, beantragen muss. Wenn der Angeklagte dem gerichtlich bestellten SV die Untersuchung verweigert, verfügt aber ein weiterer (privater) SV nicht deswegen über überlegene Forschungsmittel, weil sich der Angeklagte von diesem untersuchen lassen will (BGHSt 44, 26, 31).

773 **d)** Der Verteidiger hat das Recht, einen SV als sog. „**Privatgutachter**" zu beauftragen, wenn er das im Interesse seines Mandanten für erforderlich hält. Das kann z.B. der Fall sein, wenn er den vom Gericht beauftragten SV, auf dessen Auswahl er grds. keinen Einfluss hat, für nicht sachkundig genug hält . Meist wird der Verteidiger einen „Privatgutachter" schon vor der HV in der Vorbereitungsphase beauftragen (zu den sich insoweit ergebenden Fragen *Burhoff*, EV, Rn. 617 ff., 1459 ff.; zur Beauftragung eines SV „seines Vertrauens" s. aber a. BGHSt 44, 26, 30 ff.). Dieser kann dann als sog. **anwaltlicher Mitarbeiter** des Verteidigers an der HV teilnehmen (s.a. → *Sitzordnung in der Hauptverhandlung*, Rn. 799; → *Zulassung von Mitarbeitern des Verteidigers zur Hauptverhandlung*, Rn. 1206; wegen des von der h.M. verneinten Zeugnisverweigerungsrechts → *Zeugnisverweigerungsrecht*, Rn. 1201; a.A. als die h.M. *Krause* StraFo 1998, 1; *Krekeler/Schonard* wistra 1998, 137). Er kann zudem ggf. als Zeuge für die Ergebnisse seiner Untersuchung in Betracht kommen.

774 Beim Privatgutachter stellt sich dann die schwierige **Kostenfrage**: Der Pflichtverteidiger kann nämlich ebenso wie der Wahlverteidiger nicht unbedingt davon ausgehen, dass er die Kosten für einen von ihm beauftragten SV später gem. § 464a aus der Staatskasse erstattet bekommt (*Kleinknecht/Meyer-Goßner*, § 464a Rn. 16 m.w.N.; wegen der Einzelh. s. *Burhoff*, EV, Rn. 631 f.; zur Kritik an der h.M. in der Rspr. *Jungfer*, StV 1989, 495, 499 ff. m.w.N.; eingehend a. *König* StraFo 1996, 98, 102; zur Kostenerstattung auch → *Präsentes Beweismittel*, Rn. 687). Das gilt allerdings nur für den Fall, dass die StA und später das Gericht dem Antrag auf Beauftragung des vom Verteidiger gewünschten SV nicht nachkommen. Wird der SV vom Gericht bestellt, sind seine Auslagen stets Kosten des Verfahrens.

775 ☝ **Lehnt** das **Gericht** es **ab**, den von der Verteidigung beauftragen SV zur HV zu **laden**, muss der Verteidiger dies selbst tun, und zwar durch das gesetzlich geregelte **Selbstladungsverfahren** nach den §§ 220, 38. Nur dann ist das Gericht in der HV gezwungen, den SV zu vernehmen, wenn kein Ablehnungsgrund nach § 245 Abs. 2 vorliegt. Es ist nicht ausreichend, den SV einfach zur HV mitzubringen. Ein auf diese Weise gestellter SV ist kein präsentes Beweismittel i.S.v. § 245 (→ *Präsente Beweismittel*, Rn. 675).

Der vom Verteidiger geladene/„präsentierte" SV hat dieselbe **Rechtsstellung** wie der gerichtlich geladene. Er hat also ein Anwesenheits- und Fragerecht (vgl. allgemein zur Rechtsstellung des vom Verteidiger geladenen SV *Widmaier* StV 1985, 527). Das Gericht muss nach h.M. dem gestellten Sachverständigen aber grds. nicht **ermöglichen**, sein **Gutachten** (weiter) **vorzubereiten** (st.Rspr., s. zuletzt BGHSt 43, 171 m.w.N.; aus der Lit. KK-

Herdegen § 245 Rn. 4 m.w.N.). Wenn allerdings ohne Verzögerung der HV eine Untersuchung o.a. möglich ist, muss das Gericht das aus Gründen der Waffengleichheit gestatten (BGH, a.a.O.; s.a. *Widmaier* StV 1985, 528 [wenn zur Erstattung des Gutachtens die Untersuchung des Angeklagten in der JVA erforderlich ist]). Dem darf dann auch nicht U-Haft des Angeklagten entgegenstehen (BGHSt 43, 171).

e) Auf zwei Fragen ist in Zusammenhang mit dem SV-Beweis noch besonders hinzuweisen:

776

- Einmal geht es darum, inwieweit einem (ggf. vom Verteidiger beauftragten) SV **Zugriff** auf **Beweismittel**, die sich in amtlichem Gewahrsam befinden, möglich ist, also insbesondere auf beschlagnahmte Gegenstände. Hier kann der Verteidiger zwar bei der Besichtigung der Beweisstücke den SV hinzuziehen (LR-*Lüderssen,* § 147 Rn. 113). Gem. § 147 Abs. 4 kann der Verteidiger aber **Beweisstücke** zur **Einsichtnahme nicht mitnehmen**, wovon grds. keine Ausnahme zugelassen wird (BGH NStZ 1981, 95 [Pf/M]; KK-*Laufhütte*, § 147 Rn. 5). Für eine Einschränkung dieses Verbots als eine sachgerechte Erweiterung des Akteneinsichtsrechts des Verteidigers plädiert *Krekeler* StraFo 1996, 5, 7; s.a. *Burhoff*, EV, Rn. 71 ff., 1473).

777

☝ In Betracht kommen kann aber ein **Antrag** an das Gericht, dem von der Verteidigung beauftragten SV die Beweisgegenstände zur Verfügung zu stellen, damit der SV – in Vorbereitung eines Antrags nach § 245 – tätig werden kann. Die Ablehnung dieses Antrags soll revisionsrechtlich nicht zu beanstanden sein (BGH StraFo 1995, 52 [für Leichenblut]; m.E. im Hinblick auf die → *Aufklärungspflicht des Gerichts*, Rn. 95, und der darauf beruhenden Aufklärungsrüge nicht unbedenklich).

778

- Von Bedeutung ist außerdem die Frage, inwieweit der Verteidiger/Angeklagte die Vorlage und **Zugänglichmachung** sämtlicher zur Vorbereitung des SV-Gutachtens dienender **(Arbeits-) Unterlagen** verlangen kann. Das ist insbesondere bei → *Glaubwürdigkeitsgutachten*, Rn. 528, für bei der Begutachtung etwa erstellte Tonbandprotokolle, Mitschriften, Test- und Fragebögen von Bedeutung. Ein entsprechender – unbedingter – Anspruch des Angeklagten wird von der Rspr. **verneint** (s. BGH StV 1995, 565). Allerdings sieht der BGH den (Tat-)Richter als verpflichtet an, im Einzelfall ggf. doch auf die Vorlage der Unterlagen zu drängen und den Beweiswert des Gutachtens, wenn die Unterlagen nicht mehr vorhanden sein sollten, besonders kritisch zu prüfen. M.E. spricht aber auch nichts dagegen, dem Verteidiger **Einsicht** in die Unterlagen zu **gewähren**, wenn er z.B. die Auswertung überprüfen will. Der Verteidiger sollte sich also nicht scheuen, einen entsprechenden Antrag zu stellen.

779

☝ In der HV muss der Verteidiger bei der Vernehmung des SV darauf achten, ob die Arbeitsunterlagen dem SV (noch) vorliegen. Ist das der Fall, wird er den **SV** dazu **befragen** (s. BGH StV 1995, 565 f.).

Für einen (Beweis-)**Antrag** auf Beiziehung der Arbeitsunterlagen ist darauf hinzuweisen, dass der Verteidiger nicht nur die Beiziehung der Unterlagen beantragen darf. Vielmehr muss er ggf. (bestimmt) **behaupten**, dass sich aus den Materialien die **Unrichtigkeit** der **Schlussfolgerungen** des SV ergeben würden. Diesen Antrag kann das Gericht nämlich nicht mit der Begründung ablehnen, der SV sei zur Vorlage der Unterlagen nicht verpflichtet (BGH NStZ 1989, 143; s. dazu a. *Hartmann/Rubach* StV 1990, 425; *Jungfer* RuP 1995, 29).

Siehe auch: → *Ablehnung eines Sachverständigen*, Rn. 6, → *Beweisantrag*, Rn. 255, m.w.N., → *Beweisantrag, Formulierung: Sachverständigenbeweis*, Rn. 281 → *Entlassung von Zeugen und Sachverständigen*, Rn. 446, → *Erneute Vernehmung eines Zeugen und Sachverständigen*, Rn. 473, → *Fragerecht des Sachverständigen*, Rn. 494, → *Kommissarische Vernehmung eines Zeugen oder Sachverständigen*, Rn. 579, → *Sachverständiger Zeuge*, Rn. 780, → *Vereidigung eines Sachverständigen*, Rn. 929, → *Vernehmung Sachverständiger*, Rn. 1076, → *Zeugenvernehmung, Allgemeines*, Rn. 1186, m.w.N.

780 Sachverständiger Zeuge

Bei der Vernehmung **sachkundiger Personen** ist wegen der Art und Weise der Belehrung und der Möglichkeit der → *Ablehnung eines Sachverständigen*, Rn. 6, wegen Befangenheit, was bei einem Zeugen nicht möglich ist, zu **unterscheiden** zwischen sachverständigen Zeugen (§ 85) und SV. Für die Abgrenzung gilt:

- Sie ist einmal danach vorzunehmen, ob die Beweisperson **Sachkunde vermitteln** soll. Das kann nur der **SV**.
- Daneben ist maßgebend der **Anlass** der zu bekundenden Wahrnehmungen. Wird über Wahrnehmungen ausgesagt, die mit besonderer Sachkunde ohne behördlichen Auftrag oder ohne besondere Sachkunde mit behördlichem Auftrag gemacht worden sind, handelt es sich im ersten Fall um einen sachverständigen Zeugen bzw. im zweiten um einen Augenscheinsgehilfen (vgl. dazu *Kleinknecht/Meyer-Goßner*, § 86 Rn. 4; → *Augenscheinseinnahme*, Rn. 101). **SV** ist hingegen derjenige, der über Wahrnehmungen aussagt, die er aufgrund seiner Sachkunde im **Auftrag** des Gerichts, der StA oder Polizei gemacht hat (*Kleinknecht/Meyer-Goßner*, § 85 Rn. 3 m.w.N.). Diese Personen sind wie ein SV zu belehren und können auch wegen Befangenheit abgelehnt werden.

781 **Beispiele**:

- Der **Arzt**, der dem Angeklagten eine **Blutprobe** entnommen hat (§ 81a Abs. 1 S. 2), ist **Sachverständiger** sowohl hinsichtlich des Eingriffs als auch hinsichtlich der Wahrnehmungen, die er über den Zustand des Angeklagten während des Eingriffs aufgrund seiner Sachkunde gemacht hat (*Kleinknecht/Meyer-Goßner*, § 85 Rn. 5 m.w.N.; a.A. u.a. KG VRS 31, 273; OLG Köln BA 1966, 609).
- Ist ein **Arzt ohne Auftrag** einer Strafverfolgungsbehörde tätig geworden, wird er als **Zeuge** vernommen, auch wenn seine Tätigkeit die Bestellung eines SV erspart hat (OLG Köln OLGSt § 261, 96 ff.).

- Ein Polizeibeamter, der bei einer Vernehmung **gedolmetscht** hat, kann zu den von ihm übersetzten Angaben eines Dritten als sachverständiger Zeuge gehört werden (BayObLG NJW 1998, 1505; → *Ablehnung eines Dolmetschers*, Rn. 2).
- **Technische SV,** die ihre Wahrnehmungen ohne behördlichen Auftrag gemacht haben, sind ebenfalls nur **sachverständige Zeugen**, und zwar auch dann, wenn sie Berufssachverständige sind (*Kleinknecht/Meyer-Goßner*, § 86 Rn. 5 m.w.N.)

☝ Der SV ist nach **begründeter → *Ablehnung eines Sachverständigen***, Rn. 6, **nicht sachverständiger Zeuge**, kann aber als Zeuge vernommen werden über Tatsachen, die Gegenstand seiner Wahrnehmung gewesen sind, und zwar nach h.M. nicht nur über Zufallsbeobachtungen und Zusatztatsachen, sondern auch über die bei der Vorbereitung des Gutachtens ermittelten Befundtatsachen (BGH NStZ 2002, 44, 45).

782 Handelt es sich bei der Beweisperson um einen **sachverständigen Zeugen**, unterscheidet er sich von anderen Zeugen nur dadurch, dass er die Wahrnehmungen aufgrund besonderer Sachkunde gemacht hat (s.o. die Beispiele). Er wird wie jeder andere Zeuge belehrt, vereidigt und entschädigt (*Kleinknecht/Meyer-Goßner*, § 58 Rn. 3, § 85 Rn. 1) und kann **nicht** wegen **Befangenheit** abgelehnt werden.

☝ Äußert sich ein **Zeuge** (auch) **gutachtlich**, muss er nicht unbedingt schon deshalb als SV vernommen werden. Es kommt vielmehr darauf an, wo das **Schwergewicht** seiner Vernehmung liegt (BGH NStZ 1984, 465).

Schluss der Beweisaufnahme

783

I.d.R. **erklärt** der **Vorsitzende** am Ende der Beweisaufnahme, dass er diese nun schließe. Das ist ausreichend. Der „Schluss der Beweisaufnahme" (§ 258 Abs. 1) braucht weder durch einen Gerichtsbeschluss noch durch eine ausdrückliche Anordnung des Vorsitzenden formell festgestellt zu werden.

Der Vorsitzende kann die Beweisaufnahme auch **stillschweigend** schließen (KK-*Engelhardt*, § 258 Rn. 2). Er muss nur **unmissverständlich** zu erkennen geben, dass keine Beweise mehr erhoben und die Schlussvorträge gehalten werden können (BGH NStZ 1990, 28 [M]; KG NStZ 1984, 523), und der Angeklagte dann die Gelegenheit zum letzten Wort erhält.

☝ Der o.a. Hinweis des Vorsitzenden ist zwar zweckmäßig, aber keine notwendige Prozesshandlung. Es handelt sich auch nur um eine **vorläufige** Anordnung des Vorsitzenden, die aufgrund seiner Befugnis zur → *Verhand-*

lungsleitung, Rn. 972, (§ 238 Abs. 1) ergeht (LR-*Gollwitzer*, § 258 Rn. 4). Sie hindert den Verteidiger nicht, **neue Beweisanträge** zu stellen. Auch kann das Gericht von sich aus erneut in die Beweisaufnahme eintreten. Dennoch sollte der Verteidiger dem „Schluss der Beweisaufnahme“ nicht zustimmen, wenn aus seiner Sicht noch Fragen offen geblieben sind und weiter aufgeklärt werden müssen (*Dahs*, Rn. 627).

Siehe auch: → *Letztes Wort des Angeklagten*, Rn. 604, → *Plädoyer des Verteidigers*, Rn. 665, → *Wiedereintritt in die Beweisaufnahme*, Rn. 1167.

784 Schriftliche Antragstellung

Literaturhinweise: ***Dahs***, Das Verbrechensbekämpfungsgesetz vom 28. 10. 1994 – ein Produkt des Superwahljahres, NJW 1995, 553; ***R.Hamm***, Was wird aus der Hauptverhandlung nach Inkrafttreten des Verbrechensbekämpfungsgesetzes?, StV 1994, 456; ***König/Seitz***, Die straf- und strafverfahrensrechtlichen Regelungen des Verbrechensbekämpfungsgesetzes, NStZ 1995, 1; ***Krahl***, Missachtung rechtsstaatlicher Verfahrensgrundsätze durch die schriftliche und selbstlesende Hauptverhandlung, GA 1998, 329; ***Münchhalffen***, Der neue § 257a StPO und seine praktischen Auswirkungen, StraFo 1995, 20; dies., § 257a – Ein Einfallstor für richterliche Willkür und die Notwendigkeit seiner Beseitigung durch den Gesetzgeber, in: Festgabe für den Strafverteidiger *Heino Friebertshäuser*, S. 139; ***Neumann***, Zum Entwurf eines Verbrechensbekämpfungsgesetzes, StV 1994, 273; ***Scheffler***, Kurzer Prozeß mit rechtsstaatlichen Grundsätzen?, NJW 1994, 2191; ***Wesemann***, Zur Praxis des neuen § 257a StPO, StV 1995, 220; ders., Beanstandungs- und Erklärungsrechte zur Schaffung von Freiräumen der Verteidigung, StraFo 2001, 293.

784a **1.** Durch das VerbrechensbekämpfungsG vom 28.10.1994 ist **§ 257a** in die StPO eingefügt worden. Nach dessen S. 1 kann das Gericht den Verfahrensbeteiligten aufgeben, **Anträge** und Anregungen zu Verfahrensfragen **schriftlich** zu stellen. Diese Neuregelung ist als ein Verstoß gegen das Mündlichkeitsgebot und das Unmittelbarkeitsprinzip heftig kritisiert worden (vgl. dazu eingehend *Krahl* GA 1998, 329; *Münchhalffen* StraFo 1995, 20; dies., S. 142 [Beseitigung dieses Gesetzes]; *Scheffler* NJW 1994, 2194; *Wesemann* StV 1995, 220; ders., StraFo 2001, 299). Da die gegen die Vorschrift erhobenen Bedenken nicht ohne weiteres von der Hand zu weisen sind, wird sicherlich zurecht eine „**restriktive**“ **Anwendung** der Vorschrift gefordert (*Kleinknecht/Meyer-Goßner*, § 257a Rn. 2 m.w.N.; *Wesemann* StraFo 2001, 299; s. aber a. KK-*Diemer*, § 257a Rn. 2). Die Vorschrift darf jedenfalls nicht dazu dienen, eine unbequeme Verteidigung zu disziplinieren (dies befürchtet *Münchhalffen*, S. 141 f.).

☝ Der Verteidiger ist vor dem Beschluss zur schriftlichen Antragstellung zu hören. Bei seiner **Anhörung** muss er die Bedenken gegen diese Verfahrenart geltend machen und insbesondere darauf verweisen, dass durch die Anordnung des schriftlichen Verfahrens jeder kommunikative Prozess in der HV zerstört wird (*Wesemann*, a.a.O.).

2. Im Einzelnen gilt: **785**

(1.) Das Schriftlichkeitsgebot bezieht sich nur auf Anträge und Anregungen zu **Verfahrensfragen** (vgl. auch [2.]).

(2.) Die Vorschrift gilt nicht für alle sonstigen Erklärungen und Äußerungen zu Sach- und Rechtsfragen. Sie gilt nach § 257a S. 2 ausdrücklich **nicht** für die sog. **Schlussanträge** i.S.d. § 258 (→ *Plädoyer des Verteidigers*, Rn. 665). Sie gilt auch nicht für Erklärungen des Verteidigers nach **§ 257** (*Kleinknecht/Meyer-Goßner*, § 257 a Rn. 8). Nach dem Wortlaut des § 257a („Anträge und Anregungen") kann das Schriftlichkeitsgebot wohl auch nicht solche Erklärungen erfassen, die Verfahrensfragen betreffen (→ *Erklärungen des Verteidigers*, Rn. 460), so z.B., wenn der Verteidiger zur Verwertbarkeit von Beweismitteln Stellung nimmt, es sei denn, diese münden in einen Antrag (KK-*Diemer*, § 257a Rn. 3). § 257a gilt schließlich gem. § 26 Abs. 1 S. 2 auch nicht für einen → *Ablehnungsantrag*, Rn. 23).

(3.) Das Schriftlichkeitsgebot gilt aber für **Beweisanträge** (→ *Beweisantrag, Form*, Rn. 277), für einen → *Beweisermittlungsantrag*, Rn. 302, und die → *Beweisanregung*, Rn. 250 (s. Begründung des Gesetzesentwurfs BT-Dr. 12/6853, S. 34) und für alle auf ein Tätigwerden des Gerichts abzielenden Begehren der Verfahrensbeteiligten (KK-*Diemer*, a.a.O.; KK-*Herdegen*, § 244 Rn. 49).

(4.) Die **Anordnung** trifft das **Gericht**, nicht der Vorsitzende allein. Das Gericht entscheidet durch **Beschluss**. Gegen eine nur vom Vorsitzenden getroffene Anordnung der schriftlichen Antragstellung muss der Verteidiger gem. **§ 238 Abs. 2** eine Entscheidung des Gerichts beantragen. Dieser ist im Hinblick auf die Nachprüfbarkeit durch das Revisionsgericht zu begründen.

☝ Die **Beanstandung** darf der Verteidiger im Hinblick auf eine ggf. beabsichtigte Rüge, z.B., das Gericht habe sein Ermessen fehlerhaft ausgeübt, **nicht vergessen**. Ggf. kann auch eine Beschränkung der Verteidigung nach § 338 Nr. 8 gerügt werden (*Kleinknecht/Meyer-Goßner*, § 257a Rn. 13; KK-*Diemer*, § 257a Rn. 7).

(5.) Die Anordnung kann sich auf einen bestimmten (Beweis-)Antrag, aber auch auf alle **künftigen** Anträge und Anregungen beziehen (BT-Dr. 12/6853, S. 34; *König/Seitz* NStZ 1995, 1, 5 f.; *Kleinknecht/Meyer-Goßner*, § 257a Rn. 6.). **786**

(6.) Bei der Anordnung handelt es sich um eine **Ermessensentscheidung** des Gerichts, bei der es zu berücksichtigen hat, ob der Verteidiger einen Antrag bereits **schriftlich vorbereitet** hat oder ob ihm im Einzelfall eine schriftliche Antragstellung nicht zuzumuten oder möglich ist (der Gesetzesentwurf in der BT-Dr. 12/6853, a.a.O., nennt dazu als Beispiel mangelnde schriftliche Ausdrucksmöglichkeit, die beim Verteidiger jedoch wohl kaum vorliegen dürfte). Zu berücksichtigen wird auch sein, ob mit einem **Missbrauch** des Antragsrechts zu rechnen ist (s. aber *Kleinknecht/Meyer-Goßner*, § 257a Rn. 3, wonach künftige Anträge nur erfasst werden dürfen, wenn das Antragsrecht bereits missbraucht worden ist; a.A. KK-*Diemer*, § 257 a Rn. 5; KK-*Herdegen*, § 244 Rn. 49 [bedarf sehr plausibler Erklärung]).

(7.) Verlangt das Gericht schriftliche Antragstellung, muss es dem **Verteidiger genügend Zeit** einräumen, seine Anträge und Anregungen schriftlich zu formulieren. Dazu ist ggf. die HV zu unterbrechen, was der Verteidiger auf jeden Fall beantragen sollte (→ ***Unterbrechung** der Hauptverhandlung*, Rn. 873).

(8.) Nach § 257a S. 3 findet § 249, der den **Urkundenbeweis** regelt, **entsprechende** Anwendung (→ *Urkundenbeweis, Allgemeines*, Rn. 884). Da die Verweisung keine Einschränkung enthält, können die schriftlichen Anträge und Anregungen **auch** im sog. → ***Selbstleseverfahren***, Rn. 794, nach § 249 Abs. 2 in die HV eingeführt werden (zur Kritik an dieser Regelung s. *Dahs* NJW 1995, 556; zu den praktischen Auswirkungen s. *Münchhalffen* StraFo 1995, 21; *Krahl* GA 1996, 333). Es gelten dafür die allgemeinen Regeln. Nach dem Gesetzentwurf soll auch die Möglichkeit bestehen, dass der Vorsitzende den wesentlichen Inhalt des Antrags mitteilt (→ ***Urkundenbeweis*** durch ***Bericht*** des ***Vorsitzenden***, Rn. 908).

(9.) Bei **mehreren Angeklagten** wird i.d.R. Art. 103 Abs. 1 GG gebieten, diesen jeweils die schriftlichen Anträge der anderen Angeklagten in **Kopie** zugänglich zu machen (KK-*Diemer*, § 257a Rn. 6 m.w.N.).

787 Selbstablehnung eines Richters

Literaturhinweise: s. die Hinw. bei → *Ablehnung eines Richters, Allgemeines*, Rn. 4.

1. Nach § 30 kann ein Richter Umstände, aus denen sich **Ausschließungsgründe** nach den §§ 22, 23 oder **Befangenheitsgründe** nach § 24 ergeben können (→ *Ablehnungsgründe, Befangenheit*, Rn. 32; → *Ausschluss eines Richters*, Rn. 144) selbst anzeigen. Es entscheidet dann das für die Erledigung eines Ablehnungsgesuchs zuständige Gericht, ob der Richter von der weiteren Mitwirkung am Verfahren entbunden wird oder nicht.

787a **2.** Die richterliche Selbstanzeige wegen möglicher Ablehnungsgründe muss den **Verfahrensbeteiligten mitgeteilt** werden (BVerfG NJW 1993, 2229; s.a. Hess.VGH NJW 1994, 1083). Diese haben dann Gelegenheit zur Stellungnahme.

Die Entscheidung über die Selbstablehnung ergeht durch **Beschluss**, der grds. **nicht anfechtbar** ist (Hess.VGH, a.a.O.). Etwas anderes gilt, wenn kein rechtliches Gehör gewährt worden ist (KK-*Pfeiffer*, § 30 Rn. 7). Der einen erkennenden Richter betreffende Beschluss ist allerdings nur mit der Revision anfechtbar.

☝ Der Richter **scheidet** mit der Selbstablehnung bis zur Entscheidung darüber vorläufig aus dem Verfahren **aus**. Er darf auch keine die HV vorbereitenden richterlichen Handlungen mehr vornehmen (KK-*Pfeiffer*, § 30 Rn. 6).

Siehe auch: → *Ablehnungsantrag*, Rn. 23, m.w.N.

Selbst herbeigeführte Verhandlungsunfähigkeit

788

Literaturhinweise: ***Gollwitzer***, Die Verfahrensstellung des in der Hauptverhandlung nicht anwesenden Angeklagten, in: Festschrift für *Tröndle*, S. 455; ***Neuhaus***, Der Grundsatz der ständigen Anwesenheit des Angeklagten in der strafprozessualen Hauptverhandlung 1. Instanz unter besonderer Berücksichtigung des § 231a StPO, 2000; ***Rieß***, Die Durchführung der Hauptverhandlung ohne Angeklagten, JZ 1975, 265; s.a. die Hinw. bei → *Verhandlungsfähigkeit*, Rn. 966.

1. Hat der Angeklagte seine Verhandlungsunfähigkeit (→ *Verhandlungsfähigkeit*, Rn. 966) selbst **vorsätzlich** und **schuldhaft** herbeigeführt, kann das Gericht unter den Voraussetzungen des § 231a **ohne ihn verhandeln**.

☝ Das gilt aber **nur**, wenn der Angeklagte noch **nicht** zur **Anklage vernommen** ist. Führt er seine Verhandlungsunfähigkeit erst **nach** der → ***Vernehmung*** *des Angeklagten zur Sache*, Rn. 1037, herbei, kommt eine Verhandlung ohne ihn nur noch nach **§ 231 Abs. 2** in Betracht (BGH NJW 1981, 1052; *Kleinknecht/Meyer-Goßner*, § 231a Rn. 1 m.w.N.; s.a. → *Verhandlung ohne den Angeklagten*, Rn. 955; → *Ausbleiben des Angeklagten*, Rn. 109).

789

2.a) Die Verhandlungsunfähigkeit kann der Angeklagte nach h.M. nicht nur durch **aktives Tun**, sondern auch durch **Unterlassen** herbeigeführt haben, indem er z.B. Behandlungsmöglichkeiten für Krankheiten nicht in Anspruch genommen hat (OLG Düsseldorf StraFo 2000, 384; OLG Hamm NJW 1977, 1739 [unterlassene therapeutische Maßnahmen bei Bechterew'scher Krankheit]; OLG Nürnberg NJW 2000, 1804; a.A. unter Hinw. auf das BVerfG [NJW 1994, 1590] LG Nürnberg-Fürth NJW 1999, 1125 [für unterlassene Behandlung mit blutdrucksenkenden Mitteln]). In Betracht kommen weiter **Hungerstreik**, jede Art von Selbstschädigung (BVerfG NJW 1979, 2349), wie z.B. ein **ernsthafter Selbstmordversuch** (*Kleinknecht/Meyer-Goßner*, § 231a Rn. 7; KK-*Tolksdorf*, § 231a Rn. 9) oder der Genuss von Rauschgift und Medikamentenmissbrauch.

Die Verhandlungsunfähigkeit muss der Angeklagte mit zumindest **bedingtem Vorsatz** schuldhaft herbeigeführt haben (BGHSt 26, 228, 239). Er handelt dann nicht schuldhaft, wenn ihm sein Verhalten aus einem der in § 20 StGB genannten Gründe nicht angelastet werden kann (zur Frage, ob das Herbeiführen der Verhandlungsunfähigkeit ein „Sich-Entziehen" i.S.v. § 112 Abs. 2 Nr. 2 darstellt, s. OLG Oldenburg NStZ 1990, 431 m. abl. Anm. *Wendisch* StV 1990, 166 und *Oswald* StV 1990, 500). Das **BVerfG** stellt dabei darauf ab, ob dem Angeklagten die ärztliche Behandlung **zugemutet** werden kann (BVerfG NJW 1994, 1590; s.a. OLG Düsseldorf, a.a.O.) Ist das nicht der Fall, kann ihm die Verhandlungsunfähigkeit nicht „vorgeworfen" werden (OLG Düsseldorf, a.a.O.; dazu auch *Müller* NStZ 2001, 53 in der Anm. zu OLG Nürnberg, a.a.O.).

790 **b)** Die Herbeiführung der Verhandlungsunfähigkeit muss zur Folge haben, dass die ordnungsgemäße Durchführung der HV in Gegenwart des Angeklagten verhindert ist. Das ist dann der Fall, wenn der Angeklagte eine nach dem Beschleunigungsgebot nicht vertretbare **Verzögerung** verursacht hat (*Rieß* JZ 1975, 269).

☝ Für die Anwendung des § 231a reichen nicht nur kurzfristige Verzögerungen. Das gilt besonders für den Fall, dass der Angeklagte **betrunken** zur HV erscheint. Dieser Fall ist nicht mit § 231a zu lösen, sondern nur durch **Ausnüchterung**.

Angesichts der möglicherweise schwerwiegenden, oft nicht wiedergut zu machenden Nachteile für die Verteidigung muss der **Verteidiger** sehr sorgfältig und **kritisch prüfen**, ob die tatsächlichen Voraussetzungen für eine Verhandlung in Abwesenheit des Angeklagten erwiesen und die rechtlichen gegeben sind. Das gilt insbesondere für die Frage, ob die Anwesenheit des Angeklagten „unerlässlich" ist (s.u. Rn. 791).

791 **3.** § 231a ist nicht anwendbar, wenn die **Anwesenheit** des Angeklagten in der HV **unerlässlich** ist. Insoweit ist aber zu beachten, dass der Angeklagte durch sein Verhalten i.d.R. sein Recht auf weiteres rechtliches Gehör in der HV verwirkt hat. Deshalb wird die Anwesenheit des Angeklagten **nur** in **Ausnahmefällen** unerlässlich sein, so z.B., wenn eine länger dauernde Gegenüberstellung des Angeklagten mit Zeugen und Mitangeklagten unumgänglich ist (KK-*Tolksdorf*, § 231 a Rn. 11).

792 **4.** Nach § 231a Abs. 1 S. 2 darf nur dann in Abwesenheit des Angeklagten verhandelt werden, wenn dieser nach Eröffnung des Hauptverfahrens **Gelegenheit** gehabt hat, sich vor dem Gericht oder einem beauftragten Richter **zur Anklage** zu **äußern**. Das bedeutet, da § 231a i.Ü. nur anwendbar ist, wenn der Angeklagte in der HV noch nicht zur Sache vernommen wurde, dass die **Anhörung** des Angeklagten im allgemeinen noch **veranlasst** werden muss, wenn Verhandlungsunfähigkeit eingetreten oder zu befürchten ist (KK-*Tolksdorf*, § 231a Rn. 12). Bei der ihm einzuräumenden Gelegenheit zur Anhörung muss der Angeklagte zumindest **vernehmungsfähig** sein (OLG Dresden OLG-NL 1995, 189).

792a

5. Erlangt der Angeklagte während der HV seine **Verhandlungsfähigkeit zurück**, muss er wieder zur HV zugezogen werden. Gem. § 231a Abs. 2 muss ihn der Vorsitzende, solange er mit der → *Urteilsverkündung*, Rn. 920, noch nicht begonnen hat, im Wesentlichen von dem unterrichten, was in seiner Abwesenheit verhandelt worden ist.

Fraglich ist, inwieweit sich das **Gericht** ggf. danach **erkundigen** muss, ob der Angeklagte **wieder verhandlungsfähig** und deshalb in der Lage ist, an der HV teilzunehmen. Da aus § 231a Abs. 2 nicht allgemein die Unzulässigkeit der Weiterverhandlung in Abwesenheit des wieder verhandlungsfähigen Angeklagten folgt (KK-*Tolksdorf*, § 231a Rn. 24), ist eine allgemeine Erkundigungs-/Nachforschungspflicht zu verneinen. Die **Weiterverhandlung** dürfte aber dann **unzulässig** sein – und mit der Revision angreifbar werden –, wenn das **Gericht weiß** oder wissen kann, dass der Angeklagte wieder verhandlungsfähig ist (OLG Düsseldorf StV 1997, 282 [für § 231]). Das ist z.B. dann der Fall, wenn der Angeklagte zur HV wieder erscheint. Beim inhaftierten Angeklagten wird das Gericht den Ausschließungsbeschluss der Haftanstalt mit der Bitte, das Gericht über die Wiederherstellung der Verhandlungsfähigkeit zu informieren, mitteilen (müssen), KK-*Tolksdorf*, a.a.O.

6. Hinweise für den Verteidiger!

793

Für das **Verfahren** ist Folgendes zu beachten:

☝ Nach § 231a Abs. 4 muss das Gericht, schon wenn eine **Verhandlung ohne** den Angeklagten nur in **Betracht** kommt, einen **Pflichtverteidiger** bestellen. Auf das Vorliegen der Voraussetzungen des § 140 kommt es nicht an. Die Pflichtverteidigerbestellung gilt für das gesamte Verfahren, auch wenn der Angeklagte wieder an der HV teilnimmt.

- Über die Frage der Verhandlung in Abwesenheit des Angeklagten entscheidet das Gericht gem. § 231a Abs. 3 S. 1 durch **Beschluss**. **Vor** dessen Erlass ist im → *Freibeweisverfahren*, Rn. 502, ein **Arzt** als SV zu **hören**. Der Beschluss ergeht in der HV, er ist mit Gründen zu versehen und muss **unverzüglich** erlassen werden (BGHSt 39, 110).

- Gegen den Beschluss, der den Antrag auf Verhandlung ohne den Angeklagten **ablehnt**, ist die einfache **Beschwerde** nach § 304 Abs. 1 zulässig.
- Der Beschluss, der die Verhandlung in Abwesenheit des Angeklagten **anordnet**, ist nach § 231a Abs. 3 S. 3 Hs. 1 mit der **sofortigen Beschwerde** anfechtbar.

  Die sofortige Beschwerde hat nach § 231a Abs. 3 S. 3 Hs. 2 **aufschiebende Wirkung**. Die bereits begonnene **HV** muss bis zur Entscheidung über die sofortige Beschwerde gem. § 231a Abs. 3 S. 4 Hs. 1 **unterbrochen** werden. Die Unterbrechung darf nach § 231a Abs. 3 S. 4 Hs. 2 bis zu 30 Tage dauern, auch wenn die Voraussetzungen des § 229 Abs. 2 nicht vorliegen (→ *Unterbrechung der Hauptverhandlung*, Rn. 873).
- Die Beschwerdemöglichkeit schließt die **Revisionsrüge**, das Gericht habe die Voraussetzungen des § 231a Abs. 1 zu Unrecht angenommen, aus (*Kleinknecht/Meyer-Goßner*, § 231a Rn. 25). Wurde allerdings der Beschluss nach § 231a Abs. 3 S. 1 verspätet erlassen, kann dies u.U. die Revision begründen (BGHSt 39, 110).

Siehe auch: → *Anwesenheitspflicht des Angeklagten*, Rn. 89, → *Verhandlung ohne den Angeklagten*, Rn. 954, → *Vertretung des Angeklagten durch den Verteidiger*, Rn. 1094.

794 Selbstleseverfahren

Literaturhinweise: ***Dahs***, Das Verbrechensbekämpfungsgesetz vom 28.10.1994 – ein Produkt des Superwahljahres, NJW 1995, 553; s.a. die Hinw. bei → *Urkundenbeweis, Allgemeines*, Rn. 884.

Das in § 249 Abs. 2 geregelte Selbstleseverfahren ist eine besondere Art des Urkundenbeweises (→ *Urkundenbeweis, Allgemeines*, Rn. 884, m.w.N.), die insbesondere dann sinnvoll ist, wenn **zahlreiche** und/oder **umfangreiche Urkunden** in das Verfahren eingeführt werden müssen (krit. zu diesem Verfahren *Dahs*, Rn. 589). Folgendes ist für den Verteidiger zu beachten:

1. Die **Richter**, auch die Ergänzungsrichter, **müssen** die Urkunde(n) gem. § 249 Abs. 2 S. 1 bis zum Schluss der Beweisaufnahme **lesen** (BGHSt 30, 10 f.). Das gilt auch für **Schöffen** und Ergänzungsschöffen, denen dazu grds. auch schon vor Verlesung des Anklagesatzes Gelegenheit gegeben werden kann (BGH StV 2000, 655; → *Akteneinsicht für Schöffen*, Rn. 82). I.d.R. wird das Lesen zwischen mehreren Sitzungstagen und nicht in Sitzungspausen geschehen. Dazu ist das Original, eine Abschrift oder eine Ablichtung zur Verfügung zu stellen.

795 **2.** Die **anderen Prozessbeteiligten** sind nach § 249 Abs. 2 S. 1 **nicht verpflichtet**, die Urkunde zu **lesen**. Ihnen muss dazu aber vom Gericht **Gelegenheit** gegeben werden. Hierzu ist ihnen die Urkunde im Original, in Abschrift oder in Ablichtung für eine angemessene Zeit zur Verfügung zu stellen (KK-*Diemer*, § 249 Rn. 38).

☝ Der durch das „Selbstlesen“ für den Verteidiger evtl. entstandene zeitliche Umfang ist ggf. bei der Bemessung einer **Pauschvergütung** nach § 99 BRAGO zu berücksichtigen (OLG Köln StraFo 1995, 91; s.a. OLG Düsseldorf StraFo 2002, 71).

796 **3.** Nach § 249 Abs. 2 S. 3 muss die Urkunde, die im Selbstleseverfahren gelesen worden ist, im → ***Protokoll** der Hauptverhandlung*, Rn. 713, (§ 273 Abs. 1) bezeichnet werden. Aufzunehmen ist außerdem die **Anordnung** des Vorsitzenden, dass die Berufsrichter die Urkunde gelesen haben sowie dass und in welcher Weise den Schöffen und den anderen Prozessbeteiligten Gelegenheit gegeben worden ist, vom Wortlaut der Urkunde Kenntnis zu nehmen (BGH NStZ 2000, 47; 2000, 607).

☝ Gegen die Anordnung des Vorsitzenden, das Selbstleseverfahren durchzuführen, können der StA, der Verteidiger und der Angeklagte **Widerspruch** erheben, was **unverzüglich** nach der Anordnung zu geschehen hat. Das Selbstleseverfahren ist nach dem eindeutigen Wortlaut des Gesetzes nicht von der Zustimmung des Verteidigers und/oder des Angeklagten abhängig (a.A. offenbar *Dahs*, Rn. 589). Der Widerspruch braucht **nicht begründet** zu werden (KK-*Diemer*, § 249 Rn. 35). Insofern ist die Rechtslage also eine andere als bei der Beanstandung einer Maßnahme der → *Verhandlungsleitung*, Rn. 972, nach § 238 Abs. 2.

☝ Ob der Verteidiger den Widerspruch erhebt, wird von den **Umständen** des **Einzelfalls** abhängen. Im Zweifel wird er es tun, und er wird auch den Widerspruch begründen, um durch seine Argumente das Gericht ggf. doch noch zur – besseren – wörtlichen Verlesung zu veranlassen.

Über den Widerspruch **entscheidet** nach § 249 Abs. 2 S. 2 das **Gericht** durch Beschluss, der nicht begründet werden muss und nicht mit der Beschwerde angefochten werden kann.

797 **4.** Die Neufassung des § 249 Abs. 2 S. 1 durch das VerbrechensbekämpfungsG vom 28.10.1994 hat die Möglichkeiten für das Selbstleseverfahren erweitert. Grds. können nun **alle Urkunden** im Selbstleseverfahren in die HV eingeführt werden. Eine **Ausnahme** gilt nur noch für Vernehmungsniederschriften, die nach **§ 253** (→ *Protokollverlesung zur **Gedächtnisstützung***, Rn. 735) und nach **§ 254** (→ *Verlesung von **Geständnisprotokollen***, Rn. 1006) – abweichend vom sich aus § 250 ergebenden Grundsatz der persönlichen Vernehmung (→ *Unmittelbarkeitsgrundsatz*, Rn. 868) – zu Beweiszwecken verlesen werden sollen. Diese Urkunden **müs-**

sen verlesen werden, da sie persönliche Vernehmungen ersetzen oder ergänzen (KK-*Diemer* § 249 Rn. 34). Vernehmungsniederschriften, die nach § 251 (→ *Verlesung von Protokollen **früherer Vernehmungen***, Rn. 1017) sowie nach § 256 (vgl. → *Verlesung von **Behördengutachten***, Rn. 1001; → *Verlesung von **ärztlichen Attesten***, Rn. 997; → *Verlesung von sonstigen **Gutachten** und Berichten*, Rn. 1029) verlesen werden sollen, können hingegen im **Selbstleseverfahren** in die HV eingeführt werden (zur Kritik an der Neuregelung, insbesondere im Hinblick auf das nach jeder Beweiserhebung dem Verteidiger aus § 257 zustehende → *Erklärungsrecht des Verteidigers*, Rn. 466, *Dahs* NJW 1995, 555).

798 ☝ Das Selbstleseverfahren ist nach § 257a S. 3 **auch** anwendbar auf **Anträge** und Anregungen zu Verfahrensfragen, die der Verteidiger auf Anordnung des Gerichts nach § 257a S. 1 **schriftlich** gestellt hat, nicht hingegen auf Erklärungen nach § 257 (→ *Erklärungen des Verteidigers*, Rn. 460, → *Erklärungsrecht des Verteidigers*, Rn. 466).

Siehe auch: → *Urkundenbeweis, Allgemeines*, Rn. 884, m.w.N., → *Urkundenbeweis durch Bericht des Vorsitzenden*, Rn. 908, → *Vorhalt aus und von Urkunden*, Rn. 1162.

799 Sitzordnung in der Hauptverhandlung

Literaturhinweise: ***Münchhalffen***, Bedeutung der Sitzordnung für eine ungehinderte Verteidigung, StraFo 1996, 18; ***Stern***, Der verdrehte Kopf – Sitzordnung mit Verteidigung auf der Anklagebank?, StraFo 1996, 46.

1. Die StPO geht in § 137 Abs. 1 davon aus, dass der Beschuldigte sich in jeder Lage des Verfahrens des Beistands eines Verteidigers bedienen darf.

Dieser Grundsatz darf für die HV nicht durch eine ungünstige Möblierung oder andere **ungünstige Gegebenheiten** eingeschränkt werden. Nr. 125 Abs. 2 RiStBV bestimmt, dass der Angeklagte nur dann in eine umfriedete Anklagebank verwiesen werden sollte, wenn besondere Umstände (Fluchtgefahr!) vorliegen. Nicht geregelt wird, inwieweit dem Angeklagten ein Platz unmittelbar **neben** seinem **Verteidiger** zusteht (zur Bedeutung der Sitzordnung s. *Münchhalffen* StraFo 1996, 18; *Stern* StraFo 1996, 46; zur Einschränkung der Berufsausübungsfreiheit durch die Anordnung des Vorsitzenden an den Verteidiger, den ihm zugewiesenen Platz einzunehmen, s.a. BVerfG NJW 1996, 3268).

☝ Grds. muss dem Angeklagten und seinem Verteidiger eine **jederzeitige Kontaktaufnahme** möglich sein.

800 Ist das **nicht** oder nur schwer möglich, muss der Verteidiger einen **Antrag** zur **Sitzordnung** stellen und darauf drängen, einen Platz neben seinem Mandanten zu erhalten (s.u. Rn. 802 ff.). I.d.R. besteht kein Grund, das zu verweigern (OLG Köln NJW 1980, 302). Das gilt besonders dann, wenn während der Beweisaufnahme auf umfangreiches Aktenmaterial zurückgegriffen werden muss. Auch muss der Angeklagte die Möglichkeit haben, sich **Notizen** machen zu können (BayObLG StraFo 1996, 47). Der Verteidiger sollte außerdem darauf achten, dass er selbst von seinem Platz aus die **Zeugen** bei ihrer Vernehmung unmittelbar **beobachten** kann. In Fällen, in denen der Angeklagte den Tatvorwurf bestreitet, er jedoch als Täter von einem Zeugen erkannt worden ist, kann es sich empfehlen, einen Antrag auf **Änderung** der Sitzordnung zu stellen, um dem **Zeugen** das **Wiedererkennen** des Angeklagten in der HV zu **erschweren**, indem dem Angeklagten gestattet wird, unter den Zuhörern Platz zu nehmen (wegen der Einzelh. Beck-*Danckert/Ignor*, S. 339 ff.).

☝ Diesen Antrag muss der Verteidiger mit seinem Mandanten vorab aber besonders **sorgfältig erörtern**. Denn erkennt der Zeuge den Angeklagten als Täter unter den Zeugen wieder, wird der Verteidiger dieses Beweisergebnis kaum noch in Frage stellen können.

801 **2.** Art. 6 Abs. 3e MRK erfordert, dass die Kommunikation zwischen einem **ausländischen Angeklagten** und seinem Verteidiger gewährleistet ist. Deshalb muss auch ein **Dolmetscher** so nahe beim/zwischen dem Angeklagten und dem Verteidiger sitzen (können), dass eine ungestörte Kontaktaufnahme möglich ist. Um das zu erreichen, muss der Verteidiger ggf. ebenfalls einen **Antrag** zur **Sitzordnung** stellen. Entsprechendes kann gelten, wenn bei einem der deutschen Sprache nicht mächtigen Angeklagten sichergestellt werden muss, dass der Angeklagte mit dem vom Gericht bestellten Dolmetscher kommunizieren kann.

3. Hinweis für den Verteidiger! 802

Ist der Verteidiger mit der Sitzordnung nicht einverstanden, ist folgendes **Vorgehen** anzuraten (vgl. a. *Münchhalffen* StraFo 1996, 19):

- Der Verteidiger sollte die Sitzordnung **nicht selbst ändern**.

- Vielmehr empfiehlt es sich, das Eintreten des Gerichts abzuwarten und dann zunächst zu **bitten**, dem Mandanten zu gestatten, neben dem Verteidiger Platz zu nehmen (*Münchhalffen*, a.a.O.).
- Wird das **abgelehnt**, muss der Verteidiger unter Hinweis auf die o.a. Rspr. einen **formellen Antrag** zur Sitzordnung stellen (s.u. Rn. 804).
- Weist der Vorsitzende diesen Antrag **zurück**, muss, wenn sich der Verteidiger die Revisionsrüge insoweit erhalten will, gem. § 238 Abs. 2 ein **Gerichtsbeschluss** beantragt werden.

☝ Zwar handelt es sich bei der Anordnung um eine Maßnahme der → *Sitzungspolizei*, Rn. 805, da diese jedoch auf die Verfahrensbeteiligten einwirkt, kann sie nach **§ 238 Abs. 2** beanstandet und ggf. mit der **Revision** als unzulässige Beeinträchtigung der Verteidigung i.S.d. § 338 Nr. 8 gerügt werden (so schon OLG Köln NJW 1961, 1127; s.a. OLG Köln NJW 1980, 302).

M.E. darf der Verteidiger, wenn sein Antrag abgelehnt wird, **nicht** die HV **stören**. Die insoweit a.A. des BVerfG (NJW 1996, 3268) trifft nicht zu. Die Ablehnung seines Antrags gibt dem Verteidiger kein Demonstrationsrecht. Die Rechtsverletzung muss mit der Revision geltend gemacht werden (s.a. *Foth* NStZ 1997, 36 in der Anm. zu BVerfG, a.a.O.; → *Sitzungspolizei*, Rn. 811).

803

- In **mehrtägigen HV** muss der Verteidiger, wenn das Gericht die Anordnung des Vorsitzenden bestätigt, zu Beginn eines **jeden HV-Tages** einen (Protokollierungs-)Antrag stellen, der die Sitzordnung in der HV festhält.
- Kann der Verteidiger aufgrund der bestehenden Sitzordnung keinen oder nur schlecht Kontakt mit seinem Mandanten aufnehmen, wird im nichts anderes übrig bleiben, als nach jedem Akt der Beweisaufnahme einen Antrag auf → ***Unterbrechung der Hauptverhandlung***, Rn. 873, zu stellen, um mit dem Mandanten ungehindert das Beweisergebnis **besprechen** zu können.
- Wird diesen Anträgen nicht stattgegeben, kann ein **Befangenheitsantrag** wegen unzulässiger Beschränkung der Verteidigung in Betracht kommen (*Münchhalffen*, a.a.O.).

☝ Kommt der Verteidiger der Aufforderung des Vorsitzenden, seinen Platz einzunehmen, nicht nach, um dadurch das rechtliche Gehör für seinen Mandanten sicherzustellen, liegt darin wegen Wahrnehmung berechtigter Interessen **kein Verstoß** gegen **berufsrechtliche Pflichten** (BVerfG NJW 1996, 3268).

804

4. Muster eines Antrags zur Sitzordnung

An das
Amtsgericht/Landgericht Musterstadt

In der Strafsache

gegen H. Muster
Az.: . . .

wird beantragt,

den Angeklagten neben seinem Verteidiger auf der Verteidigerbank sitzen zu lassen.

Dem Angeklagten ist ein Platz in der Anklagebank, die ca. vier Meter vom Platz seines Verteidigers entfernt ist, zugewiesen worden. Durch den großen Abstand ist eine ungestörte, unbelauschte Kommunikation zwischen ihm und mir nicht möglich. Darin liegt eine unzulässige Beschränkung der Verteidigung (s. OLG Köln NJW 1961, 1127; 1980, 302; BayObLG StraFo 1996, 47).

Rechtsanwalt

Siehe auch: → *Zulassung von Mitarbeitern des Verteidigers zur Hauptverhandlung*, Rn. 1206, mit Antragsmuster, Rn. 1207.

Sitzungspolizei **805**

Literaturhinweise: ***Greiser/Artkämper***, Die „gestörte" Hauptverhandlung – Eine praxisorientierte Fallübersicht, 3. Aufl., 2001; ***Gröner***, Strafverteidiger und Sitzungspolizei, 1998; ***Jahn***, Sitzungspolizei contra „Konfliktverteidigung"?, NStZ 1998, 389; ***Krekeler***, Der Rechtsanwalt als Beistand des Zeugen und die Sitzungspolizei, NJW 1980, 980; ***Lehr***, Bildberichterstattung der Medien über Strafverfahren, NStZ 2001, 63; ***Leinius***, Zum Verhältnis von Sitzungspolizei, Hausrecht, Polizeigewalt, Amts- und Vollzugshilfe, NJW 1973, 448; ***Michel***, Der betrunkene Zeuge, MDR 1992, 544; ***Müller***, Zwangsweise Entfernung eines Rechtsanwalts aus dem Sitzungszimmer, NJW 1979, 22; ***Rüping***, Der Schutz der Gerichtsverhandlung – „Ungebühr" oder „betriebliche Ordnungsgewalt"?, ZZP 1975, 212 (Band 88); ***Schneider***, Ungebühr vor Gericht, MDR 1975, 622; ***Schwind***, „Ungebührliches" Verhalten vor Gericht und Ordnungsstrafe, JR 1973, 133; ***Steinbrenner***, Sitzungspolizeiliche Fragen, insbesondere im Zusammenhang mit Straftaten gegen Demonstranten, Justiz 1968, 235; ***Vierhaus***, Zulässigkeit der Ordnungs- und Zwangsmittel des § 51 StPO gegen Kinder als Zeugen, NStZ 1994, 271; s.a. die Hinw. bei → *Verhandlungsleitung*, Rn. 972, und bei → *Verteidigerhandeln und Strafrecht*, Rn. 1085.

1. Die Aufrechterhaltung der Ordnung in der Sitzung obliegt nach § 176 GVG dem Vorsitzenden. Gemeint ist damit lediglich die **äußere Ordnung**, also die Schaffung und Sicherung des äußerlichen Ablaufs der HV. Zu unterscheiden von der Sitzungspolizei ist die → ***Verhandlungsleitung***, Rn. 972, nach § 238 und das **Hausrecht**, das der Gerichtsverwaltung zusteht. Das Hausrecht wird allerdings durch das Recht und die Pflicht, die Sitzungspolizei auszuüben, verdrängt (BGHSt 30, 350).

Die Sitzungspolizei hat **ausschließlich** der **Vorsitzende** inne. Seine alleinige Kompetenz **endet**, wenn eine (in Aussicht genommene) Maßnahme zur Zuständigkeit des Gerichts gehört. Dazu gehört alles, was der (sog. **inneren**) Durchführung der HV dient und damit zur → *Verhandlungsleitung*, Rn. 972, zählt. Angenommen wird das z.B. für eine Maßnahme des Vorsitzenden, die die **Verteidigung** des Angeklagten **beschränkt**, die die Grundsätze über die Öffentlichkeit verletzt (BGHSt 17, 201, 203) oder die die „Sitzung" überhaupt aufheben würde (*Kleinknecht/Meyer-Goßner*, § 176 GVG Rn. 13; s. → *Ton- und Filmaufnahmen während der HV*, Rn. 859).

806 2. **Zeitlich** erfasst die Sitzungspolizei auf jeden Fall Maßnahmen in der eigentlichen Sitzung, also während der gesamten Dauer der HV vom → *Aufruf der Sache*, Rn. 100, bis zur vollständigen → *Urteilsverkündung*, Rn. 920 (KG, Beschl. v. 11.6.2001, 5 Ws 305/01 = http://www.strafverteidiger-berlin.de [für Klatschen am Ende der Urteilsbegründung]). **Ausgedehnt** wird sie darüber hinaus auf die Zeit von der **Öffnung** des **Gerichtssaals** bis das Gericht nach der Beendigung der HV den Sitzungssaal **verlassen** hat (*Kissel*, § 176 GVG Rn. 8 f. m.w.N.; s.a. OLG Hamburg NJW 1999, 2607 [auch wenn sich das Gericht die Maßnahme in der HV vorbehalten hat, kann es sie nach Abschluss nicht mehr erlassen]). Erfasst sind auch kurze Sitzungspausen (BGHSt 44, 23). Längere Unterbrechungen, wie z.B. eine mehrstündige Mittagspause, gehören nicht (mehr) zur Sitzungszeit (*Kleinknecht/Meyer-Goßner*, § 176 GVG Rn. 2).

Räumlich erstreckt sich die Sitzungspolizei auf den **Sitzungssaal** mit den ihm vorgelagerten Räumen, wie Fluren, in denen i.d.R. Zeugen warten (BGH, a.a.O.), das **Beratungszimmer** sowie andere **Nebenräume**, die unmittelbar der Verhandlung dienen, wie z.B. Vorführzellen mit unmittelbarem Zugang zum Sitzungssaal (zur verfassungsmäßigen Zulässigkeit eines Fotografierverbots auch für Vorräume und Zugänge zum Sitzungssaal s. BVerfG NJW 1996, 310). Auf andere Räumlichkeiten erstreckt sie sich i.d.R. nicht (*Kissel*, § 176 GVG Rn. 10 f.).

807 3. In **personeller** Hinsicht unterliegen der Sitzungspolizei des Vorsitzenden **alle Personen** im räumlichen und zeitlichen Umfang der Sitzungspolizei, soweit nicht die §§ 177 ff. GVG eine abweichende Regelung treffen (OLG Karlsruhe NJW 1977, 309 f.). Auch gegen den **Angeklagten** kann mit sitzungspolizeilichen Maßnahmen vorgegangen werden, wenn er z.B. eine Zeugenvernehmung (wiederholt) durch laute Zwischenrufe stört (OLG Düsseldorf VRS 95, 29) oder in unangemessener Kleidung erscheint (OLG Hamm, Beschl. v. 23.5.2002, 3 Ws 277/02 = http://www.burhoff.de [für Tragen eines T-Shirts mit der Aufschrift, „Beamtendumm-Förderverein (BdF)", Prozessbeobachter, Justiz-Opfer-Bürgerinitative]). Die Sitzungspolizei kann sich auch gegen **Zeugen** richten, die in **unangemessener Kleidung** erscheinen (OLG Düsseldorf NJW 1986, 1505; OLG Hamm NJW 1969,

1919; OLG Koblenz NJW 1995, 977 [Erscheinen in kurzer Hose und T-Shirt bei Vernehmung an einem besonders heißen Tag zur Mittagsstunde keine Ungebühr]; zu Ordnungs- und Zwangsmaßnahmen gegen Kinder [als Zeugen] s. *Vierhaus* NStZ 1994, 271 ff.; zu äußeren Störungen der HV s. a. *Greiser/Artkämper*, Rn. 68 ff.; dies. in Rn. 5 ff. zum Begriff der „Ungebühr").

Vor Erlass einer Ordnungsmaßnahme ist dem Betroffenen grds. **rechtliches Gehör** zu gewähren (OLG Hamm StraFo 2001, 13 m.w.N.). Einem (anwaltlich vertretenen) Zeugen ist Gelegenheit zu geben, mit seinem Beistand zu sprechen (LG Zweibrücken NJW 1999, 3792).

Ein **Rechtsmittel** (Beschwerde) gegen eine z.B. einen Zeugen betreffende sitzungspolizeiliche Maßnahme ist bei dem Gericht einzulegen, das den (Ordnungs-)Beschluss erlassen hat (§ 306; OLG Hamburg NJW 1999, 2607).

4. Hinweis für den Verteidiger! 808

a) Die Sitzungspolizei erstreckt sich grds. **auch** auf **Rechtsanwälte**, und zwar in allen Verfahrensarten und - funktionen. Das gilt ganz besonders dann, wenn sie nur zufällig als Zuhörer in der HV anwesend, also nicht unmittelbar an dem zur Verhandlung anstehenden Verfahren beteiligt sind (*Kissel*, § 176 GVG Rn. 40 m.w.N.).

809 **b)** Ob ein **Verteidiger**, der die HV **stört**, gem. § 177 GVG aus dem Sitzungssaal entfernt oder gegen ihn ein **Ordnungsmittel** nach § 178 GVG ergriffen werden kann, ist in Rspr. und Lit. **umstritten**. Maßgebliche Stimmen in der **Lit.** vertreten in dieser Frage, die unabhängig davon ist, wann der Ausschluss eines Verteidigers von der Verteidigung zulässig ist – z.B. nach §§ 137 Abs. 1 S. 2, 138a ff., 146, unter Hinweis auf den eindeutigen Wortlaut der §§ 177, 178 den Standpunkt, dass **Zwangsmaßnahmen** gegen einen Verteidiger in der HV **stets unzulässig** sind (vgl. u.a. *Kleinknecht/Meyer-Goßner*, § 177 GVG Rn. 3; *Kissel*, § 176 GVG Rn. 40, jeweils m.w.N.; OLG Düsseldorf wistra 1994, 79 [für Referendar, der in Untervollmacht auftritt]; vgl. zum Ausschluss des Verteidigers nach den §§ 138a ff. *Burhoff*, EV, Rn. 1905 ff.; ders. ZAP F. 22, S. 361 ff.; so auch, insbesondere im Hinblick auf sog. „Konfliktverteidigung", *Jahn* NStZ 1998, 389 und *Gröner*, a.a.O., m.zahlr.w.N. aus der Lit. auch zur a.A.). Demgegenüber stellt die **Rspr.** darauf ab, ob ein **extremes Fehlverhalten** des Rechtsanwalts vorliegt, das zu einer nachhaltigen Störung der Verhandlung bis hin zur Gefahr der Unmöglichkeit der weiteren ordnungsgemäßen Durchführung der Verhandlung führt. Für diesen Fall wird die Auffassung vertreten, dass in solchen Extremfällen der Vorsitzende befugt sein soll, den Verteidiger aus dem Sitzungssaal zu weisen, ggf. sogar mit Gewalt

(BGH NJW 1977, 437; OLG Hamm JMBl. NW 1980, 215; so u.a. auch LR-*Schäfer* § 176 GVG Rn. 25 m.w.N.; *Malmendier* NJW 1997, 227, 232 ff.). Der Lit.-Ansicht ist wegen des eindeutigen Wortlauts der §§ 177, 178 der Vorzug zu geben. Es ist allein Aufgabe des Gesetzgebers, Vorsorge zu treffen, dass die Durchführung der HV nicht an einem ungehörigen Verhalten eines Verteidigers, der i.Ü. dem Berufsrecht unterliegt, scheitert (*Jahn* NStZ 1998, 391 ff.; *Gröner*, a.a.O., die für eine Gesetzesänderung in der Form plädiert, dass dem Gericht die gesetzliche Möglichkeit gegeben wird, den Rechtsanwalt aus dem Sitzungssaal zu entfernen). Deshalb kann der Verteidiger auch nicht gem. § 176 GVG von der Sitzung ausgeschlossen werden, wenn er ohne Krawatte erscheint und sich weigert, eine solche anzulegen (offengelasen von OLG Celle, Beschl. v. 19.7.2002, 222 Ss 83/02 [OWiZ]. Insoweit nicht in StraFo 2002, 301; → ***Tragen der Robe/Krawatte***, Rn. 865)

☝ Ist der **Rechtsanwalt** selbst **Beschuldigter**, wird er auch als solcher behandelt (BVerfG NJW 1980, 1677). Es können also Maßnahmen nach den §§ 177, 178 gegen ihn ergriffen werden.

810 c) I.Ü. unterliegt selbstverständlich auch der Verteidiger der Sitzungspolizei des Vorsitzenden. Dieser ist allerdings zu **Ermahnungen** und **Rügen** nur befugt, wenn der Verteidiger sich in der Form vergreift, indem er z.B. einen anderen Verfahrensbeteiligten beleidigt, oder wenn er Äußerungen macht, die nicht zur Sache gehören. Außerdem kann das Gericht gegen **schwere Ungebühr** des Verteidigers noch dadurch vorgehen, dass es ihm nach § 145 die **Kosten** auferlegt, wenn durch seine Schuld ein HV ausgesetzt werden muss. Das kann der Fall sein, wenn der Verteidiger sich ohne wichtigen sachlichen Anlass aus der Sitzung entfernt, etwa weil das Gericht eine Erklärung oder Frage seiner Ansicht nach unzulässigerweise beanstandet hat, oder er sich ohne triftigen Grund weigert, die Verteidigung (weiter) zu führen (vgl. *Dahs*, Rn. 159; → *Aussetzung wegen Ausbleiben des Verteidigers*, Rn. 152).

811 ☝ **Sitzungspolizeiliche Maßnahmen** des Vorsitzenden in der HV kann der Verteidiger grds. **nicht** nach **§ 238 Abs. 2** beanstanden, wenn der Vorsitzende sich in den rechtlichen Grenzen seiner Befugnisse hält (OLG Hamm NJW 1972, 1246; a.A. *Kleinknecht/Meyer-Goßner*, § 238 Rn. 13 m.w.N.). Geht die Maßnahme des Vorsitzenden aber über die ihm eingeräumte **sitzungspolizeiliche Kompetenz hinaus** in die → *Verhandlungsleitung*, Rn. 972, kann jedoch gem. **§ 238 Abs. 2** das Gericht angerufen und später eine (etwaige) Beschränkung der Verteidigung gem. § 338 Nr. 8 mit der Revision geltend gemacht werden (KK-*Diemer*, § 176 Rn. 7; zur Abgrenzung *Gröner*, S. 155 ff.).

Die **selbständige Anfechtung** der Maßnahme ist ebenfalls **nicht** statthaft (vgl. u.a. BGHSt 17, 201; OLG Zweibrücken NStZ 1987, 477 [für Durchsuchung des Verteidigers]; *Kissel*, § 176 GVG Rn. 48 m.w.N.; offen gelassen von BVerfG NJW 1993, 915; BGHSt 44, 23 [Sicherstellungen im Wege der Sitzungspolizei unterliegen jedenfalls dann nicht der Beschwerde, wenn sie von dem Vorsitzenden eines Senats des OLG angeordnet wurden und die HV noch andauert]), ebenso wenig ein Antrag nach **§ 23 EGGVG** (OLG Hamburg NStZ 1992, 509). **Zulässig** kann allerdings bei einem Verstoß gegen das Willkürverbot eine isolierte **Verfassungsbeschwerde** sein (BVerfG NJW 1992, 3288 m.w.N.; 1995, 184).

Ist der Verteidiger mit vom Vorsitzenden angeordneten Maßnahmen der → *Verhandlungsleitung*, Rn. 972 nicht einverstanden, darf er dennoch die **Sitzung nicht stören** (a.A. offenbar BVerfG NJW 1996, 3268 [für Nichteinhaltung der Anordnung des Vorsitzenden, den dem Verteidiger zugewiesenen Platz einzunehmen]; wie hier auch *Foth* NStZ 1997, 36 f. in der Anm. zu BVerfG, a.a.O.).

Wegen **einzelner** (sitzungspolizeilicher) **Maßnahmen**

siehe auch: → *Ausschluss der Öffentlichkeit*, Rn. 133, → *Beschlagnahme von Verteidigerakten*, Rn. 220, → *Durchsuchung des Verteidigers*, Rn. 380, → *Einlassregelungen für die Hauptverhandlung*, Rn. 382, → *Fesselung des Angeklagten*, Rn. 484, → *Mitschreiben in der Hauptverhandlung*, Rn. 610, → *Sitzordnung in der Hauptverhandlung*, Rn. 799, → *Ton- und Filmaufnahmen während der Hauptverhandlung*, Rn. 859, → *Tragen der Robe/Krawatte*, Rn. 865.

Sonstige Verfahrensbeteiligte als Zeugen

812

Auch **Beistände** (BGHSt 4, 205), **Dolmetscher** (RGSt 45, 304 f.), **Erziehungsberechtigte** und gesetzliche Vertreter (BGHSt 21, 288) sowie schließlich **Sachverständige** können Zeugen sein (vgl. aber → *Ablehnung eines Sachverständigen*, Rn. 6).

Einziehungs- und **Verfallsbeteiligte**, die nach den §§ 433 Abs. 1, 442 Abs. 1 die Befugnisse eines Angeklagten haben, **scheiden** hingegen als Zeugen **aus** (BGHSt 9, 250 f.), soweit ihre Beteiligung reicht (*Kleinknecht/Meyer-Goßner*, vor § 48 Rn. 23).

Siehe auch: → *Anwesenheitsrechte in der Hauptverhandlung*, Rn. 92, m.w.N., → *Verletztenbeistand*, Rn. 1032, → *Zeugenbeistand*, Rn. 1175, → *Zuziehung eines Dolmetschers*, Rn. 1226.

813 Staatsanwalt als Zeuge

Literaturhinweise: ***Brause***, Faires Verfahren und Effektivität im Strafprozeß, NJW 1992, 2865; ***Dose***, Der Sitzungsvertreter und der Wirtschaftsreferent der Staatsanwaltschaft als Zeuge in der Hauptverhandlung, NJW 1978, 349; ***Malmendier***, „Konfliktverteidigung" – ein neues Prozeßhindernis?, NJW 1992, 227; ***Müller-Gabriel***, Neue Rechtsprechung des BGH zum Ausschluß des „Zeugen-Staatsanwalts", StV 1991, 235; ***Schneider***, Gedanken zur Problematik des infolge einer Zeugenvernehmung „befangenen" Staatsanwalts, NStZ 1994, 457; s.a. die Hinw. bei → *Ablehnung eines Staatsanwalts*, Rn. 19.

1. Die Benennung und Vernehmung eines StA als Zeugen sind grds. **zulässig** (KK-*Senge*, vor § 48 Rn. 11). Dabei kann es sich auch um den in der HV **amtierenden StA** handeln. Die Vernehmung eines StA als Zeuge kann für den Verteidiger insbesondere dann in Betracht kommen, wenn es um **verfahrensbezogene** Vorgänge, wie z.B. die Umstände (BGHSt 14, 265, 267) oder auch den Inhalt einer im Ermittlungsverfahren durchgeführten Zeugen- und/oder Beschuldigtenvernehmung (restriktiver noch BGHSt 21, 85, 90), das Zustandekommen eines Protokolls oder den Ablauf einer Durchsuchung, oder auch um eine im Ermittlungsverfahren getroffene Absprache geht (zu Absprachen im Ermittlungsverfahren s. *Burhoff*, EV, Rn. 23 ff.) geht. Ob das Gericht eine beantragte Vernehmung des StA dadurch umgehen kann, dass es die behaupteten, verfahrensbezogenen Umstände im Freibeweisverfahren klärt, hängt davon ab, ob man das → ***Freibeweisverfahren***, Rn. 502, auch dann für zulässig ansieht, wenn die Beweiserhebung die Urteilsgrundlage unmittelbar beeinflusst (so *Kleinknecht/Meyer-Goßner*, § 244 Rn. 7, 9, m.w.N.). Geht man davon aus, kann das Gericht auf das Freibeweisverfahren z.B. auch dann „ausweichen", wenn es darum geht, ob bei einer Vernehmung zutreffend belehrt worden und die Vernehmung deshalb verwertbar ist oder ob die Voraussetzungen des § 136a vorliegen (vgl. dazu *Kleinknecht/Meyer-Goßner*, § 136a Rn. 31 m.w.N.).

814 ☝ Es empfiehlt sich, den **amtierenden** StA **nur** in **besonderen Fällen** als Zeugen zu benennen. Durch einen entsprechenden Beweisantrag entsteht nämlich schnell der Eindruck, der Verteidiger wolle das Verfahren dadurch **sabotieren**, dass ein in den Prozessstoff eingearbeiteter StA aus dem Verfahren „herausgeschossen" werden soll (*Brause* NJW 1992, 2869; s.a. BGH NStZ 1989, 583). I.d.R. wird der Antrag auf Vernehmung des Sitzungs-StA die Verhandlung auch nicht zum „Platzen" bringen, da dieser durch einen anderen StA ersetzt werden kann (zu allem s.a. *Malmendier* NJW 1997, 230).

815 **2.** Fraglich ist, ob der StA **weiter** als Sitzungsvertreter an der HV **teilnehmen** kann. Insoweit gilt:

- Der Sitzungsvertreter der StA wird **nicht** schon dadurch zum **Zeugen**, dass er während der HV Erklärungen abgibt, deren sachbezogener Inhalt für die Entscheidung über den

Anklagevorwurf von Bedeutung sein kann (BGH NStZ 1986, 133 [für die **Beantwortung** einer sachbezogenen **Frage** des Verteidigers]).

- Die **bloße Benennung** als Zeuge schließt den StA nicht von einer weiteren Mitwirkung aus (*Kleinknecht/Meyer-Goßner*, vor § 48 Rn. 17).
- Wird der StA als Zeuge **vernommen**, muss während der Vernehmung die **Funktion** als Sitzungsvertreter ein anderer StA **übernehmen** (BGH StV 1996, 469), da ein StA nicht zugleich Zeuge und Sitzungsvertreter sein kann.
- Ist der **StA** als Zeuge **vernommen**, muss nach der in der Rspr. h.M. hinsichtlich der Frage, ob er weiter Sitzungsvertreter sein kann, unterschieden werden:
  - Der StA kann **weiter** als **Sitzungsvertreter** auftreten, wenn er nur über Vorgänge ausgesagt hat, die sich erst aus seiner **dienstlichen Befassung** mit der Sache ergeben haben und die die Gestaltung des Verfahrens, wie z.B. die Vernehmung des Angeklagten, betreffen. Außerdem muss ggf. durch **Zuziehung** eines **weiteren StA** dafür Vorsorge getroffen worden sein, dass der StA im Schlussvortrag/Plädoyer seine Aussage nicht selbst würdigen muss (BGHSt 14, 265; 21, 85, 90; NStZ-RR 2001, 107]; zweifelnd BGH NStZ 1989, 583; krit. *Müller-Gabriel* StV 1991, 235; s.a. *Kleinknecht/Meyer-Goßner*, a.a.O., m.w.N. zur a.A. in der Lit.; *Dahs*, Rn. 171, 632; zur Problematik des infolge einer Vernehmung befangenen Staatsanwalts auch *Schneider* NStZ 1994, 457 ff.).
  - **816** In **anderen Fällen** ist die weitere Mitwirkung des StA, insbesondere die Würdigung seiner eigenen Aussage, **unzulässig** und führt auf entsprechende **Verfahrensrüge** zur Aufhebung des Urteils, wenn es darauf beruht (vgl. u.a. BGHSt 34, 352 ff.; BGH NStZ 1983, 135; StV 1983, 497; so wohl auch NStZ 1994, 194; OLG Düsseldorf StV 1991, 59). Bezieht sich die Aussage allerdings nur auf die Tat eines **Mitangeklagten**, kann der StA hinsichtlich weiterer Angeklagter die Anklage weiter vertreten (BGHSt 21, 85; *Dose* NJW 1978, 352) oder wenn sich seine Aussage lediglich auf die Verfahrensgestaltung bezieht (OLG Düsseldorf, a.a.O.). Ein StA ist schließlich auch nicht deshalb von der Tätigkeit als Sitzungs-StA in einer HV ausgeschlossen, wenn er in einer **vorausgegangenen HV** in der gleichen Sache von einem **anderen** Gericht als **Zeuge** vernommen worden ist (BGH NStZ 1994, 194 m.w.N.).

Siehe auch: → *Ablehnung eines Staatsanwaltes*, Rn. 19.

Steuerstrafverfahren

817

Literaturhinweise: ***Adler***, Erklärungspflicht trotz Strafverfahrens, PStR 2002, 202; ***Birmanns***, Täter-Opfer-Ausgleich im Steuerstrafverfahren, NWB F. 13, S. 905; ***Blesinger***, Das Steuergeheimnis im Strafverfahren, wistra 1991, 239; ders., Zur Anwendung des Täter-Opfer-Ausgleichs nach § 46a StGB im Steuerstrafrecht, wistra 1996, 90; ***Bornheim***, Rechtliche und praktische Aspekte bei der Steuerstrafverteidigung in Gemeinschaft von Rechtsanwalt und Steuerberater, Teil 1: wistra 1997, 212, Teil 2: wistra 1997, 257; ders., Taktische Möglichkeit der Fremdanzeige und des Täter-Opfer-Ausgleichs, PStR 1999, 94; ders., Strategien zur Verfahrenseinstellung, PStR 2000, 32; ***Bornheim/Birkenstock***, Steuerfahndung – Steuerstrafverteidigung, 2. Aufl., 2001; ***Boxdorfer***, Das öffentliche Interesse an der Strafverfolgung trotz geringer Schuld des Täters – Grenzen der Anwendung des § 153a StPO, NJW 1976, 319;

Burkhard, Der Strafbefehl im Steuerstrafrecht, 1997; ders., Die Praxis der Strafzumessung im Steuerstrafrecht, PStR 1999, 87; ***Dißars***, Das Recht auf Akteneinsicht der Beteiligten im Steuerrecht, NJW 1997, 481; ***Felix***, Kollision zwischen Presse-Informationsrecht und Steuergeheimnis, NJW 1978, 2134; ***Franzen/Gast/Joecks***, Steuerstrafrecht, 5. Aufl., 2001; ***Hild/Hild***, Verteidigung im Steuerstrafverfahren, BB 1999, 343; ***Hofmann***, Die Feststellung des Steuerverkürzungsbetrages für die Zwecke der Strafzumessung, StraFo 2000, 406; ***Hüttemann***, Nochmals: Das Recht auf Akteneinsicht der Beteiligten im Steuerrecht, NJW 1997, 2020; ***Jäger***, Erklärungspflicht trotz Strafverfahrens, PStR 2002, 49; ***Joecks,*** Erledigung von Steuerstrafverfahren – Möglichkeiten; Bemessungskriterien; Auswirkungen der Erledigung, StraFo 1997, 2; ***Kottke***, Täter-Opfer-Ausgleich und Schadenswiedergutmachung bei Steuerhinterziehungen? – Ein modernes Modell zur Strafmilderung für Steuersünder, INF 1996, 359; ders., Täter-Opfer-Ausgleich nach § 46a StGB für Steuerhinterzieher?, DB 1997, 549; ***Krekeler***, Probleme der Verteidigung in Wirtschaftsstrafsachen, wistra 1983, 43; ders., Der Sachverständige im Steuerstrafverfahren, PStR 2001, 146; ***Neuhaus***, Das Beweisverwertungsverbot des § 393 Abs. 2 AO und seine praktische Bewältigung in der Hauptverhandlung erster Instanz, ZAP F. 22, S. 323; ders., Das Beweisverwertungsverbot des § 393 Abs. 2 AO und seine praktische Bewältigung in der Rechtsmittelinstanz, ZAP F. 22, S. 339; ***Parigger,*** § 46a StGB und seine Anwendbarkeit im Steuerstrafrecht, in: Festschrift für *Peter Rieß*, S. 783; ***Quedenfeld/Füllsack***, Verteidigung in Steuerstrafsachen, 2. Aufl., 2000; ***Schabel***, Erneut: Zur Anwendbarkeit des § 46a StGB im Steuerstrafrecht – zugleich eine Stellungnahme zu *Brauns*, wistra 1996, 214, wistra 1997, 201; ***Schiffer***, Strafmaßverteidigung, PStR 2000, 215; ***Schomberg***, Das Steuergeheimnis im Steuerstrafverfahren, NJW 1979, 526; ***Schwedhelm***, Deal und Verständigung im Steuerstrafverfahren, StraFo 1997, 69; ***Schwedhelm/Spatscheck***, Täter-Opfer-Ausgleich und Schadenswiedergutmachung im Steuerstrafrecht, DStR 1995, 1449; ***Spörlein***, Steuerstrafrecht von A-Z, 1995; ***Streck***, Probleme der gemeinschaftlichen Verteidigung (§ 146 StPO) in Steuerstrafsachen, MDR 1978, 893; ***Vogelberg***, Verständigung im Steuer- und Steuerstrafrecht, ZAP F 22, S. 317; ***von Briel***, Effektive Strafverteidigung versus intensive Steuerfahndung. Beweisgewinnung und Verwertungsverbote im Steuerstrafverfahren, StraFo 2002, 37; ***Werner***, Der Finanzbeamte als Vertreter und Zeuge in der Hauptverhandlung, PStR 2000, 36; dies., Der steuerliche Berater als Zeuge im (Steuer-)Strafverfahren, PStR 2002, 62; s.a. die Hinw. bei *Burhoff*, EV, Rn. 1514.

817a **1.** Für das Steuerstrafverfahren gelten nach § 385 AO grds. die **allgemeinen Regeln** der **StPO** und des **GVG**, die durch die **§§ 369 – 412 AO** – sowohl im materiellen als auch im prozessualen Bereich – ergänzt werden (wegen der Einzelh. s. u.a. KK-*Pfeiffer*, Einl. Rn. 207 ff., jeweils m.w.N., *Bornheim/Birkenstock*, *Quedenfeld/Füllsack*, jeweils a.a.O.; zum Steuerstrafverfahren auch *Dahs*, Rn. 1067 ff.). Wegen der Besonderheiten des steuerstrafrechtlichen Ermittlungsverfahrens wird verwiesen auf *Burhoff*, EV, Rn. 1513 ff. m.w.N., insbesondere zur Lit. und in Rn. 1536 ff. zur Einstellung des Verfahrens und zu der von der h.M. verneinten Möglichkeit der Anwendbarkeit von § 46a StGB).

Auf folgende, die HV eines Steuerstrafverfahrens betreffende **Besonderheiten** ist hier hinzuweisen:

818 **2.** Die **Finanzbehörde** ist im Steuerstrafverfahren sog. **Nebenbeteiligte**, die im gerichtlichen Verfahren nach § 407 AO ein selbständiges **Anhörungs-** und **Informationsrecht** hat (vgl. hierzu *Franzen* u.a., a.a.O., Einl. Rn. 23 f.).

Die Finanzbehörde erhält danach

- vor allen Prozesshandlungen **Gelegenheit** zur **Stellungnahme**, insbesondere vor einer → *Einstellung des Verfahrens, Allgemeines*, Rn. 385, m.w.N. (§ 407 Abs. 1 S. 1, 2 AO),
- in der **HV** auf Verlangen für ihren Vertreter das **Wort** (§ 407 Abs. 1 S. 4 AO),
- sie kann durch ihren Vertreter **Fragen** an den Angeklagten, an Zeugen und SV stellen,

> ☝ Der Vertreter der Finanzbehörde kann **gleichzeitig** als **Zeuge** geladen und gehört werden (LG Dresden NStZ 1999, 313; s. dazu *Werner* PStR 2000, 36).
>
> Der Verteidiger muss sich, wenn der Vertreter als Zeuge geladen wird bzw. erkennbar wird, dass er als Zeuge in Betracht kommen könnte, überlegen, ob er dann bei **Gericht anregt**/beantragt, dass dieses beim Leiter der Finanzbehörde diesen Vertreter durch einen anderen **ersetzt** (*Werner* PStR 2000, 38).

- **nicht** aber einen **Beweisantrag** (*Kleinknecht/Meyer-Goßner*, § 244 Rn. 30; eingehend zu den Beteiligungsrechten der Finanzbehörde auch *Rüping* in der Anm. zu LG Dresden, a.a.O.).

3. Hinsichtlich der → ***Zuständigkeit*** des ***Gerichts***, Rn. 1219, ist § 391 AO von Bedeutung. Die Vorschrift enthält in Abs. 1 S. 1 eine **Konzentration** des Gerichtsstands. Es ist danach bei sachlicher Zuständigkeit des AG das AG örtlich zuständig, in dessen Bezirk das (übergeordnete) LG seinen Sitz hat. Bei sachlicher Zuständigkeit des LG besteht die besondere Zuständigkeit der **Wirtschaftsstrafkammer** nach § 74 c Abs. 1 Nr. 3 GVG. **819**

4. Nach § 396 Abs. 2 AO kann das Gericht das Steuerstrafverfahren **aussetzen**, bis das **Besteuerungsverfahren** rechtskräftig **abgeschlossen** ist. Voraussetzung ist, dass die Beurteilung der Tat als Steuerhinterziehung davon abhängt, ob ein Steueranspruch besteht, ob Steuern verkürzt oder ob nicht gerechtfertigte Steuervorteile erlangt sind (s. das Antragsmuster u. bei Rn. 823). Ob der Verteidiger eine von ihm angeregte/beantragte, vom Gerichte jedoch abgelehnte Aussetzung des Verfahrens mit der **Beschwerde** anfechten kann oder ob dem § 305 entgegensteht, ist str. (s. dazu verneinend *Franzen* u.a., a.a.O.; § 396 Rn. 28; bejahend z.B. LG Lübeck SchlHA 2000, 70). **820**

5. Für die HV ist auf folgende Punkte besonders hinzuweisen: **821**

- Eine besondere Rolle kann in der HV auch der → ***Ausschluss der Öffentlichkeit***, Rn. 133, spielen. Daran wird besonders der Angeklagte interessiert sein, da er im Zweifel Steuerverfehlungen noch weniger öffentlich verhandelt wissen möchte als sonstige Verfehlungen. Insoweit gelten jedoch keine besonderen Regeln, sondern die allgemeinen über den Ausschluss der Öffentlichkeit nach **§§ 169 ff. GVG.** Danach kann nach § 172 Nr. 2 GVG i.V.m. § 385 AO die Öffentlichkeit ausgeschlossen werden, wenn ein wichtiges Geschäfts- oder **Steuergeheimnis** zur Sprache kommen soll (zum Steuergeheimnis s.

§ 30 AO; zum Steuergeheimnis im Strafverfahren s. *Blesinger* wistra 1991, 243 ff., 294 ff., insbesondere 296; zur Behandlung der Presse und der Geltung des Öffentlichkeitsgrundsatzes s. die Kontroverse von *Felix* NJW 1978, 2134 und *Schomberg* NJW 1979, 526).

- Gerade in Steuerstrafverfahren kommt es häufig zu → ***Absprachen** mit Gericht und StA*, Rn. 63. Für die strafverfahrensrechtliche Absprache gelten die allgemeinen Regeln. Daneben sind aber immer auch die Auswirkungen einer ggf. getroffenen steuerrechtlichen Verständigung zu berücksichtigen (vgl. dazu eingehend *Vogelberg* ZAP F. 22, S. 317).
- Im Steuerstrafverfahren haben **Beweisverwertungsverbote** häufig eine erhebliche Bedeutung (vgl. dazu allgemein → *Beweisverwertungsverbote, Allgemeines*, Rn. 313 ff.). Hinzuweisen ist in dem Zusammenhang insbesondere auf § 393 Abs. 2 AO (dazu eingehend *Neuhaus* ZAP F. 22, S. 323 und *Adler* PStR 2002, 202 bzw. *Jäger* PStR 2002, 49; s. auch BGHSt 47, 8; BGH NJW 2002, 1134). Der Verteidiger muss einem unter Verstoß gegen § 393 Abs. 2 AO gewonnenen Beweismittel in der HV ausdrücklich **widersprechen** (*Neuhaus*, ZAP F. 22, S. 327; s. → *Widerspruchslösung*, Rn. 1166a).
- Schließlich kann gerade im Steuerstrafverfahren der Einsatz von **Sachverständigen** in Betracht kommen (dazu eingehend *Krekeler* PStR 2001, 146; *Quedenfeld/Füllsack*, Rn. 629 ff.).

822 **6.** Hat die Finanzbehörde gem. § 400 AO einen **Strafbefehl** beantragt, geht die weitere Zuständigkeit auf die StA über, wenn der Beschuldigte gegen den vom Gericht erlassenen Strafbefehl Einspruch eingelegt hat (zum Strafbefehl im Steuerstrafverfahren s. eingehend *Burkhard*, a.a.O.). Für die dann ggf. durchzuführende HV gelten die allgemeinen Regeln für das → *Strafbefehlsverfahren*, Rn. 824.

823 7. Muster eines Aussetzungsantrags nach § 396 AO

An das
Amtsgericht/Landgericht Musterstadt

In der Strafsache
gegen H. Muster
Az.: . . .

wird namens und in Vollmacht des Angeklagten beantragt,

das Verfahren gem. § 396 AO bis zum rechtskräftigen Abschluss des Besteuerungsverfahrens auszusetzen.

Gegen den Angeklagten ist Anklage wegen Steuerhinterziehung erhoben worden, weil er nicht alle in seinem Betrieb angefallenen Gewinne versteuert haben soll. Der Angeklagte hat gegen den Steuerbescheid vom . . . Einspruch eingelegt. Über diesen ist bisher nicht entschieden worden. Deshalb ist das vorliegende Strafverfahren nach § 396 AO auszusetzen.

Rechtsanwalt

Strafbefehlsverfahren

824

Literaturhinweise: ***Ambos***, Verfahrensverkürzung zwischen Prozeßökonomie und „fair trial". Eine Untersuchung zum Strafbefehlsverfahren und zum beschleunigten Verfahren.- Rechtspolitische Empfehlungen, Jura 1998, 281; ***Bockemühl***, Zur Bindungswirkung von rechtskräftigen Strafbefehlen im anwaltsgerichtlichen Verfahren, BRAK-Mitt. 2000, 164, ***Böttcher/Mayer***, Änderungen des Strafverfahrensrechts durch das Entlastungsgesetz, NJW 1993, 153; ***Brackert/Staechlin***, Die Reichweite der im Strafbefehlsverfahren erfolgten Pflichtverteidigerbestellung, StV 1995, 547; ***Burkhard***, Der Strafbefehl im Steuerstrafrecht, 1996; ***Enders***, Gesonderte Gebühr für Beratung über Einspruch gegen einen Strafbefehl, JurBüro 2000, 281; ***Fuhse***, Ist das Schöffengericht durch § 25 Nr. 2 GVG gehindert, Strafbefehl zu erlassen, Erledigungen im beschleunigten Verfahren vorzunehmen, kann es bei Straferwartung unter 2 Jahren Freiheitsstrafe angegangen werden? – zugleich Besprechung von OLG Oldenburg NStZ 1994, 449; NStZ 1995, 165; ***Greßmann,*** Strafbefehlsverfahren mit Auslandsberührung, NStZ 1991, 216; ***Hoffmann/Wißmann,*** Verurteilung durch Strafbefehl und berufsrechtliche Konsequenzen, PStR 2000, 279; ***Hohendorf***, Probleme bei der Pflichtverteidigerbestellung nach § 408b StPO, MDR 1993, 597; ders., Zuständigkeit des Schöffengerichts zum Erlaß eines Strafbefehls – Anmerkung zu LG Stuttgart wistra 1994, 40, wistra 1994, 294; ***Lutz***, Wie weit reicht die Verteidigerbestellung gem. § 408 StPO?, NStZ 1998, 395; ***Siegismund/Wickern***, Das Gesetz zur Entlastung der Rechtspflege – ein Überblick, Teil 1, wistra 1993, 81; ***Zähres***, Erlass eines Strafbefehls gem. § 408 a StPO in der gem. § 408 III 2 StPO anberaumten Hauptverhandlung?, NStZ 2002, 296.

824a

1. Ist nach Abschluss der Ermittlungen oder auch in der HV bei → *Ausbleiben des Angeklagten*, Rn. 110, ein Strafbefehl (im Folgenden kurz: StB) erlassen worden (s. §§ 407 ff.), gegen den dann rechtzeitig zulässig Einspruch eingelegt wurde, findet nach § 411 Abs. 1 S. 2 (wieder) eine **HV** statt. Für diese gelten die **allgemeinen Regeln**, soweit sich aus den nachstehenden Ausführungen keine Besonderheiten ergeben (zum StB-Verfahren im Ermittlungsverfahren allgemein *Burhoff*, EV, Rn. 1541 ff., insbesondere Rn. 1550 f. [zu den Vor-/Nachteilen dieses summarischen Verfahrens]; s.a. *Dahs*, Rn. 1037 ff. m.w.N. und die Komm. zu den §§ 407 ff. bei *Kleinknecht/Meyer-Goßner*). Es ist geplant, das StB-Verfahren zu erweitern (→ *Gesetzesnovellen*, Rn. 525). Nach *Zähres* (NStZ 2002, 296) ist in der gem. § 408 Abs. 3 S. 2 StPO anberaumten HV der Erlass eines Strafbefehls nicht (mehr) zulässig.

☝ Umstritten ist die Frage, ob eine im Ermittlungsverfahren nach § 408b erfolgte **Pflichtverteidigerbestellung** auch für die HV gilt. Diese Frage wird von der wohl überwiegenden Meinung verneint (*Hohendorf* MDR 1993, 598; *Kleinknecht/Meyer-Goßner*, § 408b Rn. 6; *Pfeiffer*, § 408b Rn. 4; OLG Düsseldorf NStZ 2002, 390; AG Höxter NJW 1994, 2842; a.A. KK-*Fischer*, § 408b Rn. 8 m.w.N.; *Böttcher/ Mayer* NStZ 1993, 153, 156; *Siegismund/Wickern* wistra 1993, 81, 91; *Brackert/Staechlin* StV 1995, 547, 552; *Schellenberg* NStZ 1994, 570, die für eine analoge Anwendung des § 418 Abs. 4

plädieren; zu allem a. *Lutz* NStZ 1998, 396). Der Verteidiger muss daher, wenn er im EV als Pflichtverteidiger beigeordnet war, auf jeden Fall seine (weitere) **Beiordnung beantragen**.

825 2. Eine **Ausnahme** von der grds. bestehenden → ***Anwesenheitspflicht** des Angeklagten*, Rn. 89, ergibt sich für das StB-Verfahren aus § 411 Abs. 2. Danach kann sich der Angeklagte in der HV durch einen mit schriftlicher Vollmacht versehenen **Verteidiger vertreten** lassen (s. dazu → *Vertretung des Angeklagten durch den Verteidiger*, Rn. 1095 f.). Die Anordnung des persönlichen Erscheinens des Angeklagten gem. § 236 hebt das Recht, sich vertreten zu lassen, nicht auf (*Kleinknecht/Meyer-Goßner*, § 411 Rn. 4 m.w.N.; s. u.a. OLG Düsseldorf StV 1985, 52; OLG Frankfurt StV 1983, 268; s.a. OLG Düsseldorf NStZ-RR 1998, 180; zur anderen Regelung in § 73 Abs. 3 OWiG → *Bußgeldverfahren, Besonderheiten der Hauptverhandlung*, Rn. 362).

☝ Die besondere Vertretungsvollmacht muss **schriftlich** erteilt sein. Es reicht nicht die anwaltliche Versicherung, dass die Vollmacht erteilt sei (OLG Saarbrücken NStZ 1999, 265). Auch die **spätere** schriftliche **Bestätigung** einer zunächst nur mündlich erteilten Vollmacht genügt **nicht**. Wird ohne schriftlich erteilte Vollmacht verhandelt, liegt darin ein Verfahrensverstoß (OLG Saarbrücken, a.a.O., zugleich auch zur i.d.R. zu bejahenden „Beruhensfrage"). Der Verteidiger kann aber die schriftliche Vollmacht aufgrund einer mündlichen Ermächtigung durch den Angeklagten (in der HV) **selbst unterzeichnen** (BayObLG NStZ 2002, 277).

☝ Verteidiger und Angeklagter werden vor der HV gemeinsam **überlegen**, ob es notwendig ist, dass der **Angeklagte** an der HV **teilnimmt**. Der Verteidiger darf dabei nicht übersehen, dass es für ihn manchmal schwer ist, dem Mandanten später ein ungünstiges Ergebnis der HV zu erklären, wenn der Mandant an der HV nicht selbst teilgenommen hat. Dem kann der Verteidiger nur dadurch vorbeugen, dass vorab **alle Eventualitäten** besprochen werden (s.a.u. Rn. 831) und der Mandant sich bereit hält, um ggf. doch noch zu erscheinen. Zu berücksichtigen ist auch, dass die Möglichkeit der Vertretung durch den Verteidiger dem Erlass eines HB nach § 230 Abs. 2 nicht entgegenstehen soll, wenn das persönliche Erscheinen des Angeklagten angeordnet ist (KG, Beschl. v. 30.7.2001, 4 Ws 168/01, http:://www.strafverteidiger-berlin.de).

3.a) Ist zu Beginn der HV (→ *Aufruf der Sache*, Rn. 100) der **Angeklagte unentschuldigt ausgeblieben** und auch nicht durch einen Verteidiger vertreten, kann das Gericht nach § 412 S. 1 den **Einspruch verwerfen**. Es gilt für eine genügende Entschuldigung/Verwerfung dasselbe wie für das → *Ausbleiben des Angeklagten*, Rn. 112, oder für die → *Berufungsverwerfung wegen Ausbleiben des Angeklagten*, Rn. 209. Für die Verwerfung des Einspruchs ist aber die wirksame Zustellung des StB Voraussetzung (BayObLG NStZ-RR 1999, 243 m.w.N.; s.a. BVerfG NJW 2001, 1563). **826**

b) Hinweis für den Verteidiger! **827**

Ist der **Verteidiger** als Vertreter des Angeklagten **erschienen**, **verhindert** das ein **Verwerfungsurteil**, und zwar auch dann, wenn nach § 236 das persönliche Erscheinen des Angeklagten angeordnet war (BayObLG MDR 1970, 608; 1978, 510; OLG Celle NJW 1970, 906; OLG Düsseldorf StV 1985, 52; OLG Hamburg NJW 1968, 1687; *Kleinknecht/Meyer-Goßner*, § 412 Rn. 5). Der Verteidiger muss aber eine **besondere Vertretungsvollmacht** haben (→ *Vertretung des Angeklagten durch den Verteidiger*, Rn. 770 u. oben Rn. 825), was auch für den Pflichtverteidiger gilt (OLG Hamm StV 1997, 404 [Ls.]). Ist der Verteidiger verhindert, z.B. wegen Erkrankung, wird das i.d.R. im Hinblick auf das Verteidigungsinteresse des Angeklagten einer Verwerfung des Einspruchs entgegenstehen (BayObLG NStZ-RR 2002, 79). Der Einspruch darf auch dann nicht verworfen werden, wenn der Verteidiger unter Verstoß gegen § 218 nicht geladen worden ist (OLG Köln VRS 98, 139; → *Ladung des Verteidigers*, Rn. 595).

☝ Die wirksame Vertretung des Angeklagten durch den **Verteidiger** setzt zudem voraus, dass der Verteidiger den Mandanten auch **vertreten will**. Allein die Vertretungsvollmacht genügt nicht. **828**

Zur Vertretung des Angeklagten gehört i.d.R. nur, dass der bevollmächtigte Verteidiger für den Angeklagten anwesend ist. Eine weitere **Mitwirkung** an der HV obliegt ihm – ebenso wie dem Angeklagten selbst – **nicht** (OLG Köln StV 1993, 292). Deshalb wird der Angeklagte vertreten, wenn der Verteidiger erklärt, er habe zwar keine Informationen des Mandanten erhalten, gleichwohl aber zur **Sache verhandelt** (OLG Düsseldorf MDR 1958, 623; *Kleinknecht/Meyer-Goßner*, § 411 Rn. 7 m.w.N.).

Vertretung liegt hingegen **nicht** vor,

- wenn der Verteidiger nach Beginn der HV erklärt, er könne sich mangels ausreichender Information zur **Sache nicht äußern** und dann das Mandat **niederlegt** (*Kleinknecht/Meyer-Goßner*, § 329 Rn. 16; a.A. BayObLG NJW 1981, 183),
- er **nur** einen auf Verhandlungsunfähigkeit des Angeklagten gestützten **Aussetzungsantrag** stellt (KG JR 1985, 343; a.A. OLG Köln StV 1992, 567 [Verteidiger war bereit, bei Ablehnung des Aussetzungsantrags auch ohne den Angeklagten zu verhandeln]).

829 **4.** Der **Einspruch** gegen den StB kann nach § 411 Abs. 3 S. 1 bis zur → *Urteilsverkündung*, Rn. 920, in 1. Instanz **zurückgenommen** werden. Nach Beginn der HV (→ *Aufruf der Sache*, Rn. 100) ist das nur mit **Zustimmung** der StA möglich (§ 411 Abs. 3 S. 2 i.V.m. § 303 S. 1). Für die Wirksamkeit der Einspruchsrücknahme gelten die Ausführungen zu → *Berufungsrücknahme*, Rn. 200, entsprechend.

Der Verteidiger kann den Einspruch gem. §§ 410 Abs. 2, 411 Abs. 3 S. 1 auch noch in der HV auf bestimmte Beschwerdepunkte **beschränken**. Für die Wirksamkeit gelten dieselben Voraussetzungen wie für eine → *Berufungsbeschränkung*, Rn. 179 (*Kleinknecht/Meyer-Goßner*, § 410 Rn. 4 m.w.N.). Eine Beschränkung auf den Rechtsfolgenausspruch ist daher z.B. nur wirksam, wenn die Feststellungen des StB eine tragfähige Grundlage für eine Rechtsfolgenentscheidung bilden (vgl. dazu z.B. OLG Düsseldorf NStZ-RR 1997, 113; zur ggf. entstehenden Kostentragungspflicht der Staatskasse hinsichtlich solcher Kosten, die bei Beschränkung des Einspruchs auf die Höhe des Tagessatzes durch Aufklärung der bis dahin nicht ermittelten persönlichen Verhältnisse des Angeklagten entstanden sind, s. LG Moosbach StV 1997, 34). Der Zustimmung eines am Verfahren beteiligten Nebenklägers bedarf es nach §§ 411 Abs. 3 S. 2, 303 S. 2 nicht.

830 **5.** Nach der Neufassung des § 411 Abs. 2 durch das VerbrechensbekämpfungsG vom 28.10.1994 findet hinsichtlich der **Verlesbarkeit** von Niederschriften über eine frühere Vernehmung eines Zeugen, SV oder Mitbeschuldigten sowie hinsichtlich der Verlesbarkeit von Erklärungen von Behörden und schließlich hinsichtlich des **Umfangs** der **Beweisaufnahme** die für ein → ***beschleunigtes Verfahren***, Rn. 232 f., geltende Vorschrift des § 420 entsprechende Anwendung (wegen der Einzelh. s. dort; wegen der Anwendbarkeit von § 420 Abs. 4 auf den Umfang der Beweisaufnahme in der → ***Berufungshauptverhandlung***, Rn. 195, des StB-Verfahrens s. dort).

6. Kommt es zum **Urteil**, ist das Gericht nach § 411 Abs. 4 **nicht** an den im StB enthaltenen **Rechtsfolgenausspruch gebunden**. Das Verbot der „reformatio in peius" gilt also – anders als im Berufungsverfahren nach § 331 – nicht. **831**

☝ Das ist ein besonderes **Risiko** des Einspruchs und der sich daraus ergebenden HV, zumal das Gericht keine besondere Hinweispflicht hat (OLG Hamm NJW 1980, 1587).

Dennoch weisen die Strafrichter i.d.R. darauf hin, wenn sie im Urteil vom Rechtsfolgenausspruch des StB zum Nachteil des Angeklagten abweichen wollen. Dann hat der Angeklagte/Verteidiger immer noch die Möglichkeit, den **Einspruch zurückzunehmen** (s.o. Rn. 829). Wenn der Angeklagte an der HV nicht teilnimmt, sollte das **vorher** zwischen ihm und dem Verteidiger aber auf jeden Fall **abgesprochen** sein.

T

Täter-Opfer-Ausgleich

831a

Das Wichtigste in Kürze

1. Nach § 155a sollen StA und Gericht in jedem Stadium des Verfahrens die Möglichkeiten prüfen, einen Ausgleich zwischen Beschuldigtem und Verletztem zu erreichen.
2. Das Gesetz sieht konkrete Voraussetzungen für die Anwendung der Vorschrift nicht vor.
3. Rechtliche Grundlage des Täter-Opfer-Ausgleichs wird i.d.R. § 46a StGB sein, obwohl in § 153a Abs. 1 S. 2 Nr. 5 auf diese Vorschrift nicht abgestellt wird.
4. Der TOA bietet für den Verteidiger ein weites Feld.

831b

Literaturhinweise: ***Artkämper***, Perspektiven des Täter-Opfer-Ausgleichs aus Sicht der Staatsanwaltschaft, NJ 2002, 237; ***Bernsmann***, Wider eine Vereinfachung der Hauptverhandlung, ZRP 1994, 332; ***Beulke***, Gewalt im sozialen Nahraum- Zwischenbericht eines Modellprojekts, MSchrKrim 1994, 360; ***Blesinger***, Zur Anwendung des Täter-Opfer-Ausgleichs nach § 46a StGB im Steuerstrafrecht, wistra 1996, 90; ***Busch***, Täter-Opfer-Ausgleich und Datenschutz, NJW 2002, 1326; ***R.Hamm***, „Täter-Opfer-Ausgleich“ im Strafrecht, StV 1995, 491; ***Hartmann***, Staatsanwaltschaft und Täter-Opfer-Ausgleich, Eine empirische Untersuchung zu Anspruch und Wirklichkeit, 1998; ***Karliczek***, Täter-Opfer-Ausgleich: Zwischen Anspruch und Wirklichkeit, NJ 1999, 131; ***Kilchling***, Aktuelle Perspektiven für Täter-Opfer-Ausgleich und Wiedergutmachung im Erwachsenenstrafrecht, NStZ 1996, 309; ***Lammer***, Täter-Opfer-Ausgleich und Schadenswiedergutmachung – Chance oder Risiko der Verteidigung?, StraFo 1997, 257; ***Lüderssen***, Die Mandanten und der Täter-Opfer-Ausgleich, StV 1999, 65; ***Meier***, Täter-Opfer-Ausgleich und Wiedergutmachung im allgemeinen Strafrecht, JuS 1996, 436; ***Parriger***, § 46a StGB und seine Anwendbarkeit im Steuerstrafrecht, in: Festschrift für *Peter Rieß*, S. 783; ***Stein***, Täter-Opfer-Ausgleich und Schuldprinzip – Überlegungen zur geringen Akzeptanz des Täter-Opfer-Ausgleichs für Erwachsene in der Praxis, NStZ 2000, 393; ***Schöch***, Täter-Opfer-Ausgleich und Schadenswiedergutmachung gemäß § 46a StGB, in BGH-Festgabe 2000, S. 309; ***Stöckel***, Das Opfer krimineller Taten, lange vergessen – Opferschutz, Opferhilfe heute, JA 1998, 599; ***Tolmein***, Neue Hoffnung für den Täter-Opfer-Ausgleich, ZRP 1999, 408; ***von Briel***, Bedeutung des Täter-Opfer-Ausgleichs für das Steuerstrafrecht – Chance für das Steuerrecht?, StraFo 1996, 165; ***Walther***, Täter-Opfer-Ausgleich: Vermittler im Zeugenstand?, ZRP 1997, 395; **Weber**, Misstrauen gegen TOA abbauen, DRiZ 200, 41; ***Werner***, Täter-Opfer-Ausgleich und Strafverteidigung, StraFo 1999, 190; s. auch die Hinw. bei → *Einstellung des Verfahrens, Allgemeines*, Rn. 385, und bei → *Steuerstrafverfahren*, Rn. 817.

831c **1.** In der Vergangenheit war der Täter-Opfer-Ausgleich **nur materiell-rechtlich** in § 46a StGB bzw. in § 10 Abs. 1 Nr. 7 JGG geregelt. Durch das Gesetz zur strafverfahrensrechtlichen Verankerung des Täter-Opfer-Ausgleichs v. 20.12.1999 (BGBl. I, 1999, 2491) ist Ende 1999 **§ 155a neu** in die StPO eingefügt worden. Danach sollen StA und Gericht in jedem Stadium des Verfahrens die Möglichkeiten prüfen, ob ein Ausgleich zwischen Beschuldigtem und Verletztem zu erreichen ist. Mit dieser Vorschrift ist der TOA jetzt auch verfahrensrechtlich verankert; die Vorschrift soll dem TOA einen breiteren Anwendungsbereich verschaffen (vgl. dazu *Weber* DRiZ 2000, 42; krit. *Tolmein* ZRP 1999, 408 f.; zur (bisher) geringen Akzeptanz des TOA *Stein* NStZ 2000, 393).

831d **2.a)** Das Gesetz sieht **konkrete Voraussetzungen** für die **Anwendung** der Vorschrift **nicht** vor. Es wird in § 155a Abs. 1 S. 2 nur bestimmt, dass, wenn Gericht und StA die Durchführung eines TOA für sinnvoll/geeignet halten, sie darauf hinwirken sollen. Gegen den ausdrücklich erklärten Willen des Verletzten findet allerdings ein TOA nicht statt (§ 155a Abs. 1 S. 3).

☝ Die gesetzliche Regelung schließt nicht aus, dass der **Verteidiger** in geeigneten Fällen **initiativ** wird und von sich aus einen TOA anregt. Dabei sind allerdings die **unterschiedlichen Regelungen** zu beachten:

Nach § 153a Abs. 1 S. 2 Nr. 5 kann schon das „ernsthafte Bemühen“ um eine Schadenswiedergutmachung als Auflage erteilt werden, nach **§ 153b** kommt die Durchführung eines TOA in Betracht, **ohne** dass dem Beschuldigten eine entsprechende **Auflage** gemacht worden ist. Allerdings kommt eine Einstellung nach § 153b **zeitlich nur bis** zum **Beginn** der **HV** in Betracht (s. → *Einstellung des Verfahrens nach § 153b bei Absehen von Strafe*, Rn. 398b). Diese Einstellungsmöglichkeit scheidet daher für die HV i.d.R. aus. Der Verteidiger muss hier nach § 153a Abs. 1 S. 2 Nr. 5 vorgehen.

b) Auch das **Verfahren** des (eigentlichen) TOA ist im Gesetz **nicht ausdrücklich** geregelt. § 155b sieht lediglich vor, dass StA und Gericht eine sog. Ausgleichsstelle mit der Durchführung des TOA beauftragen können. Die Regelung der Durchführung des TOA hat der Gesetzgeber den **Ländern überlassen** (BT-Dr. 14/1928, S. 6; krit. *Tolmein* ZRP 1999, 409; vgl. dazu z.B. Regelung der „Förderung des Täter-Opfer-Ausgleichs bei Erwachsenen" durch Erlass in NRW v. 1.6.2000 in MinBl. NW 2000, 762 unter „Verfahren" [im Folgenden kurz: Erlass-NRW]; s.a. *Werner* StraFo 1999, 190). **831e**

c) **Rechtliche Grundlage** des Täter-Opfer-Ausgleichs wird i.d.R. **§ 46a StGB** sein, obwohl weder in § 153a Abs. 1 S. 2 Nr. 5 noch in § 153b auf diese Vorschrift abgestellt wird. Im Einzelnen ist auf Folgendes hinzuweisen (s. auch den o.a. Erlass-NRW): **831f**

- Ein Täter-Opfer-Ausgleich ist nicht in jedem Verfahren angebracht oder möglich. Allgemein sollten folgende **Voraussetzungen** erfüllt sein:
  - Der Täter muss den **Sachverhalt** zugegeben haben.
  - **Betroffen** sein muss ein **persönlich geschädigtes Opfer**/Institution, mit der ein Ausgleich sinnvoll erscheint, so dass z.B. die Nachzahlung hinterzogener Steuern keine Wiedergutmachung i.S.d. TOA ist (BGH NStZ 1995, 492; BayObLG NJW 1996, 2806; a.A. u.a. *von Briel* NStZ 1997, 33 in der Anm. zu BGH, a.a.O.; wegen der Einzelh. und w.Nachw. → *Steuerstrafverfahren*, Rn. 817). Der Anwendung des § 46a StGB steht aber nicht entgegen, dass das Opfer eine juristische Person, z.B. ein eingetragener Verein, ist (BGH NStZ 2000, 205).
  - **Täter** und Opfer müssen dem (geplanten) Ausgleich **zustimmen** (§ 155a Abs. 1 S. 3),
  - es sollte sich i.d.R. **nicht** um **Bagatelldelikte** handeln, die ansonsten wegen Geringfügigkeit eingestellt würden.
- In Betracht kommt der TOA – mit der Möglichkeit des Absehens von Strafe (wegen der Einzelh. s. die Komm. bei *Tröndle* zu § 46a StGB; *Beulke/Theerkorn* NStZ 1995, 474; *Blesinger* wistra 1996, 90; zur Anwendung im → *Steuerstrafverfahren*, Rn. 817) – nach der gesetzlichen Regelung, wenn keine höhere **Freiheitsstrafe** als bis zu **einem Jahr** oder **Geldstrafe** bis zu **300 Tagessätzen** verwirkt ist, was i.d.R. nur im Bereich der kleineren und mittleren Kriminalität der Fall sein dürfte (*Kilchling* NStZ 1996, 311). Der Erlass-NRW (MinBl. 2000, 762) nennt als **Orientierungshilfe** folgende Vergehen: Hausfriedensbruch (§ 123 StGB), Beleidigung (§ 185 StGB), Körperverletzung (§§ 223 f., 230 StGB), Nötigung (§ 240 StGB), Diebstahl (§§ 242 f. StGB), Unterschlagung (§ 246 StGB), Unbefugter Gebrauch eines Fahrzeugs (§ 248b StGB), Betrug (§ 263 StGB), Sachbeschädigung (§ 303 StGB).

831g

- Nach § 46a **Nr. 1** StGB ist weiter erforderlich, dass der Täter in dem **Bemühen**, einen **Ausgleich** mit dem Verletzten zu erreichen, seine **Tat** ganz oder zum überwiegenden Teil **wieder gutgemacht oder deren Wiedergutmachung ernsthaft erstrebt** hat, was nur der Fall sein dürfte, wenn der Beschuldigte mehr getan hat, als ohnehin ggf. schon im Rahmen von § 46 StGB strafmildernd zu berücksichtigen ist (*Tröndle/Fischer*, § 46a StGB Rn. 4). Das ernsthafte Bemühen reicht ausnahmsweise dann aus, wenn die Wiedergutmachung an der erforderlichen Mitwirkung des Verletzten scheitert; ein Wiedergutmachungserfolg ist nicht erforderlich (zuletzt BGH NStZ 2002, 29 m.w.N.; NStZ-RR 2002, 263 zum TOA bei einer Vergewaltigung s. BGH StV 2001, 457). Es reicht das ernsthafte Anstreben (BGH, a.a.O.). **Umstr.** ist in der Rspr, ob **Leistungen Dritter** für die Annahme des § 46a Nr. 1 StGB ausreichen oder nicht (s. einerseits bejahend BGH StV 1999, 89 [Wiedergutmachungsleistung durch den Verteidiger], andererseits verneinend BayObLG NJW 1998, 1654 [Leistung der Kfz-Haftpflichtversicherung]; krit. insoweit *Lammer* [StraFo 1997, 260] und *Horn* [JR 1999, 4 in der Anm. zu BayObLG, a.a.O.], der auch die Schadenswiedergutmachungsleistung einer Versicherung wegen des ggf. eintretenden Verlustes des Schadensfreiheitsrabatts als eigene, freiwillige Leistung des Versicherten ansieht).
- Nach § 46a **Nr. 2** StGB kann auch dann von Strafe abgesehen werden, wenn der **Täter** das **Opfer** ganz oder zum überwiegenden Teil **entschädigt** hat, wobei die Schadenswiedergutmachung vom Täter erhebliche persönliche Leistungen oder persönlichen Verzicht erfordert hat (s. dazu BGH NJW 2001, 2557; KG StV 1997, 473; OLG Stuttgart NJW 1996, 2109; OLG Karlsruhe wistra 1997, 71 [Urkundenfälschung]). Gedacht ist hier etwa an Arbeiten in der Freizeit oder erhebliche Einschränkungen im finanziellen Bereich, die erst eine materielle Entschädigung ermöglicht haben (*Tröndle/Fischer*, § 46a StGB Rn. 5). **Allein** die rechnerische **Kompensation** des Schadens dürfte **nicht** ausreichen; nach der Rspr. des BGH ist vielmehr die Übernahme von Verantwortung erforderlich (BGH NJW 2001, 2557; NStZ 2000, 205, 592).

831h

3. Hinweise für den Verteidiger!

- Der Verteidiger muss sich, wenn er erst kurz vor der HV mit der Verteidigung beauftragt wird, **überlegen**, ob er nicht ggf. jetzt noch einen **TOA anstreben** kann/soll, um dann „bis zum Beginn der Hauptverhandlung“ noch die Einstellung des Verfahrens zu erreichen. Ggf. wird er, falls er Aussicht auf Erfolg für einen TOA sieht, dies beim Gericht anzeigen und um entsprechend „späte“ Terminierung bitten.

> Das erhält die **Möglichkeit** der Verfahrenseinstellung nach § 153b (s. → *Einstellung des Verfahrens nach **§ 153b bei Absehen von Strafe***, Rn. 389b.

- Regelmäßig wird er dazu **Kontakt** mit dem sachbearbeitenden **StA** und/oder dem Gericht aufnehmen, um abzuklären, ob diese überhaupt die Möglichkeit sehen, das Verfahren nach Durchführung eines Täter-Opfer-Ausgleichs – entweder nach § 153a Abs. 1 S. 2 Nr. 5 oder ggf. noch nach § 153b einzustellen (zum Verfahrensgang eingehend Erlass-NRW, MinBl. NW 2000, 762).
- Im Fall des § 153a Abs. 1 S. 2 Nr. 5 wird das Verfahren dann vorläufig **eingestellt** (→ *Einstellung des Verfahrens nach § 153a nach Erfüllung von Auflagen und Weisungen*, Rn. 392).

- Ist das geschehen, hat der Angeklagte nun Zeit, den TOA durchzuführen. Dazu wird sich die StA/das Gericht i. d. R. der Hilfe einer Ausgleichsstelle (§ 155b) bedienen. Meist wird diese zunächst in getrennten Gesprächen mit Opfer und Täter klären, ob **Bereitschaft** zu einem sog. **Ausgleichsgespräch** besteht. Falls ja, wird dieses Versöhnungsgespräch stattfinden. Dieses **Gespräch** kann/muss der Verteidiger mit seinem Mandanten **vorbereiten**. Eventuell muss der Täter an das Opfer Vorleistungen zur Schadenswiedergutmachung erbracht haben (vgl. z.B. BGH NJW 2001, 257).
- Über das Ausgleichsgespräch wird dem Gericht/der StA von der Ausgleichsstelle berichtet, die dann über die (endgültige) Einstellung des Verfahrens entscheiden. Ggf. wird der Verteidiger zu dem Versöhnungsgespräch **Stellung nehmen**. Das gilt insbesondere dann, wenn das Opfer letztlich zu einer Versöhnung nicht bereit war. Dann muss der Verteidiger darauf hinweisen, dass es für einen TOA nach § 46a Nr. 1 StGB schon ausreicht, wenn der Täter die Wiedergutmachung seiner Tat ernsthaft erstrebt hat bzw. sich nach § 153a Abs. 1 S. 2 Nr. 5 „ernsthaft bemüht" hat (s. oben Rn. 891g → *Einstellung der Verfahrens nach § 153a nach Erfüllung von Auflagen und Weisungen*, Rn. 395).
- War der TOA **erfolgreich**, entsteht ein **Verfahrenshindernis**. Ist er gescheitert, wird das Verfahren fortgesetzt. Der Verteidiger muss dann aber ggf. in der HV das „ernsthafte Bemühen" seines Mandanten, zu einem TOA zu kommen, strafmildernd geltend machen (vgl. BGH, a.a.O.).

☝ Durch eine **Änderung** des **§ 87 BRAGO** ist klargestellt, dass die Tätigkeiten des Rechtsanwalts/Verteidigers im Rahmen eines TOA bei der Ausfüllung des zur Verfügung stehenden Betragsrahmens für die jeweilige **Rahmengebühr erhöhend** zu berücksichtigen sind. Führt die Mitwirkung des Verteidigers bei dem TOA zur Einstellung des Verfahrens vor der HV, sind die Voraussetzungen des **§ 84 Abs. 2 BRAGO** erfüllt (BT-Dr. 14/1928, S. 10). Der Verteidiger erhält dann also die volle Gebühr des § 83 BRAGO.

Siehe auch: → *Einstellung des Verfahrens, Allgemeines*, Rn. 385, m.w.N.

Telefonüberwachung, Allgemeines 832

Literaturhinweise: ***Artkämper***, Ermittlungsmaßnahmen in Funktelefonnetzen. Reiz und Fluch einer neuen Technik, Krim 1998, 202; ***Bär***, Polizeilicher Zugriff auf kriminelle Mailboxen, CR 1995, 489; ders., Aktuelle Rechtsfragen bei strafprozessualen Eingriffen in die Telekommunikation, MMR 2000, 472; ***Berger-Zehnpfund***, Rechtliche Aspekte der Bekämpfung des Kindesmißbrauchs in internationalen Datennetzen, Krim 1996, 635; ***Bernsmann/Jansen***, Heimliche Ermittlungsmethoden und ihre Kontrolle – Ein systematischer Überblick, StV 1998, 217; ***Beulke***, Überwachung des Fernsprechanschlusses eines Verteidigers – Besprechung der Entscheidung BGHSt 33, 347 ff., Jura 1986, 642; ***Breuner***, Die strafprozessuale Überwachung des Fernmeldeverkehrs mit Verteidigern, 1995; ***Deckers***, Geheime Aufklärung durch Einsatz technischer Mittel, StraFo 2002, 109; ***Flore/Schwedtmann***, Beschlagnahmefreiheit von E-Mails, PStR 2000, 7; ***Groß***, Verteidiger, Abgeordnete und Journalisten als verbotene unfreiwillige Medien zur strafprozessualen Aufklärung, StV 1996, 559; ***Groß-Spreizer***, Die Grenzen der Telefonüberwachung nach §§ 100a, 100b StPO, unter Berücksichtigung der Aussageverweigerungsrechte im Strafprozeß, 1987; ***Kühne***, Telefonüberwachung von Rechtsanwälten – Fall Kopp (Schweiz) – EGMR-Urteil vom 25.3.1998 (13/1997/797/1000), StV 1998, 683; ***Lisken***, Telefonmithören erlaubt?, NJW 1994, 2069; ***Lührs***, Eingeschränkte Beschlagnahmemöglichkeiten von „Mailbox-Systemen" aufgrund des Fernmeldegeheimnisses?, wistra 1995, 19; ***Malek***, Die Überwachung des Fernmeldeverkehrs im Strafverfahren, NJ 1992, 242; ***Mahnkopf/Döring***, Telefonüberwachung bei Opfern von Schutzgelderpressungen ohne deren Einwilligung, NStZ 1995, 112; ***Meyer-Abich***, Die Unzulässigkeit der Telefonüberwachung bei Vergehen gegen §§ 373, 374 AO vor dem Hintergrund der neueren BGH-Rechtsprechung zur Geldwäsche, NStZ 2001, 465; ***Mörlein***, Der Schutz des Vertrauensverhältnisses zwischen Verteidiger und Beschuldigten im Rahmen des § 100 a StPO, 1993; ***Nelles***, Telefonüberwachung bei Kidnapping, in: Festschrift für *Stree* und *Wessels*, S. 719; ***Neuhaus***, Die strafprozessuale Überwachung der Telekommunikation (§§ 100a, 100b, 101 StPO). Zum gegenwärtigen Stand der Erosion eines Grundrechts, in: Festschrift für *Peter Rieß*, S. 375; ***Palm/Roy***, Mailboxen: Staatliche Eingriffe und andere rechtliche Aspekte, NJW 1996, 1791; ders., Der BGH und der Zugriff auf Mailboxen, NJW 1997, 1904; ***Ransiek***, Strafprozessuale Abhörmaßnahmen und verfassungsrechtlicher Schutz der Wohnung – ein rechtsvergleichender Blick, GA 1995, 23; ***Störmer***, Der gerichtliche Prüfungsumfang bei Telefonüberwachungen – Beurteilungsspielraum bei Anordnungen nach § 100a StPO ?, StV 1995, 653; ***Thommes***, Verdeckte Ermittlungen im Strafprozeß aus der Sicht des Datenschutzes, StV 1997, 657; ***Tietje***, Zulässigkeit des Telefonmithörens durch die Polizei: ein Fall der Art. 10 GG und 8 MRK, MDR 1994, 1078; ***Vassilaki***, Die Überwachung des Fernmeldeverkehrs nach der Neufassung der §§ 100a, 100b StPO -Erweiterung von staatlichen Grundrechtseingriffen, JR 2000, 446; ***Waldowski***, Durchsuchung und Beschlagnahme in der Anwaltskanzlei, AnwBl. 1975, 106; ***Weitemeier/Große***, Telefonüberwachung aus präventiv-polizeilichen Gründen, Krim 1997, 335; ***Welp***, Die Geheimsphäre des Verteidigers in ihren strafprozessualen Funktionen, in: Festschrift für *Gallas*, S. 391; ders., Die Überwachung des Verteidigers, GA 1977, 129; ders., Abhörverbote zum Schutz des Verteidigers – zugleich Besprechung des BGH-Urteils v. 5.11.1985 – 2 StR 279/85 [BGHSt 33, 347], NStZ 1986, 295; ***Wölfl***, Heimliche private Tonaufnahmen im Strafverfahren, StraFo 1999,74; ***Zuck***, Abhörgesetz und Anwaltschaft, NJW 1969, 912.

832a **1.** Großverfahren, insbesondere im Bereich der BtM-Kriminalität, werden heute kaum noch geführt, ohne dass nicht im Ermittlungsverfahren der Fernmeldeverkehr/die Telekommunikation mit einer (Telefon-)Überwachung (kurz: TÜ) überwacht worden ist. Oft sind die dabei gewonnenen Erkenntnisse die einzigen/wichtigsten Beweismittel zur Überführung der Täter. In diesen Verfahren wird sich der Verteidiger daher – möglichst früh – mit den sich aus der Schaltung einer TÜ ergebenden (Rechts-)Problemen auseinandersetzen müssen. Das wird i.d.R. schon im Ermittlungsverfahren der Fall sein, so dass die auftretenden (Rechts-)Fragen eingehend dargestellt sind bei *Burhoff*, EV, Rn. 1564 ff. Hier soll über **Voraussetzungen** und **Anordnung** einer TÜ daher nur ein **Überblick** gegeben werden (s. Rn. 834 ff.). Wegen der erheblichen praktischen Bedeutung werden aber die Problematik der Beweisverwertungsverbote und die der Art und Weise der Verwertung der durch eine TÜ gewonnenen Erkenntnisse in der HV eingehender dargestellt (→ *Telefonüberwachung*, ***Beweisverwertungsverbote***, Rn. 838; → *Telefonüberwachung*, ***Verwertung*** *der Erkenntnisse in der Hauptverhandlung*, Rn. 847).

833 **2.** Die Überwachung des Fernmeldeverkehrs/der Telekommunikation ist in den **§§ 100a ff.** geregelt, die verfassungsrechtlich nicht zu beanstanden sind (BGHSt 27, 355, 357; 31, 296, 298). Unter den Begriff des (früher) Fernmeldeverkehrs/ jetzt **„Telekommunikation“** fallen alle Formen des **Empfangs** oder der **Übermittlung** von **Nachrichten**, Zeichen, Bildern oder Tönen auf **Fernsprech**-, Telegrafen- und Rundfunkanlagen (KK-*Nack*, § 100a Rn. 6, *Kleinknecht/Meyer-Goßner*, § 100a Rn. 2 f.; *Pfeiffer*, § 100a Rn. 3, *Vassilaki* JR 2000, 446; *Deckers* StraFo 2002, 110; a.A. hinsichtlich der Telefaxübermittlung *Malek* NJ 1992, 242; zum Begriff s. auch *Burhoff*, EV, Rn. 1579 ff.). Die Auswechslung des Wortes „Fernmeldeverkehr“ durch „Telekommunikation“ durch das Begleitgesetz zum TKG hat insoweit keine Änderungen gebracht, sondern unterstreicht nur, dass auch neue Formen der Nachrichtenübermittlung der TÜ unterliegen (BGH CR 1998, 738; zu allem a. *Vassilaki* JR 2000, 446). Zur Telekommunikation i.S.d. §§ 100a f. gehören nicht nur der Inhalt der geführten (Fern-)Gespräche, sondern auch die unmittelbar mit dem Telefonieren notwendigerweise verbundenen Vorgänge, wie z.B. das Anwählen des Gesprächspartners. Daher gilt das Gebot der richterlichen Anordnung auch für die Schaltung einer sog. **Zählervergleichseinrichtung**, durch die Telefonanschlüsse in der Weise überwacht werden, dass die jeweils angewählten Telefonnummern mit Zeitpunkt und Dauer der Telefonverbindung festgestellt und später ausgedruckt werden (BGHSt 35, 32; NJW 1993, 1212). Erfasst wird aber nur der **Fernmeldeverkehr**, zu dem **Anlagen** der **„Post“** bzw. anderer Telekommunikationsunternehmen benutzt werden, also nicht der auf behörden- oder betriebsinternen Fernmeldeanlagen (KK-*Nack*, § 100a Rn. 3).

Von der Rspr. des BGH (vgl. NJW 1997, 1934) wird auch der Zugriff auf den Inhalt von **„Mailbox-Systemen“** unter den Voraussetzungen der §§ 100a, 100b insgesamt als Maßnahme einer **TÜ**, also auch dann, wenn sich die Datensätze bereits im Privatbereich/Endgerät befinden, für **zulässig** gehalten (allgemein zum Zugriff auf eine Mailbox KK-*Nack*, § 100a Rn. 7). Abgelehnt hat der BGH (a.a.O.) die insoweit a.A. der **Lit.** (KK-*Nack*, § 100a Rn. 8; *Lührs* wistra 1995, 19; *Palm/Roy* NJW 1996, 1791; ders. auch krit. in NJW 1997, 1905 zu BGH, a.a.O.; zur Fernmeldeüberwachung krimineller Mailboxen s. *Bär* CR 1995, 489; wegen der Einzelh. *Burhoff*, EV, Rn. 1587 f.; s. auch LG Hanau NJW 1999, 3647; *Vassilaki* JR 2000, 447; *Deckers* StraFo 2002, 111).

833a Von § 100a **nicht erfasst** wird hingegen das **heimliche Abhören** eines nichtöffentlichen Gesprächs außerhalb des Fernmeldeverkehrs (BGHSt 34, 39), die Verwertung von sog. „**Raumgesprächen**“ (BGHSt 31, 296), **zulässig** sind aber sog. **Fangschaltungen** (vgl. zur Abgrenzung der TÜ von anderen Maßnahmen und wegen weit. Einzelh. *Burhoff*, EV, Rn. 1579 ff.; zu den neuen §§ 100g, 100h, 100i, s. *Burhoff*, EV, Rn. 231).

3. Zu den Voraussetzungen, der Anordnung und den Rechtsmitteln in Zusammenhang mit der TÜ folgender Überblick (wegen der Einzelh. s. *Burhoff*, EV, Rn. 1569 ff.):

834

- Die **Anordnung** der TÜ hat gem. § 100b Abs. 1 S. 1 grds. durch den **Richter** zu erfolgen. Bei „Gefahr im Verzug" kann sie auch durch die StA getroffen werden, niemals jedoch durch Hilfsbeamte der StA. Die Anordnung ergeht **schriftlich** und ist gem. § 100b Abs. 2 S. 4 auf höchstens **drei Monate** zu **befristen**, eine Verlängerung um jeweils mehr als drei Monate ist zulässig (zum Beginn der Frist s. BGHSt 44, 243).

- Die von der Maßnahme **betroffenen Personen** und auch der Beschuldigte/**Angeklagte** sind gem. § 101 Abs. 1 von der TÜ zu **benachrichtigen**, wenn das ohne Gefährdung des Untersuchungszwecks möglich ist. Ist die TÜ während einer laufenden HV durchgeführt worden, ist das Gericht verpflichtet, dem Angeklagten und seinem Verteidiger Gelegenheit zur Kenntnisnahme von dem Ergebnis der TÜ zu geben, indem Akteneinsicht gewährt wird (BGHSt 36, 305; → ***Akteneinsicht*** *für den Verteidiger während der Hauptverhandlung*, Rn. 80; → *Telefonüberwachung, Verwertung der Erkenntnisse in der Hauptverhandlung*, Rn. 838).

835

- Die **Voraussetzungen** für die **Anordnung** einer TÜ ergeben sich aus § 100a (wegen der Einzelh. s. *Burhoff*, EV, Rn. 1623 ff.). Danach muss der Verdacht auf eine der in § 100a genannten **Katalogtaten** begründet sein (s. die Tabelle bei *Burhoff*, EV, Rn. 1627 und *Neuhaus*, S. 384 ff.; wegen der geplanten Erweiterung des Katalogs → *Gesetzesnovellen*, Rn. 525). Der **Verdacht** der **Straftat** muss durch bestimmte Tatsachen konkretisiert sein (zu den unterschiedlichen Verdachtsgraden *Wesemann* StV 1997, 598; krit. *Bernsmann/Jansen* StV 1998, 219 m.w.N.). Angeordnet werden darf die TÜ außerdem nach § 100a S. 1 nur, wenn sie unentbehrlich ist. Das ist eine besondere Ausprägung des **Verhältnismäßigkeitsgrundsatzes** in Form einer **Subsidiaritätsklausel** (vgl. zur Praxis der Ermittlungsbehörden krit. *Wesemann* StV 1997, 599; wegen der Einzelh. *Burhoff*, EV, Rn. 1630 ff.; zum – [zu ?] weiten – Beurteilungsspielraum der Ermittlungsbehörden s. BGHSt 41, 30; *Neuhaus*, S. 394 ff.).

836

- Zu dem von der Anordnung der TÜ **betroffenen Personenkreis** gehört vornehmlich der Beschuldigte/**Angeklagte** (wegen der Einzelh. s. *Burhoff*, EV, Rn. 1591). Bei **Nichtverdächtigen** richtet sich die Anordnung nach § 100a S. 2. Danach ist eine TÜ grds. zulässig, wenn aufgrund bestimmter Tatsachen anzunehmen ist, dass diese Person sog. Nachrichtenmittler ist oder, dass der Beschuldigte ihren Anschluss benutzt (s. dazu *Burhoff*, EV, Rn. 760; zur Überwachung des Telefonanschlusses des Verteidigers s. Rn. 761). Geht es um die TÜ einer **Mailbox**, reicht der allgemeine Verdachtsgrad des § 100a S. 2 nicht aus. Vielmehr müssen dann – entsprechend § 103 Abs. 1 S. 1 – **konkrete Anhaltspunkte** dafür vorliegen, dass bei dem von der TÜ Betroffenen – in „seiner" Mailbox – eine bestimmte, für das Ermittlungsverfahren relevante Nachricht gefunden werden wird (BGH NJW 1997, 1934).

837

- Gegen die richterliche Anordnung der TÜ ist grds. die Beschwerde zulässig. Da der Verteidiger/Angeklagte von der Maßnahme i.d.R. jedoch erst durch die Benachrichtigung nach § 101 Abs. 1 erfährt (s.o. Rn. 834), ist die Anordnung der TÜ **faktisch** der **Beschwerde entzogen**. Allerdings wird man die Grundsätze der neueren **Rspr.** des **BVerfG** zum effektiven Rechtsschutz bei prozessualer Überholung (NJW 1997, 2163) entsprechend anwenden können/müssen und somit eine Beschwerde gegen eine bereits erledigte TÜ auch immer dann noch für zulässig ansehen, wenn ein **tief greifender Grundrechtseingriff** vorliegt (offen gelassen von BGH CR 1998, 738; KK-*Nack*, § 100b Rn. 11; § 98 Rn. 28 ff.). Die Überlegungen des BVerfG treffen nämlich auch den Fall der TÜ: Eingegriffen wird in das Grundrecht des Art. 10 GG, ausreichender Rechtsschutz ist i.d.R. wegen prozessualer Überholung nicht mehr zu erlangen (wegen der Einzelh. zur Frage, ob und inwieweit nachträglich die Rechtswidrigkeit der Maßnahme festgestellt werden kann, s. *Burhoff*, EV, Rn. 1615; zur Rspr. des BVerfG allgemein *Burhoff*, EV, Rn. 1432 ff.).

837a

4. Wegen der durch die TÜ entstandenen **Kosten** gilt: Die nach § 17a Abs. 1 S. 1 Nr. 3 ZSEG dem **Betreiber**, der die Überwachung der Fernmeldeanlage ermöglichen musste, gewährte **Entschädigung** (vgl. wegen der Rspr. dazu *Burhoff*, EV, Rn. 1612) kann gem. Nr. 9005 KVGKG später vom verurteilten Angeklagten als Kostenanteil erhoben werden (wegen der Einzelh. und der Rspr. dazu *Burhoff*, EV, a.a.O.).

Telefonüberwachung, Beweisverwertungsverbote

838

Literaturhinweise: ***Dencker***, Über Heimlichkeit, Offenheit und Täuschung bei der Beweisgewinnung im Strafverfahren, StV 1994, 667; ***Frank***, Die Verwertbarkeit rechtswidriger Tonbandaufnahmen Privater, 1996; ***Freund***, Zulässigkeit, Verwertbarkeit und Beweiswert eines heimlichen Stimmvergleichs – BGHSt 40, 66, JuS 1995, 394; ***Gropp***, Zur Verwertbarkeit eigenmächtig aufgezeichneter (Telefon-)Gespräche – Der Fall Schenck und die Lehre von den Beweisverboten, StV 1989, 216; ***Groß***, Verteidiger, Abgeordnete und Journalisten als verbotene unfreiwillige Medien zur strafprozessualen Aufklärung, StV 1996, 559; ***Herdegen***, Strafprozessuale Novitäten, StraFo 1995, 31; ***Kaiser***, Verwertbarkeit von Äußerungen Dritter während überwachter Telefongespräche, NJW 1974, 349; ***Knauth***, Zufallserkenntnisse bei der Telefonüberwachung im Strafprozeß, NJW 1977, 1510; ***Kramer***, Heimliche Tonbandaufnahmen im Strafprozeß, NJW 1990; ***Kretschmer***, Die Verwertung sogenannter Zufallsfunde bei der strafprozessualen Telefonüberwachung, StV 1999, 221; ***Landau/Sander***, Ermittlungsrichterliche Entscheidungen und ihre Revisibilität, StraFo 1998, 397; ***Mörlein***, Der Schutz des Vertrauensverhältnisses zwischen Verteidiger und Beschuldigten im Rahmen des § 100a StPO, 1993; ***Prittwitz***, Die Grenzen der Verwertbarkeit von Erkenntnissen aus der Telefonüberwachung gem. § 100a StPO, StV 1984, 302; ***Schlothauer***, Ermittlungsrichterliche Entscheidungen und ihre Revisibilität, StraFo 1998, 402; ***Schünemann***, Die strafprozessuale Verwertbarkeit von Zufallserkenntnissen bei der Telefonüberwachung, NJW 1978, 406; ***Störmer***, Der gerichtliche Prüfungsumfang bei Telefonüberwachungen – Beurteilungsspielraum bei Anordnungen nach § 100a StPO?, StV 1995, 653; ***Welp***, Zufallsfunde bei der Telefonüberwachung, Jura 1981, 472; ***Zietsch***, Zur Frage der Verwertbarkeit von Zufallsfunden im Rahmen einer im Ausland angeordneten Telefonüberwachung, Krim 1996, 129; s. auch die Hinw. bei → *Beweisverwertungsverbote, Allgemeines*, Rn. 313, und bei → *Telefonüberwachung, Allgemeines*, Rn. 832.

838a **1. Hinweis für den Verteidiger!**

Die aus einer TÜ gewonnenen Erkenntnisse muss der Verteidiger im Hinblick auf die HV daraufhin überprüfen, ob die gewonnenen **Erkenntnisse** im Rahmen der **Beweisaufnahme** als (förmliches) Beweismittel **eingebracht** und einem Urteil zugrunde gelegt werden können (wegen der Art und Weise der Verwertung → *Telefonüberwachung, Verwertung der Erkenntnisse*, Rn. 847). Besteht ein **Beweisverwertungsverbot** (im Folgenden kurz: BVV), ist die Verwertung in der HV unzulässig. Bei Prüfung der anstehenden Fragen sind im Wesentlichen folgende mögliche (Fehler-)Gruppen zu unterscheiden: Fehler bei der Anordnung der TÜ, die Änderung der rechtlichen Beurteilung der Katalogtat, die Behandlung von Zufallserkenntnissen und die Verwertbarkeit der Äußerungen von Dritten. Hier sollen wegen der erheblichen praktischen Bedeutung und, da die entsprechenden Probleme sich häufig erst in der HV ergeben, eingehender die Auswirkungen der Änderung der rechtlichen Beurteilung der Katalogtat, die Behandlung von Zufallserkenntnissen und außerdem die Fragen der sog. Fernwirkung dargestellt werden (eingehend zu allem *Neuhaus*, S. 401 ff.). Ob BVV infolge Fehlern bei der Anordnung der TÜ bestehen, wird der Verteidiger i.d.R. bereits im Ermittlungsverfahren prüfen. Deshalb wird insoweit – und wegen anderer BVV – verwiesen auf *Burhoff*, EV, Rn. 1596 ff. m.w.N.

☝ Im Hinblick auf die Rspr. des BGH muss der Verteidiger einer Verwertung der Erkenntnisse aus einer von ihm als **unverwertbar** angesehenen TÜ in der **HV widersprechen** (BGH StV 2001, 545).

839 2. **Ändert** sich im Lauf der Verfahrens die **rechtliche Beurteilung** der **Katalogtat** (zu den Katalogtaten s. § 100a Abs. 1; s.a. die Tabelle bei *Burhoff*, EV, Rn. 1627), indem z.B. der Vorwurf des Bandendiebstahls nach § 244 StGB nicht mehr aufrechterhalten wird, gilt:

- Die Änderung der rechtlichen Beurteilung der Katalogtat, die der Anordnung der TÜ zugrunde gelegen hat, soll grds. **kein BVV** zur Folge haben (vgl. *Kleinknecht/Meyer-Goßner*, § 100a Rn. 16 m.w.N.).

  Ausreichend für eine Verwertung der Ergebnisse der TÜ soll sein, dass im Zeitpunkt der Anordnung ein **objektiver Bezug** zu einer Katalogtat bestanden hat (BGHSt 27, 355; 28, 122). Dann dürfen die Ermittlungsergebnisse auch für eine mit der Katalogtat in **Tateinheit** stehende Tat verwendet werden (BGH, a.a.O.). Das gilt **insbesondere** dann, wenn die TÜ wegen des Verdachts einer Straftat nach § 129 StGB (**kriminelle Vereinigung**) angeordnet wird, sich dann aber aufgrund der gewonnenen Erkenntnisse das Bestehen dieser Vereinigung nicht nachweisen lässt, aus den gewonnenen Erkenntnissen jedoch der Nachweis solcher Straftaten geführt werden kann, auf die die kriminelle Vereinigung gerichtet war (BGHSt 26, 298 [für auf Rauschgiftdelikte gerichtete kriminelle Vereinigung]; BGHSt 27, 355 [für auf die Entwendung von wertvollen Kfz gerichtete kriminelle Vereinigung]; s. auch BGH NStZ 1998, 426 [aber: **nachträgliche Ergänzung** des TÜ-Beschlusses auf den Vorwurf der Mitgliedschaft in einer kriminellen Vereinigung [BtM-Handel] führt **nicht** zur Verwertbarkeit zuvor schon erlangter [Zufalls-]Erkenntnisse; s. auch u. Rn. 841]).

☝ Dagegen wird m.E. zur Recht von Stimmen in der Lit. eingewandt, dass die **Begriffe** „objektiver Bezug“ und „Zusammenhang“ **unscharf** sind (s. auch *Rieß* JR 1983, 125, 126 in der Anm. zu BayObLG MDR 1982, 690). Deshalb wird man der o.a. Rspr.-Ansicht – wenn überhaupt – nur bei Idealkonkurrenz i.S.v. § 52 StGB zwischen Katalogtat und der anderen Tat und bei Tatidentität i.S.v. § 264 folgen können (so wohl auch KK-*Nack* § 100a Rn. 46) und nicht schon bei sonst „zusammenhängenden“ Straftaten. Denn dadurch würden die Beschränkungen des § 100a unterlaufen.

840

- Ein **BVV** ergibt sich auch **nicht** daraus, dass die StA die **Katalogtat** gem. **§ 154a** (→ *Einstellung des Verfahrens nach § 154a zur Beschränkung der Strafverfolgung*, Rn. 405) aus dem Verfahren ausscheidet (OLG Hamm JMBl. NW 1978, 32; *Kleinknecht/Meyer-Goßner*, § 100a Rn. 17 m.w.N. zur a.A.; a.A. auch *Welp* Jura 1981, 479).

841

3. Die **Behandlung** von durch die TÜ gewonnenen (**Zufalls**-) **Erkenntnissen** ist in der Vergangenheit insbesondere unter dem Gesichtspunkt der Verwertbarkeit der Erkenntnisse zum Nachweis einer anderen Straftat diskutiert worden (vgl. u.a. BGHSt 26, 298, 303; 32, 68; vgl. die übrige Rspr. und auch die Lit.-Hinw. bei KK-*Nack*, § 100a Rn. 41). Inzwischen ist durch das OrgKG von 1992 **§ 100b Abs. 5** eingefügt worden, der die Verwendung gesetzlich regelt. Da diese gesetzliche Regelung auf der bis dahin ergangenen Rspr. beruht, kann diese weiter berücksichtigt werden (KK-*Nack*, a.a.O.). In der Lit. hat sich jüngst *Neuhaus* (a.a.O., S. 401 ff.) unter Auswertung der einschlägigen Rspr. eingehend mit der **Verwertung** von **Zufallsfunden** beschäftigt und mit beachtlichen Argumenten die nach seiner Auffassung zu **weite Rspr**. kritisiert (eingehend zur Verwertung von Zufallsfunden *Kretschmer* StV 1999, 221).

Im Einzelnen gilt auf der Grundlage der Rspr. (s. i.Ü. *Neuhaus*, a.a.O.):

842

- Nach § 100b Abs. 5 dürfen die durch die TÜ erlangten personenbezogenen **Erkenntnisse**/Informationen in anderen Strafverfahren **nur verwendet** werden, soweit sich bei Gelegenheit der Auswertung Erkenntnisse ergeben, die zur **Aufklärung** einer der in § 100a aufgeführten „**Katalogtaten**“ benötigt werden, wobei die Erweislichkeit der Katalogtat allerdings keine Rolle spielen soll (s. BGHSt 28, 122; entschieden abl. insoweit *Neuhaus*, S. 408). Im Einzelnen gilt (vgl. auch *Kleinknecht/Meyer-Goßner*, § 100a Rn. 19; KK-*Nack*, a.a.O., sowie die Zusammenstellung bei *Neuhaus*, S. 404 ff., jeweils m.w.N.):
  - **Verwertbar** sind **Zufallsfunde** zur **Strafverfolgung** gegen den Beschuldigten und die Teilnehmer an der Tat, die der Anordnung der TÜ zugrunde lag, wegen einer

anderen Katalogtat, auf die sich bei der Auswertung der TÜ Hinweise ergeben haben, uneingeschränkt (BGH NStZ 1998, 426; *Kretschmer* StV 1999, 222 f.).

- (Zufalls-)Erkenntnisse über bei der TÜ gewonnene Nichtkatalogtaten dürfen dagegen **nicht unmittelbar** zum **Beweis** einer **anderen Straftat** des Beschuldigten verwendet werden. Das gilt für Begünstigung, Hehlerei, Strafvereitelung (BGHSt 27, 355; 28, 122, 127; NStZ 1998, 426; *Kretschmer* StV 1999, 225).
- Die Erkenntnisse dürfen hingegen **mittelbar** in der Weise **verwendet** werden, dass sie Grundlage für Ermittlungen sind, die zur Gewinnung anderer Beweismittel führen (so BGHSt 27, 355; s.a. die zahlr. Nachw. bei *Kleinknecht/Meyer-Goßner*, a.a.O., auch zur a.A.).

843

- Nach Auffassung der **Rspr.** sind gegen den Beschuldigten **verwertbar** auch die Erkenntnisse, die auf eine in Zusammenhang mit der **Katalogtat** stehende Tat hindeuten (BGHSt 26, 298; vgl. a. BGHSt 30, 317, 320; KK-*Nack*, § 100a Rn. 46 m.w.N.). Es gelten die obigen Ausführungen: „Zusammenhang" ist allenfalls anzunehmen bei **Tateinheit** gem. § 52 StGB und bei „Tatidentität" i.S.d. **§ 264**. Bei der Anordnung der TÜ wegen der Katalogtat des **§ 129 StGB** stehen mit dieser im Zusammenhang die Taten, auf deren **Begehung** die Tätigkeit der bei der Anordnung vermuteten kriminellen Vereinigung **gerichtet** ist (vgl. u.a. die o.a. BGH-Rspr. m.w.N. und *Odenthal* NStZ 1982, 390 in der Anm. zu BGH NStZ 1982, 390; wegen der Einzelh. s. KK-*Nack*, § 100a Rn. 47 m.w.N.; so auch *Neuhaus*, S. 407; differenzierend *Kretschmer* StV 1999, 223 f.). Der „Zusammenhang" ist aber verneint worden für die vom Mitglied einer Hehlerbande begangene Vergewaltigung (BGHSt 28, 122, 127) oder für die vom Mitglied einer auf BtM-Handel ausgerichteten Bande begangene Zuhälterei bzw. den Menschenhandel (BGH NStZ 1998, 426).

> **Entscheidend** abzustellen ist – wegen des dem Richter bei der Anordnung zustehenden Beurteilungsspielraums (BGHSt 41, 30) – bei der Beurteilung des Zusammenhangs auf die **konkrete Anordnung**, die vom Ermittlungsrichter auf der Grundlage seiner Prüfung des Tatverdachts getroffen worden ist (zum Beurteilungsspielraum des anordnenden Richters abl. *Neuhaus*, S. 394 ff.). Unerheblich ist ein anderer, vom Ermittlungsrichter nicht angenommener und nicht geprüfter Tatverdacht (BGH NStZ 1998, 426). Wird darauf nachträglich die TÜ-Anordnung gestützt, führt das nicht zur Verwertbarkeit zuvor gewonnener Erkenntnisse.

- Nach *Mahnkopf/Döring* (NStZ 1995, 112) sollen zur Erfolgssteigerung bei der Bekämpfung der organisierten Kriminalität die bei einem **Verbrechensopfer**, z.B. bei Schutzgelderpressungen, ohne dessen Kenntnis und Einverständnis aus einer TÜ gewonnenen Zufallserkenntnisse **verwertbar** sein (a.A. *Kleinknecht/Meyer-Goßner*, § 100a Rn. 12; *Nelles*, S. 719).
- Nach *Zietsch* (a.a.O.) sind auch im Rahmen einer im **Ausland angeordneten** TÜ gewonnene Zufallsfunde **verwertbar**, solange die TÜ im Ausland rechtmäßig war und wegen der aufgedeckten Tat auch im Inland eine TÜ hätte angeordnet werden können, weil die Voraussetzungen für eine Katalogtat i.S.d. § 100a vorlagen.
- Für die **Strafverfolgung Dritter** gelten diese Grundsätze entsprechend (OLG Düsseldorf NStZ 2001, 657; s. *Kleinknecht/Meyer-Goßner*, § 100a Rn. 20 m.w.N.; s. dazu eingehend *Kretschmer* StV 1999, 226 ff.).

844

4. Sind die bei einer TÜ gewonnenen Erkenntnisse unverwertbar, gilt für die sog. „**Fernwirkung**" (zum Begriff allgemein *Burhoff*, EV, Rn. 439):

- Die unverwertbaren **Erkenntnisse** können **Grundlage** für ein **Ermittlungsverfahren** wegen des Verdachts von Straftaten sein, die nicht Katalogtaten sind und auch nicht mit ihnen im Zusammenhang stehen (BGHSt 27, 355; KK-*Nack*, § 100a Rn. 50).

> ☝ Die unverwertbaren Erkenntnisse dürfen jedoch einem Zeugen oder dem Beschuldigten **nicht vorgehalten** werden (BGH, a.a.O.; BGHSt 33, 347, 353). Aussagen, die durch einen solchen unzulässigen Vorhalt zustande kommen, sind wiederum unverwertbar (BGH, a.a.O.; KK-*Nack*, a.a.O.). Einem Vorhalt sollte der Verteidiger „**widersprechen**" (s. unten Rn. 846).

845

- Inwieweit die unverwertbaren Erkenntnisse aus der TÜ **Grundlage** für eine im Ermittlungsverfahren erlassene **Durchsuchungsanordnung** oder andere Maßnahmen gegen den davon Betroffenen sein durften, ist **streitig** (vgl. wegen der Einzelh. KK-*Nack*, § 100a Rn. 51 f.; s.a. *Kleinknecht/Meyer-Goßner*, Einl. Rn. 57 m.w.N.).
  - Der **BGH verneint** eine „**Fernwirkung**" grds. und lässt die Verwertung dann zu, wenn die nicht fernliegende Möglichkeit gegeben ist, dass weitere Ermittlungen auch ohne die TÜ auf die Spur des jeweiligen Beschuldigten und zur Aufklärung des Sachverhalts geführt hätten (BGHSt 32, 68, 71 m.w.N.; zur anderen Auffassung des BGH bei einer nach dem sog. G 10-Gesetz angeordneten TÜ s. *Burhoff*, EV, Rn. 771).
  - KK-*Nack* (a.a.O., m.w.N.) **differenziert**: Er lehnt das Abstellen auf einen hypothetischen Sachverhalt ab und sieht als **unverwertbar** die Beweismittel an, die **ausschließlich aufgrund** der unverwertbaren **TÜ erlangt** sind. Das dürfte schon wegen der erheblichen Beweisschwierigkeiten zutreffend sein. Hatten sich hingegen die Ermittlungen, die wegen der bei der TÜ gewonnenen Erkenntnisse eingeleitet worden sind, schon **früher** aufgrund verwertbarer Erkenntnisse so zum **Verdacht verdichtet**, dass z.B. eine Durchsuchungsanordnung gerechtfertigt gewesen wäre, dürfen bei der Durchsuchung auch solche Beweismittel beschlagnahmt werden, deren Vorhandensein durch Maßnahmen bekannt geworden sind, die unverwertbar sind.

846

> ☝ Es ist im Hinblick auf die vom BGH vertretene „Widerspruchslösung" nochmals darauf hinzuweisen, dass der Verteidiger der unzulässigen **Verwertung** von Ergebnissen aus einer TÜ auf jeden Fall **widersprechen** muss, wenn er sich die Rüge der Unverwertbarkeit für die Revision erhalten will (BGH StV 2001, 545; s.a. BGHSt 38, 214 ff.; → *Widerspruchslösung*, Rn. 1166a ff.).

Siehe auch: → *Telefonüberwachung, Allgemeines*, Rn. 832.

847 Telefonüberwachung, Verwertung der Erkenntnisse in der Hauptverhandlung

Literaturhinweise: ***Braun/Broeders***, Zu den Möglichkeiten einer technischen Qualitätsverbesserung von Tonaufzeichnungen, NStZ 1996, 173; ***Köllner***, Kann die Verteidigung die Mitgabe von Originaltonbandaufzeichnungen verlangen, die im Wege der Durchführung eines Rechtshilfeersuchens erstellt worden sind?, StraFo 1995, 50; ***Wesemann***, Heimliche Ermittlungsmethoden und Interventionsmöglichkeiten der Verteidigung, StV 1997, 597; s. auch die Hinw. bei → *Telefonüberwachung, Allgemeines*, Rn. 832.

1. I.d.R. ist bereits im Ermittlungsverfahren der wesentliche Teil des **Inhalts** der von einer TÜ vorliegenden Tonbänder **schriftlich** zu den **Akten** gebracht worden.

☝ Diese **TÜ-Protokolle** unterliegen dem **Akteneinsichtsrecht** des Verteidigers (OLG Frankfurt StV 2001, 611 [auch zu den Modalitäten der Akteneinsicht]), der aber keinen Anspruch auf Übersetzung fremdsprachiger Protokolle haben soll (OLG Koblenz NStZ 1995, 611). Der Grundsatz des fairen Verfahrens verpflichtet das Gericht, dem Angeklagten und seinem Verteidiger auch Gelegenheit zur Kenntnisnahme vom Ergebnis einer TÜ zu geben, die während, aber außerhalb der HV im Rahmen von Nachermittlungen geschaltet worden ist, und zwar auch dann, wenn das Gericht das Ergebnis der Ermittlungen nicht für entscheidungserheblich hält (BGHSt 36, 305; wegen der Einzelh. → *Akteneinsicht für den Verteidiger in der Hauptverhandlung*, Rn. 87).

Dabei reicht die bloße inhaltliche Wiedergabe aus, wenn es auf den genauen Wortlaut nicht ankommt. Kommt es hingegen auf den Wortlaut des abgehörten Gesprächs an, ist eine **wörtliche Übertragung** des abgehörten Gesprächs erforderlich. Das gilt auch, wenn Zweifel bestehen, welche Bedeutung ein Gespräch für den Verfahrensgegenstand hat (KK-*Nack*, § 100a Rn. 35).

848 **2.** In der **HV** selbst sind die Tonbänder der TÜ **Augenscheinsobjekte** (BGHSt 27, 135). Für ihre Verwertung gilt Folgendes (allgemein zum Augenscheinsbeweis → *Augenscheinseinnahme*, Rn. 101 ff.; zu Tonträgern in der HV s.a. *Eisenberg*, Rn. 2283 ff.):

a) Grds. muss die **wörtliche Übertragung** der Tonbänder in die HV **eingeführt** werden, sonst verletzt das Gericht seine Aufklärungspflicht (BGH, a.a.O.; NStZ 1985, 466; StV 1987, 421). Etwas anderes kann allenfalls dann gelten, wenn es im Ausnahmefall auf den genauen Wortlaut nicht ankommt, sondern nur die Tatsache, dass das Gespräch überhaupt geführt wurde, von Bedeutung ist.

849 Auf welchem **Weg** die wörtliche Übertragung eingeführt wird, bleibt dem Ermessen des Gerichts überlassen (BGH NJW 1992, 58, 59 [insoweit nicht in BGHSt 38, 26]), das sich an der aus § 244 Abs. 2 folgenden → *Aufklärungspflicht des Gerichts*, Rn. 95, ausrichtet. Dazu stehen zwei Möglichkeiten zur Verfügung.

- Eingeführt wird die Übertragung entweder als Augenscheinsbeweis in der Form des **Abspielens** oder im Wege des Urkundenbeweises durch **Verlesen** der Übertragung (BGHSt 27, 135 [der gerichtlichen Pflicht zu umfassender und zuverlässiger Sachaufklärung wird es regelmäßig entsprechen, in der HV das vorhandene Tonband abzuspielen]; wegen der Einzelh. s. KK-*Nack*, § 100a Rn. 35; *Kleinknecht/Meyer-Goßner*, § 100a Rn. 15; s. auch *Wesemann* StV 1997, 601 f.; zu den Möglichkeiten einer technischen Qualitätsverbesserung von Tonaufzeichnungen s. *Braun/Broeders*, a.a.O.). Die Überlassung von Kopien der TÜ-Protokolle an Schöffen während der Verlesung ist nach der Rspr. des BGH zulässig (BGHSt 43, 36; → *Akteneinsicht für Schöffen*, Rn. 82).

  ☝ Der durch die TÜ bekannt gewordene Inhalt eines Gesprächs des Angeklagten mit einem Zeugnisverweigerungsberechtigten wird nicht dadurch unverwertbar, dass dieser in der HV die Zeugenaussage gem. § 52 verweigert (BGH NJW 199, 2535 [Ls]; Beschluss vom 9.7.2002, 1 StR 17/02, www.hrr-strafrecht.de).

- Ggf. können auch die **Beamten**, die die Überwachung durchgeführt haben, als **Zeugen** vernommen werden (*Kleinknecht/Meyer-Goßner*, a.a.O.; BGH, Beschl. v. 3.4.2002, 1 StR 540/01, www.hrr-strafrecht.de). Das gilt z.B. dann, wenn diese über im Ermittlungsverfahren durchgeführte Übersetzungen berichten sollen, die dann Grundlage der Übersetzung des in der HV tätigen Dolmetschers sind, der die aufgezeichneten Gespräche zunächst nicht verstanden hatte.

850 ☝ **Fremdsprachige Äußerungen** müssen in die deutsche Sprache **übersetzt** werden (st.Rspr., vgl. u.a. BGHSt 14, 339, zuletzt BGH NJW 1992, 58 m.w.N.). Das Gericht muss sich in der HV von der Zuverlässigkeit der Übersetzung überzeugen. Dazu ist es erforderlich, dass das Gericht einen sachkundigen Dolmetscher beizieht, dem es – ggf. unter Überlassung der Tonbänder – genügend Zeit zur Vorbereitung der Übersetzungstätigkeit gibt.

☝ Auch der Verteidiger und der Angeklagte müssen genügend Zeit haben, sich auf die Verwertung der Protokolle vorzubereiten. Dazu darf der Verteidiger die **Tonbandaufnahme** über die TÜ nicht nur unter Hinzuziehung eines vereidigten Dolmetschers **abhören**, sondern auch im Beisein des Beschuldigten (OLG Köln StV 1995, 12; s.a.u. Rn. 851a). Grds. ist m.E. auch nichts dagegen einzuwenden, dass dem Verteidiger von den Originaltonbandaufzeichnungen Kopien gefertigt und ausgehändigt werden, wenn anders das Akteneinsichtsrecht nicht zu verwirklichen ist (s.a. LG Bonn StV 1995, 632; *Köllner* StraFo 1995, 50; ders. StraFo 1996, 26 in der Anm. zu LG Bonn, a.a.O. [zur vergleichbaren Frage der Mitgabe von Videobändern und Lichtbildmappen, wenn die Möglichkeit besteht, davon Kopien zu machen]).

851 **b)** Der zur Übertragung fremdsprachiger Äußerungen außerhalb der HV eingesetzte **Übersetzer** ist nicht Dolmetscher i.S.d. § 185 GVG, sondern, da es sich um die Übersetzung von außerhalb des Verfahrens abgegebenen Äußerungen außerhalb der HV handelt, **SV**. Er ist somit in der HV als Sachverständiger zu belehren und ggf. zu vereidigen (KK-*Nack*, § 100a Rn. 36 m. weit. Hinw. auf die teilweise abw. BGH-Rspr.). Auch sind die Grundsätze der → *Ablehnung eines Sachverständigen*, Rn. 6, anwendbar.

☞ Hat der Verteidiger Zweifel an der Sachkunde des gerichtlichen Übersetzers, muss er die Zuziehung eines weiteren Übersetzers beantragen. Mit einem solchen Antrag wird er, da die Regeln des SV-Beweises anwendbar sind, nur Erfolg haben, wenn er die mangelnde Sachkunde des bislang tätigen Übersetzers behaupten kann. Deshalb empfiehlt es sich, ggf. rechtzeitig einen eigenen „**Vertrauensdolmetscher**" beizuziehen.

851a **3.** Über die o.a. Ausführungen hinaus wird sich der Verteidiger im Zusammenhang mit der Verwertung der Erkenntnisse aus einer TÜ **in** der **HV** mit folgenden **Fragen** zu **beschäftigen** haben (nach den eingehenden Ausführungen von *Wesemann* StV 1997, 601 f.):

- Insbesondere bei Übersetzungen, die Mitarbeiter von Dolmetscherbüros gefertigt haben, die nur für die Ermittlungsbehörden arbeiten, muss der Verteidiger – an sich schon vor der HV (!) – sorgfältig prüfen, inwieweit die **Übersetzungen** ggf. **bewertend**, **unrichtig** oder **unvollständig** sind (*Wesemann* StV 1997, 602). Dazu wird er (notfalls) die TÜ-Bänder mit seinem Mandanten im Beisein eines (Vertrauens-)Dolmetschers abhören (müssen). Ggf. muss er eine neue Übersetzung beantragen.
- Hält der Verteidiger die Erkenntnisse der TÜ für **unverwertbar** (→ *Telefonüberwachung, Beweisverwertungsverbote*, Rn. 762), muss er in der **HV** im Hinblick auf die Rspr. des BGH (vgl. nur BGHSt 38, 214) ihrer Verwertung ausdrücklich vor Beginn der Beweisaufnahme **widersprechen** (BGH StV 2001, 545; a.A. *Wollweber* wistra 2001, 182 in der Anm. zu BGH, a.a.O.; → *Widerspruchslösung*, Rn. 1166a).
- Es ist auch darauf zu achten, dass hinsichtlich der Prüfung der Rechtmäßigkeit der Anordnung der TÜ **nur** das **verwertet** werden darf, was im Zeitpunkt der **Entscheidung**

vorgelegen und in den Akten als Ermittlungsergebnis ausgewiesen war (BGHSt 41, 30; NStZ 1998, 426; *Wesemann* StV 1997, 601). Deshalb dürfen ermittelnde Polizeibeamte und der die TÜ anordnende Richter zu dieser Frage nicht gehört werden. Ihrer **Vernehmung** sollte der Verteidiger **widersprechen**.

Siehe auch: → *Telefonüberwachung, Allgemeines*, Rn. 832.

Terminsbestimmung/Terminsverlegung **852**

Literaturhinweise: ***Neuhaus***, Terminsbestimmung, Terminsverlegung und das Recht auf Beistand durch den Verteidiger des Vertrauens, StraFo 1998, 84.

1. Nach § 213 ist die Anberaumung des HV-Termins Sache des Vorsitzenden. Allein schon deshalb kann es grds. **keinen Anspruch** auf **Terminsabsprache** geben (OLG Hamburg StV 1995, 11; OLG Oldenburg StV 1991, 152; s. auch *Neuhaus* StraFo 1998, 84, m.w.N.). Das Recht des Beschuldigten, den Beistand des Verteidigers seiner Wahl zu erhalten, verpflichtet das Gericht aber zumindest, sich ernsthaft um eine Terminsabstimmung mit der Verteidigung zu bemühen (vgl. aus neuerer Zeit u.a. BGH NJW 1992, 849 [für den Fall der Abstimmung eines Fortsetzungstermins mit dem Pflichtverteidiger]; NJW 1999, 3646 [Ls.] für den Fall der Verlegung der mit dem Pflichtverteidiger abgestimmten HV-Termine wegen Verhinderung des Wahlverteidigers; OLG Frankfurt StV 2001, 157; OLG Köln StraFo 1998, 267; LG Dortmund StV 1998, 14; LG Braunschweig StV 1997, 403, jeweils m.w.N.).

Die mit der Terminierung und Terminsverlegung zusammmenhängenden Fragen sind vielfältig und können daher hier nicht alle behandelt werden. Wegen weiterer Einzelh. wird verwiesen auf *Burhoff*, EV, Rn. 1633 ff.). An dieser Stelle muss folgender Überblick ausreichen:

853

- Die Terminsbestimmung liegt grds. im **Ermessen** des **Vorsitzenden**, der den Termin einerseits alsbald nach Eröffnung des Hauptverfahrens, andererseits aber auch so weit heraus anberaumen muss, dass alle Verfahrensbeteiligten ausreichend Zeit zur (Termins-) Vorbereitung haben (*Kleinknecht/Meyer-Goßner*, § 213 Rn. 6; zum Beschleunigungsgrundsatz s. OLG Brandenburg NStZ-RR 1996, 172). Dabei muss der Vorsitzende neben der Belastung des Gerichts auch berechtigte Wünsche der Prozessbeteiligten berücksichtigen (BGH MDR 1980, 815 [H]) und hat z.B. auch auf **berufliche Verhinderungen** des Nebenklägervertreters Rücksicht zu nehmen (OLG Bamberg StraFo 1999, 237).
- Wird der Verteidiger zu einem HV-Termin geladen und besteht eine **Kollision** mit **anderen Terminen** des Verteidigers oder auch des Angeklagten, muss die **Verlegung** des **Termins** beantragt werden. Entsprechendes gilt für eine kurzfristige Verhinderung des Verteidigers (→ *Verhinderung des Verteidigers*, Rn. 982 ff.).
- Über einen Terminsverlegungsantrag entscheidet der Vorsitzende nach **pflichtgemäßem Ermessen** unter Berücksichtigung der Interessen der Beteiligten, des Gebots der Verfah-

rensbeschleunigung und der Terminsplanung und -belastung des Gerichts (LG Hamburg StV 1989, 340). Dabei muss er sich auch vom Anspruch des Angeklagten auf ein **faires Verfahren** und der **prozessualen Fürsorgepflicht** des Gerichts leiten lassen (OLG Hamburg StV 1995, 11), wobei insbesondere das Recht des Beschuldigten, vom Anwalt seines Vertrauens verteidigt zu werden, von Bedeutung ist (OLG Hamburg, a.a.O.). Diese Belange sind gegeneinander **abzuwägen** (zu den Abwägungskriterien im Einzelnen auch *Neuhaus* StraFo 1998, 86). I.d.R. wird den Verteidigungsinteressen der Vorrang einzuräumen sein (s. z.B. OLG Frankfurt StV 1997, 402 [bereits eingearbeiteter Verteidiger]; OLG Schleswig SchlHA 1998, 176 [L/Sch]; *Neuhaus*, a.a.O., m.w.N.). Allerdings ist der Angeklagte verpflichtet, seine Belange zu einem Zeitpunkt geltend machen, der es dem Gericht ermöglicht, unter Abwägung der verschiedenen rechtlich geschützten Interessen darüber zu entscheiden (OLG Brandenburg OLG-NL 1996, 71; s.a. *Neuhaus* StraFo 1998, 82 [frühzeitig]).

854

☝ Grds. muss das **Gericht versuchen**, **Terminskollisionen** des Verteidigers zu **überwinden** (OLG Frankfurt StV 2001, 157; LG Berlin wistra 2001, 79). Darum muss sich das Gericht ernsthaft bemühen (zuletzt BGH NJW 1999, 3636 [Ls.]). Tut es das nicht, läuft es Gefahr, prozessordnungswidrig zu handeln, wenn das Recht des Angeklagten auf freie Wahl des Verteidigers dadurch eingeschränkt wird (OLG Hamburg StV 1995, 11; s.a. LG Lüneburg StV 1992, 509; enger OLG Köln VRS 92, 261; zur Entpflichtung eines Pflichtverteidigers, weil dieser am HV-Termin nicht teilnehmen kann → *Pflichtverteidiger, Entpflichtung während laufender Hauptverhandlung*, Rn. 650).

Zur **Behebung** von Terminsschwierigkeiten sind **erhebliche** und ernsthafte **Bemühungen** des Gerichts erforderlich (vgl. die Rspr.-Nachw. bei Rn. 852 f.; s.a. noch OLG Düsseldorf StraFo 1998, 228 [keine Rücknahme der Pflichtverteidigerbestellung wegen Terminschwierigkeiten, wenn sich der Vorsitzende nicht um ein Ausweichen auf einen anderen Terminstag bemüht hat]; s.a. BGH NJW 1999, 3646 [Ls.]). Es ist grds. erforderlich, dass der Vorsitzende des Gerichts versucht, in Absprache mit dem Verteidiger einen HV-Termin zu finden. Es **reicht nicht** aus, wenn das Festhalten am geplanten Terminstag nur mit der „**angespannten Terminslage** der **Kammer**" gerechtfertigt wird (OLG Frankfurt, StV 1995, 11, m.w.N.).

855

- Wird der **Terminsverlegungsantrag** des Verteidigers **abgelehnt**, ist fraglich, ob dagegen Beschwerde nach § 304 eingelegt werden kann oder ob diese nach § 305 S. 1 ausgeschlossen ist.

☝ Dazu ist mit der wohl h.M. davon auszugehen, dass die **Beschwerde** gegen die Ablehnung eines Antrags auf Terminsverlegung i.d.R. nach § 305 S. 1 **ausgeschlossen** ist (vgl. u.a. in letzter Zeit OLG Brandenburg OLG-NL 1996, 71; LG Hamburg StV 1996, 659 [beide für Beschwerde gegen Nichtterminierung]; OLG Brandenburg NStZ-RR 1996, 172; OLG Düsseldorf StraFo 1998, 120; OLG Frankfurt StV 2001, 157 f.; OLG Hamburg StV 1995, 11; OLG Hamm NStZ 1989, 133; OLG München NStZ 1994, 451; OLG Oldenburg StV 1991, 152; *Kleinknecht/Meyer-Goßner*, § 213 Rn. 8 m.w.N.; *Neuhaus* ZAP F. 22, S. 272; ders. StraFo 1998, 86, jeweils m.zahlr.w.N.; a.A. LG Zweibrücken zfs 1995, 396 [immer ausgeschlossen]).

Zulässig ist sie aber ausnahmsweise dann, wenn die **Entscheidung** des Vorsitzenden **rechtswidrig** ist und dadurch eine selbständige Beschwer eintritt (vgl. u.a. OLG Brandenburg, a.a.O.; OLG Frankfurt, a.a.O.; OLG Hamburg, a.a.O.; OLG Hamm MDR 1975, 245; LG Bonn StraFo 1996, 174; LG Magdeburg StraFo 1997, 112; LG Tübingen StV 1996, 658; *KK-Tolksdorf*, § 213 Rn. 6; s. die weit. Nachw. bei *Kleinknecht/Meyer-Goßner*, a.a.O.; wegen der Beispiele zur Unzulässigkeit bzw. Zulässigkeit s. *Burhoff*, EV, Rn. 784 f.). Das gilt auch für eine Beschwerde des Nebenklägervertreters (OLG Bamberg StraFo 1999, 237).

☝ Gegen die Nichtverlegung kann **nicht Verfassungsbeschwerde** eingelegt werden (BVerfG NStZ-RR 2001, 113). Zwischenentscheidungen sind grds. nicht anfechtbar. Der Angeklagte muss vielmehr gem. § 265 Abs. 4 Aussetzung des Hauptverhandlung verlangen, wenn z.B. sein Wahlverteidiger verhindert ist, an der HV teilzunehmen (→ *Verhinderung des Verteidigers*, Rn 982).

- Die vorstehenden Ausführungen gelten entsprechend für die **Aufhebung** bzw. den Fall der **Nichtterminierung** (OLG Brandenburg NStZ-RR 1996, 172; LG Hamburg StV 1996, 659 [Verstoß gegen den Grundsatz des fairen Verfahrens durch Ablehnung eines Antrags auf Anberaumung eines Termins zur HV wegen anderenfalls drohender wirtschaftlicher Nachteile]; *Burhoff*, EV, Rn. 1633 ff.; *Neuhaus* StraFo 1998, 88).

2. Hinweise für den Verteidiger!

856

a) Der Verteidiger hat zwar keinen Anspruch darauf, dass der Vorsitzende vor der Terminsbestimmung mit ihm Rücksprache nimmt. Es **empfiehlt** sich aber, um Terminskollisionen von vornherein zu vermeiden, dem Gericht so bald wie möglich schon „**besetzte**“ (Termins-)**Tage mitzuteilen**, damit – was in der Praxis i.d.R. üblich ist (oder zumindest sein sollte) – darauf Rücksicht genommen werden kann. Auch die schon absehbare Verhinderung des Mandanten wird der Verteidiger dem Gericht mitteilen.

☝ Der **Urlaub** des **Verteidigers** gehört grds. zu den anzuerkennenden Gründen für eine Verhinderung (OLG Celle StV 1984, 503; OLG Frankfurt StV 1997, 402; wohl auch OLG Hamm NZV 1997, 90 [für Bußgeldverfahren]; OLG München NStZ 1994, 451), wobei immer auch noch die Bedeutung des Verfahrens und die für den Beschuldigten zu erwartenden Rechtsfolgen zu berücksichtigen sind (LG Oldenburg StV 1990, 299 [Mindeststrafe der angeklagten Tat ein Jahr]); *Neuhaus* StraFo 1998, 87; s.a. OLG Celle zfs 1997, 152 [für mehrtägige Fortbildungsveranstaltung des Verteidigers]; s. aber BayObLG NStZ-RR 2002, 77 -Ls.- [Terminierung eines einfachen Verfahrens auf den zweiten Tag nach Urlaubsrückkehr des Verteidigers nicht zu beanstanden]). Das gilt besonders dann, wenn die HV zunächst nur auf einen Tag terminiert war und sich durch unvorhersehbare Umstände die Notwendigkeit von **Fortsetzungsterminen** ergibt. Führen diese nun zur Überschneidung mit **Urlaubsplänen** des Verteidigers, muss das Gericht darauf **Rücksicht** nehmen (OLG Hamm StraFo 2001, 137).

856a **Schwierigkeiten** kann es bei **mehreren** bevollmächtigten **Verteidigern** geben, wenn nur einer von ihnen verhindert ist, da der Beschuldigte grds. keinen Anspruch darauf hat, dass die HV unter allen Umständen mit allen von ihm gewählten Verteidigern durchgeführt wird (BVerfG NJW 1984, 862; BGH NStZ 1981, 231; OLG Frankfurt NStZ-RR 1997, 177 [für Ablehnung der wegen einer privaten Terminskollision begehrten Terminsverlegung des zweiten Wahlverteidigers]). Etwas anderes dürfte dann gelten, wenn nicht alle Verteidiger gleichermaßen zum Beistand in der Lage sind, also z.B. einer über **Spezialkenntnisse** verfügt . Insbesondere bei größeren Anwaltsbüros sollte daher darauf geachtet werden, dass nur ein Rechtsanwalt als Verteidiger beauftragt wird (vgl. dazu *Burhoff*, EV, Rn. 1988). Sind in der Vollmacht mehrere Verteidiger aufgeführt, ist – wenn es um eine Terminsverlegung Schwierigkeiten gibt – immer auch zu fragen, ob tatsächlich **alle** genannten Verteidiger das Mandat **angenommen** haben, indem sie z.B. für den Beschuldigten aufgetreten sind/sich bei Gericht gemeldet haben.

856b **b)** Auch die **Verhinderung** des **Angeklagten** kann Anlass für einen (begründeten) Terminsverlegungsantrag sein. Insoweit ist von Bedeutung, dass für den Angeklagten nach den §§ 226, 230 für die HV nicht nur eine Anwesenheitspflicht besteht, sondern daraus auch ein Recht zur Anwesenheit in der HV abzuleiten ist (→ *Anwesenheitspflicht des Angeklagten*, Rn. 89). Dies muss bei der Frage der Terminsverlegung berücksichtigt werden.

Als **„Faustregel“** wird man annehmen können, dass der Termin wegen Verhinderung des Angeklagten immer dann wird verlegt werden müssen, wenn das Ausbleiben im HV-Termin **„genügend“ entschuldigt wäre** (vgl. dazu → *Berufungsverwerfung wegen Ausbleiben des Angeklagten*, Rn. 216; s. auch *Burhoff*, EV, Rn. 1643). Denn wenn der vom Angeklagten für das Fernbleiben in der HV vorgetragene (Entschuldigungs-)Grund den Erlass eines HB nach § 230 oder die Verwerfung seiner Berufung wegen Ausbleibens nach § 329 Abs. 1 verbietet, dann muss der vor der HV zur Begründung eines Verlegungsantrags vorgetragene Grund schon dazu führen, dass die HV verlegt werden muss. Für die Beurteilung eines auf Verhinderung des Angeklagten/Beschuldigten gestützten Verlegungsantrags kann/muss also die zu §§ 230 Abs. 2, 329 Abs. 1 S. 1 ergangene Rspr. herangezogen werden (→ *Ausbleiben des Angeklagten*, Rn. 112 f.; → *Berufungsverwerfung wegen Ausbleiben des Angeklagten*, Rn. 215 f.).

c) Den **Antrag** auf **Terminsverlegung** muss der Verteidiger **unverzüglich** nach Eingang der Ladung/Terminsmitteilung stellen. Der Verteidiger muss den Antrag auf jeden Fall durch Darlegung des Verhinderungsgrundes im Einzelnen vollständig, insbesondere auch unter Darlegung des besonderen Verteidigungsinteresses des Angeklagten, **begründen** (*Dahs*, a.a.O.), da ein lediglich formelhaft begründeter Antrag i.d.R. leicht ermessensfehlerfrei abgelehnt werden kann (s.a. den Musterantrag bei Rn. 858a). *Neuhaus* (StraFo 1998, 88) spricht vom „Gebot des unverzüglichen und vollständigen Vortrages“. **857**

☝ Wird der **Terminsverlegungsantrag** des Verteidigers ohne sachlichen Grund **abgelehnt**, muss sich der Verteidiger überlegen, ob durch die Ablehnung der Terminsverlegung bei seinem Mandanten nicht der Eindruck entstanden ist, der **Vorsitzende** sei ihm gegenüber **befangen** und ob deshalb nicht ggf. ein Ablehnungsantrag angebracht ist (s. zur Befangenheit bei Ablehnung eines Terminsverlegungsantrags ohne sachlichen Grund (LG Krefeld StraFo 1995, 59; AG Homburg NStZ-RR 1996, 110; → *Ablehnungsgründe, Befangenheit*, Rn. 38).

d) Kommt es zur Verhandlung in Abwesenheit des Verteidigers, ist für die **Revision** auf Folgendes hinzuweisen: Auch wenn ein Fall der notwendigen Verteidigung und damit ein Verstoß gegen § 338 Nr. 5 nicht vorliegt (*Kleinknecht/Meyer-Goßner*, § 338 Rn. 41), kann die Verhandlung in Abwesenheit des (Wahl-)Verteidigers den **Anspruch** des Beschuldigten auf ein **faires Verfahren** verletzen und deshalb die Revision begründet sein (OLG Düsseldorf StV 1995, 69; eingehend zu den revisionsrechtlichen Fragen, insbesondere zur Frage, wann das Gericht verpflichtet ist, die HV auszusetzen, OLG Frankfurt NStZ-RR 1996, 304 m.w.N.; StV 1998, 13; zu den Voraussetzungen der Verfahrensrüge, mit der geltend gemacht wird, das Gericht habe einen wegen Verhinderung des [Wahl-] Verteidigers gestellten Aussetzungsantrag zu Unrecht abgelehnt, s. BGH NStZ 1998, 311). **858**

3. Antragsmuster **858a**

An das
Landgericht Musterstadt

In dem Strafverfahren

gegen H. Muster
Az.: . . .

habe ich heute die Ladung zum . . . erhalten.

Es wird beantragt,

den anberaumten Hauptverhandlungstermin aufzuheben

und

vor Anberaumung eines neuen Termins diesen mit mir abzustimmen.

Die Hauptverhandlung ist für die Zeit vom . . . bis . . . anberaumt. In der Zeit vom . . . bis zum . . . befinde ich mich in Urlaub. Anschließend muss ich in der Sache Az . . . die Hauptverhandlungstermine, die mit dem Vorsitzenden abgesprochen sind, wahrnehmen.

In der vorliegenden Sache kann der Beschuldigte auf meine Anwesenheit nicht verzichten. Ich habe ihn in der Vergangenheit auch immer verteidigt, zudem bin ich in das Verfahren eingearbeitet.

Rechtsanwalt

859 Ton- und Filmaufnahmen während der HV

Das Wichtigste in Kürze

1. Während der HV dürfen keine Ton- und Fernsehaufnahmen gemacht werden. Der Vorsitzende kann aber Aufnahmen im Gerichtssaal gestatten.
2. Das Verbot gilt nicht für gerichtliche Ton- und Bildaufnahmen, die zum Zwecke der Gedächtnisstütze des Gerichts gemacht werden.
3. Mit Zustimmung des Vorsitzenden (§ 238 Abs. 2) sind auch Tonbandaufnahmen des Verteidigers oder des StA zulässig.
4. Die Zulässigkeit von einfachen Bildaufnahmen richtet sich nach § 23 Abs. 1 und 2 KUG und hängt davon ab, ob es sich bei dem Angeklagten um eine „relative" Person der Zeitgeschichte handelt.

Literaturhinweise: ***Dieckmann***, Zur Zulassung von Ton- und Fernseh-Rundfunkaufnahmen in Gerichtssälen: Drum prüfe, wer sich ewig bindet!, NJW 2001, 2451; ***Gehring***, Sozialpsychologische Überlegungen zur Fernsehberichterstattung aus Gerichtsverhandlungen, ZRP 1998, 8; ders., Fernsehaufnahmen aus Gerichtsverhandlungen, ZRP 2000, 197; ***Gündisch***, Rundfunkberichterstattung aus Gerichtsverhandlungen, NJW 1999, 256; ***R.Hamm***, Hauptverhandlungen in Strafsachen vor Fernsehkameras – auch bei uns?, NJW 1995, 760; ***Huff***, Fernsehöffentlichkeit im Gerichtsverfahren – kippt das BVerfG § 169 S. 2 GVG?, NJW 1996, 517; ders., Die Saalöffentlichkeit ist auch in Zukunft ausreichend – § 169 S. 2 GVG darf nicht geändert werden, NJW 2001, 1622; ***Knothe/Wanckel***, „Angeklagt vor laufender Kamera", ZRP 1996, 106; ***Koschorreck***, Fernsehen im Gerichtssaal, JA 1997, 134; ***Lehr***, Bildberichterstattung der Medien über Strafverfahren, NStZ 2001, 63; ***Marxen***, Tonaufnahmen während der Hauptverhandlung für Zwecke der Verteidigung, NJW 1977, 2188; ***Maul***, Bild- und Rundfunkberichterstattung im Strafverfahren, MDR 1970, 286; ***Plate***, Wird das „Tribunal" zur „Szene"?, NStZ 1999, 391; ***Ranft***, Verfahrensöffentlichkeit und „Medienöffentlichkeit" im Strafprozeß, Jura 1995, 573; ***Roggemann***, Tonbandaufnahmen während der Hauptverhandlung, JR 1966, 47; ***Tillmanns***, Urteilssponsoring – Gefahr für den fair trial?, ZRP 1999, 339; ***Walther***, Mehr Publizität oder mehr Diskretion?, JZ 1998, 1145; ***Zuck***, Court TV: Das will ich sehen!, NJW 1995, 2082.

859a

1.a) Nach § 169 S. 2 GVG dürfen **während** der **HV keine** Ton- und Fernsehaufnahmen gemacht werden. Dieser Ausschluss ist verfassungsgemäß (BVerfG NJW 2001, 1633; s.a. BVerfG NJW 1996 m.w.N.; s. aber die Neufassung des § 17a BVerfGG). Der Verteidiger sollte, um die Presseberichterstattung über seinen Mandanten in dessen Interesse so gering wie möglich zu halten, gegenüber dem Vorsitzenden unbedingt auf Einhaltung dieses Verbots, von dem weder der Vorsitzende noch das Gericht eine Ausnahme zulassen dürfen, drängen. Das Verbot gilt **auch** für die **Urteilsverkündung** (BGHSt 22, 83) und für **Ortsbesichtigungen** (BGHSt 36, 119), **nicht** jedoch während einer **Verhandlungspause** (BGHSt 23, 123; a.A. offenbar *Lehr* NStZ 2000, 64).

☝ Der **Vorsitzende** kann grds. auch, was der Verteidiger beantragen sollte, im Rahmen der ihm zustehenden → *Sitzungspolizei*, Rn. 805, Aufnahmen **im** und **vor** dem **Gerichtssaal** vor und nach der HV oder während zeitweiser Unterbrechungen **unterbinden** (s. BVerfG NJW 1996, 310; *Lehr* NStZ 2001, 64 f.). Darüber hinaus entscheidet der Behördenleiter als Hausherr (dazu *Lehr* NStZ 2001, 66). Gegen dieses Verbot dennoch (im Gerichtsflur) aufgenommene Filme können sichergestellt werden (BGHSt 44, 5).

Das Verbot des § 169 S. 2 GVG umfasst nicht das **Fotografieren** und **Zeichnen** im Gerichtssaal während der mündlichen Verhandlung (*Lehr*, a.a.O.), allerdings kann der Vorsitzende das aufgrund der ihm zustehenden → ***Sitzungspolizei***, Rn. 805, unterbinden.

860

b) Der Vorsitzende kann Presse und Rundfunk **Ton-** und **Filmaufnahmen** im **Gerichtssaal gestatten**, jedoch nicht während des Gangs der eigentlichen HV (s.o. Rn. 859a; zu allem eingehend *Lehr* NStZ 2001, 63). Bei seiner Entscheidung, die er unter Berücksichtigung des § 176 GVG treffen muss (BGHSt 23, 123), hat er einerseits die schutzwürdigen Interessen der Beteiligten, insbesondere die des Angeklagten, und andererseits das Interesse der Allgemeinheit an der Unterrichtung über das Zeitgeschehen gegeneinander **abzuwägen** und dabei auch die Rundfunkfreiheit angemessen zu berücksichtigen (s. u.a. BVerfG NJW 1992, 3288; 1995, 184; 1996, 310; 2001, 1622; 2002, 2021 [auch im Verfahren mit solchen Sicherheitsvorkehrungen ggf. zulässig]; krit./abl. zur HV vor Fernsehkameras *R.Hamm* NJW 1995, 760; *Huff* NJW 2001, 1622; *Siebrasse* StV 2000, 661 [Widerspruch zum Recht des Angeklagten auf Resozialisierung]; zur Abwägung auch *Lehr* NStZ 2001, 65; wegen der **Rechtsmittel** → *Sitzungspolizei*, Rn. 811). Ein (vollständiger) Ausschluss von Fernsehaufnahmen greift danach i.d.R. in das Grundrecht der Rundfunkfreiheit aus Art. 5 Abs. 2 S. 2 GG ein (BVerfG NJW 1996, 310; 2000, 2890; 2002, 2021).

☝ Bei der Abwägung sind nicht nur die **Persönlichkeitsrechte** des Angeklagten, sondern auch die der beteiligten Richter zu **beachten**. Diese überwiegen das Berichterstattungsinteresse, wenn besondere Umstände Anlass zu der Befürchtung geben, eine Übertragung werde dazu führen, dass sie künftig erheblichen Beeinträchtigungen ausgesetzt sein werden (BVerfG NJW 2000, 2890). Dem kann ggf. durch Anonymisierung der Personen entgegengewirkt werden (BVerfG NJW 2002, 2021).

Die Maßnahmen des Vorsitzenden können nach § 181 GVG nicht mit der Beschwerde nach § 304 angegriffen werden. Nach der Rspr. des BVerfG (a.a.O.) bleibt nur die **Verfassungsbeschwerde** oder die einstweilige Anordnung(s. auch *Lehr* NStZ 2001, 66; s. → *Sitzungspolizei*, Rn. 805).

861 **2.** Das Verbot des § 169 S. 2 GVG gilt **nicht** für **gerichtliche Ton-** und **Filmaufnahmen** für justizinterne Zwecke und für Zwecke der Verteidigung, wenn sie vor Missbrauch jeglicher Art und Fälschung gesichert werden (*Dahs*, Rn. 672). Das gilt insbesondere für Tonbandaufnahmen von **Aussagen** des Angeklagten, von Zeugen und von Sachverständigen sowie für Filmaufnahmen von der Einnahme eines **Augenscheins**, die vom Gericht oder auch vom Verteidiger im Verlauf der Verfahrens als **Gedächtnisstütze** verwendet werden sollen (vgl. z.B. BGHSt 19, 196; OLG Koblenz NStZ 1988, 42; [Aufnahme der mündlichen Urteilsbegründung als Gedächtnisstütze für die Urteilsabsetzung]). Die Aussagen von Zeugen dürfen aber – ohne deren Einverständnis – für weitergehende Zwecke nicht auf Tonband aufgenommen werden (OLG Schleswig NStZ 1992, 399 [Untersuchung durch einen Sachverständigen]; vgl. zu allem i.Ü. auch *Kissel*, § 169 GVG Rn. 70 m.w.N.).

☝ Ton-/Bildaufnahmen des Gerichts werden i.d.R. Bestandteil der Akten und unterliegen dem **AER** des Verteidigers (Beck-*Danckert*, S. 324 m.w.N.; a.A. OLG Koblenz NStZ 1988, 42; → *Akteneinsicht für den Verteidiger während der Hauptverhandlung*, Rn. 80; allgemein zu AE des Verteidigers *Burhoff*, EV, Rn. 55 ff.).

3. Verteidiger und StA haben **keinen Rechtsanspruch** darauf, dass das Gericht bestimmte Ausführungen auf Tonband aufnehmen und dann schreiben lässt (OLG Hamburg MDR 1977, 688 für den Schlussvortrag des StA). A.A. sind *Marxen* (NJW 1977, 2190) und Beck-*Danckert* (S. 324), die mit guten Gründen der Auffassung sind, dass das Gericht dem Verteidiger eigene Tonbandaufnahmen nicht grds. untersagen darf. Der Auffassung scheint auch das OLG Düsseldorf (NJW 1996, 1360) zuzuneigen, da es offenbar die Zulässigkeit der Tonaufzeichnung von Schlussvorträgen und die Untersagung dieser Maßnahme davon abhängig macht, ob eine missbräuchliche Benutzung der Tonaufnahme auszuschließen ist. Jedenfalls muss der Vorsitzende sein **Ermessen** pflichtgemäß ausüben (s. OLG Düsseldorf, a.a.O.). **862**

☝ Mit **Zustimmung** des Vorsitzenden sind also **Tonbandaufnahmen**, die der Verteidiger oder der StA, insbesondere ggf. von ihrem Schlussvortrag (→ ***Plädoyer** des Verteidigers*, Rn. 665) oder dem des anderen machen wollen, zulässig. M.E. bestehen auch keine Bedenken, eine Zeugenaussage auf Tonband aufzunehmen, wenn sich der Zeuge vor Beginn seiner Vernehmung damit einverstanden erklärt hat (s.a. KK-*Diemer*, § 169 GVG Rn. 13 [für Tonbandaufnahmen des Gerichts]; s. aber BGHSt 19, 193; OLG Schleswig NStZ 1992, 399). **863**

Verteidiger oder StA dürfen Vorgänge in der HV **nicht heimlich** aufnehmen oder aufnehmen lassen (*Kleinknecht/Meyer-Goßner*, § 169 GVG Rn. 12 m.w.N.). Der Vorsitzende kann die Tonbandaufnahme auch nicht vorab für die gesamte HV zulassen (OLG Düsseldorf NJW 1990, 2898).

☝ Der Verteidiger oder StA muss einen entsprechenden **Antrag** stellen, wenn er eine Tonbandaufnahme machen will.

Bei der Gestattung handelt es sich um eine Maßnahme der → *Verhandlungsleitung*, Rn. 972, nach **§ 238 Abs. 2**, so dass im Fall der Ablehnung das Gericht angerufen werden kann. In außergewöhnlich gelagerten Fällen handelt es sich auch um eine sitzungspolizeiliche Maßnahme nach § 176 GVG (*Kleinknecht/Meyer-Goßner*, a.a.O.; *Kissel*, a.a.O.).

4. Das **Verbot** des § 169 S. 2 GVG gilt **nicht** für **einfache Bildaufnahmen** (BGH MDR 1971, 188 [D]). Für sie gilt § 23 Abs. 1 und 2 KUG. Danach sind Aufnahmen und Verbreitung von Bildnissen von Personen der Zeitgeschichte grds. zulässig. Zu diesen Personen zählen auch die sog. „**relativen**“ Personen der **864**

Zeitgeschichte, also solche, die erst durch das Strafverfahren oder durch die in diesem untersuchte Tat zu solchen geworden sind. Es muss also entweder der Gegenstand des Verfahrens über das Alltägliche und häufig Wiederkehrende hinausgehen oder die Sache erhält durch die Person des Angeklagten für die Öffentlichkeit eine besondere Bedeutung (OLG München NJW 1963, 658; OLG Stuttgart NJW 1959, 643 [Ls.]).

865 Tragen der Robe/Krawatte

Literaturhinweise: ***Eylmann***, Satzungsversammlung soll Robenstreit beenden, AnwBl. 1996, 190; ***Zuck***, Kleiderordnungen, NJW 1997, 2092.

1. Nach § 20 BORA ist der Verteidiger **verpflichtet**, vor Gericht **Amtstracht** zu tragen. Dazu gehören im Allgemeinen die schwarze Robe. Ob auch ein (weißer) Quer- oder Längsbinder dazu gehört (so *Dahs*, Rn. 465; allgemein dazu *Hartung/Holl*, Anwaltliche Berufsordnung, § 20 Rn. 13 ff.) ist m.E. fraglich, da § 20 BORA nur die Robe erwähnt. Kommt der Verteidiger der Pflicht, in Robe aufzutreten, nicht nach und **weigert** er sich grds., kann das nach **h.M.** in entsprechender Anwendung von § 176 GVG (→ *Sitzungspolizei*, Rn. 805) zur **Zurückweisung** für die betreffende Sitzung führen (BVerfGE 34, 138; NJW 1970, 851; BGHSt 27, 34 ff.; KG NJW 1970, 482; OLG Karlsruhe NJW 1977, 309; *Wolff* NJW 1977, 1064 in der Anm. zu BGH NJW 1977, 437; jetzt auch KK-*Diemer*, § 176 GVG Rn. 4; **a.A.** mit beachtlichen Argumenten noch KK-*Mayr*, 3. Aufl., § 176 Rn. 4; *Kissel*, § 176 GVG Rn. 19 ff.; wohl OLG Celle StraFo 2002, 301 für das Tragen einer Krawatte). Ein **Ablehnungsgesuch** soll mit der Zurückweisung aber nicht begründet werden können (→ *Ablehnungsgründe, Befangenheit*, Rn. 40, 44; OLG Braunschweig NJW 1995, 2113; s. aber BGH NStZ 1988, 510 [keine Entbindung des Pflichtverteidigers nur deshalb, weil er einen Pullover unter der Robe trägt]). Fraglich ist insbesondere, ob das Nichttragen der Robe eine Störung der HV darstellt, die deren Fortgang behindert. Da das i.d.R. nicht der Fall ist, wird man mit der o.a. abweichenden Ansicht, die Anwendbarkeit von § 176 GVG verneinen müssen.

> ☝ Trägt der Verteidiger **keine Krawatte** dürfte, da § 20 BORA insoweit keine Regelung enthält, eine **Zurückweisung nicht** in Betracht kommen. § 178 GVG scheidet schon vom Wortlaut aus, § 176 GVG ist wegen der fehlenden gesetzlichen Regelung auf keinen Fall anwendbar.

2. Ein besonderes **Verfahren** ist für die Zurückweisung nicht vorgesehen. Da es sich um eine Maßnahme der Sitzungspolizei handelt, erfolgt die Zurückweisung nach § 176 GVG durch den **Vorsitzenden**. **866**

☝ Die Anrufung des Gerichts nach **§ 238 Abs. 2** zur Nachprüfung dieser Maßnahme ist **nicht** zulässig (OLG Hamm NJW 1971, 1246). Das OLG Karlsruhe (a.a.O.) billigt in diesen Fällen aber sowohl dem Angeklagten als auch dem Verteidiger ausnahmsweise die einfache **Beschwerde** nach § 304 Abs. 1 zu (zu den Rechtsmitteln gegen sitzungspolizeiliche Maßnahmen i.Ü. → *Sitzungspolizei*, Rn. 811).

Das Gericht wird im Zweifel nach Zurückweisung des Verteidigers die HV nach § 265 Abs. 4 wegen veränderter Sachlage **aussetzen** müssen (*Kleinknecht/Meyer-Goßner*, § 265 Rn. 43; OLG Celle StraFo 2002, 355 [Fortführung in Abwesenheit des Verteidigers ist elementarer Verfahrensverstoß]; OLG Köln VRS 70, 21 [auf Antrag mindestens kurze Unterbrechung]; → *Aussetzung wegen veränderter Sach-/Rechtslage,* Rn. 159; → *Hinweis auf veränderte Sach-/Rechtslage*, Rn. 558).

Ggf. muss es dem Angeklagten einen **Pflichtverteidiger** bestellen. Die Bestellung eines (weiteren) Pflichtverteidigers ist aber nicht allein deshalb gerechtfertigt, wenn der erste Verteidiger in der HV keine weiße Krawatte trägt (OLG Zweibrücken NStZ 1988, 144).

U

Unaufmerksamer Richter **867**

1. Fraglich ist, wie sich der Verteidiger verhalten soll, wenn er feststellt, dass einer der beteiligten Richter der HV nicht aufmerksam folgt. Die bloße Unaufmerksamkeit eines Richters ist nämlich nur dann absoluter Revisionsgrund nach § 338 Nr. 1, wenn sie sich über einen **erheblichen Zeitraum** erstreckt, z.B. bei **Übermüdung** (BGHSt 2, 14 f.; 11, 74, 77), **Ablenkung** durch Aktenstudium oder Durchsicht von Gefangenenbriefen (BGH NJW 1962, 2212; OLG Schleswig SchlHA 1982, 115 [E/L]). Der Verteidiger muss entscheiden, ob er den Vorsitzenden auf diesen Umstand aufmerksam macht und eine Unterbrechung der HV beantragt oder ob er die Unaufmerksamkeit nicht rügen will.

☝ Entscheidet er sich für das Letztere, wird ihm in der Revisionsinstanz, wenn er einen „nicht unerheblichen Zeitraum" bestimmt behauptet, ggf. entgegengehalten, er habe den von ihm bemerkten Verfahrensverstoß durch **Arglist** verwirkt (vgl. *Dahs*, Rn. 897, 768; → *Verwirkung von Verteidigungsrechten*, Rn. 1122, 1125). In der **Revision** wird er zudem auch **Schwierigkeiten** haben, den „nicht unerheblichen Zeitraum" der Unaufmerksamkeit zu beweisen.

2. Das Gleiche gilt für den Fall des **schlafenden Richters** (vgl. u.a. für Schöffen BGH NStZ 1982, 41; *Kleinknecht/Meyer-Goßner*, § 338 Rn. 15 m.w.N.; zum Revisionsvortrag s.a. BVerwG NJW 2001, 2898).

868 Unmittelbarkeitsgrundsatz

Literaturhinweise: ***Dahs***, „Wahrheitserforschung" contra Unmittelbarkeitsprinzip, StV 1988, 169; ***Fezer***, Grundfälle zum Verlesungs- und Verwertungsverbot im Strafprozeß, JuS 1977, 382, JuS 1978, 325; ***Lesch***, Die Grundsätze der Mündlichkeit und Unmittelbarkeit im Strafverfahren, JA 1995, 691; ***Geppert***, Der Grundsatz der Unmittelbarkeit im deutschen Strafverfahren, 1979; ders., Der Zeuge vom Hörensagen, Jura 1991, 538; ***Schünemann***, „Dienstliche Äußerungen" von Polizeibeamten im Strafverfahren, DRiZ 1979, 101; ***Wömpner***, Zur Verlesung früherer Urteile, NStZ 1983, 294; s.a. die Hinw. bei den u.a. weiterführenden Stichworten.

1. Der in § 250 normierte Unmittelbarkeitsgrundsatz (s. dazu *Dahs* StV 1988, 169) räumt dem (persönlichen) Beweis durch **Zeugen** und **Sachverständige Vorrang** vor dem Urkundenbeweis ein (BGHSt 6, 209), wenn der Beweis einer Tatsache auf der Wahrnehmung einer dieser Beweispersonen beruht (vgl. dazu u. Rn. 870). Auf diesen Vorrang können die Prozessbeteiligten nur im Fall des § 251 Abs. 1 Nr. 4, Abs. 2 S. 1 verzichten (→ *Verlesung von Protokollen früherer Vernehmungen*, Rn. 1017; → *Kommissarische Vernehmung eines Zeugen oder Sachverständigen*, Rn. 579). Das Unmittelbarkeitsprinzip hat aber keinen Verfassungsrang (BVerfG NJW 1953, 177, 178; eingehend zum Unmittelbarkeitsgrundsatz *Lesch* JA 1995, 691 ff.).

☝ **Verboten** ist nach § 250 S. 2 **grds.** nicht nur die **Verlesung** früherer Protokolle, sondern auch die **schriftlicher Erklärungen** (→ *Verlesungsverbot für schriftliche Erklärungen*, Rn. 994).

Das Gesetz selbst lässt in den §§ 251 ff. vom Unmittelbarkeitsgrundsatz **Ausnahmen** zu, um eine sonst erschwerte Beweisführung zu erleichtern (→ *Urkundenbeweis, Allgemeines*, Rn. 884, m.w.N.). Darüber hinaus verbietet § 250 auch nicht → *Zeugen vom Hörensagen*, Rn. 1191, zu hören. Besondere Bedeutung hat der Unmittelbarkeitsgrundsatz beim Einsatz von **V-Männern** und deren Vernehmung in der HV (→ *V-Mann in der Hauptverhandlung*, Rn. 1134). Eine Ausnahme vom Unmittelbarkeitsgrundsatz stellen auch die neuen Vorschriften der §§ 247a, 255a dar, die den Einsatz von Videotechnik bei der Vernehmung von Zeugen erlauben (→***Videovernehmung*** *in der Hauptverhandlung*, Rn. 1129, → *Vorführung von Bild-Ton-Aufzeichnungen*, Rn. 1158a; zur Frage der Zulässigkeit der Vernehmung von Zeugen mittels Videotechnologie nach „früherem Recht" s. LG Mainz NJW 1996, 208). **869**

2.a) § 250 bezieht sich nur auf **Wahrnehmungen** einer **Person**. Diese dürfen nicht durch Verlesung in das Verfahren eingeführt werden. Das gilt insbesondere für alle **Aufzeichnungen**, welche von einer Person sinnlich wahrgenommene Vorgänge und Zustände betreffen und schildern (vgl. u.a. BGHSt 27, 135, 137). Das sind z.B. grds. **Vernehmungsprotokolle**, die nur in den gesetzlich vorgesehenen Fällen im Wege des Urkundenbeweises in das Verfahren eingeführt werden dürfen (zu den **Ausnahmen** → *Protokollverlesung nach Zeugnisverweigerung*, Rn. 725; → *Protokollverlesung zur Gedächtnisstützung*, Rn. 735; → *Verlesung von Geständnisprotokollen*, Rn. 1006; → *Verlesung von Protokollen früherer Vernehmungen*, Rn. 1017). Zu den Wahrnehmungen i.S.d. § 250 gehören auch seelische Empfindungen, die unmittelbar durch sinnlich wahrgenommene Vorgänge ausgelöst werden sowie Gedanken und Überlegungen, die an solche anknüpfen (BGHSt 23, 213, 219; zum Vorhalt und zur Einführung sog. „Dienstlicher Äußerungen" eines Polizeibeamten eingehend *Schünemann* DRiZ 1979, 101 ff.; → *Vernehmung eines Polizeibeamten*, Rn. 1063a). Wahrnehmungen eines **beauftragten Richters** bei der Durchführung einer → *kommissarischen Vernehmung eines Zeugen oder Sachverständigen*, Rn. 579, können nicht im Wege der dienstlichen Äußerung des Richters als „gerichtkundig" in die HV eingeführt werden (BGHSt 45, 354), sondern müssen im Protokoll der Vernehmung festgehalten und dann ggf. nach § 251 verlesen werden. **870**

Unter Wahrnehmungen i.S.d. § 250 fallen hingegen **nicht Schriftstücke**, die **eigene Willenshandlungen**, von unmittelbaren Wahrnehmungen unabhängige Gefühle, Gedanken oder Bemerkungen einer Person ausdrücken und **verkörpern**. Das können z.B. Mahnschreiben, Weisungen, Befehle, Aufzeichnungen und Pläne sein (BGHSt 6, 209, 212; KK-*Diemer*, § 250 Rn. 5). § 250 verbietet auch nicht die Verlesung eines Schriftstücks, das selbst den Tatbestand einer mit Strafe bedrohten Handlung erfüllt (RGSt 22, 51 [für beleidigenden Brief]).

871 b) Eine **Ausnahme** besteht weiterhin, wenn der Hersteller einer schriftlichen Aufzeichnung die darin verzeichnete Beweistatsache nicht selbst wahrgenommen, sondern von ihr nur durch seine Einschaltung während einer **technischen/ mechanischen Hilfstätigkeit** Kenntnis genommen hat. In diesen Fällen kann die Urkunde als das zuverlässigere Beweismittel verlesen werden. Das ist z.B. möglich bei der Herstellung von **Abrechnungsstreifen** (Buchungsstreifen) anhand von Geschäftsbüchern (BGHSt 15, 253, 254), allgemein bei der Fertigung von Abschriften und für Schreibkräfte, die eine **Tonbandaufnahme übertragen** haben (BGHSt 27, 135, 137; s.a. BGH, Beschl. v. 3.4.2002, 1 StR 540/01, www.hrr-strafrecht.de für den Bericht eines Polizeibeamten über im Ermittlungsverfahren durchgeführte Übersetzungen einer TÜ, die dann Grundlage der Übersetzung des in der HV tätigen Dolmetschers sind) sowie bei der Übersetzung fremdsprachiger Urkunden (→ *Urkundenbeweis, Allgemeines*, Rn. 884).

Beispiel:

Aufgrund gerichtlicher Anordnung ist der Fernsprechverkehr des Angeklagten mit einem Zeugen überwacht worden. Von den festgehaltenen Ferngesprächen wurden Niederschriften angefertigt, die in der HV verlesen worden sind. Das ist vom BGH nicht als Verstoß gegen § 250, sondern als zulässig angesehen worden (BGHSt 27, 135; → *Telefonüberwachung, Verwertung der Erkenntnisse in der Hauptverhandlung*, Rn. 847).

872 ☝ Mit der **Revision** kann gerügt werden, dass der Zeugenbeweis – entgegen § 250 – durch den Urkundenbeweis ersetzt worden ist. Dazu muss der Verteidiger **vortragen**, welchen Inhalt die Urkunde hat, ob der Verfasser in der HV als Zeuge vernommen worden ist oder hätte vernommen werden können und dass der Urkundeninhalt im Urteil verwertet wurde (*Kleinknecht/Meyer-Goßner*, § 250 Rn. 15 m.w.N.; zuletzt a. OLG Düsseldorf StV 1995, 458; zur [verneinten] Verletzung des Unmittelbarkeitsgrundsatzes durch Verlesung eines nach § 209 ergangenen Vorlagebeschlusses s. BGHSt 43, 360; zur → *Akteneinsicht für Schöffen*, Rn. 59, s. BGHSt 43, 36).

873 Unterbrechung der Hauptverhandlung

Das Wichtigste in Kürze

1. Die Unterbrechung der HV ist in bestimmten zeitlichen Grenzen zulässig.
2. Die mögliche Dauer der Unterbrechung ist in § 229 geregelt.

> **3.** Nach der Unterbrechung muss erneut eine Sachverhandlung stattfinden.
>
> **4.** Der Ablauf der Unterbrechungsfrist kann durch Krankheit des Angeklagten gehemmt werden.

Literaturhinweise: ***Bertram***, Empfehlen sich Änderungen des Strafverfahrensrechts mit dem Ziel, ohne Preisgabe rechtsstaatlicher Grundsätze den Strafprozeß, insbesondere in der Hauptverhandlung, zu beschleunigen?, NJW 1994, 2186; ***Lilie***, Die Zehn-Tage-Frist als Widerspruch zur Konzentrationsmaxime, in: Festschrift für *Meyer-Goßner*, S. 483; ***Michel***, Zur wirksamen Unterbrechung einer Hauptverhandlung, zfs 2000, 373; ***Schlüchter***, Beschleunigung des Strafprozesses und insbesondere der Hauptverhandlung ohne Rechtsstaatsverlust, GA 1994, 397; ***Wölfl***, Der Schiebetermin – legaler Ausweg oder unzulässiger Kunstgriff?, JuS 2000, 277; ***Wrege***, Zum Zusammenhang von Erkenntnis und Zehn-Tages-Frist, DRiZ 2002, 28; ***Zieschang***, Die Problematik der wiederholten Anwendung des § 229 Abs. 3 StPO, StV 1996, 115.

1. Unterbrechung der HV ist – im Gegensatz zur Aussetzung – jeder verhandlungsfreie Zeitraum, der die **zeitlichen Grenzen** des **§ 229 nicht überschreitet** (*Kleinknecht/Meyer-Goßner*, § 228 Rn. 1; zum Begriff der Aussetzung → *Aussetzung der Hauptverhandlung, Allgemeines*, Rn. 149, m.w.N.).

874

2. Die mögliche **Dauer** der Unterbrechung ist in § 229 geregelt (zur geplanten zeitlichen Erweiterung → *Gesetzesnovellen*, Rn. 525; für die Abschaffung *Bertram* NJW 1994, 2187; für eine gesetzliche Verlängerung der Fristen *Wrege* DRiZ 2002, 28). Es darf

- nach § 229 Abs. 1 **jede** HV auch **mehrmals** bis zu **zehn** Tagen unterbrochen werden,
- nach § 229 Abs. 2 S. 1, wenn an **mindestens zehn** Tagen verhandelt worden ist, die HV **einmal** auch bis zu **30** Tagen unterbrochen werden,

> § 229 Abs. 2 gilt für die **Urteilsverkündung nicht**. Insoweit gilt § 268 Abs. 3 S. 2 (zuletzt BGH StraFo 1999, 339 m.w.N.).

- nach § 229 Abs. 2 S. 2, wenn dann an **weiteren zehn** Tagen verhandelt worden ist, die HV ein **zweites** Mal für bis zu **30** Tage unterbrochen werden,
- nach § 229 Abs. 2 S. 3 die HV zusätzlich nach Ablauf von zwölf Monaten seit ihrem Beginn jeweils **einmal innerhalb** eines Zeitraums von **zwölf Monaten** bis zu **30** Tagen unterbrochen werden, wenn zuvor an mindestens zehn Tagen verhandelt worden ist.

> Der Verteidiger kann sich gegenüber dem Gericht nicht mit längeren Unterbrechungsfristen einverstanden erklären. Das Gesetz geht nämlich davon aus, dass (nur) bei Einhaltung der o.a. Fristen die Einheitlichkeit und Unmittelbarkeit der HV noch gewahrt ist. Deshalb sind die Fristen auch für

den Angeklagten und seinen Verteidiger **nicht disponibel** (s. auch BGH NJW 1996, 3019 [Dauer der Unterbrechung durch das Gesetz begrenzt]).

875 **3.** Die HV muss nach der Unterbrechung mit derselben Besetzung des Gerichts fortgesetzt werden, und zwar muss eine **Sachverhandlung**, also eine das Verfahren fördernde Verhandlung, stattfinden (dazu *Michel* zfs 2000, 373). Ein bloß formeller Verhandlungstag reicht nicht.

Beispiele:

nicht ausreichend ist:

- das bloße **Bestimmen** eines neuen **Termins** (BGH NJW 1999, 3277 [Ls.]),
- die **Bestellung** eines **anderen Pflichtverteidigers** nur für den einen Sitzungstag wegen Verhinderung des Pflichtverteidigers (BGH, a.a.O.),
- die bloße **Erörterung**, ob und **wann** die HV **fortgesetzt** werden kann (KK-*Tolksdorf*, § 229 Rn. 6 m.w.N.),
- eine bloße **Scheinverhandlung/Schiebetermin** (BGH NJW 1996, 3019), wovon auszugehen ist, wenn die Verhandlung lediglich erfolgt, um die Bestimmung des § 229 zu **umgehen** (dazu *Wölfl* JuS 2000, 277); das ist z.B. angenommen worden bzw. dürfte anzunehmen sein:
  - bei Aufteilung eines zweiseitigen **Briefes** in Abschnitte von jeweils ein bis vier Sätzen auf 20 HV-Tage (BGH-Beschl. v. 2. 10. 1997 – 4 StR 412/97, mitgeteilt in BGH NStZ 1998, 366 [Ls.]),
  - bei Aufteilung der Verlesung einer aus nur drei Eintragungen bestehenden **Registerauskunft** auf drei Termine (BGH, a.a.O.),
  - bei **Verlesung** einer **Urkunde**, die erkennbar in Anwesenheit eines SV noch einmal verlesen werden muss (OLG Koblenz StV 1997, 288 [für Verlesung einer Auskunft]),
  - bei **Wiederholung** einer Beweiserhebung ohne rechtfertigenden Grund (BGH NJW 1999, 3277 -Ls.- [für Wiederholung der an einem anderen HV-Tag bereits getroffenen Feststellung, dass die Auskunft aus dem BZR keine Eintragungen enthält]; so zutreffend auch *Wölfl* NStZ 1999, 43 in der Anm. zu BGH NJW 1996, 3019), da dadurch der Prozess nicht gefördert wird.

☝ Will der Verteidiger in der **Revision** eine „Scheinverhandlung" rügen, ist im Fall der teilweisen Verlesung von Urkunden der **Inhalt** der verlesenen Dokumente **mitzuteilen** (BGH NStZ 1998, 366 [Ls.]).

ausreichend sein kann (s.a. LR-*Gollwitzer*, § 229 Rn. 14):

- die Erörterung eines **Ablehnungsgesuchs** (so BGH-Urt. v. 7.11.1978-1 StR 470/78; s.a. BGH NStZ 1990, 228 [M]; zweifelnd *Kleinknecht/Meyer-Goßner*, § 229 Rn. 11),
- die Mitteilung des Vorsitzenden, dass benannte Zeugen geladen worden seien, **Beweisanträgen** somit stattgegeben wurde (BGH NStZ 1995, 19 [K]),
- bei **mehreren Angeklagten** die „Sachverhandlung" gegen einen von ihnen (BGH MDR 1975, 23 [D]; KK-*Tolksdorf*, § 229 Rn. 69),
- die Erörterung des **Nichterscheinens** eines **Zeugen** (KK-*Tolksdorf*, a.a.O.; s. wohl BGH NStZ 2000, 606; s.a. BGH-Urt. v. 15.5.1956 – 5 StR 105/56 [1 1/2-stündige Erörterung mit Verzicht auf die Vernehmung des nicht erschienenen Zeugen reicht als Sachverhandlung]; a.A. OLG Celle StV 1992, 101) und/oder der **Erlass** eines **Ordnungsmittel**- und Kostenbeschlusses gegen einen nicht erschienenen **Zeugen** (BGH NStZ 2000, 606),
- die Erörterung der **Verhandlungsfähigkeit** des Angeklagten (BGHR § 229 I Sachverhandlung 1; OLG Düsseldorf StV 1997, 282; a.A. LG Düsseldorf StV 1997, 284; 1996, 154; KK-*Tolksdorf*, a.a.O.; zweifelnd *Kleinknecht/Meyer-Goßner*, § 229 Rn. 11),
- die Erörterung, ob die Voraussetzungen für die Zulässigkeit der → ***Verhandlung ohne den Angeklagten***, Rn. 954, (noch) gegeben sind (OLG Düsseldorf, a.a.O.),
- i.d.R. die **Verlesung** einer **Urkunde** (BGH NJW 1996, 3019), und zwar grds. auch nur eines Teils (BGH NStZ 1998, 366 [Ls.]; s. aber oben).

Insbesondere im letzten Fall muss der Verteidiger sorgfältig **prüfen**, ob eine Fortsetzungsverhandlung tatsächlich Sachverhandlung war oder die Verhandlung nur formal und „**zum Schein**" **fortgesetzt** worden ist. Davon ist der BGH z.B. ausgegangen, wenn die Verlesung einer nur 2 Seiten umfassenden Strafregisterauskunft ohne nachvollziehbaren, sachlich anzuerkennenden Grund auf drei Termine aufgeteilt worden ist (BGH, a.a.O.]]). Entscheidend wird immer sein, ob und wie das Verfahren gefördert worden ist (*Wölfl* NStZ 1999, 43 in der Anm. zu BGH, a.a.O.).

876

4. Bei der **Berechnung** der **Fristen** wird weder der Tag der Unterbrechung noch der Tag der Wiederaufnahme der Verhandlung mitgerechnet, da es sich um Zeiträume handelt. Deshalb bestimmt § 229 Abs. 4 S. 2, dass die HV am nächsten Werktag fortgesetzt werden kann, wenn der Tag nach Ablauf der Frist ein Sonntag, ein allgemeiner Feiertag oder ein Sonnabend ist.

Beispiel:

Die Unterbrechung der HV für zehn Tage wird angeordnet am Montag, dem 7. April 2003. Der Fortsetzungstermin muss dann erst stattfinden am Dienstag, dem 22. April 2003. Die 10-Tages-Frist endet zwar bereits am Donnerstag, dem 17. April 2003, der nächste Werktag ist aber erst der 22. April 2003 (18. April = Karfreitag, 19. April = Samstag, 20. April = Sonntag, 21. April = Ostermontag).

877 Der **Ablauf** der Unterbrechungsfrist kann bei einer HV, die bereits an mindestens zehn Tagen stattgefunden hat, **gehemmt** werden, wenn der Angeklagte wegen **Krankheit** nicht erscheinen kann. Die Hemmung kann für längstens **sechs Wochen** eintreten (wegen der Einzelh. s. § 229 Abs. 3 und die Komm. bei *Kleinknecht/Meyer-Goßner*, § 229 Rn. 5 ff.; KK-*Tolksdorf*, § 229 Rn. 11 ff.; zur Berechnung der Frist BGH StV 1994, 5 m.w.N., und BGH NStZ 1998, 366 -Ls.- [Beginn der Unterbrechungsfrist erst nach Ende der krankheitsbedingten Hemmung]; s.a. OLG Düsseldorf StV 1997, 282; zur geplanten Änderung → *Gesetzesnovellen*, Rn. 525). Zur Problematik der wiederholten Anwendung des § 229 Abs. 3 wird verwiesen auf *Zieschang* (StV 1996, 115), der die Auffassung vertritt, dass wiederholte Unterbrechungen der HV wegen wiederholter Erkrankung des Angeklagten nicht ohne weiteres möglich sind.

☝ Die Ausnahmevorschrift des § 229 Abs. 3 ist auf den Fall der Erkrankung des Angeklagten beschränkt. Eine **entsprechende Anwendung** auf Hauptverhandlungsunterbrechungen infolge der Erkrankung anderer Verfahrensbeteiligter ist **nicht** möglich (BGH NStZ 1997, 503 [für Schöffen]). Auch insoweit ist aber eine Gesetzesänderung geplant (→ *Gesetzesnovellen*, Rn. 525).

878 **5.** Über die Unterbrechung der HV nach § 229 Abs. 2 **entscheidet** gem. § 228 Abs. 1 S. 1 das **Gericht**. Über kürzere Unterbrechungen entscheidet nach § 228 Abs. 1 S. 2 der **Vorsitzende** nach billigem Ermessen.

☝ Gegen Unterbrechungen betreffende Anordnungen des Vorsitzenden kann zwar gem. **§ 238 Abs. 2** das **Gericht** angerufen werden, das dann durch Beschluss zu entscheiden hat. Allerdings wird ein Antrag gegen die Anordnung der Unterbrechung des Verfahrens i.d.R. mangels Beschwer unzulässig sein.

Die Verletzung des §§ 228, 229 kann mit der **Revision** geltend gemacht werden. Sie ist dann darauf zu stützen, dass durch die Nichtaussetzung/Unterbrechung die Verteidigung in einem für sie wesentlichen Punkt unzulässig beschränkt worden ist (§ 338 Nr. 8; BGH NJW 1996, 2383; zu den Anforderungen an die Rüge s.a. BGH NStZ 1996, 99).

6. Hinweise für den Verteidiger!

879 **a)** In einigen Fällen normiert das Gesetz einen **Anspruch** auf Unterbrechung, und zwar

- in § 145 Abs. 3 bei **Ausbleiben** des **Verteidigers** und Bestellung eines neuen (→ *Aussetzung wegen Ausbleiben des Verteidigers*, Rn. 152),
- in § 222a Abs. 2 bei verspäteter Mitteilung der **Gerichtsbesetzung** (→ *Besetzungsmitteilung*, Rn. 246),
- in § 266 Abs. 3 bei der → ***Nachtragsanklage***, Rn. 621,
- in § 138c Abs. 4 im Verfahren betreffend den Ausschluss des Verteidigers (→ *Aussetzung des Verfahrens wegen **Verteidigerausschluss***, Rn. 167).

b) Darüber hinaus gibt es zahlreiche weitere Gründe für **kurzfristige Unterbrechungen**, die der Verteidiger beantragen kann und ggf. auch muss, und zwar **880**

- zur Vorbereitung eines **Ablehnungsantrags**, und zwar „unverzüglich" (→ *Ablehnungsantrag*, Rn. 23; → *Ablehnungszeitpunkt*, Rn. 52),
- wenn eine **besondere Prozesssituation** eintritt, die mit dem Angeklagten besprochen werden muss, wie z.B. der Verzicht auf Beweismittel durch die StA oder die Beschränkung des Verfahrens auf bestimmte Anklagepunkte gem. § 154a Abs. 2 (→ ***Einstellung** des Verfahrens nach § 154a zur Beschränkung der Strafverfolgung*, Rn. 405),
- wenn sich aus der Beweisaufnahme, z.B. aus einer Zeugenvernehmung, die Notwendigkeit ergibt, einen → ***Beweisantrag***, Rn. 255, zu stellen, der zunächst aber noch **vorbereitet** werden muss,
- wenn während der laufenden HV von den Ermittlungsbehörden (zögerlich) weitere **Beweismittel** gestellt werden und dadurch der Verfahrensgegenstand derart **ausgedehnt** und aufgeweicht wird, dass der Angeklagte keine Verteidigungslinie mehr aufbauen kann (LG Koblenz StraFo 1996, 156 [sogar Aussetzung]),
- wenn der Angeklagte infolge **Müdigkeit** oder **Erkrankung** dem Gang der HV nicht mehr ausreichend folgen kann,
- zur Vorbereitung des **Plädoyers** (KG NStZ 1984, 523; BGH NStZ-RR 2000, 34 [K]; → *Plädoyer des Verteidigers*, Rn. 665), **881**
- wenn das Gericht dem Verteidiger gem. § 257a aufgibt, Anträge und Anregungen zu Verfahrensfragen schriftlich zu stellen (→ ***Schriftliche Antragstellung***, Rn. 784, → *Erklärungen des Verteidigers*, Rn. 460).

> ☝ Da es sich bei einem **Unterbrechungsantrag** um einen den Verfahrensgang betreffenden Antrag handelt, kann das Gericht dem Verteidiger nach **§ 257a** aufgeben, diesen Antrag **schriftlich** zu stellen (→ *Schriftliche Antragstellung*, Rn. 784).

- zur **Vorbereitung** von **Prozesserklärungen** nach § 257 Abs. 2 (→ *Erklärungsrecht des Verteidigers*, Rn. 466).

> ☝ Will der Verteidiger später auf die Ablehnung des Unterbrechungsantrages die Revision stützen, muss er seinen Antrag eingehend (**schriftlich**) **begründen** und darauf achten, dass die Begründung zum → ***Protokoll** der Hauptverhandlung*, Rn. 713, genommen wird.

882 c) Wird am Ende des HV-Termins die HV unterbrochen und ein sog. **Fortsetzungstermin** bestimmt, braucht zu diesem **nicht förmlich geladen** zu werden (→ *Ladung des Angeklagten*, Rn. 592). I.d.R. weisen die Gerichte aber darauf hin, dass die Warnungen/Hinweise (§ 216!), die für die Ladung zum ersten HV-Termin Geltung hatten, weitergelten. Auch wird häufig darüber belehrt, dass, wenn der Angeklagte bereits zur Anklage vernommen worden ist, nach § 231 Abs. 2 ohne ihn weiter verhandelt werden kann (OLG Düsseldorf NJW 1970, 1889). Findet die → *Verhandlung ohne den Angeklagten*, Rn. 954, und ohne den Verteidiger statt, ist er von einer in seiner Abwesenheit beschlossenen Fortsetzung zu verständigen (BayObLG NZV 1999, 306 [für OWi-Verfahren]).

☝ Belehrt der Vorsitzende den Angeklagten nicht, sollte der **Verteidiger** den Mandanten auf jeden Fall darauf **hinweisen**, dass bei unentschuldigtem Ausbleiben im Fortsetzungstermin Vorführungs- oder Haftbefehl nach § 230 Abs. 2 erlassen werden kann (→ ***Zwangsmittel** bei Ausbleiben des Angeklagten*, Rn. 1231).

883

7. Muster eines Unterbrechungsantrags

An den
Vorsitzenden
des Schöffengerichts des Amtsgerichts Musterstadt

In der Strafsache

gegen H. Muster
Az.: . . .

wird namens und in Vollmacht des Angeklagten beantragt,

die Hauptverhandlung für die Dauer von mindestens einer Stunde zu unterbrechen.

Wie der Angeklagte soeben vor Sitzungsbeginn von dem als Zeugen geladenen Herrn S. erfahren hat, hat der beisitzende Schöffe M. gestern gegenüber diesem Zeugen erklärt, dem Angeklagten werde man es in der Hauptverhandlung schon zeigen. Der Angeklagte beabsichtigt, wegen dieser Äußerung einen Befangenheitsantrag zu stellen, der während der Unterbrechung vorbereitet werden soll.

Rechtsanwalt

Urkundenbeweis, Allgemeines

884

Das Wichtigste in Kürze

1. Die Grenzen des Urkundenbeweises ergeben sich aus den allgemeinen Beweis- und Beweisverwertungsverboten.
2. Der strafprozessuale Urkundenbegriff deckt sich nicht mit dem des materiellen Strafrechts. Was Urkunden i.S.d. Vorschriften über den Urkundenbeweis sind, ist z.T. in § 249 Abs. 1 geregelt.
3. Der Urkundenbeweis wird regelmäßig in der Form der Verlesung erhoben. Es muss nicht die gesamte Urkunde verlesen werden.

Literaturhinweise: ***Geerds***, Über Vorhalt und Urkundenbeweis mit Vernehmungsprotokollen, in: Festschrift für *Blau*, S. 67; ***Heuer***, Beweiswert von Mikrokopien bei vernichteten Originalunterlagen, NJW 1982, 1505; ***Paulus***, Rechtsdogmatische Bemerkungen zum Urkundenbeweis in der Hauptverhandlung im Strafverfahren, JuS 1988, 873; ***Wömpner***, Zum Urkundenbeweis mit Fotokopien und anderen Reproduktionen, MDR 1980, 889; ders., Zur Verlesung früherer Urteile, NStZ 1984, 481.

884a

1. Der Urkundenbeweis im Strafverfahren ist in den §§ 249 – 256 geregelt. § 249 beschreibt das Beweisverfahren an sich, die §§ 250 ff. regeln besondere Formen des Urkundenbeweises.

Grds. ist der Urkundenbeweis **immer zulässig**, es sei denn, das Gesetz untersagt ihn ausdrücklich. Der Richter darf nämlich aus allen Erkenntnisquellen, also auch aus allen Arten von Niederschriften, ohne Bestätigung durch Auskunftspersonen jeden denkgesetzlich möglichen Schluss ziehen (KK-*Diemer*, § 249 Rn. 5 m.w.N.). Es ist geplant, die Möglichkeiten des Urkundenbeweises zu erweitern (→ *Gesetzesnovellen*, Rn. 520b).

☝ Urkundsbeweis ist Kenntnisnahme vom Inhalt einer Urkunde durch Verlesen, d.h. durch unmittelbares Umsetzen von Schrift- und Zahlzeichen in Worte. Er ist immer dann anzuwenden, wenn es auf den **gedanklichen Inhalt ankommt** (vgl. u.a. BayObLG NStZ 2002, 388 zur Abgrenzung von der Augenscheinseinnahme, Nr. 101).

885

Die **Grenzen** des Urkundenbeweises ergeben sich aus den allgemeinen Beweis- und Verwertungsverboten (→ *Beweisverwertungsverbote*, Rn. 313; zu BVV allgemein s.a. *Burhoff*, EV, Rn. 424 ff.) und aus den §§ 250 ff. Zu beachten sind bei Schriftstücken insbesondere die sich aus den **Beschlagnahmeverboten** des § 97 und aus § 98b Abs. 3 sowie aus § 110e (i.d.F. des OrgKG) ergebenden Verwertungsverbote (s. dazu *Burhoff*, EV, Rn. 306, 1417 ff., 1773 ff.). **Unverwertbar** und nicht verlesbar sind auch Niederschriften über **widerrechtlich** (s. § 201 Abs. 1 und 3 StGB) ohne richterliche Anordnung zustandegekommene Aufzeichnungen von **Telefongesprächen** (BGHSt 31, 304; zu den verfassungsrechtlichen Grenzen des Urkundenbeweises s. KK-*Diemer*, § 249 Rn. 7 m.w.N.; zu Beweisverwertungsverboten bei einer TÜ → *Telefonüberwachung, Beweisverwertungsverbote*, Rn. 838).

886 2. Der strafprozessuale **Urkundenbegriff** deckt sich nicht mit dem des materiellen Strafrechts. Er ist teilweise enger, teilweise weiter. Urkunde i.S.d. §§ 249 ff. ist jeder in einer natürlichen Sprache ausgedrückter, in Schriftzeichen, auch in Kurzschrift (a.A. *Kleinknecht/Meyer-Goßner*, § 249 Rn. 4) festgehaltener, aus sich heraus verständlicher Gedankeninhalt, der geeignet ist, Beweis über Tatsachen zu erbringen (BGHSt 27, 135, 136; *Kleinknecht/Meyer-Goßner*, § 249 Rn. 3; zur verneinten Urkundeneigenschaft des bei einer Geschwindigkeitsmessung gefertigten Lichtbildes mit eingeblendeter nummerischer Anzeige BayObLG NStZ 20002, 288). Im Einzelnen gilt:

887 a) **Abschriften, Ablichtungen, Auszüge** sind in demselben Umfang zu Beweiszwecken verlesbar wie die Originale (st.Rspr., s. zuletzt BGH NStZ 1986, 519). Ihre Beglaubigung ist nicht notwendig (KK-*Diemer*, § 249 Rn. 12 m.w.N.). Einen Ersatz für die Urschrift bilden sie jedoch nur, wenn ihre Übereinstimmung mit dem Original feststeht. Das muss im Strengbeweisverfahren festgestellt werden, es gilt aber der Grundsatz der freien Beweiswürdigung (BGH NStZ 1994, 593; 227 [K]; *Kleinknecht/Meyer-Goßner*, § 249 Rn. 6).

888 b) **Auszüge** aus **Geschäftsbüchern, Buchungsstreifen** und ähnliche Schriftstücke sind Urkunden i.S.d. § 249. Bestehen Zweifel an der Richtigkeit, sind die Originale heranzuziehen (BGHSt 15, 253, 255).

889 c) **Schriftliche Erklärungen** des **Angeklagten** dürfen ohne die Beschränkungen der §§ 250, 254 verlesen werden (→ *Unmittelbarkeitsgrundsatz*, Rn. 868; → *Verlesung von Geständnisprotokollen*, Rn. 1006; zur Frage, wie die **Überreichung** einer schriftlichen **Erklärung** des Angeklagten zu bewerten ist, → *Vorbereitung der Hauptverhandlung*, Rn. 1144; s.a. → *Vernehmung des Angeklagten zur Sache*, Rn. 1037). Der Inhalt eines Briefes, der vollständig und wörtlich in einem in der HV verlesenen HB zitiert ist, darf für die Entscheidung verwertet werden (KK-*Diemer*, § 249 Rn. 14 mit Hinw. auf BGH-Urt. v. 3.12.1975 – 2 StR 455/75).

890 d) **Fremdsprachige Urkunden** können, da die Gerichtssprache deutsch ist (§ 184 GVG), **nicht** im Wege des Urkundenbeweises verwertet werden (*Kleinknecht/Meyer-Goßner*, § 249 Rn. 5 m.w.N.). I.d.R. wird ein Sachverständiger die Urkunde übersetzen müssen, es sei denn, mindestens ein Mitglied des Gerichts ist selbst sachkundig (§ 244 Abs. 4 S. 1; → *Sachverständigenbeweis*,

Rn. 765). Etwas **anderes** gilt, wenn sich bereits eine **deutsche Übersetzung** bei den Akten befindet; dann kann diese verlesen werden (BGHSt 27, 135, 137 m.w.N.). Der Vernehmung des Übersetzers oder eines anderen Sachverständigen bedarf es nicht, wenn sich das Gericht auf anderem Wege von der Richtigkeit der Übersetzung überzeugt hat (BGHSt 39, 305 m.w.N.). Wird der Übersetzer in der HV vernommen, ist er Sachverständiger und nicht Dolmetscher (BGHSt 1, 4, 7; s.a. Rn. 851).

891 e) Früher ergangene **Strafurteile** können nach § 249 Abs. 1 verlesen werden, und zwar sowohl zum Nachweis ihrer Existenz als auch zum Nachweis ihrer Begründung (BGHSt 6, 141; BGH MDR 1955, 121; s.a. *Wömper* NStZ 1984, 481). Nach h.M. können sie **auch** zum **Nachweis** der ihnen zugrunde liegenden Ergebnisse von **Beweiserhebungen** verlesen werden, soweit diese in den Gründen dokumentiert sind (vgl. u.a. BGHSt 31, 323, 332 m.w.N.; s.a. KK-*Diemer* § 249 Rn. 17). Sie dürfen zudem zum Nachweis dafür dienen, dass das frühere Gericht die Beweisergebnisse in einem bestimmten Sinn gewürdigt hat. Das Gericht darf aber die Feststellungen früherer Strafurteile nicht ungeprüft übernehmen, sie sind vielmehr frei (neu) zu würdigen (RGSt 60, 297; BGHSt 43, 106; zur Beweiswürdigung in diesen Fällen BGH StV 2001, 261).

☝ Soll nicht nur die Warnfunktion einer früheren Verurteilung, sondern auch die Art der **Tatbegehung strafschärfend** herangezogen werden, kann diese nur dann allein durch Verlesung des früheren Urteils festgestellt werden, wenn keine **Einwände** gegen die früher getroffenen Feststellungen erhoben werden (BGH, a.a.O.). Werden Einwände erhoben, muss diesen ggf. nachgegangen werden. Sind die vom Verteidiger in einem Beweisantrag ggf. erhobenen Beanstandungen nicht geeignet, die in dem früheren Urteil gezogenen Schlüsse zu erschüttern, kann der **Beweisantrag**, der die Unrichtigkeit der damaligen Feststellungen zum Gegenstand hat, als „bedeutungslos" abgelehnt werden (BGH, a.a.O.; NStZ-RR 2000, 35 [K]; → *Beweisantrag, Ablehnungsgründe*, Rn. 261).

Bei der Verwertung früherer Urteile ist das **Verwertungsverbot** des **§ 51 BZRG** zu beachten (wegen der Einzelh. s. KK-*Diemer*, § 249 Rn. 18; BGHSt 27, 108; zur Tilgungsreife → *Feststellung von Vorstrafen des Angeklagten*, Rn. 489). Die Verlesung des Urteils 1. Instanz in der → ***Berufungshauptverhandlung***, Rn. 187, ist keine Beweiserhebung durch Urkundenbeweis (RGSt 61, 287; OLG Hamm NJW 1974, 1880; *Kleinknecht/Meyer-Goßner*, § 324 Rn. 5; zur Verlesung von Schriftstücken u.a. gem. § 325 in der Berufungs-HV → *Berufungshauptverhandlung*, Rn. 189 ff.).

892 **f)** Verlesen werden können nach § 249 Abs. 1 auch (Straf-) **Registerauszüge**, und zwar die aus dem Bundeszentralregister (§ 41 Abs. 1 Nr. 1 BZRG) und die aus dem Verkehrszentralregister (§ 30 StVG). Diese Verlesung dient meist der → *Feststellung von Vorstrafen des Angeklagten*, Rn. 486, und soll i.d.R. erst am **Ende** der Beweisaufnahme erfolgen (BGHSt 27, 216, 217).

893 **g) Richterliche Augenscheinsprotokolle** dürfen ebenfalls – abweichend von § 250 – verlesen werden. Das gilt nach h.M. aber nur für Protokolle aus **demselben Verfahren**, wie z.B. aus dem Ermittlungsverfahren (§ 168d) oder für die durch einen ersuchten oder beauftragten Richter aufgenommenen Protokolle (§ 225), nicht jedoch für Protokolle aus anderen Verfahren (*Kleinknecht/Meyer-Goßner*, § 249 Rn. 12 m.w.N.; a.A. KK-*Diemer*, § 249 Rn. 20; zur Teilnahme des Verteidigers an einer richterlichen Augenscheinseinnahme im Ermittlungsverfahren s. *Burhoff*, EV, Rn. 226 ff.; wegen eines **BVV** infolge der Verletzung der sich für die Augenscheinseinnahme gem. §§ 168d Abs. 1 S. 2, 168c Abs. 5 ergebenden Benachrichtigungspflicht s. *Burhoff*, EV, Rn. 1455).

☝ Entscheidend für die Verlesbarkeit eines richterlichen Augenscheinsprotokolls ist die **Einhaltung** der **Vorschriften** über die Benachrichtigung der Beteiligten gem. §§ 168d Abs. 1 S. 2, 168c Abs. 5 (vgl. dazu *Burhoff*, EV, Rn. 226 ff.). Ist das nicht geschehen, kann das Protokoll **nicht** zu Beweiszwecken **verlesen** werden. Es kann aber zum Vorhalt und/oder zur Gedächtnisstütze verwendet werden (→ *Vorhalt aus und von Urkunden*, Rn. 1162).

Einer dennoch beabsichtigten Verlesung sollte der Verteidiger im Hinblick auf die **Revision** widersprechen (vgl. u.a. BGHSt 38, 214; → *Widerspruchslösung*, Rn. 1166a).

894 **h)** Andere verlesbare Urkunden i.S.d. § 249 Abs. 1 sind **Schriftstücke** mit strafbarem Inhalt, wie z.B. beleidigende **Briefe**, **Protokolle** über nach §§ 153 ff. StGB strafbare Aussagen, sonstige Briefe und andere vom Angeklagten stammende Schriftstücke, auch wenn sie ein Geständnis enthalten (wegen der Einzelh. s. *Kleinknecht/Meyer-Goßner*, § 249 Rn. 13 m.w.N.). Verlesen werden können schließlich auch von Führungsoffizieren des MfS der ehemaligen DDR gefertigte „**Treffberichte**", da es sich um innerdienstliche Arbeitsunterlagen und nicht um schriftliche Erklärungen i.S.v. § 250 S. 2 handelt (KG StV 1997, 11).

895 **3.** Der Urkundenbeweis wird regelmäßig in der **Form** der **Verlesung** erhoben, es sei denn, es wird das → *Selbstleseverfahren*, Rn. 794, durchgeführt oder die Verlesung wird durch einen Bericht des Vorsitzenden ersetzt (→ *Urkundenbeweis durch Bericht des Vorsitzenden*, Rn. 908). Er kann **nicht** durch **Vorhalt** an den Angeklagten ersetzt werden, da durch einen Vorhalt nicht das Schriftstück selbst,

sondern nur die Erklärung des Angeklagten die verwertbare Erkenntnisquelle des Gerichts bildet (BGHSt 5, 278; BGH NJW 1999, 3208 [Ls.]; OLG Köln StraFo 1999, 92; OLG Schleswig StV 1998, 365).

☝ Die Einführung eines Schriftstücks durch Vorhalt ist nur zulässig, wenn es auf den genauen Wortlaut des (kurzen) Schriftstücks nicht ankommt (zuletzt BGH StV 2000, 655; → *Vorhalt aus und von Urkunden*, Rn. 1162).

Die Verlesung wird üblicherweise durch den **Vorsitzenden angeordnet** und auch durchgeführt. In welchem **Umfang** die Urkunde verlesen werden muss, hängt davon ab, ob die gesamte Urkunde oder nur ein Teil für die Entscheidung von Bedeutung ist (BGHSt 11, 29 ff.; NStZ 1984, 211 [Pf/M]). Ggf. reicht die Verlesung nur eines Teils (BGH, a.a.O.). In den Fällen des **§ 245 Abs. 1**, wenn es sich also um herbeigeschaffte Beweismittel handelt, ist dies jedoch nur mit Einverständnis des Verteidigers möglich (vgl. dazu BGH NJW 1991, 1622 f.; s.a. → *Beweisantrag, Formulierung: Urkundenbeweis*, Rn. 285; → *Präsentes Beweismittel*, Rn. 675).

896

☝ Da es sich um eine Maßnahme der → *Verhandlungsleitung*, Rn. 972, handelt, kann der Verteidiger nach **§ 238 Abs. 2** sowohl der Anordnung der Verlesung generell als auch dem Umfang der angeordneten Verlesung **widersprechen**. Das gilt insbesondere, wenn hinsichtlich der Urkunde ein Beweisverwertungsverbot besteht (→ ***Beweisverwertungsverbote***, Rn. 313 ff.). Den Widerspruch muss der Verteidiger im Hinblick auf BGHSt 38, 214 auf jeden Fall erheben (→ *Widerspruchslösung*, Rn. 1166a).

Wird widersprochen, muss ein **Gerichtsbeschluss** ergehen. Ein entsprechenden Beschluss kann aber auch schon vorher gefasst werden (BGHSt 33, 99). Der Vorsitzende kann die Verlesung der Urkunde einem Gerichtsmitglied oder auch dem Protokollführer übertragen.

897

4. Hinweis für den Verteidiger!

a) Unabhängig von der Frage, ob die Urkunde überhaupt als Beweismittel verwendet werden darf (s.o. Rn. 884a), muss der Verteidiger immer auch die Frage der **Beweiskraft** sorgfältig **prüfen** sowie, in welchem Umfang eine Urkunde (s.o. Rn. 895 f.) verlesen werden soll. Der vom Gesetz vorgesehene grundsätzliche **Verlesungszwang** hat eine wichtige Funktion:

Er soll allen Beteiligten völlige Klarheit über den Inhalt einer Urkunde verschaffen, damit sie sich möglicherweise dagegen wehren können (*Dahs*, Rn. 589). Darauf muss der Verteidiger besonders achten, wenn er **selbst** Urkunden **vorlegt**. Geschieht dies im Rahmen eines (Beweis-)Antrages nach § 244 Abs. 3 oder sind die Urkunden ein → *präsentes Beweismittel*, Rn. 675, i.S.d. § 245 Abs. 2, muss der Vorsitzende die ganze Urkunde verlesen, wenn sich der Verteidiger nicht mit der Verlesung nur eines Teils einverstanden erklärt. Ggf. ist ein entsprechender (Beweis-)**Antrag** zu stellen und in das Protokoll aufzunehmen.

Der Verteidiger muss auch den **Beweiswert** der Urkunde berücksichtigen. Selbst wenn der Urkundenbeweis zulässig ist, kann die → ***Aufklärungspflicht** des Gerichts*, Rn. 95, dazu zwingen, ggf. ergänzend Zeugen zu hören (BGHSt 27, 135).

898 **b)** Die Verlesung ist als wesentliche Förmlichkeit in das → ***Protokoll** der Hauptverhandlung*, Rn. 713, aufzunehmen (st. Rspr., s. zuletzt BGH NJW 1999, 3208 [Ls.]). Nicht ausreichend ist, die Formulierung, die Urkunde „sei zum Gegenstand der Verhandlung gemacht worden", da sie nicht erkennen lässt, ob die Urkunde verlesen, vorgehalten oder vom Vorsitzenden wiedergegeben wurde (OLG Düsseldorf NJW 1997, 269 [Ls.]: OLG Saarbrücken NStZ-RR 2000, 49).

Siehe auch: → *Beweisantrag*, Rn. 255, m.w.N., → *Protokollverlesung zur Gedächtnisstützung*, Rn. 735, → *Selbstleseverfahren*, Rn. 794, → *Verlesung von ärztlichen Attesten*, Rn. 997, → *Verlesung von Behördengutachten*, Rn. 1001, → *Verlesung von Geständnisprotokollen*, Rn. 1006, → *Verlesung von Leumundszeugnissen*, Rn. 1015, → *Verlesung von Protokollen früherer Vernehmungen*, Rn. 1017, → *Verlesung von sonstigen Gutachten und Berichten*, Rn. 1029, → *Vorhalt aus und von Tonbandaufnahmen*, Rn. 1161, → *Vorhalt aus und von Urkunden*, Rn. 1162.

(Die Rn. 899 – 907 sind zur Zeit nicht belegt.)

908 Urkundenbeweis durch Bericht des Vorsitzenden

Literaturhinweise: s. die Hinw. bei → *Urkundenbeweis, Allgemeines*, Rn. 884.

1. Die StPO geht davon aus, dass der Urkundenbeweis entweder nach § 249 Abs. 1 durch Verlesung der Urkunde (→ *Urkundenbeweis, Allgemeines*, Rn. 884) oder gem. § 249 Abs. 2 im → *Selbstleseverfahren*, Rn. 794, erhoben wird. Ob der Urkundenbeweis daneben auch durch einen **Bericht** des Vorsitzenden erhoben werden kann, ist in Rspr. und Lit. **umstritten**. Die **Rspr**. hat das schon immer als **zulässig** angesehen (vgl. u.a. BGHSt 11, 29; 11, 159; OLG Hamm MDR 1964, 344; OLG Köln NJW 1987, 2096). Sie ist der Ansicht, dass auch mit der Einführung des Selbstleseverfahrens diese Art des Urkundenbeweises nicht abgeschafft werden sollte (BGHSt 30, 10). In der **Lit**. wird diese Verfahrensweise schon ebenso lange als unzulässig bekämpft (vgl. LR-*Gollwitzer*, § 249 Rn. 45; SK-StPO-*Schlüchter*, § 249 Rn. 57; *Wagner* StV 1981, 219 in der Anm. zu BGH, a.a.O.; **vermittelnd** *Kleinknecht/Meyer-Goßner*, § 249 Rn. 26, der das Verfahren für zulässig hält, wenn die Aufklärungspflicht nicht entgegensteht; so jetzt auch KK-*Diemer*, § 249 Rn. 28 [Verfahrensvereinfachung] m.w.N. zur a.A.). Letztlich wird man gegen den Bericht des Vorsitzenden als ein noch einfacheres Beweisverfahren als das Selbstleseverfahren nichts Durchgreifendes einwenden können, sofern es **nicht** auf den genauen **Wortlaut** der Urkunde ankommt und dieser **Urteilsinhalt** werden soll.

2. Nach Auffassung der **Rspr.** ist der Bericht des Vorsitzenden anstelle der Urkundenverlesung unter folgenden Voraussetzungen **zulässig**:

909 a) Der Vorsitzende darf **nur** über **einzelne Urkunden**, deren Verlesung nicht nach §§ 250, 256 ausgeschlossen wäre (RGSt 64, 78) und deren Inhalt nicht unmittelbar die dem Angeklagten vorgeworfene Straftat verkörpert (BGHSt 11, 29), wie z.B. ein Brief mit beleidigendem Inhalt, Bericht erstatten. **Ausgeschlossen** ist eine Berichterstattung über den Inhalt ganzer **Akten** (*Kleinknecht/Meyer-Goßner*, § 249 Rn. 27 unter Hinw. auf BGH-Urt. v. 25.4.1967 – 5 StR 188/67) sowie über **längere Schriftstücke**, deren Inhalt wörtlich in das Urteil aufgenommen werden soll (BGH, a.a.O.; BGHSt 11, 159; MDR 1972, 18 [H]). In diesen Fällen muss der Urkundenbeweis entweder durch **Verlesung** oder im → *Selbstleseverfahren*, Rn. 794, erhoben werden. Das muss der Verteidiger ggf. **beantragen**.

910 b) **Alle** Prozessbeteiligten müssen sich ausdrücklich oder stillschweigend durch Unterlassen eines Widerspruchs mit der Berichterstattung durch den Vorsitzenden **einverstanden** erklären. Diese ist als Akt der Beweisaufnahme in das Protokoll aufzunehmen (h.M., vgl. u.a. OLG Hamm MDR 1964, 344).

☝ Ist der Verteidiger mit einem Bericht des Vorsitzenden nicht einverstanden, muss er die Maßnahme gem. **§ 238 Abs. 2** beanstanden und so einen Gerichtsbeschluss herbeiführen.

Inhaltlich muss der Vorsitzende den Urkundeninhalt **streng sachlich** schildern. Er darf weder den Inhalt der Urkunde noch deren Beweisbedeutung würdigen (BGHSt 1, 94, 97). Geschieht das, muss der Verteidiger diese Art der „Berichterstattung“ ebenfalls beanstanden.

911 **3.** Fraglich ist, ob der Urkundenbeweis durch Bericht des Vorsitzenden auch im Fall des **§ 257a** zulässig ist. Nach dem VerbrechensbekämpfungsG ist auf schriftliche Anträge und Anregungen zu Verfahrensfragen § 249 ohne Einschränkungen anwendbar (→ *Schriftliche Antragstellung*, Rn. 784). Die Gesetzesmaterialien gehen unter Hinw. auf BGHSt 30, 10 davon aus, dass damit nicht nur das → *Selbstleseverfahren*, Rn. 794, **zulässig** ist, sondern auch der **Urkundenbericht** des Vorsitzenden (vgl. BT-Dr. 12/6853, S. 36). Dagegen werden, wenn man den Urkundenbeweis in der Form eines Berichts des Vorsitzenden überhaupt für zulässig ansieht (s.o. Rn. 908), kaum durchgreifende Bedenken erhoben werden können. Ich habe allerdings erhebliche **Zweifel** daran, ob die Verfahrensweise **zweckmäßig** ist, da sich zwischen Vorsitzendem und Verteidiger i.d.R. Streit darüber ergeben wird, ob der Vorsitzende aus dem möglicherweise umfangreichen Antrag des Verteidigers ausreichend vorgetragen hat (zur allgemeinen Kritik an der Neuregelung des § 257a s. die Lit.-Hinw. bei → *Schriftliche Antragstellung*, Rn. 784).

☝ Der Verteidiger sollte (auch) in diesen Fällen einem Urkundenbericht des Vorsitzenden auf **jeden Fall widersprechen** und ggf. gem. **§ 238 Abs. 2** einen Gerichtsbeschluss herbeiführen, der für eine entsprechende **Revisionsrüge** unbedingt erforderlich ist.

912 Urteilsbegründung

Literaturhinweise: s. die Hinw. bei → *Urteilsverkündung*, Rn. 920.

1. Nach § 268 Abs. 2 S. 1 wird das Urteil durch Verlesung der Urteilsformel und Eröffnung der Urteilsgründe verkündet. Der wesentliche Teil des Urteils ist die **Urteilsformel**, die, da sie zu verlesen ist, vor der → *Urteilsverkündung*, Rn. 920, niedergeschrieben sein muss. Fehlt die Urteilsformel, liegt kein Urteil vor (BGHSt 8, 41; 15, 263).

☝ Die **Berichtigung** der Urteilsformel ist nur so lange möglich, wie die → *Urteilsverkündung*, Rn. 922a, nicht abgeschlossen ist.

913 **2.** Die Urteilsbegründung wird entweder verlesen oder in ihrem wesentlichen Inhalt in freier Rede mitgeteilt (*Kleinknecht/Meyer-Goßner*, § 268 Rn. 6). Die mündlichen **Urteilsgründe** sind für den Urteilsspruch **keine Wirksamkeitsvoraussetzung**. Dessen Grundlage stellen die vom Gericht beschlossenen Gründe dar, die sich (erst) aus dem von den Berufsrichtern unterschriebenen schriftlichen Urteil ergeben (zuletzt BGH NStZ-RR 1996, 337). Die mündlichen Angaben des Vorsitzenden sind insoweit ohne Bedeutung. Deshalb ist es z.B. auch (revisionsrechtlich) ohne Belang, wenn der Vorsitzende in der mündlichen Urteilsbegründung die Höhe von Einzelstrafen nicht nennt (BGH NStZ 1996, 326 [K]).

☝ Der Verteidiger wird den Angeklagten vor der Verkündung des Urteils darauf hinweisen, dass er während der Urteilsbegründung **Kommentare** zu den Ausführungen des Vorsitzenden **unterlassen** soll. Auch Drohungen gegenüber dem Gericht und (Belastungs-)Zeugen sind unangebracht. Ist der Angeklagte zu erregt, um der Urteilsbegründung ruhig zu folgen, sollte der Verteidiger um eine kurze → ***Unterbrechung*** *der Hauptverhandlung*, Rn. 873, bitten, damit der Mandant sich **beruhigen** kann. **914**

Urteilsberatung **915**

Literaturhinweise: ***R.Hamm***, Öffentliche Urteilsberatung, NJW 1992, 3147; ***Seifert***, Studenten im Beratungszimmer – ein Verstoß gegen § 193 I GVG?, MDR 1996, 125; s.a. die Hinw. bei → *Urteilsverkündung*, Rn. 920.

1. Nach § 260 Abs. 1 **muss** eine Beratung des Urteils **stattfinden**, und zwar **nach** den Schlussvorträgen von StA und Verteidiger und dem **letzten Wort** des Angeklagten (OLG Köln StV 1996, 13). Das schließt insbesondere in umfangreichen Verfahren eine (Vor-)Beratung nicht aus, so z.B., wenn es um die Beurteilung einer Vielzahl von im Wege des Urkundenbeweises in die HV eingeführten Urkunden geht. Entscheidend ist aber, dass auch in diesen Fällen immer nach den Schlussvorträgen des StA und des Verteidigers noch eine Schlussberatung erfolgt.

2. Die mit der **geheimen** (s. §§ 43, 45 Abs. 1 S. 2 DRiG) Urteilsberatung zusammenhängenden Fragen sind grds. nur für das Gericht von Bedeutung. Von Belang für den Verteidiger ist, wer an der Urteilsberatung teilnehmen darf (s.u. Rn. 916) und ob, wenn nach der Beratung nochmals in die Beweisaufnahme eingetreten worden ist, ausreichend (nach-)beraten wurde (s.u. Rn. 917).

916 **a)** Wer bei der Beratung **anwesend** sein darf, regelt § 193 GVG. Das sind nach Abs. 1 der Vorschrift die zur Entscheidung berufenen **Richter** sowie die bei demselben Gericht zu ihrer juristischen Ausbildung beschäftigten Personen (**Referendare**) und die dort beschäftigten wissenschaftlichen Hilfskräfte, soweit der Vorsitzende deren Anwesenheit gestattet (zur Zulässigkeit der Anwesenheit ausländischer Juristen s. i.Ü. § 193 Abs. 2 GVG).

☝ **Studenten**, die bei einem Gericht ein Praktikum ableisten, dürfen **nicht** an den Urteilsberatungen teilnehmen (s. dazu *Kleinknecht/Meyer-Goßner*, § 193 GVG Rn. 5 m.w.N. aus der älteren Rspr.; so jetzt auch BGHSt 41, 119 m.w.N.). Das gilt auch für Studenten der zweistufigen Juristenausbildung (BGH, a.a.O.; a.A. *Seifert* MDR 1996, 125).

917 **b)** I.d.R. zieht sich das Gericht zur Beratung in das **Beratungszimmer** zurück (s. BGH NStZ-RR 2002, 71 -Be- [regelmäßig empfehlenswert]). Der Einzelrichter beim AG schreibt den Urteilstenor meist im Sitzungssaal, was nicht zu beanstanden ist (*Kleinknecht/Meyer-Goßner*, § 260 Rn. 3). Allerdings darf auch er die Urteilsformel erst nach dem letzten Wort des Angeklagten und nicht schon beim → *Plädoyer des Verteidigers*, Rn. 665, niederschreiben.

Ist beraten worden und kommt es danach zu einem → ***Wiedereintritt** in die **Beweisaufnahme***, Rn. 1167, muss, nachdem StA und Verteidiger nochmals Schlussvorträge gehalten haben und der Angeklagte das letzte Wort hatte, **nochmals beraten** werden (BGHSt 24, 170 f.; zuletzt BGH StV 1998, 530 m.w.N.; NStZ-RR 2002, 71 -Be- [auch nach Erklärung eines als Beistand zugelassenen Familienangehörigen]). Das gilt auch, wenn in der erneuten Beweisaufnahme kein neuer Prozessstoff behandelt worden ist (zuletzt BGH NStZ 2001, 106).

918 ☝ Diese **Nachberatungen** finden häufig im Gerichtssaal statt. Der Verteidiger muss hier sorgfältig darauf achten, dass **tatsächlich beraten** wird, also eine Abstimmung innerhalb des Gerichts stattfindet. Dazu wird sich der Vorsitzende an alle Gerichtsmitglieder wenden müssen, also auch an die Schöffen, damit alle erkennen können, dass es sich um eine (Nach-)Beratung in abgekürzter Form innerhalb des Gerichtssaals handelt (st.Rspr., vgl. u.a. BGHSt 19, 156; zuletzt BGH StV 1998, 530).

Nicht ausreichend ist der Hinweis des Vorsitzenden an die Beisitzer, sie sollten sich melden, wenn sie eine nochmalige Beratung wünschten (BGH NStZ 1988, 470) oder auch die für die Schöffen hörbare Frage an die Berufsrichter, ob sie eine Beratung wünschten (BGHSt 19, 156).

Hat nach Auffassung des Verteidigers keine ausreichende (Nach-)Beratung (mehr) stattgefunden, muss er die mit der Beratung zusammenhängenden **Vorgänge** in seiner **Handakte festhalten**, um sie später in der Revision mit der **Verfahrensrüge** vortragen zu können. Das → *Protokoll der Hauptverhandlung*, Rn. 713, hilft ihm hier i.d.R. wenig (s.u. Rn. 919). Es empfiehlt sich, wenn Angehörige oder Freunde des Angeklagten anwesend sind, diese sofort zu befragen und deren Wahrnehmungen ebenfalls festzuhalten. Von denen können dann in der Revision im Wege des → *Freibeweisverfahrens*, Rn. 502, Erklärungen vorgelegt werden (zur Bewertung BGH NJW 1992, 3181; dazu *R.Hamm* NJW 1992, 3147).

3. Die **Urteilsberatung** ist **kein Teil** der **HV** (st.Rspr., vgl. u.a. BGHSt 5, 294; NJW 1987, 3210; 1992, 3181, 3182; OLG Hamm Rpfleger 1997, 230, 231; *Kleinknecht/Meyer-Goßner*, § 260 Rn. 3; § 273 Rn. 8 m.w.N.). Sie muss somit nicht als wesentliche Förmlichkeit i.S.d. § 273 in das → *Protokoll der Hauptverhandlung*, Rn. 713, aufgenommen werden. Der Umstand, ob eine Urteilsberatung stattgefunden hat, wird also **nicht** nur durch das **Protokoll** der Hauptverhandlung **bewiesen**. Das hat einerseits für den Verteidiger den Nachteil, dass das Schweigen des Protokolls nicht beweist, dass eine Beratung nicht stattgefunden hat. Andererseits ist aber von Vorteil, dass auch mit anderen (Beweis-)Mitteln das Fehlen einer Urteilsberatung bewiesen werden kann (zur „Beweiskraft" des Protokolls s. einerseits 3. Strafsenat des BGH NJW 1992, 3181, andererseits der 4. Senat BGH NJW 1992, 3182). Das kann z.B. auch der „detaillierte Sachvortrag" des Verteidigers sein (BGH NStZ-RR 2002, 71 [Be]). **919**

☝ **Entsprechendes** gilt für **Nachberatungen** (OLG Karlsruhe VRS 68, 360). Es ist allerdings zweckmäßig, einen Vermerk darüber ins → *Protokoll der Hauptverhandlung*, Rn. 713, aufzunehmen (BGH NJW 1987, 3210).

Siehe auch: → *Zwischenberatungen des Gerichts*, Rn. 1242.

Urteilsverkündung **920**

Literaturhinweise: ***Hammerstein***, Beschränkung der Verteidigung durch Hinausschieben der Beratung und Urteilsverkündung, in: *Ebert*, Aktuelle Probleme der Strafrechtspflege, 1991, S. 71; ***Molketin***, Die Anwesenheit des Verteidigers während der Urteilsverkündung im Strafverfahren – nur ein „nobile officium" gegenüber Mandant und Gericht?, AnwBl. 1983, 254; ***Scheffler***, Beweisanträge kurz vor oder während der Verkündung des Strafurteils, MDR 1993, 3.

☝ In der **Sitzungspause** vor der Urteilsverkündung muss der Verteidiger sich seinem **Mandanten widmen** und mit ihm den Verlauf der HV besprechen. Er kann ihn auch schon jetzt über vom StA beantragte und ggf. zu erwartende

Maßnahmen des Gerichts, wie z.B. die Entziehung der Fahrerlaubnis, aufklären und den Mandanten beraten, welche Folgen sich daraus für ihn ergeben (→ *Nachbereitung der Hauptverhandlung*, Rn. 613). Jedenfalls sollte der Verteidiger den Mandanten **nicht allein lassen**, da dieser i.d.R. – unabhängig vom Verlauf der HV – nervös ist und meist Zuspruch, Trost und Rat braucht (*Malek*, Rn. 485).

Das gilt besonders, wenn der StA den Erlass oder die Invollzugsetzung eines **Haftbefehls** beantragt hat und der Verteidiger aufgrund des Verlaufs der HV damit rechnet, dass der Angeklagte ggf. verurteilt werden wird. Ist dem Verteidiger dann außerdem noch die Kammer/der Richter als „haftwillig" bekannt, wird er den Mandanten besonders auf die möglicherweise zu erwartende Haftsituation vorbereiten müssen (*Schlothauer/Weider*, Rn. 681).

921 **1.a)** Die Urteilsverkündung ist nach § 260 Abs. 1 (letzter) **Teil** der **HV**. Das Urteil kann sofort im Anschluss an die Beratung oder aber auch gem. § 268 Abs. 3 in einem besonderen **Verkündungstermin** verkündet werden. Dieser darf nach § 268 Abs. 3 S. 2 nicht später als am **elften Tag** nach dem Schluss der Verhandlung liegen. Für die Fristberechnung gilt § 268 Abs. 3 i.V.m. § 229 Abs. 4 S. 2, d.h.: Ist der Tag nach Ablauf der Frist ein Sonntag oder allgemeiner Feiertag, kann die Verkündung am nächsten Werktag stattfinden.

☝ § 229 Abs. 2 gilt für die **Urteilsverkündung** allerdings **nicht** (zuletzt BGH StraFo 1999, 339 m.w.N.).

b) Das Urteil wird vom **Vorsitzenden** verkündet, der die zuvor niedergeschriebene **Urteilsformel verliest** und dem Angeklagten die Urteilsgründe, die noch nicht niedergeschrieben sein müssen, eröffnet (→ *Urteilsbegründung*, Rn. 912). Die Urteilsformel wird immer in öffentlicher Sitzung verkündet, die Urteilsgründe können in nichtöffentlicher Sitzung verkündet werden (§ 173 GVG; → *Ausschluss der Öffentlichkeit*, Rn. 139, mit Antragsmuster, Rn. 143).

922 **c)** Bei der Urteilsverkündung müssen alle Personen **anwesend** sein, deren Anwesenheit das Gesetz für die HV vorschreibt (→ *Anwesenheit des Verteidigers in der HV*, Rn. 87; → *Anwesenheitspflicht des Angeklagten*, Rn. 89). Im Fall der notwendigen Verteidigung i.S.d. § 140 Abs. 1 und 2 ist der (Wahl-)Verteidiger zur Anwesenheit verpflichtet. Es sollte aber auch für den „nicht notwendigen Verteidiger" **selbstverständlich** sein, an der Urteilsverkündung **teilzunehmen** (*Dahs*, Rn. 732). Entfernt er sich eigenmächtig, ist eine später hierauf gestützte Rüge nach § 338 Nr. 5 verwirkt (BGH NJW 1998, 2542 [Ls.]).

d) Ein wirksames Urteil liegt aber bereits nach Verlesung der Urteilsformel vor (BGHSt 8, 41; zuletzt NStZ-RR 1996, 337). Die **Mitteilung** der **Gründe** ist nicht (mehr) Wirksamkeitsvoraussetzung für das Urteil. Deshalb liegt ein Verstoß gegen § 338 Nr. 1, 5 nicht vor, wenn Richter und StA sich bei der Übersetzung der mündlichen Urteilsgründe in eine fremde Sprache aus dem Sitzungssaal **entfernt** haben (BGH, a.a.O.). Es schadet auch nicht, wenn der Angeklagte bei der Mitteilung der Urteilsgründe nicht (mehr) anwesend ist, z.B. weil er ins Krankenhaus gebracht wurde (BGHSt 15, 263; zu den revisionsrechtlichen Folgen der Verkündung von zwei Urteilen s. OLG Zweibrücken NStZ-RR 1997, 10).

922a

☝ Nach der Bekanntgabe von Urteilsformel und Gründen ist die Urteilsverkündung abgeschlossen. Eine **Berichtigung** der Urteilsformel ist jetzt nur noch bei einem **offensichtlichen Verkündungsversehen** zulässig. Das liegt dann vor, wenn für jeden Beteiligten aus dem (bislang) Verkündeten die Offensichtlichkeit des Versehens unter Ausschluss jeden vernünftigen Zweifels erkennbar ist (st. Rspr. seit BGHSt 5, 59; zu allem KK-*Engelhardt*, § 260 Rn. 13 m.w.N.), was insbesondere bei Zählfehlern in Betracht kommen kann (zur Frage, ob das Gericht später den Erlass eines in der HV versäumten Bewährungsbeschlusses **nachholen** darf, OLG Köln NStZ-RR 2000, 338 m.w.N.; OLG Hamm NStZ-RR, 2000, 126).

923

2. Nimmt der Verteidiger nicht an der Verkündung des Urteils teil, entgeht ihm die mündliche → ***Urteilsbegründung***, Rn. 912. Ohne diese kann er den Angeklagten nicht ausreichend darüber beraten, ob ein **Rechtsmittel** eingelegt werden soll oder nicht. Hinzu kommt, dass der Verteidiger den Angeklagten allein lässt, wenn der Vorsitzende nach der Rechtsmittelbelehrung ggf. – entgegen Nr. 142 Abs. 2 RiStBV – einen → ***Rechtsmittelverzicht***, Rn. 751 erörtert (vgl. dazu *Dahs*, Rn. 735 f.). Der Angeklagte wird bei diesem Gespräch ohne Beistand seines Verteidigers meist hilflos sein, während der Verteidiger übereilte Verzichtserklärungen des noch unter dem Eindruck der HV stehenden Angeklagten verhindern kann. Die Anwesenheit des Verteidigers ist auch deshalb von besonderer Bedeutung, weil es kaum gelingt, einen einmal erklärten Rechtsmittelverzicht rückgängig zu machen (vgl. BGHSt 17, 14; s.a. OLG Schleswig NJW 1965, 312; → *Berufungsrücknahme*, Rn. 200 f.; → *Rechtsmittelverzicht*, Rn. 754).

☝ Der Verteidiger sollte sich daher auf keinen Fall nach seinem Plädoyer aus der HV entfernen, ohne das Urteil abzuwarten. Besteht – etwa wegen einer unerwarteten Verzögerung der HV – eine **Terminskollision**, sollte er den Vorsitzenden bitten, die Verkündung des Urteils so festzulegen, dass er als Verteidiger teilnehmen kann. Ggf. muss sich der Verteidiger vertreten lassen (→ *Vertretung des Pflichtverteidigers in der HV*, Rn. 1099; → *Vertretung des Wahlverteidigers in der HV*, Rn. 1101).

924 **3.** Mit **Beginn** der **Urteilsverkündung** haben die Prozessbeteiligten **keinen** Anspruch mehr darauf, dass ihnen Gelegenheit zur Stellung von **(Beweis-)Anträgen** gegeben wird und dass neue Anträge sachlich beschieden werden (st.Rspr., vgl. u.a. BGHSt 15, 263; StV 1985, 398; *Kleinknecht/Meyer-Goßner*, § 268 Rn. 15 m.w.N.). Das Gericht kann aber auch nach Verkündung der Urteilsformel bis zum Schluss der Eröffnung der Urteilsgründe die Urteilsverkündung unterbrechen, wieder in die Verhandlung und Beweisaufnahme eintreten und ggf. sein Urteil ändern oder ergänzen (BGHSt 25, 333). Die Verkündung eines Bewährungsbeschlusses gehört aber nicht mehr zur Urteilsverkündung (BGH, a.a.O.). Allein die Entgegennahme eines Beweisantrages mit anschließender Beratung des Gerichts stellt jedoch noch keinen → ***Wiedereintritt** in die **Beweisaufnahme***, Rn. 1167, dar und verpflichtet das Gericht grds. auch nicht zur Bescheidung des Antrags (BGH MDR 1975, 24 [D]; NStZ 1986, 182; → *Beweisantrag, Zeitpunkt der Antragstellung*, Rn. 305 f.).

925 ☝ Die **Entscheidung** darüber, ob auf einen solchen **Antrag eingegangen** wird, liegt beim Vorsitzenden. Ob gegen eine ablehnende Entscheidung für die Revision der Antrag nach **§ 238 Abs. 2** erforderlich ist, ist zweifelhaft (s. einerseits bejahend BGH MDR 1992, 635 [H]; andererseits verneinend BGH NJW 1992, 3182 [Ls.]; s. zu allem eingehend *Scheffler* MDR 1993, 3).

Wegen der ungeklärten Frage ist zu **empfehlen**, dass der Verteidiger auf jeden Fall das Gericht anruft. Er muss auch darauf achten, dass sein Antrag in das → *Protokoll der Hauptverhandlung*, Rn. 713, aufgenommen wird. Sachlich entscheidend für die Frage des Wiedereintritts ist nämlich die sich aus § 244 Abs. 2 ergebende → ***Aufklärungspflicht** des Gerichts*, Rn. 95, so dass, wenn das Gericht auf einen zur Kenntnis genommenen Antrag nicht eingeht, darin eine die Revision begründende Verletzung der Aufklärungspflicht liegen kann (BGH NStZ 1986, 182; *Kleinknecht/Meyer-Goßner*, § 268 Rn. 15 m.w.N.).

Siehe auch: → *Haftfragen*, Rn. 538, → *Urteilsbegründung*, Rn. 912, → *Urteilsberatung*, Rn. 915.

V

Verbindung von Verfahren

926

Literaturhinweise: ***Felsch***, Rechtsprobleme des fehlerhaften Verbindungsbeschlusses nach § 4 StPO; ***Meyer-Goßner***, Zur Zulässigkeit von Verfahrensverbindungen und zu den Folgen einer zulässigen Verbindung (§§ 2 ff. StPO), DRiZ 1990, 284; ***Steinmetz***, Das Gleichzeitigkeitserfordernis des § 53 StGB und die Rechtsprechungsänderung zu §§ 4, 237 StPO, JR 1993, 228.

Zu unterscheiden sind die Verhandlungsverbindung nach § 237 (s.u. Rn. 926a) und die Verschmelzungsverbindung nach § 4 (s.u. Rn. 928).

926a

1.a) Gem. § 237 kann das Gericht, wenn zwischen mehreren bei ihm anhängigen Verfahren ein Zusammenhang besteht, diese zum Zweck **gleichzeitiger Verhandlung** verbinden. Dabei muss es sich nicht um einen (engeren) persönlichen oder sachlichen Zusammenhang i.S.d. § 3 handeln (s. dazu *Kleinknecht/Meyer-Goßner*, § 3 Rn. 2 ff.; OLG Stuttgart NStZ 1995, 248 m.w.N.). § 237 dient allein der **prozesstechnischen Erleichterung** (BGHSt 26, 271), so dass für eine Verbindung nach § 237 auch ein nur loser Zusammenhang ausreicht. Es genügt, dass unter irgendeinem Gesichtspunkt eine gleichzeitige Verhandlung **zweckmäßig** erscheint, z.B. weil derselbe **Personenkreis** als Täter oder Verletzter beteiligt ist, weil die **Beweismittel** übereinstimmen oder weil **gleichartige Vorwürfe** (Weinfälschungen verschiedener Weinbauern in demselben Dorf) oder Rechtsfragen zu klären sind (BGHSt 36, 348; *Kleinknecht/Meyer-Goßner*, § 237 Rn. 6; KK-*Tolksdorf*, § 237 Rn. 6, jeweils m.w.N.).

927

b) Die (Verhandlungs-)Verbindung der Verfahren kann auch **noch in** der **HV** erfolgen. Über sie entscheidet das Gericht nach Anhörung der Verfahrensbeteiligten nach freiem **Ermessen** (BGH NJW 1953, 836; s.a. OLG Stuttgart NStZ 1995, 248). Einen Anspruch auf Verbindung haben weder der Angeklagte noch die StA (OLG Koblenz VRS 49, 115).

c) Die sog. Verhandlungsverbindung unterscheidet sich von der nach § 4 vorgenommenen (Verschmelzungs-)Verbindung (s.u. Rn. 928) dadurch, dass die **Selbstständigkeit** der verbundenen Strafverfahren **gewahrt** bleibt. Jedes Strafverfahren folgt auch nach der Verbindung seinen eigenen Regeln (BGHSt 36, 348 m.w.N.). Das bedeutet: Wird ein **Berufungsverfahren** mit einer erstinstanzlichen Sache verbunden (BGH, a.a.O.), sind in der Berufungssache die Vorschriften über die → *Berufungshauptverhandlung,* Rn. 183, zu beachten. Es muss also nicht der Anklagesatz, sondern das Urteil der 1. Instanz verlesen werden, während in der erstinstanzlichen Sache die Erleichterungen des § 325 nicht gelten (wegen der Einzelh. s. *Kleinknecht/Meyer-Goßner*, § 237 Rn. 8). In der Praxis kann nach den Zuständigkeitsänderungen durch das RechtspflegeentlastungsG diese Konstellation jetzt nur noch bei der **Jugendkammer** auftreten, da allein sie noch sowohl erst- als auch zweitinstanzliche Zuständigkeiten hat.

☝ **Mehrere** Angeklagte werden durch die Verbindung auf jeden Fall zu **Mitangeklagten.** Sie können daher in dem „Gesamtverfahren" **nicht** als **Zeugen** vernommen werden (LR-*Gollwitzer*, § 237 Rn. 12; s.a. → *Abtrennung von Verfahren*, Rn. 69; → *Vernehmung des Mitangeklagten als Zeugen*, Rn. 1045a). Die Verfahrensverbindung darf aber nicht herbeigeführt werden, um eine Zeugenstellung zu unterlaufen (s. die Fallgestaltung bei BGHSt 45, 342). Ein ggf. nach § 252 bestehendes **Verwertungsverbot** bleibt dann bestehen (BGH, a.a.O.).

928 **2.** Die sog. **Verschmelzungsverbindung** erfolgt nach § 4 (wegen der Einzelh. s. *Kleinknecht/Meyer-Goßner*, § 4 Rn. 1 ff.). Ggf. ist gem. § 4 Abs. 2 die Entscheidung des gemeinschaftlichen oberen Gerichts herbeizuführen (s. dazu BGH NStZ 1996, 47; zu den Rechtsproblemen des fehlerhaften Verbindungsbeschlusses s. *Felsch* NStZ 1996, 163).

§ 4 Abs. 2 ist nicht anwendbar, wenn es um die Verbindung von Verfahren geht, die bei **gleichrangigen Spruchkörpern** desselben Gerichts anhängig sind (BGH NJW 1995, 1688), wie z.B. Berufungs- und allgemeine Strafkammer des LG. Diese Verfahren sind vielmehr durch eine unter den beteiligten gleichrangigen Spruchkörpern einverständliche Abgabe und Übernahme in **entsprechender** Anwendung von **§ 4 Abs. 1** zu verbinden (st.Rspr., s. u.a. BGH, a.a.O.; BGHSt 36, 348). Eine solche Verbindung bleibt auch nach In-Kraft-Treten des Gesetzes zur Entlastung der Rechtspflege vom 11.1.1993 statthaft (BGH NStZ 1998, 629; NStZ-RR 1998, 257 [K]). Diese Verschmelzung hat zur Folge, dass ggf. insgesamt erstinstanzlich zu verhandeln ist (BGH, a.a.O.). Nach einer solchen Verbindung ist die Rücknahme einer Berufung ausgeschlossen (BGHSt 38, 300).

☝ Die (Verschmelzungs-)Verbindung eines Berufungsverfahren mit einem erstinstanzlichen Verfahren ist **nur zulässig**, wenn das **LG** bereits **erstinstanzlich zuständig** ist. Es darf daher nicht ein noch beim AG anhängiges erstinstanzliches Verfahren übernehmen, um es dann mit einem bei ihm bereits anhängigen Berufungsverfahren zu verbinden (BGHSt 37, 15, 18).

Siehe auch: → *Abtrennung von Verfahren*, Rn. 69.

Vereidigung eines Dolmetschers

928a

Literaturhinweise: s. die Hinw. bei → *Zuziehung eines Dolmetschers*, Rn. 1226.

1. Nach § 189 GVG muss der Dolmetscher den sog. **Dolmetschereid** zu leisten (zur Eidesformel s. § 189 Abs. 1 S. 1). Die Vereidigung des zur HV zugezogenen Dolmetschers ist in der HV stets notwendig, es sei denn der Dolmetscher ist allgemein vereidigt (s. dazu Rn. 928b). Die Vereidigung des Dolmetschers ist in jeder neuen Strafsache zu wiederholen.

☝ War die **HV ausgesetzt**, muss der Dolmetscher in der neuen HV erneut vereidigt werden (BayObLG MDR 1979, 696). Der Dolmetscher kann sich aber gem. §§ 67, 72 auf seinen früheren Eid berufen.

Eine im **Ermittlungsverfahren** vorgenommene Vereidigung kann die in der HV erforderliche jedoch nicht ersetzen (BGH NStZ 1992, 30 [K]; OLG Düsseldorf StV 1998, 480).

Der Dolmetschereid ist **Voreid**, wird also vor der Übertragung geleistet (*Kleinknecht/Meyer-Goßner*, § 189 GVG Rn. 1)

928b

2. Ist der **Dolmetscher allgemein vereidigt**, kann er sich auf diesen (allgemein) geleisteten Eid berufen (§ 189 Abs. 2 GVG). Der Dolmetscher muss sich jedoch selbst auf den Eid berufen. Es reicht nicht aus, wenn im → *Protokoll der Hauptverhandlung*, Rn. 713, lediglich die Tatsache der allgemeinen Vereidigung vermerkt ist (wegen der Einzelh. *Kleinknecht/Meyer-Goßner*, § 189 GVG Rn. 2).

928c

3. Der Dolmetschereid ist eine **wesentliche Förmlichkeit** der HV, die daher nur mit dem → *Protokoll der Hauptverhandlung*, Rn. 713, bewiesen werden kann (BGH StV 1997, 515; OLG Köln StraFo 2002, 264). Das muss der Verteidiger in der **Revision** beachten. I.Ü. wird auf der fehlenden Vereidigung des Dolmetschers das Urteil i.d.R. beruhen (*Kleinknecht/Meyer-Goßner*, § 189 GVG Rn. 3 m.w.N.; OLG Köln, a.a.O.; einschr. aber BGH NStZ 1998, 204 [nicht, wenn die Richtigkeit der Übersetzung leicht kontrollierbar war]).

Siehe auch: → *Ablehnung/Auswechslung eines Dolmetschers*, Rn. 1, → *Zuziehung eines Dolmetschers*, Rn. 1230.

929 Vereidigung eines Sachverständigen

Literaturhinweise: ***Krekeler***, Strafverteidigung mit und gegen einen Sachverständigen, StraFo 1996, 5; ***Sommer***, Maßnahmen des Strafverteidigers in der Hauptverhandlung, ZAP F. 22, S. 101; s.a. die Hinw. bei → *Sachverständigenbeweis*, Rn. 765.

1. Die Vereidigung eines SV ist – im Gegensatz zur → *Vereidigung eines Zeugen*, Rn. 932, – nach § 79 Abs. 1 S. 1 nicht die Regel. Sie steht vielmehr im Ermessen des Gerichts. Nach § 79 Abs. 1 S. 2 **muss** der SV jedoch **vereidigt** werden, wenn der Angeklagte, sein **Verteidiger**, der ein **eigenes** Antragsrecht hat, oder der StA die Vereidigung **beantragen**. In diesem Fall muss sich das Gericht Gedanken über ggf. bestehende Vereidigungsverbote oder über die Umstände machen, die zur Vereidigung führen können (vgl. dazu *Kleinknecht/Meyer-Goßner*, § 79 Rn. 1; allgemein zur Vereidigung eines SV *Krekeler* StraFo 1996, 11 f.).

☝ Wie beim Zeugen sollte der Verteidiger das Gericht **nicht** durch einen **Verzicht** auf die Vereidigung von diesen Überlegungen entbinden, vielmehr sollte der Vereidigungsantrag des Verteidigers die Regel sein (*Sommer* ZAP F. 22, S. 114; *Krekeler*, a.a.O.; → *Vereidigungsverzicht*, Rn. 949).

Über die Vereidigung eines SV entscheidet nach dem Wortlaut des Gesetzes das Gericht. In der Praxis ist jedoch die **Vorabentscheidung** des **Vorsitzenden** üblich. Da dies eine Maßnahme der → *Verhandlungsleitung*, Rn. 972, ist, kann gegen die Entscheidung des Vorsitzenden gem. § **238 Abs. 2** das Gericht angerufen werden (vgl. *Kleinknecht/Meyer-Goßner*, § 59 Rn. 8 m.w.N. für die Vorabentscheidung über die → *Vereidigung eines Zeugen*, Rn. 932; s.a. Krekeler, a.a.O.).

Ist der SV – trotz eines Antrags – nicht als SV vereidigt worden, begründet das i.d.R. die **Revision**, auch wenn nicht das Gericht angerufen worden ist (BGH StV 1996, 2). Das Urteil beruht aber dann nicht auf dem Fehler, wenn der SV auch als Zeuge vernommen und vereidigt worden ist, da der Zeugeneid immer den SV-Eid deckt (*Kleinknecht/Meyer-Goßner*, § 79 Rn. 13; *Krekeler*, a.a.O.).

930 2. Ist der SV zugleich **auch** – über Zusatztatsachen – als **Zeuge** vernommen worden (→ *Vernehmung Sachverständiger*, Rn. 1076), muss das Gericht auch darüber entscheiden, ob er in seiner Eigenschaft als Zeuge **vereidigt** werden soll. Der SV ist jedoch nicht schon dann als Zeuge vernommen worden, wenn er bei seiner Anhörung Wahrnehmungen verwertet, die er bei einer früheren gutachterlichen Tätigkeit mit gleichem Auftrag selbst gemacht hat und die für seine aktuelle Gutachtenerstattung wesentlich sind (BGH NStZ 1995, 44 [für Wahrnehmungen des SV in der HV]). Muss der SV als Zeuge vereidigt werden und wird das unterlassen, obwohl weder ein → *Vereidigungsverbot*, Rn. 940, besteht noch die Voraussetzungen für ein Absehen von der Vereidigung nach § 61 vorliegen (→ Vereidigungsverzicht, Rn. 949), kann das ebenfalls die **Revision** begründen (OLG Düsseldorf StV 1994, 528).

931 3. § **64**, wonach der Grund für die Nichtvereidigung (eines Zeugen) in das → Protokoll der Hauptverhandlung, Rn. 713, aufgenommen werden muss, gilt für die Vereidigung eines SV **nicht** entsprechend.

Vereidigung eines Zeugen

932

Literaturhinweise: ***Günter***, Die zur Regel werdende Ausnahmevorschrift des § 61 Nr. 5 StPO, DRiZ 1978, 273; ***Park***, Die Vereidigung von Zeugen im Strafprozeß, JuS 1998, 1039; ***Schellenberg***, Zum Regeleid des Zeugen im Strafverfahren, NStZ 1993, 372; s. auch die Hinw. bei → *Vereidigungsverbot*, Rn. 940.

1. Die StPO sieht in § 59 die Vereidigung eines Zeugen als Regelfall vor. In der Praxis werden heute Zeugen aber meist nicht vereidigt, da i.d.R. alle Prozessbeteiligten gem. § 61 Nr. 5 auf die Vereidigung verzichten (→ *Vereidigungsverzicht*, Rn. 949; vgl. auch *Günter* DRiZ 1978, 273; zur geplanten Änderung → *Gesetzesnovellen*, Rn. 525).

933 **2.** Kommt es zur Vereidigung, wird der Zeuge **nach** seiner **Vernehmung** vereidigt, und zwar nach deren endgültigem Abschluss (BGHSt 8, 302, 310). Ist nach Abschluss der Vernehmung eines Zeugen über dessen Vereidigung entschieden worden, muss, wenn der Zeuge danach **nochmals** zur Sache **vernommen** wird, **erneut** über die Vereidigung entschieden werden (OLG Frankfurt NStZ-RR 1996, 363; OLG Hamburg StV 1990, 257 [weitere Ausführungen des zuvor als Zeuge vernommenen Nebenklägers zur Sache sind Zeugenaussagen]. Mehrere Zeugen sind **einzeln** zu vereidigen, jedoch dürfen die die Eidesnorm enthaltenden Worte an alle gerichtet werden (*Kleinknecht/Meyer-Goßner*, § 66c Rn. 2 m.w.N.).

Vor der Vereidigung ist der Zeuge über sein Recht, ggf. gem. § 63 als Angehöriger den Eid verweigern zu können, zu **belehren** (zum Umfang der Belehrungspflicht im Hinblick auf Zwangsmaßnahmen nach § 70 gegen den Zeugen s. OLG Düsseldorf NStZ-RR 1996, 169 m.w.N.). Das Unterlassen der Belehrung begründet i.d.R. die **Verfahrensrüge** (BGH StV 2002, 465; ähnlich BGH NStZ 2001, 604; s. auch *Albrecht* StV 2002, 465 in der Anm. zu BGHStV 2002, 465; → *Vereidigungsverzicht*, Rn. 949).

934 **3.** Über die Vereidigung ist **von Amts wegen** zu entscheiden, und zwar spätestens bis zum → *Schluss der Beweisaufnahme*, Rn. 783 (LR-*Dahs*, § 59 Rn. 12). Der **Verteidiger** kann die Vereidigung ausdrücklich **beantragen**; über einen –

nicht nur hilfsweise gestellten – Antrag muss vor Erlass des Urteils entschieden werden (LR-*Dahs*, § 59 Rn. 17).

☝ Nach dem **Wortlaut** des § 59 entscheidet das **Gericht**. In der Praxis ist jedoch anstelle des Gerichts die **Vorabentscheidung** des **Vorsitzenden** üblich. Da dies eine Maßnahme der → *Verhandlungsleitung*, Rn. 972, ist (vgl. *Kleinknecht/Meyer-Goßner*, § 59 Rn. 8 m.w.N.), kann gegen diese Entscheidung gem. **§ 238 Abs. 2** das Gericht angerufen werden (s.a. u. Rn. 938).

Ist über die Vereidigung eines Zeugen nicht entschieden und dieser nicht vereidigt worden, kann das mit der Revision gerügt werden (zur **revisionsrechtlichen** Bedeutung der Vereidigung allgemein s. *Kleinknecht/Meyer-Goßner*, § 59 Rn. 11 m.w.N.). Dieser Verfahrensverstoß wird auch i.d.R. zur Aufhebung des Urteils führen. Etwas anderes gilt dann, wenn ausgeschlossen werden kann, dass der Zeuge, wäre er vereidigt worden, andere, dem Angeklagten ggf. günstigere Angaben gemacht hätte (vgl. zuletzt BGH NStZ-RR 1997, 302; 1999, 48; StV 2002, 465, jeweils m.w.N. aus der n.v. Rspr. des BGH zur sog. „**Beruhensfrage**“).

935 **4.** Die **unterlassene Entscheidung** über die Vereidigung kann das Gericht bis zum Urteilserlass **nachholen**. Das ist insbesondere dann von Bedeutung, wenn es zunächst von einem → *Vereidigungsverbot*, Rn. 940, ausgegangen ist, dieses jedoch nach dem Ergebnis einer Zwischenberatung oder auch der Urteilsberatung nicht (mehr) besteht, weil z.B. ein Teilnahmeverdacht gegen den Zeugen entfallen ist (*Kleinknecht/Meyer-Goßner*, § 60 Rn. 29 m.w.N.).

936 **5.a)** In folgenden Fällen des **§ 61** kann das Gericht von der **Vereidigung absehen** (wegen der Einzelh. s. KK-*Senge*, § 61 Rn. 3 ff. und *Kleinknecht/Meyer-Goßner*, § 61 Rn. 2 ff.; *Park* JuS 1998, 1042 f.), und zwar

- nach § 61 Nr. 1 bei **Jugendlichen** zwischen 16 und 18 Jahren,
- nach § 61 Nr. 2 beim **Verletzten** sowie bei **Angehörigen** des Verletzten oder Angeklagten (zum Begriff des Angehörigen → *Zeugnisverweigerungsrecht*, Rn. 1194; zur sog. Beruhensfrage bei fehlender Beschlussfassung über die Nichtvereidigung des Verletzten s. OLG Frankfurt NStZ-RR 1996, 363),
- nach § 61 Nr. 3 bei einer Aussage **ohne wesentliche Bedeutung**, was z.B. dann angenommen wird, wenn die Aussage für die Entscheidung in der Schuld- und Rechtsfolgenfrage weder allein noch in Verbindung mit anderen Beweisen erheblich ist (BGH NJW 1952, 74). Das ist i.d.R. nicht der Fall, wenn später die Beweiswürdigung auf die Aussage gestützt wird. Hinzu kommen muss, dass auch unter Eid keine wesentliche Aussage zu erwarten ist (vgl. zu allem *Kleinknecht/Meyer-Goßner*, § 61 Rn. 15 m.w.N.),
- nach § 61 Nr. 4 bei einem wegen **Meineids Verurteilten**,

- schließlich in dem in der Praxis häufigsten Fall des **allseitigen Verzichts** auf die Vereidigung gem. § 61 Nr. 5 (→ *Vereidigungsverzicht*, Rn. 949, dort auch mehr zu der Empfehlung, auf den Verzicht zu verzichten).

b) Die Entscheidung, von der Vereidigung abzusehen, steht im **Ermessen** des **Gerichts**. Bei der Entscheidung muss das Gericht **umfassend** alle Umstände berücksichtigen, die bei verständiger **Würdigung** der gesamten Sachlage Berücksichtigung verdienen (BGHSt 1, 175, 180; KK-*Senge*, § 61 Rn. 14 m.w.N.). So darf das Gericht z.B. nicht allein deshalb von der Vereidigung absehen, weil der Zeuge der Verletzte ist, obwohl in diesen Fällen in der Praxis i.d.R. von der Vereidigung abgesehen wird (OLG Frankfurt NStZ-RR 1996, 363). Das Gericht darf auch nicht außer Acht lassen, dass die Vereidigung die Regel bildet, von der die StPO nur Ausnahmen zulässt. Deshalb können nur **triftige Gründe** das Abweichen von der Regel rechtfertigen. Das kann die Besorgnis sein, der Zeuge könne, weil er Angehöriger (→ *Zeugnisverweigerungsrecht*, Rn. 1194) oder Verletzter ist, voreingenommen sein und deshalb die Unwahrheit sagen. **937**

Die Entscheidung, ob in der HV von der Vereidigung abgesehen werden soll, trifft aufgrund seiner Befugnis zur → *Verhandlungsleitung*, Rn. 972, **zunächst** der **Vorsitzende**. Dessen Entscheidung kann der Verteidiger gem. **§ 238 Abs. 2** beanstanden und einen Gerichtsbeschluss herbeiführen (KK-*Senge*, § 61 Rn. 2 m.w.N.; *Kleinknecht/Meyer-Goßner*, § 59 Rn. 8). Das ist **unbedingt** notwendig, wenn die **Revision** später auf eine Verletzung des § 61 gestützt werden soll (vgl. u.a. OLG Hamburg MDR 1979, 74; OLG Hamm VRS 41, 123; s. aber BGHSt 7, 281 [für § 61 Nr. 3 nicht in jedem Fall erforderlich] einerseits und BGH DAR 1996, 177 -T- [für § 60 Nr. 2 erforderlich] andererseits; krit. dazu *Ziegert* StV 1999, 171). Das gilt auch für die HV beim Strafrichter (OLG Düsseldorf StV 1996, 252). **938**

Manchmal ist es **ratsam**, mit einem Vereidigungsantrag oder einer Beanstandung zu **warten**. Ergibt nämlich die weitere Verhandlung, dass der bei einer Vorabentscheidung angenommene Grund für die Nichtvereidigung nicht vorliegt, muss das Gericht dies berücksichtigen und den Prozessbeteiligten mitteilen.

Beispiel:

Es stellt sich erst nachträglich heraus, dass die Aussage eines Zeugen, die das Gericht als unwesentlich angesehen hat (§ 61 Nr. 3), doch von erheblicher Bedeutung für das Verfahren ist (BGHSt 7, 281) oder, dass der Zeuge nicht in das Tatgeschehen verwickelt (§ 60 Nr. 2), sondern Opfer ist (§ 61 Nr. 2; BGH NStZ 1995, 244). Stellt der Verteidiger erst jetzt einen Vereidigungsantrag, kann er ggf. erfahren, wie das Gericht die Aussagen bewertet.

939 **6.** Das Gericht muss die Entscheidung, einen Zeugen zu **vereidigen, nicht** begründen, da das die Regel ist (vgl. u.a. BGH NJW 1985, 638). Etwas anderes gilt, wenn ein → *Vereidigungsverbot*, Rn. 940, nahe liegt (BGH NStZ 2000, 494; SchlHA 2000, 127 [Dö]). **Begründet** werden muss aber gem. § 64 auf jeden Fall die **Nichtvereidigung**. Die Vereidigung muss als wesentliche Förmlichkeit im → *Protokoll der Hauptverhandlung*, Rn. 713, beurkundet werden.

Siehe auch: → *Informatorische Befragung eines Zeugen*, Rn. 564, → *Vereidigung eines Sachverständigen*, Rn. 929.

940 Vereidigungsverbot

Literaturhinweise: ***Ebert***, Zum Beanstandungsrecht nach Anordnungen des Strafrichters gem. § 238 Abs. 2 StPO, StV 1997, 269; ***Lenckner***, Strafvereitelung und Vereidigungsverbot nach § 60 Nr. 2 StPO, NStZ 1982, 410; ***Sommer***, Maßnahmen des Strafverteidigers in der Hauptverhandlung, ZAP F. 22, S. 101; ***Strate***, Der Verzicht auf die Vereidigung – eine schädliche Unsitte, StV 1984, 42; ***Theuerkauf***, Darf der in der Hauptverhandlung offensichtlich falsch aussagende Zeuge unvereidigt bleiben?, MDR 1964, 204; ***Ziegert***, § 60 Nr. 2 StPO – Verlust der Rüge oder Lüge?, StV 1999, 171; s.a. die Hinw. bei → *Vereidigung eines Zeugen*, 932.

§ 60 enthält **zwingende Vereidigungsverbote**, die das Gericht beachten (und erörtern) muss, falls sich Anhaltspunkte für ihr Vorliegen ergeben (*Kleinknecht/Meyer-Goßner*, § 60 Rn. 1, 34; BGH StV 1988, 325). Im Einzelnen handelt es sich um folgende Verbote:

1. Nach § 60 **Nr. 1 Fall 1** dürfen Personen, die zum Zeitpunkt ihrer Vernehmung das **16. Lebensjahr** noch nicht vollendet haben (§ 187 Abs. 2 BGB!), nicht vereidigt werden, da sie **eidesunmündig** sind. Wird der jugendliche Zeuge noch vor → *Schluss der Beweisaufnahme*, Rn. 783, eidesmündig, muss seine Vereidigung nachgeholt werden (KK-*Senge*, § 60 Rn. 4 m.w.N.).

Beispiel:

Der am 25. September 1986 geborene Zeuge Z wird in einem umfangreichen Verfahren am 23. September 2002 als Zeuge vernommen. Die Beweisaufnahme erstreckt sich danach noch über mehrere Verhandlungstage und wird erst am 10. Oktober 2002 geschlossen. Die Vereidigung des Zeugen ist nachzuholen.

941 **2.** Nach § 60 **Nr. 1 Fall 2** bleiben die Zeugen wegen Eidesunfähigkeit unvereidigt, die wegen **mangelnder Verstandesreife** oder wegen einer **psychischen Krankheit** oder einer geistigen oder seelischen Behinderung vom Wesen und der Bedeutung des Eides keine genügende Vorstellung haben.

3. Von erheblicher praktischer Bedeutung ist das Eidesverbot des **§ 60 Nr. 2** wegen **Tat-** oder **Teilnahmeverdachts**. Im Wesentlichen gilt: **942**

a) Maßgebend für den Begriff der **Tat** ist der verfahrensrechtliche Tatbegriff i.S.d. § 264. Es kommt also auf den **gesamten geschichtlichen Vorgang** an, innerhalb dessen die Tat verwirklicht worden ist (*Kleinknecht/Meyer-Goßner*, § 60 Rn. 9 m.w.N.; s.a. § 264 Rn. 2). Gegenstand der Untersuchung ist die angeklagte Tat, wie sie sich nach dem Ergebnis der HV darstellt:

Beispiele:

- bei einer angeklagten **Beihilfe** also auch die Haupttat, zu der Beihilfe geleistet worden sein soll (BGHSt 21, 147 f.),
- bei einer **fortgesetzten Handlung** auch die in der Anklage nicht erwähnten Einzelhandlungen (KK-*Senge*, § 60 Rn. 11),
- eine **Vortat**, wenn sie in untrennbarem Zusammenhang mit der Tat steht, wie
  - die der **Begünstigung** oder der Strafvereitelung zugrunde liegende Straftat (BGHSt 4, 368),
  - der **Diebstahl** im Verfahren gegen den Hehler (BGHSt 1, 360, 363 f.),
  - die frühere Straftat im Verfahren wegen einer **falschen Aussage** über sie (BGHSt 6, 382).

Tatverdacht i.S.d. § 60 Nr. 2 besteht, wenn nach dem Ergebnis der HV nicht der Angeklagte, sondern der **Zeuge** als **Täter** in Betracht kommt (BGH MDR 1961, 1031 [D]; BGHSt 10, 358, 365; zum Grad des Verdachts s.u. Rn. 946).

b) Der Begriff des **Teilnahmeverdachts** oder der Beteiligung ist **weit** auszulegen. Er umfasst daher neben den Teilnahmeformen des StGB jede strafbare Mitwirkung, die in dieselbe Richtung wie das Verhalten des Angeklagten geht (st.Rspr., s. die Nachw. bei *Kleinknecht/Meyer-Goßner*, § 60 Rn. 12). Tatverdacht besteht auch noch, wenn gegen einen früheren Mitangeklagten das Verfahren inzwischen nach § 153 a eingestellt wurde (BGH MDR 1994, 1072). Unerheblich ist, ob im Einzelfall eine Bestrafung des Zeugen erfolgen kann (zuletzt BGHSt 43, 321, 330 m.zahlr.w.N.; s.a. auch BGH NStZ 1999, 470). Auch die **Einstellung** des Verfahrens nach § 154 Abs. 2 gegen den der Tatbeteiligung verdächtigen Zeugen lässt das Vereidigungsverbot nicht entfallen (BGH NStZ 2000, 45). **943**

Beispiele:

für Beteiligte i.S.d. § 60 Nr. 2

- (Mit-)**Täter**, **Anstifter**, **Gehilfe**, und zwar auch, wenn dieser im Wege der Rechtshilfe im Ausland vernommen worden ist (BGH NStZ 1996, 609 [für Schweiz]),

☝ Besteht bei mehreren Taten ein Beteiligungsverdacht nur hinsichtlich einer Tat, kommt wegen der anderen Taten eine **Teilvereidigung** in Betracht, wenn zwischen den Aussagekomplexen kein innerer Zusammenhang in der Art besteht, dass den Gegenstand der Aussage ein nicht oder nur schwer trennbares Gesamtgeschehen bilden würde (vgl. zuletzt BGH StV 1997, 114 m.w.N.).

- im Verfahren gegen den **Begünstiger** der Begünstigte sowie seine Mittäter und Gehilfen (BGHSt 4, 255),
- bei **Begünstigung** i.S.d. § 257 StGB und **Strafvereitelung i.S.d.** § 258 StGB durch ein **vor** der **HV** liegendes Verhalten (wegen der Einzelh. s. *Kleinknecht/Meyer-Goßner*, § 60 Rn. 19 m.w.N.), wobei auch ein vor der HV liegender freiwilliger Rücktritt von der versuchten Strafvereitelung das Vereidigungsverbot nicht entfallen lässt (BGH NStZ 2000, 546 [für Richtigstellung falscher Angaben hinsichtlich eines Alibis]),
- der **Bestechende** und der **Bestochene** (BGH GA 1969, 348),
- der Verkäufer von **BtM** im Verfahren gegen den Erwerber (BayObLG NStZ 1983, 175) und der Abnehmer im Verfahren gegen den Verkäufer (BGH StV 1994, 225 m.w.N.; OLG Düsseldorf StV 2001, 224 [Ls.]),
- der **Dieb** im Verfahren gegen den Hehler (BGHSt 1, 360; 6, 382),
- wenn mit dem Versprechen einer **falschen Aussage** zugunsten des Angeklagten eine sachliche Begünstigung i.S.d. § 257 StGB verbunden ist (KK-*Senge*, § 60 Rn. 25 m.w.N.; s.a. BGH NStZ-RR 1998, 335),
- bei **Hehlerei** i.S.d. § 259 StGB, auch bei Erwerb über einen Zwischenhehler (LR-*Dahs*, § 60 Rn. 29) oder bei bloßer Beihilfe (BGH StV 1990, 484),
- der Verdacht des Vergehens der **Nichtanzeige geplanter Straftaten** nach § 138 StGB (BGHSt 42, 86; zuletzt BGH NStZ 2000, 494; NStZ-RR 2001, 18 m.w.N.).

944 **für Nichtanwendbarkeit** des § 60 Nr. 2

- bei einer den Angeklagten begünstigenden **Falschaussage in** der **HV** (st.Rspr., vgl. u.a. BGH StV 1983, 1; BayObLG NJW 1991, 1126 [Ls.]; KK-*Senge*, § 60 Rn. 24 m.w.N.),
- bei dem, der an der Tat straflos als **Lockspitzel** teilgenommen hat (vgl. u.a. BGHSt 30, 64; zuletzt BGHSt 36, 305),
- beim **„notwendigen“ Teilnehmer** an einer Tat, der nicht über das Notwendige hinaus mitgewirkt hat (BGHSt 19, 88 m.w.N.),
- beim **Opfer** der Tat (KK-*Senge*, § 60 Rn. 15 m.w.N.; s. z.B. BGH NStZ 1999, 470 [für Beischlaf mit Tochter]),
- bei demjenigen, der eine Tat nur **objektiv gefördert** hat (BGH MDR 1980, 630 [D]),
- wenn **Rechtfertigungsgründe** beim Zeugen vorliegen (KK-*Senge*, § 60 Rn. 18 m.w.N.),

945

- wenn der Zeuge dem Angeklagten die **Zusage** gegeben hat, demnächst in der HV zu seinen Gunsten falsch auszusagen, oder eine **falsche Aussage** abgesprochen worden ist, da das nur eine straflose Vorbereitungshandlung einer Strafvereitelung nach § 258 StGB n.F. darstellt (wegen der Einzelh. s. KK-*Senge*, § 60 Rn. 25 m.w.N.; s.a. oben),

- wenn nur ein bloßer **Zusammenhang** mit der Tat des Angeklagten besteht, etwa wenn der Zeuge **unabhängig vom Angeklagten** eine gleichartige Tat gegen denselben Verletzten begangen hat (BGH MDR 1969, 535 [D]), zur Teilvereidigung s. Rn. 943.

☝ Hat der Verteidiger vor der HV bereits **außergerichtlich** einen Zeugen **befragt** (→ *Vorbereitung der Hauptverhandlung*, Rn. 1144), sollte er, um auch im Rahmen des § 61 jeden Vorwurf der Zeugenbeeinflussung auszuschließen, die von ihm aufgenommene **Aussage** des Zeugen zu den **Akten** reichen.

946 **c)** Ein besonders hoher **Grad** des Verdachts oder der Beteiligung wird nicht vorausgesetzt. Es genügt schon ein **entfernter Verdacht** (st.Rspr., zuletzt u.a. BGH NStZ 1983, 516 m.w.N.). Der Verdacht muss aber zum Zeitpunkt des Urteilserlasses noch vorliegen (BGH NStZ 1981, 110; zur Einstellung des Verfahrens s. Rn. 943). Ist das nicht der Fall, muss die Vereidigung ggf. nachgeholt werden (*Kleinknecht/Meyer-Goßner*, § 60 Rn. 29 m.w.N.; s.u. Rn. 948; → *Vereidigung eines Zeugen*, Rn. 935).

947 **4.** In der HV muss der **Verteidiger** Folgendes **beachten**:

☝ Insbesondere im Hinblick auf § 60 Nr. 2 muss sich der Verteidiger einen → ***Vereidigungsverzicht***, Rn. 949, gut **überlegen**. Denn gerade, wenn er hier auf den Verzicht verzichtet, erfährt er die **Einschätzung** des **Gerichts**, ob hinsichtlich eines Zeugen ein Vereidigungsverbot besteht. Auch besteht die Möglichkeit, dass das Gericht übersieht, dass es möglicherweise einen Zeugen zumindest teilweise vereidigen müsste; die unterbliebene Vereidigung kann der Verteidiger dann mit der Revision rügen.

Das ist von besonderem Wert bei Zeugen, die der **Begünstigung** oder der **Strafvereitelung** verdächtig sind (vgl. die Beispiele bei *Strate* StV 1984, 43). Glaubt das Gericht nämlich Zeugen nicht, weil es davon ausgeht, dass sie die Unwahrheit gesagt haben, darf der Zeuge wegen des Verdachts der Begünstigung oder Strafvereitelung nicht vereidigt werden. Wird daher der Zeuge vereidigt, kann der Verteidiger davon ausgehen, dass das Gericht gerade nicht falsche Angaben dieses Zeugen annimmt (*Sommer* ZAP F. 22, S. 112). Darauf kann sich der Verteidiger dann zu Gunsten des Angeklagten einstellen.

☝ Die **Entscheidung** über das Vorliegen der Voraussetzungen des § 60 Nr. 2 trifft zunächst der **Vorsitzende** als Maßnahme der → *Verhandlungsleitung*, Rn. 972. Dagegen muss gem. **§ 238 Abs. 2** das Gericht angerufen werden, das dann durch Beschluss entscheidet, wenn das Vereidigungsverbot später mit der Revision gerügt werden soll (BGH DAR 1996, 177 [T]; zur sog. „Beruhensfrage“ BGH NStZ-RR 1998, 258 [K]; 1999, 34 [K]). Das gilt auch für die Verhandlung beim Strafrichter (OLG Düsseldorf StV 1996, 252; eingehend dazu *Ebert* StV 1997, 269).

Das **Beanstandungserfordernis** auch bei § 60 Nr. 2 ist von *Ziegert* (StV 1999, 171) scharf **kritisiert** worden. *Ziegert* sieht den Verteidiger, der den Angeklagten mit dem Ziel verteidigt um nachzuweisen, dass ein im Verfahren vernommener Zeuge der Täter ist, kaum in der Lage, dass dieser die Verfügung des Vorsitzenden, diesen Zeugen unvereidigt zu lassen, beanstanden könne. Denn mit dieser Beanstandung würde sowohl das Verteidigungsvorbringen des Mandanten als auch das Verteidigerverhalten unglaubwürdig, da ja gerade ein Tatverdacht gegen den Zeugen erstrebt werde. *Ziegert* plädiert daher dafür, in diesen Fällen die Beanstandung nach § 238 Abs. 2 als Zulässigkeitsvoraussetzung für eine Verfahrensrüge nicht zu fordern. Aus Gründen der anwaltlichen Vorsorge sollte der Verteidiger die Rüge aber dennoch erheben, dabei jedoch auf das **Dilemma**, in dem er sich durch die in der Rspr. vorherrschende Meinung befindet, **hinweisen**.

948 ☝ Hat das Gericht einen Zeugen vereidigt, kommt es aber **später** zum Ergebnis, dass der vereidigte Zeuge **richtigerweise** gem. § 60 Nr. 2 **unvereidigt** geblieben wäre, darf es im Urteil die eidliche Aussage **nur** als **uneidliche** werten. Auf diese veränderte Bewertung muss es, ggf. nach → *Wiedereintritt in die Beweisaufnahme*, Rn. 1167, **hinweisen** (BGH NStZ 1981, 309; 1986, 230; *Kleinknecht/Meyer-Goßner*, § 60 Rn. 30 m.w.N.). Durch diesen Hinweis erhält der Verteidiger einen wichtigen Hinweis auf die Einschätzung des Gerichts und kann sich darauf einrichten.

☝ Ist ein Zeuge **zunächst** (auf Antrag) des Verteidigers wegen Teilnahmeverdachts nach § 60 Nr. 2 **unvereidigt** geblieben, stellen sich dann aber in der weiteren Beweisaufnahme keine Anhaltspunkte für dieses Vereidigungsverbot heraus, muss über die **Vereidigung** des Zeugen erneut befunden und sie ggf. **nachgeholt** werden (BGH StV 1995, 1). Unterlässt das Gericht eine neue Entscheidung, kann der Verteidiger dadurch irregeführt worden sein und deshalb weiteres Vorbringen und Anträge **unterlassen** haben (BGH StV 1991, 196). Das kann er dann mit der **Revision** rügen.

Vereidigungsverzicht

949

Literaturhinweise: ***Günter***, Die zur Regel werdende Ausnahmevorschrift des § 61 Nr. 5 StPO, DRiZ 1978, 273; ***Strate***, Der Verzicht auf die Vereidigung – eine schädliche Unsitte, StV 1984, 42; s.a. die Hinw. bei → *Vereidigungsverbot*, Rn. 940.

1. Der in der Praxis häufigste Fall des Absehens von der Vereidigung eines Zeugen ist der nach einem **allseitigen Verzicht** auf seine Vereidigung gem. **§ 61 Nr. 5**.

Den Verzicht auf die Vereidigung erklären müssen sowohl **StA** als auch **Verteidiger** und **Angeklagter**. Der Angeklagte muss auch dann noch persönlich verzichten, wenn sein Verteidiger bereits verzichtet hat. Verzichten müssen **ebenfalls** Erziehungsberechtigte, gesetzlicher Vertreter und der Beistand nach § 69 Abs. 3 JGG, nicht jedoch der Nebenkläger (*Kleinknecht/Meyer-Goßner*, § 397 Rn. 12; → *Nebenklägerrechte in der Hauptverhandlung*, Rn. 631).

950

2. Der Verzicht braucht nicht ausdrücklich erklärt zu werden. Es reicht jede andere bestimmte und eindeutige Willenserklärung, so dass ein Verzicht in einem **schlüssigen** Verhalten liegen und er somit auch stillschweigend erklärt werden kann (BGH NStZ 1984, 209 [Pf/M]; OLG Hamm MDR 1980, 953; OLG Köln NStZ-RR 1997, 366 m.w.N.; *Kleinknecht/Meyer-Goßner*, § 61 Rn. 24). Für einen schlüssigen Verzicht folgende

Beispiele:

- auf den Beschluss, mit dem die **Beweisaufnahme** „im allseitigen Einverständnis" **geschlossen** wird, **schweigt** der Verteidiger (BayObLG DAR 1979, 240 [R]; OLG Hamburg MDR 1979, 74),
- auf die **Frage**, ob die **Vereidigung** beantragt wird, oder auf den **Beschluss**, der die **Nichtvereidigung** im allseitigen Einverständnis anordnet, **schweigt** der Verteidiger (BGH NJW 1978, 1815; **zw.**, da dieses Verhalten auch als „keine Erklärung" angesehen werden kann, dann jedoch nach der Regel des § 59 vereidigt werden muss),
- es wird nur die **Vereidigung einzelner** Zeugen beantragt (BayObLG MDR 1983, 511),
- **kein Verzicht** ist in der Erklärung zu sehen, es werde weder verzichtet noch die Vereidigung beantragt (OLG Köln VRS 61, 271).

☝ Im bloßen Schweigen kann nur dann eine **wirksame Verzichtserklärung** gesehen werden, wenn das Recht, die Vereidigung beantragen zu können, **bekannt** ist (OLG Köln NStZ-RR 1997, 366). Davon wird man bei einem prozessunerfahrenen, nicht verteidigten Angeklagten nicht ausgehen können (OLG Köln, a.a.O.). Die Verfahrensrüge setzt in diesem Fall auch nicht voraus, dass die Entscheidung des Vorsitzenden nach § 238 Abs. 2 beanstandet worden ist.

951 ☝ **3. Hinweis für den Verteidiger**

Der Verteidiger sollte i.d.R. **nicht** auf die Vereidigung eines Zeugen **verzichten,** da der Verzicht für den Angeklagten nicht von Vorteil ist. *Strate* (StV 1984, 42 ff.) spricht von einer „schädlichen Unsitte" bzw. „schädlichen Handlungsweise". Deshalb sollte der Verteidiger darauf **dringen** und ggf. beantragen, dass der Zeuge vereidigt wird (s. auch *Park* JuS 1998, 1043; *Albrecht* StV 2002, 465 in der Anm. zu BGH StV 2002, 465).

952 Das hat nicht nur den **Vorteil**, dass der Zeuge unter dem Druck des zu leistenden Eides seine den Angeklagten möglicherweise belastende Aussage abschwächt oder gar widerruft. Auch erfährt der Verteidiger ggf. etwas über die Einschätzung der Gerichts vom Zeugen und seiner Beziehung zur Tat. Der Verzicht auf den Verzicht **zwingt** das **Gericht** zudem auch zu entscheiden, ob nicht **andere Gründe** für das Absehen von der Vereidigung nach §§ 60, 61 gegeben sind. Trifft es dabei eine Fehlentscheidung, kann das für den Angeklagten in der **Revision** günstig sein (zur revisionsrechtlichen Bedeutung des § 61 s. *Kleinknecht/Meyer-Goßner*, § 61 Rn. 30 ff. m.w.N.; *Strate* StV 1984, 43; *Albrecht*, a.a.O.); allerdings muss der Verteidiger dafür zuvor gem. **§ 238 Abs. 2** die Entscheidung des Gerichts herbeigeführt haben (s. die Nachw. bei → *Vereidigung eines Zeugen*, Rn. 937). Ggf. wird bei Angehörigen das **Belehrungsgebot** des § 63 vergessen (s. dazu BGH StV 2002, 465 und *Albrecht*, a.a.O. [„verlässliche Verfahrensrüge"]). Auch eröffnet § 359 Nr. 2 die Möglichkeit der **Wiederaufnahme** des Verfahrens zugunsten des Verurteilten im Fall einer fahrlässigen Falschaussage nur, wenn diese beeidet war (*Park* JuS 1998, 1043; *Günter* DRiZ 1978, 274); die unbeeidete Falschaussage reicht nur, wenn dem Zeugen Vorsatz nachgewiesen werden kann, was bei Aussagedelikten häufig schwierig ist. Mit einem (vorschnellen) Verzicht auf die Vereidigung begibt sich der Verteidiger/der Angeklagte damit dieses Wiederaufnahmegrundes. Zu berücksichtigen ist schließlich ggf. auch noch, dass der wirksame Vereidigungsverzicht die Möglichkeit abschneidet, in der Revision das Fehlen der Verzichtserklärung eines anderen Beteiligten zu rügen (BGH StV 1999, 193 [Ls.]).

953 **4.** Auch wenn der Verteidiger auf die Vereidigung verzichtet hat, muss das **Gericht** das ihm eingeräumte **Ermessen noch** ausüben. Das wird durch den erklärten Verzicht nicht überflüssig (*Strate* MDR 1979, 75 in der Anm. zu OLG Hamburg MDR 1979, 74).

Verhandlung ohne den Angeklagten

954

Das Wichtigste in Kürze

1. Grds. findet eine Verhandlung ohne den Angeklagten nicht statt.
2. Nach § 231 Abs. 2 kann das Gericht jedoch ohne den Angeklagten verhandeln, wenn er sich eigenmächtig aus der HV entfernt oder er eigenmächtig einer Fortsetzungsverhandlung fernbleibt.
3. Ist der Angeklagte in der Ladung auf die Möglichkeit der Verhandlung in seiner Abwesenheit hingewiesen worden, kann das Gericht nach § 232 ohne ihn verhandeln, wenn bestimmte Rechtsfolgen nicht überschritten werden.
4. Schließlich kann das Gericht nach § 233 auch ohne den Angeklagten verhandeln, wenn er vom Erscheinen entbunden worden ist.

954a

Literaturhinweise: ***Gollwitzer***, Die Verfahrensstellung des in der Hauptverhandlung nicht anwesenden Angeklagten, in: Festschrift für *Tröndle*, S. 455; ***Julius***, Zur Disponibilität des strafprozessualen Anwesenheitsgebots, GA 1992, 295; ***Laier***, Mitwirkungspflicht des Angeklagten zur Vermeidung einer Verfahrensaussetzung, NJW 1977, 1139; ***Maatz***, Die Fortsetzung der Hauptverhandlung in Abwesenheit des Angeklagten. Zur Prüfungskompetenz des Revisionsgerichts in Fällen des § 231 Abs. 2 StPO; ***Neuhaus***, Der Grundsatz der ständigen Anwesenheit des Angeklagten in der strafprozessualen Hauptverhandlung 1. Instanz unter besonderer Berücksichtigung des § 231a StPO, 2000; ***Rieß***, Die Durchführung der Hauptverhandlung ohne den Angeklagten, JZ 1975, 265.

1. Grds. findet eine Verhandlung **ohne** den Angeklagten **nicht** statt, da dieser grds. an der HV teilnehmen muss (→ *Anwesenheitspflicht des Angeklagten*, Rn. 89). Erscheint der Angeklagte aber in der HV nicht (→ *Ausbleiben des Angeklagten*, Rn. 109), stellt sich für den Verteidiger die Frage, ob er, um Zwangsmittel gegen den Mandanten zu verhindern, darauf drängen soll, auch ohne diesen zu verhandeln.

☝ Die Verhandlung **ohne** den **Angeklagten** sollte, um dessen Anspruch auf rechtliches Gehör nicht zu beeinträchtigen, allerdings die **Ausnahme** bleiben (zu den Verfahrensrechten eines abwesenden Angeklagten siehe EuGH NJW 1999, 2353).

955

2. Entfernt sich der Angeklagte **eigenmächtig** aus der HV oder **bleibt** er einer **Fortsetzungsverhandlung** (→ *Unterbrechung der Hauptverhandlung*, Rn. 873) eigenmächtig **fern**, kann nach **§ 231 Abs. 2** ohne ihn verhandelt werden.

a) Eigenmächtigkeit ist nach der neueren Rspr. des BGH anzunehmen, wenn der Angeklagte **ohne Rechtfertigungs**- oder **Entschuldigungsgründe** wissentlich seiner Anwesenheitspflicht nicht nachkommt (BGHSt 37, 249). Es kommt nicht (mehr) darauf an, dass der Angeklagte durch Missachtung seiner Anwesenheitspflicht den Gang der Rechtspflege stören und die HV unwirksam machen wollte (bislang st.Rspr., zuletzt noch BGH NJW 1991, 1367).

Entscheidend für die Annahme von Eigenmacht sind – ebenso wie bei der Frage der genügenden Entschuldigung nach § 230 Abs. 2 (→ *Ausbleiben des Angeklagten*, Rn. 112) – die Umstände des **Einzelfalls** (KK-*Tolksdorf*, § 231 Rn. 3; s.a. → *Berufungsverwerfung wegen Ausbleiben des Angeklagten*, Rn. 216). Die Eigenmacht muss dem Angeklagten **nachgewiesen** werden (vgl. dazu BGH NStZ 1999, 418; NStZ-RR 2001, 333). Es obliegt nicht dem Angeklagten, glaubhaft zu machen, dass sein Ausbleiben nicht auf Eigenmächtigkeit beruht. Deshalb darf bei **Zweifeln** über die tatsächlichen Voraussetzungen der Eigenmacht **nicht** nach § 231 Abs. 2 verfahren werden (OLG Karlsruhe StraFo 2001, 415).

956 **Beispiele:**

für **fehlende Eigenmacht** des Angeklagten:

- **Entfernung** des Angeklagten aus der HV mit **Einverständnis** des **Gerichts** (BGHSt 39, 72) oder wenn der Angeklagte aus einem Verhalten des Gerichts ein Einverständnis entnehmen konnte (BGH StV 1987, 189) bzw. entnommen hat (BGH NStZ 1998, 476; vgl. aber BGHSt 37, 249 [kein Einverständnis, wenn der Vorsitzende erklärt, beim Ausbleiben brauche der Angeklagte nicht mit einem HB zu rechnen, vielmehr werde dann ohne ihn verhandelt]),
- **Fehlen** einer ordnungsgemäßen **Ladung** des Angeklagten (BGHSt 38, 271, 273),
- besondere **Konfliktslage**, z.B. wenn wegen der Nichterfüllung **unaufschiebbarer beruflicher Pflichten** aufgrund der Teilnahme an der HV der Angeklagte mit seiner Entlassung rechnen muss (zuletzt BGH StV 1984, 325; OLG Hamm NJW 1995, 207 [genügende Entschuldigung im Rahmen des § 329 bei einem Angeklagten, der gerade nach längerer Arbeitslosigkeit eine neue Arbeitsstelle bekommen hat und damit rechnen muss, diese zu verlieren, wenn er nicht zur Arbeit erscheint]),
- Fernbleiben des Angeklagten infolge eines **Krankenhausaufenthaltes** nach einem Unfall (KK-*Tolksdorf*, § 231 Rn. 4 m. Hinw. auf BGH-Beschl. v. 6.5.1976 – 4 StR 702/75; nicht hingegen nur wegen unbedeutender Unpässlichkeiten [OLG Stuttgart NJW 1967, 944]),

☝ Es besteht keine Pflicht des Angeklagten zur Duldung der **Verhandlung** am **Krankenbett** (*Kleinknecht/Meyer-Goßner*, § 213 Rn. 18; KK-*Tolksdorf*, § 231 Rn. 3 a.E. m.w.N.; a.A. *Laier* NJW 1977, 1139; offen gelassen von BGH NJW 1987, 2592).

- Fernbleiben des Angeklagten infolge unvorhergesehener Unmöglichkeit des rechtzeitigen **Rückflugs** vom **Urlaubsort** (BGH NStZ 1991, 28 [M/K]),

957
- **Strafhaft** des Angeklagten dann, wenn das Gericht von dem ihm möglichen Zwang zur Anwesenheit keinen Gebrauch macht (st.Rspr., vgl. BGHSt 25, 317, 319 [für Weigerung

des Angeklagten, gefesselt an einer Ortsbesichtigung teilzunehmen]; zuletzt BGH NStZ 1993, 446),

- **U-Haft in anderer Sache** (BGH NStZ 1997, 295; OLG Frankfurt StV 1987, 380), selbst dann, wenn das Gericht von der Haft nichts weiß und der Angeklagte bei seiner Verhaftung auf den Termin in anderer Sache nicht hinweist (offen gelassen von BGH, a.a.O.; abweichend aber BGH GA 1969, 281),
- **Verhandlungsunfähigkeit**, wenn sie die Beendigung des Verfahrens in vernünftiger Frist verhindert (BGH NJW 1981, 1052; s. aber u. Rn. 958),
- **verspätetes Erscheinen** des Angeklagten (BGH StV 1988, 185; NJW 1991, 1367 [wegen **Verschlafens**]; BGH NStZ-RR 2001, 333 [Irrtum über den Zeitpunkt des Beginns der HV]; s. aber BGH NStZ 1999, 418).

958

für Eigenmacht:

- ein ernsthafter **Selbstmordversuch**, der den Angeklagten verhandlungsunfähig macht (h.M., s.a. BGHSt 16, 178; NJW 1977, 1928; *Kleinknecht/Meyer-Goßner*, § 231 Rn. 17 m.w.N. auch zur a.A.),
- wenn der Angeklagte den Termin ohne zu billigenden Grund **vorsätzlich nicht** wahrnimmt (vgl. u.a. BGH NJW 1987, 2592; OLG Frankfurt StV 1987, 380),
- wenn der Angeklagte sich nach seiner Vernehmung zur Sache in einen die **Verhandlungsfähigkeit** ausschließenden Zustand versetzt (vgl. BGH NJW 1981, 1052; *Kleinknecht/Meyer-Goßner*, a.a.O.), so z.B. durch **Alkoholgenuss** (BGH NStZ 1986, 372; **vorher** gilt § 231a; → *Selbst herbeigeführte Verhandlungsunfähigkeit des Angeklagten*, Rn. 788).

959

b) Die Verhandlung darf nur dann ohne den Angeklagten stattfinden, wenn er **bereits** zur **Anklage vernommen** worden ist (→ *Vernehmung des Angeklagten zur Sache*, Rn. 1037). Ob er Angaben gemacht hat, ist ohne Belang (BGH NJW 1987, 2592 f.). Eine Verhandlung ohne den Angeklagten setzt aber nicht voraus, dass der Angeklagte über diese Möglichkeit zuvor belehrt worden ist (BGHSt 46, 81). Das hat vor allem für die Fälle der Fortsetzung der unterbrochenen Hauptverhandlung Bedeutung (siehe die Fallgestaltung bei BGH, a.a.O.).

c) Über die **Entbehrlichkeit** der weiteren Anwesenheit des Angeklagten **entscheidet** das **Gericht**, nicht der Vorsitzende allein.

☝ Die Entscheidung des Gerichts, ohne den Angeklagten weiterzuverhandeln, ist wegen § 305 S. 1 **nicht** mit der **Beschwerde** anfechtbar.

Dem Verteidiger bleibt nichts anderes, als mit der **Revision** (Verfahrensrüge) geltend zu machen, dass ein Fall von „Eigenmacht" nicht vorgelegen habe und deshalb der absolute Revisionsgrund des § 338 Nr. 5 vorliege (wegen der Einzelh. zur Revision s. *Kleinknecht/Meyer-Goßner*, § 231 Rn. 25).

☝ Hat die HV ohne den Angeklagten stattgefunden, kann er gegen ein gegen ihn ergangenes **Urteil** gem. § 235 **Wiedereinsetzung** in den vorigen Stand beantragen.

960 Ist das Gericht der Auffassung, dass die Anwesenheit des Angeklagten nicht notwendig ist, kann es **ohne Einschränkung** mit der HV **fortfahren**, also z.B. auch nach § 251 Abs. 1 Nr. 4 Niederschriften verlesen (→ *Verlesung von Protokollen früherer Vernehmungen*, Rn. 1017). In Abwesenheit des Angeklagten kann es auch Vorstrafen feststellen (BGHSt 27, 216; → *Feststellung von Vorstrafen des Angeklagten*, Rn. 486). Für einen → *Beweisverzicht*, Rn. 327, nach § 245 Abs. 1 S. 2 braucht schließlich das Einverständnis des Angeklagten nicht vorzuliegen (*Kleinknecht/Meyer-Goßner*, § 245 Rn. 9 m.w.N.; KK-*Herdegen*, § 245 Rn. 9). Auch kann das Verfahren nach § 153 ohne Zustimmung des Angeklagten **eingestellt** werden, und zwar sogar gegen den Widerspruch des Verteidigers (→ *Einstellung des Verfahrens nach § 153 wegen Geringfügigkeit*, Rn. 387). Es kann aber **kein rechtlicher Hinweis** erteilt werden (BGH MDR 1969, 360 [D]), es sei denn, der Verteidiger wirkt an der HV mit (§ 234a Abs. 1 Hs. 1; → *Vertretung des Angeklagten durch den Verteidiger*, Rn. 1097).

☝ Die Weiterverhandlung ist **solange** zulässig, wie das Gericht bei pflichtgemäßer Prüfung der Umstände davon ausgehen darf, dass die zur Anwendung des § 231 Abs. 2 führenden **Gründe fortbestehen** (OLG Düsseldorf StV 1997, 282).

961 **d) Kehrt** der Angeklagte in die **HV zurück**, muss er **nicht** über den wesentlichen Inhalt des zwischenzeitlichen Verhandlungsergebnisses **unterrichtet** werden (BGHSt 3, 187, 189; KK-*Tolksdorf*, § 231a Rn. 12; offen gelassen jetzt von BGH NStZ 1999, 256 [Unterrichtung hätte nahe gelegen]; a.A. *Rieß* JZ 1975, 271; s.a. *Kleinknecht/Meyer-Goßner*, § 231 Rn. 23 [Unterrichtung dann, wenn gem. § 244 zur Sachaufklärung notwendig]).

962 **3.a)** Nach **§ 232** kann das Gericht ohne den Angeklagten verhandeln, wenn er **ordnungsgemäß geladen** und in der Ladung darauf **hingewiesen** worden ist (vgl. dazu *Kleinknecht/Meyer-Goßner*, § 232 Rn. 5 m.w.N.), dass in seiner Abwesenheit verhandelt werden kann. Außerdem ist der Angeklagte darüber zu belehren, dass als Rechtsfolge nur **Geldstrafe** bis zu **180 Tagessätzen**, Verwarnung mit Strafvorbehalt, Fahrverbot, Verfall, Einziehung, Vernichtung oder Unbrauchbarmachung zu erwarten ist. Eine **höhere Strafe** oder eine Maßregel der Sicherung oder Besserung, wie z.B. Entzug der Fahrerlaubnis nach § 69 StGB, darf das

Gericht in diesem Fall **nicht** verhängen. Das Belehrungsgebot gilt auch für eine **Umladung**, es genügt nicht nur der Hinweis auf die in einer früheren Ladung enthaltene Belehrung (OLG Köln StV 1996, 12 m.w.N.).

☝ Das Gericht darf nur dann nach § 232 ohne den Angeklagten verhandeln, wenn er eigenmächtig, also **schuldhaft, ausgeblieben** ist (OLG Karlsruhe StraFo 2001, 415). Insoweit gelten die Ausführungen s.o. Rn. 955 ff. entsprechend. Dem eigenmächtigen Ausbleiben steht allerdings das **eigenmächtige Entfernen gleich**. Das Gericht kann dann die Verhandlung ohne den Angeklagten fortsetzen, auch wenn die Voraussetzungen des § 231 Abs. 2 (s.o. Rn. 955 ff.) nicht vorliegen.

Die **Voraussetzungen** an das Verschulden des Angeklagten sind **strenger** als bei **§ 329** (→ *Berufungsverwerfung wegen Ausbleiben des Angeklagten*, Rn. 216 ff.). Während dort jedes Verschulden des Angeklagten ausreicht, muss die Abwesenheit des Angeklagten i.S.v. § 232 Abs. 1 auf einer wissentlichen Verletzung der Anwesenheitspflicht beruhen (OLG Karlsruhe StraFo 2001, 415).

963 **b)** Die **HV** ohne den Angeklagten wird im Fall des § 232 nach den allgemeinen Regeln durchgeführt. Es gelten folgende **Besonderheiten**:

- Ein in der (verlesenen) Niederschrift enthaltener **Beweisantrag** gilt nicht als in der HV gestellt. Es findet für eine Ablehnung also nicht § 244 Abs. 3 Anwendung, sondern nur § 244 Abs. 2 (OLG Hamm JMBl. NW 1962, 203; Aufklärungspflicht des Gerichts!).
- Das Verfahren kann nach **§ 153** Abs. 2 S. 2 auch ohne Zustimmung des Angeklagten **eingestellt** werden (→ *Einstellung des Verfahrens nach § 153 wegen Geringfügigkeit*, Rn. 387).
- Der Verteidiger kann die in **§ 234a** aufgeführten **Erklärungen** abgeben (s. die Aufzählung bei → *Vertretung des Angeklagten durch den Verteidiger*, Rn. 1094).
- Werden **Hinweise** nach **§ 265 Abs. 1, 2 notwendig**, können sie dem Verteidiger erteilt werden, wenn er an der HV teilnimmt (§ 234a; → *Vertretung des Angeklagten durch den Verteidiger*, Rn. 1097), sonst muss die **HV abgebrochen** und fortgesetzt werden, nachdem dem Angeklagten der Hinweis erteilt worden ist.
- Existiert eine **richterliche Beschuldigtenvernehmung** des Angeklagten, muss diese gem. § 232 Abs. 3 **verlesen** werden, sofern der Angeklagte nicht gem. § 234 durch einen Verteidiger vertreten wird (*Kleinknecht/Meyer-Goßner*, § 232 Rn. 15 m.w.N.; → *Vertretung des Angeklagten durch den Verteidiger*, Rn. 1094). Niederschriften über Zeugenvernehmungen des Angeklagten in anderen Verfahren dürfen nicht verlesen werden.

964 **c) Erscheint** der Angeklagte **nachträglich** in der HV, muss der Vorsitzende ihn zur Person und zur Sache **vernehmen** und ihm das bisherige **Verhandlungsergebnis mitteilen**. Die HV braucht aber nicht wiederholt zu werden (*Kleinknecht/Meyer-Goßner*, § 232 Rn. 21 m.w.N.).

☝ Wenn der Angeklagte nachträglich erscheint, ist das Gericht **nicht** mehr an die (Rechtsfolgen-)**Beschränkungen** des § 232 Abs. 1 S. 1 **gebunden**. Es kann also eine höhere Strafe verhängen.

d) Ist gem. § 232 ohne den Angeklagten verhandelt worden, kann er unabhängig von der Anfechtung eines Urteils mit der Berufung oder der Revision nach **§ 235 Wiedereinsetzung** in den vorigen Stand beantragen. Voraussetzung ist, dass er den Termin ohne Verschulden nicht wahrgenommen hat (→ *Verhandlung ohne den Angeklagten, Wiedereinsetzung und Berufung*, Rn 965b).

965 **4.** Ohne den Angeklagten kann auch dann verhandelt werden, wenn er gem. **§ 233** vom **Erscheinen** in der HV **entbunden** worden ist (→ *Entbindung des Angeklagten vom Erscheinen in der Hauptverhandlung*, Rn. 424).

965a **5.** Zu den Fällen der Verhandlung ohne den Angeklagten, wenn es sich nur um eine **vorübergehende Abwesenheit** handelt, siehe → *Beurlaubung des Angeklagten von der Hauptverhandlung*, Rn. 247, mit Antragsmuster, Rn. 249 und → *Entfernung des Angeklagten aus der Hauptverhandlung*, Rn. 435.

Siehe auch: → *Anwesenheitspflicht des Angeklagten*, Rn. 89, m.w.N.

965b Verhandlung ohne den Angeklagten, Wiedereinsetzung und Berufung

Literaturhinweise: siehe die Hinw. bei → *Berufung, Allgemeines*, Rn. 178a.

1.a) In zwei Fällen sieht die StPO **ausnahmsweise** die Verurteilung des Angeklagten aufgrund einer **HV** vor, an der er **nicht teilgenommen** hat. Dies ist zum einen der Fall des § 232 (vgl. dazu → *Verhandlung ohne des Angeklagten*, Rn. 962 ff.). Zum anderen handelt es sich um den Fall des § 412, wenn der Angeklagte in der auf seinen Einspruch gegen einen Strafbefehl anberaumten HV unentschuldigt nicht erschienen ist und auch nicht durch einen Verteidiger vertreten wurde (vgl. dazu → *Strafbefehlsverfahren*, Rn. 824 ff.).

☝ In beiden Fällen hat der Angeklagte die Möglichkeit, gegen das ergangene Urteil nicht nur **Berufung** einzulegen, sondern gem. § 235 Abs. 1 S. 1 bzw. gem. § 412 S. 1 i.V.m. § 329 Abs. 3 unter den Voraussetzungen der §§ 44, 45 auch **Wiedereinsetzung** in den vorigen Stand zu beantragen (vgl. dazu allgemein *Burhoff*, EV, Rn. 2055).

b) Sowohl für die Berufung als auch für die Wiedereinsetzung in den vorigen Stand gilt nach §§ 314 Abs. 1, 45 Abs. 1 eine **Frist** von **einer Woche**. Beide Fristen fallen zusammen, da sie jeweils nach Urteilszustellung zu laufen beginnen (siehe einerseits § 314 Abs. 2 und dazu → *Berufungsfrist*, Rn. 182k, und andererseits §§ 235 Abs. 1, 412, 329 Abs. 3). § 315 Abs. 1 stellt klar, dass die Frist zur Einlegung der Berufung nicht dadurch aufgeschoben ist, bis über einen Wiedereinsetzungsantrag entschieden ist (KK-*Ruß*, § 315 Rn. 1). **965c**

☝ Mit der **Berufungseinlegung** darf in diesen Fällen also **nicht gewartet** werden, bis über die Wiedereinsetzung entschieden ist. Es empfiehlt sich daher ein gleichzeitiger Antrag (s.u. Rn. 965e und das Antragsmuster bei Rn. 965f).

2. Der Verteidiger wird i.d.R. nach § 315 Abs. 2 vorgehen und **gleichzeitig Wiedereinsetzung** in den vorigen Stand beantragen und **Berufung** einlegen. Das hat nicht nur den **Vorteil**, dass eine Versäumung der Berufungsfrist ausgeschlossen ist. Vielmehr wird vom „iudex a quo" zunächst über das Wiedereinsetzungsgesuch entschieden. Wird dem stattgegeben, findet eine neue HV 1. Instanz statt, die Berufung ist gegenstandslos (KK-*Ruß*, § 315 Rn. 2 m.w.N.). Damit erreicht der Angeklagte eine neue HV in der ersten Tatsacheninstanz und nicht sogleich den Übergang in das Berufungsverfahren. Erst wenn das Wiedereinsetzungsgesuch verworfen wird, wird das Berufungsverfahren durchgeführt und muss das Gericht 1. Instanz die Zulässigkeit der Berufung prüfen (→ *Berufung, Zulässigkeit*, Rn. 219a). **965d**

☝ Vorteilhaft ist außerdem noch, dass der Verteidiger im Fall der **Verwerfung** des **Wiedereinsetzungsantrags** dagegen sofortige Beschwerde einlegen kann.

3.) Für das Zusammentreffen von Wiedereinsetzungsantrag und Berufung muss der Verteidiger noch auf Folgendes **achten**: **965e**

- Die **zusammen** mit dem **Wiedereinsetzungsantrag** eingelegt **Berufung** gilt nach § 315 Abs. 2 zwar nur für den Fall der Verwerfung des Wiedereinsetzungsantrags. Daraus wird jedoch nicht geschlossen, dass auf die Berufung verzichtet wird, wenn sie nicht zugleich mit dem Wiedereinsetzungsantrag eingelegt wird.

  ☝ Die **Berufungseinlegung** kann also innerhalb der Frist des § 314 Abs. 2 noch **nachgeholt** werden.

  ☝ Die Berufung bleibt i.Ü. auch wirksam, wenn der Wiedereinsetzungsantrag später **zurückgenommen** werden sollte (KK-*Ruß*, § 316 Rn. 2).

- Legt der Angeklagte hingegen **Berufung** ein, **ohne** zugleich auch ein **Wiedereinsetzungsgesuch** zu stellen, gilt dies nach § 315 Abs. 3 als Verzicht auf die Wiedereinsetzung. Dieser Verzicht ist endgültig und bleibt auch wirksam, wenn die Berufung zurückgenommen wird (KK-*Ruß*, § 315 Rn. 2).
- Ist die Erklärung des Verteidigers mehrdeutig, wird i.d.R. davon auszugehen sein, dass sowohl Wiedereinsetzung in den vorigen Stand beantragt als auch Berufung eingelegt worden ist (LR-*Gollwitzer*, § 316 Rn. 6).

965f

4. Muster für Wiedereinsetzungsantrag und gleichzeitig eingelegte Berufung

☝ Bei dem **Wiedereinsetzungsgesuch** nach den §§ 235 Abs. 1, 412 S. 1 handelt es sich um einen „**normalen**“ **Antrag** auf Wiedereinsetzung in den vorigen Stand, d.h. der Antrag ist wie jeder Wiedereinsetzungsantrag gem. §§ 44, 45 zu begründen, die vorgetragenen (Entschuldigungs-)Tatsachen sind glaubhaft zu machen (wegen der Einzelh. *Burhoff*, EV, Rn. 2050).

An das
Amtsgericht
Musterstadt

In dem Strafverfahren
gegen H. Muster
Az.: . . .

wird

1. gegen das auf Ausbleiben des Angeklagten am 15. Oktober 2002 ergangene Urteil des Amtsgerichts Musterstadt, zugestellt am 29. Oktober 2002, Wiedereinsetzung in den vorigen Stand beantragt,

2. zugleich gegen das am 15. Oktober 2002 verkündete Urteil Berufung eingelegt.

Begründung:

Dem Angeklagten ist wegen der Nichtteilnahme an der Hauptverhandlung vom 15. Oktober 2002 gemäß §§ 235 Abs. 1, 44, 45 StPO Wiedereinsetzung in den vorigen Stand zu gewähren. Er konnte an der HV nicht teilnehmen, weil (hier erfolgt die Begründung des Wiedereinsetzungsantrags). Zur Glaubhaftmachung beziehe ich mich auf [....]

Dem Antrag auf Wiedereinsetzung ist daher stattzugeben und ein neuer Termin zur Hauptverhandlung anzuberaumen.

Rechtsanwalt

Siehe auch: → *Berufung, Allgemeines*, Rn. 178a, m.w.N., → *Strafbefehlsverfahren*, Rn. 824, → *Verhandlung ohne den Angeklagten*, Rn. 965.

Verhandlungsfähigkeit

966

Literaturhinweise: ***Cabanis***, Verhandlungs- und Vernehmungs(un)fähigkeit, StV 1984, 87; ***Fiegenbaum/Raabe***, Verhandlungs-, Haft- und Schuldfähigkeit bei Patienten mit Angst- bzw. Panikstörungen, StraFo 1997, 97; ***Fischer/Gauggel/Lämmler***, Möglichkeiten der neurologischen Prüfung der Verteidigungsfähigkeit, NStZ 1994, 316; ***Gatzweiler***, Der Sachverständige zur Beurteilung der Verhandlungsfähigkeit bzw. Verhandlungsunfähigkeit, StV 1989, 167; ders., Tendenzen in der neueren Rechtsprechung zu Fragen der Verhandlungsfähigkeit bzw. Verhandlungsunfähigkeit, in: Festgabe für den Strafverteidiger *Heino Friebertshäuser*, S. 277; ***Rath***, Zum Begriff der Verhandlungsfähigkeit im Strafverfahren, GA 1997, 214; ***Widmaier***, Verhandlungs- und Verteidigungsfähigkeit – Verjährung und Strafmaß; zu den Entscheidungen des BGH und des BVerfG im Revisionsverfahren gegen *Erich Mielke*, NStZ 1995, 361.

966a

1. Die HV darf nur gegen einen verhandlungsfähigen Angeklagten durchgeführt werden. Der Angeklagte ist verhandlungsfähig, wenn er in der Lage ist, in oder außerhalb der Verhandlung seine **Interessen** vernünftig **wahrzunehmen**, die **Verteidigung** in verständiger und verständlicher Weise zu **führen**, Prozesserklärungen abzugeben und entgegenzunehmen (st.Rspr., zuletzt BGHSt 41, 72 m.w.N. [für das Revisionsverfahren]; NStZ 1996, 242; s. dazu BVerfG NJW 1995, 1951; NStZ-RR 1996, 38; NStZ 2002, 101; *Kleinknecht/Meyer-Goßner*, Einl. Rn. 97; krit. *Rath* GA 1997, 214). Je nach den Anforderungen für die anstehenden Prozesshandlungen kann eine unterschiedliche Beurteilung erforderlich sein, u.U. kann also auch ein Geisteskranker oder ein Taubstummer verhandlungsfähig sein. Zu berücksichtigen ist die **mutmaßliche Dauer** der HV, so dass z.B. bei einem (kranken) Angeklagten für eine zu erwartende Verhandlungsdauer von einem Jahr Verhandlungsfähigkeit nicht (mehr), bei einer nur eintägigen HV hingegen (noch) Verhandlungsfähigkeit gegeben sein kann. Entscheidend ist, dass der Angeklagte sich im **gesamten Zeitraum** der HV in einem solchen Zustand geistiger Klarheit und Freiheit befindet, dass das Gericht mit ihm strafgerichtlich verhandeln kann (OLG Karlsruhe NJW 1978, 601; LG Berlin StraFo 1999, 304; s. zur Verhandlungsunfähigkeit im Einzelnen die Beispiele und Ausführungen bei *Cabanis* StV 1984, 87 ff. m.w.N.; *Gatzweiler*, S. 278 ff.).

967

2. Bei **Volljährigen** entfällt die Verhandlungsfähigkeit i.d.R. nur infolge **schwerer körperlicher** oder **seelischer Mängel** oder **Krankheiten** (BGHSt 23, 311; BGH NStZ 1988, 213 [M]). Das kann auch dann der Fall sein, wenn aufgrund **konkreter Anhaltspunkte** zu befürchten ist, der Angeklagte werde bei Fortführung der HV sein Leben einbüßen oder **schwerwiegende Dauerschäden** an seiner Gesundheit erleiden (BVerfG NJW 1979, 2349; s. auch das Krankheitsbild bei AG Bensheim StraFo 1997, 274; LG Berlin StraFo 1999, 304; LG Hamburg StraFo 1999, 354 und LG Konstanz NJW 2002, 911, jeweils zur (verneinten) Verhandlungsfähigkeit eines HIV-Infizierten). Allein die bloße Möglichkeit einer lebensgefährdenden Erkrankung oder des Eintritts gesundheitlicher Schäden reicht nicht aus (BVerfG NStZ 2002, 101 [erforderlich die nicht unerheblich unterhalb einer mit an Sicherheit grenzender Wahrscheinlichkeit]; OLG Frankfurt NJW 1969, 570).

Die Verhandlungsfähigkeit kann auch nur **teilweise eingeschränkt** sein, so etwa wenn der Angeklagte nur jeweils einige Stunden an einer HV teilnehmen kann, ohne schwerwiegende gesundheitliche Dauerschäden zu erleiden. Der eingeschränkten Verhandlungsfähigkeit kann und muss durch **angepasste Verhandlungsführung**, z.B. durch eine zeitlich begrenzte HV, durch häufige Pausen, Unterbrechungen und/oder ärztliche Aufsicht begegnet werden (OLG Celle Nds.Rpfl. 1983, 125; OLG Karlsruhe, a.a.O. [hohe Wahrscheinlichkeit der Verschlechterung einer bereits bestehenden Herzerkrankung]; s.a. BGH NStZ-RR 1999, 33 [K]).

☝ Der Angeklagte ist grds. nicht verpflichtet, zur Herstellung seiner Verhandlungsfähigkeit einen nicht unerheblichen **Eingriff** bei sich **vornehmen** zu lassen (BVerfG NJW 1994, 1590; BGH StV 1992, 553; s. aber OLG Nürnberg NJW 2000, 1804; → *Selbst herbeigeführte Verhandlungsunfähigkeit*, Rn. 789).

968 **3.** Ist der Angeklagte **endgültig verhandlungsunfähig**, liegt ein **Verfahrenshindernis** vor, das zur endgültigen Einstellung des Verfahrens nach § 206a, bei nur vorübergehender Verhandlungsunfähigkeit zur vorläufigen Einstellung nach § 205 führt (*Kleinknecht/Meyer-Goßner*, § 205 Rn. 1; → *Einstellung des Verfahrens nach § 205 wegen Abwesenheit des Angeklagten*, Rn. 410; → *Einstellung des Verfahrens nach § 206a bei Verfahrenshindernissen*, Rn. 414; dazu a. BGH NStZ 1996, 242 [Verhandlungsunfähigkeit muss aber sicher feststehen]; zur Einstellung nach § 205 im Ermittlungsverfahren *Burhoff*, EV, Rn. 764 ff., 771 m.w.N.).

4. Hinweise für den Verteidiger!

969 **a)** Der Verteidiger muss die Verhandlungsfähigkeit seines Mandanten in jeder Lage des Verfahrens sorgfältig **prüfen**. Zweifel daran wird er **unmittelbar**, nachdem sie aufgetreten sind, spätestens zu Beginn der HV, **vorbringen**. Er muss berücksichtigen, dass die Verhandlungsunfähigkeit nachträglich nur schwer zu beweisen ist, vor allem, wenn sie in der HV nicht geltend gemacht wurde (s. BGHSt 36, 119 [Fall Weimar]).

Nach Möglichkeit sollte der Verteidiger vor Beginn der HV durch **Kontaktaufnahme** mit dem **Gericht** klären, wie auf eine nur eingeschränkte Verhandlungsfähigkeit des Angeklagten, z.B. bei Schwerhörigkeit, Rücksicht genommen werden soll.

☝ Behauptet der Angeklagte, er sei verhandlungsunfähig, wird der Verteidiger, bevor er sich deshalb an das Gericht wendet, immer sorgfältig darauf achten, ob der Angeklagte die (behauptete) Verhandlungsunfähigkeit ggf. selbst **absichtlich herbeigeführt** hat (wegen der Einzelh. vgl. → *Selbst herbeigeführte Verhandlungsunfähigkeit*, Rn. 788). Ist das der Fall, darf er das Bestreben des Angeklagten, sich dem Verfahren zu entziehen oder den Fortgang des Verfahrens zu verschleppen, **nicht unterstützen** oder fördern. Anderenfalls macht er sich ggf. selbst wegen Strafvereitelung nach **§ 258 StGB** strafbar (→ *Verteidigerhandeln und Strafrecht*, Rn. 1085) oder ihm droht der Ausschluss vom Verfahren nach §§ 138a ff..

970

b) Tauchen die **Zweifel** an der Verhandlungsfähigkeit erst **während** der **HV** auf, muss der Verteidiger **unverzüglich** durch geeignete Anregungen an das Gericht dafür sorgen, dass auf den (beeinträchtigten) Gesundheitszustand seines Mandanten **Rücksicht** genommen wird. Er wird also zumindest eine Pause beantragen, um mit seinem Mandanten das weitere Vorgehen in Ruhe besprechen zu können. Er muss dann auch sorgfältig prüfen, ob der Mandant (noch) in der Lage ist, der HV weiter zu folgen, oder ob er sich ggf. zu viel zumutet, weil er die HV hinter sich bringen will. Bei schwerwiegenden Beeinträchtigungen muss der Verteidiger die Unterbrechung oder sogar **Aussetzung** der HV beantragen (→ ***Unterbrechung** der HV*, Rn. 873).

☝ Der Grundsatz „**in dubio pro reo**" gilt für die Frage der Verhandlungsfähigkeit **nicht** schlechthin (BGH NStZ 1988, 213 [M]; *Kleinknecht/Meyer-Goßner*, § 261 Rn. 34). Hat das Gericht jedoch **Zweifel** an der Verhandlungsfähigkeit, darf es **keine HV** durchführen oder fortsetzen (BGH NStZ 1996, 242 m.w.N.).

Der Verteidiger wird, wenn die Verhandlungsunfähigkeit des Angeklagten nicht eindeutig ist, ggf. **beantragen** (müssen), zur Beurteilung der Verhandlungsfähigkeit seines Mandanten ein **SV-Gutachten** einzuholen (vgl. dazu *Gatzweiler* StV 1989, 167 ff. [insbesondere zu den Auswahlkriterien für den zu beauftragenden SV und mit dem Rat, sich möglichst **nicht** an einen **Gerichtsmediziner** zu wenden]; s.a. *Fischer/Gaugel/Lämmler* NStZ 1994, 316 ff.).

971

☝ **Lehnt** der Vorsitzende eine beantragte Unterbrechung oder die Aussetzung der HV ab, muss der Verteidiger diese Maßnahme der → *Verhandlungsleitung*, Rn. 972, nach **§ 238 Abs. 2** beanstanden, um den für die **Revision** (§ 338 Nr. 8) erforderlichen Gerichtsbeschluss zu erlangen.

Die **Feststellung** der Verhandlungsfähigkeit erfolgt im → ***Freibeweisverfahren,*** Rn. 502. Nach LG Berlin (NJ 1994, 591) kann sich das Gericht zur Klärung der anstehenden Fragen auf jede beliebige Weise Gewissheit verschaffen, also auch durch direkte Befragung des Angeklagten. §§ 81, 81a sind anwendbar (s. aber BVerfG NStZ-RR 1996, 38). Die Feststellung ist **kein wesentlicher** Teil der **HV** i. S. d. § 338 Nr. 5. Der Verteidiger kann in der Revision also nicht rügen, der Angeklagte sei während der „Beweiserhebung" über seine Verhandlungsfähigkeit nicht verhandlungsfähig gewesen (BGH NStZ 1994, 228 [K]).

972 Verhandlungsleitung

Literaturhinweise: ***Ebert***, Zum Beanstandungsrecht nach Anordnungen des Strafrichters gem. § 238 Abs. 2 StPO, StV 1997, 269; ***Fuhrmann***, Verwirkung des Rügerechts bei nicht beanstandeten Verfahrensverletzungen des Vorsitzenden, NJW 1963, 1230; ***Greiser***, Störungen und Sabotageversuche in der Hauptverhandlung, JA 1983, 429; ***Greiser/Artkämper***, Die „gestörte" Hauptverhandlung – Eine praxisorientierte Fallübersicht, 3. Aufl., 2001; ***Kindhäuser***, Rügepräklusion durch Schweigen im Strafverfahren, NStZ 1987, 529; ***König***, Mangelhafte Verhandlungsleitung, AnwBl. 1997, 94; ***Maatz***, Mitwirkungspflicht des Verteidigers in der Hauptverhandlung und Rügeverlust, NStZ 1992, 512; ***Roesen***, Die Stellung des Vorsitzenden in der Hauptverhandlung, NJW 1958, 977; ***Schlüchter***, Wider die Verwirkung von Verfahrensrügen, in: Gedächtnisschrift für *Karlheinz Meyer*, S. 445; ***Schmidt***, Zur Anrufung des Gerichts gegen den Vorsitzenden (§ 238 StPO), in: Festschrift für *Mayer*, S. 543; ***Schuhmacher***, Die Hauptverhandlung als gruppendynamischer Prozeß, StV 1995, 442; ***Senge***, Missbräuchliche Inanspruchnahme verfahrensrechtlicher Gestaltungsmöglichkeiten – wesentliches Merkmal der Konfliktverteidigung? Abwehr der Konfliktverteidigung, NStZ 2002, 225; ***Weiler***, Die Beeinträchtigung der Verteidigung durch Gerichtsbeschluss in einem wesentlichen Punkt als absoluter Revisionsgrund, NStZ 1999, 105; ***Wesemann***, Beanstandungs- und Erklärungsrecht zur Schaffung von Freiräumen der Verteidigung, StraFo 2001, 293; ***Widmaier***, Mitwirkungspflicht des Verteidigers in der Hauptverhandlung und Rügeverlust?, NStZ 1992, 519; s. a. die Hinw. bei → *Verwirkung von Verteidigungsrechten*, Rn. 1122, und bei → *Widerspruchslösung*, Rn. 1166a.

972a **1.** Die gesamte Prozessleitung ist nach § 238 Abs. 1 **Aufgabe** des **Vorsitzenden** (*Kleinknecht/Meyer-Goßner*, § 238 Rn. 1 m.w.N.; zur mangelhaften Verhandlungsleitung *König* AnwBl. 1997, 94 ff.). Das gilt insbesondere für die Vernehmung des Angeklagten und die Aufnahme der Beweise.

Zur sog. Verhandlungsleitung gehören **alle Maßnahmen** zur **Durchführung** der **HV**, so dass der Vorsitzende die HV eröffnet, ihren Ablauf unter Beachtung der vom Gesetz vorgegebenen Förmlichkeiten leitet und sie schließt. Der Vorsitzende bestimmt auch, wem er das Wort erteilt und wem er es entzieht (→ *Fragerecht, Allgemeines*, Rn. 490, m.w.N.). Er muss Anträge nicht jederzeit entgegennehmen, sondern kann Antragsteller auf einen späteren Verfahrensabschnitt verweisen (LG Berlin NJ 1996, 209). Der Vorsitzende hat schließlich auch die → *Sitzungspolizei*, Rn. 805, inne.

☝ Macht der **Angeklagte** sich vom Ablauf der Verhandlung oder von Zeugenaussagen **Aufzeichnungen,** kann der Vorsitzende dies **nicht unterbinden**, solange es angemessenes Mittel zur Verteidigung bleibt (a.A. BGHSt 1, 322; krit. LR-*Gollwitzer*, § 238 Rn. 9; KK-*Tolksdorf*, § 238 Rn. 4; s.a. → *Mitschreiben in der Hauptverhandlung*, Rn. 610). Das einfache Mitschreiben wird der Vorsitzende daher i.d.R. nicht verbieten können. Etwas anderes gilt, wenn der Angeklagte während der HV in ein mitgeführtes Diktatgerät diktieren will.

973 **2.** Der **Vorsitzende** muss die Verhandlung **persönlich** leiten. Er darf die Aufgaben grds. weder ganz noch teilweise einem anderen Gerichtsmitglied übertragen (BGH MDR 1994, 764 [H]; *Kleinknecht/Meyer-Goßner*, § 238 Rn. 8). Bei der Erhebung des **Urkundenbeweises** kann er jedoch einen Beisitzer oder auch den Protokollführer die Urkunden verlesen lassen (*Kleinknecht/Meyer-Goßner*, § 249 Rn. 15; → *Urkundenbeweis, Allgemeines*, Rn. 884, m.w.N.). Ist der Vorsitzende infolge **gesundheitlicher Beeinträchtigung** vorübergehend gehindert, den Vorsitz zu führen, kann er sich für verhindert erklären (§ 21f GVG). Dann kann er aber dennoch als Beisitzer an der HV teilnehmen (*Kleinknecht/Meyer-Goßner*, § 238 Rn. 8 m.w.N.), so z.B., wenn er wegen Heiserkeit am Sprechen gehindert ist (s.a. BGH, a.a.O. [Verhinderung wegen erforderlicher Hochlagerung eines Beins und dadurch bedingte schwere Erreichbarkeit der Akten]).

974 **3.** Nach § 238 Abs. 2 kann von jeder an der Verhandlung beteiligten Person eine auf die **Sachleitung** bezogene Maßnahme des Vorsitzenden als unzulässig **beanstandet** werden (s. dazu *Senge* NStZ 2002, 232 im Hinblick auf die teilweise rechtsmissbräuchliche Handhabung des Beanstandungsrechts).

☝ **§ 238** Abs. 2 gilt nach überwiegender Ansicht in der Lit. **auch** für das Verfahren vor dem **Strafrichter** (§ 25 GVG), obwohl hier Vorsitzender und Gericht identisch sind (*Kleinknecht/Meyer-Goßner*, § 238 Rn. 18 m.w.N.; OLG Düsseldorf StV 1996, 252 m.w.N.; krit. *Ebert* StV 1997, 369; ders. NStZ

1997, 565 in der Anm. zu OLG Düsseldorf, a.a.O.; a.A. BayObLG VRS 24, 300; OLG Köln MDR 1955, 311; NJW 1957, 1373 [jeweils für unterlassene Beanstandung der [Nicht-]Vereidigung]).

Über diese Beanstandung entscheidet dann das **Gericht** durch **Beschluss**.

☝ Der Begriff „auf die Sachleitung bezogene Anordnungen“ ist **weit** zu verstehen. Darunter fallen **alle Maßnahmen**, mit denen der Vorsitzende auf den **Ablauf** des Verfahrens und die **Verfahrensbeteiligten einwirkt** (*Kleinknecht/Meyer-Goßner*, § 238 Rn. 11; KK-*Tolksdorf*, § 238 Rn. 6, jeweils m.w.N.). Gemeint ist mit diesem Begriff nach h.M. dasselbe wie mit dem Begriff „Verhandlungsleitung“ in § 238 Abs. 1. Darunter fallen nicht nur Anordnungen im wörtlichen Sinn, sondern auch alle Belehrungen, Hinweise, Ermahnungen und Fragen (s.u. die Beispiele).

(Die Randnummern 975 – 977 sind zur Zeit nicht belegt).

978 **a)** Zur Sachleitung folgende

Beispiele (s. KK-*Tolksdorf*, § 238 Rn. 8 m. Hinw. auf die n.v. Rspr. des BGH):

bejaht

- für die **Ablehnung** des **Einwands** des Angeklagten, er könne wegen Schwerhörigkeit der HV nicht folgen,
- für die nicht ausreichende **Anhörung** des Angeklagten,
- bei einem → ***Auskunftsverweigerungsrecht***, Rn. 118, nach § 55 die Entscheidung über das Bestehen der Gefahr strafgerichtlicher Verfolgung (BGHSt 10, 104),
- für die nicht ausreichende Einräumung von Gelegenheit zu **Besprechungen** zwischen dem Angeklagten und dem Verteidiger,
- hinsichtlich der→ ***Entlassung*** von ***Zeugen*** *oder Sachverständigen*, Rn. 446 (BGH StV 1985, 355; 1996, 248),
- für die **Entziehung** des **Wortes**,
- für die **Hinzuziehung** einer einem behinderten Zeugen **vertrauten Person**, wenn eine mündliche Verständigung unmittelbar mit dem Zeugen nicht möglich ist (BGHSt 43, 62),
- für die Anordnung, die **HV fortzusetzen**, nachdem der Angeklagte eingewandt hat, übermüdet zu sein,
- für das Untersagen des Vorlesens des schriftlich niedergelegten **Letzten Wortes** (BGHSt 3, 368; → *Letztes Wort des Angeklagten*, Rn. 604),

979

- **ggf**. Maßnahmen der → ***Sitzungspolizei***, Rn. 805 ff.,
- für die Anordnung einer kurzfristigen → ***Unterbrechung** der Hauptverhandlung*, Rn. 873,
- für die **Unterbrechung/Vernehmungsmethode** der → *Vernehmung des Angeklagten zur Sache*, Rn. 1037 (BGH NStZ 1997, 198; 2000, 549),
- für die Anordnung, dass ein Zeuge aus einem der in den §§ 60, 61 genannten Gründe **unvereidigt** bleibt (→ *Vereidigungsverbot*, Rn. 940; → *Vereidigungsverzicht*, Rn. 949; s.a. BGH StV 1996, 2),
- für die Anordnung der **Verlesung** einer Urkunde (BGHSt 19, 273),
- für die **Vorhalte** an einen Zeugen (BGHSt 1, 322),
- für die **Verweisung** eines **Zuhörers** aus dem Sitzungssaal, wenn dieser ggf. als Zeuge in Betracht kommt (BGH NStZ 2001, 163; StV 2002, 6),
- für die **Weigerung,** nach → *Schluss der Beweisaufnahme*, Rn. 783, noch **Beweisanträge entgegenzunehmen** (BGH NJW 1992, 3182 [Ls.]),
- für die **Worterteilung** an Prozessbeteiligte (vgl. BGH VRS 48, 18 [für Nebenkläger und Zeugen während der Vernehmung des Angeklagten zur Sache]).

verneint

979a

- für Anordnung, dass der Angeklagte **gefesselt** bleiben soll (BGH NJW 1957, 271; → *Fesselung des Angeklagten*, Rn. 484),
- für **Pflichtverteidiger**bestellung bzw. Ablehnung der Entpflichtung (BGHSt 39, 310; NJW 1992, 850),
- für Feststellung, dass ein **Richter verhindert** ist und deshalb ersetzt werden müsse (BGHSt 35, 366 f.),
- **ggf**. bei Maßnahmen der → ***Sitzungspolizei***, Rn. 805 ff. (BGHSt 10, 202 [für § 176 GVG]).

980

b) Zur Beanstandung **berechtigt** sind **alle Prozessbeteiligten**, die von der Anordnung des Vorsitzenden betroffen sind, also auch Zeugen und SV wegen der an sie gerichteten Fragen. Eine bestimmte **Form** ist für die Beanstandung **nicht** vorgesehen. Es reicht jedes ausdrückliche oder schlüssige Verhalten, aus dem sich ergibt, dass eine Gerichtsentscheidung verlangt wird (*Kleinknecht/Meyer-Goßner*, § 238 Rn. 16).

☝ Da § 238 Abs. 2 nur die Beanstandung der Maßnahme als unzulässig zulässt, reicht es nicht aus, wenn nur vorgetragen wird, eine Maßnahme sei unzweckmäßig oder unangebracht. Der Verteidiger muss vielmehr **dartun**, dass die beanstandete **Maßnahme** des Vorsitzenden **gegen gesetzliche** Vorschriften oder **ungeschriebene Verfahrensgrundsätze** verstößt oder ein **Ermessensmissbrauch** vorliegt und der Antragsteller dadurch **beschwert** wird (*Kleinknecht/Meyer-Goßner*, § 238 Rn. 13, 16 m.w.N.). Der Verteidiger sollte seine Beanstandung auf jeden Fall **begründen** und so versuchen, mit dem Vorsitzenden in ein Rechtsgespräch über die beanstandete Maßnahme zu kommen (*Wesemann* StraFo 2001, 297). Mit einer Begründung der Beanstandung kann zudem dem Eindruck/Vorwurf der „Konfliktverteidigung" entgegengewirkt werden (*Senge* NStZ 2002, 232).

981 c) Das Gericht entscheidet über die Beanstandung durch **Beschluss**, der ebenso wie die Beanstandung selbst nach § 273 Abs. 1 in das → ***Protokoll** der Hauptverhandlung*, Rn. 713, aufgenommen werden muss. Der Beschluss ist spätestens vor Beginn der → *Urteilsverkündung*, Rn. 920, bekannt zu machen.

☝ Nach st.Rspr. des BGH haben in der **Revision** Verfahrensrügen, mit denen Sachleitungsanordnungen des Vorsitzenden beanstandet werden, grds. dann **keinen Erfolg**, wenn **nicht** gem. **§ 238 Abs. 2** das Gericht angerufen worden ist (so schon BGHSt 1, 322, 325; zuletzt BGH StV 1996, 2; NStZ 1997, 198; OLG Düsseldorf StV 1996, 252; KK-*Tolksdorf*, § 238 Rn. 17; *Kleinknecht/Meyer-Goßner*, § 238 Rn. 22 jeweils m.w.N.; s.a. *Burhoff* StV 1997, 432, 436 [Verteidigerfehler]; krit. *Ebert* StV 1997, 270). Das gilt aber nicht für den Angeklagten, der keinen Verteidiger hatte (*Kleinknecht/Meyer-Goßner*, a.a.O.; KK-*Tolksdorf*, a.a.O.; OLG Koblenz StV 1992, 263; OLG Köln NStZ-RR 1997, 366). Der Verteidiger darf daher, wenn er sich Verfahrensrügen erhalten will, nicht versäumen, von ihm als unzulässig angesehene Maßnahmen des Vorsitzenden zu beanstanden.

Ist der Verteidiger mit einer Maßnahme der Verhandlungsleitung **nicht einverstanden**, darf er **nicht** die Sitzung **stören** (→ *Sitzungspolizei*, Rn. 810 ff.).

Ausnahmsweise kann das Unterlassen der Herbeiführung einer Entscheidung nach § 238 Abs. 2 unschädlich sein, wenn der Vorsitzende eine von Amts wegen gebotene **unverzichtbare Maßnahme unterlassen** hat, so z.B. wenn seine Anordnung der Nichterteilung des letzten Wortes gleichkommt (BGHSt 3, 368) oder wenn über die Vereidigung eines Zeugen oder SV nicht entschieden worden ist (BGH StV 1996, 2 [SV]; NStZ-RR, 1997, 302 [Zeugen]; OLG Hamm NJW 1972, 1531 [Zeugen]; → *Vereidigung eines Zeugen*, Rn. 938; s.a. BGHSt 38, 260 [für nicht erfolgende Unterrichtung des Angeklagten im Fall des § 247]). Dann liegt nämlich hierin ein Verfahrensverstoß, der nach § 337 gerügt werden kann. Eine Verwirkung der Verfahrensrüge scheidet ferner aus, wenn der Vorsitzende sich über **Verfahrensvorschriften hinwegsetzt**, die keinen Ermessensspielraum zulassen (BGHSt 42, 73 [für unzutreffenden Hinweis des Vorsitzenden auf eine angebliche → *Entbindung von der Schweigepflicht*,

Rn. 427, gegenüber einem nach § 53 zeugnisverweigerungsberechtigten Zeugen]).

Verhinderung des Verteidigers

982

Literaturhinweise: ***Heldmann***, Der verhinderte Verteidiger (Prozeßbericht), StV 1981, 82; ***Heubel***, Die Verschiebung der Hauptverhandlung wegen Verspätung des Verteidigers, NJW 1981, 2678; ***Neuhaus***, Terminsbestimmung, Terminsverlegung und das Recht auf Beistand durch den Verteidiger des Vertrauens, StraFo 1998, 84.

1. Grds. hat der Angeklagte das Recht, sich von einem Rechtsanwalt seines Vertrauens verteidigen zu lassen (zuletzt u.a. BGH NStZ 1998, 311 m.w.N.; *Neuhaus* StraFo 1998, 87). Der Angeklagte hat gem. **§ 228** Abs. 2 aber kein Recht, bei Verhinderung seines Verteidigers die Aussetzung der HV zu verlangen. Gemeint ist damit jedoch **nicht** der Fall der nach §§ 140, 231 Abs. 4 **notwendigen Verteidigung**. Insoweit gilt § 145 (vgl. dazu auch → *Anwesenheit des Verteidigers in der Hauptverhandlung*, Rn. 87; → *Aussetzung wegen Ausbleiben des Verteidigers*, Rn. 152; → *Ladung des Verteidigers*, Rn. 595).

983

2. Aus § 228 Abs. 2 folgt weiter der Grundsatz, dass es grds. zu Lasten des Angeklagten geht, wenn er keinen Verteidiger findet, der bereit oder in der Lage ist, ihn zu verteidigen (*Kleinknecht/Meyer-Goßner*, § 228 Rn. 1 m.w.N.; KK-*Tolksdorf*, § 228 Rn. 11 m.w.N.). Der Angeklagte hat daher keinen Rechtsanspruch auf Aussetzung. Allerdings kann die **Fürsorgepflicht** des Gerichts eine Unterbrechung oder Aussetzung wegen **veränderter Verfahrenslage** nach § 265 Abs. 4 erfordern (→ *Hinweis auf veränderte Sach-/Rechtslage*, Rn. 558 ff.; → *Terminsbestimmung/Terminsverlegung,* Rn. 852), was von der Sach- und Rechtslage abhängt.

Das ist angenommen worden zum

Beispiel:

- bei **unverschuldeter Verhinderung** des **Verteidigers** in Sachen von besonderer Bedeutung, bei schwieriger Sach- und Rechtslage (für das OWiG-Verfahren s. BayObLG NJW 1995, 3134 [Verkehrsunfall des Verteidigers; OWi wegen eines Verkehrsunfalls mit erheblichem Sachschaden]; vgl. zu allem *Kleinknecht/Meyer-Goßner*, § 265 Rn. 43 ff. m.w.N.; s.a. *Heldmann* StV 1981, 82),
- aber auch, wenn die Verhinderung des Verteidigers auf einer **Veränderung** des **zeitlichen Ablaufs** der **HV** beruht, die für den Angeklagten nicht vorhersehbar war (BayObLG StV 1984, 13; OLG Zweibrücken StV 1984, 148; s. dazu auch OLG Hamm StraFo 2001, 137 für den Fall der Überschneidung von unvorhersehbaren Fortsetzungsterminen mit den Urlaubsplänen des Verteidigers),

☝ Nach OLG Düsseldorf muss in Bußgeldsachen mit der **Verzögerung** eines Beginns der HV um 30 Minuten grds. **gerechnet** werden, so dass mindestens solange auf den → *Aufruf der Sache*, Rn. 100, gewartet werden müsse (NJW 1997, 2062 [für Bußgeldverfahren]). Sieht man das als zutreffend an, dürfte diese Auffassung auch Auswirkungen auf die Wartepflicht des Gerichts (s. dazu u. Rn. 985) haben.

- wenn der **Antrag** auf Bestellung eines Verteidigers für den Angeklagten **unerwartet** erst kurz **vor** der **HV abgelehnt** worden ist (RGSt 57, 147; OLG Hamm NJW 1973, 381; s.a. OLG Zweibrücken StV 1992, 568 [rechtzeitige Bescheidung des Terminsverlegungsantrags vor der HV]; → *Terminsverlegung*, Rn. 852).

984 Aber auch aus dem Recht auf ein **faires Verfahren** folgt **nicht** unbedingt ein **Anspruch** des Angeklagten, dass das Gericht unter allen Umständen die Verhandlung aussetzt oder unterbricht, wenn der Wahlverteidiger verhindert ist (BVerfG NJW 1984, 862; s.a. OLG Düsseldorf NJW 1995, 473 -Ls.- [Terminsverhinderung eines Betroffenen, der als Rechtsanwalt tätig ist, wegen Pflichtverteidigung in anderer Sache]; OLG Köln VRS 92, 259).

☝ Maßgeblich sind die **Umstände** des **Einzelfalls**, wobei die Bedeutung der Sache, die Schwierigkeit der Sach- und Rechtslage, die Lage des Verfahrens bei Eintritt des Verhinderungsfalles, der Anlass, die Voraussehbarkeit und die voraussichtliche Dauer der Verhinderung sowie die Fähigkeit des Angeklagten/Betroffenen, sich selbst zu verteidigen, zu berücksichtigen sind (BVerfG, a.a.O.; BGH NJW 2000, 1350; BayObLG NJW 1995, 3134; OLG Düsseldorf StV 1995, 454 [für Bußgeldverfahren]; OLG Hamm StraFo 2001, 137).

Etwas anderes gilt, wenn der Wahlverteidiger durch **unvorhergesehene Umstände** an der Teilnahme an der HV gehindert wird und dadurch die Durchführung der HV für den Angeklagten ohne Verteidiger unzumutbar ist (OLG Düsseldorf StV 1995, 69 [**kurzfristige Erkrankung** des **Verteidigers**]; s. aber BGH NStZ-RR 2000, 290 [K]).

☝ Der Verteidiger muss den Antrag, mit dem er wegen seiner (kurzfristigen) Erkrankung um Verlegung bzw. Aussetzung der HV bittet, schon im Hinblick auf die Revision **eingehend begründen** (vgl. die Fallgestaltung bei BGH, a.a.O.).

In jedem Fall muss das Gericht einen **Terminsverlegungsantrag** des Verteidigers umgehend bescheiden, um dem Angeklagten/Betroffenen Gelegenheit zu geben, sich auf die neue Situation einzustellen (zu den damit zusammenhängenden Fragen → *Terminsverlegung*, Rn. 852; *Neuhaus* StraFo 1998, 87; *Burhoff*, EV, Rn. 1636 ff.; s.a. OLG Hamburg StV 1995, 11 m.w.N. [zur **Entpflichtung** des Pflichtverteidigers wegen Verhinderung am HV-Termin]; dazu *Burhoff*, EV, Rn. 1248 ff.). Grds. obliegt es bei Kollision mehrerer Gerichtstermine den **Gerichten**, die **Terminsüberschneidungen abzustellen** (OLG Düsseldorf, a.a.O.).

985

3. Der Grundsatz des fairen Verfahrens gebietet es dem Gericht allerdings, bei einer **Verspätung** des Verteidigers eine **angemessene Zeit** zu **warten** (zur Verschiebung der HV wegen Verspätung des Verteidigers s. *Heubel* NJW 1981, 2678; zur Wartepflicht des Verteidigers/Angeklagten bei verzögertem Beginn der HV s. OLG Düsseldorf NJW 1997, 2062; s. auch o. Rn. 983).

Beispiele:

- Die vom Gericht einzuhaltende **Wartezeit** richtet sich danach, ob der Verteidiger seine Verspätung angekündigt hat oder nicht. Ist die Verspätung **nicht angekündigt**, ist mindestens **15 Minuten** mit dem Beginn der Hauptverhandlung zu warten (OLG Hamm NStZ-RR 1997, 179; OLG Köln NZV 1997, 494, jeweils m.w.N.). Bei **angekündigter** Verspätung ist eine **deutlich über 15** Minuten liegende Wartezeit geboten, deren genaue Länge sich nach den Umständen des Einzelfalls bemisst (OLG Hamm, a.a.O.; OLG Köln, a.a.O.; BayObLG VRS 60, 304; OLG Düsseldorf StV 1995, 454 [der auswärtige Verteidiger hat eine Nachricht hinterlassen]; OLG Hamm VRS 68, 49 [es ist bekannt, dass der Verteidiger im Gerichtsgebäude noch einen anderen Termin wahrnimmt]).

> ☝ Ein Fall **angekündigter** Verspätung ist **auch** dann gegeben, wenn die Ankündigung nur die **Geschäftsstelle**, nicht aber den Richter erreicht. Dieser muss sich dort erkundigen (OLG Köln, a.a.O. [für Verwerfungsurteil]). Der Verteidiger sollte daher auf jeden Fall das Gericht über eine Verspätung informieren (s.a. *Malek*, Rn. 53).
>
> **Str.** ist, **wann** die **Wartezeit beginnt**. Nach Auffassung des OLG Düsseldorf beginnt sie mit der angesetzten Terminszeit (OLG Düsseldorf NStZ-RR 2001, 303). Großzügiger ist das OLG Frankfurt, das auf den tatsächlichen Beginn der Hauptverhandlung mit dem Aufruf der Sache abstellt (OLG Frankfurt NStZ-RR 2001, 85). Dieser Streit hat Auswirkungen auf die Begründung des Rechtsmittels gegen die Verwerfungsentscheidung. Stellt man nämlich für den Beginn der Wartezeit auf die angesetzte Terminszeit ab, muss diese in der Rechtsmittelbegründung vorgetragen werden (OLG Düsseldorf, a.a.O.).

- I.d.R. wird das Gericht auch dann eine Wartezeit von mindestens 15 Minuten einräumen müssen, wenn der **Angeklagte** erklärt, dass er **auf** seinen **Verteidiger warten** wolle (BayObLG AnwBl 1978, 154; OLG Düsseldorf VRS 64, 276; OLG Hamm VRS 59, 449; *Kleinknecht/Meyer-Goßner*, § 228 Rn. 11 m.w.N.).
- Handelt es sich um einen **auswärtigen** Verteidiger, ist grds. ebenfalls eine **längere** Wartezeit erforderlich (OLG Frankfurt AnwBl 1984, 108).

986

- **Warten** muss das Gericht **auch**,
  - wenn in der HV z.B. eine **Gegenüberstellung** geplant ist (OLG Köln StV 1984, 147), falls nicht in diesem Fall wegen der Schwierigkeit der Sachlage die notwendige Verteidigung i.S.d. § 140 Abs. 2 vorliegt und ohnehin nicht ohne einen Verteidiger verhandelt werden darf (zu den Fragen der Beiordnung eines Pflichtverteidigers eingehend *Burhoff*, EV, Rn. 1236 ff.),
  - wenn es in einem Verfahren mit dem Vorwurf des Meineids um die **Vernehmung** des **einzigen Entlastungszeugen** geht (OLG Zweibrücken StV 1984, 148).

☝ Ist der Verteidiger verhindert, weil das Gericht mit der **Verhandlung verspätet** beginnt, kann das sogar zur **Aussetzung zwingen** (BayObLG StV 1984, 13; OLG Hamburg MDR 1964, 524; s. aber OLG Düsseldorf NJW 1997, 2062; *Kleinknecht/Meyer-Goßner*, § 228 Rn. 12).

Siehe auch: → *Aussetzung der Hauptverhandlung, Allgemeines*, Rn. 149, m.w.N., → *Aussetzung wegen Ausbleiben des Verteidigers*, Rn. 152, → *Pflichtverteidiger, Entpflichtung während laufender Hauptverhandlung*, Rn. 650.

987 Verlegung der Hauptverhandlung an einen anderen Ort

Literaturhinweise: s. die Hinw. bei → *Ausschluss der Öffentlichkeit*, Rn. 133

1. Wird die HV von dem Ort, an dem sie (zunächst) stattgefunden hat, an einen anderen Ort, ggf. sogar an einen außerhalb des Gerichtsgebäudes, verlegt, muss darauf in geeigneter Weise hingewiesen werden. Das geschieht regelmäßig durch einen **Aushang** am ursprünglichen Verhandlungsort/Sitzungssaal (BGH NStZ 1984, 470). Es kann aber auch genügen, Ort und Zeit in der HV bekannt zu geben, was besonders bei einer → *Augenscheinseinnahme*, Rn. 101, außerhalb des Gerichtsgebäudes angenommen wird (*Kleinknecht/Meyer-Goßner*, § 169 GVG Rn. 6 m.w.N.). Die örtliche und zeitliche Bestimmung eines (ersten) Treffpunkts genügt auch dann, wenn sich Gericht und Zuhörer danach zu verschiedenen Stellen in der Umgebung dieses Treffpunkts begeben (BayObLG NStZ-RR 2001, 49, 51). Zur Beschreibung des Treffpunkts genügt nicht die pauschale Angabe „Tatörtlichkeit" (OLG Hamm StV 2002, 474).

☝ Ein Aushang ist grds. auch im **Bußgeldverfahren** erforderlich (OLG Hamm StV 2000, 659), und zwar jedenfalls dann, wenn in dem Ortstermin nicht nur die Örtlichkeit in Augeschein genommen, sondern die HV mit Urteilsverkündung dort zum Abschluss gebracht wird.

Wird ein **Hinweis nicht** gegeben (zum Zeitpunkt s. BGH NStZ 1995, 221 [K]), können die Vorschriften über die Öffentlichkeit der Verhandlung verletzt und damit gem. § 338 Nr. 6 die **Revision** begründet sein. Voraussetzung dafür ist aber, dass das Fehlen des Hinweises auf ein **Verschulden** des **Gerichts** zurückzuführen ist und nicht ausschließlich auf einem Verschulden nachgeordneter Beamter beruht. Zwar hat das Gericht denen gegenüber eine Aufsichtspflicht, deren Vernachlässigung als eigenes Verschulden des Gerichts angesehen wird (*Kleinknecht/Meyer-Goßner*, § 338 Rn. 49 f. m.w.N.). Doch dürfen nach der Rspr. die **Anforderungen** an die Aufsichtspflicht **nicht überspannt** werden (BayObLG MDR 1994, 1235; *Kleinknecht/Meyer-Goßner*, a.a.O.). Dem Gericht ist ein Verschuldensvorwurf z.B. dann nicht zu machen, wenn es das Anbringen eines Hinweises veranlasst hat, der Hinweis aber nicht angebracht worden ist (BayObLG, a.a.O.). Etwas anderes gilt, wenn das Gericht Anhaltspunkte dafür hatte, dass die getroffenen Anweisungen nicht erfüllt werden würden. **988**

2. Findet die HV dann an dem anderen Ort statt, ist darauf zu **achten**, dass **alle Verfahrensbeteiligten**, deren Anwesenheit erforderlich ist, an der HV teilnehmen. Anderenfalls kann § 338 Nr. 5 verletzt sein (vgl. dazu BGH NStZ 1998, 476 [für Ortsbesichtigung in Abwesenheit des Angeklagten]). **988a**

Siehe auch: → *Ausschluss der Öffentlichkeit*, Rn. 133.

Verlesung des Anklagesatzes **989**

Literaturhinweise: ***Geppert***, Zur straf- und strafverfahrensrechtlichen Bewältigung von Serienstraftaten nach Wegfall der Rechtsfigur der „fortgesetzten Handlung“; NStZ 1996, 57 (1.Teil), 118 (2. Teil); ***Häger***, Zu den Folgen staatsanwaltlicher, in der Hauptverhandlung begangener Verfahrensfehler, in: Gedächtnisschrift für *K.Meyer*, S. 175; ***Krause/Thon***, Mängel der Tatschilderung im Anklagesatz und ihre rechtliche Bedeutung, StV 1985, 252; *Kuckein*, Revisionsrechtliche Kontrolle der Mangelhaftigkeit von Anklage und Eröffnungsbeschluß, StraFo 1997, 33; ***Rautenberg***, „Angeklagter“ oder „Angeschuldigter“ bei Verlesung des Anklagesatzes?, NStZ 1985, 256.

1.a) Nach der → *Vernehmung des Angeklagten zur Person*, Rn. 1034, und vor der → *Vernehmung des Angeklagten zur Sache*, Rn. 1037 (BGH MDR 1975, 378 [D]) wird gem. **§ 243 Abs. 3** S. 1 der Anklagesatz verlesen. Sind mehrere Verfahren verbunden (→ *Verbindung von Verfahren*, Rn. 926), müssen alle Anklagesätze verlesen werden. Mit der Verlesung sind dann alle Richter über den Gegenstand der Verhandlung unterrichtet, so dass **danach** nun den **Schöffen** eine **Abschrift** des Anklagesatzes ausgehändigt werden kann (*Kleinknecht/Meyer-Goßner*, § 243 Rn. 13 m.w.N.), nicht aber das wesentliche Ergebnis der Ermittlungen (BGHSt 13, 73; s. jetzt aber BGHSt 43, 36, wonach den Schöffen Kopien von TÜ-Protokollen überlassen werden können(→ *Akteneinsicht für Schöffen*, Rn. 82).

☝ Die Verlesung des Anklagesatzes muss immer **im Ganzen** erfolgen. Auch in sog. **Punktesachen** ist eine stückweise Verlesung unzulässig (KK-*Tolksdorf*, § 243 Rn. 4 m.w.N.; *Häger*, S. 175 f.). Wird sie vom Vorsitzenden angeordnet, muss der Verteidiger diese Maßnahme der → *Verhandlungsleitung*, Rn. 972, beanstanden und nach **§ 238 Abs. 2** einen Gerichtsbeschluss herbeiführen.

Nicht verlesen werden die Personalien des Angeklagten sowie die Angaben über möglicherweise vollstreckte Untersuchungshaft oder über eine Sicherstellung der Fahrerlaubnis (*Kleinknecht/Meyer-Goßner*, § 243 Rn. 15 m.w.N.).

Einem der deutschen Sprache nicht mächtigen Angeklagten ist der Anklagesatz zu **übersetzen** (BGH StV 1993, 2).

☝ Handelt es sich um eine (neue) **HV nach** Aufhebung und **Zurückverweisung** gem. § 354 Abs. 2, wird in dieser – neben dem Anklagesatz (KK-*Tolksdorf*, § 243 Rn. 31) – i.d.R. das aufgehobene Urteil und die Revisionsentscheidung verlesen, um den Umfang der Bindungswirkung festzustellen. Dieses Vorgehen rechtfertigt nicht die Annahme, die Schöffen könnten in derselben Weise zuungunsten des Angeklagten beeinflusst werden, wie wenn ihnen das Ermittlungsergebnis der Anklageschrift zugänglich gemacht worden wäre (BGHSt 43, 36, 40; zur Verlesung eines nach § 209 ergangenen Vorlagebeschlusses → *Unmittelbarkeitsgrundsatz*, Rn. 872). In der → *Berufungshauptverhandlung*, Rn. 187, wird die Verlesung des Anklagesatzes durch die Verlesung des Urteils 1. Instanz ersetzt (OLG Düsseldorf StraFo 1999, 125).

990 **b)** Bestehen bei der Verlesung des Anklagesatzes **Unklarheiten**, können der StA und auch der Vorsitzende (BGH NStZ 1984, 133) durch zusätzliche Erklärungen **klarstellen**, welcher Vorwurf dem Angeklagten gemacht wird. Ob **Mängel** des Anklagesatzes in der HV noch behoben werden können, ist in Rspr. und Lit. **umstr**. Während der BGH das selbst für den Fall, dass die Tat nicht ausreichend bestimmt ist, als zulässig ansieht (vgl. u.a. BGH NStZ 1986, 276; so auch *Pfeiffer*, § 200 Rn. 10 und § 207 Rn. 11), wird das von den OLG im Wesentlichen abgelehnt (vgl. zuletzt u.a. OLG Düsseldorf StV 1997, 10; OLG Jena NStZ-RR 1998, 144; zum Streitstand i.Ü. s. *Geppert* NStZ 1996, 62; *Krause/Thon* StV 1985, 255; KK-*Tolksdorf* § 243 Rn. 33 m.w.N.). Grds. wird die StA als Herrin des Verfahrens nicht nur Unklarheiten, sondern auch Mängel noch beheben können. Dabei darf es sich aber nicht um derart schwerwiegende Umstände handeln, dass der Eröffnungsbeschluss des Gerichts unwirksam wäre (BGH NStZ 1984, 133; KK-*Tolksdorf*, § 243 Rn. 33 m.w.N.; s.a. *Malek*, Rn. 164 f., der zu einem „Widerspruch“ und zu einem Antrag auf Nichtverlesung des Anklagesatzes rät).

☝ Ein zur **Unwirksamkeit** der **Anklage** führender Mangel (s. dazu *Burhoff*, EV, Rn. 194 ff.) kann in der HV jedoch **nicht mehr** in entsprechender Anwendung von § 265 **geheilt** werden (OLG Düsseldorf StV 1997, 10, 11 [für Fehlen des grds. erforderlichen wesentlichen Ermittlungsergebnisses]; OLG Schleswig StV 1995, 455, 456).

990a c) Der **Eröffnungsbeschluss** wird i.d.R. **nicht verlesen**, seine Verlesung ist aber auch nicht grds. verboten. Ob etwas anderes gilt, wenn der Eröffnungsbeschluss Ausführungen enthält, die das vorläufige Ergebnis der Ermittlungen wiedergeben oder auf eine vorweggenommene Würdigung der Ermittlungen hinauslaufen (so früher BGHSt 5, 261 [Verstoß gegen den Grundsatz der Mündlichkeit und den → *Unmittelbarkeitsgrundsatz*, Rn. 868]), hat der BGH unter Hinw. auf BGHSt 43, 36 ausdrücklich offen gelassen (BGHSt 43, 360 [Verstoß wohl nur in Ausnahmefällen]). Entsprechendes gilt für die Verlesung eines nach § 209 ergangenen **Vorlagebeschlusses** (BGH, a.a.O.). Auch dadurch wird nach Auffassung des BGH nur dann gegen den → *Unmittelbarkeitsgrundsatz*, Rn. 868, verstoßen, wenn wegen besonderer Umstände zu befürchten ist, dass sich die Schöffen bei der Urteilsfällung durch die verlesenen Gründe beeinflussen lassen. Zur Begründung hat der BGH auf dieselben Argumente wie bei seiner geänderten Rspr. zur teilweisen → *Akteneinsicht von Schöffen*, Rn. 59, abgestellt (vgl. dazu BGHSt 43, 36).

991 Ist die **Anklage** vom Gericht nur **mit Änderungen zugelassen** worden, muss der StA bei der Verlesung des Anklagesatzes die Änderungen beachten. D.h.:

- Ist die **Eröffnung** des Hauptverfahrens wegen **einzelner** von mehreren angeklagten **Taten abgelehnt** worden (§ 207 Abs. 2 S. 1 Nr. 1) oder die Verfolgung gem. § 154a beschränkt worden (§ 207 Abs. 2 S. 1 Nr. 2), wird die gem. § 207 Abs. 3 eingereichte **neue Anklageschrift verlesen**.
- Hat das Gericht im Eröffnungsbeschluss die angeklagte **Tat rechtlich anders** als die StA **gewürdigt** (§ 207 Abs. 2 S. 1 Nr. 3), verliest der StA den Anklagesatz mit der rechtlichen **Würdigung** des **Eröffnungsbeschlusses**; er kann aber seine abweichende rechtliche Würdigung vortragen (§ 243 Abs. 3 S. 3).
- Ist das Gericht im Eröffnungsbeschluss nach **§ 207 Abs. 2 S. 1 Nr. 4** verfahren, berücksichtigt der StA die vom Gericht bei der Zulassung der Anklage beschlossenen Änderungen, d.h. er lässt bei der Verlesung die ausgeschiedenen Taten und die dazu gehörenden Tatsachen weg.

992 **2.** Nach Verlesung des Anklagesatzes kann sich für den Verteidiger die Frage stellen, ob er ggf. eine Erklärung abgeben soll; s. dazu → ***Erklärungen des Verteidigers***, Rn. 460.

993 **3. Hinweis für den Verteidiger!**

Das Unterbleiben der Verlesung des Anklagesatzes wird grds. die **Revision** begründen (st.Rspr., zuletzt BGH NStZ 2000, 214 m.w.N.; *Kleinknecht/Meyer-Goßner*, § 243 Rn. 37; KK-*Tolksdorf* § 243 Rn. 54). Etwas anderes kann in einfach gelagerten Fällen gelten (OLG Hamm NStZ-RR 1999, 276 [für einfache Trunkenheitsfahrt und Geständnis des Angeklagten]). Handelt es sich um einen der **deutschen Sprache nicht mächtigen** Angeklagten, gilt das aber nur, wenn ihm vor der HV die Anklage mit einer Übersetzung zugestellt worden ist (OLG Hamm, Beschl. v. 14.8.2002, 3 Ss 636/02, http://www.burhoff.de). Denn nur dann kann angenommen werden, dass der Angeklagte nicht in der HV vom Anklagesatz Kenntnis nehmen konnte.

Abzulehnen ist m.E. die in diesem Zusammenhang vertretene **Auffassung** des **BGH** (NStZ 1995, 200), der insoweit auf den weiteren Verlauf der HV abstellt, der es möglicherweise allen Verfahrensbeteiligten gestattet, den Tatvorwurf im erforderlichen Umfang zu erfassen. Denn, wenn der Zweck der Verlesung in der Information der Verfahrensbeteiligten besteht, kann es nicht ausreichen, diejenigen, die informiert werden sollen, erst durch den Verfahrensverlauf, also nach und nach, zu informieren (*Krekeler* NStZ 1995, 300 in der Anm. zu BGH, a.a.O.; *Müller-Christmann* JuS 1996, 339 [Rspr.-Übersicht]; offen gelassen von OLG Hamm, a. a. O.).

994 Verlesungsverbot für schriftliche Erklärungen

Literaturhinweise: ***Mitsch***, Protokollverlesung nach berechtigter Auskunftsverweigerung (§ 55 StPO) in der Hauptverhandlung, JZ 1992, 174; s.a. die Hinw. bei → *Unmittelbarkeitsgrundsatz*, Rn. 868.

1. Der → *Unmittelbarkeitsgrundsatz*, Rn. 868, und das sich aus diesem ergebende Beweismittelverbot erfasst nach § 250 S. 2 nicht nur Vernehmungsprotokolle, sondern grds. auch **schriftliche Erklärungen** (zur Rechtslage im beschleunigten Verfahren → *Beschleunigtes Verfahren*, Rn. 232). Diese dürfen zu Beweiszwecken **nicht verlesen** werden (zur Handhabung im Bußgeldverfahren → *Bußgeldverfahren, Besonderheiten*, Rn. 352).

Die Rspr. des BGH geht davon aus, dass damit diejenigen schriftlichen Erklärungen gemeint sind, die von vornherein **zu Beweiszwecken verfasst** wurden und sich zu einem für das Verfahren erheblichen Beweisthema äußern (st.Rspr., vgl. u. a. BGHSt 6, 141 ff.; zuletzt BGH NStZ 1982, 79; OLG Hamm JMBl. NW 1964,

44; a.A. [hinsichtlich der Zweckbestimmung] *Kleinknecht/Meyer-Goßner*, § 250 Rn. 8). In Betracht kommen insoweit vor allem Strafanzeigen (OLG Schleswig SchlHA 1974, 187 [E/J]), schriftliche Erläuterungen zu früheren Vernehmungen und Antworten auf Auskunftsersuchen (*Kleinknecht/Meyer-Goßner*, a.a.O.). Schriftstücke, die nicht zu Beweiszwecken verfasst worden sind, wie **Briefe** (zur Frage der Verwertbarkeit eines Abschiedsbriefs des Angeklagten s. BGH NJW 1995, 269) oder persönliche Aufzeichnungen, und z.T. auch **Tagebücher** (Art. 1 GG!; s. dazu *Kleinknecht/Meyer-Goßner*, Einl. Rn. 56a m.w.N.), fallen **nicht** unter das **Verlesungsverbot** (s.a. → *Beweisverwertungsverbote*, Rn. 313).

☝ § 250 verbietet nicht die **Ergänzung** einer Vernehmung durch den Urkundenbeweis (s. z.B. BGH NJW 1987, 1093; zu allem a. KK-*Diemer*, § 250 Rn. 2 m.w.N. auch zur teilweise a.A.). D.h.: Verlesen werden dürfen

- schriftliche **Aufzeichnungen** von Personen über ihre Wahrnehmungen (BGHSt 23, 213),
- auch **schriftliche Geständnisse** (BGHSt 39, 305), die der Angeklagte selbst abgegeben hat; nicht solche, die gegenüber anderen Personen (Verteidiger!) abgegeben worden sind (zuletzt BGH StV 2002, 182),
- **sonstige Erklärungen** des Angeklagten im anhängigen Verfahren – wenn der Angeklagte nicht widerspricht (BGH, a.a.O.; NStZ 1994, 449); hat die Erklärung allerdings eine andere Person, z.B. der Verteidiger, verfasst, muss jedoch diese als Zeuge vernommen werden BGH NStZ 2002, 555).

2. Zur Frage der **Verlesbarkeit** einer schriftlichen Erklärung eines die Auskunft nach **§ 55** Verweigernden folgendes **995**

Beispiel:

A und B sind Mittäter eines BtM-Delikts. A verfasst ein schriftliches Geständnis, das er in dem – getrennt – gegen ihn geführten Verfahren vorlegen lässt. Hiervon wird eine Ablichtung zu dem Verfahren gegen B genommen. Bei seiner Vernehmung im Verfahren gegen B macht A gem. § 55 von seinem Auskunftsverweigerungsrecht Gebrauch, bestätigt aber, dass das Geständnis von ihm geschrieben und unterschrieben worden sei. Die Erklärung wird verlesen.

Der BGH (NJW 1987, 1093; vgl. dazu *Dölling* NStZ 1988, 6 in der Anm. zu BGH, a.a.O.; *Dahs* StV 1988, 169) hat hierin keinen Verstoß gegen § 250 S. 2 gesehen (s.a. → *Verlesung von Protokollen früherer Vernehmungen*, Rn. 1017; → *Auskunftsverweigerungsrecht*, Rn. 118).

3. § 250 S. 2 **verbietet keine Vorhalte** aus einer Vernehmungsniederschrift oder einer schriftlichen Erklärung an den Angeklagten oder einen Zeugen (→ *Vorhalt* **996**

aus und von Urkunden, Rn. 1162). Bestätigt der Angeklagte oder der Zeuge die in der schriftlichen Erklärung genannten Tatsachen, können sie dem Urteil als Teil der Einlassung oder der Zeugenaussage zugrunde gelegt werden (BGH StV 1991, 197 m.w.N.). Uneingeschränkt zulässig ist auch die Benutzung von schriftlichen Unterlagen als **Gedächtnisstütze** für einen Zeugen oder Sachverständigen (KK-*Diemer*, § 250 Rn. 2 m.w.N.).

☝ Nach der Rspr. des BGH (NStZ 1994, 449) können **schriftliche Äußerungen** eines Angeklagten, die in seiner **Anwesenheit** verlesen wurden und denen er nicht widersprochen hat, bei der Urteilsfindung verwertet werden. Der Verteidiger muss also, wenn er die Verwertung verhindern will, der **Verlesung widersprechen** und für die Revisionsrüge dafür sorgen, dass der Widerspruch ins → *Protokoll der Hauptverhandlung*, Rn. 713, aufgenommen wird.

Das gilt grds. nicht für **schriftliche Ausführungen** des **Verteidigers**, in denen er **Angaben** des **Angeklagten** wiedergibt. Diese sind i.d.R. nicht als schriftliche Erklärung des Angeklagten verlesbar, wenn es darum geht, ob der Angeklagte das schriftlich Niedergelegte tatsächlich geäußert hat. Dann muss vielmehr der Verteidiger, der die Äußerung niedergelegt hat, als Zeuge über seine Wahrnehmung bei der Unterredung mit dem Angeklagten vernommen werden (BGHSt 39, 305; zur Verwertung von Beweisbehauptungen in Beweisanträgen des Verteidigers als Einlassung des Angeklagten BGH NStZ 2000, 495).

997 Verlesung von ärztlichen Attesten

Literaturhinweise: ***Jessnitzer***, Zur Verwertung des schriftlichen Berichts des Blutentnahmearztes im Strafverfahren, BA 1970, 473; ***Kuhlmann***, Nochmals: Zur Verwertung des schriftlichen Berichts des Blutentnahmearztes, BA 1971, 276.

Die Verlesbarkeit von ärztlichen Attesten und Gutachten richtet sich nach **§ 256**. Diese Form des Urkundenbeweises enthält eine Ausnahme vom → *Unmittelbarkeitsgrundsatz*, Rn. 868, des § 250.

1. Nach § 256 **Abs. 1 S. 1** dürfen ärztliche Atteste grds. dann verlesen werden, wenn sie sich auf **Körperverletzungen** beziehen, die **nicht** zu den **schweren** i.S.d. §§ 226, 227 StGB gehören. Ob die Körperverletzung zu dieser Gruppe gehört, beurteilt sich nach dem Gegenstand der **Anklage** (*Kleinknecht/Meyer-Goßner*, § 256 Rn. 16 m.w.N.).

Beispiel:

A ist wegen Körperverletzung nach §§ 223, 224 StGB angeklagt. Das ärztliche Attest bescheinigt dem Opfer eine schwere Körperverletzung i.S.d. § 226 StGB. Das Attest darf dennoch verlesen werden (BGHSt 33, 389, 391).

2. Hinweise für den Verteidiger!

Der Verteidiger muss, wenn ärztliche Atteste verlesen werden sollen, auf Folgendes **besonders achten**:

998

a) **Verlesbar** sind nur schriftliche Bestätigungen **approbierter Ärzte** über eigene Wahrnehmungen bei der Untersuchung und Behandlung sowie zusätzlich darin enthaltene gutachtliche Äußerungen über Schwere und Folgen der Verletzung, Minderung der Erwerbsfähigkeit und die Heilungschancen (RGSt 19, 364; LR-*Gollwitzer*, § 256 Rn. 43). **Nicht verlesen** werden dürfen hingegen schriftliche Aufzeichnungen über Umstände/**Tatsachen**, die der Arzt bei der Untersuchung (ohne besondere Sachkunde) festgestellt hat, z.B. über den Zustand der Kleidung eines Vergewaltigungsopfers, über Angaben des Verletzten über den Tathergang (BGH StV 1984, 142) oder über sonstige Begleitumstände der Tat (OLG Hamburg StV 2000, 9). Darüber muss der Arzt als **Zeuge** vernommen werden. Das gilt auch dann, wenn es auf die Art der Verletzung ankommt, z.B. Stich- oder Kratzwunde (BGH NStZ 1984, 211 [Pf/M]).

☝ War die Verlesung eines ärztlichen Attestes **unzulässig**, ist es aber trotzdem im Urteil **verwertet** worden, hat das Gericht gegen den Grundsatz der persönlichen Vernehmung (§ 250; → *Unmittelbarkeitsgrundsatz*, Rn. 868) verstoßen (BGH NJW 1980, 651). Das kann der Verteidiger in der **Revision** rügen, auch wenn er in der HV nicht gem. § 238 Abs. 2 das Gericht angerufen haben sollte (BGH NStZ 1988, 283; BGH NJW 1999, 1724, insoweit nicht in BGHSt 44, 361; KK-*Diemer*, § 256 Rn. 11).

999

b) Die Verlesung von ärztlichen Attesten ist immer dann **unzulässig**, wenn das Verfahren nicht die Körperverletzung, sondern eine **andere Straftat** zum Gegenstand hat (st.Rspr., vgl. BGHSt 4, 155; zuletzt BGH NStZ 1997, 199 m.w.N.). Das gilt auch dann, wenn die Verletzungsfolgen nur für die Straffrage von Bedeutung sind (BGH NJW 1980, 651 [für Vorliegen des Regelbeispiels des § 176 Abs. 3 S. 2 Nr. 2 StGB]). Besteht zwischen der Körperverletzung und der anderen Straftat **Tateinheit**, kann das Attest ebenfalls nicht verlesen werden (BGH NStZ 1985, 206 [Pf/M]; StV 1984, 142), sofern es nicht ausschließlich dem Nachweis der Körperverletzung oder des sie betreffenden Schuldumfangs gilt (BGHSt 33, 389 [Körperverletzung mit Todesfolge und gefährliche Körperverletzung]).

Beispiel:

A ist wegen Vergewaltigung in Tateinheit mit Körperverletzung gem. den §§ 177, 224 StGB angeklagt. Er bestreitet die Tat. Verlesen werden darf das Attest über die dem Opfer bei der Vergewaltigung zugefügten Verletzungen nur, wenn damit ausschließlich die Körperverletzung nachgewiesen werden soll, nicht aber, wenn das Gericht aus den Verletzungen auf die Vergewaltigung und/oder auf die Täterschaft des A schließen will.

☝ Die Verlesung wird vom **Vorsitzenden** angeordnet. Es handelt sich um eine Maßnahme der → *Verhandlungsleitung*, Rn. 972. Der Verteidiger sollte die angeordnete Verlesung **beanstanden**, wenn er sie für unzulässig hält (s.o. Rn. 998). Es entscheidet dann gem. **§ 238 Abs. 2** das Gericht. Anstelle der förmlichen Verlesung kann der Inhalt des Attestes auch durch einen Bericht des Vorsitzenden festgestellt werden (*Kleinknecht/Meyer-Goßner*, § 256 Rn. 23 m.w.N.; → *Urkundenbeweis durch Bericht des Vorsitzenden*, Rn. 908).

1000 c) **Umstritten** ist, ob, wenn das Attest nicht nach § 256 verlesen werden darf, eine **Verwertung** in **anderer Weise** zulässig ist oder nicht. Die **Rspr**. lässt die Bekanntgabe des Inhalts und den Vorhalt an den Angeklagten oder Beweispersonen zu (BGH MDR 1993, 9 [H]; KK-*Diemer*, § 256 Rn. 8), während das von der Lit. z.T. abgelehnt wird (*Kleinknecht/Meyer-Goßner*, § 256 Rn. 17 m.w.N.). Möglich ist aber eine einverständliche Verlesung nach § 251 Abs. 2 S. 1. Möglich ist auch der **Vorhalt** des Inhalts des Attestes ohne dessen Bekanntgabe (*Kleinknecht/Meyer-Goßner*, a.a.O.).

Siehe auch: → *Urkundenbeweis, Allgemeines*, Rn. 884, m.w.N.

1001 Verlesung von Behördengutachten

Literaturhinweise: ***Cramer***, Anmerkung zu § 81f II 3 StPO – Geheimhaltungsschutz und Gutachtenverweigerung, NStZ 1998, 498; ***Dostmann***, Die Rechtsstellung des Kriminalbeamten (beim Landeskriminalamt) als Sachverständiger im Strafverfahren unter besonderer Berücksichtigung dienstrechtlicher Vorschriften, DVBl. 1974, 153; ***Foth/Karcher***, Überlegungen zur Behandlung des Sachbeweises im Strafverfahren, NStZ 1989, 166; ***Gramlich***, Von der Postreform zur Postneuordnung, NJW 1994, 2785; ***Hanack***, Zum Problem der persönlichen Gutachterpflicht, insbesondere in Kliniken, NJW 1961, 2041; ***Schünemann***, „Dienstliche Äußerungen" von Polizeibeamten im Strafverfahren, DRiZ 1979, 101; ***Tondorf***, Anm. zum Urteil des OVG Münster vom 28.10.1981 – zugleich Gedanken über die Rechtmäßigkeit des gerichtsärztlichen Ausschusses (GA) in Nordrhein-Westfalen, StV 1982, 432.

Nach § 256 Abs. 1 S. 1 können **Zeugnisse** oder **Gutachten** enthaltende Erklärungen öffentlicher Behörden verlesen werden. Im Einzelnen gilt:

1001a **1.** Der Begriff **„öffentliche Behörden“** i.S.d. § 256 Abs. 1 richtet sich nach öffentlichem Recht (*Kleinknecht/Meyer-Goßner*, § 256 Rn. 2 m.w.N.).

Beispiele

für „öffentliche Behörden“:

- das **BKA** und die Landeskriminalämter (BGH NJW 1968, 206),
- das **Bundesamt** für Wirtschaft (s. BGHSt 41, 1355 ff.),
- die Deutsche **Bundesbank** und die Landeszentralbanken (RGSt 63, 122),
- Ärzte eines **gerichtsärztlichen Dienstes**, der keine Behörde ist, stehen Behörden gleich, wie z.B. die bayerischen LG-Ärzte (*Kleinknecht/Meyer-Goßner*, § 256 Rn. 5 m.w.N.),
- ein **Gerichtvollzieher**, wenn er vom aufsichtsführenden Richter des AG zur Erteilung von Auskünften ermächtigt worden ist (BayObLGSt 2001, 157 [für schriftliche Auskünfte über eingegangene Vollstreckungsaufträge]),
- staatliche **Gesundheitsämter** (BGHSt 1, 94, 97; BGH MDR 1955, 397 [D]),
- Handels- und **Handwerkskammer** (RGSt 52, 198),
- öffentliche **Kliniken** und Krankenhäuser (BGH NStZ 1984, 231),
- die **Physikalisch-Technische Bundesanstalt** in Berlin (OLG Koblenz NJW 1984, 2424),
- (früher) **Postämter** (KG VRS 14, 453),
- die **rechtsmedizinischen Institute** der Universitäten (vgl. u.a. BGH NJW 1967, 299; NStZ-RR 2001, 262 [Be]; zugleich auch mit Ausführungen zur besonderen Verlässlichkeit der Sektionsprotokolle),
- meteorologische Institute und **Wetterämter** (RG Recht 1917, 964).

1002

nicht hingegen:

- **Berufsgenossenschaften** (RGSt 34, 367),
- die Nachfolgeorganisationen der Deutschen **Bundespost** (*Kleinknecht/Meyer-Goßner*, § 256 Rn. 4; KK-*Diemer*, § 256 Rn. 5; s.a. *Gramlich* NJW 1994, 2787),
- die **„Dienstliche Äußerung“** eines Polizeibeamten, da es sich dabei um eine persönliche Erklärung des die Äußerung verfassenden Beamten handelt (*Schünemann* DRiZ 1979, 107),
- **Krankenhäuser**, die als **GmbH** betrieben werden (BGH NStZ 1988, 19 [Pf/M]),
- **Notare** (RGSt 18, 246),
- **Technische Überwachungsvereine** (BayObLG NJW 1955, 1042 [Ls.]; OLG Köln NJW 1963, 2284).

1003 **2.** Die Zeugnisse und Gutachten müssen **von** der **Behörde stammen**. Das ist der Fall, wenn der Erklärende die Behörde repräsentiert (BGH StV 1987, 285 [für Polizeipräsident]; OLG Karlsruhe NJW 1973, 1426 [für Aufnahmearzt einer Landesfrauenklinik, der Facharzt für Gynäkologie ist]). Der Erklärende muss allgemein oder aufgrund besonderer Anordnung zur **Vertretung** der **Behörde berechtigt** (BGH NStZ 1984, 231) und die Erklärung muss vom Behördenleiter oder in dessen Vertretung von einem dazu Befugten unterschrieben sein (OLG Hamburg NJW 1969, 570; OLG Köln NStZ 1996, 245 [für Verlesbarkeit und Würdigung eines Sprengberichts und Würdigung eines Waffengutachtens des Regierungspräsidenten]). Das Fehlen eines Zusatzes, wie z.B. „i.V." oder „i.A." spricht gegen die Annahme, dass das Gutachten im Namen der Behörde erstattet ist (vgl. zuletzt BGH NStZ 1988, 283 m.w.N.; OLG Köln, a.a.O.).

1004 **3.** Verlesbar sind Zeugnisse und Gutachten. Um ein **behördliches Zeugnis** handelt es sich, wenn Auskunft über amtlich festgestellte Tatsachen, z.B. Wetterdaten, und über andere Wahrnehmungen gegeben wird. Ein behördliches **Gutachten** ist jede sachverständige Äußerung der Behörde. Verlesen werden kann auch eine Mitteilung über die der gutachterlichen Äußerung zugrunde liegenden **Befundtatsachen** (BGH MDR 1955, 397 [D]), die über **Zusatztatsachen** nur, wenn darin ein Zeugnis der Behörde liegt (BGH, a.a.O.; OLG Karlsruhe NJW 1973, 1426; s. zu den Begriffen → *Vernehmung Sachverständiger*, Rn. 758; zum Zeitpunkt der Verlesung von **Institutsgutachten** bei nachfolgender Vernehmung eines SV s. BGH NJW 1967, 299).

Beispiel:

Nach einer Vergewaltigung wird das Opfer in einer Landesfrauenklinik untersucht. Über die infolge der Notzucht erlittenen Verletzungen wird ein Untersuchungsbericht erstellt. Die auf besonderen Fachkenntnissen des untersuchenden Arztes beruhenden Feststellungen können als behördliches Gutachten gem. § 256 verlesen werden. Soweit das Gutachten darüber hinaus aufgrund der besonderen Fachkenntnisse festgestellte (Zusatz-)Tatsachen enthält, kann es insoweit gem. § 256 als amtliches Zeugnis verlesen werden (OLG Karlsruhe, a.a.O.).

1005 **Nicht** verlesen werden dürfen Mitteilungen über **Ermittlungsvorgänge**, die aus Anlass des Verfahrens entstanden sind (BGH NStZ 1982, 79 [Verlesung eines polizeilichen Observationsberichts]; 1995, 143 [Verlesung eines Polizeiberichts über eine Fluchtwegmessung]; BayObLG StV 2000, 9 [polizeilicher Ermittlungsbericht]; LR-*Gollwitzer*, § 256 Rn. 22).

1005a ☝ Die Verlesung wird vom **Vorsitzenden** angeordnet. Es handelt sich um eine Maßnahme der → *Verhandlungsleitung*, Rn. 972. Der Verteidiger sollte die angeordnete Verlesung **beanstanden**, wenn er sie für unzulässig hält. Es entscheidet dann gem. **§ 238 Abs. 2** das Gericht. Widersprechen sollte der Ver-

Verteidiger der Verlesung auch, wenn er der Auffassung ist, dass die Verlesung nicht ausreicht, sondern ggf. der Gutachtenverfasser gehört werden muss (s. BGH StV 1993, 456 -Ls.- [ergänzende Anhörung zu nach Auffassung des Angeklagten missverständlichen Ausführungen im Gutachten]).

☝ § 256 Abs. 1 ist eine Kann-Vorschrift. Das ist von Bedeutung, wenn der Verteidiger die ein Gutachten erstattende **Behörde** als **„befangen"** ansieht. Da eine Behörde als Gutachter nicht wegen Befangenheit abgelehnt werden kann (→ *Ablehnung eines Sachverständigen*, Rn. 9), muss der Verteidiger in diesem Fall der Anordnung der Verwertung des Gutachtens durch Verlesung widersprechen und unter Hinw. auf die → *Aufklärungspflicht des Gerichts*, Rn. 95, ein neues Gutachten oder zumindest die Vernehmung des Gutachtenverfassers in der HV beantragen. Dieser kann dann, wenn er das Gutachten in der HV vertritt/erläutert, wegen Besorgnis der Befangenheit abgelehnt werden (*Foth/Karcher* NStZ 1989, 170; a.A. *Ahlf* MDR 1978, 981).

Verweigert der SV, der ein **DNA-Gutachten** aufgrund von anonymisiertem Material erstattet hat und demgemäß nicht weiß, wen das Gutachten betrifft, erst vor oder in der HV gem. §§ 76, 52 die Gutachtenerstattung in der HV, kommt eine Verlesung seines Gutachtens gem. § 256 nicht in Betracht. Die diesem Gutachten zu Grunde liegenden Untersuchungsergebnisse können jedoch Grundlage des Gutachtens eines anderen SV sein, welches dann ggf. in der HV verlesen werden kann (so wohl zutreffend *Cramer* NStZ 1998, 500).

Siehe auch: → *Beschleunigtes Verfahren*, Rn. 232, → *Urkundenbeweis, Allgemeines*, Rn. 884, m.w.N.

Verlesung von Geständnisprotokollen 1006

Das Wichtigste in Kürze

1. Bei der Verlesung richterlicher Geständnisprotokolle nach § 254 handelt es sich um einen grds. zulässigen Urkundenbeweis.
2. Verlesen werden darf aber nur eine ordnungsgemäß zustande gekommene Niederschrift über die vor einem Richter abgegebene Erklärung.
3. Polizeiliche Vernehmungsprotokolle dürfen zum Zweck der Beweisaufnahme über ein Geständnis nicht nach § 254 verlesen werden (Verwertungsverbot!).
4. Der Verteidiger muss der Verlesung eines nach seiner Auffassung unverwertbaren Vernehmungsprotokolls so früh wie möglich widersprechen.

Literaturhinweise: ***Artkämper***, Fehlerquellen der Beschuldigtenvernehmung – Zur kontraproduktiven Wirkung unterbliebener oder fehlerhafter Beschuldigtenvernehmungen, Krim 1996, 393; ders., Das Recht zur Verteidigerkonsultation, NJ 1998, 246; ders., Polizeiliche Vernehmungen, Krim 1998, 572; ***Bauer***, Die „Beweislastverteilung" bei unterlassener Belehrung des Beschuldigten, wistra 1993, 99; ***Bernsmann***, Verwertungsverbot bei fehlender und mangelhafter Belehrung, StraFo 1998, 73; ***Beulke***, Die Vernehmung des Beschuldigten – einige Anmerkungen aus der Sicht der Prozeßwissenschaft, StV 1990, 180; ***Bohlander***, Zur Verlesbarkeit polizeilicher Protokolle von Beschuldigtenvernehmungen bei Zustimmung des Angeklagten, NStZ 1998, 396; ***Bosch***, Die verdeckte Befragung des Beschuldigten – Strafrechtspflege ohne Grenzen?, BGH-Beschluß v. 13.5.1996 – GSSt 1/96 (LG Hamburg) = NJW 1996, 2940 ff. -, Jura 1998, 236; ***Brenner***, Schwache Vernehmungsprotokolle im Strafverfahren, Krim 1981, 142; ***Brüssow***, Beweisverwertungsverbote in Verkehrsstrafsachen, StraFo 1998, 394; ***Dingeldey***, Der Schutz der strafprozessualen Aussagefreiheit durch Verwertungsverbote bei außerstrafrechtlichen Aussage- und Mitwirkungspflichten, NStZ 1984, 529; ***Eisenberg***, Zum Schutzbedürfnis jugendlicher Beschuldigter im Ermittlungsverfahren, NJW 1988, 1250; ders., Zur „besonderen Qualität" richterlicher Vernehmung im Ermittlungsverfahren, NStZ 1988, 488; ***Fezer***, Hat der Beschuldigte ein „Recht auf Lüge"?, in: Festschrift für *Stree* und *Wessels*, S. 663; ***Frister***, Der Anspruch des Beschuldigten auf Mitteilung der Beschuldigung aus Art. 6 Abs. 3 lit. a EMRK, StV 1998, 159; ***Geppert***, Die „qualifizierte" Belehrung, in: Gedächtnisschrift für *Meyer*,S. 93; ***Grünwald***, Das Beweisrecht der Strafprozeßordnung, 1993; ***Günther***, Die Schweigebefugnis des Tatverdächtigen im Straf- und Bußgeldverfahren aus verfassungsrechtlicher Sicht, GA 1978, 193; ***Haas***, Kriminalistik und Beschuldigtenvernehmung, Krim 1996, 125; ***Hecker***, Verwertungsverbot infolge unterlassener Betroffenenbelehrung?, NJW 1997, 1833; ***Hermann***, Das Recht des Beschuldigten, vor der polizeilichen Vernehmung einen Verteidiger zu befragen – Der BGH spricht mit gespaltener Zunge, NStZ 1997, 209; ***Kiehl***, Verwertungsverbot für Beschuldigtenvernehmung ohne vorherige Belehrung: Der BGH korrigiert sich – überzeugend?, NJW 1993, 501; ders., Neues Verwertungsverbot bei unverstandener Beschuldigtenbelehrung – und neue Tücken für die Verteidigung, NJW 1994, 1267; ***Krause***, Einzelfragen zum Anwesenheitsrecht des Verteidigers im Strafverfahren, StV 1984, 169; ***Lesch***, Der Beschuldigte im Strafverfahren – über den Begriff und die Konsequenzen der unterlassenen Belehrung, JA 1995, 157; ***Lorenz***, „Formalismus, Technizismus, Irrealismus". Das argumentative Dreigestirn gegen die Einhaltung strafprozessualer Garantien; der US-Supreme Court bestätigt die abgeänderten „Miranda-Warnings", StV 1996, 172; ***Neuhaus***, Zur Notwendigkeit der qualifizierten Beschuldigtenvernehmung – zugleich Anmerkung zu LG Dortmund NStZ 1997, 356, NStZ 1997, 312; ***Park***, Revisionsrechtliche Aspekte der Verlesung von Vernehmungsniederschriften und schriftlichen Erklärungen gem. § 251 StPO, StV 2000, 218; ***Ransiek***, Belehrung über Aussagefreiheit und Recht der Verteidigerkonsultation: Folgerungen für die Beschuldigtenvernehmung, StV 1994, 343; ***Rieß***, Die Vernehmung des Beschuldigten im Strafprozeß, JA 1980, 293; ***Roxin***, Das Recht der Beschuldigten zur Verteidigerkonsultation in der neuesten Rechtsprechung, JZ 1997, 343; ***Schaefer***, Zum Anwesenheitsrecht des Verteidigers bei polizeilichen Vernehmungen des Beschuldigten, MDR 1977, 980; ***Schneider***, Strafprozessuale Anforderungen zur Ermöglichung der Verteidigerkonsultation durch den festgenommenen Beschuldigten – BGH, Urt. v. 12.1.1996 – 5 StR 756/95, Jura 1997, 131; ***Schünemann***, Die Belehrungspflichten des §§ 243 IV, 136 n.F. StPO und der BGH, MDR 1969, 102; ***Sieg***, Verwertungsverbote für Aussagen eines Beschuldigten im Ermittlungsverfahren ohne Belehrung nach § 136 I 2 StPO?, MDR 1984, 725; ders., Zur Anwesenheit des Verteidigers bei Vernehmungen des Beschuldigten im Ermittlungsverfahren, NJW 1975, 1009; ***Stern***, Der Geständniswiderruf als forensisches Erkenntnisproblem, StV 1990, 563; ***Strate/Ventzke***, Unbeachtlichkeit einer Verletzung des § 137

Abs. 1 S. 1 StPO im Ermittlungsverfahren?, StV 1986, 30; ***Tondorf***, Konflikte in der Hauptverhandlung wegen Nichteinhaltung der Vernehmungsvorschriften, StraFo 1996, 136; ***Ventzke***, Kein Verwertungsverbot bei Angaben ohne Verteidiger (Anm. zu BGH 1 StR 154/96 vom 21.5.1996), StV 1996, 524; ***Verrel***, Nemo tenetur – Rekonstruktion eines Verfahrensgrundsatzes – 1. Teil, NStZ 1997, 361, 2. Teil, NStZ 1997, 415; ***Welp***, Anwesenheitsrecht und Benachrichtigungspflichten, JZ 1980, 134; ***Widmaier***, Zum Verwertungsverbot wegen Verstoßes gegen § 168c Abs. 5 StPO, in: Festgabe für den Strafverteidiger *Heino Friebertshäuser*, S. 185; ***Zaczyk***, Das Anwesenheitsrecht des Verteidigers bei richterlichen Vernehmungen im Ermittlungsverfahren, NStZ 1987, 535; s. auch die Hinw. bei → *Beweisverwertungsverbote, Allgemeines*, Rn. 313, bei → *Protokollverlesung nach Zeugnisverweigerung*, Rn. 725, bei → *Urkundenbeweis, Allgemeines*, Rn. 884, und bei → *Widerspruchslösung*, Rn. 1166a.

1006a

1. Erklärungen des Angeklagten, die in einem **richterlichen Protokoll** enthalten sind, können nach § 254 Abs. 1 zum Zweck der Beweisaufnahme über ein **Geständnis** verlesen werden bzw. nach § 254 Abs. 2, wenn ein in der Vernehmung hervortretender **Widerspruch** mit der früheren Aussage nicht auf andere Weise ohne Unterbrechung der HV festgestellt oder behoben werden kann (vgl. dazu → *Protokollverlesung zur Gedächtnisstützung*, Rn. 735). Es handelt sich nach h.M. um einen **Urkundenbeweis** (vgl. *Kleinknecht/Meyer-Goßner*, § 254 Rn. 1 m.w.N.; → *Urkundenbeweis, Allgemeines*, Rn. 884), der auch durch einen **Bericht** des **Vorsitzenden** ersetzt werden kann (→ *Urkundenbeweis durch Bericht des Vorsitzenden*, Rn. 908).

1007

Die zulässige (s.u. Rn. 108 ff.) Verlesung erlaubt dem Gericht die **Feststellung**, dass der Angeklagte in der vorliegenden Strafsache (RGSt 54, 126) ein **Geständnis** mit einem bestimmten Inhalt abgelegt hat und dass es wahr ist.

☝ **Geständnis** i.S.d. § 254 ist das **Zugestehen** der Tat oder einzelner Tatsachen, die für die Schuld- oder Rechtsfolgenfrage erheblich sein können, gleichgültig, ob es sich um be- oder entlastende, um unmittelbar beweiserhebliche oder (nur) um Indiztatsachen handelt (*Kleinknecht/Meyer-Goßner*, § 254 Rn. 2 m.w.N.). Auch die Tatsache, dass der Angeklagte ein **Geständnis nicht abgelegt** oder dass er es **widerrufen** hat, kann aufgrund der Verlesung festgestellt werden (RGSt 54, 126, 128).

Das Geständnis muss in der **vorliegenden Strafsache**, nicht in einer anderen, abgelegt worden sein (OLG Hamburg StV 1997, 11 m.w.N.).

Verlesen werden können auch Angaben über die persönlichen Verhältnisse des Angeklagten, über die Vorgeschichte der Tat und über Verbindungen zu Mitangeklagten (BGH MDR 1977, 984 [D]). Das verlesene Protokoll ist verwertbar, auch gegen einen **Mitangeklagten**, soweit es tatsächliche Vorgänge betrifft, die auch für den gegen diesen erhobenen Anklagevorwurf von Bedeutung sind, so dass wegen des inneren Zusammenhangs nur eine einheitliche Tatsachenfeststellung hinsichtlich der Angeklagten denkbar ist (vgl. u.a. BGHSt 22, 372, 374), wie z.B. bei Mittäterschaft.

1008 2. **Voraussetzung** für die **Zulässigkeit** der Verlesung ist (s.a. *Bernsmann* StraFo 1998, 73; *Lesch* JA 1995, 157 und die weit. o.a. Lit.-Hinw.; zur Anwendung auf die Betroffenenbelehrung *Hecker* NJW 1997, 1833; → *Beweisverwertungsverbote*, Rn. 313):

- Es muss sich um eine Niederschrift über eine **vor** einem **Richter** abgegebene Erklärung des jetzigen Angeklagten (BGHSt 27, 13, 17) handeln, die die Strafsache betrifft, in der das Gericht die Verlesung durchführt (OLG Hamburg StV 1997, 11; zu polizeilichen Vernehmungsprotokollen s.u. Rn. 1011). Diese kann aber in einem anderen Strafverfahren und/oder in Zivil- oder Verwaltungsgerichtsverfahren abgegeben worden sein (*Kleinknecht/Meyer-Goßner*, § 254 Rn. 4; offen gelassen von BGH NStZ 1996, 612).
- Es kann sich auch um eine **gemeinsam** von zwei Angeklagten **abgegebene Erklärung** handeln (BGH NStZ 1997, 147).
- Die Niederschrift muss **ordnungsgemäß zustande gekommen** sein (BGH StV 1985, 314; wegen der Einzelh. der richterlichen Vernehmung s. *Burhoff*, EV, Rn. 1442 ff., wegen BVV insbesondere Rn. 1455 ff.). Das ist z.B. **nicht** der Fall bei folgenden

Beispielen:

- wenn die **Benachrichtigung** des StA/Verteidigers vom Vernehmungstermin gem. § 168c Abs. 5 ohne rechtfertigenden Grund **unterblieben** ist (vgl. zuletzt u.a. BGHSt 29, 1; 31, 140; KG StV 1984, 68; zur Problematik eingehend *Burhoff*, EV, Rn. 1455; s.a. BGHSt 42, 86 [für Anwesenheitsrechte bei Rechtshilfehandlungen im Ausland und einem sich aus deren Verletzung ggf. ergebenden Beweisverwertungsverbot]).

> ☝ In diesen Fällen besteht ein **umfassendes BVV**. Es darf weder das Protokoll verlesen noch der vernehmende Richter befragt werden, auch ist ein **Vorhalt unzulässig** (BGH, a.a.O.; a.A. BGHSt 34, 231). Wenn die Voraussetzungen vorliegen soll das Protokoll aber als Niederschrift über eine andere Vernehmung gem. § 251 Abs. 2 verlesen werden können (so *Kleinknecht/Meyer-Goßner*, § 168c Rn. 6; BGH, a.a.O., und jetzt auch BGH NStZ 1998, 312 f. [obiter dictum für Zeuge]); a.A. *Temming* StV 1983, 52 in der Anm. zu BGHSt 31, 340; *Wönne* NStZ 1998, 313 in der Anm. zu BGH, a.a.O.; *Park* StV 2000, 219).
>
> ☝ Allerdings muss der Tatrichter sich dann des **minderen Beweiswerts** dieses Beweismittels bewusst sein. Hat das Gericht die unter Verstoß gegen die Benachrichtigungspflicht zustande gekommene richterliche Vernehmung in der **HV** gem. § 251 Abs. 1 verlesen, will es diese im Urteil aber als nichtrichterliche Vernehmung gem. § 251 Abs. 2 S. 2 verwerten, ist es zudem verpflichtet, den Angeklagten darauf **hinzuweisen** (BGH, a.a.O.; → *Hinweis auf veränderte Sach-/Rechtslage*, Rn. 560).

- grds., wenn der **Angeklagte** vom Richter **nicht** vorschriftsmäßig i.S.d. § 136 über seine Rechte **belehrt** worden ist (KK-*Diemer*, § 254 Rn. 7), es sei denn, der Angeklagte kannte seine Rechte, so dass die Belehrung nur noch der Ordnung halber geboten war (BGHSt 25, 325 [zunächst nur zu § 243]; vgl. jetzt aber BGHSt 38, 214; s.a. u. und *Burhoff*, EV, Rn. 1455 ff. m.w.N.).

- wenn ein entgegen § 189 GVG **nicht vereidigter Dolmetscher** mitgewirkt hat (BGHSt 22, 118; OLG Hamburg NJW 1975, 1573). **1009**
- wenn ein (Hilfs-)**Protokollführer nicht vereidigt** war (BGHSt 27, 339; s.a. OLG Düsseldorf StV 1995, 9 -Ls.- [für nicht vereidigte Polizeibeamtin, die bei der Vernehmung das Protokoll geführt hat]; es kann dann jedoch der vernehmende Richter als Zeuge vernommen werden, OLG Düsseldorf, a.a.O.).
- wenn der Protokollführer das **Protokoll** der Vernehmung entgegen § 168a Abs. 4 S. 1 **nicht unterschrieben** hat (BGH NJW 1994, 596, 600, insoweit nicht in BGHSt 39, 335).
- **nicht**, wenn gem. § 168 S. 2 von der **Hinzuziehung** eines **Protokollführers** bei der Niederlegung des Geständnisses, das der Angeklagte auch selbst unterschrieben hat, **abgesehen** worden ist (BGH StV 1996, 131 [Ls.]).

- **Unerheblich** ist, ob der Angeklagte das Geständnis als **Zeuge** oder als **Beschuldigter** (BGH NJW 1952, 1027; *Kleinknecht/Meyer-Goßner*, § 254 Rn. 4; a.A. KK-*Diemer*, § 254 Rn. 3) und in welchem Verfahren oder Verfahrensabschnitt er es gemacht hat (BGHSt 3, 149 f.; s. aber BGH NStZ 1996, 612 [für Protokoll über Aussage als Zeuge in einem Zivilverfahren offen gelassen]). **1010**
- Der Angeklagte muss **vernommen** worden sein. Das Vorlesen eines polizeilichen Protokolls ist keine richterliche Vernehmung. Das **polizeiliche Protokoll** ist nur dann **Bestandteil** der richterlichen Vernehmung und kann ggf. mitverlesen werden, wenn der Angeklagte in der Vernehmung zu erkennen gegeben hat, dass er diese Angaben als Bestandteil seiner Erklärungen vor dem Richter betrachtet wissen will (vgl. u.a. BGH NJW 1952, 1027), und wenn der vernehmende Richter sie darauf **vollständig verlesen**, nicht nur vorgehalten hat (BGH NStZ 1987, 85; 1991, 500; StV 1989, 90; KK-*Diemer*, § 254 Rn. 5). Hat der (richterlich) vernommene Beschuldigte sich **sogleich** auf eine **frühere Vernehmung berufen**, ohne sich erst im Zusammenhang zum Vernehmungsgegenstand zu äußern, kann das Protokoll also unverwertbar sein (vgl. BGH NStZ-RR 1999, 36 [K]; für Zeugen → *Verlesung von Protokollen früherer Vernehmungen*, Rn. 1019; s.a. *Burhoff*, EV, Rn. 1891).
- Hat der Angeklagte das **Geständnis** in der HV **widerrufen**, ist die Verlesung nicht unzulässig, jedoch überflüssig, weil dann der **Vorhalt** des früheren Geständnisses ausreicht (*Kleinknecht/Meyer-Goßner*, § 254 Rn. 2).
- Verlesen werden dürfen auch **ausländische Vernehmungsniederschriften**, wenn diese nach der einzuhaltenden Zuständigkeits- und Verfahrensordnung des Vernehmungsortes eine vergleichbare Beweisfunktion erfüllen wie diejenigen über die Vernehmung durch einen deutschen Richter und wenn die Anhörung grundlegenden rechtsstaatlichen Anforderungen genügt (BGHSt 7, 15 f.; zuletzt BGH NJW 1994, 3364 m.w.N. [für schweizerische Vernehmungsniederschriften]).

1011 **3. Für polizeiliche Vernehmungsprotokolle gilt:**

Sie dürfen **nicht** nach § 254 zum Zweck der Beweisaufnahme über ein Geständnis **verlesen** werden (a.A., wenn der Angeklagte und der Verteidiger zustimmen, *Bohlander* NStZ 1998, 396 f.). Insofern begründet § 254 nach h.M. ein **Verwertungsverbot** (*Kleinknecht/Meyer-Goßner*, § 254 Rn. 6 m.w.N.). § 254 verbietet aber nicht, **Vorhalte** aus polizeilichen Protokollen zu machen (vgl. u.a. BGHSt 21, 285; MDR 1983, 624 [H]). Bestreitet der Angeklagte die Richtigkeit der Niederschrift oder äußert er sich nicht zur Sache, muss das Gericht ggf. den Vernehmungsbeamten hören (BGH NJW 1966, 1524 m.w.N.).

☝ Die **Verwertung** der polizeilichen Vernehmung durch Vernehmung des Polizeibeamten ist aber nur zulässig, wenn **kein Beweisverwertungsverbot** entgegensteht (→ *Beweisverwertungsverbote*, Rn. 314 ff.; s. dazu eingehend auch *Burhoff*, EV, Rn. 1372 ff., und die o.a. Lit.-Hinw.).

Diesem kann bei der Vernehmung das Vernehmungsprotokoll, das er aufgenommen hat, vorgehalten werden. Das Protokoll kann auch zum Zweck des Vorhalts **auszugsweise** verlesen werden (*Kleinknecht/Meyer-Goßner*, § 254 Rn. 8 m.w.N.). Das ist jedoch nicht zulässig, wenn der Vernehmungsbeamte erklärt, er könne lediglich die Richtigkeit der Protokollierung versichern, sich an den Inhalt der Vernehmung aber nicht (mehr) erinnern (vgl. zuletzt BGH StV 2001, 386; s. zu allem a. OLG Frankfurt StV 1996, 202). Für den Vorhalt gelten i.Ü. die allgemeinen Ausführungen bei → *Vorhalt von und aus Urkunden*, Rn. 1161, entsprechend).

4. Hinweise für den Verteidiger!

Die Verlesung von Protokollen zur Feststellung eines Geständnisses des Angeklagten ist wegen der erheblichen Folgen, die an diese Form des Urkundenbeweises geknüpft werden können (s.o. Rn. 1006), für den Verteidiger eine **schwierige Situation**, in der er besonders auf die Beachtung der Rechte seines Mandanten **achten** muss.

1012 **a)** So muss er darauf **bestehen**, dass **ausschließlich frühere,** ordnungsgemäß zustande gekommene richterliche Protokolle verlesen werden, da nur sie die Feststellung eines früheren Geständnisses oder Widersprüche zu einer früheren Einlassung des Angeklagten zulassen.

☝ Die Verlesung wird zunächst vom **Vorsitzenden** nach § 238 Abs. 1 **angeordnet**. Er bestimmt auch den Umfang der Verlesung, also z.B., ob eine vor der richterlichen Vernehmung durchgeführte polizeiliche Vernehmung mitverlesen werden soll. Der Verteidiger muss, wenn er die Verlesung überhaupt oder den angeordneten Umfang für unzulässig hält, die Verlesung beanstanden, um so gem. **§ 238 Abs. 2** einen Gerichtsbeschluss herbeizuführen.

1013

☝ Das gilt besonders, wenn nach den o.a. Ausführungen ein **Beweisverwertungsverbot** besteht. Zwar ist das grds. von Amts wegen zu beachten. Nach der Rspr. des BGH zum „Widerspruch" muss jedoch der Verwertung einer – nach Ansicht des Verteidigers unverwertbaren – Vernehmung so **früh wie möglich widersprochen** werden (s. u.a. BGHSt 26, 332; 38, 214; 42, 86). Das Unterlassen des Widerspruchs kann zu einem **Rügeverlust** in der Revisionsinstanz führen (zur Kritik an dieser Rspr. mit beachtenswerten Argumenten u.a. *Dornach* NStZ 1995, 59 ff.; *Maul/Eschelbach* StraFo 1996, 66 ff.; *Widmaier* NStZ 1992, 519, 520). Der Verteidiger sollte mit seinem Widerspruch auch nicht bis zu dem in § 257 genannten Zeitpunkt warten (→ *Erklärungen des Verteidigers*, Rn. 460), sondern schon vor der Verlesung widersprechen. Was nicht verwertet werden darf, hat in der Beweisaufnahme nichts zu suchen (zu allem eingehend → *Widerspruchslösung*, Rn. 1166a).

☝ Im Zweifel wird der Verteidiger daher der Verlesung eines (Vernehmungs-) Protokolls **widersprechen** und auf jeden Fall ausdrücklich gem. § 255 **beantragen**, den Grund für die Verlesung zu **protokollieren**. Auf diese Weise zwingt er nämlich das Gericht, die Zulässigkeit der vorgesehenen Verlesung genau zu prüfen und erfährt in Zweifelsfällen, warum das Gericht die Verlesung für zulässig hält. Außerdem muss er darauf achten, dass sein „**Widerspruch**" in das → ***Protokoll der Hauptverhandlung***, Rn. 713, aufgenommen wird.

Soll die unzulässige Verwertung eines Geständnisprotokolls in der HV mit der revisionsrechtlichen **Verfahrensrüge** geltend gemacht werden, muss auf die insoweit bestehenden **strengen Anforderungen** an die Begründung der Rüge (§ 344 Abs. 2 S. 2 [!]) geachtet werden (vgl. dazu z.B. BGH NStZ 1999, 154).

☝ Der Verteidiger sollte auf jeden Fall die Verlesung auch dann **beanstanden**, wenn ein richterliches Protokoll verlesen werden soll, das lediglich auf eine **polizeiliche Vernehmung Bezug** nimmt, ohne diese wenigstens inhaltlich zu wiederholen (vgl. dazu z.B. BGHSt 6, 279). Die Verwendung einer solchen „Vernehmung" ist unzulässig (*Dahs*, Rn. 531 a.E.).

1014 **b)** Wird bei der (Zeugen-)Vernehmung eines Vernehmungsbeamten diesem das von ihm aufgenommene **polizeiliche Protokoll vorgehalten**, muss der Verteidiger darauf achten, dass der Zeuge vorweg zunächst berichtet hat, was er noch aus eigener Erinnerung weiß. Erinnert der Beamte sich nicht mehr an die Vernehmung und/oder ihren Inhalt, darf das nicht-richterliche Protokoll nicht im Wege des Urkundenbeweises verlesen werden (OLG Frankfurt StV 1996, 202; → *Verlesung von Protokollen früherer Vernehmungen*, Rn. 1017; *Vorhalt aus und von Urkunden*, Rn. 1162).

1015 Verlesung von Leumundszeugnissen

§ 256 Abs. 1 S. 1 **schließt** die Verlesung von Leumundszeugnissen **ausdrücklich aus**. Sie dürfen daher auch dann nicht verlesen werden, wenn sich die Prozessbeteiligten damit einverstanden erklären (RG HRR 1936, 856). Es ist unerheblich, ob die Zeugnisse den Angeklagten, einen Zeugen oder einen sonstigen Dritten betreffen (*Kleinknecht/Meyer-Goßner*, § 256 Rn. 10 m.w.N.).

1016 Unter den **Begriff** Leumundszeugnis fallen alle (Wert-)Äußerungen über den Ruf, den der Angeklagte, ein Zeuge oder ein Dritter bei anderen genießt, sowie alle Angaben über die **Persönlichkeit**, über **Fähigkeiten** und **Eigenschaften**, wie z.B. Glaubwürdigkeit, berufliches Können usw. Zu Leumundszeugnissen zählen Schulzeugnisse, Beurteilungen von Dienstvorgesetzten, Berichte von Jugendämtern und der JVA über die Führung eines Gefangenen (*Kleinknecht/Meyer-Goßner*, § 256 Rn. 12 m.w.N.).

☝ Will der **Verteidiger** in der HV Feststellungen über den Leumund des Angeklagten, eines Zeugen oder eines Dritten treffen (lassen), muss er dazu **Zeugenbeweis** antreten (RGSt 53, 280).

Eine andere Möglichkeit, das Leumundszeugnis – ohne förmliche Ladung eines Zeugen und ohne eigentliche Feststellung – im Verfahren (wenigstens) wirken zu lassen, ist es, einen → ***Beweisantrag***, Rn. 255, oder → *Hilfsbeweisantrag*, Rn. 545, zum Leumund zu stellen. Dabei kommt dann das Leumundszeugnis zur Verlesung (*Dahs*, Rn. 533).

Verlesung von Protokollen früherer Vernehmungen

1017

Das Wichtigste in Kürze

1. Die Verlesung von Vernehmungsprotokollen ist unter bestimmten Voraussetzungen zulässig.
2. Für die Zulässigkeit der Verlesung ist entscheidend die Stellung, die die Auskunftsperson bei einer Vernehmung im Verfahren hätte.
3. Verlesen werden dürfen nach § 251 Abs. 1 grds. nur richterliche Protokolle, die ordnungsgemäß zustande gekommen sein müssen.
4. Die Verlesung anderer als richterlicher Protokolle richtet sich nach § 251 Abs. 2. Von dieser Vorschrift werden insbesondere Protokolle erfasst, die von Polizei-, Finanz-, Bußgeld- oder anderen Behörden, gleichgültig in welchem Verfahren, aufgenommen worden sind.
5. Nach § 251 Abs. 3 ist die Verlesung immer zulässig, wenn sie verfahrensrechtliche Entscheidungen vorbereiten soll.
6. Das Gericht entscheidet durch zu begründenden Beschluss über die Verlesung.
7. Der Verteidiger muss die Frage, ob frühere Vernehmungsprotokolle verlesen werden sollen, sorgfältig prüfen.

Literaturhinweise: ***Fezer***, Grundfälle zum Verlesungs- und Verwertungsverbot im Strafprozeß, JuS 1977, 382, 520; JuS 1978, 325; ***Kohlhaas***, Die Verlesung von Niederschriften über frühere Vernehmungen in der Hauptverhandlung (§ 251 StPO), NJW 1954, 535; ***Meyer***, Die Zulässigkeit der Ersetzung einer Aussage des nach § 55 StPO die Aussage verweigernden Zeugen durch Verlesung eines nichtrichterlichen Protokolls gem. § 251 Abs. 2 StPO, MDR 1977, 543; ***Park***, Revisionsrechtliche Aspekte der Verlesung von Vernehmungsniederschriften und schriftlichen Erklärungen gem. § 251 StPO, StV 2000, 218; ***ter Veen***, Das unerreichbare Beweismittel und seine prozessualen Folgen – eine Übersicht zur Rechtsprechung des BGH und anderer Obergerichte, StV 1985, 295; ***Widmaier***, Zum Verwertungsverbot wegen Verstoßes gegen § 168c Abs. 5 StPO, in: Festgabe für den Strafverteidiger *Heino Friebertshäuser*, S. 185; s.a. die Hinw. bei → *Protokollverlesung nach Zeugnisverweigerung*, Rn. 725, → *Protokollverlesung zur Gedächtnisstützung*, Rn .735, → *Verlesung von Geständnisprotokollen*, Rn. 1006.

1017a

1. **§ 251 durchbricht** das in § 250 (→ *Unmittelbarkeitsgrundsatz*, Rn. 868) enthaltene **Beweismittelverbot** ohne Rücksicht auf Art und Schwere des Tatvorwurfs (BGH NStZ 1985, 230), indem die Verlesung von Vernehmungsprotokollen im Wege des Urkundenbeweises unter bestimmten Voraussetzungen für zulässig erklärt wird. Zu § 251 gibt es umfangreiche Rspr. und Lit., die hier nicht im Einzelnen dargestellt werden kann. Insoweit wird auf die Komm. zu § 251 bei *Kleinknecht/Meyer-Goßner*, bei KK-*Diemer*, jeweils m.w.N., sowie auf *Park* StV 2000, 218 ff. verwiesen. Im Folgenden werden nur die **Grundzüge** und die Umstände dargestellt, auf die der Verteidiger in der HV besonders achten muss (zur geplanten Erweiterung der Möglichkeiten, Vernehmungsniederschriften zu

verlesen → *Gesetzesnovellen*, Rn. 520b, 526; zur Verwertung von Bild-Ton-Aufzeichnungen gem. § 255a → *Vorführung von Bild-Ton-Aufzeichnungen*, Rn. 1158a ff.).

1018 **2. Entscheidend** für die **Zulässigkeit** der Verlesung eines früheren Vernehmungsprotokolls gem. § 251 ist nicht die Stellung, die die Auskunftsperson (Zeuge, SV oder Mitangeklagter) im Zeitpunkt der Aufnahme der (zu verlesenden) Vernehmung hatte, sondern die **Rolle**, die sie bei einer Vernehmung im **gegenwärtigen Verfahren** einnehmen würde (BGHSt 10, 186). Es kann daher auch die Aussage eines **früheren Mitbeschuldigten** verlesen werden, gegen den das Verfahren erledigt oder abgetrennt ist (BGH, a.a.O.; NJW 1985, 76; *Kleinknecht/Meyer-Goßner*, § 252 Rn. 2 m.w.N.). Das gilt aber dann **nicht**, wenn dem früheren Beschuldigten, würde er jetzt als Zeuge vernommen, ein → ***Zeugnisverweigerungsrecht***, Rn. 1194, nach den §§ 52 ff. zustehen würde (BGHSt 10, 186; s.a. → *Protokollverlesung nach Zeugnisverweigerung*, Rn. 725).

☝ § 251 erfasst aber **nicht** die **Verlesung** von **Protokollen** früherer **Vernehmungen** des **Angeklagten**. Diese richtet sich nach §§ 231a Abs. 1 S. 2, 233 Abs. 2 S. 2 und 254 (OLG Köln NJW 1982, 2457 [Ls.]; → *Entbindung des Angeklagten vom Erscheinen in der Hauptverhandlung*, Rn. 427; → *Selbst herbeigeführte Verhandlungsunfähigkeit*, Rn. 788; → *Verlesung von Geständnisprotokollen*, Rn. 1006).

1019 **3.** § 251 Abs. 1 erlaubt nur die Verlesung von **richterlichen Protokollen**.

a) I.d.R. handelt es sich um richterliche Protokolle aus dem **Ermittlungsverfahren** (§§ 162, 168c, 169), um Niederschriften aus einer **früheren HV**, auch wenn diese nur nach § 273 Abs. 2 protokolliert worden sind (BGHSt 24, 183; → *Protokoll der Hauptverhandlung*, Rn. 713) oder auch um Vernehmungen aus **anderen (Straf-)Verfahren** (BGHSt 10, 186 m.w.N.).

1020 **b)** Die Protokolle müssen **ordnungsgemäß**, unter Beachtung der für das jeweilige Verfahren geltenden Förmlichkeiten und der sonstigen Formvorschriften (vgl. die Beispiele bei *Kleinknecht/Meyer-Goßner*, § 251 Rn. 18; *Park* StV 2000, 219; s.a. die Beispiele → *Verlesung von Geständnisprotokollen*, Rn. 1008 ff.) **zustande gekommen** sein (zur Verlesung fehlerhaft zustande gekommener richterlicher Protokolle gem. § 251 Abs. 2 s.u. Rn. 1022). Dazu gehört insbesondere, dass die in §§ 168c, 224 Abs. 1 vorgesehenen **Terminsbenachrichtigungen** rechtzeitig erfolgt sind (st.Rspr., vgl. u.a. BGHSt 9, 24; 31, 140 m.w.N.; zu einem Verwertungsverbot bei fehlerhaft unterbliebener Verteidigerbenachrichtigung BGH NJW 1999, 3133 -Ls.- [fehlerhafte Annahme der Gefährdung des Untersuchungserfolgs i.S. von § 168c Abs. 5]; KK-*Diemer*, § 251 Rn. 19 m.w.N.; zu den

Teilhaberechten der Verteidigung an Ermittlungshandlungen s.a. *Burhoff*, EV, Rn. 1857 ff., 1872 ff.).

☝ Für (richterliche) Vernehmungsprotokolle über Vernehmungen, bei denen **§ 69 nicht beachtet** worden ist, wenn also der Zeuge sich sogleich auf eine frühere Vernehmung berufen hat, ohne sich erst im Zusammenhang zum Vernehmungsgegenstand zu äußern, gilt: § 69 ist zwingendes Recht (BGH NJW 1953, 35, 231; StV 1981, 269). Das bedeutet, dass das Protokoll in der HV nicht gem. § 251 verlesen werden darf (LR-*Dahs*, § 69 Rn. 16 [für § 69 Abs. 1 S. 1]; *Kleinknecht/Meyer-Goßner*, § 69 Rn. 13; KK-*Diemer*, § 251 Rn. 13). Geschieht das dennoch, kann das die Revision begründen, wenn das Urteil darauf beruht (BGH, a.a.O.). Nach der Rspr. des BGH (NStZ 1998, 312 m.w.N. [für Verstoß gegen § 168 c Abs. 5]) dürfte aber eine Verlesung nach § 251 Abs. 2 S. 2 in Betracht kommen.

Zu erwägen ist, ob in diesen Fällen nicht auch die **Vernehmung** des **Richters unzulässig** ist. Denn ebenso wie der Verstoß gegen die Benachrichtigungspflicht des § 168c Abs. 5 zu einem umfassenden BVV führt (*Burhoff*, EV, Rn. 1455), muss das – wegen der erheblichen Bedeutung einer richterlichen Vernehmung – m.E. auch bei einem Verstoß gegen sonstiges zwingendes Verfahrensrecht gelten. Auch ein Vorhalt wäre dann unzulässig (zum **Widerspruch** gegen die Verlesung s.u. Rn. 1028).

1021 **c)** Die Verlesung richterlicher Protokolle ist nach § 251 Abs. 1 unter folgenden gesetzlichen **Voraussetzungen zulässig** (zur geplanten Erweiterung → *Gesetzesnovellen*, Rn. 526):

- nach **Nr. 1** bei **Tod**, Geisteskrankheit und **unbekanntem Aufenthalt** der Auskunftsperson (zu Letzterem vgl. die entsprechend anwendbaren Rspr.-Zitate zur Unerreichbarkeit i.S.d. § 244 Abs. 3 S. 2 bei *Kleinknecht/Meyer-Goßner*, § 244 Rn. 62; *Park* StV 2000, 220; s.a. → *Beweisantrag, Ablehnungsgründe*, Rn. 268),
- nach **Nr. 2** bei Krankheit, Gebrechlichkeit oder anderen **nicht** zu **beseitigenden Hindernissen** (z.B. Weigerung eines dauernd außerhalb des Geltungsbereichs der StPO wohnenden Zeugen, in der HV zu erscheinen, BGHSt 32, 68; vgl. a. KK-*Diemer*, § 251 Rn. 6 m.w.N.; zur **V-Mann**-Problematik → *V-Mann in der Hauptverhandlung*, Rn. 1134; → *Verwertung der Erkenntnisse eines [gesperrten] V-Mannes*, Rn. 1111; die Begriffe stimmen mit denen des **§ 223 Abs. 1** überein; vgl. dazu *Kleinknecht/Meyer-Goßner*, § 223 Rn. 2 ff.; → *Kommissarische Vernehmung eines Zeugen oder Sachverständigen*, Rn. 579); **abzuwägen** sind insoweit die Bedeutung der Sache, die Wichtigkeit der Zeugenaussage, das Beschleunigungsinteresse und die Pflicht zur erschöpfenden Sachaufklärung (BGH NStZ-RR 1997, 268 m.w.N. [Verhinderung in einem Mordverfahren für 1-monatige Reise eines wichtigen Zeugen nach Indien verneint]; zur Verwertbarkeit eines ausländischen Zeugenvernehmung BGH NStZ 2000, 547),

☝ Nach der Rspr. des BGH steht die Möglichkeit einer → ***Videovernehmung in der Hauptverhandlung***, Rn. 1129, der Verlesung nach § 251 Abs. 1 Nr. 2 nicht entgegen, da es nicht auf die körperliche Anwesenheit des Zeugen in der HV ankommt (BGHSt 46, 73). Allerdings wird insoweit immer die → ***Aufklärungspflicht des Gerichts***, Rn. 95, zu beachten sein (*Albrecht* StV 2001, 364 in der Anm. zu BGH, a.a.O.). Ggf. wird der Verteidiger (zur Vorbereitung einer Aufklärungsrüge) einen **Beweisantrag** stellen.

- nach **Nr. 3**, wenn einem Zeugen oder SV das **Erscheinen** in der HV wegen großer Entfernung unter Berücksichtigung der Bedeutung seiner Aussage **nicht zugemutet** werden kann, wobei außer der geographischen Lage die persönlichen Verhältnisse zu berücksichtigen sind und eine Abwägung mit der Bedeutung der Sache und der Wichtigkeit der Aussage stattfinden muss (vgl. u.a. BGH NStZ 1990, 28 [M] m.w.N.; OLG Düsseldorf StV 2000, 8; KK-*Diemer*, § 251 Rn. 9; *Kleinknecht/Meyer-Goßner*, § 223 Rn. 8; *Park* StV 2000, 221),

☝ Ist die Aussage des Zeugen das **alleinige Beweismittel** für die Überführung des Angeklagten, ist die persönliche Vernehmung erforderlich (OLG Düsseldorf, a.a.O.).

- nach **Nr. 4**, wenn der **StA**, der **Verteidiger**, der **Angeklagte** und ggf. weitere Prozessbeteiligte, nicht aber der Neben- oder Privatkläger, mit der Verlesung **einverstanden** sind, die sich aus § 244 Abs. 2 ergebende → *Aufklärungspflicht des Gerichts*, Rn. 95, nicht entgegensteht und → *Beweisverwertungsverbote*, Rn. 313, nicht bestehen. Das ist z.B. dann der Fall, wenn ein Zeuge erstmals in der HV von einem Zeugnisverweigerungsrecht Gebrauch macht (→ *Protokollverlesung nach Zeugnisverweigerung*, Rn. 725; s. aber jetzt KK-*Diemer*, § 251 Rn. 10a, wonach die Verlesung der richterlichen Vernehmung eines in der HV erschienenen, nach § 55 verweigernden Zeugen zulässig sein soll; → *Auskunftsverweigerungsrecht*, Rn. 122).

☝ Nach der Rspr. des BGH kann das Einverständnis auch **stillschweigend erklärt** werden, und zwar z.B. dadurch, dass der Verlesung nicht widersprochen wird (BGHSt 9, 230; BGH StV 1983, 319; a.A. *Schlothauer* StV 1983, 320 in der Anm. zu BGH, a.a.O.; *Park* StV 2000, 221). Zwar hat der BGH an anderer Stelle ausgeführt, dass das nur dann gilt, wenn zuvor klargestellt worden ist, dass nach § 251 Abs. 1 Nr. 4 verfahren werden soll (BGH NJW 1984, 65). Der Verteidiger sollte aber dennoch im Hinblick auf die Revision einer Verlesung immer dann **widersprechen**, wenn er zwar die Voraussetzungen der Nr. 1 – 3 für gegeben ansieht, er mit der Verlesung aber nicht einverstanden ist. Dann kann, wenn er zu Unrecht von der Verlesung ausgegangen ist, später in der **Revision** die Unzulässigkeit der Verlesung immer noch gerügt werden (s.a. *Park* StV 2000, 222; s.a. Rn. 1028).

4. Die Verlesung **anderer** als richterlicher **Protokolle** richtet sich nach **§ 251 Abs. 2**. **1022**

a) Die Regelung in § 251 Abs. 2 bezieht sich insbesondere auf Protokolle, die von **Polizei**-, **Finanz**-, **Bußgeld**- oder **anderen Behörden**, gleichgültig in welchem Verfahren, aufgenommen worden sind (*Kleinknecht/Meyer-Goßner*, § 251 Rn. 29 m.w.N.). Gemeint sind aber auch Schriftstücke, wie z.B. dienstliche Äußerungen (OLG Saarbrücken NJW 1971, 1904) verstorbener Beamter sowie ebenfalls erst vom Gericht selbst eingeholte **schriftliche Äußerungen** eines Zeugen, z.B. von **V-Leuten** der Polizei (BGH NStZ 1981, 270; *Kleinknecht/Meyer-Goßner*, § 251 Rn. 33 m.w.N. auch zur Gegenansicht).

☝ Sollen **schriftliche Äußerungen** von V-Leuten in der HV verlesen werden, muss der Verteidiger **prüfen**, ob der Angeklagte **Gelegenheit** gehabt hat, diese zu **befragen**. Denn i.d.R. muss der Angeklagte zu irgendeinem Zeitpunkt des Verfahrens Gelegenheit gehabt haben, einen gegen ihn aussagenden Zeugen zu befragen. Das gebietet **Art. 6 Abs. 3d MRK** (EGMR StV 1990, 481; 1991, 193; BGH NStZ 1993, 292; demgegenüber einschränkend BVerfG NJW 1992, 168 [zu BGH NJW 1991, 646, soweit es sich um die Verwertung von Angaben verdeckt operierender Polizeibeamter handelt]; dazu jetzt aber insbesondere auch EGMR StV 1997, 617; vgl. zu (neuen) Tendenzen in der Rspr. → *V-Mann in der Hauptverhandlung*, Rn. 1134; → *Verwertung der Erkenntnisse eines [gesperrten] V-Mannes,* Rn. 1119).

Verlesen werden darf nach h.M. schließlich auch ein **fehlerhaft**, also z.B. ein unter Verstoß gegen die Benachrichtigungspflicht zustande gekommenes Protokoll über eine **richterliche Vernehmung**, das nach § 251 Abs. 1 nicht verwertet werden darf (BGHSt 29, 1; BGH NStZ 1987, 132; 1998, 312; *Kleinknecht/Meyer-Goßner*, § 251 Rn. 31, 18 m.w.N.), und zwar nach der Rspr. auch gegen den Widerspruch des Verteidigers (a.A. *Park* StV 2000, 219).

☝ Allerdings ist, wenn das Gericht ein an sich unverwertbares richterliches Protokoll nach § 251 Abs. 1 verlesen hat, es dieses dann im Urteil aber als nicht richterliche Vernehmung gem. § 251 Abs. 2 S. 2 verwerten will, ein → ***Hinweis** auf veränderte Sach-/Rechtslage*, Rn. 551, erforderlich (BGH, a.a.O.).

1023 **b)** Die Verlesung nach § 251 Abs. 2 ist **zulässig**,

- nach **§ 251 Abs. 2 S. 1**

  – wenn der StA, der Verteidiger und der Angeklagte **einverstanden** sind (zur Taktik s.u. Rn. 1027) und insbesondere die → *Aufklärungspflicht des Gerichts*, Rn. 95, nicht entgegensteht (OLG Köln StV 1998, 585), was z.B. der Fall sein kann, wenn die Vernehmungsniederschrift ungenau oder unklar (OLG Celle StV 1991, 294) oder die Beweisperson das einzige Beweismittel ist (OLG Düsseldorf NJW 1991, 2781; OLG Köln, a.a.O.; s.a. oben Rn. 1021 a.E. und unten Rn. 1026).

1024

- i.Ü. nach **§ 251 Abs. 2 S. 2**

  – nur, wenn der **Zeuge**, der SV oder der Mitbeschuldigte **verstorben** ist, auch wenn der Zeuge vor seiner früheren Aussage nicht über sein → *Zeugnisverweigerungsrecht*, Rn. 1194, belehrt worden ist (BGHSt 22, 35; KK-*Diemer*, § 251 Rn. 15 m.w.N. zur a.A.),

  – wenn **Auskunftspersonen** aus einem anderen Grund in **absehbarer Zeit** gerichtlich **nicht vernommen** werden können, was i.d.R. bei im Ausland lebenden Zeugen zutrifft, die nicht bereit sind, einer Ladung Folge zu leisten (KK-*Diemer*, § 251 Rn. 23; → *Auslandszeuge*, Rn. 123) oder ggf. auch bei **V-Leuten**, wenn sich die oberste Dienstbehörde weigert, Namen und Aufenthalt bekannt zu geben oder eine Aussagegenehmigung zu erteilen (s. u.a. BGHSt 36, 159; zu den Anforderungen an eine „Sperrerklärung" LG Saarbrücken StV 2001, 393; s.a. *Kleinknecht/Meyer-Goßner*, § 251 Rn. 26 m.w.N.; zu den Möglichkeiten des Verteidigers s.a. → *Aussagegenehmigung*, Rn. 129; wegen der Einzelh. → *Verwertung der Erkenntnisse eines [gesperrten] V-Mannes*, Rn. 1120),

  – **nicht** hingegen die Aussage eines vor der HV vernommenen Zeugen, der erst in der HV von seinem ihm zustehenden **Zeugnisverweigerungsrecht** nach § 52 Gebrauch macht, da dem § 252 entgegensteht (→ *Protokollverlesung nach Zeugnisverweigerung*, Rn. 725),

  – auch **nicht**, wenn ein Zeuge in der HV nach **§ 55** die **Auskunft verweigert** (st.Rspr., vgl. zuletzt BGH NStZ 1996, 96 m.w.N.; *Kleinknecht/Meyer-Goßner*, § 251 Rn. 28; a.A. KK-*Diemer*, § 251 Rn. 10a; → *Auskunftsverweigerungsrecht*, Rn. 118; s.a. BGH StV 1996, 191 [Verlesungsverbot für **Schriftstücke**, die ein in der HV nach § 52 die Aussage verweigernder Zeuge bei seiner polizeilichen Vernehmung überreicht hat]).

1025 **5.** Nicht Urkundenbeweis i.e.S. ist eine nach **§ 251 Abs. 3** erfolgende Verlesung. Danach kann jedes Schriftstück auch ohne Vorliegen der Voraussetzungen des § 251 Abs. 1 und 2 verlesen werden, wenn dies nicht zur Urteilsfällung dient, sondern **anderen Zwecken** als unmittelbar der Urteilsfindung, so z.B. zur Feststellung, ob eine Auskunftsperson zu vernehmen oder zu laden ist (vgl. i.Ü. u. Rn. 1027 ff.; → ***Freibeweisverfahren***, Rn. 502).

☝ Hier hat der Verteidiger besonders darauf zu achten, dass die Verlesung nur **verfahrensrechtliche Entscheidungen vorbereiten** darf (vgl. dazu *Dahs*, Rn. 528). Die Verlesung ordnet der Vorsitzende im Rahmen der → *Verhandlungsleitung*, Rn. 972, an. § 251 Abs. 4 S. 1 (s.u. Rn. 1026) gilt nicht. Ggf. muss der Verteidiger nach **§ 238 Abs. 2** beanstanden und damit einen Gerichtsbeschluss herbeiführen.

1026 **6.** Die Verlesung des Vernehmungsprotokolls wird gem. § 251 Abs. 4 S. 1, 2 durch **Gerichtsbeschluss** angeordnet, auch wenn alle Beteiligten mit der Verlesung einverstanden sind (BGH NStZ 1988, 283). Der Vorsitzende allein darf nur das Absehen von der Verlesung anordnen (*Kleinknecht/Meyer-Goßner*, § 251 Rn. 37).

Der Beschluss ist zu **begründen** (vgl. zum Inhalt z.B. OLG Düsseldorf StV 2000, 8). Darauf können die Prozessbeteiligten nicht verzichten (vgl. u.a. BGH NStZ 1986, 325). Er ist in das → ***Protokoll** der Hauptverhandlung*, Rn. 541, aufzunehmen. Das Fehlen des Beschlusses begründet i.d.R. die Revision (BGH NStZ 1988, 283; 1993, 144; OLG Brandenburg NStZ 1996, 300; OLG Düsseldorf StraFo 1999, 305; wegen der weiteren Einzelh. zur **Revision** s. *Kleinknecht/Meyer-Goßner*, § 251 Rn. 42; *Park* StV 2000, 222).

Die Urkunde oder das Protokoll müssen in **vollem Umfang verlesen** werden. Eine Teilverlesung ist nur mit Zustimmung der Prozessbeteiligten zulässig (BGH NStZ 1988, 283). Die Verlesung kann nicht durch einen Bericht des Vorsitzenden ersetzt werden (→ *Urkundenbeweis durch Bericht des Vorsitzenden*, Rn. 908).

1027 **7. Hinweise für den Verteidiger!**

Der Verteidiger muss, da eine Ausweitung des Urkundenbeweises gegenüber dem Zeugenbeweis die Gefahr eines „schriftlichen" Strafverfahrens in sich birgt, in allen Fällen sorgfältig prüfen, ob die Verlesung einer (Vernehmungs-) Niederschrift an die Stelle der Zeugenvernehmung treten darf. Das **Einverständnis** mit der Verlesung wird er von folgenden **prozesstaktischen Erwägungen** abhängig machen:

Der Verteidiger wird auf die (persönliche) Anhörung einer Auskunftsperson in der HV dann nicht verzichten, wenn es auf den **persönlichen Eindruck** ankommt oder wenn er die Auskunftsperson **befragen muss**. Anders wird er sich entscheiden, wenn der Angeklagte durch die frühere Aussage entlastet und das Gericht die Aussage auch so werten will. I.d.R. wird er **nur ausnahmsweise** mit einer Verlesung einverstanden sein (s.a. → *Kommissarische Vernehmung eines Zeugen oder Sachverständigen*, Rn. 584 f.).

1028 Der Verteidiger muss auch berücksichtigen, dass, wenn er sich gem. § 251 Abs. 1 Nr. 4 einverstanden erklärt hat, er sein Einverständnis zur Verlesung **nicht widerrufen** kann (KK-*Diemer*, § 251 Rn. 10). Er muss der Verlesung eines Protokolls, das, ohne dass er sich damit einverstanden erklärt hat, verlesen wird, **ausdrücklich widersprechen**, sonst kann ggf. aus seinem Schweigen auf ein stillschweigendes Einverständnis geschlossen werden (vgl. u.a. BGH NJW 1984, 65; NStZ 1985, 376; OLG Hamm VRS 40, 197; zum Rügeverlust s.a. BGHSt 38, 214 [für Verwertung einer unter Verstoß gegen § 136 zustandegekommenen Vernehmung]; s. auch oben Rn. 1021; → *Widerspruchslösung*, Rn. 1166a ff.). Das gilt insbesondere dann, wenn der Verteidiger sein Einverständnis bereits **vor** der **HV** erklärt, er aber nun seine Meinung geändert hat (BGHSt 3, 206, 209). Es ist auch darauf zu achten, dass ein etwaiger Widerspruch ins → ***Protokoll** der Hauptverhandlung*, Rn. 713 **aufgenommen** wird.

Das Einverständnis kann auch **nicht** mit der Revision **angefochten** werden (BGH NStZ 1997, 611; s.a. BGH NJW 1997, 2691 [zur Wirksamkeit eines Rechtsmittelverzichts]).

☝ Ist ein an sich unverwertbares Protokoll gem. § 251 Abs. 1 Nr. 4 verlesen worden, steht später in der **Revision** das erklärte **Einverständnis** der **Rüge** der unzulässigen Verwertung der Aussage **nicht** entgegen. Das Einverständnis gleicht nämlich nur die fehlenden Voraussetzungen der § 251 Abs. 1 Nr. 1 bis 3 aus, „heilt" jedoch nicht Mängel, die zu einem Beweisverwertungsverbot führen (BGHSt 42, 73 [für unzulässige Verwertung der Aussage eines zeugnisverweigerungsberechtigten Arztes nach Widerruf der → *Entbindung von der Schweigepflicht*, Rn. 427]).

1028a Häufig übersehen wird das Erfordernis der Beachtung der **Vereidigungsvorschriften** gem. § 251 Abs. 4 S. 2 (*Park* StV 2000, 223). Es muss von Amts wegen festgestellt werden, ob der Zeugen vereidigt worden ist (BGH StV 2000, 654). Ggf. ist die Vereidigung nachzuholen, wenn sie notwendig ist. Hinsichtlich der Ausnahmen von der Vereidigung gelten die allgemeinen Regeln der §§ 60 (→ *Vereidigungsverbot*, Rn. 940, → *Vereidigungsverzicht*, Rn. 949). Die dort gemachten Ausführungen zur **Verteidigungstaktik** gelten **entsprechend**.

Siehe auch: → *Beschleunigtes Verfahren*, Rn. 232, → *Protokollverlesung zur Gedächtnisstützung*, Rn. 735, → *Selbstleseverfahren*, Rn. 794, → *Verlesung von ärztlichen Attesten*, Rn. 997, → *Verlesung von Behördengutachten*, Rn. 1001, → *Verlesung von Geständnisprotokollen*, Rn. 1006, → *Verlesung von Leumundszeugnissen*, Rn. 1015, → *Verlesung von sonstigen Gutachten und Berichten*, Rn. 1029, → *Vorführung von Bild-Ton-Aufzeichnungen*, Rn. 1158a, → *Vorhalt aus und von Tonbandaufnahmen*, Rn. 1161, → *Vorhalt aus und von Urkunden*, Rn. 1162.

Verlesung von sonstigen Gutachten und Berichten

1029

Literaturhinweise: ***Jessnitzer***, Zur Verwertung des schriftlichen Berichts des Blutentnahmearztes im Strafverfahren, BA 1970, 473; ***Kuhlmann***, Nochmals: Zur Verwertung des schriftlichen Berichts des Blutentnahmearztes, BA 1971, 276; ***Molketin***, Blutentnahmeprotokoll, Ärztlicher Befundbericht und Blutalkoholgutachten im Strafverfahren, BA 1989, 124.

§ 256 Abs. 1 S. 2 erlaubt die Verlesung sog. sonstiger – im Einzelnen aufgezählter – (Routine-)Gutachten und Berichte (zur geplanten Erweiterung → *Gesetzesnovellen*, Rn. 526). Bei diesen Gutachten braucht es sich **nicht** um die einer öffentlichen Behörde oder eines Arztes im gerichtsärztlichen Dienst zu handeln. Im Einzelnen gilt:

1029a

1. Das Gutachten über die **Auswertung** eines **Fahrtschreiberdiagramms** darf verlesen werden, soweit es die Ablesung und Auswertung des Aufzeichnungsergebnisses zum Inhalt hat und das Ergebnis dahin ausgewertet worden ist, ob der Fahrtschreiber einwandfrei gearbeitet hat. Nicht verlesen werden darf ein Gutachten, das allgemein die Funktionsweise des Geräts beschreibt (OLG Celle JR 1978, 122).

1030

2. Die eine **Blutprobe** auswertenden Gutachten sind auch insoweit verlesbar, wie sie sich zur Qualität der Blutprobe äußern (*Kleinknecht/Meyer-Goßner*, § 256 Rn. 20). I.d.R. reicht die Verlesung des Gutachtens (BGHSt 28, 235 f.).

☝ Verlesbar ist auch ein aus/zu einer Blutprobe gewonnener Untersuchungsbefund, wenn anstatt eines approbierten Arztes ein **Medizinalassistent** die Blutprobe entnommen hat, der Polizeibeamte, der die Blutentnahme anordnete, diesen aber für einen Arzt hielt (BGHSt 24, 125).

Es kann allerdings gem. § 244 Abs. 2 die **Vernehmung** eines SV erforderlich sein, z.B. wenn für die Bestimmung des Blutalkoholgehalts Fragen der Rückrechnung von Bedeutung sind (zur Revisionsrüge, wenn der Verteidiger der Auffassung ist, ein Blutalkoholgutachten sei nicht ordnungsgemäß in die HV eingeführt worden, s. OLG Düsseldorf StV 1995, 120).

1031 **3.** Verlesbar sind auch ärztliche Berichte über **Blutprobenentnahmen**, wenn sie erkennen lassen, von wem sie stammen (BayObLG StV 1989, 6). Diese Berichte enthalten die Tatsachen über Ort, Zeitpunkt und Verhalten des Angeklagten bei der Blutprobenentnahme, die als **Anknüpfungstatsachen** für ein SV-Gutachten über die Schuldfähigkeit oder Fahrtüchtigkeit von Bedeutung sind (vgl. BGH DAR 1979, 186 [Sp]; zu allem *Jessnitzer*, *Kuhlmann*, *Molketin*, jeweils a.a.O.).

Siehe auch: → *Verlesung von ärztlichen Attesten*, Rn. 997, → *Verlesung von Behördengutachten*, Rn. 1001.

1032 Verletztenbeistand/Opferanwalt

Literaturhinweise: ***Caesar***, Noch stärkerer Schutz für Zeugen und andere nicht beschuldigte Personen im Strafprozeß?, NJW 1998, 2313; ***Granderath***, Schutz des Tatopfers im Strafverfahren, MDR 1983, 797; ***Kilchling***, Opferschutz und der Strafanspruch des Staates-Ein Widerspruch, NStZ 2002, 57; ***Schöch,*** Opferschutz – Prüfstein für alle strafprozessualen Reformüberlegungen?, in: Festschrift für *Peter Rieß*, S. 507; s. auch die Hinw. bei → *Adhäsionsverfahren*, Rn. 72, bei → *Nebenklage*, Rn. 622, bei → *Vernehmungsbeistand*, Rn. 1079a und bei → *Zeugenbeistand*, Rn. 1175.

Durch das sog. OpferschutzG sind 1986 die Verfahrensbefugnisse der Personen, die durch eine Straftat verletzt wurden, neu gestaltet worden (zu weiter geplanten Gesetzesänderungen → *Gesetzesnovellen*, Rn. 524). Zu unterscheiden ist nach der gesetzlichen Regelung in den §§ 406d ff. zwischen Verletzten, die nach dem Katalog des § 395 nicht (s.u. Rn. 1032a), und solchen, die nebenklageberechtigt sind, den Anschluss als Nebenkläger aber nicht erklärt haben (s.u. Rn. 1033; zu den Rechten des Beistands des Nebenklägers → *Nebenklägerrechte in der Hauptverhandlung*, Rn. 625; zum sich aus § 406 e ergebenden Akteneinsichtsrecht des Verletzten *Burhoff*, EV, Rn. 110 ff.). Durch das ZSchG ist nun die Möglichkeit der Beiordnung eines → *Vernehmungsbeistands*, 1079a, geschaffen worden.

1032a **1.** Ist der **Verletzte** einer Straftat **nicht nebenklageberechtigt**, kann er sich aber dennoch des Beistands eines Rechtsanwaltes bedienen und durch diesen vertreten lassen (**§ 406f**; wegen der Befugnisse des Beistands im Ermittlungsverfahren s. *Burhoff*, EV, Rn. 1817 ff.; s.a. *Kleinknecht/Meyer-Goßner*, § 406f Rn. 1 ff.). Nach § 406f Abs. 2 ist dem Beistand während der Vernehmung des Verletzten durch das Gericht die **Anwesenheit** in der **HV gestattet**.

☞ Der Beistand hat **kein Anwesenheitsrecht** in der HV **vor** und **nach** der Vernehmung des nicht nebenklageberechtigten Verletzten (s. aber AG Neuss StraFo 1999, 139 f. [Anwesenheitsrecht für den allgemeinen → *Zeugenbei-*

stand, Rn. 1175, während der gesamten Dauer der HV]). Wird nicht öffentlich verhandelt, muss er also den Sitzungssaal verlassen. Ansonsten wird er zumindest als Zuhörer an der HV teilnehmen können.

Der Beistand kann – wie ein allgemeiner → *Zeugenbeistand*, Rn. 1177 – für den Verletzten dessen Recht zur **Beanstandung** von Fragen nach den §§ 238 Abs. 2, 242 ausüben (→ *Zurückweisung einzelner Fragen des Verteidigers*, Rn. 1208; → *Fragerecht, Allgemeines*, Rn. 490, m.w.N.). Außerdem kann er den Antrag auf → ***Ausschluss** der **Öffentlichkeit***, Rn. 137, 139, nach § 171b GVG stellen, sofern der Verletzte dem nicht widerspricht.

1033

2.a) Ist der **Verletzte** nach dem Katalog des § 395 **nebenklageberechtigt**, hat der Beistand über die dargestellten Rechte hinaus (s.o. Rn. 1032a) das **Recht**, an einer **nichtöffentlichen** Sitzung teilzunehmen (§ 406g Abs. 2). Die §§ 177, 178 GVG gelten für ihn nicht. Er ist von der HV zu benachrichtigen, wenn sich seine Bevollmächtigung aus den Akten ergibt oder er vom Gericht gem. § 406g Abs. 4 beigeordnet worden ist. Etwas anderes kann gelten, wenn das Interesse des Nebenklägers an einer Beteiligung im weiteren Verlauf des Verfahrens im Vorverfahren nicht ausreichend deutlich geworden ist (BGH NStZ 1997, 49; m.E. zw., da nach § 168c Abs. 5 die Verfahrensbeteiligten zu benachrichtigen „sind“). Die **Kosten** für die Heranziehung des Beistands werden wie Nebenklagekosten behandelt, sind also i.d.R. von dem Angeklagten zu erstatten (§§ 472 Abs. 3 S. 1; → *Nebenklägerrechte in der Hauptverhandlung*, Rn. 633).

1033a

b) Nach § 406g Abs. 3 i.V.m. § 397a kommt eine **Beiordnung** des Rechtsanwalts als Verletztenbeistand im Wege der **Prozesskostenhilfe** in Betracht. Diese Möglichkeit ist durch das sog. ZSchG v. 30.4.1998 (BGBl. I, S. 820) wesentlich erweitert worden (dazu *Rieß*, *Seitz*, jeweils a.a.O.; krit. dazu LR-*Hilger*, § 397a Rn. 2; zu weiteren geplanten Erweiterungen [Opferanwalt] → *Gesetzesnovellen*, Rn. 526). Im Einzelnen gilt:

- Die bisherige Regelung, die auf die Voraussetzungen der PKH sowie die Schwierigkeit der Sach- oder Rechtslage abstellte, ist für den „**normalen**“ **Nebenkläger** als § 397a Abs. 2 **unverändert** erhalten geblieben.
- Neu ist die **Privilegierung** bestimmter Nebenkläger in § 397a Abs. 1. Ihnen ist auf Antrag stets ein Beistand zu bestellen, auch wenn sie nicht bedürftig im Sinne der PKH sind, und ohne Rücksicht darauf, ob die Sach- oder Rechtslage schwierig und ob ihnen eine Eigenwahrnehmung zuzumuten ist. Dies gilt für Nebenkläger, deren Berechtigung zum Anschluss auf § 395 Abs. 1 Nr. 1a (Straftaten gegen die **sexuelle Selbstbestimmung**) oder Nr. 2 (**Tötungsdelikte**) beruht und die zum Anschluss berechtigende Tat ein Verbrechen ist. Wenn der Nebenklageberechtigte bei Antragstellung das **16. Lebensjahr** noch nicht vollendet hat, ist er auch dann privilegiert, wenn es sich um ein Vergehen gegen die sexuelle Selbstbestimmung sowie um § 225 StGB handelt.

- Über die **Bestellung** eines Verletztenbeistands oder Opferanwalts entscheidet das mit der Sache befasste **Gericht**. Dessen Entscheidung ist nach § 397a Abs. 3 in den Fällen des § 397a Abs. 2 **unanfechtbar**, im Fall des § 397a Abs. 1 hingegen mit der Beschwerde anfechtbar (*Rieß* NJW 1998, 3243 Fn. 12). Auch der Angeklagte wird, da er durch die Bestellung eines Verletztenbeistands/Opferanwalts schon wegen der für ihn im Fall der Verurteilung bestehenden Kostentragungspflicht beschwert ist, Beschwerde einlegen können (*Rieß* StraFo 1999, 8 Fn. 9; a.A. LR-*Hilger*, § 397a Rn. 14 a.E.).

☝ Es ist darauf hinzuweisen, dass nun in allen Fällen der **Nebenklage** (s.o. § 397a Abs. 2 [„nicht-privilegierter Nebenkläger"]) nach § 406g Abs. 4 die **einstweilige Bestellung** eines Verletztenbeistands in Betracht kommen kann.

- Die **Auswahl** des zu bestellenden Rechtsanwalts obliegt nach § 397a Abs. 1 S. 4 i.V.m. § 142 Abs. 1 dem **Vorsitzenden** des Gerichts (zu den Kriterien *Burhoff*, EV, Rn. 1192 ff.).
- Ist der Beistand im Wege der Prozesskostenhilfe beigeordnet worden, kommt die Zubilligung einer **Pauschvergütung** gem. §§ 102, 97, 99 BRAGO in Betracht (zu den mit § 99 BRAGO zusammenhängenden Fragen s. *Burhoff* ZAP F. 24, S. 625 ff. m.w.N. und StraFo 1999, 261 ff., 2001, 119 ff.).

Siehe auch: → *Vernehmungsbeistand*, Rn. 1079a, → *Zeugenbeistand*, Rn. 1175.

1034 Vernehmung des Angeklagten zur Person

Literaturhinweise: ***Dencker***, Belehrung des Angeklagten über sein Schweigerecht und Vernehmung zur Person, MDR 1975, 359; ***Schünemann***, Die Belehrungspflichten der §§ 243 Abs. 4, 136 n.F. StPO und der BGH, MDR 1969, 101; ***Seebode***, Schweigen des Beschuldigten zur Person, MDR 1970, 185.

1. Vor der → ***Verlesung des Anklagesatzes***, Rn. 989, muss gem. § 243 Abs. 2 S. 3 der Angeklagte über seine persönlichen Verhältnisse vernommen werden. Diese Vernehmung dient in erster Linie der **Identitätsfeststellung** sowie der Feststellung von Prozessvoraussetzungen, wie z.B. der Verhandlungsfähigkeit des Angeklagten. Deshalb ist der Angeklagte nur **verpflichtet**, die in § 111 OWiG genannten **Angaben** zu machen. Das sind: Vor-, Familien- oder Geburtsname, Tag und Ort der Geburt, Familienstand, Beruf, Wohnort, Wohnung und Staatsangehörigkeit. Darüber hinausgehende Angaben kann er verweigern. Verweigert er auch die Angaben zur Identitätsfeststellung, kann das Gericht ohne weiteres im → *Freibeweisverfahren*, Rn. 502, von dem im Vorverfahren festgestellten, sich aus der Akte ergebenden Personalien ausgehen (*Kleinknecht/Meyer-Goßner*, § 243 Rn. 11).

2. Hinweise für den Verteidiger!

1035

Die Vernehmung zur Person dient **nicht** der Ermittlung der persönlichen Verhältnisse des Angeklagten, die über die o.a. Angaben hinausgehen. Fragen zum **Vorleben**, **Werdegang**, **beruflicher Ausbildung**, **familiärer** und **wirtschaftlicher Verhältnisse** sowie sonstiger Umstände, die für Tat und Strafe von Bedeutung sein können, vor allem also auch Fragen nach Vorstrafen, gehören daher zur → ***Vernehmung** des Angeklagten zur **Sache***, Rn. 1037, nach § 243 Abs. 4 S. 2 (BayObLG MDR 1984, 336; *Kleinknecht/Meyer-Goßner*, § 243 Rn. 12 m.w.N.; zur Abgrenzung eingehend KK-*Tolksdorf*, § 243 Rn. 22).

☝ Dazu braucht der Angeklagte wegen der aus § 136 folgenden Aussagefreiheit also **keine Angaben zu machen** (BGH NStZ 1984, 328; vgl. aber BGH MDR 1975, 368 [D]).

Hat der Angeklagte Grund, seine **Stimme geheim** zu halten, wird der Verteidiger für den Angeklagten die Angaben zur Person machen dürfen (→ *Gegenüberstellung*, Rn. 516 f.).

Nach der Rspr. des BGH (BGHSt 25, 325, 331) handelt es sich um einen **Verfahrensverstoß**, der mit der **Revision** gerügt werden kann, wenn ein Hinweis erforderlich war, um den Angeklagten über seine Verteidigungsmöglichkeiten zu unterrichten, und er die Aussage verweigert hätte (zu den Anforderungen an die Feststellungen zur Person s. u.a. BGH NStZ 1996, 49; zur [bejahten] Wirksamkeit des Urteils, wenn der Angeklagte an der HV unter falschem Namen teilnimmt, s. BGH NStZ-RR 1996, 9).

1036

☝ Macht der Angeklagte bei der Vernehmung zur Person auf Verlangen Angaben, die sich auf Tat oder Strafe beziehen, dürfen diese **nicht verwertet** werden, wenn er nach → *Belehrung des Angeklagten*, Rn. 177, gem. § 243 Abs. 4 S. 1 die **Einlassung verweigert** (BayObLG MDR 1984, 336; OLG Hamburg MDR 1976, 601; OLG Stuttgart NJW 1973, 1941; 1975, 703). Es ist insbesondere nicht zulässig, **Vorstrafen informatorisch** zu erörtern (BGH StV 1994, 526; → *Feststellung von Vorstrafen des Angeklagten*, Rn. 486).

Siehe auch: → *Vernehmung des Angeklagten zur Sache*, Rn. 1037.

1037 Vernehmung des Angeklagten zur Sache

Das Wichtigste in Kürze

1. Die Vernehmung zur Sache erfolgt nach der Belehrung des Angeklagten und i.d.R. vor der (weiteren) Beweisaufnahme.
2. Gegenstand der Vernehmung zur Sache sind alle für die Schuldfeststellungen und die Rechtsfolgen bedeutsamen Fragen.
3. Die Vernehmung wird in mündlicher Form durchgeführt.

Literaturhinweise: ***Fezer***, Hat der Beschuldigte ein „Recht auf Lüge“ ?, in: Festschrift für *Stree* und *Wessels*, S. 663; ***Michel***, Einlassung durch den Anwalt?, MDR 1994, 648; ***Miebach***, Der teilschweigende Angeklagte – materiell-rechtliche und prozessuale Fragen anhand der BGH-Rechtsprechung, NStZ 2000, 234; ***Neuhaus***, Der strafprozessuale Tatbegriff und seine Identität, 1. Teil: MDR 1988, 1012; 2. Teil: MDR 1989, 213; ders., Anpassung und Wechsel des Verteidigungsziels während der Hauptverhandlung, ZAP F. 22, S. 249; ***Prüfer***, Das fragwürdige Geständnis, StV 1998, 232; ***Park***, Die prozessuale Verwertbarkeit verschiedener Formen der Beschuldigteneinlassung im Strafverfahren, StV 2001, 589; ***Richter* II**, Reden--Schweigen--Teilschweigen, StV 1994, 687; ***Rüping***, Zur Mitwirkungspflicht des Beschuldigten und Angeklagten, JR 1974, 135; ***Salditt***, Verteidigung in der Hauptverhandlung – notwendige Alternativen zum Praxisritual-, StV 1994, 442; ders., Das Interesse an der Lüge, StV 1999, 61; ***Schlothauer***, Unvollständige und unzutreffende tatrichterliche Urteilsfeststellungen, StV 1992, 134; ***Sommer***, Maßnahmen des Strafverteidigers in der Hauptverhandlung, ZAP F. 22, S. 101; ***Stern***, Der Geständniswiderruf als forensisches Erkenntnisproblem, StV 1990, 563; ***Wesemann***, Beanstandungs- und Erklärungsrecht zur Schaffung von Freiräumen der Verteidigung, StraFo 2001, 293; ***Wessels***, Schweigen und Leugnen im Strafverfahren, JuS 1966, 169; s.a. die Hinw. bei → *Vorbereitung der Hauptverhandlung*, Rn. 1144.

1037a ☝ **Ob** der Angeklagte sich überhaupt zur **Sache einlässt**, ist eine Frage, die in ihrem Für und Wider mit dem Mandanten **schon** im Ermittlungsverfahren, spätestens jedoch bei der **Vorbereitung** der **HV** besprochen werden muss (zu den notwendigen taktischen Überlegungen → *Vorbereitung der Hauptverhandlung*, Rn. 1144 ff.; s.a. *Burhoff*, EV, Rn. 633 ff.; zur Vorbereitung der Einlassung s.a. *Malek*, Rn. 215).

1. Die Vernehmung zur Sache erfolgt **zeitlich nach** der → *Verlesung des Anklagesatzes*, Rn. 989, und der → ***Belehrung** des Angeklagten*, Rn. 177 (BGH MDR 1975, 368 [D]). Vor der Belehrung darf das Gericht den Angeklagten nicht veranlassen, in irgendeiner Form zu erkennen zu geben, ob er sich zu den ihm vorgeworfenen Taten bekennt (BGH NStZ 1988, 85 [für Kopfschütteln/-nicken]). Die Vernehmung zur Sache erfolgt **stets vor** der **Beweisaufnahme** (KG StV

1982, 10; s. auch u. Rn. 1038). Bei mehreren Angeklagten bestimmt der Vorsitzende die **Reihenfolge**.

1038 Diese gesetzliche Reihenfolge braucht dann nicht eingehalten zu werden, wenn ein **Abweichen** hiervon zweckmäßig ist und kein Verfahrensbeteiligter widerspricht (BGH NStZ 1981, 111; StV 1991, 148; → *Gang der Hauptverhandlung, Allgemeines*, Rn. 508).

Hat der Angeklagte **zunächst** die Einlassung zur Sache **verweigert**, entschließt sich dann aber während der Beweisaufnahme, nun doch Angaben zur Sache zu machen, darf das nicht zu seinem Nachteil gewertet werden (BGH StV 1994, 413; NStZ 1995, 20 [K] m.w.N.). In diesem Fall muss das Gericht auf Verlangen des Angeklagten oder des Verteidigers die **Beweisaufnahme unterbrechen** und zunächst den Angeklagten zur Sache vernehmen, es sei denn, die Beweisaufnahme ist unaufschiebbar (BGH NJW 1986, 2652 [Ls.]).

Das Gericht darf auch keine für den Angeklagten nachteiligen Schlüsse daraus ziehen, dass dieser sich erst nach **Rücksprache** mit seinem Verteidiger zur Sache einlässt (BGH StV 1994, 413; → *Vorbereitung der Hauptverhandlung*, Rn. 1147 ff.; s.a. *Neuhaus* ZAP F. 22, S. 259 f.).

Schließlich **rechtfertigt** das Verteidigungsverhalten des Angeklagten, der sich erst gar nicht bzw. dann spät und nur teilweise zur Sache einlässt, **nicht** die **Rücknahme** der **Beiordnung** des Pflichtverteidigers (LG Mainz StraFo 1996, 175; → *Pflichtverteidiger, Entpflichtung während laufender Hauptverhandlung*, Rn. 650; s.a. *Burhoff*, EV, Rn. 1248 ff.)

1039 **2. Gegenstand** der Vernehmung des Angeklagten zur Sache ist zunächst der ihm in der **Anklageschrift** zur Last gelegte **soziale Vorgang** (zum Begriff „sozial" vgl. *Neuhaus* MDR 1988, 1013 Fn. 13 m.w.N.). Darüber hinaus gehören dazu aber auch alle übrigen Umstände, die für die Schuld- oder Rechtsfolgenfrage von Bedeutung sind, wie z.B. Lebensweg und wirtschaftliche Verhältnisse. Die Erörterung dieser Umstände kann allerdings bis nach der Beweisaufnahme zurückgestellt werden, um für den Fall der Freisprechung des Angeklagten oder einer Einstellung eine unnötige Bloßstellung zu vermeiden (BGH NStZ 1985, 561; *Kleinknecht/Meyer-Goßner*, § 243 Rn. 29; → *Vernehmung des Angeklagten zur Person*, Rn. 1034).

1040 **3.a)** Die **Form** der Vernehmung des Angeklagten zur Sache ist grds. die der **mündlichen** Befragung mit mündlicher Antwort. Inwieweit in diesem Zusammenhang schriftliche Erklärungen des Angeklagten, die sich ggf. bereits bei der

Akte befinden, verlesen werden können/müssen, ist fraglich. Insoweit dürfte Folgendes gelten: Die Vernehmung des Angeklagten zur Sache kann nach bisheriger Rspr. des BGH grds. **nicht durch** die **Verlesung** einer schriftlichen Erklärung des Angeklagten durch das Gericht **ersetzt** werden (BGHSt 3, 368; 40, 211; *Kleinknecht/Meyer-Goßner*, § 243 Rn. 30; LR-*Gollwitzer*, § 243 Rn. 88; *Wesemann* StraFo 2001, 295). Das ist/war m.E. zw., da die grds. Freiheit des Angeklagten zur Äußerung wohl auch das Recht umfassen dürfte, zu entscheiden, „wie" er sich äußern will; s.a. *Schlothauer*, Rn. 77b; a.A. auch *Pfeiffer*, § 243 Rn. 10; *Salditt* StV 1993, 449; *Park* StV 2001, 592). Es bestehen daher m.E. keine Bedenken, wenn der **Angeklagte**, der sich zur Sache einlassen will, selbst eine – ggf. vom Verteidiger vorbereitete – **Einlassungsschrift verliest** (so auch BGH NStZ 2000, 439; noch offen gelassen von BGH NJW 1994, 2904, 2906, insoweit nicht in BGHSt 40, 211; a.A. *Kleinknecht/Meyer-Goßner*, a.a.O., unter Hinw. auf BGH, a.a.O.; wie hier *Schlothauer*, Rn. 77b; *Park*, a.a.O.).

☝ **Schriftliche Erklärungen** des **Verteidigers** sind grds. **nicht** als Erklärung des Angeklagten zur Sache **verlesbar** (BGHSt 39, 305; StV 2002, 182; s. aber u. Rn. 1042 und für Erklärungen des Verteidigers im Bußgeldverfahren OLG Frankfurt NJW 1993, 2129 [Ls.]; OLG Zweibrücken NZV 1994, 372; → *Bußgeldverfahren, Besonderheiten der Hauptverhandlung*, Rn. 352).

☝ Hat der Angeklagte aber bereits **vor** der **HV** eine **schriftliche Erklärung** zur Akte gegeben, kann diese in der HV durch **Verlesung** gem. § 249 in das Verfahren eingeführt werden (*Park* StV 2001, 593). Das → *Verlesungsverbot für schriftliche Erklärungen*, Rn. 994, gilt nicht. Die Erklärung wird, wenn sie sich mit der Sache befasst, i.d.R. auch verlesen werden müssen, wenn der Verteidiger das mit einem Beweisantrag beantragt (OLG Zweibrücken StV 1986, 290; s. aber OLG Zweibrücken StV 2001, 549 [ggf. nur → *Beweisanregung*, Rn. 254]; *Wesemann* StraFo 2001, 295; → *Vorbereitung der Hauptverhandlung*, Rn. 1154). Allerdings wird der Verteidiger darauf **achten** müssen, dass die Erklärung, deren Verlesung er beantragt, **nicht** als **Ersatz** für eine mündliche Einlassung des Angeklagten angesehen werden kann, da das Gericht dann nicht verpflichtet ist, die Erklärung zu verlesen (BGHSt 40, 211). Deshalb empfiehlt es sich, die Erklärung **möglichst frühzeitig** zur Akte zu geben (s.a. *Schlothauer*, Rn. 77c [vor der Eröffnungsentscheidung]).

Die Verlesung einer schriftlichen Erklärung des Angeklagten hat den Vorteil, dass damit der Sachverhalt ggf. **festgeschrieben** werden kann (*Schlothauer*, Rn. 77c).

Will der Verteidiger mit der vorab zur Akte gegebenen schriftlichen Erklärung des Angeklagten erreichen, dass dieser in der HV schweigen kann, sollte der Angeklagte die Erklärung in der HV **nicht selbst verlesen**. Denn dann dürfte es sich um eine „echte“ Einlassung zur Sache handeln (*Malek*, Rn. 214).

b) Dem Angeklagten muss möglichst die Gelegenheit zu einem **zusammenhängenden Bericht** gegeben werden (BGHSt 13, 358). Hiervon kann das Gericht absehen, wenn der Angeklagte dazu ohne Abschweifungen nicht in der Lage ist oder es um einen besonders verwickelten oder umfangreichen Anklagevorwurf geht (h.M., vgl. zuletzt BGH NStZ 2000, 549; *Kleinknecht/Meyer-Goßner*, § 243 Rn. 30, jeweils m.w.N.; s. auch u. Rn. 1043). **1040a**

☝ Der Verteidiger muss seinen **Mandanten** auf eine ggf. inquisitorische Befragung durch den Vorsitzenden **vorbereiten** und diese ggf. beanstanden (*Wesemann* StraFo 2001, 295; s. unten Rn. 1043).

c) Der Angeklagte kann sich bei der Einlassung von seinem **Verteidiger vertreten** lassen, wenn gem. § 234 in seiner Abwesenheit verhandelt wird (BayObLGSt 1982, 156; KK-*Tolksdorf*, § 243 Rn. 45 m.w.N.; *Park* StV 2001, 594 m.w.N.; → *Verhandlung ohne den Angeklagten*, Rn. 954; → *Vertretung des Angeklagten durch den Verteidiger*, Rn. 1094). Das soll hingegen nicht möglich sein, wenn er in der HV anwesend ist (*Kleinknecht/Meyer-Goßner*, § 243 Rn. 30 mit wohl nicht zutreffendem Hinw. auf BGHSt 39, 305; BayObLG, a.a.O.; OLG Celle NJW 1989, 992; KK-*Tolksdorf*, § 243 Rn. 45; a.A. OLG Hamm NJW 1979, 1373; *Park*, a.a.O.). Ob das zutreffend ist, erscheint zumindest zweifelhaft. Hinzuweisen ist insoweit auf **§ 137 Abs. 1**, wonach der Beschuldigte sich in jeder Lage des Verfahrens des Beistands seines Verteidigers bedienen kann; zudem kann es der anwesende Angeklagte seinem Verteidiger überlassen, für ihn Erklärungen abzugeben (KK-*Tolksdorf* § 243 Rn. 45). Warum er ihn dann nicht (auch) bei der Einlassung vertreten können soll, erscheint nicht einleuchtend (s.a. *Neuhaus* ZAP F. 22, S. 260 f.; *Salditt* StV 1993, 443 f.; vgl. BGH NStZ 1994, 352). Auf jeden Fall müsste das jedoch zulässig sein, wenn der Angeklagte Anlass hat, seine **Stimme geheim zu halten** (→ *Gegenüberstellung*, Rn. 516 f.). **1041**

d) **Äußerungen** des **Verteidigers** können/konnten bislang dem Angeklagten nur dann **zugerechnet** werden, wenn aufgrund von unmissverständlichen Erklärungen des Angeklagten oder des Verteidigers feststeht, dass der Angeklagte sie als eigene **Einlassung gelten** lassen will (s. dazu auch *Salditt*, a.a.O.; BGH StV 2002, 182; OLG Düsseldorf StV 2002, 411). Das ist z.B. der Fall, wenn der Verteidiger in Anwesenheit des Angeklagten eine Erklärung verliest und in dieser **1042**

mitteilt, „die Vorwürfe würden vom Angeklagten eingeräumt" (s.a. BGH NStZ 1994, 352). Nach *Park* (StV 2001, 594) ist die Zurechnung auch in diesen Fällen nur möglich, wenn der Verteidiger eine besondere Vertretungsvollmacht hat (→ *Vertretung des Angeklagten durch den Verteidiger*, Rn. 1094).

Etwas anderes gilt, wenn der Angeklagte die **Einlassung** zur Sache **verweigert** hat. Dann können Tatsachenvortrag des Verteidigers in einem Beweisantrag (BGH NStZ 1990, 447; 2000, 495), schriftliche Äußerungen des Verteidigers zur Tatbeteiligung des Angeklagten (BGHSt 39, 305; OLG Celle NJW 1989, 992) oder prozessuale Erklärungen des Verteidigers (BGH StV 2002, 182 [Erklärung aus dem Ermittlungsverfahren]; OLG Hamm NJW 1979, 1373) nicht als Einlassung des Angeklagten gewertet werden (s.a. zu allem *Kleinknecht/Meyer-Goßner*, § 261 Rn. 16 ff. m.w.N.).

☝ Es ist nicht auszuschließen, dass der **BGH** dies – zumindest teilweise – **anders** sieht. Nach BGH StV 1998, 59 können nämlich Erklärungen, die der Verteidiger in der HV in Anwesenheit seines Mandanten, der selbst keine Angaben zur Sache macht, für diesen zur Sache abgibt, **ohne weiteres** als **Einlassung** des Angeklagten verwertet werden. Auf den o.a. klarstellenden Zusatz scheint der BGH dort verzichtet zu haben (zur Kritik an dieser Entscheidung s. die eingehende Besprechung von *Park* StV 1998, 59 ff.; zu allem auch *Michel* MDR 1994, 648). Allerdings ist in einer späteren Entscheidung (vgl. BGH NStZ-RR 2001, 131 [Be]) inzwischen wieder darauf abgestellt worden, dass der Verteidiger die Erklärung „ausdrücklich" für den Angeklagten abgegeben hatte (s. auch BGH NStZ 2002, 555).

Der Verteidiger muss daher, auch wenn er von seinem Mandanten ausdrücklich zu (Sach-)Äußerungen autorisiert ist (s. dazu *Park*, a.a.O., und StV 2001, 594), noch **sorgfältiger** als in der Vergangenheit **überlegen**, welche Äußerungen er abgibt (s. i.Ü. → *Erklärungen des Verteidigers*, Rn. 463).

Prozessual ist zudem darauf zu **achten**, das bei entsprechenden Erklärungen der **Verteidiger** ggf. vom Vorsitzenden zu **befragen** ist, ob die von ihm abgegebene Erklärung als Einlassung des Angeklagten anzusehen sei. Ferner ist er darauf hinzuweisen, dass sie in diesem Falle zum Gegenstand der Beweiswürdigung gemacht wird. Verneint der Verteidiger oder widerspricht der Angeklagte, so darf die Erklärung nicht als Beweismittel verwertet werden (OLG Hamm StV 2002, 187 [für die Erklärung, der Anklagevorwurf „stimme"]; OLG Düsseldorf StV 2002, 411 [für die Erklärung, der Angeklagt könne „sowieso" nichts anderes sagen als beim AG]).

Der Nachweis der Beobachtung dieser Förmlichkeiten kann i.Ü. nur durch das **Sitzungsprotokoll** erfolgen (OLG Düsseldorf, a.a.O.).

4. Hinweise für den Verteidiger!

1043

Die Vernehmung des Angeklagten ist **Aufgabe** des **Vorsitzenden**, die aus der ihm in § 238 Abs. 1 eingeräumten Befugnis zur → *Verhandlungsleitung*, Rn. 972, folgt. Der Vorsitzende muss dem Angeklagten Gelegenheit geben, sich während der Vernehmung zur Sache gegen den Anklagevorwurf zu verteidigen, indem er die gegen ihn sprechenden Umstände beseitigt und die für ihn sprechenden Tatsachen geltend macht. Während der Vernehmung muss der Verteidiger auf Folgendes **besonders achten:**

- Der Vorsitzende darf den **Bericht** des Angeklagten **leiten**, auf Unklarheiten, Widersprüche und Lücken hinweisen und dem Angeklagten Gelegenheit geben, sie zu ergänzen und richtig zu stellen. Er darf aber den Angeklagten in seinem zusammenhängenden Bericht **nicht ständig stören**. Dagegen muss sich der Verteidiger für den Angeklagten zu Wehr setzen und ggf. gem. **§ 238 Abs. 2** das Gericht anrufen (vgl. zu allem auch *Salditt* StV 1993, 442 f.; *Wesemann* StraFo 2001, 295; BGH NStZ 1997, 198; 2000, 549). Soll die Vernehmungsmethode des Vorsitzenden in der Revision mit der Verfahrensrüge angegriffen werden, ist für den Erfolg der Rüge ein Gerichtsbeschluss erforderlich(BGH, a.a.O.). Da § 69 nicht gilt, dürfte es grds. auch zulässig sein, die Vernehmung in Form von Frage und Antwort zu führen (KK-*Tolksdorf*, § 243 Rn. 44; krit. *Salditt*, a.a.O.).

1044

- Der Vorsitzende kann dem Angeklagten **Vorhalte** aus den Akten machen. Das darf jedoch nicht dazu führen, dass die Verlesung der Akten an die Stelle der Vernehmung tritt. Dies darf der Verteidiger auf keinen Fall dulden.
- Auch gegen einen **sachlich falschen Vorhalt**, der mit dem Akteninhalt nicht oder nicht vollständig übereinstimmt, muss sich der Verteidiger **wehren** (*Dahs*, Rn. 507; s.a. → *Vorhalt aus und von Urkunden*, Rn. 1162), indem er den Vorhalt ggf. beanstandet.
- Anlass zur Beanstandung besteht auch, wenn der Angeklagte vom Gericht in **unsachlicher** und unzulässiger Form vernommen oder unnötig **bloßgestellt** wird. Der Verteidiger muss insbesondere auch dann eingreifen, wenn der Angeklagte in unzulässiger Weise zu einem Geständnis gedrängt wird oder bei ihm durch Erklärungen des Vorsitzenden der Eindruck erweckt wird, er sei zur Aussage verpflichtet (*Dahs*, Rn. 508).

1045

- Werden die persönlichen Verhältnisse des Angeklagten erörtert, kann der → ***Ausschluss der Öffentlichkeit***, Rn. 133, in Betracht kommen, was der Verteidiger **beantragen** muss.
- **Widerruft** der Angeklagte ein früheres **Geständnis**, kann ihm ggf. das Geständnisprotokoll vorgehalten werden (→ *Vorhalt aus und von Urkunden*, Rn. 1162; → *Verlesung von Geständnisprotokollen*, Rn. 1006). Dem kann der Verteidiger nur dann widersprechen, wenn der Vorsitzende das vermeintliche Geständnis aufgrund der Niederschrift als tatsächlich abgegeben behandeln will (*Dahs*, Rn. 510).

- **Lässt sich** der Angeklagte nach Verlesung der Anklageschrift und nach erfolgter Belehrung über seine Aussagefreiheit zur Sache **ein**, ist das in das → ***Protokoll der Hauptverhandlung***, Rn. 713, aufzunehmen (zuletzt BGH NJW 1996, 553; KK-*Tolksdorf*, § 243 Rn. 47c; KK-*Engelhardt*, § 273 Rn. 4). Gleiches gilt, wenn der zunächst schweigende Angeklagte sich erst im weiteren Verlauf der HV zu einer Einlassung entschließt (BGH NStZ 1992, 49). Hat der Angeklagte sich einmal zur Sache geäußert, sind weitere „Einlassungen" allerdings nicht protokollierungspflichtig (KK-*Tolksdorf*, a.a.O.; offen gelassen von BGH, a.a.O.). Die Protokollierungspflicht gilt auch, wenn der Angeklagte sich im Rahmen seines Erklärungsrechts nach § 257 Abs. 1 erstmalig in der HV zur Sache eingelassen hat (BGH NJW 1996, 553; 2000, 217; s. aber BGH NStZ 1994, 449; → *Erklärungsrecht des Angeklagten*, Rn. 464).
- Der Vorsitzende kann eine **Schadensakte** der Kfz-Haftpflichtversicherung des Angeklagten auch dann zum Gegenstand der Beweisaufnahme machen, wenn der Angeklagte sich nicht zur Sache einlässt (KG NJW 1994, 3115 m.w.N.). Das ist verfassungsrechtlich nicht zu beanstanden (BVerfG NJW 1996, 916 [Ls.]).

Siehe auch: → *Befragung des Angeklagten*, Rn. 175, → *Feststellung von Vorstrafen des Angeklagten*, Rn. 486, → *Vernehmung des Angeklagten zur Person*, Rn. 1034.

1045a Vernehmung des Mitangeklagten als Zeugen

Literaturhinweise: ***Brüssow***, Mehrere Beschuldigte in der prozessualen Wechselwirkung als Beweismittel, in: Festgabe für den Strafverteidiger *Heino Friebertshäuser*, S. 171; ***Grünwald***, Die Verfahrensrolle des Mitbeschuldigten, in: Festschrift für *Klug* Band II, S. 493; ***Lenckner***, Mitbeschuldigter und Zeuge, in: Festschrift für *Peters*, S. 333; ***Prittwitz***, Der Mitbeschuldigte – ein unverzichtbarer Belastungszeuge, NStZ 1981, 463; ***Richter II***, Praktische Theorie. Immer noch einmal der Mitbeschuldigte als Zeuge.-- Zeugenvernehmung durch den Verteidiger, in: Festgabe für *Peters*, S. 235; ***v.Gerlach***, Die Vernehmung von Mitangeklagten als Zeugen, NJW 1964, 2397.

Nach überwiegender Meinung in der Lit. ist ein **Mitangeklagter kein Beweismittel** sui generis (KK-*Senge*, vor § 48 Rn. 7; *Eisenberg*, Rn. 927 m.w.N.; zur Befragung des Mitangeklagten durch den Angeklagten → *Fragerecht des Angeklagten*, Rn. 492). Gelegentlich möchten Gerichte jedoch einen Mitangeklagten nicht nur als Beschuldigten, sondern als Zeugen vernehmen. Dazu kommt es i.d.R. dann, wenn ein Angeklagter sich zur Sache einlässt, ein anderer hingegen nicht. Dann gilt:

1046 Die Vernehmung eines Mitangeklagten als Zeugen ist nur zulässig, wenn zuvor eine → *Abtrennung von Verfahren*, Rn. 69, beschlossen worden ist (BGH NJW 1985, 76; KK-*Senge*, vor § 48 Rn. 8 f.). Die Vernehmung ist im Einzelnen bei folgenden

Beispielsfällen:

zulässig:

- Vernehmung des (früheren) Mitangeklagten nach **endgültiger Einstellung** gem. §§ 153, 206a, 206b,
- sowie nach rechtskräftiger Verurteilung bzw. **Freispruch** (a.A. *Eisenberg*, Rn. 934 m.w.N.),
- nach Ausscheiden des Mitangeklagten aus dem Verfahren, weil seine **Berufung** nach § 329 Abs. 1 **verworfen** worden ist (OLG Braunschweig Nds.Rpfl. 2002, 64),
- Vernehmung des Mitangeklagten zu **selbständigen Anklagepunkten**, an denen er nicht beteiligt war (BGH NJW 1964, 1034 f.; BGHSt 24, 257 ff.),
- Vernehmung des (früheren) Mitangeklagten nach **vorläufiger Einstellung** gem. § 205 (BGH NJW 1985, 76 f.; → *Einstellung des Verfahrens nach § 205 wegen Abwesenheit des Angeklagten*, Rn. 410) sowie nach § 154 Abs. 2.

Ggf. kann es die → ***Aufklärungspflicht** des Gerichts*, Rn. 95, sogar **gebieten**, einen Mitangeklagten als Zeugen zu **vernehmen**, nachdem dieser durch Abtrennung aus dem Verfahren ausgeschieden ist (BayObLG StV 1989, 522 [stets zu vernehmen]).

nicht zulässig:

- wenn der Mitangeklagte Zeuge sein soll hinsichtlich einer **Straftat** des oder der anderen Beschuldigten, an der er **selbst beteiligt** war (BGHSt 3, 152; KK-*Senge*, vor § 48 Rn. 7 m.w.N.),
- wenn eine Abtrennung nur erfolgt, um den Mitangeklagten zu demselben Tatgeschehen, das ihn auch selbst betrifft, vernehmen zu können (KK-*Senge*, vor § 48 Rn. 9 m.w.N.), was ebenfalls gilt, wenn auch nur ein **Zusammenhang** mit dem angeklagten Tatvorwurf besteht, z.B. durch Auswirkungen auf die Beweislage (BGHSt 32, 100, 101).

Siehe auch: → *Verlesung von Geständnisprotokollen*, Rn. 1006.

Vernehmung des Zeugen zur Person **1047**

Literaturhinweise: ***Leineweber***, Die Entbindung von der Wohnortangabe bei der Vernehmung eines Zeugen zur Person gem. § 68 Satz 2 StPO, MDR 1985, 635; ***Nelles***, Der Zeuge – ein Rechtssubjekt, kein Schutzsubjekt, NJ 1998, 449; ***Rebmann/Schnarr***, Der Schutz des gefährdeten Zeugen im Strafverfahren, NJW 1989, 1188; ***Renzikowski***, Fair trial und anonymer Zeuge – Die Drei-Stufen-Theorie des Zeugenschutzes im Lichte der Rechtssprechung des EuGHMR, JR 1999, 605; ***Soine***, Polizeilicher Zeugenschutz, NJW 1999, 3688; ***Soine/Engelke***, Das Gesetz zur Harmonisierung des Schutzes gefährdeter Zeugen (Zeugenschutz-

Harmonisierungsgesetz – ZSHG), NJW 2002, 470; ***Soine/Soukup***, „Identitätsänderung", Anfertigung und Verwendung von „Tarnpapieren", Möglichkeiten der Strafverfolgungsorgane zum Schutz gefährdeter Zeugen vor kriminellen Organisationen, ZRP 1994, 466; ***Sommer***, Auskunftsverweigerungsrecht des gefährdeten Zeugen, StraFo 1998, 8; ***Wagner***, V-Personen und Zeugenschutz. Das ZSchGesetz und seine Auswirkungen auf den Einsatz von V-Personen, Krim 2000, 167; s. auch die Hinw. bei → *Zeugenvernehmung, Allgemeines*, Rn. 1186.

1.a) Gem. § 68 Abs. 1 **beginnt** die Vernehmung eines Zeugen mit der Vernehmung zur Person. Der Zeuge wird über **Vor-** und **Zunamen**, **Alter**, **Stand** oder Gewerbe und **Wohnort** befragt. Diese Angaben muss grds. jeder Zeuge, auch der zeugnisverweigerungsberechtigte, beantworten, da durch sie eine verlässliche Grundlage für die Beurteilung seiner Glaubwürdigkeit und die Möglichkeit, Erkundigungen einzuholen, geschaffen werden soll (*Kleinknecht/Meyer-Goßner*, § 68 Rn. 1 m.w.N.). Nach überwiegender Meinung ist die Weigerung des Zeugen, Angaben zur Person zu machen, kein Grund, nach § 70 **Ordnungsmittel** gegen den Zeugen festzusetzen (vgl. die N. bei *Kleinknecht/Meyer-Goßner*, § 70 Rn. 1; s. auch OLG Hamburg NStZ 2002, 386 m.w.N. [jedenfalls dann nicht, wenn die Identität des Zeugen zweifelsfrei ist]).

1048 **b)** Nach § 68 Abs. 2 S. 2 kann der Vorsitzende einem Zeugen bei einer für ihn bestehenden Gefahrenlage gestatten, seinen **Wohnort nicht** anzugeben.

☝ Gegen die Gestattung oder die Nichtgestattung kann gem. **§ 238 Abs. 2** das Gericht angerufen werden.

I.Ü. dürfen **Personalien** von Zeugen nur dann **geheim gehalten** werden, wenn die Zeugen so **gefährdet** sind, dass ihre Identität geändert werden musste (BGHSt 29, 109, 113; NJW 1986, 1999; *Kleinknecht/Meyer-Goßner*, § 68 Rn. 2 m.w.N.). Das Merkmal ist eng auszulegen.

§ 68 Abs. 2 dürfte **nicht** anwendbar sein, wenn unter → ***Ausschluss der Öffentlichkeit***, Rn. 133, verhandelt wird. Die Vorschrift dient dem Schutz des Zeugen vor Gefährdungen, die ihm durch Zuhörer oder über Zuhörer durch andere Personen drohen, nicht hingegen dem Schutz vor dem Angeklagten (*Kleinknecht/Meyer-Goßner*, § 68 Rn. 10; *Malek*, Rn. 331; a.A. LG Stuttgart Justiz 1989, 203).

Ebenfalls **nicht zulässig** ist nach h.M. die Vernehmung eines optisch oder akustisch „abgeschirmten" oder **vermummten** Zeugen (BGHSt 32, 115, 124; a.A. Schweizerisches Bundesgericht EuGRZ 1995, 250; KK-*Diemer*, § 247a Rn. 14 m.w.N.; zur Vernehmung mittels Videotechnologie → *Videovernehmung in der Hauptverhandlung*, Rn. 1129). Der **Zeuge** muss **sichtbar** sein (*Kleinknecht/*

Meyer-Goßner, § 68 Rn. 18 m.w.N.; a.A. KK-*Diemer*, § 247a Rn. 14; s.a. → *Verwertung der Erkenntnisse eines [gesperrten] V-Mannes*, Rn. 1111).

Nach § 68 Abs. 3 kann besonders **gefährdeten Personen**, z.B. VE oder V-Leuten, die Angabe ihrer Personalien gänzlich erlassen werden oder, sofern sie inzwischen eine andere Identität erhalten haben, können von ihnen nur Angaben über ihre frühere Identität verlangt werden.

Auf Befragen müssen sie jedoch angeben, in welcher Eigenschaft sie ihre Erkenntnisse gewonnen haben. Die Identitätsunterlagen über den Zeugen werden bei der StA verwahrt. Da Aufbewahrungsort i.d.R. die Handakten sein werden, besteht kein AER des Verteidigers (zur AE in die Handakten der StA *Burhoff*, EV, Rn. 169; *Kleinknecht/Meyer-Goßner*, § 147 Rn. 13, jeweils m.w.N.; s.a. Nr. 187 Abs. 2 RiStBV; Nr. 111 Abs. 5 S. 1 RiStBV).

1049

2. Nach § 68 Abs. 4 können dem Zeugen auch **Fragen** gestellt werden, die seine **Glaubwürdigkeit** in der Sache, insbesondere seine **Beziehungen** zu dem Angeklagten oder dem Verletzten, betreffen. Dadurch kann und soll geklärt werden, ob dem Zeugen ein → *Zeugnisverweigerungsrecht*, Rn. 1194, zusteht. Zu beachten ist bei dieser Befragung § 68a, der den Zeugen bloßstellende Fragen verbietet (zum Persönlichkeitsrecht des Zeugen s. *Nelles* NJ 1998, 451).

☝ Ob Fragen nach § 68 Abs. 4 gestellt werden, steht zunächst im Ermessen des Gerichts. Hält der Verteidiger entsprechende Fragen an den Zeugen für erforderlich, muss er ggf. auf eine Ergänzung der Befragung durch den Vorsitzenden drängen oder die Fragen selbst stellen (→ *Fragerecht des Verteidigers, Allgemeines*, Rn. 497). Lehnt der Vorsitzende Fragen nach § 68 Abs. 4 ab, kann der Verteidiger durch einen Antrag nach § 238 Abs. 2 einen **Gerichtsbeschluss** herbeiführen.

Der Verteidiger muss sich **sorgfältig überlegen**, ob und wann er auf eine **Ergänzung** der Vernehmung zur Person **drängen** soll (*Dahs*, Rn. 526). Bei einer zu erwartenden belastenden Aussage kann es sich z.B. empfehlen, die Zusammenhänge, wie etwa eine Feindschaft zum Angeklagten, möglichst bald aufzudecken. Die frühzeitige Aufdeckung von persönlichen Beziehungen kann in anderen Fällen aber auch von Nachteil sein.

Siehe auch: → *Vernehmung des Zeugen zur Sache*, Rn. 1050, → *Zeugenvernehmung, Allgemeines*, Rn. 1186, m.w.N.

1050 Vernehmung des Zeugen zur Sache

Literaturhinweise: ***Arntzen***, Psychologie der Zeugenaussage, 4. Aufl., 2000; ders., Vernehmungspsychologie, 2. Aufl., 1978; ***Bender/Nack***, Tatsachenfeststellung vor Gericht, Bd. II, Vernehmungslehre, 2. Aufl., 1995; ***Dedes***, Grenzen der Wahrheitspflicht des Zeugen, JR 1983, 99; ***Krehl***, Die Erkundigungspflicht des Zeugen bei fehlender oder beeinträchtigter Erinnerung und mögliche Folgen ihrer Verletzung, NStZ 1991, 416; ***Nack***, Verteidigung bei der Glaubwürdigkeitsbeurteilung von Aussagen, StV 1994, 555; ***Nagler***, Warum Personen sich bei der Vernehmung nicht an das erinnern können, was sie wissen, StV 1983, 211; ***Prüfer***, Der Zeugenbericht (§ 69 Abs. 1 Satz 1 StPO), DRiZ 1975, 334; ***Salditt***, Der Verteidiger vernimmt Zeugen – was britische Handbücher raten, StV 1988, 451; ders., Die Befragung von Zeugen durch den Verteidiger, StraFo 1992, 52; ders., Verteidigung in der Hauptverhandlung – notwendige Alternativen zum Praxisritual, StV 1994, 442; ***Sommer***, Maßnahmen des Strafverteidigers in der Hauptverhandlung, ZAP F. 22, S. 101; s. a. die Hinw. bei *Zeugenvernehmung, Allgemeines*, Rn. 1186.

Nach der → *Zeugenbelehrung*, Rn. 1179, und der → *Vernehmung des Zeugen zur Person*, Rn. 1047, wird der Zeuge zur Sache vernommen. Die Regeln, wie vernommen werden soll, enthält § 69 (wegen der Einzelh. s. über die o.a. Lit.-Hinw. hinaus eingehend *Eisenberg*, Rn. 1428 ff.; s.a. → *Vernehmung der Verhörsperson*, Rn. 1060 f.).

1051 **1.** Die Vernehmung zur Sache obliegt zunächst allein dem **Vorsitzenden**, wobei er grds. in folgender **Reihenfolge** verfahren muss: Zunächst **Unterrichtung** des Zeugen über den Gegenstand der Untersuchung und die Person des Angeklagten (§ 69 Abs. 1 S. 2), dann zusammenhängender **Bericht** des Zeugen (§ 69 Abs. 1 S. 1), danach (BGHSt 3, 281) ggf. – ergänzendes – **Verhör** (§ 69 Abs. 2) durch den Vorsitzenden und/oder den StA und/oder den Verteidiger durch (zusätzliche) Fragen.

1052 **2.** Vernehmung eines Zeugen bedeutet grds., dass dieser sich **mündlich äußert**. Das Vorlesen oder Vorlegen einer schriftlichen Erklärung ist keine Vernehmung und muss ggf. vom Verteidiger sofort beanstandet werden. Dem Zeugen ist es aber nicht verwehrt, sich zur **Gedächtnisstütze** schriftlicher Unterlagen zu bedienen (BGHSt, a.a.O.). Auch können ggf. gem. § 251 Abs. 2 **schriftliche Äußerungen** eines **V-Mannes**, die dieser auf Veranlassung des Gerichts abgegeben hat, verlesen werden (→ *Verlesung von Protokollen früherer Vernehmungen*, Rn. 1017; → *V-Mann in der Hauptverhandlung*, Rn. 1134; s.a. KG StV 1995, 348).

3. Hinweise für den Verteidiger!

1053 **a)** Der Verteidiger hat bei der Vernehmung eines Zeugen insbesondere die **Aufgabe**, darauf zu achten, dass dieser **unbeeinflusst** und im **Zusammenhang** schildert, was er über den Gegenstand der Vernehmung (noch) in Erinnerung hat

(BGHSt 3, 281). Das bedeutet nicht, dass Zwischenfragen, lenkende Hinweise, Abkürzungen von Weitschweifigkeiten u.a. durch den vernehmenden Vorsitzenden unzulässig sind (KK-*Senge*, § 69 Rn. 4 m.w.N.). Andererseits muss der Verteidiger aber darauf achten, dass der Zeuge **nicht** durch zu häufige Fragestellungen des Vorsitzenden in eine **bestimmte**, i.d.R. vom belastenden Inhalt der Akten geprägte **Richtung gelenkt** wird. Dem muss der Verteidiger widersprechen. **Widerspruch** ist auch dann erforderlich, wenn die Vernehmung des Zeugen in ein Frage-Antwort-Spiel mit dem Vorsitzenden übergeht (*Sommer* ZAP F. 22, S. 110; zu allem a. *Salditt* StV 1993, 444 ff.).

☝ Ggf. muss der Verteidiger nach **§ 238 Abs. 2** einen Gerichtsbeschluss herbeiführen.

Erst wenn vom Zeugen trotz Hilfe ein zusammenhängender Bericht nicht zu erlangen ist, darf und kann der Vorsitzende zur Vernehmung mittels **Fragen** übergehen (KK-*Senge*, a.a.O.). Darüber hinaus kann und muss der Vorsitzende ggf. **andere Maßnahmen** zur sachgemäßen Verständigung mit dem Zeugen ergreifen. Bei einer tauben oder stummen Person wird regelmäßig ein Dolmetscher beizuziehen sein (vgl. § 186 GVG). Es kann aber auch (nur) eine dem behinderten Zeugen bekannte Person als Hilfsperson hinzugezogen werden (BGHSt 43, 62). Es steht dann im Ermessen des Vorsitzenden, ob er diese Hilfsperson entsprechend einem Dolmetscher verpflichtet.

☝ Auch insoweit muss der Verteidiger, wenn er mit den Maßnahmen des Vorsitzenden nicht einverstanden ist, nach **§ 238 Abs. 2** einen Gerichtsbeschluss herbeiführen, wenn er das eingeschlagene Verfahren später mit der Revision überprüfen (lassen) will (s.a. BGHSt 43, 62). Die Maßnahmen können vom Revisionsgericht aber nur auf Ermessensfehler überprüft werden (BGH, a.a.O.).

1054

b) An den Bericht schließt sich das **Verhör** an, das dem Vervollständigen und Überprüfen des Berichts dient (*Kleinknecht/Meyer-Goßner*, § 69 Rn. 6). Erst jetzt sind **Fragen** zulässig. I.d.R. wird zunächst der Vorsitzende, dann der StA und dann der Verteidiger den Zeugen befragen. Der **Verteidiger** hat das Recht, einzelne Fragen des Vorsitzenden oder der StA zu **beanstanden**, und zwar aus denselben Gründen, die bei der Befragung durch den Verteidiger zu einer Beanstandung berechtigten (→ *Zurückweisung einzelner Fragen des Verteidigers*, Rn. 1208, und → *Fragerecht, Allgemeines*, Rn. 490, m.w.N.; s. i.Ü. *Sommer*, a.a.O.).

1055 c) Dem Zeugen können **Vorhalte** gemacht werden. Geschieht das, hat der Verteidiger darauf zu achten, dass diese nur **Vernehmungsbehelf** sind und die eigene Erinnerung des Zeugen nicht ersetzen dürfen (→ *Vorhalt an Zeugen*, Rn. 1159, → *Vorhalt aus und von Tonbandaufnahmen*, Rn. 1161; → *Vorhalt aus und von Urkunden*, Rn. 1162).

1056 Zeugen sind berechtigt, **Vernehmungshilfen** zu verwenden, z.B. schriftliche Unterlagen, um ihre Erinnerung aufzufrischen (BGHSt 1, 4, 5 ff.; *Kleinknecht/Meyer-Goßner*, § 69 Rn. 8). Ob Polizeibeamte oder Verhörspersonen dazu sogar verpflichtet sind, ist str. (→ *Vernehmung der Verhörsperson*, Rn. 1060 f.; → *Vernehmung eines Polizeibeamten*, Rn. 1063d).

1056a ☝ Will ein zur **Zeugnisverweigerung** berechtigter Zeuge **nichts mehr** aussagen, ist sorgfältig zu **unterscheiden**, ob der Zeuge tatsächlich nicht mehr aussagebereit ist oder ob er nur aufgrund von Hemmungen nichts mehr weiter sagen will (BGH NStZ 1999, 94 [für kindliche Opferzeugen von Sexualdelikten]; zu den Voraussetzungen für die Haft zur Erzwingung des Zeugnisses s. BVerfG NJW 2000, 3775). Im ersten Fall darf das Gericht auf die Entscheidungsfreiheit des Zeugen nicht einwirken; im anderen Fall muss es ggf. aufgrund der → *Aufklärungspflicht des Gerichts*, Rn. 95, versuchen, im Rahmen der gesetzlich gegebenen Möglichkeiten die Vernehmung so zu gestalten, dass Hemmungen überwunden werden. Zu denken ist hier an die → *Entfernung des Angeklagten aus der Hauptverhandlung*, Rn. 435, den → *Ausschluss der Öffentlichkeit*, Rn. 133, oder auch die neue Möglichkeit der → *Videovernehmung in der Hauptverhandlung*, Rn. 1129.

Der Verteidiger wird seine **Taktik** davon abhängig machen, ob die Aussage des „sich weigernden“ Zeugen seinen Mandanten entlastet. Ist das der Fall, wird er auf die Weitervernehmung drängen, anderenfalls wird er sich mit der nur teilweisen Vernehmung zufrieden geben.

Siehe auch: → *Informatorische Befragung eines Zeugen*, Rn. 564, → *Zeugenvernehmung, Allgemeines*, Rn. 1186.

1057 Vernehmung einer Verhörsperson

Literaturhinweise: s. die Hinw. bei → *Protokollverlesung nach Zeugnisverweigerung*, Rn. 725, → *Verlesung von Geständnisprotokollen*, Rn. 1006, → *Vernehmung eines Polizeibeamten*, Rn. 1063a, und → *Zeugen vom Hörensagen*, Rn. 1191.

1. In der Praxis muss der Verteidiger sich häufig mit den Fragen der Vernehmung einer Verhörsperson auseinandersetzen, und zwar meist immer dann, wenn der Angeklagte ein im Ermittlungsverfahren abgelegtes Geständnis widerrufen hat (s. dazu u. Rn. 1058) oder wenn es um die Verwertung der früheren Aussage eines nun das Zeugnis verweigernden Zeugen geht (s. dazu u. Rn. 1059). Die Einzelh. der damit zusammenhängenden Fragen, die für den Angeklagten **erhebliche Bedeutung** haben können, sind bei den nachstehend angeführten Stichwörtern im Einzelnen eingehend dargestellt. Sie sollen hier aber wegen ihrer Bedeutung in einem **Überblick** noch einmal zusammengefasst werden (eingehend zum „Zeugen vom Hörensagen" a. *Eisenberg*, Rn. 1027 ff.).

☝ **Allgemein** gilt: Bei der Vernehmung einer Verhörsperson handelt es sich nach h.M. um eine an sich mittelbare Beweiserhebung. Da der → ***Zeuge vom Hörensagen***, Rn. 1191, in der HV unmittelbar als Zeuge vernommen wird, liegt insoweit aber keine Durchbrechung des → *Unmittelbarkeitsgrundsatzes*, Rn. 868, vor. Wegen der Mittelbarkeit des Zeugnisses muss das Gericht den Beweiswert der Bekundungen dieses Zeugen jedoch besonders krit. prüfen (s. die Rspr.-N. bei → *V-Mann in der Hauptverhandlung*, Rn. 1137).

1058

2. Will das Gericht eine **frühere Aussage** des **Angeklagten**, der nun schweigt oder sich gegenüber seinen Angaben im Ermittlungsverfahren anders einlässt, durch die Vernehmung einer Verhörsperson verwerten, gilt:

- Das Gericht kann die **Verhörsperson vernehmen**, und zwar sowohl den (Ermittlungs-) Richter als auch den vernehmenden Ermittlungsbeamten (vgl. u.a. BGHSt 14, 310, 312; 22, 170, 171; *Eisenberg*, Rn. 883).
- Es kann nach § 254 Abs. 1 auch ein **richterliches Geständnis** des Angeklagten **verlesen** werden (→ *Verlesung von Geständnisprotokollen*, Rn. 1006; zu den Einschränkungen Rn. 1008). Die Verlesung von Protokollen **polizeilicher Vernehmungen** ist hingegen **unzulässig**. Dem steht § 250 entgegen (a.A., wenn der Angeklagte einverstanden ist, *Bohlander* NStZ 1998, 396).

  Das gilt auch, wenn der Vernehmungsbeamte sich nicht mehr an die Richtigkeit der Protokollierung erinnern kann, allerdings ist ein **Vorhalt** zur **Gedächtnisstütze** erlaubt (BGHSt 22, 170; wegen der Einzelh. s. → *Verlesung von Geständnisprotokollen*, Rn. 1006; → *Vorhalt aus und von Urkunden*, Rn. 1162).

1059

3. Für die früheren, i.d.R. im Ermittlungsverfahren gemachten, **Angaben** eines **Zeugen** gilt:

- Sie sind **ebenso wie** die früheren Angaben des **Angeklagten** zu behandeln, so dass polizeiliche Vernehmungsprotokolle grds. nur zur Gedächtnisstütze verlesen werden dürfen. Nichtrichterliche Vernehmungspersonen dürfen in der HV auch solange nicht über den Inhalt früherer Angaben eines zur Zeugnisverweigerung berechtigten Zeugen gehört werden, wie nicht feststeht, ob der Zeuge von seinem Verweigerungsrecht Gebraucht macht oder darauf verzichtet (BGH StV 1996, 196).

- Etwas **anderes** gilt, wenn der Zeuge in der HV von einem sich aus den §§ 52, 53 ergebenden → ***Zeugnisverweigerungsrecht***, Rn. 1194, Gebrauch macht. Dann gilt nach h.M. ein über den Wortlaut des § 252 hinausgehendes (allgemeines) **Verwertungsverbot** (wegen der Einzelh. → *Protokollverlesung nach Zeugnisverweigerung*, Rn. 725 ff.). Das bedeutet, dass auch die **Vernehmung** der **Verhörsperson** grds. **ausgeschlossen** ist (vgl. zu allem BGHSt 29, 230, 232; 32, 25, 29). Das gilt auch für bei einem SV gemachte Angaben zu sog. Zusatztatsachen (BGH NStZ 1997, 95).

> ☝ Eine **Ausnahme** wird in der Rspr. dann zugelassen, wenn es sich bei der **Verhörsperson** um einen **Richter** gehandelt hat, der den Zeugen über sein Zeugnisverweigerungsrecht ordnungsgemäß belehrt hat (→ *Protokollverlesung nach Zeugnisverweigerung*, Rn. 732 f.).

Dieses Verwertungsverbot besteht **so lange, wie Ungewissheit** darüber besteht, ob der Zeuge von seinem Weigerungsrecht Gebrauch macht oder darauf verzichtet (BGH StV 2000, 236). Dabei kommt es bei der Vernehmung eines Kindes nicht nur auf die zustimmende Erklärung des gesetzlichen Vertreters an, sondern zusätzlich auch auf die nach richterlicher Belehrung festzustellende Bereitschaft des Kindes (BGH, a.a.O.; zur Ausnahme, wenn der weigerungsberechtigte Zeuge im Zeitpunkt der HV nicht erreichbar ist, BGHSt 25, 176).

- Das **Verwertungsverbot** des § 252 gilt auch **nicht**, wenn der Zeuge „nur" nach § 55 zur → ***Auskunftsverweigerung***, Rn. 118, berechtigt war.

1060

4. Hinweise für den Verteidiger!

Auf folgende bei der Vernehmung einer Verhörsperson zu beachtende Punkte ist hinzuweisen (s. auch → *Vernehmung eines Polizeibeamten*, Rn. 1063a):

a) Bei der **Vernehmung** eines **Vernehmungsbeamten** sollte der Verteidiger auf folgende Punkte besonders achten (s. dazu a. *Malek*, Rn. 375; *Nack* StV 1994, 559; s.a. den „Prozessbericht" von *Tondorf* StraFo 1996, 136 [„penibel" mit der Checkliste von *Nack*, a.a.O., auf Verstöße gegen Vernehmungsvorschriften achten]):

- Hat nicht schon das Gericht bei seiner Befragung des Zeugen diese Frage erörtert, muss (spätestens) der Verteidiger **klären**, ob der Vernehmungsbeamte sich das **Protokoll** der von ihm durchgeführten Vernehmung vor der Vernehmung in der HV **durchgelesen** hat.

1061

> ☝ Dazu ist darauf hinzuweisen: Grds. sind Zeugen **berechtigt**, **Vernehmungshilfen** zu verwenden (→ *Vernehmung des Zeugen zur Sache*, Rn. 1060 f.). Das gilt auch für Polizei-/Vernehmungsbeamte, die nach wohl h.M. sogar verpflichtet sein sollen, ihre Erinnerung durch ihnen zugängliche Quellen aufzufrischen (BGHSt 1, 4, 5 ff.;

Kleinknecht/Meyer-Goßner, § 69 Rn. 8; *Nack* StV 1994, 559; a.A. *Krehl* NStZ 1991, 416; *Malek*, Rn. 376). Eine Entscheidung des Streits kann m.E. dahinstehen, denn hat der Zeuge sich vorbereitet, muss der Verteidiger klären, inwieweit das der Fall ist, und ggf. auf die sich daraus ergebenden Auswirkungen auf die Beweiswürdigung hinweisen (→ *Vernehmung eines Polizeibeamten*, Rn. 1063e ff.). **Entscheidend** ist der **Beweiswert** der **Aussage** (BGHSt 3, 281, 283).

- Der Verteidiger sollte auch fragen, ob der Vernehmungsbeamte sich mit **Kollegen** über die **frühere Vernehmung unterhalten** hat, was völlig normal ist (*Nack* StV 1994, 559). Zu den Auswirkungen ist darauf hinzuweisen, dass die in der HV gemachten Angaben dann entsprechend **weniger zuverlässig** sind (s. die Nachw. bei *Nack*, a.a.O.).
- Darüber hinaus muss der Verteidiger durch seine Fragen insbesondere klären, ob und in welchem Umfang die (frühere) **Vernehmung ordnungsgemäß** ist. Unverzichtbar sind also – falls insoweit Anhaltspunkte gegeben sind – Fragen nach einer (ausreichenden) vorherigen Belehrung des Angeklagten/Zeugen (vgl. dazu eingehend *Burhoff*, EV, Rn. 1349 ff., 1442 ff.).

1062 **b)** Kann sich die Vernehmungsperson an die Vernehmung und/oder deren Inhalt nicht mehr erinnern und wird ihr deshalb das Protokoll der früheren Vernehmung **vorgehalten** bzw. dieses zur Gedächtnisstütze vorgelesen, muss der Verteidiger die anschließenden **Bekundungen** der Vernehmungsperson **sorgfältig prüfen**. Durch gezielte Fragen muss er herausarbeiten, an was der Zeuge sich überhaupt noch erinnert. Denn nur das kann Grundlage der Urteils werden. Kann der Zeuge – auch nach einem Vorhalt – nur bezeugen, dass richtig protokolliert worden sei, genügt das nicht zum Beweis der Richtigkeit der früheren Aussage des Angeklagten (BGHSt 14, 310, 312; s.a. die o.a. Verweise).

1063 **c)** Von erheblicher praktischer Bedeutung ist (immer) die Frage der **Verwertbarkeit** der früheren Vernehmungen. Mit ggf. bestehenden Beweisverwertungsverboten muss sich der Verteidiger rechtzeitig vor der HV auseinandersetzen (wegen der Einzelh. wird insoweit verwiesen auf → *Beweisverwertungsverbote*, Rn. 313; s. auch *Burhoff*, EV, Rn. 1349 ff., 1442 ff.).

☝ In der HV muss der Verteidiger – unabhängig davon, ob er die sog. „Widerspruchslösung" des BGH für zutreffend hält – mit einem **Widerspruch** die **Unverwertbarkeit** des Beweismittels **geltend** machen (BGHSt 38, 214; zuletzt BGHSt 42, 15; NStZ 1996, 290). Das gilt für jede Beweiserhebung. Er muss also, wenn mehrere Verhörspersonen vernommen werden sollen, jeder Vernehmung widersprechen (→ *Verwirkung von Verteidigungsrechten*, Rn. 1130; s.a. *Neuhaus* NStZ 1997, 312). Für die Revision ist gem. **§ 238 Abs. 2** ein Gerichtsbeschluss herbeizuführen.

Siehe auch: → *Vernehmung eines Polizeibeamten*, Rn. 1063a.

1063a

Vernehmung eines Polizeibeamten

Literaturhinweise: ***Goecke***, Der Polizeibeamte als Zeuge, StraFo 1990, 76; ***Grohmann/Schulz***, Polizeibeamte als Zeugen vor Gericht, DAR 1980, 74; ***Harbort***, Polizeibeamte im Visier des Strafverteidigers. Zu speziellen Taktiken der Verteidigung bei der Befragung von Polizeibeamten in der Hauptverhandlung, Krim 1996, 805; ***Janovsky***, Polizeibeamte als Zeugen. Ein Zeuge wie jeder andere?, Krim 1997, 645; ***Krause***, Vorbereitungsrecht und Vorbereitungspflicht der polizeilichen Zeugen, Polizei 1981, 119; ***Krehl***, Die Erkundigungspflicht des Zeugen bei fehlender oder beeinträchtigter Erinnerung und mögliche Folgen ihrer Verletzung, NStZ 1991, 416; ***Kube***, Kommunikationsprobleme zwischen Polizei und Gericht, JZ 1976, 16; ***Kube/Leinweber***, Polizeibeamte als Zeugen und Sachverständige, 1977; ***Mai/Köpcke***, Polizeibeamte als Zeugen, Krim 1995, 263; ***Maeffert***, Zeugenbetreuung – was wissen wir heute darüber?, StV 1981, 370; ***Nack***, Verteidigung bei der Glaubwürdigkeitsbeurteilung von Aussagen, StV 1994, 555; ders., Verdeckte Ermittlungen. Der Zeuge vom Hörensagen in der Revision, Krim 1999, 171; ***Nöldeke***, Polizeibeamten als Zeugen vor Gericht, NJW 1979, 1644; ***Schünemann***, „Dienstliche Äußerungen“ von Polizeibeamten im Strafverfahren, DRiZ 1979, 101; ***Wettrich***, Der Polizeibeamte als Zeuge, 1977; s.a. die Hinw. bei → *Vernehmung des Zeugen zur Sache*, Rn. 1050, und bei → *Zeugen vom Hörensagen*, Rn. 1191.

1063b ☝ Es dürfte kaum ein Strafverfahren geben, in dem nicht ein Polizeibeamter als Zeuge beteiligt ist, sei es als (unmittelbarer) Tatzeuge oder als Ermittlungsbeamter, der über den Gang und das Ergebnis der Ermittlungen berichten soll. Häufig hat gerade die **Aussage** des **Polizeibeamten entscheidenden Einfluss** auf den Ausgang des Strafverfahrens. Deshalb muss sich der Verteidiger rechtzeitig vor der HV mit den sich aus der Vernehmung von Polizeibeamten zusammenhängenden Fragen auseinandersetzen. Ergänzend zu den nachstehenden Ausführungen ist zu verweisen auf → *Vernehmung einer Verhörsperson*, Rn. 1057.

1063c **1.a)** Der Polizeibeamte ist **kein „besonderer“ Zeuge**, sondern Zeuge wie jeder andere auch. Der Polizeibeamte selbst sieht sich jedoch häufig in einer Sonderstellung, insbesondere dann, wenn er es als seine Aufgabe betrachtet, auf der Grundlage der von ihm gefertigten Anzeige oder der von ihm gewonnenen Ermittlungsergebnisse zur Überführung des Angeklagten beizutragen. Das ist aber nicht Aufgabe des Polizeibeamten. Vielmehr ist er wie jeder andere Zeuge auch „nur“ Hilfsmittel des Gerichts bei der Wahrheitsfindung (*Malek*, Rn. 376, der darauf hinweist, dass im gerichtlichen Alltag dem Polizeibeamten allerdings schon eine Sonderstellung eingeräumt wird).

Das bedeutet, dass der polizeiliche Zeuge die **gleichen Rechte**, aber auch **Pflichten** hat wie jeder andere Zeuge. Er ist also ebenso wie jeder andere Zeuge – was selbstverständlich ist – zu einer wahren und vollständigen Aussage verpflichtet, wozu ggf. auch gehört, dass er darauf hinweist, wenn er sich an bestimmte Einzelheiten nicht mehr so genau erinnern kann (*Janovsky* Krim 1997, 648). Eine solche Einschränkung ist i.Ü. auch nur verständlich, wenn der Beamte eine Vielzahl gleich gelagerter Fälle bearbeitet und erst Monate nach den von ihm getroffenen Feststellungen vernommen wird.

b) Hinweis für den Verteidiger!

1063d

Von besonderer Bedeutung bei der Vernehmung eines Polizeibeamten ist häufig, ob dieser ein besonderes **Recht**, möglicherweise sogar eine besondere **Pflicht** zur **Vorbereitung** auf seine Vernehmung hat, indem er z.B. von ihm gefertigte Vernehmungsprotokolle und/oder Vermerke vor der HV noch einmal liest. Diese Frage wird in der Lit. unter Hinw. auf BGHSt 1, 4 ff. und OLG Köln NJW 1966, 1420 überwiegend bejaht (vgl. u.a. *Kleinknecht/Meyer-Goßner*, § 69 Rn. 8; *Grohmann/Schulz* DAR 1980, 78; *Krause* Polizei 1981, 119; *Kube/Leineweber*, S. 27; wohl auch *Janovsky* Krim 1997, 648; s. auch *Schönke/Schröder-Lenckner*, § 163 StGB Rn. 3 m.w.N.). Demgegenüber sind *Krehl* (NStZ 1991, 417), *Nöldeke* (NJW 1979, 1644) und ihnen folgend *Malek* (Rn. 376) der Auffassung, dass Polizeibeamte auch insoweit **keine Sonderstellung** haben. Dem ist m.E. zuzustimmen, da § 69 nicht zwischen Zeugen, die mit dem Gegenstand ihrer Vernehmung dienstlich befasst waren und sonstigen Zeugen unterscheidet (*Krehl* NStZ 1991, 416). Auch entsteht durch die Vorbereitung – wenn der Zeuge auf sie nicht hinweist – bei allen Verfahrensbeteiligten ein falsches Bild von der Erinnerungsfähigkeit des Zeugen, was dann zu einer unrichtigen Würdigung der Beweise führen kann (*Nöldeke* NJW 1979, 1645).

☝ M.E. bringt es für die Verteidigung trotz der gegen die h.M. bestehenden Bedenken nichts, wenn sich der Verteidiger mit dem Gericht über diese Frage streitet, abgesehen davon, dass er damit die bereits erfolgte Vorbereitung des Polizeibeamten auf seine Vernehmung nicht mehr ungeschehen machen kann. Der Verteidiger muss m.E. vielmehr durch seine Befragung des Zeugen die Tatsache der **Vorbereitung** und deren **Umfang offen legen**, um so ggf. gegen die **Brauchbarkeit** der **Aussage** argumentieren zu können. Das gilt besonders, wenn er den Eindruck hat, dass der Zeuge durch einen anderen Beamten besonders auf die Vernehmung vorbereitet worden ist, wovon in Großverfahren Gebrauch gemacht wird/worden ist (s. dazu *Maeffert* StV 1981, 370; *Dahs*, Rn. 548).

2. Für die Vernehmung eines Polizeibeamten gilt (s. dazu a. *Malek* Rn. 377 ff.; s. auch → *Vernehmung einer Verhörsperson*, Rn. 1057):

1063e **a)** Der Verteidiger muss sich darauf einrichten, dass diese häufig – ausgehend von dem o.a. Rollenverständnis – den **Verteidiger** als „Gegner" ansehen, der eine Überführung des Angeklagten in der HV verhindern will. Deshalb muss der Verteidiger sich bemühen, **Konflikte** und **Auseinandersetzungen** mit dem Zeugen zu **vermeiden**, um eine ggf. bestehende Belastungstendenz nicht noch zu verstärken. Er sollte deshalb nach Möglichkeit nicht versuchen, den Polizeibeamten durch persönliche Angriffe unglaubwürdig zu machen (s.a. *Schlothauer*, Rn. 91a; *Harbort* Krim 1996, 806 ff. [zur entsprechenden Befragung durch Verteidiger aus Sicht der Polizei]). Das wird dem Mandanten nämlich eher schaden als nützen. Andererseits sollte der Verteidiger sich aber auch nicht scheuen, ggf. bei Vernehmungen oder sonstigen Ermittlungen aufgetretene **Fehler** bei der Befragung des (Vernehmungs-)Beamten **offen** zu legen, um so den Beweiswert der früheren Angaben des Mandanten zumindest in Frage zu stellen (→ *Vernehmung der Verhörsperson*, Rn. 1060 ff.).

1063f **b)** Von erheblicher Bedeutung für die Beurteilung der Glaubwürdigkeit des polizeilichen Zeugen sind die mit der **Vorbereitung** des Zeugen zusammenhängenden Fragen (zum „Training" von Polizeibeamten *Maeffert* StV 1981, 370; *Mai/Köpcke* Krim 1995, 263). Hinzuweisen ist dazu auf Folgendes:

- Der Verteidiger muss **möglichst frühzeitig** in der Vernehmung **klären**/klären lassen, ob der Zeuge sich vorbereitet hat. Es empfiehlt sich, darauf zu drängen, dass möglichst schon bei der Vernehmung durch das Gericht geklärt wird, inwieweit sich der polizeiliche Zeuge auf die Vernehmung vorbereitet hat.

> ☞ Zu entsprechenden, die Vernehmung ggf. einleitenden **Fragen** ist m.E. das **Gericht**, dem die polizeiliche Vorbereitungspraxis i.d.R. bekannt sein dürfte, auch schon von sich aus **verpflichtet**, um von vornherein die Erinnerungsfähigkeit des polizeilichen Zeugen beurteilen zu können.

- Bei der Vernehmung des Polizeibeamten ist darauf zu achten, dass auch dieser im **Zusammenhang** zu hören ist (→ *Vernehmung des Zeugen zur Sache*, Rn. 1050), und ihm **Vorhalte** aus den Ermittlungsakten nur zur **Gedächtnisstützung** gemacht werden dürfen. Es gelten die allgemeinen Ausführungen zum → *Vorhalt an Zeugen*, Rn. 1159. Geht der Vorhalt darüber hinaus, muss der Verteidiger das gem. **§ 238 Abs. 2** beanstanden.

1063g

- Stellt das Gericht entsprechende **Fragen** nicht, muss der **Verteidiger**, wenn ihm das Fragerecht eingeräumt ist, die erforderliche Aufklärung betreiben (→ *Fragerecht des Verteidigers, Allgemeines*, Rn. 497). Dazu wird sich – ebenso wie ggf. für eine entsprechende Befragung durch das Gericht – folgender **Fragenkatalog** empfehlen:
  - Hat der polizeiliche Zeuge sich überhaupt **vorbereitet**?
  - Räumt der Zeuge die Vorbereitung ein, muss geklärt werden, **wie umfangreich** sie war. Hat der Zeuge „nur" Vermerke und/oder ggf. von ihm gefertigte Vernehmungsprotokolle noch einmal eingesehen? Hat der Zeuge ggf. vor der Vernehmung den

Sachverhalt noch einmal mit einem Kollegen durchgesprochen (s. *Janovsky* Krim 1997, 648 [fehlerhaft]; zum geringeren Beweiswert solcher Aussagen *Nack* StV 1994, 559)? Schließlich: Hatte der Zeuge – ggf. außerdem – eigene Notizen zur Gedächtnisstützung gefertigt und diese noch einmal eingesehen?

☞ Ist das der Fall, sollte der Verteidiger durch einen entsprechenden Antrag an das Gericht auf die **Beiziehung/Aushändigung** dieser Unterlagen, die für die Beurteilung der Glaubwürdigkeit des Zeugen von erheblicher Bedeutung sein können, drängen (s.a. *Janovsky*, a.a.O. [sind dem Gericht auf Verlangen zur Verfügung zu stellen]).

– Ist der Umfang der Vorbereitung geklärt, muss geklärt werden, welche Teile der Aussage der Zeuge vor der Vorbereitung noch unmittelbar in **Erinnerung** hatte, welche Umstände ihm erst bei der Vorbereitung wieder eingefallen sind und welche er überhaupt nur aufgrund der Vorbereitung wiedergeben kann, welche also nur noch als Erinnerung an die Vorbereitung bekundet werden können (→ *Vernehmung einer Verhörsperson*, Rn. 1062).

☞ Dabei muss sich der Verteidiger aber darüber im Klaren sein, dass diese **Differenzierung** auch geschulte Zeugen kaum werden bewältigen können (*Nöldeke* NJW 1979, 1645; ähnlich *Malek*, Rn. 377). Er sollte sein Glück aber dennoch versuchen. Denn Grundlage der gerichtlichen Feststellungen dürfen die Umstände, an die sich der Zeuge trotz der Vorbereitung nicht mehr erinnern kann, nicht sein.

Solche Umstände können allenfalls durch die **Verlesung** eines ggf. im Ermittlungsverfahren gefertigten **Vermerks** des Zeugen im Wege des **Urkundenbeweises** und die Erklärung des Zeugen, dass er die Verantwortung für die Richtigkeit des damals Niedergeschriebenen übernimmt, in die HV eingeführt werden (BGHSt 23, 265; zur Verwertung von „**dienstlichen Äußerungen**" von Polizeibeamten eingehend *Schünemann* DRiZ 1979, 101 ff.). Für die Beweiswürdigung ist dann aber von Belang, dass durch die Verlesung der Urkunde nur deren Inhalt, nicht aber deren Richtigkeit festgestellt werden kann (→ *Urkundenbeweis, Allgemeines*, Rn. 884).

1063h

● Der Verteidiger muss sich auch mit der (**allgemeinen**) **Glaubwürdigkeit** von Polizeibeamten beschäftigen. Bei der Bewertung der Aussagen von Polizeibeamten ist – bei Vorliegen entsprechender Anhaltspunkte – ggf. zu berücksichtigen, dass diese ein (besonderes) Interesse haben, den Angeklagten zu überführen (*Malek*, Rn. 379; *Eisenberg*, Rn. 955), um dadurch ihre Ermittlungsarbeit zu rechtfertigen und somit unter einem gewissen „**Erfolgszwang**" stehen (vgl. zur Glaubwürdigkeit von Polizeibeamten AG Kaufbeuren StV 1987, 57 und eingehend *Eisenberg*, Rn. 1860 ff.; s.a. → *Zeuge vom Hörensagen*, Rn. 1191).

☞ Dazu gilt als **Faustregel**, dass Polizeibeamte nicht grds. zuverlässigere Angaben als andere Zeugen machen. Es gelten also die allgemeinen Glaubwürdigkeitskriterien (vgl. hierzu u.a. *Nack* StV 1994, 555).

1063i

- Schließlich: Kann sich der Polizeibeamte, was z.B. bei Verkehrsordnungswidrigkeiten nicht selten der Fall ist, an den **konkreten Verkehrsvorgang nicht** mehr **erinnern** und nimmt nur auf seine Anzeige Bezug, steht das nach der Rspr. der (späteren) Verwertbarkeit seiner Aussage nicht entgegen (BGHSt 23, 213; OLG Düsseldorf DAR 1999, 274; OLG Hamm VRS 57, 291, 292; OLG Köln VRS 65, 376). Es gibt allerdings keinen allgemeinen Erfahrungssatz dahin, dass ein Polizeibeamter allein aufgrund der Dauer seiner Beschäftigung glaubwürdiger ist als andere Zeugen oder als der Angeklagte/Betroffene. Das Gericht kann jedoch ggf. auf eine langjährige Erfahrung des Polizeibeamten und die darauf zurückgehende Qualität der Beobachtungsfähigkeit im Zusammenhang mit Verkehrsverstößen abstellen (vgl. dazu KG NZV 2002, 281).

Deshalb muss der Verteidiger durch geeignete **Fragen** klären, ob der Polizeibeamte bereit und in der Lage ist, die Verantwortung für die Richtigkeit des Inhalts seiner Anzeige zu übernehmen und muss ggf. erfragen, ob der Zeuge einen Irrtum ausschließen kann (OLG Hamm VA 2002, 123). Er muss erfragen, auf welcher Tatsachengrundlage der Zeuge bereit ist, die Richtigkeit für den Inhalt seiner Aussage zu übernehmen. Es reicht nicht aus, wenn der Polizeibeamte auf seine Anzeige nur „Bezug nimmt" (OLG Düsseldorf, aaO).

Siehe auch: → *Vernehmung einer Verhörsperson*, Rn. 1057, → *Zeugenvernehmung, Allgemeines*, Rn. 1186 m.w.N., → *Zeuge vom Hörensagen*, Rn. 1191.

1064 Vernehmung jugendlicher Zeugen

Literaturhinweise: ***Arntzen***, Untere Altersgrenze der Zeugeneignung, DRiZ 1976, 20; ***Bölter***, Handreichungen für die Bearbeitung von Strafverfahren wegen sexueller Straftaten an Kindern, DRiZ 1996, 273; ***Deckers***, Glaubwürdigkeit kindlicher Zeugen, NJW 1999, 1365; ***Hussels***, Kinder im Zeugenstand – eine aktuelle Betrachtung, NJW 1995, 1877; ders., Videoüberwachung von jugendlichen Zeugen in Mißbrauchsprozessen – eine Bestandsaufnahme und Überlegungen de lege ferenda, ZRP 1995, 242; ***Kintzi***, Stellung des Kindes im Strafverfahren 1.Teil: Das Kind als Opferzeuge, DRiZ 1996, 184; ***Meier***, Zwischen Opferschutz und Wahrheitssuche – Überlegungen zur Rechtsstellung von kindlichen Zeugen im Strafprozeß, JZ 1991, 638; ders., Kinder als Opfer von Straftaten, GA 1995, 151; s.a. die Hinw. bei → *Videovernehmung in der Hauptverhandlung*, Rn. 1130, und bei → *Zeugenvernehmung, Allgemeines*, Rn. 1186.

1064a **1.a)** Nach § 241a Abs. 1 wird die Vernehmung von Zeugen **unter 16 Jahren** allein vom **Vorsitzenden** durchgeführt (zu Kindern im Zeugenstand allgemein s. *Hussels* NJW 1995, 1877; zur Zeugeneignung *Arntzen* DRiZ 1976, 20 [etwa ab fünf Jahren]). Sinn und Zweck der Vorschrift ist es, den jugendlichen Zeugen vor den psychischen Belastungen der HV im Rahmen des Möglichen zu schützen. Ergänzt wird die Vorschrift dadurch, dass der Vorsitzende nach § 406f Abs. 3 einer **Vertrauensperson** die Anwesenheit in der HV gestatten kann, wenn dadurch der Untersuchungszweck nicht gefährdet wird (Nr. 19a Abs. 1 S. 2, 222 Abs. 1 S. 1 RiStBV).

☝ **Der Vorsitzende** muss die **Besonderheiten** bei der **Vernehmung** eines kindlichen Zeugen beachten (vgl. dazu eingehend *Deckers* NJW 1999, 1367 ff.). Dabei ist insbesondere die richtige/altersgerechte Belehrung wichtig. Von Bedeutung ist auch, dass gerade der kindliche Zeuge die Möglichkeit erhalten sollte, zunächst den eigentlichen Zeugenbericht zu erstatten.

☝ Der Verteidiger sollte besonders darauf achten, dass ggf. anwesende Vertrauenspersonen den Zeugen weder in der Frage, ob er überhaupt aussagen will (Zeugnisverweigerungsrecht), noch im Bericht **beeinflussen** oder unterbrechen. Sollte es jedoch dazu kommen, so sollte das im → *Protokoll der Hauptverhandlung*, Rn. 713, festgehalten werden (*Deckers* NJW 1999, 1367).

1064b **b)** Die beisitzenden Richter, der StA, der Angeklagte und der **Verteidiger** können gem. § 241a Abs. 2 S. 1 vom Vorsitzenden **verlangen**, dass er – nach seiner Vernehmung – dem jugendlichen Zeugen weitere **Fragen** stellt. Darauf haben diese Verfahrensbeteiligten einen Anspruch (KK-*Tolksdorf*, § 241a Rn. 4; s.a. u. Rn. 1066).

1065 **2.** Gem. § 241a Abs. 2 S. 2 kann der Vorsitzende den o.a. Verfahrensbeteiligten die **unmittelbare Befragung** des Zeugen **gestatten**, wenn ein Nachteil für das Wohl des Jugendlichen nicht zu befürchten ist. Ob das zutrifft, hat der Vorsitzende nach pflichtgemäßem Ermessen zu entscheiden. Selbst wenn eine Gefährdung des Kindeswohls nicht zu erwarten ist, hat der Fragesteller keinen Anspruch auf unmittelbare Befragung (*Kleinknecht/Meyer-Goßner*, § 243 Rn. 5 m.w.N.). Maßgebend für die Entscheidung des Vorsitzenden sind die Umstände des Einzelfalls, also z.B. Schwere des Tatvorwurfs und der Inhalt der Zeugenaussage. Der Vorsitzende kann die erteilte Erlaubnis jederzeit wieder **entziehen**.

3. Hinweise für den Verteidiger!

1066

Hinsichtlich der Vernehmung eines Zeugen von unter 16 Jahren ist auf Folgendes hinzuweisen:

- Für die **Zurückweisung** von **Fragen** gilt die Vorschrift des § 241 Abs. 2 entsprechend. D.h., hat der Vorsitzende die unmittelbare Befragung des Zeugen gestattet, kann er Fragen nur nach den allgemeinen Grundsätzen zurückweisen (vgl. dazu → *Zurückweisung einzelner Fragen des Verteidigers*, Rn. 1208, und → *Entziehung des Fragerechts als*

Ganzes, Rn. 456). Wird der Zeuge **mittelbar befragt**, darf der Vorsitzende das Verlangen des Verteidigers, eine Frage an den Zeugen zu stellen, ebenfalls nur zurückweisen, wenn die allgemeinen Voraussetzungen für die Zurückweisung einer Frage als unzulässig vorliegen.

- **Lässt** der Vorsitzende eine **Frage**, die er bei der mittelbaren Befragung stellen soll, **nicht zu**, handelt es sich bei dieser Entscheidung um eine Maßnahme der → *Verhandlungsleitung*, Rn. 972, nach § 238 Abs. 1. Der Verteidiger kann sie beanstanden und nach **§ 238 Abs. 2** das **Gericht anrufen**. Das Gleiche gilt für die Entscheidung über Gewährung oder Versagung der unmittelbaren Befragung. Hier kann das Gericht aber nur prüfen, ob der Vorsitzende den Rechtsbegriff „Nachteil für das Wohl des Zeugen" verkannt oder rechtsmissbräuchlich entschieden hat (*Kleinknecht/Meyer-Goßner*, § 241a Rn. 7).
- Eine **Beschwerde** des Verteidigers gegen eine Zurückweisung von Fragen oder sonstige Fragebeschränkungen in der HV ist gem. § 305 S. 1 **ausgeschlossen**.
- Wegen der Zuziehung eines **SV** zur Beurteilung der **Glaubwürdigkeit** eines jugendlichen Zeugen s. u.a. OLG Düsseldorf StV 1994, 642; → *Glaubwürdigkeitsgutachten*, Rn. 529 ff.; zur Beweiswürdigung und Beurteilung von Aussagen kindlicher Zeugen s. BGH NJW 1996, 207; NStZ 1996, 294; StV 1997, 513).
- Wegen der **Vereidigung** eines jugendlichen Zeugen → *Vereidigungsverbot*, Rn. 940.

1067 **4.a)** In Zusammenhang mit der Vernehmung kindlicher Zeugen, insbesondere in sog. Missbrauchsfällen, war in der Vergangenheit Streit um die Zulässigkeit der Vernehmung mittels **Videotechnologie** entbrannt. Ausgangspunkt dieses Streits war eine Entscheidung des LG Mainz (NJW 1996, 208). Dieses hatte die Vernehmung eines Kindes außerhalb des Gerichtssaals und Übertragung in den Saal mittels Video unter bestimmten Rahmenbedingungen als zulässig angesehen. Dagegen hatten sich in der Lit. Bedenken erhoben (s. die Lit.-Hinw. bei → *Videovernehmung in der Hauptverhandlung*, Rn. 1130). Die (Streit-)Fragen sind seit dem 1.12.1998 durch das sog. **ZSchG** gesetzlich in den §§ 58a, 247a geregelt (→***Videovernehmung*** *in der Hauptverhandlung*, Rn. 1129; zur alten Verfahrenslage s. die Rn. 1068 ff. der 2. Auflage).

1068 **b)** Auf Folgendes ist zur Vernehmung jugendlicher Zeugen noch **hinzuweisen**:

- Ob eine Vernehmung des Kindes in der HV überhaupt **erforderlich** ist, ist nach den Grundsätzen der gerichtlichen **Aufklärungspflicht** zu entscheiden. Das wird von den Umständen des Einzelfalls abhängen (vgl. a. OLG Saarbrücken NJW 1974, 1959 [Ablehnung der nochmaligen Vernehmung eines Kindes, wenn ein ärztliches Attest vorliegt]).

> In diesem Zusammenhang darf der Verteidiger nicht übersehen, dass insbesondere ein (Verteidigungs-)Verhalten, das einem (jugendlichen) Zeugen eine i.d.R. belastende (nochmalige) Vernehmung in der HV erspart, im Rahmen der **Strafzumessung** von den Gerichten **honoriert** wird.

Lässt sich eine (nochmalige) Vernehmung nicht vermeiden, muss auch dann der **Opferschutz** beachtet werden, der den Verteidiger zu möglichst **schonender Befragung** verpflichten sollte.

- Hinzuweisen ist für die Vernehmung jugendlicher Zeugen in der HV insbesondere auf die Möglichkeit, den → ***Ausschluss der Öffentlichkeit***, Rn. 133, und die → ***Entfernung des Angeklagten*** *aus der Hauptverhandlung*, Rn. 435, zu beantragen. Die entsprechenden Anträge sollte der Verteidiger stellen, um ggf. so eine → *Videovernehmung in der Hauptverhandlung*, Rn. 1129, zu vermeiden (zur Entfernung des Angeklagten aus der HV bei Vernehmung jugendlicher Zeugen s. zuletzt u.a. BGH NStZ 1995, 557).
- Nicht übersehen werden sollten die in den **RiStBV** enthaltenen Vorschriften, die den Schutz von jugendlichen/kindlichen Zeugen bezwecken: Nach Nr. 19 RiStBV sind **Mehrfachvernehmungen** möglichst zu **vermeiden**. Liegt ein Geständnis vor, ist gem. Nr. 222 Abs. 2 RiStBV zu prüfen, ob die Vernehmung des Angeklagten überhaupt noch erforderlich ist. Schließlich sind die jungen Zeugen nach Nr. 135 Abs. 2 RiStBV **zeitlich** möglichst **vor anderen Zeugen** zu vernehmen und sollen möglichst **betreut** werden.

Dazu sind auch die in verschiedenen **Bundesländern** schon bestehenden Regelungen zu erwähnen, so u.a. zur **Zeugenbegleitung** in Verfahren wegen sexuellen Missbrauchs von Kindern in Schleswig-Holstein (s. Rundverfügung des GStA v. 23.4.1996-404-36,SchlHA 1996, 120), die sog. „Handreichung für die Bearbeitung von Strafverfahren wegen sexueller Straftaten an Kindern“ in Baden-Württemberg (bei *Bölter* DRiZ 1996, 273) bzw. das sog. „Göttinger Modell“ (s. Stuttgarter Zeitung v. 19. 3. 1996, NJW 1996 Heft 15, S. XL) oder auch die niedersächsischen „Anregungen und Hinweise zum Schutz kindlicher Opferzeugen bei der Durchführung von Strafverfahren wegen sexuellen Missbrauchs“ (Bekanntmachung des Justizministeriums Niedersachsen v. 23.8.1997 [Az. 4103-304,197] NJW 1998, 359 = Nds.Rpfl. 1997, 217).

Siehe auch: → *Videovernehmung in der Hauptverhandlung*, Rn. 1129, → *Vorführung von Bild-Ton-Aufzeichnungen*, Rn. 1158a, → *Zeugenvernehmung, Allgemeines*, Rn. 1190, m.w.N.

Die Rn. 1069 – 1075 sind zur Zeit nicht belegt.

Vernehmung Sachverständiger **1076**

Das Wichtigste in Kürze

1. Der SV ist nur Gehilfe des Gerichts, dessen nicht ausreichende Sachkunde er ergänzen oder ersetzen soll.
2. Eine ordnungsgemäße Vernehmung des SV setzt voraus, dass der Verteidiger sich selbst ausreichend sachkundig gemacht hat, um ein Fachgespräch führen zu können.

> **3.** Der Verteidiger muss darauf achten, dass der SV nicht dadurch Zeuge wird, dass er sog. Zusatztatsachen in die HV einführt. Das ist nur zulässig, wenn er auch als Zeuge vernommen wird. Wird der SV als Zeuge vernommen, darf er nicht versteckt ein Gutachten erstatten.

Literaturhinweise: *Sommer*, Maßnahmen des Strafverteidigers in der Hauptverhandlung, ZAP F. 22, S. 101; s.a. die Hinw. bei → *Sachverständigenbeweis*, Rn. 765.

Für den Angeklagten kann die Vernehmung eines oder mehrerer SV von größerer **Bedeutung** sein als eine Zeugenvernehmung, Denn häufig verfügt das Gericht nicht über die notwendige, insbesondere medizinische, Sachkunde, um bestimmte (Fach-) Fragen zu entscheiden. Deshalb muss der Verteidiger auf eine ordnungsgemäße Vernehmung des SV durch das Gericht und auch durch ihn selbst achten, was eine schwierige, jedoch besonders wichtige Aufgabe der Verteidigung ist.

1. Bei der Vernehmung eines **SV** muss sich der Verteidiger zunächst der eigentlichen Aufgabe des SV bewusst sein. Dieser ist **nur Gehilfe** des Gerichts, obwohl er aufgrund seiner Sachkunde häufig faktisch das Strafverfahren entscheidet (*Sommer* ZAP F. 22, S. 113). Er ersetzt oder ergänzt die fehlende bzw. nicht ausreichende Sachkunde des Gerichts. Diese Gehilfenstellung verbietet es dem SV, sich richterliche Aufgaben anzumaßen. Er darf also **nicht** in die **richterliche Wertung** und **Beweiswürdigung** eingreifen (BGHSt 2, 14), sondern hat vielmehr nur kraft seines Fachwissens die tatsächliche Grundlage – den Befund – festzustellen, der zur Beantwortung der Beweisfrage notwendig ist (BGHSt 9, 292).

Der SV kann nach § 76 aus denselben Gründen, die einen Zeugen berechtigen, das Zeugnis zu verweigern, die Erstattung des **Gutachtens verweigern** (→ *Zeugnisverweigerungsrecht*, Rn. 1194). Das gilt nicht für den gerichtlich bestellten SV (wegen der Einzelh. s. *Kleinknecht/Meyer-Goßner* Komm. zu §§ 75 ff.).

1077 **2.** Die ordnungsgemäße Vernehmung des SV in der HV durch den Verteidiger setzt voraus, dass der **Verteidiger** sich **selbst** spätestens bei der → *Vorbereitung der Hauptverhandlung*, Rn. 1144, **ausreichend sachkundig** gemacht hat. Anderenfalls wird er ein kompetentes, sachbezogenes Gespräch mit dem SV kaum führen können. Für die Gesprächsführung muss der Verteidiger im Auge behalten, dass der SV seine Sachkunde nicht zelebrieren, sondern dem Gericht vermitteln soll (s.a. den **Fragenkatalog** bei Rn. 771). Das Gericht muss selbst die sachkundigen Darlegungen des SV nachvollziehen und bewerten können. Da das Gericht das, was es nicht verstanden hat, auch nicht bewerten kann, muss es, wenn der SV den Angeklagten „belastet", **Verteidigungsziel** sein, **Zweifel** in dem **Verständigungsprozess** zu wecken (*Sommer* ZAP F. 22, S. 113, dort auch zur weiteren

Gesprächstaktik). Das wird aber nur einem selbst gut vorbereiteten Verteidiger gelingen.

Besonders **kritisch** sollte der Verteidiger die Gutachten der ständig für Polizei, StA und Gericht tätigen SV, der sog. „**Gerichtsärzte**" prüfen, da sie sich häufig die Beurteilung vieler Fachfragen zutrauen, ohne auf allen Gebieten gleichmäßig erfahren zu sein. Deshalb werden insbesondere hier Fragen zur Sachkunde des SV angebracht sein. Das gilt auch, wenn der Gutachter selbst in der HV nicht anwesend ist, sondern sich z.B. durch einen **Assistenten vertreten** lässt. Hat dieser nicht die erforderliche Sachkunde oder bestehen Zweifel, muss der Verteidiger auf der Anwesenheit des bestellten SV bestehen und einen entsprechenden Antrag stellen.

3. Hinweise für den Verteidiger!

1078

a) Der Verteidiger muss darauf achten, dass der **SV nicht** zum **Zeugen** wird, indem das Gericht Umstände verwertet, die nur vom SV in die HV eingebracht worden sind (*Dahs*, Rn. 580). Handelt es sich dabei allerdings um sog. **Befundtatsachen**, also die Umstände, die der SV aufgrund seiner Sachkunde selbst festgestellt hat, ist die Verwertung ohne besondere Beweisaufnahme unbedenklich. Dazu gehören auch Wahrnehmungen, die der SV z.B. bei der Beobachtung des Angeklagten im Verlauf einer früheren HV gemacht hat und die für seine aktuelle Gutachtenerstattung wesentlich sind (BGH NStZ 1995, 44).

SV behandeln häufig aber auch Sachverhalte und erheben Beweise, deren Feststellung grds. nur dem Gericht möglich ist, wie z.B. bei Erstellung des Gutachtens die **Befragung** von **anderen Personen** als dem Angeklagten.

☝ Der Verwertung dieser sog. **Zusatztatsachen** muss der Verteidiger **widersprechen**, solange sie nicht ordnungsgemäß, nämlich durch Vernehmung nach § 80 zum Gegenstand des Verfahrens gemacht worden sind. Das geschieht i.d.R. dadurch, dass das Gericht entweder die vom **SV** angehörte Person oder ihn selbst als **Zeugen** vernimmt (zuletzt BGH NJW 1988, 1223 f., insoweit nicht in BGHSt 35, 32 [Geständnis des Angeklagten]; NStZ 1993, 245 [Augenschein]) oder ggf. die vom SV benutzten Akten beizieht. Der SV darf jedoch Wahrnehmungen verwerten, die er bei einer früheren gutachterlichen Tätigkeit mit gleichem Auftrag selbst gemacht hat und die für seine aktuelle Gutachtenerstattung wesentlich sind (BGH NStZ 1995, 44 [Verwertung von Beobachtungen, die der SV in der HV gemacht hat]).

1079 **b)** Bei der **Vernehmung** eines SV muss der Verteidiger auf Folgendes besonders **achten**:

Der **Angeklagte** muss vor einer Anhörung/Vernehmung im strafprozessualen Sinn über sein Recht **belehrt** worden sein, schweigen zu können und nicht verpflichtet zu sein, sich selbst zu belasten. Allerdings ist der SV zur Belehrung des Angeklagten nicht verpflichtet (zuletzt BGH NJW 1998, 838 f. m.w.N.; s.a. *Kleinknecht/Meyer-Goßner*, § 136 Rn. 1; a.A. LG Oldenburg StV 1994, 646 m.w.N.). Ist der Angeklagte nicht, ggf. durch das Gericht, belehrt worden, muss der Verteidiger der Verwertung einer Einlassung des Angeklagten beim SV als **unzulässig widersprechen** (zur sog. „Beruhensfrage" s. aber BGH NJW 1988, 1223 f.).

Der Verteidiger muss auch darauf achten, ob der SV **Dritte** erst befragt hat, nachdem sie über ein etwaiges **Zeugnisverweigerungsrecht** richterlich, staatsanwaltlich oder polizeilich **belehrt** worden waren (für Einwilligung nach § 81c → *Glaubwürdigkeitsgutachten*, Rn. 533). Haben daher z.B. Angehörige des Angeklagten ohne Belehrung dem SV belastende Umstände mitgeteilt, darf der SV über diese Umstände nicht (als Zeuge) vernommen werden, falls Beweisverwertungsverbote bestehen, wie z.B. aus einer Anwendung des § 252 (BGHSt 36, 386; 46, 189; s.a. *Dahs*, Rn. 580 a.E.; s.a. Rn. 601 ff.). Der **Verwertung** solcher Tatsachen durch den SV muss der Verteidiger **widersprechen** und **beantragen**, der SV möge sein Gutachten so erstatten, als ob ihm die Tatsachen nicht bekannt wären.

Wird der SV zulässigerweise als **Zeuge** vernommen, muss der Verteidiger darauf achten, dass er **nicht versteckt** ein **Gutachten** erstattet. Er darf als Zeuge nur Tatsachen bekunden, Schlussfolgerungen sind ihm nicht gestattet.

Siehe auch: → *Ablehnung eines Sachverständigen*, Rn. 6, → *Erneute Vernehmung eines Zeugen oder Sachverständigen*, Rn. 473, → *Fragerecht des Sachverständigen*, Rn. 494, → *Kommissarische Vernehmung eines Zeugen oder SV*, Rn. 579, → *Sachverständiger Zeuge*, Rn. 780, → *Vereidigung eines Sachverständigen*, Rn. 929.

1079a Vernehmungsbeistand

Das Wichtigste in Kürze

1. Mit der Einführung eines Vernehmungsbeistands in § 68b StPO durch das sog. ZSchG v. 30.4.1998 ist vom Gesetzgeber erstmals für einen Teilbereich das allgemeine Recht auf einen Zeugenbeistand anerkannt worden.

2. Nach § 68b S. 1 kann Zeugen, nach § 68b S. 2 muss Zeugen, die noch keinen anwaltlichen Beistand haben, für die Dauer der Vernehmung ein Rechtsanwalt beigeordnet werden.

3. Für die Beiordnung kann ggf. ein Antrag erforderlich sein. Für die Beiordnung gelten nach § 68b S. 3 die Vorschriften der §§ 141 Abs. 4, 142 Abs. 1 zur Beiordnung eines Pflichtverteidigers entsprechend.

4. Für die Befugnisse des Vernehmungsbeistands kann grds. auf die Ausführungen zu den Befugnissen des allgemeinen Zeugenbeistands verwiesen werden.

Literaturhinweise: ***Burhoff***, Schutz von Zeugen bei Vernehmungen im Strafverfahren, ZAP F. 22, S. 289; ***König***, Der Anwalt als Zeugenbeistand, Gegner oder Gehilfe der Verteidigung, in: Festschrift für *Peter Rieß*, S. 243; ***Lammer***, Zeugenschutz versus Aufklärungspflicht, in: Festschrift für *Peter Rieß*, S. 289; ***Rieß***, Zeugenschutz bei Vernehmungen im Strafverfahren, NJW 1998, 3244; ders., Das neue Zeugenschutzgesetz, insbesondere Video-Aufzeichnungen von Aussagen im Ermittlungsverfahren und in der Hauptverhandlung, StraFo 1999, 1; ***Seitz***, Das Zeugenschutzgesetz – ZSchG, JR 1998, 309; s.a. die Hinw. bei → *Zeugenbeistand*, Rn. 1032, und bei → *Videovernehmung in der Hauptverhandlung*, Rn. 1130.

1079b

1. Schon 1975 hat das **BVerfG** ausdrücklich das Recht eines Zeugen im Strafverfahren anerkannt, sich bei seiner Vernehmung der Hilfe eines **anwaltlichen Beistandes** zu bedienen (vgl. BVerfG NJW 1975, 103). Mit der Einführung eines Vernehmungsbeistands durch das sog. ZSchG v. 30.4.1998 in dem **neuen § 68b StPO** ist dieses Recht nun erstmals auch vom Gesetzgeber für einen Teilbereich (s.u. Rn. 1079d ff.) anerkannt worden. Die Neuregelung beschränkt nicht das weitergehende Recht, einen allgemeinen → *Zeugenbeistand*, Rn. 1175, beizuziehen (*Seitz* JR 1998, 310).

1079c

2.a) Nach § 68b S. 1 **„kann“** Zeugen, die noch keinen anwaltlichen Beistand, z.B. als → *Verletztenbeistand/Opferanwalt*, Rn. 1032, oder als Nebenklägervertreter, haben (*Seitz* JR 1998, 310), für die Dauer einer Vernehmung mit Zustimmung der Staatsanwaltschaft ein Rechtsanwalt beigeordnet werden. Die Beiordnung kann auch noch in der/für die HV in Betracht kommen, sie ist auch nicht etwa auf die HV beschränkt (KK-*Senge*, § 68b Rn. 5; *Burhoff*, EV, Rn. 1841).

Voraussetzung für diese im Ermessen des Gerichts stehende Beiordnung ist, dass der Zeuge seine **Befugnisse** bei der Vernehmung ersichtlich **nicht** selbst **wahrnehmen** und seinen **schutzwürdigen Interessen** auf andere Weise nicht Rechnung getragen werden kann (Subsidiaritätsklausel).

Im Einzelnen gilt:

- Bei **minderjährigen (Opfer-)Zeugen** wird diese Voraussetzung i.d.R. erfüllt sein (s.a. BT-Dr. 13/7165, S. 8).

- Bei **anderen Zeugen** kommt die Beiordnung des Vernehmungsbeistands nach § 68b S. 1 dann in Betracht, wenn sich der Zeuge einer **tatsächlich** und **rechtlich schwierigen Situation** gegenübersieht und die Gefahr besteht, dass er seine prozessualen Rechte **nicht sachgerecht wahrnehmen** kann. Das sind die ungeschickten, ängstlichen, aber auch die gefährdeten Zeugen (*Seitz* JR 1998, 310; KK-*Senge*, § 68b Rn. 5; BT-Dr. 13/7165, S. 8), also die, die aufgrund ihrer Aussage mit Repressalien seitens des Angeklagten oder Dritter rechnen müssen.

  Die Beiordnung hängt also vom Einzelfall ab. Versprechen **andere gerichtliche Maßnahmen**, wie z.B. der Ausschluss der Öffentlichkeit (in der HV), der Ausschluss des Beschuldigten von der (richterlichen) Vernehmung oder ggf. die Möglichkeit, die Vernehmung gem. § 58a auf Bild-Ton-Träger aufzunehmen (s. dazu für das Ermittlungsverfahren *Burhoff*, EV, Rn. 1955; → *Videovernehmung in der Hauptverhandlung*, Rn. 1129), den mit dem Gesetz bezweckten (Schutz-)**Erfolg**, wird die Beiordnung eines Vernehmungsbeistands i.d.R. **ausscheiden** (KK-*Senge*, § 68b Rn. 6; vgl. auch *Kleinknecht/Meyer-Goßner*, § 68b Rn. 4).

> ☝ M.E. wird das aber der **Ausnahmefall** sein, so wenn z.B. beim ängstlichen Zeugen die Entfernung des Angeklagten reicht, um dessen Angst abzubauen. § 68b ist gerade zum Schutz des Zeugen eingeführt worden, so dass eine eher „zeugenfreundliche" Auslegung angebracht sein dürfte.
>
> Das dürfte auch für die Frage gelten, ob die **wirtschaftlichen Verhältnisse** des Zeugen bei der Frage der Beiordnung eines Vernehmungsbeistands eine Rolle spielen dürfen, er also darauf verwiesen werden darf, auf eigene Kosten einen allgemeinen → *Zeugenbeistand*, Rn. 985, beizuziehen. Das ist m.E. **nicht** der Fall. Die Berücksichtigung der wirtschaftlichen Verhältnisse ist sprachlich nach § 68b S. 1 zwar grds. nicht ausgeschlossen. Nach der Begründung des Gesetzesentwurfs (vgl. BT-Dr. 13/7165, S. 8) soll aber die Beiordnung eines Vernehmungsbeistands – schon aus Gründen der Verfahrensbeschleunigung – gerade nicht von den wirtschaftlichen Verhältnissen des Zeugen und dem Vorliegen der Voraussetzungen der PKH abhängen, was es m.E. verbietet, bei der Beiordnung auf die wirtschaftlichen Verhältnisse (mit-)abzustellen (*Kleinknecht/Meyer-Goßner,* § 68b Rn. 4; a.A. *Seitz* JR 1998, 310, der der „ersichtlichen" wirtschaftlichen Situation, was immer das sein mag, Rechnung tragen will).

- Die Bestellung des Vernehmungsbeistandes ist **subsidiär**. Sie kommt nur in Betracht, wenn der Zeugen noch **keinen „anwaltlichen Beistand"** hat. In Betracht kommen insoweit der → *Verletztenbeistand/Opferanwalt*, Rn. 1032, nach §§ 406f, 406g, aber auch der allgemeine → *Zeugenbeistand*, Rn. 1179. Außerdem muss ersichtlich sein, dass den Interessen des Zeugen **nicht** auf **andere Weise** als durch Beiordnung eines Vernehmungsbeistandes Rechnung getragen werden kann (vgl. dazu *Kleinknecht/Meyer-Goßner*, § 68b Rn. 4).

1079d **b)** In den in **§ 68b S. 2 StPO** im Einzelnen aufgeführten Fällen steht die Beiordnung des Vernehmungsbeistands nicht im Ermessen des Gerichts, vielmehr **muss** („... ist ... anzuordnen.") sie, wenn die Voraussetzungen vorliegen, erfolgen. Das ist der Fall,

- bei einem **Verbrechen**,

- bei bestimmten Vergehen gegen die **sexuelle Selbstbestimmung** (§§ 174 – 174c, 176, 179 Abs. 1 bis 3, 180, 180b, 225 Abs. 1 oder 2 StGB; zur geplanten Erweiterung → *Gesetzesnovellen*, Rn. 526),
- bei einem **sonstigen erheblichen**, gewerbs- oder gewohnheitsmäßig oder vom Mitglied einer Bande organisierten **Vergehen**. Wegen der erheblichen Bedeutung wird man die insoweit bestehenden Ansichten zu §§ 98a, 110a entsprechend heranziehen können. Es muss sich also um ein Delikt zumindest aus dem Bereich der **mittelschweren Kriminalität** handeln (s. z.B. *Kleinknecht/Meyer-Goßner*, § 98a Rn. 7; § 68b Rn. 6).

☝ Nach § 68b S. 2 muss die **Vernehmung** den o.a. **Bezug** haben, nicht das Strafverfahren. Das bedeutet, dass die Beiordnung auch in Verfahren in Betracht kommen kann, die einen anderen Verfahrensgegenstand haben.

1079e

3. Für das **Beiordnungsverfahren** gilt:

a) Nach dem Gesetzeswortlaut ist ein **Antrag** für die Beiordnung nach **§ 68b S. 1 nicht** erforderlich. Allerdings wird ohne Antrag des Zeugen i.d.R. kaum Anlass bestehen, diesem einen Vernehmungsbeistand beizuordnen, es sei denn, die Gefährdung, Angst usw. des Zeugen ist so groß, dass sie schon der Antragstellung entgegensteht (*Rieß* StraFo 1999, 8; *Seitz* JR 1998, 310). Es muss aber die **Zustimmung** der StA vorliegen.

Für die Beiordnung nach **§ 68b S. 2** ist hingegen ein **Antrag** des Zeugen oder der StA **erforderlich**. Stellt der Zeuge den Antrag, dürfte nach der Gesetzessystematik die Zustimmung der StA – im Gegensatz zur Beiordnung nach § 68b S. 1 – nicht erforderlich sein (*Rieß*, a.a.O.; *Seitz*, a.a.O.; *Kleinknecht/Meyer-Goßner*, § 68b Rn. 6; a.A. LG Aachen NStZ 2000, 219). Stellt die StA den Antrag, liegt darin zugleich die Zustimmung.

1079f

b) Nach **§ 68b S. 3** gelten für das Beiordnungsverfahren die Vorschriften der §§ 141 Abs. 4, 142 Abs. 1 für die **Beiordnung** eines **Pflichtverteidigers entsprechend**. Daher entscheidet auch in der HV der Vorsitzende des Gerichts allein über die Beiordnung (KK-*Senge*, § 68b Rn. 10). Bei der Auswahl des Beistandes hat er sich nach den gem. § 142 für die Beiordnung eines Pflichtverteidigers geltenden Kriterien zu richten (vgl. dazu eingehend *Burhoff*, EV, Rn. 1192 ff.). I.d.R. wird daher dem Zeugen der Vernehmungsbeistand des Vertrauens beizuordnen sein, falls er einen benennt.

☝ Die **Entscheidung** über die Beiordnung ist nach § 68b S. 4 im Interesse der Verfahrensbeschleunigung **unanfechtbar**. Das gilt nicht nur für die stattgebende Entscheidung, sondern auch für die ablehnende (OLG Celle StraFo 2000, 231; OLG Hamm NStZ 2000, 220; OLG Hamburg NStZ-RR 2000, 335; so auch *Kleinknecht/Meyer-Goßner*, § 68b Rn. 8; m.E. zutreffend **a.A.** für **Willkür** KK-*Senge*, § 68b Rn. 11).

1079g c) Nach dem Gesetzeswortlaut ist Beiordnung auf die Dauer der (jeweiligen) **Vernehmung beschränkt**. Das bedeutet, dass die in Zusammenhang mit einer Vernehmung im Ermittlungsverfahren erfolgte Beiordnung nicht auch für die in der HV erforderliche Vernehmung gilt, sondern die Beiordnung „erneuert" werden muss. Die erst in der HV erfolgte Beiordnung gilt auch nur bis zur Beendigung der Vernehmung des Zeugen, also bis zu der Entlassung des Zeugen. Ist danach die Vernehmung nochmals erforderlich, muss erneut ein Vernehmungsbeistand beigeordnet werden (KK-*Senge*, § 68b Rn. 4). Die Beiordnung wird sich aber auch auf alle in untrennbarem sachlichen und zeitlichen Zusammenhang mit der eigentlichen Vernehmung stehenden Tätigkeiten, wie z.B. die Beratung vor oder noch nach der Vernehmung, erstrecken (*Rieß* StraFo 1999, 9 Fn. 109; *Seitz* JR 1998, 310 m.w.N.).

1079h d) Seine **Tätigkeit** erhält der Vernehmungsbeistand nach der BRAGO **vergütet** (BT-Dr. 13/7165, S. 9). Die Vergütung erfolgt nach § 102 BRAGO aus der Staatskasse, da der Rechtsanwalt „...sonst beigeordnet worden ist" (*Seitz* JR 1998, 310). Welche Vorschrift anwendbar ist, ist zwischen den Gerichten umstritten (s. die Nachw. in der Anm. der StV-Red. zu OLG Celle StV 2002, 89 [Ls.]). Demnächst wird die Tätigkeit des Vernehmungsbeistands nach dem (neuen) RVG ebenso wie die des Verteidigers vergütet.

☝ Reicht die „normale" Gebühr des § 91 BRAGO nicht aus, z.B. weil es sich um eine ungewöhnlich lange Vernehmung in der Hauptverhandlung gehandelt hat, kann der Vernehmungsbeistand eine **Pauschvergütung** nach § 99 BRAGO beantragen (vgl. dazu *Burhoff*, EV, Rn. 1270 ff.). § 102 Abs. 1 verweist auf § 99 BRAGO (zur Bewilligung und Bemessung einer Pauschvergütung s. die Nachw. bei *Burhoff*, EV, Rn. 1852).

1079i **4.a)** Für die **Befugnisse** des Vernehmungsbeistands kann im Wesentlichen auf die Ausführungen zu den Befugnissen des allgemeinen → ***Zeugenbeistands***, Rn. 1175b ff., verwiesen werden. Diese stehen dem Vernehmungsbeistand, der ein Unterfall des allgemeinen Zeugenbeistands ist, auf jeden Fall zu. Insbesondere hat er das Recht, bei der Vernehmung des Zeugen **anwesend** zu sein. Aus Sinn und Zweck der Neuregelung, die den Schutz des Zeugen bezweckt, ist m.E. aber – anders als beim → *Zeugenbeistand*, Rn. 1176 – auch ein Anspruch auf **Benachrichtigung** von einem Vernehmungstermin oder auf Terminsverlegung zu bejahen (→ *Terminsbestimmung/Terminsverlegung*, Rn. 852).

1079k

☝ Für den Zeugenbeistand ist anerkannt, dass auch das grds. Recht des Zeugen auf Beiziehung eines → *Zeugenbeistands*, Rn. 1175, es nicht rechtfertigt, wenn der Zeuge dem (richterlichen) **Vernehmungstermin** deshalb fernbleibt, weil sein **Beistand verhindert** ist (BGH NStZ 1989, 484; *Kleinknecht/Meyer-Goßner*, vor § 48 Rn. 11). Fraglich ist, ob das für das Fernbleiben wegen Verhinderung des Vernehmungsbeistands entsprechend gilt. Einerseits hat auch er nicht die Stellung, die der eines notwendigen Verteidigers vergleichbar wäre (so BGH, a.a.O.), mit der Folge, dass die Vernehmung ohne ihn nicht stattfinden dürfte. Andererseits ist der Vernehmungsbeistand durch die Neuregelung aber gerade geschaffen worden, um dem Zeugen bei bestimmten Vernehmungen Schutz zu gewähren. Deshalb ist, wenn man dem Zeugen bei Verhinderung das Recht, dem Termin fernzubleiben, nicht zubilligt, das Gericht zumindest verpflichtet, dem Zeugen dann einen **anderen Vernehmungsbeistand beizuordnen** (zu allem – hinsichtlich des Zeugenbeistands – auch *Krehl* NStZ 1990, 192 in der abl. Anm. zu BGH, a.a.O.; *Kleinknecht/Meyer-Goßner*, § 68b Rn. 5).

☝ **Anders** als dem allgemeinen → *Zeugenbeistand*, Rn. 1175b, hat der Vernehmungsbeistand auch ein zumindest teilweises **AER** . Die Rspr. behandelt den Vernehmungsbeistand inzwischen zutreffend als **„Dritten"**. Sein Akteneinsichtsrecht bestimmt sich damit nach den Grundsätzen der Akteneinsicht durch Dritte, also nach § 475 (GBA-Verf. v. 6.6.2001, 2 StE 11/00 = www.strafverteidiger-berlin.de; KG, Beschl. v. 19.7.2001, 2 StE 11/00 (4/00) = www.strafverteidiger-berlin.de; OLG Hamburg NJW 2002, 1590; OLG Düsseldorf NJW 2002, 2806; *Burhoff*, EV, Rn. 120 ff.). M.E. besteht auch ein **„berechtigtes Interesse"** an der AE. Denn der Vernehmungsbeistand wird kaum die Interessen des Zeugen sachgerecht wahrnehmen können, wenn er dazu nur auf die Informationen gerade des Zeugen, der sich nicht sachgerecht verteidigen kann, angewiesen sein soll. Deshalb werden ihm auf Antrag zumindest die Informationen aus den Akten zugänglich gemacht werden müssen, die ihn über den Tatvorwurf aufklären und die den Zeugen betreffen, wie z.B. Protokolle über frühere Vernehmungen des Zeugen (KK-*Senge*, § 68b Rn. 9). **A.A.** ist für den nach § 55 auskunftsverweigerungsberechtigten Zeugen das OLG Düsseldorf (a.a.O.). Zur ordnungsgemäßen Vertretung müsse der Verteidiger nicht den Inhalt der Akten kennen. Das Arguemtn ist m. E. **nicht stichhaltig**. Denn es geht zunächst nicht um die Frage des Inhalts der Aussage, sondern darum, ob der Zeuge überhaupt aussagt oder ggf. von seinem Recht aus § 55 Gebrauch macht.

Die mit der AE zusammenhängenden Entscheidungen des Vorsitzenden sind aber **nicht** mit der **Beschwerde** anfechtbar (OLG Hamburg, a.a.O.).

Siehe auch: → *Verletztenbeistand/Opferanwalt*, Rn. 1032, → *Videovernehmung in der Hauptverhandlung*, Rn. 1129, → *Vorführung von Bild-Ton-Aufzeichnungen*, Rn. 1158a, → *Zeugenvernehmung, Allgemeines*, Rn. 1186, m.w.N.

1080 Verspätete Beweisanträge

Literaturhinweise: s. die Hinw. bei → *Beweisantrag, Zeitpunkt der Antragstellung*, Rn. 304.

1. Die StPO kennt **keine** verspäteten Beweisanträge. Gem. § 246 Abs. 1 darf eine Beweiserhebung nämlich nicht deshalb abgelehnt werden, weil das Beweismittel oder die zu beweisende Tatsache zu spät vorgebracht worden sind. Damit kann dem Verteidiger auch nicht vorgeschrieben werden, bis wann er einen Beweisantrag stellen muss (BGH NJW 1990, 1307). Er kann daher einen Beweisantrag noch bis zum Beginn der Urteilsverkündung, ggf. sogar noch später, stellen (→ ***Beweisantrag, Zeitpunkt** der Antragstellung*, Rn. 304). Meist wird er es jedoch auf diesen letzten Zeitpunkt nicht ankommen lassen, sondern die erforderliche Beweiserhebung so **frühzeitig**, wie es nach dem Verteidigungsplan möglich ist, beantragen. Damit nimmt er dem Gericht auch die Möglichkeit, bei seinem Beweisantrag an den Ablehnungsgrund der **Verschleppungsabsicht** überhaupt nur zu denken (vgl. dazu u.a. BGH, a.a.O.; NStZ 1984, 230; → *Beweisantrag, Ablehnungsgründe*, Rn. 270).

1081 **2.** Hat der Verteidiger einen zu vernehmenden Zeugen oder SV so **spät namhaft** gemacht, dass der StA Erkundigungen über diesen nicht mehr hat einziehen können, kann der StA gem. **§ 246 Abs. 2** bis zum Schluss der Beweisaufnahme die **Aussetzung** der HV beantragen (vgl. dazu → *Aussetzung wegen verspäteter Namhaftmachung geladener Beweispersonen*, Rn. 163).

Verteidiger als Zeuge

1082

Literaturhinweise: ***Krause***, Einzelfragen zum Anwesenheitsrecht des Verteidigers im Strafverfahren, StV 1984, 169; ***Rückel***, Strafverteidigung und Zeugenbeweis, 1988; s.a. die Hinw. bei → *Zeugenvernehmung, Allgemeines*, Rn. 1186.

1. Der Verteidiger **kann** – wie aus § 53 Abs. 1 Nr. 2 folgt – im Verfahren gegen seinen Mandanten Zeuge sein (*Kleinknecht/Meyer-Goßner*, vor § 48 Rn. 18; KK-*Senge*, vor § 48 Rn. 12). Er gerät allerdings in eine ähnliche Konfliktlage wie der → *Staatsanwalt als Zeuge*, Rn. 813, wenn er später seine eigene Aussage würdigen soll. Ist dieser Konflikt unlösbar, gebietet ihm das **Berufsrecht**, die Verteidigung niederzulegen (BVerfG NJW 1963, 1771; *Rückel*, Rn. 88; einschr. *Malek*, Rn. 327 [nur, wenn der Aussage eine so entscheidende Bedeutung zukommt, dass eine Würdigung im Plädoyer nahezu zwingend ist]).

1083

Ist der Verteidiger als Zeuge **vernommen** worden, kann er danach **wieder** als Verteidiger **auftreten** (KK-*Senge*, a.a.O.). Der Ausschluss von der Verteidigung aus diesem Grund ist nach der Neuregelung des Verteidigerausschlusses in den §§ 138a ff. nicht zulässig (LR-*Dahs*, vor § 48 Rn. 30; *Krause* StV 1984, 171; zum Verteidigerausschluss allgemein *Burhoff*, EV, Rn. 1905 ff.). Die Rspr. hatte bereits vor dieser Neuregelung die Zeugen- und die Verteidigerstellung nicht immer für unvereinbar gehalten und es sogar für vertretbar angesehen, dass ein Wahlverteidiger während seiner Zeugenvernehmung die Verteidigung nicht niederlegt (BGH NJW 1953, 1600; 1967, 404). Nach der Neuregelung ist es jetzt allein Aufgabe des Verteidigers zu **prüfen** und zu entscheiden, ob er trotz seiner Zeugenvernehmung die Verteidigung noch weiter führen kann.

1084

2. Das Gericht darf den Verteidiger an der weiteren Verteidigung nicht dadurch hindern, dass es ihm vor seiner Vernehmung die **Anwesenheit** im Sitzungssaal nicht gestattet – sofern dies die Wahrheitserforschung nicht erfordert (vgl. RGSt 59, 353 f.) – oder indem es ihn nicht als Zeugen gem. § 248 entlässt (*Kleinknecht/Meyer-Goßner*, vor § 48 Rn. 18 m.w.N.).

☝ Die Vernehmung des Verteidigers kommt nur in Betracht, wenn er von seinem Mandanten von der **Schweigepflicht entbunden** ist (→ *Entbindung von der Schweigepflicht*, Rn. 427). Ergibt sich erst in der HV, dass der Verteidiger als Zeuge vernommen werden soll, z.B. um aufzuklären, ob der Angeklagte ihm erst jetzt benannte Entlastungszeugen schon früher genannt hat, muss der Verteidiger darauf achten, dass sein Mandant nicht durch die Aufforderung des Gerichts überrumpelt wird, er möge den Verteidiger von der Schweigepflicht entbinden. In einem solchen Fall empfiehlt es sich, die → ***Unterbrechung der Hauptverhandlung***, Rn. 873, zu beantragen, um die Frage der

Entbindung von der Schweigepflicht in Ruhe mit dem Angeklagten erörtern zu können.

Bei i.S.d. § 140 **notwendiger Verteidigung** muss dem Angeklagten während der Zeit der Vernehmung des Verteidigers ein anderer **(Pflicht-)Verteidiger beigeordnet** werden (BGH NJW 1986, 78; StV 1996 469; a.A. offenbar OLG Brandenburg NStZ 1997, 612). Das dürfte jedenfalls dann gelten, wenn der zu vernehmende Verteidiger das für geboten hält und er nicht nur zu einer unwesentlichen Frage vernommen wird (BGH NJW 1986, 78). Den entsprechenden **Antrag** muss der Verteidiger in der HV, wenn sich erst dort die Notwendigkeit seiner Vernehmung ergibt, stellen. Soll mit der Revision die unterbliebene Beiordnung eines anderen Pflichtverteidigers während der Vernehmung des Verteidigers als Zeuge beanstandet werden, muss in der **Revisionsbegründung** angegeben werden, zu welchem Thema der Verteidiger vernommen worden ist (OLG Brandenburg, a.a.O.).

Siehe auch: → *Zeugenvernehmung, Allgemeines*, Rn. 1186, m.w.N.

1085 Verteidigerhandeln und Strafrecht

Literaturhinweise: ***Beulke***, Die Strafbarkeit des Verteidigers, 1989; ***Ernesti***, Grenzen anwaltlicher Interessenvertretung im Ermittlungsverfahren, JR 1982, 211; ***Fischer***, Rechtsmißbrauch und Überforderung der Strafjustiz, NStZ 1997, 212; ***R.Hamm***, Der Standort des Verteidigers im heutigen Strafprozeß, NJW 1993, 289; ***Hammerstein***, Verteidigung wider besseres Wissen?, NStZ 1997, 12; ***Hartmann***, Der Strafverteidiger und sein Handeln – oftmals Strafvereitelung und Geldwäsche? – Ein Überblick, AnwBl. 2002, 330; ***Ignor***, Beratungsmandat und Beteiligungsverdacht, StraFo 2001, 42; ***Jahn***, Kann „Konfliktverteidigung" Strafvereitelung (§ 258 StGB) sein?, ZRP 1998, 103; ders., Konfliktverteidigung und Inquisitionsmaxime, 1998; ***Kempf***, Rechtsmißbrauch im Strafprozeß, StV 1996, 507; ders., Der Rechtsanwalt als Strafverteidiger, StrafPrax § 1; ***Krekeler***, Probleme der Verteidigung in Wirtschaftsstrafsachen, wistra 1983, 43; ders., Strafrechtliche Grenzen der Verteidigung, NStZ 1989, 146; ders., Auskunft- und Raterteilung durch den Verteidiger, in: Festgabe für den Strafverteidiger *Heino Friebertshäuser*, S. 53; ders., Strafrechtliche Grenzen der Verteidigung, in: *Cramer/Cramer*, Anwalts-Handbuch Strafrecht, 2002, S. 1 ff.; ***Kröpil***, Zum Begriff des Mißbrauchs in §§ 241 Abs. 1, 138a Abs. 1 Nr. 2 StPO, JR 1997, 315; ders., Lehre von den immanenten Schranken als rechtstheoretische Begründung eines allgemeinen Mißbrauchsverbot im Strafverfahren, JuS 1999, 681; ***Kühne***, Rechtsmißbrauch des Strafverteidigers, NJW 1998, 3027; ***Lamberti***, Strafvereitelung durch Strafverteidiger, 1988; ***Leipold***, Zulässige Einwirkung und Belehrung von Zeugen durch den Verteidiger, StraFo 1998, 79; ***Maatz***, Mitwirkungspflicht des Verteidigers in der Hauptverhandlung und Rügeverlust, NStZ 1992, 513; ***Malmendier***, „Konfliktverteidigung" – ein neues Prozeßhindernis, NJW 1997, 227; ***Niemöller***, Rechtsmißbrauch im Strafprozeß, StV 1996, 501; ***Ostendorf***, Strafvereitelung durch Strafverteidigung. Zur Diskussion um Gründe und Leitbild berufsmäßiger

Strafverteidigung, NJW 1978, 1345; ***Otto***, Strafvereitelung durch Verteidigerhandeln, Jura 1987, 329; ***Pfeiffer***, Zulässiges und unzulässiges Verteidigerhandeln, DRiZ 1984, 341; ***Prinz***, Der Parteiverrat des Strafverteidigers, 1999; ***Seier***, Die Trennlinie zwischen zulässiger Verteidigungstätigkeit und Strafvereitelung – OLG Frankfurt NStZ 1981, 144, JuS 1981, 806; ***Senge***, Missbräuchliche Inanspruchnahme verfahrensrechtlicher Gestaltungsmöglichkeiten – wesentliches Merkmal der Konfliktverteidigung? Abwehr der Konfliktverteidigung, NStZ 2002, 225; ***Stumpf***, Gibt es im materiellen Strafrecht ein Verteidigerprivileg?, NStZ 1997, 7; ***Tondorf***, Begeht der Strafverteidiger eine Strafvereitelung und verletzt er seine Standespflichten, wenn er den Mandanten benachrichtigt, nachdem er von einem geplanten Haft- oder Durchsuchungsbefehl erfahren hat?, StV 1983, 257; ***von Briel***, Bedeutung des Täter-Opfer-Ausgleichs für das Steuerstrafrecht – Chance für das Steuerrecht?, StraFo 1996, 165; ders., Strafbarkeitsrisiko des beratenden Rechtsanwalts, StraFo 1997, 71; ***von Stetten***, Die Sperrwirkung des § 258 StGB im Rahmen der Tätigkeit eines Strafverteidigers, StV 1995, 606; ***Wohlers***, Strafverteidigung vor den Schranken der Strafgerichtsbarkeit, StV 2001, 420; ***Wünsch***, Richterprivileg – Verteidigerprivileg, StV 1997, 47; s. auch die zahlr. Lit.-Hinw. zur Frage der Geldwäsche durch den Verteidiger bei *Burhoff*, EV, Rn. 981.

1085a

1. Gem. §§ 1, 31 BRAO ist der Verteidiger **unabhängiges Organ** der **Rechtspflege**, dem eine auf Wahrheit und Gerechtigkeit verpflichtete Stellung zugewiesen ist (BVerfG NJW 1975, 103). Er muss seinen Beruf unter Wahrung der Schweige- und Treuepflicht gegenüber seinem Auftraggeber ausüben (*Tröndle/Fischer*, § 258 Rn. 7 f.; zur Stellung des Verteidigers s.a. *Burhoff*, EV, Rn. 1507; *Dahs*, Rn. 11 ff., 41 ff. und die o.a. Lit.-Hinw.). Diese besondere Stellung kann Verteidiger immer wieder in die Nähe eines strafrechtlichen Vorwurfs bringen (vgl. dazu insbesondere eingehend Beck-*Hassemer*, S. 1 ff. m.zahlr.w.N.; *Beulke*, a.a.O., mit einer tabellarischen Übersicht zu erlaubtem und unerlaubtem Verteidigerverhalten).

☝ Die mit der **Geldwäsche** (§ 261 StGB) zusammenhängenden Fragen sind dargestellt bei *Burhoff*, HV, Rn. 991 ff.

1086

2. Zur **Strafbarkeit** des Verteidigers durch Verteidigerhandeln lässt sich folgender **Grundsatz** festhalten:

☝ **Ordnungsgemäßes** und **pflichtgemäßes Verteidigerhandeln** ist **nicht** tatbestandsmäßig als **Strafvereitelung** i.S.d. § 258 StGB anzusehen (BGHSt 29, 99, 102; 38, 345, 347; *Tröndle/Fischer*, § 258 Rn. 7 m.w.N.; eingehend dazu aus neuerer Zeit Wohlers StV 2001, 421 m.w.N. aus der Rspr.; zur Abgrenzung s.a. StrafPrax-*Kempf* § 1 Rn. 53 ff.; *Krekeler*, a.a.O.; zum Rechtsmissbrauch im Strafprozess *Kempf* StV 1996, 507; *Niemöller* StV 1996, 501; zur Frage, ob es im materiellen Strafrecht ein Verteidigerprivileg gibt, *Stumpf* NStZ 1997, 7). Der Verteidiger ist nämlich verpflichtet, alles das zu tun, was dem Mandanten in nicht zu beanstandender Weise nützt (BGHSt 47, 68).

1087 **3.** Unter Beachtung dieses Grundsatzes ist es dem **Verteidiger erlaubt**,

- auf die **Ablösung** eines aus seiner Sicht ungeeignet erscheinenden **StA** als Sitzungsvertreter hinzuwirken (OLG Düsseldorf NStZ 1994, 450; → *Ablehnung eines Staatsanwaltes*, Rn. 19),
- mit zulässigen Mitteln den **Abschluss** des **Verfahrens** zu **verzögern**, z.B. durch Stellen von Beweisanträgen, auch wenn deswegen die HV unterbrochen oder ausgesetzt werden muss (OLG Düsseldorf StV 1986, 288; s. aber für einen Ausnahmefall BGHSt 38, 111),
- bei **Äußerungen** im Verfahren grds. auch **starke**, **eindringliche Ausdrücke** zu benutzen (BVerfG NJW 2000, 199; KG StV 1998, 83; OLG Bremen NStZ 1999, 621; zur Abwägung *Wohlers* StV 2001, 422; dazu auch OLG Jena NJW 2002, 1890):

Beispiele

keine Beleidigung/**zulässig**

- wenn der Verteidiger gegen seinen Mandanten angeordnete Maßnahmen [TÜ] unter Anknüpfung an die Rspr. des BGH als „**willkürlich**" bezeichnet (OLG Düsseldorf NJW 1998, 3214),
- wenn der Verteidiger erklärt, die zur Begründung einer Zwangsmaßnahme vorgetragenen Tatsachen seien **vorgetäuscht** (BVerfG NJW 2000, 199),

Beleidigung/**unzulässig**

- Kommentierung der Ausführungen des Vorsitzenden als „**bescheuert**" und „peinlich" (AnwGH Hamburg StraFo 1998, 175),
- Erklärung, der StA müsse die Anklage „im Zustand der **Volltrunkenheit**" erstellt haben, (EuGH EUGRZ 1999, 119),
- wenn die Erklärung des Verteidigers ohne jeden Bezug zur Verteidigung ist (BGHSt 46, 37 [für den Tatbestand der **Volksverhetzung**]),

- nach gem. § 147 gewährter Akteneinsicht den Beschuldigten über den **Akteninhalt** zu **unterrichten** (*Kleinknecht/Meyer-Goßner*, § 147 Rn. 20; *Tröndle/Fischer*, § 258 Rn. 7; *Grabenweger*, S. 144 ff.), und zwar nicht nur mündlich.

☝ Der Verteidiger darf dem Mandanten auch **Aktenauszüge** oder -abschriften **aushändigen**, wenn dadurch nicht eine Gefährdung des Untersuchungszwecks eintritt (BGHSt 3, 134; KK-*Laufhütte*, § 147 Rn. 8; dazu eingehend *Burhoff*, EV, Rn. 173 ff.). Der Verteidiger darf Informationen aus den Akten i.Ü. auch dann an den Beschuldigten weitergeben, wenn dieser darauf eine – auch unwahre – Einlassung stützen könnte (OLG Frankfurt NJW 1981, 882 [Ls.]).

1088

- **Belastendes** gegen seinen Mandanten **nicht vorzutragen** (BGHSt 3, 134),
- **eigene Ermittlungen** vorzunehmen (OLG Frankfurt NJW 1981, 882 [Ls.]; zu eigenen Ermittlungen des Verteidigers → *Vorbereitung der Hauptverhandlung*, Rn. 1145 ff.; *Burhoff*, EV, Rn. 617 ff.),

- **Kontakt** zu **Mitangeklagten** aufzunehmen (*Ostendorf* JZ 1979, 254; KK-*Laufhütte*, vor § 137 Rn. 3; a.A. wohl BVerfG NJW 1976, 231; s.a. *Burhoff*, EV, Rn. 1041),
- die **Einlassung** des Mandanten an den **Verteidiger** eines **Mitbeschuldigten weiterzugeben** (OLG Frankfurt NJW 1981, 882 [Ls.]; *Schönke/Schröder/Stree*, § 258 Rn. 20; a.A. *Tröndle/Fischer*, § 258 Rn. 7; s.a. *Dahs*, Rn. 63),

1089

Der Verteidiger darf **Freispruch** des Angeklagten **beantragen**, auch wenn er dessen Schuld kennt (RGSt 66, 316; BGHSt 2, 375, 377; 29, 99, 107; allg. Meinung in der Lit., s. zuletzt *Hammerstein* NStZ 1997, 12 m.w.N.; vgl. auch *Dahs*, Rn. 68 ff.; zur Verschwiegenheitspflicht des Verteidigers *Burhoff*, EV, Rn. 1892; zur Wahrheitspflicht *Burhoff*, Rn. 2041).

- **Privatgutachten**, die den Mandanten belasten, **nicht vorzulegen** (LG Koblenz StV 1994, 378),
- den Mandanten über die **Rechtslage** umfassend **aufzuklären** (OLG Düsseldorf JR 1984, 257 f.; Beck-*Hassemer*, S. 5 f.),
- dem Beschuldigten zu **raten**, **keine Angaben** zur **Sache** zu machen (BGH MDR 1982, 970 [H]; *Krekeler* NStZ 1989, 150; ders., S. 56 ff.; *Weihrauch*, Verteidigung im Ermittlungsverfahren, 5. Aufl., Rn. 37),
- dem Mandanten von einer **Selbstanzeige abzuraten** (BGHSt 2, 375; s.a. OLG Frankfurt NJW 1981, 882 [Ls.]; *von Briel* StraFo 1996, 168 m.w.N.),

1090

- auf einen **Strafantragsberechtigten Einfluss** dahin zu **nehmen**, keinen Strafantrag zu stellen bzw. ihn zurückzuziehen (RGSt 40, 393 f.; s.a. OLG Frankfurt MDR 1975, 584; Beck-*Hassemer*, S. 25 m.w.N.; *Pfeiffer* DRiZ 1984, 346), jedoch **nicht** unter Einsatz von Zwang, Drohung oder Täuschung (Beck-*Hassemer*, a.a.O.) und wohl auch nicht mittels **Versprechens finanzieller Vorteile** (*Dahs*, Rn. 137; *Weihrauch*, a.a.O., Rn. 159, s. aber *Leipold* StraFo 1998, 80 und unten), es sei denn, die Geldzahlung dient dem Ausgleich des durch die Straftat verursachten materiellen oder immateriellen Schadens (BGH NJW 1991, 1046; s. dazu jetzt aber BGH NJW 2000, 2433),
- einen **Zeugen**, der berechtigt ist, die Aussage zu verweigern (→ *Auskunftsverweigerungsrecht*, Rn. 118; → *Zeugnisverweigerungsrechte*, Rn. 1194) zu **veranlassen**, die **Aussage** zu **verweigern** (BGHSt 10, 393; *Tröndle/Fischer*, a.a.O.; Rn. 6 m.w.N.), ohne hierzu allerdings unsaubere Mittel (Täuschung, Drohung u.a.) zu verwenden (vgl. dazu a. OLG Düsseldorf StV 1998, 552), wozu aber das Versprechen einer Geldzahlung wohl nicht gehören dürfte (*Leipold* StraFo 1998, 80),
- einem **Zeugen**, der gewillt ist, seine **Aussage** zu **ändern**, dabei **Hilfestellung** leisten und ihn auch zur Polizei zur Rücknahme seines Strafantrags begleiten (OLG Düsseldorf, a.a.O.),
- **zweifelhaftes Vorbringen** des Beschuldigten **vorzutragen**, sofern der Verteidiger nicht wider besseres Wissen handelt (*Tröndle/Fischer*, a.a.O., m.w.N.; OLG Düsseldorf StV 1998, 65 f. [für Beweisantrag]).

1091

4. **Nicht erlaubt** ist es dem Verteidiger hingegen,

- den **Angeklagten** zu **verbergen** (OLG Hamm DAR 1960, 19; Beck-*Hassemer*, S. 11),

- i.d.R. als Pflichtverteidiger dem Gericht wegen einer beabsichtigten Maßnahme der Verhandlungsleitung des Vorsitzenden zu **drohen**, **nicht** mehr an der **HV teilzunehmen** (OLG Frankfurt StV 2001, 407 [allerdings Verwerflichkeit i.S. des § 240 StGB abgelehnt]),
- dem Angeklagten bei der **Flucht** zu **helfen** (Beck-*Hassemer*, S. 10; *Ostendorf* NJW 1978, 1349; *Krekeler*, S. 67),
- **Kassiber** zu schmuggeln (Beck-*Hassemer*, S. 11; *Ostendorf*, a.a.O.) oder die **Postkontrolle** in anderer Weise zu verletzen (AnwGH Hamburg StraFo 1998, 142),
- dem Mandanten zu **raten**, zum **HV-Termin**, dessen Verlegung vom Gericht abgelehnt worden ist, **nicht** zu **erscheinen** (OLG Koblenz NStZ 1992, 146 ff.),

1092

- den **Sachverhalt aktiv** zu **verzerren** und zu **verdunkeln**,
  - indem er z.B. **Beweismittel** verfälscht oder verfälschte Beweismittel verwendet (für Vorlage von Urkunden BGHSt 38, 345, 348; s. dazu *R.Hamm* NJW 1993, 291; *Stumpf* NStZ 1997, 7 ff.; *von Stetten* StV 1995, 606; *Widmaier* NStZ 1992, 519 ff.) oder bewusst falsche Angaben macht, indem er sich selbst als Täter (einer Trunkenheitsfahrt) bezichtigt (AnwGH Hamburg StraFo 1998, 143).

    Der BGH (a.a.O.) hat ausgeführt, dass der Verteidiger **verpflichtet** ist, seinen Mandanten bestmöglich zu verteidigen. Ihm vorliegende oder zugängliche **Beweismittel zugunsten** seines Mandanten muss er **einbringen**. Dabei muss er zwar darauf achten, dass er nicht gefälschtes oder sonst als unrichtig erkanntes Beweismaterial vorlegt. Hat er aber insoweit lediglich Zweifel an der Echtheit, ist er nicht befugt, ein Beweismittel zurückzuhalten (s.a. OLG Düsseldorf StV 1998, 65 f. [bloße Zweifel an der Richtigkeit einer Beweisbehauptung erfüllen noch nicht den Tatbestand des § 258 Abs. 1 StGB]).

  - indem er dem Mandanten **Informationen** über Eigenschaften, Wirkungsweise und Dosierung von tatsächlich nicht eingenommenen Medikamenten **beschafft**, um damit eine **wahrheitswidrige Einlassung** des Angeklagten zu ermöglichen (BGH NStZ 1999, 188 [angebliche Tatbegehung unter Medikamenteneinfluss]),
  - indem er **Lügen** für den Angeklagten **erfindet** (*Krekeler* NStZ 1989, 148; *Dahs*, Rn. 52 f.; OLG Frankfurt NJW 1981, 882 [Ls.]; differenzierend *Grabenweger*, S. 161 ff.),
  - indem er dem Angeklagten zur **Veränderung** seines **Äußeren**, z.B. durch Haareschneiden, rät (*Tröndle/Fischer*, a.a.O.; a.A. OLG Karlsruhe StV 1991, 519),
  - indem er dem Angeklagten zum **wahrheitswidrigen Widerruf** eines **Geständnisses** rät (BGHSt 2, 375, 378; a.A. *Schönke/Schröder/Stree*, § 258 Rn. 20; zum Geständniswiderruf auch *Krekeler*, S. 65 f.).

1093

- in einem Verfahren wegen Volksverhetzung einen **Beweisantrag** zu stellen, in dem der **Holocaust geleugnet** wird (BGH NJW 2002, 2115),
- einen **Zeugen** zu **benennen**, der bereit und entschlossen ist, einen **Meineid** zu leisten (RGSt 66, 316, 323; BGH NJW 1983, 2712; *Schönke/Schröder/Stree*, a.a.O.; *Dahs* StraFo 2000, 184),

- erst recht nicht auf einen **Zeugen einzuwirken**, damit dieser **falsch aussagt**, und ihn dann als Beweismittel zu benennen (BGH, a.a.O.; OLG Düsseldorf StV 1998, 552; *Tröndle/Fischer*, a.a.O., m.w.N.; zur Strafbarkeit nach § 258 StGB bei Vermittlung einer nur möglicherweise richtigen Aussage des Zeugen gegen Zusage einer Schmerzensgeldzahlung s. BGH NJW 2000, 2433).

Ob es dem Verteidiger erlaubt ist, über bevorstehende **Zwangsmaßnahmen**, wie z.B. Verhaftung, Durchsuchung, Beschlagnahme, dem Mandanten (aus den Akten erhaltene) **Informationen** zu geben, ist in Rspr. und Lit. umstritten (verneinend u.a. BGHSt 29, 99, 102; KG NStZ 1983, 556; KK-*Laufhütte*, vor § 137 Rn. 5; *Tröndle/Fischer*, § 258 Rn. 7; a.A. OLG Hamburg BRAK.-Mitt. 1987, 163; *Krekeler* wistra 1983, 47; *ders.* NStZ 1989, 149; *Dahs*, Rn. 54; *Mehle* NStZ 1983, 558; Beck-*Hassemer*, S. 9 m.w.N). Wegen der Einzelh. wird dazu auf die Ausführungen bei *Burhoff*, EV, Rn. 94, 975, verwiesen.

Vertretung des Angeklagten durch den Verteidiger

1094

1. Der Verteidiger hat normalerweise **nur** die Stellung eines **Beistands** des Angeklagten, er ist **nicht** dessen **Vertreter** (allgemein zur Stellung des Verteidigers *Burhoff*, EV, Rn. 730). Der Verteidiger kann jedoch den Angeklagten gem. § 234, wenn befugt in Abwesenheit des Angeklagten verhandelt wird, vertreten (vgl. → *Anwesenheitspflicht des Angeklagten*, Rn. 89; → *Ausbleiben des Angeklagten*, Rn. 109; → *Entbindung des Angeklagten vom Erscheinen in der Hauptverhandlung*, Rn. 427; → *Selbst herbeigeführte Verhandlungsunfähigkeit des Angeklagten*, Rn. 788; → *Verhandlung ohne den Angeklagten*, Rn. 954; zur nach § 411 Abs. 2 zulässigen Vertretung im → *Strafbefehlsverfahren*, Rn. 826). Die Vertretung des **anwesenden** Angeklagten ist grds. **unzulässig** (*Kleinknecht/Meyer-Goßner*, § 234 Rn. 4 m.w.N.; s. aber → *Gegenüberstellung von Zeugen*, Rn. 516).

1095

2. Voraussetzung für eine wirksame Vertretung des Angeklagten ist das Bestehen einer **Vertretungsvollmacht**, die dem Gericht bei Beginn der HV vorliegen muss (OLG Koblenz MDR 1972, 801; OLG Köln MDR 1964, 435). Die **gewöhnliche** Verteidigervollmacht ist **nicht ausreichend** (vgl. u.a. OLG Köln StV 1981, 119; OLG Düsseldorf JMBl. NW 1979, 246), die Vertretungsvollmacht kann aber zusammen mit der Verteidigervollmacht erteilt werden (BGHSt 9, 356). Aus dieser Vollmacht muss klar hervorgehen, dass der Verteidiger zur **Vertretung** des Angeklagten **befugt** ist. Nicht erforderlich ist eine Vollmacht „zur Vertretung des Angeklagten" in dessen Abwesenheit (BGH, a.a.O.; *Kleinknecht/Meyer-Goßner*, § 234 Rn. 5 m.w.N.).

☝ Das gilt **auch** für die Vertretung des Angeklagten durch den **Pflichtverteidiger** (OLG Hamm StV 1997, 404 [Ls.]).

Die (Vertretungs-)Vollmacht muss grds. **schriftlich** vorliegen. Nur wenn das Gericht aus anderen schriftlichen Erklärungen des Angeklagten sicher die Vertretungsvollmacht feststellen kann, bedarf es der Schriftform nicht (vgl. u.a. OLG Düsseldorf NStZ 1984, 524; OLG Koblenz MDR 1972, 801; s. allgemein zur Vollmacht → *Vollmacht des Verteidigers*, Rn. 1141). Ist der (Wahl-)Verteidiger vertretungsberechtigt und erteilt er einem anderen Rechtsanwalt **Untervollmacht**, bedarf diese nicht der Schriftform (s. zuletzt BayObLG VRS 81, 34 m.w.N.).

☝ Die **schriftliche Vollmacht** kann der Verteidiger aufgrund einer mündlichen Ermächtigung durch den Angeklagten auch **selbst unterzeichnen** (BayObLG NStZ 2002, 277).

1096 **3.** Der mit Vertretungsvollmacht ausgestattete Verteidiger kann für den Angeklagten **alle** zum Verfahren gehörenden **Erklärungen abgeben** und **entgegennehmen** (BGHSt 9, 356; vgl. u.a. BayObLG NJW 1983, 896). Er kann für den Angeklagten auch Erklärungen zur Sache abgeben, die ebenso wie die Einlassung des Angeklagten oder das Geständnis als Grundlage für das Urteil verwendet werden dürfen (*Kleinknecht/Meyer-Goßner*, § 234 Rn. 10 m.w.N.).

☝ Der Verteidiger, dem Vertretungsvollmacht erteilt ist, wird im wohlverstandenen Interesse seines Mandanten immer (auch) prüfen, ob er davon in der HV Gebrauch machen soll, oder ob es nicht die → *Aufklärungspflicht des Gerichts*, Rn. 95, und das **Interesse** des Mandanten gebieten, den **Angeklagten selbst** in der HV zu **hören**.

4. Unabhängig vom Vorliegen einer **Vertretungsvollmacht** hat der Verteidiger nach **§ 234a** bei (befugten) Verhandlungen in Abwesenheit des Angeklagten (s.o. Rn. 1094), also nicht bei → *Beurlaubung des Angeklagten von der Hauptverhandlung*, Rn. 247, und auch nicht bei → *Entfernung des Angeklagten aus der Hauptverhandlung*, Rn. 435, folgende **Verteidigerbefugnisse**:

1097 **a)** Ihm können die **Hinweise** nach **§ 265 Abs. 1 und 2** gegeben werden (→ *Hinweis auf veränderte Sach-/Rechtslage*, Rn. 551). Das gilt allerdings **nicht** im Fall des **§ 233** (→ *Entbindung des Angeklagten vom Erscheinen in der Hauptverhandlung*, Rn. 426). Diese Vorschrift setzt eine → *Vernehmung des Angeklagten zur*

Sache, Rn. 1037, voraus; nach Umgestaltung der Anklage ist daher eine erneute Vernehmung des Angeklagten erforderlich (*Kleinknecht/Meyer-Goßner*, § 234a Rn. 3 m.w.N.).

☝ Kann der Verteidiger nach einem ihm zulässig erteilten (rechtlichen) → *Hinweis auf veränderte Sach/Rechtslage*, Rn. 551, die Verteidigung nicht mehr ohne zusätzliche **Informationen** des **Angeklagten** führen, hat er die Möglichkeit, die **Unterbrechung** oder Aussetzung der HV nach § 265 Abs. 3, 4 zu beantragen.

b) Der Verteidiger kann gem. § 234a folgende **Erklärungen** abgeben: **1098**

- Zustimmung zum **Verzicht** auf **Vereidigung** nach § 61 Nr. 5,
- Zustimmung zum **Absehen** auf Erhebung einzelner **Beweise** nach § 245 Abs. 1 S. 2,
- Zustimmung zur **Verlesung** einer früheren richterlichen Vernehmung nach § 251 Abs. 1 Nr. 4 (→ *Verlesung von Protokollen früherer Vernehmungen*, Rn. 1021),
- **nicht** hingegen die **Zustimmung** nach § 266 Abs. 1 im Fall der Erhebung einer → ***Nachtragsanklage***, Rn. 619.

Vertretung des Pflichtverteidigers in der Hauptverhandlung **1099**

Literaturhinweise: ***Schnarr***, Der bevollmächtigte Pflichtverteidiger und sein Stellvertreter, NStZ 1996, 214; s. auch die Hinw. bei → *Pflichtverteidiger, Bestellung in der Hauptverhandlung*, Rn. 643.

1. Der Pflichtverteidiger kann sich grds. **nicht** durch einen **Unterbevollmächtigten** in der HV **vertreten** lassen, da die Bestellung zum Pflichtverteidiger auf seine Person beschränkt ist (st.Rspr. der h.M.; vgl. u.a. BGH NStZ 1983, 208 [Pf/M]; 354 [Pf/M]; *Burhoff*, EV, Rn. 1307; a.A. u.a. OLG Hamburg NJW 1963, 2040). Das gilt auch für den Sozius des beigeordneten Rechtsanwalts (BGH NJW 1992, 1841; BayObLG NJW 1981, 1629; OLG Düsseldorf NJW 1993, 2002; s.a. BGH NStZ 1995, 356 [Revisionseinlegung durch den Sozius des Pflichtverteidigers] und dazu *Schnarr* NStZ 1996, 214).

Im Fall einer nur **vorübergehenden Verhinderung** des Pflichtverteidigers wird seine Vertretung – mit Zustimmung des Vorsitzenden – allerdings für zulässig gehalten (*Dahs*, Rn. 121; OLG Frankfurt NJW 1980, 1703). Richtiger dürfte es sein, den Vertreter vorübergehend als Pflichtverteidiger beizuordnen (so auch *Kleinknecht/Meyer-Goßner*, § 142 Rn. 15; zur Frage der Entpflichtung des Pflichtverteidigers bei Terminsschwierigkeiten s. u.a. OLG Frankfurt StV 1985,

450 und → *Pflichtverteidiger, Entpflichtung während laufender Hauptverhandlung*, Rn. 652 ff.; → *Terminsbestimmung/Terminsverlegung*, Rn. 852).

1100 **2.** Der Pflichtverteidiger kann sich – auch nicht mit Zustimmung des Vorsitzenden – ebenfalls **nicht** durch einen **Referendar** vertreten lassen. § 139 gilt nur für die Wahlverteidigung (BGH NJW 1975, 2351; *Kleinknecht/Meyer-Goßner*, § 139 Rn. 1). § 139 ist auch nicht anwendbar auf den sog. **Stationsreferendar** (BGH NJW 1958, 1308). Die Vorschrift gilt auch für den Referendar nicht, der nach § 53 BRAO als **allgemeiner Vertreter** des (Pflicht-)Verteidigers amtlich bestellt ist, (st.Rspr., vgl. zuletzt BGH NStZ 1992, 248 m.w.N.; zu den Voraussetzungen der Bestellung s. § 53 BRAO). In diesem Fall ist die Wahrnehmung der Aufgaben des Pflichtverteidigers durch den Referendar auch nicht von einer Zustimmung des Vorsitzenden abhängig (OLG Düsseldorf NJW 1994, 1296; LG Berlin 2000, 51).

☝ Der Vorsitzende ist aber **nicht verpflichtet**, bei Ausbleiben des bestellten Pflichtverteidigers den von diesem in die HV geschickten **Referendar** zu **bestellen** (LG Berlin, a.a.O.).

Siehe auch: → *Pflichtverteidiger, Bestellung in der Hauptverhandlung*, Rn. 643, → *Pflichtverteidiger, Entpflichtung während laufender Hauptverhandlung*, Rn. 650, → *Vertretung des Wahlverteidigers in der Hauptverhandlung*, Rn. 1101.

1101 Vertretung des Wahlverteidigers in der Hauptverhandlung

1. Der Wahlverteidiger kann sich in der HV in Untervollmacht durch einen anderen Rechtsanwalt **vertreten** lassen (zur Unterbevollmächtigung allgemein *Burhoff*, EV, Rn. 1666 ff.). Das bietet sich insbesondere bei Terminskollisionen und auswärtigen HV-Terminen, die der Verteidiger nicht unbedingt wahrnehmen möchte, an. Erforderlich ist die **Zustimmung** des Angeklagten (OLG Hamm JMBl. NW 1980, 83; *Dahs*, Rn. 96), der i.d.R. die Berechtigung zur Erteilung einer Untervollmacht bereits in der Verteidigervollmacht **generell** erteilt (→ *Vollmacht des Verteidigers*, Rn. 1141; s.a. *Burhoff*, EV, Rn. 1666 ff., 1983 ff.). Die Untervollmacht braucht ebenso wie die Hauptvollmacht nicht unbedingt schriftlich nachgewiesen zu werden (OLG Düsseldorf StraFo 1998, 227; OLG Hamm, a.a.O.).

1102 **2.a)** Der Wahlverteidiger hat gem. § 139 die Möglichkeit, sich auch durch einen **Referendar** mit einer Ausbildungszeit von einem Jahr und drei Monaten vertreten zu lassen. Dazu bedarf er der Zustimmung des Angeklagten, nicht aber der des Gerichts.

☝ Der Verteidiger muss die in Aussicht genommene Vertretung durch einen Referendar sorgfältig **prüfen**. Er wird sie insbesondere davon abhängig machen, ob der Referendar unabhängig und zu erwarten ist, dass er ggf. gegenüber dem Gericht genügend „Stehvermögen" aufweist, um sich in der HV „durchzusetzen".

Zwar ist zur Vertretung des Verteidigers durch einen Referendar die **Zustimmung** des **Gerichts nicht** erforderlich, der Verteidiger sollte jedoch das Gericht von einer geplanten Vertretung rechtzeitig in **Kenntnis setzen**.

1102a

b) Unabhängig von § 139 kann sich der Verteidiger in der HV von einem **Referendar unterstützen** lassen. Das gilt auch für die HV, an der der Verteidiger selbst teilnimmt. Will der Referendar eigene **Fragen** stellen und/oder Erklärungen abgeben, ist entsprechend § 138 Abs. 2 die Zustimmung der Gerichts erforderlich (*Kleinknecht/Meyer-Goßner*, § 139 Rn. 7; *Dahs*, Rn. 26; zur Mitarbeit von Dritten bei der Verteidigung im Ermittlungsverfahren s. *Burhoff*, EV, Rn. 1119; zur Zulassung von Mitarbeitern des Verteidigers zur HV s. Rn. 1206 f.).

Siehe auch: → *Terminsbestimmung/Terminsverlegung*, Rn. 852, → *Vertretung des Pflichtverteidigers in der Hauptverhandlung*, Rn. 1099.

Verweisungsfragen

1103

Literaturhinweise: ***Behl***, Verweisungsbeschluß gem. § 270 StPO und fehlende örtliche Zuständigkeit des höheren Gerichts, DRiZ 1980, 182; ***Gollwitzer***, Die Bindungswirkung des Verweisungsbeschlusses nach § 270 StPO, in: Festschrift für *Peter Rieß*, S. 135; ***Michel***, Der unwirksame Verweisungsbeschluß, JuS 1993, 766; ***Müller***, Zum negativen Kompetenzkonflikt zwischen zwei Gerichtsabteilungen, DRiZ 1978, 14; ***Rieß***, Die Bestimmung und Prüfung der sachlichen Zuständigkeit und verwandter Erscheinungen im Strafverfahren, GA 1976, 1; ***Weidemann***, Zur Bindungswirkung eines Verweisungsbeschlusses nach § 270 StPO, wistra 2000, 45; s.a. die Hinw. bei → *Zuständigkeit des Gerichts*, Rn. 1219.

1. Ergibt sich **nach Beginn** der **HV** eine **Veränderung** der sachlichen Zuständigkeit oder hält das Gericht einen rechtzeitig geltend gemachten Einwand des Angeklagten nach § 6a (→ *Zuständigkeit des Gerichts*, Rn. 1223) für begründet, **verweist** es die Sache gem. § 270 Abs. 1 S. 1 durch Beschluss an das **zuständige Gericht**. Insbesondere die erste Alternative ist – i.d.R. in der amtsgerichtlichen HV vor dem Strafrichter oder dem (erweiterten) Schöffengericht – von praktischer Bedeutung (zur Verweisung an das zuständige Jugendgericht s. *Kleinknecht/Meyer-Goßner*, § 270 Rn. 11; KK-*Engelhardt*, § 270 Rn. 14 m.w.N.; s.a. BGHSt 42, 39). Die damit zusammenhängenden Fragen werden im Folgenden dargestellt.

I.Ü. wird auf die einschlägigen Kommentierungen des § 270 verwiesen. Wegen der sich aus der (Neu-)Regelung des § 25 Nr. 2 GVG ergebenden (Zuständigkeits-)Fragen im Verhältnis Strafrichter/Schöffengericht wird verwiesen auf *Burhoff*, EV, Rn. 2088 ff. (s. dazu aus der Rspr. OLG Hamm StraFo 1996, 87; OLG Köln StraFo 1996, 85; LG Köln StV 1996, 591).

2. Es ist auf Folgendes **hinzuweisen**:

1104 a) **Zulässig** ist die Verweisung **nur** in der HV der **1. Instanz**, und zwar auch noch nach einer Aussetzung oder nach einer → *Unterbrechung der Hauptverhandlung*, Rn. 873. Beschlossen werden darf die Verweisung nach § 270 erst nach Beginn der HV (→ *Aufruf der Sache*, Rn. 100).

☝ **Vor** der **HV** und nach Aussetzung der HV bis zum Beginn der neuen HV gilt **§ 225a** (*Kleinknecht/Meyer-Goßner*, § 270 Rn. 7).

1105 Grds. **nicht erforderlich** ist, dass in der HV bereits mit der **Beweisaufnahme** begonnen worden ist. Ergibt sich die Zuständigkeit des höheren Gerichts bereits aus dem Anklagesatz, ist die Verweisung ohne weiteres bereits zu Beginn der HV möglich (OLG Düsseldorf NStZ 1986, 426).

Etwas anderes gilt, wenn die Verweisung wegen einer vom Eröffnungsbeschluss **abweichenden rechtlichen** Bewertung erfolgen soll. Das ist z.B. der Fall, wenn aufgrund neu hervorgetretener Umstände nun ein anderes (schwereres) Delikt in Betracht kommt, für das die **Strafgewalt** des Prozessgerichts nicht (mehr) ausreicht. Entsprechendes gilt, wenn sich in der HV, etwa aufgrund eines SV-Gutachtens, die Möglichkeit der **Unterbringung** in einem psychiatrischen Krankenhaus ergibt (nach § 74 Abs. 1 S. 2 GVG alleinige Zuständigkeit der großen Strafkammer; s. dazu OLG Zweibrücken NStZ-RR 1998, 280).

In diesen Fällen ist nicht nur **hinreichender Tatverdacht** i.S.d. § 203 erforderlich (s. dazu *Burhoff*, EV, Rn. 756 ff., 827 ff.). Die Verweisung ist außerdem nur dann zulässig, wenn sich dieser **Verdacht** so **verfestigt** hat, dass nicht mehr zu erwarten ist, dass er bei weiterer Verhandlung wieder entfällt (BGHSt 45, 26); KK-*Engelhardt* § 270 Rn. 11). Der volle Nachweis der die Zuständigkeit des höheren Gerichts begründenden Tatsachen ist aber nicht erforderlich (*Kleinknecht/Meyer-Goßner*, § 270 Rn. 9 m.w.N.). Bei der Verweisung vom Landgericht an das für Staatsschutzsachen erstinstanzlich zuständige OLG sind jedoch an die Annahme des dringenden Tatverdachts strenge Anforderungen zu stellen, wozu i.d.R. auch die Einholung einer Stellungnahme des Generalbundesanwalts gehört (BGH, a.a.O.).

1106

☝ Für die **amtsgerichtliche HV** gilt: Das AG darf wegen unzureichender Strafgewalt an das LG **erst** verweisen, wenn die Verhandlung so weit geführt worden ist, dass der **Schuldspruch feststeht**, und wenn sich die Straferwartung so weit verfestigt hat, dass eine mildere Beurteilung nicht mehr zu erwarten ist (BGHSt 45, 58; OLG Düsseldorf StraFo1998, 274; 2000, 115; OLG Frankfurt NStZ-RR 1997, 311; OLG Karlsruhe NStZ 1990, 100; LG Berlin StV 1996, 16 [die Überzeugung, dass ein minder schwerer Fall nicht gegeben ist, kann nicht aus dem Akteninhalt, sondern nur aus der HV geschöpft werden]; LG Duisburg StraFo 1998, 315; OLG Zweibrücken NStZ-RR 1998, 280 [aufgrund einer umfassenden Würdigung der Gesamtsituation müssen die materiellen Voraussetzungen der Unterbringung tatsächlich gegeben sein]). Die zu beobachtende Tendenz von AG, Verfahren ohne hinreichende sachliche Anhaltspunkte möglichst früh an das LG abzugeben, ist also zu beanstanden (vgl. den instruktiven Fall LG Köln StraFo 1995, 22).

☝ Die Verweisung setzt nicht einen Antrag des **Verteidigers** voraus. Für diesen kann sich aber bei einem unerwarteten Ergebnis der HV, das ggf. die Annahme eines schweren Delikts zulässt, eine **Verweisungsanregung** anbieten, um so zu erfahren, wie das Prozessgericht seine Strafgewalt beurteilt. Allerdings muss der Verteidiger bedenken, dass er keine „schlafenden Hunde“ wecken sollte.

1107

b) Die Verweisung wird gem. § 270 Abs. 2 durch **Beschluss** ausgesprochen, der in der für die HV vorgeschriebenen Besetzung erlassen werden muss (zu den inhaltlichen Anforderungen s. *Kleinknecht/Meyer-Goßner*, § 270 Rn. 14 ff. m.w.N.). Nach § 270 Abs. 3 S. 2 i.V.m. § 210 Abs. 1 ist der Verweisungsbeschluss für den Angeklagten und die StA **nicht anfechtbar** (BGHSt 45, 26), vielmehr ist bei einem Zuständigkeitsstreit entsprechend §§ 14, 19 zu verfahren (BGH, a.a.O., [für Verweisung vom LG an das für Staatsschutzsachen erstinstanzlich zuständige OLG]).

1108

3.a) Die **Wirkung** des Verweisungsbeschlusses entspricht nach § 270 Abs. 3 S. 1 der eines Eröffnungsbeschlusses. Mit Erlass des Beschlusses ist nach h.M. das Verfahren unmittelbar bei dem **Gericht**, an das **verwiesen** worden ist, **rechtshängig** geworden (BGHSt 27, 99; *Kleinknecht/Meyer-Goßner*, § 270 Rn. 18 m.w.N.; a.A. LR-*Gollwitzer*, § 270 Rn. 33 [erst mit Eingang der Akten]). Die h.M. dürfte zutreffend sein, da § 207 Abs. 4 nicht – auch nicht entsprechend – gilt. Die Rechtshängigkeit tritt auch ein, wenn der in der HV ergangene Verweisungsbeschluss willkürlich ist, da dies nicht zur Nichtigkeit führt; der Verweisungsbeschluss ist lediglich rechtsfehlerhaft (BGHSt 45, 58).

Das hat zur **Folge**, dass das verweisende Gericht mit dem Erlass des Verweisungsbeschlusses u.a. die **Zuständigkeit** für **Haftentscheidungen verliert**. Diese kann es nur (noch) vor der Verweisung treffen, wenn es sie für erforderlich hält (KK-*Engelhardt*, § 270 Rn. 21).

Das verweisende Gericht soll aber zur **Vorlage** nach **§ 122** Abs. 1 **verpflichtet** sein, solange sich die Akten bei ihm befinden (OLG Karlsruhe Justiz 1984, 429). Das ist m.E. nicht konsequent. Nach § 122 Abs. 1 legt das zuständige Gericht vor, wenn es die Fortdauer der U-Haft für erforderlich hält. Diese Haftprüfung obliegt dem verweisenden Gericht jedoch nicht mehr. Es ist aber – aufgrund des sich aus Art. 2 GG ergebenden Beschleunigungsgrundsatzes – verpflichtet, die Akten unverzüglich an das zuständige Gericht weiterzuleiten, damit dieses über die Haftfrage entscheiden kann.

I.Ü. stellt eine durch einen **unwirksamen Verweisungsbeschluss** bedingte Verfahrensverzögerung **keinen wichtigen Grund** i. S. von § 121 dar (BVerfG NJW 2000, 1401; OLG Hamburg StV 1999, 163; wegen weiterer Nachw. *Burhoff*, EV, Rn 943).

1109 **b)** Nach übereinstimmender Meinung in Rspr. und Lit. ist das Gericht, an das verwiesen wird, an den **Verweisungsbeschluss gebunden** (st.Rspr., vgl. u.a. BGHSt 27, 99, 103; 45, 26; OLG Düsseldorf StraFo 1998, 274; OLG Frankfurt NStZ-RR 1996, 42; 1997, 311 m.w.N.; *Kleinknecht/Meyer-Goßner*, § 270 Rn. 19 m.w.N.; s.a. die u.a. Rspr.-Nachw.). Etwas **anderes** gilt, wenn der Verweisungsbeschluss mit den **Grundprinzipien** der rechtsstaatlichen Ordnung in **Widerspruch** steht. Das ist angenommen worden in folgenden

Beispielen:

- es ist **allein aufgrund** des verlesenen **Anklagesatzes** ohne Eintritt in die Verhandlung zur Sache **verwiesen** worden, ohne dass sich allein aus dem Anklagesatz zweifelsfrei ergab, dass für die Tat das Gericht höherer Ordnung zuständig wäre (LG Berlin StV 1996, 16; ähnlich LG Duisburg StraFo 1998, 316; s. aber OLG Jena StraFo 2000, 411),
- es wird verwiesen, **bevor** das **Ergebnis** der HV die **Beurteilung zulässt**, dass der Angeklagte **schuldig** ist und eine die Strafgewalt des AG übersteigende Freiheitsstrafe von mehr als vier Jahren zu erwarten ist (OLG Düsseldorf StraFo 2000, 235; OLG Frankfurt StV 1996, 533),
- der Verweisungsbeschluss ist **formell unzulänglich** (LG Hannover StV 1983, 194),
- der Verweisungsbeschluss weist einen so gravierenden Mangel auf, dass die Entscheidung als „**unhaltbar**" bezeichnet werden muss (OLG Frankfurt NStZ-RR 1996, 42 [nicht einmal entferntes Vorliegen von tatsächlichen Anhaltspunkten für eine **Unterbringung** in einem psychiatrischen Krankenhaus]; zur „Unterbringungsverweisung" und zu den erforderlichen Feststellungen s. auch OLG Düsseldorf StraFo 1998, 274 und OLG Zweibrücken NStZ-RR 1998, 280),

- die Verweisungsentscheidung ist **willkürlich** (BGHSt 29, 216, 219; BGH StV 1999, 585 [Strafgewalt der Strafkammer auf jeden Fall ausreichend]; *Kleinknecht/Meyer-Goßner*, § 270 Rn. 20 m.w.N.; s.a. LG Köln StraFo 1995, 22 [ohne jeden nachvollziehbaren sachlichen Grund]; s. i.Ü. auch die Nachw. bei *Burhoff*, EV, Rn. 2090, zur Frage der willkürlichen Annahme der Zuständigkeit des Schöffengerichts).

1110

☝ Besteht **keine Bindungswirkung**, wird die Sache vom höheren Gericht an das niedere **„zurückverwiesen"**. § 269 steht dem nicht entgegen (BGHSt 45, 58; OLG Hamm StV 1996, 300; OLG Köln StV 1996, 298; LG Köln StV 1996, 591; *Kleinknecht/Meyer-Goßner*, § 270 Rn. 20; eingehend *Weidemann* wistra 2000, 45).

War der **Beschluss unwirksam, fehlt** es für das Tätigwerden des Gerichts, an das die Sache verwiesen worden ist, an einer **Verfahrensvoraussetzung**. Das kann mit der **Revision** geltend gemacht werden (zur Frage, ob der Verteidiger den [Zuständigkeits-]Mangel rügen muss, s. einerseits BGHSt 40, 120, andererseits BGHSt 42, 205 [bejaht für den Fall des § 328 Abs. 2]).

Verwertung der Erkenntnisse eines (gesperrten) V-Mannes

1111

Literaturhinweise: ***Beulke***, Empirische und normative Problem der Verwendung neuer Medien in der Hauptverhandlung, Sonderdruck ZStW 2001, S. 709; ***Bruns***, Der Beschluss des Großen Senats zum strafprozessualen V-Mann-Problem – Anfang oder Ende einer notwendigen Neuorientierung der Rechtsprechung?, MDR 1984, 177; ***Engels***, Konsequenzen der BGH-Rechtsprechung zur Vernehmung von V-Männern, NJW 1983, 1530; ***Geppert***, Der Grundsatz der Unmittelbarkeit im deutschen Strafverfahren; ders., Der Zeuge vom Hörensagen, Jura 1991, 538; ***Grünwald***, Das Beweisrecht der Strafprozeßordnung, 1993; ***Griesbaum***, Der gefährdete Zeuge – Überlegungen zur aktuellen Lage des Zeugenschutzes im Strafverfahren, NStZ 1998, 433; ***Herdegen***, Bemerkungen zum Beweisantragsrecht, Teil 1: NStZ 1984, 97; ***Joachim***, Anonyme Zeugen im Strafverfahren – Neue Tendenzen in der Rechtsprechung, StV 1992, 245; ***Kreysel***, Der V-Mann, MDR 1996, 991; ***Lagodny***, Verdeckte Ermittler und V-Leute im Spiegel von § 136a StPO als „angewandtem Verfassungsrecht", StV 1996, 167; ***Lesch***, V-Mann und Hauptverhandlung – die Drei-Stufen-Theorie nach Einführung der §§ 68 III, 110b III StPO und 172 Nr. 1a GVG, StV 1995, 542; ***Lüderssen***, V-Leute. Die Falle im Rechtsstaat; ***Meyer***, Zur prozeßrechtlichen Problematik des V-Mannes, ZStW 1983, 834 (Band 95); ***Miebach***, Der Ausschluss des anonymen Zeugen aus dem Strafprozeß. Vorschlag zur Korrektur der Entscheidung des Großen Senats für Strafsachen, ZRP 1984, 81; ***Nack***, Verdeckte Ermittlungen. Der Zeuge vom Hörensagen in der Revision, Krim 1999, 171; ***Quentin***, Der verdeckte Ermittler i.S.d. §§ 110a ff. StPO, JuS 1999, 134; ***Renzikowski***, Fair trial und anonymer Zeuge. Die Drei-Stufen-Theorie des Zeugenschutzes im Lichte der Rechtssprechung des EuGHMR, JR 1999, 605; ***Soine/Soukup***, „Identitätsänderung", Anfertigung und Verwendung von „Tarnpapieren", Möglichkeiten der Strafverfolgungsorgane zum Schutz gefährdeter Zeugen vor kriminellen Organisationen, ZRP 1994, 466; ***Tiedemann/Sieber***, Die Verwertung des Wissens von V-Leuten im Strafverfahren, NJW 1984, 753; ***Weider***, Die Videovernehmung von V-Leuten gemäß § 247a StPO unter optischer und akustischer Abschirmung, StV 2000, 48; ***Weider/Staechlin***, Das Zeugenschutzgesetz und der gesperrte V-Mann, StV 1999, 51; ***Wesemann***, Heimliche Ermittlungsmethoden und Interventionsmöglichkeiten der Verteidigung, StV 1997, 597; ***Zacharias***, Der gefährdete Zeuge im Strafverfahren, 1997; ***Zaczyk***, Prozeßsubjekte oder Störer? Die Strafprozeßordnung nach dem OrgKG – dargestellt an der Regelung des Verdeckten Ermittlers, StV 1993, 496; s.a. die Hinw. bei → *Videovernehmung in der Hauptverhandlung*, Rn. 1130, bei → *V-Mann in der Hauptverhandlung*, Rn. 1134, bei → *Zeugenvernehmung, Allgemeines*, Rn. 1186, und bei → *Zeugen vom Hörensagen*, Rn. 1191.

1111a **1.** Insbesondere in Verfahren, die Straftaten aus dem Bereich der organisierten Kriminalität zum Gegenstand haben, ergeben sich immer wieder **Probleme**, ob und wie Erkenntnisse eines im Ermittlungsverfahren eingesetzten V-Mannes in die HV eingeführt werden können und ob ggf. auf eine unmittelbare Vernehmung des V-Mannes verzichtet werden kann (zum Begriff s. → *V-Mann in der Hauptverhandlung*, Rn. 1136, m.w.N.). Bei der **Lösung** der Probleme ist auszugehen von der in § 244 Abs. 2 normierten → ***Aufklärungspflicht des Gerichts***, Rn. 95, und vom Anspruch des Angeklagten auf ein rechtsstaatliches **faires Verfahren**. Danach ist es grds. erforderlich, dass das Gericht das bestmögliche/unmittelbare Beweismittel benutzt (BVerfG NJW 1981, 1719, 1722; BGHSt 38, 369). Nur wenn solche Beweismittel nicht zur Verfügung stehen, kann das sachlich entferntere Beweismittel verwendet werden (BGHSt 32, 115). Von Bedeutung ist auch, dass bei maßgeblichen Belastungszeugen ein **unmittelbares Fragerecht** des Angeklagten gewährleistet sein muss (EGMR StraFo 2002, 160).

Diese Grundsätze gelten **auch** für die **Verwertung** der **Erkenntnisse** eines V-Mannes. Dieser ist Zeuge, der grds. zur Vernehmung erscheinen, seine Identität preisgeben, wahrheitsgemäß aussagen und seine Aussage auf Verlangen beeiden muss (*Kreysel* MDR 1996, 991). In diesem Zusammenhang darf aber natürlich auch nicht das – möglicherweise vitale – Interesse des V-Mannes an Einhaltung der ihm i.d.R. zugesicherten absoluten Vertraulichkeit und auch nicht das Interesse der Strafverfolgungsbehörden an weiterer Geheimhaltung im Interesse zukünftiger Strafverfolgung verkannt werden.

1112 **2.a)** In diesem Spannungsverhältnis hat sich für die Verwertung der Erkenntnisse eines V-Mannes **in** der **HV** in den vergangenen Jahren – auf der Grundlage der zum verdeckten Ermittler/V-Mann ergangenen Rspr. – ein **Verfahrensmodell** entwickelt, das **drei Stufen** vorsieht (vgl. dazu eingehend *Lesch* StV 1995, 542 ff. m.w.N.; s. i.Ü. a. eingehend KK-*Senge*, vor § 48 Rn. 54 ff., insbesondere Rn. 62 ff.; *Joachim* StV 1992, 245; *Kreysel* MDR 1996, 991; *Wesemann* StV 1997, 597; aus der Rspr. s. u.a. BGHSt 31, 148; 32, 32; 32, 115; 36, 159).

1113

☝ Es war m.E. schon **fraglich**, ob dieses 3-Stufen-Modell nach dem In-Kraft-Treten der §§ 68 Abs. 3, 110b Abs. 3 und § 172 Nr. 1a GVG noch eine **Berechtigung** hatte.

Dazu hatte *Lesch* (a.a.O., m.w.N.) m.E. überzeugend dargelegt, dass nach der in den §§ 110b Abs. 3, 68 Abs. 3 getroffenen gesetzlichen Regelung ein V-Mann grds. nicht mehr generell, d.h. durch eine auch die Legende (zur Legende s. *Burhoff*, EV, Rn. 1771) umfassende Erklärung gesperrt werden kann (s.a. *Malek*, Rn. 369; s. aber auch VG Darmstadt NVwZ 1996, 92 ff., wonach der Verdeckte Ermittler [kurz: VE] als Zeuge gesperrt werden kann, wenn die Voraussetzungen des § 110b Abs. 3 S. 3 i.V.m. § 96 vorliegen). Vielmehr sollte sich die **Vernehmung** des VE/V-Mannes regelmäßig auf der **1. Stufe** (s.u. Rn. 1114), und zwar i.d.R. durch besondere **Schutzvorkehrungen** für den VE/V-Mann bewegen (*Lesch* StV 1995, 544, 545; Möglichkeiten des Zeugenschutzes diskutiert auch *Siegismund* JR 1994, 251 in der Anm. zu BGHSt 39, 141; im Hinblick auf die Rspr. des EuGH abl. auch *Renzikowski* JZ 1999, 605).

Dies wird m.E. durch die Tendenz in der **neueren Rspr. bestätigt**. Der **BGH** (vgl. BGHSt 42, 175) hat nämlich zur Versagung einer Aussagegenehmigung ausgeführt – ohne dass das allerdings tragender Grund seiner Entscheidung geworden ist -: Behördliche **Sperrentscheidungen**, die die Geheimhaltung des VE nicht nur zu seinem eigenen Schutz, sondern auch für seine weitere Verwendungsmöglichkeit bezwecken, dürfen **nicht** mehr über die **Verweigerung** der **Aussagegenehmigung** getroffen werden, sondern wegen der insoweit einschlägigen Spezialregelung des § 110b Abs. 3 nur noch auf dem Weg über § 96. Hinzuweisen ist in diesem Zusammenhang auch auf die Rspr. des EGMR (StV 1997, 617), nach der eine anonyme Vernehmung eines Polizeibeamten allein unter Hinweis auf die schützenswerten Belange des Beamten i.d.R. nicht mehr zulässig sein dürfte (s.a. *Sommer* StraFo 1997, 242 in der Anm. zu EGMR, a.a.O.).

1113a

Diese **Bedenken** gegen das 3-Stufen-Modell gelten jetzt aber wohl **erst recht**, nachdem am 1.12.1998 das sog. **ZSchG** mit der Möglichkeit der (vorherigen) Aufzeichnung einer Aussage im Ermittlungsverfahren gem. § 58a und einer Vernehmung des (gesperrten) Zeugen in der HV in Form der sog. **Videokonferenz** (§ 247a) in Kraft getreten ist (vgl. dazu eingehend *Weider/Staechlin* StV 1999, 51; *Weider* StV 2000, 48 ff.; *Wattenberg* StV 2000, 688; s.a. *Griesbaum* NStZ 1998, 439; KK-*Diemer* § 247a Rn. 14). A.A. sind offenbar KK-*Senge* (vor § 48 Rn. 67 a.E.) und KK-*Wache* (§ 168e Rn. 4), die davon ausgehen, dass die neuen Vorschriften des ZSchG wegen der immer noch bestehenden Möglichkeit der Identifizierung des Zeugen keine große Bedeutung erlangen werden (a.A. offenbar auch *Kleinknecht/Meyer-Goßner*, § 247a Rn. 1). M.E. dürfte das Argument einer möglichen Enttarnung durch eine Videokonferenz kein zulässiger Einwand sein (vgl. EGMR StV 1997, 617), zumal diese auch so gestaltet werden kann, dass der V-Mann optisch nicht enttarnt wird (*Weider/Staechlin* StV 1999, 53; → *Videovernehmung in der Hauptverhandlung*, Rn. 1129). Hinzu kommt, dass durch die Videokonferenz auf jeden Fall – wie vom EGMR (a.a.O.) gefordert – die direkte Befragung des Zeugen möglich ist (zum Erfordernis der **direkten Befragung** s. EGMR StraFo 2002, 160).

Die **nachfolgenden Ausführungen** legen, da die von *Lesch* (a.a.O.) vertretene Auffassung (noch) nicht h.M. ist, ein abschließendes Wort des BGH aussteht und auch noch nicht abzusehen ist, wie die Praxis in diesem Bereich letztlich mit den neuen §§ 58a, 247a umgehen wird (s. die o.a. unterschiedlichen Hinw.), noch das **3-Stufen-Modell** zugrunde. Es werden aber bei Rn. 1114a auch die sich aus der Neuregelung ggf. ergebenden Folgerungen dargestellt.

1114 **b)** Nach der h.M. der Rspr. (s.o.) sind bisher (noch) folgende **drei Stufen** gegeben:

- Auf der **ersten Stufe** wird der VE/V-Mann der HV nicht vorenthalten, sondern wird lediglich unter **besonderen Schutzvorkehrungen** vernommen werden, so dass der Mündlichkeits- und → *Unmittelbarkeitsgrundsatz*, Rn. 868, gewahrt bleiben (zur Frage der zur Zeit nach überwiegender Meinung nicht zulässigen Anfertigung und Verwendung von „Tarnpapieren" s. *Soiné/Soukop* ZRP 1994, 466). Auch für die Vertreter des 3-Stufen-Modells wird zu erwägen sein, ob nicht eine dieser Schutzvorkehrungen jetzt die Vernehmung mittels **Videokonferenz** gem. § 247a ist, zumal wenn man mit KK-*Diemer* (§ 247a Rn. 16) eine optische und akustische Abschirmung des Zeugen für zulässig hält (vgl. dazu *Weider* StV 2000, 48; *Wattenberg* StV 2000, 688; zust. KMR-*Bockemühl*, § 110b Rn. 31 ff.; → *Videovernehmung im Ermittlungsverfahren*, 1133b, 1133g).
- Auf der **zweiten Stufe** wird der VE/V-Mann der HV entzogen, gem. § 223 **kommissarisch vernommen** und das **Protokoll** dieser Vernehmung sodann gem. § 251 Abs. 1 Nr. 2 **verlesen**. Rechtsgrundlage für diese Verfahrensweise ist § 54. Die → *Aussagegenehmigung*, Rn. 129, des V-Mannes wird nur für eine Vernehmung durch einen ersuchten oder beauftragten Richter – beschränkt – erteilt (s.a. *Burhoff*, EV, Rn. 127 ff., 434; zu allem KK-*Senge*, vor § 48 Rn. 67 m.w.N.). Wegen des Verfahrens und der Verwertbarkeit eines Vernehmungsprotokolls gelten die Ausführungen bei → *Kommissarische Vernehmung eines Zeugen oder Sachverständigen*, Rn. 581 ff., entsprechend; s.a.u. Rn. 1116).
- Die **dritte Stufe** geht schließlich am weitesten: Hier wird die **Identität** des VE/V-Mannes **vollständig gesperrt** und dem Gericht analog § 96 die Auskunft über Namen und ladungsfähige Anschrift des VE/V-Mannes verweigert und die Aussagegenehmigung nur beschränkt auf einen Vernehmungsbeamten erteilt, der den VE/V-Mann im Ermittlungsverfahren gehört hat und nunmehr als sog. **„Zeuge vom Hörensagen"** zu Verfü-

gung steht, die Identität des Vernommenen aber auch nicht preisgeben darf. Für eine so weitgehende Einschränkung wird nur in **extremen Ausnahmefällen** ein Grund bestehen. Nach *Weider* (StV 2000, 48) gebieten es die „Grundprinzipien des Strafverfahrens" im Fall des gesperrten Zeugen diesen (zumindest) im Rahmen einer Videovernehmung zu vernehmen und dabei optische und akustische Abschirmung zuzulassen (zur Videovernehmung in diesen Fällen s.a. *Beulke*, S. 727).

1114a **c)** Die am 1.12.1998 mit dem ZSchG in Kraft getretenen Regelungen (u.a. §§ 58a, 168e, 247a) zur Möglichkeit der → ***Videovernehmung*** *in der Hauptverhandlung*, Rn. 1129, dürften – ebenso wie im Ermittlungsverfahren – erhebliche **Änderungen** für die o.a. **bisherige Praxis** der Vernehmung von gesperrten V-Leuten haben (vgl. dazu eingehend *Weider/Staechlin* StV 1999, 51 ff.).

☝ Die **vollständige Sperrung** des V-Mannes – also auch für eine Vernehmung ohne Berücksichtigung der §§ 58a, 168e, 247a – ist danach wohl **kaum noch** zulässig.

Im Einzelnen gilt:

- Die Vorschriften der §§ 58a, 168e, 247a gelten – nach allgemeiner Meinung – gerade **auch** für den (gesperrten) **V-Mann** (BT-Dr. 13/7165, S. 4, 6; *Burhoff* ZAP F. 22, S. 291, 292; *Rieß* NJW 1998, 3242; *Weider/Staechlin* StV 1999, 51; *Weider* StV 2000, 51).
- Ist der V-Mann also für eine Vernehmung in der HV gesperrt worden, wird im Zweifel seine **Vernehmung** im Ermittlungsverfahren gem. § 58a Abs. 1 Nr. 2 auf **Video** aufgezeichnet werden müssen, mit der Möglichkeit, bei einer richterlichen Vernehmung im Ermittlungsverfahren gem. § 168e diese in Form der **Videokonferenz** durchzuführen (*Burhoff*, EV, Rn. 889 ff.).
- Die **Aufzeichnung** der im Ermittlungsverfahren durchgeführten Vernehmung auf Video wird in der **HV** ggf. nach § 255a verwertet (→ *Vorführung von Bild-Ton-Aufzeichnungen*, Rn. 1158a ff.). I.d.R. dürfte diese – schon wegen § 244 Abs. 2 – **vorzuspielen** sein, wenn eine der Alternativen des § 251 vorliegt (zutr. *Weider/Staechlin* StV 1999, 53).

1115 **3.** Hinsichtlich der im Interesse des Mandanten zu ergreifenden **Maßnahmen** muss sich der **Verteidiger** ebenso wie das Gericht i.d.R. immer bewusst machen, dass im Hinblick auf Art. 6 Abs. 3d MRK auch der V-Mann Zeuge ist, dessen **Vernehmung** i.d.R. in **Gegenwart** des **Angeklagten** zu erfolgen hat (EGMR NJW 1992, 3088; s.a. EGMR StV 1990, 481 f.; 1991, 193; so wohl auch EGMR StV 1997, 617; eingehend zum VE in der HV a. *Lesch* a.a.O., m.w.N. sowie noch *Zaczyk* StV 1993, 494 und *Renzikowski* JZ 1999, 605; zu den mit Art. 6 MRK zusammenhängenden Fragen *Eisenberg*, Rn. 1053 f.; zu Interventionsmöglichkeiten *Wesemann* StV 1997, 601).

☝ Daraus folgt, dass der Verteidiger meist **alle Möglichkeiten ausschöpfen** wird, um eine **Vernehmung** des VE in der HV mit der Möglichkeit der unmittelbaren Befragung durch ihn sicherzustellen (s.a.u. Rn. 1121). Gelingt das nicht, muss er die fehlende Unmittelbarkeit der Beweisaufnahme und auch die Beweiswürdigung problematisieren (→ *V-Mann in der Hauptverhandlung*, Rn. 1137; *Wesemann* StV 1997, 602).

1116 a) **Vor** der **HV** bieten sich folgende Möglichkeiten an:

- Der Verteidiger muss/kann gegen eine **vollständige „Sperrung"** des V-Mannes mit einem Auskunftsverlangen vorgehen und **klagen** (→ *Aussagegenehmigung*, Rn. 129; s.a. *Burhoff*, EV, Rn. 226 ff., 889). Dabei sind aber die i.d.R. auftretenden **Schwierigkeiten** zu berücksichtigen: Der Angeklagte hat grds. keinen Anspruch auf Aussetzung der HV (→ *Aussagegenehmigung*, Rn. 132). Wegen der langen Verfahrensdauer bei den Verwaltungsgerichten wird der Verteidiger daher einen Termin dort i.d.R. meist erst dann bekommen, wenn die HV des Strafverfahrens bereits beendet ist. Zudem ergeben sich zusätzlich häufig noch **kostenrechtliche Probleme**. Ist der Verteidiger nämlich Pflichtverteidiger, wird der Mandant nicht in der Lage sein, die Kosten des verwaltungsgerichtlichen Verfahrens zu zahlen, weshalb der Verteidiger dort PKH beantragen wird. Diese wird aber dann nicht (mehr) bewilligt werden, wenn das Strafverfahren, für das die Aussagegenehmigung erstrebt wird, erledigt ist. Dem drohenden Kostenausfall lässt sich m.E. in gewissem Umfang dadurch begegnen, dass die vom Verteidiger erbrachten Tätigkeiten bei der Bemessung einer ggf. nach § 99 BRAGO zu gewährenden **Pauschvergütung** (mit-)berücksichtigt werden.
- Er muss auch darauf **hinwirken**, dass das Gericht sich nicht ohne weiteres mit der Sperrerklärung einer untergeordneten Behörde zufrieden gibt, sondern die **Entscheidung** der **obersten Dienstbehörde** herbeiführt (BGHSt 42, 175).
- Ggf. wird der Verteidiger schon vor der HV auf eine (zumindest) **kommissarische Vernehmung** hinwirken, wobei ggf. die Vorschriften über die **Videovernehmung** zur Anwendung kommen können (zur Videovernehmung im Ermittlungsverfahren *Burhoff*, EV, Rn. 1955 ff.).

☝ Vom **Vernehmungstermin** muss der Verteidiger vorher **benachrichtigt** werden (§ 224 Abs. 1). Wird dagegen verstoßen, ist das über die Vernehmung angefertigte Protokoll in der HV **nicht verwertbar** (KK-*Tolksdorf*, § 224 Rn. 11 m.w.N.; → *Kommissarische Vernehmung eines Zeugen oder Sachverständigen*, Rn. 585; s.a. *Burhoff*, EV, Rn. 1801).

☝ Soll der V-Mann außerhalb der HV **kommissarisch vernommen** werden, kann der **Verteidiger** grds. von der Vernehmung **nicht ausgeschlossen** werden (BGHSt 32, 115; *Kleinknecht/Meyer-Goßner*, § 223 Rn. 4; KK-*Senge*, vor § 48 Rn. 67 m.w.N.). Etwas anders soll gelten, wenn durch die Teilnahme des Verteidigers der Untersuchungserfolg gefährdet wäre (§ 224 Abs. 1 S. 2). Das soll z.B. der Fall sein, wenn der Beschuldigte/Verteidiger die Anwesenheit bei der Vernehmung zu **Verdun-**

kelungshandlungen nutzen **könnte** (BGH, a.a.O., m.w.N.; KK-*Senge*, a.a.O.). Diese Auffassung ist m.E. im Hinblick auf § 1 BRAO, wenn nicht unvertretbar, so doch zumindest zweifelhaft und dürfte nur in extremen Ausnahmefällen zutreffen. Zu fordern sind auf jeden Fall konkrete Tatsachen, die die Annahme des Missbrauchs belegen. Anderenfalls läuft die o.a. Ansicht im Ergebnis auf die Abwertung eines ganzen Berufsstandes hinaus (wegen der allgemeinen Einzelh. → *Kommissarische Vernehmung eines Zeugen oder Sachverständigen*, Rn. 579 ff.; s. auch BGH, a.a.O.).

- Schließlich ist auch noch die Anregung in Betracht zu ziehen, die **HV** in einen **besonders gesicherten Raum** verlegen zu lassen (BGHSt 32, 115, 125).

1117

b) **In** der **HV** bieten sich folgende Möglichkeiten an:

- Gibt das Gericht zu erkennen, dass es sich mit einer von der Strafverfolgungsbehörde/Dienstherrn des V-Mannes abgegebenen (teilweisen oder vollständigen) Sperrerklärung zufrieden geben will, muss der Verteidiger entsprechende **(Beweis-)Anträge** auf Vernehmung des V-Mannes in der HV stellen (vgl. auch *Wesemann* StV 1997, 602 ff.). Dadurch wird das Gericht gezwungen, sich darüber klar zu werden, ob der V-Mann **tatsächlich** i.S.d. § 244 Abs. 3 „**unerreichbar**" ist.

Dabei wird der Verteidiger auch darauf hinweisen, dass § 247a die Videovernehmung auch dann erlaubt, wenn sich der Zeuge an einem **anderen Ort** aufhält. Das dürfte Auswirkungen auf das Merkmal „unerreichbar" hat (s. dazu jetzt auch BGHSt 45, 188; NJW 2000, 2517; *Kleinknecht/Meyer-Goßner*, § 244 Rn. 62).

- Darüber hinaus empfehlen sich folgende **Anregungen/Anträge**, die ggf. die unmittelbare Vernehmung des V-Mannes unter einem gewissen Schutz für diesen in der HV ermöglichen:
  - Im Hinblick auf die neue Vorschrift des § 247a wird der Verteidiger mit einem **(Beweis-)Antrag** die Vernehmung des V-Mannes im Wege der Videokonferenz beantragen (→ ***Videovernehmung** in der Hauptverhandlung*, Rn. 1129, 1131).
  - Hinweisen sollte der Verteidiger auch auf die Möglichkeit, dass, wenn schon nicht nach § 247a vernommen wird, dann zumindest der **Angeklagte** gem. § 247 S. 1 aus dem Sitzungssaal zu **entfernen** sein wird (s. dazu BGHSt 32, 32 und die weiteren Nachw. bei *Lesch*, a.a.O., Fn. 54; → *Entfernung des Angeklagten aus der Hauptverhandlung*, Rn. 435). Wird der Angeklagte aus der HV entfernt, rechtfertigt das aber nicht, in seiner Abwesenheit einen Polizeibeamten über die Identität des V-Mannes zu vernehmen (BGH NStZ 1993, 350).
  - Möglich sein kann auch (wenigstens) ein **Ausschluss** der **Öffentlichkeit** nach § 172 Nr. 1a GVG (s. dazu BGH NJW 1985, 1478; *Günther* NStZ 1984, 35 in der Anm. zu BGHSt 1984, 32; *Lesch* StV 1995, 545 Fn. 54; zum → *Ausschluss der Öffentlichkeit*, Rn. 133 ff.).
  - Lässt sich eine Gefahr für Leben, Leib oder Freiheit des V-Mannes nicht anders ausschließen, sollte der Verteidiger anregen, diese Person unter Berücksichtigung des § 68 Abs. 2 und/oder Abs. 3, also unter **Verschweigen** des **Wohnortes** oder der **wahren Identität**/Legende, zu **vernehmen** (wegen der Einzelh. *Kleinknecht/Meyer-Goßner*, § 68 Rn. 10 ff.; für den VE im eigentlichen Sinn s. §§ 110b Abs. 3, 110a Abs. 2 S. 2).

1118

In diesem Zusammenhang ist fraglich, ob die bisher h.M. (vgl. u.a. BGHSt 32, 115; *Kleinknecht/Meyer-Goßner*, § 68 Rn. 18; KK-*Senge*, vor § 48 Rn. 71 m.w.N. aus der Lit.), wonach **identitätsverdeckende Abschirmungsmaßnahmen** (Trennscheibe, Maskierung, Konferenzschaltung) unzulässig sind, fortbestehen kann (dazu *Lesch* StV 1995, 545 Fn. 57 m.w.N. und LG Frankfurt StV 1994, 475 f., das es offenbar für zulässig ansieht, dass ein VE sein **Aussehen** für die Vernehmung in der HV **verändert**; s. zur a.A. *Herdegen* NStZ 1984, 101; *Rebmann* NStZ 1982, 315, 319; offenbar zw. *Reulke*, S. 726 f.).

Grds. muss der Angeklagte zu **irgendeinem Zeitpunkt** des Verfahrens die **Gelegenheit** gehabt haben, einen gegen ihn aussagenden **Zeugen** zu **befragen** (EGMR StV 1990, 481; 1991, 193; StV 1997, 617 [Verletzung der Verteidigungsrechte des Angeklagten bei Vernehmung eines verdeckt arbeitenden Polizeibeamten in Abwesenheit des Angeklagten und des Verteidigers]; StraFo 2000, 160). Soweit es um die Verwertung der Erkenntnisse verdeckt operierender Polizeibeamter geht, ist dieser Grundsatz allerdings eingeschränkt worden (vgl. wegen der Einzelh. *Joachim* StV 1992, 245; s. aber BVerfG NJW 1992, 168 und EGMR, a.a.O.). Der Verteidiger sollte auch daran denken, dass notfalls der Zeuge **schriftlich** befragt werden muss, indem ihm durch das Gericht ein vorbereiteter **Fragenkatalog** des Angeklagten **vorgelegt** wird (BGH NStZ 1993, 292; s.a. *Eisenberg*, Rn. 1053 f.).

1119 **4.** Lässt sich eine unmittelbare Vernehmung des V-Mannes in der HV nicht erreichen (zu verteidigungstaktischen Überlegungen s.u. Rn. 1121), kann die **mittelbare Verwertung** der Erkenntnisse durch einen sog. „**Zeugen vom Hörensagen**" in Betracht kommen. Die Erkenntnisse eines V-Mannes können nämlich inhaltlich grds. durch die Vernehmung eines anderen Beamten in das Verfahren eingeführt werden (BVerfG NJW 1992, 168; BGHSt 32, 115, 122; *Kleinknecht/Meyer-Goßner*, § 250 Rn. 5, jeweils m.w.N.; zum V-Mann als Beweismittel zusammenfassend a. KK-*Senge*, vor § 48 Rn. 54 ff. m.w.N.). Dabei kann es sowohl um Umstände gehen, die der zu vernehmende Zeuge als Vernehmungsbeamter in einer förmlichen Vernehmung des V-Mannes als auch formlos von diesem erfahren hat. In diesen Fällen muss der Verteidiger besonders die **Gefahren** berücksichtigen, die entstehen, wenn der V-Mann im Verborgenen bleibt. Dem ist bei der **Beweiswürdigung** Rechnung zu tragen (vgl. wegen der Einzelh. → *V-Mann in der Hauptverhandlung*, Rn. 1137, m.w.N.; zur Beweiswürdigung s.a. *Eisenberg*, Rn. 1033, 1034).

In der HV muss der Verteidiger verdeutlichen, dass in zweierlei Hinsicht **Glaubwürdigkeitsfragen** entstehen. Zum einen geht es um die Glaubwürdigkeit des V-Mannes selbst, zum anderen um die des „Zeugen vom Hörensagen". Besonders auf die Glaubwürdigkeit des V-Mannes muss der Verteidiger sein Augenmerk richten und versuchen, diese durch Befragung des Vernehmungsbeamten/„Zeugen vom Hörensagen" zu klären. Das gilt vor allem für die Frage der „Zuverlässigkeit" des V-Mannes, die der Verteidiger, wenn sie vom Vernehmungsbeamten behauptet wird, **hinterfragen** muss (zu den Glaubwürdigkeitsproblemen s.a. *Wesemann* StV 1997, 603).

5. Möglich ist schließlich auch noch eine **Verlesung polizeilicher Protokolle** über eine Vernehmung des V-Mannes. Insoweit dürften bei (zulässiger) vollständiger Sperrung des V-Mannes die Voraussetzungen des § 251 Abs. 2 S. 2 vorliegen, da dieser aus anderem Grund in absehbarer Zeit gerichtlich nicht vernommen werden kann (→ *Verlesung von Protokollen früherer Vernehmungen*, Rn. 1023; s.a. *Kleinknecht/Meyer-Goßner*, § 251 Rn. 33 m.w.N. und KG StV 1995, 348; zur „Erreichbarkeit" s.a.o. Rn. 1117). **1120**

☝ In diesem Zusammenhang muss der Verteidiger die Frage aufwerfen und problematisieren, aus welchen sachlichen Gründen ein **Tonbandmitschnitt** der Vernehmung des V-Mannes oder die **Videovernehmung** des Zeugen unterblieben ist.

Ob das (alleinige) **Fehlen** von **Angaben** zur **Identität** des Aussagenden die Vernehmung unverwertbar macht, ist umstr. (s. einerseits verneinend BGHSt 33, 83; andererseits bejahend *Fezer* JZ 1984, 435 in der Anm. zu BGHSt 32, 115; *Taschke* StV 1985, 269 f. in der Anm. zu BGHSt 33, 83). M.E. dürfte die Auffassung der Rspr. zutreffen, da weder § 251 Abs. 1 die Angabe von Personalien verlangt noch der für polizeiliche Vernehmungen geltende § 163a Abs. 5 die Anwendung des § 68 verbindlich vorschreibt (KK-*Senge*, vor § 48 Rn. 70). Auch hier wird man jedoch den durch die fehlenden Personalangaben i.d.R. nur **eingeschränkten Beweiswert** des Beweismittels berücksichtigen müssen. Eine Verurteilung allein aufgrund dieser Angaben wird daher nicht möglich sein (zum eingeschränkten Beweiswert → *V-Mann in der Hauptverhandlung*, Rn. 1137).

6. Hinweise für den Verteidiger! **1121**

Sein Verhalten im Hinblick darauf, in der HV ggf. die unmittelbare Vernehmung des V-Mannes zu erreichen, wird der Verteidiger von folgenden **taktischen Überlegungen** abhängig machen: Er wird auf die persönliche Anhörung in der HV dann nicht verzichten, wenn es auf den persönlichen Eindruck ankommt und/oder wenn er den V-Mann befragen muss. Anders wird er sich entscheiden, wenn der Angeklagte durch die Aussage entlastet werden sollte und das Gericht zu erkennen gegeben hat, dass es die Aussage auch so werten will. Auch sollte nicht der geringere Beweiswert der nur mittelbaren Verwertung der Erkenntnisse des V-Mannes übersehen werden.

☝ Maßnahmen des Vorsitzenden in Zusammenhang mit der Verwertung/Einführung der Erkenntnisse des V-Mannes in die HV sind solche der → *Verhandlungsleitung*, Rn. 972. Diese kann der Verteidiger, wenn er damit nicht einverstanden ist, **beanstanden** und damit gem. **§ 238 Abs. 2** einen Gerichtsbeschluss herbeiführen. Diesen **Widerspruch** muss er im Hinblick auf die Rspr. des BGH erheben, wenn er sich die entsprechende **Revisionsrüge** erhalten will (Folge aus BGHSt 38, 214; → *Widerspruchslösung*, Rn. 1166a ff.; s. auch BGH NStZ-RR 2001, 260 [Be]).

1122 Verwirkung von Verteidigungsrechten

Literaturhinweise: ***Bernsmann***, Zur Stellung des Strafverteidigers im deutschen Strafverfahren, StraFo 1999, 226; ***Ebert***, Zum Beanstandungsrecht nach Anordnungen des Strafrichters gem. § 238 Abs. 2 StPO, StV 1997, 269; ***Jeschek***, Die Verwirkung von Verfahrensrügen im Strafprozeß, JZ 1952, 400; ***Maatz***, Mitwirkungspflicht des Verteidigers in der Hauptverhandlung und Rügeverlust, NStZ 1992, 513; ***Schlüchter***, Wider die Verwirkung von Verfahrensrügen im Strafprozeß, in: Gedächtnisschrift für *Karlheinz Meyer*, S. 445; ***W.Schmid***, Die Verwirkung von Verfahrensrügen im Strafprozeß, 1967; ***Widmaier***, Mitwirkungspflicht des Verteidigers in der Hauptverhandlung und Rügeverlust(?), NStZ 1992, 519; s.a. die Hinw. bei → *Widerspruchslösung*, Rn. 1166a.

1122a Jeder Verteidiger muss sich bewusst machen, dass **Strafverteidigung** nicht erst in der Revisionsinstanz beginnt, sondern die **Grundlagen** für eine ggf. erfolgreiche Revision (zumindest) in der **Tatsacheninstanz**, wenn nicht schon im Ermittlungsverfahren, gelegt werden. Der Verteidiger hat kaum Möglichkeiten, Fehler, die er in der HV vor dem Tatrichter gemacht hat, in der Revisionsinstanz noch „auszubügeln" (*Dahs*, Rn. 747 m.w.N.). Dazu können auch die Fälle gehören, in denen der Verteidiger einen Verfahrensfehler des Tatrichters zwar bemerkt hat, gegen ihn aber nicht vorgegangen ist, um sich den Fehler zur Begründung der Revision „aufzuheben". Wegen der großen Gefahren, die sich daraus für den Angeklagten ergeben können, soll an dieser Stelle ein **Überblick** zu den Fragen der Verwirkung von Verteidigungsrechten gegeben werden (wegen der Einzelh. s. die eingehende Darstellung bei *Dahs*, Rn. 747 ff. m.w.N. und insbesondere auch bei → ***Widerspruchslösung***, Rn. 1166a).

1. Die Verwirkung von Verfahrensrügen/Beanstandung von Prozessverstößen kann für den Verteidiger in dreifacher Weise eintreten: **1123**

a) Am häufigsten ist der Fall des **Rügeverzichts** entweder vor oder nach der (falschen) Prozesshandlung, die durch den Verzicht geheilt wird. Dies gilt allerdings nur für (**verzichtbare**) Prozesshandlungen, auf die der Verteidiger also durch Erklärungen einwirken kann, wie z.B. die → *Nachtragsanklage*, Rn. 617, die → *Verlesung von Protokollen früherer Vernehmungen*, Rn. 1017 (§ 251 Abs. 1 Nr. 4), den Verzicht auf die Einhaltung der Ladungsfrist (→ *Ladung des Angeklagten*, Rn. 590; → *Ladung des Verteidigers*, Rn. 595) oder den → *Beweisverzicht*, Rn. 327, z.B. auf die Vernehmung von (erschienenen) Zeugen und/oder SV (vgl. dazu u.a. BGH StV 1995, 623; s.a. OLG Hamm StraFo 1998, 164, 269 [im Verzicht auf die Einhaltung der Ladungsfrist liegt kein Vorabverzicht auf den absoluten Revisionsgrund des § 338 Nr. 5 wegen Nichtteilnahme des – notwendigen – Verteidigers]).

Ein Rügeverzicht ist **unbeachtlich**, wenn es sich um **unverzichtbare Prozesshandlungen** und/oder-voraussetzungen handelt, wie z.B. ein → *Vereidigungsverbot*, Rn. 940, für Zeugen nach § 60 oder eine Verlängerung der zulässigen Unterbrechungsfrist des § 229 (→ *Unterbrechung der Hauptverhandlung*, Rn. 873).

b) Es kann auch der Fortgang des Verfahrens dazu führen, dass **Verfahrensverstöße** durch den **Prozessablauf überholt** sind. Der Verteidiger kann in der Revision gegen ein Urteil der kleinen Strafkammer des LG also keine Verfahrensverstöße des Amtsrichters (mehr) rügen. Etwas anderes gilt hinsichtlich der → *Zuständigkeit des Gerichts*, Rn. 1219 (BGHSt 42, 205). **1124**

c) Von besonderer praktischer Bedeutung ist die Verwirkung von Verfahrensverstößen durch **Nichtanrufung** des **Gerichts**. Die Möglichkeit der Anrufung des Gerichts steht dem Verteidiger nach **§ 238 Abs. 1** dann zu, wenn er Verfahrensverstöße des Vorsitzenden beanstanden will. Das Gericht muss dann gem. § 238 Abs. 2 durch einen Gerichtsbeschluss entscheiden. **1125**

> ☝ Der Gerichtsbeschluss ist nach überwiegenden Meinung – unabhängig von der Frage, welche Vorschriften i.Ü. verletzt sein müssen – grds. **unabdingbare Voraussetzung**, wenn in der **Revision** der Revisionsgrund der Beschränkung der Rechte der Verteidigung gem. § 338 Nr. 8 geltend gemacht werden soll (*Kleinknecht/Meyer-Goßner*, § 338 Rn 60 m.w.N.). Dieser **Beschluss** muss auch **in** der **HV** ergehen.

Dem Verteidiger ist deshalb **dringend** zu **raten**, wenn er sich durch eine Maßnahme des Vorsitzenden in seinen Rechten oder die des Angeklagten beschränkt sieht, gem. § 238 Abs. 2 das Gericht anzurufen und auf **jeden Fall** einen **Gerichtsbeschluss** herbeizuführen (→ *Verhandlungsleitung*, Rn. 972).

1126 **2.a)** Ob eine Verwirkung von Verteidigungsrechten ggf. auch durch **arglistiges Verhalten** des **Verteidigers** eintreten kann, ist zweifelhaft (vgl. *Dahs*, Rn. 767 ff.; *Jeschek* JZ 1952, 400; *W.Schmid*, S. 297 ff.). Man wird davon mit der wohl h.M. **allenfalls dann** ausgehen können, wenn der **Verteidiger selbst** den **Verfahrensfehler** in der Absicht **herbeigeführt** hat, um ihn mit der Revision zu rügen (*Kleinknecht/Meyer-Goßner*, § 338 Rn. 47 m.w.N.; OLG Hamm NJW 1960, 1361; VRS 20, 68 [Nichtvereidigung eines Dolmetschers]; vgl. die Beispiele bei *Dahs*, Rn 689 ff.; s.a. *Widmaier* NStZ 1992, 519). Da jedoch ein arglistiges Verhalten des Verteidigers dem daran nicht beteiligten Angeklagten nicht entgegengehalten werden kann (BGHSt 24, 280; *Jeschek* JZ 1952, 402), kommt eine Verwirkung von Verteidigungsrechten wegen arglistigen Verhaltens in der Praxis kaum in Betracht (*Kleinknecht/Meyer-Goßner*, a.a.O.; zum Rügeverlust a. *Maatz* NStZ 1992, 513; s.a. BGH NJW 1998, 2542 [Eigenmächtige Entfernung des Verteidigers von der → *Urteilsverkündung*, Rn. 920, führt zur Verwirkung der Rüge nach § 338 Nr. 5]).

1127 **b)** Ob die Entscheidung des BGH in **BGHSt 38, 111** (betr. die Stellung von Beweisanträgen [→ *Beweisantrag, Antragsberechtigung*, Rn. 272]) auf Dauer eine grundlegende Änderung der Rspr. bedeutet, bleibt abzuwarten. Jedenfalls hat der BGH in dieser Entscheidung die Notwendigkeit der **Mitwirkung** des **Verteidigers** an einer ordnungsgemäß zu fördernden HV betont und – soweit ersichtlich – erstmals mit aller Deutlichkeit herausgestellt, dass auch den Verteidiger die Pflicht trifft, dafür zu sorgen, dass das Strafverfahren sachdienlich und in prozessual geordneten Bahnen durchgeführt wird (zust. *Kleinknecht/Meyer-Goßner*, vor § 137 Rn. 1; a.A. u.a. *Bernsmann* StraFo 1999, 226 ff.). Die Mitwirkungspflichten des Verteidigers und ein sich aus ihrer Verletzung möglicherweise ergebender Rügeverlust sind seitdem insbesondere unter dem Stichwort → *Widerspruchslösung*, Rn. 1166a, in der Diskussion (s. u.a. *Maatz* NStZ 1992, 513; *Widmaier* NStZ 1992, 519) und werden abgelehnt. M.E. wird durch die Betonung der Mitverantwortung des Verteidigers sein Recht und seine Pflicht zu strenger Einseitigkeit zugunsten des Angeklagten nicht berührt. Andererseits darf aber auch nicht verkannt werden, dass die praktischen Probleme vielfältig sind und eine klare Grenzziehung häufig nicht möglich ist (s.a. *Maatz* NStZ 1992, 517; a.A. *Widmaier* NStZ 1992, 522).

3. Von erheblicher praktischer Bedeutung ist für den Verteidiger die in der Rspr. des BGH in den letzten Jahren in verstärktem Maße vertretene „**Widerspruchslösung**“. Sie steht i.d.R. in Zusammenhang mit der Frage nach den Rechtsfolgen von Verfahrensfehlern bei der Beweiserhebung im Ermittlungsverfahren und sich evtl. daraus ergebenden **Beweisverwertungsverboten**. Wegen der erheblichen Bedeutung in der Praxis sind die damit zusammenhängenden Fragen gesondert dargestellt bei → *Widerspruchslösung*, Rn. 1166a ff.. **1128**

Siehe auch: → *Rügeverlust*, Rn. 761.

Videovernehmung in der Hauptverhandlung **1129**

Das Wichtigste in Kürze

1. Das sog. ZSchG erlaubt jetzt die Vernehmung eines Zeugen unter Einsatz der Videotechnologie.
2. Die Videovernehmung in der HV ist nach § 247a S. 1 in zwei Fällen zulässig, nämlich nach Hs. 1 einmal zum Schutz des Zeugen und zum anderen nach Hs. 2 unter den Voraussetzungen des § 251.
3. Nach § 247a S. 1 Hs. 1 ist die Videovernehmung gestattet, wenn die dringende Gefahr eines schwerwiegenden Nachteils für das Wohl des Zeugen besteht, wenn er in Gegenwart der in der HV Anwesenden vernommen wird und diese Gefahr nicht in anderer Weise abgewendet werden kann.
4. Nach § 247a S. 1 Hs. 2 ist die Videovernehmung auch unter den Voraussetzungen zulässig, unter denen die Verlesung einer Vernehmungsniederschrift gem. § 251 Abs. 1 Nr. 2 bis 4 statthaft ist.
5. Die Anordnung der Videovernehmung steht im pflichtgemäßen Ermessen des Gerichts.
6. Die Videovernehmung wird durch Beschluss des Gerichts angeordnet.
7. Die Durchführung der Vernehmung ist im Gesetz nur unzureichend geregelt.
8. Nach § 247a S. 4 soll die Videovernehmung in der HV aufgezeichnet werden, wenn zu besorgen ist, dass der Zeuge in einer weiteren HV nicht vernommen werden kann und die Aufzeichnung zur Erforschung der Wahrheit erforderlich ist.
9. Die Entscheidungen zur Videovernehmung sind grds. unanfechtbar.

1130

Literaturhinweise: ***Albrecht***, Das Verhältnis der audiovisuellen Vernehmung gem. § 247a StPO zu anderen Formen der Beweiserhebung, insbesondere zur Verlesung von Vernehmungsniederschriften gem. § 251 Abs. 1 Nr. 2 StPO, StV 2001, 364; ***Arntzen***, Video- und Tonbandaufnahmen als Ersatz für richterliche Vernehmungen von Kindern zu Sexualdelikten?, ZRP 1995, 241; ***Beulke***, Empirische und normative Problem der Verwendung neuer Medien in der Hauptverhandlung, Sonderdruck ZStW 2001, 709; ***Böhm***, Kindliche Opferzeugen vor den Amtsgerichten, ZRP 1996, 259; ***Burhoff***, Schutz von Zeugen bei Vernehmungen im Strafverfahren, ZAP F. 22, S. 289; ***Caesar***, Empfehlen sich gesetzliche Änderungen, um Zeugen und andere nicht beschuldigte Personen im Strafprozeß vor Nachteilen zu bewahren?, NJW 1998, 2313; ***Dahs***, Die gespaltene HV, NJW 1996, 178; ***Diemer***, Der Einsatz der Videotechnik in der Hauptverhandlung, NJW 1999, 1667; ders., Verfahrensrügen im Zusammenhang mit der audiovisuellen Vernehmung nach § 247a StPO, NStZ 2000, 393; ders., Die Anfechtbarkeit von Entscheidungen im Zusammenhang mit der audiovisuellen Vernehmung eines Zeugen in der Hauptverhandlung, StraFo 2000, 217; ders., Zur Bedeutung der Videoaufzeichnung im Revisionverfahren, NStZ 2002, 16, ***Geppert***, Die Vernehmung kindlicher Zeugen mittels Videotechnologie, Jura 1996, 550; ***Gleß***, § 247a StPO – (auch) eine Wohltat für den Angeklagten?, JR 2002, 97; ***Griesbaum***, Der gefährdete Zeuge, NStZ 1998, 433; ***Helmig***, Anwendbarkeit und Zweckmäßigkeit der Videotechnik zum Schutz von Zeugen vor Belastungen durch das Strafverfahren, 2000; ***Hussels***, Kinder im Zeugenstand – eine aktuelle Betrachtung, NJW 1995, 1877; ders., Videoübertragungen von jugendlichen Zeugen in Mißbrauchsprozessen – eine Bestandsaufnahme und Überlegungen de lege ferenda, ZRP 1995, 242; ***Jung***, Zeugenschutz, GA 1998, 313; ***Kaczynski***, Was leistet justizielle Zeugenbetreuung, NStZ 2000, 451; ***Krapf***, Audiovisuelle Zeugenvernehmung, Durchführungsmöglichkeiten und Tipps unter besonderer Berücksichtigung der Videovernehmung im Ausland, Krim 2000, 309; ***Laubenthal***, Schutz sexuell mißbrauchter Kinder durch Einsatz von Videotechnologie im Strafverfahren, JZ 1996, 335; ***Leitner***, Rechtliche Probleme von Video-Aufzeichnungen und praktische Konsequenzen für die Verteidigung, StraFo 1999, 45; ***Nelles***, Der Zeuge – ein Rechtssubjekt, kein Schutzobjekt, NJ 1998, 449; ***Pfäfflin***, Schützen Videovernehmungen kindliche Zeugen vor sekundärer Traumatisierung?, StV 1997, 95; ***Riek***, Audiovisuelle Konfrontationsvernehmung gem. § 247a StPO, StraFo 2000, 400; ***Rieß***, Zeugenschutz bei Vernehmungen im Strafverfahren, NJW 1998, 3240; ders., Das neue Zeugenschutzgesetz, insbesondere Videoaufzeichnungen von Aussagen im Ermittlungsverfahren und in der HV, StraFo 1999, 1; ***Schlothauer***, Video-Vernehmung und Zeugenschutz – Verfahrenspraktische Fragen im Zusammenhang mit dem Gesetz zur Änderung der etc. (Zeugenschutzgesetz), StV 1999, 47; ***Schlüchter/Greif***, Zeugenschutz durch das Zeugenschutzgesetz?, Krim 1998, 530; ***Schöch***, Erfahrungen mit der Videovernehmung nach dem Zeugenschutzgesetz, in: Festschrift für *Meyer-Goßner*, S. 365; ***Schünemann***, Der deutsche Strafprozeß im Spannungsfeld von Zeugenschutz und materieller Wahrheit, StV 1998, 391; ***Seitz***, Das Zeugenschutzgesetz – ZSchG, JR 1998, 309; ***von Knoblauch zu Hatzbach***, Videovernehmung von Kindern – erste Erfahrungen deutscher Gerichtspsychologinnen, ZRP 2000, 276; ***Weider***, Die Videovernehmung von V-Leuten gemäß § 247a StPO unter optischer und akustischer Abschirmung, StV 2000, 48; ***Weider/Staechlin***, Das Zeugenschutzgesetz und der gesperrte V-Mann, StV 1999, 51; ***Weiner/Foppe***, Endlich ein ausreichender Opferschutz?, Krim 1998, 536; ***Zschockelt/Wegner***, Opferschutz und Wahrheitsfindung bei der Vernehmung von Kindern im Verfahren wegen sexuellen Mißbrauchs, NStZ 1996, 305.

1131 **1.** Am 1.12.1998 ist das Gesetz zum Schutz von Zeugen bei Vernehmungen im Strafverfahren und zur Verbesserung des Opferschutzes (sog. **Zeugenschutzgesetz** [ZSchG]; BGBl. I 1998, S. 820) in Kraft getreten (zum Gesetzgebungsverfahren s. *Burhoff* ZAP F. 22, S. 290; *Rieß* StraFo 1999, 1; *Seitz* JR 1998, 309; *Beulke*, S. 716 f.; zu weiteren geplanten Zeugenschutzmaßnahmen → *Gesetzesnovellen*, Rn. 527). Danach ist im Strafverfahren jetzt der Einsatz von Bild-Ton-Aufzeichnungen von Vernehmungen und die Bild-Ton-Direktübertragung eines Teils der strafrechtlichen HV in einen anderen Raum als den Sitzungssaal erlaubt (zur Diskussion um die Neuregelung und die Zulässigkeit der Videovernehmung nach altem Recht s. die o.a. Lit.-Hinw.). **Sinn** und **Zweck** dieser Neuregelung ist es insbesondere, Zeugen bei sie besonders belastenden Vernehmungen zu schützen und ihnen die damit i.d.R. einhergehenden Beeinträchtigungen zu ersparen oder diese zumindest zu reduzieren (BGH NStZ 2001, 262; zum Zeugenschutz allgemein s. z.B. *Jung* GA 1998, 313 ff.). Dies muss man bei der Auslegung der nicht besonders geglückten Neuregelung im Auge behalten. Die Vorschrift ist zudem als Ausnahmeregelung zu § 250 eng auszulegen (*Kleinknecht/Meyer-Goßner*, § 247a, Rn. 1).

☝ Die nachfolgenden Ausführungen befassen sich **nur** mit der Zulässigkeit der Videovernehmung in der **Hauptverhandlung** gem. § 247a. Diese Vorschrift ist für die HV eine Sondervorschrift, die die Anwendung des § 58a aus schließt (*Rieß* NJW 1998, 3241). Die mit der Videovernehmung im Ermittlungsverfahren zusammenhängenden Fragen sind dargestellt bei *Burhoff*, EV, Rn. 1955, und die mit der Vorführung einer im Ermittlungsverfahren gefertigten Videoaufzeichnung einer Vernehmung bei → ***Vorführung von Bild-Ton-Aufzeichnungen***, Rn. 1158a.

1132

2. Die Videovernehmung in der HV ist nach § 247a S. 1 in **zwei Fällen zulässig**, nämlich nach Hs. 1 einmal zum Schutz des Zeugen (s. dazu Rn. 1133 ff.) und zum anderen nach Hs. 2 unter den Voraussetzungen des § 251 (s. dazu Rn. 1133c f.). Der Einsatz der Videovernehmung ist **nicht** auf bestimmte **Deliktsbereiche** oder besondere **Gruppen** von **Zeugen beschränkt** (KK-*Diemer*, § 247a Rn. 2; *Diemer* NJW 1999, 1668). Das bedeutet, dass die Vorschrift nicht nur bei minderjährigen Zeugen oder Opfern von Sexualdelikten anwendbar ist, sondern für alle schutzbedürftigen Zeugen gilt (zur anderen Regelung in § 255a Abs. 2 → *Vorführung von Bild-Ton-Aufzeichnungen*, Rn. 1158f). Das sind insbesondere auch sog. gefährdete Zeugen, wie VE oder V-Leute (zur Frage der ggf. abgeschirmten Vernehmung s.u. Rn. 1133b, 1133g; → *Vernehmung des Zeugen zur Person*, Rn. 1048; → *Verwertung der Erkenntnisse eines [gesperrten] V-Mannes*, Rn. 1113 f.).

1133

3. Nach § 247a S. 1 Hs. 1 ist die Videovernehmung gestattet, wenn die dringende Gefahr eines **schwerwiegenden Nachteils** für das Wohl des Zeugen besteht (s. dazu u. Rn. 1133a), wenn er in Gegenwart der in der HV Anwesenden vernommen wird, und diese Gefahr **nicht** in anderer Weise **abgewendet** werden kann (s. dazu u. Rn. 1133b; eingehend zu allem *Diemer* NJW 1999, 1669; *Kleinknecht/Meyer-Goßner*, § 247a Rn. 3 f.).

☝ Auch nach der Einführung des § 247a bleibt die **unmittelbare Vernehmung** des Zeugen in der HV gem. § 250 S. 1 die **Regel** (a.A. offenbar HK-*Julius*, § 247a Rn. 8, wonach die Videovernehmung schon nach § 244 Abs. 2 zulässig sein soll, a.A. auch *Weider* StV 2000, 53). Das ergibt sich daraus, dass die Durchführung einer Videovernehmung im pflichtgemäßen Ermessen des Gerichts steht und an eng auszulegende Voraussetzungen geknüpft ist (*Kleinknecht/Meyer-Goßner*, § 247a Rn. 3; KK-*Diemer*, § 247a Rn. 4; *Beulke*, S. 717).

1133a **a)** Es muss die dringende Gefahr eines **schwerwiegenden Nachteils** für das Wohl des Zeugen bestehen. Der Nachteil kann in Beeinträchtigungen der physischen Gesundheit oder des seelischen Zustands des Zeugen liegen (*Kleinknecht/Meyer-Goßner*, § 247a Rn. 3). Nicht ausreichend ist – anders als bei § 247 – die Befürchtung, der Zeuge werde in Gegenwart des Angeklagten nicht die Wahrheit sagen (→ *Entfernung des Angeklagten aus der Hauptverhandlung*, Rn. 436) oder sonstige Befürchtungen hinsichtlich der Gefährdung der Wahrheitsfindung. Es muss sich um einen schwerwiegenden Nachteil handeln, so dass nur vorübergehende, geringfügige Beeinträchtigungen des Wohlbefindens des Zeugen nicht ausreichen. Die Belastungen des Zeugen müssen vom Sinn und Zweck der Vorschrift, die den Zeugen vor **massiven Belastungen** schützen will (BT-Dr. 13/7165, S. 4, 9), den Grad der normalerweise mit der Vernehmung in der HV verbundenen Belastungen übersteigen (KK-*Diemer*, § 247a Rn. 9).

Erforderlich ist das Bestehen einer **dringenden Gefahr**. Das bedeutet, dass aufgrund bestimmter Tatsachen **positiv feststehen** muss, dass der Nachteil für den Zeugen im konkreten Fall mit hoher Wahrscheinlichkeit eintreten wird (KK-*Diemer*, § 247a Rn. 3). Insoweit gilt dasselbe wie zu § 247 S. 3, der insoweit dieselbe Formulierung enthält (→ *Entfernung des Angeklagten aus der Hauptverhandlung*, Rn. 438; *Kleinknecht/Meyer-Goßner*, § 247a Rn. 3).

☝ Es **reicht** also **nicht** aus, wenn die Nachteile für den Zeugen nur zu **befürchten** sind (anders noch der Gesetzesentwurf, BT-Dr. 13/4983, S. 10).

Das Gericht muss vom Eintritt der Nachteile überzeugt sein (BGH NStZ 1988, 423 [für § 247]). Daraus folgt, dass sich das Gericht ggf., bevor nach § 247a verfahren wird, einen eigenen Eindruck von dem Zeugen machen muss. Möglicherweise muss es in Zweifelsfällen sogar einen **SV befragen** (HK-*Julius*, § 247a Rn. 5; *Leitner* StraFo 1999, 47), was insbesondere bei der Vernehmung von Kindern gelten dürfte. Auch insoweit gibt es nämlich keinen allgemeinen Erfahrungssatz, dass diese durch eine Vernehmung immer belastet werden (*Pfäfflin* StV 1997, 97).

Die Gefahr muss schließlich davon ausgehen, dass der Zeuge in **Gegenwart** der in der HV **Anwesenden** vernommen wird, also anders als bei § 247 S. 2 nicht allein von der Gegenwart des Angeklagten.

1133b **b)** Die Videovernehmung nach § 247a S. 1 Hs. 1 ist **subsidiär** (*Kleinknecht/Meyer-Goßner*, § 247a Rn. 3). D.h., sie kommt nicht in Betracht, wenn die Gefahr für den Zeugen auf andere Art und Weise abgewendet werden kann. Das Gesetz nennt insoweit selbst ausdrücklich den → *Ausschluss der Öffentlichkeit*, Rn. 133 (s. §§ 171b ff. GVG) und die → *Entfernung des Angeklagten aus der Hauptverhandlung*, Rn. 435, nach § 247 (zum Verhältnis der Vorschriften vgl. BGH NStZ 2000, 440; 2001, 262; 2001, 608; s. auch *Diemer* NJW 1999, 1669; *Beulke*, S. 717; krit. *Rieß* StraFo 1999, 1).

☝ Nach zutreffender h.M. gestattet § 247a **nicht**, die Videovernehmung anzuordnen, um die **Entfernung** des **Angeklagten** aus der HV zu **vermeiden** (*Kleinknecht/Meyer-Goßner*, § 247a Rn. 4; KK-*Diemer*, § 247a Rn. 11; a.A. *Laubenthal* JZ 1996, 344; *Weider* StV 2000, 53; s.a. HK-*Julius*, § 247a Rn. 7). Vielmehr darf die Videovernehmung erst angeordnet werden, wenn sicher ist, dass andere Maßnahmen, z.B. auch die → *Entfernung des Angeklagten aus der Hauptverhandlung*, Rn. 435, den schwerwiegenden Nachteil für den Zeugen nicht abwenden können. Genügt die Entfernung, muss die Videovernehmung unterbleiben (so auch *Rieß* StraFo 1999, 6; zum Verhältnis von § 247 zu § 247a i.Ü. *Kleinknecht/Meyer-Goßner*, § 247a Rn. 4). Andererseits gilt **§ 247** auch bei einer Videovernehmung **uneingeschränkt** fort (KK-*Diemer*, § 247a Rn. 8). Danach kann der Angeklagte von der HV ausgeschlossen werden, wenn trotz der Schutzmaßnahmen nach § 247a die Ausschlussgründe des § 247 fortdauern (BT-Dr. 13/7165, S. 10). Die → *Entfernung des Angeklagten aus der Hauptverhandlung*, Rn. 435, ist also im Zweifel vorrangig (*Kleinknecht/Meyer-Goßner*, § 247 Rn. 4).

Wird allerdings ein **Zeuge**, der das **16. Lebensjahr** vollendet hat, ausschließlich durch die Anwesenheit des Angeklagten der dringenden Gefahr eines schwerwiegenden Nachteils nur für sein Wohl ausgesetzt, kommen weder Maßnahmen nach § 247 noch nach § 247a in Betracht. Die Ersteren scheitern daran, dass kein Nachteil für die „Gesundheit" des Zeugen besteht (→ *Entfernung des Angeklagten aus der Hauptverhandlung*, Rn. 438), die Letzteren daran, dass „nur" die Anwesenheit des Angeklagten Ursache für die Beeinträchtigung des Wohls des Zeugen ist. In Betracht kommt aber ggf. die → *Entfernung des Angeklagten aus der Hauptverhandlung*, Rn. 438, unter dem Gesichtspunkt der Wahrheitsgefährdung (*Kleinknecht/Meyer-Goßner*, a.a.O.).

☝ In den Fällen, in denen die Beeinträchtigung des Wohls des Zeugen ihre Ursache (nur) in der Anwesenheit des Angeklagten hat, wird das Gericht **erwägen** können/ggf. sogar müssen, ob die **Videovernehmung** nicht auf § 247a S. 1 **Hs. 2** i.V.m. § 251 Abs. 1 Nr. 4 gestützt werden kann/muss, wenn alle Beteiligten mit der Videovernehmung einverstanden sind. Die Subsidiaritätsklausel gilt insoweit nicht (*Rieß* StraFo 1999, 6 Fn. 89; *Beulke*, S. 718). Der Verteidiger muss in diesem Zusammenhang bedenken, dass sich die Erteilung des Einverständnisses schon deshalb empfehlen kann, weil der Mandant dann Gelegenheit erhält, die Vernehmung des Zeugen unmittelbar zu verfolgen und er von seinem Fragerecht direkt Gebrauch machen kann (HK-*Julius*, a.a.O.; zur Aufklärungspflicht des Gerichts, im Zusammenhang mit einer Beweisanregung nach gescheiterter Vernehmung eines Zeugen diesen per Videoübertragung zu vernehmen, s. BGH NStZ-RR 1999, 80).

Darüber hinaus ist zur Abwendung der Gefahr für den Zeugen aber auch noch an **weitere Maßnahmen** zu denken, wie z.B. die Beiordnung eines → ***Verletztenbeistands/Opferanwalts***, Rn. 1032, oder der Verzicht auf die Vernehmung bei Vorliegen eines glaubhaften Geständnisses (vgl. Nr. 222 Abs. 2 RiStBV), aber auch die Möglichkeiten der Gestaltung der Vernehmung durch den Vorsitzenden (s. z.B. § 241a und/oder § 68a; wegen weiterer Maßnahmen s. KK-*Diemer*, § 247a Rn. 10).

☝ Nach KK-*Diemer* (a.a.O.) ist auch die Vernehmung eines Zeugen unter **akustischer** und **optischer Abschirmung** eine der Videovernehmung vorrangige Maßnahme (a.A. zur Zulässigkeit der „abgeschirmten" Vernehmung *Kleinknecht/Meyer-Goßner*, § 68 Rn. 18 m.w.N.; s.a. § 247a Rn. 1 m.w.N.). Auch *Weider* (StV 2000, 48) hält die Videovernehmung von V-Leuten für zulässig (→ *Verwertung der Erkenntnisse eines [gesperrten] V-Mannes*, Rn. 1111).

1133c **4.** Nach § 247a S. 1 **Hs. 2** ist die Videovernehmung auch unter den **Voraussetzungen** zulässig, unter denen die **Verlesung** einer **Vernehmungsniederschrift** gem. § 251 Abs. 1 Nr. 2 bis 4 statthaft ist (→ *Verlesung von Protokollen früherer Vernehmungen*, Rn. 1017, 1021). Im Vordergrund steht bei dieser Regelung nicht so sehr der Zeugenschutz, sondern das Interesse an zügiger und erleichterter Durchführung des Verfahrens. Im Einzelnen gilt (vgl. auch *Diemer* NJW 1999, 1670):

- Die Videovernehmung muss „zur **Erforschung** der **Wahrheit**" **erforderlich** sein. Das bedeutet, dass im Hinblick auf die sich aus § 244 ergebende → *Aufklärungspflicht des Gerichts*, Rn. 95, ggf. die Verlesung eines verlesbaren Protokolls der (richterlichen) Vernehmung des Zeugen im Ermittlungsverfahren (→ *Verlesung von Protokollen früherer*

Vernehmungen, Rn. 1017) vorrangig sein kann (zum Verhältnis der Vorschriften s.a. BGHSt 46, 73; NStZ 2000, 385; *Albrecht* StV 2001, 364), vor allem dann, wenn von der Videovernehmung keine weitergehende oder bessere Aufklärung zu erwarten ist als z.B. durch die Verlesung eines richterlichen Protokolls (BGH, a.a.O.; krit. *Albrecht* StV 2001, 366). Entsprechendes gilt für die → *Vorführung von Bild-Ton-Aufzeichnungen*, Rn. 1158a, gem. § 255a. Andererseits kann aber auch, als Ersatz für die Verlesung, im Rahmen des § 244, eine Videovernehmung in Betracht kommen (zur Aufklärungspflicht s.a. *Kleinknecht/Meyer-Goßner*, § 247a Rn. 6 a.E.; KK-*Diemer*, § 247a Rn. 13).

- Gestattet ist **nur** die Videovernehmung von **Zeugen**, **nicht** hingegen auch die von **SV** und **Mitbeschuldigten** (KK-*Diemer*, § 247a Rn. 12). Hs. 2 nimmt nämlich auf Hs. 1 („eine solche Anordnung ...") Bezug. Zulässig ist aber auch die Vernehmung eines Mitbeschuldigten, der im Zeitpunkt der Vernehmung die Stellung eines Zeugen hat (BGHSt 46, 73; *Kleinknecht/Meyer-Goßner*, § 247a Rn. 6; *Diemer* NJW 1999, 1670; → *Vernehmung des Mitangeklagten als Zeugen*, Rn. 1045).

- Wegen der **Voraussetzungen** für die **Zulässigkeit** der Videovernehmung kann auf die Ausführungen bei → ***Verlesung von Protokollen früherer Vernehmungen***, Rn. 1021, Bezug genommen werden. In der Praxis wird insbesondere Nr. 2 – nicht zu beseitigendes Hindernis – von Bedeutung sein. Denn mit der Neuregelung besteht nun eine Möglichkeit, einen im **Ausland** befindlichen **Zeugen**, der sich zur Einreise zum Zweck der Vernehmung nicht bereit findet, in der HV zu vernehmen (s. dazu ausdrücklich BT-Dr. 13/9063, S. 4 und BGHSt 45, 188; → *Auslandszeuge*, Rn. 126, sowie *Beulke*, S. 723) . § 247a S. 1 Hs. 2 ermöglicht schließlich auch die Vernehmung eines „gesperrten" Zeugen (dazu eingehend *Weider/Staechlin* StV 1999, 51; *Weider* StV 2000, 48 ff.; → *Verwertung der Erkenntnisse eines [gesperrten] V-Mannes*, Rn. 1111).

Der Verteidiger muss seine Entscheidung, ob er sich mit der Videovernehmung eines Zeugen nach § 251 Abs. 1 Nr. 4 **einverstanden** erklärt, davon abhängig machen, ob diese ausreicht oder ob er die persönliche Anwesenheit des Zeugen in der HV als erforderlich ansieht (s.a. Rn. 1027 f.).

Ein Beweisantrag auf Vernehmung eines im **Ausland befindlichen Zeugen** beinhaltet zugleich den Antrag, diesen ggf. per Videokonferenz zu vernehmen (BGHSt 46, 73; NStZ 2000, 385). Bestehen technische Schwierigkeiten, kann der Antrag wegen Unerreichbarkeit des Zeugen abgelehnt werden (BGH, a.a.O.).

1133d

5. Die Anordnung der Videovernehmung steht im **pflichtgemäßen Ermessen** des Gerichts. Dieses entscheidet über das Vorliegen der Voraussetzungen des § 247a S. 1, und erst, wenn es diese bejaht, „kann" es die Videovernehmung anordnen. Dabei hat es folgende **Gesichtspunkte** zu **berücksichtigen** und abzuwägen (*Kleinknecht/Meyer-Goßner*, § 247a Rn. 7, eingehend KK-*Diemer*, § 247a Rn. 4 ff.; *Diemer* NJW 1999, 1670; zur Abwägung auch BGHSt 46, 73; *Albrecht* StV 2001, 366):

- im Fall des Hs. 1 (s.o. Rn. 1133 ff.) die **Interessen** des **Zeugen**, dessen Schutz in diesem Fall im Vordergrund steht (s.a. BGH NStZ 2001, 160 zur Unerreichbarkeit des Zeugen und der Nichtdurchführung eines Videovernehmung, wenn die Gründe, die gegen eine „normale" kommissarische Vernehmung zugleich auch gegen eine Videovernehmung sprechen),

- die Einschränkung des → ***Unmittelbarkeitsgrundsatzes***, Rn. 868,
- die → ***Aufklärungspflicht*** *des Gerichts*, Rn. 95, die es gebieten kann, der Videovernehmung den Vorrang vor einer → *Verlesung von Protokollen früherer Vernehmungen*, Rn. 1017, zu geben,
- im Fall des Hs. 2 (s.o. Rn. 1133c) **Verfahrensbeschleunigung** und -vereinfachung,
- den Umstand, dass sich bei einer Videovernehmung der unmittelbare Eindruck von einem Zeugen nur schwer vermitteln lässt, was insbesondere bei der **Glaubwürdigkeitsbeurteilung** zu berücksichtigen ist (*Schlothauer* StV 1999, 51, der u.a. deshalb rät, von der Videovernehmung nur als ultima ratio Gebrauch zu machen; s. aber *Weider* StV 2000, 48 zur abgeschirmten Vernehmung eines V-Mannes),
- und schließlich auch die **Interessen** des **Angeklagten**, dem durch die Videovernehmung der Anspruch auf rechtliches Gehör und sein (unmittelbares) Fragerecht beschnitten werden können (zur Bedeutung des Fragerechts des Angeklagten s. auch EGMR 2002, 160).

☝ Für die Anordnung ist das **Einverständnis** des Zeugen **nicht** erforderlich (s.a.u. Rn. 1133h).

1133e **6.** Die Videovernehmung wird durch **Beschluss** des **Gerichts**, nicht nur allein durch eine Maßnahme der → *Verhandlungsleitung*, Rn. 972, des Vorsitzenden angeordnet. Vor Erlass des Beschlusses, der in der HV zu verkünden ist, sind die Beteiligten zu hören. Der Beschluss muss zumindest erkennen lassen, auf welchen Fall des S. 1 das Gericht die Anordnung der Videovernehmung gestützt hat (*Kleinknecht/Meyer-Goßner*, § 247a Rn. 8). Ob darüber hinaus die „leitenden Erwägungen" dargelegt werden müssen (s. KK-*Diemer*, § 247a Rn. 15; a.A. *Kleinknecht/Meyer-Goßner*, a.a.O.), der Beschluss also zumindest kurz **begründet** werden muss, hängt davon ab, ob man in Ausnahmefällen die Anordnung trotz der Unanfechtbarkeitsregelung in § 247a S. 2 i.V.m. § 336 S. 2 doch die Revision für möglich hält (s.u. Rn. 1133m; s. auch HK-*Julius*, § 247a Rn. 10 [„sollte hingewiesen werden"]). Dann wird eine kurze Begründung erforderlich sein. Wird die Anordnung der Videovernehmung **abgelehnt**, bedarf diese Entscheidung **keiner Begründung** (*Kleinknecht/Meyer-Goßner*, a.a.O.).

☝ Durch den Beschluss wird angeordnet, dass der Zeuge sich während seiner Vernehmung an einem anderen Ort aufhält und mittels einer Bild-Ton-Übertragung vernommen werden soll. Die **Bestimmung** des **Vernehmungsortes** kann das Gericht dem **Vorsitzenden** überlassen (wegen der Einzelh. der Bestimmung *Kleinknecht/Meyer-Goßner*, § 247a Rn. 9). Grds. zulässig ist im Rahmen des § 247a auch eine kommissarische Vernehmung, da die Vorschrift nicht ausschließt, dass sich ein „kommissarischer Richter" mit dem zu vernehmenden Zeugen an einem anderen Ort aufhält (KK-*Diemer*, § 247a Rn. 3; *Diemer* NJW 1999, 1668; a.A. *Rieß* NJW 1998, 3242).

☝ Die in Zusammenhang mit der Anordnung einer Videovernehmung ergehenden Entscheidungen sind wesentliche Förmlichkeiten der HV i.S.d. § 273, müssen also in das → ***Protokoll*** der ***Hauptverhandlung*** Rn. 713, aufgenommen werden. Der **Verteidiger** muss außerdem darauf **achten**, dass seine Anträge zur Videovernehmung ebenfalls in das Protokoll aufgenommen werden.

1133f

7.a) Die **Durchführung** der **Vernehmung** ist im Gesetz nur unzureichend geregelt. Es wird in § 247a S. 3 lediglich bestimmt, dass die Aussage zeitgleich in Bild und Ton in das Sitzungszimmer übertragen wird. Alles weitere soll demnächst in den RiStBV geregelt werden. Bis dahin wird man folgenden **Standard** verlangen müssen (vgl. dazu *Janovsky* KR 1999, 455; *Riek* StraFo 2000, 400; *Krapf* Krim 2002, 309):

Die **Simultanübertragung** der Vernehmung muss so gestaltet sein, dass alle Verfahrensbeteiligten die verbalen und körperlichen **Äußerungen** des Zeugen möglichst **umfassend wahrnehmen** können (*Kleinknecht/Meyer-Goßner*, § 247a Rn. 10; KK-*Diemer*, § 247a Rn. 17; *Schlothauer*, StV 2000, 50; *Leitner* StraFo 1999, 47). Erforderlich dürfte es auch sein, dass nicht nur Aufnahmen des Zeugen, sondern auch von dem Vernehmungszimmer, in dem sich der Zeuge befindet, übertragen werden (*Schlothauer*, a.a.O.; *Rieß* StraFo 1999, 6; zur „two-way-Vernehmung" eingehend *Riek* StraFo 2000, 400; s. auch BGHSt 45, 188). Notwendig ist es darüber hinaus, dass auch dem Zeugen – und dem ihn ggf. begleitenden Beistand – die Vorgänge im Gerichtssaal übertragen werden und er nicht nur die an ihn gestellten Fragen hört (*Kleinknecht/Meyer-Goßner*, a.a.O.; *Leitner*, a.a.O.; wohl auch HK-*Julius*, § 247a Rn. 12).

☝ Während der Vernehmung hält der Zeuge sich „an einem **anderen Ort**" auf. Dies wird zwar i.d.R. ein Raum in unmittelbarer Nähe des Sitzungssaals sein, notwendig ist das aber nicht. Denn die Videovernehmung ist nicht nur innerhalb des Gerichtsgebäudes möglich, sondern auch über größere Entfernungen. Deshalb kann der „andere Ort" auch außerhalb des Gerichtsortes oder im **Ausland** liegen (BGHSt 45, 188; KK-*Diemer*, § 247 Rn. 3; *Krapf* Krim 2002, 310 f.; *Riek* StraFo 2000, 400).

Alle **anderen** Verfahrensbeteiligten, insbesondere der Vorsitzende, befinden sich aber im **Sitzungssaal**. Das ZSchG hat nicht die sog. gespaltene HV eingeführt (*Kleinknecht/Meyer-Goßner*, § 247a Rn. 1).

Übertragen werden – entgegen dem wohl zu engen Wortlaut – nicht nur die „Aussage“ des Zeugen, sondern alle Verfahrensvorgänge, die mit der Vernehmung in enger Verbindung stehen. Auszugehen ist von einem **weiten Vernehmungsbegriff**, so dass z.B. auch die Verhandlung und die Entscheidung über die Vereidigung davon umfasst sind (*Kleinknecht/Meyer-Goßner*, § 247a Rn. 5). Das gilt m.E. sowohl für eine Anordnung nach Hs. 1 (s.o. Rn. 1133 ff.) als auch für die nach Hs. 2 (s.o. Rn. 1133c). Die Erstere wird gerade im Interesse des Zeugen, dem ein Zusammentreffen mit den Verfahrensbeteiligten erspart werden soll, getroffen, so dass es dem Sinn und Zweck dieser Anordnung entspricht, wenn sie auch andere Vernehmungsvorgänge umfasst. Diese Überlegung gilt aber auch für die z.B. aus Gründen der Verfahrensbeschleunigung und/oder -vereinfachung nach Hs. 2 getroffene Anordnung.

1133g b) Für die **Ausgestaltung** der Vernehmung gilt i.Ü. Folgendes (vgl. dazu a. *Kleinknecht/Meyer-Goßner*, § 247a Rn. 10):

- Der Zeuge kann sich von einem → ***Vernehmungsbeistand***, Rn. 1079a, oder einem → *Verletztenbeistand/Opferanwalt*, Rn. 1032 **begleiten** lassen.
- Es gelten die **allgemeinen Ausführungen** zur Zeugenvernehmung (→ *Zeugenvernehmung, Allgemeines*, Rn. 1186, m.w.N.). Bei der → *Vernehmung jugendlicher Zeugen*, Rn. 1064, ist insbesondere § 241a zu beachten.

> ☝ Nach KK-*Diemer* (§ 247a Rn. 14) ist eine Videovernehmung auch unter (zusätzlicher) akustischer und optischer **Abschirmung** eines Zeugen zulässig (s. auch *Weider* StV 2000, 48; a.A. grds. *Kleinknecht/Meyer-Goßner*, § 68 Rn. 18, → *Verwertung der Erkenntnisse eines (gesperrten) V-Mannes*, Rn. 1111).

- Es gilt schließlich auch § 247 mit der **Möglichkeit** der → ***Entfernung** des Angeklagten aus der **Hauptverhandlung***, Rn. 435 (*Kleinknecht/Meyer-Goßner*, § 247a Rn. 10). Wenn also zu befürchten ist, dass der Zeuge in dem Bewusstsein, dass der Angeklagte sein Aussage auch „nur“ vor dem Bildschirm verfolgt, nicht die Wahrheit sagen wird, kann von § 247 (**zusätzlich**) Gebrauch gemacht werden.

> ☝ Allerdings gilt wegen der Dauer des Ausschlusses insoweit der „engere“ Vernehmungsbegriff des § 247 (*Kleinknecht/Meyer-Goßner*, a.a.O.; → *Entfernung des Angeklagten aus der Hauptverhandlung*, Rn. 442). Auch ist darauf zu **achten**, dass der Angeklagte, wenn er wieder an der HV teilnimmt, **unterrichtet** werden und Gelegenheit haben muss, Fragen zu stellen (→ *Entfernung des Angeklagten aus der Hauptverhandlung*, Rn. 445).

- Schließlich ist auch der **Ausschluss** der **Öffentlichkeit** von der Videovernehmung gem. §§ 171b, 172 GVG zulässig (→ *Ausschluss der Öffentlichkeit*, Rn. 137).

1133h **8.a)** Nach § 247a S. 4 **soll** die Videovernehmung in der HV **aufgezeichnet** werden, wenn zu besorgen ist, dass der Zeuge in einer weiteren HV nicht vernommen werden kann und die Aufzeichnung zur Erforschung der Wahrheit erforderlich ist. Danach darf nicht jede Videovernehmung aufgezeichnet werden, vielmehr müssen die **besonderen Voraussetzungen** des S. 4 vorliegen. Das sind Folgende (vgl. auch *Diemer* NJW 1999, 1671):

- Es muss die **Unmöglichkeit** der **Vernehmung** des Zeugen in einer **weiteren HV** zu besorgen sein. Das ist der Fall, wenn konkrete Umstände die Annahme begründen, dass der Zeuge in einer weiteren HV nicht zur Verfügung stehen wird, z.B. weil der Zeuge dann unerreichbar sein oder der gesetzliche Vertreter der Vernehmung eines Kindes nicht nochmals zustimmen wird (*Kleinknecht/Meyer-Goßner*, § 247a Rn. 11). Nicht erforderlich ist die Beantwortung der Frage, ob überhaupt eine weitere HV zu erwarten ist (so aber *Seitz* JR 1998, 312). Die Frage kann nämlich zu diesem Zeitpunkt noch nicht beantwortet werden. Es ist vielmehr lediglich zu unterstellen, dass eine weitere HV – ggf. nach Berufungseinlegung oder Revision – stattfindet und dann zu fragen, ob der Zeuge dann nicht zur Verfügung stehen wird (ähnlich *Kleinknecht/Meyer-Goßner*, a.a.O.). Auch die ggf. nach Abtrennung des Verfahrens gegen eine Mittäter zu erwartende HV ist nach dem Wortlaut des § 247a S. 4 eine „weitere" HV (*Kleinknecht/Meyer-Goßner*, a.a.O.).

- Die Aufzeichnung muss außerdem zur **Erforschung** der **Wahrheit erforderlich** sein. Insoweit gilt dasselbe wie für § 58a Abs. 2 (s.a. *Kleinknecht/Meyer-Goßner*, a.a.O.; s. dazu ferner *Kleinknecht/Meyer-Goßner*, § 58a Rn. 11, s.a. *Burhoff*, EV, Rn. 1975 [Anlehnung an § 100b Abs. 6]). Erforderlich kann nach *Kleinknecht/Meyer-Goßner* (a.a.O.) die Aufzeichnung sein, wenn es sich z.B. um eine umfangreiche, schwierige Vernehmung gehandelt hat (s.a. BT-Dr. 13/7165, S. 5) oder der Zeuge erstmals vor dem LG aussagt (nur Inhaltsprotokoll!; → *Protokoll der Hauptverhandlung, Allgemeines*, Rn. 713).

> ☝ Der Verteidiger sollte die **Aufzeichnung** wegen der revisionsrechtlichen Konsequenzen auf jeden Fall **beantragen** (so auch *Weider/Staechlin* StV 1999, 53 [für V-Mann]; ähnlich wohl auch *Schlothauer* StV 1997, 50; s. auch u. Rn. 1133m; HK-*Julius*, § 247a Rn. 15).

- Das **Einverständnis** des Zeugen mit der Aufzeichnung ist grds. nicht erforderlich. Davon hat der Gesetzgeber ausdrücklich abgesehen (BT-Dr. 13/7165, S. 6). Offen bleibt allerdings die Frage, welche Rechtsfolgen eintreten, wenn der Zeuge sich weigert, Angaben zu machen, falls seine Vernehmung aufgezeichnet wird, insbesondere also, ob aufgrund dieser **Weigerung** gegen ihn nach § 70 Zwangsmittel ergriffen werden können. M.E. wird man – unter Berücksichtigung des Umstands, dass die Vorschrift (auch) dem Zeugenschutz dient – gerichtliche **Zwangsmaßnahmen** wohl nicht treffen können (dazu auch *Burhoff*, EV, Rn. 1963; a.A. wohl *Kleinknecht/Meyer-Goßner*, 247a Rn. 11; § 58a Rn. 8; KK-*Diemer*, § 247 Rn. 19).

1133i **b)** Über die Frage der Aufzeichnung der Videovernehmung wird das Gericht durch **Beschluss** entscheiden müssen. Dafür spricht der enge Sachzusammenhang mit der Entscheidung nach § 247a S. 1 (*Kleinknecht/Meyer-Goßner*, § 247a Rn. 12; a.A. HK-*Julius*, § 247a Rn. 16 [Anordnung des Vorsitzenden nach § 238

Abs. 1]). Der Beschluss ist zu **begründen** (so auch *Kleinknecht/Meyer-Goßner*, a.a.O.; KK-*Diemer*, Rn. 20).

1333k c) Für die **Verwendung** der Aufzeichnung, für **Akteneinsicht** und **Löschung** verweist § 247a S. 5 auf § 58a Abs. 2 (wegen der Einzelh. dazu *Burhoff*, EV, Rn. 1972 ff.).

9. Hinweise für den Verteidiger!

1133l a) Von erheblicher praktischer Bedeutung sind die dem Angeklagten/Verteidiger ggf. zustehenden **Rechtsbehelfe** gegen gerichtliche Maßnahmen/Anordnungen im Zusammenhang mit § 247a. Insoweit gilt (zu allem a. *Kleinknecht/Meyer-Goßner*, § 247a Rn. 13; *Diemer* NJW 1999, 1671; StraFo 2000, 217; NStZ 2001, 393):

- Nach § 247a S. 2 ist die Entscheidung nach **S. 1** für alle Verfahrensbeteiligten **unanfechtbar**, und zwar auch im Fall der Ablehnung der Videovernehmung (*Kleinknecht/Meyer-Goßner*, § 247a Rn. 13; KK-*Diemer*, § 247a Rn. 22).
- Wird die **Auswahl** des **Vernehmungsortes** durch das Gericht im Anordnungsbeschluss vorgenommen, ist auch diese Entscheidung unanfechtbar. Wird sie dem Vorsitzenden überlassen, kann dessen Entscheidung nach § 238 Abs. 2 beanstandet werden.
- Die Unanfechtbarkeitsregelung in § 247a S. 2 führt dazu, dass die Entscheidung zur **Videovernehmung** gem. § 336 S. 2 grds. **nicht** mit der **Revision** überprüfbar ist (*Kleinknecht/Meyer-Goßner*, a.a.O.; zur Kritik s. KK-*Diemer*, § 247a Rn. 16; *Diemer* NJW 1999, 1672; eingehend zu den revisionsrechtlichen Fragen *Diemer* StraFo 2000, 217; NStZ 2000, 2001; 2002, 16).

☝ Die Unanfechtbarkeit führt m.E. aber nicht dazu, dass auch die allgemeine **Aufklärungsrüge** mit der Begründung, dass Gericht habe eine Videovernehmung zu Unrecht abgelehnt und stattdessen nur ein Protokoll über eine frühere Vernehmung verlesen oder eine im Ermittlungsverfahren hergestellte Videoaufzeichnung gem. § 255a vorgeführt, nicht gegeben ist. Insoweit wird § 244 Abs. 2 von der Neuregelung nämlich nicht berührt (*Weider/Staechlin* StV 1999, 53 zugleich auch zur Begründung der Aufklärungsrüge; *Leitner* StraFo 1999, 48; s. auch KK-*Diemer*, a.a.O.; a.A. *Kleinknecht/Meyer-Goßner*, a.a.O.).

☝ Die Aufklärungsrüge wird der Verteidiger durch entsprechend formulierte **Beweisanträge** auf Durchführung der Videovernehmung eines Zeugen, ggf. zu einem bestimmten Beweisthema, vorbereiten müssen. Dabei sollte er hinsichtlich der Art und Weise der Vernehmung vortragen, dass es sich bei der Videovernehmung – trotz aller Bedenken – immer um das gegenüber der bloßen Einführung einer im Ermittlungsverfahren durchgeführten Vernehmung bessere Beweismittel handelt und die Videovernehmung dem Angeklagten/Verteidiger die Möglichkeit gibt, den Zeugen direkt zu befragen (*Weider/Staechlin*, a.a.O., hinsichtlich eines [gesperrten] V-Mannes; s. dazu auch *Weider* StV 2000, 48 ff.; *Leitner* StraFo 1999, 49).

- Die Frage, ob die Revision zulässig ist, wenn **zusätzlich** zu einem Verstoß gegen § 247a noch ein **absoluter Revisionsgrund** gegeben ist, z.B. § 338 Nr. 8, ist **umstr.** (s. einerseits bejahend KK-*Diemer*, a.a.O.; *Weider/Staechlin*, a.a.O.; andererseits verneinend *Kleinknecht/Meyer-Goßner*, a.a.O.).
- **Fehlt** ein **Beschluss** über die Videovernehmung oder wird diese nur durch Verfügung des Vorsitzenden angeordnet, ist das **revisibel**.
- Ein **revisibler** Verfahrensfehler liegt auch dann vor, wenn die Videovernehmung aus **anderen** als den in § 247a S. 1 genannten **Gründen angeordnet** worden ist (KK-*Diemer*, § 247a Rn. 22; *Diemer* StraFo 2000, 217).
- Die Frage der **Aufzeichnung** der Vernehmung nach § 247a S. 4 ist für die Verfahrensbeteiligten, die davon nicht beschwert sind, ebenfalls **nicht revisibel** (a.A. offenbar *Leitner* StraFo 1999, 48).
- Wird über die **Aufzeichnung** der Vernehmung durch Gerichtsbeschluss entschieden, ist dieser nach § 305 für die Verfahrensbeteiligten **unanfechtbar**. Der **Zeuge** kann hingegen **Beschwerde** nach § 304 einlegen (KK-*Diemer*, § 247a Rn. 20). Entscheidet nur der Vorsitzende, kann dessen Entscheidung nach § 238 beanstandet werden.
- Wird die **Videovernehmung nicht ordnungsgemäß** durchgeführt, weil z.B. die o.a. Standards zur Simultanübertragung nicht beachtet sind, kann das als Verstoß gegen § 247a S. 3 oder gegen § 244 Abs. 2 mit der **Verfahrensrüge** geltend gemacht werden (*Kleinknecht/Meyer-Goßner*, § 247a Rn. 13 m.w.N.).

☝ Eine unzureichende Videovernehmung sollte der Verteidiger **beanstanden** und – im Hinblick auf die Revision – außerdem konkret **vortragen**, wie nach seiner Meinung die Videovernehmung durchzuführen wäre (s. dazu *Krapf* KR 2002, 309; *Riek* StraFo 2000, 400; Aufklärungsrüge.

1133m

b) Hinzuweisen ist abschließend noch auf folgende **revisionsrechtliche Konsequenz** aus der Aufzeichnung einer Videovernehmung (vgl. dazu a. *Schlothauer* StV 1999, 50). Wird diese angeordnet, handelt es sich der Sache nach um ein Wortprotokoll nach § 273 Abs. 3. Damit unterliegt die Würdigung dieser Aussage im Urteil der revisionsrechtlichen **Inhaltskontrolle**. Das bedeutet, dass, wenn z.B. der Inhalt der aufgezeichneten Vernehmung im Urteil unrichtig wiedergegeben wird, dies als Verletzung des § 261 mit der **Verfahrensrüge** beanstandet werden kann (s. auch *Weider/Staechlin* StV 1999, 54 m.w.N.; HK-*Julius*, § 247a Rn. 14; zu allem a. *Diemer* NStZ 2002, 16.).

☝ Dieser Möglichkeit sollte der Verteidiger sich nicht begeben und, wenn schon eine Videovernehmung durchgeführt wird, dann auch deren **Aufzeichnung** gem. § 247a S. 4 **beantragen**.

Siehe auch: → *Verwertung der Erkenntnisse eines (gesperrten) V-Mannes*, Rn. 1111, → *Zeugenvernehmung, Allgemeines*, Rn. 1186.

1134 V-Mann in der Hauptverhandlung

Das Wichtigste in Kürze

1. Mit den sich aus dem Einsatz eines Verdeckten Ermittlers oder einer Vertrauensperson ergebenden Fragen sollte der Verteidiger sich schon bei der Vorbereitung der HV beschäftigen.
2. Begrifflich sind beim Einsatz von Verdeckten Ermittlern oder Vertrauenspersonen im Wesentlichen drei Personenkreise zu unterscheiden.
3. Wenn bei der Beweiswürdigung das Ergebnis einer kommissarischen Vernehmung oder der Vernehmung eines „Zeugen vom Hörensagen" verwertet wird, muss sich der Verteidiger mit der dazu ergangenen Rspr. des BVerfG und des BGH befassen.
4. Schließlich wird sich der Verteidiger auch mit den Fragen der Strafzumessung auseinander zu setzen haben.

Literaturhinweise: ***Arloth***, Neue Wege zur Lösung des strafprozessualen „V-Mann-Problems", NStZ 1993, 46; ***Bernsmann/Jansen***, Heimliche Ermittlungsmethoden und ihre Kontrolle – Ein systematischer Überblick, StV 1998, 217; ***Dencker***, Die Zulässigkeit staatlich gesteuerter Deliktsbeteiligung, in: Festschrift für *Dünnebier*, S. 447; ***Fischer/Maul***, Tatprovozierendes Verhalten als polizeiliche Ermittlungsmaßnahme, NStZ 1992, 7; ***Geppert***, Der Zeuge vom Hörensagen, Jura 1991, 538; ***Harzer***, Der provozierende Helfer und die Beihilfe am untauglichen Versuch, StV 1996, 336; ***R.Hamm***, Der Einsatz heimlicher Ermittlungsmethoden und der Anspruch auf ein faires Verfahren, Beilage – Europäisches Strafrecht 2000, StV 2001, 81; ***Joachim***, Anonyme Zeugen im Strafverfahren – Neue Tendenzen in der Rechtsprechung, StV 1992, 245; ***Kreysel***, Der V-Mann, MDR 1996, 991; ***Nack***, Verdeckte Ermittlungen. Der Zeuge vom Hörensagen in der Revision, Krim 1999, 171; ***Malek/Wohlers***, Zwangsmaßnahmen und Grundrechtseingriffe im Ermittlungsverfahren, 2. Aufl., 2001; ***Posser***, Der „Zeuge vom Hörensagen" – ein unfaires Beweismittel – zum Strafverfahren gegen Monika Haas, KJ 2002, 452; ***Renzikowski***, Fair trial und anonymer Zeuge – Die Drei-Stufen-Theorie des Zeugenschutzes im Lichte der Rechtssprechung des EuGHMR, JR 1999, 605; ***Sommer***, Kompatibilitätsprobleme zwischen dem BGH und dem Europäischen Gerichtshof für Menschenrechte – die Entscheidung des BGH vom 18.11.1999 zur polizeilichen Tatprovokation, StraFo 2000, 150; ***von Dannwitz***, Anmerkungen zu einem Irrweg in der Bekämpfung der Drogenkriminalität, StV 1995, 431; ***Wattenberg***, Die Rechtsprechung des Europäischen Gerichtshofs zum mittelbaren Zeugenbeweis -zugleich eine Anm. zum Urt. des BGH v. 11.2.2000 – 3 StR 377/99, StV 2000, 688; ***Wesemann***, Heimliche Ermittlungsmethoden und Interventionsmöglichkeiten der Verteidigung, StV 1997, 597; ***Wolter,*** Zeugnisverweigerungsrechte bei (verdeckten) Maßnahmen im Strafprozessrecht und Polizeirecht, in: Festschrift für *Rieß*, S. 633; s.a. die Hinw. bei → *Verwertung der Erkenntnisse eines (gesperrten) V-Mannes*, Rn. 1111, bei → *Videovernehmung in der Hauptverhandlung*, Rn. 1130, und bei → *Zeugenvernehmung, Allgemeines*, Rn. 1186.

1. Hinweis für den Verteidiger! 1134a

Mit den sich aus dem Einsatz eines Verdeckten Ermittlers (im Folgenden kurz: VE) oder einer Vertrauensperson (zu den Begriffen s.u. Rn. 1136) ergebenden Fragen muss sich der Verteidiger – wenn nicht schon im Ermittlungsverfahren – spätestens bei der → ***Vorbereitung der Hauptverhandlung***, Rn. 1144, beschäftigen. Die auftretenden Probleme können hier nicht alle dargestellt werden, sie sind, insbesondere wegen möglicherweise bestehender Beweisverwertungsverbote, vielfältig. Insoweit ist aus Platzgründen zu verweisen auf die Ausführungen bei *Burhoff*, EV, Rn. 1760 ff. m.zahlr.w.Lit.-Hinw., wegen der Beweisverwertungsverbote insbesondere auf die Rn. 1773 ff.

1135 Im Hinblick auf die HV haben für die Verteidigung i.d.R. **drei Fragenkomplexe** besondere Bedeutung. Einmal ist häufig entscheidend für den Ausgang des Verfahrens, ob und wie der V-Mann bzw. dessen Erkenntnisse in die HV „eingeführt" werden bzw. werden können. Die Einzelh. dazu sind dargestellt bei → ***Verwertung** der **Erkenntnisse** eines (gesperrten) V-Mannes*, Rn. 1111. Darüber hinaus sind die Fragen nach dem Einfluss der (Nicht-)Vernehmung eines VE/V-Mannes auf die **Beweiswürdigung** (s.u. Rn. 1137) und schließlich – für den Fall einer Verurteilung – auch die **Strafzumessung** von Belang (s.u. Rn. 1139). Zu diesen Fragen soll hier nur ein Überblick gegeben werden. Dabei steht das im Vordergrund, was der Verteidiger im Interesse seines Mandanten für die HV beachten muss (s.a. *Burhoff,* EV, Rn. 1797 ff.; eingehend dazu auch *Bernsmann/Jansen* StV 1998, 217; *Wesemann* StV 1997, 597; *Malek/Wohlers*, Rn. 518 ff.).

1136 **2.** VE oder Vertrauenspersonen werden von den Ermittlungsbehörden meist bei der Bekämpfung des organisierten Verbrechens eingesetzt. Dabei werden im Wesentlichen **VE** im eigentlichen Sinn (s. dazu die Legaldefinition des § 110a Abs. 2 S. 1), **Informanten** und sog. **V-Männer/V-Personen** eingesetzt (zu den Unterschieden und den Begriffen im Einzelnen s. *Burhoff*, EV, Rn. 1767ff.).

☝ Im Folgenden werden alle drei o.a. Personenkreise unter dem Begriff **V-Mann zusammengefasst**.

1137 **3.** Für die **Beweiswürdigung** muss sich der Verteidiger, wenn in der HV der V-Mann nicht vernommen worden ist, sondern an seiner Stelle nur ein „Zeuge vom Hörensagen" (→ *Verwertung der Erkenntnisse eines [gesperrten] Zeugen*, Rn. 1111, 1119), mit der Rspr. des EGMR, des BVerfG und des BGH zum **„Zeugen vom Hörensagen"** befassen (s. z.B. EGMR StV 1997, 617 zur Verletzung der Verteidigungsrechte des Angeklagten bei der Vernehmung eines verdeckt arbeitenden Polizeibeamten in Abwesenheit des Angeklagten und seines Verteidigers). Entsprechendes dürfte gelten, wenn nur die Niederschrift einer kommissarischen Vernehmung verlesen wurde, an der der Verteidiger nicht teilgenommen hat.

Die **obergerichtliche Rspr**. geht davon aus, dass wegen des sich aus Art. 2 Abs. 1 GG i.V.m. Art. 20 Abs. 3 GG ergebenden Rechts auf ein faires rechtsstaatliches Verfahren in diesen Fällen **besondere Anforderungen** an die **Beweiswürdigung** zu stellen sind, weil diese Beweismittel, insbesondere das Zeugnis vom Hörensagen, nur begrenzt zuverlässig sind (BVerfG NJW 1996, 448; 1997, 999; s.a. BGHSt 36, 159, 166 f. m.w.N.). **Grds.** ist eine nur **vorsichtige Verwendung** des „Zeugen vom Hörensagen" geboten (s. u.a. BGHSt 29, 109, 111 f.; 33, 178, 181; eingehend zu anonymen Zeugen im Strafverfahren und den sich daraus ergebenden Gefahren *Joachim* StV 1992, 245; vgl. zu allem noch EGMR StV 1990, 481; 1991, 193 und BGH NJW 1991, 646; zur [Nicht-]Verwertbarkeit vertraulicher Ermittlungen „im Umfeld des Betroffenen" schließlich OLG Köln NStZ 1996, 355 m.w.N. [für das Bußgeldverfahren]).

1138 Bekundungen, die auf einen in der HV nicht gehörten V-Mann zurückgehen, genügen für eine Verurteilung i.d.R. dann nicht, wenn sie nicht durch andere, nach der Überzeugung der Gerichts **wichtige Gesichtspunkte bestätigt** werden (BGHSt 42, 15; NStZ-RR 2002, 176; zur Beweiswürdigung bei VP-Aussagen s. auch BGH NStZ 2000, 607; StV 2000, 603; zu den **Grenzen** der Beweiswürdigung bei der Verwertung **anonymer Quellen** BGH NJW 2000, 1661; s. dazu eingehend im Hinblick auf die Rspr. des EGMR *Wattenberg* StV 2000, 688). Das können z.B. Übereinstimmungen zwischen den vom „Zeugen vom Hörensagen" geschilderten Einzelheiten und sonstigen (in der HV festgestellten) Details (BGH NStZ 1997, 72 [K]) sein. Dabei muss der Verteidiger immer **prüfen**, ob der Zeuge diese nur vom Angeklagten oder auch aus anderer Quelle erfahren haben kann (BGHSt 36, 159, 167; s.a. *Nack* Krim 1999, 172 zu Kriterien der Bestätigung aus Sicht der Kriminalbeamten; seine „Grundregeln für Ermittlungsbeamte" [Krim 1999, 175] bieten auch dem Verteidiger Ansatzpunkte zur Überprüfung, ob die Bekundungen des Gewährsmanns genügend Bestätigung durch andere Gesichtspunkte finden.).

☝ Die für eine Verurteilung erforderliche **Bestätigung** der Angaben kann **auch** in der **Einlassung** des Angeklagten und deren zusätzliche Stützung durch Bekundung von Zeugen liegen (BGH NStZ-RR 1996, 116). Deshalb wird der Verteidiger gerade in diesen Fällen sehr sorgfältig **prüfen**, **ob** der Angeklagte **überhaupt** Angaben zur Sache machen soll (→ *Vorbereitung der Hauptverhandlung*, Rn. 1144).

1139 **4.** Der Verteidiger muss sich auch mit den Auswirkungen des Einsatzes eines VE auf die **Strafzumessung** beschäftigen. Dazu gelten nach h.M. in etwa folgende Grundsätze (wegen der Einzelh. s. u.a. BGHSt 45, 321; 47, 44; dazu krit. *Sommer* StraFo 2000, 150; *R.Hamm* StV 2000, 81; s.a. KK-*Nack*, § 110c Rn. 8 ff. m.w.N.; zum BtM-Bereich insbesondere *von Danwitz* StV 1995, 435 ff. m.w.N.; zur Strafbarkeit des provozierten Verhaltens BGH NJW 1994, 2162 und dazu eingehend *Harzer* StV 1996, 336):

☝ Der Einsatz des VE/V-Mannes führt grds. **nicht** zu einem **Verfahrenshindernis** (vgl. u.a. BVerfG NJW 1995, 651; BGHSt 45, 321), und zwar auch nicht bei völkerrechtswidrigem Einsatz (BVerfG, a.a.O.). Der BGH löst(e) die Fälle der sog. Tatprovokation vielmehr über die sog. **Strafzumessungslösung** (zuletzt BGH, a.a.O.; s. auch BGH NJW 1998, 767 m.w.N.), die allerdings nicht dazu führt, dass von Strafe völlig abzusehen ist (BGHSt 32, 345; zuletzt BGH StV 1995, 131 m.w.N.).

Das Gericht muss sich auch in diesen Fällen bei der Beurteilung der Tat an den **Schuldgrundsatz** halten. Es muss bei der Strafrahmenbestimmung und der Strafzumessung die allgemeinen Regeln beachten. Nach Auffassung des BGH soll es die **schuldangemessene Strafe unterschreiten** dürfen (dazu grundlegend BGHSt 45, 321; so jetzt auch *Tröndle/Fischer*, § 46 Rn. 67 m.w.N.). Das gilt vor allem dann, wenn eine unbescholtene und unverdächtige und zuvor nicht tatgeneigte Person zur Tatausführung veranlasst worden ist.

☝ Ob diese Rspr. mit der des **EGMR vereinbar** ist, ist **fraglich** (vgl. dazu NStZ 1999, 47; abl. gegenüber der Rspr. des BGH schon *Kempf* StV 1999, 128 und *Sommer* NStZ 1999, 48, jeweils in den Anm. zu EGMR, a.a.O.; s.a. *Sommer* StraFo 2000, 150; *Endriß/Kinzig* NStZ 200, 271; *Sinner/Kreuzer* StV 2000, 144, jeweils in den Anm. zu BGHSt 45, 321

1140 Zu berücksichtigen ist nach der Rspr. des BGH,

- wenn sich der **V-Mann** einer **strafbaren Handlung** bedient hat (BGH StV 1991, 460; NStZ 1995, 506 [hartnäckiges Einwirken, Androhung erheblicher wirtschaftlicher Nachteile und massive persönliche Bedrohung, die den Tatbestand des § 240 StGB erfüllte]; s.a. BGH StV 1995, 131; zur Berücksichtigung des Einsatzes eines Lockspitzels, der den Beschuldigten mit List zur Tatbegehung und zur **Einreise** in einen **fremden Staat** veranlasst, s. BVerfG NJW 1995, 651),
- dass der ggf. im staatlichen Auftrag **Provozierte** durch die **Verbrechensaufklärung** und **-bekämpfung dem öffentlichen Interesse dienstbar** gemacht wurde (BGH NStZ 1988, 550; allgemein zu tatprovozierendem Verhalten als polizeilicher Ermittlungsmaßnahme *Fischer/Maul* NStZ 1992, 7),

- die **Art** und **Intensität**, mit der ggf. auf den Beschuldigten/Angeklagten **eingewirkt** worden ist, ggf. wie lange die Tatprovokation zurückliegt (BGH StV 1995, 247 f. [auch eine länger zurückliegende Provokation ist noch zu berücksichtigen] oder, wenn vom V-Mann darauf hingewirkt worden ist, dass der Täter/Angeklagte mit einer möglichst großen Menge BtM Handel treibt (BGH StV 1998, 600 [Ls.]; s. aber BGH NStZ 1999, 501 [keine Strafmilderung bei erheblicher eigener Aktivität des Provozierten]),
- vor allem ob der **Provozierte bereits tatentschlossen** war (BGHSt 45, 321und BGH StV 1995, 247 [Beschuldigter hatte bislang nichts mit BtM zu tun; er wird in Kenntnis seiner schlechten finanziellen Situation von V-Männern davon überzeugt, durch ein BtM-Geschäft seine Schulden loswerden zu können, und dann an einen VE vermittelt] und/ oder ob er erst durch die polizeiliche **VP** zu der Tat **verleitet** wird (zum Begriff der **Tatprovokation** *Endriß/Kinzig* NStZ 2000, 273 in der Anm. zu BGHSt, a. a. O.),

> ☝ Nach der Rspr. des EGMR **verletzt** die gerichtliche Verwertung von Erkenntnissen polizeilicher Scheinaufkäufer jedenfalls dann den Grundsatz des **„fair trial“**, wenn der Angeklagte vor der provozierten Tat **nicht verdächtig** war und die verdeckte **Ermittlungstätigkeit** der Polizei **nicht** von einem Gericht **kontrolliert** war (EGMR NStZ 1999, 47). Auf der Grundlage dieser Entscheidung haben *Kempf* und *Sommer* (StV 1999, 128 bzw. NStZ 1999, 48, jeweils in den Anm. zu EGMR, a. a. O.) Kritik an der Strafzumessungs-Rspr. des BGH geübt. Der BGH hat an seiner Rspr. jedoch festgehalten (s. BGHSt 45, 321 und oben Rn. 1139).

- ob **bereits Tatverdacht** gegen ihn bestand (BGH NStZ 1992, 192), was insbesondere dann gilt, wenn es um die Verstrickung unbescholtener Personen geht (BGHSt 41, 64; 45, 321; 47, 44).

1141 Vollmacht des Verteidigers

Literaturhinweise: ***Ebert***, Der Nachweis von Vollmachten im Straf- und Bußgeldverfahren, DRiZ 1984, 237; ***Kaiser***, Die Verteidigervollmacht und ihre Tücken, NJW 1982, 1367; ***Schnarr***, Das Schicksal der Vollmacht nach Beiordnung des gewählten Verteidigers, NStZ 1986, 488; ders., Der bevollmächtigte Pflichtverteidiger und sein Stellvertreter, NStZ 1996, 214; ders., Die Zustellung an einen Verteidiger mit Zustellungs-, aber ohne Verteidigervollmacht – ein Beitrag zu § 145a StPO, NStZ 1997, 15; ***Weiß***, Die „Verteidigervollmacht“ – ein tückischer Sprachgebrauch, NJW 1983, 89;

1. I. d. R. wird dem **(Wahl-)Verteidiger** die (Verteidigungs-)Vollmacht auf den üblichen Vollmachtsformularen **schriftlich** erteilt (s. a. *Burhoff*, EV, Rn. 1983 m. w. N. und das Muster dort bei Rn. 1988). Bei **Pflichtverteidigerbestellung** ist eine „Vollmacht“ nicht erforderlich, diese wird durch den Bestellungsakt ersetzt (KK-*Laufhütte*, vor § 137 Rn. 2). Das gilt allerdings nicht für die besondere Vertretungsvollmacht i. S. d. § 234 (OLG Hamm StV 1997, 404 [Ls.]).

Eine besondere **Form** ist für die Beauftragung des Wahlverteidigers im Gesetz **nicht** vorgeschrieben (zuletzt OLG Hamm Rpfleger 1998, 440; OLG Koblenz StraFo 1997, 256; LG Hagen StV 1983, 145; s.a. BGH NStZ-RR 1998, 18). Der Verteidiger braucht seine Vollmacht somit auch nicht unbedingt schriftlich (vgl. aber u. Rn. 1142) nachzuweisen. Die Wirksamkeit seiner Bestellung hängt auch weder von der Vorlage einer Vollmachtsurkunde noch von einer sog. Bestellungsanzeige ab (*Kleinknecht/Meyer-Goßner*, vor § 137 Rn. 9 m.w.N.; KK-*Laufhütte*, a.a.O.; zur Bestellungsanzeige s. *Burhoff*, EV, Rn. 406). Bestehen im Einzelfall Zweifel an der Bevollmächtigung, kann aber die Vorlage einer Vollmachtsurkunde verlangt werden (OLG Hamm, a.a.O.; LG Hagen, a.a.O.). Das alles gilt auch für die Untervollmacht (OLG Düsseldorf StraFo 1998, 227).

☝ Für den **Nachweis** der Vollmacht ist es grds. ausreichend, wenn der Angeklagte oder der Verteidiger – im Ermittlungsverfahren – die **Übernahme** der Verteidigung **angezeigt** haben. I.d.R. wird dieser Bestellungsanzeige jedoch die schriftliche Vollmacht beigefügt (s. die Muster bei *Burhoff*, EV, Rn. 409, 410). Nimmt der Verteidiger für den Angeklagten/Beschuldigten eine **Prozesshandlung** vor, spricht das für seine Bevollmächtigung (s. u.a. BGH, a.a.O.; BayObLG MDR 1981, 161; OLG Hamm, a.a.O.; *Kleinknecht/Meyer-Goßner*, vor § 137 Rn. 9 m.w.N.; so auch schon RGSt 25, 152; zur Zustellungsvollmacht s.u. Rn. 1142).

1142

2. Die **Vollmacht berechtigt** den Verteidiger i.d.R. zu allen Verfahrens- und Prozesshandlungen mit Wirkung für und gegen den Beschuldigten. Grds. kann der Wahlverteidiger auch einen anderen Rechtsanwalt unterbevollmächtigen (→ *Vertretung des Wahlverteidigers in der Hauptverhandlung*, Rn. 1101; zur Unterbevollmächtigung allgemein *Burhoff*, EV, Rn. 1666 f.), der Pflichtverteidiger allerdings nicht (→ *Vertretung des Pflichtverteidigers in der Hauptverhandlung*, Rn. 1099).

Auf Folgendes ist besonders **hinzuweisen**:

- Die „einfache" Vollmacht berechtigt den Verteidiger nicht, den Angeklagten zu vertreten. Dazu ist eine **besondere Vertretungsvollmacht** erforderlich (BGHSt 9, 356; *Schnarr* NStZ 1986, 490). Das hat in der HV insbesondere dann Bedeutung, wenn ggf. in Abwesenheit des Beschuldigten/Angeklagten verhandelt werden soll (wegen der Einzelh. → *Verhandlung ohne den Angeklagten*, Rn. 954 ff.). I.d.R. ist die „Vertretungsvollmacht" aber in den üblichen Vollmachtsformularen enthalten.
- Der Verteidiger kann ohne besondere Vollmacht – jedoch nicht gegen den ausdrücklichen Willen des Angeklagten (§ 297) – **Rechtsmittel** einlegen. Für die **Zurücknahme** eines Rechtsmittels (oder einen Rechtsmittelverzicht) muss er hingegen gem. § 302 Abs. 2 ausdrücklich ermächtigt sein, und zwar auch der Pflichtverteidiger (LG Zweibrücken NStZ-RR 2002, 177).

- Nach § 145a Abs. 1 kann der Verteidiger **Zustellungen** für den Beschuldigten nur in Empfang nehmen, wenn die **Bestellung aktenkundig** ist. Dazu muss eine schriftliche Vollmacht zu den Akten gereicht sein bzw. sich sonst aus den Akten ergeben, dass der Beschuldigte dem Verteidiger (mündlich) Vollmacht erteilt hat (zur Zustellungsvollmacht eingehend *Schnarr* NStZ 1997, 15 ff.).

☝ Allein die sich aus dem Protokoll ergebende **Teilnahme** des Verteidigers an einem **Termin reicht** nach st.Rspr. **nicht** aus, die Zustellungsbevollmächtigung nachzuweisen (BGHSt 41, 303 [für die Teilnahme an der HV]; so auch OLG Karlsruhe StV 1997, 121 [Ls.]). Die Vollmacht kann jedoch in der HV (ausdrücklich) mündlich erteilt und die mündliche Vollmachtserteilung ins → *Protokoll der Hauptverhandlung*, Rn. 713, aufgenommen werden (*Kleinknecht/Meyer-Goßner*, § 145 a Rn. 9 m.w.N. aus der Rspr.).

☝ Ist dem Verteidiger die (besondere) Zustellungsvollmacht erteilt, ist er damit nicht auch zugleich zur **Empfangnahme** von **Ladungen** ermächtigt. Das ist gem. § 145a Abs. 1 S. 1 nur der Fall, wenn die Bevollmächtigung ausdrücklich auch insoweit gilt (OLG Köln NStZ-RR 1998, 240 m.w.N.). Die Bevollmächtigung zur Empfangnahme von Ladungen muss zweifelsfrei zu erkennen sein. Auch dem Pflichtverteidiger muss diese Vollmacht durch den Angeklagten/Beschuldigten erteilt werden, sie ist in der Beiordnung durch das Gericht nicht enthalten (OLG Köln NStZ-RR 1999, 334).

1143 3. Die **Vollmacht erlischt** mit der Beendigung des Verteidigungsverhältnisses durch Kündigung (s. hierzu *Burhoff*, EV, Rn. 1166). Ob das auch für den Tod des Beschuldigten gilt, ist umstritten (vgl. die Rspr.-Nachw. bei *Kleinknecht/Meyer-Goßner*, vor § 137 Rn. 7). Wird der Wahlverteidiger zum **Pflichtverteidiger** bestellt, endet damit die Wahlverteidigung (BGH NStZ 1991, 94; OLG Hamm Rpfleger 1998, 440; a.A. *Schnarr* NStZ 1986, 488; zur Wirkung der Pflichtverteidigerbeiordnung *Burhoff*, EV, Rn. 1320 ff.). Damit wird auch eine ausdrückliche Ladungsvollmacht hinfällig (LG Zweibrücken NStZ-RR 2002, 177).

1144 Vorbereitung der Hauptverhandlung

Literaturhinweise: ***Ackermann***, Die Verteidigung des schuldigen Angeklagten, NJW 1954, 1385; ***Amelung***, Die Einlassung des Mandanten im Strafprozeß, in: Strafverteidigung und Strafprozeß, Festgabe für *Koch*, S. 145; ***Bandisch***, Die Vorbereitung der Hauptverhandlung, in: Strafverteidigung in der Praxis, S. 297; ***Bender***, Zeugenvernehmung durch den Rechtsanwalt, ZAP F. 22, S. 15; ***Bockemühl***, Private Ermittlungen im Strafprozeß. Ein Beitrag zu der Lehre von den Beweisverboten, 1996; ***Burkhard***, Die Praxis der Strafzumessung im Steuerstrafrecht, PStR 1999, 87; ***Dencker***, Zum Geständnis im Straf- und Strafprozeßrecht, ZStW 1990, 51 (Band 102); ***Detter***, Der von der Verteidigung geladene Sachverständige (Probleme des § 245 Abs. 2 StPO), in: Festschrift für *Salger*, S. 23; ders., Versäumnisse der Strafzumessungsverteidigung, StraFo 1997, 193; ***Fezer***, Hat der Beschuldigte ein „Recht auf Lüge"?, in:

Festschrift für *Stree* und *Wessels*, 1993, S. 663; ***Fuhrmann***, Das Schweigen des Angeklagten in der Hauptverhandlung, JR 1965, 417; ***Gillmeister***, Rechtliches Gehör im Ermittlungsverfahren, StraFo 1996, 114; ***R.Hamm***, Die Verteidigungsschrift im Verfahren bis zur Hauptverhandlung, StV 1982, 490; ***Hammerstein***, Verteidigung wider besseres Wissen?, StV 1997, 12; ***Hartwig***, Die Selbstladung von Auslandszeugen, StV 1996, 625; ***Haurand***, Rechtsfragen um den Einsatz von (Privat)Detektiven, NWB F. 30, S. 1267; ***Heynert***, Detektivkosten – Höhe und Erstattung, AnwBl. 1999, 140; ***Jakubetz***, Die Rechtsprechung zur Erstattungsfähigkeit von Kosten für ein Privatgutachten im Strafprozeß, JurBüro 1999, 564; ***Jungfer***, Eigene Ermittlungstätigkeit des Strafverteidigers – Strafprozessuale und standesrechtliche Möglichkeiten und Grenzen, StV 1981, 100; ders., Strafverteidiger und Detektiv, StV 1989, 495; ders., Kann der Verteidiger vom Sachverständigen ein schriftliches Vorgutachten verlangen?, StraFo 1995, 19; ***Keiser***, Die Anwendung des „nemo-tenetur-Grundsatzes" auf das Prozessverhalten des Angeklagten, StV 2000, 633; ***Kohlhaas***, Schlüsse aus dem Schweigen des Beschuldigten, NJW 1965, 2282; ***König***, Wege und Grenzen eigener Ermittlungstätigkeit des Strafverteidigers, StraFo 1996, 98; ***Krause***, Der „Gehilfe" der Verteidigung und sein Schweigerecht (§ 53a StPO), Zur Einbeziehung Dritter in die Verteidigungstätigkeit, StraFo 1998, 1; ***Krekeler/Schonard***, Der Berufshelfer im Sinne des § 53a StPO, wistra 1998, 137; ***Kühl***, Freie Beweiswürdigung des Schweigens des Angeklagten und der Untersuchungsverweigerung eines angehörigen Zeugen – BGHSt 32, 140, JuS 1986, 115; ***Larsen***, Die Bedeutung der Nachschulung für die Verteidigung in Strafsachen wegen Trunkenheit im Verkehr mit hoher Blutalkoholkonzentration mit Blick auf die Vermeidung und/oder Vorbereitung auf die MPU, StraFo 1997, 298; ***Lehmann***, Die (strafbegründungs-)schuldunabhängigen Strafmilderungsgründe, StraFo 1999, 109; ***Leipold***, Zulässige Einwirkung und Belehrung von Zeugen durch den Verteidiger, StraFo 1998, 79; ***Meyer***, Auslagenerstattung für eigene Ermittlungen des (Pflicht-)Verteidigers, JurBüro 1993, 8; ders., Wann können die von einem nicht verurteilten Angeklagten verauslagten Entschädigungen für unmittelbar geladene (§ 220 StPO) oder gestellte (§ 222 StPO) Beweispersonen im Kostenfestsetzungsverfahren nach §§ 464b, 464a StPO zur Erstattung festgesetzt werden?, JurBüro 1984, 655; ***Michel***, Einlassung durch den Anwalt?, MDR 1994, 648; ***Miebach***, Der teilschweigende Angeklagte – materiell-rechtliche und prozessuale Fragen anhand der BGH-Rechtsprechung, NStZ 2000, 234; ***Nack***, Revisibilität der Beweiswürdigung – Teil 1, StV 2002, 510, Teil, StV 2002, 558; ***Neuhaus***, Anpassung und Wechsel des Verteidigungsziels während der Hauptverhandlung, ZAP F. 22, S. 249; ***Park***, Die prozessuale Verwertbarkeit verschiedener Formen des Beschuldigteneinlassung im Strafverfahren, StV 2001, 589; ***Prüfer***, Sachverhaltsermittlung durch Spurenauswertung und Zeugenbefragung am Beispiel des Schwurgerichtsprozesses – Chancen, Fehler und Versäumnisse der Verteidigung, StV 1993, 602; ***Quentmeier***, Geständnis, Schweigerecht und Schweigen des Beschuldigten, JA 1996, 215; ***Richter* II**, Reden – Schweigen – Teilschweigen, StV 1994, 687; ders., Der Umgang des Verteidigers mit dem Tatverdacht, in: Symposium für *Egon Müller*, Mandant und Verteidiger, S. 33; ***Rückel***, Die Notwendigkeit eigener Ermittlungen des Strafverteidigers, in: Festgabe für *Karl Peters*, S. 265; ***Schlothauer***, Unzutreffende und unvollständige tatrichterliche Urteilsfeststellungen, StV 1992, 134; ***Sommer***, Maßnahmen des Strafverteidigers in der Hauptverhandlung, ZAP F. 22, S. 101; ***Stern***, Der Geständniswiderruf als forensisches Erkenntnisproblem, StV 1990, 563; ders., Informationsquellen des Strafverteidigers, StraFo 1994, 8; ***Stree***, Das Schweigen des Beschuldigten im Strafverfahren, JZ 1966, 593; ***Thomas***, Der Umgang des Verteidigers mit dem Tatverdacht, in: Symposium für *Egon Müller*, Mandant und Verteidiger, S. 37; ***Tondorf/Waider***, Der Sachverständige, ein „Gehilfe" auch des Strafverteidigers?, StV 1997, 493; ***Vahle***, Rechtsstellung und Rechte der Privatdetektive, Krim 1994, 510, 593; ***Wesemann/Müller***, Das gem. § 136a Abs. 3 StPO unverwertbare Geständnis und seine Bedeutung im Rahmen der Strafzumessung, StraFo 1998, 113; ***Wessels***, Schweigen und Leugnen im Strafverfahren, JuS 1966, 169; ***Wölfl***, Heimliche private Tonaufnahmen im Strafverfahren, StraFo 1999,74; s.a. die Hinw. bei den u.a. weiterführenden Stichworten.

1144a **1.** Nicht immer entspricht die Vorbereitung der HV durch den Verteidiger dem Ziel, das jede Verteidigung haben sollte, nämlich den Mandanten so weit wie möglich zu unterstützen. Will der Verteidiger dieses Ziel in der HV erreichen, muss er – ebenso wie das Gericht es (i.d.R.) tut – die HV **sorgfältig** vorbereiten (als Beispiel s. *Prüfer* StV 1993, 602 ff.). Dazu gehört, dass der Verteidiger alle zu erwartenden Schwierigkeiten vorab bedenkt und sich darauf vorbereitet. In der HV selbst ist es dafür meist zu spät. Kommt der Verteidiger dem nach, kann er für seinen Mandanten sicher mehr erreichen als wenn er die Dinge laufen lässt.

Der Verteidiger hat **vielfältige Möglichkeiten**, auf den Verfahrensgang und die Verfahrensgestaltung **einzuwirken**. Diese können hier nicht alle dargestellt werden, sie würden den Rahmen der Darstellung sprengen. Insoweit muss daher auf die eingehenden Ausführungen von *Schlothauer*, Vorbereitung der Hauptverhandlung mit notwendiger Verteidigung und Pflichtverteidigung, 2. Aufl., 1999, sowie auch auf mein „Handbuch für das strafrechtliche Ermittlungsverfahren, 3. Aufl., 2003 – dort bei Rn. 1989 auch weit. Lit.-Hinw. –, verwiesen werden. An dieser Stelle sollen im Einzelnen nur zwei Punkte behandelt werden, die für den Angeklagten von besonderer Bedeutung sind und die in der HV immer wieder zu Problemen führen. Bei Rn. 1147 ff. sind darüber hinaus die bei der Vorbereitung der HV im Wesentlichen auftretenden Fragen im Überblick dargestellt.

1145 **2.a)** Von erheblicher praktischer Bedeutung ist die häufig zum Streit mit Gerichten führende Frage, ob und wenn ja welche **eigenen Ermittlungen** der Verteidiger vornehmen darf (zu eigenen Ermittlungen des Verteidigers ausführlich *Burhoff*, EV, Rn. 617 ff., insbesondere Rn. 622 ff. zur Beauftragung eines Detektivs; s.a. *Jungfer* StV 1981, 100; 1989, 495).

☝ Als **Faustregel** ist festzustellen, dass der Verteidiger grds. **alle zulässigen Ermittlungen** im Interesse seines Mandanten **selbst** durchführen kann (zu den verschiedenen Möglichkeiten *Burhoff*, EV, Rn. 621; *Jungfer* StV 1981, 100; *Schlothauer*, Rn. 45 ff.; zu den Grenzen eigener Ermittlungstätigkeit des Verteidigers *König* StraFo 1996, 98 ff.).

1145a **b)** Streit um eigene Ermittlungen des Verteidigers entzündet sich i.d.R. an der Frage, ob der Verteidiger **außergerichtlich** auch **Zeugen befragen** darf. Dazu ist hier auf Folgendes hinzuweisen (wegen der Einzelh. *Burhoff*, EV, Rn. 623 ff.):

Nachdem über die Zulässigkeit der außergerichtlichen Befragung von Zeugen durch den Verteidiger lange Streit bestanden hat, sind sich Rspr. und Lit. heute darüber einig, dass es zu den **wesentlichen Aufgaben** des Verteidigers im Ermittlungsverfahren gehören kann, Zeugen persönlich zu befragen (s.a. *Kleinknecht/Meyer-Goßner*, vor § 137 Rn. 2; *Schlothauer*, Rn. 49 m.w.N.; *Dahs*, Rn. 179 m.w.N.; BGH AnwBl. 1981, 115 f.; inzidenter auch BGHSt 46, 1; allgemein zu Kontakten des Verteidigers zu Zeugen Beck-*Hassemer*, S. 12 ff. m.w.N.). Nimmt der Verteidiger diese Aufgabe wahr, muss er jedoch alles **vermeiden**, was nur den Anschein erwecken könnte, er wolle den Zeugen im Sinne seines Mandanten **beeinflussen**. Erst recht darf er nicht versuchen, den Zeugen zu einer falschen Aussage zu veranlassen (→ *Verteidigerhandeln und Strafrecht*, Rn. 1092 f.), da er damit, unabhängig von der Frage eigenen strafbaren Verhaltens, seinem Mandanten im Zweifel nur schadet.

1146 Für sein **Gespräch** mit einem Zeugen muss der Verteidiger folgende **Förmlichkeiten** beachten (s.a. *Burhoff*, EV, Rn. 626):

- Der Verteidiger wird darauf **hinweisen**, dass er als Anwalt im Rahmen eines strafrechtlichen **(Ermittlungs-)Verfahrens** tätig wird und berechtigt ist, den Zeugen zu befragen.
- Er muss den Zeugen über ein ihm ggf. zustehendes → ***Zeugnisverweigerungsrecht***, Rn. 1194, oder ein → ***Auskunftsverweigerungsrecht***, Rn. 118, belehren (zur „Einwirkung" und zu den Grenzen der Einflussnahme auf den Zeugen durch die Belehrung des Verteidigers s. *Leipold* StraFo 1998, 79 f., insbesondere auch zur Frage, inwieweit der Verteidiger ggf. berechtigt ist, die Zeugnisverweigerung „zu kaufen"; s. dazu auch BGH NJW 2000, 2433).
- Das Gespräch mit dem Zeugen wird der Verteidiger i.d.R. in seiner **Kanzlei** führen (*König* StraFo 1996, 101), zulässig ist aber auch das Aufsuchen des Zeugen **zuhause** (OLG Frankfurt NJW 1981, 882 [Ls.]) oder die **telefonische** Befragung (BGH AnwBl. 1981, 115; *Jungfer* StV 1981, 105).
- Er wird sich von dem Zeugen, schon um seine Position bei einer Diskussion mit dem Gericht zu stärken, nach Möglichkeit eine schriftliche **„Einverständniserklärung"** geben lassen (s. das Muster bei *Burhoff*, EV, Rn. 629; Beck-*Dankert/Ignor*, S. 85 f.).
- Bei der Vernehmung muss der Verteidiger alles **unterlassen**, durch das der **Eindruck** entstehen könnte, er wolle den Zeugen zu einer falschen Aussage auffordern oder ihn in seinem – dem Verteidiger bekannten – Vorhaben, falsch auszusagen oder eine wahre Aussage zu widerrufen, bestärken. Damit bringt der Verteidiger sich möglicherweise nicht nur selbst in die Nähe **strafbaren Tuns** (s. die Nachw. bei → *Verteidigerhandeln und Strafrecht*, Rn. 1091 f.), sondern wird seinem Mandanten dadurch i.d.R. mehr schaden als nützen.
- Bei der **Vernehmung** wird der Verteidiger die ausführliche Regelung der Befragung von Zeugen durch den Rechtsanwalt in **§ 6** der alten **RiLi** beachten (die neue BerufsO enthält eine ausdrückliche Regelung nicht [mehr]).
- I.d.R. wird die Herstellung eines **heimlichen Tonbandmitschnitts** von der Aussage des Zeugen nicht zulässig sein (s.a. *König* StraFo 1996, 101). In Ausnahmefällen kann etwas

anderes gelten. Insoweit dürften die Grundsätze zur „Hörfalle“ und zur allgemeinen Verwertung heimlicher Tonbandaufnahmen entsprechend gelten (vgl. dazu → *Beweisverwertungsverbote, Allgemeines*, Rn. 321, 325, jeweils m.w.N.; zu allem eingehend auch *Wölfl* StraFo 1999,74).

☝ Handelt es sich bei dem vernommenen Zeugen um einen Angehörigen, der in der HV dann **später** nach § 52 das **Zeugnis verweigert**, können weder der Verteidiger noch ihn ggf. begleitende Angestellte zu den Angaben des Zeugen vernommen werden. Es besteht das **Verwertungsverbot** des § 252 (BGHSt 46, 1; → *Protokollverlesung nach Zeugnisverweigerung*, Rn. 725).

1147 **3.** Der Verteidiger muss auf jeden Fall bereits vor der HV mit dem Angeklagten/Mandanten das **Für** und **Wider** einer **Sacheinlassung** erörtern, wobei folgende taktische Überlegungen zu berücksichtigen sind (s.a. → *Vernehmung des Angeklagten zur Sache*, Rn. 1037; zur Einlassung allgemein *Burhoff*, EV, Rn. 633; *Miebach* NStZ 2000, 234; *Park* StV 2001, 589 ff.); zu Geständnis, Schweigerecht und Schweigen des Angeklagten vgl. auch *Quentmeier* JA 1996, 215; zur Vorbereitung der Einlassung s. *Malek*, Rn. 215 ff.; zur Beweiswürdigung *Nack* StV 2002, 515).

- **Räumt** der Mandant den **Schuldvorwurf ein**, wird er sich i.d.R. in der HV zur Sache **einlassen**. Denn dann kann er dem Gericht erklären, wie es zu dem strafbaren Verhalten gekommen ist. Außerdem wird ein Geständnis i.d.R. strafmildernd wirken.

☝ Auch wenn der Verteidiger, etwa aufgrund eines sog. **internen Geständnisses** erfährt, dass der dem Mandanten gemachte Schuldvorwurf zutrifft, kann er ihn, wenn er dazu in der Lage ist, **weiter verteidigen**. Er kann auch (noch) Freispruch des Mandanten beantragen (→ *Plädoyer des Verteidigers*, Rn. 668). Die Grenzen des erlaubten Tuns des Verteidigers liegen da, wo der Sachverhalt aktiv verzerrt oder verfälscht wird (→ *Verteidigerhandeln und Strafrecht*, Rn. 1092; zu allem *Hammerstein* NStZ 1997, 12 m.w.N.).

Sieht der (wissende) Verteidiger sich zu weiterer Verteidigung nicht in der Lage, muss er ggf. das **Mandat niederlegen**. Allerdings muss er dabei berücksichtigen, dass das nur schwer berechenbare Auswirkungen auf das Gericht haben kann (zur Niederlegung *Burhoff*, EV, Rn. 1166 ff.). Führt der Verteidiger das Mandat – trotz seines Wissens – fort, muss er alles vermeiden, was dem Gericht Hinweise auf die Schuld des Mandanten geben könnte (*Hammerstein*, a.a.O.).

1148

- Muss der Verteidiger nach Kenntnis der übrigen Beweismittel als **sicher** davon ausgehen, dass der **Angeklagte** in der HV durch diese anderen Beweismittel der ihm vorgeworfenen Tat **überführt** werden kann, wird er sich überlegen, ob der Angeklagte dann nicht besser **Angaben zur Sache** macht. In diesem Fall kann nämlich die Einlassung ein Gegengewicht bilden, mit dem Rechtfertigungsgesichtspunkte, Motivationen oder Hintergründe der Tat in die HV eingeführt werden können (*Sommer* ZAP F. 22, S. 108).

1149

- **Bestreitet** der Angeklagte den Vorwurf ganz oder teilweise, ist **sorgfältig** zu **überlegen**, ob er sich in der HV einlässt oder nicht. Der Angeklagte sollte sich nicht leichtfertig zum Beweismittel gegen sich selbst (§ 261!) machen (lassen).

☝ Es ist nämlich **nicht selten** der Fall, dass ein **Schuldnachweis** allein durch die Widerlegung der Einlassung des Angeklagten geführt wird und Indizien, die ohne die Einlassung des Angeklagten nicht in die HV hätten eingeführt werden können und die der Angeklagte bei seiner Einlassung als belastungsneutral angesehen hat, als belastend verwertet werden (*Sommer* ZAP F. 22, S. 108; s.a. *Malek*, Rn. 207 ff.). Das Gericht kann auch allein aus einer bestreitenden Einlassung des Angeklagten Schlussfolgerungen gegen den Angeklagten ziehen (BGHSt 20, 298 ff.). In diesen Fällen müssen Angeklagter und Verteidiger auch immer mit **Vorhalten** des Gerichts und des StA rechnen, auf die man sich dann **vorbereiten** muss.

Es ist allerdings darauf hinzuweisen, dass allein eine **widerlegte Einlassung** des Angeklagten nicht zur Grundlage ungünstiger Sachverhaltsfeststellungen gemacht werden darf. Auch **unwahre Alibiangaben** lassen sich nur mit Vorsicht als Beweisanzeichen für die Schuld eines Beschuldigten werten, denn auch ein Unschuldiger kann Zuflucht zur Lüge nehmen (st.Rspr. des BGH, vgl. u.a. BGHSt 41, 153; BGH NStZ 1997, 96; 1999, 423; StV 2001, 439, jeweils m.w.N.). Etwas anderes gilt, wenn besondere Umstände hinzutreten; dann darf auch der Umstand, dass sich der Beschuldigte ein wahrheitswidriges Alibi besorgen wollte, gegen ihn verwendet werden (BGH NStZ-RR 1998, 303).

Für die Einlassung gilt: Grds. darf **(Prozess-)Verhalten**, mit dem der Angeklagte den ihm drohenden Schuldspruch abzuwenden versucht, **nicht straferschwerend** berücksichtigt werden (BGH NStZ 1996, 80; s.a. StV 1996, 88 [hartnäckiges Leugnen kein Strafschärfungsgrund] und StV 1996, 263 [keine strafschärfende Berücksichtigung fehlender Einsicht]; StV 1998, 482; StraFo 2002, 15). **Überschreitet** er jedoch die **Grenzen** zulässiger Verteidigung und behauptet wahrheitswidrig wider besseres Wissen ehrenrührige Tatsachen über einen anderen, kann sich das (später) bei der **Strafzumessung** zu seinen Lasten auswirken (BGH NStZ 1995, 78 [Hinstellen des Tatopfers als „Hure" bei Verurteilung wegen versuchter Vergewaltigung]; s. auch BGH NJW 2001, 2983 [das Opfer gerät durch das Verteidigungsverhalten des Angeklagten in eine familiäre und soziale Isolierung]; s. i.Ü. auch die Rspr.-Nachw. bei *Burhoff*, EV, Rn. 639).

1150

- Der Verteidiger wird den Angeklagten darüber aufklären müssen, dass nach st.Rspr. aus seinem **(vollständigen)Schweigen** bei der Beweiswürdigung **keine nachteiligen Schlüsse** gezogen werden dürfen (vgl. u.a. die Nachw. bei *Kleinknecht/Meyer-Goßner*, § 261 Rn. 16; zuletzt BGH StraFo 1998, 346; NStZ 1999, 47; OLG Hamm NStZ-RR 1997, 79; eingehend dazu *Miebach* NStZ 2000, 235; *Park* StV 2001, 589; *Nack* StV 2002, 515, jeweils m.w.N.). Es macht keinen Unterschied, ob es um das Schweigen im Ermittlungsverfahren oder um das in der HV geht (BVerfG NJW 1996, 449 [Ls.]). Das Strafverfahren kennt keinen Geständniszwang (BGH StraFo 1996, 121; s.a. NStZ 1997, 147 [die Erklärung des Beschuldigten bei einer Vernehmung, er müsse angesichts der Schwere der Beschuldigung zunächst überlegen, bevor er sich zu den Vorwürfen äußere, ist kein pauschales Geständnis; völliges Schweigen erfordert **nicht** das **Unterlassen jeder Erklärung**]). Dem umfassend schweigenden Angeklagten darf auch nicht angelastet werden, dass er einen Zeugen nicht von der Schweigepflicht entbindet (BGHSt 45, 363; dazu *Keiser* StV 2000, 633).

Allerdings muss der Verteidiger die „suggestive“ **Wirkung** einer Aussageverweigerung **berücksichtigen**, die häufig noch als „Geständnis“ angesehen wird (*Dahs*, Rn. 455; *Malek*, Rn. 206). Das kann er aber dadurch abmildern, dass er erklärt, der Angeklagte mache von seinem Schweigerecht auf den **Rat** des **Verteidigers** hin Gebrauch.

- Das **teilweise** (Ver-)**Schweigen** darf hingegen nach h. M. als Beweisanzeichen gegen den Angeklagten verwertet werden (BGHSt 32, 140, 145 m.w.N.; *Miebach* NStZ 2000, 236; *Nack* StV 2002, 515 a. A. *Park* StV 2001, 591 m. w. N. zur inzwischen teilweise a. A. in der Lit.). Allerdings hat z. B. das Bemühen des Angeklagten um ein erfundenes Alibi nur einen sehr begrenzten Beweiswert, da auch ein Unschuldiger Zuflucht zur Lüge nehmen kann (BGH StV 1997, 9 [Ls.]; zum Alibibeweis *Nack* StV 2002, 516; s. a. o. Rn. 1149).

Das **pauschale Bestreiten** ist keine Teileinlassung (BGH StraFo 2000, 410 m. w. N.). Ebenso ist die Einlassung nur zu einem von mehreren Tatvorwürfen kein Teilschweigen (zuletzt BGH NStZ 2000, 494 m.w.N.; s. dazu *Miebach*, a.a.O.; *Park* StV 2001, 590; *Nack*, a. a. O.).

1151

- Aus **unterschiedlichem Aussageverhalten** bei mehreren Vernehmungen oder in mehreren Verfahrensabschnitten dürfen ebenfalls keine nachteiligen Schlüsse gezogen werden (vgl. u.a. BGHSt 34, 324; zuletzt BGH NStZ-RR 1996, 363 [für anfängliches Schweigen]; NStZ 1999, 47 [Sacheinlassung im Ermittlungsverfahren/Schweigen in der HV]; s. zu allem a. *Kleinknecht/Meyer-Goßner*, § 261 Rn. 16 ff. m. w. N. aus der Rspr.; *Park* StV 2001, 590). Entscheidet sich also der zunächst schweigende Angeklagte später, auch erst im Verlauf der HV, sich doch zur Sache einzulassen, können daraus keine für ihn nachteiligen Folgerungen abgeleitet werden (BGH StV 1994, 283, 413; NStZ 1995, 20 [K] m.w.N.; zum Verteidigungsverhalten eines Beschuldigten und dessen Bewertung s. a. noch *Burhoff*, EV, Rn. 638; *Richter* II StV 1994, 687). Entsprechendes gilt für die Würdigung des Zeitpunktes, in dem ein Beweisantrag gestellt wird (BGH NStZ 2002, 161; *Nack* StV 2002, 516).

Im Zweifel wird der Verteidiger wegen der Möglichkeit, das teilweise Verschweigen gegen den Angeklagten zu verwenden, diesem von einer **Teileinlassung abraten**.

Auch ein **Wechsel** der **Einlassung** sollte **sorgfältig überlegt** sein. Der Wechsel kann nämlich als Indiz für die Unrichtigkeit der Einlassung herangezogen werden und die Bedeutung der Einlassung für die Beweiswürdigung verringern oder sogar ganz entfallen lassen (BGH StV 1996, 5; s. a. BGH StV 1995, 341 [zur Beweiswürdigung bei **Widerruf** von – zweifelhaft richtigen – **Geständnissen**]). Deshalb **empfiehlt** es sich möglicherweise, wenn der Ablauf der Beweisaufnahme nicht eindeutig vorhersehbar ist, dass der Angeklagte sich erst während oder nach der Beweisaufnahme zur Sache einlässt (*Richter II* StV 1994, 692). Allerdings wird ein erst nach der Beweisaufnahme abgelegtes Geständnis des „überführten" Angeklagten i.d.R. weniger strafmildernd berücksichtigt. Das gilt insbesondere dann, wenn mit einem frühen Geständnis einem Zeugen eine belastende Vernehmung erspart geblieben wäre (s.u.).

☝ Beabsichtigt der Beschuldigte, eine im Ermittlungsverfahren gemachte Einlassung zu widerrufen, ist bereits der **Widerruf** eine **Angabe** zur **Sache**, so dass aus dem Umstand, dass der Beschuldigte i.Ü. keine Erklärungen, z.B. keine andere Tatversion, abgibt, (nachteilige) Schlüsse gezogen werden dürfen (BGH NStZ 1998, 209).

1152

- Will der Angeklagte in der HV die **Einlassung verweigern**, muss in die während der Vorbereitung der HV anzustellenden Überlegungen immer auch die Frage einbezogen werden, ob ggf. eine bereits **früher** vom Angeklagten gemachte **Aussage** in die HV eingeführt werden kann. Dazu wird sich der Verteidiger mit den Fragen der Zulässigkeit der → ***Verlesung*** *von* ***Geständnisprotokollen***, Rn. 1006, und der → *Verlesung von* ***Protokollen früherer Vernehmungen***, Rn. 1017, beschäftigen müssen. Der Verteidiger muss dann auch damit rechnen, dass das Gericht die Vernehmungsperson in der HV als Zeuge hören wird.
- Haben sich Angeklagter und Verteidiger zu einer **Einlassung** entschlossen, muss noch über das „**wann**" und „**wie**" der Einlassung entschieden werden. U.U. hat der Verteidiger ein Interesse daran, dass nur ihm bekannte Tatsachen nicht bereits schon durch die Einlassung des Angeklagten in die HV eingeführt sind, sondern erst durch einen vom ihm geplanten überraschenden Vorhalt gegenüber einem Zeugen, dessen Glaubwürdigkeit damit erschüttert werden soll. Lässt der Angeklagte sich erst nach dem **Ende** der **Beweisaufnahme** zur Sache ein, muss er allerdings damit rechnen, dass ein zu diesem Zeitpunkt abgelegtes Geständnis **weniger strafmildernd** bewertet wird als vor der Beweisaufnahme. Das gilt vor allem dann, wenn mit einem frühen Geständnis einem Zeugen eine für ihn belastende Vernehmung erspart geblieben wäre, so z.B. beim Vorwurf der Vergewaltigung oder bei der Vernehmung von Kindern (s.o.).

1153

☝ Der Verteidiger sollte auch berücksichtigen, dass ggf. ein **Kostenrisiko** für den Mandanten bestehen kann, wenn er Entlastendes (zu) spät vorträgt und deshalb weitere HV-Termine erforderlich waren. Von einem Teil der Rspr. wird nämlich in diesen Fällen § 467 Abs. 3 S. 2 Nr. 1 entsprechend angewendet (s. u.a. OLG Düsseldorf NStZ 1992, 557; MDR 1996, 319; a.A. m.E. zu Recht OLG Koblenz MDR 1982, 252; *Kleinknecht/Meyer-Goßner*, § 467 Rn. 11 m.w.N.).

Lässt der Angeklagte sich erst gar nicht bzw. nur spät und bruchstückhaft ein, kann dies **nicht** die **Entpflichtung** des **Pflichtverteidigers** begründen, da StA und Gericht das Einlassungsverhalten des Angeklagten hinzunehmen haben (LG Mainz StraFo 1996, 175).

1154

- In diesem Zusammenhang wird der Verteidiger sich auch überlegen, ob er dem **Angeklagten** ggf. rät, eine **schriftliche Erklärung** abzugeben (→ *Vernehmung des Angeklagten zur Sache*, Rn. 1040). Dabei ist hinsichtlich des **Zeitpunkts** Folgendes zu beachten:
  - Überreicht der sonst schweigende Angeklagte **zu Beginn** der **HV** eine Erklärung zur Sache, handelt es sich um eine Teileinlassung, die u.U. bei der Beweiswürdigung negativ für den Angeklagten gewertet werden kann (a.A. *Park* StV 2001, 593).

- Wird die schriftliche Erklärung hingegen schon **im Ermittlungsverfahren** abgegeben, bleibt es beim „echten" Schweigen des Angeklagten in der HV, das nicht zu seinen Lasten verwertet werden darf. Entscheidend dürfte sein, dass die Erklärung möglichst frühzeitig abgegeben wird, damit nicht der Eindruck entsteht, es solle die grds. nur mündlich zulässige → *Vernehmung des Angeklagten zur Sache*, Rn. 1040, durch diese schriftliche Erklärung ersetzt werden (s.a. BGHSt 40, 211; *Schlothauer*, Rn. 77c). Im Zweifel dürfte daher eine Überreichung der Erklärung erst (am HV-Tag) vor → *Aufruf der Sache*, Rn. 100, zu spät sein.
- Für diese Erklärung besteht **nicht** das → ***Verlesungsverbot** für schriftliche Erklärungen*, Rn. 994. Sie kann vielmehr als eine vom Angeklagten stammende Urkunde in der HV verlesen werden (→ *Urkundenbeweis, Allgemeines*, Rn. 884; *Kleinknecht/Meyer-Goßner*, § 249 Rn. 13 m.w.N. s. aber BGH NStZ 2002, 555). Das Unterlassen der Verlesung kann sogar die Aufklärungsrüge begründen (s.a. OLG Zweibrücken StV 1986, 290).

Eine schriftliche Erklärung schon vor der HV wird sich insbesondere dann **empfehlen**, wenn der Verteidiger einerseits den Mandanten der direkten Befragung durch StA und Gericht entziehen will, andererseits aber eine Sachdarstellung des Angeklagten erreichen will. Der Inhalt der schriftlichen Erklärung kann nämlich durch einen **Beweisantrag** auf **Verlesung** in das Verfahren eingeführt werden, der, wenn sich die Erklärung mit der Sache befasst, kaum abgelehnt werden kann (*Malek*, Rn. 213; *Schlothauer* StV 1992, 141).

1155 **4.** Besondere Aufmerksamkeit wird der Verteidiger bei der Vorbereitung der HV über die dargestellten Fragestellungen (s.o. Rn. 1145 f. und Rn. 1147 ff.) hinaus noch folgenden Fragen widmen, die hier nur in Form einer „**Checkliste**" behandelt werden sollen (s. i.Ü. a. *Burhoff*, EV, Rn. 1989 ff. und eingehend *Schlothauer*, a.a.O.):

(1.) Ist es zweckmäßig, eine **Verteidigungsschrift** einzureichen (vgl. dazu *Burhoff*, EV, Rn. 1479; *Schlothauer*, Rn. 118 ff.; *R.Hamm* StV 1982, 490)?

(2.) Lassen sich bei **Blutprobe** und Blutalkoholgutachten **Fehlerquellen** feststellen (s. dazu *Burhoff*, EV, Rn. 453; → *Blutalkoholfragen*, Rn. 334)?

(3.) Spätestens jetzt wird der Verteidiger prüfen, ob alle notwendigen **Verfahrensvoraussetzungen** vorliegen, so z.B., ob ein Strafantrag auch von dem richtigen Berechtigten gestellt worden ist (vgl. §§ 77 ff. StGB; *Burhoff*, EV, Rn. 776 ff.).

(4.) Wie kann die **Beweisaufnahme** weiter vorbereitet werden? Sind dazu **vorbereitend Anträge** zu stellen, etwa auf Vernehmung weiterer Zeugen in der HV (→ *Beweisantrag zur Vorbereitung der Hauptverhandlung*, Rn. 307a)?

1156 **(5.)** Muss der Angeklagte ggf. einen **SV beauftragen** (→ *Sachverständigenbeweis*, Rn. 765) und wie ist die → *Vernehmung Sachverständiger*, Rn. 1076, vorzubereiten (s. *Sommer* ZAP F. 22, S. 112 f.)? Ist vom SV ggf. ein schriftliches **Vorgutachten** anzufordern, falls das noch nicht vorliegen sollte (s. dazu *Jungfer* StraFo 1995, 19)?

(6.) Ist ein vom Gericht beauftragter **SV** ggf. wegen **Befangenheit** abzulehnen (→ *Ablehnung eines Sachverständigen*, Rn. 6)?

(7.) Wenn das Gericht entsprechende Anträge zur Beweisaufnahme abgelehnt hat, wird sich der Verteidiger mit der Frage beschäftigen, ob er **Zeugen** und/oder **SV** ggf. **selbst lädt** (→ *Präsentes Beweismittel*, Rn. 675).

(8.) Überprüfen muss der Verteidiger auch, ob **Vorverurteilungen** des Angeklagten noch **verwertbar** sind oder bereits Tilgungsreife eingetreten ist (→ *Feststellung von Vorstrafen des Angeklagten*, Rn. 489).

1157

(9.) Der Verteidiger muss auch die **Zuständigkeit** des Gerichts überprüfen und, wenn er eine → *Besetzungsmitteilung*, Rn. 245, erhält, klären, ob ein → ***Besetzungseinwand***, Rn. 236, erhoben werden soll (s.a. *Schlothauer*, Rn. 224 ff. und die Checkliste bei *Burhoff*, EV, Rn. 400 ff.).

(10.) Kennt er die Besetzung des Gerichts, wird er sich auch Gedanken darüber machen, ob bei einem der erkennenden **Richter** die Besorgnis der **Befangenheit** besteht und deshalb dessen Ablehnung in Betracht gezogen werden muss (→ *Ablehnung eines Richters, Allgemeines*, Rn. 4, m.w.N.).

(11.) Schließlich wird der (Wahl-)Verteidiger schon im wohlverstandenen eigenen (**Kosten**-) Interesse die Erforderlichkeit einer **Pflichtverteidigerbestellung** nicht aus den Augen verlieren dürfen und diese dann rechtzeitig beantragen (→ *Pflichtverteidiger, Bestellung in der Hauptverhandlung*, Rn. 643; zur Pflichtverteidigerbestellung allgemein s. *Burhoff*, EV, Rn. 1187 ff.).

1158

(12.) Hält der Verteidiger die **Anwesenheit** des Angeklagten nicht für unbedingt erforderlich, wird er sich mit der → ***Entbindung*** *des Angeklagten vom Erscheinen in der Hauptverhandlung*, Rn. 427, beschäftigen und möglicherweise einen entsprechenden Antrag stellen (s.a. *Dahs*, Rn. 443 ff.).

(13.) Sind ggf. (noch) vorprozessuale → ***Absprachen*** *mit Gericht und StA*, Rn. 63, zu treffen (zu Absprachen im Ermittlungsverfahren *Burhoff*, EV, Rn. 37 ff.)?

(14.) Ggf. wird der Verteidiger den Mandanten **kurz vor** der **HV** noch einmal zu einem **abschließenden Gespräch** bestellen, in dem er ihm seinen Plan für die HV erörtert und erläutert, worauf es ankommt. Bei diesem Gespräch kann der Verteidiger dem Mandanten einerseits die letzten Informationen, insbesondere über den äußeren Ablauf der HV, erteilen, sowie andererseits sich selbst über zwischenzeitlich möglicherweise eingetretenen Änderungen in den persönlichen Verhältnissen des Angeklagten, die Auswirkungen auf die Straffrage haben können, informieren (wegen der Einzelh. s. *Burhoff*, EV, Rn. 2000, und das Merkblatt „Hinweise für die Hauptverhandlung", dort bei Rn. 2002 f.; s. zur Vorbereitung des Mandanten a. *Malek*, Rn. 170 ff.

(15.) Soll eine **Strafzumessungsverteidigung** geführt werden, muss der Verteidiger sich darauf vorbereiten (dazu *Detter*, *Wesemann/Müller*, jeweils a.a.O.; s. auch die Checkliste bei Beck-*Tondorf*, S. 403 ff.).

Vorführung von Bild-Ton-Aufzeichnungen

1158a

Das Wichtigste in Kürze

1. Das ZSchG lässt die Möglichkeit der Vorführung von Bild-Ton-Aufzeichnungen ausdrücklich zu.

2. Nach § 255a Abs. 1 gelten für die allgemeine Vorführung der Bild-Ton-Aufzeichnung einer Zeugenvernehmung die Vorschriften der §§ 251, 252, 253 und 255 entsprechend.

3. § 255a Abs. 2 S. 1 gestattet unter bestimmten (engen) Voraussetzungen die Ersetzung der Vernehmung eines kindlichen Zeugen durch die Vorführung einer Bild-Ton-Aufzeichnung. Nach § 255 Abs. 2 S. 2 ist im Fall des Abs. 2 S. 1 eine ergänzende Vernehmung des Zeugen zulässig.

4. Der Verteidiger kann/muss die ergänzende Vernehmung des Zeugen in einem förmlichen Beweisantrag beantragen.

Literaturhinweise: s. die Hinw. bei → *Videovernehmung in der Hauptverhandlung*, Rn. 1130.

1. Das **ZSchG** vom 30.4.1998 (BGBl. I, S. 820) **lässt** neben der Möglichkeit der → *Videovernehmung in der Hauptverhandlung*, Rn. 1129, die Möglichkeit der **Vorführung** von Bild-Ton-Aufzeichnungen **ausdrücklich zu**. Bislang war umstr., ob derartige Aufzeichnungen als Gegenstände des Augenscheinbeweises im Wege der → *Augenscheinseinnahme*, Rn. 101 zu behandeln waren oder ob ihre Vorführung den Vorschriften über die Verlesung von Vernehmungsprotokollen unterlag (vgl. dazu Rn. 1069 der 2. Auflage). Nach der Neuregelung finden gem. § 255a Abs. 1 die Vorschriften, die sich auf die Verlesung der Niederschrift über eine richterliche oder nichtrichterliche Vernehmung beziehen (§§ 251, 252, 253 und 255), entsprechende Anwendung (vgl. dazu u. Rn. 1158b ff.). Es handelt sich damit um eine Durchbrechung des Unmittelbarkeitsgrundsatzes. Darüber hinaus kann in bestimmten Verfahren nun nach § 255a Abs. 2 S. 1 die Vernehmung eines Zeugen **unter 16 Jahren** durch die **Vorführung** einer Bild-Ton-Aufzeichnung (BTA) einer früheren **Vernehmung ersetzt** werden (vgl. dazu u. Rn. 1158f ff.).

1158b **2.** Nach **§ 255a Abs. 1** gelten für die allgemeine Vorführung der Bild-Ton-Aufzeichnung einer Zeugenvernehmung die Vorschriften der §§ 251, 252, 253 und 255 entsprechend (vgl. dazu *Diemer* NJW 1999, 1673).

☝ § 255a gilt **nicht** für die Beweisaufnahme über ein Geständnis oder bei Widersprüchen, **§ 254** (*Diemer* NJW 1999, 1673).

1158c **a)** § 255a Abs. 1 gilt für **jede Bild-Ton-Aufzeichnung**, die gem. §§ 58a, 168e S. 4 im Ermittlungsverfahren (vgl. dazu *Burhoff*, EV, Rn. 1962 ff.) oder gem. § 247a S. 4 in einer vorhergehenden HV (→ *Videovernehmung in der Hauptverhandlung*, Rn. 1129) gefertigt worden ist. Die Vorführung ist **nicht** auf bestimmte Zeugen oder Straftaten **beschränkt**. Sie kann allerdings nicht auf SV analog angewendet werden (Ausnahmevorschrift; *Kleinknecht/Meyer-Goßner*, § 255a Rn. 1; KK-*Diemer*, § 255a Rn. 6).

☝ **Entscheidend** für die Zulässigkeit der Vorführung ist die Stellung der Auskunftsperson im **Zeitpunkt** der **Vorführung**. Das bedeutet, dass die Bild-Ton-Aufzeichnung über die frühere Vernehmung eines ehemaligen Mitbeschuldigten, der inzwischen Zeuge ist, vorgeführt werden kann (*Kleinknecht/Meyer-Goßner*, a.a.O.; KK-*Diemer*, a.a.O.; s. zu § 247a BGHSt 46, 73).

b) Für die **Voraussetzungen** der Vorführung gilt im Einzelnen: Es kommt die Vorführung der Aufzeichnung sowohl von **richterlichen** als auch von **nichtrichterlichen** Vernehmungen in Betracht. Voraussetzung der Vorführung ist weiter, dass sich entweder die Prozessbeteiligten damit **einverstanden** erklären (§ 251 Abs. 1 Nr. 4, Abs. 2 S. 1) oder der Vernehmung des Zeugen in der HV ein **Hindernis** i.S. des § 251 Abs. 1 Nr. 1 bis 3, Abs. 2 S. 2 entgegensteht (wegen der Einzelh. s. jeweils → *Verlesung von Protokollen früherer Vernehmungen*, Rn. 1021 f.).

☝ Wegen der Erteilung des Einverständnisses durch den Verteidiger gelten die Ausführungen bei Rn. 1027 entsprechend. Der Verteidiger wird sich mit einer Vorführung der Aufzeichnung dann nicht einverstanden erklären (können), wenn die bloße Vorführung der Aufzeichnung nicht ausreicht, dem Gericht den nach Auffassung des Verteidigers erforderlichen persönlichen Eindruck von dem Zeugen zu vermitteln. Immer ist auch die → *Aufklärungspflicht des Gerichts*, Rn. 95, zu berücksichtigen. Ggf. muss der Verteidiger im Hinblick auf die Revision (**Aufklärungsrüge**!) die **persönliche Vernehmung** des Zeugen in der HV **beantragen**. Auch das **Fragerecht** des Angeklagten muss gewahrt bleiben (vgl. dazu EGMR StraFo 2002, 160).

Im Übrigen gilt: **1158d**

- Die Vorführung der Aufzeichnung einer richterlichen Vernehmung gem. §§ 255a, **251** setzt voraus, dass diese **ordnungsgemäß zustande gekommen** ist. Insoweit gelten die Ausführungen bei → *Verlesung von Protokollen richterlicher Vernehmungen*, Rn. 1020, entsprechend. Zusätzlich ist darauf zu achten, dass die Aufzeichnung selbst nicht (technisch) fehlerhaft ist (vgl. dazu *Burhoff*, EV, Rn. 1969 f.; *Riek* StraFo 2000, 400; *Krapf* Krim 2002, 309; → *Videovernehmung in der Hauptverhandlung*, Rn. 1133f).

☝ Ist die richterliche Vernehmung **fehlerhaft zustande** gekommen, so dass ein Protokoll **nicht** nach § 251 Abs. 1 verlesen werden dürfte, gilt das auch für das **Vorspielen** einer Aufzeichnung dieser Vernehmung (*Kleinknecht/Meyer-Goßner*, § 255a Rn. 2). Sie wird aber als nichtrichterliche Vernehmung gem. § 251 Abs. 2 vorgespielt werden dürfen (*Kleinknecht/Meyer-Goßner*, a.a.O., unter Hinw. auf BGH NStZ 1998, 312). Allerdings ist, wenn das Gericht eine an sich unverwertbare Aufzeichnung nach §§ 255a, 251 Abs. 1 vorgeführt hat, diese dann im Urteil aber als nichtrichterliche Vernehmung gem. § 251 Abs. 2 S. 2 verwerten werden soll, wohl ein → *Hinweis auf veränderte Sach-/Rechtslage*, Rn. 551, erforderlich (BGH, a.a.O.). Nach *Schlothauer* (StV 1999, 50) kommt eine Verwertung nur in Betracht, wenn Angeklagter und Verteidiger bei der Verwertung mitgewirkt haben.

- Für die Anwendung des **§ 252** gelten die Ausführungen bei → *Protokollverlesung nach Zeugnisverweigerung*, Rn. 725, entsprechend (*Kleinknecht/Meyer-Goßner*, § 255a Rn. 3). D.h.: Es besteht für die Vorführung einer Aufzeichnung – ebenso wie für die Verlesung eines Vernehmungsprotokolls – ein **umfassendes Verwertungsverbot**, wenn der Zeuge erst in der HV von seinem Zeugnisverweigerungsrecht Gebrauch macht. Als **Verhörsperson** vernommen werden kann aber, wenn der Zeuge belehrt worden ist, der Richter, bei dem der Zeuge die Aussage, um deren Vorführung es geht, gemacht hat (→ *Protokollverlesung nach Zeugnisverweigerung*, Rn. 732 f.; *Kleinknecht/Meyer-Goßner*, § 255a Rn. 3; BGH NJW 1996, 206). Diesem kann dann auch die Videoaufzeichnung im Wege des **Vorhalts** vorgespielt werden (HK-*Julius*, § 255a Rn. 5; → *Vernehmung einer Verhörsperson*, Rn. 1057).

  Handelt es sich um einen **angehörigen Zeugen**, dessen Aufenthalt nicht ermittelt werden kann und der deshalb **unerreichbar** ist, so kann, wenn er bei seiner Vernehmung ordnungsgemäß belehrt worden ist, die Aufzeichnung vorgespielt werden, ohne dass es einer Erklärung des Zeugen bedarf, ob er jetzt ggf. von seinem Zeugnisverweigerungsrecht Gebrauch machen will. Eine solche Erklärung sehen die §§ 251, 252 nicht vor (*Kleinknecht/Meyer-Goßner*, a.a.O.; § 252 Rn. 17 m.w.N.).

- Ist der **Zeuge** in der **HV anwesend**, kann die Bild-Ton-Aufzeichnung ggf. ergänzend zu seiner Aussage in der HV vorgeführt werden. In Betracht kommt auch eine Vorführung der Aufzeichnung nach § 253 zur Gedächtnisstützung (HK-*Julius*, § 255a Rn. 5; → *Protokollverlesung zur Gedächtnisstützung*, Rn. 735).

☝ Der Verteidiger muss im Hinblick auf die → *Widerspruchslösung*, Rn. 1166a, des BGH (vgl. u.a. BGHSt 38, 214) der Anordnung der Vorführung einer Bild-Ton-Aufzeichnung, die fehlerhaft zustande gekommen ist oder deren Vorführung er aus sonstigen Gründen (s.o.) für unzulässig hält, **widersprechen** (*Kleinknecht/Meyer-Goßner*, § 255a Rn 2). Im Zweifel wird der BGH die Grundsätze der „Widerspruchslösung" nämlich auch auf § 255a erstrecken (HK-*Julius*, § 255a Rn. 13; s. auch OLG München StV 2000, 352 zum Widerspruch gegen die Verwertung einer Aufnahme, die ohne Mitwirkung des Verteidigers zustande gekommen ist [für das Ermittlungsverfahren]).

1158e

c) Die Vorführung der Bild-Ton-Aufzeichnung erfordert, wie sich aus der Verweisung auf §§ 251 Abs. 4, 255 ergibt, einen **Beschluss** des Gerichts, der zu begründen ist. Dieser ist nach § 305 für die Verfahrensbeteiligten unanfechtbar, der **Zeuge** kann aber **Beschwerde** einlegen (*Kleinknecht/Meyer-Goßner*, § 255a Rn. 12).

☝ Ein Verstoß gegen § 255a kann aber mit der Revision im Wege der **Aufklärungsrüge** geltend gemacht werden. Diese sollte der Verteidiger dann aber durch entsprechende **(Beweis-)Anträge** in der HV **vorbereitet** haben.

1158f

3. § 255a Abs. 2 S. 1 gestattet unter bestimmten (engen) Voraussetzungen die **Ersetzung** der **Vernehmung** eines kindlichen Zeugen durch die Vorführung einer Bild-Ton-Aufzeichnung. Sinn und Zweck dieser Durchbrechung des → *Unmittelbarkeitsgrundsatzes*, Rn. 868, ist der Schutz des kindlichen Zeugen, dem eine erneute Vernehmung in der HV nach Möglichkeit erspart werden soll (KK-*Diemer*, § 255a Rn. 7). Da es sich um eine Ausnahmevorschrift handelt, ist sie eng auszulegen (*Diemer* NJW 1999, 1674), allerdings wird man den Zeugenschutzgedanken der Vorschrift bei der Auslegung (vorrangig) zu berücksichtigen haben (zu allem *Beulke*, S. 712 ff.).

1158g

a) Der **Geltungsbereich** der Vorschrift ist **beschränkt**. Sie gilt nur in Verfahren wegen bestimmter Straftaten gegen die sexuelle Selbstbestimmung, gegen das Leben oder wegen Misshandlung von Schutzbefohlenen (§§ 174 – 184c, 211 – 222, 225 StGB). Eine entsprechende Anwendung auf andere Verfahren ist wegen des Ausnahmecharakters der Vorschrift ausgeschlossen. Allerdings ist die Vorführung – anders als die Verlesung von ärztlichen Attesten über Körperverletzungen nach § 256 StGB (→ *Verlesung von ärztlichen Attesten*, Rn. 997) – in **Konkurrenzfällen** auch wohl zum Nachweis der Nichtkatalogtat- zulässig (krit. *Rieß* StraFo 1999, 4 Fn. 55). Eine andere Auslegung würde Sinn und Zweck der Vorschrift zuwiderlaufen (*Kleinknecht/Meyer-Goßner*, § 255a Rn. 8; KK-*Diemer*, § 255a Rn. 8). Der Zeuge braucht i.Ü. nicht Opfer der Straftat gewesen zu sein; es reicht aus, wenn er durch seine Wahrnehmungen in vergleichbarer Art wie das Opfer gefährdet ist (*Kleinknecht/Meyer-Goßner*, § 255 Rn. 8; KK-*Diemer*, § 255a Rn. 7; so wohl auch *Diemer* NJW 1999, 1674). Der **Zeuge** darf im Zeitpunkt der zu ersetzenden Vernehmung noch **nicht 16 Jahre** alt sein.

1158h

b) Als Ersatz für die Vernehmung vorgeführt werden darf **nur** die Aufzeichnung einer **richterlichen Vernehmung**, die nach §§ 58a, 168e S. 4, 247a S. 4 angefertigt worden ist.

☝ **Andere Vernehmungen** als richterliche Vernehmungen können nicht nach § 255a Abs. 2 S. 1 vorgeführt werden. Für sie bleibt **nur** die Vorführung nach **§ 255a Abs. 1** zum Beweis des Inhalts der Aussage oder zu Zwecken des Vorhalts (BGH NJW 1996, 206 f.; *Kleinknecht/Meyer-Goßner*, a.a.O.).

Die Vernehmung muss **ordnungsgemäß zustande gekommen** sein (vgl. dazu → *Verlesung von Protokollen früherer Vernehmungen*, Rn. 1020 f. m.w.N.). Das bedeutet, dass ein zeugnisverweigerungsberechtigter Zeuge ordnungsgemäß belehrt wurde und auch in der HV noch zur Aussage bereit sein muss. Darüber ist er (erneut) zu befragen. Vorher darf die Aufzeichnung nicht vorgeführt werden (*Kleinknecht/Meyer-Goßner*, § 255a Rn. 8; BGH, a.a.O.).

☝ Der Vorführung einer nicht ordnungsgemäß zustande gekommenen Vernehmung muss der Verteidiger **widersprechen.**

1158i c) Die Vorführung der Aufzeichnung nach § 255a Abs. 2 S. 1 setzt außerdem voraus, dass der Angeklagte und der Verteidiger **Gelegenheit** hatten, an der Vernehmung **mitzuwirken**, und zwar insbesondere durch Ausübung ihres Fragerechts (OLG München StV 2000, 352; vgl. auch *Rieß* NJW 1998, 3241 Fn. 30; *Beulke*, S. 712 ff.). Der Begriff der Mitwirkung ist bislang in der StPO nicht verwendet worden. Es spricht deshalb m.E. einiges dafür, dass „Mitwirkung" **mehr** ist **als** die bloße **„Anwesenheit"** des Angeklagten oder Verteidigers bei der richterlichen Vernehmung gem. § 168c. Übersehen werden darf auch nicht, dass die Vernehmung im Ermittlungsverfahren und deren Aufzeichnung mit dem Ziel der Vorführung in der späteren HV, um dadurch die Zeugenvernehmung zu ersetzen, praktisch einen Teil der HV vorwegnimmt. Deshalb wird man von „Mitwirkung" wohl nur dann sprechen können, wenn Angeklagter/Verteidiger **Gelegenheit** hatten, auf den **Gang** der Vernehmung durch Fragen und/oder Vorhalte **Einfluss** zu nehmen (inzidenter OLG München, a.a.O.; so auch *Leitner* StraFo 1999, 46 f.; *Rieß* StraFo 1999, 4; eingehend *Schlothauer* StV 1999, 49; s. allerdings auch *Kleinknecht/Meyer-Goßner*, § 255a Rn. 8 mit Hinw. auf die Mitwirkungsbefugnisse des § 168e S. 3, die genügen sollen). Ggf. ist ein Vernehmungstermin kurzfristig zu verlegen (OLG München, a.a.O.). Es reicht aus, wenn Beschuldigter und Verteidiger Gelegenheit zur Mitwirkung hatten. Ob sie diese Gelegenheit tatsächlich wahrgenommen haben, ist nicht entscheidend (BT-Dr. 13/4983, S. 8; *Diemer* NJW 1999, 1674; a.A. *Schlothauer*, a.a.O., unter Hinw. darauf, dass es sich um einen vorweggenommenen Teil der HV handelt). Bestand keine Gelegenheit zur Mitwirkung, darf die Aufzeichnung nur abgespielt werden, wenn Verteidiger und Angeklagter sich einverstanden erklären (*Kleinknecht/Meyer-Goßner*, § 255a Rn. 8 a.E.).

☝ Fraglich ist, wie zu verfahren ist, wenn der Angeklagte im **Zeitpunkt** der richterlichen **Vernehmung** des Zeugen noch **keinen Verteidiger** hatte, dieser also bei der Vernehmung nicht mitwirken konnte. M.E. dürfte das die Verwertung der Aufzeichnung nach § 255a Abs. 2 S. 1 unzulässig machen (s. wohl auch *Schlothauer*, a.a.O.; HK-*Julius*, § 255a Rn. 9; *Leitner* StraFo 1999, 48 [entsprechend § 168c i.V.m. § 251 immer bei Verstoß gegen die Mitwirkungsrechte]; a.A. wohl *Kleinknecht/Meyer-Goßner*, a.a.O.). Jedenfalls wird das Gericht im Rahmen des ihm eingeräumten Ermessens (s. dazu u. Rn. 1158k) **sorgfältig** zu **prüfen** haben, welche **Auswirkungen** die fehlende Mitwirkung des Verteidigers auf die Vernehmung hatte. Dabei ist m.E. die neuere Rspr. des BGH zur Bedeutung des Fragerechts und/oder zur Beiordnung eines Pflichtverteidigers zu berücksichtigen (vgl. BGHSt 46, 93; 47, 233; s. wohl auch *Beulke*, S. 713). Ist danach ggf. die Beiordnung eines Pflichtverteidigers nicht rechtzeitig erfolgt (vgl. dazu *Burhoff*, EV, Rn. 1335), wird im Zweifel die Vorführung ausscheiden (s. dazu aber auch *Kleinknecht/Meyer-Goßner*, § 255 Rn. 9 a.E.).

☝ Nach *Kleinknecht/Meyer-Goßner* (§ 255a Rn. 9) muss der Verteidiger Gelegenheit gehabt haben, gleichberechtigt an der Vernehmung mitzuwirken. Dazu gehört dann aber auch, dass ihm zuvor **Akteneinsicht** gewährt worden ist (*Beulke*, S. 713). Anders wird er auch kaum sein Fragerecht ausüben können.

Der Verteidiger muss der Vorführung der Aufzeichnung einer Vernehmung, an der er nicht mitgewirkt hat, **widersprechen** (*Schlothauer* StV 1999, 49; s. dazu auch OLG München StV 2000, 352).

1158k **d)** Die Ersetzung der Vernehmung durch Vorführung der Aufzeichnung der Vernehmung des kindlichen Zeugen nach § 255a Abs. 1 S. 1 ist nicht zwingend, sondern steht im **pflichtgemäßen Ermessen des Vorsitzenden**. Abzuwägen sind die durch die Vorführung der Bild-Ton-Aufzeichnung tangierten Verfahrensgrundsätze, die Rechte des Zeugen, dessen Schutz die Vorschrift bezweckt, aber auch das Verteidigungsinteresse des Angeklagten (zur Abwägung s. *Kleinknecht/Meyer-Goßner*, § 255a Rn. 9; *Diemer* NJW 1999, 1674).

☝ Zu berücksichtigen ist auch, ob nicht ggf. eine → ***Videovernehmung** in der Hauptverhandlung*, Rn. 1129, in Betracht kommt.

Über die Ersetzung entscheidet der Vorsitzende, gegen dessen Entscheidung der Verteidiger gem. **§ 238** das Gericht anrufen kann (a.A. KK-*Diemer*, § 255a Rn. 14 [Beschluss des Gerichts]). Gegen den gerichtlichen Beschluss ist für die Verfahrensbeteiligten die Beschwerde nach § 305 ausgeschlossen, der Zeuge kann allerdings nach § 304 Beschwerde einlegen (*Kleinknecht/Meyer-Goßner*, § 255a Rn. 12).

1158l **4.a)** Nach § 255 Abs. 2 S. 2 ist im Fall des Abs. 2 S. 1 eine **ergänzende Vernehmung** des Zeugen zulässig (zur Abgrenzung vom allgemeinen Beweiserhebungsanspruch s. *Rieß* StraFo 1999, 5). Eine ergänzende Vernehmung wird vor allem dann in Betracht kommen, wenn nachträglich entscheidungsrelevante Tatsachen bekannt geworden sind, die bei der ersten Vernehmung noch nicht mit dem Zeugen erörtert worden sind/werden konnten. Auch eine nicht ausreichende Mitwirkung des Angeklagten und/oder seines Verteidigers bei der ersten Vernehmung wird i.d.R. eine ergänzende Vernehmung erforderlich machen, da nur dann der Angeklagte/Verteidiger eine Gelegenheit hat, sein ihm zustehendes Fragerecht überhaupt auszuüben (Art. 6 Abs. 3 d MRK). § 255a Abs. 2 S. 2 gestattet aber nur eine ergänzende Vernehmung des Zeugen, eine **Wiederholung** der **Vernehmung** ist ausgeschlossen. Ggf. wird eine → *Videovernehmung in der Hauptverhandlung*, Rn. 1129, in Betracht zu ziehen sein (*Diemer* NJW 1999, 1675).

1158m

b) Hinweise für den Verteidiger!

a) Im Zusammenhang mit der ergänzenden Vernehmung ist auf Folgendes hinzuweisen:

- Der Verteidiger kann/muss die ergänzende Vernehmung des Zeugen in einem förmlichen **Beweisantrag** verlangen. In diesem wird er im Hinblick auf die Ablehnungsgründe des § 244 Abs. 3 insbesondere zu dem Beweisthema **ausführlich** Stellung nehmen. Dabei wird es sich empfehlen, die Kriterien für eine → *Erneute Vernehmung eines Zeugen oder Sachverständigen*, Rn. 474 ff., entsprechend anzuwenden (s.a. *Rieß* StraFo 1999, 5; *Schlothauer* StV 1999, 49; *Schünemann* StV 1998, 400). Es ist zudem ratsam, auch zum Beweiswert der beantragten persönlichen Vernehmung des Zeugen Stellung zu nehmen. Haben Verteidiger und Angeklagter an der ersten Vernehmung mitgewirkt, sollte, wenn die Beweisfrage dort nicht zum Gegenstand der Vernehmung gemacht worden ist, aber hätte gemacht werden können, ggf. dazu vorgetragen werden, warum das unterblieben ist. Das dürfte sich schon im Hinblick auf den Ablehnungsgrund der Prozessverschleppung empfehlen.
- Der Verteidiger muss sich darüber bewusst sein, dass die beantragte ergänzende Vernehmung des kindlichen Zeugen insbesondere aus der Sicht von Laienrichtern für den Mandanten ggf. **nachteilig** sein kann. Deshalb wird er sich die Antragstellung sorgfältig überlegen und sollte schon im Antrag die → ***Videovernehmung** in der Hauptverhandlung*, Rn. 1129, gem. § 247a anregen, um so die Belastung des Zeugen möglichst gering zu halten.

- Der Verteidiger sollte in seinem Antrag auch darauf hinweisen, dass gerade der **Beweiswert** kindlicher Aussagen **krit.** zu **prüfen** ist und deshalb an die → *Aufklärungspflicht des Gerichts*, Rn. 95, strenge Anforderungen zu stellen sind (vgl. u.a. BGH NStZ 1995, 45; StV 1998, 362), die die Stellung des (Beweis-)Antrags unumgänglich machen.
- Hinsichtlich der **Vernehmung** des Zeugen ist zu beachten, dass für diese grds. die **allgemeinen Regeln** gelten. Anwendbar sind also allein oder in Kombination die §§ 247a, 247, 223 (*Kleinknecht/Meyer-Goßner*, § 255 Rn. 10). Für die Art der Vernehmung gilt § 241a (→ *Vernehmung jugendlicher Zeugen*, Rn. 1064).

> ☝ Erlaubt sind nur ergänzende Fragen. **Wiederholungsfragen** sind **unzulässig** und können zurückgewiesen werden (→ *Zurückweisung einzelner Fragen (des Verteidigers)*, Rn. 1213).

1158n

b) Für die **Revision** ist auf Folgendes hinzuweisen: Der Verteidiger kann eine Verletzung von § 261 dahingehend rügen, dass das Ergebnis der Vorführung der Bild-Ton-Aufnahme im Urteil **nicht richtig wiedergegeben** worden sei. Diese Rüge ist zulässig, da sich die ggf. fehlende Übereinstimmung des Urteils mit der vorgeführten Aufnahme ohne weiteres aus der Akte ergibt und nicht eine Rekonstruktion der HV voraussetzt (*Schlothauer* StV 1999, 50; ihm folgend *Kleinknecht/Meyer-Goßner*, § 255a Rn. 13; s.a. § 337 Rn. 14; zu allem a. *Diemer* NStZ 2002, 16.). Die Videoaufzeichnung der Vernehmung ist Aktenbestandteil. Die fehlende Übereinstimmung kann durch Vorspielen der Aufnahme festgestellt werden (s. dazu OLG Stuttgart NStZ 1986, 41 für die Aufzeichnung eines Protokolls auf Tonband).

Siehe auch: → *Videovernehmung in der Hauptverhandlung*, Rn. 1129.

Vorhalt an Zeugen

1159

Literaturhinweise: ***Sommer***, Maßnahmen des Strafverteidigers in der Hauptverhandlung, ZAP F. 22, S. 101; s.a. die Hinw. bei → *Vernehmung einer Verhörsperson*, Rn. 1057, und bei → *Vorhalt aus und von Urkunden*, Rn. 1162.

Hat ein Zeuge Schwierigkeiten, sich zu erinnern, oder hat er sich in **Widersprüche** verwickelt, können ihm eine frühere Vernehmung oder die Vernehmungen anderer Zeugen vorgehalten werden. Der Vorhalt ist aber (nur) ein **Vernehmungsbehelf**, um das alleinige Beweismittel des Zeugen in der HV vollständig ausschöpfen zu können (BGH NStZ 2000, 427; *Harms* NStZ 2001, 239 [Rspr.-Übersicht]; *Sommer* ZAP F. 22, S. 110).

Für einen Vorhalt ist allgemein Folgendes zu beachten: **Beweismittel** bleibt der **Zeuge**, nur die Antwort des Zeugen auf den Vorhalt – nicht der Vorhalt selbst – ist Gegenstand der Beweiswürdigung. Deshalb muss der Verteidiger darauf achten, dass der Vorhalt, den einer der anderen Beteiligten einem Zeugen macht, nicht dazu benutzt wird, den gesamten Akteninhalt vorzutragen. Der Vorhalt darf also **nicht zu lang** sein und muss **thematisch** mit dem Vernehmungsgegenstand **zusammenhängen**.

1160 ☝ Ggf. muss der Verteidiger einen zu langen Vorhalt unterbrechen, **beanstanden** und gem. **§ 238 Abs. 2** einen Gerichtsbeschluss herbeiführen.

Nach einem Vorhalt muss sich der **Verteidiger überlegen**, ob er ggf. die Befragung des Zeugen **fortsetzt**, um abzuklären, wie sich der Zeuge aufgrund des Vorhalts erinnert. Hat der Zeuge auf den Vorhalt geantwortet „Ja, das stimmt so", sagt das über seine Erinnerung noch nichts aus. Das kann nämlich sowohl bedeuten, dass sich der Zeuge tatsächlich an das – vorgehaltene – Geschehnis erinnert, als auch, dass er sich lediglich erinnert, das Vorgehaltene so ausgesagt zu haben. Nur im ersten Fall ist eine für das Urteil bedeutsame Erinnerungsleistung des Zeugen gegeben, im zweiten Fall ist der **Vorhalt gescheitert**.

Siehe auch: → *Vorhalt aus und von Tonbandaufnahmen*, Rn. 1161, → *Vorhalt aus und von Urkunden*, Rn. 1162, → *Zeugenvernehmung, Allgemeines*, Rn. 1186, m.w.N.

1161 Vorhalt aus und von Tonbandaufnahmen

Literaturhinweise: ***Geppert***, Der Augenscheinsbeweis, Jura 1996, 307; s.a. die Hinw. bei → *Augenscheinseinnahme*, Rn. 101.

Tonbandaufnahmen, z.B. von einer Vernehmung (s. §§ 168-168b), **können** neben Vernehmungsniederschriften oder an ihrer Stelle zu **Vorhalten verwendet** werden (BGHSt 14, 339, 340). Es gilt dasselbe wie für den → *Vorhalt aus und von Urkunden*, Rn. 1162 (*Kleinknecht/Meyer-Goßner*, § 249 Rn. 29; s.a. BayObLG NJW 1990, 197 [zur Unzulässigkeit der Verwertung einer heimlich aufgenommenen Tonbandaufnahme]; → *Beweisverwertungsverbote*, Rn. 325; eingehend zur Tonbandaufnahme *Eisenberg*, Rn. 2283 ff.; *Geppert* Jura 1996, 310 m.w.N.; → *Augenscheinseinnahme*, Rn. 105).

☝ Auch beim „Vorhalt" einer Tonbandaufnahme handelt es sich **nur** um einen **Vernehmungsbehelf**, bei dem zum verwertbaren Inhalt der Beweisaufnahme nur das wird, was die Beweisperson auf den Vorhalt hin zum Inhalt ihrer Aussage macht (allgemein BGHSt 3, 281).

Tonbandaufnahmen werden entweder in der **Form** des Abspielens oder der Inhaltsangabe vorgehalten (*Kleinknecht/Meyer-Goßner*, a. a. O.). Ist der Verteidiger mit der vom Vorsitzenden gewählten Form des Vorhalts nicht einverstanden oder ist nach seiner Auffassung eine Inhaltsangabe unzutreffend bzw. nicht ausreichend, muss er den Vorhalt des Vorsitzenden nach § 238 Abs. 2 **beanstanden**.

Vorhalt aus und von Urkunden

1162

Literaturhinweise: ***Geerds***, Über Vorhalt und Urkundenbeweis mit Vernehmungsprotokollen, in: Festschrift für *Blau*, S. 67; ***Hanack***, Protokollverlesungen und -vorhalte als Vernehmungsbehelf, in: Festschrift für *Schmidt-Leichner*, S. 83; ***Kuckuck***, Zur Zulässigkeit von Vorhalten aus Schriftstücken in der Hauptverhandlung des Strafverfahrens, 1977; ***Riegner***, Verhörsbeamte als Zeugen in der Hauptverhandlung, NJW 1961, 63; ***Schünemann***, „Dienstliche Äußerungen" von Polizeibeamten im Strafverfahren, DRiZ 1979, 101.

1. Werden einem Zeugen bei seiner Vernehmung Urkunden oder andere Schriftstücke ganz oder teilweise vorgehalten, muss der Verteidiger darauf achten, dass durch diesen **Vernehmungsbehelf**, der an sich ein unentbehrliches Mittel der Wahrheitserforschung ist, nicht der Unterschied zum Urkundenbeweis verwischt wird (BGHSt 34, 231). Der Vorhalt ist nämlich **kein Urkundenbeweis**, auch wenn die Urkunde dabei ganz oder z.T. verlesen wird (KK-*Diemer*, § 249 Rn. 42 m.w.N.; BGH NStZ 2000, 427). **Grundlage** der tatsächlichen **Feststellungen** sind – auch nach Vorhalt einer Urkunde – nämlich nicht die Urkunde, sondern allein die durch deren Vorhalt veranlassten Erklärungen des Zeugen, der den Inhalt bzw. den Wortlaut der Urkunde aus eigener Erinnerung bestätigen muss (st.Rspr., vgl. zuletzt u.a. BGH StV 1994, 413; OLG Köln StV 1998, 478; KK-*Diemer*, a.a.O., m.w.N.; s.a. u. Rn. 1164).

☝ Daher muss eine (längere) **Urkunde verlesen** werden, **wenn** es auf ihren **Wortlaut** ankommt (→ *Urkundenbeweis, Allgemeines*, Rn. 884, m.w.N.; BGH NStZ 2000, 427; StV 2000, 655; OLG Köln StraFo 1999, 92).

1163

2. Unter Berücksichtigung dieser Grundsätze gilt:

a) Unterliegt die Urkunde einem **Verwertungsverbot**, ist auch der **Vorhalt** grds. **ausgeschlossen**. Allerdings schließt die nach den §§ 251, 254 unzulässige Verlesung nicht von vornherein einen Vorhalt aus (s. BGHSt 34, 231, 235; a. A. BGHSt 31, 140 [für unter Verstoß gegen § 168c Abs. 5 zustande gekommene Zeugenaussage]). Einem in der HV erschienenen Zeugen, der nach Belehrung auf sein → *Zeugnisverweigerungsrecht*, Rn. 1194, verzichtet hat, kann i.Ü. auch aus einer unter Verstoß gegen § 52 Abs. 3 S. 1 (→ *Zeugenbelehrung*, Rn. 1184) erlangten Aussage vorgehalten werden (LR-*Dahs*, § 52 Rn. 53).

☝ Im Hinblick auf die von der Rspr. des BGH vertretene „Widerspruchslösung" (vgl. u.a. BGHSt 38, 214, 224) muss der Verteidiger dem **Vorhalt** eines unverwertbaren Beweismittels **widersprechen** (→ *Widerspruchslösung*,, Rn. 1166a ff.).

b) Sprachlich schwierige oder inhaltlich **schwer verständliche** Urkunden können **nicht** Gegenstand eines Vorhalts sein, sie müssen verlesen werden (BGH StV 2000, 655; BayObLG StV 1982, 412; *Kleinknecht/Meyer-Goßner*, § 249 Rn. 28; a.A. KK-*Diemer*, § 249 Rn. 42). Das gilt auch für Gutachten über die **BAK** und vergleichbare Urkunden, zu denen der Angeklagte auf Vorhalt keine Angaben machen kann (OLG Celle StV 1984, 107; OLG Düsseldorf NJW 1988, 217 f. [Arztbericht über die Blutentnahme]; OLG Hamm MDR 1964, 344), wenn nicht der Gutachter als SV und/oder der Arzt als Zeuge gehört werden. Auch der Wirkstoffgehalt sichergestellter **BtM** kann als Befundtatsache eines SV-Gutachtens nur im Wege der Gutachtenerstattung des SV oder durch → *Verlesung von Behördengutachten*, Rn. 1001, nach § 256 Abs. 1 eingeführt werden, nicht hingegen durch einen Vorhalt an einen Zeugen (BGH StV 2001, 667). Der Inhalt von **abgehörten Telefonaten** kann hingegen dann ggf. durch Vorhalt eingeführt werden, wenn er keine umfangreichen oder sprachlich komplexen Textpassagen enthält (BGH NStZ-RR 2002, 97 [Be]).

1164 **3.** Für den Vorhalt von **Protokollen** aus **früheren Vernehmungen** ist auf Folgendes hinzuweisen:

Nach h.M. in der **Rspr**. können dem **Angeklagten**, **Zeugen** und **SV** bei ihrer Vernehmung in der HV Protokolle von früheren Vernehmungen (zur Gedächtnisstützung) vorgehalten und diese zu diesem Zweck **verlesen** werden, wenn kein (Beweis-)Verwertungsverbot (→ *Beweisverwertungsverbote*, Rn. 313 ff.) besteht (vgl. u.a. BGHSt 21, 285 f.; KK-*Diemer*, § 249 Rn. 45 m.w.N. auch zur Kritik in der Lit.; vgl. auch Rn. 735 ff.; zum Vorhalt einer „Dienstlichen Äußerung" bei der → *Vernehmung eines Polizeibeamten*, Rn. 1063a; *Schünemann* DRiZ 1979, 106 f.).

☝ Das gilt auch für **nichtrichterliche Protokolle**, die ein **Geständnis** des Angeklagten enthalten, so z.B. wenn der Angeklagte ein bei der Polizei abgelegtes Geständnis in der HV **widerruft**. Bestätigt der Angeklagte auf Vorhalt, dass er sich so, wie niedergeschrieben, geäußert hat, darf das Gericht diesen Umstand verwerten (BGH, a.a.O.).

Bestreitet der Angeklagte die niedergeschriebene Aussage, dann darf der Inhalt des Protokolls nur verwertet werden, wenn der Beweis für die Richtigkeit in anderer Weise geführt worden ist, z.B. durch → ***Vernehmung einer Verhörsperson***, Rn. 1057 (BGHSt 3, 149 f.; 14, 310, 312). Dieser darf das Protokoll der Vernehmung vorgehalten und zu diesem Zweck auch verlesen werden (BGH, a.a.O.).

Schließlich können **Richtern**, **StA** und Polizeibeamten die von ihnen aufgenommenen Vernehmungsniederschriften zur **Gedächtnisstütze** vorgehalten und diese zu diesem Zweck verlesen oder ausgehändigt werden (st.Rspr., vgl. die Nachw. bei KK-*Diemer*, § 249 Rn. 47; s.a. u. Rn. 1166).

4. Hinweise für den Verteidiger!

Bei einem Vorhalt muss der Verteidiger auf Folgendes achten:

1165

a) Der Vorhalt aus bzw. von einer Urkunde ist ein **Vernehmungsbehelf** (BGH NStZ 2000, 427). Grundlage der Feststellungen bleiben die Erklärungen des Zeugen. Deshalb ist es **unzulässig**, wenn bei einer Vernehmung von Angeklagten oder Zeugen entgegen den Vorschriften der §§ 136, 69 **sofort** auf Protokolle zurückgegriffen wird, um sich nur deren Inhalt als richtig bestätigen zu lassen (KK-*Diemer*, § 249 Rn. 11; BGHSt 3, 281, 283). Das muss der Verteidiger **beanstanden** und darauf drängen, dass die Zeugen zunächst nach ihrem noch vorhandenem Wissen gefragt werden. Dabei sind Erinnerungslücken und Widersprüche festzustellen, die dann durch den jetzt zulässigen Vorhalt geklärt werden können. Das gilt insbesondere in Verkehrssachen bei den dort häufig vorkommenden **Routine-Anzeigen**, an die der anzeigende Polizeibeamte i.d.R. keine konkrete Erinnerung mehr hat. Erklärt der Zeuge, dass seine Anzeigen immer auf zweifelsfreier Feststellung beruhen, darf diese Aussage zwar grds. verwertet werden (BGHSt 23, 213), der Verteidiger wird aber sorgfältig prüfen müssen, ob sich nicht doch Einwände gegen die Aussage begründen lassen.

☝ Der **Vorhalt** wird i.d.R. vom **Vorsitzenden** gemacht. Es handelt sich um eine Maßnahme der → *Verhandlungsleitung*, Rn. 972, so dass der Vorhalt gem. **§ 238 Abs. 2** beanstandet werden kann und das Gericht dann durch Beschluss entscheiden muss. Den Vorhalt kann aber auch ein anderer Prozessbeteiligter, also z.B. der Verteidiger, machen (*Kleinknecht/Meyer-Goßner*, § 249 Rn. 28).

1166 b) Werden **Vernehmungsniederschriften** vorgehalten, darf der Inhalt dann nicht verwertet werden, wenn die vernommene **Verhörsperson** sich trotz des Vorhalts nicht an die Einzelheiten der Vernehmung erinnert, sondern nur erklärt hat, sie habe richtig protokolliert (st.Rspr., vgl. u.a. BGHSt 14, 310, 321; BGH StV 2001, 386). Insbesondere kommt dann eine Verlesung nicht in Betracht (BGH a.a.O.). **Nur** das, was im **Gedächtnis** der Verhörsperson haften geblieben ist oder nach dem Vorhalt in die Erinnerung zurückgekommen ist und als nun eigene Erinnerung bestätigt wird, kann als Beweisergebnis verwertet werden (BGHSt 14, 310; BGH StV 1994, 413; KK-*Diemer*, § 249 Rn. 47; → *Vorhalt an Zeugen*, Rn. 1159). Entsprechendes gilt für den Vorhalt an den **Zeugen**. Kann sich dieser trotz des Vorhalts des Inhalts seiner Vernehmung nicht an die in der Vernehmungsniederschrift festgehaltenen Geschehnisse erinnern, darf der Urkundeninhalt nur nach Verlesung der Urkunde gem. § 249 Abs. 1 verwertet werden (OLG Düsseldorf StV 2002, 132; → *Urkundenbeweis, Allgemeines*, Rn. 884). Darauf muss der Verteidiger ggf. in der **Beweiswürdigung** seines **Plädoyers** (→ *Plädoyer des Verteidigers*, Rn. 665) hinweisen, um so insbesondere bei den Laienrichtern einer unzulässigen Überzeugungsbildung vorzubeugen.

☝ Um den Unterschied zwischen der Einführung des Inhalts einer Urkunde durch Urkundenbeweis in Form der Verlesung nach § 249 und dem Vorhalt einer Urkunde als bloßer Vernehmungsbehelf deutlich zu machen, sollte der Verteidiger darauf drängen, dass die Urkunde/das Vernehmungsprotokoll nicht wörtlich verlesen, sondern vom Vorsitzenden **„frei" vorgehalten** wird (KK-*Diemer*, § 249 Rn. 45).

Siehe auch: → *Protokollverlesung zur Gedächtnisstützung*, Rn. 735, → *Urkundenbeweis, Allgemeines*, Rn. 884, m.w.N., → *Vernehmung des Angeklagten zur Sache*, Rn. 1037, → *Vernehmung einer Verhörsperson*, Rn. 1057, → *Vorhalt aus und von Tonbandaufnahmen*, Rn. 1161.

W

Widerspruchslösung

1166a

Literaturhinweise: ***Amelung***, Die Verwertbarkeit rechtswidrig gewonnener Beweismittel zugunsten des Angeklagten und deren Grenzen, StraFo 1999, 181; ***Basdorf***, Formelle und informelle Präklusion im Strafverfahren – Mitwirkungspflichten und gesteigerte Verantwortung des Verteidigers, StV 1997, 488; ***Bohlander***, Die sogenannte „Widerspruchslösung" des BGH und die Verantwortung des Strafverteidigers – Ansatz zu einem Revisionsgrund des ineffective assistance of counsel" im deutschen Strafprozeß, StV 1999, 562; ***Burhoff***, Verteidigerfehler in der Tatsachen- und Revisionsinstanz, StV 1997, 432; ***Dahs***, Die Ausweitung des Widerspruchserfordernisses, StraFo 1998, 253; ***Dornach***, Ist der Strafverteidiger aufgrund seiner Stellung als „Organ der Rechtspflege" Mitgarant eines justizförmigen Verfahrens?, NStZ 1995, 57; ***Gatzweiler/Mehle***, Die Hauptverhandlung, in: StrafPrax, § 10; ***Gillmeister***, Die Hinweispflicht des Strafrichters, StraFo 1997, 8; ***R.Hamm***, Staatliche Hilfe bei der Suche nach Verteidigern – Verteidigerhilfe zur Begründung von Verwertungsverboten, NJW 1996, 2185; ders., Verwertung rechtswidriger Ermittlungen – nur zugunsten des Beschuldigten?, StraFo 1998, 361; ***Hartwig***, Strafprozessuale Folgen des verspäteten Widerspruchs gegen eine unzulässige Beweisverwertung, JZ 1998, 359; ***Herdegen***, Das Beweisantragsrecht. Zum Rechtsmissbrauch – Teil III, NStZ 2000, 1; ***Hermann***, Das Recht des Beschuldigten, vor der polizeilichen Vernehmung einen Verteidiger zu befragen – Der BGH spricht mit gespaltener Zunge, NStZ 1997, 209; ***Ignor***, Plädoyer für die Widerspruchslösung, in: Festschrift für *Peter Rieß*, S. 185; ***Kiehl***, Verwertungsverbot für Beschuldigtenvernehmung ohne vorherige Belehrung: Der BGH korrigiert sich – überzeugend?, NJW 1993, 501; ders., Neues Verwertungsverbot bei unverstandener Beschuldigtenbelehrung – und neue Tücken für die Verteidigung, NJW 1994, 1267; ***Kutschera***, Verwertungsverbot bei unterbliebenem Hinweis auf einen Strafverteidigernotdienst, StraFo 2001, 262; ***Leipold***, Form und Umfang des Erklärungsrechts nach § 257 StPO und seine Auswirkungen auf die Widerspruchslösung des Bundesgerichtshofes, StraFo 2001, 300; ***Lesch***, Der Beschuldigte im Strafverfahren – über den Begriff und die Konsequenzen der unterlassenen Belehrung, JA 1995, 157; ***Maatz***, Mitwirkungspflicht des Verteidigers in der Hauptverhandlung und Rügeverlust, NStZ 1992, 513; ***Maul/Eschelbach***, Zur „Widerspruchslösung" von Beweisverbotsproblemen in der Rechtsprechung, StraFo 1996, 66; ***Meyer-Goßner/Appl***, Die Ausweitung des Widerspruchserfordernisses, StraFo 1998, 258; ***Nack***, Verwertung rechtswidriger Ermittlungen nur zugunsten des Beschuldigten?, StraFo 1998, 366; ***Neuhaus***, Zur Notwendigkeit der qualifizierten Beschuldigtenvernehmung – zugleich Anmerkung zu LG Dortmund NStZ 1997, 356, NStZ 1997, 312; ders., Das Beweisverwertungsverbot des § 393 Abs. 2 AO und seine praktische Bewältigung in der Hauptverhandlung erster Instanz, ZAP F. 22, S. 323; ders., Das Beweisverwertungsverbot des § 393 Abs. 2 AO und seine praktische Bewältigung in der Rechtsmittelinstanz, ZAP F. 22, S. 339; ***Ransiek***, Belehrung über Aussagefreiheit und Recht der Verteidigerkonsultation: Folgerungen für die Beschuldigtenvernehmung, StV 1994, 343; ***Schlothauer***, Zur Bedeutung der Beweisverwertungsverbote im Ermittlungs- und Zwischenverfahren, in: Festschrift für *Lüderssen*, S. 761; ***Ventzke***, Die Widerspruchslösung des Bundesgerichtshofs – viel Getue um nichts?, StV 1997, 543; s. auch die Hinw. bei → *Beweisverwertungsverbote*, Rn. 313, bei → *Verlesung von Geständnisprotokollen*, Rn. 1006, und bei → *Verwirkung von Verteidigungsrechten*, Rn. 1122.

1166b **1.** Von erheblicher praktischer Bedeutung ist für den Verteidiger die in der Rspr. des BGH seit Anfang der neunziger Jahre in verstärktem Maße vertretene „**Widerspruchslösung**“. Sie steht meist in Zusammenhang mit der Frage nach den Rechtsfolgen von Verfahrensfehlern bei der Beweiserhebung im Ermittlungsverfahren und sich evtl. daraus ergebenden → *Beweisverwertungsverboten*, Rn. 313. Die damit entstehenden Probleme sind insbesondere seit der Entscheidung BGHSt 38, 214 verstärkt in die Diskussion gekommen (zur Entwicklung der Widerspruchslösung s. u.a. *Maul/Eschelbach* StraFo 1996, 66).

Gegen die Widerspruchslösung ist manches eingewandt worden (vgl. die o.a. Lit.-Hinw.). Hier können aus Platzgründen nicht alle Aspekte dieses Problemkreises im Einzelnen dargestellt werden. Vielmehr soll dem Verteidiger vorliegend nur ein Überblick gegeben werden. Wegen der **Einzelh.** wird insbesondere verwiesen auf *Maul/Eschelbach* (StraFo 1996, 66 m.w.N.), die auch die gegen die Widerspruchslösung zu erhebenden Einwände im Einzelnen darstellen (s. i.Ü. auch *Lesch* JA 1995, 157; krit./ablehnend *Beulke*, Strafprozeßrecht, 4. Aufl., 2001, Rn. 150; *Dornach* NStZ 1995, 57; *Fezer* JR 1992, 381, 385 in der Anm. zu BGHSt 38, 214; ders. StV 1997, 57 in der Anm. zu BGH NStZ 1996, 290; *Kiehl* NJW 1994, 1267; *Widmaier* NStZ 1992, 519; *Herdegen* NStZ 2000, 4; *Leipold* StraFo 2001, 302; eingehend und zusammenfassend auch KK-*Tolksdorf*, § 243 Rn. 47a).

1166c ☝ Ein Gesichtspunkt ist in diesem Zusammenhang besonders herauszuheben. Unabhängig von der Frage, ob der Verteidiger die vom BGH gesehene „besondere Verantwortung“ und die „Fähigkeit, Belehrungsmängel aufzudecken und zu erkennen“, hat (BGHSt 38, 214, 226), ist m.E. (mit-)**entscheidend**, ob der **Angeklagte** selbst oder durch seinen Verteidiger eine **Erklärung** abgegeben hat. Steht nicht fest, ob der Angeklagte überhaupt weiß, dass er mit seinem Schweigen eine Erklärung abgibt, wird man das Schweigen kaum als Zustimmungserklärung werten dürfen. Deshalb sollte m.E. (auch der verteidigte) Angeklagte auf sein **Widerspruchsrecht hingewiesen** werden. Nur dann kann er sich der **Tragweite** seines Handelns/Schweigens **bewusst** sein (vgl. OLG Köln NStZ 1988, 31 [für vereinfachte Beweisaufnahme im Bußgeldverfahren nach § 77a OWiG]; s. zu allem a. *Gillmeister* StraFo 1997, 11 f.).

Der Verteidiger muss damit rechnen, durch einen „Widerspruch“ den „Unwillen“ des Gerichts zu erregen, das dadurch den Ablauf der HV gestört sieht. Es bleibt dem Verteidiger aber im Hinblick auf die Rspr. des BGH keine andere Möglichkeit, als in der HV ggf. den Widerspruch gegen die Verwertung von (unzulässig gewonnenen) Beweisen zu erheben. Darauf sollte er ggf. **hinweisen** und deutlich machen, dass es **nicht** darum geht, die HV zu **stören**.

2. Zur sog. Widerspruchslösung ist Folgendes von **Bedeutung**:

1166d

a) Die Frage nach einem Widerspruch gegen die Verwertung eines im Ermittlungsverfahren erhobenen Beweises ergibt sich **immer** dann, wenn gegen dessen **Verwertung** in der HV **Bedenken** bestehen (können). Dabei kann es sowohl um die Verlesung einer Urkunde (Geständnisprotokoll, die Aussage eines jetzt das Zeugnis verweigernden Zeugen) als auch um die Vernehmung eines Zeugen (Vernehmungsbeamten, Ermittlungsrichter) gehen.

Der **Rspr.** verlangt einen **Widerspruch** bislang bei folgenden

Beispielen:

- die **Anwesenheit** des **Verteidigers** bei der (polizeilichen) Vernehmung des Beschuldigten ist **vereitelt** worden (BGHSt 42, 15; NStZ 1997, 502; s.a. BGHSt 38, 372; dazu eingehend jetzt *Herrmann* NStZ 1997, 212),

> Die Frage, ob ein BVV auch dann besteht, wenn der auf sein Schweigerecht hingewiesene Angeklagte/Beschuldigte nicht auch über sein **Recht** belehrt worden ist, einen **Verteidiger beizuziehen,** hat der BGH nicht eindeutig entschieden. Einerseits hat er sie offen gelassen (s. BGH NStZ 1997, 609 und dazu auch BGHSt 47, 172), in anderen Entscheidungen hat er sie hingegen (wohl) bejaht (vgl. BGHSt 38, 372; 42, 15; BGH NStZ 1997, 502; s. auch *Eisenberg* Rn. 568). Die Frage ist aber auf jeden Fall zu bejahen (s. auch *Kleinknecht/Meyer-Goßner*, § 136 Rn. 20a m.w.N.; *Kaufmann* NStZ 1998, 474 und *Wollweber* StV 1999, 355 in der Anm. zu BGH NStZ 1997, 609). Das gilt vor allem dann, wenn man das Schweigerecht und das Recht des Beschuldigten auf Verteidigerkonsultation als gleichwertig ansieht (BGHSt 47, 172; noch offen gelassen von BGH NStZ 1997, 609). Deshalb muss der Verteidiger in diesen Fällen ebenfalls **widersprechen**.

- der Angeklagte ist vor einer Vernehmung im Ermittlungsverfahren **nicht ordnungsgemäß** gem. § 136 Abs. 1 S. 2 **belehrt** worden (BGHSt 38, 214; s.a. BGH NStZ 1997, 502, 609; zur Belehrung vor Vernehmungen im Ermittlungsverfahren *Burhoff*, EV, Rn. 1349 ff. [polizeiliche Vernehmung], Rn. 1442 ff. [richterliche Vernehmung], Rn. 1501 ff. [staatsanwaltschaftliche Vernehmung]),
- der Beschuldigte ist zwar nach § 136 Abs. 1 S. 2 belehrt worden, er hat aber die **Belehrung** infolge seines geistig-seelischen Zustands **nicht verstanden** (BGHSt 39, 349, 352),
- die für richterliche Vernehmungen geltende **Benachrichtigungspflicht** ist **verletzt** worden (BGH NStZ 1987, 132, 133; zuletzt BGHSt 42, 86; NJW 1997, 2335, insoweit nicht in BGHSt 43, 62; StV 2002, 350, 110 f. [kommissarische Vernehmung]),
- der Angeklagte will ein Verwertungsverbot hinsichtlich einer **Aussage** geltend machen, die er als Zeuge **ohne** Belehrung über sein → ***Auskunftsverweigerungsrecht***, Rn. 118, nach § 55 gemacht hat (BayObLG StV 2002, 179),

- der Angeklagte will die Verwertung von **Zufallserkenntnisse** aus einer in einem anderen Verfahren angeordneten **Telefonüberwachung** beanstanden (BGH StV 2001, 546; a.A. *Ventzke* StV 2001, 546 und *Wollweber* wistra 2001, 182, jeweils in den Anm. zu BGH, a.a.O.; zur Widerspruchslösung bei „heimlichen Ermittlungsmethoden" s. schon BGH StV 1995, 283, 286; NStZ 1996, 200),
- der Angeklagte sieht die Verwertung der Aussage eines **Verdeckten Ermittlers**, dessen Einsatz ohne einen Anfangsverdacht i.S. des § 110a erfolgt ist, als unzulässig an (BGH NStZ-RR 2001, 260 [Be],
- der Angeklagte will die **Unverwertbarkeit** einer **Videovernehmung** aus der Ermittlungsverfahren geltend machen, weil diese ohne Mitwirkung seines Verteidigers stattgefunden hat (OLG München StV 2000, 352),

> ☝ Diese Entscheidung ist der Beweis, dass es sich „**lohnt**" den Widerspruch **möglichst frühzeitig** zu erheben. Der Beschuldigte hatte bereits im Eröffnungsverfahren gegen die Verwertung der Videoaufzeichnung Widerspruch eingelegt. Es war dann die Eröffnung des Hauptverfahrens abgelehnt worden (eingehend zum Widerspruch im Ermittlungs- und Zwischenverfahren *Schlothauer*, S. 761; zur Videovernehmung im Ermittlungsverfahren *Burhoff*, EV, Rn. 1955; → *Videovernehmung in der Hauptverhandlung*, Rn. 1129).

- **nicht** hingegen hinsichtlich der Verwertung der bei einer **rechtswidrigen Durchsuchung** gewonnenen Erkenntnisse (AG Braunschweig StV 2001, 393, 395 [für Durchsuchung ohne erforderliche und erlangbar richterliche Anordnung]), da der auf der Verletzung des Art. 13 GG beruhende Verstoß nicht heilbar sei,
- **nicht** bei einem **Verstoß** gegen **§ 252**, da dieser nicht abbedungen werden kann (BGHSt 45, 203, 205; OLG Hamm, Beschl. v. 5.8.2002, 3 Ss 348/02, http://www.burhoff.de, jeweils m.w.N.).

> ☝ Es ist **dringend** zu **raten**, auch in allen **übrigen Fällen**, in denen nach Auffassung des Verteidigers ein BVV besteht, gegen die Verwertung des Beweises **Widerspruch** zu erheben (s.a. StrafPrax-*Gatzweiler/Mehle*, § 10 Rn. 199; *Neuhaus* NStZ 1997, 312). Der BGH wird die „Widerspruchslösung" – trotz der dagegen vorgebrachten Bedenken – nämlich im Zweifel **ausdehnen**. So hat er über die o.a. Fälle hinaus die Anwendung der Widerspruchslösung auch auf die Fortwirkungen eines BVV nach § 136a Abs. 3 mangels sog. „qualifizierter Belehrung" (BGH NStZ 1996, 290) erwogen (s.a. *Burhoff*, StV 1997, 435 f. [Verteidigerfehler]; s. aber auch *Kleinknecht/Meyer-Goßner*, § 136 Rn. 21a [darf nicht ohne weiteres auf andere Fälle ausgeweitet werden]).
>
> Auf den letzten Fall wird man die Widerspruchslösung m.E. aber in keinem Fall ausdehnen können. Insoweit steht, worauf auch *Fezer* (StV 1997, 57 in der Anm. zu BGH, a.a.O.) hinweist, **§ 136a Abs. 3 S. 2 entgegen**. Angeklagter bzw. Verteidiger können danach einer Verwertung des unzulässig erlangten Beweismittels gerade nicht zustimmen (s. aber *Nack* StraFo 1998, 366, *R.Hamm* StraFo 1998, 362 und *Amelung* StraFo 1999, 181, die die Verwertung rechtswidrig erlangter Beweismittel zugunsten des Betroffenen teilweise für zulässig halten; → *Beweisverwertungsverbote*, Rn. 313a).

> Der Verteidiger sollte sich aber nicht darauf verlassen, dass ausnahmsweise eine Fallgestaltung vorliegt, die nach der Rspr. einen Widerspruch nicht erfordert (*Gatzweiler/Mehle*, a.a.O.). Das wäre m.E. ein **Verteidigungsfehler**.

- das alles gilt auch für Verstöße bei Vernehmungen eines Strafgefangenen im **Disziplinarverfahren**, wenn diese Vernehmungen nun im Strafverfahren verwertet werden sollen (BGH NJW 1997, 2893).

1166e

b) Zeitlich ist der Widerspruch spätestens in der HV in **unmittelbarem Zusammenhang** mit der **Beweiserhebung** geltend zu machen, und zwar spätestens im Rahmen einer Erklärung nach § 257 (s. u.a. BGHSt 38, 214, 226; 42, 86, 90; eingehend *Leipold* StraFo 2001, 3001), nicht erst im Plädoyer (s. dazu BayObLG NJW 1997, 404; → *Erklärungsrecht des Verteidigers*, Rn. 468).

> ☝ M.E. sollte der Verteidiger den Widerspruch so früh wie möglich erheben. Es empfiehlt sich – schon aus Gründen der Prozessökonomie – ihn **bereits vor** der **HV** zu erklären. Das ist zulässig (s.a. *Maul/Eschelbach* StraFo 1996, 69; *Fezer* JZ 1994, 687 in der Anm. zu BGHSt 39, 349; *Schlothauer*, S. 769).
>
> Das Gericht muss sich dann über die Verwertbarkeit des „angegriffenen" Beweismittels klar werden und ggf. auf andere Beweiserhebungen einrichten. Der Verteidiger kann mit einem möglichst frühen Widerspruch zudem erreichen, dass das als unverwertbar angesehene Beweismittel gar nicht erst in die HV eingeführt wird, was besonders in Bezug auf die **Laienrichter** von erheblichem **Vorteil** ist (*Neuhaus* NStZ 1997, 312).
>
> ☝ Auch wenn der Verteidiger bereits **vor** der **HV** Widerspruch erhoben hat, muss er, wenn es in der HV dann dennoch zur Beweiserhebung kommt, (möglichst vor der Beweiserhebung) **erneut Widerspruch** einlegen. Das muss der Verteidiger aus anwaltlicher Vorsorge auch dann tun, wenn er mit der in der Lit. vertretenen Ansicht der Auffassung ist, dass ein bereits im Ermittlungsverfahren erhobener Widerspruch fortwirkt (s. eingehend *Schlothauer*, S. 769 f.). Zwar spricht viel dafür, den einmal schon vor der HV erklärten Widerspruch als Prozesserklärung bis zu deren ggf. erfolgender Rücknahme fortwirken zu lassen (*Schlothauer*, S. 769 f.). Nur: Die Rspr. des BGH ist insoweit eindeutig. Danach genügt der Widerspruch im Ermittlungsverfahren gegenüber der StA nicht (BGH NStZ 1997, 502). Das zwingt m.E. dazu, den Widerspruch in der HV zu wiederholen.

☝ Vorsorglich sollte der Verteidiger einen Widerspruch auch dann **wiederholen**, wenn er ihn bereits (rechtzeitig) in einer später **ausgesetzten HV** erhoben hatte (s. aber OLG Stuttgart StV 2001, 388, wonach der frühere Widerspruch fortwirkt).

☝ Eine die Beweiserhebung trotz des Widerspruchs anordnende Entscheidung des Vorsitzenden muss der Verteidiger nach **§ 238 Abs. 2** beanstanden und damit den für die Revision erforderlichen Gerichtsbeschluss herbeiführen (StrafPrax-*Gatzweiler/Mehle*, § 10 Rn 200).

☝ Der Verteidiger wird im Zweifel auch der → ***Entlassung** von Zeugen und Sachverständigen*, Rn. 448, zunächst nicht zustimmen, um sich, da deren Vernehmung erst mit der Entlassung beendet ist, solange noch die Möglichkeit zur Erklärung und damit die Möglichkeit des Widerspruchs im Rahmen einer erst dann abzugebenden Erklärung nach § 257 zu erhalten.

1166f

c) Hinweise für den Verteidiger!

Über die o.a. Hinweise hinaus muss der Verteidiger noch auf Folgendes **achten**:

- Wird der Widerspruch (erst in der HV) erhoben, muss der Verteidiger versuchen zu erreichen, dass **nicht** mit der „**verbotenen**" **Beweiserhebung begonnen** wird, also z.B. mit der Vernehmung des Vernehmungsbeamten über ein vom Angeklagten abgelegtes Geständnis, um in deren Verlauf dann erst auch die Frage des BVV zu klären (s. auch StrafPrax-*Gatzweiler/Mehle*, § 10 Rn. 199). Diese Vorgehensweise hat nämlich im Zweifel erhebliche **suggestive** Auswirkungen, insbesondere auf die Schöffen. Der Verteidiger muss daher darauf drängen (§ 238 Abs. 2!), dass die mit dem BVV zusammenhängenden Fragen vorab geklärt werden. Es ist also z.B. der Vernehmungsbeamte zunächst (nur) darüber zu vernehmen, ob der Beschuldigte ausreichend belehrt worden ist. Erst wenn das geklärt ist, kann ein Geständnisprotokoll verlesen oder der Vernehmungsbeamte weiter zum Inhalt einer Vernehmung vernommen werden.

1166g

- Der Verteidiger muss darauf achten, dass die mit dem Widerspruch zusammenhängenden Verfahrensvorgänge, insbesondere der **Widerspruch** in das → ***Protokoll** der Hauptverhandlung, Allgemeines*, Rn. 713, aufgenommen werden. Das gilt auf jeden Fall dann, wenn der Widerspruch erstmals in der HV erhoben wird und ist m.E. i.Ü. unabhängig von der Frage, ob es sich bei dem Widerspruch um eine Bewirkungshandlung und damit um eine wesentliche Förmlichkeit der HV handelt oder nicht (s. dazu BayObLG NJW 1997, 404; OLG Celle StV 1997, 68; offen gelassen von BGH NJW 1997, 2893; *Leipold* StraFo 2001, 302; a.A. insoweit *Schlothauer*, S. 771). Auch insoweit wird schon die anwaltliche Fürsorge den Verteidiger darauf achten lassen, dass sein Widerspruch ins Protokoll aufgenommen wird.

- Der Verteidiger muss auch **jeder** (verbotenen) **Beweiserhebung** widersprechen. Sollen also z.B. mehrere Vernehmungsbeamte vernommen werden, ist der Vernehmung jedes Einzelnen zu widersprechen (BGHSt 39, 349 ff.). Ein präventiv erhobener Widerspruch kann später **zurückgenommen** werden (BGHSt 42, 15; OLG Stuttgart StV 2001, 388, 389; *Meyer-Goßner/Appl* StraFo 1998, 262).

- Auch dem **Vorhalt** eines unverwertbaren Beweismittels muss der Verteidiger widersprechen (StrafPrax-*Gatzweiler/Mehle*, § 10 Rn. 201; zum Vorhalt allgemein → *Vorhalt an Zeugen*, Rn. 1159; → *Vorhalt aus und von Urkunden*, Rn. 1163).

- Ob der **Widerspruch teilbar** ist, der Angeklagte also ihn begünstigende Umstände gegen sich gelten lassen will und er sich nur gegen die Verwertung von belastenden wehrt, ist zumindest **fraglich** (vgl. dazu *R.Hamm* NJW 1996, 2187; s. aber auch *ders.* StraFo 1998, 361; *Nack* StraFo 1999, 366; → *Beweisverwertungsverbote*, Rn. 313).

- Fraglich sind die mit einer ggf. gegebenen **Drittwirkung** zusammenhängenden Fragen, die der BGH in BGHSt 38, 214 offen gelassen hat/offen lassen konnte (wegen der Einzelh. *R.Hamm* NJW 1996, 2189). Der Angeklagte wird es wohl kaum verhindern können, dass die Vernehmung, die wegen seines Widerspruchs nicht zu seinen Lasten verwertet werden darf, trotz des Widerspruchs zugunsten eines Mitangeklagten verwertet werden kann (s.a. *Basdorf* StV 1997, 492).

- Ist der **Widerspruch** nicht oder **verspätet** erhoben worden, kann er nach **h.M.** in der Rspr. auch nach Zurückverweisung der Sache in einer **neuen HV nicht mehr** geltend gemacht werden (BayObLG NJW 1997, 404 f.; OLG Celle StV 1997, 68; OLG Oldenburg StV 1996, 416; OLG Stuttgart NStZ 1997, 405; m.E. zu Recht zweifelnd *Basdorf* StV 1997, 492 und zu Recht **a.A.** auch *Hartwig* JR 1998, 359; *Herdegen* NStZ 2000, 4; *Neuhaus* ZAP F. 22, S. 341 ff.). In dem Zusammenhang ist auf BGHSt 46, 189 hinzuweisen. Dort hat der BGH die erst nach Wiederaufnahme eines Verfahrens erklärte Zeugnisverweigerung noch als zulässig angesehen, weil das Verfahren in den Stand nach der Eröffnung zurückversetzt werde. Dieses Argument muss dann m.E. aber auch für die Möglichkeit des Widerspruchs nach Zurückverweisung des Verfahrens gelten (s. auch OLG Stuttgart StV 2001, 388 für die Fortwirkung des in einer ausgesetzten HV erklärten Widerspruchs). Denn auch hier handelt es sich um eine neue HV, in der gänzlich neu Beweis erhoben wird. Ebenso wie der Angeklagte neu entscheiden kann, ob er sich zur Sache einlässt oder nicht, muss er neu über die Verwertung im Ermittlungsverfahren erhobener Beweise entscheiden können.

1166h

- In der **HV** können die mit einem dem Angeklagten ggf. zustehenden BVV zusammenhängenden Fragen im Wege des → ***Freibeweisverfahrens***, Rn. 502, geklärt werden (zuletzt BGH NStZ 1997, 609). Allerdings werden, wenn z.B. der Vernehmungsbeamte im Wege des Strengbeweises über die Aussage des Angeklagten vernommen wird, i.d.R. auch die Prozesstatsachen im Wege des Strengbeweises geklärt (werden müssen). Ist eine Klärung der Frage, ob z.B. ein Polizeibeamter ausreichend belehrt hat, nicht möglich, darf nach der Rspr. des BGH der Inhalt der Aussage aber dennoch verwertet werden (BGHSt 38, 214, 224; NStZ 1997, 609 f.; a.A. *Kleinknecht/Meyer-Goßner*, § 136 Rn. 20; KK-*Tolksdorf*, § 243 Rn. 47a m.w.N.; *Bohlander* NStZ 1992, 506; *Hauf* MDR 1993, 195, jeweils in der Anm. zu BGHSt 38, 214). Auch Zweifel über die Kenntnis des Beschuldigten von seinem Schweigerecht sind im Freibeweisverfahren zu klären; können diese nicht behoben werden, ist allerdings davon auszugehen, dass der Beschuldigte sein Schweigerecht nicht gekannt hat (BGHSt 38, 214, 225).

☝ Bei der Vernehmung eines Polizeibeamten zur Frage, ob der Angeklagte ordnungsgemäß und **ausreichend belehrt** worden ist, muss der Verteidiger besonders darauf **achten**, dass die Voraussetzungen des § 136 auch tatsächlich gegeben sind/ waren. Er sollte sich im Zweifel nicht mit der (allgemeinen) Erklärung, es sei „korrekt belehrt" worden, zufrieden geben (s. dazu BGH NStZ 1997, 609).

- Sieht man Angeklagten und Verteidiger als verpflichtet an, ggf. Widerspruch gegen einzelne Beweiserhebungen einzulegen, ist es m.E. nur folgerichtig, vom Gericht zu verlangen, über diesen Widerspruch durch (begründeten) **Beschluss** in der HV so rechtzeitig zu entscheiden, dass der Angeklagte sich auf die Auffassung des Gerichts einstellen kann (so wohl auch *Basdorf* StV 1992, 491; *Kaufmann* NStZ 1998, 475 in der Anm. zu BGH NStZ 1997, 609). Das dürfte sich zumindest aus dem Grundsatz des „fair trial" ergeben (s. aber BGHSt 43, 212; → *Erklärungen des Verteidigers*, Rn. 460).

Siehe auch: → *Rügeverlust*, Rn. 761, → *Verwirkung von Verteidigungsrechten*, Rn. 1122.

1167 Wiedereintritt in die Beweisaufnahme

Literaturhinweise: ***Schlothauer***, Wiedereröffnung der Hauptverhandlung und letztes Wort, StV 1984, 134; s. auch die Hinw. bei → *Letztes Wort des Angeklagten*, Rn. 604.

1. Die Frage, ob das Gericht nach dem → *Schluss der Beweisaufnahme*, Rn. 783, noch einmal in die Beweisaufnahme eingetreten ist, ist bedeutsam für das → *Plädoyer des Verteidigers,* Rn. 665, und für ein → *letztes Wort des Angeklagten*, Rn. 604. Denn beide dürfen nach erneutem Schluss der Beweisaufnahme ohne Rücksicht auf Umfang und Bedeutung der Weiterverhandlung **abermals** das **Wort ergreifen**. Ob das immer auch gilt, wenn es sich um einen den Mitangeklagten betreffenden Vorgang handelt, wie z.B. die Verkündung/Invollzugsetzung eines HB, hat der BGH (StV 1997, 339) offengelassen. M.E. wird man von einem Wiedereintritt in diesen Fällen dann ausgehen können/müssen, wenn durch die den Mitangeklagten betreffende Entscheidung auch die Verteidigungsposition des anderen Angeklagten betroffen ist.

☝ Wird nur zu einem **Teil** der **Anklagevorwürfe** erneut in die HV eingetreten, muss dennoch **insgesamt** erneut das **letzte Wort** erteilt werden (BayObLG StV 2002, 240 [Ls.].

1168 **2.** Grds. liegt ein Wiedereintritt in die Beweisaufnahme schon immer dann vor, wenn der **Wille** des Gerichts zum **Weiterverhandeln** in Erscheinung getreten ist (KK-*Engelhardt* § 258 Rn. 24). Das gilt vor allem, wenn eine **Prozesshandlung** vorgenommen wurde, die in den Bereich der Beweisaufnahme gehört (BayObLG

NJW 1957, 1289). Wiedereintritt in die Beweisaufnahme ist gleichbedeutend mit Wiedereröffnung der Verhandlung (zuletzt BGH NStZ 1993, 551; vgl. a. *Schlothauer* StV 1984, 134). Entscheidend ist, ob Vorgänge zur Sprache kommen, die auf die gerichtliche Entscheidung Einfluss haben können (zuletzt BGH StV 1997, 339 m.w.N.).

3. Beispiele:

Wiedereintritt ist **angenommen** worden, wenn

1169

- ein **Antrag**, die Beweisaufnahme wieder zu eröffnen, **abgelehnt** worden ist (BayObLG NJW 1957, 1289),
- ein **Beweis**- oder **Aussetzungsantrag abgelehnt** worden ist (vgl. u.a. BGH StV 1993, 344; NStZ 1998, 26 [K]; NStZ-RR 1999, 36 [K]; vgl. wegen weit. Nachw. *Kleinknecht/Meyer-Goßner*, § 258 Rn. 29),
- der eine **Entlastungszeugin** betreffende **Bundeszentralregisterauszug** verlesen worden ist (BayObLG StV 2002, 240 [Ls.]),
- ein Mitangeklagter sich mit der außergerichtlichen Einziehung sichergestellter Gegenstände einverstanden erklärt hat (OLG Hamm StV 2001, 264),
- ein **Einstellungsbeschluss** nach den §§ 153 ff. erlassen worden ist (BGH NStZ 1983, 469; offen gelassen in BGH NJW 1985, 1479 f.; NStZ 1990, 228 [M]),
- ein **Haftbefehl erlassen** (BGH StV 2002, 234; NStZ-RR 2002, 71 [Be]), über einen Antrag auf **Invollzugsetzung** eines Haftbefehls (BGH NStZ 1986, 470; StV 1997, 339) oder auf **Haftentlassung entschieden** worden ist (BGH NStZ 1984, 376),
- allgemein mit der **Haftfrage** die „Sach- und Rechtslage" erörtert worden ist (BGH StV 1992, 551),

1170

- das Gericht einen **Hilfsbeweisantrag** entgegengenommen und der StA dazu Stellung genommen hat (OLG Celle StV 1985, 7; s.a. u. Rn. 1171) oder der Verteidiger einen zuvor gestellten Hilfsbeweisantrag erörtert hat (BGH NStZ-RR 1999, 260 [K]),
- das Verfahren gegen einen **Mitangeklagten abgetrennt** worden ist (BGH StV 1984, 233; NStZ 1988, 512),
- dem zugelassenen **Nebenkläger** Gelegenheit zur Äußerung gegeben worden ist, auch wenn dieser keinen Antrag gestellt hat (OLG Düsseldorf StraFo 2000, 193),
- ein sog. **rechtlicher Hinweis** nach § 265 Abs. 1 erteilt oder auf die rechtliche Möglichkeit einer Nebenfolge (§§ 45 ff. StGB) hingewiesen worden ist (u.a. BGH StV 1998, 530; vgl. wegen weit. Einzelh. die N. bei *Kleinknecht/Meyer-Goßner*, a.a.O.),
- eine **Urkunde** – nicht unbedingt zu Beweiszwecken – **verlesen** worden ist (BGH NStZ 1983, 357 [Pf/M]),
- **Verfahrensteile abgetrennt** worden sind (BGH StV 1983, 232).

1171 **Kein Wiedereintritt** liegt vor, wenn

- ein **Ablehnungsgesuch** als **unzulässig verworfen** worden ist (KK-*Engelhardt*, § 258 Rn. 30; offen gelassen in BGH NStZ 1985, 464),
- der StA sich weigert, einer **Einstellung** nach § 153 **zuzustimmen** (OLG Hamm VRS 23, 54),
- bei einer **Teileinstellung** nach **§ 154** Abs. 2 unmittelbar vor der Urteilsverkündung (BGH NJW 2001, 2109 m.w.N.), und zwar selbst dann, wenn dabei mittelbar über einen **Hilfsbeweisantrag mitentschieden** worden ist (offen gelassen noch von BGH NStZ 1999, 257 m.w.N.; krit. dazu *Julius* NStZ 2002, 104; *Berger* JR 2002, 120, jeweils in den Anm. zu BGH, a.a.O.; m.E. dürfte entscheidend sein, inwieweit durch die Einstellung das Verteidigungsvorbringen des Angeklagten unterlaufen wird),
- auf einen Antrag der StA, einen **Haftbefehl** wieder in Vollzug zu setzen, vom Vorsitzenden erklärt wird, „die **Entscheidung** bleibe der nächsten Hauptverhandlung **vorbehalten**" (BGH StV 1997, 339 [für Mitangeklagten offen gelassen]),
- ein **Hilfsbeweis**- oder **Beweisantrag** nach Beginn der Urteilsverkündung **bloß entgegengenommen** worden ist (st. Rspr., zuletzt BGH NStZ 1998, 261 – K – [Vermerk im Protokoll, dass in die HV nicht wieder eingetreten werden soll]),
- der Vorsitzende den Angeklagten veranlasst hat, sein **letztes Wort** zu **ergänzen**, ohne damit wieder in eine förmliche Vernehmung einzutreten (*Kleinknecht/Meyer-Goßner*, § 268 Rn. 30 m.w.N. auf n.v. BGH-Rspr.),
- mehrere Strafsachen zur gemeinsamen Verkündung einer Entscheidung **verbunden** werden, wenn lediglich noch die Urteilsverkündung aussteht (BGH NStZ-RR 2001, 241),
- nur die → ***Verhandlungsfähigkeit***, Rn. 966, des Angeklagten erörtert worden ist (BGH NStZ 1990, 228 [M], zw.),
- ein **Zeuge** unaufgefordert Erklärungen abgegeben hat, auf die niemand eingegangen ist (KK-*Engelhardt*, § 258 Rn. 25).

1172 ☝ Die **Revision** kann darauf gestützt werden, § 258 sei dadurch verletzt, dass nach einem Wiedereintritt in die Beweisaufnahme dem Verteidiger/dem Angeklagten nicht nochmals Gelegenheit zum Plädoyer bzw. zum letzten Wort gegeben worden sei. Das Urteil muss aber auf dem Verstoß **beruhen** (s. dazu BGH NStZ-RR 1998, 15; KK-*Engelhardt*, § 258 Rn. 37 m.w.N.; s. auch BGH StV 2000, 296). Zum erforderlichen Revisionsvorbringen gehören Angaben zum **Ablauf** der HV (BGH NStZ 1990, 230 [M]).

Für die Revision ist eine vorherige Anrufung des Gerichts nach **§ 238 Abs. 2 nicht** erforderlich (BGHSt 21, 288; vgl. i.Ü. *Kleinknecht/Meyer-Goßner*, § 258 Rn. 33 m.w.N.).

Wiederholung einer Beweiserhebung

1173

Anträge auf Wiederholung einer Beweiserhebung haben i.d.R. **keinen Erfolg**. Ist nämlich der Beweis, dessen Erhebung der Verteidiger erneut beantragt, schon erhoben, ist der **Beweiserhebungsanspruch erloschen**. Es besteht selbst dann kein Anspruch auf Wiederholung, wenn zwischen dem Verteidiger und dem Gericht Meinungsverschiedenheiten über das Ergebnis der bereits durchgeführten Beweiserhebung bestehen (zur – verneinten – Frage, ob das Gericht eine Hinweispflicht hat, wenn es die Ergebnisse der Beweiserhebung anders als der Verteidiger wertet, BGHSt 43, 212). Über diese und damit über die Notwendigkeit einer Wiederholung der Beweiserhebung wird im Rahmen der sich aus § 244 Abs. 2 ergebenden → ***Aufklärungspflicht*** *des Gerichts*, Rn. 95, entschieden (BGH NStZ 1999, 312). Das Gericht muss einen Beweisaufnahme aber dann wiederholen, wenn die berechtigte Erwartung besteht, dass eine Wiederholung eine neues oder anderes Ergebnis bringen wird (*Rose* JR 2000, 33 in der Anm. zu BGH, a.a.O.).

1174

Damit besteht, wenn die **Auskunft** einer **Behörde** nach § 256 verlesen worden ist (→ *Verlesung von Behördengutachten*, Rn. 1001), kein Anspruch mehr auf Vernehmung eines ihrer Angehörigen zu der gleichen Frage (BGH NStZ 1981, 95 [Pf/M]). Auch besteht kein Anspruch darauf, einem Zeugen einen bereits vernommenen Zeugen **gegenüberzustellen** (BGH NJW 1960, 2156; → *Gegenüberstellung von Zeugen*, Rn. 511).

☝ Hinsichtlich der Wiederholung einer Beweiserhebung muss der Verteidiger immer erwägen, ob er einen entsprechenden Antrag nicht doch stellt, um so für die Revision die **Aufklärungsrüge** vorzubereiten. Der in der Praxis wichtigste Fall ist die → ***erneute Vernehmung*** *eines* Zeugen *oder* ***Sachverständigen***, Rn. 473 (s. dort zur Abgrenzung und zum Inhalt des Antrags).

Zu überlegen ist ggf. auch die Stellung eines sog. **affirmativen Beweisantrags** (→ *Beweisantrag*, Rn. 259) zu einem bereits erhobenen Beweis, für den jetzt (noch) ein anderes Beweismittel angeboten wird.

Z

1175 Zeugenbeistand

Literaturhinweise: ***Adler***, Für die Zurückweisung eines anwaltlichen Zeugenbeistands wegen angeblicher Interessenkollision gibt es keine Rechtsgrundlage, StraFo 2002, 146; ***Burhoff***, Zeugenbeistand im Ermittlungsverfahren, PStR 2001, 106; ***Dahs***, Der Schutz des Zeugen im Strafprozeß vor bloßstellenden Fragen, JR 1979, 138; ders., Zum Persönlichkeitsschutz des „Verletzten" als Zeuge im Strafprozeß, NJW 1984, 1921; ***Gillmeister***, Mandatsübernahme und Informationsquellen, in: StrafPrax, § 4; ***Hammerstein***, Der Anwalt als Beistand „gefährdeter" Zeugen, NStZ 1981, 125; ***Jung***, Die Rechtsstellung des Verletzten im Strafverfahren, JR 1984, 309; ***König***, Der Anwalt als Zeugenbeistand, Gegner oder Gehilfe der Verteidigung, in: Festschrift für *Rieß*, S. 243; ***Krekeler***, Der Rechtsanwalt als Beistand des Zeugen und die Sitzungspolizei, NJW 1980, 980; ***Lammer***, Zeugenschutz versus Aufklärungspflicht, in: Festschrift für *Rieß*, S. 289; ***Leißing***, Verfassungswidriger Ausschluss eines Rechtsanwalts als Zeugenbeistand, PStR 2000, 225; ***Meyer***, Beiordnung eines Rechtsbeistands für einen Zeugen in analoger Anwendung des § 140 Abs. 2 StPO?, JurBüro 1991, 331; ***Minoggio***, Der Firmenarbeiter als Zeuge im Ermittlungsverfahren – Der Rechtsanwalt als sein Zeugenbeistand, AnwBl. 2001, 584; ***Opitz***, Wer hat die Kosten zu tragen, die dadurch entstehen, dass ein Zeuge in einem Strafverfahren zu einer Vernehmung einen Rechtsbeistand mitbringt?, StV 1984, 311; ***Rieß***, Zeugenschutz bei Vernehmungen im Ermittlungsverfahren, NJW 1998, 3240; ***Schünemann***, Der deutsche Strafprozeß im Spannungsfeld von Zeugenschutz und materieller Wahrheit – Kritische Anmerkungen zum Thema des 62. Deutschen Juristentages 1998, StV 1998, 391; ***Seitz***, Das Zeugenschutzgesetz – ZSchG, JR 1998, 309; ***Sommer***, Auskunftsverweigerungsrecht des gefährdeten Zeugen, StraFo 1998, 8; ***Steinke***, Das Recht des Zeugen auf Rechtsbeistand, Krim 1975, 210; ***Thomas***, Der Zeugenbeistand im Strafprozeß, NStZ 1982, 489; ***Tondorf***, Der aktive Zeugenbeistand – Ein Störenfried oder ein Stück aus dem Tollhaus, StV 1996, 511; ***Wagner***, Zur Stellung des Rechtsbeistands eines Zeugen im Ermittlungs- und Strafverfahren, DRiZ 1983, 21; ***Weigend***, Das Opferschutzgesetz – kleine Schritte zu welchem Ziel?, NJW 1987, 1173; ***Ziegler***, Der Verteidiger als Zeugenbeistand in zivil- oder arbeitsgerichtlichen Verfahren, StraFo 1999, 84; → s. auch die Hinw. bei → *Auskunftsverweigerungsrecht*, Rn. 118, und bei → *Zeugenvernehmung, Allgemeines*, Rn. 1186.

1175a ☝ Das Recht des (**allgemeinen**) **Zeugenbeistands** ist gesetzlich bislang **nicht geregelt**. Die Wünsche, ggf. eine umfassende Regelung des Rechts des Zeugenbeistands einzuführen, sind auch durch das ZSchG v. 30.4.1998 (BGBl. I, S. 820) nicht erfüllt worden. Das ZSchG hat zwar in **§ 68b** den Zeugenbeistand in der (besonderen) Form des → ***Vernehmungsbeistands***, Rn. 1079a, vorgesehen, damit ist aber nur ein Teilbereich geregelt.

Der ursprünglich sehr viel weitergehende Vorschlag des Gesetzesentwurfs (vgl. BT-Dr. 13/7165) ist im Bundesrat von den Ländern abgeschwächt worden. Geblieben ist somit nur die Möglichkeit, einem Zeugen bei allen richterlichen (oder staatsanwaltschaftlichen) Vernehmungen unter bestimmten Voraussetzungen einen → *Vernehmungsbeistand*, Rn. 1079a, beizuordnen (wegen der Einzelh. s. dort; s. i.Ü. aber auch noch die Beschlüsse des 62. Deutschen Juristentages [NJW 1999, 117, 122]).

Hervorzuheben ist aber, dass durch diese Neuregelung der Zeugenbeistand **erstmals** (zumindest für einen Teilbereich) **anerkannt** worden ist. Aus der lediglich vorgenommenen (Teil-)Regelung kann aber nicht der Schluss gezogen werden, dass die über § 68b hinausgehende Befugnis, einen Zeugenbeistand beizuziehen, eingeschränkt werden sollte (*Seitz* JR 1998, 310).

Jeder Zeuge kann zu seiner Vernehmung einen Rechtsanwalt als **Rechtsbeistand** seines Vertrauens **beiziehen**, wenn er das für erforderlich hält, um von seinen prozessualen Befugnissen selbständig und sachgerecht Gebrauch zu machen. Das folgt aus dem Gebot einer fairen Verfahrensgestaltung (BVerfG NJW 1975, 103; s. auch BVerfG NJW 2000, 2660; *Kleinknecht/Meyer-Goßner,* vor § 48 Rn. 11 m.w.N.). Daran hat sich durch die gesetzliche Neuregelung eines Teilbereichs aufgrund des ZSchG (s.o.) nichts geändert (*Seitz* JR 1998, 310). Der Zeugenbeistand bedarf auch keiner förmlichen Zulassung durch das Gericht (BGH NStZ 1990, 25 [M]).

1175b

1.a) Der Beistand soll dem Zeugen helfen, ein ihm ggf. nach den §§ 52 ff. zustehendes → ***Zeugnisverweigerungsrecht***, Rn. 1194, geltend zu machen, und den Zeugen vor Aussagefehlern und Missverständnissen bewahren. Der Rechtsbeistand hat aber **kein eigenes**, selbständiges **Antragsrecht** (BVerfG NJW 11975, 103; zu den Rechten des Zeugenbeistands im Ermittlungsverfahren *Burhoff*, EV, Rn. 2064 ff.).

☝ Nach (bisher) h.M. hat der Zeugenbeistand auch **kein** Recht zur **Akteneinsicht** (BVerfGE NJW 1975, 103; *Kleinknecht/Meyer*-Goßner, a.a.O.; *Thomas* NStZ 1982, 495; a.A. *Hammerstein* NStZ 1981, 125, 127; Beck-*Gillmeister*, S. 1102). Das wurde/wird i.d.R. damit begründet, dass dem (allgemeinen) Zeugenbeistand nicht mehr Rechte zu zubilligen sind als dem Zeuge selbst.

Es ist jedoch **fraglich**, ob dieser h.M., die auf die Rspr. des BVerfG (a.a.O.) zurückgeht, angesichts der inzwischen eingetretenen Entwicklung noch voll **zuzustimmen** ist. Dies gilt insbesondere im Hinblick darauf, dass der Gesetzgeber mit der Einführung des § 68b erstmals den Zeugenbeistand gesetzlich in der Form des → *Vernehmungsbeistands*, Rn. 1079a, anerkannt hat. Für diesen wird ein sich aus § 475 ergebendes Akteneinsichtrecht bejaht (→ *Vernehmungsbeistand*, Rn. 1079i; s. auch *Burhoff*, EV, 1856). Entsprechendes ist dann m.E. aber zumindest für den Zeugenbeistand des Zeugen zu bejahen, der aus Gründen der Gefahr der Eigenbelastung (§ 55) oder, weil er gefährdet ist, eines Beistands bedarf. Dieser kann den Zeugen materiell nur dann beraten, wenn er ausreichende Kenntnis der Akten hat. Wegen dieser **„berechtigten Interessen“** i.S. des **§ 475 Abs. 1** ist deshalb jedenfalls in diesen Fällen ein AER des Beistands anzunehmen (siehe auch OLG Hamburg NJW 2002, 1590; sowie Verfg. des GBA v. 31.5.2001 – 2 StE 11/00 = http://www.strafverteidiger-berlin.de; sowie KG, Beschl. v. 19.7.2001, 2 StE 11/00 (4/00) = www.strafverteidiger-berlin.de, a.A. OLG Düsseldorf NJW 2002, 2806 NJW).

☝ Folgt man dem, dann stehen dem Zeugenbeistand die bei einer **Akteneinsicht** durch **Dritte** gegebenen **Rechtsmittel** zu. Er kann gegen die Verweigerung der AE durch die StA Antrag auf gerichtliche Entscheidung, stellen. Die Entscheidung des Vorsitzenden des Gerichts ist nach § 478 Abs. 2 aber unanfechtbar (zu allem *Burhoff*, EV, Rn 128 ff, 204 ff.).

1176 b) **Streitig** ist, ob dem Zeugenbeistand die **Anwesenheit** in der **HV** auch dann **gestattet** ist, wenn sein Mandant noch nicht vernommen wurde. Nach Ansicht des **BVerfG** (NJW 1975, 103) und *Kleinknecht/Meyer-Goßner* (vor § 48 Rn. 11) soll dem Zeugenbeistand außerhalb der Vernehmung des Zeugen **kein Anwesenheitsrecht** zustehen. **Dagegen** ist in der **Lit.** (Beck-*Gillmeister*, S. 1103; LR-*Dahs*, § 58 Rn. 10 m.w.N.; *Thomas* NStZ 1982, 495; *Müller* NStZ-RR 2002, 197 m.w.N. [Rspr.-Übers.]) wohl zutreffend darauf hingewiesen worden, dass der Zeugenbeistand bei einer öffentlichen Verhandlung Zuhörer und damit Teil der Öffentlichkeit ist, dem der Zutritt zur HV grds. nicht verwehrt werden darf (s. dazu jetzt auch OVG Berlin StraFo 2001, 375 [Anwesenheitsrecht für öffentliche Sitzung eines Untersuchungsausschusses bejaht]). Das lässt sich i.Ü. auch nicht damit rechtfertigen, dass der noch zu vernehmende Zeuge von seinem (Zeugen-)Beistand über den Gegenstand der Verhandlung unterrichtet werden kann (Beck-*Gillmeister*, S. 1103; s. jetzt auch AG Neuss StraFo 1999, 139 [Anwesenheitsrecht während der gesamten HV]). Von der h.M. wird dem Zeugenbeistand auch kein Recht auf **Terminsbenachrichtigung** oder -verlegung zugebilligt (*Kleinknecht/Meyer-Goßner*, vor § 48 Rn. 11 m.w.N.; Beck-*Gillmeister*, S. 1111 m.w.N.).

Der Ausschluss des Beistands ist allerdings dann möglich, wenn seine Anwesenheit erkennbar dazu **missbraucht** wird, eine geordnete Beweiserhebung zu erschweren (BVerfG, a.a.O. mit Hinw. auf die §§ 176 ff. GVG; s. aber BVerfG NJW 2000, 2660 [keine Zurückweisung des anwaltlichen Zeugenbeistands]; zur

→ *Sitzungspolizei*, Rn. 805; s. *Krekeler* NJW 1980, 980; *Leißing* PStR 2000, 225). Der → ***Verletztenbeistand***, Rn. 1033, der nach § 395 Nebenklageberechtigten hat für die HV ein **Anwesenheitsrecht**.

1177

2. Der Zeugenbeistand darf den Zeugen bei seiner Vernehmung durch das Gericht **nur beraten**, nicht jedoch bei der Aussage vertreten (*Kleinknecht/Meyer-Goßner*, a.a.O.).

Der Zeugenbeistand kann – ggf. muss er – die **Art** der **Vernehmung** seines Mandanten, insbesondere einen Verstoß gegen die §§ 58, 68a, 69, förmlich **beanstanden**, ebenso die Nichtanerkennung eines geltend gemachten → *Zeugnisverweigerungsrechts*, Rn. 1194, oder eines → *Auskunftsverweigerungsrechts*, Rn. 118. Über die Beanstandung entscheidet zunächst der Vorsitzende, gegen dessen Maßnahme der → *Verhandlungsleitung*, Rn. 972, das Gericht angerufen werden kann (**§ 238 Abs. 2**; s. dazu a. den „Prozessbericht" von *Tondorf* StV 1996, 511).

☝ Die **gerichtliche Beiordnung** eines (allgemeinen) Zeugenbeistands für einen Zeugen ist grds. **ausgeschlossen** (vgl. u.a. BVerfG NStZ 1983, 374 u. die zahlr. Rspr.-N. bei *Kleinknecht/Meyer-Goßner*, vor § 48 Rn. 11; eingehend zuletzt LG Köln StraFo 1997, 308 mit ausf. Darstellung des Streitstandes und zahlr.w.N.). Diese h.M. dürfte (jetzt erst recht) zutreffend sein, nachdem der Gesetzgeber durch das ZSchG (erneut) den Zeugenbeistand nicht allgemein eingeführt, sondern nur einen Teilbereich geregelt hat (zur ggf. zulässigen ausnahmsweisen Beiordnung *Burhoff*, EV, Rn. 2069; auch insoweit abl. LG Köln, a.a.O.). Die Problematik dürfte sich allerdings durch die Einführung der Möglichkeit, dem Zeugen einen → *Vernehmungsbeistand*, Rn. 1079a, beizuordnen, entschärft haben (s. auch noch → *Verletztenbeistand/Opferanwalt*, Rn. 1032).

Die Staatskasse zahlt dem (allgemeinen) Beistand derzeit auch keine **Gebühren** (OLG Düsseldorf Rpfleger 1993, 37; a.A. OLG Bremen StV 1993, 513; zu einem Ausnahmefall a. LG Bonn StraFo 2001, 169; → *Vernehmungsbeistand*, Rn. 1079h). Das (neue) RVG sieht demnächst allerdings eine Honorierung der Tätigkeit – ebenso wie die des Verteidigers – vor. Gegen die Entscheidung des Gerichts, mit der einem Zeugen ein Beistand beigeordnet worden ist, steht dem Bezirksrevisor ein Beschwerderecht neben oder anstelle der StA nicht zu (OLG Hamm, Beschl. v. 17.1.1995-2 Ws 377/93; LG Zweibrücken MDR 1995, 969; zur **Kostentragungspflicht** allgemein *Opitz* StV 1984, 311).

Eine ganz andere Frage ist, ob dem Zeugen nicht die für die Inanspruchnahme des allgemeinen Beistands entstandenen Kosten nach § 11 Abs. 1 **ZSEG** zu **erstatten** sind. Dies ist vom OLG Frankfurt (StV 1998, 89) für den Fall bejaht worden, dass die Beiziehung eines Zeugenbeistands notwendig war, z.B. zur umfassenden Beratung im Hinblick auf ein sich aus § 55 ergebendes → *Auskunftsverweigerungsrecht*, Rn. 118, und die Beiziehung nicht ausschließlich im Interesse des Zeugen erfolgte; es handelte sich um einen „wichtigen" Zeugen.

1178 Der Zeugenbeistand kann grds. **mehrere** Zeugen **vertreten** (*Kleinknecht/Meyer-Goßner*, a.a.O., m.w.N. aus der n.v. BGH-Rspr.; AG Neuss StraFo 1999, 139). § 146 steht nicht entgegen, da der Zeugenbeistand nicht Verteidiger ist.

☝ Eine **Doppelvertretung scheidet** jedoch **aus**, wenn die Möglichkeit eines **Interessengegensatzes** besteht. Nach § 45 Nr. 2 BRAO, § 356 StGB i.V.m. § 3 Abs. 1 BerufsO darf ein Rechtsanwalt als Zeugenbeistand nicht für Mandanten mit widerstreitenden Interessen tätig werden, selbst wenn die Mandanten mit der Doppelvertretung einverstanden sind. Dieses Verbot gilt dann auch für mit dem Rechtsanwalt in Sozietät oder Bürogemeinschaft verbundene Kollegen (§ 3 Abs. 2 BerufsO). Allerdings kommt eine **Zurückweisung** des anwaltlichen Zeugenbeistands durch die vernehmende Stelle **nicht** in Betracht; dafür fehlt es an einer gesetzlichen Grundlage (BVerfG NJW 2000, 2660; zust. *Adler* StraFo 2002, 146; *Leißing* PStR 2000, 225).

Grds. wird der Rechtsanwalt in demselben Verfahren **nicht zugleich** als **Verteidiger** und als Zeugenbeistand tätig sein können (Beck-*Gillmeister*, S. 1101 m.w.N.; zur Beratung eines Zeugen und der sich daraus ggf. ergebenden Gefahr einer Interessenkollision s. *Dahs*, Rn. 182 ff.). Er muss immer auch prüfen, ob die Zeugenberatung tatsächlich nicht (schon) Verteidigung ist, weil der Zeuge von den Ermittlungsbehörden nur „formal" in der Zeugenrolle gehalten wird oder weil der Mandant nur durch Verfahrenstrennung in die Zeugenrolle gelangt ist. In diesen Fällen wird das Verbot der Mehrfachverteidigung (§ 146) zu beachten sein (StrafPrax-*Gillmeister*, § 4 Rn. 45; *Burhoff*, EV, Rn. 1109).

Siehe auch: → *Auskunftsverweigerungsrecht*, Rn. 118, → *Nebenklägerrechte in der Hauptverhandlung*, Rn. 625, → *Verletztenbeistand*, Rn. 1032, → *Vernehmungsbeistand*, Rn. 1079a.

Zeugenbelehrung

1179

Literaturhinweise: ***Geppert***, Die „qualifizierte" Belehrung, in: Gedächtnisschrift für *Meyer*, S. 93; Leipold, Zulässige Einwirkung und Belehrung von Zeugen durch den Verteidiger, StraFo 1998, 79; ***Neuhaus***, Zur Notwendigkeit der qualifizierten Beschuldigtenvernehmung – zugleich Anmerkung zu LG Dortmund NStZ 1997, 356, NStZ 1997, 312; ***Schünemann***, Die Belehrungspflichten der §§ 243 IV, 136 n.F. StPO und der BGH, MDR 1969, 102; s. auch die Hinw. bei → *Zeugenvernehmung, Allgemeines*, Rn. 1186.

1. In der HV werden die Zeugen, wenn sie bereits bei Beginn der HV erschienen sind, i.d.R. **gleichzeitig** nach dem → *Aufruf der Sache*, Rn. 100 (§ 243 Abs. 1 S. 1) belehrt. Das ist **zulässig** (LR-*Dahs*, § 57 Rn. 3). Später erschienene oder geladene Zeugen werden i.d.R. (erst) vor ihrer Vernehmung belehrt (s.a. Nr. 130 RiStBV).

Die Zeugenbelehrung ist in § 57 geregelt. Sie wird vom **Vorsitzenden** ausgeführt, in dessen Ermessen die Form der Belehrung steht (BayObLGSt 1978, 154). Meist ermahnt er die Zeugen zur Wahrheit und belehrt sie darüber, dass sie ggf. vereidigt werden. Die Belehrung wird ins Protokoll aufgenommen. Sie ist aber keine wesentliche Förmlichkeit i.S.d. § 273, so dass die Vermutung des § 274 nicht gilt (*Kleinknecht/Meyer-Goßner*, § 57 Rn. 5 m.w.N.; zu den Besonderheiten der Belehrung eines kindlichen Zeugen *Deckers* NJW 1999, 1367).

☝ § 57 ist eine nur im Interesse des Zeugen erlassene **Ordnungsvorschrift**, so dass mit ihrer Verletzung die **Revision grds. nicht** begründet werden kann (*Kleinknecht/Meyer-Goßner*, § 57 Rn. 6 m.w.N.; zur sog. „Beruhensfrage" s. u.a. BGH NStZ 1990, 549 f.; 1991, 398 [6-jährige Zeugin]; 1995, 218 [K] m.w.N.; s. aber u. Rn. 1184).

1180

2.a) Zusätzlich zur allgemeinen Zeugenbelehrung sieht § 52 Abs. 3 S. 1 die Belehrung des Zeugen vor, dem als Angehöriger ein → Zeugnisverweigerungsrecht, Rn. 1194, zusteht. Auch diese Belehrung obliegt dem Vorsitzenden, der sie nicht einem Dritten überlassen darf (st.Rspr., s. u.a. BGHSt 9, 195; zuletzt BGH NStZ 1997, 349 [für Übertragung auf einen SV]). Die Belehrung erfolgt i.d.R. nach der → *Vernehmung des Zeugen zur Person*, Rn. 1047, und vor der → *Vernehmung des Zeugen zur Sache*, Rn. 1050. Sie muss **mündlich** erfolgen und dem Zeugen eine Vorstellung von der Bedeutung des ihm zustehenden Zeugnisverweigerungsrechts vermitteln, ferner so verständlich sein, dass der Zeuge das Für und Wider seiner Aussage abwägen kann (BGHSt 32, 25). Der Vorsitzende muss aber **nicht** darauf hinweisen, dass die Aussage auch dann verwertbar bleibt, wenn der Zeuge in einer späteren HV die Aussage verweigert (BGH, a.a.O.; NStZ 1985, 36). Ggf. ist der Zeuge auch darüber zu informieren, inwieweit er verpflichtet ist, an einer → ***Gegenüberstellung*** *von Zeugen*, Rn. 511, mitzuwirken.

☝ Der Verteidiger muss darauf achten, dass der Zeuge **zutreffend belehrt** wird: Denn soll er nach Möglichkeit keine – den Angeklagten **belastende** – Aussage machen, wird dem Verteidiger im Interesse des Mandanten daran gelegen sein, dass der Zeuge zutreffend und umfassend über sein ZVR belehrt wird. Soll der Zeuge hingegen eine – den Angeklagten **entlastende** – Aussage machen, ist darauf achten, dass dem Zeugen nicht ein ZVR zugebilligt wird, das ihm nicht zusteht. Ggf. muss der Verteidiger die Belehrung des Vorsitzenden **beanstanden** (§ 238).

1181 Es ist darauf zu achten, ob der Zeuge die Fähigkeit zum **Verständnis** der **Belehrung** hat. Das richtet sich u.a. nach den Grundsätzen, die für die Beurteilung gelten, ob der Erklärende verhandlungsfähig ist. I.d.R. wird diese Fähigkeit nur durch schwere körperliche oder seelische Mängel oder Krankheiten ausgeschlossen. Die Belehrung Minderjähriger richtet sich gem. § 52 Abs. 2 danach, ob sie von der Bedeutung eines Zeugnisverweigerungsrechts (schon) eine genügende Vorstellung haben. Ist das nicht der Fall, muss der gesetzliche Vertreter belehrt werden (s. BGH NStZ-RR 1999, 36 – K – [kein Widerspruch, wenn der gesetzliche Vertreter belehrt wird, obwohl der Zeuge für ausreichend verstandesreif gehalten wird]). Insoweit gelten die Ausführungen bei → *Glaubwürdigkeitsgutachten*, Rn. 533 f., entsprechend (s. dort auch zu Beweisverwertungsverboten). Daneben ist aber auch die Belehrung des Minderjährigen erforderlich, dass die Zustimmung des gesetzlichen Vertreters nicht zur Aussage verpflichtet (s. zuletzt BGH NJW 1991, 2432; StV 1996, 196).

☝ Der Zeuge kann auf ein ihm ggf. zustehendes Zeugnisverweigerungsrecht verzichten. Der Vorsitzende hat aber jede **Einwirkung** auf die Entscheidung des Zeugen, ob er aussagen will oder nicht, zu **unterlassen** (KK-*Senge*, § 52 Rn. 34 m.w.N.). Das gilt ebenfalls hinsichtlich der Frage, ob der Zeuge ggf. (auch) auf ein sich aus § 252 ergebendes Verwertungsverbot verzichtet (vgl. dazu BGHSt 45, 203). Es ist jedoch, insbesondere bei kindlichen Opferzeugen, wenn diese nichts mehr sagen wollen, genau zu unterscheiden, ob diese tatsächlich nicht mehr aussagebereit sind oder nur aufgrund von Hemmungen nichts mehr sagen wollen. Im letzten Fall muss aufgrund der → ***Aufklärungspflicht des Gerichts***, Rn. 95, das Gericht versuchen, die Vernehmung so zu gestalten, dass diese Hemmungen überwunden werden (BGH NStZ 1999, 94).

Der Verteidiger muss, wenn eine erklärte Zeugnisverweigerung für den Angeklagten günstig ist (s.a.o. Rn. 1180) jeden Versuch, nach den Gründen für diese zu forschen, verhindern (*Dahs*, Rn. 527 m.w.N.). Er darf aber andererseits, wenn die Aussage des Zeugen zu Belastungen für den Angeklagten führen kann, auf die **Ausübung** des Zeugnisverweigerungsrechts durch den Zeugen **hinwirken** (→ *Verteidigerhandeln und Strafrecht*, Rn. 1090; *Leipold* StraFo 1998, 79).

☝ Das wird er insbesondere dann tun, wenn der Zeuge den Angeklagten belasten könnte, zumal die Ausübung des ZVR **nicht** zum **Nachteil** des Angeklagten verwertet werden darf (BGH StV 1997, 171).

1182 b) Die Belehrung des Zeugen ist vor jeder neuen Vernehmung zu **wiederholen**, auch wenn er in einer früheren Vernehmung schon auf sein Weigerungsrecht hingewiesen worden ist und verzichtet hatte (BGHSt 13, 394). Eine neue Vernehmung, die eine neue Belehrung erfordert liegt vor, zum

Beispiel:

- wenn der Zeuge bereits **entlassen** war und zu einem anderen Termin **neu** geladen wird (BGH NStZ 1984, 418),
- wenn in demselben Verfahrensabschnitt eine unterbrochene oder ausgesetzte **HV neu** begonnen wird (KK-*Senge*, § 52 Rn. 35 m.w.N.),
- wenn der Zeuge in **verschiedenen Verfahrensabschnitten** vernommen wird (Ermittlungsverfahren und HV; KK-*Senge*, a.a.O.),
- **nicht**, wenn der noch nicht entlassene Zeuge am selben Verhandlungstag nochmals oder an einem weiteren Verhandlungstag derselben HV zu einer **ergänzenden Befragung** (noch einmal) vorgeladen wird (BGH NStZ 1987, 373; 1990, 25 [M]).

1183 c) Ist die Belehrung nach § 52 Abs. 3 S. 1 vergessen worden, kann sie **nachgeholt** werden. Der Mangel der rechtzeitigen Belehrung wird geheilt, wenn der Zeuge nun erklärt, dass er auch bei rechtzeitiger Belehrung von seinem Zeugnisverweigerungsrecht keinen Gebrauch gemacht hätte (BGHSt 20, 234; NJW 1996, 206). Entsprechendes gilt für die Zustimmung des gesetzlichen Vertreters (KK-*Senge*, § 52 Rn. 36 m.w.N.)

☝ Ob die (nachgeholte) Belehrung den **Hinweis** auf die **Unverwertbarkeit** der früheren Aussage enthalten muss, ist **streitig**. Von *Kleinknecht/Meyer-Goßner* (§ 52 Rn. 31 [empfehlenswert]) wird das wohl verneint, von der weitaus überwiegenden Meinung in der Lit. und z.T. auch in der Rspr. hingegen bejaht (s. u.a. *Beulke*, Strafprozeßrecht, 4. Aufl., Rn. 119; *Neuhaus* NStZ 1997, 312; *Geppert*, S. 93; *Grünwald* JZ 1968, 752 in der Anm. zu BGHSt 22, 129; *Schünemann* MDR 1969, 102; LG Bad Kreuznach StV 1994, 293; LG

Dortmund NStZ 1997, 356; a.A. auch BGHSt 22, 129, 134 [Problem der **Fernwirkung** des BVV]; s. zu Letzterem *Burhoff*, EV, Rn. 1755).

☝ Der Verteidiger sollte auf jeden Fall auf eine **„qualifizierte Belehrung“ drängen** und – wenn der Vorsitzende seinem Begehren nicht nachkommt – gem. **§ 238 Abs. 2** die Entscheidung des Gerichts herbeiführen.

1184 **Unterbleibt** die Belehrung über das Zeugnisverweigerungsrecht, darf die Aussage des Zeugen nicht verwertet werden (KK-*Senge*, § 52 Rn. 39 m.w.N.; → *Zeugnisverweigerungsrecht*, Rn. 1204; s.a. → *Beweisverwertungsverbote*, Rn. 313). Das Unterlassen dieser Belehrung kann ggf. die **Revision** begründen (wegen der Einzelh. s. *Kleinknecht/Meyer-Goßner*, § 52 Rn. 33 f. m.w.N.; wegen der [Zeugen-]Belehrung im Ermittlungsverfahren s. *Burhoff*, EV, Rn. 1439 ff. [Polizeiliche Vernehmung], 1442 ff. [Richterliche Vernehmung], 1501 ff. [Staatsanwaltschaftliche Vernehmung]). Die fehlerhafte Belehrung eines Zeugen über sein ZVR und die daraufhin unterlassene Zeugenvernehmung verstößt gegen § 245 Abs. 1 und kann ebenfalls die Revision begründen (BGH StV 1996, 129; NJW 1996, 1685, auch zur Beruhensfrage).

1185 **3.** Der Zeuge ist, wenn Anlass dazu besteht, ggf. auch über ein → Auskunftsverweigerungsrecht, Rn. 118, nach § 55 zu belehren. Auch dies ist grds. Sache des Vorsitzenden, das Gericht entscheidet nur, wenn dessen Belehrung/Nichtbelehrung nach **§ 238 Abs. 2** vom Verteidiger **beanstandet** worden ist.

☝ Grds. obliegt die Belehrung des Zeugen dem Vorsitzenden (s.o. Rn. 1179). Der **Verteidiger** kann jedoch, wenn er einen **Zeugen** vernimmt/befragt, diesen – wenn er Anlass dazu hat – vor einer unwahren Aussage **warnen** (s.a. BGH NJW 1984, 1907), indem der die Belehrung wiederholt oder auf die abweichenden Aussagen anderer Zeugen hinweist (*Kleinknecht/Meyer-Goßner*, § 57 Rn. 2 f.; s.a. *Leipold* StraFo 1998, 79). Dabei sollte er aber berücksichtigen, dass die Auskunftsverweigerung des Zeugen bei der Beweiswürdigung ggf. zu Gunsten des Angeklagten berücksichtigt werden kann (BGH StV 1994, 57).

1186 Zeugenvernehmung, Allgemeines

Literaturhinweise: ***Arntzen***, Untere Altersgrenze der Zeugeneignung, DRiZ 1976, 20; ***Barton***, Fragwürdigkeit des Zeugenbeweises, 1995; ***Bringewat***, Der „Verdächtige“ als schweigeberechtigte Auskunftsperson, JZ 1981, 289; ***Bruns***, Der „Verdächtige" als schweigeberechtigte Auskunftsperson und als selbständiger Prozeßbeteiligter neben dem Beschuldigten und Zeugen, in: Festschrift für *Schmidt-Leichner*, S. 1; ***Caesar***, Noch stärkerer Schutz für Zeugen und andere nicht beschuldigte Personen im Strafprozeß?, NJW 1998, 2313; ***Dahs***, Der Zeuge – zu Tode geschützt?, NJW 1998, 2332; ***Deckers***, Glaubwürdigkeit kindlicher Zeugen, NJW 1999, 1365; ***Dedes***, Grenzen der Wahrheitspflicht des Zeugen, JR 1983, 99; ***Franke***, Zeugenschutz versus Aufklärungspflicht – Aufklärung durch Zeugenschutz?, StraFo 2000, 295; ***Griesbaum***, Der gefährdete Zeuge – Überlegungen zur aktuellen Lage des Zeugenschutzes im Strafverfahren, NStZ 1998, 433; ***Günter***, Einführung in das Recht des Zeugenbeweises, JA 1979, 427; ***Krehl***, Der Schutz von Zeugen im Strafverfahren, GA 1990, 555; ders., Der Schutz von Zeugen im Strafverfahren, NJW 1991, 85; ders., Die Erkundigungspflicht des Zeugen bei fehlender oder beeinträchtigter Erinnerung und mögliche Folgen ihrer Verletzung, NStZ 1991, 416; ***Krey***, Probleme des Zeugenschutzes im Strafverfahrensrecht, in: Gedächtnisschrift für *Meyer*, S. 239; ***Kühne***, Der Beweiswert von Zeugenaussagen, NStZ 1985, 252; ***Lenckner***, Aussagepflicht, Schweigepflicht und Zeugnisverweigerungsrecht, NJW 1965, 321; ***Nelles***, Der Zeuge – ein Rechtssubjekt, kein Schutzobjekt, NJ 1998, 449; ***Rebmann/Schnarr***, Der Schutz des gefährdeten Zeugen im Strafverfahren – Möglichkeiten de lege late, Erfordernisse de lege ferenda, NJW 1989, 1185; ***Rückel***, Strafverteidigung und Zeugenbeweis, 1988, Rn. 88; ***Schünemann***, Zeugenbeweis auf dünnem Eis – Von seinen tatsächlichen Schwächen, seinen rechtlichen Gebrechen und seiner notwendigen Reform, in: Festschrift für *Meyer-Goßner*, S. 385; ***Soine***, Polizeilicher Zeugenschutz, NJW 1999, 3688; ***Soine/Engelke***, Das Gesetz zur Harmonisierung des Schutzes gefährdeter Zeugen (Zeugenschutz-Harmonisierungsgesetz – ZSHG), NJW 2002, 470; ***Sommer***, Auskunftsverweigerungsrecht des gefährdeten Zeugen, StraFo 1998, 8; ***Wagner***, V-Personen und Zeugenschutz. Das Zeugenschutzgesetz und seine Auswirkungen auf den Einsatz von V-Personen, Krim 2000, 167; s. auch die Hinw. bei den u.a. weiterführenden Stichworten.

1186a 1. Im **Mittelpunkt** der Beweiserhebung steht in der HV meist die Zeugenvernehmung. Der Zeuge ist – wie der SV – ein persönliches Beweismittel und soll seine persönliche Wahrnehmung über einen in der Vergangenheit liegenden Vorgang bekunden (BGHSt 22, 347 f.). Der Zeuge ist ein **schwaches Beweismittel** (zum Beweiswert von Zeugenaussagen allgemein u.a. *Kühne* NStZ 1985, 252; s. zu allem a. *Eisenberg*, Rn. 1426 ff.). Zur Zeugenvernehmung im Ermittlungsverfahren wird verwiesen auf *Burhoff*, EV, Rn. 1872 ff. und wegen der allgemeinen Pflichten und Rechte des Zeugen auf *Eisenberg*, Rn. 1055 ff.

1187 2. Gegenstand einer Zeugenaussage sind **Tatsachen** – auch innere -, nicht Meinungen, Schlussfolgerungen und Wertungen (KK-*Senge*, vor § 48 Rn. 1; s.a. → *Beweisantrag, Formulierung: Zeugenbeweis*, Rn. 290, mit Antragsmuster, Rn. 294; → *Beweisantrag, Inhalt*, Rn. 295). Allerdings kann der Zeuge zur näheren Kennzeichnung seiner tatsächlichen Beobachtungen Schlussfolgerungen und Wertungen verwenden, die er seiner Lebenserfahrung entnommen hat (BGH NStZ 1981, 94 [Pf]).

1188 3. Wegen der Bedeutung der Zeugenaussagen für das Strafverfahren ist es für den Verteidiger einerseits von besonderer Bedeutung, Aufgabe und Funktion des

Zeugen im Strafprozess richtig zu erkennen und zum Zeugen ein der Sache dienliches, möglichst gutes Verhältnis zu erlangen (*Dahs*, Rn. 524; zu den Grundlagen und der Ausgestaltung des Verhältnisses zum Zeugen *Dahs*, Rn. 173 ff.). Andererseits muss der Verteidiger die Kunst der Zeugenvernehmung beherrschen und dabei insbesondere mit den Grundsätzen der **Vernehmungstechnik** und der **Aussagepsychologie** vertraut sein (*Dahs*, Rn. 525).

Auf die Einzelh. kann hier nicht eingegangen werden. Insoweit muss wegen der umfangreichen Lit. zur Zeugenvernehmung allgemein auf die o.a. Lit.-Hinw. hingewiesen werden sowie im Einzelnen wegen der **Vernehmungstechnik** auf die eingehende Darstellung in Beck-*Tondorf*, S. 390 ff.; zur Altersgrenze der Zeugeneignung s. *Arntzen* DRiZ 1976, 20 [etwa ab fünf Jahren]). Entsprechendes gilt für die umfangreiche Lit. zum Zeugenschutz (vgl. insoweit die weiterf. Hinw. bei *Soine/Engelke* NJW 2002, 470 ff.;).

1189 **4.** Von besonderer Bedeutung kann die **Reihenfolge** der **Zeugenvernehmungen** sein. Der Verteidiger muss versuchen, die Bestimmung der Reihenfolge nicht allein dem Gericht zu überlassen, da z.B. die Bekundungen der zuerst vernommenen Zeugen i.d.R. nachhaltiger in Erinnerung bleiben. Allerdings ist es grds. Sache des Vorsitzenden, die Reihenfolge der Vernehmungen zu bestimmen (vgl. u.a. BGH NJW 1962, 260; *Dahs*, Rn. 481; KK-*Senge*, § 58 Rn. 3 m.w.N.), so dass der Verteidiger meist nicht eine bestimmte Reihenfolge durchsetzen kann. Er sollte ggf. aber versuchen, durch eine → ***Beweisanregung***, Rn. 250, auf die Reihenfolge Einfluss zu nehmen. So ist z.B. besonders darauf zu achten, dass ein Verhörsbeamter, der nur „mittelbarer" Zeuge ist, nicht vor dem unmittelbaren Zeugen vernommen wird (BGH NJW 1952, 556; *Dahs*, a.a.O.). Etwas anderes gilt, wenn der Zeuge unerreichbar ist (BGHSt 25, 176).

☝ Wenn **§ 58 Abs. 1** auch nur eine **Ordnungsvorschrift** ist, auf deren Verletzung nach st.Rspr. die Revision nicht gestützt werden kann (vgl. u.a. BGH NJW 1962, 260; NStZ 1981, 93 [Pf]), kann jedoch die „falsche" Reihenfolge der Zeugenvernehmung ggf. **andere Verfahrensvorschriften verletzen.** Der Verteidiger muss daher auf eine bestimmte – von ihm als richtige angesehene – Reihenfolge der Vernehmungen drängen. Eine – eine andere Reihenfolge festlegende – Anordnung des Vorsitzenden sollte er gem. § 238 Abs. 2 **beanstanden.**

1190 **5.** Schließlich kann es auch in Betracht kommen, für die Dauer der Aussage eines Zeugen den → ***Ausschluss*** der Öffentlichkeit, Rn. 133, zu **beantragen**, und zwar sowohl zum Schutz des Angeklagten als auch zum Schutz des zu vernehmenden Zeugen.

Siehe auch: → *Anwesenheit von Zeugen in der Hauptverhandlung*, Rn. 93, → *Auskunftsverweigerungsrecht*, Rn. 118, → *Auslandszeuge*, Rn. 123, → *Aussagegenehmigung*, Rn. 129, → *Ausschluss von Richtern*, Rn. 144, → *Beweisantrag, Formulierung: Zeugenbeweis*, Rn. 290, mit Antragsmuster, Rn. 294, → *Beweisverzicht*, Rn. 327, → *Entbindung von der Schweigepflicht*, Rn. 427, → *Entlassung von Zeugen und Sachverständigen*, Rn. 446, → *Erneute Vernehmung von Zeugen oder Sachverständigen*, Rn. 473, → *Fragerecht, Allgemeines*, Rn. 490, m.w.N., → *Freies Geleit*, Rn. 506, → *Gegenüberstellung von Zeugen*, Rn. 511, → *Informatorische Befragung eines Zeugen*, Rn. 564, → *Kommissarische Vernehmung eines Zeugen oder SV*, Rn. 579, → *Ladung von Zeugen*, Rn. 590, → *Nebenkläger als Zeuge*, Rn. 624, → *Nichterscheinen eines Zeugen*, Rn. 634, → *Privatkläger als Zeuge*, Rn. 693, → *Protokoll der Hauptverhandlung, Wörtliche Protokollierung*, Rn. 724a, → *Protokollverlesung nach Zeugnisverweigerung*, Rn. 725, → *Protokollverlesung zur Gedächtnisstützung*, Rn. 735, → *Sachverständiger Zeuge*, Rn. 780, → *Sonstige Verfahrensbeteiligte als Zeuge*, Rn. 812, → *Staatsanwalt als Zeuge*, Rn. 813, → *Vereidigung eines Zeugen*, Rn. 932, → *Vereidigungsverbot*, Rn. 940, → *Vereidigungsverzicht*, Rn. 949, → *Verletztenbeistand/Opferanwalt*, Rn. 1032, → *Vernehmung des Mitangeklagten als Zeugen*, Rn. 1045, → *Vernehmung des Zeugen zur Person*, Rn. 1047, → *Vernehmung des Zeugen zur Sache*, Rn. 1050, → *Vernehmungsbeistand*, Rn. 1079a, → *Vernehmung jugendlicher Zeugen*, Rn. 1064, → *Verteidiger als Zeuge*, Rn. 1082, → *Verwertung der Erkenntnisse eines (gesperrten) V-Mannes*, Rn. 1111, → *Videovernehmung in der Hauptverhandlung*, Rn. 1129, → *V-Mann in der Hauptverhandlung*, Rn. 1134, → *Vorführung von Bild-Ton-Aufzeichnungen*, Rn. 1158a, → *Vorhalt an Zeugen*, Rn. 1159, → *Vorhalt aus und von Tonbandaufnahmen*, Rn. 1161, → *Vorhalt aus und von Urkunden*, Rn. 1162, → *Zeugenbeistand*, Rn. 1175, → *Zeugenbelehrung*, Rn. 1179, → *Zeugen vom Hörensagen*, Rn. 1191, → *Zeugnisverweigerungsrecht*, Rn. 1194.

Zeugen vom Hörensagen **1191**

Literaturhinweise: ***Backes***, Abschied vom Zeugen vom Hörensagen, in: Festschrift für *Klug* Band II, S. 447; ***Geppert***, Der Zeuge vom Hörensagen, Jura 1991, 538; ***Grünwald***, Der Niedergang des Prinzips der unmittelbaren Zeugenvernehmung, in: Festschrift für *Dünnebier*, S. 347; ***Krainz***, Über den Zeugen vom Hörensagen. Zur strafprozessualen Problematik im Lichte kriminalistischer Erkenntnisse, GA 1985, 402; ***Nack***, Verdeckte Ermittlungen. Der Zeuge vom Hörensagen in der Revision, Krim 1999, 171; ***Rebmann***, Der Zeuge vom Hörensagen im Spannungsverhältnis zwischen gerichtlicher Aufklärungspflicht, Belangen der Exekutive und Verteidigerinteressen, NStZ 1982, 315; ***Renzikowski***, Fair trial und anonymer Zeuge – Die Drei-Stufen-Theorie des Zeugenschutzes im Lichte der Rechtssprechung des EuGHMR, JR 1999, 605; ***Seebode/Sydow***, „Hörensagen ist halb gelogen" – Das Zeugnis vom Hörensagen im Strafprozeß, JZ 1980, 506; ***Tiedemann***, Zeugen vom Hörensagen im Strafverfahren, JuS 1965, 14; s. auch die Hinw. bei → *Unmittelbarkeitsgrundsatz*, Rn. 868, bei → *V-Mann in der Hauptverhandlung*, Rn. 1134 und bei *Zeugenvernehmung, Allgemeines*, Rn 1186.

1191a **1.** Der in § 250 normierte → *Unmittelbarkeitsgrundsatz*, Rn. 868, **schließt** nach h.M. in Rspr. und Lit. die **Vernehmung** des sog. Zeugen vom Hörensagen grds. **nicht aus** (vgl. u.a. BVerfG NJW 1953, 177 f.; zuletzt NJW 1997, 999; BGHSt 22, 269 f.; KK-*Diemer*, § 250 Rn. 10; *Kleinknecht/Meyer-Goßner*, § 250 Rn. 4, jeweils m.w.N.). Das ist auch für Art. 6 Abs. 3d MRK anerkannt (*Kleinknecht/ Meyer-Goßner*, Art. 6 MRK Rn. 22 m.w.N.; zum Zeugen vom Hörensagen s.a. *Eisenberg*, Rn. 1027 ff.).

Der Zeuge vom Hörensagen ist ein **unmittelbares Beweismittel**. Das gilt nicht nur für Tatsachen, die ihm von einem anderen mitgeteilt worden sind und die den Tatbestand einer strafbaren Handlung erfüllen, z.B. den des § 186 StGB, sondern auch, wenn die Mitteilung als Beweisanzeichen für die Richtigkeit der mitgeteilten Tatsache gelten soll, z.B. über den Inhalt der Aussage einer vom Zeugen vernommenen Person (BGHSt, a.a.O.; zur Beweiswürdigung bei Zeugen vom Hörensagen s. OLG Köln StV 1994, 289; OLG Brandenburg StraFo 2002, 167). **Unerheblich** ist es, ob der Zeuge vom Hörensagen seine Wahrnehmungen zufällig, im Auftrag der Polizei oder als gerufener Zeuge im Auftrag des Gerichts gemacht hat (BGHSt 33, 178, 181).

1192 **Beispiele:**

- Richter, StA und Polizeibeamte, die als **Verhörspersonen** über den Inhalt der Aussagen von ihnen vernommener Personen aussagen, was in der Praxis insbesondere bei der Einführung von nicht zur unmittelbaren Vernehmung zur Verfügung stehenden V-Männern/ Verdeckten Ermittlern von Bedeutung ist (vgl. u.a. BGHSt 14, 310; wegen der Einzelh. s.a. → *Vernehmung einer Verhörsperson*, Rn. 1057, m.w.N.; → *Verwertung der Erkenntnisse eines [gesperrten] V-Mannes*, Rn. 1111; → *V-Mann in der Hauptverhandlung*, Rn. 1134),
- **Sachverständige** als Zeugen für Zusatztatsachen,
- **Gerichtshelfer**,
- Personen, die im Auftrag des Gerichts einen **Augenschein** eingenommen haben und über das Ergebnis berichten (für Tonbandaufnahme BGHSt 27, 135, 136; s. auch BGH, Beschl. v. 3.4.2002, 1 StR 540/01, www.hrr-strafrecht.de [für Bericht über im Ermittlungsverfahren durchgeführte Übersetzungen einer TÜ, die dann Grundlage der Übersetzung des in der HV tätigen Dolmetschers sind.]).

1193 **2.** Soll eine **Vernehmungsperson** über eine von ihr durchgeführte Vernehmung als Zeuge (vom Hörensagen) vernommen werden, muss der Verteidiger besonders darauf achten, ob nicht ggf. ein **Verwertungsverbot** besteht (→ *Beweisverwertungsverbote*, Rn. 313; → *Glaubwürdigkeitsgutachten*, Rn. 533; → *Vernehmung einer Verhörsperson*, Rn. 1057). Auch sind besondere Anforderungen an die **Beweiswürdigung** zu stellen (→ *V-Mann in der Hauptverhandlung*, Rn. 1137; zur Beurteilung des Beweiswertes s.a. KK-*Diemer*, § 250 Rn. 11).

☝ Besteht ein Verwertungsverbot, muss der Verteidiger der Verwertung möglichst früh, spätestens bis zu dem in § 257 bestimmten Zeitpunkt, also spätestens **unmittelbar** im Anschluss an die Beweiserhebung, **widersprechen** (BGHSt 38, 214; 39, 349). Tut er das nicht, kann er sich nach der h.M. in der Rspr. auf das Beweisverwertungsverbot nicht (mehr) berufen (zur Kritik an dieser Rspr. s. die Nachw. bei → *Widerspruchslösung* Rn. 1166a ff. u.o. bei Rn. 1012).

Zeugnisverweigerungsrecht

1194

Das Wichtigste in Kürze

1. Ein Zeugnisverweigerungsrecht (im Folgenden kurz: ZVR) haben die in § 52 genannten Angehörigen des Angeklagten. Darüber muss das Gericht belehren.
2. Außerdem können die in § 53 genannten Angehörigen bestimmter Berufe und ihre Berufshelfer die Aussage verweigern. Darüber muss das Gericht nicht belehren.
3. Folge einer Zeugnisverweigerung ist, dass die Vernehmung des Zeugen unzulässig i.S. der §§ 244 Abs. 3 S. 1, 245 Abs. 2 S. 2 wird und das allgemeine Verwertungsverbot des § 252 besteht.

Literaturhinweise: ***Bleutge***, Die Hilfskräfte des Sachverständigen – Mitarbeiter ohne Verantwortung?, NJW 1985, 1185; ***Burhoff***, Handbuch der nichtehelichen Lebensgemeinschaft, 2. Aufl., 1998; ders., Anwendbarkeit von Normen des Deliktsrechts, Verfassungs- und Prozessrechts auf nichteheliche Lebensgemeinschaften, FPR 2002, 18; ders., Das Zeugnisverweigerungsrecht von Familienangehörigen im Strafverfahren, ZFE 2002, 116; ***Cramer***, Strafprozessuale Verwertbarkeit ärztlicher Gutachten aus anderen Verfahren, NStZ 1996, 209; ***Dahs/Langkeit***, Demontage des Zeugnisverweigerungsrechts?, StV 1992, 492; ***Dettmeyer/Madea***, Ärztliches Schweigerecht bezüglich Daten der Leichenschau, Anmerkung zum Beschluß des LG Berlin NStZ 1999, 86, NStZ 1999, 605; ***Fischer***, Die Fortwirkung von Zeugnisverweigerungsrechten nach Verfahrenstrennung, JZ 1992, 570; ***Groth/v.Bubnoff***, Gibt es „gerichtsfeste" Vertraulichkeit bei der Mediation, NJW 2001, 338; ***Groß***, Neuregelung des journalistischen Zeugnisverweigerungsrechts, NJW 1975, 1763; ders., Verteidiger, Abgeordnete und Journalisten als verbotene unfreiwillige Medien zur strafprozessualen Aufklärung, StV 1996, 559; ***Grziwotz***, Nichteheliche Lebensgemeinschaft, 3. Aufl., 1999; ***Haffke***, Schweigepflicht, Verfahrensrevision und Beweisverbot, GA 1973, 65; ***Krause***, Der „Gehilfe" der Verteidigung und sein Schweigerecht (§ 53a StPO), Zur Einbeziehung Dritter in die Verteidigungstätigkeit, StraFo 1998, 1; ***Krekeler/Schonard***, Der Berufshelfer im Sinne des § 53a StPO, wistra 1998, 137; ***Otto***, Das Zeugnisverweigerungsrecht des Angehörigen (§ 52 StPO) in Verfahren gegen mehrere Beschuldigte, NStZ 1991, 220; ***Kunert***, Recht, Press und Politik – von einer unglücklichen Dreiecksbeziehung in Bremen, DRiZ 1997, 325; ders., Erweitertes Zeugnisverweigerungsrecht der Medienmitarbeiter, NStZ 2002, 169; ***Kun-***

kel, Anzeige- und Auskunftspflicht, Zeugnisverweigerungsrecht und Datenschutz bei Straftaten an Kindern, StV 2002, 333; ***Paeffgen***, Zeugnisverweigerungsrechte und heimliche Informations-Erhebung, in: Festschrift für *Peter Rieß*, S. 413; ***Peemöller/Weller***, Zeugnisverweigerungsrecht gemäß § 53 StPO für freie Berufe – aber nicht für Mitarbeiter genossenschaftlicher Prüfungsverbände?, BB 2001, 2415; ***Ranft***, Das strafprozessuale Zeugnisverweigerungsrecht des Angehörigen bei Inanspruchnahme der Hilfe des Jugendamtes und des Vormundschaftsrichters, Jura 1999, 522; ders., Schutz der Zeugnisverweigerungsrechte bei Äußerungen außerhalb eines anhängigen Strafverfahrens, StV 2000, 520; ***Roxin***, Steht im Falle des § 252 StPO die Verwertbarkeit der früheren Aussage zur Disposition des Zeugen?, in: Festschrift für *Rieß*, S. 451; ***Schmitt***, Probleme des Zeugnisverweigerungsrechts (§ 53 I Nr. 3 StPO, § 383 Nr. 6 ZPO) und des Beschlagnahmeverbots (§ 97 StPO) bei Beratern juristischer Personen – zugleich ein Beitrag zu der Entbindungsbefugnis des Konkursverwalters, wistra 1993, 9; ***Skwirblies***, Nichteheliche Lebensgemeinschaft und Angehörigenbegriff im Straf- und Strafprozeßrecht: eine rechtstatsächliche und rechtsmethodische Untersuchung unter besonderer Berücksichtigung der Angehörigenprivilegierungen, 1990; ***Thielen***, Die Entscheidung der Berufsgeheimnisträger nach § 53a Abs. 1 S. 2 StPO – Zu den Besonderheiten bei gemeinsamer Berufsausübung, StraFo 2000, 121; ***Tsambikakis***, Das neue Zeugnisverweigerungsrecht für Medienmitarbeiter, StraFo 2002, 145; ***Weiß***, Haben juristische Personen ein Aussageverweigerungsrecht?, JZ 1998, 289; ***Werner***, Der steuerliche Berater als Zeuge im (Steuer-) Strafverfahren, PStR 2002, 62; s.a. die Hinw. bei → *Zeugenvernehmung, Allgemeines*, Rn. 1186.

1194a **1.** Das Zeugnis verweigern können die in **§ 52** genannten **Angehörigen** des Angeklagten. Dies sind im Einzelnen:

a) Verlobte (§ 52 Abs. 1 Nr. 1). Ein Verlöbnis ist ein gegenseitiges und **ernstlich** gemeintes **Eheversprechen** (st.Rspr., s. zuletzt BGH NStZ 1986, 84 m.w.N.). Auf die zivilrechtliche Gültigkeit kommt es nicht an, so dass auch das ohne Einwilligung des gesetzlichen Vertreters abgegebene Eheversprechen eines Minderjährigen ein Verlöbnis begründet (KK-*Senge*, § 52 Rn. 10 m.w.N.). Zeitlich muss das Verlöbnis nicht bereits zur Zeit der Tat bestanden haben, entscheidend ist, dass es im **Zeitpunkt** der **Aussage** (noch) **besteht** (zuletzt BGH NJW 1980, 67 f.). Ein Verlöbnis kann nach der Rspr. des BGH (noch) **nicht** bestehen, wenn einer der Partner **noch verheiratet** ist (BGH NStZ 1986, 206; 1994, 227). Offen gelassen hat der BGH allerdings, ob bei Vorliegen besonderer Umstände – z.B. wenn ein Scheidungsurteil bereits ergangen, aber noch nicht rechtskräftig ist -, Ausnahmen gelten können (vgl. a. BayObLG MDR 1982, 690; *Kleinknecht/ Meyer-Goßner*, § 52 Rn. 4 m.w.N.; verneinend KK-*Senge*, a.a.O.).

☝ Das Zusammenleben in **nichtehelicher Lebensgemeinschaft** führt nach (noch) h.M. **nicht** zu einem **ZVR** der Partner (BayObLG NJW 1986, 202; OLG Celle NJW 1997, 1084 m.w.N.; *Kleinknecht/Meyer-Goßner*, § 52 Rn. 5; KK-*Senge*, § 52 Rn. 11 jeweils m.w.N.). **Gegen** diese h.M. wird mit beachtenswerten Gründen eingewandt, das eine an den Bedürfnissen der Strafrechtspflege orientierte, weite Auslegung des Begriffs „Verlöbnis" unter Berücksichtigung der Konfliktlage, in der sich der Zeuge befindet, eher für als gegen die Zubilligung eines ZVR auch für Partner nichtehelicher Lebensgemeinschaften spreche (daher a.A. mit m.E. guten Gründen *Skwirblies*, a.a.O., S. 200; wohl auch *Grziwotz*, a.a.O., § 11 Rn. 54; *Burhoff*, Handbuch der nichtehelichen Lebensgemeinschaft, 2. Aufl., Rn. 1293 ff. m.w.N. aus der Lit.; ders. FPR 2001, 19; ZFE 2002, 116; *Wollweber* NStZ 1999, 628 in der Anm. zu BVerfG NJW 1999, 1622; s. auch die Beschlüsse des 62. Deutschen Juristentages zum ZVR in eheähnlichen Lebensgemeinschaften [NJW 1999, 117, 121]; zum strafrechtlichen Angehörigenbegriff OLG Braunschweig NStZ 1994, 344; OLG Celle, a.a.O.). Nach der Rspr. des BVerfG besteht ein ZVR (erst recht) nicht für den Partner einer nur **„engen freundschaftlichen Beziehung"**, die außerhalb einer noch bestehenden Ehe besteht (BVerfG NJW 1999, 1622 [es bestand keine eheähnliche Gemeinschaft, sondern nur eine freundschaftliche Beziehung]).

1195 **b) Ehegatten** (§ 52 Abs. 1 Nr. 2) und **eingetragene Lebenspartner** (§ 52 Abs. 1 Nr. 2 a). Voraussetzung ist eine formell gültige Ehe bzw. eine nach § 1 Abs. 1 LPartG wirksam begründete eingetragene Lebenspartnerschaft. Nichtigkeits- oder Auflösungsgründe spielen keine Rolle (*Kleinknecht/Meyer-Goßner*, § 52 Rn. 5 m.w.N.). Die Ehe/Lebenspartnerschaft kann auch erst nach der Tat geschlossen worden sein. Das ZVR besteht fort nach Scheidung oder Auflösung der Ehe/Lebenspartnerschaft, auch nach dem Tod des Ehegatten/Lebenspartners, wenn das Verfahren gegen andere Angeklagte fortgesetzt wird (s.u. Rn. 1197).

c) Verwandte oder Verschwägerte (§ 52 Abs. 1 Nr. 3). Verwandtschaft und Schwägerschaft sind nach den §§ 1589, 1590 BGB zu bestimmen. Voraussetzung für das ZVR der Verschwägerten ist, dass die die Schwägerschaft vermittelnde Ehe formell gültig geschlossen war. Zum Zeitpunkt der Aussage muss sie nicht mehr bestehen (§ 52 Abs. 1 Nr. 3).

Zu den danach Zeugnisverweigerungsberechtigten folgende

1196 Übersicht:

<table>
<tr><td colspan="15">Geschwister der Eltern</td><td colspan="15">Urgroßeltern</td><td colspan="15">Großeltern der Stiefeltern</td><td colspan="15">Großeltern der Schwiegereltern</td></tr>
<tr><td colspan="30">3. Grad</td><td colspan="30">3. Grad</td></tr>
<tr><td colspan="10">Ehegatten der Geschwister</td><td colspan="10">Geschwister, auch Halbgeschwister (BGH StV 1988, 89)</td><td colspan="10">Großeltern</td><td colspan="10">Eltern der Stiefeltern</td><td colspan="10">Eltern der Schwiegereltern</td><td colspan="10">Geschwister der Ehegatten</td></tr>
<tr><td colspan="30">2. Grad</td><td colspan="30">2. Grad</td></tr>
<tr><td colspan="15">Adoptiveltern</td><td colspan="15">Eltern</td><td colspan="15">Stiefeltern</td><td colspan="15">Schwiegereltern</td></tr>
<tr><td colspan="30">1. Grad</td><td colspan="30">1. Grad</td></tr>
<tr><td colspan="20">Verlobte (aber nicht dem Verlobten einer Verwandten [OLG Düsseldorf, Beschl. v. 14.12.1999, 2b Ss 336/99)</td><td colspan="20">Beschuldigter</td><td colspan="20">Ehegatte/eingetragener Lebenspartner</td></tr>
<tr><td colspan="30">1. Grad</td><td colspan="30">1. Grad</td></tr>
<tr><td colspan="12">Adoptivkinder</td><td colspan="12">nichteheliche Kinder</td><td colspan="12">eheliche Kinder</td><td colspan="12">Stiefkinder</td><td colspan="12">Schwiegersohn/-tochter</td></tr>
<tr><td colspan="30">2. Grad</td><td colspan="30">2. Grad</td></tr>
<tr><td colspan="20">Stiefenkel</td><td colspan="20">Enkel</td><td colspan="20">Ehegatte des Enkels</td></tr>
<tr><td colspan="30">3. Grad</td><td colspan="30">3. Grad</td></tr>
<tr><td colspan="15">Nichte/Neffe</td><td colspan="15">Stiefurenkel</td><td colspan="15">Urenkel</td><td colspan="15">Urenkel-Ehegatten</td></tr>
</table>

Kein ZVR haben also Cousin(e), Schwager oder Schwägerin im Verhältnis zum Ehepartner der Geschwister (nur sog. „Schwipschwägerschaft"), Pflegekinder und -eltern.

☝ Das ZVR unterliegt **keinen zeitlichen Beschränkungen**. Es kann auch noch nach Wiederaufnahme des Verfahrens ausgeübt werden (BGHSt 46, 189). Das führt dann ggf. erst zu dem Zeitpunkt zu dem Verwertungsverbot aus § 252 (→ *Protokollverlesung nach Zeugnisverweigerung*, Rn. 725).

1197 **d)** Richtet sich das Verfahren gegen **mehrere Angeklagte,** kann der Angehörige das Zeugnis in vollem Umfang verweigern, wenn die Aussage auch seinen Angehörigen betrifft (st.Rspr., vgl. u.a. BGHSt 7, 194; zuletzt BGH NJW 1998, 3363; NStZ 1998, 583, jeweils m.w.N.; *Kleinknecht/Meyer-Goßner*, § 52 Rn. 10 m.w.N.). Voraussetzung ist, dass das Verfahren gegen den Angehörigen noch nicht endgültig erledigt ist, was z.B. bei einer Einstellung (nur) nach § 170 Abs. 2 (BGHSt 34, 215; zuletzt BGH StV 1998, 245) oder nach § 205 nicht gilt (vgl. BGHSt 27, 139; s. auch BGH NStZ 1998, 583 f. [offen gelassen für endgültige Einstellung nach § 153a]).

☝ Ein ZVR besteht nach neuerer Rspr. des BGH jedoch **nicht (mehr)** nach rechtskräftiger Verurteilung (BGHSt 38, 96), rechtskräftigem Freispruch (BGH NJW 1993, 2326; KK-*Senge*, § 52 Rn. 6) oder Tod des mitangeklagten Angehörigen (BGH NJW 1992, 1118; a.A. *Dahs* u.a. StV 1992, 492). Wird das Verfahren gegen den Angehörigen hingegen (nur) **abgetrennt**, besteht das ZVR **fort** (st.Rspr., zuletzt BGH NStZ 1988, 18 [Pf/M]).

Ein ZVR besteht auch **nicht** (mehr) für die Angehörigen eines im früheren Verfahren Mitbeschuldigten, wenn aufgrund eines neuen Tatverdachts und anderer Beweislage ein **neues Verfahren** gegen einen (früheren) Beschuldigten eingeleitet wird (BGH NJW 1998, 3363; a.A. *Radtke* NStZ 1999, 481 in der Anm. zu BGH, a.a.O.).

Außerdem muss in irgendeinem Verfahrensabschnitt einmal eine **prozessuale Gemeinsamkeit** bestanden haben (BGHSt 34, 138; NJW 1974, 758; *Kleinknecht/Meyer-Goßner*, § 52 Rn. 11 m.w.N.). Das ist aber nicht schon dann der Fall, wenn die Ermittlungen nur gleichzeitig geführt worden sind (BGHSt 34, 215 m.w.N.). Es bedarf dazu vielmehr einer, wenn nicht ausdrücklichen, so zumindest doch konkludenten **Willensentscheidung** der **StA** (BGHSt 34, 215; NStZ 1987, 83; 1998, 583 [Durchsuchungs- und Beschlagnahmebeschluss unter einem einheitlichen Aktenzeichen]). Entschließt sich die StA aus sachlich vertretbaren Gründen, gegen einen schon früher wegen einer Tat in Verdacht geratenen Beschuldigten bei neuerlichem Tatverdacht und anderer Beweislage förmlich ein **neues, selbständiges Ermittlungsverfahren** einzuleiten, so liegt hinsichtlich früherer – in einem anderen Verfahren wegen derselben Tat – Mitbeschuldigter keine prozessuale Gemeinsamkeit vor (BGH NJW 1998, 3363).

1198 Besteht **keine prozessuale Gemeinsamkeit**, sondern werden gegen die Beteiligten an einer Tat gesonderte Verfahren betrieben, fehlt es an dem Grund, das ZVR des Angehörigen auf einen Mitangeklagten zu erstrecken, und der Zeuge hat kein Weigerungsrecht in dem (getrennt geführten) Verfahren gegen den Mitbeschuldigten. Das gilt auch, wenn das Verfahren gegen einen Mittäter erst eingeleitet wird, wenn das gegen den Angehörigen schon rechtskräftig abgeschlossen ist (RGSt 32, 72 f.; s.a. BGH NStZ 1998, 469).

Geht es in der HV um **mehrere rechtlich unabhängige** Fälle, ist das ZVR auf die Fälle **beschränkt**, an denen der Angehörige des Zeugen beteiligt ist, hinsichtlich der anderen Fällen ist er aussagepflichtig (vgl. *Kleinknecht/Meyer-Goßner*, § 52 Rn. 12 m.w.N.).

Beispiel:

A und B sind wegen mehrerer rechtlich selbständiger Diebstahlstaten angeklagt, von denen sie nur einige gemeinsam begangen haben. Als Zeuge soll C gehört werden, ein Bruder des A, der die gestohlene Ware gehehlt hat. Diesem steht ein Zeugnisverweigerungsrecht nur hinsichtlich der Diebstahlsfälle zu, an denen sein Bruder A beteiligt war.

1199 e) Die Zeugen müssen über das ihnen nach § 52 zustehende ZVR **belehrt** werden (s. dazu → *Zeugenbelehrung*, Rn. 1179 ff., dort auch zur Belehrung von Minderjährigen).

☝ Entschließt sich der Zeuge zur Zeugnisverweigerung, hat der Vorsitzende jede Einflussnahme auf den Zeugen zu unterlassen (zur „Verteidigertaktik" s.o. Rn. 1180 f., und u. Rn. 1205). Die Ausübung des ZVR darf **nicht** zum **Nachteil** des Angeklagten verwertet werden (st.Rspr., zuletzt BGH NStZ-RR 1998, 277; s. auch BGH NStZ 2000, 546 [Würdigung der Zeugnisverweigerung durch Ehefrau]), und zwar auch dann nicht, wenn der verweigernde Angehörige die Aussage auf bestimmte Themen hätte beschränken können (BGH StV 1997, 171).

☝ Verweigert der Zeuge aufgrund **unrichtiger Belehrung** die Aussage, kann, wenn der Zeuge in der HV anwesend war, mit der **Revision** die Verletzung des § 245 Abs. 1 gerügt werden (BGH StV 1996, 129), sonst § 244 Abs. 2 (BGH NStZ 1994, 94; zu den Anforderungen an die Revisionsrüge s. BGH NJW 1996, 1665; zur Beruhensfrage StV 1997, 170).

2. Verweigern können das Zeugnis auch die in § 53 genannten Angehörigen bestimmter **Berufe**.

1200 **a)** Das sind:

- **Geistliche**, § 53 Abs. 1 S. 1 Nr. 1,
- **Verteidiger**, § 53 Abs. 1 S. 1 Nr. 2,

- **Rechtsanwälte**, Patentanwälte, **Notare**, Wirtschaftsprüfer, vereidigte Buchprüfer, **Steuerberater** und Steuerbevollmächtigte, § 53 Abs. 1 S. 1 Nr. 3 (allgemein zur Frage der entsprechenden Anwendbarkeit des § 53 auf andere Bereiche als Zeugenaussagen *Groß* StV 1996, 559), vgl. i.Ü.
  - zu den besonderen Problemen des ZVR bei **Beratern juristischer Personen** allgemein *Schmidt* wistra 1993, 9 ff., (zum Wirtschaftsprüfer s. LG Bonn wistra 2000, 437),
  - zum ZVR für Mitarbeiter **genossenschaftlicher Prüfverbände** s. *Peemöller/Weller* BB 2001, 2415,
  - zum ZVR des **Mediators** (*Groth/v. Bubnoff* NJW 2001, 339),
  - zum **Steuerberater** als Zeuge s. *Werner* PStR 2002, 62 u. zum Umfang seines ZVR auch BFH NJW 2002, 2903,
- **Ärzte**, Zahnärzte, Apotheker und Hebammen, § 53 Abs. 1 S. 1 Nr. 3,
  - aber **nicht**, wenn es sich um bestellte **ärztliche SV** handelt, die z.B. im Auftrag der Strafverfolgungsorgane im Rahmen einer Untersuchung nach § 81 c Tatspuren am Opfer festgestellt haben (LR-*Dahs*, § 53 Rn. 31 m.w.N.),
  - **nicht** der Arzt, der eine **Leichenschau** vorgenommen hat, da zwischen ihm und demjenigen, der ihn dafür in Anspruch nimmt (z.B. die StA) kein schützenswertes Vertrauensverhältnis besteht (LG Berlin NJW 1999, 878; a.A. *Dettmeyer/Madea* NStZ 1999, 605 in der Anm. zu LG Berlin, a.a.O.; zur Leichenschau *Burhoff*, EV, Rn. 1100),
- **Schwangerschaftsberater** und (Drogen-)**Berater** für Fragen der **Betäubungsmittelabhängigkeit**, § 53 Abs. 1 S. 1 Nr. 3 a und b.

> ☝ In der Rspr. wird eine Ausdehnung auf ehrenamtlich in der Beratung tätige Angehörige von Selbsthilfegruppen abgelehnt (BVerfG NJW 1996, 1587 m.w.N. [Eltern drogenabhängiger Kinder]). Ähnlich haben das LG Freiburg (StraFo 1999, 136) zum ZVR der Angehörigen einer psychologischen Beratungsstelle des Caritas-Verbandes und das LG Köln (NJW 2002, 909) für die Betreuer einer sog. „Babyklappe" entschieden (zust. *Neuheuser* JR 2002, 172 in der Anm. zu LG Köln a.a.O.; s. auch *Hecker* JR 1999, 428 in der Anm. zu BGH NStZ 1999, 46 zum Zeugnisverweigerungsrecht eines Mitarbeiters des Sozialdienstes Katholischer Frauen).

- s. aber LG Freiburg (NJW 1997, 813), wonach ggf. aufgrund einer ausdehnenden Auslegung von Art. 2 Abs. 1, 1 Abs. 1 GG einer **Psychologin**, die als **Therapeutin** in einer Anlaufstelle für sexuell missbrauchte Frauen tätig ist, ein ZVR zusteht,
- s.a. *Kunkel* StV 2002, 335, wonach den Mitarbeitern eines Trägers der **öffentlichen Jugendhilfe** aus § 35 Abs. 3 SGB I ein ZVR zusteht („im Verborgenen blühend"],
- **Abgeordnete** des Bundestages oder eines Landtages, § 53 Abs. 1 S. 1 Nr. 4 (s. dazu *Groß*, a.a.O., **1201**
- Mitarbeiter von **Rundfunk** und **Presse**, § 53 Abs. 1 S. 1 Nr. 5 (s. dazu *Groß*, a.a.O.; zum Umfang des Beschlagnahmeschutzes/des ZVR für Journalisten BGH NJW 1999, 2051), die u.a. ein ZVR haben über die Person des **Verfassers** oder Einsenders von **Beiträgen** und Unterlagen oder des sonstigen Informanten, soweit es sich um Beiträge u.a. für den redaktionellen Teil oder redaktionell aufbereitete Informations- und Kommunikations-

dienste handelt (s. auch BVerfG NJW 2002, 592; zum persönlichen und sachlichen Anwendungsbereich eingehend *Kunert* NStZ 2002, 171; *Tsambikakis* StraFo 2002, 145),

☞ Nach § 53 Abs. 2 S. 2 **entfällt** das ZVR der Mitarbeiter von Rundfunk und Presse, wenn die Aussage zur Aufklärung eines **Verbrechens** beitragen soll oder wenn Gegenstand der Untersuchung bestimmte in § 53 Abs. 2 S. 2 Nr. 1 genannte **Straftaten** gegen den **Staat** sind, eine Straftat gegen die **sexuelle Selbstbestimmung** nach den §§ 174 – 176, 179 StGB (Nr. 2) und eine **Geldwäsche** bzw. Verschleierung unrechtmäßig erlangter Vermögenswerte nach § 261 Abs. 1 bis 4 StGB). Das Gesetz knüpft das Entfallen allerdings an eine **Subsidiaritätsklausel**: Die Erforschung des Sachverhalts oder die Ermittlung des Aufenthaltsortes des Beschuldigten muss auf andere Weise aussichtslos oder wesentlich erschwert sein (vgl. dazu *Burhoff*, EV, Rn. 238, 1630; krit. dazu *Kunert* NStZ 2002, 172 und *Tsambikakis* StraFo 2002, 145).

- nach § 53a die sog. **Berufshelfer** der in § 53 Abs. 1 S. 1 Nr. 1 – 4 genannten Berufsangehörigen (zur in der Praxis bedeutsamen Frage, wer bei Berufshelfern über die Ausübung des ZVR entscheidet, wenn sich mehrere Geheimnisträger zu gemeinsamer Berufsausübung verbunden haben, s. *Thielen* StraFo 2000, 121).

☞ Die Frage, wer Berufshelfer ist, ist für den Verteidiger, der Helfer (z.B. einen SV oder Detektive) beizieht, von **erheblicher praktischer Bedeutung**. Gesteht man diesen nämlich ein ZVR zu, können sie über die bei ihrer Tätigkeit in Erfahrung gebrachten (Tat-)Umstände ggf. schweigen.

Wer zum **Kreis** der **Berufshelfer** i.S.d. § 53a gehört, ist in Rspr. und Lit. **nicht eindeutig** geklärt.

In der **Lit.** ist anerkannt, dass es für die Frage der Berufshelfereigenschaft weder auf ein soziales Abhängigkeitsverhältnis zu dem jeweiligen Hauptgeheimnisträger (Verteidiger) ankommt noch auf eine berufsmäßige Tätigkeit der Hilfskräfte (zu allem eingehend *Krause* StraFo 1998, 2; *Krekeler/Schonard* wistra 1998, 138; *Münchhalffen* StraFo 2001, 167 in der Anm. zu LG Hannover StraFo 2001, 167). Deshalb können grds. auch nur gelegentlich Mithelfende Berufshelfer sein. Nach h.M. sollen Berufshelfer aber nicht selbständige Gewerbetreibende sein, die der (Haupt-)Berufsträger zur selbständigen Erledigung bestimmter Aufträge zugezogen hat, wie z.B. der vom Verteidiger beauftragte Detektiv (vgl. nur KK-*Senge*, § 53a Rn. 3).

In der **Rspr.** wird die Berufshelfereigenschaft von Gehilfen (i.d.R. des Verteidigers) ebenfalls **uneinheitlich** beantwortet.

Beispiele

- **verneint** für einen vom Verteidiger zur Überprüfung eines bereits vorliegenden Gutachtens beauftragten **SV**, weil diesem vom Beschuldigten nicht das Vertrauen entgegengebracht werde, das er seinem Verteidiger einräume (LG Essen StraFo 1996, 92),
- **bejaht** – allerdings nur in einem „obiter dictum" – für einen **Unternehmensberater** als möglichen „Gehilfen" des Verteidigers (OLG Köln StV 1991, 506),

- für einen **Detektiv**, wenn eine besonders enge Beziehung zur Berufstätigkeit des Rechtsanwalts besteht (LG Frankfurt NJW 1959, 589),
- **Schweigepflicht** eines zur HV hinzugezogenen **Dolmetschers** hinsichtlich der Gespräche zwischen Verteidiger und Angeklagten (LG Verden (StV 1996, 371 [Ls.]),
- für **Bankmitarbeiter** (LG Darmstadt wistra 1990, 12; AG Frankfurt wistra 1998, 237, *Kleinknecht/Meyer-Goßner*, § 97 Rn. 12; a.A. u.a. LG Chemnitz wistra 2001, 399; LG Würzburg wistra 1990, 118),
- für **Umweltberater** eines Unternehmens (LG Hannover StraFo 2001, 167).

☝ Für die Berufshelfereigenschaft von (Verteidiger-)Gehilfen kann es m.E. nicht entscheidend sein, ob der Gehilfe selbständig tätig ist oder nicht. **Entscheidend** ist vielmehr der **Schutzzweck** des § 53a, der eng mit § 53 verbunden ist. Dieser geht dahin, dass nicht nur die Hauptgeheimnisträger, sondern auch deren Helfer die Informationen, die ihnen in ihrer beruflichen Eigenschaft bekannt geworden sind, nicht preisgeben müssen. Das bedeutet, dass m.E. die neueren Stimmen in der Lit. (vgl. *Krause*, a.a.O.; *Krekeler/Schonard*, a.a.O.; *Münchhalffen*, a.a.O.) Recht haben, die hinsichtlich der Berufshelfereigenschaft allein darauf abstellen, ob ein **unmittelbarer Zusammenhang** zwischen der Tätigkeit der Hilfsperson und der Tätigkeit des Berufsgeheimnisträgers, die Letzteren zur Zeugnisverweigerung berechtigt, besteht. Entscheidend ist also, ob der Berufshelfer aufgrund seines Tätigwerdens in das **Vertrauensverhältnis** zwischen dem Hauptgeheimnisträger und dem Beschuldigten einbezogen ist (zu allem eingehend *Krause* und *Krekeler/Schonard*, jeweils a.a.O., unter Hinw. auf § 148, der es dem Verteidiger überlasse, wie er das Verteidigungsverhältnis ausgestalte). Damit ist dann ein Detektiv oder ein vom Verteidiger beauftragter SV i.d.R. Berufshelfer i.S.d. § 53a (a.A. *Kleinknecht/Meyer-Goßner*, § 53a Rn. 2 unter Hinw. auf das Verbot erweiternder Auslegung).

- Ggf. kann sich über §§ 53, 53a hinaus ein ZVR aufgrund des Verhältnismäßigkeitsgrundsatzes **unmittelbar** aus der **Verfassung** ergeben (grundlegend BVerfG NJW 1977, 1489); vom BVerfG ist ein solches ZVR aber für ehrenamtlich in der Beratung tätige Angehörige von Selbsthilfegruppen [Eltern drogenabhängiger Kinder] verneint (vgl. NJW 1996, 1587), vom LG Freiburg (NJW 1997, 813) hingegen für eine in einer Anlaufstelle für sexuell missbrauchte Frauen tätige **Psychologin** bejaht worden (s.a. LG Freiburg StraFo 1999, 136 [s.o.]).

1202

b) Der **Umfang** des ZVR ist in diesen Fällen auf die bei der Berufsausübung anvertrauten oder bekannt gewordenen Tatsachen beschränkt (vgl. dazu *Kleinknecht/Meyer-Goßner*, § 53 Rn. 7 ff. m.w.N.; zu den Grenzen des Schweigerechts des Verteidigungsgehilfen s. *Krause* StraFo 1998, 6 f.). Die Erlangung des Wissens muss in die Berufsausübung fallen oder wenigstens mit ihr zusammenhängen (OLG Schleswig SchlHA 1982, 111 [für Steuerberater]), und zwar unmittelbar (*Kleinknecht/Meyer-Goßner*, a.a.O.). Das wird auch angenommen, wenn die Kenntnis aus einem anderen Verfahren (BGHSt 38, 369) oder aus Akten oder Karteien eines Praxisvorgängers stammt (BVerfG NJW 1972, 1123). Das ZVR

endet nicht mit der Erledigung des Auftrags (LG Düsseldorf NJW 1958, 1152) oder mit der Aufgabe des Berufs (*Kleinknecht/Meyer-Goßner*, § 53 Rn. 10). Es kann aber durch **Verzicht** oder Verwirkung enden (s. dazu OLG Dresden NStZ-RR 1997, 238 m.w.N. [das ZVR eines Redakteurs nicht, wenn er zunächst irrig davon ausgegangen ist, dass ein Vertrauensverhältnis nicht bestehen würde]).

1203 ☝ Hinsichtlich der Vernehmung von Zeugen, die Träger eines **Berufsgeheimnisses** sind, muss der Verteidiger auf Folgendes besonders achten:

- Es besteht insoweit **keine Belehrungspflicht** des Gerichts (BGH NJW 1991, 2844, 2846). I.d.R. wird in der **HV** aber **erörtert**, ob der Zeuge aussagen will. Der Verteidiger muss dann darauf achten, dass der Zeuge bei der von ihm allein zu treffenden Entscheidung nicht vom Gericht beeinflusst wird. Ggf. muss er entsprechenden Äußerungen **widersprechen** (*Dahs*, Rn. 530).
- Das gilt besonders dann, wenn der Zeuge sich für berechtigt hält auszusagen, er dadurch aber gegen **§ 203 StGB** verstößt. Ob die unter Bruch der Schweigepflicht gemachten Aussagen verwertbar sind, ist str. Nach der Rspr. des **BGH** besteht **kein Verwertungsverbot** (vgl. BGHSt 15, 200; 18, 146 f.; s.a. *Kleinknecht/Meyer-Goßner*, § 53 Rn. 6 m.w.N.). Dabei wird jedoch **übersehen**, dass es nicht nur darum geht, dass sich das Gericht lediglich die Folgen einer vom Zeugen begangenen Straftat zunutze macht. Vielmehr ist die ggf. rechtswidrige Geheimnisoffenbarung Mittel der Tataufklärung, was im Hinblick auf Art. 1, 2 GG nicht hinnehmbar ist (s. dazu a. *Haffke* GA 1973, 65; *Lenckner* NJW 1965, 326; *Roxin*, Strafverfahrensrecht, 25. Aufl., 1998, § 26 Rn. 22; *Welp* JR 1997, 35, 38 in der Anm. zu BGHSt 42, 73; s. jetzt auch BVerfG NStZ 2000, 489, wonach der gezielte Einsatz eines V-Mannes gegenüber einem Zeugnisverweigerungsberechtigten wegen Fehlens der gesetzlichen Grundlage gegen das Gebot des **„fairen Verfahrens“** verstößt).
- Sorgfältig prüfen muss der Verteidiger auch die Frage der → ***Entbindung** von der **Schweigepflicht***, Rn. 427 (§ 53 Abs. 2; wegen der Einzelh. s. dort; zur Verwertbarkeit ärztlicher Gutachten aus anderen Verfahren s. *Cramer* NStZ 1996, 209; → *Protokollverlesung nach Zeugnisverweigerung*, Rn. 728; s. auch u. Rn. 1204).
- Schwierigkeiten können auch entstehen, wenn der Angeklagte eine vor der HV erklärte **Entbindung** von der Schweigepflich **widerrufen** will. Der Verteidiger muss insoweit berücksichtigen, dass durch den Widerruf der Eindruck entstehen kann, der Angeklagte habe etwas zu verbergen. Deshalb ist ein Widerruf i.d.R. **nicht zu empfehlen**, zumal in diesen Fällen die bis dahin gemachte (richterliche) Aussage des Zeugen verwertbar ist und ein Protokoll verlesen werden kann (→ *Protokollverlesung nach Zeugnisverweigerung*, Rn. 725).

1204 3. **Folge** der Zeugnisverweigerung ist, dass die **Vernehmung** des Zeugen **unzulässig** i.S. der §§ 244 Abs. 3 S. 1, 245 Abs. 2 S. 2 wird und das allgemeine **Verwertungsverbot** des § 252 besteht (→ *Protokollverlesung nach Zeugnisverweigerung*, Rn. 725). Im Fall der §§ 53, 53a gilt das ggf. aus § 252 folgende Verwertungsverbot aber nur, wenn schon bei der früheren Vernehmung, die nun verwertet werden soll, ein ZVR bestanden hat, nicht jedoch, wenn der Zeuge damals von der Schweigepflicht entbunden war (BGH StV 1997, 233 [Ls.]).

☝ Nach der Rspr. des BGH kann der Zeuge auf die **Geltendmachung** des Verwertungsverbotes **verzichten** und die Verwertung früherer Angaben gestatten (BGHSt 45, 203). Einer unzulässigen **Beeinflussung** des Zeugen durch Gericht und andere Verfahrensbeteiligte (SV; s. die Fallgestaltung bei BGH, a.a.O.) muss der Verteidiger, wenn es um belastende Angaben des Zeugen geht, **entgegentreten** (→ *Zeugenbelehrung*, Rn 1181).

§ 252 verbietet **nicht** die **Vernehmung** eines (Vernehmungs-)**Richters**, der den Zeugen ordnungsgemäß belehrt hat. Auch nicht ausgeschlossen sein soll die Vernehmung eines **V-Mannes**, den die Polizei zur Aufklärung eines Mordes im Umfeld des Angeklagten eingesetzt hat, über Äußerungen von Angehörigen des Angeklagten, wenn diese in der HV von ihrem Zeugnisverweigerungsrecht Gebrauch machen, es sei denn, durch den Einsatz des V-Mannes sollte eine Vernehmung vermieden und dadurch eine mögliche Zeugnisverweigerung umgangen oder eine bereits erklärte Verweigerung unterlaufen werden (BGHSt 40, 211; s. jetzt auch BVerfG NStZ 2000, 489; s.a. → *Vernehmung einer Verhörsperson*, Rn. 1057; zum „richtigen" Zeitpunkt der Vernehmung nicht-richterlicher Vernehmungspersonen über den Inhalt früherer Angaben s. BGH StV 2000, 236). Ebenfalls nicht ausgeschlossen ist eine **Augenscheinseinnahme** des Zeugen (*Kleinknecht/Meyer-Goßner*, § 52 Rn. 23 m.w.N.), für eine **Gegenüberstellung** muss sich der Zeuge jedoch nicht zur Verfügung stellen (→ *Gegenüberstellung von Zeugen*, Rn. 514).

1205

☝ Meist wird sich der Verteidiger, wenn es zu einem sog. „**Zwischenstreit**" über die **(unberechtigte) Zeugnisverweigerung** eines Zeugen kommt und das Gericht über eine Maßnahme nach **§ 70** entscheiden muss, äußern müssen. Er wird, wenn der verweigernde Zeuge Entlastendes bekunden soll, eine Ordnungsmaßnahme gegen ihn anregen, bei zu erwartenden Belastungen wird der Verteidiger hingegen nicht auf eine „zwangsweise" Vernehmung drängen (*Dahs*, Rn. 532; zu den Anforderungen an die Entscheidung, mit der Zwangsmittel gegen den Zeugen festgesetzt werden, s. BVerfG NJW 2000, 3775).

Siehe auch: → *Auskunftsverweigerung*, Rn. 118, → *Aussagegenehmigung*, Rn. 129, → *Beweisverwertungsverbote*, Rn. 313, → *V-Mann in der Hauptverhandlung*, Rn. 1134, → *Zeugenvernehmung, Allgemeines*, Rn. 1186, m.w.N.

1206 Zulassung von Mitarbeitern des Verteidigers zur Hauptverhandlung

1. Gelegentlich ist der Verteidiger in der HV auf die Teilnahme von (anwaltlichen) Mitarbeitern angewiesen, etwa weil diese für ihn vor der HV **eigene Ermittlungen** durchgeführt haben (zu eigenen Ermittlungen des Verteidigers s. insbesondere *Burhoff*, EV, Rn. 617 ff. m.w.N.; s.a. → *Vorbereitung der Hauptverhandlung*, Rn. 1145, m.w.N.). Ist das der Fall, kann er es in der HV meist unproblematisch erreichen, dass diese **Mitarbeiter neben** ihm **sitzen**. Bei dem entsprechenden **Antrag** handelt es sich um einen Antrag zur → ***Sitzordnung** in der Hauptverhandlung*, Rn. 799 (s. das Muster u. Rn. 1207). Gem. § 175 Abs. 2 GVG kann den Mitarbeitern vom Gericht der Zutritt zu nicht öffentlichen Verhandlungen gestattet werden.

☝ Über den Antrag entscheidet, da es sich um eine Maßnahme der → *Verhandlungsleitung*, Rn. 972, handelt, der **Vorsitzende** (s.a. Rn. 802). **Lehnt** er den Antrag **ab**, muss der Verteidiger, wenn er in der Revision die Behinderung der Verteidigung nach § 338 Nr. 8 rügen will, gem. **§ 238 Abs. 2** einen Beschluss des Gerichts beantragen. Das gilt insbesondere, wenn der Mitarbeiter des Verteidigers den Gerichtssaal verlassen soll, weil die **Öffentlichkeit ausgeschlossen** wird (BGHSt 18, 179 ff.; Beck-*Danckert/Ignor*, S. 341, m.w.N.).

1207 2. Antragsmuster

An das
Amtsgericht/Landgericht Musterstadt

In der Strafsache
gegen H. Muster
Az.: ...
wird beantragt,

der bei mir angestellten Anwaltsgehilfin Frau X zu gestatten, während der Hauptverhandlung neben mir auf der Verteidigerbank Platz zu nehmen. Frau X soll während der Hauptverhandlung von deren Verlauf Aufzeichnungen fertigen und mich unterstützen. Sie wird insbesondere damit beschäftigt sein, aus dem umfangreichen Aktenmaterial die den Zeugen jeweils vorzuhaltenden Urkunden herauszusuchen.

Es wird außerdem beantragt, Frau X gem. § 175 Abs. 2 GVG den Zutritt zu nicht öffentlichen Verhandlungsteilen zu gestatten.

Rechtsanwalt

Zurückweisung einzelner Fragen des Verteidigers

1208

Literaturhinweise: ***Burhoff***, Fragerecht, Erklärungsrecht und Schlußvortrag des Verteidigers in der Hauptverhandlung, ZAP F. 22, S. 127; ***Dölp***, Dürfen Fragen von Berufsrichtern anläßlich der Beweisaufnahme beanstandet werden?, NStZ 1993, 419; ***Frister***, Beschleunigung der Hauptverhandlung durch Einschränkung von Verteidigungsrechten, StV 1994, 445; ***Helmken***, Zur Zulässigkeit von Fragen nach der sexuellen Vergangenheit von Vergewaltigungsopfern, StV 1983, 81; ***Schünemann***, Hände weg von der kontradiktorischen Struktur der Hauptverhandlung, StV 1993, 607; ***Seibert***, Beanstandung von Fragen des Vorsitzenden durch den Verteidiger, JR 1952, 470; ders., Der Beisitzer, JZ 1959, 349; s. auch die Hinw. bei → *Entziehung des Fragerechts als Ganzes*, Rn. 456, und bei → *Fragerecht, Allgemeines*, Rn. 490.

☝ Die nachstehenden Ausführungen gelten nicht nur für die gerichtliche Zurückweisung von Fragen des Verteidigers, sondern entsprechend **auch** für **Fragen anderer Verfahrensbeteiligter**, die vom Verteidiger beanstandet werden.

Sie gelten allerdings **nicht** für den **Berufsrichter**, da in § 241 Abs. 2 die Vorschrift des § 240 Abs. 1 nicht genannt wird. Der Vorsitzende kann aber einen Gerichtsbeschluss herbeiführen (*Frister* StV 1994, 451; *Schünemann* StV 1993, 607; a.A. *Dölp* StV NStZ 1993, 419). Ein solcher ist auch zu erlassen, wenn eine Frage des Vorsitzenden beanstandet wird (*Frister*, *Schünemann*, *Dölp*, jeweils a.a.O.).

1208a

1. Zurückgewiesen werden dürfen **nur unzulässige** Fragen des Verteidigers. Das sind gem. § 241 Abs. 2 nur ungeeignete und nicht zur Sache gehörige Fragen. Allgemein ist darauf hinzuweisen, dass sich diese beiden Bereiche nicht klar voneinander trennen lassen und es daher kaum möglich ist, den Begriff der „nicht zur Sache gehörigen Frage" scharf zu begrenzen.

1209

2. Nicht zur Sache gehörige Fragen sind solche, die noch nicht einmal mittelbar in Beziehung zum Gegenstand der Untersuchung oder zu den Rechtsfolgen stehen oder die erkennbar verfahrensfremden Zwecken dienen sollen (BGH NStZ 1984, 133; 1985, 183). Dafür sind

Beispiele:

- Fragen, die nur darauf abzielen, **Aufsehen** zu erregen,
- Fragen, die einen Erfolg **außerhalb** des **Strafverfahrens** herbeiführen sollen (RGSt 66, 14; BGHSt 2, 284, 287; 13, 252),
- Fragen, die einen anderen **bloßstellen** (§ 68a!),

☝ Dazu gehört aber ggf. nicht die Frage nach dem Aufenthalt eines (Belastungs-)Zeugen in Gefängnissen und nach etwaigen Vorstrafen, wenn dies zur Überprüfung der **Glaubwürdigkeit** erforderlich ist (BGH NStZ 2001, 418; s.a. Rn. 1209).

- Fragen, mit denen für irgendeine Einrichtung **geworben** werden soll,
- Fragen, die einem anderen **Unannehmlichkeiten** bereiten sollen.

1210 **nicht** hingegen

- Fragen, mit denen sich der Verteidiger ernsthaft um **Aufklärung bemüht** (*Dahs*, Rn. 489),
- Fragen, die die **Erinnerungsfähigkeit** betreffen (OLG Celle StV 1985, 7),
- Fragen, mit denen nach einer nach Ansicht des Gerichts **unerheblichen** Tatsache gefragt wird (vgl. u.a. BGH NStZ 1985, 183; NJW 1987, 1033; LR-*Gollwitzer*, § 241 Rn. 7 m.w.N.),
- Fragen, bei denen es um die **Glaubwürdigkeit** eines Zeugen geht (BGHSt 13, 252, 255; NStZ 1990, 400 [Frage nach intimen Beziehungen beim Vorwurf der Vergewaltigung]; NStZ 2001, 418); allerdings sollte der Verteidiger bei diesen Fragen alles vermeiden, was zu einer (unnötigen) Bloßstellung eines Zeugen führen könnte, denn solche Fragen sind nach § 68a unzulässig und können deshalb zurückgewiesen werden (st.Rspr., vgl. u.a. BGHSt 21, 334, 360; *Kleinknecht/Meyer-Goßner*, § 68a Rn. 4, 8; eingehend *Helmken* StV 1983, 81).

1211 **3.a) Ungeeignet** sind Fragen, die in tatsächlicher Hinsicht **nichts** zur **Wahrheitsfindung** beitragen können oder aus rechtlichen Gründen nicht gestellt werden dürfen (*Kleinknecht/Meyer-Goßner*, § 241 Rn. 15 m.w.N.; LR-*Gollwitzer*, § 241 Rn. 6).

Beispiele dafür sind:

- Fragen an Zeugen und SV über die **rechtliche Beurteilung** des Falles,
- Fragen an einen **SV**, die über den **Gutachtenauftrag hinausgehen** (BGH NStZ 1984, 16 [Pf/M]; vgl. aber BGH StV 1984, 60),
- Fragen, die reine **Werturteile** betreffen,
- ggf. die Frage an einen **Wiedererkennungszeugen**, ob er den Angeklagten wieder erkenne (→ *Gegenüberstellung von Zeugen*, Rn. 512).

1213 **b)** Ungeeignet können auch **Wiederholungsfragen** sein. Will der Verteidiger, ohne dass dies durch eine dazwischenliegende Bekundung eines anderen Zeugen oder SV oder die Erhebung eines anderen Beweises erforderlich ist, die Wiederholung einer Antwort erreichen, die der Befragte schon **klar**, **erschöpfend** und **widerspruchsfrei** gegeben hat, ist seine Frage **unzulässig** (LR-*Gollwitzer*, § 241 Rn. 10). Das gilt auch nach → *Vorführung von Bild-Ton-Aufzeichnungen*, Rn.

1158f, für eine ergänzende Vernehmung gem. § 255a Abs. 2. Auch hier sind nur (ergänzende) Fragen, die der Zeuge nicht bereits bei der vorgeführten Aufzeichnung der Vernehmung beantwortet hat, erlaubt. Etwas **anderes** gilt, wenn der Verteidiger mit einer Frage klären will, ob sich eine Aussage allgemeinen Inhalts auch auf ein bestimmtes Einzelvorkommnis bezieht (BGHSt 2, 284, 289) oder wenn durch das **Erfragen** zusätzlicher **Einzelheiten** die Glaubwürdigkeit der Aussage geprüft werden soll (BGH NStZ 1981, 71) sowie dann, wenn sich die **Prozessrolle** des Befragten – jetzt Zeuge statt Mitangeklagter – **geändert** hat (BGH StV 1991, 99 [Ls.]). Dann sind auch **Anknüpfungsfragen**, die häufig zu einer Wiederholung führen, zulässig.

☝ Der Verteidiger sollte, wenn es in diesen Fällen zu einer Beanstandung durch den Vorsitzenden kommt, den **Zweck** der Wiederholung – möglichst in **Abwesenheit** des Zeugen – **erläutern** und somit dann ggf. das Fragerecht durchsetzen. Der Verteidiger kann auf die Beanstandung auch erwidern, die bloße Wiederholung sei zulässig und könne sogar besonders geeignet sein, einen Zeugen zu testen (BGH NStZ 1981, 71).

1214 c) **Ungeeignete** Fragen sind auch **Suggestivfragen**. Das sind Fragen, die darauf abzielen, dem Befragten eine bestimmte Antwort in den Mund zu legen, oder ihn zu einer mehrdeutigen Antwort zu verleiten, um ihn festzulegen oder einen Einwand gegen seine Aussage zu gewinnen (LR-*Gollwitzer*, § 241 Rn. 11). Dasselbe gilt für Fragen, die den Zeugen **verwirren** sollen. Hingegen sind Fragen, mit denen der Verteidiger die Zuverlässigkeit und Glaubwürdigkeit eines Zeugen testen will, nicht ausgeschlossen.

1215 d) Aus **rechtlichen Gründen** zu **beanstandende** Fragen sind ebenfalls unzulässig. Das sind zum

Beispiel:

- Fragen an einen **Beamten**, die eine dienstliche Angelegenheit berühren, für die **keine** → *Aussagegenehmigung*, Rn. 129, nach § 54 vorliegt (vgl. dazu LR-*Gollwitzer*, § 241 Rn. 14 m.w.N.),
- Fragen an einen Richter, die das **Beratungsgeheimnis** betreffen,
- Fragen, die **entehrend** sind und den privaten Lebensbereich betreffen (BGH NStZ 1982, 170), wie z.B. Fragen zur Intimssphäre eines Zeugen, die mit dem Vorwurf (der Vergewaltigung) keinen Zusammenhang haben und nur dazu dienen sollen, den Zeugen bloßzustellen (s.a. *Kleinknecht/Meyer-Goßner*, § 241, Rn. 15; § 68a Rn. 4 f. m.w.N.),
- **Fangfragen**, die unter das sich aus den **§§ 69 Abs. 3, 136a** ergebende Verbot der Täuschung fallen,
- Fragen, die sich auf Vorgänge beziehen, über die aus **Rechtsgründen kein Beweis** erhoben werden darf (so BGHSt 2, 99 [für Aussage eines zur Verweigerung des Zeugnisses

berechtigten Zeugen, die er bei einer polizeilichen Vernehmung gemacht hat, wenn er in der HV nach Belehrung über seine Rechte das Zeugnis verweigert]),

- Fragen nach dem **Wohnort** eines Zeugen, wenn dieser nach der „Kannvorschrift" des **§ 68 Abs. 2, 3 geheim** gehalten werden darf (*Kleinknecht/Meyer-Goßner*, § 241 Rn. 15 m.w.N.),
- **nicht unbedingt** Fragen nach einem **Geschäfts**-, Betriebs- oder **Erfindungsgeheimnis** (OLG Koblenz wistra 1983, 42), da die Sachaufklärung immer Vorrang hat; jedoch kommt bei Erörterung solcher Umstände der → *Ausschluss der Öffentlichkeit*, Rn. 133, nach § 172 Nr. 2, 3 GVG in Betracht.

1216 **4.** Stellt der Verteidiger eine unzulässige Frage, kommt grds. zunächst nur eine **Zurückweisung** dieser einzelnen Frage in Betracht. Nur bei **erheblichem Missbrauch** ist das Gericht ggf. berechtigt, hinsichtlich dieses Zeugen dem Verteidiger sein Fragerecht als Ganzes zu entziehen (→ *Entziehung des Fragerechts als Ganzes*, Rn. 456; zum Begriff des Missbrauchs in § 241 Abs. 1 s. u.a. *Kröpil* JR 1997, 315).

Zurückgewiesen wird die Frage durch die prozessleitende Verfügung des Vorsitzenden (§ 241 Abs. 2). Der Vorsitzende kann, bevor er eine Frage zurückweist, auf die **Bedenken** gegen die Zulässigkeit der Frage **hinweisen** und dem Verteidiger somit die Möglichkeit geben, die Frage fallen zu lassen oder abzuändern. Das steht aber in seinem **Ermessen**. Werden Fragen eines Beisitzers oder des Vorsitzenden beanstandet, entscheidet nach § 242 unmittelbar das Gericht (*Kleinknecht/Meyer-Goßner*, § 242 Rn. 1; s. i.Ü. Rn. 1217).

Die Zurückweisung **wirkt** nur hinsichtlich der einzelnen beanstandeten Frage, sie entzieht dem Verteidiger nicht das Fragerecht als solches. Die zurückgewiesene Frage darf jedoch auch später nicht mehr gestellt werden. Sie braucht nicht beantwortet zu werden. Eine **vorschnell** gegebene **Antwort** darf das Gericht im Verfahren **nicht verwerten**. Eine falsche Antwort erfüllt nicht den Tatbestand der §§ 153 ff. StGB (BGH MDR 1953, 401 [D]).

1217 ☝ Gegen die Verfügung des Vorsitzenden, mit der er eine Frage zurückgewiesen oder das Fragerecht sonst beschränkt hat – es handelt sich um eine Maßnahme der → *Verhandlungsleitung*, Rn. 972, -, muss der Verteidiger, wenn er sich die Revisionsrüge des § 338 Nr. 8 erhalten will, die **Entscheidung** des **Gerichts** nach **§ 238 Abs. 2** beantragen. Vorab muss der Vorsitzende Gelegenheit zur Anrufung des Gerichts geben, indem er z.B. die Gründe für die Zurückweisung mitteilt. Dieser **Gerichtsbeschluss** ist für die revisionsrechtliche Geltendmachung der Zurückweisung der Frage als Verfahrensfehler **unerlässlich** (KK-*Tolksdorf*, § 238 Rn. 17 m.w.N.; *Dahs/Dahs*, Die Revision im Strafprozeß, 6. Aufl., Rn. 312; a.A. LR-*Gollwitzer*, § 241 Rn. 32).

Die Entscheidung des Gerichts ergeht durch **Beschluss**, der entsprechend den Grundsätzen für die Ablehnung von Beweisanträgen zu **begründen** ist (*Kleinknecht/Meyer-Goßner*, § 241 Rn. 6 m.w.N.; BGH StV 2001, 261). Einerseits muss der Verteidiger nämlich in die Lage versetzt werden, sein weiteres Prozessverhalten danach einzurichten, dem Revisionsgericht muss andererseits die Prüfung ermöglicht werden, ob der Gerichtsbeschluss dem Gesetz entspricht (BGH StV, a.a.O.). Der Beschluss muss sich insbesondere damit auseinandersetzen, ob eine Frage als ungeeignet oder nicht zur Sache gehörig angesehen worden ist und worauf sich diese Bewertung stützt.

Über die Zulassung einer Frage ist **vor** → ***Schluss** der **Beweisaufnahme***, Rn. 783, zu entscheiden, um dem Verteidiger die Möglichkeit zu geben, ggf. durch andere Fragen eine Klärung zu erreichen (OLG Frankfurt NJW 1947/1948, 395).

1218

☝ Die Zurückweisung der Frage oder andere Beschränkungen des Fragerechts, die Beanstandung dieser Anordnung durch den Verteidiger gem. § 238 Abs. 2 und der darauf ergehende Gerichtsbeschluss sind Vorgänge in der HV, die unbedingt ins → *Protokoll der Hauptverhandlung*, Rn. 713, aufgenommen werden müssen. Es ist für den Verteidiger unerlässlich, darauf zu achten, dass dies geschieht. Dazu muss er ggf. gem. § 273 Abs. 3 einen schriftlich begründeten **Antrag** stellen. Es beweist nämlich nur das Protokoll, ob eine Frage zurückgewiesen worden ist oder nicht.

Lehnt der Vorsitzende die Protokollierung **ab**, so ist auch hierüber ein **Gerichtsbeschluss** zu erwirken. Anderenfalls geht das Beanstandungsrecht durch Verwirkung verloren (*Dahs*, Rn. 499, 753, 808).

☝ Eine **Beschwerde** des Verteidigers gegen eine Zurückweisung von Fragen oder sonstige Fragebeschränkungen in der HV ist gem. § 305 S. 1 **ausgeschlossen.**

Die (unzulässige) Zurückweisung wird in der **Revision** mit der **Verfahrensrüge** geltend gemacht. M.E. sollte der Verteidiger hier zum „Beruhen“ vortragen (vgl. BGH NStZ 2001, 418).

Zuständigkeit des Gerichts

1219

Literaturhinweise: ***Böttcher/Mayer***, Änderungen des Strafverfahrensrechts durch das Entlastungsgesetz, NStZ 1993, 153; ***Brause***, Die Zuständigkeit der allgemeinen und besonderen Strafkammern nach dem Strafverfahrensänderungsgesetz, NJW 1979, 802; ***Fischer***, Nochmals: Die neue Strafrichterzuständigkeit des § 25 Nr. 2 GVG – Eine Erwiderung auf Hohendorf, NJW 1995, 1454, NJW 1996, 1044; ***Fuhse***, Ist das Schöffengericht durch § 25 Nr. 2 GVG gehindert, Strafbefehl zu erlassen, Erledigungen im beschleunigten Verfahren vorzunehmen, kann es bei Straferwartung unter 2 Jahren Freiheitsstrafe angegangen werden? – zugleich Besprechung von OLG Oldenburg NStZ 1994, 449, NStZ 1995, 165; ***Herzog***, Über bewegliche Zuständigkeitsregelungen, instrumentelle Zuständigkeitswahl und das Prinzip des gesetzlichen Richters, StV 1993, 609; ***Hohendorf***, Zuständigkeit des Schöffengerichts zum Erlaß eines Strafbefehls – Anmerkung zu LG Stuttgart wistra 1994, 40, wistra 1994, 294; ders., Die neue Strafrichterzuständigkeit des § 25 Nr. 2 GVG, NJW 1995, 1454; ***Kalf***, Die willkürliche Zuständigkeitsbestimmung des Schöffengerichts, NJW 1997, 1489; ***Kissel***, Gerichtsverfassung unter dem Gesetz zur Entlastung der Rechtspflege, NJW 1993, 489; ***Krekeler***, Das Zwischenverfahren in Wirtschaftsstrafsachen aus der Sicht der Verteidigung, wistra 1985, 54; ***Meyer-Goßner***, Die Behandlung von Zuständigkeitsstreitigkeiten zwischen allgemeinen und Spezialstrafkammern beim Landgericht, NStZ 1981, 168; ***Rieß***, Die Bestimmung und Prüfung der sachlichen Zuständigkeit und verwandter Erscheinungen im Strafverfahren, GA 1976, 1; ders., Zur Zuständigkeit der allgemeinen und besonderen Strafkammern, NJW 1979, 1536; ders., Das Gesetz zur Entlastung der Rechtspflege – ein Überblick, AnwBl. 1993, 51; ***Schmidt***, Zuständigkeit des Schöffengerichts, StV 1995, 500; ***Siegismund/Wickern***, Das Gesetz zur Entlastung der Rechtspflege – ein Überblick, Teil 2, wistra 1993, 136; ***Weider***, Pflichtverteidigung vor dem Schöffengericht, StV 1995, 220; s. auch die Hinw. bei → *Besetzungsfragen*, Rn. 208, und bei → *Verweisungsfragen*, Rn. 1103.

1219a 1. Die Fragen der Zuständigkeit der Gerichts sind geregelt: die **örtliche** Zuständigkeit (Gerichtsstand) in den §§ 7 ff., die **funktionelle** Zuständigkeit, z.B. für das Schwurgericht, in § 74 Abs. 2 GVG, für die Staatsschutzkammer in § 74c GVG oder für die Wirtschaftsstrafkammer in § 74a GVG sowie die **sachliche** Zuständigkeit in den die Verteilung der Strafsachen nach Art und Schwere unter den erstinstanzlichen, unterschiedlich besetzten Gerichten verschiedener Ordnung regelnden Vorschriften des GVG.

☝ Für den Verteidiger sind die sich aus der Zuständigkeit ergebenden (Verfahrens-)Fragen deshalb von Bedeutung, weil er sie, wenn er dazu nicht bereits vor der HV Stellung genommen hat, z.T. (s.u. Rn. 1221 ff.) in der HV **frühzeitig** thematisieren muss.

1220 **2.** Das **Gericht** muss gem. § 6 in jeder Lage des Verfahrens **nur** seine **sachliche** Zuständigkeit von Amts wegen prüfen (s. dazu für das Revisionsverfahren BGHSt 40, 120; 42, 205 [für die Frage, ob das Berufungsgericht die Vorschrift des § 328 Abs. 2 verletzt hat]; OLG Düsseldorf NStZ 1996, 206; OLG Köln StV 1996, 298; s.a. BGHSt 43, 53). Der Verteidiger kann natürlich zur sachlichen Zuständigkeit Bedenken vortragen, muss das aber nicht.

☝ **Vortrag** kann sich vor allem dann **empfehlen**, wenn der Verteidiger mit der Revision die Unzuständigkeit des Gerichts geltend machen will (vgl. dazu BGHSt 47, 16 [Bejahung der besonderen Bedeutung des Falls i.S.v. § 24 Abs. 1 Nr. 3 GVG]).

Ein besonderes **Problem** im Rahmen der sachlichen Zuständigkeit ist nach der Neufassung des § 25 Nr. 2 GVG die des **Schöffengerichts** im Verhältnis zu der des **Strafrichters**. Auf die Einzelh. soll hier nicht eingegangen werden (vgl. dazu *Burhoff*, EV, Rn. 2088). Festzuhalten ist insoweit hier nur, dass nach wohl überwiegender Meinung in Rspr. und Lit. es nicht mehr darauf ankommt, ob die Sache von minderer Bedeutung ist (vgl. aus der Rspr. u.a. OLG Hamm StV 1995, 182; 1996, 300; OLG Koblenz StV 1996, 588; OLG Köln, a.a.O.; OLG Oldenburg NStZ 1994, 449).

☝ Hat das Schöffengericht seine sachliche Zuständigkeit angenommen, ist es daran an sich gem. § 269 **gebunden**. Das gilt jedoch dann **nicht**, wenn es **willkürlich** gehandelt hat (zur Willkür s. u.a. OLG Düsseldorf NStZ 1996, 206; OLG Hamm StV 1995, 182; MDR 1996, 91; OLG Karlsruhe wistra 1997, 198; StV 1998, 252; OLG Köln, a.a.O.; OLG Saarbrücken NStZ-RR 2000, 48; *Burhoff*, EV, Rn. 2090).

1221

3. Hält der Verteidiger das Gericht für **örtlich unzuständig** (vgl. die Regelung des Gerichtsstandes in den §§ 7 ff.; s. zur Begründung des Gerichtsstands des Ergreifungsorts auch BGHSt 44, 347 [es ist nicht erforderlich, dass nach der Ergreifung ein HB gegen den Beschuldigten ergeht oder besteht]; zur „Zuständigkeitsbestimmung" durch die StA s. OLG Hamm StV 1999, 240; i.Ü. auch *Burhoff*, EV, Rn. 2085), muss er nach § 16 Abs. 3 seine Bedenken **spätestens** bis zum **Beginn** der → Vernehmung des Angeklagten zur Sache, Rn. 1037, geltend machen. Maßgebend ist der Zeitpunkt, in dem der Angeklagte sich nach Belehrung gem. § 243 Abs. 4 S. 1 zur Aussage bereit erklärt (BGH NStZ 1984, 128). Da es sich um eine **Ausschlussfrist** handelt, ist nach diesem Zeitpunkt die Rüge auf jeden Fall unzulässig. Der Einwand muss vom Verteidiger in der **1. HV** in der **Sache** erhoben werden. Er lebt nach Aussetzung der HV oder nach Zurückverweisung der Sache nicht wieder auf (RGSt 43, 358; 70, 239; a.A. LR-*Wendisch* § 16 Rn. 12). Auch nachträgliche Änderungen der Sachlage oder der rechtlichen Beurteilung sind ohne Bedeutung (RGSt 65, 267). Bei **mehreren Angeklagten** kann jeder den Einwand bis zum Beginn seiner Vernehmung erheben, auch wenn einer der Mitangeklagten ihn versäumt hat (vgl. zu allem a. *Kleinknecht/Meyer-Goßner*, § 16 Rn. 3, § 6a Rn. 7 ff.; → *Rügeverlust*, Rn. 761).

1222 Hat das Gericht im Eröffnungsbeschluss **irrtümlich** seine **örtliche Zuständigkeit** angenommen, liegt ein **Verfahrenshindernis** vor und das Verfahren ist nach § 260 Abs. 3 in der HV durch Urteil einzustellen. Eine Abgabe oder Verweisung an das örtlich zuständige Gericht ist nicht zulässig (*Kleinknecht/Meyer-Goßner*, § 16 Rn. 4 f. m.w.N.).

☝ Ob der Verteidiger dem Angeklagten zu einer Zuständigkeitsrüge rät, wird er von den gleichen **taktischen Überlegungen** abhängig machen, wie sie beim → *Besetzungseinwand*, Rn. 242, dargestellt sind. Der unzuständige, aber **„milde Richter"** wird dem Angeklagten i.d.R. lieber sein als der zuständige Richter, der zu harten Urteilen neigt. Kennt der (auswärtige) Verteidiger den zuständigen Richter nicht, muss er sich bei Kollegen erkundigen (*Malek*, Rn. 66). Berücksichtigt werden muss auch, insbesondere bei inhaftierten Mandanten, dass durch die erfolgreiche Zuständigkeitsrüge eine **Verfahrensverzögerung** eintritt.

1223 4. Dasselbe gilt nach § 6a S. 3 für die Rüge der **funktionellen Zuständigkeit**. Hält z.B. der Verteidiger im Gegensatz zum Eröffnungsbeschluss die Zuständigkeit einer Spezialkammer, z.B. der Wirtschaftsstrafkammer (§ 74c GVG), für gegeben, muss er dies in der HV spätestens bis zum Beginn der Vernehmung seines Angeklagten zur Sache geltend machen (wegen der Einzelh. *Kleinknecht/Meyer-Goßner*, § 6 a Rn. 6 ff.; *Meyer-Goßner* NStZ 1981, 168; *Rieß* NJW 1979, 1536; zur Prüfung der funktionellen Zuständigkeit a. *Schlothauer*, Rn. 229 ff.). Das Gericht verweist dann an das zuständige Gericht (→ *Verweisungsfragen*, Rn. 1103).

1224 5. Zur **Prozesstaktik** gelten die dazu gemachten Ausführungen bei → *Besetzungseinwand*, Rn. 242, entsprechend.

1225 6. **Muster einer Zuständigkeitsrüge** (weitere Muster bei Beck-*Danckert/Ignor*, S. 331 ff. und bei *Schlothauer*, Rn. 228 ff.)

An das
Amtsgericht/Landgericht Musterstadt

In der Strafsache
gegen H. Muster
Az.: ...

wird namens und in Vollmacht des Angeklagten

die örtliche Zuständigkeit des Gerichts gerügt und

beantragt,

das Verfahren gem. § 260 Abs. 3 durch Urteil einzustellen.

Der Angeklagte ist angeklagt, in B.-Stadt einen Diebstahl begangen zu haben. Damit ist das Amts-/Landgericht Musterstadt örtlich nicht zuständig, da B.-Stadt nicht in dessen Gerichtsbezirk liegt (§ 7 StPO). Zur Zeit der Erhebung der Klage hatte der Angeklagte seinen Wohnsitz auch nicht im Gerichtsbezirk Musterstadt, sondern in B.-Stadt, so dass auch nicht der Gerichtsstand des Wohnsitzes nach § 8 StPO eingreift. Schließlich ist der Angeklagte auch nicht im Bezirk Musterstadt ergriffen worden (§ 9 StPO). Damit ist das Amtsgericht/Landgericht Musterstadt unter keinem Gesichtspunkt örtlich zuständig.

Eine Abgabe an das ggf. zuständige Amts-/Landgericht B.-Stadt ist nicht zulässig (BGHSt 23, 79, 82). Vielmehr ist das Verfahren durch Urteil gem. § 260 Abs. 3 einzustellen.

Rechtsanwalt

Zuziehung eines Dolmetschers **1226**

Literaturhinweise: ***Basdorf***, Strafverfahren gegen der deutschen Sprache nicht mächtige Beschuldigte, in: Gedächtnisschrift für *Meyer*, S. 19; ***Gatzweiler/Mehle***, Die Hauptverhandlung, in: StrafPrax, § 10; ***Kabbani***, Dolmetscher im Strafprozeß, StV 1987, 410; ***Kühne***, Zuziehung eines Dolmetschers (Anm. zu BGH 1 StR 631/88), StV 1990, 102; ***Morten***, Stellung, Aufgabe und Rolle von Dolmetscherinnen und Dolmetschern im Strafverfahren, StraFo 1995, 80; ***Sommer***, Verteidigung und Dolmetscher, StraFo 1995, 45; ***Staudinger***, Dolmetscherzuziehung und/oder Verteidigerbeiordnung bei ausländischen Beschuldigten, StV 2002, 237; ***Vogler***, Das Recht auf unentgeltliche Beiziehung eines Dolmetschers (Art. 6 Abs. 3 Buchst. e EMRK) Anmerkungen zum Dolmetscherkosten-Urteil des Europäischen Gerichtshofs für Menschenrechte, EUGRZ 1979, 34; ***Wielgoss***, Auswärtiger Dolmetscher des Vertrauens, JurBüro 1998, 632; s. auch die Hinw. bei → *Ablehnung eines Dolmetschers*, Rn. 1.

1226a **1.** Ist der Angeklagte der deutschen Sprache, die gem. § 184 GVG Gerichtssprache ist, nicht mächtig, hat er – jedenfalls für die HV – das **unverzichtbare** Recht, die **Zuziehung** eines Dolmetschers zu beantragen (vgl. zu allem BVerfG NJW 1988, 1462 ff.; *Kabbani* StV 1987, 410; *Morten* StraFo 1995, 81; s.a. u. Rn. 1228; zur Zuziehung eines Dolmetschers/Hilfsperson bei der Vernehmung tauber/stummer/behinderter Zeugen → *Vernehmung des Zeugen zur Sache*, Rn. 1053).

Der deutschen Sprache nicht mächtig ist der Angeklagte, wenn er **nicht** in der Lage ist, der **Verhandlung** zu **folgen** und selbst das **vorzubringen**, was er vortragen will (*Kleinknecht/Meyer-Goßner*, § 185 GVG Rn. 4 m.w.N.). Er hat dann Anspruch auf **kostenlose Zuziehung** eines Dolmetschers. Auch im Fall der Verurteilung kann von ihm Kostenerstattung nicht verlangt werden (BVerfG, a.a.O.).

☝ Das gilt nach der **neuen Rspr.** des **BGH** (vgl. BGHSt 46, 178) für das gesamte Verfahren. Dem Angeklagten steht also auch für vorbereitende Gespräche mit seinem Verteidiger kostenlos ein Dolmetscher zu Verfügung (BGH, a.a.O.; s. schon OLG Celle StV 1997, 432; OLG Karlsruhe NStZ 2000, 276; LG Berlin StV 1994, 11; LG Köln StraFo 1998, 71), und zwar unabhängig davon, ob es sich um einen Wahl- oder einen Pflichtverteidiger handelt (BGH, a.a.O.; eingehend dazu *Staudinger* StV 2002, 327; zu den [*Kosten-*]Fragen bei Zuziehung eines Dolmetschers im Ermittlungsverfahren *Burhoff*, EV, Rn. 2093 ff.; *Sommer* StraFo 1995, 48 f.). Reicht allein die kostenlose Beiordnung eines Dolmetschers nicht aus, muss dem Angeklagten ggf. auch noch ein Pflichtverteidiger bestellt werden (→ *Pflichtverteidiger, Bestellung in der Hauptverhandlung*, Rn. 643; s. aber BGHSt 46, 178 [nicht ausnahmslos]).

1227 **2.** Der Dolmetscher muss in die **Muttersprache** des Angeklagten oder in eine ihm geläufige Sprache übersetzen (*Kleinknecht/Meyer-Goßner*, § 185 GVG Rn. 3 m.w.N.). **Wörtlich** zu übersetzen sind alle prozesserheblichen Erklärungen, der Anklagesatz, Anträge, Entscheidungen, Zeugenaussagen und sonstige wesentliche Vorgänge der HV (KK-*Diemer*, § 185 GVG Rn. 4). Aus den **Plädoyers** sind gem. § 259 Abs. 1 mindestens die Anträge des StA und des Verteidigers bekannt zu machen. Was darüber hinaus dem Angeklagten aus den Plädoyers zu übersetzen ist, steht nach h.M. im Ermessen des Vorsitzenden (*Kleinknecht/Meyer-Goßner*, § 259 Rn. 1; *Kabbani* StV 1987, 411; a.A. *Malek*, Rn. 246, der eine möglichst exakte Übersetzung der Schlussvorträge fordert). Die Zuziehung des Dolmetschers ist im → ***Protokoll*** *der Hauptverhandlung, Allgemeines*, Rn. 719, zu vermerken.

☝ Der Verteidiger muss darauf achten, dass sich zwischen Dolmetscher und dem Angeklagten **kein Zwiegespräch** entwickelt, aus dem heraus dann der Dolmetscher die Befragung eines Zeugen vornimmt oder Erklärungen des Angeklagten abgibt. Das ist nicht Aufgabe des Dolmetschers. Eine solche Verhaltensweise kann zudem zu erheblichen Gefahren für die Verteidigung führen (StrafPrax-*Gatzweiler/Mehle*, § 10 Rn. 260).

Ist ein Dolmetscher zugezogen worden, muss dieser grds. während der **gesamten HV zugegen** sein. Ist das nicht der Fall, kann der absolute Revisionsgrund nach § 338 Nr. 5 vorliegen (*Kleinknecht/Meyer-Goßner*, § 185 GVG Rn. 10; § 338 Rn. 44). Ist der Angeklagte wenigstens z.T. der deutschen Sprache mächtig, bleibt es dem pflichtgemäßen Ermessen des Gerichts überlassen, in welchem Umfang er unter Mitwirkung des Dolmetschers verhandeln will (s. BGH NStZ

2002, 275). Gem. § 189 GVG muss der Dolmetscher **vereidigt** werden bzw., wenn er allgemein vereidigt ist, sich auf den geleisteten Eid berufen (→ *Vereidigung eines Dolmetschers*, Rn. 928a)

1228

☝ Da die Revision nur ungenügende Ansatzpunkte für die Überprüfung bietet, um die ordnungsgemäße Beiziehung eines Dolmetschers in der HV zu überprüfen, muss der Verteidiger besonders in der HV aktiv sein (*Sommer* StraFo 1995, 46, f.). **Geringste Zweifel** bei Verständigungsproblemen müssen ihn veranlassen, auf **Beiziehung** eines Dolmetschers zu drängen. Da der Dolmetscher durch seine Übersetzung erheblichen Einfluss auf das Verfahren nehmen kann, ist zudem dringend zu raten, sich über die **fachlichen Qualitäten** des Dolmetschers genauestens zu **informieren**. Das ist z.B. möglich, wenn der Verteidiger den beigezogenen Dolmetscher nach seiner Ausbildung, seinen Kenntnissen und auch seiner (Gerichts-)Erfahrung fragt.

Hat der Verteidiger **Zweifel** an der **Richtigkeit** der **Übersetzung** des Dolmetschers, muss er diese in der HV vortragen (→ *Ablehnung/Auswechslung eines Dolmetschers*, Rn. 1).

Ggf. kann und muss er einen eigenen Dolmetscher mitbringen, der Übersetzungsfehler erkennen und den Verteidiger darauf hinweisen kann, die Übersetzung des gerichtlichen Dolmetschers zu beanstanden. Der Verteidiger sollte dann seine Bedenken im Einzelnen vortragen und sie ggf. durch einen **Antrag** auf **Ablösung** des gerichtlich bestellten Dolmetschers aktenkundig machen. In der Revision reicht nämlich später nicht allein die allgemeine Behauptung, der (gerichtliche) Dolmetscher sei zu einer richtigen Übersetzung nicht in der Lage gewesen (BGH NStZ 1985, 376). Über den Antrag auf Ablösung/Auswechselung ist ein **Gerichtsbeschluss** herbeizuführen (§ 238 Abs. 2).

1229

Von besonderer **Bedeutung** kann es für den Angeklagten sein, über einen eigenen Dolmetscher/„**Vertrauensdolmetscher**" zu verfügen. Kann er diesen selbst bezahlen, bestehen gegen seine Anwesenheit als Mitarbeiter des Verteidigers und damit auch gegen seine Anwesenheit auf der Verteidigerbank keine Bedenken (*Sommer* StraFo 1995, 49; → *Sitzordnung in der Hauptverhandlung*, Rn. 799; → *Zulassung von Mitarbeitern des Verteidigers zur Hauptverhandlung*, Rn. 1206). Kann der Angeklagte einen (Vertrauens-)Dolmetscher hingegen nicht selbst bezahlen, muss der Verteidiger die Beiziehung eines Dolmetschers des Vertrauens beantragen. In umfangreichen Verfahren wird dazu die **„Erforderlichkeit"** inzwischen auch von der Rspr. anerkannt (vgl. OLG Frankfurt StV 1996, 166). Ist der Verteidiger Pflichtverteidiger, wird er – wegen des Kostenrisikos – möglichst frühzeitig gem. § 126 BRAGO die

Erforderlichkeit der Beiziehung feststellen lassen (s. zu den Kostenfragen a. *Sommer* StraFo 1995, 48; *Burhoff*, EV, Rn. 2100 ff. mit Antrag zur Feststellung der Erforderlichkeit der Zuziehung bei Rn. 2103).

1230

3. Muster eines Antrags auf Zuziehung eines Dolmetschers

An das
Amtsgericht/Landgericht Musterstadt

In der Strafsache
gegen H. Muster
Az.: ...

wird beantragt,
gem. § 185 GVG zur Hauptverhandlung einen Dolmetscher für die türkische Sprache kostenlos beizuziehen.

Der Angeklagte ist türkischer Staatsangehöriger. Ich war bisher aufgrund der mit ihm geführten Besprechungen davon ausgegangen, dass es dem Angeklagten möglich sein würde, der Hauptverhandlung in deutscher Sprache zu folgen. Außerdem war ich davon ausgegangen, dass er sich in Deutsch ausdrücken könne, da er bereits seit einem Jahr in der Bundesrepublik Deutschland lebt. Dies ist jedoch, wie ich jetzt feststellen muss, aufgrund der Belastungen durch die Hauptverhandlung nicht möglich. Der Angeklagte ist nicht in der Lage, sich mit mir zu verständigen.

Rechtsanwalt

Siehe auch: → *Ablehnung/Auswechslung eines Dolmetschers*, Rn. 1, → *Fremdsprachige Protokollierung*, Rn. 507, → *Vereidigung eines Dolmetschers*, Rn. 928a .

1231

Zwangsmittel bei Ausbleiben des Angeklagten

Das Wichtigste in Kürze

1. Allgemeine Voraussetzungen für den Erlass einer der Zwangsmaßnahmen ist, dass der ordnungsgemäß geladene Angeklagte unentschuldigt ausgeblieben ist.
2. Ein Vorführungsbefehl muss inhaltlich die in § 134 Abs. 2 aufgeführten Angaben enthalten.
3. Der HB nach § 230 Abs. 2 setzt keinen dringenden Tatverdacht und keinen Haftgrund nach den §§ 112 ff. voraus.
4. Zuständig zum Erlass der Zwangsmaßnahme ist das Gericht, nicht der Vorsitzende allein.

5. Gegen die Zwangsmaßnahme nach § 230 Abs. 2 ist gem. §§ 304, 305 S. 2 grds. die Beschwerde zulässig.

6. Liegen die allgemeinen Voraussetzungen für den Erlass eines HB nach den §§ 112 ff. vor, kann das Gericht bei Ausbleiben des Angeklagten auch einen solchen HB erlassen.

Literaturhinweise: ***Scharf/Kopp***, Zeitliche Schranken beim Haftbefehl nach § 230 StPO, NStZ 2000, 297; ***Rupp***, Haftbefehl gem. § 230 II StPO im Rahmen von Großverfahren, NStZ 1990, 576; ***Welp***, Die Gestellung des verhandlungsunfähigen Angeklagten, JR 1991, 269; s.a. die Hinw. bei → *Haftfragen*, Rn. 538.

Erscheint der Angeklagte in der HV nicht, kann gegen ihn gem. § 230 Abs. 2 mit einem Vorführungsbefehl (im Folgenden kurz: VB) die Vorführung angeordnet (s.u. Rn. 1232 f.) oder ein Haftbefehl (im Folgenden kurz: HB [s.u. Rn. 1236 ff.] erlassen werden.

1231a

1. **Allgemeine Voraussetzung** für den Erlass einer dieser Zwangsmaßnahmen ist zunächst, dass der Angeklagte bei → *Aufruf der Sache*, Rn. 100, **unentschuldigt ausgeblieben** ist (zu möglichen Entschuldigungsgründen → *Ausbleiben des Angeklagten*, Rn. 112 f.; → *Berufungsverwerfung wegen Ausbleiben des Angeklagten*, Rn. 214 ff.). Auch für die HV nach Einspruch gegen einen Strafbefehl kann gem. § 236 das persönliche Erscheinen des Angeklagten angeordnet werden (OLG Düsseldorf NStZ-RR 1998, 180).

Voraussetzung ist weiterhin, dass der Angeklagte **ordnungsgemäß geladen** worden ist (OLG Frankfurt NStZ-RR 1999, 18 [für Ladung im Ausland]; OLG Karlsruhe MDR 1980, 868; → *Ladung des Angeklagten*, Rn. 590). Die Ladung muss die Warnung nach § 216 Abs. 1 enthalten, den Angeklagten also darauf hinweisen, dass gegen ihn im Fall seines unentschuldigten Ausbleibens VB oder HB ergehen kann.

☝ Das gilt nicht für einen **Fortsetzungstermin**, zu dem der Angeklagte nicht förmlich, sondern mündlich am Ende der unterbrochenen HV geladen worden ist (→ *Unterbrechung der Hauptverhandlung*, Rn. 882).

☝ War die **Warnung** nicht enthalten bzw. brauchte sie nicht aufgenommen zu werden, z.B. bei im **Ausland** erforderlicher Ladung, dürfte der Erlass einer Maßnahme nach § 230 unzulässig sein (OLG Frankfurt, a.a.O.).

Wird die **Ladungsfrist nicht eingehalten**, steht das dem Erlass einer Zwangsmaßnahme jedenfalls dann entgegen, wenn damit zu rechnen ist, dass der (nicht verteidigte) Angeklagte nach erfolgter Belehrung die Aussetzung der HV beantragt hätte (OLG Frankfurt, a.a.O.; s.a. BGHSt 24, 143).

1232 Außerdem muss der **Verhältnismäßigkeitsgrundsatz** beachtet werden. Der **VB** hat also **Vorrang** vor dem HB, wenn er ausreicht, die Weiterführung und Beendigung des Verfahrens zu sichern (BVerfGE 32, 87; OLG Düsseldorf NStZ-RR 1998, 180; StraFo 2001, 255 m.w.N.; LG Gera StV 1997, 293, 294 m.w.N.; LG Zweibrücken NJW 1996, 737 [für betrunkenen Angeklagten]). Bei der Abwägung ist § 135 S. 2 zu beachten, der dem Gericht die Möglichkeit gibt, den Angeklagten bereits 24 Stunden vor der HV in polizeilichen Gewahrsam nehmen zu lassen (zur **Geltungsdauer** eines VB s.a. u. Rn. 1236). Es kann also auch mit einem VB der Gefahr vorgebeugt werden, dass der Angeklagte sich vor der HV (erneut) in einen verhandlungsunfähigen Zustand versetzt (LG Zweibrücken, a.a.O.). Scheitert eine Vorführung des Angeklagten wegen Organisationsmängeln bei der Polizei (VB wird verlegt und erst nach der HV wieder gefunden), darf der VB nicht vom Gericht in einen HB umgewandelt werden (LG Gera, a.a.O.; zur – verneinten – Verhältnismäßigkeit des Erlasses eines HB nach § 230 gegen den ausgebliebenen Angeklagten im durch Strafbefehl eingeleiteten Verfahren OLG Düsseldorf NStZ-RR 1998, 180 [Verteidiger war mit Vertretungsvollmacht nach § 234 ausgestattet]).

1234 **2.** Der VB muss **inhaltlich** die in § 134 Abs. 2 aufgeführten Angaben enthalten. Er muss also den **Angeklagten** bezeichnen und **Vorführungszeit** und **-ort** angeben sowie die dem Angeklagten zur Last gelegte **Straftat** und den **Grund** der Vorführung. Er wird schriftlich ausgefertigt und ist dem Angeklagten nach § 35 Abs. 2 S. 2 formlos bekannt zu machen. In der Praxis wird dies erst beim Vollzug getan, um damit sicherzustellen, dass der Angeklagte sich seiner Vorführung nicht entzieht (zur Zuständigkeit für den Erlass eines VB und wegen Rechtsmitteln s.u. Rn. 1238 ff.).

1235 ☝ Der **VB** darf nicht eher vollstreckt werden als es notwendig ist, um den Angeklagten rechtzeitig zur HV zu bringen (LG Berlin MDR 1995, 191). Für die **Geltungsdauer** ist auf den entsprechend anwendbaren § 135 zu verweisen (*Kleinknecht/Meyer-Goßner*, § 230 Rn. 20). Aufgrund eines VB darf der Angeklagte gem. § 135 S. 2 also nicht länger als bis zum Ende des Tages festgehalten werden, der dem Beginn der Vorführung folgt. Längeres Festhalten ist unzulässig. Andererseits gibt § 135 S. 2 dem Gericht die Möglichkeit, durch Veranlassung der rechtzeitigen Ingewahrsamnahme dem **Nichterscheinen** in der HV **vorzubeugen**, was einen HB überflüssig macht (LG Zweibrücken NJW 1996, 737).

Da der **VB** nur der Sicherstellung des Erscheinens des Angeklagten in der HV dient (KK-*Tolksdorf*, § 230 Rn. 11), wird er **gegenstandslos**, wenn der Angeklagte, in den **Sitzungssaal geführt** worden ist (OLG Düsseldorf MDR 1983, 512; *Kleinknecht/Meyer-Goßner*, § 230 Rn. 20; KK-*Tolksdorf*, § 230 Rn. 11).

1236

3. Der **HB** nach § 230 Abs. 2 dient der Sicherung und Weiterführung des Verfahrens. Er setzt **keinen dringenden Tatverdacht** und **keinen Haftgrund** nach den §§ 112 ff. voraus, sondern nur die Feststellung, dass der Angeklagte nicht erschienen und sein Ausbleiben nicht genügend entschuldigt ist (vgl. BVerfGE 32, 87, 93; OLG Düsseldorf MDR 1983, 512; OLG Karlsruhe MDR 1980, 868; *Kleinknecht/Meyer-Goßner*, § 230 Rn. 21).

Einige der **Haftvorschriften** der StPO sind auf den HB nach § 230 anwendbar (zur Anwendung des § 114 Abs. 2 Nr. 2 s. einerseits OLG Frankfurt StV 1995, 237, andererseits LG Chemnitz StV 1996, 255). Insoweit gilt (s.a. *Kleinknecht/Meyer-Goßner*, a.a.O.):

- Der HB wird dem Angeklagten bei seiner **Verhaftung** gem. § 114a **bekannt gemacht**. Für die **Vorführung** vor das Gericht gelten die §§ 115, 115a entsprechend (OLG Stuttgart MDR 1990, 75; zur Vorführungs[verhandlung] s. *Burhoff*, EV, Rn. 2004 ff.).
- Das Gericht kann den **Vollzug** des HB entsprechend § 116 **aussetzen**, wenn eine weniger einschneidende Maßnahme die Gewähr dafür bietet, dass der Angeklagte an der HV teilnehmen wird (OLG Düsseldorf, a.a.O.). In Betracht kommt hier insbesondere die Festsetzung einer **Kaution** (vgl. dazu *Burhoff*, EV, Rn. 266 ff.). Diese verfällt, wenn der Angeklagte einer Ladung zur HV nicht Folge leistet (KK-*Tolksdorf*, § 230 Rn. 14).

1237

☝ Die §§ 121, 122 sind nach h.M. auf den HB nach § 230 Abs. 2 nicht anwendbar (KG NStZ-RR 1997, 75; OLG Karlsruhe Justiz 1982, 438; OLG Oldenburg NJW 1972, 1585; a.A. *Rupp* NStZ 1990, 576; *Scharf/Kropp* NStZ 2000, 297). Es findet also **keine Haftprüfung** durch das **OLG** statt. Das bedeutet jedoch nicht, dass aufgrund des HB die Haft zeitlich unbeschränkt vollzogen werden darf. Vielmehr ist auch in diesen Fällen der allgemein für Haftsachen geltende **Beschleunigungsgrundsatz** zu **beachten**. Danach hat die HV grds. in angemessener Zeit nach der Festnahme des Angeklagten stattzufinden (OLG Hamburg MDR 1987, 78; s.a. LG Berlin StV 1994, 422 [Aufhebung des HB nach mehr als fünf Monaten, in denen der Angeklagte für die HV zur Verfügung gestanden hätte]; LG Dortmund StV 1987, 335 [nicht später als sieben Wochen nach der Festnahme]; LG Zweibrücken StV 2001, 345 [mehr als drei Monate in einer Jugendsache auf jeden Fall unverhältnismäßig]).

Kommt das Gericht der Verpflichtung zur baldigen HV nicht nach, muss der Verteidiger – neben einem Rechtsmittel gegen den HB – gegen die Untätigkeit/**Nichtterminierung** mit der **Beschwerde** vorgehen. Insoweit gelten die Ausführungen bei → *Terminsbestimmung/Terminsverlegung*, Rn. 852 ff., entsprechend.

☝ Der HB ist **aufzuheben**, wenn der Angeklagte nach anwaltlicher Beratung freiwillig bei Gericht erscheint und erklärt, dass er zur nächsten HV kommen werde (OLG Düsseldorf StV 2001, 331 [Ls.]).

1238 **4. Zuständig** zum Erlass der Zwangsmaßnahme ist das **Gericht**, nicht der Vorsitzende allein (KK-*Tolksdorf*, § 230 Rn. 17). Die Schöffen haben mitzuwirken (OLG Bremen MDR 1960, 244). **Umstritten** ist, ob sich das Gericht den Beschluss nach § 230 Abs. 2 für einen späteren Zeitpunkt außerhalb der HV – Entscheidung also ohne Schöffen – **vorbehalten** kann. Das kann z.B. in Betracht kommen, wenn es eine – ggf. vom Verteidiger – vorgebrachte Entschuldigung erst prüfen oder den Eingang eines glaubhaft angekündigten Nachweises abwarten will (so *Kleinknecht/Meyer-Goßner*, § 230 Rn. 24 m.w.N.; OLG Hamm GA 1959, 314; a.A. KK-*Tolksdorf*, § 230 Rn. 17 m.w.N. [Entscheidung stets nur durch das erkennende Gericht in der HV]; einschränkend wohl LG Gera StV 1997, 293 u. LG Zweibrücken StV 1995, 404 [Vorbehalt zulässig, dann aber Entscheidung ggf. mit Schöffen]; s.a. LG Zweibrücken NStZ-RR 1998, 112). Für die vom OLG Hamm u.a. (a.a.O.) vertretene Ansicht sprechen zwar Praktikabilitätsgründe, sie findet allerdings im Wortlaut des Gesetzes keine Stütze (KK-*Tolksdorf*, a.a.O.). Auch der Gesetzeszusammenhang spricht eher für die Gegenansicht und dürfte den Vorbehalt der Maßnahme nicht zulassen. In der **Praxis** wird jedoch **meist anders** verfahren (s. LG Zweibrücken StV 1995, 404).

1239 ☝ Bleibt der Angeklagte in der HV aus, wird der Verteidiger, wenn er zum Erlass einer Zwangsmaßnahme gehört wird, im Zweifel um eine kurze → *Unterbrechung der Hauptverhandlung*, Rn. 873, bitten. In der **Verhandlungspause** wird er dann versuchen festzustellen, warum der Angeklagte nicht erschienen ist.

Das Gericht wird vor dem Erlass der Zwangsmaßnahme eine gewisse **Wartezeit** einhalten müssen. Zu deren Bemessung dürften die Ausführungen bei → *Berufungsverwerfung wegen Ausbleiben des Angeklagten*, Rn. 211, entsprechend gelten, also mindestens 10 – 15 Minuten.

1240 **5.** Gegen den VB/HB nach § 230 Abs. 2 ist gem. §§ 304, 305 S. 2 die **Beschwerde** zulässig; gegen einen HB gem. § 310 Abs. 2 auch die weitere Beschwerde (vgl. u.a. OLG Karlsruhe NJW 1969, 1546), nicht jedoch gegen den VB (OLG Celle MDR 1966, 1022). Zu den zeitlichen Beschränkungen des HB s.o. Rn. 1236.

☝ Mit der Beendigung der HV wird der HB gegenstandslos (OLG Saarbrücken NJW 1975, 791). Die Rspr. des BVerfG zum „**effektiven Rechtsschutz**" (NJW 1997, 2163) gebietet es, den HB trotz der Gegenstandslosigkeit auf die (weitere) Beschwerde hin auf seine Rechtmäßigkeit zu **überprüfen** (OLG Düsseldorf StraFo 2001, 255; a.A. OLG Hamm NJW 1999, 229; zur neuen Rspr. des BVerfG eingehend *Burhoff*, EV, Rn. 1432 ff.).

1241

6. Liegen die **allgemeinen Voraussetzungen** für den Erlass eines **HB** nach den **§§ 112 ff.** vor, kann das Gericht bei Ausbleiben des Angeklagten auch einen solchen HB erlassen. Dann muss aber insbesondere **dringender Tatverdacht** und ein **Haftgrund** i.S.d. § 112 gegeben sein. In Betracht kommt in diesen Fällen als Haftgrund insbesondere Flucht oder Fluchtgefahr (s. wegen der Einzelh. *Burhoff*, EV, Rn. 810 ff.). Nicht erforderlich ist, dass der Angeklagte in der Ladung auf diese Möglichkeit des Erlasses eines HB hingewiesen worden ist (*Kleinknecht/Meyer-Goßner*, § 216 Rn. 4).

In Betracht kommt auch, dass das Gericht einen gem. § 116 außer Vollzug gesetzten **HB** bei Ausbleiben des Angeklagten **wieder in Vollzug** setzt. Dann ist aber § 116 Abs. 4 Nr. 2 zu beachten. Danach kann der Vollzug des HB nur dann wieder angeordnet werden, wenn der Angeklagte unentschuldigt ausbleibt und er ordnungsgemäß, also mit **Hinweis** nach **§ 216 Abs. 1**, geladen war (s.o. Rn. 1231a). Denn nur in diesem Fall besteht seine Pflicht zum Erscheinen (vgl. hierzu *Kleinknecht/Meyer-Goßner*, § 116 Rn. 26; KK-*Boujong*, § 116 Rn. 30).

Siehe auch: → *Haftfragen*, Rn. 538.

Zwischenberatungen des Gerichts

1242

Die StPO regelt Zwischenberatungen des Gerichts nicht ausdrücklich. Diese können jedoch für den Angeklagten und seinen Verteidiger besondere Bedeutung haben. Häufig wird nämlich vom Gericht in einer Sitzungspause zwischenberaten und es wird den Prozessbeteiligten nach Wiederbeginn der HV das Ergebnis der Zwischenberatung mitgeteilt (zur Pflicht des Gerichts, vor einer **Absprache** allen Verfahrensbeteiligten Gelegenheit zur Stellungnahme zu geben, s. u.a. BGHSt 38, 102; → *Absprachen mit Gericht und StA*, Rn. 66, m.w.N.). Daraus kann der Verteidiger **Schlüsse** über die **Prozesslage** ziehen, die ihn möglicherweise veranlassen können, die Verteidigungsstrategie zu ändern, indem er z.B. einem bestreitenden Angeklagten rät, die Tat einzuräumen, um dadurch Vorteile bei der Strafzumessung zu erlangen.

1243 Zwischenberatungen dürfen nicht dazu führen, den Verteidiger zu überfahren. Dem sollte dieser dadurch begegnen, dass er, wenn das Gericht eine Sitzungspause anordnet, **nachfragt**, ob eine Zwischenberatung **beabsichtigt** sei und für diesen Fall eine **Stellungnahme ankündigt** (*Dahs*, Rn. 598).

1244 Das Ergebnis einer Zwischenberatung kann dazu führen, dass das Gericht dem Angeklagten einen → *Hinweis auf veränderte Sach-/Rechtslage*, Rn. 551, geben muss. Das wird insbesondere dann der Fall sein, wenn das Gericht aus **eigenem prozessualen Verhalten** einen **Vertrauenstatbestand** geschaffen hat, den der Angeklagte seinen prozessualen Verhalten zugrunde legt. Will das Gericht davon nun abweichen, gebietet es der Grundsatz des „fair trial", dem Angeklagten einen entsprechenden Hinweis zu erteilen (vgl. wegen Rspr.-Beispielen Rn. 561a).

Siehe auch: → *Urteilsberatung*, Rn. 915.

Entscheidungsregister

A. Bundesverfassungsgericht

NJW	NStZ	StV	Andere	BVerfGE	Rn./Buch	Anmerkungen
1953						
1953, 177				1, 418	868, 1191a	
1953, 1097					43	
1955						
				4, 143	38	
1955, 541				4, 143	38, 43	
1959						
1959, 571			MDR 1959, 180	9, 36	229	
1963						
1963, 1771			MDR 1963, 738	16, 214	1082	
1966						
1966, 1307			MDR 1966, 735	20, 52	331	
1967						
				21, 184	90	
1970						
1970, 851			AnwBl. 1970, 170JZ 1970, 320	28, 21	865	
1971						
1971, 1029			MDR 1971, 562	30, 149	34a, 148	*Arzt* NJW 1971, 1112 *Malewitz* NJW 1971, 2287
1971, 2217				31, 388	749	*Schulz* MDR 1972, 294 *Weihrauch* NJW 1972, 243
1972						
				32, 87	1233, 1236	
1972, 1123			MDR 1972, 758	32, 373	1202	
			DÖV 1972, 312	32, 288	32a	
1973						
				34, 138	865	
1973, 891			MDR 1973, 477	34, 238	318, 323	*Arzt* JZ 1973, 504

NJW	NStZ	StV	Andere	BVerfGE	Rn./Buch	Anmerkungen
1975						
1975, 103			MDR 1975, 290	38, 105	1079b, 1085a, 1175a, 1176	*Krämer* NJW 1975, 849
1975, 1015			MDR 1975, 641	39, 238	651	
1976						
1976, 231					1088	
1977						
1977, 1489				44, 353	1201	*Knapp* NJW 1977, 2119
1977, 2157			JZ 1977, 714 JuS 1978, 262	46, 1	380a	
1978						
1978, 37			JR 1978, 792 JZ 1977, 791	46, 34	4a	
1978, 1149			MDR 1978, 550	47, 239	514	
1978, 1048			JZ 1978, 347	48, 118	380a, 383	
			JMBl. NW 1978, 226	48, 206	263	
1979						
1979, 2349			MDR 1980, 374	51, 324	789, 967	
1980						
1980, 1677			MDR 1980, 731 AnwBl. 1980, 303	53, 207	492, 809	zahlr. Anm., u. a. *Mümmler* JurBüro 1980, 692 *Schmidt* AnwBl. 1980, 305
			MDR 1980, 909 JMBl. NW 1981, 55 EuGRZ 1980, 376	54, 140	665	
1980, 2572				54, 143	318	
1981						
1981, 1719	1981, 357		MDR 1981, 900	57, 250	1998, 1111a	
1983						
	1983, 84				512	
1983, 1043	1983, 131	1983, 137	MDR 1983, 373 wistra 1983, 105	62, 338	95a	
	1983, 374	1983, 489	AnwBl. 1983, 456		1177	*Hauffe* StV 83, 489

NJW	NStZ	StV	Andere	BVerfGE	Rn./Buch	Anmerkungen
1983, 2762	1983, 466		MDR 1983, 530	64, 135	210, 593, 749	*Rüping* JZ 1983, 663
1984						
1984, 862	1984, 176		MDR 1984, 464		856, 984	
			MDR 1984, 464 wistra 1985, 190		1018	
1984, 2403	1984, 561		Rpfleger 1984, 328	66, 313	649b	
1984, 2515	1984, 370	1984, 317	MDR 1984, 731		238	
1985						
	1985, 277		MDR 1985, 464		120	*Brauns* JA 1985, 494
1986						
1986, 833				69, 141	273	
1986, 3021	1986, 468				416	*Murswiek* JuS 1987, 901
1987						
1987, 2662	1987, 419		wistra 1987, 134 Krim 1988, 687		1965, 66	zahlr. Anm., u. a. *Gallandi* NStZ 1987, 420
1988						
		1988, 31			633	
1988, 477			FamRZ 1988, 143		1957, 673	
1988, 1462					1226a	
1990						
1990, 563	1990, 89	1990, 1	MDR 1990, 307 Krim 1990, 149	80, 367	318, 323, 324	*Amelung* NJW 1990, 1753 *Störmer* NStZ 1990, 397 *Wolter* StV 1990, 175
1990, 2741	1990, 598	1991, 111	DAR 1991, 17 zfs 1991, 68	82, 106	390	*Hassemer* JuS 1991, 256 *Kotulla* JA 1992, 57 *Sonnen* JA 1991, 70
1991						
1991, 1530			MDR 1991, 891 NVwZ 1991, 663		390, 397	

NJW	NStZ	StV	Andere	BVerfGE	Rn./Buch	Anmerkungen
1992						
1992, 168	1991, 445	1991, 449			1022, 1118, 1119	
1992, 2075	1992, 246		MDR 1992, 595		331	
1992, 2472					418	
1992, 2947	1992, 448	1992, 470	MDR 1992, 979 JR 1992, 459 JZ 1992, 1116	86, 288	555	zahlr. Anm., u. a. *Geis* NJW 1992, 2938 *Meurer* JR 1992, 441 *Stree* NStZ 1992, 464
1992, 3288			JuS 1994, 252	87, 331	811, 860	*Hufen* JuS 1992, 252
1993						
1993, 915			JuS 1994, 252	87, 331	811	*Hufen* JuS 1992, 252
1993, 2229			NVwZ 1993, 1181	89, 28	787a	*Sachs* JuS 1993, 1059 *Vollkommer* EWiR 1993, 929
1994						
		1994, 113			217	*Sieg* StV 1994, 113
1994, 1590	1993, 599	1993, 620	MDR 1994, 85	89, 120	789, 967	
1995						
1995, 184	1995, 40		JZ 1995, 295	91, 125	860	*Scholz* NStZ 1995, 42 *Stürmer* JZ 1995, 297
1995, 317					391, 413, 630	*Kurth* NStZ 1997, 5
1995, 651	1995, 95	1995, 169	Krim 1994, 424		416, 1139, 1140	*Rinio* JuS 1996, 393 *Vahle* Krim 1995, 424
1995, 1951	1995, 391				966a	*Helmhagen* JA 1996, 364 *Widmaier* NStZ 1995, 361
1995, 2912					33	
1995, 2914			AnwGeb 1995, 136	93, 179	37, 38	
1995, 3047			R&P 1996, 26		767	
		1995, 617	NStZ-RR 1996, 38		966a, 971	
1996						
			NStZ-RR 1996, 45		423	
1996, 310			NVwZ 1996, 372		806, 859a, 860	
1996, 448	1996, 555	1996, 561	StraFo 1995, 116		515, 1137	
1996, 449	1995, 555	1995, 505			1150	
1996, 581	1996, 143				859a	*Dörr* JuS 1996, 742 *Huff* NJW 1996, 571

NJW	NStZ	StV	Andere	BVerfGE	Rn./Buch	Anmerkungen
1996, 771	1996, 45	1995, 618	Krim 1996, 483		370	
1996, 916	1995, 599	1995, 562	NZV 1996, 203 VRS 90, 8 VM 1996 Nr. 13		323, 1044	*von Stetten* JA 1996, 55
1996, 1049					452	
1996, 1587	1996, 345	1996, 353			370, 377	
1996, 1587		1998, 355			1200, 1201	*Kühne* StV 1998, 357
1996, 1811			NStZ-RR 1996, 138		749	
			NStZ-RR 1996, 168 MDR 1996, 163		390, 397	
1996, 3071	1996, 606	1996, 645			370	*Benfer* NStZ 1997, 397
1996, 3268	1997, 35		StraFo 1996, 176		799, 802, 803, 811	*Foth* NStZ 1997, 36
1996, 3333			NStZ-RR 1997, 23		38	
1996, 3408	1996, 607				492	
1997						
1997, 999	1997, 94 [Ls.]	1997, 1			123a, 1137, 1191a	*Kinzig* StV 1997, 3
1997, 2163	1997, 447 [Ls.]	1997, 393	wistra 1997, 219	96, 27	540, 544i, 837, 1240	zahlr. Anm., u. a. *Amelung* JR 1997, 384 *Eskandari* StraFo 1997, 289 *Fezer* JZ 1997, 1062 *Rabe von Kühlewein* NStZ 1998, 580 *Roxin* StV 1997, 654
1998						
			StraFo 1998, 16		322	*Scherer* StraFo 1998, 16
1998, 50	1998, 144			96, 68	415	*Faßbender* NStZ 1998, 144
1998, 296	1998, 46	1998, 241			380	*Hübel* StV 1998, 243 *Staff* JZ 1998, 406
1998, 369			MDR 1998, 362		46a	*Vollkommer* MDR 1998, 362
1998, 444		1998, 356			655	*Lüderssen* StV 1998, 357
1998, 1938	1998, 523				322	
1998, 2962	1998, 418	1998, 387			539a	*Foth* NStZ 1997, 420 *Siegert* NStZ 1998, 421
1999						
1999, 413					38	

NJW	NStZ	StV	Andere	BVerfGE	Rn./Buch	Anmerkungen
1999, 779		1999, 71			121	
1999, 1622	1999, 255		FamRZ 1999, 1053		1194	
2000						
2000, 199					1087	
2000, 1399	2000, 166				217	
	2000, 382					
	2000, 489	2000, 233	StraFo 2000, 190 wistra 2000, 216		317, 321, 730, 1203, 1204	*Lesch* JR 2000, 333 *Rogall* NStZ 2000, 490 *Weßlau* StV 2000, 468
2000, 1401		2000, 321	StraFo 2000, 202		1108	
2000, 2660	2000, 434	2000, 401			1175a, 1176, 1178	
2000, 2890	2000, 543	2001, 149	wistra 2000, 417		860	*Ernst* NJW 2001, 1624
2000, 3775	2001, 103	2001, 257			1056a, 1205	
2001						
			NStZ-RR 2001, 113		855	
2001, 1341	2001, 209	2001, 321			196, 216, 218	
2001, 1563					826	
2001, 1633		2001, 149			859a	*Siebrasse* StV 2001, 662
2001, 3695		2001, 601			647, 649f, 661, 662	
2002						
			NStZ-RR 2002, 11		634	
	2002, 43				178a, 178l, 183a	
	2002, 101	2001, 659			966a, 967	
2002, 592					1201	
			zfs 2002, 95		335	
2002, 1410					221	
2002, 1411	2002, 578	2002, 177			118a	
	2002, 211	2002, 114	wistra 2002, 96		397	
			DAR 2002, 411		182f	
			PStR 2002, 196			
2002, 2021					860	

B. Europäischer Gerichtshof

NJW	NStZ	StV	Andere	Rn./Buch	Anmerkungen
			EUGRZ **1985**, 301	34	
			EUGRZ 1985, 407	34	
		1990, 481	MDR 1991, 406	1022, 1137, 1115, 1118	
		1991, 193		1022, 1137, 1115, 1118	
1992, 3088		1992, 499	EuGRZ 1992, 300	1115	
			EUGRZ **1993**, 122		
		1997, 617	StraFo 1997, 239	1022, 1113, 1113a, 1118, 1137	*Sommer* StraFo 1997, 239 *Wattenberg* StV 1997, 620
			EUGRZ **1999**, 119	1087	
	1999, 47	1999, 127		1139, 1140	*Kempf* StV 1999, 129 *Kinzig* StV 1999, 288 *Sommer* NStZ 1999, 48
1999, 2353				209a, 954a	*Dörr* JuS 2000, 388
			StraFo 2000, 374	319	
		2001, 489		387b	*Roxin* StV 2001, 490
			StraFo **2002**, 81	641	
			StraFo 2002, 160	111a, 113a, 1133d, 1158e	
2002, 2856				387a, 387b	

C. Landesverfassungsgerichte

Berliner Verfassungsgerichtshof

NJW	NStZ	StV	Andere	Rn./Buch	Anmerkungen
			NJW-RR 2000, 1451		

D. Bundesgerichtshof

BGHSt	NJW	NStZ	StV	Andere	Rn./Buch	Anmerkungen
1951						
1, 4	1951, 109				890, 1056, 1061, 1063d	
1, 29					255a	
1, 94					95a, 910, 1001a	
1, 137	1951, 573				299	
1, 175	1951, 671				937	
1, 286				JZ 1951, 725	307e	*Oehler* JZ 1951, 725
1, 360	1951, 656				943	*Dallinger* MDR 1951, 565
1952						
1, 322					611, 972a, 979, 981	*Schmidt* JZ 1952, 44
	1952, 74				936	*Richling* NJW 1952, 74
1, 373	1952, 153				730	
1, 387	1952, 152				66	
2, 14	1952, 354				867, 1076	
2, 99	1952, 356				1215	
2, 284	1952, 714				1209, 1213	
	1952, 1027				1010	
2, 375					668, 1089, 1092	
3, 73					480	
3, 134	1951, 1148				1088	
3, 149	1952, 1265				1010, 1164	
3, 152	1952, 1265				1046	
3, 187	1952, 1306				102, 960	
3, 206	1952, 1345				1028	
	1952, 1425				33	
1953						
	1953, 35				1020	*Lay* JZ 1953, 122
3, 281	1953, 115				736, 1051, 1053, 1061, 1161, 1165	

BGHSt	NJW	NStZ	StV	Andere	Rn./Buch	Anmerkungen
	1953, 231				1020	
3, 368	1953, 673			7	605, 608, 670, 673, 978, 981, 1040	
	1953, 836				926a	
4, 155	1953, 1234				999	
4, 191	1953, 1115			JZ 1953, 670	332	*Wimmer* JZ 1953, 670
4, 205	1953, 1233				812	
4, 255	1953, 1402				943	
4, 264	1953, 1358				38	
	1953, 1600				1083	
4, 368	1953, 1925				942	
5, 59	1953, 1926				922a	
1954						
5, 225	1954, 1009				479	
5, 261	1954, 483				990a	
5, 267	1954, 519				219e	
5, 278	1954, 361				895	
5, 294	1954, 650				919	
6, 128	1954, 1336				255a	
6, 141	1954, 1497				891, 994	
6, 206	1954, 1377				750a	
6, 209	1954, 1415				868, 870	
6, 279	1954, 1496				1013	
6, 289	1954, 1656				685	
6, 292	1954, 1656				263	
6, 382	1955, 721				942	
1955						
7, 15	1955, 32				1010	
				MDR 1955, 121	891	
7, 44	1955, 152				146	

BGHSt	NJW	NStZ	StV	Andere	Rn./Buch	Anmerkungen
7, 194	1955, 31				1197	
7, 281	1955, 721				938, 1197	
7, 283	1955, 917				179a	
8, 41	1955, 1367				912, 922	
8, 92	1955, 1600				161	
8, 113	1955, 1642				640, 641, 938	
8, 144	1955, 1765				10, 11	
8, 226	1955, 271				12	
1956						
8, 113	1956, 191				933	
9, 24	1956, 557				1020	
9, 77	1956, 837				605	
	1956, 520			LM § 67 JGG Nr. 1	92	
9, 149	1956, 1161				759	
9, 195	1956, 1288				1180	
9, 230	1956, 1367				1021	
9, 233	1956, 1246				148	
9, 243	1956, 1366				644	
9, 250	1956, 1448				812	
9, 292	1956, 1526				1076	
9, 297	1956, 1527				1068	
9, 356	1956, 1727				1095, 1096, 1142	
	1956, 1767				75, 272	
9, 365	1956, 1886				731	
1957						
10, 8	1957, 230				70	
10, 77	1956, 1528				733	
					43	

BGHSt	NJW	NStZ	StV	Andere	Rn./Buch	Anmerkungen
	1957, 271				90, 91, 979a	
10, 88	1957, 637				402	
10, 104	1957, 551				978	
10, 126	1957, 550				634	
10, 186	1957, 918				729, 1018, 1019	
10, 202	1957, 881				154, 979a	
10, 278	1957, 1244				415	
					42	
10, 358	1957, 1604				942	
10, 393	1957, 1808				1090	*Ackermann* MDR 1958, 49
11, 29	1957, 1846				715, 895, 908, 909	
1958						
11, 74	1958, 31			VRS 14, 124	331, 673, 867	
11, 88	1958, 350				559	
11, 152	1958, 509				208	
11, 159	1958, 559				908, 909	
11, 213	1958, 557				727, 121	
	1958, 1308				8, 1100	
1959						
	1959, 55				40	*Schmidt* NJW 1959, 55
12, 180	1959, 396				269	
12, 367	1959, 731				425, 736	
13, 1	1959, 828				765	
	1959, 995				554	
13, 73					82, 989	*Schmidt* JR 1961, 31
13, 252	1959, 2075				1209, 1210	
13, 268	1959, 2272				419	
1960						
13, 358	1960, 349				1040a	
13, 388	1960, 494				178c, 750a, 750c	*Mayer* NJW 1960, 733
	1960, 542			LM Nr. 17 zu § 244	293	

BGHSt	NJW	NStZ	StV	Andere	Rn./Buch	Anmerkungen
13, 394	1960, 584				534, 733, 1182	
14, 21	1960, 586				473, 474, 533	
				VRS 16, 270	104	
14, 137	1960, 1116				415	
14, 159	1960, 1396				535	
14, 189	1960, 1212				66	
14, 265	1960, 1358				813, 815	
14, 310	1960, 1630				1058, 1062, 1164, 1166, 1192	
14, 339	1960, 1582				105, 850, 1161	
14, 358	1960, 1580				325	
	1960, 2156				474, 476, 514, 1174	
	1960, 2202				182q	
15, 161	1960, 2349				473	
1961						
15, 194	1961, 132				437	
15, 200	1961, 279				1203	
15, 253	1961, 327				871, 888	
	1961, 364					
15, 263	1961, 419				912, 922, 924	
15, 306	1961, 740				88, 649 d	
16, 47	1961, 1222				557	
16, 67	1961, 1221				498, 500	*Schmidt* JR 61, 429
	1961, 1486				104	
	1961, 1636				531	
16, 164	1961, 1979				504	
16, 178	1961, 1980				958	

BGHSt	NJW	NStZ	StV	Andere	Rn./Buch	Anmerkungen
				VRS 21, 335	185	
				VRS 21, 429	266	
16, 374	1962, 404					
1962						
	1962, 260				1189	
17, 14	1962, 598				200, 200a, 923	*Schmidt* JR 1962, 290
	1962, 748				33	
17, 44	1962, 820				750c	
				GA 1962, 282	38	
17, 201	1962, 1260				805, 811	*Kern* JZ 1962, 564
17, 324	1962, 1875				729, 732	
17, 391	1962, 2020				111, 218	
	1962, 2212				867	*Schmidt* JR 1963, 229
18, 51	1962, 2361				331	
1963						
18, 123	1963, 57				415	
18, 146	1963, 723				428, 433, 1203	*Schmidt* JR 1963, 267
18, 179	1963, 599				610, 612, 1206	
18, 214	1963, 821				8, 9, 12	
18, 257	1963, 963				751, 753	*Stratenwerth* JZ 1964, 264
18, 274	1963, 1209				418	*Dreher* MDR 1963, 855 *Schmidt* JZ 1963, 606
18, 369	1963, 1462				724	
	1963, 1787				598	
19, 88	1963, 2238				944	
19, 93	1963, 2084				508	
				GA 1963, 102	611	
				VRS 25, 426	293	
1964						
					605, 608, 670, 671	
	1964, 165				325	

BGHSt	NJW	NStZ	StV	Andere	Rn./Buch	Anmerkungen
19, 156	1964, 308				918	
19, 193	1964, 602				863	
	1964, 1034				1046	
19, 196	1964, 674				861	
					331	
19, 273	1964, 1234				417, 979	*Evers* JZ 1965, 68
19, 325	1964, 1139				323, 324	*Dünnebier* MDR 1964, 965 *Sax* JR 1964, 441
1965						
20, 77	1965, 52				419	
20, 160	1965, 874				739	*Peters* JZ 1965, 650
20, 222	1965, 1422				17	*Hanack* JR 1966, 425
20, 234	1965, 1870				1183	
20, 245	1965, 2017				11	
	1964, 2402				394	
				JR 1965, 348	607	
1966						
20, 298	1966, 209			DAR 1966, 103	177, 434, 1149	
20, 333	1966, 460				419	
	1966, 742				604	
20, 384	1966, 760				729, 730	*Seydel* NJW 1966, 740
21, 81	1966, 2023				418	
21, 85	1966, 2321				27, 59, 813, 815, 816	*Hanack* JR 1967, 229
	1966, 1524				96, 1011	
21, 118	1966, 2174				257, 270, 274	
				VRS 31, 188	80	
1967						
21, 147	1967, 62				942	
	1967, 299				345, 1001a, 1005	
	1967, 404				1083	

BGHSt	NJW	NStZ	StV	Andere	Rn./Buch	Anmerkungen
21, 277	1967, 2069			DAR 1967, 301	11	*Isenbeck* NJW 1968, 309 *Oehler* JZ 1968, 191
21, 285	1967, 2020				1011, 1164	*Martin* LM Nr. 52 § 261
21, 288	1967, 2070				574, 604, 673, 812, 1172	
				VRS 34, 219	487	
1968						
	1968, 206				1001a	
				GA 1968, 86	202	
21, 332	1968, 297				443	
21, 334	1968, 710				10, 28, 32a, 48, 56, 1210	
22, 18	1968, 806				436, 437, 444	
22, 35	1968, 559				1024	*Peters* JR 1968, 429
22, 83	1968, 804				859a	*Roxin* JZ 1968, 803 *Schmidt* NJW 1968, 804
22, 103	1968, 950				760	
22, 105	1968, 901				406	
22, 118	1968, 1485				126, 1009	
22, 129	1968, 1388				315, 488, 1183	*Grünwald* JZ 1968, 752
22, 170	1968, 1838				1058	
22, 219	1968, 2018				729	
1969						
				JR 1969, 148	70	*von Gerlach* JR 1969, 149
	1969, 281				274	
22, 268	1969, 196				1191a	*Friedrichs* JZ 1974, 257 *Peters* JR 1969, 428
22, 278	1969, 473				574, 674	
22, 289	1969, 703				58, 59, 436, 438, 441, 443	
22, 347	1969, 1219				1186a	
22, 372	1969, 1445				1007	

BGHSt	NJW	NStZ	StV	Andere	Rn./Buch	Anmerkungen
23, 1	1969, 1582				533	
23, 8	1969, 2293				532, 641, 641a	*Peters* JR 1970, 152
23, 79	1969, 1820			DAR 1969, 304	1225	
				GA 1969, 281 VRS 36, 212	957	
				GA 1969, 348	943	
1970						
23, 123	1970, 63				859a, 860	*Schmidt* JZ 1970, 109
23, 176	1970, 523				640	*Weihrauch* NJW 1970, 1243
23, 200	1970, 478				26, 48	*R.Hamm* NJW 1973, 173 *Peters* JR 1970, 269 *Kunkel-Cichos* NJW 1970, 1782
23, 213	1970, 573				870, 994, 1063i, 1165	
	1970, 904				552, 621	
23, 265	1970, 1558				1063g	
23, 277	1970, 1512				53	
	1970, 1848				325	*Böckelmann* JR 1971, 65
	1970, 1981				416	*Peters* JR 1971, 116
23, 331	1970, 2253				110, 209a, 213, 967	
				GA 1970, 111	436	
1971						
					44	
24, 72	1971, 715				384	
24, 170	1971, 2082				917	
24, 125	1971, 1097				1030	*Schellhammer* NJW 1972, 319 *Wedemeyer* NJW 1971, 1902
24, 143	1971, 1278				112, 210, 590, 592, 593, 1231a	
24, 183	1971, 2082				1019	

BGHSt	NJW	NStZ	StV	Andere	Rn./Buch	Anmerkungen
24, 185	1971, 1948			DAR 1971, 271	179a	
24, 208	1971, 2272				416	
1972						
24, 239	1972, 402				418	
24, 257	1972, 545			BB 1972, 147 Rpfleger 1972, 130	70, 1046	
24, 280	1972, 695				327a, 1126	
24, 336	1972, 1288				34, 38	*Arzt* JZ 1973, 73
					40	
1973						
				MDR 1973, 107 [H] GA 1973, 111	480	
	1973, 522				89	
25, 176	1973, 1139				731, 1059, 1189	
	1973, 1985				88, 152, 647, 649 b, 649 d	*Peters* JR 1974, 248
	1973, 2035				223	*Roxin* JR 1974, 115 *Specht* NJW 1974, 65 *Welp* JZ 1974, 421
1974						
	1974, 758				1197	
25, 246	1974, 2466			BA 1974, 136	341, 342	
25, 281	1974, 868				209a, 424	
25, 317	1974, 1290				957	
25, 321	1974, 1148				750a, 750b	
25, 325	1974, 1570				178, 488, 1008, 1035	*Bauer* wistra 1991, 95 *Grünwald* JZ 1983, 717 *Seelmann* JuS 1976, 157
25, 333	1974, 1518				305, 924	
				VRS 48, 18	979	
1975						
26, 84	1975, 885				414a, 417, 503	

BGHSt	NJW	NStZ	StV	Andere	Rn./Buch	Anmerkungen
	1975, 1748				408	
	1975, 2351				1100	
1976						
26, 218	1976, 199				435a, 443	*Gollwitzer* JR 1976, 341
26, 228	1976, 116				789	
26, 261	1976, 720				926a	*Meyer-Goßner* DRiZ 1990, 284 *Pelchen* LM Nr. 1 zu § 237
				GA 1976, 218	583a	
	1976, 1108				444	
26, 298	1976, 1462				38, 839, 841, 843	
26, 332	1976, 1546				103, 732, 1013	*Krause* NJW 1976, 2029 *Meyer-Goßner* JR 1977, 258
	1976, 1951				674	
1977						
27, 13	1977, 20			DRiZ 1977, 25	382, 1008	*Mayer* LM § 169 GVG Nr. 13
27, 34	1977, 398			BGHZ 68, 339	865	*Börtzler* LM Nr. 9 zu § 43 BRAO
	1977, 437			BGHZ 67, 184 AnwBl. 1977, 215	809	*Wolf* NJW 1977, 1063
27, 96	1977, 1829				44	
27, 99	1977, 1070				1108, 1109	*Faber* JZ 1978, 117 *Meyer-Goßner* NJW 1977, 2321 *Rieß* JR 1977, 524
27, 108	1977, 816				891	
27, 135	1977, 1545				98a, 105, 848, 849, 870, 871, 886 890, 897, 1192	*Gollwitzer* JR 1978, 119
27, 139	1977, 1161				70, 725a, 729, 1197	*Hanack* JR 1977, 434
	1977, 1830				554	*Braunsteffer* NJW 1978, 60
27, 216	1977, 1888				488, 892	*Schmidt* LM § 231 Nr. 2
	1977, 1928				958	*Küper* NJW 1978, 251

BGHSt	NJW	NStZ	StV	Andere	Rn./Buch	Anmerkungen
27, 231	1977, 2365				725a	*Sonnen* JA 1978, 104 *Willms* LM § 252 Nr. 1
1978						
27, 339	1978, 955				1009	*Meyer-Goßner* JR 1978, 526
27, 355	1978, 1390			DAR 1979, 76	324, 833, 839, 842, 844	*Rieß* JR 1979, 167
28, 35	1978, 2403			AnwBl. 1978, 370 BGHZ 71, 353	89	*Hürxthal* LM § 134 BRAO Nr. 1
	1978, 1815				328, 950	
28, 44	1978, 1984			VRS 55, 440	356a	*Willms* LM Nr. 1 zu § 73 OWiG
1979						
	1979, 276				442	*Gollwitzer* JR 1979, 435 *Strate* NJW 1979, 909
28, 122	1979, 990				839, 842, 843	*Rieß* JR 1979, 165
28, 196	1979, 663				559, 562	*Wilms* LM Nr. 1 § 265 Abs. 4 StPO
28, 235	1979, 609			VRS 56, 191	1030	
	1979, 770				133, 380a	*Foth* JR 1979, 262
28, 262	1979, 2160				146	
28, 272	1979, 1310				389, 398, 627	
29, 1	1980, 1056				732, 1008, 1022	*Meyer-Goßner* JR 1980, 252
29, 18	1979, 2318			VRS 57, 126	276	*Hürxthal* LM Nr. 3 § 261 *Peters* JR 1980, 169
1980						
29, 23	1980, 67					*Bottke* JA 1980, 748
29, 94	1979, 2483				415	
29, 99	1980, 64				668, 1086, 1089, 1093	*Kuckuk* NJW 1980, 298 *Müller-Dietz* JR 1981, 73
29, 109	1980, 464				1048, 1137	*Hassemer* JuS 1980, 898 *Heinisch* MDR 1980, 898
	1980, 651				998, 999	
	1980, 714				554, 555	

BGHSt	NJW	NStZ	StV	Andere	Rn./Buch	Anmerkungen
29, 149	1980, 1533				273	*Schmidt* LM Nr. 3 § 244
29, 173	1980, 1290					*Pelchen* LM § 67 OWiG Nr. 1
29, 216	1980, 1586				1109	*Schmidt* LM Nr. 2 zu § 270
29, 224	1980, 1858				480, 481, 483, 593	*Meyer-Goßner* JR 1981, 214
29, 230	1980, 1533				725a, 729, 730, 1059	zahlr. Anm., u.a. *Eberlein* JA 1981, 130 *Gollwitzer* JR 1981, 126 *Gundlach* NJW 1980, 2142
29, 259	1981, 61				383	
29, 274	1980, 2479			VRS 59, 128 zfs 1980, 252	557, 347	*Hürxthal* LM Nr. 2 § 265 Abs. 1 StPO
				JR 1980, 219	273	*Meyer* JR 1980, 219
1981						
				MDR 1979, 989 [H] AnwBl. 1981, 115	1145a, 1146	
				GA 1981, 36	416	
29, 283	1981, 2364	1981, 31	1981, 7		239	*Ehring* StV 1981, 7 *Katholnigg* NStZ 1981, 31
29, 394	1981, 411	1981, 71			723	
29, 396	1981, 354	1981, 81			170	*Bottke* JA 1981, 310
		1981, 71			1213	
		1981, 110	1981, 115		946	*Strate* StV 1981, 115
		1981, 111			1038	
30, 10	1981, 694	1981, 231	1981, 217		794, 908, 911	*Gollwitzer* JR 1982, 83 *Kurth* NStZ 1981, 232 *Wagner* StV 1981, 219
		1981, 231			647, 856	
			1981, 55		11	
			1981, 133		154	
		1981, 270			1022	*Fröhlich* NStZ 1981, 270
		1981, 309	1981, 166		257, 293	
			1981, 269		1020	
		1981, 309	1981, 329		948	
		1981, 311	1981, 330		304	

BGHSt	NJW	NStZ	StV	Andere	Rn./Buch	Anmerkungen
			1981, 330		297	
30, 64	1981, 1626	1981, 311	1981, 311	VRS 61, 216	944	*Pelchen* LM § 314 Nr. 1 *Wolter* JR 1982, 211
30, 131	1981, 2267	1981, 361	1981, 500	MDR 1981, 860	255a, 307a, 309, 505	
30, 147	1981, 2422	1981, 389	1982, 17		403	*Bruns* StV 1982, 18 *Hassemer* JuS 1982, 629
	1981, 1052				788, 957	
30, 149	1981, 2073	1981, 399	1981, 396		244	*Katholnigg* NStZ 1981, 399 *Rieß* JR 1982, 255
		1981, 400			531	
		1981, 401	1981, 507		679, 680	
30, 165	1981, 2422	1982, 389	1982, 17		403	*Bruns* StV 1982, 18 *Schmidt* LM § 154 Nr. 1 *Terhorst* JR 1982, 247
30, 172	1981, 2133	1981, 394		VRS 61, 377	356b, 360	*Pelchen* LM Nr. 2 zu § 73 OWiG
1982						
30, 182	1982, 532	1982, 487	1981, 533		749	*Meurer* JR 1982, 516 *Pelchen* LM Nr. 1 zu § 35a
30, 197		1982, 40		wistra 1982, 29	402a	*Schmidt* LM § 154 Nr. 2
		1982, 41	1982, 58		304	
		1982, 41			867	
		1982, 79	1982, 56		994, 1005	
30, 317	1982, 455	1982, 125	1982, 99		843	*Odenthal* NStZ 1982, 390 *Sonnen* JA 1982, 257
		1982, 125			158b, 481	
		1982, 158			458, 500	*Dingeldey* NStZ 1982, 158
		1982, 170	1982, 204		1215	
		1982, 170	1982, 205		530	*Schlothauer* StV 1982, 205
	1982, 291	1982, 339		GA 1982, 499	56	
30, 340	1982, 1295	1982, 297	1982, 211		770	
30, 350	1982, 947	1982, 157			805	*Hassemer* JuS 1982, 630 *Seier* JA 1982, 320
30, 383	1982, 1602	1982, 341		VRS 62, 450	269	*Mösl* LM Nr. 4 § 244
			1982, 153		111	

BGHSt	NJW	NStZ	StV	Andere	Rn./Buch	Anmerkungen
31, 3	1982, 1655	1982, 254	1982, 410		244	*Mösl* LM Nr. 1 zu § 49 GVG
31, 15	1982, 1712	1982, 342			40	*Mösl* LM § 25 StPO Nr. 1
31, 16	1982, 2508		1982, 266		222, 223, 608	*Gössel* JR 1983, 116
		1982, 389	1982, 409		610, 611	*Deckers* StV 1982, 458
			1982, 457		163, 164	
		1982, 432	1982, 458		536	
		1982, 477			252	
1983						
		1983, 20	1982, 523		403	*Bruns* StV 1983, 15
			1983, 1		944	
			1983, 2		481	
		1983, 34	1983, 4		247	
		1983, 85	1983, 1		223	
	1983, 126	1983, 86	1983, 4		258	*Sieg* MDR 1983, 5505
		1983, 135	1983, 53		816	
	1983, 404	1983, 180	1983, 7	wistra 1983, 76	503	
31, 109			1983, 11	Rpfleger 1982, 411	182e	*Fezer* JR 1983, 385
31, 140	1983, 1006	1983, 375	1983, 51		103, 1008, 1020, 1163	*Engels* NJW 1983, 1530 *Fezer* JZ 1983, 354 *Temming* StV 1983, 52
31, 148	1983, 1005	1983, 228	1983, 49		129a, 1113	*Franzheim* NStZ 1983, 230 *Kratzsch* JA 1983, 394
31, 157	1983, 185	1983, 178	1983, 9	wistra 1983, 73	241	*Jungfer* StV 1983, 9 *Katholnigg* NStZ 1983, 178
		1983, 272	1983, 319		307	
		1983, 276	1983, 140		126	
		1983, 280			199	
		1983, 354			49	
31, 296	1983, 1569	1983, 517	1983, 299		320, 322, 833a	*Amelung* JR 1984, 254 *Geerds* NStZ 1983, 517 *Gössel* JZ 1984, 361 *Hassemer* JuS 1983, 809
31, 302	1983, 1504		1983, 184		403	*Terhorst* JR 1984, 170
31, 304	1983, 1570		1983, 230		325, 885	*Gössel* JZ 1984, 361 *Joachim* NZV 1993, 94
			1983, 232		1170	
			1983, 233		1169	

BGHSt	NJW	NStZ	StV	Andere	Rn./Buch	Anmerkungen
31, 323	1983, 2335		1983, 405		247, 249, 891	
31, 358	1983, 2711	1983, 421	1983, 313		146	*Mösl* LM Nr. 3 zu § 22
			1983, 319		264	*Schlothauer* StV 1983, 320
		1983, 469			508	
		1983, 497		wistra 1983, 202	816	*Müllerhoff* StV 1983, 497
	1983, 2712	1983, 503			1093	*Beulke* NStZ 1983, 504 *Bottke* JR 1984, 300
		1983, 516	1983, 354		946	
32, 10	1983, 2396	1984, 372	1983, 442		547	*Schlüchter* NStZ 1984, 373
			1983, 495		96	
1984						
	1984, 65	1983, 516	1983, 354		1021, 1028	
32, 25	1984, 621		1984, 22	VRS 65, 283	725a, 1059, 1180	*Mösl* LM § 261 Nr. 3
32, 32	1984, 1973	1983, 565	1983, 356		436, 1116	*Geerds* JZ 1984, 46
32, 68	1984, 2772	1984, 275	1984, 1	wistra 1984, 30	841, 845, 1021	*Schlüchter* JR 1984, 514 *Wolter* NStZ 1984, 276
		1984, 32			1117	
		1984, 75	1984, 30		344	
32, 100	1984, 501	1984, 89	1984, 59	VRS 66, 146	70, 247, 249, 1046	
32, 115	1984, 247	1984, 36	1984, 56	wistra 1984, 74 VRS 66, 142	129a, 132, 580, 583, 584, 1048, 1111a, 1113, 1116, 1118, 1120	*Grünwald* StV 1984, 39 *Frenzel* NStZ 1984, 39 *Fezer* JZ 1984, 433 *Strate* ZRP 1987, 315
			1984, 60		1211	
			1984, 61		266	
		1984, 128	1984, 141		1221	
		1984, 133			480, 990	
		1984, 133	1984, 60		1209	
			1984, 102		247	
			1984, 142		998, 999	
		1984, 134	1984, 146		504	
		1984, 230	1984, 144		1080	
		1984, 231	1984, 143		1001a, 1003	
		1984, 233			1170	
		1984, 181	1984, 145	wistra 1984, 84	503	

BGHSt	NJW	NStZ	StV	Andere	Rn./Buch	Anmerkungen
		1984, 328	1984, 190		552, 1035	
			1984, 233		1170	
		1984, 329			750	
		1984, 376			1169	
32, 140	1984, 1829	1984, 377	1984, 54	VRS 66, 139	177, 1150	*Pelchen* JR 1985, 71 *Volk* NStZ 1984, 377
32, 270	1984, 1245	1984, 379	1984, 185	JZ 1984, 588	247	*Schmidt* LM § 4 Nr. 1
			1984, 325		956	
		1984, 418	1984, 318		1182	
	1984, 1907	1984, 419	1984, 99	VRS 67, 40	19a, 20, 37, 42, 50, 417, 1185	*Arloth* NJW 1985, 417 *Gössel* NStZ 1984, 420 *Rieß* JR 1985, 45
		1984, 422	1984, 368		558	
			1984, 408		120	
			1984, 453		557	*Schlothauer* StV 1984, 454
		1984, 465			782	
		1984, 468			664b	
		1984, 470	1984, 405		987	
		1984, 520	1984, 493		110	
	1984, 2172		1984, 496	wistra 1984, 186 VRS 67, 269	619	*Gollwitzer* JR 1985, 126 *Pelchen* LM Nr. 1 zu § 266
		1984, 563	1985, 273	wistra 1984, 231	416	
		1984, 565	1984, 452		107	
32, 345	1984, 2300	1985, 131	1984, 321		414a, 1139	*Arloth* NJW 1985, 417 *Brenner* Krim 1984, 600 *Meyer* NStZ 1985, 134
	1984, 2893			BGHZ 91, 392 VRS 1984, 963	431	
			1984, 507		96	
1985						
	1985, 76	1984, 464	1984, 361	JZ 1984, 587	475, 1018, 1046	*Brauns* JA 1985, 59 *Meyer-Goßner* StV 1985, 89 *Prittwitz* StV 1984, 362
			1985, 2	wistra 1985, 27	40, 42, 491	
		1985, 36			1180	
		1985, 36	1984, 449		42, 70	*Teske* JA 1985, 175

BGHSt	NJW	NStZ	StV	Andere	Rn./Buch	Anmerkungen
	1985, 638	1985, 183	1985, 89	wistra 1985, 105	939	
33, 59	1985, 1089				179a	
33, 83	1985, 984	1985, 278	1985, 45		1120	*Arloth* NStZ 1985, 280 *Fezer* JZ 1985, 496 *Taschke* StV 1989, 269
	1985, 1478	1985, 136	1985, 3		436, 1111a, 1117	
		1985, 183	1985, 4		1209	
		1985, 229			307e, 309, 505	
		1985, 230	1985, 133		411, 418, 1017a	
		1985, 230	1985, 155		574	
33, 99	1985, 1848	1985, 422	1985, 402		896	*Fezer* StV 1985, 403 *Schöch* NStZ 1985, 422
	1985, 1479	1985, 324	1985, 221	wistra 1985, 153 VRS 68, 463	561, 1169	*Pelchen* JR 1986, 166
		1985, 324			97	
33, 148	1985, 2203	1985, 372	1985, 265	VRS 68, 457	433	*Rogall* NStZ 1985, 374
33, 167	1985, 1720	1985, 324	1985, 354	wistra 1985, 185 VRS 69, 132	480, 618	*Naucke* JR 1986, 119
33, 178	1985, 1789		1985, 268	VRS 69, 128	132, 1137, 1191a	
			1985, 311		258	*Schulz* StV 1985, 312
			1985, 314		1008	
		1985, 375	1985, 354	VRS 68, 466 wistra 1985, 155	248	
		1985, 376			319, 1028, 1228	
			1985, 355		447, 605, 608, 978	
			1985, 398		924	
		1985, 420	1985, 398		531	
	1985, 2488	1986, 40	1985, 490	wistra 1985, 234 VRS 85, 219	553	
		1985, 464		wistra 1985, 190	1171	

BGHSt	NJW	NStZ	StV	Andere	Rn./Buch	Anmerkungen
		1985, 466		AnwBl. 1985, 526	848	
		1985, 464		EuGRZ 1987, 94	416	
33, 283	1985, 2838	1985, 517	1985, 398	wistra 1985, 233 VRS 69, 382	417	
		1985, 561		wistra 1985, 196	1039	
1986						
	1986, 78	1985, 514	1985, 442	BRAK.Mitt. 1986, 52	1084	
	1986, 332	1985, 547	1985, 411	wistra 1985, 234 VRS 87, 223	185, 418	*Paeffgen* StV 1986, 504
33, 217	1986, 390	1985, 468	1986, 185	VRS 69, 133	150	*Kühl* StV 1986, 187
		1986, 84			1194a	
		1986, 114	1986, 147	VRS 70, 207 DAR 1986, 91 zfs 1986, 28	343	
		1986, 133	1986, 46		815	
			1986, 281		56	
		1986, 181	1986, 282	wistra 1986, 69	120	
		1986, 182	1986, 286		305, 306, 924, 925,	
		1986, 230	1986, 89		948	
		1986, 276	1986, 329		618, 990	
		1986, 277			200a	
33, 347	1986, 1183	1986, 323	1986, 1	VRS 70, 217 AnwBl. 1986, 152	223, 844	*Beulke* Jura 1986, 642 *Rieß* JR 1987, 75 *Teske* JA 1986, 459 *Welp* NStZ 1986, 294
33, 389	1986, 1555		1986, 94	VRS 70, 285	997, 999	
	1986, 1999	1986, 231	1986, 137		1048	*Fezer* StV 1986, 362
	1986, 2063	1986, 276	1986, 92	VRS 70, 221	737	*Gollwitzer* JR 1986, 525
34, 29	1986, 2384	1986, 311	1986, 247	VRS 71, 22 DAR 1986, 228	325, 344	*Schewe* JR 1987, 179
	1986, 2652	1986, 370	1986, 235		1038	

BGHSt	NJW	NStZ	StV	Andere	Rn./Buch	Anmerkungen
		1986, 372	1986, 285		958	
			1986, 285		769	
34, 39	1986, 2261	1987, 133	1986, 325		514, 517, 833a	*Bottke* Jura 1987, 356 *Meyer* JR 1986, 215 *Wolfslast* NStZ 1987, 103
		1986, 470	1986, 420		1169	
		1986, 518	1986, 369	wistra 1986, 266	41	
		1986, 519	1987, 142		887	
			1986, 467		269	
1987						
34, 138	1987, 1955	1987, 83	1986, 513		725a, 1197	
			1987, 1		34a	*de Boor* StV 1987, 1
34, 159	1987, 1211	1987, 33			218	*Fezer* JR 1988, 89 *Schnarr* NStZ 1987, 236
34, 209	1987, 660			wistra 1987, 76	263	*Frister* Jura 1988, 356 *Gollwitzer* JR 1988, 341
	1987, 1093	1988, 36	1987, 140	wistra 1987, 178	122, 994, 995	*Dölling* NStZ 1988, 6 *Meyer* JR 1987, 523
		1987, 85	1987, 49	wistra 1987, 262	1010	
34, 215	1987, 1033	1987, 286	1987, 89		727, 1197	*Pelchen* NStZ 1987, 287 *Rengier* StV 1988, 465
		1987, 132	1987, 139	wistra 1987, 182	584, 1022, 1166d	
		1987, 133	1986, 429		404	*Rieß* NStZ 1987, 134
		1987, 134			404	*Rieß* NStZ 1987, 134
			1987, 189		307	
			1987, 189		956	
34, 231	1987, 1652		1987, 233	wistra 1987, 179	103, 1008, 1162, 1163	*Fezer* StV 1987, 233 *Hanack* JR 1988, 80
			1987, 236		266	
	1987, 1033		1987, 239		1210	
	1987, 1209	1987, 181	1988, 283	wistra 1987, 149	82a	*Danckert* StV 1988, 282 *Rieß* JR 1987, 389
34, 236	1987, 1210	1987, 335	1987, 90	VRS 72, 282	238, 331, 333	*Fezer* NStZ 1987, 335
	1987, 2384	1987, 181	1987, 141		258, 300	*Welp* JR 1988, 387
			1987, 285		1003	
			1987, 328		119	
			1987, 377		435a, 442	

BGHSt	NJW	NStZ	StV	Andere	Rn./Buch	Anmerkungen
34, 324	1987, 2027	1987, 373	1987, 281		177, 1151	*Hammerstein* JR 1987, 479
		1987, 373			1182	
34, 334	1987, 2168		1987, 338	wistra 1987, 259	319	*Rüter* JR 1988, 136
	1987, 2592	1988, 421	1987, 474	wistra 1987, 299 VRS 73, 293	590, 958, 959	
34, 352	1987, 3088	1987, 417	1988, 186	wistra 1987, 296	22, 94, 816	*Vogler* StV 1988, 188
	1987, 2592	1988, 421	1987, 474	wistra 1987, 299	956	
				VRS 73, 293		
34, 355	1987, 2593	1988, 85	1987, 330	zfs 1988, 29	281, 639	*Hassemer* JuS 1988, 573 *Meyer* NStZ 1988, 87
			1987, 421		848	
	1987, 3087		1987, 138	wistra 1987, 180 Krim 1988, 43	416	*Sieg* StV 1988, 7
	1987, 3210	1987, 472	1987, 477	wistra 1987, 348 VRS 73, 467 MDR 1987, 862	919	
				NStE Nr. 5 zu § 338 Nr. 1	331	
1988						
		1988, 85	1988, 45	wistra 1988, 73	1037	
		1988, 88			107	
	1988, 501	1988, 191	1987, 427	MDR 1987, 953	170, 298, 553, 554	*Hilgendorf-Schmidt* NStZ 1988, 191 *Maatz* NStZ 1992, 517
34, 397	1988, 1037	1987, 569	1987, 421	MDR 1987, 952	323	*Amelung* NJW 1988, 1002 *Plagemann* NStZ 1987, 570
			1988, 89	wistra 1988, 116	1196	
			1988, 92		726	
	1988, 571	1988, 190	1988, 95		559	

BGHSt	NJW	NStZ	StV	Andere	Rn./Buch	Anmerkungen
35, 32	1988, 1223	1988, 142	1987, 469	wistra 1988, 31 MDR 1987, 1043	833, 1078, 1079	*Döring* NStZ 1988, 143
		1988, 283	1988, 286		998, 1003, 1026	
	1988, 1859	1988, 324	1988, 185	wistra 1988, 234 VRS 75, 107 3	957	*Julius* NStZ 1988, 468
		1988, 372	1988, 281		40	
35, 82	1988, 2187	1988, 563	1988, 5	wistra 1988, 72		*Naucke* NStZ 1988, 564 *Taschke* StV 1988, 137
35, 137	1988, 2188	1988, 283	1988, 236	wistra 1988, 230	418	*Hassemer* JuS 1989, 147
			1988, 325	JZ 1988, 624	940	
			1988, 329		554	
		1988, 419	1988, 369		315,731	*Joachim* NStZ 1990, 95
		1988, 420	1988, 469	BRAK.Mitt. 1988, 284	656, 657, 661	*Barton* StV 1989, 45
		1988, 423			438, 1133a	
		1988, 467	1988, 417	VRS 75, 299	32a, 347, 41, 43	*Schneider* StV 1990, 91
	1988, 2682	1988, 469	1989, 4		442	*Frister* StV 1989, 343 *Hanack* JR 1989, 255
			1988, 469		307, 328	
35, 216						
			1988, 511		110	
	1988, 3165	1988, 470	1988, 515		74	
35, 290	1988, 3241	1988, 465		DAR 1988, 134 NZV 1988, 109	219d	*Göhler* JR 1989, 127
		1988, 470			918	
		1988, 510	1988, 418	wistra 1989, 29 BRAK.Mitt. 1989, 55	32a, 41, 655 865	
		1988, 512	1988, 512		1170	
		1988, 550	1987, 435		1140	*Endriß* NStZ 1988, 551
1989						
35, 251	1989, 46	1988, 323	1988, 510		235	*Köckerbauer* NJW 1990, 170 *Schweckendick* NStZ 1989, 486 *Terhorst* JR 1989, 121

BGHSt	NJW	NStZ	StV	Andere	Rn./Buch	Anmerkungen
			1989, 90	wistra 1989, 150	1010	
		1989, 36	1989, 234		257, 258	*Frister* StV 1989, 380 *Michalke* StV 1989, 235
		1989, 143	1989, 141	Krim 1990, 102	779	*Kröber* JR 1989, 350
		1989, 190			769	
		1989, 191	1989, 141	GA 1989, 133	170, 549	
35, 366	1989, 1681		1989, 143	wistra 1989, 110	979a	*Katholnigg* JR 1989, 348
			1989, 143	wistra 1989, 152	331	
36, 119	1989, 1741	1989, 375	1989, 289	MDR 1989, 560	859a, 969	*Fezer* StV 1989, 290 *Meurer* JR 1990, 389
	1989, 2205	1989, 382	1989, 142	wistra 1989, 233	583a	*Itzel* NStZ 1989, 383
36, 159	1989, 3291	1989, 380	1989, 282	Krim 1990, 466	515, 1024, 1113, 1137, 1138	
36, 167	1989, 2760		1989, 388	wistra 1989, 272 Krim 1989, 446	326	*Joerden* Jura 1990, 633 *Kramer* NJW 1990, 1760
36, 210	1989, 2270	1989, 438	1989, 336	wistra 1989, 311 VRS 77, 208	67	*Greeven* StV 1990, 53 *Hassemer* JuS 1989, 890 *Schünemann* JZ 1989, 986 *Strate* NStZ 1989, 439
		1989, 484			1079i	*Krehl* NStZ 1990, 192
36, 217	1989, 2762	1989, 485	1989, 375	wistra 1989, 308 Krim 1990, 165	729	*Weigend* JZ 1990, 48
		1989, 583	1989, 373		814	
			1989, 379		293	
				BGHR § 244 Abs. 6 Beweisantrag 12	298	
1990						
	1990, 398		1989, 467		268	
				JZ 1990, 52	530	
			1990, 8		530	
36, 259	1990, 586	1990, 44	1990, 51	VRS 78, 123 BRAK.Mitt. 1990, 60, 150	203, 595, 597	

BGHSt	NJW	NStZ	StV	Andere	Rn./Buch	Anmerkungen
36, 286	1990, 778	1990, 121	1990, 105	VRS 78, 200 zfs 1990, 142	344	*Blau* JR 1990, 294 *Weider* StV 1990, 108
36, 294	1990, 920	1990, 196	1991, 4	JR 1990, 523	414a, 417	*Brunner* JR 1990, 524 *Pieplow* StV 1991, 5 *Walter* StV 1991, 5
36, 305	1990, 584	1990, 193	1990, 49	wistra 1990, 102 VRS 78, 269 MDR 1990, 267	81, 834, 847, 944	
			1990, 54		553	
			1990, 98		266	
	1990, 722	1990, 93	1990, 146		222	*Nestler-Tremel* StV 1990, 147
			1990, 149	VRS 78, 287	170, 172, 547	*Michalke* StV 1990, 184
	1990, 1124	1990, 245	1990, 196	VRS 78, 289	164	*Hassemer* JuS 1990, 671 *Odenthal* StV 1990, 198
	1990, 1125	1990, 244	1990, 197		164	*Hassemer* JuS 1990, 671 *Odenthal* StV 1990, 198
		1990, 244	1990, 339	R&P 1990, 131	640	*Buschmann* DRiZ 1992, 147
	1990, 1307	1990, 350	1990, 391	wistra 1990, 156 VRS 79, 25	1080	*Strate* StV 1990, 391 *Wendisch* NStZ 1990, 351
	1990, 1373	1990, 289	1990, 241	wistra 1990, 153	34a, 41, 660, 663	*Fezer* JR 1991, 84 *Nelles* StV 1992, 385
			1990, 245		508	
			1990, 246		267	
36, 348	1990, 1490	1990, 242	1990, 289	VRS 78, 455	926a, 927, 928	*Steinmetz* JR 1993, 228 *Weider* StV 1990, 290
36, 384	1990, 1859	1990, 349	1990, 242	wistra 1990, 315 VRS 79, 207	729, 730, 732, 1079	*Fezer* JZ 1990, 875 *Geerds* JuS 1991, 199 *Hassemer* JuS 1990, 1023
37, 1	1990, 1860	1990, 352	1990, 294	VRS 79, 210 Krim 1990, 406	164	
37, 10	1990, 1924	1990, 399	1990, 295	wistra 1990, 235 Krim 1990, 546	67, 418	*Gatzweiler* NStZ 1991, 46 *Scheffler* wistra 1990, 319 *Weigend* JR 1991, 256
		1990, 400			641	

BGHSt	NJW	NStZ	StV	Andere	Rn./Buch	Anmerkungen
		1990, 400	1990, 337		1210	
37, 15	1991, 239	1990, 548	1990, 385	wistra 1990, 313	926	
	1990, 2328		1990, 393		375	*Rademacher* NJW 1991, 735
37, 48	1990, 2633	1990, 446	1990, 337	wistra 1990, 317 Krim 1990, 663	314, 443	*Pasker* JA 1991, 207 *Weihmann* Krim 1996, 352
		1990, 447	1990, 394		463, 463a, 1042	
		1990, 448	1991, 500	VRS 81, 375 MDR 1990, 69	640	
37, 99	1990, 3030	1990, 502	1990, 387	wistra 1990, 359 AnwBl. 1990, 626	39, 43, 65, 67	*Böttcher* JR 1991, 118 *Weider* StV 1991, 241 *Siolek* Krim 1995, 4331
			1990, 389		12	*Driest* StV 1990, 390
			1990, 394		547	
		1990, 549			1179	
37, 157	1990, 2944	1990, 550	1990, 434		370, 639	*Pasker* JA 1992, 96 *Rademacher* NJW 1991, 735
			1990, 484		943	
				BGHR StPO § 338 Nr. 1 Richter, blinder, Nr. 6	333	*Schulze* MDR 1995, 570
1991						
37, 145	1991, 114	1990, 584		wistra 1991, 22, 1028	411	*Temming* NStZ 1990, 584
37, 162	1991, 435	1990, 602	1991, 2	wistra 1991, 66	296, 298	*Gollwitzer* JR 1991, 470 *Schulz* NStZ 1991, 449
			1991, 2		474	
		1991, 27			35	
		1991, 47	1991, 405		172, 530	*Blau* StV 1991, 406
		1991, 47	1991, 349		172, 547, 549	*Niemöller* JZ 1991, 884 *Scheffler* NStZ 1991, 348 *Schlothauer* StV 1991, 350
		1991, 94			1143	
	1991, 646	1991, 194	1991, 100	wistra 1991, 149	1022, 1137	
	1991, 1046			FamRZ 1991, 538	1090	

BGHSt	NJW	NStZ	StV	Andere	Rn./Buch	Anmerkungen
37, 168	1991, 1622	1991, 48	1992, 3	wistra 1991, 68	286, 287, 327a, 895	*Fezer* JR 1992, 36 *Köhler* StV 1992, 4
		1991, 80	1991, 244		641	
			1991, 49		40	
		1991, 144	1991, 50		60	
37, 231	1991, 852	1991, 481	1991, 60	NZV 1991, 117 VRS 80, 200	335, 343, 344	*Foth* NJ 1991, 386 *Mayer* NStZ 1991, 526
			1991, 99		146, 262	
			1991, 99		1213	
			1991, 101		553	
37, 245	1991, 1764	1991, 196	1991, 146	wistra 1991, 145	241	
37, 249	1991, 1364	1991, 246	1991, 97	VRS 80, 354 wistra 1991, 147	955, 956	*Hassemer* JuS 1991, 865 *Maatz* DRiZ 1991, 200
			1991, 148	wistra 1991, 181	508, 1038	
			1991, 148		503	
			1991, 196		948	
			1991, 197		996	*Dahs* JR 1991, 246
			1991, 198	zfs 1992, 102	554	
37, 260	1991, 1243	1991, 197	1991, 198	DAR 1991, 154 VRS 80, 462 zfs 1991, 176	79	
	1991, 1367		1991, 244		955, 957	
37, 264	1991, 1900	1991, 245			54, 628	
		1991, 296			89	
37, 298	1991, 1692	1991, 346	1991, 194	wistra 1990, 385	1943, 66	
			1991, 245		530	
37, 376	1991, 2357	1992, 74	1991, 347		, 12	*Langer* JR 1993, 133 *Roxin* NStZ 1992, 35
	1991, 2432	1991, 295	1991, 289		1181	
		1991, 398	1991, 401		1180	
		1991, 399	1991, 338		375	
			1991, 450	wistra 1991, 271	40	
			1991, 460		1140	
	1991, 3290	1991, 448	1991, 500	VRS 81, 375	640	

BGHSt	NJW	NStZ	StV	Andere	Rn./Buch	Anmerkungen
		1991, 500	1991, 340		1010	
		1991, 547			298	
			1991, 525		538a, 539	*Weider* StV 1991, 525
			1991, 547		531	
		1991, 595	1991, 546	wistra 1992, 28	19a, 20	
1992						
	1992, 58		1991, 517	Krim 1991, 697	849, 850	
38, 11	1992, 1245	1992, 140		wistra 1992, 69 AnwBl. 1992, 89	259a, 273	*Scheffler* JR 1993, 170
38, 14	1992, 252	1991, 500		wistra 1991, 347	724b	fezer JZ 1992, 107
38, 63	1992, 518	1991, 605		wistra 1992, 72	756	
		1992, 192			1140	
38, 96	1991, 1116	1992, 195	1992, 51	wistra 1992, 105 Krim 1992, 430 MDR 1992, 281	727, 1197	zahlr. Anm., u.a. *Dahs* StV 1992, 492 *Fischer* JZ 1992, 570 *Gollwitzer* JR 1993, 215 *Widmaier* NStZ 1992, 196
38, 102	1992, 519	1992, 139	1992, 50	wistra 1992, 68	65, 67	*Hassemer* JuS 1992, 527 *Kintzi* DRiZ 1992, 245
	1992, 849	1992, 247	1992, 53	wistra 1992, 67 AnwBl. 1992, 138	152, 852	
	1992, 850	1992, 201	1992, 406	AnwBl. 1992, 277	979a	AnwBl. 1992, 277 *Barton* StV 1992, 406
			1992, 64	VRS 82, 19 zfs 1992, 30	669	
	1992, 1118	1992, 291	1992, 145	wistra 1992, 219 Krim 1992, 430	727, 1197	*Fischer* JZ 1992, 570 *Gollwitzer* JR 1993, 215 *Hassemer* JuS 1992, 706
38, 111	1992, 1245	1992, 140		wistra 1992, 69	1087, 1127	*Scheffler* JR 1993, 170
		1992, 247			730	
		1992, 248	1992, 218	wistra 1992, 195	304, 305, 1100	
38, 138	1992, 1181	1992, 285			259a	
		1992, 290	1992, 211	wistra 1992, 186 MDR 1992, 634	1933, 56	*Krehl* NStZ 1992, 598

BGHSt	NJW	NStZ	StV	Andere	Rn./Buch	Anmerkungen
38, 214	1992, 1463	1992, 294	1992, 212	wistra 1992, 187 Krim 1992, 423 NZV 1992, 242 zfs 1992, 176	103, 314, 315, 316, 378, 448, 468, 583a, 584, 764, 846, 851a, 893, 896, 1008, 1013, 1028, 1063, 1069, 1075, 1119, 1121, 1158d, 1163, 1166b, 1166c, 1166d, 1166e, 1166h, 1193	zahlr. Anm., u.a. *Bauer* wistra 1993, 99 *Bohlander* NStZ 1992, 504 *Hauf* MDR 1993, 195 *Roxin* JZ 1992, 918 *Fezer* JR 1992, 381
	1992, 1841	1992, 292	1992, 406	wistra 1992, 223 Krim 1992, 553	648, 1099	*Barton* StV 1992, 406
38, 251	1992, 2494	1992, 390		VRS 83, 204 DAR 1992, 309 zfs 1992, 283 MDR 1992, 801	356b, 358	
38, 260		1992, 501	1992, 454	wistra 1992, 225	981	*Paulus* JZ 1993, 271
38, 271	1992, 2039	1992, 396	1993, 453	wistra 1992, 357 VRS 83, 272	113, 592, 956	
		1992, 397			257	*Peters* NStZ 1993, 293
38, 300	1992, 2644	1992, 501	1992, 500	wistra 1992, 303 VRS 83, 424 DAR 1992, 348	926	
	1992, 2711	1992, 551	1992, 501	wistra 1993, 27 MDR 1992, 986	298	
38, 320	1992, 2976	1992, 554	1992, 455	JR 1993, 123 Krim 1993, 9	369, 370	*Keller* JZ 1993, 102 *Nack* Krim 1995, 466 *Vogt* StV 1993, 174 *v.Hippel* JR 1993, 123
	1992, 3181	1992, 601	1992, 552	wistra 1992, 348	918, 919	*R.Hamm* NJW 1992, 3147
	1992, 3182	1992, 552	1992, 553	BRAK.Mitt 1993, 64	919	*R.Hamm* NJW 1992, 3147

BGHSt	NJW	NStZ	StV	Andere	Rn./Buch	Anmerkungen
	1992, 3182	1992, 346	1992, 311	wistra 1992, 224	304, 925, 979	
		1992, 347	1992, 219		530	
		1992, 450			528, 563	
			1992, 548		126	
			1992, 550		445	
			1992, 551		1169	
			1992, 553		967	
1993						
38, 345	1993, 273	1993, 79	1992, 575	wistra 1993, 22	1092	*Beulke* JR 1994, 116 *Burhoff* ZAP F. 22 R, S. 27 *R.Hamm* NJW 1993, 292 *Scheffler* StV 1993, 470 *Stumpf* NStZ 1997, 7
38, 369	1993, 803	1993, 142	1993, 57	MDR 1993, 257	95a, 98a, 434, 728, 1111a, 1202	
38, 372	1993, 338	1993, 142	1993, 1	wistra 1993, 69	316, 1166d	*Rieß* JR 1993, 334 *Roxin* JZ 1993, 425
	1993, 340	1992, 358	1992, 503	wistra 1992, 306	88, 654, 666	
			1993, 2		989, 990	
		1993, 95	1993, 169		674	
39, 49	1993, 866	1993, 199	1993, 58		375, 639	*Graul* JR 1993, 335 *Herzog* StV 1993, 342
		1993, 141			56, 724	
			1993, 135 [Ls.]		406	
	1993, 867	1993, 143	1993, 3		257, 308a	
	1993, 1212	1992, 192	1992, 173	wistra 1992, 111 Krim 1993, 221	319, 833	*Bär* CR 1993, 710 *Kleszewski* NStZ 1993, 446
		1993, 144	1993, 234		1026	
39, 72	1993, 1343	1993, 198	1993, 285		956	
		1993, 245			1078	
39, 110	1993, 1147	1993, 247	1993, 284	wistra 1993, 192	656, 793	*Gollwitzer* JR 1994, 341
		1993, 292	1993, 171	wistra 1993, 192	1022, 1118	
39, 141	1993, 1214	1993, 293	1993, 170	wistra 1993, 190	1113	*Beulke* JZ 1993, 1013 *Siegismund* JR 1994, 251
	1993, 1540				638	

BGHSt	NJW	NStZ	StV	Andere	Rn./Buch	Anmerkungen
			1993, 287		445	
		1993, 350	1993, 343		443, 1117	
			1993, 344		1169	
		1993, 395	1993, 340	DAR 1994, 190	767, 775	
		1993, 446		wistra 1993, 270	957	
			1993, 358		530	
	1993, 2326	1993, 500	1993, 339	wistra 1993, 229	1197	
		1993, 501	1993, 395		404	
39, 239	1993, 2758	1994, 80	1993, 507		146, 146a, 262	*Bottke* NStZ 1994, 81 *Fahl* GA 1996, 476
39, 251	1993, 2881	1993, 550	1993, 454		255a, 295a, 297, 298, 308a, 503	*R.Hamm* StV 1993, 455 *Widmaier* NStZ 1993, 602
			1993, 458 [Ls.]		1005a	
		1993, 551	1994, 63		1168	
		1993, 600			57	
39, 291	1993, 3081	1993, 592			345a	
			1993, 566	wistra 1993, 303	87, 152, 153, 652, 666	
	1993, 3141				182e	
			1993, 567	NstE § 244 StPO Nr. 121	528, 530	
39, 305	1993, 3337	1994, 184	1993, 623	wistra 1993, 347 JR 1994, 369	463, 890, 994, 996, 1040, 1041, 1042	zahlr. Anm., u.a. *Seitz* NStZ 1994, 185 *Stree* JR 1994, 370
39, 310	1993, 3275	1993, 600	1993, 564	wistra 1993, 344	979a	
1994						
			1994, 5		877	
		1994, 64	1994, 116		553, 559	
		1994, 94		wistra 1994, 25	1199	
		1994, 95	1994, 231	wistra 1994, 112	767	
			1994, 57		122, 1185	
		1994, 139	1994, 62		241	
			1994, 64	wistra 1994, 30	200	

BGHSt	NJW	NStZ	StV	Andere	Rn./Buch	Anmerkungen
39, 326	1994, 271	1994, 181	1995, 250		442	*Dippel* NStZ 1994, 181 *Stein* StV 1995, 251
39, 335	1994, 596	1994, 292	1994, 58	wistra 1994, 68 Krim 1994, 538 CR 1994, 65	1009	zahlr. Anm., u.a. *Dencker* StV 1994, 667 *Depping* StB 1995, 97 *Lisken* NJW 1994, 2069 *Neuhaus* Krim 1995, 787 *Tietje* MDR 1994, 1078 *Welp* NStZ 1994, 292
39, 349	1994, 333	1994, 95	1994, 4	wistra 1994, 65 Krim 1994, 247	314, 315, 1193, 1166d, 1166e	*Fezer* JZ 1994, 686 *Jung* JuS 1994, 440 *Kiehl* NJW 1994, 1267
		1994, 195	1994, 435		403	
			1994, 172	wistra 1994, 66	309	
			1994, 173		531	
	1994, 1293	1994, 196	1994, 174	wistra 1994, 64	65, 66, 67, 68	*Krekeler* NStZ 1994, 196
				wistra 1994, 197	200a	
		1994, 194	1994, 225	wistra 1994, 225	816	
40, 3	1994, 1294	1994, 247	1994, 169	VRS 86, 449	95a, 253, 291, 292, 293, 293a, 296, 298, 308a, 310	*Strate* StV 1994, 171 *Widmaier* NStZ 1994, 248 *Wohlers* JR 1994, 288
			1994, 225		943	
			1994, 228		297	
		1994, 250	1994, 227	DAR 1995, 195	639	
	1994, 2097				182e	
		1994, 297	1994, 227		475	
	1994, 2162	1994, 441	1995, 524	Krim 1994, 635	1139	*Harzer* StV 1996, 336 *Krack* JuS 1995, 585
40, 44	1994, 2556	1994, 350	1994, 226	MDR 1994, 399	559	*Helmhagen* JA 1994, 363 *Peters* NStZ 1994, 591
40, 60	1994, 1484	1994, 315	1994, 229	wistra 1994, 234 VRS 87, 133	123a, 124, 260a	*Kintzi* NStZ 1994, 448 *Perron* JZ 1995, 210
			1994, 229		769	
			1994, 232		554	

BGHSt	NJW	NStZ	StV	Andere	Rn./Buch	Anmerkungen
40, 66	1994, 1807	1994, 295	1994, 282	Krim 1994, 461	517	*Achenbach/Perschke* StV 1994, 577 *Dencker* StV 1994, 667 *Freund* JuS 1995, 394 *Odenthal* NStZ 1995, 579
			1994, 282		1151	
			1994, 283		123a	
			1994, 359		530	
		1994, 352	1994, 467		463, 465, 1041	
		1994, 354	1994, 471		136, 441	
		1994, 388	1994, 411	DAR 1995, 191	16	
40, 120	1994, 2369	1994, 399	1994, 414	wistra 1994, 304 NZV 1994, 323	778e, 1220	*Engelhardt* JZ 1995, 262 *Sowada* JR 1995, 257
		1994, 400	1994, 358		676	
		1994, 413			1162, 1166	
		1994, 449	1994, 468		465, 994, 996, 1044	
		1994, 483	1994, 411	DAR 1995, 193	279	
			1994, 413		1151	
40, 191	1994, 2773	1994, 498	1994, 470	VRS 87, 299 wistra 1994, 308	133	
					943	
		1994, 447			46a, 50	
		1994, 495			408	
		1994, 501	1994, 651		638, 769	
	1994, 2839	1994, 499	1994, 524	wistra 1994, 306 MDR 1994, 929	118a, 119	*Schmidt* JuS 1995, 82
			1994, 526	DAR 1995, 192	488, 1036	
		1994, 502	1995, 116		559	
		1994, 554	1994, 580		369	
		1994, 554	1994, 633		123a	
		1994, 592			300, 767	

BGHSt	NJW	NStZ	StV	Andere	Rn./Buch	Anmerkungen
40, 211	1994, 2904	1994, 593	1994, 521	wistra 1995, 31 DAR 1996, 192 Krim 1995, 115	314, 316, 730, 1040, 1154, 1204	*Gusy* StV 1995, 449 *Gollwitzer* JR 1995, 469 *Helmhagen* JA 1995, 183 *Neuhaus* Krim 1995, 787 *Sternberg-Lieben* JZ 1995, 844 *Schlüchter/Radbruch* NStZ 1995, 354 *Weiler* GA 1996, 101 *Widmaier* StV 1995, 621
		1994, 593	1994, 525		678, 887	
40, 218	1994, 2703	1994, 537	1994, 534		245	zahlr. Anm., u.a. *Gogger* NStZ 1994, 587 *Jakobs* NStZ 1995, 26 *Roxin* JZ 1995, 49
	1994, 3364	1994, 595	1995, 231	wistra 1995, 70 DAR 1995, 192	315, 1010	*Britz* NStZ 1995, 607 *Dencker* StV 1995, 231 *Hauser* JR 1995, 251 *Wohlers* NStZ 1995, 46
			1994, 634		530, 638	
			1994, 635		123a, 125	*Müller* StV 1994, 636
		1994, 597	1994, 638		324, 517	*Eisenberg* NStZ 1994, 597
			1994, 641		141	
1995						
		1995, 44	1995, 57		930, 1078	
		1995, 45	1995, 5		92, 537, 1158m	
		1995, 78	1996, 259		1149	*Jahn* StV 1996, 259
	1995, 269	1995, 79			319, 995	
		1995, 96	1995, 58		296, 298	
		1995, 97			267	
		1995, 98			170, 172, 547, 549	
			1995, 114		537	
		1995, 143			133	
			1995, 131		1140	
		1995, 143	1995, 172		499, 500	
		1995, 143	1995, 236		1005	
40, 287	1995, 603	1995, 144	1995, 1	wistra 1995, 200 VRS 88, 272	545a	*Herdegen* NStZ 1995, 202 *Kudlich* JuS 1997, 507
	1995, 665				182	

BGHSt	NJW	NStZ	StV	Andere	Rn./Buch	Anmerkungen
	1995, 737		1994, 653	wistra 1994, 346	387b	*Lüderssen* wistra 1995, 243 *Rutkowsky* NJW 1995, 705
40, 336	1995, 1501	1995, 198	1995, 171	wistra 1995, 148	533, 535, 536	*Eisenberg* StV 1995, 625 *Welp* JR 1996, 76
			1995, 175		248	
	1995, 1688			wistra 1995, 268	928	
				StraFo 1995, 52	777	
		1995, 200			993	*Krekeler* NStZ 1995, 299
		1995, 201	1995, 114		475, 537	
		1995, 244	1995, 1	wistra 1995, 109	938, 948	
		1995, 244	1995, 173		124, 125, 503	
		1995, 246	1995, 59		293	
		1995, 246			263, 545a, 546	
		1995, 247			160, 563, 1140	
		1995, 298	1995, 57	wistra 1995, 110	597	
		1995, 356	1995, 230		297, 299	
			1995, 339		502	
			1995, 341		1151	
			1995, 342	DAR 1996, 178	621	
40, 395	1995, 2367		1995, 174	wistra 1995, 236 VRS 89, 125	208a, 750b	*Fezer* JR 1996, 38
41, 16	1995, 1973	1995, 390	1995, 421		416, 503	*Helmhagen* JA 1996, 364 *Rieß* JR 1995, 473 *Widmaier* NStZ 1995, 361
41, 30	1995, 1974	1995, 510	1995, 226	wistra 1995, 233 Krim 1996, 267	835, 843, 851a	*Bernsmann* NStZ 1995, 512 *Küpper* JR 1996, 212 *Störmer* StV 1996, 653
				wistra 1995, 31		
	1995, 2568	1995, 556	1995, 395	wistra 1995, 231 VRS 89, 294	200, 754	

BGHSt	NJW	NStZ	StV	Andere	Rn./Buch	Anmerkungen
			1995, 396		41, 44, 57	
		1995, 356			202, 203, 1099	*Ehrlicher* NStZ 1995, 357 *Schnarr* NJW 1996, 214
41, 36	1995, 2569	1995, 604	1995, 225		131	*Gössel* NStZ 1996, 287
41, 64	1995, 2237	1995, 516	1995, 281	wistra 1995, 270 Krim 1995, 644	1140	*Beulke/Rogat* JR 1996, 517 *Krey/Jäger* NStZ 1995, 517 *Rogall* JZ 1996, 260 *Schmidt* JuS 1995, 1043 *Weßlau* StV 1995, 506
41, 72		1995, 394		wistra 1995, 272	966a	*Habbel* NJW 1995, 2830 *Schuster* NJW 1995, 2698 *Widmaier* NStZ 1995, 361
		1995, 410	1995, 283	wistra 1995, 271 CR 1996, 38	325	*Seitz* NStZ 1995, 519 *Roxin* NStZ 1995, 465
41, 119	1995, 2645	1995, 462	1995, 399	wistra 1995, 275	916	*Meyer-Goßner* NStZ 1996, 607 *Seifert* MDR 1996, 125 *Speiermann* NStZ 1996, 397
		1995, 492	1995, 584	wistra 1995, 307	831f	
41, 145	1995, 3195	1996, 50	1996, 135	wistra 1995, 274	140	*Park* StV 1996, 136
			1995, 454	DAR 1996, 179	182q	
		1995, 539	1995, 633		344	
		1995, 540			409	
41, 153	1995, 2997	1995, 557	1995, 510	VRS 88, 389 MDR 1996, 88	1149	*Jung* JuS 1996, 559
		1995, 557		wistra 1995, 272	442, 443, 445, 1071, 1068	
			1995, 283		1166d	
		1995, 558	1995, 398		530	
41, 206	1995, 2930	1995, 590	1997, 124	wistra 1995, 303	10, 12	zahlr. Anm., u. a. *R.Hamm* StV 1997, 159 *Puppe* JZ 1996, 328 *Volk* NStZ 1996, 105
			1995, 565	MDR 1996, 120	778, 779	

BGHSt	NJW	NStZ	StV	Andere	Rn./Buch	Anmerkungen
			1995, 566	NStZ-RR 1996, 107	474	
			1995, 567		680, 685	
	1995, 3196	1995, 181	1995, 116		133, 383	
			1995, 623	NStZ-RR 1996, 108	1123	*Sander* NStZ 1996, 351
			1995, 624		298	
			1995, 633		638, 769	
1996						
		1996, 22 [K]	1996, 2	DAR 1996, 177	929, 979, 981,	
				NStZ-RR 1996, 9	1035	
	1996, 206	1996, 95	1995, 563		534, 535, 1158d, 1158h	*Wohlers* StV 1996, 192
	1996, 207	1995, 558	1995, 451		1066	
41, 175	1996, 267	1995, 451	1995, 568	wistra 1996, 26	241	*Katholnigg* JR 1996, 167
		1996, 41	1996, 472	VRS 89, 298 NStZ-RR 1996, 39 DAR 1996, 176	415a	
		1996, 47	1996, 1		56	
		1996, 47		wistra 1995, 315	928	
			1996, 2	DAR 1996, 177	49	
		1996, 48	1996, 3		241	
		1996, 49			1035	
			1996, 4		641a, 769	
			1996, 5		1151	
			1996, 82		160, 563	
			1996, 88		1149	
			1996, 129	wistra 1996, 68	66	
			1996, 129	StraFo 1996, 149	1184, 1199	
			1996, 130		11	
			1996, 131		1009	

BGHSt	NJW	NStZ	StV	Andere	Rn./Buch	Anmerkungen
	1996, 138	1996, 49	1996, 133	wistra 1995, 351 DAR 1996, 179 VRS 90, 391	141	
		1996, 80	1996, 88	DAR 1996, 166	1149	
			1996, 134	NStZ-RR 1996, 139	137, 140	
	1996, 206	1996, 95	1995, 563		533, 1158d	*Wohlers* StV 1996, 192
		1996, 96	1996, 191		122, 727, 733, 1024	
		1996, 98	1996, 582		531	
			1996, 196	NStZ-RR 1996, 106	725a, 729, 1024, 1181	
				NStZ-RR 1996, 116	1138	
		1996, 98			531	
		1996, 99	1996, 298		156	
		1996, 99	1996, 298		878	
	1996, 553	1995, 560	1995, 513	wistra 1995, 350 DAR 1996, 179	465, 1044	
41, 288	1996, 1007	1996, 149	1996, 83	StraFo 1996, 54 VRS 91, 49 DAR 1996, 181	622a	*Franze* StV 1996, 289 *Graul* NStZ 1996, 402
41, 303	1996, 406	1996, 97	1997, 64, 119	wistra 1996, 68 NStZ-RR 1996, 108 VRS 90, 387 NZV 1996, 177	1142	
	1996, 1159	1996, 144	1996, 129	wistra 1996, 108 DAR 1996, 176	50	
		1996, 145	1996, 564	DAR 1996, 176	534, 535	*Wohlers* StV 1996, 192
41, 348	1996, 1355	1996, 137	1996, 355	wistra 1996, 145	34a, 39, 67, 1001a	*Holthausen* NStZ 1996, 284 *Kreuzer* NStZ 1996, 555 *Pottmeyer* wistra 1996, 121
				StraFo 1996, 169	269	

BGHSt	NJW	NStZ	StV	Andere	Rn./Buch	Anmerkungen
		1996, 200	1996, 242	JA 1996, 632	321, 1166d	*Fezer* NStZ 1996, 289
		1996, 202			199	
		1996, 202			281	
		1996, 232	1996, 269		576	
				wistra 1996, 234	265	
		1996, 241		wistra 1996, 235	408, 409	
		1996, 242	1996, 250		411, 416, 966a, 968, 970	
		1996, 243			552	
		1996, 275	1996, 195	wistra 1996, 178	534	*Dölling* NStZ 1997, 77
		1996, 290	1996, 360		1063, 1166b, 1166d	*Fezer* StV 1997, 57
41, 385	1996, 1973	1996, 551		wistra 1996, 180	387a, 402a	zahlr. Anm., u. a. *Kindhäuser* JZ 1997, 101 *Schmidt* wistra 1998, 211
42, 15	1996, 1547	1996, 291	1996, 187, 358, 412	wistra 1996, 274 StraFo 1996, 81 Krim 1996, 479	316, 515, 1063, 1166d, 1166g, 1138	*Beulke* NStZ 1996, 257 *R.Hamm* NJW 1996, 2185 *Jung* JuS 1996, 1037 *Müller* StV 1996, 358 *Roxin* JZ 1997, 343 *Schneider* Jura 1997, 131
				StraFo 1996, 121	1150	
		1996, 294	1996, 190		1066	
		1996, 295	1996, 194		503	
			1996, 196	NStZ-RR 1996, 106	534, 535, 1059	
			1996, 196	NStZ-RR 1996, 106	725a, 729	
				NStZ-RR 1996, 108 StraFo 1996, 150	553	
			1996, 249		97	
		1997, 27 [K]	1996, 248		298, 447, 499, 545a, 978, 981	
			1996, 249		299	
			1996, 263		1149	

BGHSt	NJW	NStZ	StV	Andere	Rn./Buch	Anmerkungen
			1996, 270	NStZ-RR 1996, 133	577	
			1996, 297		609	
			1996, 297		1920, 22, 552	
		1996, 297			751, 754	
42, 39		1996, 346	1996, 247		1103	*Brunner* JR 1996, 391 *Katholnigg* NStZ 1996, 346
		1996, 350	1996, 413		512	
		1996, 351	1995, 623	NStZ-RR 1996, 108	442	*Sander* NStZ 1996, 351
				NStZ-RR 1996, 200	40	
				NStZ-RR 1996, 201	665, 768	
	1996, 1685	1996, 400	1997, 170	VRS 91, 475	327a, 1184, 1198	
42, 46	1996, 1763	1996, 448	1996, 354	wistra 1996, 188	65, 66, 67	*Kintzi* JR 1997, 77 *Zschockelt* NStZ 1996, 449
42, 71	1996, 2171	1997, 42	1996, 577	wistra 1996, 270	3, 19, 65, 66, 67	*Gillmeister* NStZ 1997, 44
42, 73	1996, 2435	1996, 348	1996, 355	wistra 1996, 305 VRS 92, 116	433, 981, 1028	*Welp* JR 1997, 35
42, 86	1996, 2239	1996, 595	1997, 244	wistra 1996, 315	103, 319, 468, 583a, 943, 1008, 1013, 1166d, 1166e	*Lagodny* JZ 1997, 48 *Puppe* NStZ 1997, 597
			1996, 366		531	
			1996, 367		531	
			1996, 411	NStZ-RR 1996, 337 wistra 1996, 233	265	
				NStZ-RR 1996, 337	913, 922	
			1997, 468	NStZ-RR 1997, 166	767	
			1996, 469	NStZ-RR 1997, 71	815, 1084	
42, 94	1996, 1975		1996, 470	MDR 1996, 728 wistra 1996, 271	651	*Weigend* NStZ 1997, 47

BGHSt	NJW	NStZ	StV	Andere	Rn./Buch	Anmerkungen
			1996, 471	NStZ-RR 1996, 334	492	
			1996, 471		442, 445	
	1996, 2382	1996, 398		wistra 1996, 304	24	
	1996, 2383	1996, 454	1996, 527	wistra 1996, 316	150, 878	*Gollwitzer* JR 1996, 474
		1996, 506	1996, 526	wistra 1996, 314 StraFo 1996, 147	387b, 418	*Münchhalffen* StraFo 1996, 148
	1996, 2585	1996, 507	1997, 514	wistra 1996, 273 MDR 1996, 729	403, 561	
42, 139	1996, 2940	1996, 502	1996, 465	wistra 1995, 309	314, 317, 321, 324, 325, 517, 730	*Bernsmann* StV 1997, 116 *Derksen* JR 1997, 163 *Lesch* JA 1997, 15 *Popp* NStZ 1998, 95 *Renzikowski* JZ 1997, 710 *Rieß* NStZ 1996, 505 *Rothfuß* StraFo 1998, 289 *Roxin* NStZ 1997, 18
42, 170	1996, 2242	1996, 452	1996, 409	wistra 1996, 350	314	*Ventzke* StV 1996, 524
42, 175	1996, 2738		1996, 523	wistra 1996, 307	132, 436, 1113, 1116	
		1996, 562	1996, 362		172, 257, 297	
42, 191	1996, 3018		1996, 521	wistra 1996, 316	59, 64, 67, 68, 313	*Beulke/Satzger* JuS 1997, 1072
	1996, 3019		1996, 528	wistra 1996, 351	874, 875	*Fahl* JA 1997, 187 *Wölfl* NStZ 1999, 43
			1996, 529	NStZ-RR 1996, 362	170, 172, 549	
	1996, 3285		1996, 650		555	
			1996, 650			
				NStZ-RR 1996, 203	552	
			1996, 581	NStZ-RR 1997, 41	292, 293, 308a	
			1996, 583		515	
			1996, 584	NStZ-RR 1997, 72	553, 559	
		1996, 592	1996, 593	Krim 1996, 554	344	
		1996, 609	1997, 397	wistra 1996, 308	582, 583a, 943	*Rose* NStZ 1998, 154

BGHSt	NJW	NStZ	StV	Andere	Rn./Buch	Anmerkungen
		1996, 610			767	
		1996, 611	1996, 585		403, 404, 561	
			1996, 647	NStZ-RR 1997, 8	269, 531	
		1997, 332 [K]	1996, 648		269	
			1996, 648		265, 560	
			1996, 649		512, 515	
			1996, 650		415a	
		1996, 612			1006, 1010	
		1996, 612	1998, 323	JR 1997, 79	574	*Eisenberg/Düffler* JR 1997, 80
1997						
42, 205	1997, 204		1996, 585	wistra 1997, 28	1110, 1124, 1219, 1220	*Gollwitzer* JR 1997, 431 *Kalf* NJW 1997, 1489 *Renzikowski* JR 1999, 166
		1997, 29	1996, 537	NStZ-RR 1996, 317	387b, 418	*Scheffler* NStZ 1997, 29
			1997, 9	NStZ-RR 1996, 363	1150	
	1997, 403	1997, 146 [Ls.]	1997, 59	wistra 1997, 69	240	
		1997, 49			1033	
			1997, 60	NStZ-RR 1997, 106	530, 531, 532	
42, 294	1997, 471	1997, 95 [Ls.]	1998, 323		569	
		1997, 95			474	
		1997, 95	1996, 522		535, 632, 725a, 729, 1059	*Lesch* JA 1997, 364
		1997, 96	1997, 291		1149	
			1997, 77	NStZ-RR 1997, 167	296	
			1997, 113		51	
			1997, 114		943	
		1997, 145	1997, 169		535, 617	
		1997, 147	1997, 6	wistra 1997, 107	1008	
		1997, 148			754	
		1997, 198			176	
		1997, 198			980, 981, 1040a, 1043	
		1997, 199	1996, 649		999	

BGHSt	NJW	NStZ	StV	Andere	Rn./Buch	Anmerkungen
		1997, 199	1997, 61		530, 532	
			1997, 171		1181, 1199	
		1997, 295			957	
		1997, 296	1997, 290		769	
		1997, 296			724b	
		1997, 349	1997, 231	Krim 1998, 198	12, 534, 771a, 1180	
			1997, 233 [Ls.]		433, 728, 1204	
42, 391	1997, 1790	1997, 351	1997, 234	wistra 1997, 193	729	*Fezer* JZ 1997, 1019 *Helmhagen* JA 1998, 12 *Küpper* JuS 1998, 690 *Martin* JuS 1997, 857 *Schulz* StraFo 1997, 294 *Theisen* JR 1998, 168
			1997, 237	NStZ-RR 1997, 173	552	
			1997, 237	NStZ-RR 1998, 27 [K]	559	
			1997, 296	NStZ-RR 1997, 161	344	
			1997, 338		265	
			1997, 338	NStZ-RR 1997, 304	266, 267	
			1997, 339	NStZ-RR 1997, 107	1167, 1168, 1169, 1171	
				NStZ-RR 1997, 171	531	
				NStZ-RR 1997, 173 wistra 1997, 195	66, 754	
		1997, 383	1997, 348	StraFo 1997, 246	344	
		1997, 401			649f, 659	*Rogat* JR 1998, 252
		1997, 402	1997, 511		436	
		1997, 455		NStZ-RR 1997, 73	713a	
43, 16	1998, 550	1997, 559	1997, 449	wistra 1997, 265	43, 59	*Laubentahl* JR 1998, 299
43, 36	1997, 1792	1997, 506	1997, 450	wistra 1997, 310 JR 1999, 297	59, 60, 82, 82a, 849, 872, 989, 990a	*Imberger-Bayer* JR 1999, 300 *Katholnigg* NStZ 1997, 507 *Lunnebach* StV 1997, 452
	1997, 1934	1997, 247	1997, 398	CR 1996, 488	833, 836	*Kudlich* JuS 1998, 209 *Roy* NJW 1997, 1904

BGHSt	NJW	NStZ	StV	Andere	Rn./Buch	Anmerkungen
43, 53	1997, 2689		1998, 1	wistra 1998, 62	1220	zahlr. Anm., u. a. *Bernsmann* JZ 1998, 629 *Martin* JuS 1998, 183
43, 62	1997, 2335	1997, 562 [Ls.]	1997, 507 [Ls.]		978, 1053, 1166d	
	1997, 2691	1997, 611	1997, 572	wistra 1997, 311	64, 66, 754, 1028	
		1997, 611			1028	
43, 66	1997, 2460		1997, 460	VRS 94, 74	344	zahlr. Anm., u. a. *Loos* JR 1997, 514 *Martin* JuS 1997, 1139
			1997, 511	NStZ-RR 1998, 178	503	
			1997, 513	StraFo 1997, 245 NStZ-RR 1998, 16	1066	
43, 91	1997, 2531	1997, 606	1997, 538	wistra 1997, 353	539a	*Bertram* NJW 1998, 2934 *Dehn* NStZ 1997, 607 *Foth* NStZ 1997, 420 *Foth* NStZ 1998, 262 *Katholnigg* JR 1998, 34 *Siegert* NStZ 1998, 421
		1997, 502	1997, 511 [Ls.]		316, 1166d, 1166e	
		1997, 503	1997, 282	VRS 93, 315	877	
	1997, 2762	1997, 503	1997, 567		257, 265, 266, 300, 628	*Herdegen* NStZ 1997, 505 *Sander* NStZ 1998, 207 *Wohlers* StV 1997, 570
				NStZ-RR 1997, 268	1021	
	1997, 2893	1997, 614	1997, 337	wistra 1997, 308	320, 724i, 1166d	*Müller-Dietz* NStZ 1997, 615
43, 96	1997, 3034	1997, 540	1997, 579	wistra 1997, 336	34a, 415a	zahlr. Anm., u. a. *Haft* NStZ 1998, 29 *Otto* JR 1997, 71 *Ransiek* NStZ 1997, 519
				NStZ-RR 1997, 302	530, 934, 981	
				NStZ-RR 1997, 305	754	
		1997, 543		wistra 1997, 301	417	
		1997, 561	1998, 175		64	
		1997, 562	1997, 622		287, 298, 308a	
		1997, 591	1998, 258	VRS 94, 78	344	

BGHSt	NJW	NStZ	StV	Andere	Rn./Buch	Anmerkungen
		1997, 609			315, 503, 1166d, 1166h	*Kaufmann* NStZ 1998, 474 *Wollweber* StV 1999, 354
		1997, 610	1998, 360		530, 771	
43, 106	1997, 2828		1998, 16	wistra 1997, 346 VRS 94, 211	98a, 299, 488, 891	*Loos* JR 1998, 116
				wistra 1997, 347	417	
	1997, 3018		1997, 521	MDR 1997, 1280 wistra 1997, 348	64	
				NStZ-RR 1997, 331	293a, 266, 267	
43, 171	1997, 3180	1998, 93	1997, 562		685, 775	*Witting* StV 1998, 174
43, 195	1998, 86	1998, 31	1997, 583	StraFo 1997, 312 wistra 1997, 341	64, 66, 67	zahlr. Anm., u. a. *Landau/Eschelbach* NJW 1999, 321 *Rönnau* wistra 1998, 49 *Satzger* JA 1998, 98 *Kintzi* JR 1998, 245 *Weigend* NStZ 1999, 57
43, 212	1997, 3182	1998, 51	1997, 561	wistra 1997, 351	468, 562, 1166h, 1173	*Herdegen* JZ 1998, 54 *König* StV 1998, 113
			1997, 565		659	
1998						
				NStZ-RR 1998, 13	269	
			1998, 59	StraFo 1998, 163 NStZ-RR 1998, 51 [Ls.]	463a, 1042	*Park* StV 1998, 59
				NStZ-RR 1998, 15	1172	
		1998, 28 [K]	1997, 515		1227	
				NStZ-RR 1998, 18	1141	
		1998, 46			122	*Rengier* NStZ 1998, 47
		1998, 50	1997, 623		281, 298	
		1998, 51	1998, 252		403, 561	
				NStZ-RR 1998, 60	200a, 578	
43, 270	1998, 390	1998, 90	1998, 4	wistra 1998, 67	241	*Otto* wistra 1998, 227

BGHSt	NJW	NStZ	StV	Andere	Rn./Buch	Anmerkungen
43, 277				NZV 1993, 485 VRS 86, 287		
		1998, 93	1998, 57		146	
		1998, 97	1998, 3	wistra 1998, 65	81	
		1998, 97	1998, 61		293a	*Rose* NStZ 1998, 633
		1998, 98	1998, 248		263, 547	
			1998, 116		530, 531	
	1998, 767			wistra 1998, 101	1139	
		1998, 149		wistra 1997, 268	415, 415b	
43, 321	1998, 1723	1998, 618 [Ls.]	1998, 195		293a, 298, 943	*König* NJ 1998, 266 *Schlüchter/Duttge* NStZ 1998, 618
			1998, 245		1197	
		1998, 158	1998, 248 [Ls.]		124	
		1998, 204			928c	
		1998, 207	1998, 4	NStZ-RR 1998, 14	270, 549	*Sander* NStZ 1998, 207
			1998, 251		560	
		1998, 209	1998, 251		1151	
		1998, 209	1998, 174		299, 545, 546	
			1998, 252		160	
	1998, 767	1998, 568	1998, 416		34a, 562	*Dierlamm* NStZ 1998, 568 *Park* StV 1998, 416
		1998, 261 [K]		NStZ-RR 1999, 14	1171	
			1998, 324		415	
			1998, 331		577	
			1998, 335		576	
	1998, 838	1996, 145 1997, 296	1995, 564	DAR 1996, 176	517a, 519, 715	*Eisenberg* NStZ 1997, 297 *Schmidt-Recla* NJW 1998, 800
		1998, 263	1998, 331		445	
			1998, 376	NStZ-RR 1998, 108 wistra 1998, 59 VRS 95, 62	417	

BGHSt	NJW	NStZ	StV	Andere	Rn./Buch	Anmerkungen
43, 360	1998, 1163	1998, 264	1998, 636	wistra 1998, 190 VRS 95, 219	82a, 872, 990a	*Martin* JuS 1998, 664
44, 4	1998, 1234	1998, 524	1998, 467	wistra 1998, 266	146, 146a	*Bottke* NStZ 1998, 526
		1998, 311	1998, 414		644, 858, 982	
		1998, 312	1997, 512	wistra 1997, 187	122, 560, 1008, 1020, 1022, 1158d	*Wönne* NStZ 1998, 313
44, 23	1998, 1420	1998, 364			806, 811, 859	
	1998, 1728	1998, 365			120, 121	*König* NJ 1998, 266
				NStZ-RR 1998, 303	1149	
		1998, 366 [Ls.]	1998, 359	NStZ-RR 1998, 335	875	
44, 26	1998, 2458	1998, 422	1999, 463	wistra 1998, 228	44, 50, 771, 772, 773	*Grabow* StV 1999, 465 *Zieschang* StV 1999, 467
44, 43	1998, 2066	1998, 315	1998, 322		569	*Wölfl* JR 1999, 172
44, 46	1998, 1963	1998, 309	1998, 246		221	*Satzger* JA 1998, 632
	1998, 2066	1998, 315	1998, 322		569	
	1998, 2229	1998, 629 [Ls.]	1998, 360	Rpfleger 1998, 365	730	*Ranft* Jura 1999, 522
			1998, 362		1158m	
	1998, 2541	1998, 425	2000, 238	Rpfleger 1998, 440 VRS 96, 210	442, 444	
		1998, 426	1998, 247	wistra 1998, 269	839, 842, 843, 851a	
	1998, 2542 [Ls.]	1998, 209			88, 922, 1126	
				NStZ-RR 1998, 277	1199	
44, 107	1998, 3577	1999, 40	1998, 411	StraFo 1999, 13 wistra 1998, 349 DVBl. 1998, 1016	132	*Katholnigg* NStZ 1999, 40
	1998, 2753	1998, 366	1999, 471		298, 503, 531, 532, 638	

BGHSt	NJW	NStZ	StV	Andere	Rn./Buch	Anmerkungen
44, 119	1998, 3212		1999, 81 [Ls.]	StraFo 1998, 343	262, 770	
44, 129		1999, 147	1998, 527	StraFo 1998, 339 NJ 1998, 603	321	*Artkämper* NJ 1998, 603 *Fahl* JA 1999, 102 *Roxin* NStZ 1999, 149
				StraFo 1998, 346	1150	
44, 138	1998, 3284	1999, 145	1998, 523		262	*Roxin* NStZ 1999, 149
	1998, 3363	1998, 469			1197, 1198	*Martin* JuS 1998, 1167 *Radtke* NStZ 1999, 481
		1998, 476		StraFo 1998, 415 wistra 1998, 229	956, 988a	
		1998, 477			74	
		1998, 528	1998, 470	NStZ-RR 1999, 37 [K]	106, 636, 771a	
			1998, 470	NStZ-RR 1998, 367	725a, 729	
			1998, 482		1149	
		1998, 529	1998, 582		553, 562, 563	
		1998, 530	1998, 414		152	
		1998, 561	1998, 175		66	
			1998, 530	NStZ-RR 1998, 142	917, 918, 1170	
		1998, 583		wistra 1998, 308 NStZ-RR 1999, 34 [K]	1197	
44, 161	1999, 154		1999, 1	StraFo 1998, 377	238, 240	
	1998, 3649					*Schmidt* JuS 1999, 192 *Schwachheim* NJW 1999, 621
44, 171	1998, 3653	1999, 151	1998, 579	wistra 1998, 355	544i	*Fezer* NStZ 1999, 151
	1998, 3654		1999, 408	NStZ-RR 1998, 327 [Ls.] VRS 95, 30	67, 556 716	
	1998, 3788	1999, 43	1998, 580	wistra 1998, 357	559	
			1998, 583		552, 553, 562	
			1998, 600 [Ls.]		1140	
		1998, 628			926	

BGHSt	NJW	NStZ	StV	Andere	Rn./Buch	Anmerkungen
		1998, 635		wistra 1998, 314	318, 324	
1999						
		1999, 42			558, 559	
				NStZ-RR 1999, 48	530, 934	
				NStZ-RR 1999, 49	241	
		1999, 44		StraFo 99, 18	442, 443, 444	
		1999, 46		StraFo 1999, 85	129a, 266, 1200	*Hecker* JR 1999, 428 *Hiebl* StraFo 1999, 86
		1999, 47		StraFo 1998, 413	1150, 1151	
	1999, 370	1999, 92	1999, 410		64, 66, 67	*Weigend* NStZ 1999, 57
44, 243	1999, 959	1999, 203	1999, 185	wistra 1999, 147 CR 1999, 295	834	*Asbrock* StV 1999, 187 *Fezer* JZ 1999, 524 *Jahn* JA 1999, 455 *Starkgraff* NStZ 1999, 470 *Wollweber* CR 1999, 297 *Wolters* JR 1999, 524
		1999, 94			1056a, 1181	
44, 308	1999, 657		1999, 74		98, 262, 322	*R.Hamm* NJW 1999, 922
	1999, 662		1999, 4		98	
			1999, 5		604	
		1999, 152			293	*Rose* JR 1999, 432
		1999, 154	1999, 194	wistra 1999, 29	1013	
	1999, 1198	1999, 181	1999, 206	wistra 1999, 139	387b, 417	
		1999, 188	1999, 153	wistra 1999, 140	1092	
	1999, 802		1999, 304	DAR 1999, 202 [Ls.]	559	
		1999,209 [Ls.]		NStZ-RR 1999, 259 [K]	376	
44, 345	1999, 961	1999, 250		wistra 1999, 150 NZV 1999, 257 [Ls.]	356b	
				NStZ-RR 1999, 80	1133b	
				NStZ-RR 1999, 107	444	

BGHSt	NJW	NStZ	StV	Andere	Rn./Buch	Anmerkungen
				NStZ-RR 1999, 109	754	
			1999, 80	NStZ-RR 1998, 276	165, 287	
			1999, 89	NStZ-RR 1998, 297		
			1999, 193 [Ls.]	NStZ-RR 1999, 259 [K]	952	
44, 328	1999, 1644	1999, 367	1999, 526	wistra 1999, 190	237, 238, 240, 758	*Rieß* NStZ 1999, 369
	1999, 1270	1999, 250	1999, 244	wistra 1999, 193	415b	*Schomburg* StV 1999, 246
44, 347	1999, 1412	1999, 255	1999, 239		1221	
	1999, 1413		1999, 315	wistra 1999, 145	120, 121	*Dahs* NStZ 1999, 386
				CR 1998, 738	833, 837	
		1999, 256			961	
		1999, 257			1171	
		1999, 257			531	
		1999, 258			754	
44, 361	1999, 1724	1999, 365	1999, 529	wistra 1999, 225	238, 758, 998	*Katholnigg* JR 1999, 304 *Rieß* NStZ 1999, 369
45, 26	1999, 1876			StraFo 1999, 193 wistra 1999, 271	1105, 1107, 1109	
	1999, 2051	1999, 260	1999, 183	StraFo 1999, 120 wistra 1999, 187 Krim 1999, 481	1201	
		1999, 311			34a, 50	
		1999, 312			387b	
		1999, 312	2001, 98	JR 2000, 32	473, 474, 1173	*Fahl* StV 2001, 98 *Rose* JR 200, 32
		1999, 361			250a, 298	
			1999, 371		139	
			1999, 372	wistra 1999, 66	138	
			1999, 407		66	
			1999, 407		64, 66, 67	
		1999, 364	1999, 411	wistra 1999, 227	66, 752	

BGHSt	NJW	NStZ	StV	Andere	Rn./Buch	Anmerkungen
45, 51	1999, 2449		1999, 412	wistra 1999, 306	66	
		1999, 415	1999, 352		118, 118a, 120	*Dahs* NStZ 1999, 386
		1999, 416	1999, 353		403, 556	
		1999, 417	1999, 357	wistra 1999, 311	732, 1020	
		1999, 418			955, 957	
		1999, 419	1999, 359		307, 307g	
		1999, 419			437, 444	
		1999, 423			1149	
		1999, 424	1999, 359		105, 715, 895, 898	
		1999, 426			141	
		1999, 426	99, 656		574	
	1999, 2535			Krim 1999, 813		Vahle DVP 2000, 461
		1999, 470			943, 944	
		1999, 472	1999, 470,		531	
			1999, 470		92	
		1999, 473			609	
45, 58	1999, 2604			StraFo 1999, 300 wistra 1999, 343	1105, 1108, 1110	
	1999, 2683				308a	
				StraFo 1999, 339 wistra 1999, 428 NStZ-RR 2000, 293	874, 921	
45, 117	1999, 3060	1999, 471	2000, 244	StraFo 1999, 298	140	*Park* StV 2000, 246 *Rieß* JR 2000, 253
		1999, 501	1999, 631		1140	
		1999, 522	1999, 636		445	
		1999, 578	1999, 579		266	
45, 123	1999, 3134	1999, 579	1999, 478		415a, 415b	*Bohnert/Lagodny* NStZ 2000, 663 *Kühne* StV 1999, 480
	1999, 3277	1999, 521	1999, 635	wistra 1999, 392	875	
				NStZ-RR 1999, 303	619, 620	*Jahn* wistra 2001, 328

BGHSt	NJW	NStZ	StV	Andere	Rn./Buch	Anmerkungen
	1999, 2746		1999, 473		771a	*Conen* GA 2000, 372 *Jansen* StV 2000, 224 *Meyer-Mews* NJW 2000, 916 *Offe* NJW 2000, 929 *Vogel* NJ 1999, 603 *Ziegert* NStZ 2000, 105
	1999, 3646	1999, 527	1999, 524	DAR 2000, 19	852, 854	
		1999, 629	1999, 575		40	
		1999, 630	2000, 118		641	
		1999, 632	1999, 576	wistra 1999, 469	10, 16, 17, 267, 298, 676, 687	
45, 188	1999, 3788	2000, 157	1999, 580	StraFo 1999, 409 wistra 2000, 30	126, 268, 1117, 1133c, 1133f	*Artkämper* NJ 2000, 100 *Duttge* NStZ 200, 158 *Rose* JR 2000, 74 *Rose* wistra 2001, 290 *Schlothauer* StV 2000, 180 *Sinn* JZ 2001, 51 *Vassilaki* JZ 2000, 471
			1999, 585	wistra 1999, 428	1109	
			1999, 639	NStZ-RR 2000, 110	486, 489	
2000						
	2000, 157	1999, 522			293a	
		2000, 24		DAR 2000, 38 NZV 2000, 46 VRS 98, 118	345	
		2000, 45	2000, 117		943	
		2000, 46			98	
		2000, 47	2000, 7	wistra 1999, 471	796	
				NStZ-RR 2000, 13	269	
				NStZ-RR 2000, 13	179a	
45, 203	2000, 596			StraFo 2000, 17 wistra 2000, 100	725a, 1181, 1204	*Fezer* JR 2000, *Firsching* StraFo 2000, 124 *Keiser* NStZ 2000, 458 *Wollweber* NJW 2000, 1702 *Wollweber* NJW 2001, 3760
		2000, 48			558, 559	

BGHSt	NJW	NStZ	StV	Andere	Rn./Buch	Anmerkungen
		2000, 86			755	
45, 227	2000, 526	2000, 96	2000, 4	StraFo 2000, 49 wistra 2000, 65	66, 754	*Rieß* NStZ 2000, 98 *Rönnau* JR 2000, 31 *Satzger* JuS 2000, 1157 *Weigend* StV 2000, 63
		2000, 136			344	
		2000, 156			266, 768	
		2000, 193			344	*Scheffler* BA 2000, 257
		2000, 205	2000, 128	wistra 2000, 95	831f, 831g	*Dierlamm* NStZ 2000, 536
		2000, 211			71	
				NStZ-RR 1998, 51	441, 444	
45, 312	2000, 965		2000, 177	StraFo 2000, 84 wistra 2000, 142	38, 45, 67	*Lesch* JA 2000, 633 *Kintzi* JR 2001, 161 *Sinner* StV 2000, 289
			2000, 236	NStZ-RR 2000, 210	1059, 1204	
			2000, 239	NStZ-RR 1999, 175	442	
			2000, 243		138	
		2000, 212	2000, 402	wistra 2000, 146	150, 152, 156, 647	*Hammerstein* NStZ 2000, 327
		2000, 214		BA 2000, 188	343	
		2000, 214			993	
		2000, 215			767	
		2000, 216			415a	
		2000, 217	2000, 123	NStZ-RR 2000, 362	1045	
		2000, 267			265	
45, 321	2000, 1123	2000, 269	2000, 57	JZ 2000, 363	1139, 1140	*Endriß/Kinzig* NStZ 2000, 271 *Lesch* JA 2000, 450 *Sinner/Kreuzer* StV 200, 114 *Sommer* StraFo 2000, 150 *Vahle* DVP 2001, 216
		2000, 325			40, 51a	
		2000, 383		Krim 2001, 20	323, 324	*Jahn* NStZ 2000, 383 *Vahle* Krim 2001, 20
		2000, 385	2000, 345		1133c	*Albrecht* StV 2001, 364
		2000, 386	2000, 237	StraFo 2000, 191	66	

BGHSt	NJW	NStZ	StV	Andere	Rn./Buch	Anmerkungen
45, 342	2000, 1274			wistra 2000, 181	34, 146, 262, 729, 927	*Franke* StraFo 2000, 295 *Gollwitzer* JR 2001, 253 *Kretschmer* Jura 2000, 461
45, 354	2000, 1204		2000, 121	StraFo 2000, 87 wistra 2000, 148	146, 583; 870	*Franke* JA 2000, 751 *Gockenjan* JR 2001, 123 *Rose* wistra 2000, 231
46, 1	2000, 1277	2001, 49		wistra 2000, 229	729, 730, 1145a	*Fezer* JR 2000, 341 *Schittenhelm* NStZ 2001, 50 *Volk* JuS 2001, 130
	2000, 1350	2000, 106	2000, 125	StraFo 2000, 99	768	
	2000, 1350		2000, 183	StraFo 2000, 168 wistra 2000, 184	161, 560, 644, 984	
		2000, 427	2000, 477	StraFo 2000, 267 wistra 2000, 219	1159, 1162, 1165	
		2000, 435	2001, 172		574	
		2000, 436			265	
		2000, 437	2000, 652		276, 293a, 715, 769	
		2000, 439	2001, 548		1040	
		2000, 440	2000, 653		443, 1133b	
		2000, 441			753, 754	
		2000, 442		wistra 2000, 151	232, 235b	
45, 363	2000, 1426		2000, 234	StraFo 2000, 160 wistra 2000, 180 JZ 2000, 683	434, 1150	*Artkämper* NJW 2000, 264 *Dallmeyer* JA 2000, 544 *Keiser* StV 2000, 633 *Kühne* JZ 2000, 684
	2000, 1580	2000, 219		wistra 2000, 158	240	
		2000, 494	2001, 213	StraFo 2000, 409	939, 943	
		2000, 494	2000, 598		1150	
	2000, 1661	2000, 265	2000, 649	StraFo 2000, 162	1138	*Wattenberg* StV 2000, 688
		2000, 495	2000, 539	wistra 2000, 353	66, 495, 1042	*Weider* StV 2000, 540
			2000, 542		200a, 754	

BGHSt	NJW	NStZ	StV	Andere	Rn./Buch	Anmerkungen
45, 367	2000, 1962		2000, 293	StraFo 2000, 227 wistra 2000, 309	377	*Keiser* StV 2000, 633 *Martin* JuS 2000, 1029 *Vahle* Krim 2000, 679
		2000, 544			11, 12	
46, 37	2000, 2217		2000, 418		1087	*Stegbauer* JR 2001, 37 *Streng* JZ 2001, 205
			2000, 296		1171	
	2000, 2433			JR 2001, 291	1090, 1093, 1145, 1146	*Scheffler* JR 2001, 294
46, 73	2000, 2517	2000, 385	2000, 345	StraFo 2000, 335 wistra 2000, 388	1021, 1117; 1133c, 1133d, 1158c	*Albrecht* StV 2001, 364 *Rose* JR 2001, 345 *Sinn* JZ 2001, 51
			2000, 298		554	
		2000, 546	2001, 219		943	
		2000, 546	2002, 3		1199	
		2000, 547	2001, 5	StraFo 2000, 397 wistra 2000, 390	126, 582, 1021	*Rose* wistra 2001, 390
		2000, 549	2001, 548		979, 1040a, 1043, 1045	
		2000, 549	2001, 439		1149	
46, 81	2000, 2830			StraFo 2000, 333 wistra 2000, 387	959	*Keiser* JR 2001, 337
		2000, 553			574	*Eisenberg* NStZ 2001, 334
		2000, 592	2001, 110	wistra 2000, 421	831g	
46, 93	2000, 3505	2001, 212	2000, 593	StraFo 2000, 12 wistra 2000, 466	315, 491, 1158i	*Fezer* JZ 2001, 217 *Kunert* NStZ 2001, 217 *Kutzner* StV 2002, 277 *Neuhaus* JuS 2002, 18 *Schlothauer* StV 2001, 127
		2000, 594		wistra 2000, 419	403	
		2000, 606	2001, 386		875	
		2000, 607	2000, 603	NStZ-RR 2001, 133 [K]	1137, 1138	
			2001, 386	NStZ-RR 2002, 71 [Be]	734, 1011, 1166	
		2000, 608		wistra 2000, 391	202	

BGHSt	NJW	NStZ	StV	Andere	Rn./Buch	Anmerkungen
46, 143	2000, 3795	2001, 46	2002, 9	StraFo 2001, 59	437	*Eisenberg/Schlüter* JR 2001, 341 *Meier* JZ 2002, 415
			2000, 693		796	
			2000, 654	NStZ-RR 2001, 133	445	
			2000, 654	NStZ-RR 2001, 262 [Be]	1028	
		2000, 665			202	
			2000, 655	NStZ-RR 2001, 18	895, 794, 1162, 1163	
			2000, 655	NStZ-RR 2001, 18	1163	
			2000, 656	StraFo 2001, 18	561	
				NStZ-RR 2000, 366	136	
			2000, 670	NStZ-RR 2000, 343 wistra 2000, 382 VRS 99, 263 DAR 2000, 531	418	
				StraFo 2000, 410	1150	
2001						
				NStZ-RR 2001, 18	943	
			2001, 4	NStZ-RR 2001, 267 [Be]	81	
	2001, 237	2001, 606	2001, 3	NStZ-RR 2001, 57	647	*Lüderssen* NStZ 2001, 606
		2001, 45			529	
		2001, 105	2001, 550		529, 531	
		2001, 106			917	
46, 160	2001, 1146	2001, 270	2001, 89	StraFo 2001, 47 wistra 2001, 98	418	*Kempf* StV 2001, 134 *Ostendorf* JZ 2001, 1094
46, 178	2001, 309	2001, 107	2001, 1	StraFo 2001, 54 wistra 2001, 107 NStZ-RR 2001, 815, 41	644, 1226a	*Staudinger* StV 2002, 327 *Tag* JR 2002, 124

BGHSt	NJW	NStZ	StV	Andere	Rn./Buch	Anmerkungen
			2000, 97	NStZ-RR 2001, 43	293a	
			2001, 98	JR 2000, 32	308a, 1173	*Fahl* StV 2001, 98 *Rose* JR 200, 32
				NStZ-RR 2001, 107	22	
			2001, 108	NStZ-RR 2001, 171 wistra 2001, 64	725, 729	
				NStZ-RR 2001, 241	1171	
			2001, 155	StraFo 2000, 333 NStZ-RR 2001, 244 wistra 2001, 24	758	
		2001, 160			268, 1133d	
		2001, 162			554, 558	
46, 187	2001, 692	2001, 163	2001, 262	wistra 2001, 152	415b	
		2001, 163	2002, 5		94, 979	*Fahl* JA 2001, 455 *Reichert* StV 2002, 6
46, 189	2001, 528		2002, 1, 4	StraFo 2001, 86, 318	535, 729, 914, 1079, 1166g, 1196	*Martin* JuS 2001, 404
		2001, 262			442, 443, 1131, 1133b	*van Gemmeren* NStZ 2001, 264
	2001, 695		2001, 93	StraFo 2001, 88	123a, 124	
			2001, 156		241	
			2001, 172	NStZ-RR 2001, 27	575	
			2001, 214	NStZ-RR 2002, 69	436	
		2001, 333	2001, 214		268	
				NStZ-RR 2001, 294	387b	
			2001, 261	NStZ-RR 2001, 138	891, 1217	
			2001, 387	NStZ-RR 2002, 99	561a, 562	
		2001, 418	2001, 435		1208, 1209	
46, 230	2001, 1509	2001, 440	2001, 236	wistra 2001, 183	219	*Duttge* NStZ 2001, 442 *Martin* JuS 2001, 622 *Paulus* NStZ 2001, 445
			2001, 457		831g	

BGHSt	NJW	NStZ	StV	Andere	Rn./Buch	Anmerkungen
46, 257	2001, 1435	2001, 493	2001, 220	wistra 2001, 226	179a, 200	
				NStZ-RR 2001, 333 NStZ-RR 2002, 102	955, 957	
			2001, 448		831g	
			2001, 554		67	
46, 349	2001, 1734		2001, 606	StraFo 2001, 234	415a	
		2001, 491			238, 241	
46, 358	2001, 1952			NZV 2001, 267 DAR 2001, 275	319, 334a, 335, 345a	zahlr. Anm., u.a. *Bode* zfs 2001, 281 *Bode* zfs 2001, 428
	2001, 1956		2001, 436		270	
				StraFo 2001, 236	561	
	2001, 2109	2001, 389	2001, 437	StraFo 2001, 232 wistra 2001, 275	1171	*Berger* JR 2002, 120 *Julius* NStZ 2002, 104
47, 8	2001, 432	2001, 544	2001, 573	wistra 2001, 341	319, 821	*Vahle* Krim 2001, 593
			2001, 545	wistra 2000, 182	838a, 846, 851	*Ventzke* StV 2001, 545 *Wollweber* wistra 2001, 182
			2001, 546	wistra 2000, 432 NStZ-RR 2001, 260 [Be]	1166d	*Ventzke* StV 2001, 546 *Wollweber* wistra 2001, 182
	2001, 2557	2001, 364	2001, 448	StraFo 2001, 425 wistra 2001, 375	831g	*Dölling* NStZ 2002, 366 *König* JR 2002, 252 *Kühl* JZ 2002, 363
	2001, 2642	2001, 556	2001, 555		66	*Eisenberg* NStZ 2001, 556
			2001, 556	wistra 2002, 26 NStZ-RR 2002, 101	200	
47, 44	2001, 2981	2001, 553	2001, 492	StraF0 2001, 378 wistra 2001, 432	1139, 1140	*Vahle* Krim 2001, 815
	2001, 2983				1149	

BGHSt	NJW	NStZ	StV	Andere	Rn./Buch	Anmerkungen
47, 16	2001, 2984	2001, 495	2001, 441	StraFo 2001, 341 wistra 2001, 351	1220	
47, 32	2001, 3134			NZV 2001, 434 DAR 2001, 463	179a	*Geppert* JR 2002, 114
47, 68	2001, 2891	2001, 535, 607	2001, 506	StraFo 2001, 321 wistra 2001, 379 PStR 2001, 166	223, 1086	zahlr. Anm., u.a. *Katholnigg* JR 2002, 27
			2001, 557	NStZ-RR 2001, 334	66, 754	
			2001, 603	NStZ-RR 2001, 133 [K]	512	
	2001, 3137	2001, 610			628, 674	
	2001, 3793	2001, 604	2001, 604	StraFo 2001, 380 wistra 2001, 395	298	
		2001, 604			933	
		2001, 608	2002, 10		435a, 438, 1133b	
			2001, 656		402a	
			2001, 663	wistra 2001, 470	596, 598	
			2001, 664	NStZ-RR 2002, 69	123a	
			2001, 665	NStZ-RR 200, 332	530, 768	
		2001, 656	2001, 549		132	
		2001, 656			768	
				StraFo 2001, 409	387b	
			2001, 663	NStZ-RR 2002, 67 [Be]	319	
			2001, 667	NStZ-RR 2002, 72 [Be]	1163	
2002						
			2002, 3	NStZ-RR 2001, 259 [Be]	729	
			2002, 3		732	

BGHSt	NJW	NStZ	StV	Andere	Rn./Buch	Anmerkungen
			2002, 6		94, 979	*Reichert* StV 2002, 6
		2002, 29			831g	
		2002, 44	2002, 8	wistra 2002, 23	17, 444, 781	
			2002, 8		442	
		2002, 46	2002, 8		443	
		2002, 46	2002, 11		735, 736	
		2002, 70		StraFo 2002, 15	1149	
		2002, 106			141	
		2002, 161		StraFo 2002, 14	306a, 1151	
			2002, 115	StraFo 2001, 384 NStZ-RR 2001, 372	40	
	2002, 309		2002, 120	StraFo 2002, 55 wistra 2002, 113	122	
			2002, 183	NStZ-RR 2002, 99 wistra 2001, 311	621	
			2002, 183	StraFo 2002, 15	552, 769	
	2002, 692	2002, 275	2002, 184		622	
			2002, 116	NStZ-RR 2001, 258 wistra 2001, 24	40	
		2002, 215	2002, 4	wistra 2002, 153	11, 12	
47, 172	2002, 975		2002, 117	StraFo 2002, 127 wistra 2000, 110	315, 316, 321, 1166d	
	2002, 1134	2002, 436	2002, 202	wistra 2002, 149	319, 821	*Adler* PStR 2002, 202 *Hellmann* JZ 2002, 617 *Jäger* PStR 2002, 49
47, 233	2002, 1279	2002, 380	2002, 180	StraFo 2002, 162 wistra 2002, 186	315, 321, 1158i	*Wohlers* JR 2002, 294
47, 238	2002, 1436	2002, 379		StraFo 2002, 161	87, 755, 755a	

BGHSt	NJW	NStZ	StV	Andere	Rn./Buch	Anmerkungen
	2002, 1735	2002, 216	2002, 402		435a, 570	*Eisenberg* NStZ 2002, 331
		2002, 219		wistra 2001, 470	65, 67, 561a	*Weider* NStZ 2002, 174
			2002, 181	NStZ-RR 2002, 68	265	
				NStZ-RR 2002, 114	755, 200a	
			2002, 234	NStZ-RR 2001, 372	1179	
			2002, 236		553	
	2002, 1813		2002, 293		532	
		2002, 275	2002, 296		1227	
		2002, 328			617	
				NStZ-RR 2002, 176	1138	
				NStZ-RR 2002, 217	387b	
		2002, 383	2002, 233		293a	
		2002, 384	2002, 408	StraFo 2002, 191	443	
		2002, 384	2002, 234		767	
			2002, 350	NStZ-RR 2002, 110	12, 15, 583a, 1166d	
		2002, 429			51	
		2002, 495		wistra 2002, 267	59, 61	
			2002, 352	StraFo 2002, 259 NStZ-RR 2002, 242	266	
				StraFo 2002, 261	552	
			2002, 353	NStZ-RR 2002, 70	445	
		2002, 496	2002, 354	wistra 2002, 269	66, 724b, 754, 755	
	2002, 2115	2002, 538	2002, 485		1092	
	2002, 2403		2002, 407	StraFo 2002, 289	98, 125	
				NStZ-RR 2002, 263	831g	
				NStZ-RR 2002, 270	161	
			2002, 465	NStZ-RR 2002, 259	933, 934, 951	*Ahlbrecht* StV 2002, 465
			2002, 479		486	

BGHSt	NJW	NStZ	StV	Andere	Rn./Buch	Anmerkungen
				NStZ-RR 2002, 271	554, 562	
				StraFo 2002, 290	574, 604	
			2002, 530	wistra 2002, 308	609	
		2002, 555	2002, 182	wistra 2002, 154	994, 1024, 1154	
		2002, 558		StraFo 2002, 262	182d	

E. Bayerisches Oberstes Landesgericht

NJW	NStZ	StV	Andere	Rn./Buch	Anmerkungen
			BayObLGSt **1952**, 188 JZ 1952, 753	25	
1953, 674			BayObLGSt 1953, 1	618	
1953, 1524			BayObLGSt 1953, 137	565	
1954, 1579			BayObLGSt 1954, 45	552	
1955, 1042			VRS 8, 467 BayObLGSt 1955, 89	1002	
1956, 390			BayObLGSt 1956, 21	154	
1956, 838			BayObLGSt 1956, 32	112	
1957, 1289			BayObLGSt 1957, 88	1168, 1169	
1958, 1598			BayObLGSt 1958, 118	625	
1961, 1487			BayObLGSt 1961, 124	419	
1961, 2318			BayObLGSt 1961, 191	693	
1962, 118			BayObLGSt 1961, 195	348	
			VRS 24, 300 BayObLGSt 1962, 267	974	
			BayObLGSt **1963**, 44	419	
1963, 2239			BayObLGSt 1963, 171	426	
1968, 2118			BayObLGSt 1968, 75	418	
			MDR **1970**, 608	827	
			MDR **1973**, 246 VRS 44, 206 BayObLGSt 1972, 217	38	
			DAR **1974**, 135 BayObLGSt 1973, 190	219d	
			DRiZ **1977**, 244	43	
1978, 1817			VRS 55, 132 BayObLGSt 1978, 17	328	
1978, 2406			VRS 55, 435 DAR 1979, 23	349	
			MDR 1978, 510	827, 213	
			AnwBl. 1978, 154	985	
1979, 1371			BayObLGSt 1978, 154	120, 1179	
1981, 183	1981, 112		VRS 59, 352 BayObLGSt 1980, 73	828	
			MDR 1981, 161 VRS 61, 39 DAR 1981, 63 zfs 1981, 223 AnwBl. 1981, 18 BayObLGSt 1980, 69	1141	
1981, 1629		1983, 55	BayObLGSt 1980, 97	1099	

NJW	NStZ	StV	Andere	Rn./Buch	Anmerkungen
			VRS 60, 304	985	
	1981, 355		VRS 60, 378 DAR 1981, 226 BayObLGSt 1981, 14	560	
		1982, 412		1163	
			VRS 63, 279 zfs 1982, 318	161	
			MDR 1982, 690 BayObLGSt 1982, 40	1194a	
1983, 896		1983, 55	VRS 64, 134 BayObLGSt 1982, 156	1041, 1096	
1983, 832			VRS 64, 137 DAR 1983, 63 BayObLGSt 1982, 159	360	
	1983, 175		NVwZ 1983, 181 BayObLGSt 1982, 162	943	
1983, 1132		1983, 142	VRS 64, 201 DAR 1983, 234 zfs 1983, 221	730	
		1984, 13	VRS 66, 205 AnwBl. 1984, 109 GA 1984, 126	983, 986	
			MDR 1984, 336 VRS 66, 207 BayObLGSt 1983, 153	1035, 1036	
		1985, 140	VRS 68, 274 DAR 1985, 140 AnwBl. 1985, 149 BayObLGSt 1984, 133	597	*Sieg* StV 1986, 3
1986, 202			MDR 1985, 1049 FamRZ 1986, 466 BayObLGSt 1985, 62	1194a	*Hassemer* JuS 1986, 409 *Krümpelmann* JR 1987, 39
1987, 1492			BayObLGZ 1986, 332	431	
		1988, 97		42	
			VRS 77, 444 DAR 1989, 427 NZV 1990, 37 zfs 1990, 104	453	
		1989, 6	VRS 75, 457 zfs 1988, 331	1031	
			MDR 1988, 339 wistra 1988, 81	46a	
1989, 1494			VRS 76, 307 DAR 1989, 310 zfs 1989, 143 BayObLGSt 1988, 165 MDR 1989, 379	362	*Göhler* NZV 1989, 162
			MDR 1989, 522	98, 1046	
		1990, 250	NStE § 140 Nr. 27	645	

NJW	NStZ	StV	Andere	Rn./Buch	Anmerkungen
	1990, 200	1990, 252	VRS 78, 211 NZV 1990, 443 BayObLGSt 1989, 136	46a	
	1990, 508	1990, 488	wistra 1991, 40		
1991, 1126	1991, 203		wistra 1991, 158 VRS 80, 455 BayObLGSt 1990, 134	944	
			NZV 1991, 397 DAR 1991, 388	179a	
			VRS 81, 34 NZV 1991, 403 zfs 1992, 321 BayObLGSt 1991, 42	1095	
		1992, 152		191	
1992, 2242	1992, 509	1992, 411	wistra 1992, 356	56	
1992, 2370	1992, 556		BayObLGSt 1992, 44 MDR 1992, 993	323	
1993, 2948		1994, 117		40	
		1993, 572	BayObLGSt 1993, 147	178i	
	1994, 42		NZV 1993, 282 VRS 85, 100	367	
		1994, 238	VRS 86, 459 BayObLGSt 1993, 232	178l	
		1994, 364	wistra 1994, 280 BayObLGSt 1994, 86	178i	
1994, 1296	1994, 250		wistra 1994, 155 BayObLGSt 1993, 207	314, 317	
1994, 1671	1994, 503	1995, 65	BayObLGSt 1994, 6	325	*Preuß* StV 1995, 66
1994, 1748		1993, 102	VRS 85, 442	113	
			VRS 87, 139 BayObLGSt 1994, 41	988	
1994, 2427			VRS 87, 342 DAR 1994, 330 NZV 1994, 285 BayObLGSt 1994, 71	453	
	1995, 39		wistra 1995, 120 VRS 95, 36 zfs 1995, 36 BayObLGSt 1964, 164	357	
		1995, 7		40	
1995, 668			CR 1995, 389 BayObLGZ 1995, 273	182e	
			VRS 88, 287 BayObLGSt 1994, 169 FamRZ 1995, 30	575	
1995, 1568			VRS 88, 209 BayObLGSt 1994, 213	360	

NJW	NStZ	StV	Andere	Rn./Buch	Anmerkungen
1995, 2800			VRS 89, 190 NZV 1995, 459 BayObLGSt 1995, 43	355	
1995, 3134			DAR 1995, 295 NZV 1995, 330 BayObLGSt 1994, 61	117, 983, 984	
1996, 331	1996, 101		BayObLGSt 1995, 72 JA 1996, 449	257, 308a	*Heintschel-Heinegg* JA 1996, 449
			StraFo 1996, 47	800, 804	
1996, 1836	1996, 248		BayObLGSt 1995, 215	210, 593	
			NStZ-RR 1996, 179	358, 359	
		1996, 476		530	
		1996, 534	VRS 91, 289 StraFo 1996, 172 NStZ-RR 1996, 245 BayObLGSt 1996, 17	599	
			NStZ-RR 1996, 276 StraFo 1996, 153 BayObLGSt 1996, 27	753	
1996, 2806	1997, 33	1996, 323	wistra 1996, 152 BayObLGSt 1996, 18		*von Briel* NStZ 1997, 33 *Woring* DStZ 1996, 459
			NStZ-RR 1996, 366 BayObLGSt 1996, 88	208i	
	1997, 41		StraFo 1996, 173 VRS 91, 353	599	
1997, 404	1997, 99	1997, 66	StraFo 1997, 171 wistra 1996, 357	717, 724i, 1166e, 1166g	*Fezer* StV 1997, 57
1997, 600		1996, 657	wistra 1996, 353 StraFo 1997, 19	319	*Jarke* wistra 1997, 325 *Maier* wistra 1997, 53
		1998, 8	StraFo 1997, 177 BayObLGSt 1996, 172	241	*Bockemühl* StV 1998, 10
			BayObLGSt 1997, 15	235b	
1997, 3454		1998, 67 [Ls.]	NZV 1997, 486 DAR 1997, 407 VRS 94, 102 BayObLGSt 1997, 107	321	
1997, 3455 [Ls.]			NStZ-RR 1997, 245 NZV 1997, 410 VRS 93, 355 BayOblGSt 1997, 29	361	
1998, 172			BayObLGSt 1997, 145	214	
	1998, 102	1998, 321	BayObLGSt 1997, 130	578, 758	
			NStZ-RR 1998, 55 BayOblGSt 1997, 95	179	
1998, 1505	1998, 270	1997, 157	StraFo 1998, 226 wistra 1998, 120	2, 781	*Seibert* StV 2001, 264
1998, 1654	1998, 356		DAR 1998, 148 NZV 1998, 122 VRS 98, 443 BayObLGSt 1997, 167	831g	*Horn* JR 1999, 41

NJW	NStZ	StV	Andere	Rn./Buch	Anmerkungen
1998, 1655			BayObLGSt 1997, 165	490	
		1998, 367	StraFo 1998, 54 wistra 1998, 117	319	*Hermanns* StraFo 1998, 55 *Spriegel* StraFo 1998, 156
	1998, 452		NStZ-RR 1997, 312 NZV 1997, 276 DAR 1997, 206 VRS 93, 416 BayObLGSt 1997, 46	321	*Ludovisy* DAR 1997, 208
	1998, 575	1998, 368 [Ls.]	wistra 1998, 197 PStR 1998, 121 BayObLGSt 1998, 13	319	*Spriegel* StraFo 1998, 156
1998, 2152	1999, 213 [Ls.]		BayObLGSt 1997, 172	235a	*Schröer* NStZ 1999, 213
	1998, 372	1998, 366	BayObLGSt 1998, 10	229	
1998, 3656			NZV 1998, 339 DAR 1999, 79 VRS 95, 142 BayObLGSt 1998, 22	325	*Schäpe* DAR 1999, 186
			StraFo 1998, 315 NStZ-RR 1998, 344 DAR 1998, 399 NZV 1998, 518 VRS 95, 265	356b, 360	
	1999, 39		wistra 1999, 39 BayObLGSt 1998, 120	179, 179a	
			NZV 1999, 182 DAR 1999, 35 BayObLGSt 1998, 170	106	
			StraFo 1999, 49	415b	
			NStZ-RR 1999, 111 wistra 1999, 78 BayObLGSt 1998, 127	480	
1999, 733			StraFo 1999, 130 NZV 1999, 53 DAR 1999, 36 [Ls.] VRS 96, 53 BayObLGSt 1998, 156	356b	
			NStZ-RR 1999, 187 VRS 96, 449 NZV 1999, 308 [Ls.]	360	
			StraFo 1999, 199 NStZ-RR 1999, 143	216	
			NZV 1999, 306		
1999, 2292			NZV 1999, 349 zfs 1999, 310 DAR 1999, 272	356b	
			NZV 1999, 306 VRS 96, 446 DAR 1999, 35 [Ls.]	361, 882	
			NStZ-RR 1999, 243	826	

NJW	NStZ	StV	Andere	Rn./Buch	Anmerkungen
1999, 2200			DAR 1999, 321 VRS 97, 61	321	
			NStZ-RR 1999, 369 NZV 1999, 51 VRS 96, 47 BayObLGSt 98, 161	348	
1999, 3424		2001, 336	BayObLGSt 1999, 42	216, 217	*Rosenau* JR 2000, 81
		2000, 9	StraFo 1999, 417 DAR 1999, 564 NZV 2000, 48VRS 99, 447	1005	
			zfs 2000, 213	345b	
2000, 3079			StraF0 2000, 417 BayObLGSt 2000, 69	5a, 29	
			NStZ-RR 2000, 149 DAR 2000, 174 NZV 2000, 381 VRS 98, 287	356a	
			NStZ-RR 2000, 305 BayObLGSt 2000, 50	179a	
			wistra 2000, 477 NStZ-RR 2001, 271 BayObLGSt 2000, 94	504	*Eisenberg* JR 2001, 258
			DAR 2000, 316 NZV 2000, 295 VRS 99, 110 BayObLGSt 2000, 51	335	
2000, 3511			NZV 2000, 380 DAR 1999, 559 BayObLGSt 1999, 138	347, 557	
			NStZ-RR 2000, 307 BayObLGSt 1999, 170	209a	
			NStZ-RR **2001**, 49 BayObLGSt 2000, 108	50, 578, 987	
			DAR 2001, 37 NZV 2001, 139	361, 362	
		2001, 173		574	
		2001, 263	StraFo 2001, 376 NStZ-RR 2001, 245 NZV 2000, 421 BayObLGSt 2000, 78	415b	
	2001, 585		NStZ-RR 2001, 247 NZV 2001, 221 BayObLGSt 2000, 3	356a	
2001, 1438			NZV 2001, 272 VRS 200, 351 BayObLGSt 2001, 14	195	
			DAR 2001, 371	356a	
			NStZ-RR 2001, 377	361, 362	
		2001, 335	NStZ-RR 2000, 22 BayObLGSt 1999, 105	179a	

NJW	NStZ	StV	Andere	Rn./Buch	Anmerkungen
		2001, 338		211	
		2001, 338		215	
		2001, 339		216	
			BayObLGSt 2001, 157	1001a	
			NStZ-RR **2002**, 77 BayObLGSt 2001, 111	34a, 38, 856	
			NStZ-RR 2002, 79 wistra 2002, 40 BayObLGSt 2001, 101	827	
		2002, 179		122, 166d	
	2002, 277		wistra 2002, 160	825, 1095	
		2002, 240	wistra 2002, 39 BayObLGSt 2001, 105	1167, 1169	
	2002, 388		NZV 2002, 379	104, 106, 881a	
			DAR 2002, 421	886	
2002, 2893				320	

F. Kammergericht

NJW	NStZ	StV	Andere	Rn./Buch	Anmerkungen
			VRS 14, 453	1001a	
			VRS 25, 272	9	
			VRS 31, 273	781	
1970, 482			DRiZ 1970, 96 JR 1970, 148	865	*Schmidt* JR 1970, 150
			GA **1973**, 29	217, 219	
1975, 354				222	
			JR **1977**, 34	200	
			JR **1978**, 524	389	
			AnwBl. 1978, 241	659	
1979, 1668				514, 736	
			JR 1979, 347	514	
		1982, 10		156, 1037	
			JR 1982, 349	651	
	1983, 44			53	
	1983, 556			1093	*Mehle* NStZ 1983, 557
		1984, 68		1008	
	1984, 523			670, 783, 881	
			JR **1985**, 343	828	
		1987, 428		661	
		1988, 98		43	
		1988, 98		204	
		1990, 255	VRS 76, 202 zfs 1990, 395	307c	
		1990, 347		662	
		1991, 59		304	
		1992, 567		216	
			JR 1992, 304	182o	
		1993, 252		539	
	1993, 201			662	
1993, 673	1993, 298		JR 1993, 127	414a	*Jahntz* NStZ 1993, 299 *Meurer* JR 1993, 89
1993, 947	1993, 297			414a	
1994, 3115	1995, 146		NZV 1994, 403 zfs 1994, 425	323, 1044	
		1995, 348		1051, 1052, 1120	
		1995, 575		216	
			JR 1995, 174	635	

NJW	NStZ	StV	Andere	Rn./Buch	Anmerkungen
		1996, 10		599	
1997, 69		1997, 65	StraFo 1998, 89	532, 771	*Düring/Eisenberg* StV 1997, 456
		1997, 11	DtZ 1996, 348	894	
			StraFo 1997, 27	542a	
1997, 2894		1997, 174	StraFo 1997, 108 DAR 1996, 504 NZV 1997, 48	321	
		1997, 473	wistra 1997, 229	831g	
			NStZ-RR 1997, 75	1237	
		1998, 83	NStZ-RR 1998, 12 AnwBl. 1998, 278	29, 1087	
		1998, 325		567a	*Zieger* StV 1998, 325
		1998, 646		754	
	1999, 476			687	
			zfs 1999, 536	356a, 356b, 359	*Bode* zfs 1999, 536
			NStZ-RR **2000**, 145	634	
		2000, 406	NStZ-RR 2000, 189	154, 158	
			NJW-RR 2000, 1164	145	
		2001, 673	VRS 101, 42 DAR 2001, 373	293	
			NStZ-RR **2002**, 116	287	
			NZV 2002, 127 VRS 102, 127	1063i	
			NStZ-RR 2002, 218 NZV 2001, 356 DAR 2001, 175 VRS 100, 136	211, 350	
			NZV 2002, 335	98	

G. Oberlandesgerichte

OLG Bamberg

NJW	NStZ	StV	Andere	Rn./Buch	Anmerkungen
		1984, 234		664	
		1989, 470		649	
	1989, 335	1990, 11		47	
			MDR **1990**, 460	661	
1995, 740				217	
			StraFo **1999**, 237	853, 855	

OLG Brandenburg

NJW	NStZ	StV	Andere	Rn./Buch	Anmerkungen
			OLG-NL **1996**, 71	853, 855	
	1996, 300		OLG-NL 1996, 72	1026	
		1996, 368		183b	
			NStZ-RR 1996, 170 VRS 91, 181	748	
			NStZ-RR 1996, 172	853, 855	
		1997, 455		38	
	1997, 612		StraFo 1997, 270 NJ 1997, 595	1084	
1998, 842				215, 216	
			NStZ-RR 1998, 308	723	
		1999, 481	StraFo 1999, 127	531	
			NStZ-RR **2000**, 54 DAR 2000, 40 zfs 2000, 174	552	
			StraFo **2001**, 136	755a	*Braun* StraFo 2001, 136
			StraFo **2002**, 167	1191a	
			StraFo 2002, 193	552	

OLG Braunschweig

NJW	NStZ	StV	Andere	Rn./Buch	Anmerkungen
	1994, 344			1194a	
		1994, 474		141	
1995, 2113			Nds.Rpfl. 1996, 162 AnwBl. 1995, 556	44, 866	*Eylmann* AnwBl. 1996, 190 *Wassermann* AnwBl. 1995, 557
		1996, 6		645	
			StraFo **1997**, 16	415a	
			StraFo 1997, 76	44	
		2000, 546	StraF0 2000, 415	768	
	2002, 163		Nds.Rpfl 2002, 64	217	
			Nds.Rpfl 2002, 64	188, 1046	
		2002, 241		415a	
			NStZ-RR 2002, 179	552	
			Nds.RPfl 2002, 173		

OLG Bremen

NJW	NStZ	StV	Andere	Rn./Buch	Anmerkungen
			MDR **1960**, 244	1272	
		1989, 145		39, 43	*R.Hamm* StV 1989, 147
	1991, 95	1991, 57		38, 40	
		1993, 350		758	
			MDR **1996**, 301	559, 562	
			StraFo **1998**, 124	229	
	1999, 621		StraFo 2000, 60, 199 NStZ-RR **2000**, 270	1086	

OLG Celle

1962, 2315				120	
1964, 462				17	
			MDR **1966**, 1022	1240	
			MDR **1969**, 950	282	
1970, 906			MDR 1970, 349	827	
1973, 1054			Nds.Rpfl. 1973, 110	490	
			MDR **1978**, 160	413, 422	
			JR 1978, 122	1029a	
			Nds.Rpfl. 1982, 100	48	
1982, 397				750c	*Meyer* JR 1982, 39
			Nds.Rpfl. **1983**, 125	967	
		1984, 107		715, 1163	
		1984, 503		856	
		1985, 7		1170, 1210	
			wistra **1986**, 83	430	
		1988, 99		119	
		1988, 100		649e	
1989, 992	1988, 426	1988, 425	NZV 1989, 244 Nds.Rpfl. 1988, 197	463, 1041, 1042	
			zfs 1988, 332		
1990, 1308			NStE § 24 Nr. 11	38	
		1991, 151		567a	
		1991, 294		1023	
		1992, 101		875	
	1992, 510	1992, 412	MDR 1992, 796	315	

NJW	NStZ	StV	Andere	Rn./Buch	Anmerkungen
			Nds.Rpfl. **1993**, 331	750c	
		1994, 365		212	
		1994, 474		196	
		1995, 292	Nds.Rpfl. 1995, 50	502, 564, 565	
		1996, 387	NStZ-RR 1996, 171 Nds.Rpfl. 1996, 127	539	
		1997, 68	NStZ-RR 1997, 177 [Ls.] Nds.Rpfl. 1996, 309	1166g, 1194a	*Fezer* StV 1997, 57
1997, 1084			StraFo 1997, 79	214, 216	
			zfs 1997, 152	856	
		1997, 432	StraFo 1997, 247 Nds.Rpfl. 1997, 163	1226a	
		1998, 531	StraFo 1998, 19 Nds.Rpfl. 1998, 33	158a, 158b	
			Nds.Rpfl. 1998, 130	51	
			NZV **1999**, 97 MDR 1999, 251 VRS 96, 110 Nds.Rpfl. 1999, 86	356b	
			NZV 1999, 524 VRS 97, 258	348	
			StraFo **2000**, 231 NStZ-RR 2000, 336	1079f	
			Nds.Rpfl. 2000, 367	543a	
			Nds.RPfl. **2001**, 160	364	
		2002, 89		1079h	
	2002, 386			119, 122	
			StraFo 2002, 355	865, 866	

OLG Dresden

NJW	NStZ	StV	Andere	Rn./Buch	Anmerkungen
			OLG-NL **1995**, 189 NStE § 231 a Nr. 1	792	
			zfs 1995, 235	358	
			NStZ-RR **1997**, 238	1202	
			OLG-NL **1998**, 216	178o	
		1999, 637		443	
			DAR **2000**, 125 zfs 2000, 82		

OLG Düsseldorf

NJW	NStZ	StV	Andere	Rn./Buch	Anmerkungen
			MDR **1958**, 623	828	
1960, 1921				112	
1968, 1338				730	
1970, 1889				882	
			MDR 1970, 783	480	
			AnwBl. **1972**, 63	649	
1973, 109				112, 217	
			JMBl. NW **1979**, 246	1095	
			VRS 64, 276 AnwBl. 1983, 233	985	
	1983, 471			750b	
1983, 2400 [Ls.]	1984, 184			182b	
			MDR 1983, 512	1234, 1236	
			VRS 64, 216	252	
			MDR **1984**, 71	17	
		1984, 331		112, 216	
			MDR 1984, 604 VRS 67, 42	200	
		1984, 524	MDR 1985, 251	196, 1095	
			JR 1984, 257	1089	*Hruschka* JR 1984, 258
			JR 1984, 436	411	*Meyer-Goßner* JR 1983, 347
		1985, 52		213, 825, 827	
		1985, 223		28	
			JurBüro 1985, 1352	182n	
1985, 2207		1985, 316	MDR 1985, 782	51	
1986, 1505			JZ 1985, 1012	807	
	1986, 42		VRS 68, 122	182q	
	1986, 137		JZ 1986, 204	649d	*Klein* JA 1986, 340
	1986, 138	1986, 239		649g	
		1986, 288	JZ 1986, 408	1087	
			MDR 1986, 604 JurBüro 1986, 887	649d	
	1986, 426	1986, 430	MDR 1986, 872 VRS 72, 289	1105	
		1987, 428	MDR 1987, 1048	48	

NJW	NStZ	StV	Andere	Rn./Buch	Anmerkungen
			VRS 73, 470 DAR 1988, 63 zfs 1987, 287	341	
1988, 217		1988, 144	VRS 74, 40	1163	
			AnwBl. 1988, 178 JurBüro 1988, 774	649g	
1989, 677		1992, 363	wistra 1989, 158 VRS 76, 291 AnwBl. 1989, 234	644	
			VRS 76, 377 NZV 1989, 163 zfs 1989, 106	364	
			MDR 1989, 932 JurBüro 1989, 1295	390	
			zfs 1989, 287	182e	
1990, 462		1989, 473	VRS 77, 367 NZV 1990, 38	347, 557	
		1990, 13	VRS 75, 459	531	
			MDR 1990, 173	635	
			VRS 78, 140	364	
			MDR 1990, 652 VRS 78, 458 NZV 1990, 365 zfs 1991, 70	750	
1990, 2898	1990, 554	1991, 102	MDR 1991, 177	863	*Kühne* StV 1991, 103
			VRS 80, 37	217	
		1991, 59	wistra 1991, 39	816	
			MDR 1991, 986	182q	
	1991, 504	1991, 150	VRS 80, 453	119	
	1991, 542		VRS 81, 296 NZV 1991, 363 zfs 1992, 105	364	*Berz* NZV 1991, 364 *Göhler* NStZ 1991, 543
1991, 2781		1991, 295	VRS 81, 116 BRAK.Mitt. 1992, 64 MDR 1991, 1192	1023	
1992, 2243		1992, 410	MDR 1992, 985	56	
			wistra 1992, 320 VRS 83, 350	664	
		1992, 557	wistra 1992, 360 VRS 83, 54 zfs 1992, 313 JurBüro 1992, 417	1153	
			MDR 1992, 1174	389	
		1993, 346	wistra 1993, 120	430	*Münchhalffen* StV 1993, 347
		1993, 480	VRS 85, 352	542a	

NJW	NStZ	StV	Andere	Rn./Buch	Anmerkungen
			VRS 86, 129	208e	
1993, 2002				1099	
	1994, 97	1994, 10	VRS 86, 177	182r	
		1994, 122	VRS 86, 295	178l	
			wistra 1994, 79 VRS 86, 348	809	
	1994, 347		VRS 86, 461 DAR 1994, 204 zfs 1994, 228	347	
		1994, 364	VRS 84, 458	216	
	1994, 450	1994, 472	VRS 87, 354	1087	
	1994, 507	1994, 474	VRS 87, 363	632	
			VRS 87, 439	216	
			wistra 1994, 78 GA 1994, 532	12	
1994, 1296		1994, 502	wistra 1994, 160	1100	
		1994, 528	VRS 88, 37	51, 51a, 930	
	1995, 147	1994, 533	wistra 1994, 316 VRS 88, 42	755 a	
			MDR 1994, 1141	578	
		1994, 642	JR 1994, 379	531, 1066	*Blau* JR 1994, 380
			NZV 1994, 491 VRS 88, 135	453, 347	
			1988, 137 NZV 1995, 40 zfs 1995, 76	362	
			MDR 1995, 9	1009	
		1995, 69	wistra 1993, 352	858, 984	
		1995, 70	VRS 88, 188 MDR 1995, 406	178i	
		1995, 118		649f	
		1995, 120	VRS 85, 452	345, 735	*Hellmann* StV 1995, 121
			VRS 89, 218	179a	
		1995, 454	DAR 1995, 336 VRS 89, 368	984, 985	
		1995, 458	VRS 88, 203	872	
1995, 343		1996, 277	JMBl. NW 1995, 8	628	*Franze* StV 1996, 289
1995, 473			NZV 1995, 39 VRS 88, 138	362, 984	
1995, 671				182e	
1995, 739		1995, 570	wistra 1995, 199	654	
			NZV 1995, 365 DAR 1995, 372	345	

NJW	NStZ	StV	Andere	Rn./Buch	Anmerkungen
1996, 138			wistra 1996, 37 VRS 90, 440 JurBüro 1996, 151	634	
1996, 209			DAR 1995, 456 NZV 1995, 459 VRS 90, 45	748	*Schmidt* BA 1996, 357
1996, 1360				862	
	1996, 206		NStZ-RR 1996, 41	1220	*Bachem* NStZ 1996, 206
		1996, 84	VRS 90, 388	411	
			VRS 91, 39	217	
		1996, 252	VRS 91, 287 JMBl. NW 1996, 117	621, 938, 948, 974	*Ebert* StV 1997, 269 *Ebert* NStZ 1997, 565
			MDR 1996, 319 VRS 90, 139	1153	
			NStZ-RR 1996, 142	71	
			StraFo 1996, 156	362	
			NStZ-RR 1996, 169	933	
			NStZ-RR 1996, 169 VRS 91, 120	217	
			NStZ-RR 1996, 223	401, 450, 454	
			VRS 91, 365	442, 443	
		1996, 493		543	
			MDR 1996, 1057 wistra 1996, 357	634	
			NStZ-RR 1996, 307	200a	
1997, 269			NStZ-RR 1996, 376	104, 715, 768, 898	
		1997, 10	StraFo 1997, 141 NStZ-RR 1997, 109	990	*Rieß* JR 1998, 38
			NStZ-RR 1997, 11	584	
			StraFo 1997, 82	361	
		1997, 282	StraFo 1996, 154 NStZ-RR 1997, 81 VRS 92, 124	149, 152, 166, 792a, 875, 877, 960	*Zieschang* StV 1997, 286
1997, 1643			VersR 1997, 66 zfs 1997, 214	395	*Diehl* zfs 1997, 214
			NStZ-RR 1997, 113	829	
			NStZ-RR 1997, 175	25, 34a	
	1997, 613	1997, 516		228, 235c	*Radtke* NStZ 1998, 370 *Scheffler* NStZ 1998, 371
			StraFo 1997, 115	1106	
1997, 2062			VRS 93, 124 NZV 1997, 451	100, 113, 212, 983, 985, 986	

NJW	NStZ	StV	Andere	Rn./Buch	Anmerkungen
			MDR 1997, 693 JurBüro 1997, 372 AGS 1997, 129	153, 649	*Madert* AGS 1997, 129
			JMBl. NW 1997, 223	34a, 113	
		1998, 65	StraFo 1997, 333 AnwBl. 1997, 567	1090, 1092	
			StraFo **1998**, 120	855	
			NStZ-RR 1998, 180	825, 1231a, 1232	
			StraFo 1998, 187	769	
			StraFo 1998, 227	1101, 1141	
			StraFo 1998, 228	654, 854	
			StraFo 1998, 274	1106, 1109	
		1998, 552	StraFo 1998, 305 NStZ-RR 1998, 336	1090, 1093	
		1998, 647	StraFo 1998, 384	755a	
			VRS 95, 29	806	
			Rpfleger 1999, 96	754	
	1999, 194		NZV 1998, 516 VRS 96, 121	356b	
			StraFo 1999, 98 DAR 1999, 80 NZV 1999, 213	768	
		1999, 202		228, 232, 235b	
			StraFo 1999, 124	648, 652, 664	
			StraFo 1999, 125 NStZ-RR 1999, 144	187, 989	
			StraFo 1999, 176	401	
1999, 1647			VRS 96, 376	634	
			NStZ-RR 1999, 183 NZV 1999, 260	364	
			NStZ-RR 1999, 176	415a	
			StraFo 1999, 200	553	
			StraFo 1999, 277	391	
			NStZ-RR 1999, 245	506	
			StraFo 1999, 305	1026	
			StraFo 1999, 302 NStZ-RR 1999, 306 VRS 97, 170	402a	
	1999, 585	1999, 607	StraFo 1999, 357	540	
			Rpfleger 1999, 412		
1999, 2830			StraFo 1999, 286 VRS 97, 146	451	
			NStZ-RR 1999, 304	617	

NJW	NStZ	StV	Andere	Rn./Buch	Anmerkungen
			NStZ-RR 1999, 364 VRS 97, 419	182g	
		1999, 586	StraFo 1999, 276	648	
			StraFo 1999, 350	656, 661	
			StraFo 1999, 353 wistra 1999, 478	229	
			DAR 1999, 274 NZV 1999, 348 VRS 97, 43	1063i	
2000, 158			wistra 1999, 471	554	*Biletzki* JZ 2000, 424 *Kudlich* JuS 2001, 20 *Otto* JR 2000, 214
		2000, 8	StraFo 2000, 193 VRS 97, 178	98a, 1021, 1026	
	2000, 303	1999, 22	NZV 1999, 174	453	*Hentschel* JR 1999, 476
			NStZ-RR 2000, 148 VRS 98, 363	178c	
			StraFo 2000, 126 VRS 98, 353	216	
			StraFo 2000, 193	1170	
			StraFo 2000, 235	1106, 1109	
			NStZ-RR 2000, 215	182e	
		2000, 408	VRS 98, 198 AnwBl. 2001, 122	645	
			NStZ-RR 2000, 240	748	
			StraFo 2000, 249	451	
		2000, 588	StraFo 1999, 353 NStZ-RR 2000, 18	229	
2000, 2038			StraFo 1999, 347 DAR 1999, 565 VRS 97, 250	43, 204	
			StraFo 2000, 384	789	
		2001, 166	NStZ-RR 2000, 280 VRS 99, 61	578	*Rzepka* StV 2001, 167
		2001, 331	StraFo 2001, 398	1237, 1240	
		2001, 334	NZV 2000, 51 VRS 98, 36	179a	
	2001, 657	2001, 388		843	
		2001, 445	NStZ-RR 2001, 109	512	
		2001, 498	StraFo 2001, 91 wistra 2001, 159 VRS 100, 133	158a, 158b, 481	
			StraFo 2001, 241		
			StraFo 2001, 255 NStZ-RR 2001, 255	543a	

NJW	NStZ	StV	Andere	Rn./Buch	Anmerkungen
			StraFo 2001, 255 NStZ-RR 2001, 382	1232	
			StraFo 2001, 269 VRS 99, 121	217	
			NStZ-RR 2001, 303	211, 985	
			StraFo **2002**, 19	265	
		2002, 131	StraFo 2002, 20	1166	
			StraFo 2002, 71	795	
		2002, 207	StraFo 2002, 142 NStZ-RR 2002, 125	542a	
			StraFo 2002, 164	634	
	2002, 390		StraFo 2002, 169	824a	
		2002, 411		463a, 1042	
2002, 2806			StraFo 2002, 292	1079k, 1175	

OLG Frankfurt

NJW	NStZ	StV	Andere	Rn./Buch	Anmerkungen
1947/1948, 395				1217	
1967, 1047			JuS 1967, 477	105	
			OLGSt § 74 S. 7	9	
1969, 570				413, 967	
1972, 1964				652	
1974, 1151				219	
			MDR **1975**, 584	1090	
1977, 767				48	
			MDR **1978**, 409 Rpfleger 1978, 100	49	
1980, 1703				1099	
1981, 882	1981, 144	1982, 28		1088, 1089, 1092, 1146	*Seier* JuS 1981, 806
		1982, 64		224	
		1982, 218		411	
			MDR 1982, 1042	406	
1983, 1208				505	*Lenzen* JR 1983, 294
		1983, 234		649d	
		1983, 268		825	
		1984, 499		50	
			AnwBl. 1984, 108	985	
		1985, 450		652, 1100	*Sieg* StV 1985, 450
		1986, 144		649e	

NJW	NStZ	StV	Andere	Rn./Buch	Anmerkungen
		1987, 380		957	
		1987, 524		191	
	1988, 41	1988, 10		512	
1988, 2812				182b	
1988, 2965		1988, 100		216	
		1988, 243		252, 310	
		1988, 290		512	
		1989, 384		649f	
	1991, 506			750b	
		1992, 151		654	
		1992, 220		645	*Temming* StV 1992, 220
	1993, 507	1993, 537		576b, 755a	
1993, 2129 [Ls.]			NZV 1993, 281	352, 357, 1040	*Göhler* NStZ 1994, 74
		1994, 117	Krim 1994, 391	730	
		1994, 288	BRAK-Mitt. 1994, 184	649g	
		1995, 11		152, 655, 852, 854, 855	
		1995, 237		1236	
		1995, 593		539	
			NZV 1995, 241	358	
			wistra 1995, 279	402a	*Göhler* wistra 1996, 132
			zfs 1995, 153	360	
			zfs 1995, 396	360	
1995, 2570			DAR 1995, 335 NZV 1995, 368	321	*Radtke* NZV 1995, 428
			NStZ-RR **1996**, 42	1109	
			NStZ-RR 1996, 62	451	
			NStZ-RR 1996, 75	210	
			NStZ-RR 1996, 205	748	
			NStZ-RR 1996, 236	655, 659	
		1996, 166		1229	
		1996, 202		1011, 1014	
			NStZ-RR 1996, 272	664	
			NStZ-RR 1996, 304	858	
			NZV 1996, 414	669	
		1996, 533	NStZ-RR 1996, 338	1109	
			NStZ-RR 1996, 363	933, 936, 937	
	1997, 39			358, 359	
			NStZ-RR 1997, 45	180, 198	

NJW	NStZ	StV	Andere	Rn./Buch	Anmerkungen
		1997, 138		542	
		1997, 344		402a	
1997, 1647	1997, 404 [Ls.]	1996, 651	Krim 1997, 568	322	*Benfer* JR 1998, 53 *Grüner* JuS 1999, 122 *Rogall* NStZ 1998, 66 *Schäfer* NJW 1997, 2437 *Weßlau* StV 1997, 341
		1997, 402	NStZ-RR 1997, 272	853, 856	
			NStZ-RR 1997, 273	178f, 212a	
1997, 2963			Krim 1998, 25	325	
			NStZ-RR 1997, 311	1106, 1109	
			NStZ-RR 1997, 366	769	
		1997, 575		659	
		1998, 13		858	
		1998, 31		542a	
			NStZ-RR 1998, 52	387b	
		1998, 89		1177	
		1998, 119		325	
1998, 1238	1998, 340 [Ls.]			51	
			NStZ-RR 1998, 210	277	
			NStZ-RR 1998, 211 [Ls.]	211	
			StraFo 1998, 271	124, 270, 549	
			JMBl. NW 1998, 294	1087	
			NStZ-RR **1999**, 18	592, 1231a	
		1999, 138		263	
			StraFo 1999, 162 NStZ-RR 1999, 81	19a, 22	
1999, 1414		1999, 199		655	
			NStZ-RR 1999, 246	320, 345	
			NStZ-RR 1999, 365	512	
			zfs **2000**, 272	357	
			JurBüro 2000, 37	649b	
			NStZ-RR **2001**, 85	211, 985	
		2001, 157		852, 854, 855	
		2001, 341		232a	
		2001, 407		1091	
		2001, 496		34a, 51	
	2001, 308	2001, 342	zfs 2001, 381 VRS 100, 468 NZV 2001, 355 DAR 2001, 376	229	
		2001, 611		847	

OLG Hamburg

NJW	NStZ	StV	Andere	Rn./Buch	Anmerkungen
			HESt 3, 54	559	
			JR **1955**, 233	665	*Sarstedt* JR 1955, 512
1956, 1890				708	
1962, 689				225, 429, 431, 432	
1963, 2040			MDR **1964**, 170	1099	
			MDR 1964, 524	986	
			MDR 1964, 615	200a	
1968, 1687				827	*Küper* NJW 1969, 493
1969, 570				1003	
1975, 1473				419	
1975, 1573				438, 1009	*Fischer* NJW 1975, 2034
1975, 1750				182q	*Foth* JR 1976, 254
			MDR **1979**, 74	938, 950	*Strate* MDR 1979, 75
	1982, 171		AnwBl. 1982, 161	153	*Chemnitz* AnwBl. 1982, 161
	1983, 40			232b	
			MDR **1984**, 335	120	
			MDR 1984, 512	50	
			MDR **1987**, 78	1237	
		1987, 142		11	
			BRAK.Mitt. 1987, 163	1093	*Dahs* BRAK.Mitt. 1987, 163
1989, 3167	1989, 587		DAR 1989, 468 NZV 1990, 42 zfs 1990, 57	182e	
		1990, 257		933	
	1992, 509			811	
		1995, 11		852, 853, 854, 984	
		1995, 420		543	
			wistra **1996**, 193	415b	
	1997, 53	1998, 641	MDR 1996, 692	755a	*Rogall* StV 1998, 643
		1997, 11		1007, 1008	
			StraFo **1998**, 49	202	
1998, 621	1998, 586			651, 652, 655, 663	*Kudlich* NStZ 1998, 588 *Kühne* NJW 1998, 3027
			NStZ-RR 1998, 183	210, 361	
1998, 1328				663	
		1999, 81		257, 258, 308	

NJW	NStZ	StV	Andere	Rn./Buch	Anmerkungen
1998, 2988	1998, 99	1998, 143		539a	*Foth* NStZ 1997, 420 *Katholnigg* JR 1998, 34 *Siegert* NStZ 1998, 421 *Widmaier* NStZ 1998, 99
		1999, 81		257, 258, 308	
		1999, 163		1108	
1999, 2607				806, 807	
		2000, 9		998	
	2000, 127	2000, 58		232a	
			NStZ-RR 2000, 335	1079f	
		2000, 608		179a	
		2001, 332		269	
		2001, 333		178k	
2002, 1590		2002, 297		1079k	
	2002, 386		wistra **2002**, 198 VRS 102, 199	1047	

OLG Hamm

			HESt 1, 187	558	
1951, 731				1913, 44	
1954, 1053				153	
			VRS 7, 311	112, 216	
			JMBl. NW **1955**, 44	759	
1956, 1330				750	
			DAR 1956, 166	193	
			GA **1958**, 58	43	
			GA **1959**, 314	1238	
1960, 1361				1126	
			DAR 1960, 19	1091	
			VRS 20, 68	1126	
			VRS 23, 54	1171	
			JMBl. **1962**, 203	963	
			VRS 26, 365	11	
			MDR **1964**, 344	908, 910, 1163	
			JMBl. NW 1964, 44	994	
			VRS 35, 370	670	
			JMBl. NW **1968**, 68	60	
1969, 808				19a, 22	
1969, 1129				424, 425	

NJW	NStZ	StV	Andere	Rn./Buch	Anmerkungen
1969, 1919				807	
			VRS 39, 208	217	
			VRS 39, 217	15	
			VRS 39, 359	356a	
			JMBl. NW **1970**, 251	277, 278	
			VRS 40, 197	1028	
			MDR **1971**, 681	147	
			VRS 41, 123	938	
			MDR 1971, 776	546	
1972, 1063				356a	
1972, 1246				811, 866	
1972, 1531				981	
1973, 381				181, 983	
1973, 1891				205	
1973, 1894				199	
			VRS 45, 123	328	
1974, 1880				187, 891	
			VRS 49, 49	219d	
			GA 1974, 346	692	
1975, 790				453	*Meyer* NJW 1975, 1701
1975, 1238				649d, 657	
			MDR 1975, 245	855	
			MDR 1975, 422 VRS 49, 113	164	
			VRS 49, 207	362	
1976, 303			VRS 50, 307	356a	
			JMBl. NW 1976, 9	113	
1977, 1739				789	
1978, 283				150	
			MDR 1978, 332	206	*Gollner* JZ 1978, 637
			MDR 1978, 337	750	
1978, 1986			JuS 1979, 67	649d	
			JMBl. NW 1978, 32	840	
			VRS 57, 291		
1979, 1373			VRS 57, 427 MDR 1979, 780	463, 1041, 1042	*Fezer* JR 1980, 83
1980, 251			MDR 1979, 161	347	
			VRS 59, 449	985	

NJW	NStZ	StV	Andere	Rn./Buch	Anmerkungen
			MDR 1979, 426	208e	
			JMBl. NW 1980, 83	1101	
			JMBl. NW 1980, 215	809	
			MDR 1980, 953	950	
			AnwBl. 1980, 200	350	
1980, 1587			zfs 1980, 287	347, 831	
			AnwBl. **1981**, 31 zfs 1981, 181	1141	
	1982, 43			182q	
		1982, 510		657, 662	
	1983, 186			153	
			JMBl. NW **1984**, 78	210,593	
			VRS 68, 49	350, 985	
		1989, 242		649g	
	1989, 133	1990, 56		855	*Peters* StV 1990, 56
			DAR 1989, 429 zfs 1989, 431	341	
1990, 1433	1990, 143	1990, 103		664	
		1993, 180		645	
			MDR 1993, 1226	664	
		1995, 64		644, 648	
		1995, 182		1220	*Neuhaus* StV 1995, 212
		1995, 514	MDR 1996, 210	154, 649	
1995, 207			VRS 87, 138	215, 956	
1995, 2425			NZV 1994, 237	335	
	1995, 596	1996, 11	NZV 1996, 44	112, 350	
			VRS 90, 113 BA 1995, 239	638, 769	
			DAR 1995, 457 NZV 1996, 123 VRS 90, 444	182e	
1996, 534	1996, 321		NZV 1996, 43 VRS 90, 441	163, 349	
		1996, 300	NStZ-RR 1996, 308 StraFo 1996, 87	1220, 1110	
			NStZ-RR 1996, 267 zfs 1996, 355	748	
			ZAP EN-Nr. 205/96	59	
	1996, 455	1996, 422	wistra 1996, 281	188, 636, 771a	
	1996, 455	1997, 69		178g	
		1996, 532		619	
			ZAP EN-Nr. 35/97	919	

NJW	NStZ	StV	Andere	Rn./Buch	Anmerkungen
			NZV **1997**, 90	856	
			NZV 1997, 91	359, 856	
			NStZ-RR 1997, 78	34a, 567a, 567b, 664, 1150	
			NStZ-RR 1997, 113 VRS 93, 177	216	
			StraFo 1997, 79	153, 154	
			Rpfleger 1997, 230	919	
			NStZ-RR 1997, 139	415	
		1997, 310		541	*Hohmann* StV 1997, 310
			NStZ-RR 1997, 179 NZV 1997, 408 VRS 92, 414	350, 985	
		1997, 346	VRS 90, 443	196, 218	
		1997, 346	wistra 1997, 157	219	
			VRS 93, 359	357	
			NStZ-RR 1997, 240 DAR 1997, 361 VRS 93, 387	214, 216	
		1997, 404		827, 1095 1141	
			NStZ-RR 1997, 368	211, 219	
			NZV 1997, 493 zfs 1998, 115 VRS 94, 274	112, 113, 217	
		1997, 643		542a	
		1998, 64	StraFo 1998, 18	40, 43, 186	
			StraFo 1998, 119	118a	
			StraFo 1998, 164, 269 NStZ-RR 1998, 243	590, 1123	
			StraFo 1998, 190	265	
			StraFo 1998, 233 NStZ-RR 1998, 281	112, 214, 216	
		1998, 388		539a	
1998, 1088 [Ls.]	1999, 263	1998, 532		411	*Loos* JR 1998, 344 *Rose* NStZ 1999, 263
			StraFo 1998, 309 NStZ-RR 1998, 241	638, 769	
			Rpfleger 1998, 440 JurBüro 1998, 643	654, 1141, 1143	
		1999, 37		541, 542	
1999, 229				544i, 1240	
			NStZ-RR 1999, 54 VRS 95, 116 AGS 1998, 69	633	

NJW	NStZ	StV	Andere	Rn./Buch	Anmerkungen
			StraFo 1999, 92	98a	
		1999, 194	StraFo 1998, 235 wistra 1998, 238 DAR 1998, 323 [Ls.]	599	
		1999, 215		541, 542	
1999, 1416 [Ls.]			NStZ-RR 1998, 340 NZV 1998, 425 VRS 95, 259 zfs 1998, 443	306b, 307, 307f, 307g, 328, 603, 635	
		1999, 240	StraFo 1999, 19 NStZ-RR 1999, 16 wistra 1999, 35	1221	
			wistra 1999, 235	71	
			DAR 1999, 277 [Ls.] VRS 97, 44	112, 216	
			NZV 1999, 307 DAR 1999, 327 [Ls.]	112	
			Rpfleger 1999, 291	578	
			NStZ-RR 1999, 276	993	
			StraFo 1999, 306	269	
			VRS 98, 145	1781	
	1999, 530			51	
			VRS 99, 220 VRS 100, 360 zfs 2000, 416	348	
			NZV 1999, 307 DAR 1999, 327 VRS 97, 190	361	
		1999, 658	NStZ-RR 1999, 377	576, 577	
		1999, 657		578	
		1999, 667		578	
			StraFo **2000**, 57	444	
		2000, 320	wistra 2000, 239	540	
	2000, 220	2000, 103	NZV 2000, 179	1079f	
			NStZ-RR 2000, 126	922a	
			NStZ-RR 2000, 213	512	
		2000, 659	StraFo 2000, 385 VRS 100, 52 DAR 2000, 581 NZV 2001, 390	353, 987	
			NZV 2000, 427 BA 2000, 385 DAR 2000, 534 zfs 2000, 459	345a, 345b	*Bode* zfs 2000, 459
		2001, 104	StraFo 2000, 91 NStZ-RR 2000, 176	266, 295a	

NJW	NStZ	StV	Andere	Rn./Buch	Anmerkungen
			StraFo 2001, 132 NStZ-RR 2001, 116 DAR 2001, 134	807	
		2001, 115	StraFo 2000, 203 NStZ-RR 2000, 188	541	*Deckers* StV 2001, 115
		2001, 264		1179	
			NStZ-RR 2001, 288 AGS 2002, 63	633	
			NStZ-RR 2001, 300		
		2001, 390	StraFo 2001, 57 NStZ-RR 2001, 334 wistra 2001, 278 VRS 100, 456	604	
			DAR 2001, 216 VRS 101, 53	345b	
			StraFo 2001, 137 NStZ-RR 2001, 107 DAR 2001, 321	855, 983, 984	
	2001, 611			241	
			DAR 2001, 416 VRS 101, 53 zfs 2001, 428	345b	
2001, 3279			DAR 2001, 468 VRS 101, 38	749	
			NZV 2001, 491 DAR 2001, 519 VRS 101, 117 zfs 2002, 44	357	
	2002, 94		NZV 2001, 440 DAR 2001, 517 VRS 101, 302	345b	
		2002, 89	StraFo 2002, 361 Rpfleger 2001, 513 JurBüro 2001, 531	79	
		2002, 109	StraFo 2002, 100	756	*Nobis* StraFo 2002, 101
		2002, 187	StraFo 2001, 415 NStZ-RR 2002, 14	463a, 561, 1040	
			NZV 2002, 198 VRS 102, 115	345b	
			AGS 2002, 111	633	
		2002, 274		987	
			StraFo 2002, 291 NStZ-RR 2002, 238	51a	
		2002, 404	NStZ-RR 2002, 251	149	
2002, 2485			NZV 2002, 414 DAR 2002, 422 Zfs 2002, 402	345b	

NJW	NStZ	StV	Andere	Rn./Buch	Anmerkungen
2002, 2807			NZV 2002, 335	98	
		2002, 474		134	
			StraFo 2002, 293 VRS 113, 122	647	

OLG Innsbruck

NJW	NStZ	StV	Andere	Rn./Buch	Anmerkungen
	2000, 663			415b	

OLG Jena

NJW	NStZ	StV	Andere	Rn./Buch	Anmerkungen
		1995, 346 [Ls.]		649 f	
			NStZ-RR **1996**, 114	358, 359	
			NStZ-RR 1996, 115	357	
			NStZ-RR **1997**, 116	552	
			NStZ-RR 1997, 274	178f	
			NStZ-RR **1998**, 20		
			NStZ-RR 1998, 144 zfs 1998, 73	990	
			StraFo **1999**, 212	539a	
			OLG-NL 1999, 222 MDR 2000, 540	45	*Busche* OLG-NL 1999, 226
			StraF0 **2000**, 92	178g	
			StraFo 2000, 411	1109	
			NStZ-RR **2001**, 160 OLG-NL 2000, 251	451, 455	*Meyer* JR 2001, 244
2002, 1890			StraFo 2002, 203	672, 1186	

OLG Karlsruhe

NJW	NStZ	StV	Andere	Rn./Buch	Anmerkungen
1969, 1546				1240	
1973, 1426				1003, 1004	
1973, 1515				112, 216	
			MDR **1974**, 423	22	
1977, 309			MDR 1977, 72	807, 865, 866	
			AnwBl. 1977, 224	112	
1978, 436			JZ 1978, 35	458, 459	

NJW	NStZ	StV	Andere	Rn./Buch	Anmerkungen
1978, 601				966a	
1978, 1172			AnwBl. 1978, 241	649d, 657	
			Justiz **1980**, 338	652	
			MDR 1980, 868	1231a, 1236	
1981, 138				182q	
1982, 2010	1982, 299			724	
			Justiz 1982, 438	1237	
			Justiz **1984**, 429	1108	
		1986, 10		418	
	1986, 289		VRS 69, 217 zfs 1986, 286	570	
			VRS 68, 360	919	
1986, 2773		1986, 470	DAR 1986, 24 VRS 72, 80	182e	
	1990, 100		JR 1991, 36	1106	*Gollwitzer* JR 1991, 37
	1991, 505	1992, 313		645	
		1991, 519		1092	
		1992, 23		645	
		1994, 292	wistra 1994, 241		
1995, 2503		1995, 343		43	
	1995, 562				*Meyer-Goßner* NStZ 1009, 19
1995, 2571				216	
			VRS 89, 130 Justiz 1996, 28	217	
1997, 672			StraFo 1996, 169 VRS 92, 418	202	
			wistra 1997, 71	831g	
		1997, 121 [Ls.]	NStZ-RR 1996, 237 VRS 91, 285	1142	
		1997, 312	StraFo 1997, 89	539	
1997, 3183				210	
			NStZ-RR 1997, 157 Rpfleger 1997, 274	633	*Madert* AGS 1997, 88
			AGS 1997, 87		
			wistra 1997, 198 Justiz 1997, 450	1220	
		1998, 28	NStZ-RR 1998, 80	415a	
	1998, 211		StraFo 1997, 304 wistra 1997, 357	452	
			VRS 94, 268		
		1998, 252		1220	

NJW	NStZ	StV	Andere	Rn./Buch	Anmerkungen
			StraFo 1998, 227 NStZ-RR 1998, 144	186	
		1998, 530	NStZ-RR 1998, 368	322	
			StraFo **1999**, 25	214	
1999, 3061		1999, 364	StraFo 1999, 240	229	
			NZV 1999, 301	344	
			zfs 1999, 538	356a, 356c	
		2000, 91	NStZ-RR 2000, 157	543a	
	2000, 276	2000, 193	StraFo 2000, 139 AGS 2000, 176 Rpfleger 2000, 237	1226a	
		2000, 508	StraFo 2000, 321	542a	
			NStZ-RR **2001**, 209 wistra 2000, 357	620, 621	
			StraFo 2001, 415	955, 962	
			NStZ-RR 2000, 337	649b. 649d, 652	
			zfs 2001, 476	356b, 359, 360	*Bode* zfs 2001, 476

OLG Koblenz

			MDR **1971**, 507	104	
			MDR **1972**, 801	1095	
			VRS 44, 290	38, 112	
			VRS 49, 115	927	
			GA **1974**, 222	737	
1975, 1333				383	
			MDR **1975**, 773	649	
			DAR **1980**, 280	211	
	1981, 445		VRS 61, 362 MDR 1981, 956	754	
	1982, 43	1982, 72	MDR 1982, 72	649d	
		1982, 65		190, 191	
			MDR 1982, 252	1153	
	1983, 470			46	
			wistra 1983, 42	1215	
			MDR 1983, 252	664	
1984, 2424				1001a	
			wistra 1984, 82	649 f	
			VRS 68, 364	411	

NJW	NStZ	StV	Andere	Rn./Buch	Anmerkungen
		1986, 146	OLGSt § 329 Nr. 3	112	
		1986, 289	VRS 69, 217 zfs 1986, 286	89	
	1988, 42			861	
	1988, 192		MDR 1988, 1074	635	
			Rpfleger 1988, 116	649d	
		1989, 209		484	
	1992, 146			1091	
		1992, 263		621, 981	
		1993, 513		411	
1994, 1887				418	*Vogelsang* NJW 1994, 1845
		1994, 316		539	
		1994, 601		178g	
1994, 3306			NZV 1994, 332	358	
1995, 977				807	
		1995, 118		647	
		1995, 251		178l	
		1995, 611		847	
		1996, 14		259a	
			NStZ-RR **1996**, 206	648	
		1996, 474		120	*Gatzweiler* StV 1996, 475
			NStZ-RR 1996, 306	200	
		1996, 588		1220	
		1997, 288		875	
			NStZ-RR 1997, 206 NZV 1997, 369	748	
			VRS 93, 343		
			StraFo 1997, 256 NStZ-RR 1997, 384 AnwBl. 1998, 218	1141	
			StraFo **1999**, 322	542a	
			JBl RP **2000**, 22	178i	
			NStZ-RR 2000, 306	178g	
		2001, 444	NStZ-RR 2001, 110	512	
			NStZ-RR 2001, 247	181, 202	
		2001, 561		530, 639, 769	

OLG Köln

NJW	NStZ	StV	Andere	Rn./Buch	Anmerkungen
			MDR **1955**, 311	974	
1957, 1373				974	
1961, 1127				182s, 805, 804	
1963, 2284				354, 1002	
1964, 1038				48	
			MDR 1964, 435	1095	
1965, 830				738	
1966, 1420				1063d	
			BA 1966, 609	781	
1969, 705				425	
			GA **1970**, 248	191	
			VRS 61, 271	950	
			JMBl. NW **1972**, 63	113, 211, 217	
			VRS 64, 282 OLGSt § 244 Nr. 1	262	
			VRS 64, 279	297	
			OLGSt § 261, 96	781	
1980, 302				800, 805, 804	
			MDR 1980, 688	482	*Meyer-Goßner* JR 1981, 214
		1981, 119		196, 1095	
1982, 2457		1983, 97	VRS 63, 365 DAR 1982, 4407	1018	
1983, 1008	1983, 412			429	*Rogall* NStZ 1983, 412
			VRS 65, 376	1063i	
		1984, 147	VRS 67, 41	986	
		1984, 414		558	
			VRS 70, 21	866	
			VRS 70, 370	277	
1987, 2096	1987, 341		VRS 73, 203	300, 345, 908	*Peters* OLGSt § 244 Nr. 10
			VRS 72, 442 DAR 1987, 267	112	
	1988, 31	1987, 525	zfs 1988, 59	1166c	
		1988, 287		56	
		1988, 289		565	
1988, 2485		1988, 537		120	
		1989, 241		649f	

NJW	NStZ	StV	Andere	Rn./Buch	Anmerkungen
	1991, 92		VRS 80, 215 DAR 1991, 70 zfs 1991, 144	349	
	1991, 248	1991, 9		666	*Wasserburg* NStZ 1991, 250
		1991, 292		42	
		1991, 506		1201	*Münchhalffen* StV 1991, 506
		1991, 551		71, 150	*Müller* StV 1991, 552
			VRS 81, 201	364	
	1992, 142	1992, 149		38	
		1992, 412		512	
		1992, 567		150, 828	
		1993, 292		828	
RR **1994**, 920			VersR 1994, 1075	449	*Meyer* MDR 1994, 659
		1993, 292		266, 297, 828	
		1994, 234		659	*Münchhalffen* StV 1994, 235
		1994, 289		1191a	
		1995, 12		850	
			StraFo 1995, 25	648	*Münchhalffen* StraFo 1995, 26
			StraFo 1995, 91	795	
	1996, 150			178g, 178l	*Schneider* NStZ 1996, 151
		1995, 293		531	
		1995, 574		125	
			StraFo 1995, 118	652, 661, 662	
	1996, 245	1995, 630		1003	*Schäfer* NStZ 1996, 246
			StraFo 1996, 55	1220	
		1996, 12		962	
		1996, 13		210, 915	
			StraFo 1996, 62	659, 664	*Gatzweiler* StraFo 1996, 63
1996, 535				357	
		1996, 298	NStZ-RR 1996, 178 StraFo 1996, 85	1110, 1220	
	1996, 355	1996, 252	VRS 91, 294	321, 1137	
		1996, 368		293	
		1996, 369	NStZ-RR 1996, 175	750c	
		1996, 389		541	
	1996, 509		StraFo 1996, 152	324, 517	

NJW	NStZ	StV	Andere	Rn./Buch	Anmerkungen
		1997, 122		153, 154	
			VRS 92, 259	854, 984	
			NStZ-RR 1997, 208	112, 216	
			VRS 93, 348	748	
	1997, 404		VRS 93, 428	749	
			NStZ-RR 1997, 336	755a	
			NZV 1997, 494 VRS 94, 278	211, 985	
			StraFo **1998**, 21 NZV 1998, 37	314, 320	
			NStZ-RR 1998, 240	592, 1142	
1998, 2989		1998, 273		539a	*Foth* NStZ 1997, 420 *Siegert* NStZ 1998, 421
		1998, 531 [Ls.]	VRS 96, 117	349	
			StraFo 1998, 267	852	
		1998, 585		98a, 1023	
		1998, 645	StraFo 1997, 49, 78	181, 200, 755a	
			StraFo 1997, 150	541	
			NStZ-RR 1997, 366	950, 981	
			NStZ-RR 1998, 370 VRS 96, 113	553	
			NZV 1998, 474 VRS 95, 429	362	
1999, 373	1999, 97	1998, 176	wistra 1998, 272 JMBl. NW 1998, 92	64, 67	*Landau/Eschelbach* NJW 1999, 321
		1998, 478		736, 737, 1162	
		1999, 8		564, 565	
			StraFo 1999, 90	129a	*Hiebl* StraFo 1999, 86
			StraFo 1999, 92	895, 1162	
		1999, 82	NStZ-RR 1997, 309 VRS 93, 435	255a, 257, 308	
			StraFo 1998, 120	179a	
			NStZ-RR 1999, 112	113, 209a, 217	
			NZV 1999, 261	359	*Deutscher* NZV 1999, 262
			VRS 98, 138	595, 827	
			NStZ-RR 1999, 334	210, 1142	
			NStZ-RR 1999, 335 VRS 97, 431	134	
		2000, 607		512	

NJW	NStZ	StV	Andere	Rn./Buch	Anmerkungen
			NStZ-RR 2000, 179 NZV 2000, 429 VRS 98, 445	349	
			NStZ-RR 2000, 338	922a	
			NStZ-RR **2001**, 140	599	
		2001, 342		233, 367	
	2001, 558		StraFo 2001, 237	415b	
			StraFo **2002**, 131	121	
		2002, 238		270, 279	
			NStZ-RR 2002, 114 DAR 2002, 180 zfs 2002, 154 VRS 102, 106	362	
	2002, 268		StraFo 2002, 134 DAR 2002, 178 NZV 2002, 241 VRS 102, 112	362	
			StraFo 2002, 264 NStZ-RR 2002, 247 VRS 103, 129	928c	
		2002, 355	StraFo 2002, 294	268, 270, 293	
			StraFo 2002, 297	567a	

OLG München

1963, 658				864	
1971, 384				1912, 33	
1978, 176			MDR 1978, 160	411, 412	
	1988, 377		zfs 1988, 297 AnwBl. 1989, 55	219	
		1994, 237		1781	
	1994, 451			855, 856	
		1996, 491		687	
		1996, 676		543	
		1998, 646		755a	
		2000, 188		66, 67	
		2000, 352		326, 1166d, 1158d, 1158i	
	2001, 614	2001, 495		415b	
		2002, 205		541	

OLG Naumburg

NJW	NStZ	StV	Andere	Rn./Buch	Anmerkungen
			MDR **1995**, 626 NStZ-RR 1996, 41	648	
	1996, 248			480, 481	
	1998, 452		NStZ-RR 1997, 340	754	
			zfs **2001**, 135	335	
			NStZ-RR 2001, 105 zfs 2001, 136	335	*Scheffler* BA 2001, 192
2001, 2190				756	
			zfs 2001, 137	335	
			NStZ-RR 2001, 87	195	
			NStZ-RR 2001, 347	539a	
			zfs **2002**, 251	362	

OLG Nürnberg

NJW	NStZ	StV	Andere	Rn./Buch	Anmerkungen
			OLGSt § 44 Nr. 2	113	
		1995, 287		154, 652	*Barton* StV 1995, 290
			NStZ-RR **1997**, 189	453	
		1998, 584		153	
2000, 1804	2001, 53			789, 967	*Keller* StV 2001, 671 *Müller* NStZ 2001, 53

OLG Oldenburg

NJW	NStZ	StV	Andere	Rn./Buch	Anmerkungen
			Nds.Rpfl. **1954**, 193	91	
			JZ **1960**, 291	15	*Peters* JZ 1960, 292
1972, 1585			MDR 1972, 624	1237	*Güldenpfennig* NJW 1972, 2008
1975, 2219				484	
			Nds.Rpfl. **1979**, 110	330	
	1982, 520		Nds.Rpfl. 1982, 186 MDR 1983, 73	754	
	1990, 431	1990, 165		90, 789	*Oswald* StV 1990, 500 *Wendisch* StV 1990, 166
		1991, 152		855	
	1994, 449	1994, 421	Nds.Rpfl. 1994, 251 MDR 1994, 1139	1220	*Fuhse* NStZ 1995, 165
			VRS 88, 295	362	

NJW	NStZ	StV	Andere	Rn./Buch	Anmerkungen
			Nds.Rpfl. 1994, 315	123a	
			VRS 88, 296 NZV 1995, 84	364	
			NStZ-RR **1996**, 77	179	
		1996, 416	NStZ-RR 1996, 144	1166g	*Bernsmann* StV 1996, 416
			zfs 1996, 434	217	
	1998, 370		NStZ-RR 1998, 309	178g	
			NStZ **1999**, 156	209	
		2000, 159	StraFo 2000, 237	240	
			StraFo **2001**, 132	240	
		2002, 240		415a	

OLG Rostock

		1998, 325 [Ls.]		567a	

OLG Saarbrücken

1971, 1904				1022	
			MDR **1972**, 533	206	
			JR **1973**, 472	736	*Fuhrmann* JR 1973, 473
1974, 327				113	
1974, 375				617	
1974, 1959				1068	
			VRS 49, 45	292	
1975, 791				1240	
1975, 1613				113	
		1983, 362		647	
	1997, 149			179	
	1997, 245	1997, 359		415b	*Schomburg* StV 1997, 383
	1999, 265			825	
			NStZ-RR **2000**, 48	715, 898, 1220	
		2000, 208		541	

OLG Schleswig

NJW	NStZ	StV	Andere	Rn./Buch	Anmerkungen
			SchlHA **1964**, 70	424	
1965, 312				923	
			SchlHA **1976**, 44	42	
1980, 352			MDR 1980, 164	320	*Amelung* NJW 1980, 1560 *Gramse* AnwBl. 1980, 433
			MDR 1980, 516	558	
			SchlHA **1982**, 111	1202	
	1992, 98			664b	
	1992, 399		Krim 1992, 682	861, 863	*Molketin* NStZ 1993, 145
		1994, 641		50	
		1995, 345	NZV 1995, 238 SchlHA 1995, 76 BA 1996, 357	748	*Schmidt* BA 1996, 357 *Schwarzer* NZV 1995, 239
		1995, 455	NStZ-RR 1996, 111 SchlHA 1995, 214	990	
			SchlHA 1996, 49	43	
1996, 54				345	
			SchlHA **1997**, 137	12	
	1998, 101		StraFo 1998, 393 AGS 1998, 6 JurBüro 1998, 22	79	*Madert* AGS 1998, 6
		1998, 365		106, 895	
			StraFo **1999**, 126	411	
		2000, 11	NStZ-RR 2000, 112	323, 324	
			JurBüro 2000, 208	455	
			SchlHA 2000, 256	178g	

OLG Stuttgart

NJW	NStZ	StV	Andere	Rn./Buch	Anmerkungen
1955, 1369				625	
1959, 643			JZ 1960, 126	864	
1962, 1834				480	
1964, 110				79	
1967, 944				956	
1970, 343				193	
			Justiz **1972**, 322	731	
1973, 1941				487, 1036	
1974, 1394				20, 22	

NJW	NStZ	StV	Andere	Rn./Buch	Anmerkungen
1975, 703			MDR 1974, 1037	1036	
			MDR **1977**, 513	192	*Gollwitzer* JR 1977, 345
1979, 559			MDR 1978, 863	80	*Blei* JA 1977, 142 *Bringewat* JuS 1980, 867 *Pelchen* JR 1979, 172
1979, 1373			MDR 1979, 780	654	
			VRS 67, 39	362	
		1985, 492		19, 37, 147	*Hannover* StV 1985, 493
	1986, 41			1158n	
1987, 82 [Ls.]	1986, 520		Justiz 1986, 56	182o	*Paulus* NStZ 1986, 521
	1990, 356			164	
		1990, 55		649f	
			MDR 1990, 75	1237	
			MDR **1994**, 499	26	
	1994, 600	1995, 457	Justiz 1994, 452	447	
	1995, 51	1994, 644	Justiz 1994, 485	618	
	1995, 248		Justiz 1995, 120	182s, 926a, 927	*Meyer-Goßner* NStZ 1996, 51 *Wendisch* JR 1995, 519
1996, 1908				80	
			MDR 1996, 90 NStZ-RR 1996, 146	181	
			NStZ-RR 1996, 205	652, 654	
1996, 2109				831g	
1997, 206				397	
			NStZ-RR 1997, 178 VRS 93, 95 NZV 1997, 316	179	
	1997, 405	1997, 341 [Ls.]	Krim 1997, 644 MDR 1997, 584 Justiz 1997, 175	1166g	
	1998, 100			417	
		1998, 123	NStZ-RR 1998, 110	664	
1998, 3134		1998, 479		228	
1999, 375				66	*Landau/Eschelbach* NJW 1999, 321
		1998, 553		542	
	1999, 265			825	*Fahl* NStZ 2000, 53
1999, 511	1999, 268 [Ls.]	1998, 585		228	*Scheffler* NStZ 1999, 268
		1999, 88		265	

NJW	NStZ	StV	Andere	Rn./Buch	Anmerkungen
			DAR **2000**, 537 VRS 99, 286 VA 2000, 62	345a	
			NStZ-RR **2001**, 84 VRS 99, 268	178g	
			StraFo 2001, 205	567b, 645	
		2001, 329		655	
		2001, 667		411, 412	

OLG Zweibrücken

NJW	NStZ	StV	Andere	Rn./Buch	Anmerkungen
1968, 1439				43	
			MDR **1978**, 861 VRS 56, 33	750	
1979, 1995				8	
1982, 2010 [Ls.]	1982, 298			649d	
	1982, 348	1982, 13		200	
		1984, 148		983, 986	
	1986, 290			1040, 1154	
		1986, 51		664b	
	1987, 477	1988, 519	VRS 73, 134	811	*Gatzweiler* StV 1988, 520
	1988, 144	1988, 142		649e, 866	
		1988, 425		598	
1992, 2437			wistra 1992, 38	331	
		1992, 147	wistra 1992, 38	191	
			VRS 83, 358	754	
		1992, 568	VRS 83, 366 NZV 1993, 81	983	
	1994, 356	1995, 15		182s	
			zfs 1994, 269	362	
			NZV 1994, 372 DAR 1994, 370 VRS 87, 443 zfs 1998, 347	352, 357, 1040	
	1995, 293		wistra 1995, 117 VRS 88, 381	359	
		1995, 293		531	
		1995, 347		170	
1995, 3333		1996, 138	wistra 1996, 37	133, 134	
			NZV **1996**, 162 zfs 1996, 115	350	*Schneider* zfs 1996, 116

NJW	NStZ	StV	Andere	Rn./Buch	Anmerkungen
	1996, 239		VRS 91, 194 NZV 1996, 212 DAR 1996, 156	361	
1996, 3222		1996, 494		543	
		1996, 650	StraFo 1997, 17	35	
			NStZ-RR **1997**, 10	922	
			StraFo 1997, 81 NStZ-RR 1997, 142 NZV 1998, 43 VRS 93, 184 zfs 1997, 156	356c	
			StraFo 1997, 204	758	
1998, 912			VersR 1998, 1438	11	
			NStZ-RR 1998, 280	1105, 1106, 1109	
			JBl RP 1998, 222	208i	
		2000, 126		98a, 771a	
		2000, 516		22, 22a	
			NZV 2000, 304 DAR 2000, 86 VRS 98, 215 zfs 1999, 537		
		2000, 606		120	
		2001, 336		211	
		2001, 549		1040	
	2002, 269		VRS 102, 117 DAR 2002, 279 zfs 2002, 200 VA 2002, 46	335	
		2002, 237	NStZ-RR 2002, 112	645	
			NStZ-RR 2002, 245	178	

H. Landgerichte

LG Aachen

NJW	NStZ	StV	Andere	Rn./Buch	Anmerkungen
			JMBl. NW **1948**, 144	79	
	2000, 219			1079e	

LG Ansbach

		1995, 579	NStZ-RR 1996, 110	34a, 41, 663	

LG Bad Kreuznach

NJW	NStZ	StV	Andere	Rn./Buch	Anmerkungen
1993, 1725				418	
		1993, 629		21, 315	
		1994, 293		315, 1183	
			NStZ-RR 2002, 217	178g	

LG Berlin

1989, 787			NStE § 81 a Nr. 5	370	
	1993, 146			222	
		1993, 8		34a	
			wistra 1993, 278	430	
		1994, 11	BRAK.Mitt. 1994, 56	1226a	
			NJ 1994, 591	971	
		1994, 180		1, 2	
		1994, 422		1237	
		1994, 533		119	
		1995, 295		153	
			MDR 1995, 191	1235	
		1996, 16		1106, 1109	
			NJ 1996, 209	38, 972a	
			NStZ-RR **1997**, 338	212	
			StraFo **1998**, 419	149	*Hermann* StraFo 1998, 419
			StraFo **1999**, 304	966a, 967	
1999, 878	1999, 86			1200	
	2000, 51			1100	
			wistra 2001, 79	854	
		2001, 610		540	
		2002, 132	StraFo 2002, 60 StraFo 2000, 273	60 540	

LG Bielefeld

			NStZ-RR **1998**, 343	216	

LG Bochum

NJW	NStZ	StV	Andere	Rn./Buch	Anmerkungen
		1987, 383	BRAK.Mitt. 1987, 216	644	

LG Bonn

NJW	NStZ	StV	Andere	Rn./Buch	Anmerkungen
			StraFo **1995**, 632	850	
			StraFo **1996**, 174	855	
			wistra **2000**, 437	1200	
			StraFo **2001**, 169	1177	

LG Braunschweig

NJW	NStZ	StV	Andere	Rn./Buch	Anmerkungen
			StraFo **1995**, 59	41	
		1997, 403		852	

LG Bremen

NJW	NStZ	StV	Andere	Rn./Buch	Anmerkungen
		1984, 414		37	
		1986, 470		147	
		1990, 203		38	
		1993, 69		43	
		1998, 13		241	
		2002, 357		61	

LG Chemnitz

NJW	NStZ	StV	Andere	Rn./Buch	Anmerkungen
		1996, 255		1236	*Gollwitzer* StV 1996, 255

LG Darmstadt

NJW	NStZ	StV	Andere	Rn./Buch	Anmerkungen
1989, 2883		**1989**, 424	Krim 1989, 642	370	
		1990, 258		1	
			wistra 1990, 12	1201	
		1995, 239		1	

LG Dortmund

NJW	NStZ	StV	Andere	Rn./Buch	Anmerkungen
	1997, 356			1183	*Neuhaus* NStZ 1997, 312
		1998, 14		852	

LG Dresden

	1999, 265			198	
			zfs 1999, 122	669	

LG Duisburg

			AnwBl. **1981**, 461 zfs 1981, 375	398	
1994, 3305		1994, 606	MDR 1994, 1033	622a	
			StraFo **1995**, 120	121	
			StraFo **1998**, 315	1106, 1109	

LG Düsseldorf

1958, 1152				1202	
			StraFo **1997**, 307	567a	

LG Essen

	1987, 130			567b	
			StraFo 1996, 92	1201	*Oster* StraFo 1996, 92

LG Flensburg

			VRS 68, 46 JurBüro **1985**, 1519	453	

LG Frankenthal

NJW	NStZ	StV	Andere	Rn./Buch	Anmerkungen
			AnwBl. **1982**, 213	398	
			NStZ-RR **2000**, 146	372	

LG Frankfurt

NJW	NStZ	StV	Andere	Rn./Buch	Anmerkungen
1959, 589				1201	
		1994, 475		1118	
		1995, 125		11	
1997, 1994				387b	
		1998, 358		655	

LG Freiburg

NJW	NStZ	StV	Andere	Rn./Buch	Anmerkungen
1997, 813				1200, 1201	

LG Gera

NJW	NStZ	StV	Andere	Rn./Buch	Anmerkungen
		1997, 180		512, 514	
			NStZ-RR **1996**, 239 MDR 1996, 1173	1232, 1238	
			StraFo **1997**, 61	1232	
			StraFo **1998**, 270 VRS 96, 33	567a	
			StraFo 1998, 343	567a	
		2000, 610	2000, 311	512	
		2001, 171		567a	

LG Gießen

NJW	NStZ	StV	Andere	Rn./Buch	Anmerkungen
1996, 2667				35	

LG Hagen

NJW	NStZ	StV	Andere	Rn./Buch	Anmerkungen
		1983, 145		1141	

LG Hamburg

NJW	NStZ	StV	Andere	Rn./Buch	Anmerkungen
			MDR **1973**, 69	82	
		1981, 617		44	
		1989, 340		853	
			wistra 1995, 358	415b	
		1996, 659		855	
			wistra 1996, 359	415b	
		1998, 327		567b	
			NStZ-RR **2002**, 13	430, 431	

LG Hanau

NJW	NStZ	StV	Andere	Rn./Buch	Anmerkungen
1999, 3647		2000, 354	MMR 2000, 175	833	

LG Hannover

NJW	NStZ	StV	Andere	Rn./Buch	Anmerkungen
		1985, 94		415	
			StraFo **2001**, 167	1201	*Münchhalffen* StraFo 2001, 167

LG Heilbronn

NJW	NStZ	StV	Andere	Rn./Buch	Anmerkungen
		1990, 258		1	
1990, 784	1990, 353		MDR 1990, 565 Krim 1990, 186	370	*Gössel* JR 1991, 29 *Rademacher* ZRP 1990, 380

LG Hildesheim

NJW	NStZ	StV	Andere	Rn./Buch	Anmerkungen
		1987, 12		34a	

LG Kaiserslautern

NJW	NStZ	StV	Andere	Rn./Buch	Anmerkungen
			AnwBl. **1979**, 119	224	
			wistra **1998**, 270	387b	

LG Kassel

NJW	NStZ	StV	Andere	Rn./Buch	Anmerkungen
		1993, 68		42	

LG Kiel

NJW	NStZ	StV	Andere	Rn./Buch	Anmerkungen
			SchlHA **1977**, 566	60	
			NStZ-RR **1998**, 343	397	
			SchlHA **2002**, 20	396	

LG Koblenz

NJW	NStZ	StV	Andere	Rn./Buch	Anmerkungen
1983, 2458				389, 398	
		1983, 467		484	
	1988, 311		wistra 1988, 236	67	*Schmidt-Hieber* NStZ 1988, 302
		1994, 378		1089	
			StraFo **1996**, 156	135, 880	*Münchhalffen* StraFo 1996, 157
		1997, 238		135	

LG Köln

NJW	NStZ	StV	Andere	Rn./Buch	Anmerkungen
		1987, 381		34a	
		1987, 381		34a	
		1992, 460		2	
			StraFo **1995**, 27	44	
			StraFo 1995, 22	1106, 1109	
			ZAP EN-Nr. 649/96	724	
		1996, 591		1103, 1110	
			StraFo **1997**, 308	1177	
			StraFo **1998**, 71	1226a	

NJW	NStZ	StV	Andere	Rn./Buch	Anmerkungen
			StraFo **2000**, 173	387b	
2002, 909	2002, 332			1200	*Neuheuser* JR 2002, 171

LG Konstanz

NJW	NStZ	StV	Andere	Rn./Buch	Anmerkungen
2002, 911		2002, 246		967	

LG Krefeld

NJW	NStZ	StV	Andere	Rn./Buch	Anmerkungen
			StraFo **1995**, 59	38, 857	

LG Lübeck

NJW	NStZ	StV	Andere	Rn./Buch	Anmerkungen
		1993, 516	BRAK.Mitt. 1994, 56	119	
			SchlHA **2000**, 70	820	

LG Lüneburg

NJW	NStZ	StV	Andere	Rn./Buch	Anmerkungen
		1992, 509		655, 854	
		1993, 516		119	

LG Magdeburg

NJW	NStZ	StV	Andere	Rn./Buch	Anmerkungen
			StraFo **1997**, 112	855	

LG Mainz

NJW	NStZ	StV	Andere	Rn./Buch	Anmerkungen
	1986, 473			222	
1996, 208		1995, 354		526, 869, 1067, 1069, 1071	*Arntzen* ZRP 1995, 241 *Dahs* NJW 1996, 179 *Geppert* Jura 1996, 550 *Hussels* ZRP 1996, 242 *Jansen* StV 1996, 123 *Mehle* StraFo 1996, 2 *Strate* StraFo 1996, 3 *Wegner* ZRP 1995, 406 *Zschockelt/Wegner* NStZ 1996, 305

NJW	NStZ	StV	Andere	Rn./Buch	Anmerkungen
			StraFo 1996, 175	1038, 655, 1153	
		1997, 627		72a	

LG Mönchengladbach

NJW	NStZ	StV	Andere	Rn./Buch	Anmerkungen
		1987, 333	JR 1987, 303	21	Bruns JR 1987, 303
		1987, 335		391, 413, 630	*Kurth* NStZ 1997, 5
		1998, 533		34a, 38	

LG Moosbach

NJW	NStZ	StV	Andere	Rn./Buch	Anmerkungen
		1997, 34		829	

LG Mühlhausen

NJW	NStZ	StV	Andere	Rn./Buch	Anmerkungen
			NStZ-RR **1996**, 18	37, 145	

LG Neuruppin

NJW	NStZ	StV	Andere	Rn./Buch	Anmerkungen
2002, 1967	2002, 558			389	

LG Nürnberg-Fürth

NJW	NStZ	StV	Andere	Rn./Buch	Anmerkungen
1999, 1125	1999, 264			411, 789	

LG Oldenburg

NJW	NStZ	StV	Andere	Rn./Buch	Anmerkungen
		1990, 299		856	
		1994, 646		1079	

LG Osnabrück

NJW	NStZ	StV	Andere	Rn./Buch	Anmerkungen
			Nds.Rpfl. **1980**, 17	43	
			StraFo **1997**, 309	200	
			zfs **1999**, 491	314	

LG Saarbrücken

NJW	NStZ	StV	Andere	Rn./Buch	Anmerkungen
			wistra **1995**, 239	430	
			StraFo **1999**, 138	121	
		2001, 393	NStZ-RR 2002, 44	1024	

LG Stuttgart

NJW	NStZ	StV	Andere	Rn./Buch	Anmerkungen
			Justiz **1989**, 203	1048	
			Justiz **1990**, 338	484	

LG Trier

NJW	NStZ	StV	Andere	Rn./Buch	Anmerkungen
			NStZ-RR **2000**, 248	575	*Eisenberg* JuS 2002, 258

LG Tübingen

NJW	NStZ	StV	Andere	Rn./Buch	Anmerkungen
		1996, 658		855	

LG Verden

NJW	NStZ	StV	Andere	Rn./Buch	Anmerkungen
		1996, 371 [Ls.]		1201	

LG Wiesbaden

NJW	NStZ	StV	Andere	Rn./Buch	Anmerkungen
1995, 409		1995, 239	StraFo 1995, 24	5, 259a	*Asbrock* StV 1995, 240 *Malmendier* NJW 1997, 227

LG Würzburg

NJW	NStZ	StV	Andere	Rn./Buch	Anmerkungen
			wistra **1990**, 118	1201	

LG Wuppertal

NJW	NStZ	StV	Andere	Rn./Buch	Anmerkungen
			NStZ-RR **1997**, 75	262	

LG Zweibrücken

NJW	NStZ	StV	Andere	Rn./Buch	Anmerkungen
		1995, 404		1238	
			MDR 1995, 969	1177	*Madert* AnwGeb 1995, 56
			zfs 1995, 396	855	
			MDR **1996**, 89	120	
1996, 737		1996, 257		110, 1233, 1234	
			NStZ-RR **1998**, 112 VRS 94, 347	1238	
1999, 3792				807	
			NStZ-RR 1999, 308	37	
		2001, 344		1237	
			NStZ-RR **2002**, 177 VRS 102, 290	204, 1142, 1143	

I. Amtsgerichte

AG Alsfeld

NJW	NStZ	StV	Andere	Rn./Buch	Anmerkungen
1995, 1503	1995, 457		DAR 1995, 210	321	*Radke* NZV 1995, 428
			NZV **1999**, 349	321	

AG Bautzen

NJW	NStZ	StV	Andere	Rn./Buch	Anmerkungen
		1998, 125		5	

AG Bensheim

NJW	NStZ	StV	Andere	Rn./Buch	Anmerkungen
			StraFo **1997**, 274	967	

AG Bergheim

NJW	NStZ	StV	Andere	Rn./Buch	Anmerkungen
		1996, 592		34a, 38, 41, 663	
		1998, 534		38, 49	

AG Bergisch-Gladbach

NJW	NStZ	StV	Andere	Rn./Buch	Anmerkungen
			DAR **1999**, 281	321	

AG Bernau

NJW	NStZ	StV	Andere	Rn./Buch	Anmerkungen
			DAR **1998**, 76	321	

AG Braunschweig

NJW	NStZ	StV	Andere	Rn./Buch	Anmerkungen
		2001, 393	StraFo 2001, 422 PStR 2001, 215	1166d	1166d

AG Bremen

NJW	NStZ	StV	Andere	Rn./Buch	Anmerkungen
			StraFo **2001**, 171	37, 646	

AG Castrop-Rauxel

NJW	NStZ	StV	Andere	Rn./Buch	Anmerkungen
		1994, 477		39	

AG Dortmund

NJW	NStZ	StV	Andere	Rn./Buch	Anmerkungen
		1994, 422		60	

AG Erfurt

NJW	NStZ	StV	Andere	Rn./Buch	Anmerkungen
			NStZ-RR **2000**, 46	544e	

AG Freising

NJW	NStZ	StV	Andere	Rn./Buch	Anmerkungen
			DAR **1997**, 31	321	*Ludovisy* DAR 1997, 31

AG Hamburg

NJW	NStZ	StV	Andere	Rn./Buch	Anmerkungen
		1998, 326		567a	*Sättele* StV 1998, 328

AG Homburg

NJW	NStZ	StV	Andere	Rn./Buch	Anmerkungen
			NStZ-RR **1996**, 110	38, 39, 857	

AG Höxter

NJW	NStZ	StV	Andere	Rn./Buch	Anmerkungen
		1992, 61		38	
1994, 2842		**1995**, 519		824	*Brackert/Staechlin* StV 1995, 547

AG Kaufbeuren

NJW	NStZ	StV	Andere	Rn./Buch	Anmerkungen
		1987, 57		1063h	

AG Mannheim

NJW	NStZ	StV	Andere	Rn./Buch	Anmerkungen
		1985, 276		418	

AG München

NJW	NStZ	StV	Andere	Rn./Buch	Anmerkungen
		2002, 501		316	

AG Münster

NJW	NStZ	StV	Andere	Rn./Buch	Anmerkungen
			wistra **1998**, 237	1201	

AG Neumünster

NJW	NStZ	StV	Andere	Rn./Buch	Anmerkungen
			StraFo **2001**, 95	316	

AG Saalfeld

NJW	NStZ	StV	Andere	Rn./Buch	Anmerkungen
	1995, 150	1994, 604		567b	*Bärens* NStZ 1996, 52
		2002, 406	StraFo 2002, 300		
			NStZ-RR **2002**, 119 VRS 102, 101	567b	

AG Stuttgart

NJW	NStZ	StV	Andere	Rn./Buch	Anmerkungen
			zfs 2002, 355	325	

AG Tiergarten

NJW	NStZ	StV	Andere	Rn./Buch	Anmerkungen
			DAR **1996**, 326 NStZ-RR 1996, 277	321	

J. Verwaltungsgerichtsbarkeit

I. Bundesverwaltungsgericht

1964, 1088			DÖV 1964, 676 Nds.Rpfl. 1964, 116	18, 58	129a	
1971, 160			DÖV 1970, 496 MDR 1970, 445	34, 252	132	
			NZV **1994**, 376 DAR 1994, 332 VRS 87, 392 DÖV 1994, 658 zfs 1994, 269		615	
1995, 2121				182f		
1997, 3327			NVwZ 1998, 58		50	
2001, 2898				867		

II. Verwaltungsgerichtshöfe/Oberverwaltungsgerichte/Bayerischer VGH

Bayerischer VGH

NJW	NStZ	StV	Andere	Rn./Buch	Anmerkungen
			JR **1966**, 195	634	
1980, 198			JZ 1979, 791 DVBl. 1980, 419	132	

Hessischer VGH

1994, 1083			AnwBl. 1994, 478	787a	*Vollkommer* NJW 1994, 2007

OVG Berlin

			MDR **1997**, 96	38	
			StraFo 2001, 375	1176	

OVG Münster

NJW	NStZ	StV	Andere	Rn./Buch	Anmerkungen
			MDR **1955**, 61	129a	

III. Verwaltungsgerichte

VG Darmstadt

NJW	NStZ	StV	Andere	Rn./Buch	Anmerkungen
			NVwZ **1996**, 92	132, 1113	

K. Sozialgerichtsbarkeit

Bundessozialgericht

NJW	NStZ	StV	Andere	Rn./Buch	Anmerkungen
1997, 1254			MDR 1997, 374	182f	

Landessozialgericht Rheinland-Pfalz

NJW	NStZ	StV	Andere	Rn./Buch	Anmerkungen
			Bibliothek BSG Breith **1993**, 682683	45	

L. Finanzgerichtsbarkeit

Bundesfinanzhof

NJW	NStZ	StV	Andere	Rn./Buch	Anmerkungen
2002, 2903			DB 2002, 1697	1200	

M. Anwaltsgerichte

AnwGH Hamburg

NJW	NStZ	StV	Andere	Rn./Buch	Anmerkungen
			StraFo **1998**, 142	1091	
			StraFo 1998, 143	1092	
			StraFo 1998, 175	1087	

N. Sonstige Gerichte

I. Reichsgericht

RGSt	NJW	NStZ	Andere	Rn./Buch	Anmerkungen
17, 415				8	
			Recht 1917, 964	1001a	
			JW 1922, 299	293	
10, 56				480	
18, 246				1002, 1007	
19, 364				998	
22, 51				870	
22, 54				565	
23, 136				150	
25, 152				595, 1141	
31, 37				626	
32, 72				1197	
34, 367				1002	
35, 319				9	
38, 57				456, 458	
40, 393				1090	
41, 4				286	
41, 259				671	
43, 358				1221	
44, 53				724	
45, 304				812	
47, 238				418	
47, 239				15	
52, 198				1001a	
52, 249				159	
53, 280				1016	
54, 126				1007	
55, 159				480	
55, 223				736	
57, 63				433	
57, 147				983	
57, 265				604, 665	
57, 377				738	
58, 79				519	
58, 262				11	

RGSt	NJW	NStZ	Andere	Rn./Buch	Anmerkungen
			RG HRR 1936, 856	1015	
59, 248				736	
59, 277				113	
59, 353				1084	
60, 297				891	
63, 122				1001a	
61, 287				891	
64, 57				607, 671	
64, 78				909	
65, 267				1221	
66, 14				1209	
66, 316				668, 1087, 1093	
67, 180				522	
67, 276				490	
68, 272				62	
68, 327				15	
69, 253				437	
70, 239				1221	
72, 250				11	
73, 193				277	

II. Schweizerisches Bundesgericht

			EuGRZ **1995**, 250	1048	

III. Gemeinsamer Senat der Obersten Bundesgerichte

2000, 2340			BGHZ 144, 160	182f	

Paragrafenregister

Die Zahlen verweisen auf die Randnummern.

SGB I

StGB

StPO

StrEG

StVG

StVollzG

UVollzugsO

ZPO

ZSEG

Stichwortverzeichnis

Die Zahlen verweisen auf die Randnummern.

A

B

C

D

F

G

H

I

J

K

L

M

N

O

P

S

T

U

V

W

Z

D

E

F

G

H

I

J

K

Antragsmuster, Übersichten, Checkliste u. a.

(Jeweils bei folgenden Stichwörtern enthalten;
die Zahlen verweisen auf die Fundstelle [Randnummer] des Musters.)

1. Aussetzungsanträge

2. Beweisrecht

3. Sonstiges

L

M

N

O

P

R

S

T

U

V

W

Z

Schlagwortverzeichnis

Die Zahlen verweisen auf die Randnummern.

A

B